Michael Stausberg

DIE HEILSBRINGER

Michael Stausberg

DIE HEILSBRINGER

Eine Globalgeschichte der Religionen im 20. Jahrhundert

C.H.Beck

Mit 50 Abbildungen

www.chbeck.de
Umschlaggestaltung: Rothfos & Gabler, Hamburg
Satz: Janß GmbH, Pfungstadt
Druck und Bindung: Druckerei C.H.Beck, Nördlingen
Gedruckt auf säurefreiem, alterungsbeständigem Papier
Printed in Germany
ISBN 978 3 406 75527 9

myclimate

klimaneutral produziert
www.chbeck.de/nachhaltig

Inhalt

Einleitung

Das Jahrhundert der Religionen

Was immer es sonst auch war, das 20. Jahrhundert war das Jahrhundert der Religionen. Offiziell eingeläutet – zumindest symbolisch – wurde diese neue Ära am 11. September 1893 auf der Weltausstellung in Chicago. Zu zehn Schlägen einer riesigen Glocke wurde in der mit viertausend Menschen bis auf den letzten Platz gefüllten großen Halle des Art Institute eine Veranstaltung eröffnet, die von ihren Organisatoren schon in ihren Zielsetzungen als epochal beschrieben wurde: The World's Parliament of Religions.[1]

Das Weltparlament der Religionen

Die Rede von einem «Weltparlament der Religionen» war ein Novum: Parlamente im Sinne von Volksvertretungen pflegten ja auf einzelstaatlicher Ebene zusammenzutreten. Ebenso neuartig war die Idee, verschiedene Religionen zu einem solchen Parlament zusammenzubringen, zumal die wenigsten Religionen demokratisch verfasst sind, ebenso wie dies seinerzeit relativ wenige Staaten waren. Das Wort «Parlament» leitet sich aus dem Altfranzösischen ab mit der Bedeutung «Unterhaltung» oder «Erörterung». Dieser ältere Wortsinn entsprach dem Anliegen der Organisatoren, die Religionen miteinander ins Gespräch zu bringen.

Das erste der zehn Ziele der Veranstaltung war: «Auf einer Konferenz, zum ersten Mal in der Geschichte, die führenden Repräsentanten der historischen Religionen der Welt zusammenzubringen.»[2] Sechzehn Tage lang wurden zweihundertsechzehn Vorträge gehalten. Einem zeitgenössischen Bericht zufolge soll dabei zeitweise eine rauschartig-enthusiastische Atmosphäre aufgekommen sein.[3]

Das Weltparlament der Religionen manifestiert die grundlegende Konstellation, die die Religionsgeschichte des 20. Jahrhunderts prägen

Sitzung des Weltparlaments der Religionen am 25. September 1893 in Chicago. Das Bild wurde auch separat mit der Liste der Namen als Einzelblatt verkauft. Auf der Tafel stehen die Namen der vier Redner dieser Sitzung: allesamt Christen, darunter ein China-Missionar, der in chinesischer Kleidung auftrat.

sollte: die öffentlich kommunizierte und weithin geteilte Annahme, dass es auf der Welt eine Vielzahl Religionen gibt, die sich untereinander als Mitglieder *einer* Klasse wahrnehmen. Die Existenz von Religionen als Exemplare einer Gattung wird somit spätestens 1893 als globale Realität ausgerufen und anerkannt – zumindest in bestimmten Schichten einer sich formierenden globalen (wenngleich noch westlich dominierten) Elite. Diese pragmatische Universalisierung des Religionsbegriffs legt eine globale Perspektive auf eine Religionsgeschichte des 20. Jahrhunderts nahe.

Globalisierung meint nicht nur die sich beschleunigende weltumspannende Verflechtung von vormals getrennten Kulturen, Gesellschaften oder Märkten, sondern auch das Bewusstsein von diesen Verflechtungen, die manchen als Verheißung und manchen als Bedrohung erscheinen. Religionen gab es bereits seit Jahrtausenden, aber jetzt erst wurden sie routinemäßig unter diesem Oberbegriff zusammengefasst und damit vergleichbar. Religion ist damit durch Vielfalt gekennzeichnet, mit den großen Weltreligionen als den bekanntesten Ausprägungen. Außerdem trat Religion nun als distinkte Kategorie neben Wirtschaft oder Politik, Kunst oder Wissenschaft.

Die universelle Anerkennung von Religion hat sich seit dem 19. und verstärkt im 20. Jahrhundert in einer zunehmenden Berücksichtigung von Religionsfreiheit in den Verfassungen vieler Länder und im Völkerrecht niedergeschlagen. 1948 wurde Religionsfreiheit von der UN-Generalversammlung im Rahmen der Allgemeinen Erklärung der Menschenrechte sogar als universales Menschenrecht proklamiert. In Artikel 18 heißt es: «Jeder hat das Recht auf Gedanken-, Gewissens- und Religionsfreiheit; dieses Recht schließt die Freiheit ein, seine Religion oder seine Überzeugung zu wechseln, sowie die Freiheit, seine Religion oder seine Überzeugung allein oder in Gemeinschaft mit anderen, öffentlich oder privat durch Lehre, Praxis, Gottesdienst und Observanz zu bekunden.» Religion erhielt damit den Status einer anthropologischen Universalie und wurde zugleich, zumindest theoretisch, zum Gegenstand der autonomen Entscheidung jedes Menschen.

Ein Streitpunkt der vorbereitenden Verhandlungen war das Recht auf Religionswechsel. Dafür sprach sich neben dem libanesischen Christen Charles Malik auch der pakistanische Außenminister Muhammad Zafrullah Khan aus. Khan gehörte einer prominenten Familie der Ahmadiyya-Gemeinschaft an, einer messianischen Gruppierung, die Ende des 19. Jahrhunderts in Britisch-Indien von Gulam Ahmad begründet wurde. 1974 wurde sie vom pakistanischen Parlament als unislamisch eingestuft, ihre Mitglieder müssen seither Einschränkungen ihrer Religionsausübung hinnehmen. Das ist zugleich ein Beispiel für die faktischen Grenzen der Religionsfreiheit. Vehement gegen das Recht auf Religionswechsel sprach sich Saudi-Arabien aus. Das Land gehörte aus diesem Grund neben Südafrika, der Sowjetunion und fünf osteuropäischen Staaten zu den acht Ländern, die sich bei der Verabschiedung der Allgemeinen Erklärung der Menschenrechte am 10. Dezember 1948 der Stimme enthielten.[4] Im 1966 aufgesetzten und 1976 nach Ratifizierung durch dreiundfünfzig Staaten in Kraft getretenen Internationalen Pakt über bürgerliche und politische Rechte, der die Erklärung von 1948 völkerrechtlich verbindlich implementieren sollte, blieb das explizite Recht auf Religionswechsel auf der Strecke: In Artikel 18(1) ist nun von der «Freiheit, eine Religion oder eine Überzeugung eigener Wahl zu haben» die Rede. Diese Formulierung scheint auch die Abkehr von Religion außen vor zu lassen. Als «Apostasie» steht die Loslösung vom Islam in einer Reihe von Ländern mit islamisch geprägter Gesetzgebung unter Strafe. Die Erklärungen von 1948 und 1966 haben dagegen gemeinsam, dass keine bestimmte Form von Religion privilegiert wird. Von daher gilt: «Die Prinzipien von Freiheit der Religion und Gleichheit aller Religionen sind unzertrennlich.»[5]

Mit dem Weltparlament von 1893 traten die USA eine Vorreiterrolle auf dem Gebiet globaler religiöser Kommunikation an, nicht zuletzt durch die Festsetzung des Englischen als ausschließlicher Tagungssprache. Zu einem Parlament gehören normalerweise gewählte Volksvertreter. In dem Weltparlament der Religionen traten hingegen Religionsvertreter in Erscheinung, die teilweise formell angefragt, eingeladen oder entsandt wurden, im Einzelfall aber auch auf eigene Initiative anreisten – so etwa der hinduistische Mönch und Gelehrte Swami Vivekananda (Kap. 3).

Ein wichtiges Kriterium für die Auswahl der Teilnehmer war ihre «Kompetenz», die «wichtigen distinkten Wahrheiten» ihrer jeweiligen Religion für ein gebildetes Publikum zum Ausdruck zu bringen. Hier artikuliert sich das grundlegende, auch heute noch vielerorts geteilte Religionsverständnis der Organisatoren: Religionen sind in erster Linie Wahrheitsrepositorien, was Religionen, die über keine explizit artikulierten Doktrinen und keine extern anschlussfähigen Sprecherfiguren verfügten, irrelevant erscheinen ließ. Die schiere Vielfalt der vorgetragenen Wahrheiten würde – so die unausgesprochene Hoffnung – einzelne Wahrheitsansprüche zu bändigen helfen. Oder aber das Christentum würde sich als die letztlich überlegene Wahrheit durchsetzen.

Das Parlament sollte keine Weltmeisterschaft der Religionen sein, kein Jahrmarkt exzentrischer Einzelwahrheiten, sondern eher ein symphonisches Festkonzert, bei dem alle Teilnehmer freudig in die Ode auf die positive kulturelle und zivilisatorische Bedeutung von Religion einstimmen sollten. Ihr gegenüber standen die Gefahren des interreligiösen Konflikts, innerreligiöser Auflösungserscheinungen und der «Irreligion», womit wohl Materialismus, Gleichgültigkeit, Agnostizismus oder Atheismus gemeint waren.[6] Die Organisatoren wagten sich auf den schmalen Pfad zwischen der Beschwörung einer brüderlichen Verbundenheit und prinzipiellen Gleichrangigkeit aller vertretenen Religionen und ihrer faktischen Gleichwertigkeit, die alle Unterschiede nivellieren und Indifferenz Vorschub leisten würde. Die Geschäftsordnung sah vor, dass die Redner von Angriffen auf andere Religionen abzusehen hätten,[7] was allerdings nicht immer konsequent eingehalten wurde.

Dunkle Seiten einer Religionsgeschichte des 20. Jahrhunderts

Das Projekt des Weltparlaments traf nicht überall auf Zustimmung. Die Generalversammlung der amerikanischen Presbyterianer lehnte die Idee ab. Auch einer der seinerzeit weltweit wichtigsten religiösen Würdenträger der Welt sandte eine Absage: Edward White Benson, ab 1883 Erzbischof von Canterbury und damit Oberhaupt der Kirche des 1893 noch expandierenden kolonialen britischen Weltreichs. Die Begründung für seine Verweigerung ließ an Klarheit nichts zu wünschen übrig. Seine Teilnahme würde die «Tatsache» untergraben, dass das Christentum «the one religion» sei – die einzige wahre Religion! Außerdem war er nicht mit der Rolle einverstanden, welche die römisch-katholische Kirche spielen durfte.[8] Mit Abdülhamid II., von 1876 bis 1909 Sultan des Osmanischen Reiches und damit auch Kalif, blieb ein weiterer wichtiger, transnational anerkannter politisch-religiöser Führer dem Parlament fern.

Das Weltparlament der Religionen stand unter dem Vorzeichen der Förderung des Weltfriedens und war ein Anfangspunkt religionsübergreifender Friedensbemühungen. Das Ereignis fiel allerdings in eine Zeit brodelnder religiöser Gewalt gegen andere Religionen. 1892, im Jahr vor dem Weltparlament, hatte Sultan Abdülhamid II. seinen Generalmajor in den Dschabal-Sindschar-Höhenzug bei Mossul (im heutigen Irak) entsandt, wo die dort ansässigen Jesiden in Anwesenheit von Christen und Muslimen offiziell aufgefordert wurden, zum Islam oder zum Christentum überzutreten. Als die Jesiden dieser Aufforderung nicht Folge leisteten, kam es zu Strafexpeditionen, Massenvergewaltigungen, Massakern und Plünderungen; ihr zentrales Heiligtum in Lalisch wurde überfallen und muslimischer Kontrolle unterstellt.[9] Kurze Zeit später, 1894, begannen im Osmanischen Reich unter Sultan Abdülhamid II. Massaker an Armeniern. Dies war der Auftakt einer Vertreibungs- und Vernichtungspolitik gegen christliche Bevölkerungsgruppen, die sich über drei Jahrzehnte, bis 1924 und damit in die frühen Jahre der türkischen Republik, hinzog. Schon die erste Welle der Massaker von 1894 bis 1896 wurde von Zeitzeugen und Journalisten in New York und Paris als «Holocaust» bezeichnet. Das Wort ist zwar ein Terminus für Brandopferpraktiken im Alten Israel, war aber schon seit dem Mittelalter auch für Brandkatastrophen verwendet worden. Obwohl Religion nicht der einzige handlungsleitende Faktor war, lassen sich die Angriffe auf Jesiden und Armenier als Religiozid bezeichnen: Die Gewalthandlungen und Morde, von religiösen Prinzipien legitimiert, geschahen unter aktiver Beteiligung religiöser Autoritätspersonen und richteten sich gegen andersreligiöse Gruppen, die ihrem Schicksal nur durch Übertritt zum Islam entgehen konnten.[10]

Auch in Indien ereigneten sich im Jahr des Weltparlaments Ausschreitungen zwischen verschiedenen religiösen Gruppen. Im Juli 1893 kam es bei der Muharram-Feier in einem Ort in der westindischen Provinz Gujarat zu Unruhen, bei denen einige Hindus ums Leben kamen. Dies war der Auslöser für Kämpfe zwischen Hindus und Muslimen in der indischen Hafen- und Industriestadt Bombay, bei denen im August des Jahres fast hundert Menschen das Leben verloren. Bombay sah durch das gesamte 20. Jahrhundert Wellen interreligiöser Gewalt, davon fünfzehn allein bis 1944.[11] Auf spätere Ausschreitungen in den Jahren 1992/93 werden wir im Zusammenhang mit dem indischen politischen Agitator Veer Savarkar (Kap. 13) noch kurz zurückkommen.

Im russischen Zarenreich war es im Zeitraum von 1881 bis 1884, in einer zweiten Welle von 1903 bis 1906, zu zahlreichen anti-jüdischen Pogromen gekommen. Ausläufern der dadurch in Gang gesetzten Auswanderungswellen begegnen wir bei Mordechai Kaplan (Kap. 19), der die Assimilierung der amerikanischen Juden – wie später auch Menachem Mendel Schneerson (Kap. 35) – für eine ebenso große Gefahr für den Fortbestand des Judentums betrachtete. Adolf Hitler (Kap. 18) sah die Vernichtung des Judentums als einen göttlich sanktionierten Auftrag – und der Holocaust bleibt das tragische Zentrum jeder Geschichte des 20. Jahrhunderts.

Eine globale Gewalt- und Verbrechensgeschichte der Religionen – von und gegen religiöse Gruppen begangene Gewalttaten – im 20. Jahrhundert wäre Gegenstand eines eigenen Buches. Hier streifen wir verschiedene Fälle, so etwa die Religionsausmerzung unter Mao (Kap. 26). Unter Ayatollah Chomeini (Kap. 36) mussten die Bahai in Iran Diskriminierung und Verfolgung erdulden, und es kam zu Hinrichtungen und Zerstörungen von Gebäuden. Eine besondere Form der Gewalt, der wir im Kapitel über den amerikanischen Pastor Jim Jones (Kap. 40) begegnen werden, sind kollektive Selbsttötungen. In der von ihm gegründeten Siedlung Jonestown in Guyana starben 1978 über neunhundert Menschen bei einem, teils wohl erzwungenen, Massensuizid. Seit den späten 1980ern kam es in vielen Ländern, allen voran in Frankreich und den USA, zu einer Welle aggressiver Razzien gegen oft zu Unrecht verdächtigte religiöse Kleingruppen, davon betroffen unter anderem die von David Koresh (Kap. 40) geleiteten Branch Davidians in Texas.[12] Umgekehrt wurden von einigen Gruppen in Japan und den USA brutale Anschläge auf ihre Umwelt verübt, worauf wir in Verbindung mit dem japanischen Religionsgründer Asahara Shoku (Kap. 40), dem indischen Guru Bhagwan Shree Rajnesh (Kap. 40) und Osama bin Laden (Kap. 46) eingehen werden.

Verbrechen wurden auch in den Hinterzimmern religiöser Mainstreamorganisationen verübt. Seit den späten 1980er Jahren, vermehrt aber seit Mitte der 1990er Jahre kamen von katholischen Geistlichen und Erziehern flächendeckend begangene, in ihrem ganzen Ausmaß noch nicht dokumentierte sexuelle Übergriffe ans Licht. Zwar hat Papst Johannes Paul II. (Kap. 37) 2001 eine erste Entschuldigung geäußert, aber die für die Betroffenen traumatischen Verbrechen wurden innerhalb der Kirche bislang eher selten und zurückhaltend sanktioniert und kaum aufgearbeitet. Sexueller Missbrauch wurde auch in anderen religiösen Organisationen begangen, unter anderem von protestantischen Geistlichen und evangelikalen Predigern, von Rabbis, hinduistischen Priestern und buddhistischen Autoritätsfiguren, aber auch in neuen Religionsbildungen.

Auftakt und Abschluss des Weltparlaments

Doch zurück in die interreligiöse Traumfabrik von Chicago. Bei der Eröffnungsveranstaltung marschierten an jenem 11. September «Arm in Arm»[13] neunundfünfzig Würdenträger aus mehr als achtzehn Ländern auf die Bühne. Dort schwenkten sie, soweit vorhanden, ihre Landesfahnen. Durch lokale oder religiöse Trachten bildeten sie einen bemerkenswert bunten Haufen. Im Zentrum thronte mit James Gibbon, dem Kardinal von Baltimore, der dem liberalen Flügel angehörige hochrangigste katholische Geistliche der USA. Um die Teilnahme von Repräsentanten der römisch-katholischen Kirche war aktiv geworben worden, damit die Veranstaltung nicht als rein protestantische Angelegenheit abgetan werden konnte.

Neben den religiösen Persönlichkeiten und Mitgliedern des Organisationskomitees fanden auch einige Diplomaten auf der Bühne Platz: ein Vertreter des deutschen Kultusministeriums, ein russischer Prinz und ein Abgesandter der chinesischen Gesandtschaft. Obwohl viele Frauen im Publikum saßen und Frauen aktiv an der Vorbereitung beteiligt waren, standen bei der Eröffnungsveranstaltung gerade einmal vier Teilnehmerinnen auf der Bühne: eine Parsi-Christin aus Indien (Jeanne Sorabji), deren Vater zum Christentum konvertiert war, eine amerikanische unitarisch-universalistische Geistliche (Rev. Augusta Chapin) und zwei gesellschaftlich engagierte Millionärsgattinnen aus Chicago (Bertha Palmer und Ellen Henrotin).

Die allermeisten Männer auf der Bühne waren Christen unterschiedlicher Glaubensrichtungen: Katholiken, Lutheraner, Methodisten, Episkopale, Griechisch-Orthodoxe, Kongregationalisten und zumindest ein freikirchlicher Anglikaner. Vertretern der armenischen Kirche im Osmanischen Reich war keine Ausreisegenehmigung erteilt worden.[14] Mormonen waren zum Weltparlament der Religionen nicht eingeladen worden, da ihr Glaube den Veranstaltern nicht als Religion galt.[15] Noch mehr ins Gewicht fiel vermutlich aber, dass die Praxis der Polygamie einen unüberwindlichen Widerwillen in den bürgerlichen Kreisen der Organisatoren erregte, obwohl die Leitung der Kirche Jesu Christi der Heiligen der Letzten Tage das Schließen von Mehrehen 1890 verboten hatte. Wie gefühlsbeladen diese Praxis war, zeigte sich, als die Rede eines amerikanischen Muslims mit schallenden Protestrufen quittiert wurde, während er auf dieses Thema zu sprechen kam[16] – angeblich die einzige lautstarke Unmutsbezeugung des Publikums gegenüber einer bestimmten religiösen Position. Buddhisten stellten mit fünf Männern – vier davon aus Japan – nach den Hindus das zweitgrößte außerchristliche Religionskontingent bei der Eröffnungsveranstaltung. Juden, die – wie wir in Verbindung mit dem Gelehrten Solomon Schechter (s. Kap. 19) noch sehen werden – im Übrigen eine sehr aktive Rolle in dem Weltparlament spielten, konnten nicht an der

Eröffnungsveranstaltung teilnehmen, da der 11. September 1893 auf den jüdischen Neujahrstag (Rosh ha-Schana) fiel.

Zu sanfter Orgelbegleitung wurde beim Auftakt der Veranstaltung ein von dem englischen Geistlichen und Hymnendichter Isaac Watts (1674–1748) aus verschiedenen biblisch-alttestamentlichen Stellen zusammengedichteter Psalm angestimmt:

Before Jehovah's awful throne
Ye nations bow with sacred joy
Know that the Lord is God alone
He can create, and he destroy.

Indem man die interkonfessionelle bzw. interreligiöse und internationale Teilnehmerschar somit gesanglich vor den Thron des Schöpfergottes Jehovah versetzte, wurde die Veranstaltung dramaturgisch-performativ unter monotheistische Vorzeichen gestellt. Die christliche Rahmung des angeblich transreligiösen Ereignisses wurde noch gesteigert, indem anschließend eine christliche Gottesanrufung (ein *Te deum*) gesungen wurde, in dessen letzter Strophe «Father, Son and Holy Ghost» gepriesen werden. Übertroffen wurde dies alles noch durch das von Kardinal Gibbon feierlich vorgetragene «Lord's Prayer», das Vaterunser. Die Gebetstexte unterschiedlichen Religionen zu entnehmen oder gar religionskombinatorische oder religionsübergreifende Texte zu komponieren, war 1893 wohl noch nicht denkbar. Dass ein Weltparlament der Religionen mit einem religiösen Akt – dem Vortrag von Hymnen und Gebeten – beginnen musste, verstand sich von selbst. Erst hierauf folgten die programmatischen Ansprachen der Organisatoren Charles Carroll Bonney und John Henry Barrows.

Auch zum Abschluss des Weltparlaments wurde das Vaterunser rezitiert, diesmal von dem reformjüdischen Rabbi Emil Gustav Hirsch. Als Gelehrter hatte sich Hirsch intensiv mit jüdisch-christlichen Beziehungen befasst, und 1894 hielt er vor seiner Gemeinde in Chicago eine Predigt über Paulus, in der er das Christentum als «heidnisches Judentum» bezeichnete. Das Vaterunser konnte ihm somit ebenso als jüdischer wie als christlicher Text gelten.[17] Der Schlusssegen war jedoch einem katholischen Bischof vorbehalten.

Unter den Rednern der Abschlussveranstaltung fanden sich auch der aus Liberia stammende, zum Christentum konvertierte Prinz Momulu Massaquoi, der sich als Repräsentant Afrikas vorstellte,[18] und ein Bischof der afroamerikanischen African Methodist Episcopal Church, was den Willen der Organisatoren zumindest andeutet, auch diesen Teil der Menschheit zu Wort kommen zu lassen, der im Tagungsprogramm im Übrigen ausgeblendet wurde.

Das Weltparlament der Religionen scheint zumindest bei einigen Teilnehmern und Beobachtern religiöse Erfahrungen und Deutungen hervorgerufen zu haben. Die Atmosphäre sei mit «religiösem Enthusiasmus» aufgeladen gewesen, schreibt Barrows, und einige Redner habe ein «heiliger Rausch» überkommen. Er zitiert einen Teilnehmer, der in dem Kongress ein neues Pfingstereignis gekommen sah.[19] Hier sei noch ein Ausblick gestattet: Keine dreizehn Jahre später kam es in Los Angeles ebenfalls zu rauschartigen Gemeinschaftserlebnissen um den Afroamerikaner William Seymour (Kap. 10), die als ein Beginn des Pfingstchristentums gelten.

Weltausstellungen

Wie war es überhaupt zu dieser Veranstaltung gekommen? Das Weltparlament der Religionen fand im Rahmen der «World's Columbian Exposition» statt – einer Weltausstellung zum vierhundersten Jahrestag der Entdeckung Amerikas durch Kolumbus 1492, die das imperial-expansionistische Projekt der USA untermauern sollte, wegen Fehlplanung aber erst 1893 eröffnet wurde. Die seit 1851 (London) regelmäßig abgehaltenen *great exhibitions*, die in Frankreich als *expositions universelles* und in den USA als *world's fairs* bezeichnet wurden, waren die Mega-Events der zweiten Hälfte des 19. Jahrhunderts.[20] Die Veranstaltungen waren Knotenpunkte der sich ausweitenden Globalisierung: Sie setzten weltweite Verkehrs- und Kommunikationsströme voraus und bündelten diese zugleich. Sie sollten eine Art friedlichen Wettkampf der Nationen um wirtschaftlichen, technischen und zivilisatorischen Fortschritt darstellen und waren ein Schaufenster technischer Errungenschaften: In Chicago wurden erstmals der Reißverschluss, die Geschirrspülmaschine, aber auch der elektrische Stuhl präsentiert. Zugleich stellten die Veranstaltungen, die in der Regel von Kolonialmächten (Großbritannien, Frankreich, Belgien, USA) ausgerichtet wurden, auch fremde, exotische oder «primitive» Völker aus, um dem Publikum den vermeintlichen zivilisatorischen Vorsprung des Westens vor Augen zu führen: Sogenannte Eingeborenendörfer gehörten zum Standardrepertoire. In Chicago waren die brutal unterdrückten indigenen Bevölkerungen Nordamerikas attraktive Exponate, wie wir in einem späteren Kapitel zu dem Comanche-Anführer Quanah Parker (Kap. 2) noch sehen werden.

Die Weltausstellungen boten überdies Raum für Tagungen, Kongresse und Konferenzen, vor allem auf Gebieten wie Maschinenbau, Medizin, Naturwissenschaft und Technik. Im Rahmen der «World's Columbian Exposition» fanden über hundertfünfzig verschiedene Kongresse und Tagungen zu einer ganzen Reihe von Themen statt, darunter auch Musik, Kunst, Literatur und verschiedene soziale, politische und weltanschauliche Fragen zu Themen wie Bildung, Stellung der Frauen, Presse oder Sonntagsruhe.[21] Dem prominenten Chicagoer Juristen Bonney, der der auf Emmanuel Swedenborg (1688–1722) zurückgehenden Kirche des Neuen Jerusalem angehörte, gelang es 1889, seinem Ziel Gehör zu verschaffen, dass auf der geplanten Weltausstellung die «großen Themen» der Menschheit verhandelt werden müssten – und dazu gehörte eben die Religion, die Barrows als «the greatest fact of History» bezeichnete.[22] Religion war freilich nur eine von zwanzig thematischen Abteilungen der Weltausstellung.

1891 wurde ein Einladungsbrief zu dem Weltparlament an alle erdenklichen Kontaktpersonen und an viele Zeitschriften in der Welt versandt. Schließlich gab es dreißig Teilnehmer aus Asien – darunter viele christliche Missionare. Von den 216 Vorträgen (gehalten von 186 Rednern, darunter 23 Frauen) spiegelte die überwiegende Mehrzahl christliche Perspektiven und Überzeugungen wider, die allerdings durchaus heterogene Positionen vertraten. 16 Vorträge behandelten buddhistische Themen, 13 hinduistische und 11 jüdische. Weiterhin nahmen Hindus der Brahmo-Samaj-Gesellschaft, Jainas, Konfuzianer, Daoisten, Shintoisten, indische Zoroastrier und ein amerikanischer Muslim teil. Mehrere asiatische Teilnehmer verstanden sich als Repräsentanten einer östlichen Zivilisation, die sich dem materialistischen Westen als mindestens ebenbürtig darstellte.[23] Insbesondere der indische Hindu Swami Vivekananda und der ceylonesische Buddhist und Theosoph Anagarika Dharmapala (Kap. 8) machten auf die Zuhörer großen Eindruck und nutzten ihre Reise nach Chicago für Vortragstouren durch Nordamerika. Beide kamen auch bei der Abschlusssitzung zu Wort. Swami Vivekananda säte hier zum Missfallen des Publikums Zweifel an christlichen Missionsansprüchen.[24] Wenn im Rückblick besonders die schillernden asiatischen Teilnehmer auffallen, so darf man nicht vergessen, dass diese nur eine Minderheit der Mitwirkenden darstellten und die Interessen des überwiegenden Teils der Anwesenden nicht über christliche Themen hinausgingen.

Das Weltparlament hatte auch eine «scientific section». In einer kleineren Halle wurden Vorträge eher akademischen Zuschnitts gehalten, darunter Symposien zum Thema Religion und Wissenschaft, zu populärem Aberglauben und zur Klassifikation von Religionen. Mehrere prominente Vertreter der damals noch in der Etablierungsphase befindlichen Disziplin der Religionswissenschaft aus England, Frankreich und Holland reichten Beiträge ein. Religion wurde damit wie Literatur, Kunst, Musik, Politik oder Wirtschaft zu einem Thema wissenschaftlicher Reflexion.

Neben dem Weltparlament bot die Weltausstellung etwa dreißig «denominational congresses» ein Forum. Im Unterschied zum gemischtreligiösen Weltparlament stellten hier einzelne christlich-konfessionelle Gruppen (von Anglikanern über Katholiken bis zum schwedisch-evangelikalen Missionsbund und den Unitariern), aber auch Juden und Theosophen die Redner. Das schloss nicht aus, dass sich auch Andersgläubige unter die Zuhörer mischen und informieren konnten. Drei dieser Sonderkongresse werden wir im Folgenden noch unsere Aufmerksamkeit widmen. Gleich im ersten Kapitel zur Kirchengründerin Mary Baker Eddy (Kap. 1) wird es um den Kongress der «Christlichen Wissenschaft» gehen.

Vom 11. September 1893 zum 11. September 2001

Der Chicagoer unitarische Geistliche Jenkin Lloyd Jones, Sekretär des Weltparlaments, legte eine Dokumentation des Ereignisses vor.[25] Er sah im Weltparlament den Startschuss für eine neue Art der Meta-Religion: Eine «great prophetic Free Church of America» sollte den Geist des Weltparlaments in eine Organisation überführen, die «Menschen diverser Rassen und Glaubensrichtungen in eine tatsächliche Gemeinschaft» zusammenführen sollte.[26] Zusammen mit dem singhalesischen Buddhisten Anagarika Dharmapala träumte er davon, im Jahre 1900 ein neues Weltparlament der Religionen in Benares (Varanasi) auf die Beine zu stellen.[27]

Die in Chicago 1893 vor allem in liberalen Kreisen so begeistert aufgenommene Idee eines Weltparlaments der Religionen und überhaupt der große Raum, den die Organisatoren der «World's Columbian Exposition» dem Thema Religion gewährten, fanden in den kommenden Weltausstellungen keine Resonanz mehr. Für die Weltausstellung in Paris im Jahr 1900 gab es zwar entsprechende Pläne, die aber von Papst Leo XIII. 1895 kritisch beurteilt und damit de facto verhindert wurden.[36] Das Weltparlament, das unter anderem von dem aus Deutschland stammenden, in Oxford lehrenden Mythen-, Sprach- und Religionswissenschaftler Friedrich Max Müller als epochales Ereignis gefeiert wurde, geriet rasch in Vergessenheit.

Einhundert Jahre später, im Jahr 1993, fand jedoch – wiederum in Chicago – unter dem leicht abgewandelten Titel «Parliament of the World's Religions» eine Neuauflage statt, diesmal allerdings außerhalb einer Weltausstellung und mit einigen konzeptionellen Veränderungen. Die triumphalistische Aussicht auf menschlichen Fortschritt trat in den Hintergrund und soziale und ökologische Krisen in den Vordergrund. Auch gab es eine wesentlich breiter gefächerte, heterogenere und noch globalere Teilnehmerschar.[28] Mit einem der Hauptredner, dem 14. Dalai Lama (Kap. 39), werden wir noch ausführlicher Bekanntschaft machen.

Der Endpunkt unserer Geschichte ist jener andere 11. September, hundertacht Jahre später: die vier koordinierten Flugzeugentführungen und Selbstmordattentate auf politische, militärische und zivile Ziele im Osten der USA, die fast dreitausend Menschenleben kosteten und erheblichen Sachschaden anrichteten. Statt liberal-optimistischer Christen stand hier ein islamistisches Netzwerk um Osama bin Laden (Kap. 46) im Hintergrund, das die unbestrittene Supermacht der Welt durch seinen Terrorakt herausforderte. Mit dem 11. September 2001 trübte sich das Bild des Islams nachhaltig ein, und auch Religion allgemein wird seither – anders als von den Organisatoren des Weltparlaments der Religionen – weniger als positive Möglichkeit, sondern vermehrt als Problem wahrgenommen. Das verweist auf die grundsätzliche zwiespältige Bilanz von Religion als Motivator für Krieg und Frieden, als Quelle von Glück und Verzweiflung, als Streben nach Gerechtigkeit und Stimulus für Ausbeutung und Unterdrückung, als Zementierung von Unrecht und Auflehnung dagegen, als Beglaubigung von Differenzen und Hierarchien, aber auch der Postulate von Gleichheit und des Egalitarismus, als Ab- und Ausgrenzung und Eingrenzung, als Tiefsinn und Unsinn, als Spaß, Spiel und Ernst.

Ein multibiographisches Epochenporträt: Ziele und Grenzen

Dieses Buch erzählt Religionsgeschichte als eine Geschichte von Personen: als ein multibiographisches Epochenporträt. Im Vordergrund stehen konkrete Menschen in ihrer Zeit. Daher wird die Darstellung eher selten auf Mitgliedszahlen oder Bevölkerungsanteile schauen. Beschreiben genießt den Vorrang vor Erklären. Es geht auch nicht darum, eventuelle Gesetzmäßigkeiten oder Verlaufslogiken nachzuweisen, sondern um ein Bild von den vielfältigen religiösen Neuaufbrüchen im 20. Jahrhundert, die Menschen auf der ganzen Welt bewegt haben. Die Wege vieler Protagonisten aus verschiedenen Teilen der Welt haben sich dabei erstaunlich oft gekreuzt.

Das Buch bietet biographische Porträts religiöser oder religionsrelevanter Persönlichkeiten, deren Lebensläufe eine transnationale Dimension aufweisen und deren Wirken eine internationale Resonanz hatte. Unter religiösen Persönlichkeiten verstehe ich Personen, die eine offizielle Funktion in einer Religion ausüben oder über entsprechende Qualifikationen verfügen. Die meisten religiösen Persönlichkeiten sind Religionsprofis, die ihren Lebensunterhalt mithilfe ihrer religiösen Tätigkeiten bestreiten. Religionsrelevante Persönlichkeiten sind hier dagegen Personen, für deren Wirken Religion wichtig und deren Wirken für das Feld der Religionen bedeutsam ist. Sie üben weder (prominente) Funktionen in religiösen Organisationen aus noch bestreiten sie mit religiösen Tätigkeiten ihren Lebensunterhalt. Es handelt sich hierbei zum Beispiel um Dichter (Muhammad Iqbal), Journalisten (Theodor Herzl; beide Kap. 12), Juristen (Bhimrao Ambedkar; Kap. 20), Musiker (Bob Marley; Kap. 33), Politiker (Mao Zedong), Psychologen (Carl Gustav Jung; Kap. 17), Schriftsteller (Paulo Coelho; Kap. 45),

Naturwissenschaftler (Carl Sagan) oder Filmregisseure (Stanley Kubrick; beide Kap. 34).

Viele der hier vorgestellten Personen waren weltberühmt. Als «Heilsbringer» entwickelten sie alle bestimmte Ideen und Programme zur Befreiung, Errettung oder Erlösung der Menschheit. Sie interessieren hier vor allem als Individuen und nicht so sehr als Repräsentanten eines bestimmten Typs von religiösen Akteuren, etwa «Mystiker», «Propheten», «Virtuosen», «Asketen», «Gurus», «Reformatoren», «Religionsstifter», «Theologen», «Intellektuelle» oder «Heilige», aber für alle genannten Typen finden sich Beispiele in diesem Buch. Man könnte sie alle auch als Religionsmacher bezeichnen. Der Begriff trägt dem «gemachten» Charakter von Religion Rechnung. Unter einem Macher versteht der Duden «jemand, der etwas Bestimmtes in die Tat umsetzt», einen Handelnden und Ausführenden – und genau darum geht es auch hier. Das gilt auch für den zweiten vom Duden definierten Wortsinn: «jemand [in einer Führungsposition], der sich durch große Durchsetzungskraft, durch die Fähigkeit zum Handeln auszeichnet».

Die Auswahl dieser Heilsbringer und Religionsmacher ist nicht in erster Linie repräsentativ. Es wurde nicht versucht, Vertreter bestimmter Religionen nach einem globalen Religionsproporz auszuwählen, wobei sich die globale Religionsstatistik im Laufe des 20. Jahrhunderts im Rahmen des allgemeinen Bevölkerungswachstums nicht unwesentlich verändert hat. So hat sich der Anteil der Muslime an der Weltbevölkerung statistisch fast verdoppelt, innerhalb des Christentums ist mit den Pfingstlern ein ganz neuer Zweig stark gewachsen. Stark zurückgegangen ist demgegenüber der Anteil der Weltbevölkerung, der religiösen Praktiken nachgeht, die nicht einer der sogenannten Weltreligionen zuzuordnen sind und die oft als ethnische, indigene oder traditionelle Religionen bezeichnet werden. Gerade diese Traditionen kommen in unserem globalbiographischen Ansatz schlecht weg, gibt es doch mit ganz wenigen Ausnahmen kaum Persönlichkeiten aus diesen Traditionen, die im 20. Jahrhundert internationale Ausstrahlung erlangt hätten – und wenn dies der Fall ist, wie zumindest bis zu einem bestimmten Grad bei dem hier vorgestellten Quanah Parker (Kap. 2), dann in historischen Momenten des kulturellen Unter- bzw. Übergangs. Im Vergleich zum frühen 20. Jahrhundert ist in den letzten Jahrzehnten der Anteil der Menschen, die sich nicht als religiös oder ausdrücklich als Atheisten verstehen, stark angestiegen. Mit der Aktivistin Madalyn Murray O'Hair (Kap. 42) begegnen wir einer geradezu militanten Atheistin.

Mehrere der hier vorgestellten Personen beanspruchten, für die Religionen, denen sie angehörten, zu sprechen und dabei die «wahre» Auffassung von dieser Religion zu vertreten. Sie waren gewissermaßen Super-Repräsentanten und Motoren ihrer Religion. Andere trieben in erster Linie ihre eigenen Projekte voran, ohne zugleich die Alleinvertretung bestimmter Traditionen zu reklamieren. Wieder andere schufen eigene Profile. Die Religionszuordnung einiger der in diesem Buch vorgestellten Personen ist problematisch: Adolf Hitler war getaufter Katholik und hat sich niemals von der katholischen Kirche losgesagt, dennoch würde man zögern, ihn als Christen zu bezeichnen. Wie ist es mit Rudolf Steiner (Kap. 7)? Er selbst verstand sich als Christ, kirchliche Weltanschauungsexperten sprechen ihm jedoch ab, Christ zu sein. Ein Hindu-Guru wie Sathya Sai Baba (Kap. 31) wiederum beanspruchte, eine neue Mitte aller Religionen zu verkörpern.

Gemessen an der Bevölkerungszahl sind Juden in meiner Auswahl überrepräsentiert. Nicht nur in der Religion, sondern auch in Künsten, Literatur, Philosophie und Wissenschaften ist eine Vielzahl schöpferischer Persönlichkeiten aus dem Judentum hervorgegangen.[29] Einige der hier vorgestellten Juden – Theodor Herzl, Carl Sagan, Stanley Kubrick und Steven Spielberg – sind keine Religionsprofis, sondern religionsrelevante Persönlichkeiten.

Noch weniger repräsentativ fällt die Bilanz aus, wenn die Auswahl der hier vorgestellten Persönlichkeiten mit der weltweiten Bevölkerungsstatistik abgeglichen würde, wobei daran zu erinnern ist, dass sich die Weltbevölkerung von etwa 1,6 Milliarden um 1900 auf 6,1 Milliarden im Jahre 2000 beinahe vervierfacht hat. Fast alle hier vorgestellten Personen stammen aus Asien, Europa und Nordamerika. Die Unterbelichtung von Afrika und Lateinamerika und die Vernachlässigung von Ozeanien wäre für eine Weltgeschichte der Religionen eigentlich unverzeihlich, und sie zeigt einen großen blinden Fleck des globalbiographischen Zugangs: Sie spiegelt die koloniale und postkoloniale Machtballung im Norden wider. Gleichwohl habe ich mich dagegen entschieden, hier korrigierend einzugreifen.

Eine weitere gravierende Schieflage ist die eklatante Unterbelichtung der weiblichen Hälfte der Menschheit. Dabei wäre es ohne Weiteres möglich gewesen, 47 Kapitel nur mit Frauen zu füllen. Das wäre ein geschlechterpolitisches Signal geworden, ich habe es aber nicht über mich gebracht, allgemeinere historische Bedeutung (so wie ich sie jedenfalls einschätze) dem Kriterium Geschlecht unterzuordnen. Viele der hier behandelten Männer hatten Frauen an ihrer Seite, deren Beitrag gewürdigt wird, etwa Schwester Chan Khong im 47. Kapitel über den buddhistischen Mönch und Friedensaktivisten Thich Nhat Hanh, zumal die buddhistische Nonne auch eigenständige Projekte verfolgte. Die Vermutung liegt nahe, dass gerade im Bereich von Religion Geschlechterordnungen, die Männer privilegieren, stärker und länger zementiert werden konnten. Mit Mary Baker Eddy, der Theosophin Annie Besant (Kap. 6) und der Heiligen oder Göttin Anandamayi Ma (Kap. 21) begegnen wir allerdings Frauen, die diese Begrenzungen zumindest für sich selbst erfolgreich überschritten haben. Die Ordensgründerin Mutter Teresa (Kap. 38) war wohl eine der weltweit bekanntesten religiösen Persönlichkeiten überhaupt.

Bei all den genannten Einschränkungen und Grenzen sehe ich aber entscheidende Vorzüge in der hier gewählten Vorgehensweise. Die Aufmerksamkeit richtet sich auf die kreativ-schöpferisch-virtuose, dabei aber mitunter auch zerstörerische Ausformung von Religion. Religion wird situativ in Lebensgeschichten eingebettet. Der Fokus auf Personen erlaubt es, kontextuelle und strukturelle Gegebenheiten ebenso in die Darstellung mit einzubeziehen wie wichtige historische Entwicklungen. Kreative Individuen befinden sich oftmals in Konkurrenz zu anderen und entfalten ihr Wirken im intensiven Austausch mit Rivalen, Gegnern und Kritikern, Lehrern und Schülern, Anhängern und Freunden. Diese Beziehungen und Netzwerke können in den Darstellungen nur ausschnittweise einbezogen werden. Durch die Auswahl unterstelle ich den behandelten Persönlichkeiten aktive Handlungsmacht, zugleich soll die Lebensgeschichte der Porträtierten aber auch als passive Resonanzfläche historischer Umstände und Zufälle, institutioneller Konstellationen und unerwarteter Begegnungen deutlich werden. Ich möchte zu guter Letzt nicht den Reiz der Neugier verheimlichen, der für mich von Menschen ausgeht, die in ihrer Schaffenskraft das übliche Maß bei weitem zu überschreiten scheinen. Die hier vorgestellte Auswahl an Persönlichkeiten ist kein abschließender Kanon, sondern enthält Leuchttürme auf dem Küstenstreifen einer globalen Religionsgeschichte.

Die allermeisten Kapitel sind so geschrieben, dass sie jedes für sich gelesen werden können; es werden in der Regel also keine Vorkenntnisse aus anderen Kapiteln vorausgesetzt. Der von mir vorgeschlagene Pfad von Leuchtturm zu Leuchtturm ist nur eine der denkbaren Abfolgen. Die Gliederung des Buches folgt im Großen und Ganzen einem chronologischen Ablauf, wobei sich Biographien natürlich zeitlich überschneiden. Einige meiner Protagonisten sind recht jung verstorben – Bob Marley starb mit sechsunddreißig Jahren, Swami Vivekananda wurde keine vierzig Jahre alt, Hasan al-Banna (Kap. 22) dreiundvierzig, Theodor Herzl vierundvierzig –, während anderen ein langes Leben zuteil wurde und einige sogar im hohen Alter noch neue Akzente setzten. Die Karriere des Predigers Billy Graham (Kap. 30) etwa erstreckte sich über die gesamte zweite Jahrhunderthälfte, und er war eine prominente Stimme im Umgang mit den Anschlägen vom 11. September 2001. Ähnlich war Mahatma Gandhi (Kap. 11) fast in der gesamten ersten Jahrhunderthälfte aktiv. Zäsuren wie die Weltkriege oder spätere Schwellenjahre wie 1968, 1979 oder 1989[30] betrafen die hier vorgestellten Personen in unterschiedlichem Maße. Der Yoga-Lehrer Tirumala Krishnamacharya (Kap. 15) und der chassidische Rebbe Menachem Mendel Schneerson haben sogar alle genannten Einschnitte durchlebt, und doch lässt sich ihr Lebenswerk nicht als bloße Reaktion auf diese historischen Erfahrungen lesen.

1

Mary Baker Eddy

Befreiung durch Christliche Wissenschaft

Die zweibändige Dokumentation zum Weltparlament der Religionen 1893 in Chicago enthält ein Bild von Mary Baker Eddy (1821–1910), die dort als «Entdeckerin und Gründerin der Christlichen Wissenschaft» und Pastorin («Rev.» = Reverend) bezeichnet wird.[1] Die Fotografie zeigt eine Büste der damals bereits zweiundsiebzig Jahre alten, aber fast noch mädchenhaft wirkenden Dame mit weißem Lockenkranz, hochgeschlossenem Oberteil und von einem Perlenkreuz geschmücktem Stehkragen. Eddy war von einigen ihrer Anhänger dazu überredet worden, dass ihr Konzept der Christlichen Wissenschaft am Weltparlament vorgestellt wurde, wo diese dann einen eigenen konfessionsgebunden Kongress abhielten. Die Christlichen Wissenschafter – erst 1998 wurde der offizielle deutsche Sprachgebrauch zu «Christliche Wissenschaftler» (mit l) geändert – hatten wohl die Gelegenheit ergreifen wollen, für ihre Kirche zu werben und sie als eine Stimme im Chor der Religionen zu Gehör zu bringen. Nach Jahren der Exklusion, Kritik und Polemik hoffte man auf diese Weise endlich Billigung und Respekt zu erlangen. War die Christliche Wissenschaft auf dem Weg zur Anerkennung als eine «normale» christliche Konfession, oder verstärkte ihr Auftritt den Eindruck der Ähnlichkeit mit Theosophen und anderen nichtchristlichen Religionen? Offenbar bereute Eddy im Nachhinein ihre Zustimmung zur Teilnahme an der Veranstaltung. In der Folge suchte sie ihre Christliche Wissenschaft von «östlichen» Religionen zu distanzieren, die etwa durch Swami Vivekananda Furore machten. Anscheinend argwöhnte sie auch, dass die mächtigen Gegner der Christlichen Wissenschaft zum Gegenschlag ausholen würden.

Eine neue Mose

Die in Neuengland lebende Eddy war nicht selbst nach Chicago gereist, sondern hatte eine Rede geschrieben, die ihr Anhänger Septimus Hanna – ein ehemaliger Richter, der seinen Beruf für eine Karriere in der Christlichen Wissenschaft aufgegeben hatte – im Plenum vortragen durfte. Diese Ansprache beginnt mit einigen kurzen Hinweisen auf Eddy, ihre Herkunft, ihren angloamerikanischen Stammbaum und den historischen Kontext der Entstehung der Christlichen Wissenschaft während des amerikanischen Bürgerkriegs und der Sklavenbefreiung. Sie resümiert die Grundgedanken der allgemeinen Freiheit, der Anerkennung der Rechte des Menschen als Sohn Gottes und der Freiheit von Sünde, Krankheit und Tod. Eben dies war das Ziel der Christlichen Wissenschaft: die Befreiung von diesen drei Grundübeln menschlicher Existenz.

Eddy präsentiert sich als eine neue Mose: Sie habe die Kranken vor sich gesehen, die an einen falschen Herrscher gefesselt waren – nämlich den Glauben, dass sie vom Körper und nicht vom Göttlichen Geist (*Divine Mind*) regiert würden. Sie habe die Kinder Israels aus dieser Gefangenschaft ins gelobte Land der Christlichen Wissenschaft geführt, wo die Fesseln gelöst und die Freiheitsrechte des Menschen anerkannt würden. Eddy schreibt sich hier in die biblische Erzählung ein, die für das Selbstverständnis vieler Amerikaner grundlegende Bedeutung hatte. Der göttliche Ursprung der Christlichen Wissenschaft wird aber nicht an einem Offenbarungsereignis festgemacht, sondern an der «Wahrheit», die mithilfe der «Wissenschaft» zugänglich wird. Eddy sieht die von ihr (wieder-)entdeckte Wahrheit als zeitlos und unbegrenzt, und demnach ist ihre heilende Kraft älter als Jesus, der sich seinerseits auf sie gestützt hat. In diesem Zusammenhang verweist Eddy auf eine Stelle im Markusevangelium (16,18), wo von den «Zeichen der Zeit» die Rede ist, die unter anderem darin bestünden, dass man Schlangen anfassen und ihr tödliches Gift trinken könne, ohne dadurch zu Schaden zu kommen.[2] Die Wahrheit ist, so Eddy, Geist, nicht Materie, und Gott das Grundprinzip der Christlichen Wissenschaft. Ihr wissenschaftlicher Charakter besteht darin, dass diese zeitlosen Grundprinzipien zu einem System ausgearbeitet wurden, dass man nach festen

Regeln verfährt, eine Ursache-Wirkung-Kausalität erkannt hat und das System seit über einem Vierteljahrhundert erfolgreich angewandt und getestet wurde. Die Befreiung des Geistes aus seiner Gefangenschaft und die Herrschaft des Geistes über den Körper begründet Eddy zufolge das richtige Gottesverhältnis und die Bruderschaft der Menschen. Das gilt auch für die Geschlechterbeziehungen: Das Buch Genesis (1. Buch Mose) zeigt, dass Eva auf einer höheren Stufe der göttlichen Intelligenz stand als Adam; sie war die erste Entdeckerin; Frauen spielten eine entscheidende Rolle für Jesus, und «die Wissenschaft vom Christentum» wurde von einer Frau, nämlich Eddy, entdeckt und begründet. Frauen und Männer sind demnach in der Schöpfungsordnung Gottes gleichgestellt.

Von der chronisch Kranken zur wissenschaftlichen Entdeckerin

1893 hatte Eddy bereits über ein Vierteljahrhundert an ihrer Lehre gearbeitet.[3] Die entscheidenden Entdeckungen hatte sie in den 1860er Jahren gemacht. In den ersten Jahrzehnten ihres Lebens litt die 1821 in Bow, New Hampshire, geborene Mary Baker an chronischen und schmerzhaften Magen-, Darm- und Rückenkrankheiten. Sie hatte weitere Schicksalsschläge zu verkraften: den Tod ihres ersten Ehemanns (1844) und ihres Verlobten (1849) und die auf Betreiben ihres zweiten Ehemanns ohne ihre Zustimmung erfolgte Verschickung ihres damals siebenjährigen einzigen Kindes George an Pflegeeltern (1851). Aufgrund ihres Gesundheitszustands konnte sie ihn nicht großziehen, wobei man dem Jungen erzählt hatte, dass seine Mutter gestorben sei.

Marys zweiter Ehemann, Daniel Patterson, ein Zahnarzt, wurde 1862 von den Konföderiertentruppen gefangen genommen, sodass sie krank, einsam und mittellos zurückblieb. Auf briefliche Vermittlung ihres Mannes begab sich Mary Patterson 1862 in Behandlung bei Phineas Parkhurst Quimby. Dieser wandte eine Heilmethode an, die zum Teil noch Elemente des «animalischen Magnetismus» von Franz Anton Mesmer enthielt, hatte aber auch eine neue Methode des geistigen Heilens entwickelt, die bei Mary innerhalb weniger Tage anschlug. Sie schloss sich Quimby an und wurde seine Mitarbeiterin und Vertraute. Sie berichtet, dass sie zwei Wochen vor Quimbys unerwartetem Tod

(1866) auf einer vereisten Straße in Lynn, Massachusetts, so schwer gestürzt sei, dass sie von dem behandelnden Arzt bereits aufgegeben wurde. Drei Tage später aber sei sie sozusagen von den Toten auferstanden, nachdem sie in ihrer Verzweiflung die Bibel aufgeschlagen habe, dort auf die Geschichte der Heilung des Gelähmten (Matthäus 9,2) gestoßen und Jesu Anweisung «Steh auf» gefolgt sei. Nach Quimbys Tod auf sich allein gestellt, begann sie dessen Methode weiterzuentwickeln, wobei sie dieser eine biblisch-religiöse Dimension verlieh.

Die Erforschung der Wirkungsweise der Heilung auf der Grundlage der Bibel war für Eddy gleichermaßen eine Offenbarung und eine Wissenschaft, deren Prinzip göttlich und nicht menschlich sei: «All Science is a revelation. Its principle is divine, not human».[4] Diese Phase ihres Lebens, in der sich einige Schüler um sie sammelten und sie eine erste Heilpraxis eröffnet hatte, kulminierte 1875 in der Veröffentlichung ihres Werkes *Science and Health with Key to Scriptures*, dessen Verkauf neben den Gebühren für ihre Behandlungen zu einer ihrer Haupteinnahmequellen wurde. Nun begann sie auch Sonntagsandachten abzuhalten, und im folgenden Jahr wurde eine Christian Scientists' Association gegründet. 1877 heiratete sie einen ihrer Schüler, den etwa zehn Jahre jüngeren Asa Gilbert Eddy; aus Mary Baker wurde Mary Baker Eddy. Ihr Mann starb jedoch schon 1882.

Die Christliche Wissenschaft war indes keine kontinuierliche Erfolgsgeschichte, sondern wiederholt von inneren Spannungen und Konflikten gekennzeichnet, die mitunter auch aus Eddys Führungsstil und Persönlichkeit resultierten. Zu Beginn der 1880er Jahre, als in Neuengland eine ganze Reihe von Geistheilern verschiedener Ausrichtungen aktiv war,[5] erfolgte eine erste Phase der Institutionengründung mit einer Kirche, in der Eddy als Pastorin fungierte (1879), einem College in Boston (1881), einer seit 1884 monatlich erscheinenden Zeitschrift und einer nationalen Vereinigung (1886). 1888 kam es jedoch zu einer Autoritätskrise, die Eddy 1889 dazu bewog, die von ihr gegründeten Institutionen wieder aufzulösen. Sie verließ Boston und zog nach New Hampshire, wo sie sich u. a. einer Neubearbeitung von *Science and Health* widmete.

Mary Baker Eddy spricht zu über 10000 christlichen Wissenschaftern vom Balkon ihrer Residenz in Pleasant View, New Hampshire, 1903.

Science and Health, ein Lehrbuch

Zwar verstand Eddy Wissenschaft als Offenbarung, *Science and Health* aber galt ihr nicht als Offenbarungsschrift, sondern als Lehrbuch (*textbook*). Dementsprechend nahm sie im Laufe ihrer Karriere einige Neubearbeitungen und Revisionen vor. 1906 erschien die 418. Auflage, weitere Auflagen wurden nicht mehr nummeriert. Erst 1912, zwei Jahre nach Eddys Tod, erschien mit der deutschen Übersetzung von Henry und Dorothy von Moltke die erste fremdsprachige Ausgabe. *Science and Health* wurde bislang in sechzehn Sprachen übersetzt. Eddy hatte in Anbetracht der Gefahr von Missverständnissen bei Übersetzungen lange gezögert, ob sie diese überhaupt zulassen sollte; man einigte sich dann auf den Kompromiss, die englische Textfassung im Parallelsatz immer mit abzudrucken. Nach Eddys Tod wurde das 700-Seiten-Buch nicht mehr verändert.

Es besteht aus zwei Hauptteilen: Der erste, längere Teil beinhaltet Ausführungen und Aussagen zu zentralen Themen wie Gebet, Ehe, Wahrheit, Wissenschaft und Schöpfung sowie Auseinandersetzungen mit Einwänden und verwandten, aber konkurrierenden Lehren wie Spiritismus und Mesmerismus. Der zweite Teil erläutert das erste und das letzte Buch der kanonischen christlichen Bibel (Genesis und Apokalypse), seit der letzten Revision gefolgt von einem Glossar und knapp hundert Seiten mit Heilungsberichten, wohl um die Wirksamkeit der Christlichen Wissenschaft zu untermauern.

Die Tatsache, dass sich eine ungebildete Frau anmaßte, der Bibel eine neue Schrift nebenzuordnen, war eine Provokation für die etablierten christlichen Kirchen, zumal Eddy behauptete, die herrschenden Kirchen hätten das göttliche Gesetz seit fast zwei Jahrtausenden nicht richtig verstanden. Grundlegend war Eddys Antimaterialismus:[6] Gott ist reiner Geist; die Materie – und damit Sünde, Leiden und Tod – wird zwar als real empfunden, ist aber letztlich eine Illusion. Diese nicht nur Theologen oder Mystikern, sondern allen offenstehende Einsicht in diese Grundstruktur des Seins wirkt heilend und befreiend. Christliche Jenseits- und Nachtodlehren (Eschatologien) verlieren damit ihre Funktion. Eddy zieht daraus – ähnlich wie ihr Zeitgenosse Tolstoi – den Schluss, dass man auch das Böse nur mit Gutem überwinden könne. Materialistische Medizin trägt nur zur Verstärkung von Krankheit bei.

Die Mutterkirche: Church of Christ, Scientist

Nach der Überarbeitung ihres Lehrbuchs und der Veröffentlichung eines autobiographischen Werks *Retrospection and Introspection* (1892) – deutsch 1934 als *Rückblick und Einblick* – machte sich Eddy an den Neuaufbau der Organisationsstrukturen von Christian Science. In Boston wurde 1892 die First Church of Christ, Scientist, gegründet; sie gilt als als Mutterkirche, der sich Zweigkirchen anschließen dürfen. Zwar sind diese selbständig demokratisch organisiert, aber allein die Mutterkirche hat das Recht, Lehrer und Redner – und damit die wichtigsten Amtsträger der Kirche – auszubilden und zu autorisieren. 1895 veröffentlichte Eddy ihr (1903 noch einmal revidiertes) *Church Manual* (*Kirchenhandbuch*), in dem die Organisationsform von Christian Science genau niedergelegt wurde; diese Ordnung wird bis heute befolgt. Auf juristisch bindende Art und Weise wurde überdies Mary Baker Eddys Führungsautorität festgelegt, die erst nach ihrem Tode auf den fünfköpfigen Vorstand überging.[7] Die von der Gründerin weitsichtig über ihren Tod hinaus geregelte hierarchische Zentralstruktur ist oft mit der römisch-katholischen Kirche verglichen worden.

1894 wurde der Grundstein für das (später noch erweiterte) repräsentative zentrale Kirchengebäude gelegt; Eddy verzichtete auf den Titel der Pastorin. Stattdessen hat das Lehrbuch den offiziellen Status des Pastors eingenommen, und neben der Bibel wird seither in den Sonntagsgottesdiensten aus *Science and Health* vorgelesen. Die Lesungen aus dem Kultbuch zeigen Eddys Versuch, ihre Lehre vor Veränderungen durch unautorisierte, eigenwillige oder innovative Prediger zu bewahren. Die private Lektüre des Lehrbuchs wird nachdrücklich empfohlen, sie soll bei vielen Christlichen Wissenschaftern Heilerfolge bewirkt haben, wie einige in *Science and Health* abgedruckte Heilungszeugnisse zeigen.

Christian Science begann auch mit der Veröffentlichung von Zeitschriften, die von einem eigenen Verlag herausgegeben wurden. 1908 ließ Eddy eine eigene Tageszeitung gründen, den heute noch erscheinenden *Christian Science Monitor*. In Deutschland erscheint bereits seit 1903 der *Herold der Christlichen Wissenschaft* (früher *The Christian Science Herold*).

Gerichtsverfahren und der Faktor Geschlecht

Die Verbreitung der Christlichen Wissenschaft in den 1890er Jahren – auch in Europa (1896 London; 1898 Hannover) – erregte Widerspruch, und zwar zunehmend auch bei Medizinern. Neben einem sprunghaften Anstieg von Artikeln in medizinischen Fachzeitschriften, die sich mit Christian Science auseinandersetzten, kam es zu einer ganzen Reihe von Prozessen, in denen die medizinische Befähigung und Verantwortung der Christian-Science-Heiler verhandelt wurden.[8] Bei fast der Hälfte der sechsunddreißig Gerichtsverfahren, die vor 1921 stattfanden, ging es um den Tod von Kindern bzw. Säuglingen. Die Expansion von Christian Science fiel in eine Zeit, als in verschiedenen amerikanischen Bundesstaaten eine striktere Gesetzgebung zur Lizenzierung ärztlicher Praxis eingeführt wurde.[9]

Im ersten Jahrzehnt des 20. Jahrhunderts wurden auch Prozesse gegen Eddy persönlich angestrengt, die sich jedoch indirekt gegen die von ihr begründete Christliche Wissenschaft richteten, deren scheinbar unaufhaltsames weiteres Wachstum als gefährlich angesehen wurde. 1907 wurde Eddy, mittlerweile fünfundachtzig Jahre alt, zum Gegenstand eines der größten Medienereignisse der Vereinigten Staaten, als auf Initiative einer der meistgelesenen Tageszeitungen ihre geistige Zurechnungsfähigkeit und Geschäftsfähigkeit in Zweifel gezogen wurden. Die Berichterstattung über das Gerichtsverfahren in der Presse war anfangs teilweise extrem feindselig, aber im Zuge des bizarren Prozesses, als die Haltlosigkeit der Anklagen nicht mehr zu übersehen war, gewannen anerkennende und positive Darstellungen Oberhand.[10]

Zu Beginn des 20. Jahrhunderts war Eddy die einzige allgemein anerkannte weibliche Berühmtheit der Vereinigten Staaten. Der Schriftsteller Mark Twain setzte sich seit 1899 in mehreren Veröffentlichungen kritisch und spöttisch mit seiner berühmten Zeitgenossin, die sich «Mother» nennen ließ, auseinander,[11] wobei er zugleich Eddys historische Leistung als die der in seinen Augen vielleicht bemerkenswertesten Frau aller Zeiten anerkannte. In Deutschland wurden 1931 zwei Schauspiele mit extrem negativen Schilderungen Eddys aufgeführt: *Wunder in Amerika* von Ernst Toller und Hermann Kesten und *Die Heilige aus USA* von Ilse Langner. Ebenfalls 1931 erschien das Buch *Die Heilung durch den Geist* von Stefan Zweig, das Franz Anton Mesmer, Eddy und Sigmund Freud behandelt. Über Eddy äußert Zweig sich dabei herablassend und abwertend. Da sich das Buch in Deutschland dauerhaft sehr gut verkaufte, sollte es hier die Wahrnehmung der Begründerin der Christlichen Wissenschaft nachhaltig negativ färben.[12] Im Nationalsozialismus erfuhr die Christliche Wissenschaft seit etwa 1937 schwere Einschränkungen und geriet in das Fadenkreuz der Gestapo; in der DDR wurde sie 1951 verboten und erst kurz vor dem Mauerfall wieder zugelassen.

Für Zweig war ein Hauptcharakterzug Eddys «diese eisenharte, geradlinige, diese das Wort Unmöglich blank verlachende amerikanische Energie». Wolle man Eddys Persönlichkeit in ein Bild fassen, so wisse er «kein besseres sinnliches Symbol als den hochgereckten Nacken und die herrlich entschlossenen, die herausfordernd ins Unsichtbare ausschauenden Augen dieser unfraulichsten Frau».[13] Für Zweig konnte Eddy offenbar nur unter Verleugnung ihrer Weiblichkeit reüssieren.

Die Feministin Alison Piepmeier sieht bei Eddy demgegenüber eine unerhörte Radikalität am Werke: Da Eddy die grundlegende Bedeutung der materiellen Welt bestritt – nur das Geistig-Göttliche sei letztendlich real –, habe sie das gesamte Geschlechtersystem hinweggefegt.[14] Wie Eddys eigene Biographie zeigt, war das Heilungsangebot der Christlichen Wissenschaft gerade für Frauen relevant und vielleicht auch befreiend, da Kranksein nun nicht mehr in der Natur der Frau lag, sondern prinzipiell als unnatürlich demaskiert wurde. Im Vergleich zu anderen christlichen Kirchen hatte Christian Science einen höheren Frauenanteil. Wenngleich Eddy die Publikationsangelegenheiten ihren männlichen Mitstreitern vorbehielt, eröffnete Christian Science Frauen neue religiöse Karrieremöglichkeiten; als Heilerinnen wandten sie sich dann jedoch wieder vornehmlich an eine weibliche Klientel.[15] Die Bedeutung von Eddys Karriere als Beweis für die Leistungsfähigkeit von Frauen – sogar bei extrem ungünstigen biographischen Voraussetzungen – wurde sogar von Zweig anerkannt.

Profit, Wachstum, Stagnation

Eddys Leistungsdenken wurde nicht nur von Zweig als ebenso amerikanisch aufgefasst wie ihre Geschäftstüchtigkeit und ihr Gewinnstreben. Eine gängige Auffassung will, dass Religion *non profit* sei; für Eddy waren aber beispielsweise die Auflagenzahlen von *Science and Health* ein Qualitätsmerkmal und kein Verrat an hehren Idealen. Die Tatsache, dass die Christian-Science-Heiler für ihre Behandlungen Geld verlangten, war ein Punkt, der in der öffentlichen Debatte und in rechtlichen Auseinandersetzungen immer wieder moniert wurde.[16] Bei Ron Hubbard wird uns diese Problemkonstellation wieder begegnen (s. Kap. 25); Hubbard übrigens machte aus einer Therapie, der Dianetik, eine Religion – ähnlich wie Eddy Quimbys System religiös erweitert hatte.

Als Eddy 1910 als schwerreiche Frau «weiterging» (starb), gab es allein in den Vereinigten Staaten über sechshundert Zweigkirchen der Christlichen Wissenschaft, die sich auch in den ersten Jahrzehnten nach dem Tod ihrer Gründerin weiter ausbreitete. Das Wachstum verflachte dann jedoch, und etwa seit dem Zweiten Weltkrieg ist die Entwicklung rückläufig. Der amerikanische Soziologe Rodney Stark macht dafür mehrere Faktoren verantwortlich: Die Christliche Wissenschaft aktiviert ihre Mitglieder nicht in ausreichendem Maße – es gibt z. B. kaum Missionsbestrebungen und kein besonders aktives Gemeindeleben; Frauen haben inzwischen viele andere gesellschaftliche Karrieremöglichkeiten (teilweise sogar in den Großkirchen); auch können die für die Plausibilität der Christlichen Wissenschaft so bedeutenden Heilungserfolge heutzutage nicht mehr mit der Schulmedizin konkurrieren, die seit der Nachkriegszeit rasante Fortschritte verzeichnete. Da Eddy theologischen Innovationen einen Riegel vorgeschoben hatte, konnte sich die Christliche Wissenschaft schlecht an neue Gegebenheiten anpassen und damit beispielsweise den fundamentalen Antimaterialismus nicht gegen neue materialistische Strömungen profilieren. Zwar spielen auch im prosperierenden Pfingstchristentum, das in einer von William Seymour zu Beginn des 20. Jahrhunderts in Kalifornien geleiteten Gemeinde für Aufsehen sorgte, Heilungspraktiken eine zentrale Rolle, diese werden dort aber als Gnadengaben verstanden, nicht als Produkte göttlicher bzw. wissenschaftlicher Gesetzmäßigkeiten. Schließlich hat sich gerade der Anspruch auf Wissenschaftlichkeit als fatal erwiesen, nachdem sich das Verständnis von Wissenschaft im 20. Jahrhundert stark professionalisiert hat.[17]

2

Quanah Parker

Die Peyote-Religion der Comanche-Indianer

Nicht alle Religionen der Welt waren in dem Weltparlament der Religionen mit eigenen Repräsentanten vertreten, aber einige fehlende wurden dennoch thematisiert. Eine bezeichnende Lücke war hier durch die indigenen Bevölkerungen entstanden. In vielen Regionen der Erde waren insbesondere durch den vordringenden Siedlerkolonialismus und dann durch die Ausbreitung der technisch-kapitalistischen Machtkomplexe indigene Bevölkerungen brutal an die Ränder gedrängt worden. In Nordamerika wurden die früheren Landesbewohner – die First Peoples, First Americans, American Indians, Native Americans oder Indianer – durch Epidemien, Seuchen und den Entzug ihrer Subsistenzgrundlage dezimiert und verloren weitgehend ihre politische, kulturelle und wirtschaftliche Autonomie.[1] Sie waren gezwungen, ihre Lebensformen radikal umzustellen, und viele Völker fanden sich in fremden, öden und unwirtlichen «Reservaten» eingesperrt. 1886, also nur sieben Jahre vor der Weltausstellung von Chicago, waren die sog. Indianerkriege beendet worden, der bewaffnete Widerstand der Indianer gegen die weiße Besiedelung war endgültig gebrochen. Die Unterdrückung und Ausgrenzung der indianischen Volksgruppen dauerten allerdings noch lange an, mit Folgen bis in die Gegenwart. Erst durch die Verabschiedung des Indian Citizenship Act 1924 wurde allen auf dem Territorium der USA lebenden Angehörigen der vorkolonialen bzw. indigenen Bevölkerungen automatisch die amerikanische Staatsbürgerschaft zuerkannt und damit zumindest eine Vorbedingung nachhaltiger gesellschaftlicher, kultureller und politischer Anerkennung geschaffen.

Obwohl also keine amerikanischen Indianer am Weltparlament der Religionen teilnahmen, beschäftigte sich immerhin ein Vortrag mit ihrer Religion. Das war angesichts massiver Missionierung und kultureller Unterdrückung nicht selbstverständlich. Die Weltausstellung, in deren Rahmen das Weltparlament der Religionen ja stattfand, zelebrierte den amerikanischen und weißen Rassen-Triumphalismus – u. a. durch im Freien nachgebaute indianische Dörfer, in denen «lebendige Indianer» ihre «primitiven Lebensweisen» nachspielten, wodurch die First Peoples zu Objekten der Schaulust degradiert wurden.[2]

«The Religion of the North American Indians»

Den Vortrag über die Indianer als Träger einer Religion hielt die Archäologin und Ethnologin Alice Cunningham Fletcher, die damals beste Kennerin der Materie.[3] 1881 hatte sie ihr vertrautes Umfeld an der Ostküste verlassen und sich zu längeren Feldforschungsaufenthalten bei den Sioux, den Omaha, den Winnebagos und den Nez Perces aufgemacht. Seit 1890 bekleidete sie einen eigens für sie gestifteten Lehrstuhl am Peabody Museum. Bei der Weltausstellung 1893 arbeitete sie an einem in letzter Minute geplanten völkerkundlichen Ausstellungskomplex mit.

In ihrem Vortrag betonte Fletcher mehrfach das hohe Alter und die große Vielfalt der nordamerikanischen indigenen Bevölkerung, das Fehlen von Glaubensbekenntnissen und die allgemeine Anerkennung persönlicher Unsterblichkeit. Viele Aussagen waren in der Vergangenheitsform formuliert – sie zeichnete also eine vergangene Welt. Bei der Beschreibung der Zeremonien hob sie fasziniert deren «groteske Züge» und «entsetzlichen» Realismus hervor. Als sie auf die «schöne Symbolik» und das Ritual der Friedenspfeife zu sprechen kam, blitzte ein Moment der Bewertung auf: Sie glaubte hier die «Morgenröte edlerer und sanfterer Tugenden, von Barmherzigkeit und verwandter Grazien»[4] zu sehen. Da sprach nun die Erzieherin der Indianer, die ihre Anvertrauten in eine neue Zivilisation führen wollte.

Die Quahadi und Cynthia Ann Parker

Kaum ein andere Indianergruppe hatte sich so lange und erfolgreich dem weißen Imperialismus entzogen wie die Quahadi, eine extrem kriegerische Untergruppe des Volks der Comanche, ausgezeichneten Reitern, die etwa seit dem 17. Jahrhundert die anderen Nationen der Southern Plains unterworfen hatte. Die Quahadi hatten bis zum Ende ihres freien Lebens auf den Prärien direkte friedliche Kontakte mit den Weißen konsequent vermieden. Daher waren sie auch von den verheerenden Choleraepidemien verschont geblieben, der etwa die Hälfte der Comanche zum Opfer gefallen waren. Erst Mitte der 1870er Jahre mussten sie sich, im Gefolge der Entwicklung und Verwendung neuer Schusswaffen wie dem Colt, im Hochland von Texas endgültig der militärischen Übermacht der Truppen der Vereinigten Staaten beugen.

Der wichtigste Anführer der Quahadi in der letzten Phase der kriegerischen Auseinandersetzungen war Quanah Parker (1848–1911). Er war der Sohn eines Comanche-Anführers und einer Weißen. Seine Mutter Cynthia Ann Parker war 1836 als etwa Neunjährige bei einem Überfall von Comanche gekidnappt worden, wobei sie den grausamen Mord an ihrem Vater und anderen Verwandten mit ansehen musste. Dieses Ereignis wurde in dem John-Ford-Western *The Searchers* (deutsch als *Der Schwarze Falke*) von 1956 mit John Wayne in der Hauptrolle verarbeitet. 1860 war Cynthia alias Nautdah, die indianisch assimilierte verheiratete Frau und Mutter von drei Kindern, bei einem Angriff auf ihr Lager, den nur sie und ihre Tochter Prairie Flower überlebten, zwangsbefreit und in die Obhut ihrer weißen Familie verschleppt worden.[5] Ihr Sohn Quanah, den sie nie mehr wiedersehen sollte und der bei dem Angriff auch seinen Vater verlor, war damals zwölf Jahre alt. Cynthia Ann Parker, die kein Englisch mehr sprach, wurde schnell eine Art landesweite Berühmtheit – eine Ikone des Triumphes der unschuldigen Zivilisation der Vereinigten Staaten über die Barbarei der Indianer. Sie widersetzte sich allerdings ihrer Wiedereingliederung in die weiße Gesellschaft; 1871 fastete sie sich zu Tode. Dem Christentum hatte sie sich offenbar nicht angeschlossen, sondern ihren Comanche-Riten die Treue gehalten. Dazu gehörte, Tabak in einem eigens angefachten Feuer zu verbrennen, sich in die Brust zu schneiden, die austretenden Blutstropfen dann ins Feuer tropfen zu lassen und den Rauch aus der Pfeife ehrfürchtig in Richtung Sonne zu blasen.[6]

Macht und Ohnmacht der Schutzgeister

Die weitgehend egalitären, von der Bisonjagd und gelegentlichen Raubzügen lebenden Quahadi hatten in einer von Geistern beseelten Welt gelebt, deren Macht *(puha)* als Lebenselixier und Medizin wirken konnte. Eine ausformulierte Ethik ist ebenso wenig überliefert wie abstrakte Glaubenssätze. Es gab einige wenige komplexe kollektive Zeremonien: Um erwachsen zu werden, durchschwammen die jungen Männer einen Fluss und begaben sich allein in die Wüste, wo sie auf der Suche nach einer transformativen Erfahrung wie einem Traum (*vision quest*) rauchten und beteten. Quanah Parker gewann durch diese Erfahrung eine mit dem Bären verbundene Schutzmacht.[7]

In den Jahren 1873/74, als das Volk der Comanche schon stark dezimiert war, sie in kriegerischen Auseinandersetzungen nun vorwiegend Niederlagen einstecken mussten, und die Bisonschlächter sich daran machten, die einst schier unendlichen Herden dieser riesigen Kreaturen für das Geschäft mit ihren Häuten auszurotten, machte unter den Quahadi ein Mann namens Isa-tai von sich reden: Er war durch seine Vorhersagen meteorologischer Phänomene aufgefallen, hatte angeblich ekstatische Jenseitsreisen unternommen und beanspruchte für sich eine neuartige Schutzmacht. Isa-tai behauptete, die Toten wieder zum Leben erwecken zu können, über außergewöhnliche Heilkräfte zu verfügen, für die Kugeln der Weißen unverwundbar zu sein und eine Salbe herstellen zu können, die auch andere immun gegen Kugeln machte. Unter seiner Leitung würden die Weißen vernichtet und die Comanche wieder zu alter Größe zurückfinden. Isa-tais Verheißungen verbreiteten sich auch außerhalb der Comanche, und seine neuartige Botschaft hatte gemeinschaftsbildendes Potenzial: Isa-tai rief erstmals in der dokumentierten Geschichte der Comanche eine Versammlung der gesamten Nation zusammen, auf der eine ganz neue Zeremonie praktiziert wurde: ein Sonnentanz.

Isa-tais übernatürliche Ansprüche scheiterten allerdings 1874 auf tragische Weise bei einem misslungenen Angriff auf einen Handelsposten, den er zusammen mit Quanah geplant hatte, wobei Letzterer verwundet wurde, während viele Comanche-Krieger ihr Leben verloren.[8] 1875 entschloss sich der aggressive Weißen-Hasser Quanah zur Aufgabe; er und sein Gefolge stellten sich den Truppen der Vereinigten Staaten.

Im Reservat am Fuße der Wichita Mountains versuchte Quanah Parker sein Leben und das seiner Leute an die Vorgaben der Gesellschaft und Kultur der weißen Amerikaner anzupassen. Im Reservat stieg der ehemalige Krieger in das aufstrebende Geschäft mit der Viehzucht ein, wobei er sich erfolgreich dafür einsetzte, dass die Indianer das Land ihrer Reservate verpachten konnten. Parker erarbeitete sich das eigens für ihn geschaffene Amt eines *principal chief* der Comanche. Als Oberhäuptling ritt er im März 1905 an der Spitze von vierhundert Indianern in der imposanten Inaugurationsparade in Washington zu Theodore Roosevelts Einführung in seine zweite Amtszeit. Damit hatte er wohl die Hoffnung verbunden, für sein Volk Positives aushandeln zu können, für die Zuschauer aber war dieser Auftritt eher der Beweis weißer Suprematie – und der «imperialistische Kraftmeier» Roosevelt trug wesentlich zum weiteren Niedergang der indianischen Kulturen bei, die zu «pulverisieren» er 1901 offiziell angekündigt hatte.[9]

Obwohl Parker in kultureller Anpassung Wollanzüge anlegte, trug er seine Haare weiterhin lang und geflochten. Außerdem beharrte er auf dem Fortbestand seiner Ehen, vielleicht nur aus dem pragmatischen Grund, dass er nicht gewusst hätte, von welchen seiner acht Ehefrauen, von denen er sieben im Reservat geheiratet hatte und mit denen er insgesamt vierundzwanzig Kinder hatte, er sich hätte trennen sollen. Dies war wohl auch ein Grund, weshalb er sich nie dem Christentum anschloss, wenngleich er mit christlichen Missionaren, deren Bemühungen im Bildungswesen er schätzte, durchaus freundliche Beziehungen unterhielt. Anscheinend hatte er auch ein positives Jesus-Bild, als eines Bruders der Indianer.[10]

Quanah Parker als respektabler Geschäftsmann, 1890

Peyote: Der Kaktus und die Zeremonien

Die Zeit im Reservat war eine Periode religiöser Neuerung, so nahmen die Comanche christliche Bestattungssitten an.[11] Parker trat gegen die Ausbreitung der Ghost-Dance-Bewegung ein, die sich ab 1889 als religiöse Form antikolonialen Widerstands in zahlreichen Reservaten verbreitet hatte.

Er hatte sich unterdessen für Peyote zu interessieren begonnen. Peyote ist der Name einer in Mexiko und im südlichen Texas wachsenden kleinen, dornenfreien Kakteenart (Lophophora williamsii), die verschiedenste Alkaloide, darunter Meskalin, enthält. In Mexiko war Peyote schon lange vor der spanischen Eroberung rituell genutzt worden. Die Comanche waren auf ihren Beutezügen ins Gebiet von Südtexas und Mexiko mit Peyote in Berührung gekommen. Parker ließ sich vermutlich aufgrund einer persönlichen Krisenerfahrung von den positiven Wirkungen des Peyote-Rauschmittels überzeugen;[12] vielleicht wurde er von einer mexikanischen Heilerin, einer *curandera,* damit vertraut gemacht.[13]

Wie das Trinken von sehr starkem Kaffee erhöht der Konsum von Peyote den Puls. Die in der Pflanze enthaltenen Alkaloide führen zu Wahrnehmungsveränderungen und können das Gefühl einer Außensicht auf den eigenen Körper bewirken.[14] Weiterhin wird von Empfindungen des Friedens, der Gelassenheit, Reue, Heilung und Vergebung, einer Harmonie mit der Welt und der Nähe zu Gott berichtet.[15] Anders als Alkohol, von dem viele amerikanische Indianer süchtig wurden, scheint Peyote keine Abhängigkeit zu erzeugen; es sind sogar Fälle belegt, in denen Indianer ihre Alkoholsucht durch Teilnahme an Peyote-Zeremonien erfolgreich überwinden konnten.

Parker propagierte eine bestimmte Variante der Peyote-Zeremonie, die nach der Form des Altars, auf dem ein großer Peyote-Trieb platziert wird, als Halbmond-Zeremonie bezeichnet wird. Sie wird in der Regel im Auftrag eines Sponsors zu einem zu Beginn definierten Zweck in einem eigens dafür errichteten Zelt *(tipi)* ausgeführt, beginnt jeweils abends und endet erst am nächsten Tag. Unter den durchweg männlichen Teilnehmern verteilen sich einige Rollen, allen voran der *roadman* genannte Ritualleiter, weiterhin Männer, die für die Trommeln, die Duftspendung aus Zedernholz und das Feuer zuständig sind und Lieder vortragen. Zu Beginn der Zeremonie wird eine Zigarette herumgereicht und der Peyote in getrockneter Form, frisch oder auch als Aufguss gegessen bzw. getrunken. In der Nacht führt der *roadman* Heilungsriten aus, und die Teilnehmer können ihre Sünden bekennen oder um Vergebung für Fehlverhalten bitten. Bei Anbruch des Tages betritt eine Frau die Szene, die *water woman*, die ein Gebet aufsagt und einen Wasserkübel bringt, der reihum gereicht wird. Bei Sonnenaufgang wird eine Mahlzeit eingenommen, welche die vier bedeutungsvollen Grundstoffe Wasser, Mais, Obst und Fleisch enthält. Der *roadman* gibt den Teilnehmern zum Abschluss der Zeremonie oft noch eine Botschaft mit auf den Weg.

Quanah Parker war ein erfahrener *roadman*. Ein weißer Peyote-Teilnehmer, der für Parker als Buchhalter arbeitete, berichtete von einer Peyote-Zeremonie, die 1909 in Parkers Haus stattfand. In einer stillen Phase des Rituals, gegen drei Uhr in der Nacht, sei Quanah Parker vor dem Altar niedergekniet, habe Gebete aufgesagt, dann Adlerfedern in beide Hände genommen und sei schließlich aufgestanden, wobei er sich in einem Zustand der «great inspiration» befunden habe, so dass seine ganze Persönlichkeit sich zu verändern schien: «… seine Augen strahlten einen starken Glanz aus und sein Körper schwankte hin und her, durch ein mächtiges Gefühl zum Vibrieren gebracht … Dann sangen alle gemeinsam in Gleichklang. Sie beteten zu Gott und zu Jesus und sangen von einem ‹engen Pfad›.»[16]

Parker verteidigte die Peyote-Religion gegen Kritiker. Eine ihm zugeschriebene Aussage lautet: «The White Man goes into his Church and talks about Jesus. The Indian goes into his tipi and talks with Jesus.»[17] Jesus wird auch hier als Bezugsperson der rituellen Kommunikation eingesetzt. Die christliche Zuspitzung war möglicherweise eine legitimatorisch-rhetorische Taktik. Jedenfalls gab es auch Halbmond-Ausführende, die klarstellten, dass sie während der Zeremonie nicht mit Jesus kommunizierten, sondern mit dem Großen Geist *(great spirit)* und Mutter Erde.[18] Viele Peyotisten trugen Kruzifixe, deren früher Sinngehalt allerdings von anderen Interpreten in erster Linie mit traditioneller Zahlensymbolik in Verbindung gebracht wird. Mit klaren binären Zuordnungen kommt man hier wohl nicht weit.

Parker propagierte die Peyote-Zeremonien nicht nur unter den Comanche. Sie fanden gerade nach dem Wounded Knee-Massaker (1890), das den Untergang der widerständigen Geistertanz-Religion bedeutete, unter verschiedenen indianischen Nationen Aufnahme. Parkers Stellung als offizieller Anführer der Comanche und sein religiöses Prestige als Peyote-*roadman* verliehen ihm vermutlich bei den Indianern einen hohen sozialen Kredit. Zudem war Peyote auch ein Teil seiner geschäftlichen Tätigkeiten, da er sich um die Beschaffung von Peyote-Trieben kümmerte und damit wohl auch Profit erwirtschaftete.

Der Bericht eines Anthropologen bringt Parkers Tod (im Jahre 1911) mit seinem Geschäftsgebaren in Verbindung. Ein anderer Volksstamm habe Parker gebeten, einen jungen Mann zu heilen, wofür Parker aber eine beträchtliche Geldsumme gefordert habe. Die Leute waren empört, denn für die vom Großen Geist verliehene Heilungsgabe Geld zu verlangen führe dazu, dass der Große Geist die Gabe wieder entziehe. Obwohl Parker den jungen Mann schließlich für eine geringere Summe erfolgreich behandelte, wurde er selbst sterbenskrank; kurz vor seinem Tod bereute er sein Handeln.[19]

Vom drohenden Verbot zur Gründung der Native American Church

Mit der Ausbreitung der Peyote-Zeremonien wurden die Behörden auf die Pflanze aufmerksam. Seit 1897 unternahmen sie wiederholt Versuche, den Konsum der Triebe des Gewächses zu verbieten – wegen angeblicher Gefahren für die physische und psychische Gesundheit der Ureinwohner. Aufgrund seines Ansehens gelang es Parker, ein Verbot zunächst abzuwenden: Die Gesetzgebung solle sich nicht in den Bereich von Religion einmischen; außerdem sei Peyote gesundheitsfördernd und habe vielen geholfen, mit dem Trinken aufzuhören.[20] Hier klingen bereits zwei Grundthemen der späteren Debatte an: die Anerkennung der Peyote-Zeremonien als Religion und der pharmakologische Status von Peyote – wie viel Rauschmittel verträgt «gesunde» Religion?

Ab 1899 wurde Peyote in mehreren Bundesstaaten per Gesetz verboten. Die Trennungslinien in der Auseinandersetzung um ein föderales Verbot von Peyote verliefen nicht eindeutig entlang rassischer Linien, wurde die Verbotskampagne doch auch von indianischen Gruppen wie der 1912 gegründeten Society of American Indians forciert. Anderseits waren nicht alle Weißen gegen Peyote. Ein wichtiger Unterstützer war der Anthropologe James Mooney, der schon 1891 selbst Peyote-Zeremonien beigewohnt hatte und als Sachverständiger vor Gericht gegen die Kriminalisierung von Peyote eingetreten war. In den Verhandlungen hatten die Indianer darauf gepocht, dass ihre Peyote-Zeremonien den gleichen Status hätten wie die Gottesdienste anderer Kirchen, und so waren die Indianer – auch von Mooney – gut beraten, ihre religiösen Zeremonien unter den herrschenden Gesetzen in Oklahoma offiziell registrieren zu lassen. 1918, sieben Jahre nach Quanah Parkers Tod, wurde dann die Native American Church gegründet. Nach ihren Statuten nehmen die Peyote-Zeremonien nun den Status eines «Sakraments» ein und werden als Ausdruck des christlichen Glaubens verstanden.[21]

Die Native American Church hat sich im 20. Jahrhundert als die größte religiöse Organisation der nordamerikanischen Indianer etabliert; sie zählt derzeit etwa eine Viertelmillion Mitglieder. Aber während der Peyote-Kult zunächst noch als christliche Kirche Legitimität errungen hatte, haben Neuformationen indigener Traditionen im späteren 20. Jahrhundert auf eine solche Verankerung zunehmend verzichtet und sich auf vorchristliches Erbe berufen.

Seit den 1950er Jahren verbreitete sich der Gebrauch von Peyote auch außerhalb der indianischen Bevölkerung. Prominente Peyote-Konsumenten waren Aldous Huxley und der Beat-Poet und Buddhist Allen Ginsberg. Nach 1970 wurden jedoch neue Verbote verabschiedet, und das Oberste Bundesgericht verkündete, dass im Namen der Religionsfreiheit andere Gesetze nicht übertreten werden dürfen – was sich hier auf die Einnahme verbotener Substanzen wie Peyote bezog. Erst mit den American Religious Freedom Amendments von 1994 änderte sich diese Situation. Besitz, Konsum und Vertrieb von Peyote sind seither in Verbindung mit anerkannter, traditioneller indianischer religiöser Praxis nicht mehr strafbar.[22] Das heißt aber auch: Der Konsum ist ausschließlich innerhalb anerkannter religiöser Zeremonien erlaubt – und das gilt nur für Indianer. Religionsfreiheit wird hier einerseits gewährleistet und andererseits massiv ethnisch bzw. rassisch eingeschränkt – sie bleibt sozusagen im Reservat. Die genaue Reichweite dieser Regelungen wurde seither in einigen Rechtsfällen getestet. Es ist aber noch zu keiner grundlegenden Revision gekommen.

3

Swami Vivekananda

Das spirituelle Indien und die Wiederentdeckung des Yoga

Wenige Aussagen wurden von dem Weltparlament der Religionen in Chicago so bejubelt wie die schlichten Begrüßungsworte eines bis dato unbekannten 30-jährigen indischen Teilnehmers: «Sisters and Brothers of America!». Swami Vivekananda (1863–1902),[1] der erst nach Ablauf der Anmeldefrist überhaupt zu der Veranstaltung zugelassen worden war, hatte schon bei der morgendlichen Eröffnungssitzung durch sein Aussehen und sein farbig-seidiges Gewand mit Turban viele Blicke auf sich gezogen. Nun bezauberte er sein Publikum durch seine klare und wohltönende Stimme, wobei er in seiner improvisierten Rede eine besondere repräsentative Position und Autorität beanspruchte: «Ich danke Ihnen im Namen des ältesten Mönchsordens der Welt; ich danke Ihnen im Namen der Mutter der Religionen; und ich danke Ihnen im Namen von Abermillionen von Hindus aller Klassen und Sekten.» Dem Hinduismus wies er dabei nicht nur eine historisch-genealogische Sonderstellung zu, sondern auch eine besondere Eigenschaft: «Ich bin stolz, einer Religion anzugehören, die der Welt Toleranz und universale Wertschätzung beigebracht hat. Wir glauben nicht nur an universale Toleranz, sondern wir erkennen alle Religionen als wahr an.»

Mit einem Paukenschlag hatte der Redner anscheinend eine im Westen nicht ohne Widerstände errungene und immer noch nicht von allen Christen geteilte Toleranzposition überboten. Gegen Ende seiner kurzen Rede erteilte er den «Dämonen» des Sektierertums, der Bigotterie und des Fanatismus eine Absage. Den indischen Gegenentwurf präsentierte er unter Berufung auf ein bekanntes Gleichnis und die «wunderbare Lehre» der *Bhagavad Gita*: «Wer auch zu mir kommen möge, in welcher Gestalt auch immer, den werde ich erreichen. Alle Menschen kämpfen sich auf [verschiedenen] Wegen ab, die zuletzt bei mir enden.»[2] Diese Aussage der göttlichen Hauptfigur Krishna zeigt zugleich die potenziell vereinnahmende Stoßrichtung der Anerkennung der Wahrheit der anderen: Letztlich führen alle Wege zum Hinduismus, und zwar in Richtung des sog. Vedanta («das Ende des Veda»; gemeint sind die älteren *Upanishaden* als letzter Teil der Überlieferung und deren Exegese).

Swami Vivekananda hielt noch fünf weitere Ansprachen in dem Weltparlament. In seinem kurzen Statement auf der Abschlusssitzung sprach er sich gegen religiös-konfessionellen Triumphalismus und Exklusivismus sowie gegen Konversionen aus: «Möchte ich, dass Christen Hindus werden? Um Himmels willen, nein!»[3] Vivekananda war an der Individualität und Eigengesetzlichkeit aller Religionen gelegen, die umgekehrt «den Geist der anderen aufnehmen» sollten. Mit seinem Wunsch nach interreligiöser Harmonie wurde er eine der Bezugspersonen von ökumenischen Versöhnungsprogrammen des 20. Jahrhunderts.

Rekonstitution des Hinduismus

In seiner längsten Rede versuchte Vivekananda den Hinduismus seiner amerikanischen und internationalen Zuhörerschaft nahezubringen. Zwar gehe der Hinduismus auf Offenbarung zurück, die Veden seien aber keine heiligen Schriften, sondern das Repositorium der geistigen – moralischen, ethischen und spirituellen – Gesetze, die mit den Erkenntnissen der modernen Naturwissenschaften übereinstimmten. Ja, die Naturwissenschaften sollten «nun in kraftvollerer Sprache und mit neuem Licht» das bestätigen, was die Hindus «in ihren Herzen bewegte».[4] Vivekananda bemühte sich, den Hinduismus vom «Makel» des Polytheismus zu befreien und den Bilderkult als Hilfskonstruktion auf dem Weg zur göttlichen Vollkommenheit verständlich zu machen. Das Streben nach Vollkommenheit, dem wir u. a. auch bei Tolstoi und später bei Gandhi begegnen (s. Kap. 5 und 11), galt Vivekananda als entscheidendes Heilsziel: «Dieses Gott-Erreichen, diese Gottesschau, dieses Vollkommen-Werden, so wie der Vater im Himmel vollkommen ist, macht die Religion der Hindus aus.»[5] Die Metapher vom Vater im Himmel weckt christliche Assoziationen, ebenso wie seine Rede von Barmherzigkeit, Liebe und der Unsterblichkeit der Seele. Gleichzeitig vertrat er (implizit) das Prinzip des *karma*, wenn er abstrakt die Lehre verteidigte, dass sich das Glück oder Unglück eines Individuums aus seinen früheren Handlungen herleiten lasse, nicht aus dem grausamen Diktat eines Schöpfergottes.[6]

Ähnlich wie Mary Baker Eddy griff Vivekananda den Materialismus an und sprach sich für den Primat des Geistes aus: «Die Materie ist Ihre Dienerin, Sie sind nicht die Diener der Materie.»[7] Die Herrschaft der Materie sei eine zu durchbrechende Illusion auf dem Weg zur göttlichen Freiheit, wofür Vivekananda im Sinne älterer indischer Theorien den Begriff *mukti* (geläufiger: *moksha* «Erlösung») gebrauchte.

Brahmo Samaj, Shri Ramakrishna und die Göttin Kali

Vivekananda hatte in seiner Heimatstadt Kalkutta, damals die Hauptstadt von Britisch Indien, ausgiebig Erfahrungen mit westlichen Vorstellungen und Werten sammeln können. Er wurde 1863 als Narendrenath Datta in eine Familie geboren, die zur kolonialen Elite Bengalens gehörte. Sein Vater war ein erfolgreicher Rechtsanwalt. Narendranath erhielt eine britische Ausbildung, u. a. besuchte er ein von schottischen Missionaren betriebenes College, wo er sich auch mit europäischer Philosophie beschäftigte.

In Kalkutta waren zumindest für die gebildeteren Kreise, die sich u. a. mit der Gründung von Gesellschaften, Vereinen und Zeitschriften öffentlich engagierten, eine ganze Reihe geistiger und religiöser Strömungen greifbar: unterschiedliche Formen hinduistischer und islamischer Religiosität, verschiedene Spielarten des Christentums und westlicher philosophischer Richtungen, Indologen, Freimaurer, Unitarier und hinduistische Reformtendenzen. Einflussreich war hier vor allem der auf Ram Mohan Roy (1772–1833) zurückgehende Brahmo Samaj, der über ein eigenes Glaubensbekenntnis und Initiationsritual verfügte und 1893 eigene Repräsentanten zum Weltparlament der Religionen entsandte. Die kleine, aber einflussreiche Brahman-Gesellschaft richtete sich gegen die Bilderverehrung und den verbreiteten Polytheismus. Ihr Motto war «Gott ist Wahrheit, Wissen, endlos.» Damit klingt ein

Thema an, das uns auch bei Tolstoi und der Theosophie begegnet. Roy hatte 1815 in bengalischer Sprache ein Buch über Vedanta geschrieben, der Rückgriff darauf war also keine Neuerfindung Vivekanandas.

Für Vivekanandas Karriere besonders wichtig war Shri Ramakrishna (1836–1886), Priester eines neueren Kali-Tempels in Dakshineshwar (nördlich von Kalkutta am Ganges gelegen).[8] Er sah in Kali zunächst ein fröhliches Mädchen, dann eine schöne Frau und schließlich die Mutter des Universums. Durch ekstatische Erfahrungen und Visionen – u. a. auch von Christus – sowie durch Verhaltensweisen, die etablierte soziale Rollenmuster wie Ehemann und Mönch, Priester und Mystiker vermischten, sogar Kastengrenzen überschritten, hatte Shri Ramakrishna Aufsehen, Ablehnung und Bewunderung erregt. Seit 1879 bildete sich ein Schülerkreis um ihn. Dazu gehörten vor allem junge Menschen aus den besseren Schichten Kalkuttas, sie verehrten ihn zunehmend als Herabkunft *(avatar)* Gottes.[9]

Narendranath wurde ab 1881 Teil des Kreises um Shri Ramakrishna, wobei sich Widerwille gegen und Faszination für dessen scheinbar primitiv-mächtige, dunkle und unkontrollierbare Religiosität abwechselten. Schon bei ihrer ersten Begegnung soll Shri Ramakrishna in Freudentränen ausgebrochen sein und Narendranath als den begrüßt haben, den er herbeigesehnt habe. Durch elektrisierende körperliche Berührungen, überzeugende verbale Unterweisungen, willentlich herbeigeführte tranceartige Erfahrungen und Visionen soll er seinen neuen Schüler trotz beachtlicher Unterschiede in ihren religiösen Grundannahmen immer stärker an sich gebunden haben. Erst nach einigen Jahren überwand Narendranath schließlich seine Vorbehalte gegenüber der zerstörerischen und zugleich schöpferischen Göttin Kali, deren Gegenwart er, so erinnerte er, eines Nachts in dem Tempel in Dakshineshwar rauschartig erfuhr und deren Status als göttliche Mutter er sodann anerkannte.

Shri Ramakrishna erkrankte 1885 an Kehlkopfkrebs. Einige Tage vor seinem Tod im August 1886 – so berichtete Narendranath später einem seiner Schüler – sei Kali in Shri Ramakrishnas Körper eingetreten. Daraufhin habe Ramakrishna ihn gebeten, sich vor ihn hinzusetzen, und sei «in den Zustand mystischer Versenkung *(samadhi)*» eingetreten. «Dann fühlte ich wirklich, wie eine feinstoffliche Energie wie ein Elektroschock in meinen Körper eindrang. Bald verlor ich ebenfalls das äußere Bewusstsein und verharrte regungslos.» Als er wieder bei Bewusstsein war, habe Ramakrishna mit Tränen in den Augen zu ihm gesagt: «Heute, da ich dir alles von mir gegeben habe, wurde ich zu einem Bettler. Mit dieser Kraft wirst du viele Taten zum Wohle der Welt verrichten können ...»[10] Der Bericht suggeriert eine unmittelbare körperliche, mesmerische Übertragung und überbietet damit die fehlende formelle Initiation.

Nach Shri Ramakrishnas Tod richteten seine Schüler unter Narendranaths Leitung in Baranagore, etwa auf halbem Weg von Kalkutta nach Dakshineshwar, ein Haus als Konvent ein; sie pflegten einen asketischen Lebensstil, betrieben Meditation und sangen religiöse Lieder. Auch hier kam christliche Symbolik zum Zuge: Zwölf (!) Schüler begannen am Heiligen Abend (!) 1886 orangefarbene Mönchsgewänder zu tragen.[11] Im Januar 1887 nahmen sie nach einer Feuerzeremonie Mönchsnamen an, wobei sie den Titel Swami (Meister; Mönch) führten; Narendranath hieß zunächst Swami Vividishananda (Segen der Wissbegier).

1890 machte Narendranath sich auf eine mehrjährige Reise quer durch den Subkontinent, auf der er bedeutende Wallfahrtsorte besuchte und mit religiösen Lehrern zusammentraf, die zum Teil nachhaltigen Einfluss auf ihn ausübten.[12] Außerdem tat er sich als zunehmend erfolgreicher öffentlicher Redner hervor. Er gewann erste Anhänger und wohlhabende Gönner. Der Höhepunkt der Reise sollen drei Tage und Nächte gewesen sein, die er Ende 1892 auf einem einsamen Felsen vor Kap Komorin, dem äußersten Südzipfel des Subkontinents, verbrachte, der heute als Vivekananda Rock Memorial bekannt ist. Im Mai 1893, bevor er in die USA aufbrach, nahm er endgültig den Namen Swami Vivekananda (Segen der scharfsinnigen Weisheit) an.

Vivekananda betrachtete sich zeitlebens als einen treuen Anhänger, gar als Paulus seines Meisters Ramakrishna, den er als letzte und vollkommenste Herabkunft Gottes, als die konzentrierte Verkörperung von Wissen, Liebe, Entsagung, Offenheit und Dienstfertigkeit pries.[13]

Die biblisch-christliche Metaphorik kam noch im Titel der 1942 erschienenen, weithin rezipierten englischen Übersetzung der Aufzeichnungen von Ramakrishnas Gesprächen mit seinen Schülern zum Ausdruck: *The Gospel of Sri Ramakrishna*.[14] Die stark bearbeitete Übersetzung stammt von Margaret Woodrow Wilson, der Tochter des amerikanischen Präsidenten Woodrow Wilson, die seit 1940 in einem Ashram in Pondicherry lebte, wo sie auch starb.

Indien als spirituelles Gebilde

Auf seiner Expedition durch Indien hatte Vivekananda Armut, Ausbeutung und Unterdrückung der Bevölkerung hautnah miterleben können. Vivekananda war eine der ersten indischen religiösen Persönlichkeiten, die für die Massen der Erniedrigten sprach, ihnen aktiv zu helfen suchte und sich nicht scheute, mit ihnen auch physisch in Kontakt zu kommen und an ihrem Tisch zu sitzen. Er war angetan von der Einfachheit und Gastfreundlichkeit der Menschen, aber abgestoßen von dem, was er als maschinenartige Leblosigkeit, Hoffnungslosigkeit, Fehlen geistiger Aktivität, mangelnde Wertschätzung des Neuen und fehlende Emotionen beklagte.[15] Vivekananda betonte das Konzept des aktiven sozialen Dienstes *(seva)* an den Mitmenschen, wobei er neben dem christlichen Ideal der Nächstenliebe auch auf etablierte hinduistische Muster zurückgreifen konnte.[16]

Für die hoffnungslose Situation der indischen Bevölkerung machte er auch die Verzahnung des Kastenwesens mit der Tyrannei der höheren Kasten verantwortlich, welche die unteren Schichten so misshandelt hätten, dass diese völlig ihre Männlichkeit verloren hätten und zu Berufsbettlern verkommen seien.[17] Seinen Zorn erregte die von ihm als «non-touchism» abqualifizierte Ideologie des Nicht-Berührens; anstatt etwas für die Armen zu tun, vermeide man sogar jeden Kontakt mit ihnen. «Don't touch» gelte geradezu als Wesen der Religion.[18] Dennoch hielt Vivekananda das Kastenwesen für eine natürliche und prinzipiell gute Ordnung, die es in ihrer ursprünglichen Form wiederherzustellen gelte.[19] Der Brahmane und die brahmanischen Ideale der Reinheit, der Selbstlosigkeit, des Opfers und der Religiosität bzw. Spiritualität waren für Vivekananda der Inbegriff der indischen Kultur. In seinen Werken benutzte er den Begriff «Spiritualität» oft als ein positives Äquivalent für Religion, Gottesrealisierung oder Kenntnis des Selbst und als Gegenbegriff zu Diesseitigkeit, Weltlichkeit, Materialismus und Wissenschaft. Der Spiritualitätsbegriff sollte zu einem Leitbegriff alternativreligiöser Diskurse im späten 20. Jahrhundert werden.

Indien war für Vivekananda ein spirituelles Gebilde, ja, Indien galt ihm als Inbegriff, Vaterland und Quelle von Spiritualität überhaupt[20] – ein Gedanke, der noch in der Gegenwart von vielen Indern, aber auch von Nicht-Indern (z. B. sog. spirituellen Touristen) geteilt wird. Eine Kombination des griechischen Denkens und der europäischen Energie mit der indischen Spiritualität sei die ideale Gesellschaftsordnung für Indien.[21] Für Vivekananda war Indien unauflöslich mit dem Hindutum und dieses mit Spiritualität verwoben: «If a Hindu is not spiritual, I do not call him a Hindu».[22] Nur durch die Vereinigung der spirituellen Kräfte könne Indien eine nationale Einheit werden.

Mit einer solchen Position umriss Vivekananda den Rahmen für einen religiösen Hindu-Nationalismus, der allerdings die Unabhängigkeit des Landes voraussetzte. Dieser Hindu-Nationalismus sollte zwar dezidiert maskulin ausfallen und die «effeminierte» gegenwärtige Gesellschaft überwinden, sich jedoch nicht chauvinistisch gerieren, denn die Hindu-Spiritualität sei nicht aggressiv, sondern mild und höflich, tolerant und verständnisvoll. Anders als die Christen eroberten die Hindus die Welt nicht mithilfe des Schwerts, des Kapitalismus oder des Materialismus, sondern mithilfe der Spiritualität.[23] Darin lag die doppelte Ausrichtung seiner eigenen Mission in den Westen: dort Spenden für die Unterstützung der Armen in Indien sammeln und dem Westen im Austausch dafür die östliche Spiritualität nahezubringen. «Die Hindus müssen vom Westen ein bisschen Materialismus lernen und ihm ein bisschen Spiritualität beibringen»,[24] heißt es in Aufzeichnungen aus den Jahren 1892/93, also noch vor seinem Aufbruch nach Chicago.

Ausstrahlung

In Chicago traf Vivekananda viel zu früh und weitgehend unvorbereitet ein, die erste Nacht verbrachte er in einem Güterwagen. Inzwischen hatte er seine für amerikanische Verhältnisse allzu auffälligen Gewänder gegen einen langen schwarzen Mantel eingetauscht, nur bei Vorträgen trug er eine rote Robe mit Turban. Der Zufall spielte ihm rasch Begegnungen zu, die ihm wichtige Kontakte und sogar lebenslange Freundschaften bescherten. Vivekanandas Auftritt im Weltparlament wird zumeist als ein triumphaler Erfolg geschildert. Seine ästhetische, erotische und maskuline Ausstrahlung war auch ein wichtiger Faktor für seine späteren Erfolge, zunächst in den USA –

und dort gerade auch bei Frauen. Seine Reden auf dem Weltparlament erregten Aufmerksamkeit in der Presse, lebensgroße Lithographien von ihm wurden auf den Straßen der Stadt aufgestellt, und er wurde auf Empfängen herumgereicht.[25] Die Fama seiner Auftritte verbreitete sich auch in der indischen Presse.

Sein ursprüngliches Vorhaben, den Aufenthalt im Westen zum Einsammeln von Spenden für die Bedürftigen in Indien zu nutzen, stellte er vorerst zurück. Stattdessen trat er 1894 eine mehrmonatige, von einer Agentur organisierte, aufreibende, aber erfolgreiche Vortragsreise an. Seine zunehmende Bekanntheit in Amerika, wo er als Sprachrohr des hinduistischen Indiens wahrgenommen wurde, erregte Ärgernis in christlichen Kreisen. In Indien äußerte sich unterdessen Protap Chunder Mozoomdar, einer der Wortführer des Brahmo Samaj, kritisch über Vivekanandas Wirken in den USA, so dass dieser seine Gefolgsleute in Indien um Solidarität bat – prompt fanden in verschiedenen indischen Städten öffentliche Veranstaltungen zu seiner Unterstützung statt.[26] Nach einigen Monaten trennte sich Vivekananda von der Agentur und weitete das Spektrum seiner Aktivitäten aus: Mit öffentlichen Vorträgen, Seminaren, Sommerakademien und Retreats in kleineren Kreisen sowie der Planung von Zentren oder Ashrams verbreitete und vertiefte er seine Botschaft. Im November gründete er in New York die erste Vedanta Society (nicht etwa Ramakrishna-Society!). Im Sommer 1895 verlieh er erstmals einigen seiner amerikanischen Anhängerinnen und Anhängern den formellen Status als Entsager *(brahmacharya)* bzw. Schüler *(sannyasi)*.[27] Kurz darauf machte er einen ersten Abstecher nach Europa, wo er ebenfalls Vorträge und Kurse hielt und einige Anhänger für sich begeisterte.

In einem Salon in London begegnete Vivekananda der aus Irland stammenden Margaret Elizabeth Noble, die sich ihm während seines zweiten Englandbesuchs im Jahr darauf anschloss. 1898 zog sie nach Kalkutta, wo sie als Sister Nivedita (Gottgeweihte) den Stand einer Brahmacharya annahm. Im Sinne von Vivekanandas Idee des sozialen Dienstes eröffnete sie eine Mädchenschule in Kalkutta, wofür sie auf Vorlesungstouren im Westen Geld gesammelt hatte; 1899 kümmerte sie sich um Opfer der Pestepidemie unter der ärmlichen Bevölkerung. Im Jahre 1910 veröffentlichte sie ihre vielfach nachgedruckten Erinnerungen an Vivekananda unter dem Titel *The Master as I Saw Him*, die

Swami Vivekananda (sitzend zweiter von rechts) auf dem Weltparlament der Religionen, zu seiner Rechten (im weißen Gewand) Anagarika Dharmapala

seinen postumen Ruhm prägen sollten. Schwester Nivedita machte sich auch einen Namen als Unterstützerin der indischen Unabhängigkeitsbewegung.

Das westliche Vivekananda-Bild wurde stark von der 1930 erschienenen und im selben Jahr noch ins Deutsche übersetzten Biographie des Literaturnobelpreisträgers (1915) Romain Rolland geformt, der zuvor auch Bücher über Ramakrishna (1929), Gandhi (1924) und Tolstoi (1911) geschrieben hatte. Rolland betonte die universalistische Tendenz bei Vivekananda, was schon im Buchtitel zum Ausdruck kommt: *La vie de Vivekananda et l'évangile universel.*

Intellektuelle Kontakte

Während seines zweiten Englandbesuchs machte Vivekananda einen Abstecher auf den Kontinent. In Deutschland besuchte er den heutzutage hauptsächlich als Freund Friedrich Nietzsches bekannten Paul Deussen (1845–1919), der 1892/93 als einer der ersten europäischen Indologen nach Indien gereist war. Deussen hatte schon 1883 über den Advaita Vedanta (*advaita* «Zweilosigkeit») publiziert, der für ihn, wie für Vivekananda, den geistigen Mittelpunkt des Hinduismus darstellte und der seines Erachtens mit der besten deutschen Philosophie auf einer Stufe stand. Seine Interpretation des monistischen Vedanta, der die letztendliche Identität des ewigen Prinzips des Seins *(brahman)* mit dem Selbst oder der Seele *(atman)* annimmt, hatte Deussen 1893 in einer Rede in Bombay vorgetragen, die von der indischen Presse weit verbreitet worden war, so dass vermutlich auch Vivekananda davon gehört hatte. Es ist unklar (und in der Forschung umstritten), ob bzw. inwieweit Vivekanandas Vedantismus von Deussen beeinflusst wurde. Dabei darf nicht übersehen werden, dass Vedanta in Indien eine fortlaufende Tradition war, die Vivekananda natürlich vertraut war.[28] Deussen jedenfalls war sehr interessiert am Kontakt mit einem lebenden Exponenten dieser Form des Hinduismus,[29] wobei er später sein Erstaunen über den genießerischen Lebenswandel des Swami – angefangen mit dessen ständigem Pfeiferauchen – ausdrückte.

In Oxford traf Vivekananda auch den aus Deutschland stammenden Indologen Friedrich Max Müller, dem er als Indienliebhaber und religiösem Gesinnungsgenossen, als «Vedantist of Vedantists»,[30] huldigte. Müller veröffentlichte 1898 ein mehrfach nachgedrucktes Büchlein über Vivekanandas Meister Ramakrishna. Er sah ebenso wie Vivekananda in Ramakrishna einen von westlicher Bildung unverdorbenen Protagonisten indischer Religiosität, einen echten *mahatman* (Besitzer einer großen Seele). Für beide war Ramakrishna ein authentischer Gegenpol zur Aneignung indischer Religion durch die Theosophische Gesellschaft, die sie als Humbug ablehnten.[31]

Die Popularisierung des Yoga

Die Mitglieder der New Yorker Vedanta Society hatten die Idee, die bislang noch nicht schriftlich vorliegenden Vorträge Vivekanandas stenographieren zu lassen. Schließlich fand sich für diese Aufgabe ein junger Engländer namens Josiah J. Goodwin, der Vivekananda sogar nach Indien begleitete, wo er an Typhus starb. Goodwin blieb weithin unbekannt, aber seine Aufzeichnungen bildeten den Grundstock für

Vivekanandas Schriften, die seinen Ideen weitere Verbreitung bescherten.[32]

Vier seiner Bücher tragen den Begriff «Yoga» im Titel. Vivekananda war mehr noch als die Theosophische Gesellschaft, in der ein reges Interesse am Yoga herrschte, der Wegbereiter seiner globalen Popularisierung. Sein Verständnis von Yoga war eine Neuschöpfung, die teilweise aber auch von der damals in den USA erfolgreichen *New Thought*-Bewegung beeinflusst war.[33] Vivekananda hatte sich offenbar schnell den «amerikanischen metaphysischen Dialekt» angeeignet. 1896 erschien Vivekanandas erstes, unmittelbar und nachhaltig erfolgreiches Buch *Raja Yoga*.[34] Tolstoi erhielt es kurz nach Erscheinen und bezeichnet es in seinen Tagebüchern (31. Juli 1896) als «ein wundervolles Zeugnis indischer Weisheit».[35] Mit Vivekananda wurde Yoga Inbegriff und Signatur indischer Religion.[36]

Gleichzeitig war Yoga ein transkulturelles Konstrukt. Da gab es beispielsweise einen Geschäftsmann aus Chicago, William Walter Atkinson, einen führenden Autor des New Thought. Unter dem Pseudonym Yogi Ramacharaka schrieb Atkinson mehrere Bücher über Yoga,[37] die sich anscheinend sogar in Indien gut verkauften und auch ins Deutsche übersetzt wurden. Auf dem deutschen Buchmarkt wurden noch im 21. Jahrhundert einige Bücher von ihm neu aufgelegt. Atkinson/Yogi Ramacharaka mag vieles von Vivekananda entlehnt haben,[38] nennt ihn aber nicht beim Namen.

In *Raja Yoga* ging es Vivekananda in erster Linie um die Philosophie des Yoga. Die Hauptbotschaft: Yoga ist eine Wissenschaft, sie erschließt auch den jetzt Lebenden die religiösen «Erfahrungen» und «Erkenntnisse» der Frühzeit der Religionen.[39] Durch geistige Konzentration und Kontrolle des Körpers erlangt man Zugang zu befreienden inneren Zuständen. Der Raja Yoga verheißt gewaltiges Herrschaftswissen: «Menschen, die die inneren Kräfte entdeckt und gelernt haben, wie man sie beeinflusst, werden die gesamte Natur unter ihre Kontrolle bringen. Der Yogi … möchte jenen Punkt erreichen, an dem die sogenannten ‹Naturgesetze› keine Macht mehr über ihn haben, von dem aus er über sie alle hinausgehen kann.»[40]

Der wissenschaftliche Yoga entdeckt Vivekananda zufolge die geistigen Gesetze, welche die Naturgesetzte überbieten und den einheitlichen Fluchtpunkt des Seins erschließen. Neben der Beherrschung der

Natur verheißt Yoga das Erlangen der «Göttlichkeit im Inneren» durch Kontrolle der äußeren und der inneren Natur, wobei sich verschiedene Strategien zu dieser Befreiung anbieten: Arbeit, Gottesdienst, psychische Techniken oder Philosophie. «Das ist die ganze Religion», schreibt Vivekananda.[41]

Er beruft sich stark auf den indischen Gelehrten Patanjali (4./5. Jahrhundert), der in seiner Evolutionstheorie auf die Entwicklung des jedem Wesen bereits inhärenten Vollkommenheitspotenzials abgezielt habe.[42] Yoga, so Vivekananda, ermöglicht allen Individuen das Erreichen dieses Ziels, ohne darauf warten zu müssen, dass erst die gesamte Menschheit den Zustand der Vollkommenheit erlangt hat.[43] Ein Hauptteil von *Raja Yoga* besteht aus einer freien Übersetzung von und einem assoziativen Kommentar zu Patanjalis *Yogasutra*, einem der klassischen und zugleich obskursten Texte der Geschichte des Yoga, der im frühen 19. Jahrhundert von britischen Orientalisten neu erforscht wurde.[44] Vivekanandas Kommentar war der erste einer von ihm ausgelösten Welle moderner, zum Teil eher dilettantischer Kommentare zum *Yogasutra*. Vivekanandas Interpretationsstrategie und die der Theosophen sind dabei gewissermaßen Spiegelbilder voneinander: Während die Theosophen westliche Esoterik mithilfe indischer Begrifflichkeit wie dem Yoga beschrieben, griff Vivekananda – vielleicht auch weil er sich an ein westliches Publikum richtete – bei seiner Interpretation des *Yogasutra* auf westliche Konzepte zurück, wobei die Theosophie eine wichtige Inspirationsquelle darstellte.

Eine Neuerung Vivekanandas war die Unterscheidung von vier Yoga-Formen: Es gebe vier geistige Wege, die zu Gott führten, z. B. mittels Arbeit *(Karma-Yoga)* oder Wissen *(Jnana-Yoga)*; *Raja-Yoga* komme ohne Annahme eines Gottes aus, während *Bhakti-Yoga* einen persönlichen Gott (z. B. Krishna) oder eine persönliche Göttin (z. B. Kali) voraussetze.

Projekte, Mönchsorden und Laien-Organisation

Indische Zeitschriften hatten über Vivekanandas Karriere im Westen berichtet, und bei seiner Rückkehr nach Britisch Indien, wo er im Januar 1897 in Ceylon an Land ging, war ihm ein triumphaler Empfang bereitet worden. Es wurden Broschüren über sein Wirken im

Westen verteilt, und Menschen versuchten einen Blick auf die Berühmtheit zu erhaschen.[45] Er lehrte Vedanta, nichtdualistisches Eins-Sein und Entsagung, führte die Feuer-Zeremonie an einem berühmten Tempel der Mutter-Göttin aus, gründete in Kalkutta einen Tempel für seinen neuen Orden und einen Ashram im Himalaya, initiierte Entsager, durchstreifte einige Zeit einsam die Wälder und hielt patriotisch-nationalistische Reden, indem er für eine maskuline Reform der indischen Gesellschaft eintrat. «Je älter ich werde, desto mehr scheint mir alles in der Männlichkeit zu liegen. Das ist mein neues Evangelium», soll er gesagt haben.[46] Eine Form der Männlichkeit war moderne Körperkultur, deren Verbreitung in Indien Vivekananda folglich unterstützte.[47] Nach seiner Rückkehr von seiner ersten Reise in den Westen soll er gesagt haben, die jungen Männer Indiens müssten zunächst stark werden, Religion könne danach kommen: «You will be nearer to Heaven through football than through the study of the Gita.»[48]

Obwohl organisierte Religion für den Heilsmonismus ihre Funktion verliert, hatte Vivekananda während seines Aufenthalts im Westen zugleich deren Bedeutung erkannt. Ende Oktober 1895 hatte er als Reaktion auf ein Gespräch mit zwei interessierten jungen Engländern in einem Brief an einen Mitstreiter in London geschrieben: «Es ist absolut notwendig, dass wir Rituale etablieren und eine Kirche gründen.»[49] Er schlug vor, sie sollten sich in der Bibliothek treffen und auf der Grundlage einiger Bücher «etwas Großartiges arrangieren, das von der Geburt bis zum Tode eines Menschen reicht». Vivekananda war zu der Einsicht gekommen, dass eine lockere Philosophie bei den Menschen nicht haften bleibe. Das spontane Projekt einer Kirchengründung wurde dann allerdings doch nicht verwirklicht.

Drei Jahre nach der Vedanta Society of New York und elf Jahre nach dem Tode seines Meisters gründete Vivekananda 1897 in Kalkutta zwei Organisationen, die das Werk Ramakrishnas weiterführen sollten: einen Mönchsorden (Sri Ramakrishna Math) und eine Laien-Organisation (Ramakrishna Mission). Diese wurden jedoch nicht als neue Kirche konzipiert, sondern in den Statuten auf das Ziel verpflichtet, «den Geist der Brüderlichkeit unter den Anhängern verschiedener Religionen zu fördern, in dem Bewusstsein, dass sie alle nur die verschiedenen Formen der ewigen Religion seien.»[50] Beim derzeitigen Entwicklungsstand, so Vivekananda in geradezu kolonialer Manier, sei in Indien die Errichtung einer Organisation auf demokratischer Basis erst nach erfolgreichen weiteren Lernprozessen zweckmäßig.

Beide Organisationen sind heutzutage weltweit tätig. Die Ramakrishna Mission engagiert sich für gesellschaftliche und soziale Belange wie Bildungs- und Gesundheitswesen, Katastrophenhilfe oder Sozialhilfe. Derartige innerweltlich-karitative Anliegen waren Shri Ramakrishna eher fremd gewesen.[51]

Einer seiner Schüler erinnerte sich daran, dass Vivekananda kurz vor seinem Tod den Plan geäußert habe, in Zukunft einen Frauenorden zu gründen. In diesem Gespräch prangerte er auch das indische Frauenbild an und gab folgende prägnante Definition der neuen Rolle der Mönche bzw. Schüler seines Ordens: «Spirituality, sacrifice, and self-control will be the motto of this Math, and service ... the vow of their life.»[52] Dabei handelte es sich um einen neuen Typ der religiösen Lebensführung jenseits der überlieferten Unterscheidungen zwischen «Haushaltern» und «Entsagern».[53] Damit war ein Modell formuliert, das sich in vielen Ashrams im 20. Jahrhundert durchsetzen sollte.

Ans andere Ufer

Vivekanandas letzte Lebensjahre waren von starken gesundheitlichen Beschwerden gekennzeichnet. Schon auf seiner ersten Reise in den Westen hatte er mitunter psychische Probleme gehabt. Auch in Indien verbesserte sich sein Gesundheitszustand nicht. Im Jahre 1899 brach er zu einer zweiten und letzten Reise in den Westen auf, die allerdings weniger Aufsehen erregte und während der er unter erheblichen gesundheitlichen Problemen litt. In England musste er zudem erleben, dass seine Gefolgschaft eigene Wege gegangen war.[54] Erfolgreicher war er in Kalifornien,[55] wo einige der damals gegründeten Vedanta-Zentren bis in die 1950er Jahre einen gewissen kulturellen Einfluss ausübten, etwa auf bekannte Schriftsteller wie Aldous Huxley, Henry Miller und Jerome D. Salinger.[56] Am 18. April 1900 schrieb Vivekananda aus Kalifornien an eine enge langjährige Freundin einen Brief, in dem er seinen baldigen Tod ankündigte: Shiva möge das Boot des Lebens an das andere Ufer ziehen; Ramakrishna rufe ihn zu sich, und vor ihm liege das Nirvana.[57]

Dennoch nahm er im September 1900 am internationalen religionsgeschichtlichen Kongress in Paris teil. Anders als das Weltparlament der Religionen hatte diese Tagung einen dezidiert akademischen Anspruch,[58] und Vivekananda war hier als Forscher gefragt. Die Ausrichtung des Kongresses mag er als unzureichend empfunden haben,[59] aber er spielte seine Rolle, und zwar selbstbewusst. Er referierte über die Entwicklung der hinduistischen Religion, wobei er die Terminologie und Theorien westlicher Orientalisten kritisierte und die grundsätzliche Richtigkeit der indischen Deutungen verteidigte, die auf Dauer wohl auch vom Fortschritt der Forschung bestätigt werden würden.[60]

Vivekanandas Projekte waren in Indien teilweise auf Widerstand gestoßen – bei christlichen Missionaren ebenso wie bei Hindu-Reformern und traditionell orientierten Hindus. Ähnlich wie Gandhi ist der am 4. Juli 1920 gestorbene Vivekananda aber eine Ikone des modernen Indien, auch hindu-nationalistische Kreise berufen sich auf ihn. Der seit 2014 amtierende Premierminister Narendra Modi etwa zitiert Vivekananda des Öfteren. Indische Kulturzentren im Ausland (z. B. in Bangkok, Colombo, Peking und Seoul) wurden ab 2018 nach Vivekananda benannt. Der 12. Januar, Vivekanandas Geburtstag, ist heutzutage ein Feiertag im Bundesstaat Westbengalen.

4

Kang Youwei

Konfuzius und die Vision der Großen Gleichheit

Im frühen 20. Jahrhundert etablierte sich über Vermittlung des japanischen Wortes *shukyo* das chinesische Wort *zongjiao* als Standardübersetzung für den Begriff «Religion». Als 1893 das Weltparlament der Religionen in Chicago tagte, hatte sich dieser Konsens noch nicht herausgebildet. Die Teilnehmer, die über China sprachen – vor allem sechs christliche Missionare – bezogen sich dementsprechend auf unterschiedliche Begriffe.[1] Das Weltparlament war auch eine Übersetzungswerkstatt. Der offizielle Gesandte der chinesischen Botschaft in den USA hatte eine lange Abhandlung eingeschickt, die vom Übersetzer der chinesischen Gesandtschaft ins Englische übersetzt und vom Organisator des Weltparlaments, John Barrows, vorgelesen wurde. Sie begann mit einem Durchgang durch fragliche chinesische Wörter für Religion. Das Wort *jiao* hielt er für unpassend, da es in erster Linie eine Form der Lehre bezeichne, stattdessen schlägt er mit *erlilijing* eine leicht modifizierte Transkription des englischen Wortes *religion* vor, deren letztes Zeichen *(jing)* sich erkennbar auf das Christentum bzw. den Nestorianismus bezieht.[2]

In der Frage, ob der Konfuzianismus eine Religion sei, vertrat der Diplomat eine markant andere Haltung als die Missionare. Diese ließen keinen Zweifel daran; er hingegen hatte kein Problem mit der gegenteiligen Aussage, denn nach gängigem Verständnis sei Religion über einen Gottesbezug bestimmt. Diese Einschränkung hinderte ihn freilich nicht daran, auf dem Weltparlament der Religionen aufzutreten.

Reformen des Kaiserreichs

Im Jahr nach dem Weltparlament der Religionen brach der Erste Japanisch-Chinesische Krieg aus, in dem das Kaiserreich China eine demütigende Niederlage mit erheblichen Gebietsverlusten einstecken musste. 1895 ging Taiwan an Japan und Korea wurde aus dem chinesischen Herrschaftsbereich entbunden. Dies offenbarte die Schwäche Chinas («der kranke Mann Asiens»), erregte außenpolitische Begehrlichkeiten, was in Ostasien das Zeitalter des westlichen Imperialismus einläutete,[3] und setzte innenpolitisch die Stellung der Qing- bzw. Mandschu-Dynastie vehementer und zunehmend radikaler Kritik aus. Es wurden sogar Stimmen laut, die in China seit über zweitausend Jahren etablierte Kaiserherrschaft überhaupt abzuschaffen und durch eine Republik zu ersetzen (was 1911 dann auch geschah). Zunächst aber gab es mehr oder weniger drastische Versuche einer – überlebensnotwendigen – Reform des Kaiserreichs.

Wichtige Impulse zu einer solchen Reform gingen von dem von vielen bewunderten und von vielen anderen verachteten, von sich selbst aber anscheinend vollends überzeugten Kang Youwei (1858–1927) aus.[4] Zumindest phasenweise scheint dieser sich auf einer himmlischen Mission als aufopferungsvoller Erretter Chinas oder gar der Welt gesehen und dementsprechend aufgespielt zu haben.

Kang Youwei hatte 1895 das Palastexamen bestanden und damit den elitären akademischen Grad eines *jinshi* (Doktor) erworben, der ihn für eine gehobene Beamtenkarriere im Kaiserreich qualifiziert hätte. Der Weg dahin war für Kang Youwei allerdings nicht geradlinig verlaufen. Zwar entstammte er einer seit langem etablierten konfuzianischen Gelehrtenfamilie aus dem Süden des Reiches – sein Vater starb als er gerade elf Jahre alt war – und er vertiefte sich intensiv in das Studium der Klassiker. Im Jahre 1878 aber, als er bei einem bedeutenden Gelehrten studierte, hatte er eine transformative Einheitserfahrung gemacht: «Als ich [eines Tages] still saß, erkannte ich auf einmal, dass die unzähligen Geschöpfe des Himmels und der Erde mit mir eins wurden; ich fühlte eine Erleuchtung wie ein Weiser und war von einem Glücksgefühl durchströmt. Damit dachte ich unvermittelt an das Leid, das das Leben mit sich bringt, und weinte vor Traurigkeit.»[5] Er brach seine Studien vorerst ab und zog sich für ein Jahr in die Einsamkeit zurück, wobei er auch buddhistische und daoistische Schriften zu lesen begann. Von da an unternahm er zahlreiche Reisen – die erste führte ihn in das von den Briten beherrschte Hongkong –, auf denen er sich auch mit Geographie und Geschichte zu beschäftigen anfing.

Kangs Reformeifer machte sich erstmals 1883 bemerkbar, als er in seinem Heimatort eine Vereinigung gegen das Einschnüren der Füße organisierte. 1891 veröffentlichte er ein Buch, in dem er eine bestimmte Gruppe konfuzianischer Schriften als Fälschung zu entlarven suchte. Es schlug wie eine Bombe ein und erlebte innerhalb kurzer Zeit fünf Auflagen. Es wurde allerdings auch heftig kritisiert – seine Argumentation ist wohl in der Tat keineswegs wasserdicht –, und er entging nur durch Glück einem Prozess wegen Verleumdung.[6] Kang Youwei verfasste immer wieder Eingaben an den Kaiser. 1895 trat er mit der Beschwerde über das Vordringen der üblen Lehren des Christentums hervor, die in seinen Augen zu einer Verrohung des Landes führten.[7]

1897 erschien sein Buch *Konfuzius als Reformer*, in dem er Konfuzius mit Philosophen wie Laozi (Laotse), Mozi und Sokrates in Beziehung setzte. Er betonte dessen Originalität als Denker und stellte ihn als einen Protagonisten des institutionellen Wandels dar. 1898 gelang es ihm endlich, ein Exemplar des Werkes dem Kaiser zukommen zu lassen – zusammen mit einer Bittschrift, in der er Empfehlungen zu einer umfassenden Verwaltungsreform machte. Eine Botschaft seines Buches bestand darin, dass man als guter Konfuzianer Reformen nicht prinzipiell ablehnen, sondern im Geiste von Konfuzius sogar fördern müsse; Staatskunst sei von der Kette der bloßen Reproduktion des Alten, Überlieferten und Bewährten zu nehmen. Letzten Endes wurde das Buch aber weniger ein Manifest der Neuordnung, sondern geriet in die Verstrickungen um die inzwischen eingeleiteten Reformen, und Kang Youwei selbst wurde als «Pest» verunglimpft.[8]

Eine Staatskirche und die Umwandlung der Tempel

Im Juni 1898 empfing Kaiser Guangxu (1871–1908), der im Alter von drei Jahren den Drachenthron bestiegen hatte, erstmals Kang Youwei, und noch am selben Tag ernannte er ihn zu einem Sekretär im

Außenministerium, wobei er ihm Vollmachten für Reformen übertrug.[9] Damit begann eine turbulente Periode, die als Hundert-Tage-Reform in die Annalen einging. Zu den verschiedenen geplanten Reformmaßnahmen – Kang Youwei allein machte mindestens siebzig Eingaben[10] – gehörte auch die Abschaffung des traditionellen Ausbildungs- und Prüfungswesens für die Staatsbeamten. Das hätte auch die kulturelle und gesellschaftliche Stellung des Konfuzianismus betroffen, der aus dem traditionellen Bildungssystem nicht wegzudenken war. Die Abschaffung der Prüfungen erfolgte dann 1905.

Kang Youwei äußerte wiederholt ein Gefühl der Bedrohung durch die omnipräsenten christlichen Kirchen, denen China nichts entgegenzusetzen habe. Es sei innen- und außenpolitisch durch seine Religionspolitik geschwächt: «Der Niedergang des Landes liegt darin begründet, dass wir keine Lehre/Religion» haben (hier verwendet er den Begriff *jiao*, den der chinesische Diplomat im Weltparlament abgelehnt hatte). Es brauche ein festgelegtes Religionsrecht *(jiao lü)* und eine nationale Kirche *(jiaohui)*.[11]

Kang Youwei ist außerdem für den vom Kaiser aufgegriffenen Vorschlag bekannt, alle chinesischen Tempel – mit Ausnahme der für die Staatsopfer vorgesehenen – in moderne Schulen umzuwandeln.[12] Die Besitztümer dieser Tempel sollten den neu einzurichtenden Schulen zufallen. Offenbar hatte Kang Youwei noch weiterreichende Pläne, deren Umsetzung aber wohl nie zur Debatte stand: Der Konfuzianismus – Kang führte hierzu den Neologismus *kongjiao* (Konfuzius-Lehre oder Konfuzius-Religion) ein – sollte zur National-Lehre oder National-Religion *(guojiao)* erkoren und alle anderen Lehren oder Religionen abgeschafft werden. Konfuzianische Pastoren sollten in Zukunft für alle Bürger obligatorische Sonntagsandachten abhalten. Die unsittlichen Gottheiten der chinesischen Religion waren Kang Youwei ein Dorn im Auge; Fremde machten in den Tempeln Fotos von den Götterdarstellungen und amüsierten sich darüber. Dass man sogar Tiere anbete, gebe China der Lächerlichkeit preis.[13]

Die von Kang Youwei angedachte große Religionsreform blieb ein leeres Programm – so wie überhaupt die Hundert-Tage-Reform als ganze scheiterte. Im September 1898 ließ die Tante des Kaisers, die Kaiserinwitwe Cixi (1835–1908), Guangxu internieren und entmachten; nach diesem Staatsstreich regierte sie in seinem Namen als Regen-

Kang Youwei, der «Martin Luther Chinas», 1905

tin (wie sie dies auch schon bis zu seiner Volljährigkeit getan hatte). Die meisten Berater des Kaisers wurden hingerichtet oder verbannt. Nur Kang Youwei und sein Schüler und Mistreiter Liang Qichao – beide ebenfalls zum Tode verurteilt – waren gewarnt worden und konnten sich rechtzeitig nach Shanghai absetzen, wo sie im Britischen Konsulat Unterschlupf fanden, ehe sie nach Japan weiterreisten.

Für Kang Youwei war dies der Beginn eines rastlosen Exilantendaseins, das ihn durch dreißig Länder Asiens, Europas und Nordamerikas führte. Deutschland besuchte er 1904 und 1906, er verfasste sogar eine Studie über die Geschichte Deutschlands. Liang Qichao blieb dagegen hauptsächlich in Japan. 1902 veröffentlichte er eine Biographie Kang Youweis; berühmt ist sein Ausspruch, Kang sei der Martin Luther des Konfuzianismus.[14]

Die nicht unwesentlich von Kang Youwei in Gang gesetzten religiösen Reformversuche sind – wenn auch nicht unbedingt in seinem Sinne – nach seiner Flucht nicht spurlos verraucht. So kam es unter Rückgriff auf das Edikt vom Juli 1898 in den Jahren 1901 und 1904 zu einer Welle von Tempelkonfiskationen und Tempelzerstörungen, die teilweise von gewaltsamen Konflikten begleitet wurden, teilweise aber auch einvernehmlich vonstatten gingen. In den ersten Jahrzehnten des 20. Jahrhunderts wurde vermutlich über die Hälfte der etwa eine Million Tempel in China außer Betrieb genommen.[15]

Aberglaube und Religionsfreiheit

Bei der Herausbildung einer neuen Begrifflichkeit für religiöse Sachverhalte war es nicht zuletzt der als Journalist arbeitende Liang Qichao (1873–1929), der das aus dem Japanischen entlehnte, seit etwa 1898 in Gebrauch gekommene neue Begriffspaar *zongjiao* (Religion) und *mixin* (Aberglaube) zu popularisieren half, das er allerdings im Laufe seiner Karriere auf unterschiedliche Weise definierte. Ahnenverehrung, Geomantik *(fengshui)*, Divination, überlieferte Kosmologie und die postmortalen Konsequenzen von Fehlverhalten konnten allesamt als Formen des Aberglaubens attackiert werden. Hiervon wiederum zu unterscheiden sind Angriffe auf Religion überhaupt, die in massiverer Form in den 1920er Jahren einsetzten. Religion wurde insgesamt mehr und mehr als Hindernis auf dem Weg zu nationaler Selbstgestaltung abgelehnt und weniger – wie Kang Youwei es vorschwebte – als Ressource nationaler Erneuerung gesehen.[16]

1912, ein Jahr nach Ausrufung der Republik, kehrte Liang Qichao nach China zurück. Kang Youwei folgte 1913, er war jetzt sechsundfünfzig Jahre alt. Sein ehemaliger politischer Gegenspieler Yuan Shikai lud ihn mehrfach ein, seiner Regierung beizutreten, was Kang jedoch ablehnte. In der jungen Republik stellte sich die Frage nach der Stellung von Religion im Allgemeinen und des Konfuzianismus im Besonderen. Anders als Liang Qichao setzte sich Kang Youwei zunächst für die Einführung einer nationalen Religion *(guojiao)* ein, um dem Land eine Zusammengehörigkeit und einheitliche Zielsetzung zu geben. Der Vorschlag der Einführung einer Nationalreligion wurde 1913 und 1916 im Parlament diskutiert, aber jeweils abgelehnt. Die Entwicklung ging in eine entgegengesetzte Richtung. Mit der Abschaffung des Kaiserreichs verlor der Konfuzianismus zunehmend seine Stellung als ideologischer und symbolischer Anker des Staates.[17]

In der Verfassung der Republik China vom 10. Oktober 1923 trat der Konfuzianismus erstmals in Erscheinung: «Die Bürger der Republik China haben das Recht, die Lehre des Konfuzius zu befolgen oder jeder anderen Religion anzugehören.» (Art. 12) In dieser Formulierung, die den Gedanken der Religionsfreiheit ausspricht, wird der Konfuzianismus gleichermaßen herausgehoben – auch terminologisch – und anderen Religionen gleichgestellt. Diese Verfassung wurde allerdings de facto schon 1924 wieder aufgehoben.

Himmlische Wanderschaft

Kang Youwei starb 1927 im Alter von neunundsechzig Jahren. Mit der Republik hatte er sich politisch nie wirklich arrangieren können. Zwar hatte er Yuans missglückte Wiederherstellung des Kaiserreichs, bei der der Regierungschef sich selbst zum Kaiser ausrief (1916), nicht unterstützt, sich aber stets für eine Wiedereinsetzung der Mandschu (Qing) und der Monarchie eingesetzt. 1917 versuchte Kang Youwei einen Staatsstreich, aber die Aktion endete in einem Fiasko; in der Folge fand er ein halbes Jahr lang Unterschlupf in der amerikanischen Botschaft. Er war nun endgültig politisch diskreditiert und zog sich in seine Heimat Guangdong zurück.

In den letzten Jahren seines Lebens zog sich der vielgereiste Kang Youwei, der einen eher hedonistischen, ausschweifenden Lebensstil gepflegt hatte, mehr und mehr zurück. In seinen 1926 abgeschlossenen *Vorlesungen über den Himmel* richteten sich seine mentalen Interessen auf die himmlischen Regionen. Er überschritt die Grenzen des Anthropozentrismus in der Einsicht, dass die Menschheit nur ein kleiner Fleck im grenzenlosen Universum sei. Glückseligkeit suchte er nicht mehr in Reformen der Gesellschaft zu erreichen, sondern durch den rechten Geisteszustand.[18] Mental durch das Universum zu reisen scheint für ihn eine Art Befreiungserfahrung gewesen zu sein, da dieses geistige Herumstreifen im Weltall ihm erlaubte, die Welt menschlichen Leidens, Strebens und Sorgens mit dem gebührenden Abstand wahrzunehmen.[19] Schon früher hatte er selten mit Eigenlob gespart und zur Selbstüberschätzung geneigt. Jetzt sah er sich wohl als eine Art Religionsstifter. So soll er sich und die kleine Zahl seiner Schüler an der «Akademie für himmlische Wanderschaft» mit Jesus und dem Buddha und deren Jüngern verglichen haben. Keiner der Religionsstifter habe aber gewusst, dass die Erde bloß ein Planet im Reich des Himmels und wir Menschen daher himmlische Lebewesen seien. Sobald wir Menschen dies aber einsähen, würden wir immer glücklich und rundum fröhlich leben.[20]

Die relativierenden Konsequenzen seines Blicks in die Weiten des Weltalls machten vor den Wahrheitsansprüchen der Religionen nicht halt. 1923 soll Kang Youwei in einer Rede, in der er Kopernikus erwähnte, gesagt haben: «Sobald jemand Astronomie versteht, werden alle Religionen sinnlos. Unendliche Macht und endlose Freude ergeben sich aus vollkommener Aufklärung durch wissenschaftliche Studien.»[21] Kang glaubte an den Fortschritt der Menschheit. Früher seien die Menschen unwissend gewesen; damals hätten Religionen bzw. Lehren *(chiao)* einen wichtigen Beitrag dazu geleistet, dass die Menschen das Böse vermieden und sich dem Guten zugewandt hätten. Da nun aber das menschliche Wissen zunehme, verliere die göttliche Autorität zunehmend an Bedeutung.[22]

Von diesem aufklärerisch-wissenschaftlichen Ethos ausgehend, lehnte er grundlegende Elemente der Religionen ab; er sah den Sinn von Religionen nicht in jenseitigem Heil, sondern in ihren heilsamen moralischen Wirkungen auf Individuen und Gesellschaften. Zwar lehnte er die Existenz von Geistern und Göttern nicht ab, ihren Ursprung aber sah er in herausragenden Menschen, die dann vergeistigt wurden; verehrt werden sollten sie nicht etwa, weil sie in der Lage seien, ihren Verehrern besondere Begünstigungen zukommen zu lassen, sondern weil man verdienten menschlichen Vorfahren Zuneigung und Respekt schulde.[23] In diesem Sinne galt ihm der Konfuzianismus als die beste Religion, denn nur er finde die rechte Balance zwischen der göttlichen und spirituellen und der menschlichen und körperlichen Seite von Religion.[24] Die Lehren des Christentums seien allesamt schon in den alten Lehren Chinas – dem Konfuzianismus, teilweise auch dem Buddhismus – enthalten gewesen.[25]

Eine egalitäre Utopie

Neben der funktionalen, wissenschaftlichen und kosmologischen stellte Kang Youwei auch eine utopische Relativierung von Religion in den Raum. Schon seit Mitte der 1880er Jahre hatte Kang Youwei an einem großen gesellschaftsvisionären Werk gearbeitet, an dem er auch während seines Exils – etwa im indischen Darjeeling – weiterfeilte. Auf

Initiative von Liang Qichao erschien 1913 in einer von Kang Youwei herausgegebenen Zeitschrift rund ein Drittel des Werkes, dessen Bedeutung sich auch im Ausland schon herumgesprochen hatte. Das Gesamtwerk erschien erst 1935, acht Jahre nach Kang Youweis Tod (1958 eine lückenhafte englische Übersetzung; von dieser 1974 eine gekürzte deutsche Ausgabe unter dem Titel *Das Buch von der Großen Gemeinschaft*). Über dieses utopische Werk übte Kang Youwei einen anhaltenden Einfluss auf das chinesische Geistesleben des 20. Jahrhunderts aus. Er selbst betrachtete seine Schrift als eine Art globale Synthese: «Ich habe die Weisheiten der Alten in mir verarbeitet und sie tief innerlich aufgenommen, die Erkenntnisse Indiens, Griechenlands, Persiens, Roms, aber auch die moderne Denkweise Englands, Frankreichs, Deutschlands und Amerikas.»[26]

Der Ausgangspunkt der *Großen Gemeinschaft* ist die buddhistisch anmutende Prämisse von der durchdringenden Leidhaftigkeit der Existenz – eine Einsicht, in der wohl seine eigenen Erfahrungen mit vielen Todesfällen in der Familie und seinem engeren Umfeld sowie weiteren Schicksalsschlägen durchscheinen. Kang Youwei schreibt, dass «alle Geschöpfe zum Leiden verdammt sind» und «Tod und Vernichtung die Welt regieren. Himmel und Erde erscheinen als ein Schlachthaus und als ein großes Gefängnis.» Die Fesseln des Leidens abzustreifen ist das Programm, dem sich Kang Youwei mit seinem Buch verschrieben hat. Das im Originaltitel genannte Wort *tong* (Gemeinschaft) kann auch als Brüderlichkeit, Einheit, Friede, Gleichheit, Harmonie oder Verbundenheit übersetzt werden.[27]

Mit der Überwindung des Leidens geht Kang Yuwei zufolge das Erreichen einer vollkommenen Glückseligkeit einher, die er – bei buddhistischen Anklängen in der Wortwahl *(ji le)* – in durchaus weltlich-hedonistischen Farben akzentuiert.[28] Zur Erreichung dieses Ziels entwirft sein Buch einen umfassenden Maßnahmenkatalog der Herstellung von Gleichheit, darunter: das Schleifen aller Hierarchien, die Abschaffung von Rassen- und Geschlechtsdifferenzen, die Abschaffung der Familie, gemeinschaftliche Wirtschaftsordnungen, die Abschaffung von Privateigentum und von Streitkräften. Die Idee der Gleichheit, die sich schließlich auch auf die Tierwelt ausdehnt, so dass fleischliche Nahrung bei der Verwirklichung der Großen Gemeinschaft abgeschafft wird, geht laut Kang Yuwei auf Konfuzius zurück.[29] Dieses umfassende gesellschaftliche, politische, rechtliche, soziale und wirtschaftliche Umstrukturierungsvorhaben ist in den kosmologisch-metaphysischen Kräften der alles durchdringenden Energie *(qi)* des Himmels und der Liebe *(jen)* begründet:[30] «Der Himmel hat die Entstehung des Menschengeschlechts bewirkt. Alle Menschen sind Brüder; alle sind im Grunde genommen gleich.» Und: «Da ich meine Mitmenschen als Brüder anerkenne, empfinde ich auch Liebe für sie.»[31]

Die Entwicklung zur utopischen Vollkommenheit ist in Kangs Sicht einerseits eine objektive Entwicklung der Geschichte, andererseits ein Prozess, für den die Menschen sich aktiv einsetzen müssen.[32] Hier zeige sich nun die Überlegenheit des Konfuzianismus. Der Islam werde «überwunden», da die ständige Anrufung Gottes vonseiten der Muslime zeige, dass «der Islam nicht genügend innere Werte besitzt und unausgereift und oberflächlich erscheint».[33] Und wenn die Liebe und die Gleichheit verwirklicht werden, führt dies, so Kang, zum Aufhören von Sünden – womit auch das Christentum seine Existenzberechtigung verliere. Die Nivellierung alle Rangunterschiede im utopischen Zeitalter des Friedens und der Gleichheit führe unter anderem auch zur Abschaffung des Papsttums. Kang Youwei beruft sich hier auf Konfuzius' Vision eines Drachens ohne Haupt und warnt vor dem Wiederaufkommen des Personenkults: «Sollten aber wieder Führer auferstehen, die kultisch verehrt werden, dann würde das Prinzip der Gleichheit durchbrochen; allmählich würden sich wieder autokratische Verhältnisse durchsetzen, Streit und Mord würden wiederkehren.»[34]

Es ist schwierig, im chinesischen Kontext hier nicht an Mao Zedong zu denken (s. Kap. 26). Mao hat das *Buch von der Großen Gemeinschaft* 1958 gelesen und sich von ihm teilweise inspirieren lassen.[35] Aus demselben Jahr datiert auch das kollektive *Manifest zu einer Neubewertung der Sinologie und der Rekonstruktion der chinesischen Kultur»*, das als ein zentrales Dokument des sog. Neukonfuzianismus gilt, der den Konfuzianismus in erster Linie als Philosophie versteht, was aber religiöse Fragen und Themen nicht ausschließt.[36] Neukonfuzianische Diskurse, die sich nur selten auf Kang Yuwei beziehen, operieren vielfach mit der uns in verschiedenen Kapiteln dieses Buches begegnenden Gegenüberstellung des materialistischen Westens und des spirituellen Ostens.[37]

5

Lew Tolstoi

Eine entzauberte Universalreligion

Als 1893 das Weltparlament der Religionen in Chicago stattfand, war Lew Nikolajewitsch Tolstoi (1828–1910) fünfundsechzig Jahre alt und eine Weltberühmtheit, nicht nur als Verfasser literarischer Werke – am bekanntesten die großen Romane *Krieg und Frieden* (erste Buchausgabe 1868–69) und *Anna Karenina* (1875–77) –, sondern auch als öffentliche Person. Er galt schon zu Lebzeiten als ein russisches Kollektivsymbol.[1] Sein schriftstellerisches Werk trägt stark autobiographische Züge – es wurde auch als «symbolische Autobiographie» bezeichnet[2] –, und so sind seine Tagebücher und Korrespondenz wesentliche Teile seines Œuvres.[3]

Mediale Inszenierungen von Leben und Sterben

Mit dreißig Jahren zog der 1828 in einer der angesehensten Familien der russischen Aristokratie geborene Graf auf sein ererbtes Landgut Jasnaja Poljana, rund 200 Kilometer südlich von Moskau, wo er ein einfaches Leben zu führen suchte. In den 1860er Jahren begann er – in fundamentaler Opposition zur Elite des zaristischen Russland – sich wie ein Bauer zu kleiden, gegen die Gepflogenheiten seines Standes einen Vollbart zu tragen und einen Teil seiner Zeit auf landwirtschaftliche Tätigkeiten wie das Pflügen zu verwenden. So ließ er sich denn auch medienwirksam von bekannten Malern darstellen. Einige Porträts wurden durch Chromolithographien verbreitet. Gegen Ende seines Lebens, 1909, wurde die Stimme des Weisen von Jasnaja Poljana in vier Sprachen auf Grammophon aufgenommen, und die Schallplatten verkauften sich in ganz Europa. Anlässlich seines achtzigsten Ge-

Lew Tolstoi:
Gemälde von Ilja Repin
aus dem Jahr 1901

burtstags im Jahre 1908 trat er vor der Kamera auf, und kurz vor seinem Tod wollte er noch für das Kino schreiben.[4]

Sein Sterben und sein Tod in einem Bahnwärterhäuschen der entlegenen Station Astapowo am 6. November 1910 waren ein internationales Medienspektakel. Während die Kräfte des Greises schwanden, er von seiner jüngsten Tochter und anderen Vertrauten gepflegt wurde und seine Frau, mit er er sich kurz zuvor wegen seines Testaments überworfen hatte, ihm nachgereist kam, herrschte auf dem Bahnhof hektisches Treiben. Seine Tochter erinnert sich: «es wimmelte von Berichterstattern ... und die Beamten konnten die aufgegebenen Telegramme kaum bewältigen...; jeden Augenblick wurden Filmaufnahmen gemacht von allen und allem, was nur zugänglich war.»[5]

Sinnkrise und «zweite Geburt»

Als Folge seiner auch literarisch verarbeiteten militärischen Erfahrungen im Kaukasus und auf der Krim in den frühen 1850er Jahren hatte Tolstoi sich dem Pazifismus zugewandt und wurde in seiner Kritik am Staat und seinen zentralen Institutionen, tragenden Strukturen, Werten und Lebensformen immer grundlegender – auch an der mit dem Obrigkeitsstaat institutionell verflochtenen orthodoxen Kirche. 1877, im Alter von neunundvierzig Jahren, machte Tolstoi nach eigenem Bekunden eine schwerwiegende Sinnkrise durch, die als «Wende» in die Literatur eingegangen ist. Erfolglos versuchte er, die Krise durch Pilgerreisen, u. a. zum Kloster Optina Pustyn, zu bewältigen; Gespräche mit kirchlichen Würdenträgern steigerten sogar sein Unbehagen an der Kirche.[6]

Literarischen Ausdruck fand Tolstois «zweite Geburt» in seinem erstmals 1882 erschienenen Werk *Meine Beichte*, in dem er seine Leser mit auf eine Sinnreise nimmt: von der Verdammung seines früheren Lebens über die Distanzierung vom kirchlichen Christentum bis zum Streben nach Gott und Selbstvervollkommnung. Der amerikanische Philosoph William James beschreibt sie in seinen *Varieties of Religious Experience* (1902) als Musterbeispiel der «kranken Seele», des «passiven Appetitverlusts für alle Werte des Lebens»[7] und der schrittweisen Heilung dieses Zustands. Das Erscheinen der *Beichte*, die, so Tolstoi, bei «allen Lesern Ekel hervorrufen sollte», war von der Zensurbehörde zunächst verhindert worden, da diese Schrift «wichtige Wahrheiten des Glaubens und Erlasse der Orthodoxen Kirche in Zweifel zieht und sich abfällig äußert über Wahrheiten und Riten der Orthodoxie».[8] Fast alle religiösen Schriften Tolstois wurden fortan von der Zensur ganz verboten oder gekürzt, so dass sie zunächst im Ausland erschienen. So erschien *Meine Beichte* in Buchform erstmals 1886, und zwar in deutscher Übersetzung unter dem Titel *Bekenntnisse*.[9]

Eine «praktische Religion», die Liebe und das Gottesreich

«Gestern brachte mich das Gespräch über das Göttliche und den Glauben auf eine große, gewaltige Idee, deren Verwirklichung ich mein Leben widmen könnte. – Es ging um die Gründung einer neuen, der Entwicklung der Menschheit entsprechenden Religion, einer Religion Christi, aber befreit von Glauben und Geheimnis, einer praktischen Religion, die nicht zukünftige Glückseligkeit verspricht, sondern Glückseligkeit auf Erden schenkt.»[10]

Dieser Tagebucheintrag vom 4. März 1855 des damals Sechsundzwanzigjährigen nimmt einige Leitmotive seines späteren religiösen Projekts vorweg. Im Laufe der Jahrzehnte befasste Tolstoi sich in diversen Schriften verschiedenster Genres mit religiösen Themen. Kaum rezipiert wurde die umfangreiche Auseinandersetzung mit einem orthodoxen Theologen, *Untersuchung der dogmatischen Theologie* (1879–1880, 1884). Tolstoi lehnt hier die zentralen Dogmen und Rituale der orthodoxen Kirche ab. Für ihn sind die Möglichkeiten der theologischen Gotteserkenntnis eingeschränkt: Persönlichkeit heißt Begrenzung, Gott aber ist unbegrenzt.[11] «Jeder Versuch, mir einzubilden, dass ich Ihn erkenne (z. B. dass Er der Schöpfer ist, barmherzig oder etwas in der Art), entfernt mich von Ihm und behindert meine Annäherung an Ihn.»[12]

Hatte Tolstoi für die kirchliche Lehre und Hierarchie nur Verachtung und Spott übrig, so hegte er doch Respekt oder gar Sympathie für andere Segmente der orthodoxen Religion. Dazu zählten etwa die asketisch-mystisch-monastischen Praktiken und Traditionen – z. B. die Gottesnarren[13] und die Starzen, geistliche Autoritäten der Klöster – und die religiösen Volkssagen und Heiligenlegenden, die er in einigen Werken wie der Legende *Die drei Starzen* (1896) und der Novelle *Vater Sergei* (1898) aufgriff.[14] Tolstoi sympathisierte außerdem mit der unterdrückten Sekte der Duchoborzen, der «Geisteskämpfer», die Sakramente, Hierarchie und schriftliche Überlieferungen der Orthodoxen Kirche ablehnten und ihre Mitglieder u. a. dazu aufforderten, vegetarisch zu leben (wie Tolstoi) und den Militärdienst zu verweigern. Nach verstärkten Repressionen vonseiten der Obrigkeit unterstützte Tolstoi die Duchoborzen sodann moralisch und finanziell bei ihrer Massenemigration nach Kanada im Jahre 1899.[15]

Tolstois eigener religiöser Entwurf beinhaltete seine Neufassung – bzw. die Wiederherstellung – der Evangelien unter dem Primat der Verständlichkeit, des ethischen Gehalts und der Vernunftgemäßheit. Gott habe den Menschen die Vernunft gegeben, damit sie nach seinem Willen moralisch lebten. Daher könne auch der Text der Evangelien – das sog. Alte Testament war ohnehin disqualifiziert – nur dann Gültigkeit beanspruchen, wenn er unmittelbar verständlich sei oder verständlich gemacht werde, was Tolstoi in seiner fast tausendseitigen *Zusammenfassung und Übersetzung der vier Evangelien* (1880–1881; gedruckt 1892–1894) unternahm. Aus seiner Deutung leitete Tolstoi fünf zentrale moralische Gebote ab: nicht zürnen, keusch leben, nicht schwören, sich dem Bösen nicht mit Gewalt widersetzen, seine Feinde lieben. Die Liebe war dabei für Tolstoi eine Art göttliches Grundgesetz.

Das Ausrotten des Bösen und die Verwirklichung des Guten erschien Tolstoi nicht als eine Angelegenheit der Endzeit und des Jenseits. Die Vision eines immanenten, diesseitigen Gottesreiches führte er in seiner 1893 entstandenen, von der Zensur verbotenen und daher zunächst auf Französisch und Italienisch erschienenen Schrift *Das Reich Gottes ist in euch* aus: Jeder Mensch als Individuum kann in sich eine göttliche Vollkommenheit erkennen, so dass eine Annäherung des eigenen Willens und des Willens Gottes, eine Vereinigung von Mensch und Gott und von Mensch und Mensch in Form der Liebe möglich ist; Selbstvervollkommnung im Hier und Jetzt ist der Sinn des Lebens.[16] Religion ist nichts Übernatürliches, Transzendentes, Mystisches oder Geheimnisvolles.[17] Ideen wie die Auferstehung der Toten und die Fortexistenz der Seele werden damit gegenstandslos.

«Suche Gott nicht in den Kirchen»

Um seine optimistische religiöse Botschaft unters Volk zu bringen und auch für Kinder zugänglich zu machen, veröffentlichte Tolstoi seit 1903 als Billigdrucke leicht – auch in Deutschland – zugängliche Lesebücher mit Gedanken, Gleichnissen und Aphorismen für die tägliche Erbauung.[18]

In der Sammlung *Gedanken weiser Leute für jeden Tag* (1903/1905) bringt er seine religiösen Grundlehren – allen voran die Idee, dass der Mensch «eine Erscheinung Gottes» sei[19] –, in Form von Weisheitssprüchen auf den Punkt, etwa so: «Alle Nöte der Menschen rühren nur von ihrer Blindheit, daher, dass sie jenen Gott nicht sehen, der in ihnen wohnt». Oder: «Suche Gott nicht in den Kirchen. Er ist dir nahe, Er ist in dir. Er wohnt in dir. Gib dich Ihm hin, und du erhebst dich höher als Glück und Unglück.»[20]

Für sein Konstrukt einer «Weltreligion», die allen Menschen gemeinsam und daher auch für alle verbindlich sei,[21] verfasste Tolstoi auch Gebete, die mit dem traditionellen Muster der Bittgebete brechen und sich eher wie kurze Meditationstexte oder gute Vorsätze lesen: «Die üblichste Sünde ist, seinem Körper nachzugeben. Ich fürchte sie und will dagegen ankämpfen und mich davon befreien: nicht zu viel essen, nichts Unnötiges an Kleidern, Wohnraum und Gegenständen besitzen, den Körper nicht verhätscheln, vielmehr die Forderungen des Körpers nur soweit befriedigen, dass er die Bedürfnisse der Seele erfüllen kann.»[22]

Auch sein dritter und letzter großer Roman *Auferstehung* (1899) liest sich als eine moralisch-religiöse Programmschrift. Er beschreibt die Umkehr, Befreiung und Läuterung des Fürsten Nechljudow, Tolstois alter ego, und zwar durch die Kraft der Bergpredigt. Deren «einfache, klare und praktisch ausführbare Gebote» – so man sie denn befolge – würden eine vollständig neue Gesellschaftsform hervorbringen: «das höchste der Menschheit erreichbare Heil – Gottes Reich auf Erden».[23]

Für Tolstoi war die offizielle Religion – wie alle anderen Institutionen auch – eine Perversion ihrer eigentlichen Funktion. So enthält *Auferstehung* die ausführliche Beschreibung eines Gefängnisgottesdiensts, die eine Art Verfremdung erzielt, indem sie kirchliche durch materiell-funktionale Termini ersetzt: «Das Wesentliche des Gottesdienstes bestand darin, dass die vom Priester geschnittenen und in Wein getunkten Brotstücke sich durch bestimmte Manipulationen und Gebete in Leib und Blut Gottes verwandeln sollten.» Das Messgewand wird als «Brokatsack» beschrieben, der Altar als «Tisch» und die Ikonostase als «Trennwand».[24]

Gerade diese Wortwahl brachte die Kirche endgültig gegen Tolstoi auf. Deren höchstes Organ, der Heilige Synod, erließ am 24. Februar 1901 eine Resolution, die allgemein als Exkommunikation verstanden wurde. In der monumentalen Kasaner Kathedrale in Sankt Petersburg wurde im selben Jahr ein Wandbild angebracht, auf dem Tolstoi im Höllenfeuer schmort; Kopien wurden in Kirchen in ganz Russland verbreitet.[25]

Die Resolution des Heiligen Synod stieß weltweit auf Empörung, etwa in Japan, China, Indien, Südafrika und den Vereinigten Staaten; in Russland kam es zu Demonstrationen und zur Verbreitung von Schmähschriften.[26] Umgehend veröffentliche Tolstoi eine Erwiderung, in der er sogar viele der vom Synod konstatierten Anklagen bestätigte. Er lehne in der Tat die Trinität, das Jüngste Gericht, Hölle, Paradies und Sakramente ab, da er letztere «für niedere, primitive, dem Verständnis von Gott nicht angemessene Zauberei» halte. Er wünsche, weiterhin Gott zu dienen, habe sich aber tatsächlich von der offiziellen Orthodoxen Kirche losgesagt und bitte daher im Fall seines Todes «keine Geistlichen zu mir zu lassen und meinen toten Körper rasch wegzuschaffen, ohne Beschwörungen und Gebete».[27] Die Wortwahl stempelt das Christentum zu einer historisch überkommenen «primitiven Zauberei». Neun Jahre später bemühten sich Vertreter der Kirche, Tolstoi an seinem Sterbebett zum Widerruf zu bewegen – allerdings vergeblich. Er wurde nicht kirchlich bestattet; sein schlichtes Grab in Jasnaja Poljana ist mit keinem Kreuz versehen.

Weltweite Bewunderung, weltumfassende Religion

Spätestens zur Zeit der Resolution galt Tolstoi weltweit als eine Autorität in moralischen und religiösen Fragen. Briefe und Menschen aus aller Welt trafen in seinem Landgut ein, und Tolstoi unterhielt eine internationale Korrespondenz. Viele suchten seinen Rat, und einige Besucher gebärdeten sich wie Bewunderer und Jünger. Ein Besuch bei Tolstoi kam einer privaten Wallfahrt gleich.

Tolstoi weigerte sich allerdings, sein religiöses Projekt in eine Organisation zu überführen, und die Tolstoianer erschienen ihm wie eine «fremde und unverständliche Sekte».[28] Bereits seit Ende der 1880er Jahre hatten sich von Tolstoi inspirierte Kommunen etabliert, etwa Gandhis «Tolstoy-Farm» in Südafrika (s. Kap. 11). In Russland, wo es bis zum Zweiten Weltkrieg Tolstoi-Kommunen gab, wurden die Tolstoianer wegen ihres Pazifismus von Stalin liquidiert.

Tolstoi bildete einen Knoten in einem globalen, auch medialen Netz religiöser Ideen: Er verkörperte eine radikale religiöse und moralische Alternative. Er beschäftigte sich aber auch intensiv mit nichtchristlichen Denkern und Religionen. Zusammen mit einem Christen aus Japan, wo seine Ideen auf große Resonanz stießen, arbeitete er an einer 1894 erschienenen russischen Übersetzung von Schriften Laozis.[29] In seiner Jugend hatte Tolstoi zunächst Orientalistik studiert und etwas Arabisch und Persisch gelernt. Er hegte eine gewisse Sympathie für den Islam, dessen Monotheismus ihm einfacher und daher plausibler erschien als die christlichen Doktrinen; er könne allerdings erst dann «zu einer rechten Religion» werden, «wenn er den blinden Glauben an Mohammed und den Koran aufgibt».[30] Wegen seiner Gesellschafts- und Kirchenkritik wurde Tolstoi im 20. Jahrhundert bei islamischen Intellektuellen wie Iqbal (s. Kap. 12) ein gern zitierter Autor.[31] Tolstoi interessierte sich auch für das damals noch junge Bahaitum und erhielt Briefe und Besuche von Bahais.[32] In mehreren Werken hat er zudem buddhistische Motive verarbeitet und die buddhistische Legende von dem erblindenden König Kunala übersetzt.[33] Ein anderer Weisheitslehrer, auf den Tolstoi sich beruft, war Vivekanandas Meister Ramakrishna.

Gegen Ende seines Lebens propagierte Tolstoi das Projekt der Bildung einer «weltumfassenden Kirche» oder einer zukünftigen «weltumfassenden Religion».[34] In einem kurzen Text, *Die Lehre Christi dargestellt für Kinder* (1909), stellt er sich in eine religionsübergreifende alte Tradition, mit der er nun endlich ernst mache: «Glaubet nicht, dass ich etwas Neues lehre. Ich lehre dasselbe, was euch alle Weisen und heiligen Männer gelehrt haben. Ich lehre nur, dass man erfüllen müsse, was sie lehrten.»[35]

Entzauberung

Im November 1904 erschien der erste Teil von Max Webers viel diskutierter Abhandlung *Die protestantische Ethik und der Geist des Kapitalismus*. Darin lässt Weber einen seiner Signaturbegriffe fallen: die «Entzauberung der Welt», die «alle magischen Mittel der Heilssuche als Aberglaube und Frevel verwarf».[36] Diese Beschreibung passt sehr genau auf Tolstois postmetaphysisches Programm. Weber konzipiert hier den Begriff Entzauberung noch als einen innerreligiösen Prozess, als einen Vorgang der Reinigung der Religion von der Magie, nicht einer Abwendung der Gesellschaft von Religion.

Ein Jahr vor Ende des Ersten Weltkriegs – die Schriften des 1910 verstorbenen russischen Dichters wurden nun aufgrund seiner antimilitaristischen Haltung vom offiziellen deutschen Kaiserreich weitgehend totgeschwiegen[37] – hielt Weber Ende November 1917 seinen Vortrag *Wissenschaft als Religion.* Darin erscheint die Entzauberung der Welt nun als Charakteristikum der Wissenschaft im Unterschied zum Weltbild der «Wilden». Entzauberung ist hier ein Bestandteil eines anderen Prozesses: der Intellektualisierung und Rationalisierung der modernen Welt. Nun wird Magie nicht mehr aus religiöser Sicht abgelehnt, sondern angesichts der technischen Rationalität sei sie schlechterdings überflüssig. Diese Art der Entzauberung aber wirft für Weber die Frage nach einem «über dies rein Praktische und Technische hinausgehenden Sinn» auf.[38] Genau an diesem Punkt greift er auf Tolstoi, offenbar eine entscheidende Bezugsperson, zurück, mag aber dessen Lösung an dieser Stelle nicht folgen.

Eine ähnliche Problemkonstellation und das gleiche Vokabular war bereits fünfzehn Jahre zuvor in den *Varieties of Religious Experience* von William James begegnet; die um die Jahrhundertwende einsetzende «Sinn»-Frage scheint nicht unwesentlich von Tolstoi befeuert worden zu sein.[39] Auch der Signaturbegriff der Entzauberung taucht bei James auf, nämlich nach einem seitenlangen Zitat aus Tolstois *Beichte*: «Das einzige, was uns nun interessieren braucht, ist das Phänomen seiner absoluten Entzauberung des normalen Lebens …».[40] Eine für die Religionsgeschichte des 20. Jahrhunderts richtungsweisende Begriffskonstellation – Entzauberung und Sinnverlust – ist offensichtlich im Dreieck Tolstoi – James – Weber entstanden. Tolstoi galt Weber als Repräsentant eines religiösen Rationalismus der Intellektuellen, auch wenn sein Begriff menschlicher Vernunft weit über technische Rationalität hinausging; für Tolstoi war das Göttliche gerade kein Fremdkörper in der menschlichen Ratio.

Widersprüche und Marginalisierung

Am 7. November 1917 kam es in Russland zur Machtübernahme der Bolschewiki unter Führung von Wladimir Iljitsch Lenin in der sog. Oktoberrevolution. Lenin hat sich in sieben kürzeren Texten mit Tolstoi auseinandergesetzt, dessen schriftstellerische Genialität und «Weltbedeutung als Künstler» für ihn außer Frage standen. Dabei deckt er eine Reihe von Widersprüchen in Tolstois Schriften auf, etwa: «Einerseits nüchternster Realismus, Herunterreißen jeglicher Masken; andererseits Predigt eines der abscheulichsten Dinge, die es überhaupt auf der Welt gibt, nämlich der Religion, das Bestreben, die Pfaffen mit behördlicher Bestallung zu ersetzen durch Pfaffen aus sittlicher Überzeugung, d. h. Kultivierung der raffiniertesten und deshalb besonders widerwärtigen Pfäfferei.»[41]

Für Lenin war es das Proletariat, das Tolstois Erbe antreten sollte.[42] Umgekehrt galt Tolstoi in der konservativ-reaktionären Presse in Deutschland als Vorkämpfer der Revolution und verlor damit an gesamtgesellschaftlicher moralischer Strahlkraft.

Wurde Tolstoi in einer Umfrage des *Berliner Tageblatts* 1903 noch mit fünfhundertzwei von eintausend abgegebenen Stimmen zum bedeutendsten Mann der Gegenwart gekürt,[43] so begann mit dem Krieg und dem Untergang des Zaren- und des Kaiserreiches in Russland und Deutschland sein Stern zu sinken. In Russland wurde Tolstois religiöses Denken nach der Oktoberrevolution zunehmend marginalisiert. Für die geistig-religiöse Orientierungssuche nach Auschwitz gingen kaum noch Impulse von Tolstoi aus, vermutlich, weil sein Menschheitsoptimismus und sein unerschütterlicher Glaube an das Gute widerlegt zu sein schienen und das Ideal ethisch-rationaler Vervollkommnung in weite Ferne gerückt war. Nichtsdestoweniger ist Tolstois Erfindung eines postkirchlichen und postmetaphysischen Christentums als einer entzauberten Menschheitsreligion ein Leitmotiv des 20. Jahrhunderts, in dem Religion aus der institutionellen Schale losgelöst werden konnte und mit neuen Lebensformen experimentiert wurde.

6

Annie Besant

Theosophie als eine neue Weltreligion

Einer der sogenannten Denominational Congresses, die in Verbindung mit dem Weltparlament der Religionen stattfanden, wurde von der Theosophischen Gesellschaft ausgerichtet. 1875 in New York gegründet, war dies eine der bekanntesten und internationalsten neuen religiösen Gruppierungen des späten 19. Jahrhunderts. Die Theosophical Society war keine Massenbewegung, 1908 wurden weltweit 15 617 Mitglieder gezählt, davon 4631 in Indien, 2479 in den USA und 1910 in England, als Höchststand waren 1928 45 098 Mitglieder registriert.[1] Die Vereinigung spross schon früh in unterschiedliche Richtungen und Subgruppierungen aus, darunter die Anthroposophie als ein deutscher Ableger. Ihr ideen- und verflechtungsgeschichtlicher Einfluss auf die Geschichte der Alternativreligion im 20. Jahrhundert ist kaum zu überschätzen.[2] In diesem Buch werden uns die Theosophen noch in Verbindung mit Rudolf Steiner, Anagarika Dharmapala und Mahatma Gandhi begegnen.

Die Veranstaltung der Theosophischen Gesellschaft in Chicago fand am 15. und 16. September 1893 statt. Eine der Vortragenden war die fünfundvierzigjährige Annie Besant (geb. Woods; 1847–1933), in London geboren, aber überwiegend irischer Abstammung. Im selben Jahr reiste sie auch das erste Mal nach Indien, wo sie, von zahlreichreichen Auslandsreisen unterbrochen, bis zu ihrem Tod vierzig Jahre später hauptsächlich wohnte.[3] Annie Besant war damals eine der bekanntesten Frauen ihrer Zeit – eine umstrittene öffentliche Persönlichkeit, die zunächst durch mitreißende Vorträge aufgefallen war. Zudem war sie publizistisch sehr aktiv, mit eigenen Zeitschriften und Verlagen.

Besant ist nicht zuletzt deshalb eine religionsgeschichtlich signifikante Persönlichkeit, weil sie im Laufe ihres Lebens sehr unterschiedliche religiös-weltanschauliche Positionen eingenommen hat. In der älteren Literatur hat ihr das den Vorwurf der Sprunghaftigkeit eingetragen; Besant selbst sah in ihrer religiösen Entwicklung aber eine gleichsam unaufhaltsame Logik am Werk. Ihre *Autobiographical Sketches* (1885) bieten die Möglichkeit, im Folgenden nicht nur ihr Leben, sondern auch ein Spektrum ihrer religiösen Stationen auszuleuchten.

Abkehr vom Christentum

Ihren Vater, einen Arzt und religiösen Skeptiker, verlor Annie schon im Alter von fünf Jahren, mit wirtschaftlich verhängnisvollen Folgen für ihre Mutter. Daher kam Annie 1855, im Alter von acht Jahren, in die Obhut einer besser gestellten Dame namens Ellen Marryat, der sie eine gute Schulbildung verdankte und deren «starker und intensiver Evangelikalismus» und Bibelfokus sie sehr beeinflusst hat. Später begann sie Sympathien für den katholischen Flügel zu hegen, einschließlich katholischer Frömmigkeitsformen wie Fasten und Selbstgeißelungen. Erste religiöse Zweifel kamen ihr im Alter von neunzehn Jahren, als sie durch eigene Bibellektüre Unstimmigkeiten zwischen den vier Evangelien entdeckte.[4]

1867 heiratete sie, bald wurden ihr Sohn und ihre Tochter geboren. Da ihr Mann Frank Besant zunächst als Lehrer an einer Provinzschule arbeitete, begann sie zum Zeitvertreib Kurzgeschichten zu schreiben – die prompt gedruckt und sogar honoriert wurden. Als ihre einjährige Tochter 1871 lebensgefährlich erkrankte, haderte die junge Mutter mit einem Gott, der das Leiden eines hilflosen Kindes zuließ. Den abgründigen Zweifel und die Frage nach dem Wesen Gottes wurde sie trotz der Genesung ihrer Tochter nicht mehr los.[5] Sie beschloss, jedes einzelne Dogma des Christentums kritisch zu untersuchen, und widmete sich intensiver religiöser Lektüre, was ihre Skepsis weiter befeuert habe. Schließlich, schreibt sie in ihrer Selbst-Erzählung, habe sie die meisten christlichen Dogmen abgelehnt – «mit all ihrem Schmerz, Horror und ihrer Finsternis, und ich fühlte, mit Erleichterung und unbeschreiblicher Freude, dass es sich bei ihnen nur um Träume unwissender und halb-wilder Geister handelte, nicht um die Offenbarung eines Gottes.» Ihre wiederholten Versuche, sich doch noch mit dem Christentum zu arrangieren – ihr Mann hatte inzwischen eine Stelle als Landpfarrer angetreten –, scheiterten allesamt. Die Gottesdienste, an denen sie als Pfarrersfrau teilzunehmen hatte, wurden ihr mehr und mehr zur Tortur.[6] Schließlich betete sie nur noch bei theologisch unverfänglichen Texten mit und verließ das Gotteshaus jeweils vor der Kommunion.

Besant begann Essays zu schreiben und anonym zu veröffentlichen, in denen sie ihre Abkehr vom Christentum intellektuell verarbeitete. Außerdem verfasste sie theistische, nicht mehr spezifisch christliche Hymnen. 1873 ereignete sich die vielzitierte Szene, in der sie in der verschlossenen Pfarreikirche ihre Redegabe entdeckte: «So seltsam es auch erscheinen mag; in der großen, leeren, einsamen Kirche bestieg ich also die Kanzel und hielt kurzerhand meinen ersten Vortrag! Nie werde ich das Gefühl der Macht und der Freude vergessen, das mich überkam, als meine Stimme die Gänge langrollte …»[7]

Im selben Jahr hielt sich Annie Besant nach einem gesundheitlichen Zusammenbruch zur Behandlung in London auf. Sie wurde vor die Wahl gestellt, bei ihrer Rückkehr entweder wieder an der Kommunion teilzunehmen oder in der Stadt zu bleiben. Besant entschied sich für Letzteres, was die Scheidung zur Folge hatte. Damit war sie aus der respektablen Gesellschaft ausgeschlossen:[8] Für eine geschiedene und überdies als häretisch geltende Frau mit intellektuellen Interessen, aber ohne Ausbildung, war es so gut wie unmöglich, einen gut bezahlten Job zu finden. Andererseits genoss sie ihre neue intellektuelle Freiheit, in deren Folge allerdings auch ihr noch verbliebener abstrakter Gottesglaube wegbröckelte.[9]

Hinwendung zu Atheismus und Säkularismus

Im folgenden Jahr wurde Annie Besant auf Charles Bradlaugh (1833–1891) aufmerksam,[10] der sich als aktiver Freimaurer und Fürsprecher radikaler politischer und «säkularer» Ideen einen Namen gemacht hatte. Bradlaugh, ab 1858 Vorsitzender der London Secular Society und 1866 Mitbegründer der heute noch aktiven National Secular Society, war der vermutlich einflussreichste englische Atheist des 19. Jahrhunderts, und Besant beschritt in der Folge selbst den Weg zum

Atheismus (so der Titel ihrer 1877 erschienenen Aufsatzsammlung *My Path to Atheism*). Den Glauben an eine übernatürliche Wirklichkeit hatte sie verloren, nicht aber den Glauben an die Verwirklichbarkeit von Wahrheit, in deren Dienst sie sich nun stellte. In ihrem humanistisch orientierten Text *Why I Don't Believe in God* (1887) schreibt sie, sie glaube zwar nicht mehr an Gott, aber an den Menschen, dessen erlösende Macht (*redeeming power*) und den schlussendlich durch Wissen, Liebe und Arbeit zu erringenden Triumph der Menschheit.[11]

Besant begann für Bradlaughs *National Reformer* zu schreiben und wurde bald Vorstandsmitglied der National Secular Society, die 1875 ihre Grundprinzipien verabschiedete. Die heute geforderte Trennung von Kirche und Staat[12] stand damals noch nicht zur Debatte; vielmehr ging es um die Prinzipien des freien Denkens (*Freethought*), unabhängig von «priesterlicher Einschüchterung», um die «Freiheit der freien Kritik» und den Fokus auf die diesseitige (nicht die postmortale) menschliche Existenz und ihre Verbesserung.

Besant erkannte die emotional-affektive Bedeutung der Musik für die Durchschlagskraft von Ideologien und arbeitete für die National Secular Society an einem *Secular Song Book* (1875), bei dem «säkulare» Texte auf Melodien aus dem christlichen Gesangbuch gesungen werden sollten. Dazu dichtete sie selbst ein solches Lied:

> Who pants and struggles to be free,
> Who strives for others' liberty,
> Who, failing, still works patiently,
> He truly prays.

Frauenrechte und Ko-Freimaurerei

Ebenfalls ab 1875 begann Annie Besant eine rege Vortragstätigkeit, auch zur rechtlichen Stellung der Frauen. Vor allem auf dem Land, mitunter von christlichen Agitatoren angestachelt, wurde sie dabei gelegentlich mit Steinen und Dreck beworfen.[13] Viele Reden wurden sodann als Pamphlete veröffentlicht, in Zeitschriften abgedruckt oder in spätere Bücher eingebaut.[14]

Zu einem Skandal kam es, als Bradlaugh und Besant 1877 das ursprünglich 1832 erschienene Büchlein *Fruits of Philosophy* des amerikanischen Arztes Charles Knowlton abdruckten. Das Buch behandelt medizinische und physiologische Aspekte der Geburt und der Sexualität, um Unfruchtbarkeit und Impotenz, aber auch um Methoden der Schwangerschaftsverhütung. Dies trug Besant und Bradlaugh die Verhaftung und ein Gerichtsverfahren wegen des Verkaufs «obszöner» Literatur ein, in dem eine Freiheitsstrafe gegen sie verhängt wurde. Anfang 1878 aber wurden sie freigesprochen – ein Meilenstein in der Verbreitung von Information über Schwangerschaftsverhütung.[15] Der Prozess hätte vermieden werden können, diente Besant und Bradlaugh aber als Mittel, um Aufmerksamkeit für ihre Sache zu erregen.[16] Annie Besants Ex-Mann machte sich ihre zunehmende öffentliche Bekanntheit als Fürsprecherin des Atheismus und als Publizistin «obszöner» Literatur zunutze, um ihr – erfolgreich – das Sorgerecht für ihre Tochter streitig zu machen.

Durch Bradlaugh war Besant außerdem recht gut mit der Freimaurerei vertraut, die in England allerdings keine Frauen aufnahm. Erst 1893 – dem Jahr des Weltparlaments der Religionen – war in Paris eine Loge gegründet worden, in die Frauen initiiert wurden. Zusammen mit anderen führenden Theosophen gründete Annie Besant 1902 The Order of Universal Co-Freemasonry in Great Britain and the British Dependencies – «Ko-Freimaurerei» bedeutet hier die Gleichstellung der Geschlechter. Besant gehörte diesem Orden dreißig Jahre lang, bis zu ihrem Tod 1933, in leitenden Funktionen an. Hatte der französische Mutterorden sich von religiösen Bezügen verabschiedet, führte Besant den Glauben an ein *Supreme Being* für den britischen Ableger verbindlich ein. Für sie waren Freimaurerei und Theosophie wesensverwandt, zielten doch beide Bewegungen auf die Verbrüderung der Menschheit ab und beanspruchten doch beide, das Erbe alter Weisheitstraditionen anzutreten und zu erneuern. Bezeichnenderweise waren die meisten Mitglieder der neuen Ko-Freimaurerei Theosophen.

Die Freimaurerei stellte überdies ein etabliertes zeremonielles Repertoire bereit, und so konnte die Londoner Öffentlichkeit 1911 mitverfolgen, wie unter Besants Leitung die Grundsteinlegung des neuen Hauptquartiers der Theosophical Society mit freimaurerischen Riten begangen wurde.[17]

Vom Sozialismus zur Theosophie mit Helena Petrovna Blavatsky

Über das Freidenkertum und den Atheismus hatte Besants Weg zunächst weiter zum Sozialismus geführt. 1885 war «die rote Annie» der im Vorjahr gegründeten sozialistischen Fabian Society beigetreten, die sich für eine schrittweise Reform der Gesellschaft statt einer revolutionären Umwälzung der Verhältnisse einsetzte. Besant machte Schlagzeilen, als sie 1888 erfolgreich einen Streik von Mädchen und Frauen unterstützte, die in einer Londoner Streichholzfabrik ausgebeutet und gesundheitlich ruiniert wurden.

In den folgenden Jahren wandelte sich ihre weltanschaulich-religiöse Position ein weiteres Mal. 1889 trat sie der Theosophischen Gesellschaft bei, die dadurch – Besant war eine öffentlich bekannte Person – ins Rampenlicht rückte. Einige ihrer bisherigen Weggenossen reagierten bestürzt, warfen ihr u. a. «weiblichen Wankelmut» vor. Besant versuchte diese Entscheidung zu begründen, u. a. durch ihre überarbeitete, nun mit Fotos angereicherte Autobiographie und einige als Streitschriften gedruckte Reden. Darin warf sie den Freidenkern vor, ebenso dogmatisch zu sein wie die von ihnen verabscheuten Christen; sie aber sei von der gebieterischen Notwendigkeit getrieben, der Wahrheit – für sie eine weibliche Wesenheit («she») – entgegenzustreben.[18] 1890 trat Besant von ihren Ämtern in der National Secular Society zurück, da die Gesellschaft zu materialistisch ausgerichtet sei und keinen Platz für Andersdenkende biete.[19]

Außenstehenden erschien Besants Zuwendung zur Theosophie auch deshalb zu rasch, ja unbedacht und voreilig, weil sie sich noch 1887 abschätzig über die in der theosophischen Zeitschrift *Lucifer* verbreiteten «Spinnereien» (*ravings*) geäußert hatte.[20] Anderseits wurden in dem von ihr 1883 begründeten Magazin *The Corner* Themen wie Spiritismus, Mesmerismus und indische Religionsgeschichte behandelt,[21] und seit etwa 1886 hielt sie Vorträge über asiatische Religionen. Wie auch andere englische Sozialisten besuchte und veranstaltete Besant spiritistische Séancen und beschäftigte sich mit Hypnose und parapsychologischen Phänomenen wie Hellsehen oder Gedankenlesen, die ihr real erschienen. Im Rückblick schreibt sie, der Sozialismus sei zu einseitig wirtschaftlich ausgerichtet gewesen und habe dadurch keine Inspiration und Motivation zur ultimativen Verbrüderung der Menschheit liefern können.[22]

Demgegenüber konnte Besant sich mit folgenden drei Zielen der Theosophischen Gesellschaft voll und ganz identifizieren: (1) den Kern einer universellen Verbrüderung *(universal brotherhood)* zu bilden; (2) die arischen *(Aryan)*, also indischen bzw. indo-iranischen, und andere orientalische Literaturen, Religionen und Wissenschaften zu studieren; (3) die unerklärten Naturgesetze und die in den Menschen schlummernden psychischen Kräfte zu erforschen.[23]

Ausschlaggebend für Besants Eintritt in die Theosophische Gesellschaft waren die intensive Lektüre der Schriften von Helena Petrovna Blavatsky (1831–1891) und die Begegnungen mit der Autorin, die damals ebenfalls in London lebte. Die in der heutigen Ukraine geborene, aus einer russisch-französisch-deutschen Familie stammende und außergewöhnlich weitgereiste Blavatsky war eines der berühmtesten spiritistischen Medien des 19. Jahrhunderts.[24] Sie beanspruchte, durch direktgeistig-medialen Kontakt mit sogenannten Mahatmas oder spirituellen Meistern Einsichten in eine okkulte Wirklichkeit und die Natur des Kosmos und des Menschen erlangt zu haben.

Diese legte sie in mehreren Schriften dar, etwa in *Isis Unveiled* (1877; deutsch *Isis entschleiert*, erstmals 1907) und v. a. in *The Secret Doctrine* (1888; deutsch *Die Geheimlehre*, erstmals 1920 ff.), letzteres von Besant rezensiert. In *An Autobiography* schreibt Besant, bei der Lektüre dieses Buches sei ihr mit einem «Blitzschlag der Erleuchtung» klar geworden, dass die aufreibende Sinnsuche nun endlich vorüber sei, dass sie «die Wahrheit selbst gefunden» habe.[25] In beiden Werken verarbeitete Blavatsky Themen aus einem monumentalen religionsgeschichtlichen Repertoire, u. a. Neuplatonismus, Hermetismus, Kabbala, Rosenkreuzer, Freimaurertum und andere Ideenströmungen, die wir heute als westlich-esoterisch bezeichnen.

Als Besant Blavatsky kennenlernte, hatte ein Bericht der Society for Psychic Research die Glaubwürdigkeit der damals Achtundfünfzigjährigen stark in Zweifel gezogen; das letzte von drei Gutachten – 1885 veröffentlicht – suchte sie als eine gerissene und raffinierte Betrügerin zu entlarven.[26] Der Bericht löste eine schwere Krise aus; die deutsche Sektion löste sich beispielsweise wieder auf. Besant ließ sich davon jedoch nicht beirren und stellte sich in Blavatskys letzten beiden Lebensjahren vorbehaltslos in den Dienst ihrer neuen Lehrerin. Sie sah in ihr keine Wunderheilige, sondern eine tiefgründige, weltoffene, neugierige, selbstlose und disziplinierte Weisheitslehrerin. Blavatsky wohnte zuletzt sogar bei Besant, und die Zentrale der Theosophischen Gesellschaft – zugleich Wohngemeinschaft, Club, Studienzentrum – wurde 1890 in Besants Haus verlegt. Ihre sozialistischen Aktivitäten setzte Besant zunächst fort; zusammen mit Blavatsky gründete sie 1890 ein Haus für unterbezahlte Arbeiterinnen.[27]

Früh wurde Besant, in gewisser Weise Blavatskys Musterschülerin, in den inneren Schülerkreis und in die 1888 gegründete «Esoterische Sektion» der Theosophical Society aufgenommen, eine strikte Studiengemeinschaft, deren Leitung sie später übernahm und für die sie u. a. meditative Praktiken entwickelte.[28] Dazu veröffentlichte sie eine Reihe von theosophischen Hand- und Lehrbüchern (u. a. *The Seven Principles of Man*, 1892; *The Ancient Wisdom*, 1897).

Vom Wiedererwecken Indiens zur Home Rule

Inspiriert von dem New Yorker Anwalt Henry Steel Olcott (1832–1907), einem der Mitgründer der Theosophischen Gesellschaft, der 1879 zusammen mit Blavatsky nach Indien gereist war (s. Kap. 8), siedelte Annie Besant Ende 1893 nach Indien über. 1882 war das Hauptquartier der Theosophischen Gesellschaft nach Adyar in der Nähe von Madras (heute Chennai) verlegt worden, und in den 1880er Jahren entstanden über hundert Niederlassungen in Indien.

In den ersten Jahren nach der Übersiedlung lag der Schwerpunkt von Besants öffentlichem Engagement darin, an der «Erweckung» Indiens mitzuwirken. Zusammen mit Olcott hielt sie Vorträge, in denen beide dafür warben, den Stolz der Inder auf ihre Kultur und Religionen zu stärken. Das Vorhaben, der indischen Bevölkerung Selbst-Respekt einzuflößen, war eine implizite und subversive Ablehnung der kolonialen Ideologie und markierte eine kulturelle Gegenwehr gegen die Praxis der Ausbeutung, Demütigung, Erniedrigung und Unterdrückung. Diese Kritik schlug erst später in politisches Handeln um.

Mit ihrem Umzug nach Indien fügte Besant sich in ihrer Lebenspraxis der indischen Kultur ein, ohne sich dabei ganz zu assimilieren:

Sie möblierte ihr Haus im indischen Stil, trug ein weißes, Sari-ähnliches Gewand, legte sich auf landestypische Art einen Schal um, trug die Haare aber weiterhin unverhüllt und kurz, wodurch sie einem bestimmten westlichen Frauenbild treu blieb.[29] Besant versuchte sich traditionellen Reinheitsvorschriften anzupassen, lernte Sanskrit – sie veröffentlichte sogar eine oft nachgedruckte Übersetzung der *Bhagavadgita*[30] – und führte die rituelle Götterverehrung (*puja*) durch.

1896/97 begann Annie Besant damit, bei wohlhabenden Indern für die Idee eines Colleges zu werben, in dem junge Hindus neben einem westlichen Curriculum auch Sanskrit und ihre eigene Religion studieren könnten. Als Ergebnis dieser Bemühungen wurde 1898 das der Universität Allahabad angegliederte Central Hindu College in Benares gegründet (ab 1916: Banaras Hindu University). Für diese Einrichtungen verfasste sie mehrere Lehrbücher über den Hinduismus als kompakte Hinführung der Studierenden an ihre «ewige» «Nationalreligion».[31]

Ab 1901 begann Besant zunächst vorsichtig für die Bildung und Rechte der indischen Frauen einzutreten, wobei sie jedoch anfangs vor den Gefahren einer Verwestlichung der Geschlechterrollen warnte und für die Inderinnen das Ideal der asketischen Ehefrau und Mutter zeichnete.[32] Erst später lehnte sie Kinderehen und auch das Kastensystem insgesamt ab.[33] Manche konservative Hindus werteten ihre kritisch-progressiven Aussagen als Beispiel für britische Arroganz, und noch schlimmer war, dass die Kritik ausgerechnet von einer Frau kam! Besant hingegen erklärte ihre hingebungsvolle Identifikation mit dem Schicksal dieses Landes mit ihrer Überzeugung, in ihrem früheren Leben Inder(in) gewesen zu sein.[34]

Besant glaubte an die Rationalität und Wirklichkeit der Reinkarnation und der Tatenvergeltung über verschiedene Leben (*karma*), wobei sie dieses Konzept auf politische Einheiten ausweitete und mit dem Geschichtstopos des Aufstiegs und Falls von Nationen in Verbindung brachte.[35] Weitere für Besant zentrale Konzepte waren *dharma* – von ihr als Pflicht bzw. Verpflichtung gedeutet –, der damit verbundene Opfergedanke sowie Yoga, den sie wie Vivekananda als Wissenschaft bezeichnete und als Strategie der willentlichen und evolutionären Selbsttransformation der menschlichen Natur propagierte.

In *An Autobiography* bezeichnet Annie Besant sich als «home ruler»,[36] eine Anspielung auf das Projekt irischer politischer Selbstbestimmung der 1880er Jahre. Stets habe sie sich gegen die aggressive imperialistische Politik Großbritanniens in Irland, dem Transvaal (in Südafrika), Indien, Afghanistan, Burma und Ägypten ausgesprochen. Für Besant führte eine direkte Linie von einem wiedererstarkten Stolz auf den Hinduismus zum Ideal des nationalen «Self-Government» bzw. zur «Home Rule».[37] Aber erst nach über zwanzig Jahren in Indien begann Annie Besant eine aktivere Rolle in der indischen Politik zu spielen – und zwar, nachdem Rishi Agastya, ein «Mahatma» und «Regent Indiens in der inneren Regierung»,[38] sie auf einer angeblichen Versammlung der Großen Weißen Loge in «Shamballa» beauftragt haben soll, sich der politischen Freiheit des Landes anzunehmen.[39] Mit dieser faktisch nicht überprüfbaren Beauftragung entzog Besant ihre politische Mission den normalen politischen Prozessen und verlegte die Quelle ihres Engagements auf eine überterritoriale Ebene. Der Anspruch Indiens auf einen gleichwertigen Platz unter den Nationen wird hier nicht historisch oder politisch begründet, sondern entstammt der mythischen Geographie und Genealogie.

Ab 1914 entfaltete Besant rege publizistische und politische Aktivitäten. Wie zuvor in England gründete sie Organisationen und Publikationsorgane, u. a. die Zeitung *New India*. Sie setzte sich mit ihrer ganzen Leidenschaft und politischen Erfahrung für «Self-Rule» bzw. «Home Rule» ein, was zu einem Schlagwort der Unabhängigkeitsbewegung wurde. 1917 wurde sie zusammen mit zwei Mitstreitern wegen Volksaufwiegelung verurteilt, was ihr Ansehen in Indien enorm steigen ließ. Im selben Jahr wurde ihr – als erster Frau – der Vorsitz des Indischen Nationalkongresses anvertraut. In der Zeit nach dem Ersten Weltkrieg wurde ihr politischer Führungsanspruch allerdings zunehmend von Mohandas Gandhi in den Schatten gestellt, was auch darin zum Ausdruck kam, dass dieser sich als «Mahatma» etablieren und damit die politische Legitimation Besants durch die Meister von Shamballa überbieten konnte. Gandhi hatte im Übrigen phasenweise der Theosophie nahegestanden.

Besant setzte sich für eine Form von Demokratie ein, die mit autoritär-hierarchischen Strukturen durchsetzt war, damit nicht etwa die Masse der Stimmberechtigten, sondern nur die Elite der Weisen – mit den Theosophen an der Spitze und Besant an der Spitze der Theosophen – die Gesellschaft einer besseren Zukunft entgegenführen könne.[40] Das Ideal der Regierung sei das einer freimaurerischen Loge.[41] Besant kritisierte Gandhis Widerstandsmethoden und strebte ein Commonwealth an, in dem Indien und England gleichberechtigt föderativ verbunden wären. Für die Idee, dass jedes Volk oder jede Nation eine Art göttliche Sendung habe, pflegte sie den italienischen Freiheitskämpfer Giuseppe Mazzini zu zitieren. Indien war für Besant dabei auf der Seite der Spiritualität die Lehrmeisterin, England hingegen auf dem Gebiet der Bildung.[42] Sie selbst verkörperte das interkulturelle Lernprogramm, das sie sich auf die Fahnen geschrieben hatte: die Synthese östlicher und westlicher, indischer und britischer Errungenschaften.[43] Sie bezeichnete sich als «Western-born but Eastern in spirit» und als «Symbol der Vereinigung» Großbritanniens mit Indien.[44]

Weder Gandhi noch Besant scherten sich um eine klinische Trennung von Religion und Politik. Auf der öffentlichen Feier von Annie Besants 82. Geburtstag am 1. Oktober 1928 in Allahabad soll Gandhi in seiner Ansprache gesagt haben, es sei Besant gewesen, die den Graben zwischen Religion und Politik überwunden habe: «Der Religion beraubt wäre Politik wie ein Körper ohne Seele»; Besant aber sei es gewesen, «die Indien aus seinem tiefen Schlummer erweckt» habe.[45]

Eine neue Weltreligion und der neue Weltenlehrer

Nach Olcotts Tod 1907 hatte Annie Besant den Vorsitz der internationalen Theosophischen Gesellschaft übernommen; sie hatte dieses Amt sechsundzwanzig Jahre lang, bis zu ihrem Tod 1933, inne. Ihr Amtsantritt, den sie ebenfalls mit ihrer Beauftragung durch die Mahatmas begründete, war wie ihre gesamte Amtszeit allerdings nicht unumstritten. Mit Besants Vorsitz übernahmen in der englischen Sektion mehr und mehr Frauen Leitungsfunktionen.

Nach Bradlaugh, Blavatksky und Olcott wurde der ehemalige anglikanische Geistliche Charles Webster Leadbeater (1854–1934) zur weiteren für Besants Lebenswerk zentralen Bezugsperson.[46] Er beanspruchte hellseherischen Direktkontakt zu den Mahatmas und dementsprechend gesteigerte paranormale Fähigkeiten. Die beiden führten gemeinsam eine Vielzahl von Experimenten und Studien durch (z. B. *Occult Chemistry*, 1908, deutsche Übersetzung noch im selben Jahr), in denen sie chemische Elemente kraft hellseherischer Techniken näher zu bestimmen suchten. Sie sahen ihre Aktivitäten durchaus als vollwertige wissenschaftliche Praxis.[47]

Ab 1908 begannen Leadbeater und Besant die Wiederkehr Christi bzw. das Auftreten eines neuen Weltenlehrers zu verkünden. Besant hatte auch Bücher über das Christentum geschrieben, z. B. *Esoteric Christianity* (1901; deutsch 1903), in dem sie das von ihr früher kritisierte Christentum unter Rückgriff auf «tiefere Wahrheiten» neu zu interpretieren suchte. In diesem Buch spricht sie erstmals von einem «kosmischen Christus», den sie dem geschichtlichen, mythischen und mystischen Christus gegenüberstellt. Damit gelang ihr eine nicht nur in der Esoterik, sondern auch in der Theologie einflussreiche Wortprägung.[48]

In *The Immediate Future* (1911; deutsch 1912 als *Welt-Religion und unsere nahe Zukunft*) kündigte Besant das Entstehen einer neuen, nicht dogmatisch, sondern mystisch strukturierten Weltreligion an, in welche die «edelsten» Elemente der einzelnen Religionen einfließen würden, so die Immanenz Gottes, die Entdeckung einer eigenen, aus dem Inneren aufsteigenden Wahrheit,[49] die Figur eines Weltenlehrers, die Einsicht in die göttliche Natur des Menschen und die Idee der *Brotherhood of Man*. Die Ähnlichkeiten mit der theosophischen Lehre sind natürlich nicht zufällig, denn Besants Version der Theosophie sollte keine neue, eigene Religion sein, sondern eine evolutionäre Höherentwicklung der gesamten Religionsgeschichte, mit dem neuen Weltenlehrer als Höhepunkt.

Dem lag für Besant die Beobachtung zugrunde, dass in gravierenden geschichtlichen Umbruchphasen, mit dem Aufkommen neuer dominanter Völker – die Theosophen sprechen von der Entstehung neuer «Unterrassen» –, große Lehrergestalten wie Propheten oder Religionsstifter aufgetreten seien.

Leadbeater identifizierte den damals zwölfjährigen Jiddu Krishnamurti (1895–1986), dessen Vater im Hauptquartier der Theosophischen Gesellschaft in Adyar arbeitete, durch seine besonderen hellseherischen Erkenntniskräfte für die Rolle des neuen Weltenlehrers. Krishnamurti und sein Bruder wurden von nun an durch Leadbeater und andere in Adyar auf ihre künftige Rolle vorbereitet, und ihr Vater übertrug sogar Besant das Sorgerecht für seine beiden Söhne. Unter dem Pseudonym

Annie Besant mit Jiddu Krishnamurti um 1928 im niederländischen Ommen, wo der «Weltenlehrer» auf Schloss Eerde seine Zusammenkünfte im Rahmen seines «Order of the Star in the East» abhielt

Alcyone erschien 1910 das äußerst erfolgreiche, mit einigen Photographien von Krishnamurti illustrierte Buch *At the Feet of the Master* (1911 als *Zu Füssen des Meisters)* mit leicht verständlichen Unterweisungen zu den Themen Unterscheidung, Begehrenslosigkeit, gutes Verhalten und Liebe.

1911 gründete Besant den Order of the Star in the East (OSE), der dem wiederkehrenden Weltenlehrer den Weg ebnen sollte; der gerade einmal sechzehnjährige Krishnamurti wurde als Oberhaupt des Ordens eingesetzt. 1922 zogen die Brüder nach Aufenthalten in England und Australien nach Ojai in Südkalifornien, wo Besant 465 Morgen Land erworben hatte, um dort den Grundstock für eine neue Zivilisation zu legen.[50]

Krishnamurti distanzierte sich allerdings zunehmend von der Theosophie, löste 1929 den OSE auf und trat 1930 aus der Theosophischen Gesellschaft aus – es gebe keine vorgezeichneten Pfade auf dem Weg zur unbegrenzten Wahrheit! Krishnamurtis Aufkündigungsrede war ein radikales Plädoyer für de-institutionalisierte Individualisierung und

Selbst-Realisierung. Selbst nach diesem radikalen Schritt kündigte die damals bereits über achtzigjährige Annie Besant, deren Gesundheitszustand sich verschlechterte, Krishnamurti nicht die Gefolgschaft, sondern akzeptierte diese Wendung als folgerichtige Entwicklung theosophischen Denkens und konsequenten Teil seines Auftrags. Aus dem Vermögen des OSE wurde eine Stiftung gegründet, die es Krishnamurti erlaubte, seine Aktivitäten fortzusetzen.[51] Die Weltenlehrer-Ideen fanden allerdings nicht bei allen Theosophen Anklang.

Der «Mutter Indien»-Tempel in Haridwar

Als Annie Besant 1933 in Adyar starb, wurde die Leichenbahre in die von ihr für das neue Indien entworfene gelb-rote Flagge gehüllt. Das Siegel der Theosophischen Gesellschaft lag auf ihrer Brust; Vertreter verschiedener Religionen trugen Gebete vor. Anschließend wurde die Leiche in den freimaurerischen Tempel getragen, wo eine Zeremonie stattfand. Sodann wurde die Leiche draußen kremiert; Leadbeater zündete das Feuer an.[52] In dieser Ritualkonstellation fanden Indien, Freimaurerei, Theosophie und Weltreligion noch einmal zusammen. Als Hindu hatte Besant eigentlich gewünscht, in Kashi (Benares) kremiert zu werden; ein Teil ihrer Asche wurde schließlich an den Ganges überbracht und dem Fluss übergeben.[53]

Im Glauben an die Wirklichkeit der Reinkarnation hatte Annie Besant schon 1913 mit Leadbeater das Buch *Man: whence, how, and whither* (auszugsweise deutsch 1919) veröffentlicht, darin ging es auch um ihre vorherigen achtundvierzig Existenzen.

Das Andenken an Annie Besant wurde in Indien auch Jahrzehnte nach ihrem Tod noch gepflegt. 1963 erschien eine Briefmarke, in vielen indischen Städten sind große Straßen nach ihr benannt. Eine Statue von ihr befindet sich in einem 1983 von der damaligen Premierministerin Indira Gandhi im nordindischen Pilgerort Haridwar eröffneten, der Bharat Mata (Mutter Indien) geweihten Tempel. Auf acht Stockwerken entfaltet dieser Tempel ein maßgeblich von Vinayak Savarkar (s. Kap. 13) inspiriertes Programm einer einheitlichen Hindu-Nation.

Die Idee der Mutter Indien, die Patriotismus als religiöse Verehrung einer Muttergottheit – also Matriotismus – inszeniert, geht auf den 1882 erschienenen Roman *Anandamath* von Bankim Chandra Chatterji zurück.[54] Eine Statue dieser neuen indischen Nationalmutter-Göttin, in deren Dienst sich auch Besant durch ihr Wirken stellte, steht am Eingang des Tempels in Haridwar. Auch Vivekananda und seine Schülerin Sister Nivedita, sein Lehrer Ramakrishna und dessen Frau und Schülerin Sharada Ma sowie Gandhi und Savarkar sind in dem Tempel als Statuen präsent.

Indische Muslime und Christen sucht man ebenso vergeblich wie Dr. Bhimrao Ambedkar. Buddhismus und Jainismus werden der Hindu-Religion des Mutterlandes einverleibt, und eine eigene Etage in Form der Assembly Hall beschwört die Einheit aller in Indien ansässigen Religionen, inklusive des Islam. Die verschiedenen Religionen werden unter das Dach des *hindutva* gestellt, in dessen Namen ja auch Moscheen eingerissen und Kirchen attackiert wurden. Das gleichermaßen post-religiöse wie post-säkularistische Bharat-Mata-Monument ist ein Ensemble aus geweihtem, aber rituallosem Tempel, Museum und Touristenattraktion.

Auch Annie Besant wird hier der *hindutva*-Ideologie einverleibt, ohne dass sie ihre gedankliche Mutter gewesen wäre. Dennoch trug Besant zur diskursiven religiösen Aufladung Indiens bei. Die Kombination von Post-Religion und Post-Säkularität entspricht ebenfalls ihrem Anliegen – die Weltreligion und der Weltenlehrer überwinden traditionelle Religionen. Ihr Programm war allerdings nicht nur nationalistisch, sondern auch kosmisch und kosmopolitisch: Die zu erreichende und erreichbare Verbrüderung der Menschheit war bei Besant kein humanistisch-sozialistisches Projekt, sondern in der Grundstruktur der Wirklichkeit verankert, die auch nichtmenschliche Wesen einbezieht.

7

Rudolf Steiner

Höhere Erkenntnis durch Anthroposophie

Auf der Jahresversammlung der Europäischen Sektion der Theosophischen Gesellschaft in London 1902 trat der einundvierzigjährige Rudolf Steiner (1861–1925) als Repräsentant des deutschen Zweigs in Erscheinung.[1] Steiner hielt sich damals in Berlin durch die Herausgabe einer Literaturzeitschrift mehr schlecht als recht über Wasser. Außerdem unterrichtete er an einer «Arbeiter-Bildungsschule» und verkehrte in literarischen und sozialistischen bzw. anarchistischen Kreisen.

1861 in Kroatien (damals Teil des Habsburgerreichs) geboren, aus einfachen Verhältnissen stammend, hatte Steiner ab 1872 in Wiener Neustadt zunächst die Bürgerschule, dann die Realschule besucht. Ab 1879 konnte er dank eines Stipendiums an der Technischen Universität Mathematik und Naturwissenschaften studieren, brach sein Studium jedoch ab. Stattdessen war er in Wien schon mit einundzwanzig Jahren mit der Herausgabe von Goethes naturwissenschaftlichen Schriften für eine Schriftensammlung deutscher Literatur betraut worden, zu der er im Laufe der Jahre fünf Bände beisteuerte.

Mit Goethe und Nietzsche zur Theosophie

Goethe wurde – zusammen mit Nietzsche, Kant und Fichte – in bestimmten Lebensphasen zu Steiners zentralem geistigen Bezugspunkt. In seiner frühen Beschäftigung mit Goethe klang dafür ein wichtiger Grund an: dass man mit Goethe die sich auftuende Kluft zwischen Natur- und Geisteswissenschaften wieder kitten könne.[2]

Neben der Arbeit an der Goethe-Edition übernahm Steiner eine immer größere Anzahl an journalistischen Arbeiten und Auftragspublikationen, die ihn auf Dauer überforderten und kein hinreichendes Einkommen generierten. Außerdem arbeitete er als Hauslehrer bzw. Erzieher bei einer wohlhabenden jüdischen Familie, die ihm ein zweites Zuhause bot. Gleichzeitig aber trat der deutschnational gesinnte Steiner mit abschätzigen Urteilen über die Slawen und das Judentum an die Öffentlichkeit.[3] In Wien hatte Steiner bereits erste enge Kontakte mit Theosophiebegeisterten und las theosophische Literatur.

Um an der großen Sophien-Ausgabe der Werke Goethes mitzuarbeiten, lebte er 1890 bis 1897 in Weimar. In dieser Zeit beschäftigte er sich auch intensiv mit Nietzsche. Mit dem Hofstaat der Schwester des damals schon psychisch schwer kranken Denkers stand er wegen Plänen zum Aufbau eines Nietzsche-Archivs in Kontakt. 1895 erschien sein Buch *Friedrich Nietzsche: ein Kämpfer gegen seine Zeit*.

1891 hatte er an der Universität Rostock eine philosophische Dissertation verteidigt, was damals in Deutschland auch ohne einen akademischen Abschluss möglich war. Dass er die Prüfung gerade so mit der Note «rite» bestand, eröffnete ihm zwar keine akademische Karriere, verschaffte ihm aber immerhin den Doktortitel, der seinem Wirken später eine gewisse Seriosität und Distinktion verleihen sollte. In Theosophenkreisen wurde er immer «der Doktor» genannt, dessen (stipulierte) Expertise in allen Lebensfragen in Anspruch genommen wurde.[4] Ende 1893 (1894 auf dem Umschlag) erschien sein im Anschluss an die Dissertation entstandenes Buch *Die Philosophie der Freiheit: Grundzüge einer modernen Weltanschauung*. Steiner betrachtete dieses Manifest der ultimativen Freiheit des Menschen bzw. des Individuums zeitlebens als sein Opus magnum. In der Schlusspassage heißt es: «Die Welt ist Gott.» Das Jenseits sei ein Missverständnis, ebenso der Gedanke eines persönlichen Gottes.[5]

Als er sich im Herbst 1900 intensiv mit der Theosophie zu beschäftigen begann, hatte Steiner – v. a. in seiner Wiener Zeit – bereits theosophisches Gedankengut absorbiert, zugleich aber ähnlich wie (wenngleich weniger radikal als) Annie Besant in seinem Leben unterschiedliche weltanschauliche Positionen ausgelotet. Wie Besant hatte er in einer früheren Veröffentlichung gegen die Theosophie polemisiert. Anders als Besant betonte er jedoch nicht den Bruch mit seinen früheren Anschauungen. In der gegen Ende seines Lebens geschriebenen und postum erschienenen Autobiographie *Mein Lebensgang* bemüht er sich geradezu überdeutlich um die Klarstellung, dass er «in der Theosophischen Gesellschaft nur die Ergebnisse meines eigenen forschenden Schauens» vorgebracht habe.[6]

In einem autobiographischen Text aus dem Jahre 1907 sprach er auch von ganz anderen Mächten, die in seiner geistigen Entwicklung am Werk gewesen seien: von «den okkulten Kräften, die hinter mir standen».[7] Diese Kräfte meinten es offenbar gut mit ihm, denn sie ließen ihn nicht nur höhere geistige Welten erfahren, sondern veränderten auch seine Lebensumstände. Er machte sich einen Namen als Vortragsredner – u. a. über Nietzsche, die Mystik, das Christentum – und konnte sich allmählich als bewunderter (aber auch angefeindeter) theosophischer Menschheitslehrer aus dem Prekariat seiner bisherigen Existenz herausarbeiten. Von einer Vortragsreise durch England kehrte der ehemalige Habenichts als eleganter Herr zurück,[8] pflegte jedoch auch in seinen erfolgreichen Jahren einen eher anspruchslosen Lebensstil.

1899 hatte er die acht Jahre ältere Anna Eunike geheiratet, die ihn in Weimar fürsorglich aufgenommen hatte. Dann aber brachte ihn die Beschäftigung mit der Theosophie 1900 mit der sechs Jahre jüngeren Marie von Sivers zusammen, die er 1914 schließlich heiratete. (Beide Ehen blieben kinderlos.) Sivers nahm ihm als inoffizielle Privatsekretärin in den folgenden Jahren die meisten administrativen und organisatorischen Bürden ab, sodass er seine Zeit ganz seinen Vorträgen und Büchern widmen konnte, die postum in etwa vierhundert Bänden veröffentlicht wurden.[9]

1902 wurde Steiner Mitglied der Theosophischen Gesellschaft, die sich als eigenständige nationale Landesgesellschaft zu etablieren suchte. In der 1903 verabschiedeten Satzung des Vereins stand zu lesen: «Die Theosophische Gesellschaft … ist keine Sekte und verlangt von ihren Mitgliedern keinen Glauben an irgend ein Dogma.»[10] Die Theosophie definierte sich also in Abgrenzung von gängigen Mustern – sie siedelte sich als eine ultimative Sinnschicht jenseits der realexistierenden Religionen an. Bald schon etablierte Steiner sich als Frontfigur der deutschen Theosophie.

Rassenspekulationen und drei Dimensionen des Menschlichen

Stark von der theosophischen Literatur inspiriert waren Aufsätze, die Steiner in der von ihm von 1903/1904 bis 1908 herausgegebenen Zeitschrift *Lucifer Gnosis* veröffentlichte und die erstmals postum 1939 von seiner Frau unter dem Titel *Aus der Akasha-Chronik* in Buchform publiziert wurden. Hier machte Steiner sich theosophische Rassen- und Atlantis-Spekulationen ebenso zu eigen wie die Vorstellung eines Weltgedächtnisses der unvergänglichen Geschichte, eben der sogenannten Akasha-Chronik, auf die sich zuerst Leadbeater und dann auch Besant bezogen hatten.

Ebenfalls aus seinen Beiträgen für *Lucifer* ging die 1904 erschienene Aufsatzsammlung *Wie erlangt man Erkenntnisse der höheren Welten?* hervor. In dem Aufsatz «Leben und Tod» spricht er von dem «Befreiungsprozess» durch «die Wiederverkörperungen in immer höher stehenden Volks- und Rassenformen» bis hin zu harmonischer Vollkommenheit, ehe das sich von der Sinnenwelt emanzipierende Individuum sich «im Dienste der Befreiung und Erlösung dieser Welt» aufopfert «zur Befreiung des Menschengeschlechts».[11] Rassen als physische Phänomene werden sich erst in der zukünftig zu bewirkenden Befreiung des Geistigen überlebt haben. Zwar gehörte Steiner «nicht zu den wildesten Rassisten im wilhelminischen Deutschland»,[12] seine auch in späteren Publikationen mäandernden Rassenspekulationen, die er selbst für wissenschaftlich hielt, verleihen seinem Denken allerdings angesichts der nationalsozialistischen Vernichtung einen üblen Beigeschmack.[13]

Als ethischer Individualist war Steiner vor allem an der (geistigen) Freiheit von Individuen interessiert, gleichwohl sah er den Einzelnen in ein kosmisches Geistesgefüge eingewoben.[14] Für Ideen eines arischen Christus hatte Steiner nichts übrig. Sein Verhältnis zum Judentum war ambivalent: Er pflegte enge Kontakte zu Juden, ihnen stand die Mitgliedschaft in der Anthroposophischen Gesellschaft offen, er distanzierte sich wiederholt von judenfeindlichen Auswüchsen und würdigte die geschichtliche Bedeutung der jüdischen Religion – die er allerdings zugleich für weltgeschichtlich überholt hielt.[15] Das Judentum habe «seine Mission erfüllt», konstatierte er 1924 in einem Vortrag, in dem er den Juden «einen gewissen Volksegoismus» unterstellte. Theodor Herzls Projekt eines Judenstaats (s. Kap. 12) hielt er für reaktionär, denn in der postrassischen Gegenwart bzw. Zukunft «könnten die Juden eigentlich nichts Besseres vollbringen, als aufgehen in der übrigen Menschheit, sich vermischen mit der übrigen Menschheit, so daß das Judentum als Volk einfach aufhören würde.»[16] Genau diese nicht-genozidale Auflösung des Judentums durch Assimilation befürchtete später z. B. Menachem Mendel Schneerson (s. Kap. 35).

1904 erschien auch das erste monographische Manifest von Steiners Aneignung der neuen Weltanschauung. In *Theosophie: Einführung in übersinnliche Welterkenntnis und Menschenführung* entwickelte er seine Ideen über die drei Dimensionen des Menschlichen. Sein Gedankengebäude möchte Steiner dabei eher als Erweiterung denn als Widerspruch zu den Naturwissenschaften aufgefasst wissen. Steiner unterscheidet hier eine leibliche, die seelische und die geistige Verfasstheit des Menschen. Dem entspricht die Unterscheidung von drei Welten (Seelenwelt, Geisterland und physische Welt), deren «Bürger» der Mensch sei. Hierin lehnte Steiner sich zumeist eng an Besant an, wich allerdings an manchen Stellen auch stark von ihr ab.[17] In der theosophischen Literatur gab es verschiedene Versionen der sogenannten Wesensglieder. Blavatsky etwa vertrat in *Isis* das dreigliedrige System, das wir auch bei Steiner finden, während Besant in ihrem oben erwähnten Handbuch von 1892 sieben «Prinzipien» identifizierte, eine Wortwahl, der sich Steiner nicht anschloss, der stattdessen von «Gliedern» oder «Hüllen» sprach. In der *Theosophie* kommen allerdings in unterschiedlichen Kontexten auch vier-, sieben- und neungliedrige Modelle zur Bestimmung des Menschen vor.[18] Ein weiterer wichtiger Themenkomplex ist Reinkarnation bzw. *karma* – eine Lehre, die er hier nicht so sehr anhand der auch ins Deutsche übersetzten Lehrbücher von Besant präsentierte, sondern unter Rückgriff auf seine eigenen philosophischen Schriften zu begründen versuchte.[19]

Die *Theosophie*, über viele Auflagen hinweg überarbeitet,[20] unterscheidet sich trotz mancher Anleihen in Anlage, Argumentation und intellektuellen Bezügen spürbar von den Werken der britisch-indischen Theosophinnen Blavatsky und Besant. Steiner will seherisch und zugleich philosophisch den Zugang zu einer in allen Menschen schlummernden höheren Erkenntniskraft erschließen, nicht eine uralte Weisheit wiedererlangen. Fichte, Goethe und Schiller treten an die Stelle spiritistischer, mesmeristischer und mediumistischer Quellen.[21]

Ab 1912 tilgte Steiner den Begriff Theosophie aus seinem Werk. Da war z. B. das erstmals 1909 erschienene Buch *Die Geheimwissenschaft im Umriss* – ein wohl von Blavatskys *The Secret Doctrine* inspirierter Titel. Auf angeblich mit den Naturwissenschaften kompatible Art und Weise versucht er in diesem Werk eine hinter der sichtbaren verborgene unsichtbare Welt zu ergründen, in die alle Menschen durch Entwicklung bestimmter Fähigkeiten und Praktiken eindringen können. Nach Steiner handelt sich um die Entwicklung eines zweiten Ichs und eines übersinnlichen Bewusstseinszustands, die im Einswerden mit dem Makrokosmos gipfelt. Mit der Abkehr von der Theosophie änderte Steiner später seinen Leitbegriff von Geheim- zu Geisteswissenschaft, womit er die Wissenschaft vom menschlichen Geist bzw. vom Geistigen meinte.

Der Bruch mit Annie Besant und die Anthroposophische Gesellschaft

Annie Besant hielt er zunächst in allergrößten Ehren. Einmal bezeichnete er sie als «religiöses Genie» und als «Bote der Meister».[22] Besant hielt Vorträge in Deutschland, ließ Steiner aber im Aufbau des deutschen Zweigs der Theosophie gewähren, wobei nicht zuletzt das Wachstum der Gesellschaft von 120 auf 591 Mitglieder bis 1907 für ihn sprach. Geistige Unterschiede zwischen Besant und Steiner konnten allerdings auf Dauer nicht mehr übertüncht werden. 1907, bei einem Deutschlandbesuch Besants, einigten sich die beiden, die Esoterische Schule (bzw. Sektion) aufzuspalten, wobei Besant den östlichen (indisch-hinduistischen) und Steiner den westlichen (deutsch-christlichen) Weg gehen würde.[23]

Diese Arbeitsteilung verschärfte sich im Laufe der kommenden Jahre bis zur Entfremdung. Es kam zu Spannungen und zu Konflikten, gegenseitigen Unterstellungen, Verunglimpfungen und Intrigen, was dann in der 1913 formell besiegelten Trennung bzw. Exklusion resultierte: Besant schloss die deutsche Sektion aus der internationalen Theosophischen Gesellschaft aus – wohlgemerkt mit der Begründung,

Rudolf Steiner mit Annie Besant, München 1907

Steiner habe aus der religionsübergreifenden Theosophie eine «christliche Sekte» gemacht. Sie war sich nicht zu schade, Steiner als abgefallenen Priester, Jesuitenzögling und jüdischen Konvertiten zu stigmatisieren.[24] Maßgeblich angeschoben wurde diese Entwicklung durch Besants und Leadbeaters Proklamation von Krishnamurti als Weltenlehrer, die Steiner übel aufstieß, und durch die folgende Gründung des Ordens Star in the East, dessen Mitglieder Steiner nicht in die deutsche Sektion der Theosophischen Gesellschaft aufnehmen wollte.[25] Auch charakterliche und geschlechterpolitische Momente führten zur Trennung: Dem Patriarchen Steiner wird es schwergefallen sein, die ebenso geltungsbewusste Annie Besant als Königin und Mutter der Theosophical Society auf Dauer über sich anzuerkennen.[26] Gerade nach der Trennung hielt Steiner jedoch einige Vorträge über die *Bhagavadgita* – vielleicht um klarzustellen, dass er sich keineswegs weigerte, die Bedeutung der indischen Traditionen anzuerkennen.[27]

Schon vor der formellen Trennung hatten deutsche Mitglieder über die Gründung einer unabhängigen Gesellschaft diskutiert. Dies fand dann gegen Jahresende 1912 statt und wurde im Februar 1913 durch eine Generalversammlung der neuen Anthroposophischen Gesellschaft bestätigt. Den Begriff «Anthroposophie» hatte Steiner schon seit seinen theosophischen Anfängen 1902 immer häufiger verwendet.[28] Diese

Namensverschiebung spiegelte wider, dass er sein Projekt ohnehin schon in neue Richtungen gelenkt hatte, sodass die Abspaltung kein bloßer Betriebsunfall war, sondern eine folgerichtige Neuaufstellung.

Wie Annie Besant interessierte sich auch Steiner für Freimaurerei. In Zusammenarbeit mit dem Berufsfreimaurer Theodor Reuß, der 1906 mit der Theorie hervorgetreten war, dass sexuelle Praktiken die Mitte aller Religionen bildeten, entwickelte Steiner ein eigenes rituelles Repertoire, das er in die nun allein von ihm verantwortete Esoterische Schule integrierte. Im Zentrum stand ein Initiationsritual, in dessen höchstem Grad der Kandidat eine symbolische Todeserfahrung durchlief, wobei Steiner als Ritualmeister fungierte. Die inzwischen in «Michael-Dienst» umbenannten Riten wurden kurz vor Ausbruch des Ersten Weltkriegs für einige Jahre eingestellt.[29]

Steiner förderte die Entwicklung neuer expressiver Gestaltungsformen, für die es in der indisch-britischen Theosophie kein Gegenstück gab. Dazu zählen die von 1910 bis 1914 mit seinen Anthroposophen erfolgreich aufgeführten Mysteriendramen des begeisterten Wagnerianers und die als Eurythmie bekannte schwebeartige Tanzkunst, die mit der Entstehung des Ausdruckstanzes als Gegenpol zum klassischen Ballett verknüpft ist. Die Eurythmie schlug allerdings erst nach dem Krieg weitere Kreise und wurde später v. a. in den Steiner-Schulen um Musik und Gesang erweitert.[30]

Dornach und das Projekt der Dreigliederung

Schon seit 1907 entstanden – zunächst in München und Stuttgart – erste theosophische Kulträume und Wohnheime. Das Projekt einer regelrechten Theosophenkolonie in München scheiterte dann jedoch am Einspruch des Bauamts und einer benachbarten Kirchengemeinde. Daraufhin wurde es 1913 – auf Geheiß des Karma! – nach Dornach in die Schweiz verlegt, wo ein wohlhabender Theosoph Land zur Verfügung stellte. Unter aktiver Beteiligung ortsansässiger Gleichgesinnter entstand der sogenannte Johannesbau mit einer riesigen Holzkuppel, auf deren Innenseite die Entstehungsgeschichte der Welt zu sehen war – für Steiner die Holz gewordene Anschauung der Anthroposophie; wer sich auf das Bauwerk einlasse, werde den Geist in der Materie erfahren.[31] 1918 wurde der Johannesbau in Goetheanum umbenannt.

Dornach war mit seiner kleinen Kolonie von Anthroposophen unterdessen zum geistigen Mittelpunkt der anthroposophischen Bewegung geworden, zumal Steiner bei Kriegsausbruch seinen Wohnsitz dorthin verlegte. Die Spaltung von Theosophie und Anthroposophie wurde durch den Krieg noch vertieft, hielt doch Annie Besant die Deutschen für barbarische Kriegstreiber, während Steiner in dem Krieg eine völkerpsychologische Vorherbestimmung mit einem klaren Auftrag an Deutschland am Werk sah.[32] Die theosophische Völkerverbrüderung drohte an den politischen Nationalismen Schiffbruch zu erleiden.

Ab etwa 1917 entwickelte auch Steiner politische Ambitionen. So legte er 1919, im Kontext der politischen Neuanfänge nach dem Ende des Kaiserreichs, seine Programmschrift *Die Kernpunkte der sozialen Frage* vor, in der er für eine «Dreigliederung» der als Organismus gedachten Gesellschaft warb: Wirtschaft, Recht und Geistesleben. Jedes der drei selbständigen Glieder habe eine bestimmte Leitidee zu verwirklichen: Brüderlichkeit, Gleichheit und Freiheit. Steiners Ausflug in die Politik blieb jedoch eine Episode.

Einen Nachhall erfuhr Steiners Projekt allerdings, als Adolf Hitler im *Völkischen Beobachter* vom 15. 3. 1921 Steiners Prinzip der Dreigliederung zu den «jüdischen Methoden zur Zerstörung der normalen Geistesverfassung der Völker» rechnete. Am 27. 5. 1922 polemisierte dasselbe Blatt unter der Überschrift «Steiner, der neue Messias» gegen den Anthroposophen und stellte den «zeitgemäßen Heiligen», «Edelbolschewisten» und «deutschfeindlichen Charlatan» auch wegen seiner Inanspruchnahme Goethes und seiner zwischenzeitlichen Gründung zweier Holding-Gesellschaften an den Pranger.[33] Die polemischen Angriffe gegen Steiner und die Anthroposophie nahmen nun auch handfeste Formen an. So wurde ein Vortrag Steiners in München im Mai 1922 – kurz vor Erscheinen des erwähnten Artikels – von rechten Krawallmachern gestört.[34]

In der Silvesternacht 1922/23 brannte das Goetheanum nieder; vermutlich handelte es sich um Brandstiftung. Nach etwas über einem Jahr begannen die Planungen für einen Neubau. Das neue Goetheanum wurde zu einem Prototyp des Bauens unter Vermeidung von rechten Winkeln, das die spätere anthroposophische Architektur prägte. Den Beginn der Arbeiten an dem Neubau, der 1928 offiziell eröffnet wurde, dessen endgültige Fertigstellung sich aber bis in die Gegenwart hinzog, erlebte Steiner nicht mehr.

«Eine hypnotische Kraft»

Noch Steiners letzte Lebensjahre waren von einem schier ungeheuerlichen Arbeitspensum mit verschiedenen neuen Projekten und quer durch Europa gehaltenen täglichen Vorträgen gezeichnet. Insgesamt hat er in seinem Leben an die sechstausend Vorträge gehalten.[35]

Steiner sprach frei, aber druckreif, und er setzte auf die Wirkung des gesprochenen Wortes. Die Reaktionen des Publikums auf den in der Regel schwarz gekleideten hageren Redner, der nicht nur das feierlich-ernste Register wählte, sondern auch witzig und unterhaltsam sein konnte, variierten dabei naturgemäß: Manche waren intellektuell fasziniert, andere hin und weg oder sogar erotisch stimuliert, einige aber auch angewidert.[36] Das war schon vor seiner Zeit als Propagandist der Anthroposophie so. Stefan Zweig, der Steiner erstmals in dessen Berliner Jahren erlebte, sprach ihm eine «magnetische Kraft» zu und verglich ihn mit Theodor Herzl: «Persönlich wirkte er nicht so führerhaft wie Herzl, aber mehr verführerisch. In seinen dunklen Augen wohnte eine hypnotische Kraft, und ich hörte ihm besser und kritischer zu, wenn ich nicht auf ihn blickte, denn sein asketisch-hageres, von geistiger Leidenschaft gezeichnetes Antlitz war wohl angetan, nicht nur auf Frauen überzeugend zu wirken.»[37]

Der Schriftsteller Christian Morgenstern beschrieb dichterisch, wie er 1909 von einer Rede Steiners in einen Epiphanie-artigen Bann gezogen wurde:

> Das alles sprang hervor bei seinem Laut,
> ward blitzschnell, wie ein Weltentraum, erschaut,
> der ganze Himmel schien herabgetreten
> von seinem Wort.[38]

Wie andere Anhänger Steiners begleitete auch Morgenstern ihn auf verschiedenen Vortragsreisen. Er huldigte seinem Freund mit den Worten: «Er ist wirklich ein großer Führer.»[39]

Rudolf Steiner starb 1925, vierundsechzig Jahre alt, chronisch erschöpft und nach monatelanger Krankheit. Bestattet wurde er nach dem Begräbnisritual der von ihm begründeten Christengemeinschaft. Gegen Steiners ausdrücklichen Wunsch wurde sein Leichnam verbrannt, nachdem seine letzte Lebenspartnerin – die fünfzehn Jahre jüngere Ärztin Ita Wegman – eine Obduktion durchgeführt hatte.[40] Nachrufe auf Steiner erschienen in den meisten deutschen Tageszeitungen, und sogar der *New York Times* vom 31. 3. 1925 schien sein Tod erwähnenswert.

Knapp zwei Jahre zuvor war angesichts der internationalen Ausbreitung der Anthroposophie Ende 1923 die Allgemeine Anthroposophische Gesellschaft mit Steiner als Vorsitzendem gegründet worden. Auch ihre Satzung lehnt «jedes sektiererische Bestreben» und jede Dogmatik ab.[41] Sie will «eine Vereinigung von Menschen sein, die das seelische Leben im einzelnen Menschen und in der menschlichen Gemeinschaft auf der Grundlage einer wahren Erkenntnis der geistigen Welt pflegen wollen.» Hier geht es um eine Form höheren Wissens, mit der Steiner die christliche Glaubensgewissheit zu überbieten beansprucht.[42] Auch Angehörige anderer Religionen können Mitglied werden. Im Zentrum der Gesellschaft stand die von Steiner kurz vor seinem Tod in Dornach eingesetzte «Freie Hochschule für Geisteswissenschaften» als eine esoterische Bildungseinrichtung, die heute in mehrere Fachbereiche eingeteilt ist – darunter keiner zum Thema Religion.

Mit Steiners Tod entbrannte in der Anthroposophischen Gesellschaft «ein bitterer, oft gnadenloser Kampf um Macht und Deutungshoheit, um Publikationsrechte und Leitungsposten und um wahre esoterische Einsicht».[43] Ungeachtet dessen besteht die Gesellschaft bis in unsere Tage fort.

Erdengeist in der Christengemeinschaft

In seiner unvollendeten Autobiographie erinnert sich Steiner an seinen Dienst als Ministrant in der Kirche: «Das Feierliche der lateinischen Sprache und des Kultus war ein Element, in dem meine Knabenseele gerne lebte.» In seinem Elternhaus habe er hingegen keine religiösen Anregungen empfangen. Steiner wuchs ab seinem zehnten Lebensjahr völlig kirchenfern auf, und später verstärkte seine Begeisterung für Nietzsche die Distanz zum Christentum: Er bekannte sich zum Ideal des Übermenschen als «Gegenbild des Gegenwartsmenschen» und «Gegenbild des Christen».[44]

Steiners Hinwendung zur Theosophie ging mit einem gesteigerten Interesse an christlicher Mystik einher. So hielt er schon 1901 einen Vortragszyklus über Mystik und über deutsche Mystiker, der noch im selben Jahr unter dem Titel *Die Mystik im Aufgange des neuzeitlichen Geisteslebens und ihr Verhältnis zur modernen Weltanschauung* gedruckt erschien. Sein Interesse galt hier nicht so sehr der spezifisch religiösen Dimension der Mystik; er sah die Mystiker eher als Bundesgenossen im Kampf für eine «höhere Frömmigkeit», die sich einem geistig verarmten naturwissenschaftlichen Materialismus entgegenstellen sollte. Naturwissenschaft und Mystik schlossen sich für Steiner nicht gegenseitig aus, sondern «Nur wer den Geist im Sinne der *wahren* Mystik erkennt, kann ein volles Verständnis der Tatsachen in der Natur gewinnen.»[45]

Schon ein Jahr später erschien das ebenfalls auf Vorträge zurückgehende Buch *Das Christentum als mystische Thatsache*, in dem er die damalige rein religionshistorische Erforschung des Christentums als unzureichend darstellte.[46] Die Triebkräfte der Religionsgeschichte seien «große Eingeweihte», mit Christus als dem vornehmsten Vertreter dieser von seinem Freund Edouard Schuré 1889 entwickelten Kategorie.

Ab 1906 nahm die Christus-Figur für Steiner eine zentrale Rolle ein. Steiner bettete seinen Christus in eine Vision einer kosmischen evolutionären Geschichte ein, von der die Erde und die Menschheit nur einen Ausschnitt darstellten. In Jesus Christus flossen für Steiner die spirituellen Errungenschaften seiner Vorläufer – wie Buddha, Zarathustra oder Moses –zusammen. Sein Christus war «für die ganze Erde ein einziger Geist, so dass dadurch die Menschen zu einer die ganze Erde umfassenden Familie vereinigt wurden», und ein pantheistischer «Erdengeist»: «die Erde ist sein Leib. Alles, was auf der Erde lebt und sprießt und wächst, das ist der Christus. Er ist in all den Samenkörnern, in all den Bäumen und in allem, was auf der Erde wächst und sprießt.»[47]

Kurt Tucholsky apostrophierte Steiner einmal als den «Jesus Christus des kleinen Mannes», und Hermann Hesse kommentierte, «diese Art Religionsersatz» habe für ihn «etwas Fremdes».[48] Steiner selbst aber betonte stets nachdrücklich, dass «die Geisteswissenschaft keine neue Religion begründe, dass er selbst kein Religionsstifter sei». Gegen Ende des Weltkriegs begann er allerdings davon zu reden, dass die Anthroposophie Menschen wieder zu ihrer Religion zurückführen und eine Art «Unterbauung» ihrer Religion sein könne.[49] Das lässt sich als «geisteswissenschaftliche» Alternative zur Marx'schen Metapher der Religion als Überbau lesen: Nicht die ökonomische Basis ist der Unterbau der Religion, sondern Geistbewusstsein.

Der Anthroposophischen Gesellschaft gehörten auch evangelische Pfarrer und zwei altkatholische Priester an. 1921 traten jüngere christliche Theologen mit einer Eingabe an Steiner heran, «in der sie nach den Möglichkeiten einer religiösen Wirksamkeit im Sinne der anthroposophischen Bewegung fragten».[50] 1922 wurden über zwanzig Teilnehmer der für diese Theologen gehaltenen Kurse zu Priestern und Priesterinnen der neuen Christengemeinschaft geweiht. Steiner selbst fungierte nicht als einer der «Oberlenker» der Gemeinschaft, sondern er war eher ihr Inspirator und gestaltete – zusammen mit seinen Mitstreitern – ein am Katholizismus orientiertes kultisches System. In dessen Zentrum steht bis heute die sogenannte Menschenweihe als alternatives Messopfer, bei der man Steiner zufolge die Anwesenheit des ätherischen Christus-Wesens erfahren kann.[51] Steiner schrieb die Ritualtexte – in einer «expressionistischen Theatralik»[52] – und entwarf die Ritualgewänder.[53] Sein Ritualdesign ist dabei im Kontext liturgischer Erneuerungsbewegungen in den christlichen Kirchen zu sehen. Er betonte, dass es sich hier nicht um eine aus der Anthroposophie hervorgegangene Kirche handle, sondern um eine von christlichen Persönlichkeiten angestoßene Bewegung.[54]

Die Mitgliedschaft in der Christengemeinschaft ist an die Teilnahme an diesen als wirkmächtig angesehenen «Sakramenten» gebunden, nicht an ein bestimmtes Glaubensbekenntnis. Nach der Gründung wurden überwiegend Anthroposophen Mitglieder in der neuen Kirche. Das aber entsprach nicht Steiners Anliegen, der die Christengemeinschaft eher als eine Art Hilfskonstruktion für die spirituell weniger Fortgeschrittenen betrachtete denn als Tochtergruppe der Anthroposophie. Mit ihren kirchlichen Strukturen blieb die Christengemeinschaft für viele attraktiv; von den meisten Kirchen wird ihr die Christlichkeit jedoch abgesprochen, und in der Tat gibt es zum Teil gravierende Unterschiede im Gottes- und Menschenbild.[55] Die Christengemeinschaft hat heute Niederlassungen in über dreißig Ländern auf allen Weltteilen, bleibt dabei aber «tief deutsch geprägt».[56]

Alternative Medizin, Waldorfschulen, Landwirtschaft

Steiner und die Anthroposophen drückten mehreren kulturellen Reformbestrebungen, die oft unter dem Oberbegriff Lebensreform verhandelt werden, in der Zeit nach dem Ersten Weltkrieg ihren Stempel auf. Steiner fühlte sich dabei als eine Art Weltweiser und dazu berufen, für an ihn herangetragene grundlegende Probleme Lösungsrezepte anzubieten.

Im März 1920 gab Steiner in Dornach einen dreiwöchigen Kurs für Ärzte, der als Geburtsstunde der anthroposophischen Medizin gilt.[57] Die von Steiner im Laufe der Jahre gehaltenen Vorträge bildeten das Fundament seiner «geisteswissenschaftlich erweiterten» Medizin, die – in entfernter Verwandtschaft mit Mary Baker Eddy – rein materialistische Ansätze zur Heilung um eine geistige Komponente ergänzen sollte. Steiner propagierte eine ganzheitliche Sichtweise auf Gesundheit und Krankheit. Krankheiten resultieren demnach aus der Störung des Gleichgewichts zwischen den verschiedenen «Körpersystemen». Dies wiederum hat seine tieferliegende Ursache im Karma bzw. in der Reinkarnation.

Die anthroposophische Medizin wurde in eigenen Kliniken bei Dornach und Stuttgart praktiziert. Homöopathische Arzneien spielten dabei eine zentrale Rolle. Ab 1924 wurden derartige Produkte unter dem Namen Weleda (nach der germanischen Seherin Veleda) vertrieben, der 1928 dann auch der Firmenname wurde. Heute vertreibt das «anthroposophisch inspirierte» Naturkosmetik- und Komplementärmedizinunternehmen seine Produkte in vielen Ländern der Welt.

Die biologisch-dynamische Landwirtschaft wurde als solche bekannt durch das 1938 erschienene Buch *Die Fruchtbarkeit der Erde, ihre Erhaltung und Erneuerung: Das biologisch-dynamische Prinzip in der Natur.* Autor war der anthroposophische Chemiker Ehrenfried Pfeiffer, der 1938 in die USA emigrierte und sich dort für die Kompostierung von Großstadtabfällen einsetzte. Steiners Ideen und Vorschläge wurden von Pfeiffer in eine Art praktisches Handbuch überführt. Steiner propagierte u. a. die Idee, «die vielfältigen geistigen Dynamiken,

Wesenheiten und Systeme aufzuzeigen, welche die Wachstumsprozesse in der Natur bestimmen».[58] Den landwirtschaftlichen Betrieb wollte er als Organismus verstanden wissen. Er lehnte nitrogenbasierte Düngemittel ab und schlug alternative Düngemittel und -techniken vor, z. B. die Aufarbeitung in Kuhhörnern, was eine Art Vergeistigung bewirken solle. Produkte des 1930 gegründeten, den Prinzipien des biologisch-dynamischen Anbaus verpflichteten Verbunds «Demeter» sind heute in Deutschland weitverbreitet. Mit Demeter vernetzte Landwirte sind heutzutage in über sechzig Ländern der Welt tätig. Wie von Weleda so wird auch von Demeter Steiners Erbe offen anerkannt.

Eine weltweite Breitenwirkung erfuhr Steiners Anthroposophie durch die Waldorfschulen, die auf Dauer wohl erfolgreichsten Privatschulen des 20. Jahrhunderts, deren erste 1919 in Stuttgart gegründet wurde. Die Initiative dazu ging von dem Direktor der Waldorf-Astoria-Zigarettenfabrik aus, der Beziehungen und Ressourcen einsetzte. Die politisch unübersichtliche Nachkriegssituation ermöglichte dieses Schulexperiment mit dem pädagogisch eigentlich nicht qualifizierten Steiner an der Spitze. Wie andere reformpädagogische Projekte stellte die Waldorfschule das Kind als Person und Subjekt mit altersspezifischen anthropologischen Bedürfnissen, Fähigkeiten oder Temperamenten (in Steiners Auslegung) ins Zentrum des pädagogischen Handelns. Die Waldorfschulen sollten – auch in ihrer Architektur, Akustik, Farbgebung etc. – ein Gegenmodell zu den bürokratischen und leistungsorientierten Unterrichtsformen der Staatsschulen darstellen. Die Waldorfschule praktizierte von Anfang an Koedukation. Neben kognitiven werden bis heute auch musisch-künstlerische und handwerklich-praktische Lernbereiche gepflegt. Schule ist nicht nur Lernort, sondern auch Erlebnisort. Die Lehrkräfte sind keine Fachspezialisten, sondern eine Art Künstler, Erzähler, vor allem aber menschliche Autoritätspersonen, deren Bedeutung über die Wissensvermittlung hinausreicht in den Bereich der persönlichen Entwicklung. Ein weiteres Spezifikum der Waldorfschulen ist die rhythmische und rituelle Ausgestaltung des schulischen Lebens, von der Einordnung der in drei «Jahrsiebte» eingeteilten Gesamtentwicklung der Schüler, über die Feier der am christlichen Kirchenjahr orientierten Jahreszeiten bis hin zur Gliederung des einzelnen Schultags und der jeweiligen Unterrichtseinheiten.

Die Waldorfschulen – oft auch Steinerschulen genannt – wollen keine Weltanschauungsschulen sein, in denen Anthroposophie als Doktrin gelehrt wird, damit wären sie vielerorts auch nicht genehmigungsfähig. Steiners Ideen durchziehen allerdings die Ausformung der Schule als Praxisfeld. In vielen Ländern wird an Waldorfschulen konfessionell-christlicher Religionsunterricht abgehalten, an manchen auch Unterricht nach den Prämissen der Christengemeinschaft. Für sogenannte «Dissidentenkinder» entwarf Steiner schon 1919 Grundprinzipien eines «freien Religionsunterrichts»: dezidiert christlich, aber nach den pädagogischen Prinzipien der Waldorfschule, also vor allem altersgerecht. In diesem Religionsunterricht wurden anthroposophische Inhalte wie Steiners Gottesbild und seine Reinkarnations- und Karmavorstellungen gelehrt, und die Anthroposophische Gesellschaft approbierte die Religionslehrer. Für drei verschiedene Altersstufen entwickelte Steiner dabei jeweils spezifische Ritualhandlungen: eine sogenannte Sonntagshandlung für die Unterstufe, eine sogenannte Jugendfeier «als Ersatzritual für die Konfirmation»[59] für die Mittelstufe und die sogenannte Opferfeier für die Oberstufe und die Eltern. Letztere entspricht der Menschenweihehandlung in der Christengemeinschaft. Der Religionsunterricht sollte hier eher propädeutisch-vorbereitenden Charakter haben – zunächst gelte es, die Idee einer allgemein-göttlichen Gegenwart in Dankbarkeit und Liebe im Kind zu verankern.

2018 gab es 1149 Rudolf-Steiner-Schulen in 65 Ländern und sogar noch mehr Waldorfkindergärten[60] – eine 1926, nach Steiners Tod, eingeführte Ergänzung zu den Schulen. Über die Schulen und deren Lehrphilosophie ist Steiners Werk fast weltweit, heute zum Beispiel auch in China,[61] verbreitet – Tendenz steigend.

8

Henry Steel Olcott und Anagarika Dharmapala

Synthese eines neuen Buddhismus

Der aus Kalkutta angereiste ceylonesisch-singhalesische Buddhist und Theosoph Anagarika Dharmapala[1] (1864–1934) war einer der besonders auffälligen Redner beim Weltparlament der Religionen (s. Abb. S. 63). Seiner Stimme habe man immer mit größtem Vergnügen gelauscht – und sein Lächeln habe ihm die Herzen zufliegen lassen, schrieb John H. Barrows, der Organisator der Veranstaltung.[2] Schon in der Eröffnungssitzung hatte Dharmapala die Grüße von 475 Millionen asiatischen Buddhisten übermittelt. Das erinnert an Vivekanandas Auftritt, der sich zum Sprachrohr von «Abermillionen Hindus» aufgeschwungen hatte. Dass Dharmapala dabei eine alte Buddha-Figur in der Hand hielt, beglaubigte ihn auch in materieller Hinsicht. Den Buddhismus stellte er dabei als Garanten von Mitgefühl und Toleranz dar. Das Projekt eines Weltparlaments der Religionen sei bereits von dem Mauriya-Herrscher Ashoka (304–232 v. Chr.), der sich zum Buddhismus bekannt hatte, vorweggenommen worden. Damit machte er das von amerikanischen Christen organisierte Ereignis zum geistigen Eigentum der von ihm repräsentierten Tradition – so wie er überhaupt das Christentum als ein gegenüber dem Buddhismus sekundäres Phänomen einstufte.

Dharmapalas Hauptvortrag trug den Titel «The World's Debt to Buddha». Er beschwor eine durch den Buddha ausgelöste Art axiale Transformation der Geschichte, die im Unterschied zu damals gängigen evolutionistischen Mustern nicht im Monotheismus gipfele, sondern in dessen Überwindung. Die «synthetische» Religion des Buddha, die alle guten Lehren in sich vereinte,[3] ist demnach nicht theologisch

Anagarika Dharmapala mit Buddhastatue auf dem Weltparlament der Religionen, Chicago 1893

grundiert, sondern philosophisch, und gründet nicht in Sonderansprüchen etwa in Form einer Offenbarung, sondern in einer Synthese des für gut Befundenen. Das Ziel dieses Systems ist nicht metaphysische Erkenntnis oder Erlösung, sondern, ganz pragmatisch, Nächstenliebe – eine Zielvorgabe, die bei einem amerikanischen christlichen Publikum sicher auf offene Ohren traf.

Buddhismus, Christentum und die Theosophical Society

In einem seiner Vorträge behandelte Dharmapala Ähnlichkeiten und Unterschiede zwischen Buddhismus und Christentum, wobei er den Religionswissenschaftler Max Müller und britisch-indische Kolonialbeamte als Gewährsleute zitierte. Auch hier suggerierte er eine historische und intellektuelle Vorrangstellung des Buddhismus, indem er neun Aussagen Jesu aus dem *Neuen Testament* anführte, die seines Erachtens eigentlich buddhistische Lehren seien, von den Christen aber (unausgesprochen: fälschlicherweise) für ihre Sache in Anspruch genommen worden seien. Gegen Ende deutete er sogar an, dass es einen historischen Einfluss des Buddhismus auf das entstehende Christentum gegeben haben könnte. Als Hauptunterschied zwischen beiden Religionen identifizierte er unterschiedliche Erklärungen für Ungleichheit und Ungerechtigkeit bzw. Leiden: Das buddhistische Tatengesetz des Karma erklärt diese Gegebenheiten als Konsequenzen vergangener Handlungen, als «ein System, in dem unser gesamtes vergangenes, gegenwärtiges und zukünftiges Wohlbefinden nur an uns selbst liegt». Dieses System lässt nach Dharmapala keinen Platz für die Vorstellung eines persönlichen Gottes, dementsprechend ist die Lehre des Buddha ein «philosophischer Atheismus». Statt Riten und Opferhandlungen ist der buddhistische Heilsweg ein praktischer Moralkodex. Dharmapala brachte den Buddhismus hier als eine nichtritualistische, nichttheistische, rationale und ethische Alternative zum Christentum in Stellung.[4]

1893 war Anagarika Dharmapala neunundzwanzig Jahre alt, den Namen Anagarika (Hausloser) Dharmapala (Beschützer des Dharma) hatte er 1881 angenommen. Geboren wurde er 1864 als Don David Hewavitharane in Colombo, Ceylon (seit 1972 Sri Lanka). Mit vier Jahren wurde er von seinen Eltern in die Obhut eines Onkels gegeben. Damals zog er sich auch eine Behinderung am rechten Bein zu. Der Junge spielte kaum mit anderen Kindern und verbrachte viel Zeit allein im Garten. Sein Vater, ein wohlhabender Geschäftsmann und aktiver Buddhist, ließ ihn englischsprachig in christlichen Schulen und einem Internat erziehen – eine schwierige Erfahrung für den Jungen, die ihm aber später zugutekommen sollte.

Der Inselstaat Ceylon war schon 1815, einige Jahrzehnte früher als Indien, eine britische Kolonie geworden. Die Kolonialregierung förderte die Aktivitäten christlicher Kirchen und Organisationen, das Schulsystem war fest in der Hand von Missionsgesellschaften. Diese Förderung des Christentums provozierte vor allem unter Buddhisten Gegenreaktionen. Seit 1865 kam es dabei zu einer bemerkenswerten Form der interreligiösen Auseinandersetzung: öffentlich vor tausenden Zuschauern ausgetragene Diskussionsduelle zwischen Vertretern von Buddhismus und Christentum, von denen auch die Zeitschriften berichteten.[5] Einer der führenden buddhistischen Debattanten, in dessen Umfeld David Hewavitharane verkehrte, war Migettuvatte/Mohottivatta Gunananda. Er machte den Jungen 1878 auf die wenige Jahre zuvor in New York gegründete Theosophical Society aufmerksam, und der Vierzehnjährige las die erste Nummer der Zeitschrift *The Theosophist*.

Im Mai 1880 kamen die Vorsitzenden der Theosophischen Gesellschaft – Madame Blavatsky und Colonel Henry Steel Olcott (1832–1907) – aus Indien nach Colombo, wo sie als Verbündete im Kampf gegen die Dominanz des Christentums begeistert empfangen wurden. Sie gründeten die Ceylon Theosophical Society, die später in Buddhist Theosophical Society umbenannt wurde – ein Beispiel dafür, dass die von einer religionsübergreifenden Programmatik getragene Vereinigung sich organisatorisch-praktisch nach religiöser Herkunft ausdifferenzierte. David Hewavitharane lernte Blavatsky und Olcott über seinen Vater kennen. Keine zehn Tage nach ihrer Ankunft nahmen die beiden Theosophen zusammen mit ihren etwa zwanzig Begleitern in einer formellen Zeremonie offiziell Zuflucht zum Buddhismus, zu dem sie sich allerdings schon in New York bekannt hatten.[6]

Der damals achtundvierzigjährige Olcott stammte aus einer puritanischen Familie in New Jersey. Schon in seiner Jugend hatte er sich vom Christentum abgewandt. In den ersten vier Jahrzehnten seines Lebens engagierte er sich für eine Reihe gesellschaftlicher Reformprojekte.[7] Im amerikanischen Bürgerkrieg (1861–1865) wurde er zum Colonel (Oberst) befördert – ein Titel, der gewissermaßen Teil seines Namens wurde. Olcott betrieb in New York eine Anwaltskanzlei und war als Journalist tätig. Er beschäftigte sich zeitweise intensiv mit Spiritismus und Okkultismus; auch besaß er die Gabe der Heilung in der Tradition Mesmers. Sein Interesse am Spiritismus blühte 1874 wieder auf.

In dieser Zeit begegnete der verheiratete Vater von zwei Kindern Madame Blavatsky. Sie trug Männerkleidung, und Olcott bezeichnete sie in seinen Tagebüchern als «she-male». Die beiden gingen eine intensive Beziehung ein; Olcott bestritt jedoch, dass diese auch sexueller Natur war. Nichtsdestoweniger ging dieses Verhältnis seiner Frau zu weit, sodass die Ehe geschieden wurde.[8] Aus der Verbindung von Colonel Olcott und Madame Blavatsky, die ab 1877 eine gemeinsame Wohnung hatten, ging die Theosophical Society hervor, deren übrige Gründungsmitglieder wie Olcott erfolgreiche und gebildete Bürger New Yorks waren. Es war eine liberale Organisation, die sich auf die Fahnen schrieb, keine Dogmen durchsetzen und kein Glaubensbekenntnis propagieren zu wollen – Themen, die Dharmapala später in seiner Ansprache im Weltparlament der Religionen als Leitmotive des Buddhismus aufgriff (und die sich u. a. auch bei Rudolf Steiner wiederfinden). Diese Dogmenabstinenz bzw. -resistenz wurde allerdings in der Metadogmatik einer religionsübergreifenden, in der Theosophie manifestierten Überreligion aufgehoben: Die Theosophie gab sich, wie wir bei Annie Besant gesehen haben, als eine Art Weisheitssystem, das den zeitlos-wahren Kern verschiedener Religionen ausmache. Sie war in dieser Hinsicht der «synthetischen» Religion vergleichbar, die Dharmapala dem Buddha zuschrieb.

In seiner ersten Ansprache als Präsident der Theosophical Society 1875 definierte Olcott deren Mission als Kampf gegen falsche Wissenschaft und falsche Religion[9] – ein Programm, mit dem auch Dharmapala sich später identifizieren konnte. Seit 1877 korrespondierten Blavatsky und Olcott mit Hindus und Buddhisten aus Indien und Ceylon, gleichzeitig verhärtete sich Olcotts antichristliche Rhetorik. So bezeichnete er das Christentum in einem Brief an einen singhalesischen buddhistischen Mönch als «unseren gemeinsamen Feind».[10] Mit der Übersiedlung nach Indien 1878 verschob sich Olcotts Lebensschwerpunkt nach Asien.

Olcotts Buddhistischer Katechismus

In den zwei Monaten seines ersten Aufenthalts auf Ceylon (1880) hielt Olcott eine Reihe Vorträge, in denen er sein Verständnis des Buddhismus entfaltete, allerdings präsentierte er dies als die eigentliche, normative Fassung dieser Religion. Seine Aufenthalte in Ceylon – besonders die zweite Reise (1881) – ließen ihn zu der «orientalistisch»-arrogant anmutenden Überzeugung gelangen, die Buddhisten des Inselstaates hätten vom wahren Buddhismus keine Ahnung. Die tatsächliche religiöse Praxis der buddhistischen Bevölkerung war ihm allzu gut bekannt, spätestens seitdem er 1881 acht Monate lang auf einem Ochsenkarren durch das Land gezogen war. Auf seiner dritten Reise (1882) trat Olcott als Heiler in der Mesmer'schen Tradition hervor, wobei er fast dreitausend Patienten behandelt haben soll. Das verhalf ihm und seinem Projekt zu großer Popularität.[11]

Ein wirksames Mittel zur Wiederherstellung des vermeintlich ursprünglichen Buddhismus war Olcotts Buddhistischer Katechismus: eine in einfacher Sprache verfasste, kompakte und normative Darstellung «der Hauptzüge aus dem Leben Gautama Buddhas» und der «Grundzüge seiner Lehre»[12] in Form von Antworten auf durchnummerierte Fragen. Olcott sah seinen Katechismus durchaus als «Gegengift gegen das Christentum».[13] Es bleibt zu fragen, inwiefern die Textgattung mit ihrem Durchdeklinieren eines Glaubenssystems dem Olcott'schen Buddhismus eine neue dogmatische Tiefengrammatik vorgab.

Olcotts *A Buddhist Catechism: according to the canon of the Southern Church* erschien erstmals 1881 auf Englisch und Singhalesisch. Olcott erlebte 41 Auflagen seines Katechismus, den er stark anschwellen ließ: von 153 Fragen auf 383 in der stark umgearbeiteten 33. Auflage. Der Katechismus wurde als grundlegendes Lehrbuch im von Olcott maßgeblich geförderten entstehenden buddhistischen Schulwesen verwendet (u. a. ersetzten darin die Erzählungen über die Heldentaten der singhalesischen Herrscher jene über die britischen Könige). Das Buch wurde in zahlreiche Sprachen übersetzt: u. a. ins Siamesische, Tamilische und Japanische, ins Französische und Spanische. Eine mit ausführlichen Anmerkungen versehene deutsche Übersetzung erschien 1887.

In seiner Vorrede klingen Grundmotive von Olcotts Buddhismus-Konstruktion an, die auch für Anagarika Dharmapala richtungsweisend wurden. Da ist erstens die Emphase des Authentisch-Ursprünglichen: «Nur die authentischen Äußerungen von Sakya Muni (i. e. der Buddha) selbst dürfen als orthodox angesehen werden.»[14] Dieser umfassende Anspruch wurde allerdings durch den Titel wieder eingeschränkt, der die Geltung des Katechismus auf die «südliche Kirche» (also die Hinayana/Theravada-Schule) beschränkt, deren Pali-Schriftkanon auch das zentrale Arbeitsgebiet der damaligen westlich-philologischen Buddhismusforschung darstellte und dementsprechend für das westliche Buddhismusbild lange maßgeblich blieb.

Olcott griff allerdings nicht allein auf Texte zurück, sondern ließ seine Darstellung auch von einer zeitgenössischen buddhistischen Autoritätsfigur in Gestalt des Mönches Hikkaduve Sumangala förmlich beglaubigen. Dieser war 1873 einer der Wortführer in einer Debatte mit christlichen Missionaren gewesen und spielte eine prominente Rolle in der neugegründeten Buddhist Theosophical Society.[15] Dass er den Text nach einigen Änderungen schließlich autorisierte, ist insofern überraschend, als für sein Buddhismusverständnis Aspekte wie Götterverehrung, Opfergaben, Bilderkult und Astrologie entscheidend waren, um die Olcott einen Bogen machte.[16] Trotz der «Beglaubigung» stieß Olcotts Text aber auch auf vehemente Ablehnung, u. a. bei dem erwähnten anti-christlichen Debattanten Gunananda, der daraufhin als Gegenmaßnahme einen eigenen Katechismus und eine Art buddhistisches Handbuch vorlegte.[17]

Ein weiteres Hauptmotiv von Olcotts Buddhismus-Konstruktion war die Zeitlosigkeit, zugleich aber auch Zeitgemäßheit der buddhistischen Philosophie im Sinne ihrer Kompatibilität mit der modernen Weltanschauung und Wissenschaft: Der Weisheitslehrer habe «bereits sechshundert Jahre vor der christlichen Zeitrechnung nicht nur ein ganz unvergleichliches Moral-Gesetz» verkündet (von dem Dharmapala in Chicago sprach), «sondern auch eine Philosophie aufgestellt», welche «die Endergebnisse unserer neueren Untersuchungen und Anschauungen schon damals vorweg genommen hat». In seinem Katechismus kommt Olcott gleich im Anschluss an die buddhistischen Lehren der vier Wahrheiten und des achtfachen Pfades, der «Erlösung von den Leiden des Lebens und der Wiedergeburten», des Nirwana als «Zustand vollkommenster Ruhe ohne jedes Verlangen» und der Wiedergeburtenlehre darauf zu sprechen. Die Frage lautet: «Wird diese buddhistische Lehre durch die Lehren der modernen Wissenschaft bestätigt oder widerlegt?» Die Antwort (in der deutschen Fassung): «Sie steht im Einklange mit der Wissenschaft, da sie ja auf der Lehre von Ursache und Wirkung beruht.» Olcott beruft sich hier auf die «Entwicklungslehre», «auch ‹Darwinismus› genannt». liefert aber mit dem Begriff «Evolution» das Stichwort, das den neuesten Stand der damaligen wissenschaftlichen Entwicklung (Darwin, Spencer) benennt.[18] Genau diese Strategie verfolgte auch Dharmapala in seinem Hauptvortrag im Weltparlament der Religionen, wo er Evolution zum Schlüsselwort der Lehre des Buddha kürte.[19]

Ab der 33. Auflage des Katechismus baute Olcott seine These der Wissenschaftskompatibilität aus, und zwar mit der Frage, ob der Buddhismus zu Recht als «scientific religion» gelten dürfe oder ob es sich um eine Offenbarungsreligion handle. Olcott lehnte es strikt ab, für den Buddhismus von einer Offenbarung zu sprechen. Als einen Beleg für die Konvergenz von Buddhismus und Wissenschaft führt der Katechismus die Vorstellung von dem hellen Licht an, das vom Körper des

Buddha ausstrahle. Die Europäer beschrieben dies laut Olcott als «menschliche Aura» – eine Doktrin, die von Baron von Reichenbach 1844–45 experimentell erforscht worden sei.[20] Karl von Reichenbach (1788–1869) war ein Privatgelehrter, der sich mit Grenzphänomenen beschäftigte und die Theorie der Lebenskraft «Od» (von Odin) entwickelt hatte. Als Gewährsmann für seriöse Wissenschaft hätte man ihn schon damals nicht überall gelten lassen – heute erst recht nicht. Das gilt auch für Mesmerismus und Hypnotismus, die Olcott wenig später als wissenschaftliche Richtungen anführt. Karma wird von Olcott als eine buddhistische Theorie vorgestellt, die vom «modern scientific belief» unterstützt werde.[21] Es kann nicht übersehen werden, dass er moderne Wissenschaft hier als Glaubenssystem verhandelt, wohingegen die buddhistische Karma-Lehre den Status einer «Theorie» einnimmt.

Die Flagge einer Weltreligion wird gehisst

1883 kam es auf Ceylon zu christlichen Ausschreitungen gegen Buddhisten. Olcott machte sich 1884 zum Anwalt der Buddhisten, indem er das Buddhist Defense Committee gründete und ein Rechtsverfahren einleitete, in dem die Täter zur Rechenschaft gezogen werden sollten. Unermüdlich setzte er sich – auch in London – für die Belange der Buddhisten ein. Ihm war es im Wesentlichen zu verdanken, dass Wesak (Vesakh), das Fest des Erwachens des Buddha und seines Eintritts ins Nirwana, ab 1885 als ein offizieller Feiertag auf Ceylon eingeführt wurde.

Zu diesem Anlass wurde am Ort der christlichen Ausschreitungen von 1883 erstmals eine buddhistische Flagge gehisst – als Zeichen der Selbstbehauptung gegenüber dem Christentum. Die sechs Farben der Flagge sollten die sechs Lichtstrahlen symbolisieren, die vom Körper des Buddha ausgingen. Olcott, der darauf baute, dass die Mahatmas das Design der Flagge beeinflusst hätten,[22] hoffte, dass sie von allen Nationen als Symbol des Buddhismus angenommen würde. Für ihn versinnbildlichte die Flagge sein Projekt der internationalen Vereinigung des Buddhismus zu einer Art Weltreligion. Olcott setzte sich dann dafür ein, dass die wimpelförmige Flagge die rechteckige Form der Nationalflaggen erhielt, wodurch die paradoxe Situation entstand, dass ein internationales religiöses Projekt mithilfe einer für die modernen Nationalstaaten typischen symbolischen Form propagiert wurde.[23]

Ein theosophischer Entsager mit internationalem Radius

1884 trat David Hewavitharane, der spätere Anagarika Dharmapala, in Colombo der Theosophischen Gesellschaft bei. Er hatte zuvor zwei Bücher gelesen, die nachhaltigen Eindruck auf ihn gemacht hatten: *The Occult World* (1881) des englischen Journalisten und Blavatsky-Schülers Alfred Percy Sinnett, der seit 1879 in Indien wohnte, und *The Light of Asia* (1879) von Sir Edwin Arnold (1832–1904), die wohl einflussreichste moderne englische Werbeschrift für den Buddha, die auch auf Mahatma Gandhi großen Eindruck machte. Gerade diese Lektüre hatte in Hewavitharane den Entschluss reifen lassen, das Leben eines Entsagers zu führen, während Sinnetts Buch ihn mit dem angeblich im Himalaya residierenden Weisheitslehrer Mahatma Koot Hoomi bekannt machte, von dem er zwischen 1884 und 1886 viele Nachrichten empfing und mit dem er lebenslang eine vertraute Beziehung unterhielt.

Hewavitharanes Traum war es, eine Reise in den Himalaya zu unternehmen, um die dortigen Weisheitslehrer aufzusuchen. Madame Blavatsky aber, so berichtete er selbst, brachte ihn davon ab und erteilte ihm stattdessen den Auftrag, sich in die Pali-Schriften zu vertiefen.[24] Die Beschäftigung mit dem buddhistischen Schrifttum ging also auf die Anordnung einer buddhistischen Theosophin zurück. Die Fusion von Buddhismus und Theosophie fand nicht überall Anklang. Max Müller etwa ärgerte sich über die Breitenwirkung der seines Erachtens fehlgeleiteten theosophischen Buddhismusinterpretation. An Dharmapala schrieb er 1895, er solle den Buddhismus von seinen «späteren Auswüchsen» befreien und zu seiner «frühesten, einfachsten und reinsten Form» zurückführen (was Olcotts Anliegen in seinem Katechismus verwandt war). Wenn man dies tue, werde man gewahr, wie gering die Unterschiede zwischen den «großen Religionen» letztendlich seien. Nichts aber habe dem Buddhismus so großen Schaden zugefügt wie der sogenannte Esoterische Buddhismus. Madame Blavatsky möge Dharmapala zwar eine enge Freundin gewesen sein, «aber die Wahrheit ist ein noch engerer Freund».[25] Ob Müller sich bewusst war, dass gerade die Idee der Wahrheit einen zentralen Stellenwert in der Theosophie hatte?

1885 gab Hewavitharane seine Stelle an einer staatlichen Behörde auf, um sein Leben ganz der Religion und der Theosophie widmen zu können. Aufgrund seiner Behinderung war ihm eine traditionelle Karriere als buddhistischer Mönch versperrt. Dennoch hielt er zeitlebens an einer asketischen und sexuell enthaltsamen Lebensweise fest.[26] Die Entscheidung für diese Lebensweise traf er als Theosoph ebenso wie als Buddhist.

Von 1886 bis 1890 managte er die Buddhist Theosophical Society in Colombo und kümmerte sich um deren Zeitschrift. So internationalisierte sich sein Wirkradius: Er reiste mehrfach nach Indien, um an theosophischen Veranstaltungen teilzunehmen. Zusammen mit Olcott, der sich darum bemühte, den internationalen Zusammenhalt der verschiedenen buddhistischen Schulen und Länder zu stärken und Spaltungen zu überwinden, folgte er 1888/89 einer Einladung nach Japan. Dort wurden sie von Repräsentanten unterschiedlicher buddhistischer Gruppen, aber auch vom Premierminister und anderen Ministern empfangen, und sie sprachen vor über tausend buddhistischen Mönchen. Ein amerikanischer Nachfahre von Puritanern, der sich vor einer Versammlung japanischer Mönche für das Wohl des Buddhismus einsetzte![27] Die Reise nach Japan stand unter dem Vorzeichen der Kooperation der südlichen (ceylonesisch-birmanischen) und der nördlichen (chinesisch-japanischen) «Kirchen» des Buddhismus. Drei japanische buddhistische Mönche folgten Olcott schließlich nach Ceylon. Und in Begleitung von zwei Japanern nahm Anagarika Dharmapala – so nannte er sich inzwischen – im Dezember 1890 an der theosophischen Jahresversammlung in Adyar (bei Madras/Indien) teil.

Auf einer Buddhist Conference, die im Januar 1891 ebenfalls in Adyar stattfand, kam Olcott seinem ökumenischen Projekt einen Schritt näher. Es wurden vierzehn fundamentale buddhistische Glaubenssätze (*Fundamental Buddhist Beliefs*) verabschiedet und von Buddhisten aus Japan, Birma, Ceylon und Chittagong (Bengalen) signiert. Olcott feierte dieses Dokument, das im Anhang späterer Ausgaben seines *Buddhist Catechism* nachgedruckt wurde, als eine Art Fundamentalglaubensbekenntnis sowohl der südlichen als auch der nördlichen buddhistischen Richtungen.

Der erste Glaubensartikel war nicht spezifisch religiös, sondern dezidiert humanistisch und universalistisch gefasst: «Buddhisten sind gehalten, allen Menschen gegenüber ohne Unterschiede die gleiche Duldsamkeit, Nachsicht und brüderliche Liebe an den Tag zu legen – und eine unerschütterliche Güte gegenüber den Mitgliedern des Tierreichs.» Der zweite Glaubensartikel hatte eine antichristliche Speerspitze: «Das Universum hat sich herausgebildet und wurde nicht geschaffen; es folgt Gesetzmäßigkeiten, nicht den Launen eines Gottes.» Im zehnten Glaubensartikel ging es um Meditation und universelle Erlösung: «Die richtige Meditation führt zu spiritueller Aufklärung *(spiritual enlightenment)* oder der Entwicklung des Buddha-artigen Vermögens, das in allen Menschen latent vorhanden ist.» Der letzte Glaubensartikel schließlich endete mit der Betonung vernunftgesteuerter religiöser Autonomie der Individuen: «Gautama Buddha lehrte, dass man nur an die Aussagen eines Weisen, irgendwelche Schriften oder Beteuerungen irgendeiner Tradition glauben soll, insofern diese mit der Vernunft übereinstimmen.»[28]

Bodhgaya: Die Wiederaneignung eines Wallfahrtsorts

Anfang 1891 reiste Anagarika Dharmapala zu den nordindischen buddhistischen Pilgerstätten: zunächst nach Sarnath bei Benares (Varanasi), wo Buddha Shakyamuni seine erste Predigt gehalten haben soll, dann nach Bodhgaya in Bihar, wo der Buddha unter einem Baum das vollkommene Erwachtsein *(bodhi)* erfahren haben soll.

Bodhgaya wurde zu Dharmapalas Lebensprojekt. Auf einen plötzlichen Impuls hin beschloss er, in Bodhgaya zu verweilen und sich um diese einmalige heilige Stätte zu kümmern. Am 2. März notierte er, «besser sterben als diesen Ort zu verlassen».[29] Dieses Gelübde sollte jedenfalls so lange gelten, bis eine ständige Anwesenheit buddhistischer Priester in Bodhgaya gewährleistet wäre. In seinem anfänglichen Enthusiasmus war er sich sicher, bald buddhistische Mönche zum Beispiel aus Ceylon zur Besiedlung von Bodhgaya bewegen zu können und eine internationale Solidarisierung etwa durch den König von Siam zu erreichen. Eine solche Begeisterung blieb jedoch aus, und Dharmapala übersiedelte nach Kalkutta, von wo aus er die Strippen seiner Kampagne zog. Kalkutta blieb für die restlichen drei Jahrzehnte seines Lebens der Hauptstützpunkt seiner Aktivitäten. Zwar reiste er noch etwa fünfundzwanzig Mal nach Sri Lanka, hielt sich dort aber immer nur vorübergehend auf. In Kalkutta etablierte er 1915 ein buddhistisches Klostergebäude *(vihara)* als Teil seines Projekts, den Buddhismus wieder in seinem Ursprungsland Indien heimisch zu machen. Dharmapala sah sich dabei – je nach Kontext – als Inder oder als Singhalese; das scheint für ihn ebenso wenig ein Widerspruch gewesen zu sein wie Buddhismus und Theosophie. Als Theosoph sah er seinen Auftrag an die gesamte Menschheit gerichtet, als Buddhist an die gesamte buddhistische Welt und als Singhalese an die Nation, die für ihn unlöslich mit dem Buddhismus verbunden war. Ein wahrer Singhalese konnte eigentlich nur Buddhist sein.[30]

In Kalkutta wohnte auch Swami Vivekananda; aber nie entwickelte sich zwischen ihnen eine persönliche Beziehung. Vivekananda schaute auf Dharmapala herab. Er hielt ihn für ungebildet, und es störte ihn, dass er den Buddhismus als eigenständige Position entwickelte, war doch für ihn der Buddha der Herabstieg *(avatar)* einer hinduistischen Gottheit.[31] Vivekananda unterschied einen «positiven» Buddhismus, der im Grunde mit dem Vedanta identisch sei, vom «negativen», atheistischen Buddhismus Ceylons, den er für degeneriert und moribund hielt. Auch mit Olcott befehdete sich der Swami, nachdem der Amerikaner ihm seine Unterstützung für seine Vedanta-Mission im Westen versagt hatte. Vivekananda holte zu einem Schlag gegen die Theosophie aus, die er als «indisch verbrämten amerikanischen Spiritismus» verhöhnte.[32]

Bodhgaya war seit Jahrhunderten von buddhistischen Pilgern, auch aus Birma, besucht worden, wo sie aber nicht weiter aufgefallen waren, da sie sich einfach unter die Hindus mischten, die den Ort ebenfalls als Heiligtum verehrten. Sir Edwin Arnold, der Autor von *The Light of Asia*, besuchte 1866 die buddhistischen Stätten Nordindiens und setzte sich dafür ein, diese wieder in buddhistische Obhut zu überführen. Bodhgaya bezeichnet er als das bedeutendste Zentrum des buddhistischen Glaubens, «das Mekka, das Jerusalem einer Million orientalischer Gemeinden».[33] Ähnlich wie Arnold weigerte sich auch Dharmapala anzuerkennen, dass Bodhgaya de facto von Hindus auf hinduistische (bzw. shivaistische) Weise als Heiligtum genutzt und verwaltet wurde. Dharmapalas theosophischer Hintergrund stand hier einer ausschließlich buddhistischen Nutzungsphantasie nicht im Wege: Bodhgaya sollte den Hindus entrissen und gleichzeitig zum Zentrum des internationalen Buddhismus gestaltet werden.

Mit der Buddhisierung von Bodhgaya sollte der Buddhismus sozusagen auf eine Ebene mit Weltreligionen wie dem Christentum oder dem Islam gestellt werde, die ja beide international und von verschiedenen Zweigen anerkannte symbolische Zentren und Wallfahrtsorte hatten (Jerusalem, Mekka). Die Erneuerung von Bodhgaya erfolgte zugleich im Geiste der von Olcott vorangetriebenen ökumenischen Überwindung nationaler und schulenmäßiger Gräben innerhalb des Buddhismus. Dharmapalas Aktivitäten als Singhalese in Indien mit einem Netzwerk, das von England und den USA bis nach Birma, Thailand und Japan reichte, verkörperten dieses Vorhaben. Bodhgaya (und Sarnath) waren im doppelten – historischen wie gegenwärtigen – Sinn die Geburtsstätten des Buddhismus als Weltreligion, die es in einer Art gewaltlosem «Kreuzzug» zurückzuerobern galt, wobei Indien zum «heiligen Land der Buddhisten» wurde.

1891 wurde in Ceylon die Maha Bodhi Society gegründet, die sich nicht nur für Bodhgaya, sondern auch für die «Sanierung»[34] und Wiederaneignung anderer buddhistischer Stätten einsetzte, allen voran Sarnath. Als ihr Präsident fungierte Hikkaduve Sumangala, der Olcotts Katechismus beglaubigt hatte. Olcott wurde Direktor und Dharmapala Generalsekretär. In Birma und Kambodscha warb Anagarika Dharmapala, teilweise erfolgreich, um Unterstützung für das Bodhgaya-Projekt. Es gelang ihm allerdings nicht, die Kolonialregierung für sein Vorhaben zu begeistern. Vonseiten der gut vernetzten und reich bemittelten hinduistischen Verwalter regte sich zunehmend empörter Widerstand gegen seine Aktionen.

Dharmapalas auch medialer Aktivismus für Bodhgaya machte ihn international so bekannt, dass er 1893 in das Beratergremium des Weltparlaments der Religionen berufen wurde. Schließlich wurde er sogar selbst als Repräsentant des «südlichen» Buddhismus eingeladen.[35] Dharmapala reiste zunächst nach London, wo er zusammen mit Arnold in der Bodhgaya-Angelegenheit den neuen Staatssekretär für Indien aufsuchte. Er besuchte Thomas Rhys Davids, den weltweit führenden Pali-Forscher, traf Leadbeater wieder und lernte Annie Besant kennen, mit der zusammen er dann nach Chicago weiterreiste; Besant sei wie eine Mutter für ihn, notierte er damals.[36] Mit Zwischenaufenthalten in Honolulu und Japan reiste er sodann zurück nach Indien. In Honolulu traf er die wohlhabende Theosophin Mary E. Foster, die nach dem Tode seines Vaters (1906) seine wichtigste Sponsorin werden sollte.

In Bodhgaya versuchte Dharmapala Fakten zu schaffen, indem er sich daran machte, ein uraltes Buddha-Bild, das man ihm in Japan geschenkt hatte, im Maha Bodhi-Tempel rituell zu installieren. Der Versuch scheiterte am Widerstand der Behörden – vielleicht auch, weil es in Britisch Indien politische Vorbehalte gegen stärkere japanische Einflüsse auf Indien gab.[37] Dharmapala suchte die Konfrontation in Form eines Rechtsstreits wegen Störung gottesdienstlicher Handlungen. Das Verfahren ging 1895 zugunsten der Besitzansprüche der hinduistischen Autoritäten aus, was Dharmapalas Reputation schweren Schaden zufügte. Als Reaktion darauf hüllte Dharmapala sich fortan in Mönchsgewänder.[38] Die Hindus versuchten ihrerseits, ihre rechtliche Stellung noch weiter auszubauen und Nicht-Hindus im Namen der Reinheitsgebote von der Nutzung des Heiligtums auszuschließen.

Dass Dharmapala mit seinem Projekt der buddhistischen Aneignung Bodhgayas scheiterte, mag auch an seiner provokanten und kompromisslosen Taktik gelegen haben, die ihn als «Fanatiker» erscheinen ließ. Wäre er bedachter vorgegangen und hätte geschickt Allianzen geschmiedet (z. B. mit aufgeschlossenen Kolonialbeamten), wäre er vielleicht sogar ans Ziel gelangt.

Ab 1911 begann sich der Indian National Congress für das Thema Bodhgaya zu interessieren; Gandhi stellte eine Lösung für die Zeit nach der Unabhängigkeit in Aussicht. Auf der Inter-Asian Conference in Delhi 1947 baten buddhistische Delegierte aus Bhutan, Birma, Ceylon, China, Indien, Nepal und Thailand den ersten Premierminister des unabhängigen Indien, Jawaharlal Nehru, den Bodhgaya-Tempel an die «Buddhisten Asiens» zu übergeben. Schließlich wurde ein Gesetz verabschiedet, das Buddhisten zumindest eine Rolle in der Verwaltung des Tempels zuwies, was 1953 in einer feierlichen Prozession in Bodhgaya besiegelt wurde.[39]

Trennung und Versöhnung

Seine Beschäftigung mit der Theosophie hatte Dharmapala zur buddhistischen Askese geführt, und Olcott war sein Lehrmeister gewesen. Im Laufe der Zeit kam es allerdings zu Spannungen und Reibereien, erstmals als Dharmapala entgegen Olcotts Rat nach Chicago zum Weltparlament der Religionen reiste. Olcott war auch nicht mit Dharmapalas ungestümem und hartnäckigem Vorgehen beim Bodhgaya-Projekt einverstanden, sodass er sich 1906 aus der Maha Bodhi Society zurückzog. Zu einem offenen Konflikt war es schon 1905 gekommen. Dabei ging es um die Bewertung der historischen Authentizität und religiösen Relevanz von Buddha-Reliquien, insbesondere des in Kandy verehrten Buddha-Zahns. Olcott fand die Vorstellung, dass es sich bei diesem Objekt wirklich um einen Zahn des Buddha handele, «bigott und ignorant». Das mochte ihm Dharmapala nicht verzeihen, hatte er doch selbst eine starke emotional-religiöse Bindung an Reliquien, wohingegen Olcott mit ihnen nicht viel anzufangen wusste. So trennten sich im Jahre 1905 ihre Wege.[40]

Im selben Jahr drohte Olcott auch ein Zerwürfnis mit Hikkaduve Sumangala, der siebzehn Punkte in der 40. Auflage des *Buddhist Catechism* bemängelte und Olcott aufforderte, die Publikation zurückzuziehen. Olcott wollte Sumangalas Beglaubigung nicht verlieren, und lenkte nach zwei Jahren der Diskussion in einigen Dingen ein. Aber jene Überlieferung als glaubwürdig anzuerkennen, derzufolge der Buddha 18 Fuß (knapp 5,5 Meter) groß gewesen sei, brachte er nicht über sich.[41] Schließlich konnte er Sumangala wieder versöhnen, im Falle von Dharmapala gelang dies aber nicht.

Nach einer letzten Reise nach London und New York, bei der er auf dem Schiff eine Treppe hinabstürzte, starb Olcott im Februar 1907. Wie später bei Annie Besant war seine Beerdigung ein multi- bzw. transreligiöses Ereignis: Seine Leiche war in die amerikanische «Old Glory» und die buddhistische Flagge eingehüllt, ein Bild von Madame Blavatsky war ausgestellt und der Raum mit den religiösen Schriften der Zoroastrier, Hindus, Buddhisten, Christen, Muslime, Sikhs und Jainas geschmückt.[42]

Als Dharmapala sich mit Olcott überworfen hatte, war er auch aus der Theosophical Society ausgetreten, der er immerhin zwanzig Jahre angehört hatte. Das hing auch damit zusammen, dass er sich nicht mit Annie Besant verstand, die sich dem Hinduismus und dem mystischen Christentum verschrieben hatte und Dharmapalas buddhistisches Projekt nicht recht ernst nahm. 1911 aber versöhnte Dharmapala sich mit Besant und trat 1914 der Gesellschaft wieder bei, der er dann bis an sein Lebensende treu blieb.[43]

Buddhistische Mission und der Traum vom Mönchsein

Als Dharmapala einsehen musste, dass sein Bodhgaya-Projekt keinen durchschlagenden Erfolg hatte, schlüpfte er in die Rolle eines Erweckungsmissionars auf Ceylon. Er war journalistisch und karitativ tätig. 1911 zog er auf einem Viehkarren, 1913 dann mit einem Lastwagen durch das Land und hielt Ansprachen über Abstinenz und Vegetarismus. Alkoholabstinenz war ein wirksamer Hebel der anti-kolonialen bzw. anti-europäischen Mobilisierung.[44] Außerdem begab er sich wieder auf eine Asientour, nach Japan, Korea und China.

Im Mai 1915 gingen nach den Wesak-Feierlichkeiten in Kandy (Ceylon) Buddhisten auf eine Moschee los. Es folgte ein offenbar gut geplanter Pogrom gegen eine muslimische Gruppe, die sogenannten Coast Moors, dem fünfundzwanzig Menschen zum Opfer fielen, über hundert Moscheen wurden beschädigt.[45] Auf Betreiben der anscheinend überforderten Kolonialregierung von Ceylon wurde Dharmapala im Juni 1916 in Indien wegen Aufwiegelung interniert. Offenbar fürchtete man, dass er aus der Ferne zu weiteren Gewaltausbrüchen anstacheln könnte. Kurz vor seiner Internierung hatte er aus Kalkutta eine ausführliche Eingabe an die Kolonialregierung in London eingereicht, in der er die «Mohammedaner» als «alien people» abtat, die sich wie die Juden Wohlstand erschlichen hätten: «Was der Deutsche für den Briten ist, ist der Mohammedaner für den Singhalesen. Er ist dem Singhalesen durch Religion, Rasse und Sprache fremd.»[46] Dieses Dokument wurde erst 1965 bekannt – und wird seither immer wieder in Verbindung mit der Entstehung militanter islamophobischer Haltungen auf Sri Lanka zitiert.[47]

Dharmapala war kein antikolonialer Agitator wie Gandhi oder

Savarkar. Weder hatte er eine politische Vision noch war er nachhaltig politisch aktiv. Sein buddhistisches Projekt hatte indes politische Implikationen: Die Singhalesen müssten sich erst zu guten Buddhisten reformieren, um dann die politische Herrschaft übernehmen zu können.[48] Im Zuge seiner Kritik am Kolonialismus entfaltete Dharmapala ein Idealbild der singhalesisch-buddhistischen Gesellschaft von vor 1815, die man wiederherstellen sollte. Die zentralen Akteure in dieser maskulin-virilen[49] Mustergesellschaft waren die Mönche, denen idealerweise die Rolle von moralisch-spirituellen Autoritäten und Lehrern zugewiesen werden sollte. Unter der Laienbevölkerung sollten sie die Prinzipien eines guten und tüchtigen Lebens verbreiten, und zwar auf der Grundlage der Pali-Schriften. Pali sollte damit Sanskrit und Englisch ersetzen.[50] Die von Dharmapala skizzierte Rolle des neuen Mönches zur Wiederherstellung der Nation wurde von einigen einflussreichen jüngeren Männern aufgegriffen und weitergestaltet – oder auch in wesentlich politisiertere Bahnen gelenkt.[51]

Seit 1925 setzte Dharmapala sich aktiv für die Ausbreitung des Buddhismus in England ein. Ab Ende 1925 wohnte er zwei Jahre lang in London, war aber auch in der Schweiz und in Deutschland aktiv. Vom Buddhismus versprach er sich einen humanisierenden Einfluss auf die Briten; ihr dann neugefundenes buddhistisches Mitgefühl würde die Brutalität ihrer Kolonialherrschaft abmildern und sie würden schließlich auch die christlichen Missionare zurückrufen, gegen die er stets agitierte.[52] Dharmapala fand, die Briten seien für den Buddhismus eigentlich prädestiniert, sei der Buddhismus doch eine sehr praktische und rationale Religion mit einem ausgeprägten Verständnis von Freiheit und Liebe. Es ging ihm mehr um eine Buddhisierung Englands als um die Abschaffung der britischen Kolonialherrschaft. Zur Verwirklichung seiner ehrgeizigen Ziele – nichts weniger als ein buddhistisches Kloster *(vihara)* – hätte es allerdings bedeutender Finanzmittel bedurft, die in England und Asien aufzutreiben Dharmapala nicht gelingen wollte. Dennoch konnte er ein Haus in London erwerben, das späteren buddhistischen Lehrern als Ausgangsbasis diente.[53]

Nicht nur Dharmapalas journalistisch-populäre Schriften und seine Reden haben seine Leser oder Zuhörer gefesselt.[54] Er entwickelte auch die moderne urbane buddhistische Predigt *(dharmadesana)*. Offenbar von protestantischen Vorbildern inspiriert, wurde diese Predigt vom

Mondkalender abgekoppelt und zu einem wöchentlichen liturgischen Geschehen umgestaltet. Ähnlich wie viele christliche Predigten von einem Bibeltext ausgehen, kreisten diese Predigten um ein Thema, das oft einem feierlich rezitierten Pali-Vers entnommen war.[55]

Es war Dharmapalas Kindheitstraum gewesen, ein vollwertiger buddhistischer Mönch zu werden. Mönche waren einerseits zentrale Akteure in seiner Vision einer singhalesisch-buddhistischen Gesellschaft, andererseits war er von vielen zeitgenössischen Mönchen ebenso enttäuscht, wie christliche Missionare seines Erachtens das Ideal der Nächstenliebe verfehlten. 1931, im Alter von sechsundsechzig Jahren, als er schon von diversen Krankheiten gezeichnet war und den Tod kommen sah, wurde er schließlich doch noch – in Bodhgaya – als Novize *(samanera)* geweiht und nahm den Mönchsnamen Sri Devamitta Dhammapala (Götterfreund, Beschützer des Dharma) an. Die Änderung des Namens von Dharmapala zu Dhammapala spiegelt die Orientierung am Pali wider. 1933, in seinem Todesjahr, erhielt er die Mönchsweihe.

Kurz zuvor hatte er sein Testament aufgesetzt. Darin verlieh er seiner Hoffnung Ausdruck, dass er als Sprössling einer edlen Brahmanenfamilie in Indien wiedergeboren würde, dann auf Pali den *dhamma* lernen, ein Mönch *(bhikkhu)* werden und schließlich den *dhamma* in Indien predigen würde. Hieran ist bemerkenswert, dass er die Kastenordnung zumindest aus strategischen Gründen bestätigte und dass er Indien als das primäre Ziel seiner Missionsbestrebungen ansah. Dies kommt auch in seinem Wunsch zum Ausdruck, nach buddhistischem Ritus kremiert zu werden, seine Asche sollte in der Mulagandhakutti-Klosteranlage von Sarnath beigesetzt und ein kleiner Schrein darüber errichtet werden. Einer seiner Neffen überführte die Hälfte der Asche nach Colombo.[56] Obwohl Dharmapala sich nach Indien orientiert hatte, wurde sein postumes Schicksal von Sri Lanka vereinnahmt, wo seit den 1960er Jahren geradezu hagiographische Werke erschienen, die ihn zu einem singhalesisch-buddhistischen Vorbild stilisierten.[57] In der 1978 verabschiedeten Verfassung Sri Lankas wird dem Buddhismus in Artikel 9 eine Vorrangstellung eingeräumt. Heute gilt Anagarika Dharmapala als Aushängeschild des chauvinistischen ethno-religiösen Nationalismus.

Taixu: Der neue Buddhismus in China

Auch in China vollzog sich eine Neuausrichtung des Buddhismus, mit auffallenden internationalen Verbindungslinien, aber auch mit eigenen Schwerpunkten. Ein Protagonist dieser Bewegung war Taixu (1890–1947),[58] eine knappe Generation jünger als Dharmapala.

Lu Peilin, mit dem Erwachsenennamen Taixu (Höchste Leere), kam 1890 als Sohn eines Maurers zur Welt. Früh Vollwaise, entschied er sich 1904, mit vierzehn Jahren, Mönch zu werden. In den kommenden Jahren zog er durch verschiedene Klöster und ging bei verschiedenen Meistern in die Lehre. Mit achtzehn Jahren hatte er bereits die bekanntesten buddhistischen Meister Chinas aufgesucht.[59] 1909, mit neunzehn, studierte er eine Zeit lang an einer neuartigen – nicht zuletzt von Dharmapala inspirierten – Schule in Nanjing, wo Mönche auf die globale buddhistische Mission vorbereitet werden sollten.

Ab 1910 begann Taixus ausgedehnte Lehr- und Publikationstätigkeit und er wurde erstmals zum Hauptmönch an einem Kloster berufen. In Guangzhou las er Kang Youwei, Tolstoi, Marx und russische Anarchisten wie Pjotr Alexejewitsch Kropotkin und Michail Bakunin und deren chinesische Interpreten. Der Anarchismus war in China bis in die 1920er Jahre die dominante radikale politische Ideologie, bis ihr später der marxistische Sozialismus den Rang ablief. Taixu kam zu der Überzeugung, dass der Anarchismus dem Buddhismus wesensverwandt sei. 1912 wurde das Kaiserreich durch eine Republik abgelöst, was ungekannte Möglichkeiten der politischen Debatte ermöglichte. Taixu war ein prominentes Mitglied der Chinesischen Sozialistischen Partei, die bald schon 400 000 Mitglieder zählte, 1913 aber wegen ihrer prinzipiellen (anarchistischen) Staatsfeindlichkeit aufgelöst wurde.

An einer innerbuddhistischen Umwälzung war Taixu 1912 aktiv beteiligt, als er sich für die Umwandlung eines reichen Klosters in eine neuartige buddhistische Ausbildungsstätte einsetzte. Er sprach sich dafür aus, dass der Grundbesitz der Klöster allen Buddhisten zufallen solle und dessen Erträge für soziale Zwecke zu verwenden seien. Auch sollte jeder Mensch nicht nach religiösem Status, sondern nach der von ihm geleisteten Arbeit entlohnt werden. Der Buddhismus sei eine diesseitsorientierte Religion. Diese letztendlich gescheiterte Episode machte Taixu weithin bekannt.[60]

Nach dem Übergang vom Kaiserreich zur Republik war Taixu aktiv an der Gründung der Allgemeinen Buddhistischen Vereinigung Chinas beteiligt, die noch nie dagewesene bürokratische, juristische und finanzielle Vollmachten als Interessenvertretung der Buddhisten beanspruchte. Taixu forderte u.a eine Revolution in der Religion: von der Vielgötterei zum Monotheismus, dann weiter zu den Weisen und Ehrwürdigen und zur Abwesenheit von Religion überhaupt.[61] Die Überwindung der Religionen, so schrieb er 1925, erfolge, wenn alle Menschen Buddhas geworden seien – ein eschatologisch-utopisches Geschehen. Dem entspreche das Ziel der Vervollkommnung des Menschenlebens;[62] hier handelte es sich um Taixus Ausformung des *bodhisattva*-Ideals, das im Mahayana-Buddhismus eine besonders prominente Rolle spielte.

Die Phase seiner anarchisch-revolutionären Aktivitäten endete abrupt mit dem Ausbruch des Ersten Weltkriegs, als der desillusionierte Mönch sich für drei Jahre in ein Kloster zurückzog – eine im chinesischen Buddhismus nicht unübliche Praxis. Zurück aus der Klausur, nahm Taixu Einladungen nach Japan und Taiwan (von 1895 bis 1945 japanische Kolonie) an. Dort verkündete er 1917, der Buddhismus repräsentiere die ostasiatische Kultur. Das Christentum habe im Westen stark an Rückhalt eingebüßt, die Menschen dort hätten ihre Orientierung verloren, und dies habe zum Krieg geführt. Taixu leitete daraus einen globalen Missionsauftrag für den ostasiatischen Buddhismus ab, als Botschaft des Friedens, um die «mörderischen Perversionen» zu überwinden und «alle Lebewesen vor großem Unheil zu erretten».[63]

Nach China zurückgekehrt, war Taixu 1918 in Shanghai an der Gründung der Bodhi Gesellschaft zur Verbreitung des «wahren» Mahayana-Buddhismus beteiligt. Er skizzierte Ideen für eine Rundumüberholung der institutionellen Struktur des chinesischen Buddhismus und insbesondere der Ordensgemeinschaft *(sangha)* – ein Thema, das ihn für den Rest seines Lebens beschäftigen sollte. Sein Hauptaugenmerk galt dabei dem Aufbau neuer religiöser Bildungseinrichtungen und sozialer Projekte, aber auch der Entwicklung neuer Frömmigkeits- und Ritualformen um die buddhistische Figur des Maitreya, des Buddha des künftigen Weltalters.[64] Seine «neuen Mönche» sollten sich aktiv in den

Dienst der Gesellschaft und der buddhistischen Verkündigung stellen. Das Ideal des *bodhisattva* war letztendlich ein statustranszendierendes Subjekt, bei dessen evolutionärer Durchsetzung alle sozialen Unterscheidungen und die Welt überhaupt überwunden würden.[65] Wie Dharmapala war auch Taixu dem real existierenden Buddhismus der breiten Bevölkerung gegenüber kritisch eingestellt, und er setzte ihm einen Idealbuddhismus entgegen.[66]

Taixu lieferte einige nachhaltige programmatische Schlagworte: So sprach er von einem «Menschenlebenbuddhismus» *(rensheng fojiao)* und einem «Buddhismus des menschlichen Daseins» *(renjian fojiao)*.[67] Dieses Programm entsprach seiner Neukonzeption des Buddhismus als selbstlose, tugendhafte Praxis in der zu schaffenden neuen chinesischen Gesellschaft. Der Gedanke des Menschenlebenbuddhismus inspirierte Taixu – wohl mit Blick auf christliche Praktiken – zur Ausgestaltung buddhistischer Übergangszeremonien, etwa zu Geburt, Einschulung und Geburtstagen. Als er eine buddhistische Heiratszeremonie durchführte, stieß er wieder einmal auf Kritik vonseiten konservativer Mönche.[68] Taixus Emphase des Menschlichen war eine Überwindung des Individualismus und des Anthropozentrismus, denn «den Menschen» gebe es an sich doch nur in seiner Interdependenz mit allem Lebendigen. Der menschenorientierte Buddhismus beinhaltete demnach die Aufgabe der Götterverehrung. Wie für Dharmapala war der Buddhismus für Taixu eine «atheistische Religion».[69] Für das Leben der von ihm definierten neuen Buddhisten hielt er eine intensive Konversionserfahrung für entscheidend, die das Wirklichkeitsverständnis verändert und das Selbst als Illusion entlarvt. Hier scheinen protestantische Diskurse religiöser Erfahrungen mitzuschwingen.

Wie Olcott und Dharmapala beschäftigte sich Taixu auch wiederholt mit den modernen Naturwissenschaften, und dies fand in den von ihm mitbegründeten neuen Lehranstalten eine institutionelle Verankerung. Er strebte eine Synthese von Wissenschaft und Buddhismus an.[70] Auch Taixu konstatierte eine Wissenschaftskompatibilität des Buddhismus und sah darin einen Wettbewerbsvorteil seiner Religion gegenüber dem Christentum. Die Wissenschaften könnten dabei uralte Einsichten des Buddhismus nur bestätigen – so habe der Buddha etwa schon die Mikrobiologie vorweggenommen[71] –, sie seien aber letztlich unfähig, die Wirklichkeit in ihrer Tiefendimension zu begreifen.[72] Für

Taixu stand außer Frage, dass der Buddhismus die Wahrheit über das Universum besitzt, wovon die Wissenschaften nur oberflächliche Ausschnitte erkennen können. Taixu lobte allerdings die Evolutionstheorie, da sie die Idee eines Schöpfergottes aus den Angeln gehoben habe, kritisierte sie allerdings auch als eine Form des nihilistischen Materialismus.[73]

Wie Olcott und Dharmapala strebte Taixu nach einer neuen Zusammenarbeit zwischen den verschiedenen nationalen buddhistischen Schulen und Traditionen, wobei er die innerbuddhistische Vielfalt positiv anerkannte. Wie Dharmapala sah er den Buddhismus als eine globale Religion – und seine Vortragsreise nach Europe und in die USA war eine Art Missionskampagne, in der er den Buddhismus als «Kompass für den menschlichen Geist» propagierte.[74]

1950, drei Jahre nach Taixus Tod, wurde in Colombo die World Fellowship of Buddhists gegründet, Repräsentanten aus siebenundzwanzig Ländern waren anwesend. Die Initiative war hauptsächlich von dem ceylonesischen Gelehrten Gunapala Piyasena Malalasekera ausgegangen, der sich dabei ausdrücklich auf Taixu als Vorbild berief.[75] Dass diese Gesellschaft in Colombo gegründet wurde, schließt den Kreis: Hier waren Olcott und Blavatsky genau siebzig Jahre zuvor an Land gegangen.

9

Pierre de Coubertin

Olympische Spiele und die Religion des Sports

Zwar verloren die Weltausstellungen im Verlaufe des 20. Jahrhunderts etwas an Zug- und Prägekraft, zugleich aber haben sich in diesem Zeitraum andere regelmäßig wiederkehrende Großereignisse mit zunehmend internationaler Teilnehmerschar und weltweiter Medienberichterstattung herausgebildet. Seit 1896 werden die Olympischen Spiele der Neuzeit ausgerichtet, die von den Weltausstellungen inspiriert waren. Mit ihrem Vierjahresrhythmus und den wechselnden Austragungsorten haben sie auch sportlichen Weltmeisterschaften aller Art eine Struktur vorgegeben. An den ersten Olympischen Spielen (Athen 1896) nahmen Athleten aus (je nach Zählweise) 11 bis 20 Nationen teil. Die Zahl der teilnehmenden Länder stieg beinahe kontinuierlich an: 1920 (Antwerpen) waren es 29 Nationen, 1948 (London) 59. Im Jahre 1969 (Mexiko-Stadt) waren erstmals mehr als einhundert Nationen vertreten; die Zweihundertmarke wurde ab 2004 (Athen) überschritten. Nicht nur die Teilnehmer wurden internationaler, sondern auch die Berichterstattung.

Die Olympische Idee

Im Unterschied zu den anderen globalen Sportveranstaltungen wie der Fußballweltmeisterschaft (seit 1930) sind die Olympischen Spiele mit bestimmten Leitideen verbunden. Diese sind heute in der Olympischen Charta niedergelegt, von der 2017 die 69. Version verabschiedet wurde. Diese formuliert die Grundprinzipien des Olympismus, eine *philosophy of life* mit den vorrangigen Zielen, den Sport in den Dienst einer harmonischen Entwicklung der Menschheit zu stellen, um eine friedliche Gesellschaft und die Wahrung der menschlichen Würde zu fördern.[1] In älteren Versionen – etwa der von 1933 – stand noch das Ideal der Ritterlichkeit an erster Stelle.[2] Die Idee des Olympismus wurde maßgeblich von dem Franzosen Pierre de Frédy, Baron de Coubertin (1863–1937) formuliert. Aus zahlreichen Varianten lassen sich folgende Grundprinzipien herauslesen: die Optimierung des Individuums durch Förderung von Körper, Geist und Seele; individuelles, wagemutiges Streben; die elitäre, aber gerechte, brüderliche, demokratische und egalitäre Gemeinschaft der Athleten; die Möglichkeit einer Reform der Gesellschaft und gar der Menschheit durch Erziehung (wobei de Coubertin einen Ausgleich zwischen Patriotismus und Internationalismus ebenso anstrebte wie die Völkerverständigung). Den Olympismus als geistige Haltung sah er durch Altruismus, Ehre, Freude, Heiterkeit gekennzeichnet.[3]

Die Anknüpfung an eine im 4. Jahrhundert unterbrochene antike Tradition ist ein weiteres Merkmal, das die Olympischen Spiele von anderen Weltevents abhebt. De Coubertin, der hagere Baron mit dem auffälligen Schnauzbart, hat sich den Titel des «Erneuerers» der Olympischen Spiele erworben. Für ihn war dies eine Rückkehr des vom Christentum unterdrückten Geistes des «Hellenismus» – die Revitalisierung einer etwa tausendfünfhundert Jahre lang verschütteten heidnisch-paganen Weltanschauung, die er als einen «Kult der Humanität» beschrieb: Die hellenischen Tempel sind zerstört, keiner sucht mehr Heilung in Epidauros, und die Pythia bleibt stumm – aber Olympia lebt weiter und mit ihm der Hellenismus. De Coubertin sprach von einem Paganismus, den die Menschheit nicht aufgeben dürfe: «der Kult des Menschen, des menschlichen Körpers, Geistes und Fleisches, des Fühlens und Willens, des Instinkts und des Gewissens».[4] Er strebte nach einer Alternative zu einer metaphysischen Religion – das Christentum erschien ihm als leibfeindlich; die diesseits- und körperfokussierte humanistische Immanenz kategorisierte er als «Paganismus».

De Coubertins Herkunft aus dem relativ wohlhabenden Adel gaben ihm Geld, Güter, Beziehungen und Status mit auf den Lebensweg.[5] Als junger Mann brach er allerdings mit der royalistischen Orientierung seiner Eltern; in den ihm zugedachten Priesterstand wollte er nicht mehr eintreten. Und nach dem Besuch eines jesuitischen Kollegs

Der «Erneuerer der Olympischen Spiele», Baron de Coubertin, nicht datiert

in Paris brach er eine Ausbildung an der Offiziersschule ab; stattdessen absolvierte er ein breit gefächertes Studium an der 1872 gegründeten École libre des sciences politiques (heute Sciences Po), das er 1885 mit einem juristischen Examen abschloss. Damals entfernte er sich wohl endgültig vom Christentum.

De Coubertin unternahm mehrere Studienreisen nach England und nach Nordamerika. Dort interessierte er sich vor allem für die Bildungseinrichtungen und die Rolle des Sports darin. Auf seinen Reisen baute er sich ein für seine späteren olympischen Pläne wichtiges Netzwerk auf. 1893 besuchte de Coubertin die Weltausstellung in Chicago und nahm als Zuhörer auch an einigen Sitzungen des Weltparlaments der Religionen teil.

In Frankreich engagierte de Coubertin sich für die Einbeziehung von Leibesübungen in das Erziehungs- und Bildungswesen. Irgendwann im Zeitraum 1888 bis 1892 begann ihn das Projekt einer Wiederbegründung der Olympischen Spiele immer mehr in den Bann zu ziehen. Der Gedanke war keineswegs neu. Informationen über die Olympischen Spiele waren ja in der klassischen Literatur enthalten und hatten seit der Wiederentdeckung der antiken Quellen in Humanismus und Renaissance die Aufmerksamkeit gebildeter Leser auf sich gezogen. In England waren schon im 17. Jahrhundert als Olympische

Spiele bezeichnete Feierlichkeiten veranstaltet worden. Der Begriff wurde auch in der Französischen Revolution für neue Feste in Betracht gezogen, und im 19. Jahrhundert wurden in Deutschland, Schweden, England und Griechenland unterschiedliche Formen von Olympischen Spielen abgehalten. In Griechenland war dieses Projekt erstmals kurz nach der Unabhängigkeit vom Osmanischen Reich (1828) lanciert worden. In den Jahren 1865 und 1870 fanden in Athen Olympische Spiele statt – 1870 mit etwa dreißigtausend Zuschauern. Eine wichtige Neuerung de Coubertins war die Internationalisierung der Spiele, die folglich nicht mehr nur in einem Land stattfinden und dazu Teilnehmer aus vielen Ländern zusammenbringen sollten. Er propagierte einen kosmopolitischen Geist und eine Art Ökumene der verschiedenen Sportarten, denen die neuen Spiele allesamt eine Plattform bieten sollten.[6] Als extrem geschickter Netzwerker, Lobbyist und Organisator gelang es ihm unter Einsatz seines ererbten Privatvermögens, die Idee der neuen Olympischen Spiele auf ein dauerhaftes institutionelles Fundament zu stellen.

Hymnen für die Spiele der Moderne

1894 fand in Paris ein maßgeblich von de Coubertin organisierter Kongress des Sportverbands Union des sociétés françaises de sports athlétiques (gegr. 1887) statt, auf dem die Wiedereinsetzung der Olympischen Spiele offiziell beschlossen wurde. Damals gründete sich auch das Internationale Olympische Komitee (IOK), als dessen Generalsekretär de Coubertin fungierte. Ein besonderes Spektakel bei diesem Kongress war die feierliche Aufführung einer Hymne an Apollon. Dabei handelte es sich um ein 1893 von Archäologen in Delphi gefundenes Zeugnis antiker Musik, das u. a. von Théodore Reinach rekonstruiert und übersetzt und von Gabriel Fauré kompositorisch bearbeitet wurde. Auch in musikalischer Hinsicht stand die Olympische Bewegung somit unter dem Vorzeichen der Wiederbelebung der griechischen Götterwelt. Beim Publikum scheint diese Aufführung starke Emotionen geweckt zu haben. De Coubertin zufolge hatten die zweitausend Teilnehmer «in religiöser Stille der göttlichen Melodie gelauscht, die aus dem Dunkel der Zeiten von den Toten erstanden» sei.[7] In seinen Erinnerungen berichtete er von einer «abgestuften Erregung», die sich durch «das Anhören der heiligen Harmonie» ausgebreitet habe. Er stellte die Musik dem Sport gleich: Beide seien für ihn «die vollkommensten ‹Isolatoren› gewesen, die fruchtbarsten Mittel der Besinnung und des Schauens ebenso wie mächtige Anreize für die Ausdauer und wie ‹Massagen der Willenskraft›».[8] De Coubertin kreierte hier einen originellen Begriff, dessen theoretisches Potenzial er leider nicht weiter entfaltete. Die «Isolatoren» initiieren demnach einen Prozess, der gleichermaßen von den Dingen wegführt – als Besinnung und Schauen – und zu fokussieren hilft, indem sie Willen und Ausdauer steigern. Als Isolatoren bewirken Sport und Musik gleichermaßen Kontrolle und Exzess.

Die Olympischen Spiele von 1896 fanden an einem symbolträchtigen Ort – Athen – statt und begannen an einem signifikanten Tag: Auf diesen 6. April fielen der 75. griechische Unabhängigkeitstag und der Ostermontag, der 1896 ausnahmsweise im Kalender der östlichen (orthodoxen) und westlichen (katholischen und protestantischen) Kirchen zusammenfiel. An der Eröffnungsfeier sollen schätzungsweise 60 000 Menschen teilgenommen haben – bei einer Bevölkerung Athens von damals etwa 130 000. Wieder spielte die Aufführung eines Musikstücks eine prominente Rolle. Neun Marschkapellen und hundertfünfzig Chorsänger stimmten die Olympische Hymne an, eigens zu diesem Zweck von dem auch im Ausland bekannten griechischen Komponisten Spyros Samaras komponiert. Den griechischen Text verfasste der Dichter Kostis Palamas, darin wird der «alte unsterbliche Geist» angerufen, der «Vater» des Schönen, Guten und Wahren. Diese namenlose, gottartige Figur wird zum Herabsteigen und zur aktiven, lichthaften Animation der Spiele eingeladen. Die Hymne bedient sich religiöser Topik, wenn von einem großen Tempel die Rede ist und davon, ein Verehrer oder Pilger dieses Tempels zu sein.[9] Die Hymne spannte also die Olympischen Spiele in einen religiösen Rahmen und ihre Darbietung löste so große Begeisterung aus, dass das Publikum eine Wiederholung durchsetzte.[10]

Im Laufe von acht Wettkampftagen fanden dreiundvierzig Entscheidungen statt. Ein Wettbewerb war für die Olympischen Spiele sogar eigens erfunden worden: Der aus der Pfalz stammende Philologe und Religionshistoriker Michel Bréal hatte vorgeschlagen, den legendären Lauf des Pheidippides von Marathon nach Athen wieder aufleben zu lassen. Die Authentizität dieses Rennens wurde damals nicht angezweifelt, obschon in der Antike wohl niemand auf die Idee gekommen wäre, einem Läufer eine derartige Distanz zuzumuten.[11] Im vollgepackten Stadion erwarteten die Zuschauer mit großer Spannung die Ankunft der Athleten, und berittene Boten hielten das Publikum auf dem Laufenden. Entlang der Strecke wurden die Läufer von Priestern mit Weihrauch gesegnet.[12] Als der Grieche Spyridon Louis (1873–1940) schließlich in die Arena einlief und er, wie de Coubertin berichtete, in einer bemerkenswerten Statusumkehrung von den Prinzen des griechischen Königshauses auf ihren Armen zum König getragen wurde, gab es kein Halten mehr. Ein rauschartiger Massentaumel schien das Publikum ergriffen zu haben.[13] Das war ein mitreißendes Geschehen etwa von der Art, die de Coubertins Zeitgenosse Émile Durkheim später als «kollektive Efferveszenz» beschrieb, der das Potenzial moralischer Erneuerung und der Entstehung neuer Vorstellungen eignet.[14]

Kein späterer Olympiasieg hatte wohl je wieder dieselben epischen Qualitäten wie jener erste Marathonlauf. Mit Louis erhielten die Olympischen Spiele eine Art Anti-Helden und Prototypen des Amateurs. Statt athletischer Ausrüstung trug er volkstümliche Kleidung, von den neuen wissenschaftlich fundierten Trainingsformen hatte er noch nie etwas gehört. In de Coubertins Memoiren kompensiert Religion erfolgreich fehlendes professionelles Training: «Durch Fasten und Beten bereitete er sich vor und verbrachte, wie man sagt, die letzte Nacht im Kerzenschein vor Ikonen.»[15]

Viele spätere Sportler schrieben ihre Erfolge ihrem (Glauben an) Gott zu. Religiöse Handlungen, Gesten und Symbole waren oft zu beobachten. Berühmt wurde der amerikanische Theologiestudent Forrest C. Smithson, der 1908 (London) den 110-Meter-Hürdenlauf gewann – mit einer Bibel in der linken Hand. In Montreal 1976 sanken Läufer «nach der Ziellinie auf die Knie und beteten, ein thailändischer Boxer verbeugte sich im Ring lange vor Buddha».[16]

Neutral und überkonfessionell

Die Olympischen Spiele der Antike waren im Jahre 394 von Kaiser Theodosius I. (reg. 379–395) – nach seiner Taufe im Jahre 380 der erste römische Kaiser, der kirchlichen Regeln und Sanktionen unterworfen war – als Teil seiner Maßnahmen gegen den nichtchristlichen Götterkult unterbunden worden. Ihre international sichtbare Revitalisierung durch de Coubertin schien ein Moment der Christianisierung rückgängig zu machen. Das aber weckte seinerzeit offenbar keinen ernsthaften Widerstand. Gewisse Befürchtungen gab es, als die vierten Olympischen Spiele (1908) für Rom geplant wurden. Würde der Vatikan das Projekt zu verhindern suchen? Am 3. April gewährte Papst Pius X. de Coubertin in Rom eine Privataudienz, bei der er sich für die nützlichen Wirkungen des Sports aussprach, den er quasi zu einem kirchlichen Anliegen erklärte. Später verstieg sich de Coubertin zu der wohl ironisch gemeinten Formulierung, der Papst habe seinerzeit das «scheinbare pagane Revival gesegnet».[17] Vielleicht bezog sich dies aber auch nur auf den Segen, mit dem der Papst seine Audienzen zu beenden pflegt. Dass die Olympischen Spiele 1908 dann doch nicht in Rom, sondern in London stattfanden, lag nicht am Vatikan.

In den Jahren darauf machte de Coubertin sich Gedanken über die Rolle der Religion bei den Olympischen Spielen. Für ihn kam es nicht in Frage, dass man bei den Feiern eigens eine Kirche errichtete, wohl aber hätten die Germanen, Angelsachsen und Slawen in der Olympischen Bewegung im Unterschied zu den Lateinern den Wunsch geäußert, die Spiele mit einer Anrufung Gottes zu beginnen und zu beenden. Eine solche Zeremonie sollte nach Möglichkeit schlicht und kurz ausfallen und durfte nur außerhalb des Stadions stattfinden, um niemanden gegen seinen Willen zur Teilnahme zu zwingen; außerdem musste «die Feier der Form nach hinlänglich neutral sein, um über allen Konfessionen zu stehen». Dem Baron schwebten «weltliche Hymnen» vor, «die auf schöne musikalische Deutung Anspruch erheben».[18] Es sollte keinen Altar, keine Priester, keine Messe geben. Gefragt war eine neutrale, überkonfessionelle Religion, weltlich-menschlich, also mit Verzicht auf Übernatürliches. Dieses Ideal sah er in den Gottesdiensten verwirklicht, die 1920 (Antwerpen) und 1924 (Paris) von katholischen Kardinälen im Rahmen der Olympischen Spiele abgehalten wurden. Religiöse Feiern sind allerdings nicht auf Dauer in das zeremonielle Arrangement der Olympischen Spiele eingeflossen.

Berlin 1936: Neue Rituale und Symbole

Bei den Olympischen Spielen in Berlin 1936 trat Spyridon Louis, der Held von 1896, noch einmal ins Rampenlicht, als er bei der Eröffnungszeremonie in Volkstracht unschuldig lächelnd Adolf Hitler einen Lorbeerkranz überreichte.[19] Goebbels hatte den propagandistischen Nutzen der dementsprechend professionell organisierten Veranstaltung schnell begriffen, die durch Leni Riefenstahls Opus *Olympia* (1938) dokumentiert wurde und dadurch zugleich ein neuartiges mediales Nachleben erfuhr. Der Film ist de Coubertin gewidmet. Dem inzwischen weitgehend verarmten Baron, der 1924 in den Ruhestand gegangen war, griff Hitler 1936 durch eine Spende finanziell unter die Arme. Die persönliche Anwesenheit de Coubertins war in Berlin nicht gefragt; stattdessen wurde eine auf Tonband aufgenommene Ansprache übertragen. Im Jahr nach den Berliner Spielen starb er.

Riefenstahls *Olympia* beginnt mit langen Bildsequenzen aus griechischen Tempelruinen und von Götterstatuen, die sich in Diskus- und Speerwerfer, Kugelstoßer und Turnerin verwandeln: Sport wird hier als Wiederbelebung der griechischen Religion filmisch inszeniert. Aus der Turnerin lässt Riefenstahl dann das olympische Feuer hervorgehen, das in einem Staffellauf durch Bulgarien, Jugoslawien, Ungarn und Österreich – allesamt wenige Jahre später von Nazideutschland unterworfen – in das Berliner Olympiastadion überführt wird, wo es – wie bei einem Gottesdienst – von Glockengeläut begrüßt wird.[20]

Ein Olympisches Feuer hatte erstmals bei den Spielen in Amsterdam (1928) gebrannt. Die feierliche Entzündung und Überführung im Olympischen Fackellauf war eine Neuerung der Berliner Olympischen Spiele. Die Idee des Staffellaufs geht wohl auf den deutsch-jüdischen Archäologen Alfred Schiff zurück, der 1896 bei den Athener Spielen als Schiedsrichter und Betreuer der deutschen Mannschaft wirkte,[21] 1933 aber seine Stelle verlor. Jeweils einige Monate vor Beginn der Olympischen Spiele findet seitdem im griechischen Olympia das Ritual des Feuerentzündens statt, das vor den Ruinen des Heratempels von Schauspielerinnen vollzogen wird, die als Priesterinnen in pseudo-antiken Gewändern auftreten. Auch hier wird ein erfundenes paganes Ritual inszeniert.

Schon de Coubertin war sehr auf den zeremoniellen Rahmen der Olympischen Spiele bedacht gewesen. Er empfand dies als Herausforderung und Notwendigkeit in einem postreligiösen Zeitalter, in dem ein öffentlicher Kult eigentlich ein Ding der Unmöglichkeit sei.[22] Die Olympischen Spiele schienen das Potenzial zu haben, diese Lücke zu füllen – mit einem Zeremoniell, das die Philosophie des Olympismus wirkungsvoll vermittelte und dem Ereignis eine eigene Wirklichkeit und Wirkung verlieh. Die Eröffnungsformel – in Riefenstahls Film sieht und hört man sie Hitler sprechen – bezeichnete de Coubertin als «sakramentalen Ausdruck».[23] Nicht weniger wichtig erschienen ihm die seit 1920 (Antwerpen) von den Athleten deklamierten Eidesformeln. Beides sind feste Bestandteile der Eröffnungsfeier, ebenso wie die Aufstellung der Athleten nach Nationen, das Singen der Olympischen Hymne und das Schwenken der Flaggen. De Coubertin ist auch der Erfinder der erstmals 1920 verwendeten Olympischen Flagge, deren fünf Ringe die fünf Kontinente darstellen sollen, die im Sinne der Globalität miteinander verschlungen sind.

Die athletische Religion

Mehrfach wies de Coubertin darauf hin, dass für ihn die Olympischen Spiele prinzipiell eine religiöse Angelegenheit waren. An einer Stelle seiner Memoiren schrieb er: «Meine Auffassung vom Sport unterschied sich immer sehr von der vieler Sportler – vielleicht sogar der Mehrzahl. Für mich war der Sport eine Religion mit Kirche, Dogmen, Kultus – aber vor allem ein religiöses Gefühl».[24] Das klingt, als habe er die Olympischen Spiele als eine Art neue Religion begründen wollen.[25] Es ging ihm jedoch um die individuelle religiöse Haltung der Athleten. In einer 1927 im griechischen Olympia aufgezeichneten Rundfunkbotschaft an die Sportjugend in der ganzen Welt – man beachte den globalen Anspruch! – sagte er: «Wir haben gewollt – eine Stiftung erneuernd, die schon fünfundzwanzig Jahrhunderte alt ist –, dass Ihr wieder Jünger der Religion des Sportes werden könntet, wie sie die großen Vorfahren verstanden hatten.»[26]

Im Weiteren sprach er von einer «Schule moralischen Adels und moralischer Sauberkeit ebenso wie physischer Ausdauer und Energie». Wieder legte er also den Akzent nicht so sehr auf Metaphysik, Transzendenz, Materialität oder Institution, sondern auf die geistig-moralischen und körperlichen Eigenschaften und Leistungen von Individuen – der Athleten. Mehrfach sprach er von einer «religio athletae», die er einmal als einen «religiösen Geist» bestimmt[27] und ein andermal als eine «Religion des Sports». Auch hier aber stand wieder das Individuum im Mittelpunkt: So wie der antike Bildhauer die Götter ehrte, indem er eine Statue meißelte, so ehre der moderne Athlet sein Land, seine Rasse (!) und seine Flagge, indem er sich seinen Körper durch das Training zurechtmeißele. Religion – wieder sprach er von einem «religiösen Gefühl» – ist hier die Arbeit am Selbst, der Selbstbeherrschung, des opferbereiten Strebens und der Erweiterung des eigenen Leistungsvermögens (gemäß seinem Motto *citius, altius, fortius* – «schneller, höher, stärker»); auf den Altären des Zeus werde der Triumph der Muskeln dargebracht.[28] De Coubertin bestimmte Religion als eine diesseitig-menschlich-muskuläre Angelegenheit. Seine Religion war das Projekt eines begeisterten maskulin-moralisch-nationalistischen Heroismus. Eine Programmatik der athletischen Religion ist jedoch nicht in die offiziellen Dokumente des Internationalen Olympischen Komitees eingeflossen, dem de Coubertin immerhin von 1896 bis 1925 (mit einer pro forma-Unterbrechung von 1916 bis 1919) vorstand. Die Olympische Charta etwa macht keine Andeutungen in diese Richtung. Neben dem langjährigen deutschen Sportfunktionär und Coubertin-Vertrauten Carl Diem[29] griff jedoch der amerikanische IOK-Präsident Avery Brundage, der sich übrigens stark gegen einen US-Boykott der Berliner Spiele eingesetzt hatte und als Nazi-Sympathisant galt, die Religions-Programmatik später noch einmal auf. In einer Ansprache an die Mitglieder des IOK im Oktober 1964 sagte er: «Die Olympische Bewegung ist eine Religion des 20. Jahrhunderts, eine Religion mit universellem Reiz, die alle Grundwerte jedweder anderer Religionen verkörpert, eine moderne, aufregende, virile, dynamische Religion, attraktiv für die Jugend – und wir im Olympischen Komitee sind ihre Jünger.»[30] Dass er auf die «brillante Philosophie Coubertins» verwies, zeigt, woher Brundage diesen Religionsanspruch hatte. Es sollte allerdings eine punktuelle Beschwörung bleiben, eher ein Abgesang als der Beginn einer selbstbewussten Religionsvermarktung.

Man konvertiert nicht vom Christentum – oder einer anderen Religion – zum Olympismus. Es sei denn, man nimmt an, dass der Olympismus als eine Art post-metaphysische Religion oder eine sogenannte «zivile» oder «säkulare Religion» insgesamt an die Stelle der traditionellen Religion(en) tritt. In der Tat lassen sich funktionale und thematische Überschneidungen von Religion und Sport oder Olympismus konstatieren: Gemeinschaftserlebnisse, Gruppenbildung und Vergemeinschaftung, Rituale und kollektive Efferveszenz, Symbole und Sinnstiftung, Schüler-Meister-Beziehungen, Heldenverehrung, Meditation, Rausch und Ekstase, Askese und Hingabe, Opferwille und Leidensbereitschaft, Körperkontrolle, Körperpraktiken und Übung, Selbstvergewisserung, Selbstüberwindung und Selbstperfektionierung, Transzendenzerfahrungen. All diese Phänomene sind kein exklusives Merkmal von Religion, ihr massiertes Vorkommen aber kann in bestimmten Kontexten – so etwa in den maßgeblich von de Coubertin entwickelten Olympischen Spielen – als religionsäquivalent («religioid») wahrgenommen, eingeordnet und kommuniziert werden. In einer Religionsgeschichte des 20. Jahrhunderts sind Deutungen von Olympismus oder Sport überhaupt als Religion Teil der Debattengeschichte über Religion.

10

William Seymour und Aimee Semple McPherson

Die Pfingstbewegung – Ekstase und Entertainment

Am 18. April 1906, als San Francisco von einem verheerenden Erdbeben heimgesucht wurde, berichtete die *Los Angeles Daily Times* unter der Überschrift «A Weird Babel of Tongues» von einem eigenartigen religiösen Vorgang: «Seltsame Äußerungen hauchend und ein Credo im Mund führend, das wohl kein gesunder Sterblicher versteht, ist eine neue religiöse Sekte in Los Angeles auf den Plan getreten. Ihre Veranstaltungen finden in einer baufälligen Bretterhütte in der Azusa Straße statt ... und Anhänger dieser verrückten Lehre praktizieren äußerst fanatische Riten, predigen die wildesten Theorien und versetzen sich in einen Zustand wahnsinniger Erregung ... Die Gemeinde besteht aus Farbigen und einem Häufchen Weißer, und in der Nachbarschaft hört man nachts das scheußliche Geheul der sich stundenlang in nervenaufreibendem Gebet und Flehen hin und her wiegenden Gläubigen. Sie behaupten die ‹Gabe der Zunge› zu haben und das Gebabbel verstehen zu können ... Ein alter farbiger Mahner, auf einem Auge blind, ist der Haushofmeister der Truppe ... Mit seiner dicken Faust umklammert der schwarze Bruder eine Miniaturbibel, aus der er immer wieder ein oder zwei Wörter vorliest – niemals mehr.»[1]

Hier wurde eine ekstatische und exzentrische religiöse Gemeinschaftspraxis dargestellt, die im Widerspruch zu den üblichen ästhetischen, rituellen und theologischen Koordinaten von Religion stand, voller provozierender Elemente: eine für Außenstehende unverständliche, emotional und akustisch überspannte religiöse Sprache, eine baufällige Versammlungsstätte, inbrünstige, unkontrollierte, nächtliche, lärmende, körperlich expressive Rituale; dazu kamen Rassenmischung, ein schwarzer halbblinder Leiter, zahlreiche farbige Frauen in religiöser Ekstase, obskure jüdische Konvertiten und Ähnliches.

In der Rückschau waren diese Ereignisse, die als «Azusa Street revival» in die Geschichte eingingen, ein Nukleus der entstehenden sogenannten Pfingstbewegung, die sich im Laufe des 20. Jahrhunderts zu einer global verbreiteten und stark wachsenden Hauptströmung des Christentums entwickelte. Ihre Wachstumsdynamik scheint auch zu Beginn des 21. Jahrhunderts vor allem in Lateinamerika und Asien, besonders in China, ungebrochen.

Zungenrede und Geistestaufe

Der einäugige schwarze Anführer der in der *Los Angeles Daily Times* beschriebenen Gruppe, William Seymour (1870–1922) – laut Frank Bartleman, der die Geschichte dieser Ereignisse publizierte, «sehr einfach, spirituell und bescheiden»[2] –, war erst am 22. Februar 1906 nach Los Angeles gekommen.[3] Er war der Sohn ehemaliger Sklaven in dem damals noch von weißen Lynchmorden geprägten Bundesstaat Louisiana, wo sein Vater 1883 eine Farm erwarb. In den 1890er Jahren verließ er seine Heimat und ließ sich 1895 für einige Jahre in Indianapolis nieder. Dort erlebte er eine von Heiligkeitsidealen geprägte religiöse Gruppe – die Evening Light Saints –, die Rassengleichheit und Rassenversöhnung predigte. Hier soll Seymour ein erstes Berufungserlebnis zuteilgeworden sein, dem er aber erst folgte, als er eine lebensgefährliche Pockenerkrankung überstanden hatte, die ihn auf einem Auge erblinden ließ und sein Gesicht entstellte. Um die Narben zu verbergen, ließ er sich einen Bart wachsen, nachdem er von den Evening Light Saints zum Evangelisten eingesetzt worden war. Danach kehrte er in den Süden zurück, nach Houston, Texas.[4]

Dort kam Seymour in Kontakt mit dem Prediger Charles Fox Parham, der am Neujahrstag des Jahres 1901 durch Handauflegung bei einer Frau dafür gebetet haben soll, dass diese den Heiligen Geist empfangen möge – dass dies dann auch geschah, konnte man angeblich daran sehen, dass sie Chinesisch zu sprechen begann. Xenoglossie – das Sprechen einer Fremdsprache, die man nie gelernt hat – galt als Evidenz für das Empfangen des Heiligen Geistes, und eines Tages wurde auch Parham die Geistestaufe zuteil: plötzlich sprach er Deutsch. 1905 zog Parham mit seinen Gefolgsleuten nach Texas, wo er eine Bibelschule betrieb. Obwohl Seymour wegen der Rassentrennung den Klassenraum nicht betreten durfte, ließ er sich von Parham in seine Lehren einweisen, vor allem jene zum Ausströmen des Heiligen Geistes, der Geistestaufe und der göttlichen Heilung. Nach einiger Zeit distanzierte sich Seymour jedoch von Parham und zog in das rasant wachsende Los Angeles, das damals als eine Stadt galt, wo nichtweiße Zuzügler keine größeren Schwierigkeiten hatten.[5]

Ohne einen Cent in der Tasche kam Seymour bei einem schwarzen Gemeindemitglied unter, in dessen Haus er Anfang März 1906 Gottesdienste zu halten begann, die bald Teilnehmer aller Bevölkerungsschichten anzogen, darunter auch zunehmend Weiße. In einer der wenigen vorwiegend von Afroamerikanern bewohnten Gegenden kam es im April 1906 zu mehreren Erlebnissen, die als Herabkunft oder Taufe des Heiligen Geistes gedeutet wurden, was sich wiederum in Xenoglossie äußerte. Später setzte sich die Glossolalie – also das melodische Sprechen einer gänzlich unbekannten bzw. unverständlichen Sprache – als Standardform der Zungenrede durch.

Womöglich war es gerade die Zungenrede, die zu Beginn Aufsehen erregte.[6] Sie scheint neue, überwältigende Erfahrungspotenziale freigesetzt zu haben. Seymour selbst erhielt die Geistestaufe am 12. April, zusammen mit einem Weißen, mit dem er die Nacht über vor einem provisorischen Altar in einem Wohnzimmer gebetet hatte.[7]

Die rasch wachsende, aufsehenerregende Gruppe richtete sich in dem verlassenen, früher der Stevens African Methodist Episcopal (AME) Church gehörenden Schuppen in der Azusa Straße ein. Bei der Gestaltung des Gebäudes führte Seymour eine kreisförmige Anordnung der Bestuhlung mit der Kanzel in der Mitte ein,[8] was ein anderes Gemeindeverständnis zum Ausdruck brachte und andere Formen ritueller Interaktion ermöglichte.

Die Revival-Bewegung hatte also schon vor dem Erdbeben in San Francisco begonnen. Durch die Katastrophe, der mehr als dreitausend Menschen und über 80 Prozent der Baumasse der Stadt zum Opfer fielen, steigerte sich die Dynamik der Bewegung, da das Geschehen apokalyptische Endzeitszenarien unterfütterte. Ende August 1906 erwarte

Seymour auch für Los Angeles ein Erdbeben: «Gott wird diese Stadt noch einmal durchschütteln.»[9]

Die Wiederkehr des Pfingstwunders

Das biblische Muster und Vorbild der Geschehnisse vom April 1906 war das zweite Kapitel der Apostelgeschichte, in dem das Pfingstwunder beschrieben wird: Es gab eine Zusammenkunft an einem Ort, der von einem Brausen vom Himmel erfüllt war, den Teilnehmern erschienen wie vom Feuer zerteilte Zungen und sie wurden vom Heiligen Geist erfüllt, woraufhin sie in ihnen bisher unbekannten Sprachen zu predigen begannen, die der Geist sie aussprechen ließ (Apg 2,1–4). Früh schon setzte sich offenbar die Deutung durch, dass man seit dem 9. April 1906 an einem neuen Pfingsten teilhabe, einer neuen Periode des Christentums.[10]

Seit dem 1. September 1906 erschien die Zeitschrift *Apostolic*, zunächst in einer Auflage von 5000 kostenlosen Exemplaren. 1908 erreichte sie eine Auflage von 55 000, die zum Teil auch ins Ausland versandt wurde. Die Zeitschrift diente einerseits als Sprachrohr und Propagandainstrument und andererseits als Selbstbeobachtungs- und Selbstkorrekturinstanz der «Heiligen» *(saints)*, wie sich die Gläubigen nannten. Die erste Ausgabe vom 1. September 1906 stellt kategorisch fest, Pfingsten sei nun eingetroffen: «Pentecost has surely come.»[11] Der anonyme Autor schreibt, solche *revival meetings* habe er noch nie zuvor erlebt – ganz zu schweigen von der Zungenrede. Stolze, vornehm gekleidete Prediger seien gekommen, um die Sache zu «untersuchen» – bald schon sei ihre Arroganz dem Erstaunen und dann der Überzeugung gewichen, woraufhin sie sich auf dem dreckigen Boden wälzten und Gott um Vergebung baten. Die Zusammenkünfte hätten morgens um zehn begonnen und dann nicht vor abends um zehn oder Mitternacht, wenn nicht gar erst nachts um zwei aufgehört; immer seien einige von der Macht Gottes «niedergestreckt» worden.

The work – also das Wirken des Heiligen Geistes – begann, so die Darstellung in der *Apostolic*, unter Farbigen. Gott mache aber keine Unterschiede zwischen den Rassen, sodass Äthiopier, Chinesen, Inder, Mexikaner und andere zusammen Gott verehrten. Deshalb habe die Bewegung auch nicht in einer Kirche in der Stadt ihren Anfang nehmen können, sondern in einer Scheune, denn sonst hätte dieses «mächtige Pfingsten» ja nie die «Farbigen und die Spanischen» – also die Afroamerikaner und die Hispanics – erreichen können.[12] Auch andere Gepflogenheiten traditioneller Kirchen lehnte man ab: keine Musikinstrumente, kein Chor, keine Reklameposter oder Anschlagtafeln, keine formelle Organisation (was sich später jedoch ändern sollte).

Seymour förderte zunächst die Ordination von Frauen und ihre Aktivitäten als Missionarinnen, Journalistinnen, Herausgeberinnen und Direktorinnen. Vor «Pfingsten» – gemeint ist der April 1906 – seien Frauen nie in den inneren Hof vorgelassen oder gesalbt worden; nach Pfingsten aber habe Gott Männer und Frauen in demselben Zimmer getauft und die Unterschiede zwischen den Geschlechtern aufgehoben.[13] 1907 nahm Seymour allerdings eine vorsichtigere Haltung an, nachdem der Ehemann einer pfingstlerischen Aktivistin, Florence Crawford, sich beschwert hatte, dass seine Frau ihre familiären Pflichten vernachlässige, was schließlich zur Scheidung führte. Florence Crawford zog daraufhin in ihre Heimat nach Portland, Oregon, wo sie eine eigene Apostolic Faith Mission gründete. Zwar setzte Seymour sich auch weiterhin für weibliche Aktivistinnen ein, zugleich aber stellte für ihn die Familie einen höheren Wert dar.[14]

Natürlich gab es auch Widerstand gegen die Bewegung. So hatte die Pastorenvereinigung von Los Angeles bereits im Juni 1906 – erfolglos – bei der Polizei Beschwerde wegen Störung der öffentlichen Ordnung gegen das «*negro revival*» eingelegt. Bartleman konstatierte, dass gerade die negative Berichterstattung der Presse die Neugierigen anzog.[15] Seymour bot eine religiöse Deutung der Diffamierung, habe die Gruppe doch die Höllenpforten herausgefordert,[16] auch den Teufel und Dämonen sah man am Werk.

Quasi täglich kam es angeblich zu Wunderheilungen; Kranke schickten Taschentücher, die dann gesegnet und zurückgeschickt wurden, was in vielen Fällen angeblich die Krankenheilung zur Folge hatte. In einem namentlich gekennzeichneten Artikel in der *Apostolic* vom 2. Dezember 1906 erwähnte Seymour die (hier auf Konvertiten von der Christian Science angewandte) Praxis der Dämonenaustreibung.[17]

Missionseifer

Schon im Juli 1906 hatte Seymour an einen jungen Rechtsanwalt geschrieben, der im Jahr zuvor von Parham die Geistestaufe erhalten hatte: «Dreimal täglich werden Leute erlöst, gerechtfertigt, geheiligt, mit dem Heiligen Geist getauft – von der Gabe der Zungen(rede) bezeugt ... Wir haben Aktivisten (*workers*), die nach Indien gegangen sind. Einige gehen nach Jerusalem ... Einige gehen nach Afrika, andere nach China ... Einige der besten Sänger der Welt sind mit dem Heiligen Geist getauft worden. Der Heilige Geist singt durch sie und einige dolmetschen gleich während des Singens.»[18] Singen spielte eine wichtige Rolle in der Bewegung, wobei man jedoch anfangs auf Instrumente und Liederbücher verzichtete. Seymours Brief deutet an, dass die Bewegung sich schon in den ersten Monaten global auszubreiten begann. Der starke Missionseifer ist ein Grundzug des Pfingstchristentums bis in unsere Tage geblieben. Die entscheidende Handlungsmacht wurde dabei dem Heiligen Geist zugeschrieben.

Im Herbst/Winter 1906/7 nahmen sonntags ca. 800 bis 1500 Menschen an den Gottesdiensten in Los Angeles teil, die etwa zwanzig Nationen bzw. ethnischen Gruppen entstammten. Viele dieser Gläubigen trugen die junge Pfingstbewegung dann in andere Länder; bis 1912 war sie schon nach England, Norwegen, Schweden, Liberia, Südafrika, Ägypten, Palästina, China, Indien, Korea und Japan vorgedrungen. Viele dieser teilweise von Seymour selbst ausgesandten Gläubigen beherrschten die jeweiligen Landessprachen. In Deutschland allerdings wurde die Pfingstbewegung in der sogenannten Berliner Erklärung vom 15. September 1909 heftig attackiert; sechsundfünfzig Brüder der einflussreichen pietistischen Gemeinschaftsbewegung hatten sie unterzeichnet. Die angeblich von Dämonen unterwanderte Pfingstbewegung wurde hier auf eine Ebene mit dem Spiritismus und der Christian Science gestellt, man empörte sich über solche «häßlichen Erscheinungen, wie Hinstürzen, Gesichtszuckungen, Zittern, Schreien, widerliches, lautes Lachen usw.» Diese Stellungnahme gilt als ein Hauptgrund für die eingeschränkte Durchschlagskraft der Bewegung in Deutschland.[19]

Seymour sandte nicht nur Missionare in die Welt, sondern wurde selbst eingeladen, sein religiöses Projekt zu verbreiten. 1907 unternahm er eine fünfmonatige Tournee durch die Vereinigten Staaten, wo seine Auftritte zum Teil abschätzige Reaktionen vonseiten der Presse zur Folge hatten. Der *Indianapolis Star* (3. 6. 1907) machte sich lustig über die Karriere des nicht angemessen gekleideten, großen, einäugigen Schwarzen mit einem markanten goldenen Zahn, der es mit «röhrender Stimme» vom Hotelkellner in Indianapolis zum Religionsgründer (*a religious founder*) gebracht habe. Besonders befremdlich erschien, dass Seymour auf der Bühne von einem Weißen umarmt und brüderlich geküsst wurde. Noch skandalöser war, dass eine weiße Frau vor Seymour niedergekniet war und sich von ihm die Hände auflegen ließ.[20]

Wegen Seymours häufiger Reisen wurden die Gottesdienste in der Azusa Street, die im Laufe der Zeit eine geregeltere und «anständigere» Form angenommen hatten, von anderen Personen geleitet. Großen Erfolg hatte dabei 1911 der ehemalige weiße Baptist William Durham, der während Seymours Abwesenheit als Gastgeistlicher eine Art zweites großes *revival* in der Azusa Street in Gang setzte, sodass die Gottesdienste wieder überfüllt waren. Es gab allerdings theologische Differenzen zwischen ihm und Seymour, was zu einer Spaltung der Gruppe führte. Durham wollte sich offiziell an die Spitze der Gemeinde setzen, was Seymours Frau – er hatte 1908 überraschend geheiratet – aber verhinderte: zwei Mitglieder des Vorstands ließen die Tür des Gebäudes verriegeln. Durham baute nun eine eigene Mission auf und griff Seymour öffentlich an, wobei es ihm gelang, dessen Reputation nachhaltig zu zerstören. Seymour verlor rapide an Einfluss – beim zweiten weltweiten pfingstlerischen Camp Meeting, das vom 15. April bis zum 1. Juni 1913 in Pasadena stattfand, durfte er nicht einmal mehr auf der Ehrentribüne Platz nehmen. Bei diesem Camp Meeting kam es zu einer nachhaltigen theologischen Spaltung der Pfingstbewegung: Die Vertreter der sogenannten Oneness-Theologie brachen im Namen einer damals polemisch so bezeichneten «Jesus only»-Lehre mit der traditionellen Dreifaltigkeitsdoktrin.[21] Azusa wurde in dieser Zeit immer weniger (angeblich nur noch von kaum zwanzig Leuten) frequentiert, wobei Seymour mit seiner Frau und ihrer Adoptivtochter im Obergeschoss des weitgehend verlassenen Gebäudes wohnte.[22]

Bibel-Absolutismus und Gemeindeordnung

Die anfängliche Überwindung der Rassengrenzen konnte sich in der entstehenden Pfingstbewegung nicht dauerhaft durchsetzen – auch in Azusa war es ja mehrfach zu Friktionen zwischen Seymour und weißen Mitstreiter(inne)n gekommen. 1915 veröffentlichte Seymour, der sich hier als Gründer und Oberaufseher (*Founder and General Overseer*) der Azusa Street Apostolic Faith Mission bezeichnete, eine Art Handbuch der Lehren und der Ordnung dieser Kirche – als Abschluss ihres Übergangs in ein postcharismatisches Stadium. Der knapp hundertseitige Traktat beginnt mit der Forderung, dass die Bibel die «vollständige und unfehlbare Richtschnur und Autorität in allen religiösen und moralischen Angelegenheiten» sei – ein Bibel-Absolutismus, der sich mit dem etwa zeitgleich entstehenden amerikanischen Fundamentalismus deckt. Pfingstler und Fundamentalisten lehnten liberale Spielarten des Christentums gleichermaßen ab wie Christian Science, Mormonen, Theosophen oder Zeugen Jehovas. Für Seymour stand aber die religiöse Neugeburt eines Individuums im Zentrum; anders als bei den Fundamentalisten fungierte die Bibel bei den Pfingstlern als Medium der persönlichen Begegnung mit dem Heiligen Geist. Da die Pfingstler bis heute einen ähnlichen Verhaltenskodex pflegen wie die Fundamentalisten, werden die beiden Richtungen oft nicht sauber unterschieden; die Zungenrede wurde aber vom Fundamentalismus abgelehnt, und das Pfingstchristentum galt und gilt Fundamentalisten als Bedrohung.[23]

Es ist bezeichnend für das rassistische Klima jener Zeit, dass sich der Traktat über fünfzig Jahre nach der offiziellen Abschaffung der Sklaverei noch genötigt sah, dieses «große Übel» formell zu verdammen. «Unsere farbigen Brüder» wurden aufgefordert, «unsere weißen Brüder» zu lieben und ihnen Respekt zu zollen. Christus sei «weder schwarz noch weiß, kein Chinese, Inder, Japaner, sondern Gott.» Nichtsdestoweniger befürchtete man aber wohl Versuche der «weißen Brüder», die Kontrolle über die Mission zu erlangen, weshalb laut Artikel C die höchsten Ämter der Mission – der Bischof, der Vize-Bischof und die Mitglieder des Kuratoriums – von Farbigen ausgefüllt werden mussten. Auch der Verantwortung von Frauen wurde ein Riegel vorgeschoben: Frauen durften zwar Gottesdienste halten, aber nicht taufen und ordinieren.[24]

Diese Grundordnung erschien, als die Azusa Street Apostolic Faith Mission innerhalb der sich weiter ausbreitenden Pfingstbewegung nur noch eine Art historische Randnotiz darstellte – so wie die Afro-Amerikaner in der Pfingstbewegung im gleichen Maße in den Hintergrund gerieten, wie diese an Respektabilität in der Mehrheitsbevölkerung gewann.[25] Zwar wurde der Status der Azusa Street als historisches Zentrum der globalen Ausbreitung der jungen Bewegung von einigen Quellen anerkannt,[26] und Seymour unternahm weiterhin Predigttouren durch die USA, vor Ort stellten die Mission und Seymour aber keine religiösen Anziehungspunkte mehr dar. 1918, als ein kommender Star der Bewegung – Aimee Semple McPherson – Veranstaltungen in Los Angeles abhielt, nahm Seymour nur noch als stiller Beobachter teil.[27]

Als Seymour im September 1922 im Alter von zweiundfünfzig Jahren starb, erschienen etwa zweihundert Menschen zu seiner Beerdigung. Seine Frau führte die Mission noch etwa zehn Jahre lang fort, ehe ihr Gesundheitszustand sie 1933 zum Rücktritt zwang. 1935 wurde das alte Gebäude von der Stadtverwaltung wegen angeblicher Feuergefahr niedergerissen.[28]

Schwester Aimee

Zu dieser Zeit war die Pfingstbewegung bereits eine weltweit verbreitete, wenngleich äußerst heterogene und überall in lokalen Autoritätsstrukturen verankerte Richtung des Christentums geworden. Los Angeles, von Bartleman als «amerikanisches Jerusalem»[29] apostrophiert, blieb eine Hochburg der Pfingstbewegung, vor allem seit die aus Kanada stammende Aimee Semple McPherson (1890–1944) dort ihren Tempel aufbaute und die Bewegung sozusagen im Zentrum der Gesellschaft und der Populärkultur installierte. Sie war im Dezember 1918 mit einem an beiden Seiten mit religiösen Erweckungsslogans wie «Jesus is Coming Soon–Get Ready» und «Where Will You Spend Eternity?» beschrifteten Auto in Los Angeles angekommen. Da hatte die Achtundzwanzigjährige bereits eine Reise quer durch den Kontinent und einen ungewöhnlichen Lebensweg hinter sich – und es stand ihr eine im wörtlichen Sinne spektakuläre Karriere bevor.[30] Neben mehreren autobiographischen Werken entstand als eine quasioffizielle Autobiographie ihre als *From Milk Pail to Pulpit* (Vom Milcheimer zur Kanzel) bekannte, etwa siebenundvierzig Minuten dauernde Predigt, die sie zur Zeit ihrer größten Erfolge jedes Jahr an ihrem Geburtstag hielt.

Ihr Vater, ein Landwirt im kanadischen Ontario, war Methodist, ihre Mutter Minnie Kennedy in der damals jungen Bewegung der Heilsarmee aktiv, gegen deren Sittenkodex Aimee durch Teilnahme an Tanzveranstaltungen zu rebellieren begann. Dann wurde sie auf ein *revival* aufmerksam, eine von dem aus Irland stammenden Pfingstprediger Robert Semple abgehaltene Folge von Erweckungsgottesdiensten. Sie war begeistert von seiner Predigtkunst und hingerissen von der neuen Erfahrung der Zungenrede, sodass sie sich bekehrte und im Alter von siebzehn Jahren die Geistestaufe erfuhr. Im Jahr darauf (1908) heiratete sie Semple, und zusammen zogen sie zunächst nach Chicago und zwei Jahre später schließlich als Missionare nach Hongkong. Nur gut zwei Monate nach ihrer Ankunft starb ihr Mann allerdings. Einen Monat später wurde ihre Tochter Roberta Star Semple geboren, mit der sie bald darauf nach Amerika zurückreiste.

1912 heiratete Aimee Semple in New York den Geschäftsmann Harold McPherson, von dem sie nicht nur ihren zweiten Nachnamen erhielt, sondern dem sie 1913 auch einen Sohn, Rolf, gebar. Nun war sie wirtschaftlich gesichert, aber es gelang Aimee Semple McPherson nicht, sich in die bürgerliche Rolle als Frau und Mutter zu fügen; sie wurde schwer krank und mehrfach erfolglos operiert. Geheilt wurde sie ihrer Schilderung nach erst, nachdem sie Jesus versprochen hatte, seinem Befehl nachzukommen, fortan als Predigerin und Evangelistin tätig zu werden. Mit ihren zwei Kindern, aber ohne ihren Mann kehrte sie zunächst nach Kanada zurück und versuchte, sich als Predigerin selbständig zu machen. Dabei musste sie sich über Geschlechterkonzeptionen hinwegsetzen, die ihr nur untergeordnete Tätigkeiten in *revivals* zuweisen wollten – waschen, kochen, bestenfalls Klavier spielen oder den Chor leiten. Es dauerte noch einige Jahre, bis sie erste Heilungserfolge aufweisen und sich als selbständige *revival*-Predigerin durchsetzen konnte. Harold McPherson musste, wie sie in ihrer autobiographischen Schrift *That Is That* schildert, seine Versuche, sie wieder nach Hause zu holen, aufgeben. Er ließ sich von ihrer wahren

Berufung überzeugen und erfuhr selbst die Geistestaufe. Sie organisierte sich ein eigenes Zelt und begann durch den Nord- und Südosten der Vereinigten Staaten, von New York bis Florida, zu touren und sich dabei einen Namen zu machen.

1917 begann Semple McPherson mit der Veröffentlichung der Monatsschrift *The Bridal Call* – mit dieser Leitmetapher drückte sie ihr weibliches religiöses Selbstverständnis als Braut Christi und Kirchengründerin aus. Damit verfügte sie über eine stabilere Kommunikationsstruktur, um ihr ständig wechselndes Publikum zu sammeln – und natürlich auch Spenden. In ihrer Ehe kam es anscheinend zu einer zunehmenden Entfremdung, Harold folgte ihr im Oktober 1918 nicht auf ihre transkontinentale Auto-Tour, die von New York nach Westen führte, wo sie im Dezember mit ihrer Mutter und ihren Kindern in Los Angeles eintraf. Ihre Ehe wurde später geschieden.

Krankenheilungen, Tourneen und der Angelus Temple

Schon einige Tage nach ihrem Eintreffen in der «Stadt der Engel», die zwar die obskursten religiösen Gruppen der Welt beheimatete, aber deren Einwohner zu etwa 80 Prozent konfessionslos waren,[31] hielt «Schwester» Aimee, wie sie sich dem pfingstkirchlichen Brauch folgend nannte, ihr erstes *revival*. Ihre stets von Chor und Orchester begleiteten Veranstaltungen waren so erfolgreich, dass sie immer größere Säle anmieten konnte. Ihr extremer Arbeitseifer sollte später mehrfach zu Phasen des Ausgebranntseins führen, die sie durch längere Auslands- oder gar Weltreisen zu überwinden suchte. 1926 etwa reiste sie über Europa und Ägypten nach Jerusalem; auf der Rückreise predigte sie am Ostersonntag in der vollbesetzten Royal Albert Hall in London.

McPhersons Reputation beruhte zunächst auf in den Gottesdiensten (angeblich) erfolgten Heilungen, was aber natürlich auch Kritiker auf den Plan rief und ihr abschätzig gemeinte Vergleiche mit Mary Baker Eddy (s. Kap. 1) einbrachte.[32] Schwester Aimee erkannte die Anziehungskraft von Krankenheilungen auf Neugierige, und sie beschreibt die Wirkungen der Musik – des Chors und der Orgel – auf die Heilungsgottesdienste, die sie auch außerhalb von Los Angeles durchführte. Sie unternahm mehrere Touren in andere Städte und Landesteile, aber auch ins Ausland, z. B. nach Australien, um durch die dort eingeworbenen Spenden ihre kühnen Expansionspläne in Los Angeles zu finanzieren.[33]

Am 1. Januar 1923 wurde ihr damals außerhalb des Stadtzentrums gelegener Angelus Temple eröffnet, mit dessen architektonischer Gestaltung sie neue Wege beschritt. Das Äußere der brandsicheren Beton- und Stahlkonstruktion erinnerte an ein riesiges Megafon. Der überwölbte, aufwendig dekorierte und mit über fünftausend Opernsesseln aus Mahagoni bestuhlte Innenraum wurde zur Bühne hin schmaler. Hinter dem Podium erstrahlte ein riesiges Wandgemälde der Wiederkehr Christi, die Seitenwände waren mit Glasfenstern mit Motiven aus Christi Leben verziert. Weiterhin gab es eine Empore für einen gewaltigen Chor, und dahinter befand sich McPhersons ganzer Stolz, eine gigantische Orgel.

Der Angelus Temple war eine Art Gemeindezentrum, das man als Vorläufer der späteren Megakirchenanlagen sehen kann. Es gab eine Vielzahl täglicher und wöchentlicher Gottesdienste mit ungewöhnlich hohen wöchentlichen Teilnehmerzahlen von phasenweise 30 000 bis 50 000 Menschen – vor allem aus den Unter- und Mittelschichten, aber anfangs kaum Afroamerikaner. Dazu kamen zahlreiche außergottesdienstliche Funktionen wie Bibelschule, Kinderkirche (wo ihre eigenen Kinder als eine Art Kinderpfarrer fungierten), Kleinkinderbetreuung, Chöre, Orchester und Bands, Verlag, Kleiderkammer, Alten-, Kranken- und Gefängnisbesuche und diverse andere karitative Projekte. Der Tempel beschäftigte eigene Pressesprecher und Werbefachleute,[34] daher wurde auf dem Gelände auch ein Verwaltungsgebäude errichtet. Später eröffnete McPherson eine eigene Hochschule, mit der sie auch zur Ausbildung von Missionaren und Predigerinnen beitrug. Neben Christian Science war McPhersons Kirche eine der mitgliederstärksten religiösen Gruppen in Los Angeles.[35]

Bei ihren auswärtigen Heilungsgottesdiensten hatte Schwester Aimee sich mitunter bemüht, Gläubige traditionellerer protestantischer Kirchen einzubeziehen. So saßen in San Diego, wo sie 1921 in einer Boxkampfarena auftrat, Vertreter verschiedener protestantischer Denominationen in den ersten Reihen.[36] Auf den römischen Säulen ihres Tempels bekannte sich die Kirche zum «Inter-Denominational and

World Wide Evangelism».[37] Diese Doppelstrategie wurde später auch von evangelikalen Predigern wie Billy Graham verfolgt. McPherson lockerte ihre enge Bindung an die Pfingstbewegung und knüpfte Bande mit den Methodistisch-Episkopalen, 1922 wurde sie sogar von der First Baptist Church im kalifornischen San Jose ordiniert.[38]

Neue Medien und illustrierte Predigten

In *In the Service of the King* (1927) schrieb McPherson: «Um in der heutigen Zeit Erfolg zu haben, muss Religion sich heutiger Methoden bedienen. Die Methoden ändern sich im Laufe der Jahre, aber die Religion bleibt immer dieselbe.»[39] Zu diesen neuen Methoden zählten auch die neuen Medien, allen voran das Radio. McPherson forderte ihre Zuhörer auf, ihre Radiogeräte zu berühren – so wie sie das Mikrofon. Auf diese Weise stellte sie eine ätherisch-physische Verbindung her, mit deren Hilfe Heilungen erfolgen sollten.[40] 1924 nahm sie eine eigene Radiostation mit der damals modernsten Technologie in Betrieb, was ihr unbegrenzte Sendezeit bescherte, die sie u. a. durch ihre Predigten – mitunter an die zwanzig pro Woche –, aber auch ein ausgedehntes Musik- und Kinderprogramm und Gastredner füllte. Die großen Sendemasten zierten ihren Tempel wie Kirchtürme des Radioevangelismus.

Als sie 1925 nach San Francisco eingeladen wurde, um über Radio und Religion in den USA zu sprechen, nahm sie das Flugzeug, was damals eine Sensation war, vor allem für eine Frau. Nach ihrer Rückkehr nutzte sie diese Reise für eine ihrer vorher angekündigten illustrierten Predigten, die eines ihrer Markenzeichen waren: Diesmal trat sie in Pilotenuniform mit Ledermütze und Schutzbrille auf; in ihrer Predigt simulierte sie einen Flugzeugabsturz und verglich zugleich theologische Lehren mit einem Flugzeug – Jesus als Pilot des himmlischen Flugzeugs, das zu besteigen sie ihre Zuhörer am Ende aufforderte.

Solch unterhaltsame und oft witzige und sogar selbstironische[41] Auftritte zogen ein großes Publikum an. Besonders wirkungsvoll war vielleicht die Synthese aus aufwendiger Inszenierung und der Strategie, die religiöse Botschaft der lebensverändernden persönlichen Erfahrung Christi mit möglichst einfachen Worten darzustellen – eine Kombination, die auch bei Billy Graham wieder begegnet (s. Kap. 29). Im Unterschied zu berühmten Predigern der damaligen Zeit arbeitete McPherson kaum mit Höllendrohungen; stattdessen rückte sie den Himmel in den Vordergrund,[42] wenngleich sie stets auch öffentlichen Tanz, Drogen, Alkohol, Tabak und Glücksspiel anprangerte. Ihr Tempel und ihre Gottesdienste wurden Touristenattraktionen, und Bilder von ihr konnten im Tempel käuflich erworben werden. Später in ihrer Karriere dichtete, komponierte, produzierte und inszenierte sie sogar eine Reihe von religiösen Opern (z. B. *The March of the Monarchs*, 1937), die im Angelus Temple aufgeführt wurden.

Selbstinszenierung mit Sex-Appeal

McPhersons Kleidungsstil hat sich im Laufe der Zeit stark verändert.[43] Zunächst trug sie eine an Krankenschwestern – ein gängiger Frauenberuf – erinnernde Uniform. Mit zunehmendem Ruhm legte sie sich neue Gewänder zu: Ähnlich wie männliche Prediger ihre athletische Figur zur Schau stellten, ließ Schwester Aimee – im gebotenen Rahmen – ihre üppigen weiblichen Formen sichtbar werden. Sie hatte eigene Stylisten und Friseurinnen, setzte ihr wehendes rotes Haar wirkungsvoll ein, experimentierte mit Kosmetika und schmückte ihre Kleider mit Blumen. Ihre Inszenierung als Braut Christi erhielt so eine erotische und romantische Dimension. Sie beschäftigte sich intensiv mit dem *Hohelied Salomons* und predigte manchmal auch darüber, wobei sie erotische Implikationen nicht unterdrückte.[44] Für ihre illustrierten Predigten trug sie aufwendige Kostüme, z. B. ein «authentisches» arabisches Gewand, das sie bei einer ihrer Reisen in Palästina erstanden hatte. Die Ästhetik der illustrierten Predigten wies dabei zahlreiche Überschneidungen mit dem benachbarten Hollywood auf,[45] zumal im Filmbusiness tätige Fachleute in ihrem Team mitwirkten. Im Angelus Temple konnten Gottesdienstbesucher ein alternatives, sakrales Hollywood bestaunen, dessen Leistungen man sich zunutze machte, ohne seine Werte zu teilen.

1926 wurde McPherson eine völlig neue Aufmerksamkeit zuteil, nachdem sie am 18. Mai am helllichten Tag an einem Strand bei Los Angeles unerklärlich und spurlos verschwunden war. Dies heizte von der Presse befeuerte Spekulationen an, etwa, dass die Predigerin mit einem Geliebten durchgebrannt sei oder möglicherweise eine Schwangerschaft vertuschen wolle. Das Verschwinden der Predigerin war die nationale Pressesensation des Sommers 1926. Nach anderthalb Monaten tauchte sie plötzlich in Arizona wieder auf. Bis heute weiß man nicht, was genau geschehen ist. In Los Angeles wurde sie von 30 000, wenn nicht gar 100 000 Menschen begeistert empfangen, während Flugzeuge Rosenblüten über der Stadt abwarfen.[46] McPherson behauptete, sie sei entführt und nach Mexiko gebracht worden, und erhob Anklage gegen Unbekannt. Man glaubte ihr aber nicht, und sie wurde schließlich sogar von einer Grand Jury vorgeladen, da man ihr Zersetzung öffentlicher Moral, das Hervorbringen falscher Beweise und die Fälschung von Polizeiberichten vorwarf. Die Verhandlungen empfand McPherson als ihre öffentliche «Kreuzigung»,[47] und die Vorwürfe gegen sie konnten nicht aufrechterhalten werden.

Im Zuge der Gerichtsverhandlung und der detailreichen Berichterstattung darüber kamen sexistische Vorbehalte gegen McPherson zum Vorschein. Ihre allesamt männlichen Kritiker warfen ihr vor, eine hypersexuelle Schauspielerin, ja Scheinheilige zu sein, die mit ihrer geradezu magnetischen Ausstrahlung ihre Anhänger bezirze; sie stelle ihren sexy Körper zur Schau, es fehle ihr aber an Geist, und hinter der theatralischen Fassade mangele es ihr an Substanz.[48] Auch fand man es nicht angebracht, dass sie ihr Verhältnis zu Jesus als eine Liebesbeziehung inszenierte, indem sie ein Gebet wie Liebesgeflüster aufsage, von «Jesus dear» spreche und ihn in einer Predigt aufgefordert habe, doch bitte zu ihr zu kommen, um seine starken Arme um sie zu legen und sie zu lieben.[49] Nicht zuletzt in baptistischen Kreisen, wo «McPhersonism» sogar zu einem Schimpfwort für falsche Religion wurde, ging diese Kritik mit Widerstand gegen Frauen als Predigerinnen einher.[50] *The Christian Century*, die maßgebliche Zeitschrift des Mainstream-Protestantismus, schrieb den Erfolg der Evangelistin einer unheilvollen Mischung aus «magnetischer Anziehungskraft ihrer Person, religiösem Obskurantismus, Heilungsokkultismus und perfekter Effekthascherei» zu.[51]

Nach dem Skandal passte sich McPherson den Schönheitsvorstellungen der Populärkultur an, ließ sich eine in christlichen Kreisen verpönte Bubikopf-Frisur schneiden[52] und nahm mit strikter Diät stark ab (vielleicht auch, um zu demonstrieren, dass sie ihren Körper und ihre Sinne unter Kontrolle hatte). McPherson entwickelte Geschmack an teuren Kleidern und bequemen Autos. Ihr neues Aussehen machte sie

Die Pfingstpredigerin Aimee Semple McPherson in der Royal Albert Hall in London, Foto aus den 1920er Jahren

anscheinend noch attraktiver. Die von einem kanadischen Provinzbauernhof stammende Braut Christi wurde nun durchaus als Star mit ausgeprägtem Sex-Appeal wahrgenommen,[53] dessen Ausstrahlung mit der von Hollywood Stars wie Anna Magnani, Ingrid Bergman, Katherine Hepburn und Greta Garbo verglichen wurde – von niemand Geringerem als ihrem aus Mexiko stammenden katholischen Bewunderer und Freund Anthony Quinn (1915–2001).[54]

Im Jahre 1931 erschien eine erste Biographie über Schwester Aimee,[55] die als Vorlage für ein Broadway-Stück, ein Musical und einen Artikel in *Vanity Fair* über ihr Leben diente.[56] Zum Entsetzen ihrer Gemeinde heiratete sie im selben Jahr einen Sänger, obwohl sie stets verkündet hatte, dass Geschiedene nicht wieder heiraten sollten, solange der Ex-Ehepartner noch lebe. Schon 1934 wurden sie wieder geschieden, es kursierten – unbewiesene – Gerüchte über heimliche Liebesaffären. Sie überwarf sich mit ihrer Tochter Roberta und auch mit ihrer Mutter, die für sie am Tempel lange die Geschäfte geführt hatte.

Die Unersetzlichkeit von Religion und Amerika als der «Hammer Gottes»

Zeitlebens betrachtete McPherson die Evolutionstheorie als eine Bedrohung des christlichen Amerika. Seit etwa 1933 engagierte sie sich in einer landesweiten Kampagne gegen Evolutionstheorie, Atheismus und Kommunismus und zur Förderung des religiösen Patriotismus, was die Aufmerksamkeit von ihrem Privatleben und ihrer Person ablenkte und ihr neue Sympathien beim Publikum verschaffte.[57] Um ihre These von der Unersetzlichkeit der Religion für das nationale Wohlbefinden empirisch zu überprüfen, unternahm sie eine ausgedehnte «Forschungsreise», von der sie dann in ihrem 1936 erschienenen Buch *Give Me My Own God* berichtete. So machte sie in Japan, China, Birma, Indien, Ceylon, Aden, Ägypten, Palästina, Italien, Deutschland und Frankreich Station, sie bereiste bemerkenswerte Orte und traf mit wichtigen Zeitgenossen zusammen. In Italien wohnte sie einer Mussolini-Rede bei und äußerte sich kritisch über die verbreiteten militaristischen Kundgebungen;[58] in Indien besuchte sie Gandhi in seinem Ashram. Das Fazit ihrer Entdeckungsreise durch die «kranke und chaotische Welt» fiel eindeutig aus: «Gesegnet sei die Nation, deren Vertrauen im Herrn liegt!»[59]

In McPhersons Geschichtskonstruktion lösten die Vereinigten Staaten das biblische Israel und das reformatorische Deutschland als Austragungsorte des wahren Christentums ab. Besonders die Pfingstler waren davon überzeugt, dass die USA der «Hammer Gottes» seien, der damit beauftragt sei, den Antichrist in Gestalt Hitlers zu zertrümmern. Obwohl McPherson früher Abrüstung und Tötungsverbote unterstützt hatte, war der Zweite Weltkrieg für sie offenbar ein welthistorisch-religiöses Geschehen, bei dem es um «Bibel gegen Mein Kampf», «Kreuz gegen Hakenkreuz» und «Gott gegen Antichrist» ging. Dementsprechend unterstützte McPherson bis zu ihrem überraschenden – und nicht ganz geklärten – Tode im September 1944 die amerikanischen Truppen stets öffentlich und öffentlichkeitswirksam, etwa durch Predigten und Spendeneintreiben.[60] Selbst die Konzentrationslager und die Verfolgung der Juden hatten für McPherson eine heilsgeschichtliche Dimension, denn im Sinne einer Spielart des christlichen Zionismus hielt sie die Rückkehr der Juden nach Palästina bzw. Israel für ein wichtiges Zeichen, dass die Wiederkehr Christi unmittelbar bevorstehe.

Eine eigenständige Denomination

1927 war ihre Kirche aus pragmatischen Erwägungen als eigenständige Denomination registriert worden. Diese International Church of the Foursquare Gospel sandte Missionare in die Welt, angefangen 1927 mit den Philippinen. Heutzutage betreibt Foursquare nach eigenen Angaben über 66 000 Kirchen und «Treffpunkte» in über 140 Ländern bzw. Territorien der Welt mit über acht Millionen Mitgliedern.[61] In Deutschland wurden erst 1986 einige Mitgliedsgemeinden ins Leben gerufen.[62] Nach Schwester Aimee waren alle Präsidenten und Leiter der Kirche Männer, angefangen mit ihrem Sohn Rolf McPherson (1913–2009), der dieses Amt von 1944 bis 1988 ausübte. Im sechsköpfigen Führungsteam von Foursquare ist derzeit nur eine Frau vertreten.

11

Mahatma Gandhi

Wahrheit als Lebensexperiment

Mohandas Karamchand Gandhi (1869–1948) ist eines der bleibenden Gesichter des 20. Jahrhunderts: der kleine, hagere Inder mit der runden Drahtbrille, die 2009 für 1,8 Millionen Dollar in New York versteigert wurde. Dass sein Bild uns so lebhaft vor Augen steht, liegt auch daran, dass er seinen Körper als Instrument seines Wirkens inszenierte. Er durchwanderte auf Sandalen in spektakulären Fußmärschen den Subkontinent und fastete öffentlich, um politische Konflikte zu lösen. Er hüllte sich in heimgesponnenes indisches Tuch und pflegte die indischen Landessprachen.

Gandhi erarbeitete sich eine globale Ausstrahlung, die sich nach seinem Tode eher noch verstärkt hat. Über wenige Personen wurden mehr Biographien geschrieben als über Gandhi; die erste erschien bereits, als er gerade neununddreißig war.[1] Seine Anliegen und seine Person werden bis heute weltweit wohlwollend wahrgenommen, in ihrer Radikalität aber nur selten gewürdigt. Auch im unabhängigen Indien, als dessen Vater Gandhi gilt, wurde sein umfassendes Programm nur teilweise umzusetzen versucht. Gerade in Indien hatte und hat er auch Kritiker, etwa unter den Dalits («Unterdrückte»; ehemals «Unberührbare» oder «Kastenlose»), den Modernisierern und Neoliberalen sowie vor allem unter den Hindu-Nationalisten (s. Kap. 13 und 20).[2]

Wahrheitssuche einer «großen Seele»

Wenige Leben hatten den Grad an Öffentlichkeit wie seines. Gandhi verstand und formte es als ein persönliches Experiment, an dem er die Weltöffentlichkeit teilnehmen ließ. Er sah sein gesamtes Wirken in ein religiöses Projekt der Wahrheitssuche und damit der Suche nach Gott eingebettet. Im Vorwort zur Gujarati-Originalausgabe seiner bis heute viel gelesenen Autobiographie schrieb er, sein ganzes Handeln der letzten drei Jahrzehnte habe nur auf Schauen des göttlichen Selbst *(atmandarshan)*, das Sehen Gottes von Angesicht zu Angesicht und die Befreiung des Selbst *(moksha)* abgezielt, und auch sein Eintritt in die politische Sphäre sei unter dieser Perspektive zu begreifen.[3] Und im «Farewell» betitelten, letzten Kapitel schreibt er, durch seine Verehrung der Wahrheit sei er in die Politik geraten, und wer der Meinung sei, Religion habe nichts mit Politik zu tun, habe nicht verstanden, was Religion bedeute.[4] Religion und Politik wiederum sind von Moral nicht zu trennen, und Moral sei gar das Wesen der Religion.[5]

Die religiöse Prägung und Einzigartigkeit seines Lebenswerks kommt in dem Ehrentitel Mahatma (wörtlich: «große Seele») zum Ausdruck, der ihm seit etwa 1915 öfter angeheftet wurde und nach anfänglichem Zögern seinerseits seit 1919 akzeptiert war. Schließlich mutierte er zu einem Teil seines Namens und seines Nimbus.[6] Gandhi war nicht der erste Träger dieses Ehrennamens; Vivekananda beispielsweise war bereits als Mahatma angesprochen worden (s. Kap. 3). Der Begriff bezeichnete einerseits Asketen oder Entsager und konnte bedeutenden Persönlichkeiten beigelegt werden, drückte in bestimmten Deutungstraditionen aber auch Teilhabe am Bereich des Göttlichen aus. In der 1875 gegründeten Theosophischen Gesellschaft diente der Begriff zur Bezeichnung der großen Seelen der «weißen Bruderschaft», mit denen in Verbindung zu stehen Helena Blavatsky und später Annie Besant behaupteten. Nicht von ungefähr gab Gandhi gerade in jener Zeit seinen Widerstand gegen seine Titulation als Mahatma auf, als er sich in einer gewissen politischen Konkurrenz mit Besant befand (s. Kap. 6) und sich nicht nur machtpolitisch, sondern als der «wahre Mahatma» durchsetzte. Auch in hinduistischen Kreisen etablierte sich

Gandhi als der bekannteste Mahatma, im Nachleben sogar als der Mahatma schlechthin.

Als Mahatma war Gandhi ebenso Heiliger wie Politiker. Ähnlich verschwimmen auch die Grenzen von Privatem und Öffentlichem, von seinem Körper und der Gesellschaft in Gandhis Lebensexperiment.

Rama und frühe Gelübde

Gandhi wurde 1869 geboren, kurz vor der Eröffnung des Suezkanals, der die Verkehrswege zwischen Indien und Europa wesentlich verkürzte. Er wuchs in der nordwestindischen Küstenregion Gujarat auf, sein Vater war die rechte Hand eines lokalen Herrschers. Seine Familie war zumindest regional sehr angesehen und recht vermögend, sie gehörte einer Händlerkaste und der religiösen Richtung der Vishnu-Verehrer (Vaishnavas) an. Gandhi erinnert sich in seiner Autobiographie, wie er eine Gebetsformel zu Ehren des Gottes Rama (Rām) lernte, mit deren Hilfe er sich vor nächtlichen Geistern zu schützen suchte. Diese Rama-Verehrung sollte eine Leitschnur seines Lebens bleiben. Gandhi wurde in einer Umwelt groß, zu der auch Anhänger anderer Religionen gehörten. Seine Mutter hing einer im 17. Jahrhundert gegründeten religiösen Schule an, die zur Überwindung der Grenzen zwischen Hindus und Muslimen aufforderte, was Gandhis Auffassungen vermutlich stark prägte.[7] Er beschreibt seine Mutter als tief religiös, mit täglichen Tempelbesuchen, steten Gelübden und regelmäßigem Fasten. Um zum Studium nach London (1888–1891) gehen zu dürfen, musste er gegenüber seiner Mutter ein Gelübde ablegen, sich in England vegetarisch zu ernähren – ein Grundpfeiler der Vishnu-Verehrung.

Das Einhalten dieses Versprechens brachte den neunzehnjährigen Studenten, der sich trotz knappster Mittel eigentlich zum englischen Gentleman bilden wollte, in London in Kontakt mit einem Milieu von experimentierfreudigen Weltverbesserern.[8] Die beherrschende Figur der London Vegetarian Society, der Gandhi sich später anschloss, war ein Industrieller namens Arnold Frank Hills, der eine Art alternativchristliche Lehre der Gottessohnschaft und der Selbstperfektion mithilfe des «Gesetzes der Liebe» lehrte, wobei das Nichttöten von Tieren einen solchen Liebesbeweis darstellte. Der Weg ins verlorene Paradies führte über Rohkost, Kontrolle des Körpers und sexuelle Enthaltsamkeit[9] – Motive, die auch für Gandhis spätere Lebensführung zentral werden sollten.

Multireligiöse Prägungen in London und Südafrika

In den Kreisen dieser Vegetarier lernte Gandhi auch den Journalisten Edwin Arnold kennen, der 1879 das erfolg- und einflussreiche Buch *The Light of Asia* (1887 als *Die Leuchte Asiens*) veröffentlicht hatte, mit dem er die Figur des Buddha einer breiten Öffentlichkeit nahebrachte. Wir sind ihm schon in Verbindung mit Anagarika Dharmapala begegnet. Arnolds 1885 unter dem Titel *The Song Celestial* erschienene Nachdichtung der *Bhagavad Gita* eröffnete dem jungen Gandhi ganz neue Horizonte.

Seit etwa 1903 setzte sich Gandhi ausführlicher mit der *Gita* auseinander und veröffentlichte 1929 sogar eine kommentierte Übersetzung in seine Muttersprache Gujarati. Lektüre aus der *Gita* war ein tägliches Ritual in seinem 1915, nach seiner Rückkehr nach Indien gegründeten Ashram. Für Gandhi war die *Gita* allerdings kein Zeugnis göttlicher Offenbarung, sondern eine menschliche Schöpfung, die es zu interpretieren gilt. Zentrale Elemente von Gandhis späterer *Gita*-Interpretation waren die Nicht-Anhänglichkeit an weltliche Dinge, die Selbst-Verwirklichung und Gott-Werdung des Menschen und die Aufhebung der Trennung von weltlichem und religiösem Streben.[10]

Gandhis Vegetarierfreunde brachten ihn auch in Kontakt mit der Theosophischen Gesellschaft, der er vielleicht sogar zeitweise angehörte.[11] 1889 lernte er Helena Petrovna Blavatsky kennen, die gerade ihr Werk *The Secret Doctrine* veröffentlicht hatte (s. Kap. 6). Gandhi berichtet, ihr Buch *Key to Theosophy* (1889; deutsch 1924) habe sein Interesse am Hinduismus neu geweckt.[12] Globalisierung lässt sich kaum prägnanter veranschaulichen: Ein indischer Student wird in der Metropole London durch das Werk einer aus Russland stammenden und damals ebenfalls dort wohnhaften Esoterikerin angeregt, sich mit seiner eigenen Religion zu beschäftigen! Ebenfalls 1889 konvertierte Annie Besant vom Sozialismus zur Theosophie; Gandhi las eines ihrer autobiographischen Bücher.[13] Er beschäftigte sich auch mit dem Christentum und las in der Bibel, wobei ihn aber nur die Bergpredigt ansprach.

Nach einem beruflich erfolglosen Intermezzo in Indien trat Gandhi im Jahre 1893, als in Chicago das Weltparlament der Religionen stattfand, eine Stelle als Rechtsbeistand eines muslimisch-indischen Unternehmers in Südafrika an (und blieb dort mit Unterbrechungen bis 1914). Schon bald musste er mehrfach am eigenen Leibe Rassendiskriminierung erfahren – Erlebnisse, die seine Antidiskriminierungskampagne auslösten, die immer grundlegendere und größere Ausmaße annehmen sollte. Sowohl Bekannte aus einer christlichen Missionsgesellschaft als auch muslimische Freunde versuchten ihn zu bekehren, sodass Gandhi sich nicht nur intensiv mit dem Christentum auseinandersetzte, sondern auch den Koran las und suchend über seine eigene Religion nachdachte. Dabei spielten, wie schon in London, Esoteriker eine entscheidende Rolle, Ende 1894 wurde er sogar der Vertreter der 1891 gegründeten, aus theosophischem und vegetarischem Milieu hervorgegangenen Esoteric Christian Union in Südafrika. Die Genese von Gandhis Deutungen des Hinduismus, des Christentums und des Wesens von Religion ist ohne diesen esoterisch-theosophischen Hintergrund wohl kaum zu verstehen.[14]

Alles andere verblassen ließ die Lektüre von Tolstois gerade erschienenem Buch *Das Reich Gottes ist in euch*, das ihn nach eigener Aussage überwältigte. Dem Einfluss Tolstois, mit dem er in Briefkontakt stand und dessen *Letter to a Hindu* er ins Gujarati übersetzte, schreibt Gandhi seine Bekehrung zur Gewaltlosigkeit zu. Weiterhin hebt er die Idee der Selbstkontrolle hervor, die des eigenen Lebens als Botschaft und die Bedeutung der eigenen körperlichen Arbeit.[15] Letztere setzte er prägnant ab den 1920er Jahren in Indien auch als Instrument antikolonialer Selbstbehauptung ein: mit seinem Spinnrad, das er immer mit sich führte, auf dem er Tag für Tag sein eigenes Tuch herstellte und das er einmal als «Symbol der Erlösung» der hungernden Landbevölkerung beschrieb.[16]

Zusammen mit dem aus der Schweiz stammenden jüdischen Architekten Hermann Kallenbach gründete Gandhi in Transvaal im Jahre 1910 die «Tolstoy-Farm», eine vegetarisch, später vegan lebende multireligiöse Kommune, wo Gandhi als eine Art Vaterfigur versuchte, junge Menschen in seinem Geiste zu formen. Die transnationalen Verflechtungen, in denen Gandhi sich in der multireligiösen indisch-europäischen Diaspora Südafrikas seit 1893 bewegte, waren das Ferment für sein religiöses «Experiment».

Wahrheit und Widerstand: Satyagraha

Wahrheit war ein zentrales Konzept bei Tolstoi, aber auch in der Theosophischen Gesellschaft mit ihrem aus dem Epos *Mahabharata* entlehnten Motto «No Religion Higher than Truth». Für Gandhi war Wahrheit *(satya)* der Schlüsselbegriff schlechthin. Der Titel seiner 1927 zuerst auf Gujarati veröffentlichten, merkwürdigerweise erst 1960 ins Deutsche übersetzten Autobiographie lässt sich wörtlich als *Experimente der Wahrheit oder eine Geschichte von Atma* übersetzen – und als göttliches Selbst ist *atma* (Sanskrit: *atman*) aufs Engste mit der Suche nach Wahrheit *(satya)* verbunden.[17] Das Labor dieser Experimente war sein eigenes Leben und das seiner Angehörigen – allen voran seiner Frau Kasturba und ihrer vier Kinder – und seiner Mitstreiter.

Wahrheit war für Gandhi nicht von Gott zu trennen, wobei er seine Definition im Laufe der Zeit umkehrte: Hatte er zunächst die Wahrheit als Gott («Truth is God») bestimmt, so ging er Ende der 1920er Jahre zur Formulierung Gott ist Wahrheit («God is Truth») über. Dies entsprach auch seinem abstrakten Gotteskonzept: Der unbegrenzte Gott entzieht sich der begrenzten menschlichen Vorstellungsfähigkeit und Begrifflichkeit. Gandhi wollte Gott nicht als menschenähnliche Person denken und operierte daher oft mit Begriffen wie Prinzip, Bewusstsein, formlose Essenz, Intelligenz oder Energie *(shakti)*.[18] Zugleich aber verwendete er traditionelle hinduistische Gottesnamen (Ishvara, Bhagva, Ram). Gandhi meinte, zwar nicht die ganze Wahrheit zu besitzen, aber doch einen Blick auf Gott erhascht zu haben.[19]

Zur Beschreibung seiner bahnbrechenden Widerstandskampagne in Südafrika, die kaum Berührung zur afrikanischen Bevölkerung hatte,[20] entwickelte er um 1906 den Begriff *satyagraha*, er bedeutet etwa «Festhalten an der Wahrheit». Dies war ein genuin indisches Wortgebilde zur Benennung der Methode eines gewaltlosen und opferbereiten Widerstands, der Verständnis, Einsicht und schlussendlich Einlenken des Gegners in Anbetracht eigener Leidens- und Opferbereitschaft hervorrufen soll. Diese Methode hat Gandhi im Laufe seiner politischen Arbeit immer weiter entwickelt, sodass sie im Kampf um die Unabhängigkeit in Indien ein wichtiges Instrumentarium wurde. Besonders spektakulär war der 1930 organisierte dreieinhalbwöchige Salzmarsch, durch den er gegen das britische Monopol der Salzgewinnung protestierte und bei dem er seine Gefolgsleute aufrief, illegal Salz aus dem Meer zu gewinnen. Diese Aktion wird mitunter als Anfang vom Ende der britischen Besetzung Indiens gesehen. Im Gefolge des Marsches wurden sechzigtausend Menschen verhaftet.

Briefe an Hitler

Auf Bitten seiner Anhänger wandte Gandhi sich am 23. Juli 1939 in einem kurzen Brief an Hitler als der einzigen Person, die noch den Krieg verhindern könne, der die Menschheit unweigerlich in das Stadium der Bestialität zurückkatapultieren werde. Ob Hitler wirklich bereit sei, diesen Preis zu zahlen?[21] Dieser Brief und ein weiterer Brief wurden zwar veröffentlicht, von den Briten aber abgefangen, sodass er Hitler nie erreichte. Im zweiten Brief vom Heiligabend 1940 versichert Gandhi Hitler zum Schrecken der Nachwelt, dass er ihn nicht für jenes «Monster» halte, zu dem Hitlers Gegner ihn machten; Hitlers Tapferkeit und seine Hingabe an sein Vaterland stünden außer Frage. Zugleich stellt Gandhi klar, dass Hitlers Schriften und Reden kaum Zweifel an seinen «monströsen und der menschlichen Würde unzuträglichen» Handlungen ließen, wobei er auf Hitlers «Demütigung» der Tschechoslowakei, seine «Vergewaltigung» Polens und sein «Herunterschlucken» Dänemarks verweist – die Unterdrückung der Juden greift er nicht auf. Gandhi stellt klar, dass er den britischen Imperialismus, der ein Fünftel der Menschheit unterjocht habe, genauso bekämpfe wie den Nationalsozialismus; es gebe nur einen graduellen, keinen kategorischen Unterschied zwischen beiden Unrechtsregimes. Dennoch lehnt er es ab, auf das Ende der britischen Herrschaft durch deutsche Hilfe zu hoffen.[22]

In anderen Briefen warnte Gandhi, dass der Sieg über Hitler nur möglich sein werde, wenn man hitlerischer werde als Hitler: «England would have to out-Hitler to defeat him.»[23] Es lag in der Logik des von Hitler ausgelösten Krieges (und entsprach Gandhis Erfahrung mit dem Imperialismus), dass auch Hitlers Gegner brutalste Kriegsverbrechen begehen mussten. Im Geiste von *satyagraha* ging er daher so weit, den Engländern zu empfehlen, Hitler und Mussolini den Besitz über ihre schöne Insel zu übertragen und dann nur noch mit gewaltlosen Mitteln zu kämpfen. Diese Idee stieß bei den Engländern natürlich ebenso wenig auf Begeisterung wie sein Vorschlag, man möge ihn als Vermittler nach Deutschland entsenden.[24]

Gewaltlosigkeit, Verzicht, Selbstbeherrschung

Wahrheitssuche, die Hingabe an Gott (*bhakti*), war für Gandhi individuelle Suche nach Erlösung *(moksha)*. Sie sollte konkret zu Wort und Tat führen. Im Gandhi'schen Sinne ist ein entscheidender Weg die Gewaltlosigkeit *(ahimsa)*, die Weigerung, etwas Lebendigem Gewalt anzutun. Gewaltlosigkeit ist in Gandhis Sicht einerseits Mittel zur Wahrheit und andererseits die Wahrheit selbst; und sie ist das, was den Menschen vom Tier unterscheidet.[25] Im hinduistischen Schutz der Kühe, den er als Form des Erbarmens mit der sub-humanen Kreatur deutet,[26] sieht er daher eine evolutionäre Errungenschaft ersten Ranges. Gandhis *ahimsa*-Konzept ist das Resultat einer zweifachen Übersetzung: Ein indischer Begriff wird christianisiert und eine christliche Vorstellung indianisiert,[27] wobei wir es hier mit einem Christentum Tolstoi'scher Prägung zu tun haben.

Auf der Ebene individueller Lebensführung beinhaltet Gewaltlosigkeit für Gandhi Verzicht (z. B. auf Fleischverzehr) als eine radikale Haltung der prinzipiellen Nicht-Anhänglichkeit an Weltliches. Um sich für die Wahrheit, also Gott, zu öffnen, müssen die Menschen sich quasi entleeren, zu einem Nichts werden. Entsagung ist daher neben Gewaltlosigkeit und Wahrheit der dritte Pfeiler seines Religionsverständnisses. Gandhi verwendete verschiedene Begriffe für Entsagung, besonders aber *brahmacarya*, was traditionell das voreheliche und daher durch Keuschheit geprägte Lebensstadium der Ausbildungszeit bezeichnet, von Gandhi aber als Selbstkontrolle gedeutet wird. Selbstbeherrschung ist unerlässlich zum Erreichen des von Gandhi für möglich befundenen Zustands der Vervollkommnung, der Selbstrealisierung in der Gottgleichheit.[28]

Verzicht als Selbstbeherrschung wurde zum integralen Teil von Gandhis gesellschaftlichem und politischem Handeln, seines asketischen Aktivismus.[29] Sein Lebensexperiment bestand daher auch darin, herauszufinden, wie weit seine Selbstbeherrschung reichen würde, wobei er sich Eigentum und sinnliche Genüsse jeder Art versagte, an-

Mahatma Gandhi mit zweien seiner Enkelinnen in Neu-Delhi, um 1947

gefangen mit den Gaumenfreuden und dann der Sexualität, der er keinen positiven Wert beimaß. Bezog sich sein Keuschheitsgelübde zunächst auf die Preisgabe des Ehebetts mit seiner Frau, so prüfte er mit Ende siebzig den Grad seiner Selbstkontrolle in einem seltsamen Experiment: Er schlief 1947 mehrere Wochen nackt neben seiner Großnichte Manubahen, die schon lange bei ihm und seiner Frau wohnte und die ihn nach dem Tode seiner Frau 1944 gewissermaßen als Vater und Mutter (*ma*) in einer Person verehrte. Fast alle seine Mitstreiter rieten Gandhi aus verschiedenen Gründen von diesem «Experiment» ab, doch der alte Herr ließ sich davon nicht abbringen. Er sah diese Keuschheitsexperimente als eine Art spirituelles Opfer, das Hindus und Muslime zusammenbringen würde – so wie Gandhi und Manu ihre Geschlechtlichkeit überwunden hätten.[30]

Öffentliches Fasten für ein politisches Anliegen

Mindestens dreizehn Mal hat Gandhi öffentlich gefastet, letztmals kurz vor seiner Ermordung im Januar 1948, als Mittel gegen die Ausschreitungen zwischen Hindus und Muslimen.[31] Das Fasten war dabei *ahimsa* und *satyagraha* gleichzeitig: Nicht so sehr als moralische

Erpressung gedacht, sollte es den Adressaten die moralische Wahrheit vor Augen führen und sie auf diese Weise zur Einsicht bringen. Der Ausbruch von Gewalt wurde durch einen ostentativen Akt der Gewaltlosigkeit bekämpft.[32] Durch den Verzicht auf das eigene Begehren sollte der Verwirklichung der Wahrheit der Weg geebnet werden.[33]

Der Körper des «Vaters der Nation» war eine Art Mikrokosmos: gefeit gegen die materialistische Genusssucht des Westens, gesund und männlich die Übel des Kolonialismus hinter sich lassend und durch totalen Verzicht auf jedes Interesse die Ursache für Gewalt überwindend.

Verzicht und Opfer sind auch Solidarität mit den Mittellosen und Ausgestoßenen. Schon in Südafrika war Gandhi das Schicksal der Unberührbaren als Schandfleck in der hinduistischen Gesellschaft erschienen, und er setzte sich vehement für die Ausmerzung der Idee der Unberührbarkeit ein. Gandhi war nicht gegen das Kastensystem als solches, es erschien ihm als System gesellschaftlicher Arbeitsteilung sogar sinnvoll, da sich jede Kaste im Sinne des Verzichts auf die eigene Funktion beschränke.[34] Die Unberührbarkeit aber sei eine krankhafte Ausartung des Kastensystems, ja «eine Erfindung des Satans»;[35] und anders als Bhimrao Ambedkar (s. Kap. 20) motivierte ihn die Unberührbarkeit nicht zur Abkehr vom Hinduismus, da er diesen für reformierbar hielt.

Als die Kolonialregierung 1932 die Unberührbaren zu einer separaten Wählergruppe zusammenfassen wollte, was die Stellung der Hindus geschwächt hätte, trat er dem durch öffentliches Fasten entgegen. Ambedkar lehnte Gandhis Anliegen trotz des hohen moralischen Drucks ab.[36] Erst nach fünf Tagen des Fastens, als Gandhis Leben in Gefahr geriet, konnte ein Kompromiss erreicht werden – auch durch Intervention des Dichters Rabindranath Tagore, der eine mehrtägige Zugreise durch die brütende Hitze auf sich nahm, um bei Gandhi sein zu können.

In einer seiner zahlreichen sprachlichen Neuschöpfungen titulierte Gandhi die Unberührbaren oder «unterdrückten Klassen» fortan als Gotteskinder *(harijan)* – ein Begriff, den er von dem Dichter-Heiligen Narsin Mehta (15. Jh.) übernahm. Dadurch hoffte er ihnen Anerkennung zu verleihen. Das wurde jedoch von Betroffenen bzw. deren Interessenvertretern eher als paternalistisch und herablassend empfunden. Das Wort wird heute nicht mehr benutzt; es hat sich der von Ambedkar propagierte Begriff Dalit durchgesetzt. Dennoch war Gandhis Kampagne gegen die Ausgrenzung der Unberührbarkeit ein wichtiger Faktor für ihre moralische Neubewertung.[37]

Die zwei Ebenen der Religion

Religion *(dharm*; Sanskrit *dharma)* ist Wahrheit, und diese steht über den Ansprüchen heiliger Schriften: «Der Teufel zitiert immer die Schriften. Doch Schriften reichen nicht über die Vernunft und die Wahrheit hinaus.»[38] Vernunft, Wahrheit und Moral sind die Maßstäbe der Bewertung und Interpretation religiöser Schriften. Ähnlich wie Tolstoi die Evangelien, deutete auch Gandhi die *Gita* im Sinne dessen, was ihm als Wahrheit erschien. Gandhi übertrug diese Bewertung auf die Schriften aller Religionen: Immer wenn es einen Widerspruch zwischen den Schriften und der Vernunft gebe, müsse man sich nach der Vernunft richten.[39] In dieser «aufklärerischen Unbefangenheit» wurden «Besonderheiten der historischen Religionen vor den Richterstuhl eines humanitären, moralischen common sense» gezogen.[40]

Dementsprechend war für Gandhi keine Religion die einzig wahre. So wie Gott sich der vollständigen Repräsentierbarkeit entzieht, kann keine einzelne Religion die Wahrheit vollständig verwirklichen. Gandhi unterschied zwei Ebenen der Religion: Die durch menschliche Begrenzungen geprägten verschiedenen institutionalisierten Religionen werden demnach von einer absoluten, ewigen und wahren, in der menschlichen Natur verankerten Religion überragt. Diese doppelte Religion relativiert die Ansprüche der Einzelreligionen und bietet eine Plattform für interreligiöse Akzeptanz, Kommunikation und Lernfähigkeit. Schon auf der Tolstoy-Farm und in seinen Ashrams hatte Gandhi eine multireligiöse Gefolgschaft, der er aber niemals einen Übertritt zum Hinduismus nahelegte. Vielmehr forderte er seine Mitstreiter auf, ihre jeweiligen Religionen zu studieren und in ihnen zu wachsen.

Auf der Basis seiner Idee einer doppelten Religion sprach sich Gandhi seit den 1940er Jahren für einen säkularen indischen Staat aus – als eine Art neutrale Schutzzone der individuellen Religionsfreiheit, die es den Menschen ermöglichen würde, ihre jeweilige Gottesbeziehung zu vertiefen.[41] Dass sich, wie wir in Verbindung mit Muhammad Iqbal für

Pakistan sehen, in der Unabhängigkeitsbewegung zentrifugale Tendenzen zur politischen Trennung von Hindus und Muslimen bildeten und es gerade im Zusammenhang mit der nun endlich Wirklichkeit werdenden Unabhängigkeit zu brutalen gewaltsamen Auseinandersetzungen zwischen Hindus und Muslimen kam, musste Gandhi wie ein Scheitern seines Lebenswerks vorkommen.

Gandhi blieb daher den Feierlichkeiten zur Unabhängigkeit fern. Auch sein Fasten konnte die Eskalation der Gewalt nicht mehr verhindern. Erst nachdem er am 30. Januar 1948 im Alter von achtundsiebzig Jahren von seinem ehemaligen Anhänger Nathuram Godse, einem Bewunderer Savarkars, erschossen wurde, rollte eine Schockwelle durch das Land und die Gewaltexzesse kamen zum Erliegen. Seine Ermordung sollte somit sein letztes Opfer für den Frieden sein. Nach seinem Tode wirkte sein Körper noch einmal als Mikrokosmos der Nation: Seine Asche wurde in Urnen verteilt, die man quer durch Indien verschickte. Auch an Quellen des Nils in Uganda wurde sie verstreut, und eine Urne soll sich in Los Angeles befinden.

Wenn Gandhis Religion hier als konsistentes Projekt präsentiert wird, so ist daran zu erinnern, dass er dies nicht abstrakt konzipierte, sondern aus dem Experiment seines Lebens entwickelte, wobei er ständig von Selbstzweifeln und Ungewissheit geplagt war. Stets war er bereit, öffentlich Buße zu tun, und seine Fastenkampagnen zeugen von seiner Haltung, sogar stellvertretend für andere erfolgreich Buße leisten zu können. Gandhis Persönlichkeit war widersprüchlich: Er «konnte ebenso tolerant, einsichtig, verzeihend, weitherzig sein wie tyrannisch, unduldsam und starrsinnig».[42]

Inspiration und Erinnerung

So wie Tolstoi sich nicht in den Tolstoianern wiedererkannte (s. Kap. 5), wollte Gandhi nicht, dass aus seinen Experimenten ein geistiges Gefängnis errichtet wurde. Gandhi hat dem Hinduismus eine höchst eigenwillige Neudeutung gegeben, ohne dass sich ein Gandhi-Hinduismus formiert hätte. International aber hat Gandhi zu einer positiven Wahrnehmung des Hinduismus als friedliche und tolerante Religion beigetragen. Seine religiöse Botschaft sprach Menschen weltweit an. Die westlichen Protestbewegungen und Befreiungsbewegungen in den 1950er und 60er Jahren verdanken ihm wesentliche Impulse, von Martin Luther King in den USA bis Nelson Mandela in Südafrika.[43] Mandela hielt nach eigener Aussage so lange es eben ging, an Gandhis Ideal der Gewaltlosigkeit fest, musste die Strategie dann aber in Anbetracht der Brutalität der Gegner aufgeben. Gandhi, so Mandela, sei der einzige verbliebene Kritiker der gegenwärtigen Industriegesellschaften, und in Zeiten von «jobless economies» sei es an der Zeit, als Alternative wieder mit Gandhi zu denken.[44]

Jawaharlal Nehru (1889–1964), der erste Premierminister des unabhängigen Indien, bezeichnete Gandhi in seiner aus dem Stegreif gehaltenen und live im Radio übertragenen Rede nach dessen Ermordung am 30. Januar 1948 als «Father of the Nation». Diesen Titel teilt er mit Herzl und Iqbal, die allerdings die Gründung «ihrer» Staaten nicht mehr erlebten.

In seiner berühmten Rede, die gleich an Gandhis Fama strickte, macht Nehru aus Gandhi eine übermenschliche Lichtfigur: «… the light that shone in this country was no ordinary light. The light that has illumined this country for these many years will illumine this country for many more years, and a thousand years later, that light will be seen in this country and the world will see it and it will give solace to innumerable hearts.»

Bei seinem Indienbesuch griff Johannes Paul II. auf diese Rede Nehrus zurück. Vor der Gandhi-Gedenkstätte – an jenem Ort, wo Gandhis Leichnam am Tag nach seinem Tod eingeäschert wurde – sagte der Papst: «Yes, the light is still shining, and the heritage of Mahatma Gandhi speaks to us still. And today as a pilgrim of peace I have come here to pay homage to Mahatma Gandhi, hero of humanity.»[45] Der Papst machte Gandhi also nicht zu einem Heiligen, aber zu einem Menschheitshelden.

12

Theodor Herzl und Muhammad Iqbal

Zwei Staatsgründungen und ihre geistigen Väter

Das 20. Jahrhundert war auch ein Jahrhundert der Staatengründungen: Die Zahl der Nationalstaaten weltweit ist von fünfzig im Jahre 1900 auf hundertzweiundneunzig im Jahre 2000 angestiegen.[1] Wie im Kapitel über den 14. Dalai Lama für das Beispiel Tibet dargestellt, konnten sich jedoch nicht alle als unabhängig proklamierten Staaten auf Dauer halten. Zwei der bemerkenswertesten Staatsgründungen, bei denen religiöse Aspekte eine wichtige Rolle spielten, ereigneten sich 1947/48 in der Folge des Zweiten Weltkriegs und im Zuge des damit verbundenen Niedergangs des Britischen Weltreichs: Pakistan (1947) und Israel (1948). Beide Staaten pflegen die Erinnerung an ihre «geistigen Väter»: Theodor Herzl (1860–1904) bzw. Muhammad Iqbal (1877–1938), die beide allerdings lange vor der jeweiligen Staatsgründung gestorben waren.

Pakistan und Israel

Als erster und bislang einziger Staat wurde Pakistan 1947 speziell für Muslime gegründet – wobei es den Staatsgründern klar war, dass das Land nie ausschließlich von Muslimen bewohnt werden würde und die Rechte der nichtmuslimischen Bevölkerung geschützt werden mussten. Das Herausschälen eines solchen Staates aus Britisch-Indien war bis weit in die 1930er Jahre niemandem in den Sinn gekommen. Für dieses historische Novum wurde ein erstmals 1933 vorgeschlagener Kunstname gewählt: Pakistan bedeutet so viel wie «Land der Reinen», ist aber zugleich ein Akronym der Regionen des Westteils des nördlichen Subkontinents (P = Punjab; A = Afghania; K = Kaschmir; [i = Fülllaut]; S = Sindh und -stan = Baluchistan). Nachdem die genauen Grenzen zwischen Indien und Pakistan fixiert worden waren, kam es zur wohl größten und verlustreichsten Bevölkerungsverschiebung der Geschichte: insgesamt etwa 14 Millionen Hindus und Sikhs nach Indien und Muslime nach Pakistan. Über eine Million Menschen verloren dabei ihr Leben, außerdem kam es zu massenhaften Vergewaltigungen und anderen Übergriffen, die erst nach dem Mord an Gandhi im Januar 1948 aufhörten. Bei der ersten Volkszählung von 1951 wurden über 7 Millionen Einwohner Pakistans als Vertriebene klassifiziert, das waren 20 Prozent der damaligen Gesamtbevölkerung von knapp 34 Millionen. Die Staatsgründung Pakistans richtete sich damit an eine Bevölkerung, für die der neue Staat zu einem erheblichen Teil ein Refugium darstellen sollte.

Der Stellenwert des Islam in dem neuen Staat musste allerdings erst noch genauer definiert werden. Die 1949 verabschiedete «Objectives Resolution», schrieb «dem Allmächtigen Allah allein» die «Oberhoheit *(sovereignty)* über das Universum» zu. Das fünfte Ziel lautete: «Prinzipien der Demokratie, der Freiheit, Gleichheit, Toleranz und sozialen Gerechtigkeit, wie sie vom Islam verkündet werden, werden vollständig eingehalten.» Was vielen als Errungenschaften des modernen Westens gilt, wird hier als Grundeigenschaften des Islam beansprucht. Das sechste Ziel: «Muslime sollen in den Stand gesetzt werden, ihr Leben in Übereinstimmung mit den Lehren und Erfordernissen des Islam zu führen, wie sie im Koran und in der Sunna dargelegt sind»,[2] beschreibt eine Ermöglichung muslimischer Lebensführung, nicht ein islamistisches Zwangsregime. Die Scharia wird nicht einmal erwähnt. Die zitierten Aussagen gingen in die drei Verfassungen der Islamischen Republik Pakistan von 1956, 1962 und 1973 ein. Erst in der unter Zulfikar Ali Bhutto verabschiedeten Verfassung wurde der Islam 1973 zur Staatsreligion des Landes erklärt (§ 2).

Israel hat sich demgegenüber nie auf eine Staatsreligion festgelegt, wenngleich 2018 das «Grundgesetz: Israel – Der Nationalstaat des jüdischen Volkes» verabschiedet wurde.[3] Expliziter als Pakistan garantiert der israelische Staat Religionsfreiheit. Wie Pakistan war der neue Staat nicht allein für die zum Zeitpunkt seiner Gründung auf seinem

Territorium lebenden Personen gedacht. In der am 14. Mai 1948 von David Ben-Gurion, dem ersten Ministerpräsidenten, verlesenen Unabhängigkeitserklärung[4] heißt es: «Der Staat Israel wird für jüdische Einwanderung und die Hereinnahme der Exilierten geöffnet sein.»[5] 1950 wurde diese Intention durch die Verabschiedung des sogenannten Rückkehrgesetzes, das allen Juden das Recht auf Einwanderung nach Israel verleiht,[6] konkretisiert. Umgekehrt verloren im Zuge des für Israel siegreich verlaufenen Israelischen Unabhängigkeitskriegs bzw. Palästinakriegs (1947–1949) – auf Arabisch als *an-nakba*, «die Katastrophe», erinnert – etwa siebenhunderttausend arabische Bewohner des Landes ihre Heimat; die meisten blieben allerdings in Palästina.[7]

Im Unterschied zur pakistanischen «Objectives Resolution» fehlt in der Israelischen Unabhängigkeitserklärung jeder Hinweis auf transzendente Mächte. Stattdessen erscheint Religion als Teil der Identität des jüdischen Volkes, und die Bibel wird nicht etwa als ultimative Quelle der Gesetzgebung angesehen, sondern als im Land Israel entstandenes, historisches Geschenk des jüdischen Volkes an die Welt.[8]

Es ist in Israel nie zur Verabschiedung einer Verfassung gekommen, anders als in Pakistan, wo dieser Prozess sich aber über neun Jahre hinzog. Die maßgeblichen Akteure konnten sich nicht auf eine gemeinsame Basis des neuen Staates einigen. Einige Wortführer luden die Verabschiedung einer Verfassung mit religiöser Rhetorik auf – als eine Art «Heiliger Geist, der über allem schwebe», oder als ein «heiliges Dokument». Ben-Gurion, ein agnostischer Materialist und Sozialist, für den der Zionismus vor allem eine anti-traditionalistische, revolutionäre und nationale Bewegung gewesen war, setzte sich gegen die Verabschiedung einer Verfassung überhaupt ein: nicht nur, um eine religiöse Konnotation des Staates zu vermeiden, sondern wohl auch, um dem neuen Staat größtmögliche Manövrierfähigkeit zu erlauben.[9]

Herzls *Judenstaat* und seine Utopie des *Altneuland*

In der Israelischen Unabhängigkeitserklärung wird der Name nur eines Menschen genannt: dies aber ist nicht etwa Mose, sondern der Schriftsteller und Journalist Theodor Herzl, der hier als «geistiger Vater des Jüdischen Staats» bezeichnet wird.[10] Ein Porträt Herzls hing über dem Rednerpult, an dem Ben-Gurion den neuen Staat proklamierte.

Herzl wurde 1860 im ungarischen Pest geboren, wo er auch aufwuchs. Seine Mutter entstammte einer Kaufmannsfamilie, der Vater war Bankdirektor und später Holzhändler. Außer der Vorbereitung auf die Bar Mitzwah erhielt er kaum eine spezifisch religiöse Ausbildung und Erziehung. 1887 zog die Familie nach Wien, wo Herzl Jura studierte. Da er als Jude nur begrenzte Aufstiegschancen in der österreichischen Beamtenhierarchie erwarten konnte, nahm er nach der Promotion von einer Karriere im Staatsdienst Abstand. Von Oktober 1891 bis Juli 1895 war Herzl Korrespondent der führenden Wiener Tageszeitung *Neue Freie Presse* in Paris. Dort setzte er sich intensiver mit dem Antisemitismus auseinander, den er sowohl in Pest wie in Wien auch am eigenen Leibe erfahren hatte.

Ein auslösender Faktor für Herzls Suche nach einem Ausweg aus dem chronischen Antisemitismus[11] war die Affäre Dreyfus 1894. Stefan Zweig, der Herzl persönlich kannte, schrieb in seinen Erinnerungen, dass dieses Erlebnis ihm «die Seele erschütterte». Dabei war es mehr noch als das krasse Fehlurteil wegen angeblichen Landesverrats das Verhalten der Volksmenge: «... er hatte als Korrespondent der öffentlichen Degradierung Alfred Dreyfus' beigewohnt, hatte gesehen, wie man dem bleichen Mann die Epauletten abriss, während er laut ausrief: ‹Ich bin unschuldig!›.»[12]

Noch in Paris begann Herzl mit seiner Arbeit an seiner Programmschrift *Der Judenstaat: Versuch einer modernen Lösung der Judenfrage,* 1896 veröffentlicht (und gleich ins Englische übersetzt). Seine Analyse des Antisemitismus ließ keinen Raum für die Hoffnung auf eine dauerhafte Besserung der Zustände: «Man wird uns nicht in Ruhe lassen. Nach kurzen Perioden der Duldsamkeit erwacht immer und immer wieder die Feindseligkeit gegen uns.» Und: «Unser heutiger Antisemitismus darf nicht mit dem religiösen Judenhasse früherer Zeiten verwechselt werden ... In den Hauptländern des Antisemitismus ist dieser eine Folge der Juden-Emancipation.»[13] Für Herzl war «die Judenfrage» kein soziales oder religiöses Problem, sondern ein nationales bzw. politisches. Seinen ursprünglichen Lösungsansatz – einen feierlichen Massenübertritt der jüdischen Bevölkerung zum Katholizismus[14] – hatte er daher aufgegeben. Es gebe nur eine politische Lösung: ein eigener souveräner Staat.

Martin Buber – wie Herzl ein Zionist, allerdings mit deutlich kulturell-religiöser Ausrichtung – beschrieb Herzls Bezug zur Religion wie folgt: «[Herzl] war ein Westjude ohne jüdische Tradition, ohne jüdische Kindheitseindrücke, ohne jüdische Erziehung, ohne in der Jugend selbsterworbenenes jüdisches Wissen; … er trat in das aktive Judentum ein, nicht aus Judentum, sondern aus einer sich solidarisierenden Mannhaftigkeit. Er war ein ganzer Mann, nicht ein ganzer Jude.»[15]

Ein anderer Vertreter der geistig-religiösen Ausrichtung des Zionismus, Achad Ha'am (Ascher Hirsch Ginsberg), kommentierte, Herzls Projekt sei ein «Staat für Juden», aber eben kein Judenstaat.[16] In der Tat war für Herzl der Judenstaat kein religiöses Projekt, und er sah sich selbst auch nicht als religiöse Person. In einem Tagebucheintrag vom 26. November 1895 bezeichnet er sich als «Freidenker».[17] Auf der anderen Seite maß Herzl, was oft übersehen wird, der Religion gerade für die jüdische Identität eine entscheidende Bedeutung zu: «Unsere Volksgemeinschaft ist ja eine eigentümliche, einzige. Wir erkennen uns eigentlich nur noch am väterlichen Glauben als zusammengehörig.»[18] Beim künftigen Zug nach Palästina sollen dementsprechend die Rabbiner eine wichtige Rolle spielen, sie sollten «von der Kanzel herab die andern begeistern» für die zionistische Sache. Dennoch macht Herzl klar, dass der zu schaffende Staat keine Theokratie werde: «Werden wir also am Ende eine Theokratie haben? Nein! Der Glaube hält uns zusammen, die Wissenschaft macht uns frei.»[19] Die Geistlichen würden staatlicherseits in ihren Ansprüchen auf die Sphäre der Tempel beschränkt.

Herzls Entwurf eines Judenstaats sah auch Religionsfreiheit inklusive Freiheit zum Nichtglauben sowie religiösen Pluralismus vor: «Jeder ist in seinem Bekenntnis oder in seinem Unglauben so frei und unbeschränkt wie in seiner Nationalität. Und fügt es sich, daß auch Andersgläubige, Andersnationale unter uns wohnen, so werden wir ihnen einen ehrenvollen Schutz und die Rechtsgleichheit gewähren.»[20]

Diese pluralistische Ausrichtung vertrat Herzl auch in seinem 1902 veröffentlichten utopischen Roman *Altneuland*,[21] wo es «neben unseren Tempeln die Gotteshäuser von Christen, Mohammedanern, Buddhisten und Brahmanen» geben solle. Religion ist in *Altneuland* Privatsache: «Glaubenssachen waren ein für allemal von der öffentlichen Beeinflussung ausgeschaltet. Ob einer im Tempel, in der Kirche, in der Moschee, im Kunstmuseum oder im philharmonischen Konzerte die

Andacht suchte, die ihn mit dem Ewigen verbinden sollte, darum hatte sich die Gesellschaft nicht zu kümmern. Das machte jeder füglich mit sich selbst aus.»[22]

Wie eine Art Religionsingenieur setzte er auf eine kreative Weiterentwicklung der jüdischen Religion im neuen Judenstaat: «Nur kurz deute ich an, was in der mohammedanischen Welt der Zug der Pilger nach Mekka ist, in der katholischen Welt Lourdes und so zahllose andere Punkte, von wo Menschen durch ihren Glauben getröstet heimkehren, und der heilige Rock zu Trier. So werden auch wir dem tiefen Glaubensbedürfnisse unserer Leute Zielpunkte errichten.»[23]

Eine weitere religiöse Vision von *Altneuland* ist der Wiederaufbau des Tempels von Jerusalem (über dessen genauen Ort man aber nichts erfährt): «Er war wieder aufgerichtet worden, weil die Zeiten sich erfüllten.»[24] Herzl artikuliert hier eine deutliche Endzeitvision. Der Judenstaat des *Altneuland* war insofern doch mehr als nur ein politisches Projekt. Obwohl das Buch die Schaffung des utopischen Staates mit kostenloser Bildung, Gleichstellung der Frauen und einer mutualistisch-solidarischen Wirtschaftsordnung als Produkt vernünftiger menschlicher Planung und Zielstrebigkeit erscheinen lässt, gehört die letzte Aussage des Romans doch einem alten Rabbi. Auf die Frage, wer denn diese neue, glückliche Gesellschaft geschaffen habe, antwortet dieser: «Gott».[25] Dass Herzl den Roman damit ausklingen lässt, war sicher nicht als Glaubensbekenntnis gemeint, schließt den Faktor Religion aber gerade nicht aus.

Reaktionen auf das zionistische Projekt

Herzl verstand es, sein Projekt ins öffentliche Gespräch zu bringen. Das war eine Hauptwaffe des Zionismus[26] – ein 1890 von Nathan Birnbaum in Wien geprägter Begriff, der sich schnell für die durchaus vielfältige nationaljüdische Bewegung durchgesetzt hatte.[27] Herzl spielte eine wichtige Rolle in der Institutionalisierung des Zionismus als internationale Bewegung. Ein richtungsweisendes Ereignis war der weitgehend von Herzl organisierte «Zionisten-Kongreß» mit 196 Teilnehmern aus 16 Ländern, der Ende August 1897 in Basel stattfand. Wieder zurück in Wien notierte Herzl am 3. September in sein Tagebuch: «Fasse ich den Baseler Kongreß in ein Wort zusammen …, so ist

Von Gegnern als «König von Zion» verspottet: Theodor Herzl 1898 in Palästina. In Jerusalem traf er mit Kaiser Wilhelm II. zusammen.

es dies: In Basel habe ich den Judenstaat gegründet. Wenn ich das heute laut sagte, würde mir ein universelles Gelächter antworten. Vielleicht in fünf, jedenfalls in fünfzig wird es jeder einsehen.»[28]

Ziemlich genau fünfzig Jahre später wurde in der Tat der Staat Israel gegründet – die Präzision der Vorhersage lässt erstaunen. Genau dies aber war eine der entscheidenden Eigenschaften Herzls: seine geradezu größenwahnsinnig oder zumindest verwegen anmutende Tatkraft, Zielstrebigkeit und Weitsicht. Das Motto zu *Altneuland* kann geradezu als sein zionistisches Programm gelten: «Wenn ihr wollt, ist es kein Märchen.» Herzl trat wie ein Staatsmann in spe auf, wenn er mit dem deutschen Reichskanzler und Kaiser Wilhelm II., mit Sultan Hamid II., dem italienischen König Viktor Emanuel III. oder Papst Pius X. zusammentraf.

Die Kühnheit seiner Vision gab den Feuilleton-Redakteur in der Öffentlichkeit allerdings mitunter der Lächerlichkeit preis. So erinnert sich Stefan Zweig: «wenn Theodor Herzl das Theater betrat, murmelte man spöttelnd durch alle Reihen: ‹Seine Majestät ist erschienen!›»[29] Karl Kraus, der 1889 aus der jüdischen Konfessionsgemeinschaft austrat und den Zionismus für eine Spielart des Antisemitismus hielt, kommentierte in *Die Fackel* (Nr. 2, April 1899): «Der Mann … geht mit messianischer Erlösermiene an sein feuilletonistisches Tageswerk.»[30] Im Rückblick aber bildeten Herzls politische wie literarische Imagination eine produktive Gemengelage.[31]

Das zionistische Projekt wurde – zumindest in Österreich und Deutschland – in der besseren Gesellschaft beschmunzelt und von offiziellen Repräsentanten des Judentums abgelehnt. Der Vorstand des Rabbinerverbands in Deutschland reagierte auf den geplanten Zionistenkongress mit der ablehnenden Erklärung, die zionistischen Bestrebungen widersprächen «den messianischen Verheißungen, wie sie in der heiligen Schrift und den späteren Religionsquellen enthalten sind».[32] Auch das liberale Judentum sah im Zionismus den falschen Weg. Der Zionismus – immer eine Minderheit – stellte einen radikalen Bruch im Judentum dar. Er war eine Absage an das Projekt von Assimilation und Emanzipation, wie es sich im westeuropäischen bürgerlichen Judentum im 19. Jahrhundert durchgesetzt hatte. Im zentral- und osteuropäischen Judentum, wo jüdische Lebenswelten von den Mehrheitsgesellschaften auch räumlich, sprachlich und wirtschaftlich isoliert waren, fand die Bewegung jedoch zunehmend Unterstützer.

Messianische Ausstrahlung

Die Zion-Bewegung verabschiedete sich von der quietistischen Haltung einer bloßen Hoffnung auf das künftige Kommen des Messias, dessen Ankunft die Versprengten nach Jerusalem führen würde. Die neuen zionistischen Menschen sollten das Heft des Handelns aktiv selbst in die Hand nehmen, mit Herzl als Frontfigur und Aushängeschild. Im Sinne gängiger Geschlechtskonstruktionen versinnbildlichte er auch die Wiederherstellung jüdischer Männlichkeit als Vorgriff auf die Überwindung weibischer Schwäche. Am 15. Juli 1896 notierte Herzl in einem Tagebucheintrag anlässlich einer Veranstaltung in England: «Ich sah u. hörte zu, wie meine Legende entstand.»[33] Bildliche Darstellungen Herzls machten ihn zu einer ikonischen Gestalt. Immer wieder wird seine erotische Ausstrahlung hervorgehoben.[34] Stefan Zweig schreibt, dass das «Witzwort ‹der König von Zion› etwas Wahres traf: er sah wirklich königlich aus mit seiner hohen, freien Stirne, seinen klaren Zügen, seinem langen, fast bläulich-schwarzen Priesterbart und seinen tiefblauen, melancholischen Augen.»[35] Es gibt mehrere Quellen, die Herzls messianische Ausstrahlung positiv bezeugen,[36] besonders in ostjüdischen Kreisen. So erinnert sich ein ukrainischer Teilnehmer am Baseler Kongress: «Das ist ER, der Ersehnte, der Heißgeliebte, der Gesalbte des Herrn, der Messias.»[37]

In seinen *Recollections* erzählt David Ben-Gurion von einem Auftritt des groß gewachsenen Herzl mit seinem imposanten Bart in seiner Heimatstadt Plonsk nordwestlich von Warschau. Die Leute seien herumgelaufen und hätten gerufen: «Der Messias ist gekommen.» Schon sein Anblick habe ausgereicht, um sie zu Herzls Gefolgsleuten werden zu lassen. Und der Messiasvergleich sei ganz richtig, fügt Ben-Gurion hinzu, war es Herzl doch gelungen, der Jugend das Gefühl zu vermitteln, dass die Errichtung eines Judenstaats möglich sei.[38]

Herzl selbst war der traditionelle Messiasglaube eher fremd. Der italienische König fragte ihn bei seiner Audienz am 23. Januar 1904, ob es noch Juden gebe, die den Messias erwarteten. Herzl notiert folgende Antwort: «Natürlich, Majestät, in den religiösen Kreisen. In unseren, den studirten u. ... aufgeklärten gibt es das natürlich nicht.» Und nein, er sei kein Rabbi, «Sire, die Bewegung ist rein national.» Zur «Belustigung» des Königs will er noch erzählt haben, «wie ich in Palästina vermieden hatte, einen weissen Esel oder ein weisses Pferd zu besteigen, damit man mich nicht mit einem Messiasglauben incommodire.»[39] Die Photos von der Reise zeigen allerdings, dass Herzl in der Tat auf einem weißen Esel in Jerusalem einritt.[40] Es bleibt unklar, ob die Wahl des Esels vielleicht auf ein später verleugnetes, geheimes messianisches Selbstverständnis Herzls schließen lässt.

Die schon zu Lebzeiten einsetzende Legendenbildung Herzls verstärkte sich nach seinem Tod, er starb mit nur vierundvierzig Jahren. In der zionistischen Bewegung wurde die Erinnerung an Herzl ritualisiert und u. a. durch Kitsch materialisiert. 1924 wurde eine Siedlung in Palästina nach ihm benannt (Herzlia). Er galt als «Prophet des Staates».[41] Schon die Beerdigung in Wien war mit rund sechstausend Teilnehmern ein großes und bewegendes Ereignis. Stefan Zweig erinnert sich: «... plötzlich kamen auf allen Bahnhöfen der Stadt, mit jedem Zug, bei Tag und Nacht, aus allen Reichen und Ländern, Menschen gefahren, westliche, östliche, russische, türkische Juden, aus allen Provinzen und kleinen Städten stürmten sie plötzlich herbei ... Es war ein endloser Zug.» Es kam zu «wild explodierenden» Äußerungen «elementarer und ekstatischer Trauer», und es wurde spürbar, «wie viel Leidenschaft und Hoffnung dieser einzelne und einsame Mensch durch die Gewalt seines Gedankens in die Welt geworfen».[42]

Auf seinen testamentarischen Wunsch hin wurden Herzls sterbliche Überreste nach der Staatsgründung Israels 1949 nach Jerusalem überführt, wo auf dem nach ihm benannten Mount Herzl eine nationale Gedenkstätte eingerichtet wurde. Herzl war zunächst eine entscheidende Bezugsperson der Erinnerungskultur des jungen Staates, ab den 1970er Jahren kühlte die israelische Herzl-Begeisterung jedoch ab, bis er eine eher marginale Figur wurde. Erst 2004 etablierte die Knesset einen jährlichen Herzl-Tag, 2005 wurde schließlich in Jerusalem ein aufwendiges Herzl-Museum eröffnet.[43] Herzls Konterfei ist auf Souvenirs oder Zuckerbriefchen in Cafés allgegenwärtig.

Iqbal: Koran und West-Östliches Denken

Weder die Pakistanische «Objectives Resolution» noch die späteren Verfassungen des Landes nennen eine Gründerfigur des Staates. Wie Israel kennt Pakistan aber mit Muhammad Iqbal[44] einen «Vater der Nation» *(baba-i-qaum)*. Wie Herzl starb auch Iqbal vor der Gründung «seines» Staates, und wie Herzl war Iqbal Schriftsteller, der aber weder Theaterstücke noch utopische Romane schrieb, sondern ein international gefeierter Dichter und Philosoph war. Iqbal gilt offiziell als der «Nationaldichter» Pakistans. Sein Geburtstag, der 9. November, war bis 2014 ein gesetzlicher Feiertag, wird heute aber nurmehr in einzelnen Landesteilen als Gedenktag begangen.

Wie Israel mit Ben-Gurion gab es auch in Pakistan neben dem «geistigen Vater» eine dominante politische Figur der Staatsgründung: Muhammad Ali Jinnah, der offizielle «große Führer» (urdu: *quaid-i-azam*).[45] Jinnahs genaue religiöse Denomination ist umstritten.[46] Obschon er islamische Symbole zur Mobilisierung seiner Anhänger verwendete,[47] ist er nicht durch aktive Frömmigkeitspraxis aufgefallen; vielen gilt er sogar als «irreligious».[48] Zwar hatte er sich einmal dafür ausgesprochen, dass die zukünftige Verfassung Pakistans auf der Grundlage der Scharia zu gestalten sei,[49] aber in einer am 26. Februar

1948 aufgezeichneten Radioansprache an die amerikanische Bevölkerung versprach er, dass Pakistan kein theokratischer Staat sein werde, denn man habe viele Nicht-Muslime – Hindus, Christen und Parsis –, die aber alle Pakistaner sind. Sie werden dieselben Rechte und Privilegien wie andere Bürger genießen.»[50] Die zumindest nach außen hin deutlich artikulierte Ablehnung eines theokratischen Staatsmodells teilte Jinnah mit Herzl.

Wie Jinnahs Familie hatte auch Iqbals Familie einen hinduistisch-brahmanischen Hintergrund, wobei die Konversion zum Islam eines brahmanischen Vorfahren in Kaschmir allerdings schon über vier Jahrhunderte zurücklag. Aus dem Himalaya war die Familie in den Punjab gezogen, wo Iqbal 1877 in der Stadt Sialkot geboren wurde und aufwuchs. Der Koran war für ihn zeitlebens der entscheidende Anker seines Lebens. Mit vier Jahren wurde er auf eine Koranschule geschickt, und sein Vater, ein Schneider, hielt ihn an, den Koran als direkte persönliche Offenbarung zu lesen – nur so könne man ihn begreifen. Sein dichterisches Werk verstand Iqbal als nichts anderes als den Versuch einer Erläuterung des Korans, sein Denken sei «völlig koranifiziert». Den Propheten Muhammad verehrte er als Offenbarungsträger und Dichter des Korans. Seine Muhammad-Dichtungen gelten als Meisterwerke der Urdu-Literatur.[51]

Erste Versuche als Dichter unternahm Iqbal als Jugendlicher, als er die schottische Missionsschule in seiner Heimatstadt besuchte. 1893, mit sechzehn Jahren, wurde er verheiratet. Die Ehe hielt allerdings nicht; später heiratete er noch zweimal. Nach dem Schulabschluss studierte er in Lahore, einem Bildungs- und Kulturzentrum des Punjab. Dort erhielt er 1899 eine erste akademische Anstellung, aber vor allem begann er sich als Dichter zu etablieren. 1905 ging er mit einem Stipendium nach Cambridge, wo er Jura und Philosophie studierte. 1907, nach seinem Abschluss, reiste er erstmals nach Deutschland und verlor in Heidelberg sein Herz an seine Deutschlehrerin, die ihn mit Goethe vertraut machte. Mit dem «Dichterfürsten» beschäftigte er sich zeitlebens (in Originalsprache!), ebenso wie mit Nietzsche. Ebenfalls 1907 reichte er an der Universität München eine Dissertation ein, und zwar über die Geschichte der Metaphysik in Persien, in der er «einen erstaunlich kühnen Bogen durch die gesamte iranische Religionsgeschichte von Zarathustra bis zu den Bahais»[52] schlägt. 1908 wurde Iqbal in London als Rechtsanwalt zugelassen. Diesen Beruf übte er auch nach seiner Rückkehr nach Britisch Indien zum Broterwerb aus.

Persien und das Persische – allen voran der für seine Dichtungen berühmte Gelehrte und Sufi Rumi (1207–1273) – waren neben Deutschland eine zweite Hauptachse von Iqbals intellektuellem Horizont. Persisch wurde neben Urdu die Sprache seiner Dichtung. Sein internationaler Durchbruch war das 1915 erschienene buchlange, Rumi nachempfundene persische Gedicht «Asrar-i chudi» (Geheimnisse des Selbst), das der in Cambridge lehrende Orientalist Reynold Nicholson 1920 in einer englischen Übersetzung herausgab. 1923 veröffentlichte Iqbal mit seinem persischen Gedichtband *Payam-i Mashriq* (Botschaft des Ostens) ein Gegenstück zu Goethes *West-Östlichen Divan.* Als sein dichterisches Meisterwerk gilt sein *Dschawid-namah* («Buch der Ewigkeit» oder «Buch für Dschawid», seinen Sohn) aus dem Jahre 1932, eine geistige Reise, bei der er u. a. Gautama Buddha, Zarathustra, Tolstoi, Muhammad, Dschamaladdin Afghani und Marx dichterisch zu Wort kommen lässt.[53]

Prosa schrieb Iqbal auch auf Englisch, etwa die 1934 veröffentlichten Vorlesungen *The Reconstruction of Religious Thought in Islam* (deutsch erstmals 2003 als *Die Wiederbelebung des religiösen Denkens im Islam*) – ein Hauptwerk moderner islamischer Religionsphilosophie.[54] Der Koran ist darin ein fester Bezugspunkt seiner philosophischen Argumentation, die er in kritischer Auseinandersetzung mit zeitgenössischen westlichen Denkern wie William James, Alfred North Whitehead, Henri Bergson, Albert Einstein, Freud und Jung entfaltet.

Ein 1904 veröffentlichtes Kindergedicht auf Urdu wird immer noch oft als Lied gesungen. Im ersten Vers preist Iqbal «unser Indien» *(hindustan)* als «besser als alles in der Welt» an, ein anderer Vers betont: «Die Religion *(mazhab)* lehrt nicht, untereinander Feindschaft zu halten.»[55] In der Vertonung des Sitar-Spielers Ravi Shankar wurde es ein offizielles Marschlied der indischen Armee. 1910 verfasste Iqbal indes in demselben Versmaß das Gedicht «Tarana-i-Milli» (Hymne der Religionsgemeinschaft), das die nationalistische durch eine religiöse Perspektive ersetzt. Der Anfang lautet: «China und Arabien sind unser, Hindustan ist unser / Wir sind Muslime, unsere Heimat ist die ganze Welt.» Der Fokus hat sich von Indien auf die Muslime verschoben, für die sich Iqbal zum Sprachrohr macht und deren «Namen und Zeichen» er verteidigen will. Es klingt das Motiv des Märtyrertodes an: «O Heiliges Land! Für deine Ehre sind wird gefallen.»[56] Iqbal war vielleicht der erste moderne islamische Dichter, bei dem der Märtyrergedanke eine wichtige Rolle spielte.[57]

Sein Europaaufenthalt hatte ihn zudem zu einem starken Kritiker des Westens gemacht (ähnlich erging es Qutb nach seinem USA-Aufenthalt). Diese Kritik vertiefte er in seinem weiteren Werk und Wirken. Wie Vivekananda und Tagore bemüht Iqbal die stereotypische Unterscheidung von Ost und West: «Der Ost sah Gott und hat die Welt vergessen; Der West vergaß Gott, hat die Welt ermessen.»[58]

Islamischer Staat und spirituelle Demokratie

Iqbal war gegen Nationalismus, Nationalstaat und Imperialismus – sowie gegen Kapitalismus, Sozialismus, Kommunismus und Faschismus. Der Islam war für Iqbal der wahre Sozialismus – eine einflussreiche Idee, die z. B. in Nassers Ägypten eine Art Staatsdoktrin wurde.[59] Die moderne westliche Demokratie verfolgt aus Iqbals Sicht vornehmlich den Zweck der Ausbeutung der Armen; dem stellt er das Ideal einer spirituellen Demokratie entgegen, «die das höchste Ziel des Islam ist.»[60] Zu Iqbals Kritik an der modernen westlichen Zivilisation gehörte auch seine Ablehnung der von ihm in Europa als schockierend empfundenen Frauenemanzipation.[61] Iqbals Kritik am Westen – insbesondere des Nationalismus und der Spaltung von Religion und Politik – ist auch eine (u. a. von Nietzsche, aber auch von Tolstoi inspirierte) Kritik am Christentum. Dem christlichen Dualismus von Geist und Materie, Gott und Universum, Diesseits und Jenseits, Kirche und Staat, der Religion zur Privatsache macht, setzt er eine Vision der Einheit entgegen, für die er den islamischen Monotheismus bzw. die Idee der Einzigkeit und des Eins-Seins Gottes als grundlegend ansieht. Der Islam ist für Iqbal das einzige wirksame Bollwerk gegen den Westen.[62]

Iqbals Islam will aktives Handeln, keine passive Frömmigkeit und Schicksalsergebenheit. Dementsprechend betätigte sich Iqbal nicht bloß als Denker – Dichter, Philosoph –, sondern seit den 1920er Jahren auch politisch, vor allem in der All-India Muslim League. 1923 wurde er von König Georg V. zum Ritter geschlagen. 1931 und 1932 nahm Iqbal (wie Gandhi) an den von der britischen Regierung einberufenen

Round-Table-Konferenzen in London teil, auf denen die politische Zukunft Indiens diskutiert wurde.

Es ist ein Paradox, dass ein expliziter Kritiker des Nationalismus und der miteinander rivalisierenden Nationalstaaten als geistiger Vater eines neu gegründeten Nationalstaats gilt. Diesen Ruf verdankt Iqbal vor allem seiner sogenannten Pakistan-Rede, die er am 30. Dezember 1930 als Hauptredner bei der Jahrestagung der All-India Muslim League im nordindischen Allahabad hielt.[63] Darin unterstützte Iqbal v. a. die «muslimische Forderung nach der Schaffung eines muslimischen Indien innerhalb Indiens». Gleichzeitig wollte er vier Provinzen, die später in (West-)Pakistan eingingen, «in einen einzigen Staat zusammengeschmolzen sehen». Eine «Zentralisierung» der muslimischen Bevölkerung Indiens «in einem gesonderten Gebiet» sei notwendig; Indien, «das größte muslimische Land der Welt», sah er als eine Konfiguration «autonomer Staaten, die sich auf die Einheit von Sprache, Rasse, Geschichte, Religion und Gleichheit der wirtschaftlichen Interessen gründet». Nur eine solche Konfiguration könne «Indiens unendliche Vielfalt an Klimata, Rassen, Sprachen, Religionen und sozialen Systemen» auffangen.[64] Die Basis des Staats, den Iqbal forderte, war nicht territorial definiert, sondern kommunalistisch und ethnisch-kulturell: Ein islamischer Staat ist ein Staat der Muslime. Dieser Staat sollte ein Möglichkeitsraum für die Wiederentfaltung eines ursprünglichen und zugleich modernen Islam und für das Wiedererstarken der Muslime innerhalb Indiens sein. Mit diesem Ziel wendete er sich gegen den von ihm konstatierten und kritisierten ökonomischen, politischen und sozialen Niedergang des Islam.[65] Seine berühmtesten und zugleich umfangreichsten Urdu-Gedichte sind «Klage» und «Antwort auf die Klage». In ersterem klagen die Muslime, dass ihr Gott sie vernachlässige: «Wir sind Entlassene. Die Welt verwalten andre.»[66]

Mobilisierung des Islams: Streben, Tat, Veränderung

Iqbal sprach sich mit seiner Idee der Neumobilisierung des Islams für die Tat aus und gegen den Stillstand, für den Weg, nicht für das Ziel; er war ein Dichter der Sehnsucht, des Suchens, des Verlangens, des Strebens, der Verwandlung. Gerade die Trennung von Gott begründe die Größe des Menschen.[67] Hier sind einige Verse aus seinem dichterischen Œuvre in der Übersetzung der Orientalistin Annemarie Schimmel (1922–2003), die sich in mehreren Werken bemüht hat, den «Goethe des Ostens» dem Westen nahezubringen: «Käm' Stetigkeit und Stille in mein Leben, / So bäte ich, es nicht mehr zu verlängern.» Oder: «Des Frömmlers Paradies hat Wein und Huris, / Des Freien Paradies ist ew'ges Wandern!»[68]

Iqbals Betonung liegt auf Veränderung: «Der Koran öffnet unsere Augen für die große Tatsache der Veränderung, durch deren Würdigung und Kontrolle allein es möglich ist, eine Zivilisation von Dauer aufzubauen.»[69] Dem entspricht seine Ablehnung eines zielgerichteten (teleologischen) Geschichtsverständnisses. Die Schöpfung folgt keinem vorgegebenen Plan. Gerade die Endgültigkeit der islamischen Offenbarung – Muhammads Stellung als Siegel der Propheten – befreit die Menschheit als Schöpferin ihrer eigenen Zukunft.[70] Der Mensch unterwirft sich nicht wie ein Knecht passiv dem islamischen Gott, sondern wird gewissermaßen zu einer Art Ko-Schöpfer der Welt und einem Mitarbeiter Gottes. In der *Botschaft des Ostens* (1923) hören wir: «Gott schuf die Welt, aber Adam machte sie besser – / Adam, vielleicht, ist Gottes Mitarbeiter.»[71]

Dem Selbst des Menschen – der Begriff des Selbst oder der Selbstheit *(chudi)* ist für Iqbal zentral – ist in besonderem Maße das göttliche Licht zu eigen. Die Entfaltung des göttlichen Selbst ist einerseits vollkommen entwickelte individuelle Persönlichkeit und erfülltes, tatkräftiges Leben, aber andererseits Aufgehen in der Selbstlosigkeit *(bichudi)*. Das – von dem Propheten Muhammad verwirklichte – Ideal ist das des Vollkommenen Menschen, der Gottes Wirken auf Erden sichtbar macht und umsetzt.[72] In einer koranischen Metapher (2,28; 6,165) kann der Mensch die Stellvertreterschaft Gottes *(niyabat-i ilahi)* erlangen.[73] Für Iqbal sind dabei Individuum und Gemeinschaft nicht voneinander getrennt zu denken. Daher ist der Vollkommene Mensch – der wahre Muslim – nur innerhalb einer voll entwickelten muslimischen Gemeinschaft zu verwirklichen, und deren Verwirklichung ist zugleich sein Auftrag.

Iqbal, der stets ein bescheidenes Leben pflegte und sich die ersehnte Pilgerfahrt nach Mekka finanziell nicht leisten konnte, starb 1938 in Lahore im Alter von sechzig Jahren an der Folge eines langjährigen Kehlkopfleidens. Sein Grabmal im Eingangsbereich der imposanten Badshahi-Moschee in Lahore ist eine Pilgerstätte geworden.

Als Dichter und Philosoph hat Iqbal, der sich sowohl als Modernist wie als Traditionalist beschreiben lässt, den Status eines Klassikers. Für pakistanische Geistes- und Sozialwissenschaftler ist es fast eine Pflicht, über Iqbal zu publizieren. Durch seine Mehrsprachigkeit werden seine Werke sowohl in Pakistan und Indien als auch in Afghanistan und Iran sowie in der anglophonen Welt breit und durchaus unterschiedlich rezipiert.

Sein geistiges Erbe ging auch in islamistische Diskurse ein. Während in Pakistan der Staat zunehmend islamisch bzw. islamistisch ausgestaltet wurde, gewann in Indien etwas später die Idee des *hindutva* an politischer Breitenwirkung, und in beiden Fällen wurde die ideologische Rhetorik auf dem Rücken religiöser Minderheiten ausgetragen. In beiden Ländern sahen sich Christen zunehmend unter Druck, in Pakistan stehen Hindus heute unter Generalverdacht und müssen Diskriminierung erdulden, während sich die Anerkennung und Stellung der indischen Muslime verschlechtert hat. Den als häretisch gebrandmarkten Ahmadiyya wurde in Pakistan ihr Status als Muslime aberkannt, während sie ihren Islam in Indien praktizieren können.

13

Veer Savarkar

Hindutva – Heiliges Indien

Nach Muhammad Iqbal begegnet uns in diesem Kapitel mit Veer Savarkar ein weiterer politischer Gegenspieler Gandhis. Für ihn war die Teilung Indiens zwar gleichfalls eine Tragödie, er lastete sie aber Gandhi an und versuchte sie mit allen Mitteln zu verhindern – bis zu dessen Ermordung.

Säkularismus als Schutz von Religion

Obwohl Gandhi nie ein Amt in der jungen Republik innehatte, genießt er eine herausragende Stellung in der Ahnengalerie der Kongresspartei, die von 1947 bis 1996 mit Ausnahme zweier kurzer Unterbrechungen stets die Regierung stellte. Im Wertekanon der Partei nimmt Säkularismus, 1976 auch in die Präambel der Verfassung der Republik Indien aufgenommen, einen der ersten Plätze ein.[1] Auf ihrer Homepage wird er durch vier Zitate erläutert. Gandhi, der als Erster zitiert wird, spricht hier gar nicht explizit von Säkularismus; vielmehr wird sein Wunsch zitiert, dass ein Hindu ein besserer Hindu, ein Muslim ein besserer Muslim und ein Christ ein besserer Christ werden möge. Seine in den letzten Lebensjahren verfochtene säkularistische Staatsidee wollte in erster Linie die Nichteinmischung des Staates in die individuelle Gottessuche sicherstellen. Die Zitate der Premierminister Jawaharlal Nehru (reg. 1947–1964), Indira Gandhi (1966–1977; 1980–1984) und Rajiv Gandhi (1984–1989) bieten demgegenüber explizite Definitionen von Säkularismus im Sinne von gleichen Möglichkeiten für alle Religionen (J. Nehru) und der Förderung von Toleranz, Frieden und Humanität (I. Gandhi). In allen vier Zitaten wird Säkularismus nicht als Schutz *vor* Religion, sondern als Schutz *von* Religion gedacht – in einer von religiöser Vielfalt geprägten Gesellschaft.

Eskalationen religiös motivierter Gewalt

Bezeichnenderweise ist der im Mai 1991 ermordete Rajiv Gandhi die letzte hier zitierte Stimme. Am 6. Dezember 1992, gut anderthalb Jahre nach seiner Ermordung, rissen in der Folge langer, landesweiter Kampagnen und Agitationen hunderttausende aufgebrachte Hindus im nordindischen Ayodhya quasi mit bloßen Händen die 1527 errichtete Babri-Moschee nieder. Etwa 1250 Kilometer südwestlich ereigneten sich wenig später in Bombay bis zum 19. Januar 1993 andauernde Ausschreitungen zwischen Hindus und Muslimen, denen etwa neunhundert Menschen zum Opfer fielen, davon über 60 Prozent Muslime.

Angeheizt wurden die Ausschreitungen maßgeblich von der 1966 gegründeten, durch chauvinistische Rhetorik und militante Kampagnen auffallenden regionalistischen Partei Shiv Sena (Shivajis Armee), die sich zunehmend der nationalistischen Pro-Hindu-Bewegung angegliedert hatte. Deren maßgebliches politisches Sprachrohr ist die 1980 gegründete Bharatiya Janata Party (Indische Volkspartei; BJP), die bei den Parlamentswahlen 1991 erstmals einen Stimmenanteil von 20 Prozent erreichen konnte und sich seither als der wichtigste landesweite politische Gegenspieler der Kongresspartei etablieren konnte.

Schon seit Mitte der 1980er Jahre war es zu einer langen Reihe von anti-muslimischen Ausschreitungen in verschiedenen Teilen des Subkontinents gekommen. Die oft als «Pogrom» bezeichneten und gedeuteten anti-muslimischen Gewaltexzesse im westindischen Bundesstaat Gujarat[2] knapp zehn Jahre nach den Ausschreitungen in Bombay wurden zu einem weiteren tragischen Höhepunkt: Insgesamt über tausend Menschen verloren 2002 ihr Leben, die meisten davon Muslime. Hundertfünfzigtausend Menschen wurden aus ihren Häusern vertrieben. Für viele Muslime begann damit eine neue Periode der Angst und der Verunsicherung.

Hindutva, sein Erfinder und ein Mord

Während sich die Kongresspartei seit jeher zum Säkularismus bekennt, für den die wiederkehrenden interreligiösen Ausschreitungen eine schicksalshafte Niederlage darstellen, tritt die BJP seit 1989 für *hindutva* (Hindutum) ein.[3] Bemühte die Kongresspartei sich darum, den Säkularismus von Nicht- oder Antireligion zu unterscheiden, so legte die BJP – auch in ihrem «Vision Document 2004» – auf die Feststellung wert, dass *hindutva* ein nationalistisches, aber kein religiöses oder gar theokratisches Konzept sei; vielmehr sei es inklusivistisch und akzeptiere die religiöse Vielfalt des Landes. Beide Seiten betrachten Religion als ein Problem, das sie zu umschiffen suchen – obschon Gandhi von einem religiösen Ethos und Projekt getrieben war, obgleich das Konzept des Säkularismus laut den drei Kongress-Premierministern zum Gedeihen von Religion und zu inter-religiöser Harmonie beitragen soll und obwohl die Anhänger des *hindutva* insbesondere durch die Gegnerschaft zu einer bestimmten religiösen Gruppe – den Muslimen – zusammenfinden.

Der Begriff *hindutva* hat einen Erfinder: Vinayak Damodar Savarkar (1883–1966). Seinem Andenken zollen BJP-Würdenträger regelmäßig Respekt, und sein Porträt wurde 2003, als Atal Bihari Vajpayee Premierminister war, im Zentralsaal des indischen Parlaments enthüllt – unter dem Boykott der Abgeordneten der Kongresspartei. Im politischen Gedächtnis der Republik Indiens ist Savarkar, zumindest außerhalb der *hindutva*-Kreise, das negative Pendant des als «Vater der Nation» anerkannten Gandhi, der am 30. Januar 1948 von einem Anhänger Savarkars ermordet wurde. Savarkar stand – anscheinend wegen der politisch opportunen Falschaussage eines Zeugen – für seine Mitwirkung am Komplott im anschließenden Mordprozess vor Gericht, aber sie konnte ihm nicht zweifelsfrei nachgewiesen werden. Der siebenunddreißigjährige Täter – Nathuram Godse – erwähnt in seinem ausführlichen Geständnis, Savarkar sei nicht eingeweiht gewesen; ja, er habe ihn früher sogar einmal von einer Aktion gegen Gandhi abgebracht. Godse, der sich seinerseits zum Ideal eines «säkularen» Staats bekannte, wurde zum Tode verurteilt und 1949 hingerichtet – mit diesem Akt, so seine Hoffnung würde auch die Gewaltlosigkeit Gandhis der Geschichte angehören.[4]

Die Schande der angeblichen Verwicklung in dieses traumatische Ereignis warf einen tiefen Schatten auf Savarkars weiteres Leben. Von nun an galt er lange als *persona non grata* der indischen Politik und Gesellschaft. Trotz gemeinsamer Ziele – die Freiheit und Unabhängigkeit Indiens – kristallisierte sich Savarkars politisches Programm und Wirken zunehmend in schriller Opposition zu Gandhi heraus. Savarkar war der vielleicht umstrittenste politische Ideologe Indiens des 20. Jahrhunderts.[5] Ihm gelang es allerdings nie, eine mit Gandhi vergleichbare Breitenwirkung zu erlangen, und er geriet politisch mehr und mehr ins Abseits.

Savarkar, von seinen Anhängern mit dem Rufnamen Veer (der Tapfere; der Starke) geehrt, wurde 1883 als zweiter Sohn einer für ihre Sanskrit-Gelehrsamkeit bekannten Brahmanen-Familie in der Nähe von Nashik im westindischen Maharashtra geboren.[6] Seine Mutter soll ihm abends Geschichten aus den indischen Epen, dem *Mahabharata* und dem *Ramayana*, vorgelesen haben. Als es 1893, im Jahr des Weltparlaments der Religionen, in Bombay zu Zusammenstößen zwischen Hindus und Muslimen kam, soll Savarkar zusammen mit einer Gruppe von Klassenkameraden die Dorfmoschee mit Steinen beworfen haben.[7] Vor der Familiengöttin Durga legte er das Gelübde ab, zur Befreiung seines Landes von den Briten beizutragen. Seine Bindung an Durga verlor er später allerdings.[8]

Schon in seiner Jugend gründete Savarkar kleine Gesellschaften, die sich für den Freiheitskampf einsetzten. 1902 zog er nach Poona, wo er zum Boykott englischer Waren aufrief und 1905 eine öffentliche Verbrennung ausländischer Textilien organisierte, die Gandhi von seinem südafrikanischen Wohnort aus verurteilte. Savarkar begann sich in Maharashtra als patriotischer Dichter einen Namen zu machen. 1905 zog er nach Bombay, um Jura zu studieren. 1906 setzte er seine Ausbildung in London fort und legte dort seine Prüfungen ab. Seine Zulassung als Anwalt wurde aber von der Bedingung abhängig gemacht, dass er sich nicht politisch engagieren würde – was er ablehnte.[9]

In London stellte Savarkar 1908 eine umfangreiche Geschichte des großen antikolonialen Aufstands («the great mutiny») von 1857 fertig – sie wurde verboten, ehe sie überhaupt erscheinen konnte. 1909 erschien sie dann auf Englisch unter dem Titel *The Indian War of*

Briefmarke der Republik Indien mit einem Porträt Veer Savarkars, 1970. Im Hintergrund das berüchtigte britische Gefängnis auf den Andamanen.

Independence: 1857 in Holland. Das Buch blieb bis nach der Unabhängigkeit verboten, da es nicht als historische Abhandlung, sondern als revolutionäres Manifest galt.[10]

In London war Savarkar bereits politisch im Widerstand aktiv; hier traf er auch mehrfach mit Gandhi zusammen. Wegen Waffenschmuggel und indirekter Beteiligung an Mordanschlägen wurde Savarkar 1910 verhaftet. Nach Indien deportiert, wurde er zur zweifachen lebenslänglichen Verbannung verurteilt und 1911 in ein berüchtigtes Gefängnis auf den abgelegenen Andamanen-Inseln verschifft. 1921 verlegte man ihn nach Maharashtra und ließ ihn 1924 schließlich unter der Bedingung frei, dass er politisch nicht mehr aktiv werde. Später zog er nach Bombay. 1937 übernahm er den Vorsitz der 1909 als Gegenorganisation zur All-India Muslim League gegründeten Hindu Mahasabha (Große Hindu-Versammlung).

Im Laufe seines Lebens hat Savarkar mehrere autobiographische Werke verfasst. Dazu zählt auch seine erstmals 1927 auf Marathi erschienene, dann ins Gujarati und ins Englische übersetzte, ebenfalls bis 1946 verbotene Gefängnisautobiographie *My Transportation for Life*, in der er sich über die unmenschliche Behandlung und die unerträglichen Zustände im Gefängnis beklagt. Seine heroisierende Darstellung vertuscht, dass er offenbar schon nach einem Jahr ein gebrochener Mann war, der unterwürfige Petitionen an die Behörden schrieb und auch nicht mehr an Widerstandsaktionen teilnahm.[11]

Als sein eigenes Lieblingsbuch nennt Savarkar die *Nachfolge Christi* von Thomas von Kempen (um 1380–1471). Offenbar in Anspielung auf Vivekananda schreibt er, Vedanta sei nichts für Inder, sondern für Engländer und Amerikaner, die es schon zu einem erfüllten Leben, zu Reichtum und Männlichkeit gebracht hätten[12] – Maskulinität war ein Schlüsselkonzept für ihn und seine Schüler. Im Gefängnis scheint Savarkar massive antimuslimische Ressentiments entwickelt zu haben. Dort, so berichtet er, habe er auch mit der als *shuddhi* (Reinigung) bezeichneten Rekonversions-Bewegung begonnen – die religiöse und soziale Wiedereingliederung von zum Christentum oder Islam übergetretenen Hindus. Als Vorbild galt ihm demgegenüber Vivekanandas Schülerin Schwester Nivedita, die vom Christentum zum Hinduismus konvertiert war.[13] Die Kritik an christlichen und islamischen Missionspraktiken sollte Savarkar auch später beschäftigen.

Savarkar hat Gedichte und Schauspiele verfasst, in denen auch religiöse Motive vorkommen, u. a. ein Gedicht über den gekreuzigten Christus.[14] 1927 schrieb er ein zunächst verbotenes Stück, in dem er zu einem Rundumschlag gegen die Ideologie und Praxis der Unberührbarkeit, die Dekadenz der Brahmanen und die Unzulänglichkeiten des brahmanischen Hinduismus sowie gegen Konversionen und die charakterlichen und historischen Defizite der Muslime ausholte.[15] Kurz danach setzte er sich in seinem Schauspiel über das Leben des Buddha mit der seines Erachtens verfehlten Lehre von der absoluten Gewaltlosigkeit auseinander, der er die relative Gewaltlosigkeit als wünschenswerte Tugend entgegensetzte.[16]

Indien als heiliges Land der Hindus

Noch im Gefängnis verfasste Savarkar 1922 oder 1923 seine bekannteste Publikation: *Essentials of Hindutva*, sozusagen die Bibel der Hindu-Nationalisten.[17] Er konzipiert *hindutva* hier als eine ethno-kulturell-national-rassische Größe: Hindus teilen den Anspruch auf ein gemeinsames Mutter- bzw. Vaterland sowie eine rassische Blutsgemeinschaft durch gemeinsame Abstammung und Verwandtschaft (auch in Verschmelzung ursprünglich getrennter Völker) sowie eine gemeinsame Kultur *(sanskriti)*. Zu dieser Kultur zählen eine gemeinsame klassische Sprache – Sanskrit, die Sprache der Götter, Weisen und Dichter –, eine gemeinsame Literatur, Kunst und Architektur, Recht und Rechtsprechung, Riten, Rituale, Feste und Zeremonien: Entsprechend betrachtet der wahre Hindu diese geographisch unteilbare Einheit von beiden Seiten des Indus bis zu den Küsten als ein heiliges Land («Holyland»).[18]

Von dieser kulturell-sakralen Einheit hätten sich die Christen und Muslime selbst ausgegrenzt,[19] was Savarkar aber zumindest in dieser Schrift nicht dazu verleitet, zu ihrer Vertreibung geschweige denn Vernichtung aufzurufen.[20] Anders als Buddhisten, Jainas und Sikhs seien die Christen und Muslime in Indien nicht Teil des *hindutva*. Buddhisten, Jainas und Sikhs gehörten hingegen zum Hindu-Dharma, da sie alle sonstigen Kriterien des *hindutva* erfüllten und einen genuinen Bezug zu Indien als heiligem Land hätten. Ein Sonderfall sind für ihn zwei Frauen: Schwester Nivedita und Annie Besant, die beide wegen ihrer völligen Identifikation mit dem indischen Volk sozusagen ehrenhalber den Status von Hindus erhalten könnten.[21]

Mit Blick auf andere Religionsgemeinschaften vermerkt Savarkar, dass die Bindung an ein heiliges Land manchmal stärker sei als die an ein Mutterland (oder Vaterland). Das Paradebeispiel sind für ihn die Muslime, für die Mekka wichtiger sei als Delhi, sodass sie jederzeit ihre Bindungen an Indien opfern würden, um die Stadt ihres Propheten zu retten. Ähnlich geteilte Loyalitäten meinte er bei den Juden zu finden. Daher unterstützte er das Anliegen der Zionisten und begrüßte 1947 die Einrichtung eines jüdischen Staats in Palästina, womit er sich gegen die offizielle politische Linie seines Landes stellte.[22]

Anders als Gandhi verfolgte Savarkar kein explizit religiöses Projekt, ihm ging es um die Integration der indischen Religionslandschaft in das große Projekt des Hindutums. Eine Gegenposition innerhalb der *hindutva*-Bewegung nahm zunehmend Madhav Sadashiv Golwalkar (1906–1973) ein, für den Religion eine tragende Säule des Hindu-Nationalismus war. In seinem einflussreichen Buch *We, or Our Nationhood Defined* (1939) beschrieb er Religion in Indien («Hindusthan») als eine «all-absorbing entity» und «Hindu Religion» als die einzige Religion der Welt, die vollwertig als Religion gelten könne, da Religion alle Teilbereiche einer Gesellschaft regulieren müsse.[23] In seinem Buch *Bunch of Thought* (1966) sprach er von einer Bedrohung Indiens durch feindliche Elemente innerhalb des Landes und von der andauernden muslimischen Bedrohung. Das Christentum brandmarkte er als irreligiös und – im indischen Kontext – als anti-national.[24] Christliche Missionsversuche, wie Proselytismus überhaupt, entrüsteten ihn (und wurden auch von Gandhi abgelehnt). Mehr als drei Jahrzehnte lang, von 1940 bis zu seinem Tod (1973), leitete Golwalkar die Rashtriya Swayamsevak Sangh (Nationale Freiwilligenorganisation; RSS), die Kaderorganisation der *hindutva*-Bewegung.

Hindu-Nationalismus, politisiert und militarisiert

In *Essentials of Hindutva* findet sich keine militante anti-islamische Rhetorik, wie sie für den späteren Savarkar und andere *hindutva*-Epigonen bekannt ist. Für Savarkar war die Einheit Indiens als heiliges Land unverzichtbar und vielleicht sogar wichtiger als die Unabhängigkeit; anders als Gandhi war er nicht bereit, die Einheit für die Freiheit zu opfern, und seine anti-islamische Rhetorik steigerte sich als Reaktion auf Forderungen nach einem islamischen Nationalstaat u. a. durch die All-India Muslim League unter Mohammed Ali Jinnah.[25] Statt der Rolle von Verbündeten im Kampf gegen die Kolonialherrschaft nahmen die Muslime in Savarkars Geschichtsbild mehr und mehr den Platz der Vorläufer der Briten als gewaltsame und grausame Eroberer ein, von deren Joch sich die Marathen (im heutigen Bundesstaat Maharashtra) im 17. Jahrhundert unter ihrem Anführer Shivaji jedoch durch energischen Widerstand befreien konnten.[26] Shivaji wurde zur großen Identifikationsfigur der regionalistischen *hindutva*-Bewegung in Maharashtra und Bombay. Savarkar bemühte nun eine Rhetorik der Vergeltung und der Drohung[27] und forderte: «Hinduise all politics and militarise Hinduism».[28] Die angeblich fehlende Schlagkraft hatten sich die Hindus demnach durch einige falsch verstandene Tugenden wie Milde und Toleranz und unsinnige Strategien wie soziale Ausgrenzung (z. B. der Abtrünnigen) selbst zuzuschreiben – so wie der Buddhismus nicht zuletzt durch die absolute Gewaltlosigkeit aus Indien vertrieben worden sei. Savarkar wollte – wie Vivekananda – den Hindus Männlichkeit zurückgeben.[29] Gandhi verkörperte demgegenüber das, was Savarkar am Hinduismus auszusetzen hatte: Verweiblichung, Mystik, Irrationalität und Geschichtsvergessenheit.[30]

In Savarkars Sicht beschworen Mächte wie die USA zwar freiheitliche Werte, unterstützten den indischen Freiheitskampf aber nicht. Daher gehörte seine Sympathie Adolf Hitler und dem japanischen General Tojo, die als einzige den Indern tatkräftige Unterstützung hätten angedeihen lassen.[31] Äußerungen wie diese brachten Savarkar das Stigma des Faschisten ein, und der Kampfbegriff Faschismus wurde später, insbesondere seit der Zerstörung der Babri-Moschee 1992, von den Gegnern der *hindutva*-Bewegung verwendet.[32]

Ein areligiöser Sozialreformer

Wie Jinnah, der Gründungsvater Pakistans, zeichnete sich Savarkar nicht durch persönliche und traditionelle Frömmigkeit aus.[33] Er stand der Religion und den traditionellen religiösen Autoritäten – den Brahmanen – kritisch bis ablehnend gegenüber. Statt einen orthodoxen Hinduismus fördern zu wollen, bewertete er die Vielfalt der indischen Religionen positiv. Insbesondere setzte er sich gegen das Kastenwesen ein und unterstützte Ambedkars Kampagnen für die Abschaffung der Unberührbarkeit (s. Kap. 20), obwohl er für dessen Konversion zum Buddhismus kein Verständnis aufbrachte. Savarkar trat für kastengemischte Schulen und kastenübergreifende Ehen ein und nahm aktiv an Kampagnen für den Tempelzutritt für Unberührbare teil. Er sprach sich gegen Restriktionen bezüglich der Berufswahl und des Zugangs zu religiösen Schriften sowie gegen rituelle Reinheitsvorschriften wie etwa das Verbot kastenübergreifender Mahlzeiten aus. Ostentativ verstieß er selbst gegen solche Regeln und beteiligte sich an der Gründung eines für Hindus aller Kasten und Richtungen offenen Hotels bzw. Restaurants.[34]

Als modernistischer, wissenschaftsinteressierter Reformer kritisierte Savarkar den «Aberglauben» der Hindus. Der Ahnherr des heute so virulenten Hindu-Nationalismus war kein frommer Eiferer, sondern ein politisch gescheiterter, gewaltbereiter, modernistisch-westlicher, areligiöser Sozialreformer oder Revolutionär und ein Nationalist europäischer Tradition. Bezeichnenderweise verfügte er in seinem Testament, dass seine Leiche nicht auf menschlichen Schultern, sondern von einem mechanischen Transportmittel zu einem elektrischen Krematorium befördert werden solle – ohne jede religiöse Zeremonie.[35]

14

Aleister Crowley

Magick, Wille, Sex

Religion existiert immer in Abgrenzung, und diese Grenzziehungen erzeugen zugleich Schnittflächen. Einer der klassischen Schnitte des religiösen Feldes wird durch den Begriff der Magie markiert. Entgegen gängigen Annahmen ist Magie – als Gegenbegriff zu Religion – nicht nur eine Fremdzuschreibung, eine Ausgrenzungsstrategie, ein Stigma oder Vorwurf an Andere. Schon seit der Antike gab es nämlich Gelehrte, die sich in einem affirmativen Sinne selbst als Magier bezeichneten. Diese Selbstidentifikation ist im 20. Jahrhundert zu einem Breitenphänomen geworden – eine Entwicklung, die aus dem im späten 19. Jahrhundert intensivierten Kampf gegen die kulturelle, moralische, soziale und rechtliche Hegemonie des Christentums resultierte. Neben der Magie wurde dabei auch der Satan eine Figur antichristlicher Selbstbehauptung. Richtungsweisend hierfür war der Schriftsteller, Weltreisende, passionierte Bergsteiger, Freimaurer, Prophet, Ordensgründer, Ritualdesigner, Religionsstifter und Magier Aleister Crowley (1875–1947). In Umkehrung christlicher Apokalyptik, in der die Zahl 666 dem Antichrist zugeordnet wird, sprach er von sich selbst am liebsten als «die Große Bestie 666» (auch auf Griechisch als *To Mega Therion*), als «die Bestie» oder einfach als «666». Manchen galt er als der «gefährlichste Mensch auf Erden», und das gefiel ihm.

Die Entdeckung der wissenschaftlichen «Magick»

Aleister (eigentlich Alexander) Crowley wurde 1875 im damals schnell wachsenden Städtchen Leamington südöstlich von Birmingham geboren.[1] Sein Vater stammte aus einer wohlhabenden Familie und hatte nie einen Beruf ausgeübt, sondern sich ganz seinen religiösen Interessen als aktives Mitglied der Plymouth-Brüder gewidmet, einer unabhängigen, anti-hierarchischen christlichen Gruppe. In seinen autobiographischen Aufzeichnungen hat Aleister Crowley von dieser Zeit berichtet. In Anlehnung an Augustinus und Rousseau betitelte er sie *Confessions*, «Bekenntnisse», und fügte den Untertitel *An Autohagiography* hinzu.[2] Voller Abscheu schildert er hier das extrem buchstabentreue Bibelverständnis der Plymouth-Brüder und ihren Glauben an die unmittelbar bevorstehende Wiederkehr Jesu Christi. Sein Vater habe die «kraftvollen natürlichen Instinkte» seiner Mutter unterdrückt, sodass sie nach seinem Tod 1887 «nur noch eine hirnlose Frömmlerin» war. Sein Erwachsenwerden beschreibt er als Emanzipation von den Plymouth-Brüdern und vom Christentum allgemein. Der «Sündenstumpfsinn» und «die alptraumhafte Welt des Christentums» verschwanden eines Tages «mit der Morgendämmerung», und nachdem er die Liebe und den Sex «freimütig, lustbetont und mutig» genießen konnte, hatte er eine neue Perspektive angenommen und «konnte … zum Angriff übergehen».[3]

1895 schrieb Crowley sich am Trinity College in Cambridge ein, schwänzte jedoch den obligatorischen Gottesdienst. Mit Erreichen der Volljährigkeit konnte er 1896 sein ansehnliches Erbe antreten und wurde finanziell unabhängig. Er musste keinen Brotberuf anstreben und konnte seine literarischen Werke auf eigene Kosten veröffentlichen. Sein Vermögen verlieh ihm auch einen gewissen Schutz vor Repressalien, die er sonst wegen seiner ständigen Angriffe auf Religion und Moralvorstellungen hätte befürchten müssen.[4]

Crowley war kein Materialist, in seinen Augen war «nur das Spirituelle für alles verantwortlich». Diese Auffassung führte ihn zu dem, was er «Magick» nannte: «Unser spirituelles Bewußtsein wird durch den Willen tätig, und seine Werkzeuge wirken auf materielle Objekte ein, um Veränderungen zu bewirken, deren Ergebnis wiederum die Errichtung neuer Bewußtseinsbedingungen ist, wie wir sie uns wünschen.» Magick unterscheide sich somit von der historisch obsoleten «primitiven» und vorwissenschaftlichen Magie durch ihre Wissenschaftlichkeit. Seine «wissenschaftliche Ausbildung», darunter die vergleichende Religionsforschung, habe ihn dazu befähigt, «die tatsächlichen psychischen und physiologischen Bedingungen für die Erlangung» bestimmter Zustände zu identifizieren.[5]

Hermetic Order of the Golden Dawn

1898 trat Crowley in London dem zehn Jahre zuvor aus freimaurerischen Randgruppen hervorgegangen Hermetic Order of the Golden Dawn bei, der als der bedeutendste esoterisch-magische Initiationsorden der Jahrhundertwende gilt.[6] Er machte rasch Karriere in dem Orden, dem auch der Dichter W. B. Yeats angehörte. Der Leiter des Ordens, Samuel Liddel Mathers, hatte 1887 unter dem Titel *The Kabbalah Unveiled* eine englische Übertragung von Teilen des *Zohar*, der wichtigsten Schrift der Kabbala, veröffentlicht, die in der englischsprachigen Welt bis weit ins 20. Jahrhundert die Hauptgrundlage für die Beschäftigung mit diesem Text blieb. Auch Crowley griff später auf die Kabbala zurück. Mathers Buch *The Key of Solomon the King* von 1889 blieb bis in die 1990er Jahre eine der wichtigsten Editionen eines vormodernen Zaubertexts. Crowley hielt Mathers für einen vollendeten Magier, doch wurde ihre Beziehung von Rivalitäten und Konflikten überschattet.[7]

Crowley sah von nun an in seinen Aktivitäten eine Mission von kosmischen Ausmaßen. Ihm sei nach und nach klar geworden, «dass ich mit dem Wohlergehen der Menschheit unmittelbar verknüpft war und mein Streben nur erfüllen konnte, indem ich mich zu einem vollkommenen Instrument für die Erneuerung der Welt machte».[8] Bald wurde Crowley jedoch in Intrigen verwickelt, die 1900 zu seinem Ausschluss aus der Londoner Abteilung führten, aber die im Order of the Golden Dawn erlernten Symbole und Rituale sollten seine magischen und religiösen Aktivitäten über die nächsten Jahrzehnte prägen. Als er 1910 in einer von ihm gegründeten Zeitschrift Details über die Rituale des Ordens veröffentlichen wollte, versuchte Mathers erfolglos, dies durch eine einstweilige Verfügung zu verhindern. Der anschließende Prozess machte Crowley in internationalen esoterisch-okkulten Kreisen bekannt. Im selben Jahr sorgte seine öffentliche Aufführung eines antikpaganen Rituals – *The Rites of Eleusis* – für Aufsehen.[9] Pagane Gottheiten wurden später auch ein zentraler Bestandteil seines dichterischen Wirkens.

Weltreisen und eine Offenbarungsschrift

Nach dem Ausschluss aus dem Orden begab sich Crowley auf eine zweijährige Weltreise, auf der er sich theoretisch und praktisch mit verschiedenen religiösen Praktiken und Lehren wie Yoga und dem Buddhismus befasste.

1903 heiratete Crowley die verwitwete und geschiedene Rose Edith Kelly. Während der Hochzeitsreise nach Ägypten lernte er bei einem Scheich in Kairo Arabisch, islamische Gebetspraxis, Mystik, Beschwörungstechniken – und spielte Golf.[10] Aus einer Anrufung des altägyptischen Gottes Horus und der Entzifferung einer angeblich als 666 nummerierten Stele in einem Museum ging, so berichtete er später, am 7. April 1904 ungeplant eine direkte Offenbarungskommunikation hervor, bei der ihm seine Frau als Medium diente: Eine männliche Wesenheit namens Aiwass (oder Aiwaz), die er später verschiedentlich als Gottheit, Dämon, Teufel, übermenschliche Intelligenz, Gottesbote, persönlicher Schutzengel oder «Mensch wie ich»[11] bezeichnete, beauftragte ihn, sich an jedem der folgenden drei Tage genau um zwölf Uhr mittags in seinem Wohnzimmer, dem «Tempel», einzufinden, wo ihm Aiwass in akzentfreiem Englisch das handschriftlich fünfundsechzig Seiten lange *Book of the Law* oder *Liber AL vel legis* diktierte. Kurz bevor Crowley aus Kairo abreiste, ließ er davon eine Maschinenabschrift anfertigen und verkündete in einem Rundbrief an seine Freunde und Bekannten – darunter Mathers –, dass eine neue Sonnenwende der Götter eingetreten sei.[12]

Crowley behauptete, dass mit dieser Offenbarung das Zeitalter des Horus angebrochen und das Äon des Christentums an sein Ende gekommen sei. Das ist einerseits eine Umkehrung und andererseits eine bemerkenswerte Kontinuität zum Prämillenarismus der Plymouth-Brüder. Anders als spätere Spekulationen zum Anbruch des Wassermannzeitalters – etwa bei Carl Gustav Jung (s. Kap. 17) – vollzieht sich dieser Äonen-Wechsel bei Crowley nicht ohne Krieg und Gewalt, was kurz vor Anbruch des Ersten Weltkriegs durchaus etwas Prophetisches hatte. Die Idee einer anstehenden Zeitenwende war damals in alternativreligiösen Milieus allerdings nicht ungewöhnlich.[13]

Zunächst kümmerte Crowley sich fünf Jahre lang nicht weiter um seine Offenbarungsschrift. Als das verloren geglaubte Manuskript 1909 wieder auftauchte, behandelte er es wie eine heilige Schrift, in der jedes Wort direkt von Gott offenbart ist. Im Laufe der Zeit verfasste er vier Kommentare, die inhaltlich voneinander abweichen, und beanspruchte die alleinige Deutungshoheit über seine Offenbarungsschrift.[14] Dieser geradezu fundamentalistische Zug steht in seltsamem Kontrast zu seinem sonstigen literarischen Rollenrepertoire – des Ironikers, Maskenbildners, Tricksters, Clowns oder des Rätselerzählers.[15]

Vermeintliche Nazi-Verbindungen und das Gesetz des Willens

Der *Liber AL* wurde erstmals 1909 zusammen mit anderen grundlegenden Texten Crowleys gedruckt. Weitere Verbreitung fand der Text aber erst seit den 1980er Jahren, als auch mehrere deutsche Übersetzungen erschienen. Seine Schülerin Martha Künzel soll schon 1925 eine deutsche Übersetzung verfasst und an Adolf Hitler geschickt haben.[16] Und antidemokratische, nazi-freundliche Traditionalisten phantasierten später sogar über eine persönliche Crowley-Hitler-Connection. Dies ist jedoch Teil einer Legendenbildung, die Crowleys weitreichenden Einfluss unterstreichen sollte. Verschwörungsrhetoriker haben dies später mit Hitlers vermeintlichen okkulten Beweggründen in Verbindung gebracht.

Es gibt keine Beweise dafür, dass Crowley jemals Kontakte zu Hitler oder zur nationalsozialistischen Partei hatte. Doch hegte er die Hoffnung, dass Hitler seine Lehre annehmen würde. Nach der Lektüre von Hermann Rauschnings Buch *Gespräche mit Hitler* (die sich weitgehend als erfunden herausstellten), glaubte Crowley mehrere Elemente seiner eigenen Lehre wiederzuerkennen und war daher überzeugt, dass er zumindest einen indirekten Einfluss auf den «Führer» ausgeübt habe.[17] Tatsache ist jedoch, dass er schon während des Ersten Weltkriegs in den USA prodeutsche Propaganda betrieben hatte und zeitweise mit Faschismus und Nationalsozialismus sympathisierte.

Das Buch des Gesetzes enthält einige der bekanntesten Aussprüche Crowleys, etwa: «Every man and every woman is a star» (I, 3), was in der Regel mit der Tendenz in Verbindung gebracht wird, den potenziell hehren Status aller menschlichen Individuen hervorzukehren. Die Verheißung bezieht sich an anderer Stelle direkt auf Crowley als den «Propheten», dessen Status noch den der Sterne übertreffen werde, die ihn sogar anbeten (II, 78). Crowley vertritt eine Anthropologie der Ekstase und der Freude, wenn der Gott Nuit zu ihm spricht: «I am above you and in you. My ecstasy is in yours. My joy is to see your joy» (I, 13). Der Leitspruch von Crowleys weiterem Wirken taucht im letzten der drei Sätze des Abschnitts I, 40 auf: «Do what thou wilt shall be the whole of the Law» – Tue, was du willst, soll sein das ganze Gesetz. Das ist nicht als Aufforderung zur Beliebigkeit zu verstehen, da die Schrift auch von einem reinen, nichtinstrumentellen Willen spricht (I, 44), der an die lustvolle und sinnliche Liebe gebunden sei (I, 61). Zugleich klingen martialische Töne an: Mitleid und Barmherzigkeit werden abgelehnt, Stärke und Brutalität eingefordert (II, 21). Die neue Offenbarung ist rationalismuskritisch (II, 32) und strebt die Überwindung des Todes an (II, 73), wobei allerdings keine genaueren Angaben dazu gemacht werden, wie der Tod überwunden werden oder was auf ihn folgen soll.

In Abschnitt I, 39 heißt es, «Thelema» (Wille) sei das Wort des Gesetzes, und in I, 40 wird die Bezeichnung «Thelemites» für die Adressaten der Offenbarung zugelassen – und so nennen sich seither die Anhänger dieser Religion, nie mehr als einige Tausende. Crowley betrachtete «Thelema» (griechisch für «Wille») als das Schlüsselwort seiner Lehre; alle Religionen hatten seiner Meinung nach ein Ursprungswort.[18]

Die Macht von Sexualität und Rauschmitteln

Im Jahr 1909, als das *Buch des Gesetzes* angeblich wieder auftauchte, gründete Crowley den Orden A.·.A.·. – das Kürzel steht für «Astrum Argentium» oder «Argentium Astrum» (Silberstern) – mit dem Leitspruch: «The Method of Science – the Aim of Religion». Crowley begann mit der Herausgabe der Zeitschrift *The Equinox*, in der er für den Orden zentrale Texte veröffentlichte. Mit einem Ordensmitglied führte er im Dezember 1909 in der algerischen Wüste ein Ritual durch, bei dem sie nicht nur drei Tauben töteten, sondern bei dem Crowley auf einem in der Wüste errichteten «Altar» durch homosexuelle Penetration ein ekstatisches «Selbstopfer» durchführte. Crowley sah darin eine Art Durchbruch zu seiner neuen Aufgabe, «der Menschheit in ihrer Evolution zur Seite zu stehen».[19]

Seit 1912 engagierte sich Crowley im neu gegründeten englischen Zweig des Ordo Templi Orientis (O. T. O.), den der 1906 aus Deutschland nach England übergesiedelte Theodor Reuß gegründet hatte.[20] Crowley versuchte, den O. T. O. zur Verbreitung seiner Thelema-Religion zu nutzen und entwarf eine zentrale Zeremonie, die später von Reuß veröffentlichte «Gnostische Messe». Reuß war vermutlich ein wichtiger Stimulus für den bisexuellen, anscheinend mit einer außergewöhnlich starken Libido ausgestatteten Crowley, seine sexualmagischen Praktiken weiterzuentwickeln. Für Crowley war der Körper des Magiers sein eigentliches magisches Instrumentarium. Darum integrierte er Praktiken der Körperbeherrschung und der Körperstellungen des Yoga in sein magisches System. Inbegriff der körperlichen Energien waren für Crowley die Sexualflüssigkeiten, allen voran das Sperma, das als Bestandteil der «Lichtküchlein» in der «Eucharistie» der Gnostischen Messe konsumiert wurde.[21]

Die Bedeutung der Sexualität für die magisch-religiöse Praxis, bei der es nicht primär um Lustgewinn ging, teilte Crowley mit dem indischen Tantra. Wie im Tantra sollte durch Crowleys Magie eine schlangenförmige Energiequelle, die *kundalini*, an der Basis der Wirbelsäule erweckt werden. Mit dem Kindesopfer, das im *Buch des Gesetzes* (III, 12) erwähnt wird, war wahrscheinlich Masturbation gemeint.[22] Das so gewonnene Sperma wurde in einen Trunk gemischt, der nach dem altindischen Unsterblichkeitsnektar «Amrita» genannt und rituell konsumiert wurde, um in den Genuss von dessen wunderwirkenden Eigenschaften zu gelangen.

Um Sexualität geht es auch bei der Figur der «Scarlet Woman». Im *Buch des Gesetzes* wird die «Frau in Scharlach» dem Offenbarungsempfänger, dem «Prince-priest the Beast», zur Seite gestellt: Diesen beiden sei die Macht gegeben, die Menschheit in die neue Herde zu führen und «den Glanz der Sterne in die Herzen der Menschen zu bringen» (I, 15). Das Motiv der Frau in Scharlach übernahm Crowley aus der Offenbarung des Johannes, wo sie die «Hure Babylon» und Inbegriff aller Laster ist (17,3–5).

Crowley distanzierte sich mit dieser Figur von einem Geschlechterbild, das Frauen auf die Eigenschaften Güte, Milde, Maß und Anstand festlegte. Die Frau in Scharlach darf gerade kein Mitleid und keine Zärtlichkeit zeigen (III, 43), sondern soll stolz, böse, ehebrecherisch und schamlos sein, dann werde sie auf den Gipfel der Macht erhoben (III, 44–46). Mehrere Frauen nahmen die Rolle der Frau in Scharlach an Crowleys Seite ein. Mit dem Tantra betrachtete er die Überwindung von Ekel und Abscheu im Überschreiten der Grenzen gängiger Reinheitsvorschriften und Verhaltensweisen als eine erprobte Strategie religiöser Überbietung bzw. Heilserlangung.[23]

Ein weiterer Bereich des ständigen Experimentierens war der Konsum psychotroper Substanzen. So war Crowley einer der Ersten, die mit Peyote (s. Kap. 2) experimentierten; es wird behauptet, dass er Aldous Huxley in den 1930er Jahren in Berlin mit Meskalin bekannt gemacht habe.[24] Selbst der Magier Crowley war allerdings nicht vor den Nebenwirkungen seiner Drogenexperimente gefeit, er litt an Heroinsucht.

In den Jahren 1920 bis 1923 betrieb Crowley in der sizilianischen Kleinstadt Cefalù die Abtei Thelema – ein angemietetes Haus, in dem er zusammen mit Schülern, Schülerinnen und Mätressen die neue Lehre in die Tat umsetzen wollte. Neuankömmlinge mussten die erste Nacht in einem von Crowley selbst mit Höllen- und Himmelsmotiven ausgemalten «Zimmer der Albträume» zubringen. Nach Presseberichten über die Vorgänge in der Abtei, in erster Linie sexuelle «Perversionen» und Obszönitäten, wurde Crowley 1923, einige Monate nach der Ernennung Benito Mussolinis zum Ministerpräsidenten, aus Italien ausgewiesen. 1929 ereilte ihn in Frankreich das gleiche Schicksal. Die «Bestie» – der «gottloseste *(wickedest)* Mann der Welt» – galt als Sicherheitsrisiko. In den 1920er und 1930er Jahren wurde er von den Sicherheitsdiensten verschiedener Länder überwacht.[25] Nach einem längeren Aufenthalt in Deutschland zog er 1932 endgültig wieder nach England. Finanziell bankrott und durch seine Drogensucht gesundheitlich ruiniert, lebte er dort fortan hauptsächlich von den Spenden einiger Bewunderer. In seinem 1944 erschienenen *Book of Thoth* präsentierte er eine neue Interpretation des Tarot – schon seit jeher ein beliebtes Thema unter Esoterikern, Freimaurern und Okkultisten. Dazu entwarf er zusammen mit der Künstlerin Frieda Harris ein neues Kartenset, das zwar erst 1971 postum veröffentlicht wurde, inzwischen aber zu den weltweit am meisten verbreiteten Tarot-Decks gehört.[26]

Magie für ALLE

Während der Zeit in Cefalù schrieb Crowley u. a. an seinen *Confessions* und an systematischen Arbeiten über die Magie. 1929 erschien dann *Magick in Theory and Practice*, das in der Einleitung als Buch für «ALLE» gekennzeichnet wird, wobei er ausdrücklich auch Kinder nennt.[27] Damit setzte er sich von einem elitären Verständnis der Magie ab, das er noch zu Beginn seiner Karriere vertreten hatte.[28] Crowleys Magie bzw. Magick sollte eine für alle Mitglieder der modernen Gesellschaft anwendbare Strategie bieten, «sich vollkommen zu verwirklichen». Magie definierte Crowley nun als «the Science and Art of causing Change to occur in conformity with Will»[29] – eine Begriffsbestimmung, die in pro-magischen Strömungen des 20. Jahrhunderts zur Standarddefinition von Magie geworden ist.

Crowley greift in diesem Buch bis in einzelne Formulierungen hinein auf die magietheoretischen Arbeiten seines etwas älteren Cambridger Zeitgenossen James George Frazer zurück.[30] Doch während Frazer eine Evolutionslogik von der primitiven Magie über die klassische Religion zur modernen Wissenschaft postuliert hatte, war Magie bzw. Magick für Crowley ein wissenschaftliches Verfahren, das auf die Vereinigung von Mikro- und Makrokosmos abzielt und in der Anrufung des «Schutzengels» gipfelt.[31]

Crowleys Position ist schwer greifbar; zu fast allen Aussagen ließen sich auch Gegenaussagen anführen. Manchmal scheint er als Mystiker und Theist zu sprechen, manchmal als Polytheist, manchmal als Monotheist, ein andermal wiederum als Skeptiker oder gar Atheist. In dem 1941 geschriebenen, aus 220 einsilbigen Wörtern bestehenden und mit Zitaten aus dem *Liber AL* durchsetzten *Liber OZ* (oder *Book 77*) heißt es programmatisch: «There is no god but man.»

Nachruhm in der Popkultur

Einige von Crowleys Schriften erschienen erst nach seinem wenig beachteten Tod am 1. Dezember 1947. Auch seine *Confessions* wurden erst 1969 veröffentlicht, also in einer Zeit des gesellschaftlichen, kulturellen und religiösen Umbruchs. Als Ikone der Tabubrüche – Stich-

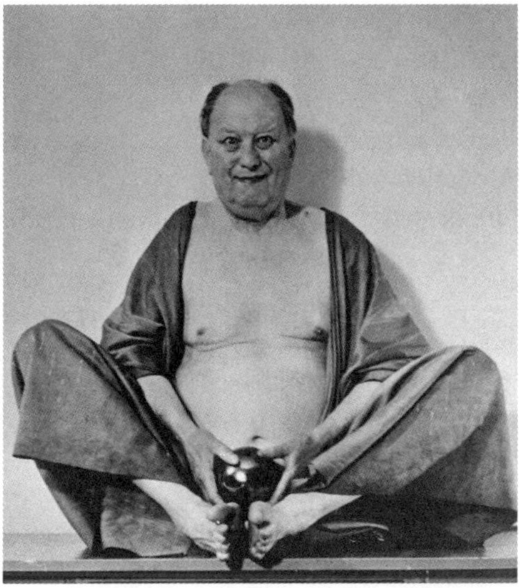

Aleister Crowley als Budai, der dickleibige «Glücksbuddha» oder «lachende Buddha»

worte: Drogen, Magie, Sex –, der Selbstbehauptung des Individuums gegen gesellschaftliche Zwänge, der Suche nach neuen Erfahrungen und des Experimentierens mit religiösen Traditionen erlebte der «gottloseste Mann der Welt» seit den 1960er Jahren einen erstaunlichen populärkulturellen Nachruhm, der bis heute anhält.[32] Dabei spielten in der Anfangsphase die Bücher von Crowleys literarischem Nachlassverwalter John Symonds eine wichtige Rolle, vor allem die 1951 erschienene, reißerische Biographie *The Great Beast* (deutsch erst 1996 als *Aleister Crowley, das Tier 666*).[33]

Auch in der Pop- und Rockmusik der späten 1960er und 1970er Jahre spielte Crowley eine Rolle. So ist er etwa auf dem Cover des Beatlesalbums *Sgt. Peppers Lonely Hearts Club Band* (1967) dargestellt (s. Kap. 32). In einem Interview, das John Lennon kurz vor seinem Tode (1980) dem *Playboy* gab, sagte er, die ganze Beatles-Idee sei gewesen: «do what you want … do what thou whilst»,[34] was wie ein Nachhall des Crowleyschen Mottos klingt. Auf der Rückseite von *13*, dem 1970 erschienenen ersten Greatest-Hits-Album von The Doors – der Bandname spielt auf Aldous Huxleys Buch *The Doors of Perception* an –, posiert die Band um eine kleine Büste, die wahrscheinlich Crowley darstellt. Jimmy Page, der Gründer und Gitarrist von Led

Zeppelin (1968–1980), hielt Crowley für das große missverstandene Genie des 20. Jahrhunderts. Das Design und die Musik einiger Led-Zeppelin-Alben sollen thelemitische Symbole enthalten. Auch David Bowie war ein Crowley-Fan.[35] In seinem Song *Quicksand* auf dem Album *Hunky Dory* (1971) bekennt er seine Nähe zum Golden Dawn, «immersed in Crowley's uniform of imagery».

Wicca und Satanismus

Im Mai 1946, anderthalb Jahre vor seinem Tod, erhielt Crowley mehrfach Besuch von Gerald Brosseau Gardner (1884–1964), einem ehemaligen Eigentümer von Tee- und Kautschukplantagen in Ceylon, Malaysia und Borneo, der sich 1936 mit Anfang fünfzig in London zur Ruhe gesetzt hatte. Gardner arbeitete an einem stark von Crowley inspirierten Buch mit Ritualvorschriften für einen Hexenzirkel. Später behauptete er, dass er Ende der 1930er Jahre von einer Hexe namens Old Dorothy in eine uralte Hexenreligion initiiert worden sei und bis Ende der 1940er Jahre mit ihr zusammengearbeitet habe.

1949 erschien Gardners Roman *High Magic's Aid*, in dem er die Rituale der imaginierten alten Hexenreligion in fiktionalisierter Form schilderte. Als 1951 in England das Anti-Hexen-Gesetz von 1735 (Witchcraft Act) abgeschafft und durch den Fraudulent Mediums Act ersetzt wurde, trat Gardner erstmals öffentlich als Hexe in Erscheinung. 1954, mit siebzig Jahren, veröffentlichte Gardner sein angeblich ethnographisches Buch *Witchcraft Today* (deutsch 1965, Neuübersetzung 2012 als *Die Weisheit der Wicca*). Darin präsentiert er die Hexerei unter ihrem neuen Namen Wica – erst seit den 1960er Jahren mit -cc- geschrieben – als ernstzunehmende, eigenständige Religion.

In der weiteren Entwicklung dieser Religion und ihrer Rituale durch Gardner und seine Mitstreiter wurden die Anteile Crowleys zunehmend ausgemerzt, zumal man befürchtete, eine Verbindung mit der berüchtigten «Bestie» könnte ihre Projekte in Verruf bringen. Hatte Gardner sich noch Mitte der 1950er Jahre positiv über Crowley geäußert, so bezeichnete er ihn in seiner offiziellen Biographie als «charmanten Scharlatan».[36] Crowley steht somit im Hintergrund der Genese einer Religion, deren pagane und antichristliche Agenda seine Anliegen in neue Richtungen weiterführte.

Crowleys Umkehrung des Christentums schwingt auch in der Entstehung des organisierten Satanismus nach, auf den er – ungewollt – einen starken Einfluss ausübte.[37] Schon im 19. Jahrhundert war der Teufel gelegentlich als eine Prometheus-artige Figur des Befreiers der Menschheit beschworen worden.[38] Auch Crowley gewann der Figur des Satans – als Gottheit, die für Leben, Liebe und Freiheit steht – Positives ab. Allerdings wurde er wahrscheinlich zu Unrecht wiederholt der Teufelsverehrung verdächtigt.[39]

Mit der Gründung der Church of Satan im April 1966 in San Francisco wurde Satan erstmals zur positiven Identifikationsfigur einer organisierten Religion erhoben. Deren Stifter Anton Szandor LaVey (1930–1997; eigentlich Howard Stanton Lavey) wurde in den späten 1960er Jahren zu einer gegenkulturellen Berühmtheit, die mit Hollywood-Stars Umgang pflegte.[40] 1971 musste er sich gegen den Vorwurf verteidigen, er habe von Crowley abgekupfert. Doch das ist übertrieben.[41] LaVey war zwar teilweise von Crowley inspiriert, wesentlich stärker jedoch von Nietzsche. Er warf Crowley vor, sich eben nicht in den Dienst Satans gestellt zu haben, und lehnte Drogen ab.

Stärker als LaVey war Michael Aquino (geb. 1946), ein ehemaliges aktives Mitglied der Church of Satan, von Crowley beeinflusst. Nachdem er 1974 Offenbarungen vom Satan erhalten hatte,[42] gründete er 1975 mit dem Temple of Set die wichtigste Abspaltung der Church of Satan. Beide sind nach wie vor international die wichtigsten satanistischen Organisationen, deren äußerst geringe Mitgliederzahlen allerdings, ähnlich wie bei Crowleys Thelema und seinen Orden, in keinem Verhältnis zur ihrer religionsgeschichtlichen Signalwirkung als anti- und postchristliche Alternativreligionen stehen.

Wicca hat sich demgegenüber sehr erfolgreich verbreitet. Die Mitgliederzahlen dürften in die Hunderttausende gehen. Trotz Fällen von Diskriminierung und des Unbehagens der Mehrheitsgesellschaften ist Wicca in vielen Ländern auf dem Weg zu einer anerkannten Mainstreamreligion. Im Streben nach Anerkennung distanziert sich Wicca vom allgemein als suspekt geltenden Satanismus, mit dem sie oft verwechselt wird.[43] Die Interessen, Gelüste, Potenziale und die Leistungsfähigkeit von nonkonformistischen, rebellischen, aber zugleich rational handelnden Individuen stehen in diesen Organisationen zwar im Vordergrund, doch um diese Elemente zum Tragen zu bringen, erweisen sich Rituale, Schriften und Organisationen – typische Bestandteile von Religionen – als unverzichtbar.

Crowley hatte auch Yoga in die Nähe von Religion gerückt. Für ihn bedeutete Yoga «Verbindung» *(union)*. Und hier sah er wegen des gemeinsamen Wortsinns der «Anbindung» eine Verwandtschaft zu Religion (von lateinisch *religare,* an-, rückbinden). 1939 erschien ein Buch mit acht Vorträgen Crowleys zum Thema Yoga (deutsche Ausgabe 1989), in dem er diese «große Wissenschaft» in einfacher Sprache darstellen wollte. Er konstatierte, es werde mehr Unsinn über Yoga geredet und geschrieben als über alles andere in der Welt. In der Tat ist Yoga ein fast ebenso vieldeutiger Begriff geworden wie Magie, darüber hinaus aber eine boomende Branche mit Kleinstunternehmern.

15

Tirumala Krishnamacharya und B. K. S. Iyengar

Vom Yoga zur post-religiösen Wellness

Der Sanskritbegriff *yoga* entzieht sich schon in seiner vormodernen indischen Verwendungsgeschichte einer eindeutigen semantischen Bestimmung, und er überschreitet die Grenzen der verschiedenen indischen Denk- und Religionstraditionen. Yoga ist gleichermaßen buddhistisch, hinduistisch oder tantrisch.[1] Yoga gilt als genuin «indisch» – und dies ist global gesehen vielleicht sogar der kleinste gemeinsame Nenner seiner Identifikation. Überall auf der Welt gibt es heute Yoga-Kurse, -Lehrer und -Studios, aber zugleich ist Yoga ein mit verschiedenartigen Medien und Reisen verbundenes hypermobiles Phänomen. Yoga wird in unterschiedlichsten Formen und Graden praktiziert, wobei religiöse Zielsetzungen im jenseitsorientierten Sinne – als Erlösungstechnik oder Heilswissen – eher randständig sind. Die lange indische Vorgeschichte scheint dem Yoga den Glanz besonderer Wirksamkeitsversprechen, ja «Wiederverzauberung» zu verleihen, doch Yoga wurde nicht wegen eventueller religiöser Kodierungen global omnipräsent. Transkulturell erfolgreich ist vielmehr der athletisierte, gymnastifizierte, medizinierte und therapeutisierte Yoga der entspannend-optimierenden Selbst-Verbesserung mit einem bestenfalls post-religiös spirituellen Beigeschmack.

Raja-Yoga und Hatha-Yoga

Schon Vivekananda hatte sich mit einer Neufiguration des Yoga beschäftigt (s. Kap. 3), in seiner Version spielen Körper- und Atemtechniken allerdings eine untergeordnete Rolle. So geht er in *Raja Yoga* (1896) nur kurz auf die acht Schritte des Yoga ein, darunter die Körperhaltungen (*asana;* wörtlich «sitzen», «zur Ruhe kommen»). Zwar empfiehlt er hier tägliche Übungen, seine Beschreibung beschränkt sich aber auf die Empfehlung, die Wirbelsäule «frei» zu halten, aufrecht zu sitzen und Brust, Nacken und Kopf in einer Linie zu halten.[2] Hatha-Yoga aber, ein zwischen dem 13. und 18. Jahrhundert florierendes System des Yoga, das eine ausgefeilte Physiognomie des menschlichen Körpers entwickelt hatte,[3] lehnte Vivekananda ab, da dieser sich nur mit dem physischen Körper befasse und nichts zum spirituellen Wachstum beitrage. An einer anderen Stelle bezeichnet er Hatha-Yoga abwertend als «eine Art Gymnastik».[4]

Die Körperhaltungen erlangten erst einige Jahrzehnte später größere Prominenz, vermutlich mit der Verbreitung europäischer Körperkultur (Gymnastik, Sport) in der späten Kolonialzeit. Wichtige Vertreter dieser Yogaform waren Swami Kuvalayananda und Shri Yogendra,[5] die nach dem Ersten Weltkrieg Yoga-Institute in und bei Bombay gründeten. Yogendra gründete zudem in der Nähe von New York das Yoga Institute of America. Er schrieb populäre Bücher über Yoga und Körperhygiene, Atemtechniken und Körperhaltungen sowie Selbsthilfe. Swami Kuvalayananda betrieb auch eine international wahrgenommene Forschungseinrichtung zur wissenschaftlichen Untersuchung des Yoga. Von einer spezifisch indischen Wissenskultur verwandelte sich der Yoga auf diese Weise zu einem potenziell universalistischen System mit einem globalen Wahrheits- und Wirkungsanspruch.[6]

Krishnamacharya in Tibet und Mysore

Als Begründer des modernen Körperhaltungs-Yoga gilt der 1888 im südwestindischen Karnataka geborene und 1989 in Madras gestorbene Yogacharya (Yoga-Lehrer) Tirumala Krishnamacharya.[7] Seine Lehre verbreitete sich nicht zuletzt durch seine international tätigen

Schüler(innen), vor allem die aus Lettland stammende Indra Devi (1899–2002), die sich später in Argentinien niederließ,[8] den Ashtanga-Yoga-Lehrer K. Pattabai Jois (1915–2009), seinen Schwager B. K. S. Iyengar (1918–2014) und dessen Sohn T. K. V. Desikachar (geb. 1938), der auch mehrere Lebensbeschreibungen seines Vaters verfasst hat.

Krishnamacharya entstammte über seinen Großvater einer alteingesessenen religiösen Familie im Fürstenstaat Mysore, wohin der zehnjährige Krishnamacharya nach dem Tode seines Vaters zog. Eine wissenschaftliche Biographie fehlt. Nach der Darstellung seines Schülers A. G. Mohan studierte Krishnamacharya an verschiedenen Hochschulen, u. a. in Benares und Patna.[9] Siebeneinhalb Jahre lebte er dann angeblich in einer tibetischen Höhle als Schüler des Yogi Ramamohana Brahmachari, über den aber so gut wie keine historischen Informationen vorliegen.[10] Überhaupt ist Krishnamacharyas frühe Biographie von Unsicherheiten umnebelt, zumal er selbst im Laufe seines über hundert Jahre langen Lebens zum Teil unstimmige Angaben über seinen Werdegang gemacht hat.

Entscheidend war das Jahr 1926, als er dem seit 1894 regierenden Fürsten *(maharajah)* von Mysore begegnete, Krishnaraja Wadiyar IV. Dieser lud ihn ein, an seinem Palast, einem Zentrum der Gelehrsamkeit, Künste und Leibesübungen, Yoga zu unterrichten. Seine Yoga-Schule diente ab 1933 offenbar als freiwillige Ergänzung zu den Leibesübungen, die man der Jugend des Hofes angedeihen ließ. Yoga wurde anscheinend als eine authentisch indische Alternative zu westlichen Techniken des Bodybuilding und der Gymnastik angepriesen. Krishnamacharya entwickelte einige aufsehenerregende, fast zirkusartige Vorführungen von athletischen Leistungen der Yoga-Ausübenden.[11] Es heißt, Krishnamacharya habe sogar seinen Herzschlag einstellen können, was auch von einer französischen Kardiologin bestätigt worden sei.[12]

Wichtige Neuerungen seiner Yoga-Praktik bestanden darin, dass sich Yoga vom Sitzen auf das Stehen ausweitete, dass verschiedene Posituren in Kombination mit bestimmten Atemtechniken zu einer fließenden Bewegungssequenz zusammengefügt wurden – oft als *vinyasa* bezeichnet –, dass ständige neue Posituren entwickelt wurden, dass die Körperposituren den zentralen Stellenwert im Yoga einnahmen und der Yoga-Unterricht in Mysore in einem Klassenverband durchgeführt wurde.[13]

Anwendungsbereiche und Nutzen des Yoga

1934 erschien Krishnamacharyas erstes Buch, *Yoga makaranda* (Der Nektar des Yoga), das sich auf siebenundzwanzig autoritative Quellen beruft.[14] Ein großer Teil des erst auf Kannada veröffentlichten Buches besteht aus einer durch Fotos illustrierten Beschreibung der *asana*-Sequenzen. Für alle Körperstellungen, Bewegungsabläufe und Gesten sowie die ebenfalls geschilderten Reinigungsmethoden wird der jeweilige Nutzen sehr konkret angegeben, und zwar für Männer und Frauen, wobei Schwangeren von einer Reihe von Stellungen abgeraten wird. Die Nutzenbeschreibungen sind hier fast ausschließlich körperlich-weltlicher Art; sie beziehen sich hauptsächlich auf Gesundheit, Funktionstüchtigkeit der verschiedenen Organe, Wohlbefinden und langes Leben – oder gar den Sieg über körperlichen Verfall und Tod.

Ab 1952 unterrichtete Krishnamacharya Yoga am Vivekananda-College in Madras. Darüber hinaus hatte er Privatschüler, darunter der erwähnte A. G. Mohan, der in seiner Biographie Krishnamacharyas anspruchslosen und extrem disziplinierten Lebenswandel beschreibt. Krishnamacharya sah drei Hauptanwendungsbereiche des Yoga: Steigerung des Wohlbefindens, Therapie von Krankheiten und spirituelle Praktik zur persönlichen «Transformation» – das letztgenannte Ziel wird als *upasana* (wörtlich «Verehrung») bezeichnet. Die intensive Beziehung zwischen Schüler und Guru war dabei äußerst wichtig, aber er habe seine Schüler nie gelobt oder kritisiert.[15] Gerade Anfänger unterrichtete Krishnamacharya auch auf Englisch, Bezahlung nahm er nicht an. Der Unterricht wurde ganz auf die individuellen Bedürfnisse, Vorkenntnisse, Interessen und biographischen Voraussetzungen abgestimmt.[16]

Obwohl er selbst vishnuitische Rituale praktizierte und seine öffentlichen Reden immer mit einer Gebetsformel einleitete, ließ er seinen Schülern die Freiheit, ihre eigene Religiosität zu pflegen – oder eben nicht. Laute Rezitation und das Hervorbringen bestimmter meditativer Klänge war eine zunehmend wichtige Technik. Im Laufe der Jahrzehnte verzichtete Krishnamacharya darauf, seinen Schülern Verhaltensweisen wie das Tragen traditioneller Kleidung, das Markieren der Stirn und das Vermeiden von unnötigen Berührungen nahezulegen. Er strebte eine Entindisierung, Entmaskulinisierung und Universalisierung des Yoga an.[17]

Ab den 1950er Jahren wurde Yoga weltweit immer populärer.[18] In dieser Konsolidierungsphase gründete Krishnamacharyas Sohn T. K.V. Desikachar, der seit 1961 von seinem Vater in den Yoga eingewiesen worden war, 1976 das Krishnamacharya Yoga Mandiram (KYM) in Madras, das auch nationale und internationale Schüler aufnimmt.

Iyengar: Markenzeichen und Menuhins Yoga-Lehrer

Ein Jahr zuvor, 1975, war in Poona das Ramani Iyengar Memorial Yoga Institute (RIMYI) eröffnet worden – ein ähnlicher Schritt der Institutionalisierung für den Yogi, Yoga-Lehrer und Yoga-Guru B. K. S. Iyengar. Er war dreißig Jahre jünger als sein Schwager und Lehrer Krishnamacharya, in dessen Haushalt er gelebt hatte und von dem er 1935 auch initiiert worden war. 1937 zog Iyengar nach Poona, wo es damals kaum Yoga-Lehrer gab. Nicht zuletzt durch öffentliche Vorführungen von *asana*s propagierte er den Yoga, baute sich langsam eine kleine Schülerschar auf und erlangte etwa seit der Zeit der indischen Unabhängigkeit ein gewisses Ansehen als Yoga-Autorität.[19]

Ab 1948 entstand zwischen Iyengar und dem Ex-Theosophen und ehemaligen, von Annie Besant unterstützten theosophischen Weltenlehrer Jiddu Krishnamurti eine intensive Beziehung: Iyengar wurde Krishnamurtis Yoga-Lehrer; dieser seinerseits stimulierte Iyengar zu größerer intellektueller Unabhängigkeit.[20]

Noch entscheidender für Iyengars internationale Karriere war wohl die Begegnung mit dem jüdisch-amerikanischen Geiger Yehudi Menuhin (1916–1999). Nach einer privaten Yoga-Vorführung für Menuhin, der damals anscheinend ein Problem mit seinem Geigenspiel hatte, nahm dieser regelmäßig Yoga-Unterricht bei Iyengar; von 1960 bis 1974 lud er ihn regelmäßig nach London ein. Seit den 1970er Jahren hatte Iyengar auch zunehmend amerikanische Schüler.[21] Seine Yoga-Methode ist inzwischen ein eingetragenes Markenzeichen (IYENGAR®), wobei Iyengar-Lehrer von Poona aus akkreditiert werden. Durch Iyengar hat der Yoga einen ganz neuen Grad internationaler Professionalisierung erlangt.

Der Stargeiger Yehudi Menuhin (Mitte) übt eine Yoga-Pose bei der BBC-Fernsehsendung «Yehudi Menuhin and His Guru» vom 15. August 1963. Links im Bild: Guru B. K. S. Iyengar; rechts: Moderator David Attenborough

Iyengars internationaler Durchbruch gelang 1966 mit der Veröffentlichung seines Beststellers *Light on Yoga* (1969 als *Licht auf Yoga*), dem «wichtigsten und meistgelesenen Text des modernen Yoga».[22] Dies war kurz vor dem Besuch der Beatles bei Maharishi Mahesh Yogi (s. Kap. 31), der Yoga endgültig zum popkulturellen Durchbruch verhalf.[23] Das praktische Handbuch beschreibt über zweihundert Yoga-Posituren, die sich auf Krishnamacharya zurückführen lassen,[24] illustriert mit etwa sechshundert Fotos von Iyengar. Das Bild des modernen Yoga-Meisters verschmilzt somit ikonographisch mit B. K. S. Iyengar, dessen Aussehen an Figuren aus der Hindu-Mythologie wie die löwenköpfige Vishnu-Verkörperung Narasimha oder den affenköpfigen Hanuman erinnern mag.[25]

Wie schon in Krishnamacharyas *Yoga makaranda* sind die Nutzenbeschreibungen überwiegend anatomischer, medizinischer, vorbeugender und therapeutischer Art. Nur bei einzelnen *asanas* gibt es religiöse

Bezüge, etwa wenn vom Erwachen der «göttlichen kosmischen Energie in unseren Körpern» als Umschreibung von *kundalini* (418) die Rede ist. Neben die medizinisch-therapeutische Praxis tritt das Projekt der Selbst-Bildung («education of the self»), Selbst-Verbesserung und Selbst-Realisierung.[26]

Im Vorwort zeichnet Iyengar dementsprechend ein Bild, wonach die religiöse Dimension des Yoga der Vergangenheit angehöre: Der Yoga sei eine zeitlose Wissenschaft, und die Künste und Wissenschaften hätten sich kürzlich in Indien vom Göttlichen emanzipiert. Das steht allerdings in Kontrast zu seiner Einleitung, wo er dem Yoga eine religiös-mystische Definition zuschreibt: Yoga sei «die wahre Vereinigung unseres Willens mit dem Willen Gottes». Er sei aber keine Religion, sondern «die Wissenschaft der Religionen»: eine Hilfe für den Suchenden, die eigene Religion durch das Studium der anderen Religionen zu würdigen.[27]

Auch Yehudi Menuhin benutzt in seinem Vorwort, das einen gewissen Anteil am Erfolg des Buches gehabt haben wird, religiöse Metaphorik, ohne ein explizit religiöses Ziel zu formulieren: Der Yoga, wie Iyengar ihn praktiziere, sei wie die Votivgabe eines Menschen; statt eines Brandopfers bringe er auf dem Altar sich selbst in seinem höchsten Potenzial dar. Wer Iyengars Kunst bestaunen dürfe, sehe den Menschen in der Vollkommenheit vor sich, wie er unschuldig, unbewaffnet, als Sohn Gottes im Garten Eden zuerst geschaffen worden sei.[28]

Menuhin schrieb auch ein Vorwort zu Iyengars zweitem Buch *Light on Prāṇāyāma* (1981), in dem er Yoga ohne religiöse Bezüge unter den Vorzeichen von Alternativmedizin und Ökologie präsentiert. Iyengar selbst stellt Yoga in seinem Vorwort als Psychosomatik vor und sieht seine Wirksamkeit von «modernen Wissenschaftlern» bestätigt. Dennoch beginnt das Buch mit einer Anrufung des Gottes Hanuman, des Gottes des Atems, und mit der mythischen Erzählung, wie der Mensch sich von Gott und der Natur entfernt habe, wobei der Yoga die Wiedervereinigung des individuellen mit dem universellen Selbst bewerkstelligen könne. Im zweiten Teil geht es um die Entdeckung des Selbst und die Freisetzung der im Menschen schlummernden unbegrenzten Potenziale durch Meditation. Der Weg von der Knechtschaft in die Freiheit verlaufe über sieben Schritte, von denen die Hingabe der eigenen Seele *(atma)* an Gott *(paramatma)* der letzte sei – dies sei der Yoga der Hingabe. Hier verschafft sich Iyengars Religiosität in der Tradition der vishnuitischen Frömmigkeit selbstbewusst Ausdruck.[29] Ob diese in der Rezeption des Buches eine Rolle spielt, ist eine andere Frage.

Rückbezug auf das Yogasutra

Das dritte Werk Iyengars kehrt gewissermaßen zu einer Wurzel des modernen Yoga zurück: *Light on the Yoga Sūtras of Patañjali* (1993) ist eine kommentierte Übersetzung der Aphorismen des indischen Gelehrten Patanjali, der vermutlich im 4./5. Jahrhundert lebte. Auch Krishnamacharya hatte sich gegen Ende seines Lebens intensiver mit Patanjalis *Yogasutra* beschäftigt (sein Buch von 1988 wird allerdings von Iyengar nicht zitiert). Er hatte auch die Praxis gepflegt, die Aphorismen laut und lautgetreu zu rezitieren; der Text erhielt auf diese Weise eine Eigenwirkung, jenseits und möglicherweise losgelöst von seinem gedanklichen Inhalt.[30] Bei Iyengar wird Patanjali zu einer Art Meta-Guru – mein «unsichtbarer, erster und oberster Guru», wie es in der Widmung heißt. Als Interpret des «größten Denkers, den Indien jemals gesehen hat»,[31] trat Iyengar damit aus dem Schatten Krishnamacharyas. 2004 gründete Iyengar in seinem Geburtsort Bellur im südindischen Bundesstaat Karnataka einen Schrein für Patanjali, was eine Neuerung darstellte.[32]

Wie in seinen früheren Büchern verwendet Iyengar religiöses Vokabular, dessen englische Wiedergabe aber eher unspezifisch wirkt. So wird *moksha* nicht als Erlösung, Heil oder metaphysische Befreiung definiert, sondern als «Emanzipation und ewige Glückseligkeit», als «ultimative Freilassung und Emanzipation» oder als «Befreiung, Freiheit von der Knechtschaft weltlicher Genüsse», womit eine Art religiöse Weltüberwindung anklingt. Auch die einleitende Beschreibung der Selbst-Realisierung im Sinne des Gipfels der Entwicklung menschlicher Intelligenz wird ganz am Ende doch unter Verweis auf die *Bhagavadgita* wieder religiös-theistisch überboten: Die Reise führt letztlich von der Selbst-Realisierung zur Gott-Realisierung.

Nichtindische Leser können aber offenbar über die hinduistisch-vishnuitische Religiosität des Textes hinwegsehen. Wieder gibt Menuhin dazu in seiner kurzen Vorbemerkung den Takt vor: Der Yoga sei eine altehrwürdige Kunst, Wissenschaft oder Vision der Vervollkommnung der Menschen «ohne Verankerung in einem bestimmten Glaubenssystem oder Katechismus». «*Jeder* kann Yoga praktizieren ...»[33] Wir haben es hier mit der Koexistenz mehrerer Codes zu tun: hinduistische Lesarten, meta-religiöse oder spirituelle, die über religiöse Differenzen hinwegsehen, und post-religiöse, die ganz auf religiöse Muster verzichten. Wie auch immer: Yoga ist zu einem Signaturbegriff der globalen Religionsgeschichte des 20. Jahrhunderts geworden.

16

Daisetz Teitaro Suzuki

Zen – Universalformel des Gelingens

Als im Jahre 1892 der Aufruf zur Teilnahme am Weltparlament der Religionen in Chicago in Japan eintraf, rief dies unterschiedliche Reaktionen hervor. War diese Einladung eine Anerkennung, verbunden mit der Hoffnung, die Stigmatisierung der Japaner als unzivilisierte Heiden loszuwerden, denen man erniedrigende völkerrechtliche Verträge aufzwingen konnte? Oder würde die Veranstaltung im fernen Chicago doch nur wieder der christlichen Propaganda und der Demütigung der anderen Religionen dienen? Bot eine Teilnahme am Weltparlament vielleicht die Möglichkeit, der Welt die angestrebte Vormachtstellung Japans in Ostasien und die Stärken des (japanischen) Buddhismus vor Augen zu führen und damit dem westlichen chauvinistischen Imperialismus selbstbewusst entgegenzutreten? Schließlich reiste die japanische Delegation ohne offizielles Mandat nach Chicago, und nicht alle religiösen Richtungen schickten Repräsentanten. Insgesamt traten vierzehn japanische Redner auf, die unterschiedlichen Richtungen innerhalb des Buddhismus und des Christentums angehörten. Hinzu kamen ein Unitarier und zwei Shinto-Vertreter. Insgesamt aber wurde der japanische Buddhismus – wie der Mahayana-Buddhismus überhaupt – in Chicago weit weniger wahrgenommen als der z. B. von Anagarika Dharmapala elegant vertretene Theravada-Buddhismus.

Ein Zen-Mönch und ein Evangelist des Buddhismus

Einer der prominentesten Vertreter des japanischen Buddhismus war der damals dreiunddreißigjährige Zen-Mönch Shaku Soen. Von 1887 an lebte er einige Jahre auf Ceylon – zur gleichen Zeit, als Olcott und Dharmapala 1889 für mehrere Monate Japan besuchten, um dort für die Einheit der Hauptrichtungen des Buddhismus (Theravada und Mahayana) zu werben.[1] Auf Ceylon lernte Shaku Soen Pali und führte das ihm fremde Leben eines Theravada-Bettelmönches. Nach seiner Rückkehr nach Japan wurde er Abt des bedeutenden, 1282 gegründeten Zen-Klosters und -Tempels von Engaku-ji in Kamakura. Einen großen Teil seiner Zeit widmete der innovative Abt dem Unterricht von Nicht-Mönchen.

Nach Chicago reiste Soen gegen den Wunsch seiner Schüler, die es unter der Würde eines Zen-Meisters und Abtes fanden, sich in ein derart unzivilisiertes Land zu begeben.[2] Seinen Vortrag hielt er allerdings nicht selbst, sondern ließ den von seinem Schüler Teitaro Suzuki (1870–1966) übersetzten Text von Barrows vorlesen: «Das Gesetz von Ursache und Wirkung, wie es vom Buddha gelehrt wurde». Himmel und Hölle, so Shaku Soen, sind von den Menschen selbst hervorgebrachte Zustände. Der Buddha war der erste Entdecker des Gesetzes von Ursache und Wirkung, das seine Anhänger zur moralischen Vollkommenheit führte.[3]

In Chicago machte Shaku Soen die Bekanntschaft des aus Deutschland stammenden monistischen Philosophen, Theologen und Verlegers Paul Carus (1852–1919), dessen Buch *The Religion of Science* kurz zuvor erschienen war. Dessen Leitgedanken fasste er in seiner Ansprache im Weltparlament der Religionen unter dem Titel «Wissenschaft: eine religiöse Offenbarung» zusammen. Als Grundlage der Moral ist Religion – so Carus – unverzichtbar und unauslöschlich, zugleich aber gilt es, zu einem «reineren» Verständnis von Religion vorzudringen. Es gibt nur eine Wahrheit und daher auch keinen Konflikt von Religion und Wissenschaft.[4] Carus meinte, im Buddhismus, wie er im Weltparlament u. a. von Shaku Soen vertreten wurde, einen Resonanzboden seiner Ideen zu erkennen.

Ein Jahr später erschien sein Buch *The Gospel of Buddha*, das nichts weniger beanspruchte, als eine originalgetreue Zusammenstellung der Grundlehren des Buddhismus anhand von alten Quellen zu sein. Die erste deutsche Übersetzung erschien schon 1895 in New York unter dem Titel *Das Evangelium Buddhas: nach alten Quellen erzählt*. Carus bezog sich auf ein christliches Modell von authentischer Religion, dem er den Buddhismus anpasste. Dabei war Carus weniger an einer bestimmten historischen Form des Buddhismus interessiert als an einem Ideal dieser Religion jenseits ihrer verschiedenen Richtungen, Schulen oder Sekten. Seine «harmonische und systematische» Anordnung des Materials[5] goss den Buddhismus in eine einheitliche, moderne philosophische Form; er schuf einen textbasierten, universalen Buddhismus, den es so historisch noch nie gegeben hatte. Die von Carus beanspruchte Quellentreue hält kritischen Ansprüchen nicht stand, das wurde bereits von der zeitgenössischen Kritik bemängelt. Dem Erfolg des Buches konnte das aber wenig anhaben, bis 1909 erschienen zwölf englische Ausgaben, dazu zahlreiche Übersetzungen, und das Buch wird bis in die Gegenwart nachgedruckt. Besonders bemerkenswert war jedoch die asiatische Verbreitung des Buches. Übersetzt wurde das Werk ins Japanische, Chinesische, Thai, Malaiische, Urdu und Tamil. Die japanische Fassung (1893) war wohl die international einflussreichste, da sie die chinesische Übersetzung (1895) anregte, die unter chinesischen Kriegsgefangenen Verbreitung fand.[6]

Suzukis Mahayana-Studien und die «Große Schlichtheit»

Der Übersetzer war derselbe Mann, der auch Shaku Soens Vortrag auf dem Weltparlament ins Englische übersetzt hatte: Teitaru Suzuki. Er fügte ein biographisches Porträt von Carus bei, in dem er ihn als einen deutschen Philosophen darstellt, der sich vom Christentum ab- und dem Buddhismus zugewandt habe. Das war zwar unzutreffend, aber angesichts der Situation in Japan, in der das Christentum seinen Einfluss vergrößerte und der Buddhismus stark unter Druck stand, wirkte dies ermutigend.

Suzuki schrieb bald an Carus, dem er sich als Philosophiestudent und eifriger Leser seiner Publikationen vorstellte. Auch Shaku Soen setzte sich für seinen Schüler ein, der dann ab 1897 fast zwölf Jahre bei

Carus in La Salle lebte. Bei diesem lernte Suzuki die Mechanismen des Verlagswesens und Techniken des guten Schreibens und der Textkorrektur; wie Carus sollte Suzuki ein veritabler Vielschreiber werden. Im Laufe seines langen Lebens veröffentlichte er etwa dreißig Bücher auf Englisch und rund hundert auf Japanisch.[7]

Ein erstes Produkt der Zusammenarbeit mit Carus erschien bereits 1898: ihre gemeinsame Übersetzung von Laozis *Daodejing*, es folgten zwei weitere zentrale daoistische Texte. Mit seinem 1907 erschienenen Buch *Outlines of Mahâyâna Buddhism* etablierte Suzuki sich als philologischer und religionsgeschichtlicher Experte auf dem Gebiet der Buddhismus-Forschung. Carus blieb stets eher Philosoph und Theologe.

Es war Suzuki ein wichtiges Anliegen, die Fixierung der Forschung auf den Theravada-Buddhismus und den Kanon der Pali-Schriften aufzubrechen. Für ihn war das Mahayana gewissermaßen die progressive Gestalt des Buddhismus:[8] Es gibt keine ein für alle Mal offenbarte Religion, sondern Religion ist wie alles andere den Gesetzen der Evolution unterworfen. Und so weiß sich das Mahayana als lebendiger Glaube in Kontinuität mit dem Geist und den zentralen Ideen des Buddha. Von Zen ist hier noch keine Rede.

Suzukis Vater war Arzt gewesen, hatte durch die politischen Veränderungen aber seine Privilegien verloren.[9] Der Junge wuchs in ärmlichen Verhältnissen auf, was sich nach dem frühen Tod des Vaters noch verschlechterte. Er kam mit verschiedenen religiösen Strömungen – darunter auch protestantische und orthodoxe christliche Missionare – in Berührung. In seiner Kindheit lernte Suzuki Englisch, was ihm früh erste Stellungen als Lehrer verschaffte. Nachdem auch seine Mutter gestorben war, zog er 1890 zum Studium nach Tokio. An der Universität freundete er sich mit dem gleichaltrigen Nishida Kitaro an, der als Begründer der modernen japanischen Philosophie und der sogenannten Kyoto-Schule gilt.

In dieser Zeit besuchte Suzuki oft und lange das Engaku-ji-Kloster, wo er erst bei Abt Imakita Kosen Unterweisung suchte, dann bei dessen Nachfolger, dem bereits erwähnten Shaku Soen. Diese Art des Unterrichts war einem Nicht-Mönch ohne Vermögen erst in jener Zeit überhaupt ermöglicht worden.[10] Unter Soens Anleitung gelang Suzuki nach einigen Jahren eine entscheidende religiöse Einsicht, woraufhin er den Namen Daisetz (Große Schlichtheit) erhielt. Das geschah kurz bevor er in die USA reiste, wo er unter die Obhut von Carus kam. Gegen Ende seiner Studienzeit begann Suzuki Artikel in verschiedenen japanischen buddhistischen Zeitschriften zu veröffentlichen.[11] 1896 erschien eine Abhandlung, in der er eine neue Interpretation der Religion vorschlug: Das Wesen der Religion ist im Laufe der Geschichte unverändert geblieben, wenngleich Religion sich verschiedenen Zeiten und Orten angepasst hat. Ihr Wesen entzieht sich Worten und Erklärungen. Das religiöse Gefühl lässt uns die geistige Luft des Universums atmen; es ist ein Gefühl der Befreiung von den Ketten der individuellen Existenz. Eine christlich-theistische Gottesvorstellung lehnt Suzuki zugunsten einer Form des Pantheismus ab; Gott und Universum sind nicht zu trennen.[12]

Grundmuster des Zen und der «Buddha des Nordens»

1905 begleitete Suzuki seinen Lehrer als Dolmetscher auf einer Vorlesungsreise in die USA. Kurz vor dem Erdbeben 1906 reisten sie aus San Francisco ab. Aus diesen Vorträgen ging ein Buch mit dem Titel *Sermons of a Buddhist Abbot* hervor. Der Buddhismus wird hier jeder mysteriösen, übernatürlichen Seite entkleidet; einzig entscheidend sind Liebe und «sympathy» in einem schlichten Alltagsleben.[13] Das Buch war zwar vermutlich die erste Veröffentlichung eines Zen-Abtes auf Englisch, der Begriff Zen aber kommt darin nur einmal am Rande vor.

Kurze Zeit später erschien Suzukis erste Arbeit über Zen (*The Zen Sect of Buddhism*) – von nun an sollte das Thema Zen über weite Strecken des 20. Jahrhunderts unlöslich mit dem Namen Suzuki verbunden bleiben. Im Vorwort[14] klingen bereits Grundmotive der für Außenstehende attraktiv gestalteten Zen-Interpretation an: die religionsgeschichtliche Einmaligkeit des Zen als spekulative Mystik; die Erfahrung innerer spiritueller Erleuchtung; Subjektivismus und Individualismus anstelle von traditioneller Autorität und Offenbarungsansprüchen; Kontemplation bzw. Meditation als Methode zur Erlangung der Erleuchtung.[15] Die Zen-Sekte lässt viele buddhistische Überlieferungen als überflüssig erscheinen, hat keine kanonischen Bücher oder heiligen Schriften. Die Absage an den Pali-Kanon ist die

Absage an Kanonizität überhaupt. Die Zen-Meister bringen ihre Schüler in Berührung mit «dem Sein oder Leben, das alles belebt».[16] Das Zen ist nicht weltablehnend und kennt keine Askese.

Nach mehr als elf Jahren in den USA trat Suzuki im Jahre 1908 die Heimreise nach Japan an, wobei er Deutschland besuchte und sich länger in London aufhielt. Dort stand er in Verbindung mit der 1810 gegründeten Swedenborg Society, die sich der Übersetzung der Werke des in London gestorbenen schwedischen Wissenschaftlers und Visionärs Emmanuel Swedenborg (1688–1772) verschrieben hatte. Zwei Monate arbeitete Suzuki an einer japanischen Übersetzung von Swedenborgs Werken. Später übersetzte er noch weitere vier seiner Werke. 1913 veröffentlichte er eine Monographie über Swedenborg, den er als «Buddha des Nordens» apostrophierte. Das Interesse für Christian Science und Esoterik teilte Suzuki auch mit seiner Frau, der Amerikanerin Beatrice Erskine Lane (1878–1939), die er auf der Vorlesungsreise mit Shaku Soen 1906 kennengelernt hatte. Sie hatte u. a. bei William James in Harvard studiert und war Mitglied der Theosophischen Gesellschaft. Die Eheleute gründeten in den 1920er Jahren in Kyoto eine Theosophische Loge.[17] Lanes intellektuelles und praktisches Hauptinteresse aber galt dem Buddhismus. 1938 veröffentlichte sie ein Standardwerk zum Mahayana-Buddhismus. Bis zu Beatrices Tode im Jahre 1939 arbeiteten die beiden Eheleute intensiv zusammen.

Shin-Buddhismus versus Staats-Shinto im japanischen Kaiserreich

Im ersten Jahrzehnt nach seiner Rückkehr nach Japan lehrte Suzuki Englisch an einigen Bildungseinrichtungen in Tokio. Er war der Herausgeber der Zeitschrift einer 1910 von Soen gegründeten Zen-Gesellschaft (Zendokai), zu der er viele Artikel beisteuerte (1913 in Buchform veröffentlicht).[18] Ab 1921 gab er zusammen mit seiner Frau die Zeitschrift *The Eastern Buddhist* heraus, die – nach einer längeren Unterbrechung – bis heute erscheint. Im selben Jahr erhielt er eine Stelle als Professor für Englisch und indische (= buddhistische) Philosophie an einer privaten buddhistischen Universität in Kyoto, die religiöse Experten für den Buddhismus des Reinen Landes (Jodu-Shinshu) ausbildete. Mit dieser Richtung des Buddhismus beschäftigte Suzuki sich im Laufe seines Lebens intensiv, und er wurde in eine geheime Variante dieses Glaubens eingeweiht. In seiner Deutung des Shin-Buddhismus, wie er diese Richtung nannte, war das «Reine Land» keine Angelegenheit des Jenseits; es war vielmehr in der subjektiven inneren Erfahrung der Individuen verankert.[19]

Einen Durchbruch zu internationaler Bekanntheit stellten seine 1927 erschienenen *Essays in Zen Buddhism* dar, die den Auftakt zu einer ganzen Reihe von englischsprachigen Buchveröffentlichungen über das Zen bildeten, u. a. *The Training of the Zen Monk* (1934) und *Manual of Zen Buddhism* (1935). Diese Veröffentlichungen wurden von einem reichen Geschäftsmann aus Osaka gefördert.[20]

Das Kaiserreich Japan begann Suzuki als eine Art Markenzeichen oder Kulturbotschafter einzusetzen. So nahm er auf Wunsch des Außenministeriums 1936 in London am World Congress of Faiths teil, einer englischen Nachfolgeveranstaltung des amerikanischen Weltparlaments von 1893. Dort hörte ihn begeistert der junge Alan Watts, der bald darauf von Kalifornien aus ein einflussreicher Vermittler des Zen-Buddhismus wurde. Eine ordentliche Ausbildung als Zen-Schüler konnte er zwar nicht vorweisen, dennoch wurde sein 1957 erschienenes Buch *The Way of Zen* (deutsch 1961 als *Zen-Buddhismus: Tradition und lebendige Gegenwart*) ein internationaler Beststeller. Suzuki allerdings war mit Watts' Zen-Buddhismus nicht einverstanden: Er hielt ihn für völlig daneben, «completely off target», und bezeichnete Watts gar als einen Schwindler, «a fake».[21]

1940 – als Siebzigjähriger – beendete Suzuki seine Lehrtätigkeit in Kyoto. Während der Kriegsjahre lebte er zurückgezogen. Nach Kriegsende gründete er, unterstützt von einem Mäzen, eine Bibliothek zum Studium des Zen-Buddhismus in Kamakura.

1947, also noch in der amerikanischen Besatzungszeit, wurde Suzuki eingeladen, dem Kaiser erbauliche Vorlesungen über den Buddhismus zu halten[22] – offenbar sahen die Amerikaner in ihm einen Gleichgesinnten. Suzuki hatte in den 1930er Jahren aktiv Kontakte zu Regierungsbehörden gepflegt. Im Unterschied zu seinem Freund Nishida, seinem Lehrer Shaku Soen und vielen anderen Zen-Buddhisten hat Suzuki nie eindeutig für die japanische Kriegspolitik Partei ergriffen. Verschiedentlich hat er sich sogar kritisch über den staatlichen Shintoismus geäußert, der einerseits keine Religion sein solle, aber gleichzeitig wie eine politisch geschaffene Staatsreligion gefördert werde. Für Suzuki war dieser Shinto aber der Gegensatz zur wahren Religion: Wo diese auf Innerlichkeit, Tugend, Liebe, Heiligkeit beruhe, sei jener äußerliches Zeremoniell, Macht und Militarismus.[23] Suzuki weigerte sich nicht, dem Bild des Kaisers die vorgeschriebene Verehrung zuteilwerden zu lassen; er stellte aber klar, dass dies für einen Buddhisten keine religiöse Handlung darstelle[24] – ganz im Sinne der offiziellen politischen Interpretation. Bei all dem gilt es zu berücksichtigen, dass Suzuki wegen seines langen Auslandsaufenthalts, seiner Kontakte zu Briten und Amerikanern und seiner amerikanischen Ehefrau potenziell suspekt war.

Ab 1939 unterhielt Suzuki Kontakte zur deutschen Botschaft; so pflegte er mit dem deutschen Botschafter zu Mittag zu essen.[25] 1939 erschien eine deutsche Übersetzung seiner Einführung in den Zen-Buddhismus, 1941 folgte *Zen und die japanische Kultur*, das im *Völkischen Beobachter* begeistert besprochen wurde. In Japan entwickelte sich Suzuki zufolge Bushido (wörtlich: «Weg des Kriegers»), der Verhaltenskodex des Militäradels, der Samurai, aus dem Zen. Dem Einfluss des Zen verdanke sich die gelassene und freudige Todesverachtung der Japaner, die Furchtlosigkeit und das Fairplay der japanischen Soldaten[26] – ein Aspekt der Rhetorik des japanischen Militarismus erhält hier eine Zen-Weihe.

Ein wichtiger Nazi-Kontakt Suzukis war der Zen-begeisterte Karlfried Graf Dürckheim, der im Auftrag des Auswärtigen Amtes in Japan als Nazi-Propagandist tätig war. Nach dem Krieg war er achtzehn Monate lang in Japan interniert, ehe ihn die Amerikaner nach Deutschland repatriierten. Dort gelang es Graf Dürckheim, seine Nazi-Vergangenheit zu vertuschen. Der Ex-Nazi schlug eine erfolgreiche Karriere als Therapeut, Zen-Interpret und esoterischer Publizist ein.[27]

Eine kosmopolitische Celebrity

1949 begann Suzukis bis 1957 andauernde Phase intensiver Lehrtätigkeit in den USA, hauptsächlich an der Columbia-Universität in New York. Unterstützt wurde er von seiner attraktiven Schülerin Mihoku Okamura (geb. 1935), die ihm bis an sein Lebensende als eine

Daisetz Teitaro Suzuki im Jahr 1953. Die Aufnahme stammt von dem Modephotografen und Fotojournalisten Shigeru Tamura, der nach dem Krieg als Pazifist hervortrat.

Art Privatsekretärin und Betreuerin diente. In seinem neunten Lebensjahrzehnt etablierte Suzuki sich als Knotenpunkt in einem internationalen Netzwerk von Künstlern und Intellektuellen. So stand er in geistigem Austausch mit Martin Heidegger, Erich Fromm, Carl Gustav Jung, Mircea Eliade, John Cage und dem Trappistenmönch Thomas Merton. Buddhismus-Forscher wie Edward Conze waren von ihm inspiriert.

Darüber hinaus wurde er durch Fernsehsendungen und Artikel über ihn in Magazinen wie *Harper's Bazaar, Life, Look, Newsweek, The New Yorker, Saturday Review, Time* und *Vogue*, die in den 1950er Jahren ihre goldene Ära hatten, einem größeren Publikum bekannt. Suzuki hatte kosmopolitischen Chic und Stil. Sein charmantes Aussehen und Auftreten, seine Gestik und rätselhafte Ausdrucksweise erregten Aufmerksamkeit – als väterlich-würdevolle, gütige und mild lächelnde Verkörperung einer uralten asiatischen Weisheitstradition. All dies lud dazu ein, Zen auszuprobieren. War die Welt zuvor von einer aggressiven Form japanischer Männlichkeit militärisch attackiert worden, so war Suzuki nun eine gefahrlose, sympathische Variante japanischer Maskulinität.[28] Seine Popularität in den USA und Europa steigerte wiederum sein Ansehen in Japan.

Spiritualität und Zen als Schlüsselerfahrung

1958 repräsentierte Suzuki den Fernen Osten auf der Brüsseler Weltausstellung, wo er eine Eröffnungsrede zum Thema «Spiritualität» hielt. Zum Thema «japanische Spiritualität» hatte er schon 1944 ein Buch auf Japanisch verfasst. Den zuvor eher ungebräuchlichen japanischen Begriff *reisei* verwendete Suzuki als Programmbegriff für die Überwindung des dualistischen Denkens und für das Neuerwachen des religiösen Bewusstseins der Menschen.[29] Spiritualität stellte eine unmittelbare, konkrete Verbindung mit dem Überindividuellen her.[30] 1963 wurde Suzuki für den Friedensnobelpreis nominiert, den dann 1964 Martin Luther King erhielt. 1966 starb er im Alter von sechsundneunzig Jahren.

Hatte Suzuki in seinen frühen Publikationen das Zen als eine Sekte des japanischen Mahayana dargestellt, so wurde daraus im Laufe seines Schaffens der Schlüssel zur japanischen Kultur und des «Ostens» überhaupt. Sein 1938 erschienenes Buch *Zen and Japanese Culture* erhielt in der deutschen Ausgabe von 1994 den bezeichnenden Titel *Zen und die Kultur Japans: Der Geist des Zen in Dichtung und Malerei, Theater, Tee-Weg, Garten- und Baukunst, Philosophie und Kampfkünsten Japans*. Andererseits sah er im Zen den universal gültigen Zugang zu Religion und Philosophie schlechthin, jenseits oder innerhalb einzelner Religionen, Kulturen und philosophischer Systeme. Im ersten Band der *Essays* von 1927 liest man: «Alle intellektuelle Anstrengung muss im Zen gipfeln – oder in ihm seinen Ausgangspunkt nehmen, wenn sie überhaupt praktische Früchte tragen soll ... Daher ist Zen nicht notwendigerweise die Quelle nur des buddhistischen Denkens und Lebens; es lebt vielmehr ebenso im Christentum, im Islam, im Daoismus, ja sogar im positivistischen Konfuzianismus.»[31]

Bis in die 1980er Jahre wurde das allgemeine Zen-Bild, auch in der Wissenschaft, stark von Suzuki geprägt; erst ab den 1990er Jahren gab es eine spürbare Distanzierung.[32] Von einer religionsgeschichtlichen Marginalie in der damaligen Buddhismusforschung erweiterte Suzuki das Zen zu einer vielseitig anschlussfähigen Idee und Praxis.

Zen wurde zu einer Angelegenheit individueller Erfahrung – eine Deutung, die vermutlich nicht unwesentlich von William James inspiriert war, dessen Vorlesungen *Varieties of Religious Experience* (1902) bei Suzukis erstem Amerika-Aufenthalt wie eine Bombe eingeschlagen hatten, und die er später in Japan in seinem Unterricht verwendete. Suzuki spricht von einer unmittelbaren existenziellen «Axialerfahrung».[33] Neben *kensho* (Einsicht in die eigene Natur) verwendete er den bis dahin in Japan nicht sehr gebräuchlichen Begriff *satori* als Chiffre für die von allen Menschen – nicht nur von Buddhisten – vor allem durch Sitzmeditation zu erlangende «Erleuchtung». *Satori* wurde ein weithin bekanntes Wort. Es ist «vor allem Suzukis Publikationen und ihrer Rezeption zuzuschreiben, dass der Begriff ‹Erleuchtung› sich fest als Inbegriff des Strebens im Buddhismus verankert hat.»[34] Für Suzuki stand dabei fest, dass die unter kompetenter Anleitung eines autorisierten Meisters in Verbindung mit dem ausdauernden *zazen* (Sitzen) betriebene *koan*-Praxis auf Dauer unweigerlich ans Ziel führt; *satori* erfolgt also nicht als spontane Gnadengabe. Die als *koan* bezeichneten kleinen Geschichten, Dialoge oder Rätsel, die in der Rinzai-Richtung des Zen-Buddhismus eine zentrale Rolle spielen, erschienen dabei als ein anregendes Gegenmodell zu rationaler Argumentation. Zen schien Intuition gegenüber Intellekt rehabilitieren zu können. Die Synthese von Wissenschaft und Religion, von der Suzuki einst mit Carus geschwärmt hatte, gehörte der Vergangenheit an.[35]

Als von den klösterlichen Zwängen und Hierarchien unabhängiger Laie und Gelehrter machte Suzuki das Zen zu einem Modell der emanzipativen, ja revolutionären Befreiung von Konventionen. Zen wurde ein Modell individualistischer Lebensführung. In der Nachkriegszeit schrieb Suzuki das Zen in die Programmatik von Freiheit und Demokratie ein: «Zen is the principle of freedom and democracy.»[36] Zen wurde zu einem Gesprächspartner von und zu einer Alternative zu Esoterik, Religionsphänomenologie, existenzialistischer Philosophie, Analytischer Psychologie, Psychoanalyse und Psychotherapie. Zen wurde zu einer Inspiration von Kunst und Künstlern. Die gegenseitige Verquickung von Zen und Japan ließ beide als eine Alternative zu westlicher Modernität erscheinen. So werde etwa die Natur im Zen und in Japan nicht unterworfen oder erobert, sondern bewundert und geliebt.[37]

Die völlige Durchdringung des Zen bleibt Suzuki zufolge letztlich wohl nur Japanern vorbehalten. So soll er einmal gesagt haben, ihm sei kein einziger Westler bekannt, der die vollständige Erleuchtung bzw. *satori* erlangt habe.[38] Ähnlich äußerte er 1958 dem japanischen Gelehrten Shin'ichi Hisamatsu gegenüber, dass es kein einziges Buch eines Westlers über das Zen gebe, das einigermaßen zutreffend sei.[39] Das ist eine bemerkenswerte Aussage für jemanden, der viele Jahre an amerikanischen Prestigeuniversitäten lehrte und ein breites Netzwerk zu westlichen Intellektuellen unterhielt.

Coda: Eugen Herrigel

Ein Nicht-Japaner, der über Zen schrieb und auch in Japan eine gewisse Anerkennung erfuhr, war Eugen Herrigel (1884–1955). Sein erstmals 1948 erschienenes Buch *Zen in der Kunst des Bogenschiessens* wurde ein Weltbestseller. Bis 2008 sind allein auf Deutsch achtundvierzig Auflagen erschienen. Der 1953 veröffentlichten englischen Übersetzung war ein Vorwort von Suzuki Daisetz beigegeben, das dem «wunderbaren kleinen Buch» eine Art offizielle Weihe zu geben schien. Auch Herrigel aber habe, so Suzuki später, das Zen eigentlich nicht verstanden; das Vorwort habe er nur aus Höflichkeit geschrieben, da man ihn nun mal darum gebeten hatte.[40]

Anders als Alan Watts konnte Herrigel praktische Erfahrungen mit der japanischen Kultur vorweisen, denn er hatte von 1924 bis 1929 an einer japanischen Universität Philosophie unterrichtet. Die Kunst des Bogenschießens hatte er bei einem eigenwilligen japanischen Lehrer gelernt, der allerdings kein Zen-Meister war und dessen Kommunikation mit Herrigel offenbar von Missverständnissen geprägt war. Die in dem Buch aufgebaute, von Herrigels Suzuki-Lektüre angeregte Verbindung von Zen und Bogenschießen und die Zen-Deutung des Bogenschießens sind alles andere als gesicherte Erkenntnisse; Herrigels Expertise ist fragwürdig. Auf seiner Europareise 1953 stattete Suzuki trotzdem Herrigel einen Besuch ab, die beiden schwelgten einen Tag lang harmonisch im Gespräch.[41] 1947 von den Amerikanern als Mitläufer eingestuft, war dem ehemaligen Rektor der Universität Erlangen eine Rückkehr in den Professorendienst nicht möglich gewesen. Seine Nazi-Vergangenheit wurde u. a. von seiner Witwe zu vertuschen versucht. Suzuki meinte dazu, es sei völlig unmöglich, dass jemand, der eine Zen-Erleuchtung erfahren habe, Nazi werden könne.[42] Man wird daraus schließen können, dass Herrigel in Suzukis Augen keine Zen-Erleuchtung zuteilgeworden war – oder dass er für ihn kein Nazi war.

Die Erfolgsformel von Herrigels Bestseller wurde seither oft und erfolgreich kopiert. Inzwischen gibt es auf dem deutschen Buchmarkt Titel wie den Weltbeststeller *Zen und die Kunst, ein Motorrad zu warten* (englische Originalausgabe 1974) oder Bücher wie *Zen oder die Kunst der Präsentation*, *Zen und die Kunst sich zu verlieben*, *Zen und die Kunst Gitarre zu spielen*, *Zen oder die Kunst, vom Rauchen zu lassen* bis zu *Zen und die Kunst durch ein Loch zu fallen*. Zen – bei Suzuki etwas genuin Japanisches und der Kern von authentischer Religion – ist damit zu einer Art Universalformel des Gelingens in allen Lebenslagen geworden.

17

Carl Gustav Jung

Psychologie als Heilsweg

Die Geschichte der Entdeckung des Unbewussten – ein anthropologisch-psychologischer Zentralbegriff, der unter den maßgeblichen Theoretikern ebenso umstritten ist wie andere Grundbegriffe des Menschseins – geht mindestens bis ins 18. Jahrhundert zurück.[1] Friedrich Nietzsche hat in seiner 1881 erschienenen *Morgenröthe: Gedanken über die moralischen Vorurtheile* (§ 119) die Frage aufgeworfen, ob «all unser sogenanntes Bewusstsein ein mehr oder weniger phantastischer Commentar über einen ungewussten, vielleicht unwissbaren, aber gefühlten Text ist?»[2] Das Auseinanderbrechen des bewussten Ich und des auch nicht- oder unbewusste Elemente umfassenden Selbst beschrieb er dann in der Vorrede seiner 1887 erschienen «Streitschrift» *Zur Genealogie der Moral* mit den Worten, wir blieben «uns eben nothwendig fremd», für uns gelte «der Satz in alle Ewigkeit ‹Jeder ist sich selbst der Fernste›».[3]

Freuds Religionskritik und das Unbewusste

Durch die maßgeblich von Sigmund Freud (1856–1939) entwickelte Psychoanalyse erfuhr die von Nietzsche aufgeworfene Frage eine neuartige Evidenz und Virulenz. Träume, Versprecher, Witze, aber auch pathologische Symptome ließen darauf schließen, dass menschliches Handeln in erheblichem Maße von nichtbewussten psychischen Instanzen und Interessen beeinflusst oder gar gesteuert wird und sich der Kontrolle durch das bewusste Ich entzieht. Die Annahme des Unbewussten diente als Erklärungsmechanismus, wobei dieses Unbewusste per definitionem nie vollends bewusst gemacht werden kann. In seinem Jahrhundertbuch *Traumdeutung* stellte Freud fest: «Das Unbewußte ist das eigentlich reale Psychische … uns durch die Daten des Bewußtseins ebenso unvollständig gegeben wie die Außenwelt durch die Angaben unserer Sinnesorgane.»[4]

Weil das auf der Annahme des Unbewussten beruhende therapeutische Handeln augenscheinlich Wirkungen zeigte, wurde die vorausgesetzte Grundannahme «verifiziert». Durch Zusatzannahmen, vor allem zu Persönlichkeits- und Triebstrukturen, verstetigte sich eine kausale Theorie, die beansprucht erklären zu können, wie es zu bestimmten Denk- und Handlungsweisen kommt, etwa zu Zwangshandlungen, die formale und strukturelle Merkmale mit religiösen Ritualen teilen.

Schlagwortartig vereinfacht theoretisierte Freud Religion[5] als Projektion psychischer Prozesse, als kollektive psychische Störung (Neurose), als übersteigerte Wunscherfüllungsphantasie, als Ventil verdrängter traumatischer Ereignisse aus der mythischen Frühzeit des Kollektivs oder der Kindheit des Individuums, als Versuch der Bewältigung von Komplexen, die auf frühkindliche Erfahrungen zurückgehen, insbesondere auf die Rivalität mit der Vaterfigur und die damit verbundene Inzestproblematik. In positiver Wendung gründe Religion in einem ursprünglichen Gefühl der grenzenlosen Einheit. Sie könne menschliche Neurosen in Schach halten, für Individuen wichtige Sinnangebote und Schutzfunktionen bereitstellen und auch für Kollektive sozialen Zusammenhalt generieren. Freud stellte diese Diagnose der Religion als Arzt und Wissenschaftler; in seinem Weltbild gehörte Religion zur Seite dessen, was durch Wissenschaft – hier: Psychoanalyse – als «Illusion» zu entzaubern und im Fortschreiten der Zivilisation zu überwinden sei.

In einer Ironie der Geschichte wurde die Freud'sche Psychoanalyse selbst als religiöses Projekt interpretiert: Freud als Religionsstifter, der Analytiker als Schamane, die Botschaft als Heilsversprechen, Freuds Bücher als heilige Texte, deren Interpretation innerhalb seiner Kirche stets umstritten bleibt, die Lehranalyse als Initiation – die Liste ließe sich erweitern.[6]

Esoterischer Religionsstifter oder empirischer Wissenschaftler?

Freuds Schüler und designierter Kronprinz war der fast zwanzig Jahre jüngere Carl Gustav Jung (1875–1961). Er wurde u. a. als Mystiker oder Gnostiker charakterisiert, z. B. von Martin Buber,[7] und gilt als einer der wichtigsten Exponenten der westlichen Esoterik des 20. Jahrhunderts.

1875 in einem Dorf im Schweizerischen Kanton Thurgau geboren, wuchs er wie der von ihm verehrte Nietzsche in einem protestantischen Pfarrhaus auf. Die letzte Stelle seines Vaters war die des Pastors und Konsulenten der Basler Psychiatrischen Universitätsklinik. Die Familie lebte in ärmlichen Verhältnissen, was ihn dazu bewegte, nicht Archäologie, sondern Medizin zu studieren und sein Studium und seine praktische Ausbildung in möglichst kurzer Zeit durchzuziehen (Basel, 1895–1900). Er arbeitete zunächst in einer psychiatrischen Klinik bei Zürich und lehrte dann auch an der Universität. Erst seine Heirat (1903) mit der vermögenden Industriellentochter Emma Rauschenbach (1882–1955) ermöglichte es Jung, sich selbständig zu machen: 1909 eröffnete er in Küsnacht am Zürichsee eine Praxis. Finanziell unabhängig, konnte er sich nun einen gehobenen Lebensstil leisten. Das Ehepaar bekam vier Töchter und einen Sohn. Emma Jung wurde ebenfalls Psychoanalytikerin und war unsichtbare Assistentin und Mitautorin seines Werkes. Ihr Mann hatte zahlreiche Affären, darunter eine über mehrere Jahrzehnte dauernde Beziehung mit Antonia «Toni» Wolff (1888–1953), seiner ehemaligen Patientin und Schülerin, die später als Vertraute und Muse quasi zum Jung-Haushalt gehörte. Beide Frauen warben um die Gunst des Patriarchen, der – sportlich, gutaussehend, hochgewachsen, selbstbewusst, dominant, zugleich entspannt Pfeife rauchend – meistens eine Schar von Bewunderinnen um sich hatte.

Der amerikanische Psychologe und Medizinhistoriker Richard Noll hat mit der These für Aufsehen gesorgt, spätestens 1916 habe Jung sich selbst zum Gott, Propheten oder zum arischen Christus einer esoterischen, neo-paganen, Nietzscheanischen, sonnenverehrenden Mysterienreligion gemacht.[8] Einige Quellen belegen, dass Jung sich bis in die 1930er Jahre zumindest im Traum mit Christus identifizierte,

Carl Gustav Jung wird 1959 von John Freeman für die BBC interviewt.

dass er von seiner eigenen Gottwerdung sprach und dass er sich in die Rolle von Nietzsches Übermensch projizierte.[9]

Ab den 1950er Jahren wies Jung – wie auch zahlreiche Jung-Spezialisten, die sich allerdings durchweg zu einem gewissen Grad mit dem Werk Jungs identifizieren – dann allerdings die Rollenzuschreibung des Religionsstifters zurück und sah darin sogar «reinste Verleumdung».[10] Wie sein Lehrmeister Freud stellte Jung sich in seinen Veröffentlichungen konsequent als Arzt, Psychiater und empirisch arbeitender Wissenschaftler dar (was man nicht vorschnell als bloßes Tarnmanöver abtun sollte).

Eine quasioffizielle Jung-Verteidigung und Noll-Kritik ist das 1998 erschienene schmale Buch *Cult Fictions: C. G. Jung and the Founding of Analytical Psychology* des britischen Psychologiehistorikers Sonu Shamdasani. Dessen Jung-Forschungen wurden später von der auch von den Jung-Erben anerkannten, in New York ansässigen Philemon-Stiftung finanziert, die sich die Veröffentlichung des Jung-Nachlasses zur Aufgabe gemacht hat. Jungs ungewöhnlich breites Gesamtwerk lässt sich nicht auf einen bestimmten geistes- und religionsgeschichtlichen Hintergrund oder Einfluss reduzieren.

Vereinnahmung durch die Nazis

Auch wenn Noll Jungs intellektuelle Biographie in ein anrüchiges weltanschauliches Hinterland platzierte, so hielt er ihn weder für einen Antisemiten noch einen Prä-Nazi.[11] Allerdings ist Jung schon früh in Interviews mit religiösen Deutungen Hitlers hervorgetreten (s. unten S. 261), und in einem 1936 erschienenen Aufsatz mit dem Titel «*Wotan*» entfaltet er ein mythologisch-psychohistorisches Szenario der religiösen Ergriffenheit und Erneuerung der germanischen Seele.[12] Seine Beziehungen zum Nationalsozialismus wecken in der Rückschau ein gewisses Unbehagen. Jung ließ sich zumindest phasenweise vor den ideologischen Karren der Nazis spannen, denn seine Analytische Psychologie galt (lange unwidersprochen) als «arische» Alternative zur «jüdischen Psychoanalyse» Freuds und seiner engsten Schüler. Jung pflegte eine Zeit lang intensive Beziehungen zu dem Tübinger Indologen, Religionswissenschaftler und Kirchengründer Jakob Wilhelm Hauer, einem dezidierten Nazi.[13] Man muss jedoch zugestehen, dass er sich der Vereinnahmung seines Werkes im Laufe der Zeit zu entziehen und dass er Juden persönlich zu helfen versuchte. 1936 äußerte er sich kritisch über Adolf Hitler, was dazu führte, dass sein Name auf der Liste der in Deutschland und Frankreich verbotenen Autoren landete und er sich Schikanen vonseiten der Nazis ausgesetzt sah. Erst sehr spät kam ans Tageslicht, dass Jung als Agent der Amerikaner eine kleine Nebenrolle in einem Plot zum Sturz Hitlers gespielt hatte.[14] Jung bemühte sich nach dem Krieg um Aussöhnung mit dem liberalen Rabbiner Leo Baeck, der bis zu seiner Internierung im KZ Theresienstadt 1943 Präsident der Reichsvertretung der Deutschen Juden gewesen war. In der Folge pflegte auch der Judaist Gershom Scholem wieder Kontakt mit Jung.

Visionen und zwei Persönlichkeiten

Wie seine Mutter, die während Jungs Kindheit mehrfach längere Zeit in einem Spital bei Basel verbrachte, machte auch Carl schon in den ersten Lebensjahren paranormale Erfahrungen wie Visionen oder Halluzinationen. Das lag gewissermaßen in der Familie: Auch seine

Großmutter und eine Cousine hatten Trancezustände erlebt. In dem quasi autobiographischen Werk *Erinnerungen, Träume, Gedanken* (postum 1962) wird aus der Schulzeit besonders das zwölfte Lebensjahr hervorgehoben:[15] Da ging der Junge einmal am Baseler Münster vorbei und sah, wie Gott, hoch über der Welt, auf seinem goldenen Thron saß und von dort oben auf das Kirchendach hinunter «schiss»,[16] das dadurch zerschmettert wurde und schließlich einstürzte. In der frisierten Buchausgabe steht, dass «ein ungeheures Exkrement»[17] vom Himmel gefallen sei.

Diese Vision verweist bereits auf Jungs späteres Religionsverständnis: Da ist zum einen die exzentrische, Schmutziges und Reines, Licht und Schatten, Gutes und Böses zusammenführende und erweiternde mythische Gottesvorstellung, die sich von dem offiziellen klinisch-reinguten Gottesbild der Theologie entfernt. Zum anderen suggeriert das Szenario des Kircheneinsturzes Zweifel an der Tragfähigkeit des kirchlichen Christentums, das ihn wie viele Zeitgenossen nicht mehr tief ansprach.

Der Zwölfjährige litt unter regelmäßigen Ohnmachtsanfällen, die er nach eigenem Bekunden durch rigorose Selbstdisziplinierung schließlich in den Griff bekam. Weiterhin berichtet er von Erlebnissen, die ihn zu der Selbstdeutung brachten, dass er «eigentlich und in Wahrheit zwei verschiedene Personen» sei und «in zwei Zeiten» lebe.[18] Ein «Spiel und Gegenspiel zwischen den Persönlichkeiten Nr. 1 und Nr. 2» zögen sich durch sein ganzes Leben. Man ahnt, dass Nr. 1 eher die Seite der Zweckrationalität, des logischen Denkens und des Äußeren repräsentiert, Nr. 2 die des Geheimnisses, des Bildhaften und des Inneren. Jung erkennt in seinem Lebenswerk die Existenz und Bedeutung der Persönlichkeit Nr. 2 als Figur des Anderen als legitim an, und genau dies ist der Raum, der den Menschen für Religion, für die Gottes-Idee öffnet. Auch Träume ermöglichen Wahrheiten. Ein konstruktives Zusammenspiel beider Persönlichkeiten ist nach Jung notwendig im Prozess der ganzheitlichen Selbst-Werdung, den er als «Individuation» bezeichnet.

All dies spreche für die Doppelbödigkeit und Durchlässigkeit der Wirklichkeit; Wissenschaft allein reiche nicht aus, unerlässlich sei auch der Mythos. Im Kapitel «Rückblick» von *Erinnerungen, Träume, Gedanken* gibt Jung folgende Selbstbeschreibung als seine «Eigentümlichkeit» an: «Der Unterscheid zwischen den meisten anderen Menschen und mir liegt darin, daß bei mir die ‹Zwischenwände› durchsichtig sind.»[19]

Jung erfuhr zeitlebens paranormale Erfahrungen am eigenen Leibe und nahm sie ernst. Sie ereigneten sich sogar in einer Begegnung mit Freud, als er ihn noch als eine Art Vaterfigur verehrte. In Jungs Anwesenheit trieb im Bücherschrank von Freuds Wiener Arbeitszimmer plötzlich ein Poltergeist sein Unwesen. In einem selbstironischen Brief an Jung vom 16. April 1909 gibt sich Freud von diesem Vorgang recht beeindruckt, aber: «Meine Gläubigkeit oder wenigstens meine gläubige Bereitwilligkeit schwand mit dem Zauber Ihres persönlichen Hierseins dahin ... das entgeisterte Mobiliar steht vor mir, wie vor dem Dichter nach dem Scheiden der Götter Griechenlands die entgötterte Natur.»[20]

Dieser Vergleich könnte nicht treffender sein: Hielt Freud an einer biologistischen, «entgeisterten», «entgötterten» Wirklichkeitsauffassung fest, so hatte sich Jung für eine Wiederverzauberung der Wirklichkeit geöffnet. Freud sah schließlich ein, dass Jungs «innerste Neigungen» ihn «zum Studium des Okkulten treiben», wogegen sich nichts machen lasse, müsse doch jeder «der Verkettung seiner Impulse» folgen.[21]

Philemon, das «rote Buch» und der Gnostizismus

1913 kam es zum Bruch mit Freud, wohl nicht nur wegen unterschiedlicher Auffassungen zur Psychoanalyse, etwa zur Sexualtheorie, sondern auch wegen Jungs angeblichen religiösen Ambitionen – in den USA habe er Psychoanalyse als Religion bezeichnet und sich selbst als Christus stilisiert.[22] Nach diesem Bruch musste Jung nicht nur seine wissenschaftlich-therapeutische Identität neu erfinden, er durchlief auch eine einschneidende psychische Krise, zu deren Bewältigung er in einer Art Selbstexperiment sein Unbewusstes mobilisierte – v. a. in einer imaginären Interaktion mit Phantasiefiguren, insbesondere dem alten, weißbärtigen Mann «Philemon», mit dem er Gespräche führte. Seine Einsichten brachte er in Form von eindringlichen, farbintensiven Bildern zum Ausdruck, die er in einer kalligraphischen Handschrift kommentierte. Die Diktion dieses Visionsbuchs[23] erinnert in Teilen an Nietzsches *Also sprach Zarathustra*. Das Werk projiziert Jung in die Rolle des durch den Abgrund gegangenen, in den «göttlichen Wahnsinn» eingetauchten, zahlreichen Versuchungen ausgesetzten, ans Kreuz geschlagenen Visionärs einer neuen Religion der berauschten Liebe, in dem man nicht mehr Christus nachahmt, sondern selbst zu Christus wird[24] und dabei die Versklavung an die alten Götter abstreift und Verantwortung für seine eigene Freiheit übernimmt.[25]

Jung, der sich auch nach der überstandenen Krise weiterhin in erster Linie als Arzt und Wissenschaftler sah, hatte dieses Werk nicht veröffentlichen wollen, und es wurde auch von seinen Erben lange unter Verschluss gehalten.[26] Erst 2009 erschien mit Unterstützung der Philemon-Stiftung *Das rote Buch: Liber novus*, ein Faksimile mit Transkription des Textes, Einleitungen und Kommentaren[27] – ein enormer publizistischer Erfolg.

Seit Jungs Krise war die Weiterentwicklung seiner eigenen psychologischen Theorie auch inspiriert von seiner Auseinandersetzung mit dem antiken Gnostizismus – Mythen und Bibelinterpretationen des 2. und 3. Jahrhunderts, die von der dominanten Form des Christentums z. B. in ihrer Mythologie, ihrer Sichtweise des biblischen Schöpfergottes und des menschlichen Körpers markant abweichen. Für Jung war das Verhältnis des Gnostizismus zum kanonischen Christentum mit dem des Unbewussten zum Bewusstsein vergleichbar; er war etwas wie die unterdrückte Nachtseite der Religion.[28] 1916 entstanden dazu seine *Septem sermones ad mortuos* (Sieben Predigten an die Toten). Seine Kenntnis des Gnostizismus war stark von dem hochrangigen Theosophen George Robert Stowe Mead und dessen zahlreichen Schriften zum Hermetismus, Gnostizismus, den Mysterienkulten und dem Orphismus beeinflusst.[29] Jung reiste sogar eigens nach London, um Mead für seine Übersetzungen zu danken.[30]

Die Kenntnis des Gnostizismus wurde 1945 durch die Funde im oberägyptischen Ort Nag Hammadi auf eine neue Grundlage gestellt. Das 1948 gegründete Jung-Institut in Zürich erwarb 1952 von einem belgischen Antiquar den Kodex I dieser Texte, der sodann als *Codex Jung* bekannt wurde.

Jung stand jahrzehntelang in regem Austausch mit Experten der verschiedensten Disziplinen. Unter anderem pflegte er diese Kontakte auf den seit 1933 stattfindenden jährlichen sogenannten Eranos-Konferenzen im Schweizerischen Ascona. Hier versammelten sich prominente Gelehrte – 1953/54 u. a. auch Suzuki und Gershom Scholem –, von denen sich mehrere zur Lösung der sogenannten Krise der Moderne berufen fühlten und die ihren Forschungsgegenständen gegenüber eine Haltung der persönlichen Ergriffenheit einzunehmen pflegten. Die Vorträge wurden in weithin beachteten Jahresbänden veröffentlicht. Bis zu seinem letzten Auftritt im Jahre 1951 war Jung die dominierende Gestalt der Eranos-Konferenzen.[31]

Das Refugium am See und das New Age

Ab 1922 richtete sich Jung ein im Laufe der Zeit weiter ausgestaltetes Refugium in Bollingen am Obersee ein. Mit zunehmender Berühmtheit unternahm er mehrere Fernreisen. Auf einer Amerikareise kam er mit einigen Pueblo-Indianern in Neumexiko in Kontakt, die ihn sehr beeindruckten. Jung zeichnet in seinen *Erinnerungen* die Verbindung der Pueblos zur Sonne als ein Gegenbild zur zeitgenössischen westlichen Zivilisation: «Vergleichen wir damit unsere Selbstbegründung, unseren Lebenssinn, den unsere Vernunft formuliert, so können wir nicht anders, als von seiner Armseligkeit beeindruckt zu sein ... Das Wissen bereichert uns nicht, sondern entfernt uns mehr und mehr von der mythischen Welt, in der wir einst heimatberechtigt waren.»[32] Jungs Kritik des westlichen Rationalismus erscheint hier fast als nostalgischer Exotismus oder Primitivismus, wie er für Teile gegenkultureller Diskurse nicht untypisch war.

Die New Age Bewegung, in der einige von Jungs Ideen aufgegriffen wurden, hatte ihren Namen aus der Annahme erhalten, dass der Menschheit eine große Zeitenwende bevorstehe. Vermutlich war Jung sogar eine Hauptquelle für die Vorstellung des Age of Aquarius. Im Sinne einer astrologischen Geschichtsdeutung war er davon überzeugt, am Ende des Äons der Fische und an der Schwelle des neuen Äons des Wassermannes zu leben, dessen Anfang er ungefähr auf das Jahr 1940 ansetzte.[33] Diese Idee der astrologischen Weltalter diente auch als Deutungsschema der Religionsgeschichte: Dass das Auftreten Christi mit dem Eintritt in das Sternbild der Fische zusammenfiel,[34] könne auch bedeuten, dass mit dem anstehenden neuen Weltalter das Christentum an sein Ende kommen werde. Dem alten Christentum setzte Jung seine Religion der Selbst-Werdung, einer nichtinstitutionellen, individualisierten Selbst-Transformation entgegen.

Mit dreiundachtzig Jahren nahm er diesen Faden wieder auf: 1958 veröffentlichte er mit *Ein moderner Mythus: Von Dingen, die am Himmel gesehen werden* eine Analyse des UFO-Phänomens, das er mit dem Wechsel der Äonen, vom Zeitalter der Fische in das des Wassermanns, in Verbindung bringt. Im hohen Alter glaubte er das Risiko eingehen zu können und zu müssen, seinen «mühsam erkämpften Ruf der Wahrhaftigkeit, der Vertrauenswürdigkeit und der wissenschaftlichen Urteilsfähigkeit aufs Spiel» zu setzen, um sich mit den Phänomenen «der großen Veränderung» zu beschäftigen, «die mit dem Eintritt des Frühlingspunktes in Aquarius erwartet werden darf».[35]

Nahtoderfahrung und die Therapie des Christentums

Anfang 1944, mit knapp siebzig, stürzte Jung und erlitt anschließend im Krankenhaus einen Herzinfarkt. Dabei machte er eine in *Erinnerungen, Träume, Gedanken* geschilderte Nahtoderfahrung, bei der es ihm schien, als schwebe er im Weltraum und schaue auf die Welt herab – «das Herrlichste und Zauberhafteste, was ich je erlebt hatte».[36] In den Wochen danach hatte er intensive nächtliche Visionen – «das Ungeheuerste, was ich je erlebt habe». Das Krankenzimmer sei durch «die Praesenz des Heiligen» in «eine zauberhafte Atmosphäre» getaucht gewesen. Die Genesung nahm mehrere Monate in Anspruch. Mit neuem Mut – ein «Ja-sagen zum eigenen Schicksal» – nahm er von da an die Rolle des «Weisen von Küsnacht» ein[37] – und ging damit über die Rollen des Arztes und Wissenschaftlers hinaus.

In den folgenden Jahren verfasste Jung einige Bücher zu religionsgeschichtlichen Phänomenen, als Teil eines Projekts, mit dem er sich zu einer Art Therapeuten des Christentums aufschwang.[38] Diese Therapie sollte einige Grundkonstellationen der psychischen Struktur des christlichen Glaubens richtigstellen und diese seines Erachtens sonst dem Untergang geweihte Religion zukunftsfähig machen. 1951 erschien *Aion: Beiträge zur Symbolik des Selbst*, ein Buch, in dem er Christus als Symbol des Selbst deutet. 1952 folgte *Antwort auf Hiob*. In diesem kritisch aufgenommenen Buch – laut Karl Barth «das berühmteste unter den neuen Hiob-Büchern» und «ein menschlich sehr ergreifendes Dokument»[39] – spricht Jung von einem «Sieg des Unterlegenen und Vergewaltigten»; Hiob habe «moralisch höher» gestanden als sein Gott: «Das Geschöpf hatte in dieser Beziehung den Schöpfer überholt.»[40] Die Annahme eines rein guten Gottes sei schlechterdings unmöglich; die Gottesvorstellung sei um eine böse, furchterregende Seite zu ergänzen, und der Trinität sei ein viertes Gesicht Gottes hinzuzufügen. Jung drückt hier Sympathie für die von Pius XII. 1950 zum Dogma erhobene Lehre von der leiblichen Aufnahme Marias in den Himmel aus, da sie auch dem Weiblichen in der Gottesvorstellung gebührenden Raum verschaffe. Der protestantische Standpunkt sei demgegenüber «dem Odium einer bloßen *Männerreligion*» überlassen.[41]

Späte Gedanken: Synchronizität, Alchemie, Archetypen

Ebenfalls 1952 erschien das zusammen mit dem in Zürich lehrenden, österreichisch-amerikanischen Physiker Wolfgang Pauli (Nobelpreis 1945)[42] verfasste Buch *Naturerklärung und Psyche*. Pauli hatte wegen psychischer Probleme Jungs Rat gesucht. Unter Physikern ist er auch für den nach ihm benannten Pauli-Effekt benannt: Wo immer Pauli in einem Labor auftauchte, ging unweigerlich etwas kaputt. Wie Jung betonte Pauli, dass die Wirklichkeit sich nicht nur rational erklären lasse; metaphysische Elemente seien ein Teil der Wirklichkeit. *Naturerklärung und Psyche* enthält einen vielbeachteten Aufsatz Jungs zum Konzept der «Synchronizität» als einem Prinzip nichtkausalen, aber sinnvollen Zusammentreffens scheinbar unverbundener Ereignisse. Der Status von Kausalität als auschlaggebender Erklärungsmechanismus wird hier infrage gestellt und durch ein Prinzip ersetzt, hinter dem man u. a. esoterisches Korrespondenz-Denken und romantische Naturphilosophie erahnt.[43] Mit dem Begriff der Synchronizität ging es Jung um den Versuch der Überwindung eines exklusiv rationalistischen Welt- und Wissenschaftsverständnisses und dogmatischer Religion, um eine Überschreitung der statischen Grenzen von Raum und Zeit und damit um die Entwicklung einer Alternative zur Logik der zeitgenössischen Zivilisation.[44] In einem Gespräch mit dem Religionshistoriker Mircea Eliade drückte er dies 1952 so aus: «Der moderne Mensch muss eine tiefere Quelle seines eigenen spirituellen Lebens wiederentdecken.»[45] Jungs «Synchronizität» wurde in New

Age-Diskursen vielfach aufgegriffen, wobei die Reichweite des Begriffes stark vergrößert wurde.[46]

1955 erschien *Mysterium Coniunctionis,* ein Hauptwerk Jungs zur Alchemie, die schon lange eine wichtige Inspirationsquelle für ihn gewesen war. Seine psychologisierende Lesart – das Ziel der Herstellung von Gold als Symbol einer inneren Transformation, der Individuation – ist jedoch reduktionistisch und historisch nicht überzeugend. In seinem Spätwerk zur Alchemie verweist Jung auf die seines Erachtens bewiesene Annahme, «dass die Seele natürlicherweise eine religiöse Funktion besitzt». Er wehrt sich gegen den Vorwurf, er habe die Seele vergottet. Dabei weist er aber nicht etwa den göttlichen Charakter der Seele zurück, sondern die Unterstellung, dass er (= Jung) dafür verantwortlich sei: «Nicht ich – Gott selbst hat sie vergottet!»[47] Psychologie verwandelt sich hier in Theologie: Religion wird zu etwas in der menschlichen Natur Liegendem, und Gott selbst ist der Strukturgeber. Die Inhalte des Unbewussten zu bergen, bringt die Menschen in Kontakt mit der göttlichen Realität.

In «Späte Gedanken», einem in seinen letzten Lebensjahren verfassten Kapitel von *Erinnerungen, Träume, Gedanken,* bezeichnet Jung den Mythos als «die Offenbarung eines göttlichen Lebens im Menschen». Gott könne «keineswegs als Erfindung des Bewußtseins gelten»,[48] aber er manifestiere sich immer nur im Menschen, vor allem im Unbewussten. Für Jung ist Gott gewissermaßen vom Menschen abhängig.

Mythen, Symbolen und Träumen liegen kulturübergreifende «Archetypen» zugrunde, in denen sich für Jung die individuelle, aber auch die evolutionäre, kollektiv-menschheitsgeschichtliche Dimension des Unbewussten manifestiert. Der diffuse und von Jung unterschiedlich verwendete Begriff des Archetyps war eine extrem erfolgreiche Wortschöpfung, die sich nicht nur in der Mythenforschung und Religionswissenschaft einnistete – prominent etwa bei dem erwähnten Eliade –, sondern auch durch verschiedene religiöse und alternativreligiöse Diskurssphären mäandert.[49] Aus zuvor marginalisierten mediterran-europäischen, asiatischen und amerikanisch-indigenen Quellen schöpfend, gelang es Jung, das als kreativ-autonom gedachte Unbewusste kulturhermeneutisch zum Klingen zu bringen. Er transponierte den verstummten Mythos des Christentums und anderer Religionen in eine neue Sprache, die innerhalb und außerhalb des Christentums – z. B. in der Wicca (s. Kap. 14), dem Neuheidentum (s. Kap. 18) und dem New Age – weltweite Resonanzen fand. Psychologie und Religion befruchten sich gegenseitig, indem das Seelische, insbesondere das Unbewusste eine religiöse Dimension und die Religion eine psychologische Dimension erhalten. Religiöse, esoterische und psychologische Diskurse fließen ineinander. Nicht nur die Religion wird psychologisiert, Jungs Theorien erschlossen auch die Astrologie für psychologische Interpretationen, indem etwa die zwölf Tierzeichen als innere psychische Eigenschaften gedeutet oder auf die Archetypen bezogen werden. Psychologische Astrologie wurde in der Nachkriegszeit die dominante Strömung astrologischer zeitgenössischer Theorie und Praxis.[50]

18

Adolf Hitler

Politik als Glaube, Vernichtung als Erlösung

Die fast vollständige Ausrottung der Judenheit in Mittel- und Osteuropa, die Migration von Juden vor allem nach Palästina und in die USA, die Gründung des Staates Israel sowie die dadurch ausgelösten religionspolitischen Verschiebungen im Nahen Osten, die indirekten Folgen des Weltkriegs für die Auflösung der europäischen Kolonialimperien – all dies hatte religionsgeschichtliche Auswirkungen, die mit Adolf Hitler (1889–1945) zu tun haben. Außerdem hat die nationalsozialistische Vernichtungspolitik Grundachsen religiöser Denkweisen verschoben. Die Überzeugung von der Realität des Guten und die Zuversicht in die Überwindung des Bösen, wie wir sie etwa bei Tolstoi fanden, mussten fundamental pessimistischen Geschichts- und Menschenbildern weichen. Und das Geschehen der Massenvernichtung warf besonders für Juden und Christen die Theodizeefrage erneut und radikal auf. Religionsgeschichte ist aber nicht nur die Geschichte von Religionen, sondern bezieht auch die Interpretationen und Begründungen menschlichen Handelns mit religiösen Kategorien ein.

Dämonisierung und Magie als Entlastung

So wie Gandhi in einer Erinnerungsgeschichte des 20. Jahrhunderts für viele das Antlitz des Guten versinnbildlicht, markiert Hitler die Fratze des Bösen. Hitler ist weltweit «eine Art ‹Pop-Ikone des Grauens› … In ihrem Erregungspotenzial ist seine Schreckensgestalt von keiner anderen Figur … zu übertreffen», schreibt Volker Ullrich zu Beginn seiner Hitler-Biographie.[1] Hitlers Megalomanie konnte Untergebene,

Mitstreiter, Mitläufer und Sympathisanten dazu verleiten, mögliche Mitverantwortung auf ihn abzuwälzen. Das wurde unterstützt durch einen Prozess der Dämonisierung. Das un- und übermenschlich Dämonische oder die von ihm ausgehende «Magie» kann dann scheinbar erklären, wie es dazu kam, dass ein ganzes Volk in seinen «Bann gezogen» und «geblendet» wurde und sich für Vernichtungs- und Selbstzerstörungsprojekte einspannen ließ, die dem Selbstbild einer aufgeklärten, moralischen und zivilisierten Nation zuwiderlaufen.[2] Die entlastende Dämonisierung sagt wahrscheinlich mehr über die Problematik der Auseinandersetzung mit Hitler als über Hitler selbst. Ihn als Dämon zu entmenschlichen ist eine verlockende, aber unzureichende Strategie, ihn zu bannen.

Sakralisierung durch Zeitgenossen und Geschichtsschreibung

Eine andere, nicht minder problematische Deutungsstrategie ist Hitlers «Religionifizierung», also der Versuch der Beobachter und Interpreten, Hitlers Erfolg zumindest partiell durch Verweis auf religiöse Traditionen, Ambitionen, Motive oder Tiefenstrukturen zu erklären. Hier liegt möglicherweise eine Denkstruktur zugrunde, der das Irrationale gleichermaßen als Signatur des Bösen wie der Religion gilt. Da Hitler das Böse verkörpert, liegt es nahe, dies mit Religion in Verbindung zu bringen. Ähnlich wie der Magie wird der Religion dabei die Macht zugeschrieben, Menschen irrationalen Ordnungsmächten zu unterwerfen, was ja auf den Nationalsozialismus zuzutreffen scheint. Schon der Altertumswissenschaftler Hubert Cancik beobachtete 1980, dass «Ausdrücke der Religionsgeschichte und Religionspsychologie ... in der Literatur über Hitler weit verbreitet» seien.[3] Daran hat sich wenig geändert; nicht nur Ullrich operiert mit Attributen wie «pseudoreligiös» oder «quasireligiös».[4] Solche Ausdrücke haben im religionswissenschaftlichen Vokabular keinen Platz, da sie die Vorstellung einer «authentischen» oder «richtigen» – und «guten» – Religion suggerieren, die religionswissenschaftlich kaum begründbar ist.

Seit etwa 1930 nahm Hitlers zuerst 1925 und 1926 in zwei Bänden erschienenes Buch *Mein Kampf*, durch dessen Verkauf er im Laufe der Jahre Multimillionär wurde, einen besonderen Status im Nationalsozialismus ein. Nicht von ungefähr bezeichneten sowohl Nationalsozialisten als auch ihre Gegner es mitunter als «Bibel».[5] Die «Religionifizierung» Hitlers macht sich allerdings in erster Linie an zwei Beobachtungen fest: den Choreographien der öffentlichen Propagandaveranstaltungen, vor allem auf den Nürnberger Reichsparteitagen der Jahre 1933 bis 1938, und den sprachlichen Inszenierungen der Hitler-Figur. Schon der Romanist Victor Klemperer notierte in seiner Analyse der Sprache des Nationalsozialismus: «Die kultische Verehrung Hitlers, der leuchtende Religionsnebel um seine Person werden noch dadurch intensiviert, daß sich religiöse Epitheta einstellen, wo immer von seinem Werk, seinem Staat, seinem Krieg die Rede ist.»[6] Die Kritik an diesem habitualisierten Sprachduktus sollte auch auf die Forschungsliteratur bezogen werden.

Die Reichsparteitage waren nicht nur Massenereignisse mit bis zu einer Million Teilnehmern, sondern wurden als «Inszenierung der Inszenierung»[7] durch Leni Riefenstahls 1935 uraufgeführten Film *Triumph des Willens* – der Titel stammt von Hitler – in die Kinos getragen. «In der Eingangsszene», so beschreiben Ullrich und ähnlich andere Autoren, «schwebt der ‹Führer› mit seinem Flugzeug, einem vom Himmel kommenden Heiland gleich, auf Nürnberg hernieder.» Riefenstahl habe «sehr bewusst die Sakralisierung der Führergestalt» betrieben.[8] Aber: Welche Heilande fliegen denn mit Flugzeugen «hernieder»? Zweifellos versetzte Riefenstahls Inszenierung den «Führer» in eine extrem herausgehobene Position; aber diese könnte auch ohne Zuhilfenahme von religiösen Analogien beschrieben werden, deren analytische Funktion unklar oder zumindest unausgesprochen bleibt. Es stellt sich die Frage, ob Geschichtsschreibung hier vielleicht sogar *nolens volens* selbst zur Sakralisierung der Wahrnehmung und damit zur metaphysischen Überhöhung des Spektakels und seines Protagonisten beiträgt.

Eine solche Sakralisierung Hitlers und der nationalsozialistischen «Bewegung» schließt an zeitgenössische Sichtweisen an. André François-Poncet, der französische Botschafter in Berlin, verspürte bei den Parteitagen eine «fast mystische Ekstase, eine Art heiligen Wahns»; in Nürnberg herrsche «ein eigenartiger Rausch».[9] Und der aus der Schweiz stammende protestantische Intellektuelle Denis de Rougemont, 1935–36 als Französischlektor an der Universität Frankfurt tätig, berichtete über die Choreographie einer Nazi-Veranstaltung: «Ich hatte gedacht,

«Es lebe Deutschland»: Das Poster von K. Stauber (1935) zeigt den «Führer» in SA-Uniform vor gleichförmigem Gefolge mit geballter Faust und Siegesfahne im Lichtkreis, beschützt vom Totemadler.

an einer Massenveranstaltung teilzunehmen, an einer politischen Kundgebung. Aber sie zelebrieren ihren Kult! Und dabei wird eine Liturgie abgehalten, die große sakrale Zeremonie einer Religion, der ich nicht angehöre und die mich überrollt und mich mit sehr viel mehr Kraft, sogar physischer Kraft zurückdrängt als all diese schrecklich strammen Körper. Ich bin allein, und sie sind eine Gemeinschaft.» Später ging de Rougemont noch einmal auf die «religiöse Natur des Hitlertums» ein, die er in der «Wiedererschaffung einer Gemeinschaft» in «einer Gesellschaft, in der alle ursprünglichen Bindungen zerstört sind»,[10] funktionell begründet sieht.

Ein weiterer Schweizer, Carl Gustav Jung (s. Kap. 17), wartete in Interviews, die er 1936 und 1938 amerikanischen Journalisten gab, mit einer religiösen Deutung Hitlers auf. Dieser sei eine Art Medizinmann, ein Medium, ein Prophet, ein Mystiker, ein Halb-Gott, ein Mythos. Und zu Hitlers überwältigender Macht sagte er: «Hitler's power ist not political; it is magic.» Als Psychologe deutete er Hitler als Spiegel des Unterbewussten aller Deutschen, als Verstärker der deutschen Seele. Hitler gelte den Deutschen als Messias. Der «religiöse Charakter des Hitlerismus» erkläre auch, weshalb die Nazis andere Religionen außer ihrer eigenen Götzenverehrung bekämpften.[11]

Christliche Kritik am Neuheidentum

Mit den Deutschen Christen entstand seit den späten 1920er Jahren in Thüringen eine Richtung im Protestantismus, die Deutschland und Hitler ins Zentrum des christlichen Bekenntnisses rückte.[12] Die Idee, dass «die ‹reinrassige›, unter einem ‹Führer› totalitär gleichgeschaltete Volksgemeinschaft … die Verwirklichung des ‹wahren› Christentums» sei,[13] war weit verbreitet und stellte vermutlich einen Erfolgsfaktor des Regimes dar.

Allerdings wurde der religiöse Charakter des Nationalsozialismus, insbesondere der «neuheidnischen» Strömungen nach 1933 von christlichen Institutionen auch angeprangert. So kritisierten mehrere Äußerungen der Bekenntnissynode der Evangelischen Kirche Deutschlands 1935/36 diese «neue Religion eines widerchristlichen Deutschglaubens».[14] Ein zentraler theologischer Kritiker der Deutschen Christen und des Nationalsozialismus war Karl Barth (s. Kap. 28).

Auch in katholischen Hirtenbriefen zu Ostern 1934 wurde das «Neuheidentum» verurteilt. Schon im Februar war Alfred Rosenbergs erstmals 1930 erschienenes Werk *Der Mythus des 20. Jahrhunderts* auf den Index der verbotenen Bücher gesetzt worden, was dem Buch allerdings neue Popularität bescherte. Rosenberg war einer der frühesten Mitstreiter Hitlers gewesen und Ende Januar 1934 von Hitler zu einer Art Weltanschauungsbeauftragten ernannt worden, auch wenn er ihm nicht unkritisch gegenüber stand.[15]

Ihren geballten Ausdruck fand die katholische Kritik am Nationalsozialismus in der am 14. März 1937 verabschiedeten langen Verlautbarung (Enzyklika) *Mit brennender Sorge* von Papst Pius XI. (reg. 1922–1939). Der Gegner wird hier als götzendienerische, gotteslästernde, gottverachtende und sakrilegische Irrlehre und Verirrung, an einer Stelle aber auch als «ein angrifflüsternes, von einflußreicher Seite leider vielfach begünstigtes Neuheidentum» (§ 17) und «Irrlicht eines Ersatzglaubens» (§ 48) gebrandmarkt. Zu der Vielzahl von Anklage- und Kritikpunkten zählen: die Verfolgung, Unfreiheit und antikirchliche «Machenschaften, die von Anfang an kein anderes Ziel kannten als den Vernichtungskampf» (§ 5); die Verehrung des düsteren und unpersönlichen Schicksals «nach angeblich altgermanisch-vorchristlicher

Vorstellung» (§ 11); der «Götzenkult» der «Vergötterung» von Rasse, Volk und Staat (§ 12); die Verbannung des Alten Testaments aus Kirche und Schule (§ 19); die Verengung von Unsterblichkeitsvorstellungen auf «das kollektive Mitfortleben im Weiterbestand seines Volkes für eine unbestimmt lange Zukunft im Diesseits» (§ 29); die Verabschiedung von Gesetzen, die mit dem Naturrecht im Widerspruch stehen und die menschlichen Persönlichkeitsrechte missachten (§ 35) – und sogar die Überbetonung sportlicher Betätigung (§ 43). Die Veröffentlichung der Enzyklika führte zu weiteren Repressionen gegen die katholische Kirche.

Hitlers religiöser Kosmos

Der am 20. April 1889 im österreichisch-bayrischen Grenzland geborene Hitler wurde zwei Tage später, am Ostermontag, auf den Namen Adolf getauft. Er ist zeit seines Lebens nie aus der katholischen Kirche ausgetreten. Der junge Adolf war kein besonders guter Schüler, vor allem der Religionsunterricht war ihm zuwider.

Hitlers Religionszugehörigkeit hat unterschiedliche, mitunter stark ideologisch geprägte und höchst spekulative Deutungen provoziert. Vielleicht auch, weil Hitler selbst sehr unterschiedliche Aussagen zum Thema Religion gemacht hat, wobei er in seinen privaten Äußerungen wesentlich weniger wohlwollend über Religion sprach als in öffentlichen Aussagen.[16]

Einerseits sah man in Hitlers Katholizismus einen Schlüssel zu seinem Wirken und seiner Durchschlagskraft bei breiten Schichten. Anderseits wurde behauptet, der Nationalsozialismus zehre in seiner Substanz von protestantischem Gedankengut und Hitler habe sich innerlich zum Protestantismus bekehrt.[17]

Ein dritter, ebenfalls problematischer und vor allem von akademischen Außenseitern hartnäckig verbreiteter Ansatz rückt Hitler in ein alternativreligiöses oder esoterisches Umfeld.[18] Hitlers vermeintliche okkulte Agenda wurde durch Steven Spielbergs Indiana Jones-Film *Raiders of the Lost Ark (Jäger des verlorenen Schatzes)* aus dem Jahre 1981, der mit vier Oscars ausgezeichnet wurde, popkulturell diffundiert. Tatsächlich hätte Hitler in seinen Jahren als erfolgloser «Kunststudent» in Wien (1907–1913), wo er phasenweise in Armenhäusern lebte, in den Dunstkreis von Personen wie Guido (von) List und Josef Adolf Lanz mit ihrer Begeisterung für altgermanischen Mythologie bzw. alldeutsche, «rassenwissenschaftliche» Ideen kommen können. Vielleicht gab es sogar eine gewisse Nähe zu Lists Bund «Armanenschaft» – mit dem Hakenkreuz als Erkennungszeichen – oder Lanz' Neutempler-Orden (O. N. T.). Starke Einflüsse sind allerdings «eher unwahrscheinlich».[19]

Schon in seiner Linzer Schulzeit (1905–1907) war Hitler, der sich für Musik, Architektur, Malerei und Literatur interessierte, zu einem glühenden Anhänger Richard Wagners geworden. Seine Opern – insbesondere *Parsifal* und *Rienzi* – gingen ihm rauschhaft nahe und versetzten ihn in Entrückungszustände. Eine ursächliche Verknüpfung von (religiösen) Sinnebenen in Wagners Werk und Hitlers Ideen ist jedoch mindestens spekulativ.[20]

Ungeachtet aller Spekulationen weist Hitlers Religionsverständnis eine gewisse Kohärenz auf.[21] Hitler beschrieb sich nie als «gottgläubig»; dieser Ausdruck war 1936 als amtliche Bezeichnung für aus den Kirchen ausgetretene Personen, die sich nicht als ungläubig verstanden, eingeführt worden. Hitler verabscheute aber «Gottesleugner», Atheisten, Freidenker und Materialisten – allen voran Marxisten, die er als jüdisch unterwandert ansah. Noch in den letzten Kriegsjahren bezeichnete sich Hitler als «tief innerlich religiös» und «frommer Mensch». Immer wieder verwies er auf «Gott», den «Herrgott», «Allmächtigen», «Schöpfer», «Lenker», «Richter» oder auch auf abstrakte Wendungen wie «die Vorsehung», «Allmacht» und das «Schicksal». Es ist nicht überliefert, dass Hitler betete, aber in seinen Texten ist «viel vom Beten, Bitten und Danken in direkter Hinwendung zu Gott die Rede» und es finden sich Formeln wie «Amen» und Schwüre vor Gott.[22] Hitlers Gott ist monotheistisch, nicht trinitarisch: Jesus, über den sich Hitler fast immer voll Bewunderung äußert, war nicht Teil einer dreieinigen Gottheit, sondern ein arischer Held, dessen Lehre von Paulus korrumpiert wurde. Hitlers Gott ist kein Offenbarungsgott; er ist «gerecht» im Sinne eines Schiedsrichters im Kampf des Daseins, nicht gütig, barmherzig oder friedliebend. Hitlers Gott belohnt Leistung und fordert Opfer, er stützt den Stärkeren, den Siegeswilligen, den Kämpfer, den Selbstbewussten. Gottes «Segen» ist Stärke und Sieg.[23]

Zwischen der «Religion nach arischer Auffassung» und dem «Talmud» besteht laut *Mein Kampf* ein Unterschied in der «Überzeugung des Fortlebens nach dem Tode in irgendeiner Form», das dem Talmud «mangelt».[24] Hitler spricht hier vom Talmud statt vom Judentum, dem er die Anerkennung als Religion verweigerte. Hitlers eigene Ausführungen zur Existenz nach dem Tod sind allerdings höchstens Andeutungen.[25]

Hitlers Antisemitismus ging offensichtlich primär weder auf den katholischen Antijudaismus noch auf die alldeutsch-völkisch-germanophil-ariosophischen Strömungen seiner Jugend in Österreich zurück. In seinem religiösen Kosmos hat Gott die Welt in verschiedene Völker und Rassen eingeteilt, die sich gegenseitig im Kampf befinden. Frieden ist auf Dauer schädlich,[26] und die Rassen bzw. das jedem Einzelnen von Gott gegebene Blut müssen «rein erhalten» bleiben, das ist laut *Mein Kampf* «die heiligste Verpflichtung». Rassenmischung ist die «Erbsünde dieser Welt», insbesondere muss die Vermischung mit der jüdischen Rasse vermieden werden. Die arische Rasse ist die edelste, der Arier «das höchste Ebenbild des Herrn».[27] Nicht alle Rassen sind jedoch im Status des Menschseins: «Der Jude ist wohl Rasse, aber nicht Mensch. Er kann gar nicht Mensch im Sinne des Ebenbilds Gottes, des Ewigen sein. Der Jude ist Ebenbild des Teufels» – so Hitlers theologische Klassifikation in einer Rede vom 1. Mai 1923.[28] Daraus folgerte Hitler in *Mein Kampf*: «So glaube ich heute im Sinne des allmächtigen Schöpfers zu handeln: Indem ich mich des Juden erwehre, kämpfe ich für das Werk des Herrn.»[29] Die Vernichtung der Juden (egal welchen Glaubens) sah er als seinen göttlichen Handlungsauftrag. Hitlers Deutschtum nahm dabei paradoxerweise einige Züge des Judentums an: Die Deutschen werden das auserwählte Volk, Volkszugehörigkeit wird über Abstammung definiert, die angestrebte Welteroberung ist die arische Landnahme.[30]

Karriere eines Antisemiten mit Charisma

Es scheint, dass Hitler entscheidende Achsen seiner Weltanschauung erst nach dem Krieg in seiner Münchner Zeit ausbildete. Er war Frontsoldat gewesen und hatte sich in der «Männerwelt des Regiments»[31] besser zurechtgefunden als in der Zivilgesellschaft. Hitler stand wohl in den politischen Umstürzen der Nachkriegszeit zunächst Kurt Eisners Räterepublik nahe und bewegte sich erst nach dessen Scheitern aus dem roten Umfeld fort.[32] Entgegen seiner Selbststilisierung in *Mein Kampf* deutet einiges darauf hin, dass sich Hitlers Antisemitismus nicht vor dem Spätsommer 1919 entwickelte – im Gleichklang mit der allgemeinen «Eskalation des Antisemitismus nach Kriegsende».[33] Weltweit verbreitete sich die Meinung, die Revolutionen in Russland und Deutschland seien jüdisch unterwandert gewesen und Teil einer jüdischen Welteroberungsverschwörung. Hitlers Antisemitismus war allerdings sofort radikal. Das erste Zeugnis, ein Brief vom 16. September 1919, definierte bereits als «letztes Ziel» des Antisemitismus «unverrückbar die Entfernung der Juden überhaupt.»[34]

Zu den frühesten lautstarken Antisemiten in München gehörten Alfred Rosenberg und der Schriftsteller und Publizist Dietrich Eckart, der Hitler vielleicht die Kombination von Judenhass und Rassenlehre nahebrachte, dessen Antisemitismus allerdings mit metaphysisch-mythologischen Elementen durchsetzt war, die man bei Hitler so nicht findet.[35] In einigen Schriften kam seine Erwartung eines kommenden Führers zum Ausdruck, weshalb er als «Erfinder des sogenannten Führermythos der nationalsozialistischen Bewegung»[36] gehandelt wird. Allerdings wurde Hitler erst seit Mussolinis Marsch auf Rom 1922 in Anlehnung an den *duce* als Führer aufgebaut.[37] In München soll Eckart, ein Gründungsmitglied der NSDAP, den Sonderling Hitler salonfähig gemacht haben. So wurde der Gefreite Hitler, der u. a. mit seiner Nilpferdpeitsche ein exzentrisches Auftreten pflegte, zu einer gesellschaftlichen Attraktion.[38]

In dieser Zeit entdeckte Hitler seine Begabung als Redner, was seiner politischen Karriere eine entscheidende Schubkraft verlieh. Im Laufe der Zeit gelang es ihm, zunächst innerhalb eines relativ überschaubaren Milieus, nicht nur in Bierkellern, ein stets größeres Publikum anzuziehen. Offenbar fand er den richtigen Duktus und Ton, ganz wichtig war dabei seine «volltönende, registerreiche Stimme …, mit der er wie auf einem Instrument zu spielen verstand».[39] Hitler verfügte über die Gabe, Stimmungen in seinem Publikum zu spüren, geistesgegenwärtig zu reagieren, Witz zu versprühen und Gefühle herüberzubringen.

Seine Auftritte wurden schon früh sorgsam inszeniert; sie waren

Rede-Ereignisse, die auch auf seine engsten Mitarbeiter Eindruck machten. Rudolf Heß etwa, der mit Hitler nach dessen Putsch 1923 in Landsberg in Haft war und ihn beim Abfassen von *Mein Kampf* unterstützte, beschrieb einen Auftritt Hitlers in Hof im September 1921 wie folgt: «Hinreißend sprach er ... In einem Saal wurde er wieder von dem Unbeschreibbaren besessen – es packte mich so, daß ich die Zähne aufeinanderbeißen mußte.»[40] Hitlers ekstatische Begeisterungsgabe als Redner war ein wichtiger Bestandteil seines Charismas – und er war «keineswegs nur der schreiende Demagoge», sondern kannte sich «mit einigen Finessen der Argumentationskunst bestens» aus. Er wusste seine rhetorischen Strategien dem jeweiligen Publikum geschickt anzupassen, auch zum Thema Religion.[41]

Seit etwa 1923, als Hitler durch seinen gescheiterten Putsch und den Prozess auch über München hinaus bekannt wurde, entwickelte die NSDAP «ein Propagandakonzept, das wesentlich auf dem Hitler-Charisma bzw. dem Führer-Mythos beruhte» und bei dem der Antisemitismus den kleinsten gemeinsamen Nenner des politischen Lagers bildete. Seit 1933 entwickelte sich eine Art «Charismapolitik»,[42] die eine unmittelbare Beziehung zwischen dem Führer und seinen Soldaten, Beamten und dem Volk allgemein suggerierte und inszenierte. In einer Rede auf dem Reichsparteitag 1936 sagte Hitler: «Nicht jeder von euch sieht mich, und nicht jeden von euch sehe ich. Aber ich fühle euch, und ihr fühlt mich. Wir sind jetzt eins. (Tiefe Bewegung.) ... Ihr kommt ..., um einmal das Gefühl zu bekommen: *Nun sind wir beisammen, sind bei ihm, und er ist bei uns, und wir sind jetzt Deutschland.*»[43]

Auf dem Höhepunkt seines Erfolgs wurden Steine gesammelt, auf denen der «Führer» gewandelt war; Besucher auf dem Obersalzberg wollten einen Blick auf Hitler erhaschen; und in der Presse wurden die Leser aufgefordert, zuhause Stätten für den «Führer» einzurichten, an denen man ihm täglich Blumen darbrachte.[44]

Glaubensbekenntnis und Erlösung

Die Inszenierung Hitlers bediente die «Erlösungsbedürftigkeit» der desolaten Situation Deutschlands, die allseits beschworen wurde;[45] seine politischen Erfolge erschienen als «Wunder». Titel wie «Erlöser» durchziehen dementsprechend die Hitler-Verherrlichung, nicht nur bei seinen Mitstreitern wie dem *Stürmer*-Herausgeber Julius Streicher, sondern auch in deutscher Lyrik,[46] auf Parteifeierlichkeiten wie der Weihnachtsfeier 1926, wo von einem «neuen Erlöser» die Rede war, ebenso wie später in Gesängen der Hitler-Jugend («denn unser Führer ist Adolf Hitler, ist unser Erlöser, unser Vermittler»).[47] Verbreitet waren auch Vergleiche bzw. Gleichsetzungen von Hitler mit Christus.[48] Und das Motto der Kindergärten der 1932 gegründeten Nationalsozialistischen Volkswohlfahrt lautete: «Händchen falten, Köpfchen senken, immer an den Führer denken. Er gibt euch täglich euer Brot und rettet euch aus aller Not.»

Hitler sah sich selbst jedoch nicht als Religionsstifter. Bezeichnenderweise schrieb Joseph Goebbels am 16. Oktober 1928 zwar in sein Tagebuch: «Nationalsozialismus ist Religion ... Meine Partei ist meine Kirche», aber er notierte zugleich: «Es fehlt nur noch das religiöse Genie, das alte überlebte Formeln sprengt und neue bildet.»[49] Offenbar sah er Hitler nicht als dieses religiöse Genie – und vielleicht betrachtete Goebbels das Erfinden neuer Rituale («Der Ritus fehlt uns») als seine eigene Aufgabe. Sehr wohl verglich Hitler aber die Durchschlagskraft der nationalsozialistischen «Bewegung» mitunter mit dem Entstehen neuer Religionen wie z. B. des Islam. Er sah ihre Stärke gerade darin, dass sie in der Lage sei, so in einer Rede im Mai 1932, «scheinbar unüberwindliche Gegensätze zu überbrücken und Menschen aller Stände, aller Berufe, Lebensalter, Bekenntnisse usw. zusammenzuführen und zu einigen in einem großen Glaubensbekenntnis.» Dieses Glaubensbekenntnis ist dabei nicht religiöser, sondern ideologischer Art. Von germanisch-völkischer Religion hatte er sich schon 1928 in einer in München gehaltenen Rede deutlich distanziert: «Nicht wir wünschen einen Wotanskult – es ist zu blödsinnig, nicht wir wünschen ... ein Sektenwesen.». Er machte sich über den Verdacht von Germanenverehrung lustig: «Wir begrüßen uns mit Heil, – das sollen die alten Germanen-Götter sich auch schon zugerufen haben, (Heiterkeit) obwohl sie nicht existierten ... wir wissen genau: Was vergangen ist in der Geschichte, ist vergangen.» Das Hakenkreuz sei keineswegs ein heidnisches Zeichen, sondern Zeichen einer «nichtmarxistischen, nichtmaterialistischen, sondern in tiefstem Grund idealistischen Weltanschauung». Das «christliche Kreuz» sei zwar das «hehrste Symbol», könne aber nicht verwendet werden, da es schon von anderen Parteien reklamiert worden sei.[50]

Die Verquickung der Partei mit religiösen Belangen lehnte er ab. 1928 maßregelte er deswegen den Schriftsteller und Publizisten sowie Gründer und Leiter der Deutschen Volkskirche (1927–1937) Artur Dinter, damals NSDAP-Gauleiter von Thüringen, der schließlich sogar aus der Partei ausgeschlossen wurde. Für Hitler waren Kirchen und Religion nur für das Jenseits zuständig; diesen Bereich sah er außerhalb der Sphäre der Politik[51] – und aus der hätten sich die Kirchen dementsprechend rauszuhalten.

Gleichwohl war Hitlers Sprache von religiösen Ausdrücken und Metaphern durchzogen. Ein Schlüsselbegriff war «Glaube». Damit meinte er jedoch nicht eine religiöse Haltung im engeren Sinne, sondern die vorbehaltlose Zustimmung zur nationalsozialistischen Weltanschauung und ihrem Programm als Unterscheidungsmerkmal von der zweckrationalen Machtpolitik der bürgerlichen Parteien. Gegenseitiger «Glaube» sei die richtige Beziehung zwischen «Führer» und «Volk»: «Ich habe dich glauben gelehrt, jetzt gib du mir deinen Glauben».[52] Das religionsaffine Vokabular – neben Glauben auch «Glaubensmission», «Glaubensbekenntnis», «Mission» – sollte den Anspruch unbedingter Zustimmung und Gewissheit zum Ausdruck bringen und der Nation wieder eine klare Richtung vorgeben (die dann unweigerlich in die Katastrophe führte). Diesen Glauben an Deutschlands Zukunft bezeichnete er gelegentlich als «Evangelium».[53]

Hitler sah sich als von Gott oder der Vorsehung auserwählt und gesegnet. Seine scheinbare Immunität gegen Anschläge deutete er so als Beweis für seinen Bund mit der Vorsehung oder seinen Schutz durch Gott. Er proklamierte, sein Leben als ein Opfer für Deutschland einzusetzen («ihm gebe ich mein Leben»); seine Ehe- und Kinderlosigkeit und scheinbare Askese unterstützten diese Selbstdarstellung. Er pries sich als Retter Deutschlands, und in diesem Zusammenhang konnte auch das Verb erlösen fallen: «Ich … habe mich abgerackert, nur um mein Volk wieder aus dieser Not zu erlösen, in die diese Regenten des internationalen Kapitalismus es gestürzt haben.»[54]

Die «Erlösung», von der er besonders in den frühen Jahren mitunter sprach, ist die Erfüllung des «Glaubens» an die Zukunft; Erlösung und Glaube sollten mit der Gewinnung neuen «Lebensraums» und der «Beseitigung» der «Todfeinde der Menschheit» und insbesondere der Juden[55] umgesetzt werden. Saul Friedländers Begriff des «Erlösungsantisemitismus» trifft daher Hitlers Selbstverständnis.[56]

Hitler bezeichnete sich auch als «Prophet». Immer wieder bezog er sich auf seine Rede vor dem Reichstag vom 30. Januar 1939, wo er proklamierte: «Ich bin in meinem Leben *sehr oft Prophet* gewesen und wurde meistens ausgelacht. In der Zeit meines Kampfes um die Macht war es in erster Linie das jüdische Volk, das nur mit Gelächter *meine Prophezeiungen* hinnahm ... Ich will heute *wieder ein Prophet sein* ...»[57] Was er prophezeite, war «die Vernichtung der jüdischen Rasse in Europa». Er war ein Prophet im Sinne eines Wahrsagers, wobei diese «Wahrheit» von einer solch unbedingten Radikalität war, dass der semantische Mehrwert des religiösen Begriffs angebracht schien – so wie auch seine Verwendung des Begriffs Glaube im Sinne der unbedingten Verpflichtung auf eine Weltanschauung für Hitler zentral war. Der Genozid war die Konsequenz dieser von Hitler propagierten religiösen Denkstruktur, die er zwar nicht offiziell als Religion einführte, die ihm aber selbst absolute Handlungsmacht verlieh.

19

Solomon Schechter und Mordechai Kaplan

Gelehrte Rekonstruktionen des Judentums

In Barrows' zweibändiger Dokumentation des Weltparlaments der Religionen heißt es, niemand habe den Geist der Veranstaltung so beherzigt wie die Juden, die voller Eifer ihre Stimme zu Gehör bringen wollten.[1] Mehrere in den USA lebende jüdische Gelehrte und Gemeindevertreter steuerten Redebeiträge zum Hauptprogramm bei. Außerdem gab es zwei jüdische Sonderveranstaltungen, darunter eine viertägige Tagung jüdischer Frauen.

Das Weltparlament der Religionen fiel in die Periode massiver jüdischer Einwanderung aus (Ost-)Europa. In die USA sind trotz neuer restriktiver Immigrationsgesetze zwischen 1880 und 1924 so viele Juden gezogen wie niemals zuvor – insgesamt vermutlich über zwei Millionen. Allein in New York wuchs die jüdische Bevölkerung von 80 000 im Jahre 1880 auf 1 600 000 im Jahr 1920.[2] Eine wichtige Ursache war die Welle von anti-jüdischen Repressionen und Pogromen im Russischen Kaiserreich von 1881 bis 1884 und erneut 1903.

Im amerikanischen Judentum haben sich im 20. Jahrhundert vier Hauptrichtungen herausgebildet, die man, wie im amerikanischen Christentum, als Denominationen bezeichnet: Reformjudentum, Orthodoxes Judentum, Konservatives Judentum und Rekonstruktionismus; die beiden Letztgenannten sind in den USA entstanden. Etwa drei Viertel der heutigen amerikanischen jüdischen Bevölkerung ordnen sich diesen vier Denominatonen zu.[3]

Reformierte und orthodoxe Juden in New York

New York entwickelte sich seit der zweiten Hälfte des 19. Jahrhunderts zu einem der weltweit wichtigsten Zentren des Judentums. 1845 hatten hauptsächlich aus Deutschland eingewanderte Juden die Emanu-El Synagoge gegründet, eine der richtungsweisenden Reformgemeinden. Ihr seit 1929 in der Upper East Side gleich am Central Park gelegenes Synagogengebäude ist mit 2500 Sitzplätzen eines der größten der Welt. Typische Merkmale dieser Reformgemeinde waren Gottesdienste in der Volkssprache – zunächst Deutsch –, die Zuordnung bestimmter Bänke zu Familien, Instrumentalmusik – seit 1849 gab es eine Orgel –, später die Aufhebung der Geschlechtertrennung in der Sitzordnung, die Verkürzung der Gebete und Feste, die Aufhebung des Gebots der männlichen Kopfbedeckung bei Gebeten und die Abschaffung der Bar Mitzwah Initiationszeremonien. Drei Rabbis aus der Emanu-El Synagoge engagierten sich beim Weltparlament der Religionen.

Die anfängliche Dominanz des Reformjudentums mit seinen Leitmotiven Rationalismus, Wissenschaftlichkeit, Liturgiereform, ethischer Monotheismus, soziale Gerechtigkeit und ökumenische Verständigung wurde durch die jüdische Einwanderung aus Zentral- und Osteuropa ab den 1880er Jahren eingedämmt. Die meisten neuen Einwanderer hielten an ihren angestammten Formen des Judentums fest. Hatten 1873 dreiunddreißig Reformgemeinden die Union of American Hebrew Congregations gegründet, so schlossen sich 1887 mehrere Synagogen zur Association of American Orthodox Hebrew Congregations zusammen. Da die etablierten renommierten Autoritätspersonen in Europa geblieben waren, holte diese Association einen angesehenen Rabbi nach Amerika: 1888 wurde Jacob Joseph, der Maggid von Vilnius, Chief Rabbi in New York. Seine Hauptaufgabe war die Überwachung der Einhaltung der Speisegesetze *(kashrut)* – ein Spannungsfeld diverser religiöser, sozialer und wirtschaftlicher Interessen. Es entstand Zwist, denn die Autorität eines Rabbi aus der Alten Welt ließ sich nicht ohne Weiteres auf die neuen heterogenen und auf Freiwilligkeit beruhenden Gemeindestrukturen übertragen.[4] Bei der Beerdigung Jacob Josephs 1902 kam es zu antisemitischen Ausschreitungen vonseiten irisch-stämmiger Arbeiter – eine der wenigen Episoden öffentlicher antisemitischer Übergriffe in den USA.

1886 wurde als eine Art Gegenprojekt zum reformjüdischen Hebrew Union College in New York das Jewish Theological Seminary (JTS) gegründet. Aktiv daran beteiligt war Alexander Kohut, der – wie Leo Baeck – am Jüdisch-Theologischen Seminar in Breslau studiert hatte. Der Talmudspezialist steuerte ebenfalls eine Rede zum Weltparlament der Religionen bei. Auch das Programm der JTS erinnerte an das Theologische Seminar in Breslau: freie Forschung auf der Grundlage des traditionellen Judentums.

Um 1901/02 stand das JTS allerdings kurz vor der Pleite, die nur durch Spenden wohlhabender Juden, auch aus Kreisen des Reform-Judentums, abgewendet werden konnte. 1902 gelang es, den damals vielleicht bedeutendsten Judaisten der Welt, Solomon Schechter (1847–1915), als neuen Leiter des JTS zu berufen. Er lockte einige aufstrebende, exzellente Gelehrte an die Hochschule – allen voran Louis Ginzberg, den Autor von *The Legends of the Jews* (1909). Unter Schechters Leitung wandelte sich die nun auch finanziell großzügig ausgestattete Institution zu einer forschungsorientierten Graduiertenschule. Mit seiner starken Persönlichkeit dominierte er die Geschicke des JTS so sehr, dass es als «Schechters Seminar» bezeichnet wurde.[5]

Schechter: Von den Chassidim zum Konservativen Judentum

Schechters Lebenslauf zeichnet die Westwanderung des europäischen Judentums en miniature nach.[6] Sein Vater Isaac war nach seiner Heirat aus Russland in eine Kleinstadt ins Fürstentum Moldau gezogen, um dem Militärdienst in der russischen Armee zu entgehen, der für Juden mit massiven Schikanen verbunden war.[7] Er wurde Schochet (jüdischer Schlachter bzw. Schächter) in Focşani – daher auch der Familienname Schechter. In den Ghettos von Focşani und Piatra Neamţ (im Osten des heutigen Rumäniens) erhielt der hochbegabte Solomon Schechter Unterricht bei seinem Vater, dann in einer Jeschiwa und bei einem bekannten Talmudisten. 1875 kam er nach Wien, wo ihm eine modernere jüdische Ausbildung zuteil wurde, die er ab 1879, nach seiner Ordination zum Rabbi, an der Berliner Hochschule für die Wissenschaft des Judentums und der Universität vertiefte. 1882 zog er nach England, wo er sich in die reichen Bestände jüdischer Manuskripte in englischen Bibliotheken einlas. Er machte sich als Publizist und Judaist einen Namen und erhielt 1890 eine Dozentur an der Universität Cambridge. 1899 wurde er zum Professor für Hebräisch am University College London ernannt. Obwohl er sich in England wohlfühlte, dort eine Familie gegründet hatte und akademische Anerkennung erhielt, nahm er 1902 das Angebot aus New York an. Er war unzufrieden damit, dass er in England so gut wie keine jüdischen Studenten hatte, außerdem erlebte er die englische Gesellschaft als statisch und die dortigen jüdischen Gemeinden als marginalisiert.[8] Die Zukunft des Judentums sah er in den USA – hier konnte er nicht nur Geschichte erforschen, sondern mitgestalten.

In seinen *Studies in Judaism* (1896) hatte Schechter den Lesern die kulturelle Andersartigkeit der Synagogen des Ostjudentums, auch mit ihren ästhetisch abstoßenden, lärmenden Seiten, vor Augen geführt.[9] Er hegte Sympathie für die im 18. Jahrhundert entstandene Bewegung der Chassidim, schätzte ihre Originalität, Begeisterung, Aufrichtigkeit und Warmherzigkeit, ihr «inbrünstiges Verlangen … nach der Gottesidee und … nach unmittelbarer Gottesgemeinschaft». Er sah aber auch theologische Probleme, sah die Chassidim als «eine impulsive, aber unerzogene Masse», die «gegen eine einseitige, ihr in kalten, übermäßig subtilen Forschungen dargebotene Darstellung des Judentums» vonseiten der Rabbiner protestierte.[10]

In den USA trat Schechter nun für eine ästhetisch ansprechende und geordnete Liturgie ein, ebenso wie für den Gebrauch der englischen Sprache und die Pflege moderner Bildung.[11] Eine persönliche Frömmigkeit pflegte er seit seiner ostjüdischen Kindheit und Jugend weiter, und emotionales subjektives religiöses Erleben blieb für ihn ein wichtiger Bestandteil von Religion überhaupt.[12]

Schechters amerikanisches Projekt wurde als eine jüdische Gegen-Reformation bezeichnet.[13] Unter dem Leitwort «Catholic Israel» ging es ihm darum, für die verschiedenen Fraktionen des amerikanischen Judentums eine gemeinsame Plattform zu finden, was sich aber als aussichtslos erwies. «Sein Seminar», das JTS, wurde schon 1904 zur Zielscheibe von Angriffen vonseiten der 1902 gegründeten Agudath ha-Rabbanim, einer Vereinigung von Rabbis, die das osteuropäische Judentum möglichst originalgetreu nach Amerika verpflanzen wollten – ohne Amerikanisierung. Die Absolventen der JTS konnten das Programm der Hochschule kaum in den Gemeinden durchsetzen. Ab etwa 1907 war Schechters Enthusiasmus zunehmender Ernüchterung gewichen.

Schließlich gründete er mit einigen Schülern 1913 die United Synagogue of America (USA).[14] Die Organisation, die zunächst das Lager jenseits des Reformjudentums vereinigen sollte, wuchs von zunächst 23 Synagogen auf 229 in den 1920er Jahren und schließlich auf etwa 800 Synagogen 1965. So wurde das sogenannte Konservative Judentum zu einer dritten jüdischen Denomination. In den 1950er Jahren etablierte sich eine Joint Commission on Social Action, die einen aktiven Beitrag zur Bürgerrechtsbewegung leistete, außerdem wurden zahlreiche Kindergärten und Jewish Day Schools eingerichtet.[15] 2000/2001 rechnete sich etwa ein Viertel der amerikanischen Juden dem Konservativen Judentum zu.

Das Ostjüdische bei Martin Buber und Gershom Scholem

Zwei Jahre nach der deutschen Übersetzung von Schechters *Studies* erschienen *Die Geschichten des Rabbi Nachman* (1906), die erste literarische Bearbeitung chassidischer Stoffe von Martin Buber (1878–1965). Wie Schechter war auch Buber seit der Kindheit mit der chassidischen Frömmigkeit vertraut, wenn auch nur durch sommerliche Ferienreisen. In späteren Jahren verklärte sich Bubers Bild des Chassidismus, der ihm nun als «letzte wirkliche jüdische Gemeinschaft» erschien, wie er im ersten Jahrgang der Zeitschrift *Der Jude* (1916/17) schrieb.[16] Er sah im Chassidismus die «Befreiung des Gefühls» aus den Fesseln der Doktrin.[17] In deutlicher Distanz zu seinen frühen, neuromantisch inspirierten dichterischen Aufarbeitungen chassidischer Erzählungen erschien 1949 die umfassende Sammlung *Die Erzählungen der Chassidim*, die 2003 in der 14. Auflage veröffentlicht und in viele Sprachen übersetzt wurde.

Bubers Faszination strahlte auch auf den jungen Gershom (früher: Gerhard) Scholem (1897–1982) aus. Er und seine Altersgenossen hätten Bubers chassidische Frühwerke gelesen, schreibt er in seinen Jugenderinnerungen und konstatiert für die Zeit des Ersten Weltkriegs und danach «geradezu so etwas wie einen Kult alles Ostjüdischen».[18] Das habe die Verachtung für das Ostjudentum vonseiten der assimilierten Eltern auf den Kopf gestellt. Scholem erklärt, dass er Buber als Person stets «aufs höchste geachtet, ja verehrt» habe, zumal ihn mit diesem neben dem Zionismus das Ziel einer Erneuerung des authentischen Judentums verband.[19] Aber es war Scholem, der mit einem Essay aus dem Jahre 1961 eine bis heute andauernde Kontroverse über die Authentizität und Quellentreue von Bubers chassidischem Œuvre auslöste.[20] Wie immer man diese Frage beurteilen mag: Es ist Buber gelungen, die chassidischen Anekdoten auch für Außenstehende – Juden und Nichtjuden weltweit – zugänglich zu machen.

Scholems Arbeiten zur Kabbala hatten für diesen Bereich jüdischer Tradition eine vergleichbare Wirkung. Anders als Buber sah sich Scholem in erster Linie als historisch-philologischen Wissenschaftler, nichtsdestoweniger wurden Scholems Schriften zur Kabbala und allgemein zur jüdischen Mystik in esoterischen oder alternativreligiösen Kreisen, auch im New Age, breit rezipiert.[21] Schechters Arbeiten blieben demgegenüber in ihrer Wahrnehmung auf ein akademisches und innerjüdisches Publikum beschränkt.

Kaplan: Von Vilnius nach Amerika

Kurz vor Schechters Dienstantritt am Jewish Theological Seminary hatte der damals einundzwanzigjährige Mordechai Kaplan an dieser Hochschule seinen Abschluss gemacht. Sieben Jahre später trat er dort eine Stelle an. Kaplan sollte bis 1963, als er zweiundachtzig Jahre alt war, am JTS unterrichten. Einige Jahrzehnte lang leitete er eine besondere Abteilung, das Teachers' Institute (TI), das mehrheitlich von Frauen besucht wurde und auch ein Grundstudium anbot. Außerdem lehrte er Predigtkunde (Homiletik). Kaplan war für eine Reihe jüdischer Organisationen ehrenamtlich tätig, u. a. für die Young Men's Hebrew Association (YMHA), und – wie Schechter – für einige zionistische Organisationen.[22] In den 1930er Jahren lehrte Kaplan einige Zeit in Jerusalem und zog gegen Ende seines Lebens, als Dreiundneunzigjähriger, noch einmal für einige Jahre nach Israel. Dann kehrte er aber nach Amerika zurück, wo er mit hundertzwei Jahren starb.

Zwischen dem Russischen Kaiserreich, den USA und Palästina bzw. Israel: Mordechai Kaplan in Palästina, 1925. Kaplan setzte sich für einen «neuen Zionismus» ein, bei dem das jüdische Volk, nicht der jüdische Staat, im Vordergrund stehen sollte.

Mordechai Kaplan wurde 1881 in der Nähe von Vilnius geboren, im damaligen Russischen Kaiserreich. Sein Vater Israel Kaplan kam 1888 als Teil von Jacob Josephs Entourage nach New York, machte sich aber im Zuge der Streitereien um dessen religiöse Autorität als Ritualschlächter selbständig. Zusammen mit seiner Mutter und seinen Geschwistern verbrachte der achtjährige Mordechai vor seiner Ankunft in New York 1889 erst noch ein Jahr in Paris, wo er Maurice genannt wurde (in den USA zeitweise Mark). Zunächst besuchte er in New York eine Jeschiwa, nach drei Jahren aber schickte der Vater ihn auf eine öffentliche Schule, damit er Englisch lernte. Zugleich erhielt er von seinem Vater Religionsunterricht auf Jiddisch, während Vater und Sohn sonst miteinander Hebräisch sprachen.[23]

In seiner Ausbildung kombinierte Kaplan verschiedene Institutionen und Studiengänge: jüdische Geschichte und Philosophie, hebräische Literatur und Predigtlehre am JTS, Bachelorabschluss am College of the City of New York (später City College), ab 1900 ein Masterstudium an der Columbia Universität, die damals dabei war, eine moderne Forschungsuniversität zu werden. Die seinerzeit jungen Sozialwissenschaften formten sein Denken, vor allem die Soziologie in

Gestalt von Franklin Giddings, der die erste Vollprofessur für Soziologie in den USA überhaupt innehatte. Für Giddings' Gesellschaftsverständnis hatte der kollektive Geist einen besonderen Stellenwert. Eine zentrale Inspirationsquelle des soziologischen Diskurses war der englische Evolutionsphilosoph und Sozialtheoretiker Herbert Spencer, ein Wegbereiter des sogenannten Sozialdarwinismus, der für Darwins Prinzip der natürlichen Selektion den später dann von Darwin selbst übernommenen Ausdruck *survival of the fittest* prägte.[24] Auch Kaplan eignete sich einen evolutionär gedachten Fortschrittsoptimismus an, wobei Gott und Religion eine positive evolutionäre Kraft darstellen.

Glaubensverlust und liturgische Innovationen

1903, ein Jahr nachdem er seine Masterarbeit eingereicht hatte, trat Kaplan erstmals ein Amt an einer orthodoxen Gemeinde (Kehilath Jeshurun) an. Da er am JTS studiert hatte, wurde er nicht als Rabbi, sondern als Pfarrer (*Minister*) angestellt, weil er nicht das entsprechende Zertifikat (*Hatarat Horaah*) besaß. Seine Anstellung führte zu Protesten vonseiten der bereits erwähnten konservativen Union der Rabbis.

Trotz der in den Vereinigten Staaten herrschenden Freiheit sah Kaplan auch dort Gefahren für das Fortbestehen des Judentums,[25] nicht durch Pogrome wie in Russland, aber durch Assimilierung und falsche Strategien der Auseinandersetzung mit der modernen amerikanischen Gesellschaft. Sein Hauptanliegen war es, dem Judentum einen Weg in die Zukunft zu weisen. Das Schlagwort, das er mit dem Philosophen John Dewey teilt, lautete «Rekonstruktion».[26]

Schon ab etwa 1906 begann Kaplans orthodoxer Glaube insgeheim Risse zu bekommen. Er ließ davon aber etwa fünfzehn Jahre lang wenig nach außen dringen. 1915 wandte sich eine Gruppe wohlhabender Juden aus der Upper West Side an ihn; dieser Kontakt mündete drei Jahre später in die Gründung des Jewish Center, wo Kaplan nun regelmäßig predigte. Damals verlieh er auch erstmals seiner Idee Ausdruck, das Judentum nicht als Religion, sondern als Zivilisation zu verstehen. Kaplan schwebte eine neue Form der institutionellen Verankerung des Judentums vor – im Sinne eines Gemeindezentrums, in dem nicht nur Religion, sondern auch andere Aspekte des jüdischen Lebens bzw. der jüdischen Zivilisation praktiziert werden könnten. Einige

Jahre später errichtete das Jewish Center ein zehngeschossiges Gebäude mit Synagoge, Sport-, Kultur- und Bildungsangeboten und Versammlungsräumen – «the shul with a pool and a school».[27] Kaplan war einige Jahre Rabbi des Zentrums, aber die Gemeinde wies trotz des innovativen Konzepts, das als Vorbild vieler späterer Gemeindezentren diente, eine konservative bzw. orthodoxe Orientierung auf, mit der Kaplan auf Dauer in Konflikt geriet. Hinzu kam, dass er sich von der Kanzel für die Rechte der Arbeiter, für Mindestlohn und Krankenversicherung aussprach und den moralischen Bankrott der geltenden Wirtschaftsordnung anprangerte. In dieser wohlhabenden Gemeinde musste dies zwangsläufig auf Missbilligung stoßen. Kaplan trat 1921 von seinem Amt am Jewish Center zurück.[28]

Zusammen mit etwa fünfunddreißig Familien aus dem Jewish Center etablierte Kaplan sodann eine neue Organisation: die Society for the Advancement of Judaism (SAJ). «Leader» auf Lebenszeit wollte er jedoch nicht werden, er wolle ja keine neue Religion stiften. Nach der Machtergreifung der Nazis änderte Kaplan seinen Titel von «Führer» zu Rabbi. 1926 wurde unweit des Jewish Center ein neues Gemeindezentrum eröffnet. Das Ziel war eine Art «7/7 Synagoge», also eine Einrichtung, in der man nicht nur zum Gottesdienst zusammenkam. Es gab Bildungsangebote, man pflegte jüdische Musik und hielt Veranstaltungen in vornehmen Hotels, bei denen Vorträge mit gemeinsamem Abendessen und Tanz kombiniert wurden.[29] Die «Gesellschaft zur Förderung des Judentums», deren Mitgliederzahlen bis 1928 auf etwa 300 gestiegen waren,[30] engagierte sich auch in zionistischen Angelegenheiten. Chaim Weizmann, der damalige Vorsitzende der Zionistischen Weltorganisation, wurde regelmäßig zu Vorträgen eingeladen und später zum Ehrenmitglied der Synagoge ernannt. Schon recht schnell entstanden Ableger der SAJ in New York und in einigen anderen Städten, u. a. in Chicago, sodass man das Gebäude von 1926 als «The First Synagogue» bezeichnete[31] – ähnlich wie die «First Church» von Christian Science in Boston.

Von der SAJ-Synagoge gingen zahlreiche rituelle Innovationen aus, die allerdings nicht immer vorbehaltlos angenommen wurden. Eine frühe Neuerung bestand darin, dass Frauen und Männer nicht mehr getrennt saßen. 1922 führte Kaplan für seine älteste Tochter Judith die Bat Mitzwah durch, das bis dahin meist Jungen vorbehaltene Ritual zur

Erlangung der Religionsmündigkeit. Auch seine anderen Töchter durchliefen die Bat Mitzwah, die sich aber erst nach dem Zweiten Weltkrieg zu einer gängigen Praxis in den Reformgemeinden entwickelte. Außerdem erhielt Kaplan den Auftrag, die Liturgie zu «verschönern». So änderte er liturgische Texte, in denen die von ihm abgelehnte Idee des auserwählten Volks und seiner Vorrangstellung vorkommt, und entfernte Verse, in denen von Opfern und der Auferstehung der Toten die Rede ist.[32]

1941 veröffentlichte Kaplan, zusammen mit seinem Schüler Eugene Kohn und seinem Schwiegersohn und Assistenten Ira Eisenstein, eine nicht unwesentlich revidierte Pessach-Haggada: Statt der Taten Gottes rückt die Figur des Mose ins Zentrum der Erzählung, und die Landplagen werden ebenso ausgelassen wie der nach dem Pessach-Mahl rezitierte Vers aus Psalm 79,6 – in der Lutherbibel von 1912 übersetzt als «Schütte deinen Grimm auf die Heiden, die dich nicht kennen, und auf die Königreiche, die deinen Namen nicht anrufen.» Beides war mit Kaplans Gottesbild nicht vereinbar. Doch gerade 1941, als Hitler auf dem Höhepunkt seines Erfolgs zu sein schien, den Ruf nach Rache auszulassen, weckte nicht nur Unverständnis, sondern führte zu erregten Protesten, u. a. seitens des Jewish Theological Seminary. Dieser Unwille flammte erneut auf, als Kaplan kurz nach Kriegsende sein neues Sabbat-Siddur *(The Sabbath Prayer Book)* veröffentlichte, das ebenfalls liturgische Texte kürzte, ersetzte, kommentierte und ergänzte. Der Stachel saß offenbar so tief, dass die Vereinigung der Orthodoxen Rabbis der USA und Kanadas ihn bei ihrer Versammlung in New York im Juni 1945 als Häretiker brandmarkte, mit einem Bann belegte und aus der Gemeinschaft ausschloss.[33] Auch sein Siddur wurde verdammt und nach dem Treffen sogar verbrannt. Das Dekret hatte für Kaplan keine praktischen Konsequenzen, zumal er gar kein Mitglied dieser Vereinigung war. Vielmehr erhielt Kaplan Hunderte Unterstützungsschreiben, u. a. von Albert Einstein, und die Verdammung regte die Nachfrage nach dem Buch stark an.[34] Dieser Siddur war zwar keineswegs radikaler als die Gebetsbücher des Reformjudentums, wurde aber als provozierender empfunden, da er von einem vermeintlichen Gesinnungsgenossen stammte.[35]

Rekonstruktion: Religion als Zivilisation

Kaplan brach mit einigen Grundannahmen der jüdischen Tradition. Im Vorwort zu seinem Hauptwerk *Judaism as a Civilization* (1934) benennt er die «Kopernikanische Wende» in seiner erstmals 1909 geäußerten These, dass die jüdische Religion für das jüdische Volk da sei – und nicht umgekehrt.[36] Kaplan verstand Religion nicht als göttliche Offenbarung, sondern als menschliches, historisches und ein kontextuell eingebundenes Phänomen. Er berief sich sogar explizit auf neue Entwicklungen in der «natürlichen Geschichte der Religion», also der allgemeinen Religionsgeschichte.[37] Wandel ist demnach keine Dekadenz, sondern unvermeidbar und positiv. Dogmen versuchten vergeblich, Wandel einzufrieren, mit dem konterproduktiven Erfolg, dass Religion sich selbst eliminiert, wenn sie nicht mehr im Austausch mit ihrer Umwelt wachsen und gedeihen kann.

Auf den französischen Soziologen Émile Durkheim berief sich Kaplan in seiner Forderung, Religion dem sozialwissenschaftlichen Blick auszusetzen: Wissenschaft führe nicht zur Auslöschung, sondern zur Transformation von Religion.[38] Genau diese Transformation aber war seines Erachtens überlebensnotwendig für die (jüdische) Religion. Wie Durkheim sah er Religion als primär kollektive Angelegenheit,[39] mit verschiedenen Deutungsansätzen. Funktionalistisch gesehen existiere Religion nicht an sich, sondern als Funktion einer Gruppe und Aspekt einer Zivilisation. Historisch gesehen könne die Religionswissenschaft die Wirkung der Gottes-Idee («God-idea») in der Geschichte zeigen. In einer pragmatistischen Deutung ging es Kaplan nicht um Gott an sich, sondern um das, was diese Idee ausrichten kann und welche Verhaltensweise diese Gottes-Idee auslöst. Kaplan konzedierte, dass eine Gottes-Idee für das Judentum notwendig sei, wenn man sich aber auf eine bestimmte festlege, könne dies den Fortbestand der religiösen Überlieferung gefährden. Das Neudenken der Gottes-Idee mache demnach auch die Religionstheorie Sigmund Freuds hinfällig, dessen grundlegend religionsfeindliche Kritik durch eine veraltete Gottes-Idee kompromittiert sei.[40]

Ähnlich wie der von ihm verehrte pragmatistische Philosoph John Dewey in seinem Werk *Reconstruction in Philosophy* (1920) die Fixierung der Philosophie auf transzendente Realitäten kritisiert hatte, lehnte Kaplan den «Supernaturalismus» in der Religion ab, was er 1958 in seinem Buch *Judaism without Supernaturalism: the only alternative to orthodoxy and secularism* weiter ausführte. Das Übernatürliche als Erklärung und Legitimation verwirft er hier, ohne dass er deshalb einen reduktionistischen Naturalismus vertreten hätte. Gerade in der Geschichte, im Menschlichen, in Sinn und Streben, in Werten, ethischen Entscheidungen und heroischen Taten sei das Göttliche zu erblicken.[41] Die Erwartung, dass Gott aus seiner transzendenten Höhe in die Welt eingreift, um ein Gebet zu erhören und Wünsche zu erfüllen, lehnt er als Supranaturalismus, Magie oder Theurgie ab. Kaplan sieht die religiöse Situation der Gegenwart an der Schwelle von einer Jenseits- zu einer Diesseitsorientierung. Begriffe wie Gott oder Erlösung hätten zu unterschiedlichen Zeiten anderes bedeutet. Gott versteht er nun als Willen zum Leben und Lebensprinzip des Universums.[42] Erlösung – für ihn die zentrale Kategorie in der Religion – umschreibt er als ganz Mensch werden, als überreiches Leben oder, wiederum in Anlehnung an Dewey, als Wachstum.[43] Individuen können für Kaplan nur im Kontext einer funktionierenden Gemeinschaft ihr volles Potenzial entwickeln. Erlösung setzt daher eine Gemeinschaft voraus, die das Individuum als organisches Teil ihrer selbst behandelt.[44]

Das Ende des Supernaturalismus und die Anerkennung der Geschichtlichkeit des Judentums machen es Kaplan zufolge akut anfällig für die Möglichkeit seines Untergangs, weshalb eine Rekonstruktion erforderlich sei. Kaplans Strategie sieht vor, das Spezifikum des Judentums nicht auf die Religion oder eine Art ethischen Monotheismus zu reduzieren, sondern es im Sinne eines organischen Ansatzes in seiner Totalität in den Blick zu nehmen: «Judentum als Zivilisation». Diese Zivilisation müsse (ganz im Sinne des Zionismus) ihre Heimat in Palästina haben, bis zu einem gewissen Grade könne sie aber auch in der Diaspora verwirklicht werden. Was in Kaplans Sicht das Leben der Juden von dem der Nichtjuden essentiell unterscheidet – und diese Differenz gelte es zu bewahren –, ist nicht auf Religion zu begrenzen, sondern umfasst «Geschichte, Literatur, Sprache, soziale Organisation, volkstümliche Strafmaßnahmen, Verhaltensstandards, soziale und spirituelle Ideale und künstlerische Werte» – eben eine Zivilisation. Religion ist aus dieser Zivilisation zwar nicht wegzudenken, bildet aber nur ein Element der stets evolvierenden zivilisatorischen Gesamtheit – was auch für andere Religionen gilt. Kaplan geht dabei davon aus, dass Individuen an mehreren Zivilisationen partizipieren können – etwa an der jüdischen und der amerikanischen, nicht aber an zwei Religionen, etwa dem Judentum und dem Christentum, das ja auf die Überwindung des Judentums abziele. Wenn Religion aber Hegemonie gegenüber anderen zivilisatorischen Aktivitäten erlange, werde sie unfruchtbar; die «spiritual regeneration» des jüdischen Volkes verlange daher paradoxerweise, dass es die Fixierung auf Religion aufgebe.[45]

In *Judaism as a Civilization* kritisierte Kaplan die Hauptströmungen oder Denominationen des damaligen Judentums: Reformjudentum, Konservative, (Neo-)Orthodoxe. Sein Zivilisationsmodell wollte zur Überwindung der Grenzen aller dieser Richtungen beitragen, ohne eine eigenständige Denomination zu werden. Genau das aber ist im Laufe der Zeit geschehen – ebenso wie sich Schechters «Catholic Israel» in eine Denomination verwandelt hatte. Dieser Prozess wurde durch Kaplans Exkommunikation vielleicht sogar gefördert. 1955 wurde ein Dachverband der auf Kaplans Reformen zurückgehenden rekonstruktionistischen Gemeinden bzw. Synagogen gegründet, und 1968, einige Jahre nachdem Kaplan am Jewish Theological Seminary in den Ruhestand getreten war, entstand in Pennsylvania ein rekonstruktionistisches Rabbinerkolleg, das erste übrigens, das gleichberechtigt auch Studentinnen aufnahm. Damit folgte man Kaplans Maßgabe, dass Frauen im gewandelten Judentum den Männern völlig gleichgestellt sein sollten.[46] Reconstructionist Judaism gilt heute als die vierte Denomination im amerikanischen Judentum, zu der sich etwa zwei Prozent des amerikanischen Judentums rechnen.

20

Bhimrao Ambedkar

Vom Hinduismus zum Buddhismus – Religionswechsel als Emanzipation

Am 14. Oktober 1956 fand in der zentralindischen Stadt Nagpur eines der spektakulärsten Ereignisse der Religionsgeschichte des 20. Jahrhunderts statt. Auf Initiative von Dr. Bhimrao Ramji Ambedkar (1891–1956), einem landesweit bekannten Juristen, Politiker und Aktivisten, der von 1947 bis 1951 der erste Justizminister des unabhängigen Indien gewesen war, hatten sich drei- bis fünfhunderttausend weißgekleidete Menschen friedlich versammelt. Der damals fünfundsechzigjährige Babasaheb («Vater Herr»), so Ambedkars Ehrenname, stand auf einer Bühne unter einem Baldachin, neben ihm seine zweite Ehefrau Savita, seine ehemalige Hausärztin. Beide legten unter Anleitung eines alten birmesischen Mönches feierlich den dreifachen Eid ab: Sie nahmen Zuflucht zum Buddha, zu seiner Lehre (Dhamma) und zu seiner Gemeinschaft (Sangha). Der Mönch forderte sie auf, sich zu den fünf Grundregeln zu bekennen: nicht töten, nicht stehlen, nicht lügen, kein sexuelles Fehlverhalten, kein Alkohol. Dr. Ambedkar und seine Frau wiederholten die von dem Mönch auf Pali gesprochenen Worte in der Regionalsprache Marathi, wodurch sie auch für die Anwesenden verständlich wurden. Dann streuten sie Reis auf eine Buddha-Statue, der sie weiße Lotusblumen darbrachten.[1] Dr. Ambedkar ergriff daraufhin das Wort: «Indem ich meine alte Religion verwerfe, die für Ungleichheit und Unterdrückung stand, bin ich heute neugeboren. ... Ich bin kein Verehrer der Hindu-Götter und -Göttinnen mehr ... Ich will strikt den achtfachen Pfad Buddhas befolgen. Der Buddhismus ist die wahre Religion und ich werde mich in meinem Leben von den drei Prinzipien des Wissens, des rechten Pfades und des Mitgefühls leiten lassen.»[2]

Ambedkar nahm diese Lossagung und gleichzeitige Verpflichtung daraufhin bei seinen Gefolgsleuten ab. Er hatte dazu zweiundzwanzig Eidesformeln auf Marathi verfasst, die er sie nun als eine Art Glaubensbekenntnis aufsagen ließ. Darin enthalten waren außer der dreifachen Zuflucht und den fünf Grundregeln zunächst explizite Lossagungen von Kernelementen des Hinduismus und dann Verpflichtungen auf das Prinzip der Gleichheit und auf das Streben nach Verwirklichung von Gleichheit.[3] Mit der expliziten Lossagung vom Hinduismus wollte Ambedkar möglicherweise einer Vereinnahmung des Buddhismus als Teil des Hinduismus entgegenwirken,[4] wie wir sie schon bei Vivekananda und Savarkar fanden und wie sie später dann in der Tat von hindu-nationalistischen Gruppen auf die neuen Buddhisten angewandt wurde.

Die Diskriminierung der Dalits

In Nagpur hatte man fünfundvierzig Büros zur Registrierung der Konversionswilligen eingerichtet.[5] Sie gehörten überwiegend wie Ambedkar zur sozialen Kategorie der Unberührbaren, die außer- bzw. unterhalb des in vier *varnas* gegliederten hinduistischen Kastensystems gestellt sind. In der späten Kolonialzeit, seit dem Government of India Act von 1935, verwendete man für sie den Ausdruck *scheduled castes* (registrierte Kasten), da sie in einem Register für unberührbare Gruppen verzeichnet wurden. Seit den 1970er Jahren hat sich, zunächst unter Ambedkar-Anhängern, die Bezeichnung Dalits (Unterdrückte) durchgesetzt.

Unberührbarkeit war keine bloße Metapher, sondern eine konkrete soziale Realität. Der 1891 geborene Ambedkar erinnerte sich, dass in seiner Kindheit kein Friseur bereit war, seinen Familienmitgliedern die Haare zu schneiden; dass kein Fuhrwerk sie vom Bahnhof nach Hause fahren wollte; dass sie aus den meisten Quellen, Seen oder Flüssen kein Wasser holen durften; dass er in der Schule nur dann trinken durfte, wenn jemand für ihn den Wasserhahn aufdrehte; dass es ihnen verboten war, neue Kleider zu tragen. Bei seinem ersten Job in Baroda wollte ihm niemand eine Wohnung vermieten, und die Behörde, bei der er angestellt war, ließ ihn keine Akten berühren. Diskriminierung, die Gandhi erst in Südafrika erlebte, gehörte für Ambedkar von frühester Kindheit an zum Alltagsleben in Indien.

Die Ausgrenzung der Unberührbaren hatte jedoch seit der britischen Kolonialzeit erste Risse bekommen. So hatte das britische Militär vermehrt Unberührbare rekrutiert, für die sich dadurch alternative soziale Möglichkeiten eröffneten. Ambedkars Vater und Großvater arbeiteten für die britische Armee. Da für die Kinder der Armeeangestellten Schulpflicht bestand, waren nicht nur sein Vater, sondern auch die Frauen der Familie lese- und schreibkundig.[6] Der junge Bhimrao zeigte sich in der Schule als sehr begabt, sodass einer seiner Lehrer, ein Brahmane, ihm 1900 seinen eigenen Namen vermachte; seither hieß er nicht mehr nach seinem Herkunftsort Ambadve, sondern trug den brahmanischen Familiennamen Ambedkar. Damit öffnete sich ihm die Tür zu höherer Bildung.

Trotz seiner armen und stigmatisierten Herkunft konnte Ambedkar später, großzügig finanziell unterstützt von dem Fürsten (Gaikwad) von Baroda, höhere akademische Abschlüsse in New York (M. A. und Ph. D. an der Columbia University) und London (M. Sc.; D. Sc.) erlangen und machte eine beispiellose Karriere als Publizist, Jurist und Politiker.[7] In New Yorkt lehrte damals der Philosoph John Dewey, dessen Ideen von Pragmatismus, Demokratie und Bildung, ja vielleicht sogar seine Vorstellungen zur Religion[8] einen nachhaltigen Einfluss auf Ambedkar ausübten (vergleichbar mit der Inspiration, die seine Ideen wohl auf Mordechai Kaplan ausübten, s. Kap. 19). Ab den 1930er Jahren galt Ambedkar als der allgemein anerkannte Repräsentant und Führer der Unberührbaren, und 1956 waren es überwiegend Dalits, die ihm in seiner Entscheidung folgten, zum Buddhismus überzutreten.

Der Buddhismus als Religion des «guten» und modernen Indien

Am Tag nach der Massenkonversion hielt Dr. Ambedkar eine mehrstündige Abschlussansprache, in der er seine Mit-Konvertiten in einfachem Marathi noch einmal auf sein Projekt einzuschwören versuchte.[9] Den Ort Nagpur habe er gewählt, weil dort zur Zeit des historischen Buddha die Nagas gelebt hätten, unterdrückte Nicht-Arier wie die Dalits, die der Buddha vor Verderben und Ausrottung errettet habe. So schloss sich in dieser Geschichtskonstruktion ein Zyklus, der vom Ursprung bis zur Erneuerung des Buddhismus in Indien reichte. Den zwischenzeitlichen Niedergang des Buddhismus schrieb er hier hauptsächlich den muslimischen «Invasionen» ab dem 8. Jahrhundert zu.[10]

Für Ambedkar repräsentierte der Buddhismus sozusagen das gute, der Hinduismus hingegen das schlechte Indien, das es zu überwinden galt – so wie in einer modernistischen Geschichtserzählung Sklaverei durch Freiheit und Ungleichheit durch Gleichheit ersetzt wurde; nicht umsonst bezeichnete er den Buddhismus in einer 1950 gehaltenen Rede als die Französische Revolution der indischen Religionsgeschichte;[11] ein anderes Mal verglich er das Schicksal der Unberührbaren mit dem der afroamerikanischen Sklaven.[12] In der maßgeblich von Ambedkar entworfenen, 1949 angenommenen Verfassung der unabhängigen Republik Indien wird Unberührbarkeit offiziell abgeschafft und ihre praktische Umsetzung verboten (§ 17). Dennoch schrieb Ambedkar noch 1951, Indien müsse den Buddhismus annehmen, um das Kastenwesen und andere soziale Übel abzuwerfen.[13] Gleichheit und Gerechtigkeit waren also seines Erachtens nicht allein Sache des Staates. Der Buddhismus sollte den Weg zu einer modernen Gesellschaft eröffnen – und war daher nicht nur eine Option für die Dalits, sondern für alle Inder.

Den Buddhismus hatte Ambedkar auch in die offizielle Symbolik des neuen indischen Staats einbringen lassen. Auf Initiative auch des künftigen Justizministers Ambedkar ersetzte die Verfassunggebende Versammlung 1947 in der orange(safran)-weiß-grünen Flagge des neuen Staates das Spinnrad in der Mitte der Flagge des Indischen Nationalkongresses – ein mit Gandhi verbundenes Symbol – durch das mit vierundzwanzig Speichen etwas verfremdet dargestellte Rad des Gesetzes (*dharmachakra*). Dieses Symbol hatte schon der buddhistische Herrscher Ashoka im 3. Jahrhundert v. u. Z. verwendet. Zwar wird der Buddhismus in der Resolution der Versammlung nicht erwähnt,[14] für Ambedkar und alle Gebildeten war dieser Bezug jedoch unübersehbar. Bei der ersten Sitzung des neuen indischen Parlaments war ein Buddha-Bild auf dem Rednerpult platziert, und eine Buddha-Statue steht bis heute in der runden Zeremonienhalle unter der Kuppel des Präsidentenpalasts, wo es auch eine Ashoka-Halle gibt. Man könnte hier von einem zivilen, staats-symbolischen Buddhismus sprechen.

In der Tat investierte die junge Republik unter Premierminister Jawaharlal Nehru in die Restaurierung buddhistischer Stätten (Bodhgaya,

Sanchi, Shravasti, Lumbini, Nalanda), die Installation und Zurschaustellung buddhistischer Reliquien und in die Publikation buddhistischer Texte. 1956 fanden große Buddha-Jubiläumsfeierlichkeiten (Buddha Javanti) statt, an denen u. a. der Dalai Lama teilnahm. Nehru, der im Alter von dreizehn Jahren von Annie Besant in die Theosophische Gesellschaft aufgenommen wurden war, äußerte sich Religion gegenüber kritisch und fiel nicht durch Frömmigkeit auf. Nichtsdestoweniger hegte er wohl eine persönliche Sympathie für den Buddhismus und umgab sich mit Buddha-Bildern, ohne im Buddhismus ein Programm der radikalen Gesellschaftsreform zu sehen.[15]

Gegen Gandhi und gegen religiöse Ausgrenzung

In seiner Rede vom 15. Oktober 1956 bezeichnete Ambedkar den Hinduismus als einen «diabolischen Glauben» und verkündete: «This religion cannot save anybody. It has no life left in it.»[16] Der Hinduismus werde den Ansprüchen einer echten Religion nicht gerecht.[17] Aus seiner Sicht war diese Religion die ideologische Basis der sozialen Ausgrenzung und Unterdrückung der Unberührbaren. Da Ambedkar im Kastenwesen das Fundament des Hinduismus sah und im Hinduismus das Fundament des Kastenwesens, war diese Situation ohne die Eliminierung des Hinduismus nicht korrigierbar.

Ambedkar war ein entschiedener Gegner Gandhis und seiner modernitätskritischen Gesellschaftsvision, ja er hielt dessen Ehrentitel Mahatma für einen Hohn. Obwohl Gandhi ebenfalls ein erklärter Gegner der Unberührbarkeit war, war er in Ambedkars Augen ein Verräter an der Sache der Unberührbaren. Schon die Bezeichnung als *harijan* (Gotteskinder) empfand er als paternalistische Vereinnahmung der Unberührbaren seitens eines Kasten-Hindus. Überhaupt durften seines Erachtens nur Unberührbare die politischen Interessen der Unberührbaren vertreten.[18] Dementsprechend hielt Ambedkar nichts von den Reformversuchen Gandhis, der die Unberührbaren de jure als dem Hinduismus zugehörig behandeln, de facto aber aus der Sozialgemeinschaft ausschließen wollte. In Ambedkars Sicht war das ein Widerspruch. Gandhi seinerseits lehnte Ambedkars Anliegen ab, die Unberührbaren ebenso wie die Muslime als separate Wählergruppe anzuerkennen. Durch einen Hungerstreik übte er einen solchen Druck auf Ambedkar aus, dass dieser 1932 im sogenannten Poona Pact einlenkte – was dessen Abkehr vom Hinduismus befördert haben mag. Anders als für Gandhi war im Übrigen die hindu-muslimische Einheit für Ambedkar kein politisches Ziel. So setzte er sich ab 1940 mit muslimischen Forderungen nach einem eigenen Staat auseinander, die er dann in mehreren Publikationen befürwortete.

Die umfassende Diskriminierung der Unberührbaren betraf auch ihre Religionsausübung. So waren die meisten hinduistischen Einrichtungen den Unberührbaren nicht zugänglich. Das galt – ähnlich wie bei niedrigkastigen Hindus – auch für religiöse Bildungsstrukturen. Sogar auf dem modernen anglophonen College in Bombay war es Ambedkar verwehrt geblieben, Sanskrit zu studieren, sodass er auf einen Bachelorabschluss in Englisch und Persisch auswich.

Ambedkars Kastengruppe, die Mahar, unternahmen im Jahre 1927 erste organisierte Versuche, sich Zugang zu Hindu-Tempeln zu verschaffen. 1929 fand eine gewaltlose Kampagne bei Poona statt. Die ersten Aktivisten wurden jedoch sogleich von Kasten-Hindus verprügelt, und der Tempel blieb monatelang geschlossen. Ambedkar spielte eine aktive Rolle in einer weiteren gewaltlosen Tempelzutrittskampagne, die 1930 in Nashik am westlichen Rand des Deccan (im heutigen Maharashtra) begann. Es ging um den Zutritt zum Kalaram-Tempel, dessen Name sich der schwarzen Figur des Gottes Ram(a) verdankt. Zu Beginn dieses *satyagraha* soll er gesagt haben: «Sind die Hindus bereit, uns als Menschen anzuerkennen oder nicht? Das werden wir heute herausfinden … Wir wissen, dass der Gott im Tempel aus Stein ist. Die Tempelrituale (*darshan* und *puja*) werden unsere Probleme nicht lösen, aber wir werden einen Anfang machen und versuchen, einen Sinneswandel bei den Hindus hervorzurufen.»[19]

Trotz einiger scheinbarer Zugeständnisse, öffentlicher Aufmerksamkeit – auch im Ausland – und zahlreicher prominenter Unterstützer scheiterte die Kampagne letztlich am hartnäckigen Widerstand der Tempelbetreiber. Andere vergleichbare Initiativen scheiterten Anfang der 1930er Jahre ebenfalls.[20]

Ambedkars erste Frau Ramabai, mit der er einen Sohn hatte, starb im Mai 1935. Es soll ihr Wunsch gewesen sein, eine Wallfahrt nach Pandharpur zu unternehmen, aber der dortige Vitthal-Tempel ließ keine Unberührbaren ein.[21]

Das Recht auf religiöse Selbstbestimmung

Die religiöse Ausgrenzung war ein Anlass für Ambedkars öffentliche Abwendung vom Hinduismus, die er am 13. Oktober 1935 auf einer Konferenz in Yeola in der Nähe von Nashik vor etwa zehntausend Leuten ankündigte: «Ich hatte das Unglück mit dem Stigma eines Unberührbaren geboren zu werden. Das ist allerdings nicht mein Fehler; aber ich werde nicht als Hindu sterben, denn das liegt in meiner Macht.»[22]

Für Ambedkar war es grundsätzlich inakzeptabel, dass das Schicksal der Menschen durch ihre Geburt festgelegt ist, sei es durch Kaste, Klasse oder Religionszugehörigkeit. Er betrachtete es als ein Recht aller Individuen, die eigene Religion auszuwählen, gerade wenn man sich dadurch von einem Unrechtsregime befreien kann. Gandhi fand Ambedkars Ankündigung «unglaublich» und «unglücklich». Für ihn war Religion etwas Vorgegebenes, das man nicht «willentlich wie ein Haus oder einen Mantel wechseln» könne.[23]

Nur etwa einen Monat nach Ambedkars Ankündigung versammelten sich in einem Vorort von Nashik etwa achthundert junge Männer, um feierlich die *Manusmriti* zu verbrennen, das alte hinduistische *Gesetzbuch des Manu*, eine zentrale normative Quelle des Kastensystems. Diese Aktion war vielleicht von Ambedkars Überzeugung inspiriert, dass eine Befreiung vom Kastenwesen nur möglich sei, wenn man die Wurzel des Übels ausrotte. Außerdem gelobten seine Anhänger, fortan keine Wallfahrten mehr zu unternehmen, keine Heiligtümer mehr aufzusuchen, keine Brahmanen-Priester mehr anzuheuern und nicht mehr an den Hindu-Festen teilzunehmen. Am 9. November 1935 wurde in Nagpur ein Komitee zur Abkehr vom Hinduismus gegründet.[24]

Ambedkar sagte im Oktober 1935, dass er zwar zu der wohlüberlegten Einsicht gekommen sei, seine Religion zu verändern, sich aber noch nicht festgelegt habe, welche Religion er annehmen werde. Damit ergab sich die bemerkenswerte Situation, dass sich eine bekannte Führungspersönlichkeit öffentlich auf die Suche nach einer neuen Religion begab. Immerhin war Ambedkar mit Gandhi einer Meinung, dass Religion unerlässlich sei.[25]

Die durch Ambedkars Ankündigung bevorstehende Massenabkehr

vom Hinduismus drohte das religiöse Gefüge des Landes ins Wanken zu bringen. Sie barg auch politischen Sprengstoff: Da der Government of India Act von 1935 Wählerschaft und Mandate nach Religionszugehörigkeit aufteilte, hätte ein Übertritt von vielleicht sogar einem Fünftel der Bevölkerung regional zu erheblichem Machtverlust der Hindus geführt.[26] Massenübertritte zu anderen Religionen waren kein völliges Novum.[27] So war es 1878 in Südindien im Gefolge einer Hungersnot zu Massenkonversionen zum protestantischen Christentum und 1922 zu organisierten Konversionen von Muslimen zum Hinduismus gekommen. Und so kam Bewegung in die Sache des Tempelzutritts: In Travancore, einem Fürstenstaat im äußersten Südwesten Indiens, erhielten die Unberührbaren im November 1936 nach langer Agitation Zugang zu allen vom Fürstentum kontrollierten Tempeln – aber erst, nachdem sie damit gedroht hatten, dass sie sich vom Hinduismus abwenden würden.[28]

Religionswechsel, nicht Religionsverzicht

Am 30. und 31. Mai 1936 fand in Bombay eine regionale Konferenz der Mahar statt, auf der Ambedkar in einer Rede auf Marathi noch einmal zum Religionswechsel aufforderte. Dieser habe zwei Seiten: eine soziale/materielle und eine religiöse/spirituelle, die jedoch zusammengehörten.[29] Damit wies er die seinerzeit diskutierte Frage, ob Menschen vielleicht nur aus materiellen oder sozialen Gründen konvertierten, von vornherein zurück.[30] Erneut griff er seine fundamentale Kritik am Hinduismus auf: «Eine Religion, die das Individuum nicht anerkennt, ist für mich persönlich nicht akzeptabel.» Eine Religion, die bestimmte Gruppen von Bildung ausschließe und die es verbiete, andere Menschen zu berühren, sei keine Religion, sondern eine Farce.[31] Das Ziel des Religionswechsels sei das Erlangen der Freiheit. In einer poetisch-rhetorisch aufgeladenen Passage erklärte er: «Religion ist für den Menschen da; der Mensch ist nicht für die Religion da. … Wenn Ihr stark sein wollt, dann wechselt Eure Religion. … Wenn Ihr Gleichheit wollt, dann wechselt Eure Religion. Wenn Ihr Unabhängigkeit wollt, dann wechselt Eure Religion.»[32]

Wohlgemerkt, er forderte zum Religionswechsel auf, nicht zum Religionsverzicht. Religion war für ihn ein historisch veränderbarer, aber integraler Bestandteil menschlichen (Zusammen-)Lebens – nicht im Sinne eines Überbaus, sondern als orientierungs- und wertstiftender Faktor.[33] Es müsse die richtige Religion für eine moderne Gesellschaft gefunden werden und nicht nur für eine gesellschaftliche Randgruppe.[34] Ambedkar hatte keinerlei Ambitionen, eine eigene neue Religion zu gründen; er unternahm vielmehr einen pragmatischen Religionsvergleich, um die beste Religion zu identifizieren.

Ambedkars Ankündigung rief Vertreter anderer Religionen auf den Plan. Schon im Mai 1936 fand in der nordindischen Stadt Lucknow als Teil der «All-India Depressed Classes Conference» eine Veranstaltung statt, bei der Vertreter von mehreren Religionsgemeinschaften um die Konversionswilligen warben. Die Konferenz sagte Ambedkar Unterstützung bei seinen Vorhaben zu; es wurde u. a. eine Erklärung verabschiedet, die Gandhis Begriff *harijan* ablehnte. Vertreter verschiedener Religion nahmen mit Ambedkar Kontakt auf, und dieser nahm an Veranstaltungen unterschiedlicher Religionen teil.[35] Es gab allerdings auch kritische Stimmen gegen eine «Versteigerung» der Religionen. Der Erzbischof von Canterbury kündigte beispielsweise an, dass man an keiner Auktion um die Seelen der Inder teilnehmen werde.[36]

Die Überlegenheit des Buddhismus und dessen Rekonstruktion

1950 unternahm Ambedkar Studienreisen nach Ceylon, Birma und Nepal, um sich ein Bild vom realexistierenden Buddhismus zu machen. In seiner Privatbibliothek fanden sich neben buddhistischen Primärquellen etwa zweihundert Bücher über den Buddhismus.[37]

Im selben Jahr präsentierte er in seinem programmatischen Text *Buddha and the Future of his Religion*[38] die Ergebnisse seines Religionsvergleichs, die den Buddhismus als überlegene Religion erwiesen. Er macht das hauptsächlich an drei Punkten fest: erstens Buddhas «Selbstverleugnung» im Sinne seiner Weigerung, sich irgendwelche übernatürlichen oder übermenschlichen Kräfte anzumaßen, und sein Verzicht auf den Gebrauch von Wundern als Legitimationsstrategie; zweitens sein Verzicht auf den Unfehlbarkeitsanspruch und die Aufforderung an seine Schüler, seine Lehre zu verändern oder aufzugeben, wenn sie nicht mehr zur Zeit passe; drittens der grundlegend moralische Charakter des Buddhismus: Ethik habe im Buddhismus den Platz des Theismus in anderen Religionen eingenommen. An anderer Stelle erachtete er aber eine religiöse bzw. sakrale Einbettung der Moral als durchaus notwendig.

Für Ambedkar, so der Text von 1950, muss eine gültige Religion mit den Naturwissenschaften vereinbar sein. Eben darin hatten ja schon Olcott, Anagarika Dharmapala und Taixu einen Vorzug des Buddhismus gesehen. Außerdem muss Religion die drei in der Französischen Revolution etablierten Grundwerte moderner Gesellschaften anerkennen: Freiheit, Gleichheit und Brüderlichkeit. In der Folge machte sich Ambedkar an eine Neudeutung zentraler buddhistischer Begriffe – *dhamma (dharma)*, *karma*, *nibbhana (nirwana)* und *ahimsa* –, die er dann in seinem Lehrbuch *The Buddha and his Dhamma* ausführte.[39] Zugleich war er davon überzeugt, dass der Buddhismus ewige Wahrheiten lehre. Ambedkar brach hier – vergleichbar mit Mordechai Kaplan – mit einem Religionskonzept, das sich auf Offenbarung, Supranaturalismus, Kosmogonie, Irrationalität, Eschatologie und Erlösung gründet; Religion werde durch kritische Prüfung rational entdeckt und ziele auf die Herstellung eines gerechten, humanen Sozialkörpers: «Der Zweck des Dhamma ist die Rekonstruktion der Welt.»[40]

Zum Schluss skizziert der Artikel von 1950 ein praktisches Programm zur Verbreitung des Buddhismus in der Zukunft. Als eine Art Verfassungsgeber seines Navayana-Buddhismus – der dritte Weg nach Theravada und Mahayana – schlägt Ambedkar drei zentrale Maßnahmen vor: erstens die Herstellung einer kompakten «buddhistischen Bibel» (anstelle des Pali-Kanons), was an Olcotts Katechismus denken lässt (s. Kap. 8). An zweiter Stelle steht eine Reform des Mönchtums mit einer der Ramakrishna-Mission oder christlichen Orden wie den Jesuiten vergleichbaren Ausrichtung auf Sozialarbeit und Bildung. Ein ähnliches Programm hatte Taixu vertreten. Drittens nennt er den Beginn einer organisierten buddhistischen Mission – wofür sich ebenfalls Taixu eingesetzt hatte (s. Kap. 8). Ambedkar lehnte das Christentum hinsichtlich seiner Glaubensinhalte ab, knüpfte aber nicht nur hier an christliche Muster von Religion an. An anderer Stelle trat er für die Einführung einer der christlichen Taufe vergleichbaren Initiations- bzw. Konversionszeremonie ein, die aber mehr sein müsse als die Annahme der fünf Grundregeln, es müsse das individuelle «becoming a new man» zum Ausdruck kommen. Weiterhin beabsichtigte Ambedkar die Einführung von gemeinschaftlichen Sonntagsgottesdiensten mit Predigten – was an Anagarika Dharmapalas neue Predigten erinnert. Dafür sollten auch Kultgebäude errichtet werden – er nennt sie *vihara* (Klostergebäude) oder Tempel – und zwar von einer solchen Größe, «dass der Eindruck entsteht, dass dort etwas wirklich Großes passiert».[41] Darüber hinaus sollten auch Schulen und Colleges gegründet werden. Am 4. Dezember 1956, nach den Massenübertritten, erteilte Ambedkar schließlich Anweisungen für die Durchführung einer buddhistischen Eheschließung.

Zwei Tage später starb er. Vielleicht hatte er schon gespürt, dass sich sein Ende näherte, und daher im Oktober endlich den schon lange angekündigten Religionswechsel offiziell vollzogen, obwohl noch nicht alle Maßnahmen seines Programms abgeschlossen waren. Sein Entwurf einer buddhistischen Bibel beispielsweise konnte unter dem Titel *The Buddha and his Dhamma* erst postum veröffentlicht werden. Durch den Übertritt machte er mit seiner Ankündigung aus dem Jahre 1935 ernst: dass er nicht als Hindu sterben werde.

Es folgte die größte Bestattungsprozession, die Bombay bis dahin gesehen hatte, und in der Folge kam es zu einer Reihe von Massenübertritten. 1961, fünf Jahre nach Ambedkars Tod, gab es im neuen Bundesstaat Maharashtra schon knapp 2,8 Millionen Buddhisten.[42] Fünfzig Jahre später, 2011, ist diese Zahl auf 6,5 Millionen gestiegen, sodass der Buddhismus die drittgrößte Religionsgemeinschaft Maharashtras darstellt. Auf Ebene des Bundesstaats steht er mit 0,7 Prozent an fünfter Stelle.

Bodhisattva Ambedkar

1968 begann man in Nagpur mit dem Bau eines Stupa zur Erinnerung an die Massenkonversion des Jahres 1956. Dort findet sich auch ein Denkmal, auf dem Ambedkars zweiundzwanzig Eidesformeln eingemeißelt sind. 1971 wurde in Bombay, an der Stelle von Ambedkars Einäscherung, ein Stupa mit seinen Relikten eröffnet; in der Nähe steht eine Replik von Ashoka-Monumenten (Sanchi-Tor und eine Ashoka-Säule). Dieses Ensemble ist ein wichtiger Wallfahrtsort für die indischen Buddhisten.[43]

T-Shirt und Handfächer mit dem Konterfei von Bhimrao Ambedkar, aufgenommen am 14. April 2019 in Noida (Indien) anlässlich der Feier von Ambedkars 128. Geburtstag

An Ambedkars Todestag, dem 6. Dezember, kommen heute Hunderttausende Dalit-Buddhisten aus dem ganzen Land, zum Teil aus entlegenen Dörfern, nach Bombay. Auf Plakaten ist Ambedkar um dieses Datum herum im Stadtbild allgegenwärtig. Eine kilometerlange, von tausenden freiwilligen Helfern koordinierte Schlange von Menschen wird durch den Stupa geschleust, wo Mönche und Laien Texte rezitieren und singen. Auf den weiträumig abgesperrten Straßen werden Devotionalien und Publikationen verkauft. Viele tragen Anhänger mit Ambedkars Gesichtszügen, viele Frauen weiße Saris, in die mit blauem Garn Dharma-Räder gestickt sind. Nicht nur Mönche halten vereinzelt die erstmals 1895 verwendete sechsfarbige internationale buddhistische Flagge hoch, die von Olcott mitentworfen wurde (s. Kap. 8). Essen und Getränke werden an Ständen am Straßenrand kostenlos ausgegeben; in einem nahegelegenen Park sind Notunterkünfte eingerichtet.

Auch Ambedkars Geburtstag, der 14. April, wird von den Buddhisten feierlich begangen (Ambedkar Jayanti) und ist ein öffentlicher Feiertag. Im indischen Parlamentsgebäude erweisen an diesem Tag der

Staatspräsident, der Premierminister und die Vorsitzenden der Parteien Ambedkar in Form seiner Statue ihre Reverenz. Unter den Dalit-Buddhisten gilt sein Geburtstag als Eingang ins Nirwana *(mahaparinirvana)*, er ist eine Art Heiliger oder *bodhisattva*. In Hymnen wird er mit Attributen gepriesen, wie sie in der hinduistischen Götterverehrung gängig sind (z. B. «Du bist der wahre Herr»).[44] Ambedkar-Statuen sind vor allem in Maharashtra weit verbreitet – oft mit einer eingebauten Leiter, damit man sie erklimmen kann, um die Büste zu bekränzen. Bilder Ambedkars sind in öffentlichen und privaten Räumen omnipräsent, hängen neben Buddha-Bildern oder sind mit Buddha-Darstellungen verquickt.[45] Immer wird er dabei in Anzug, Krawatte und mit schwerer Brille dargestellt; das entspricht den rationalistischen und progressiven Werten, die er verkörperte. Dass er, anders als Gandhi, immer der westlichen Kleidung treu blieb, ist auch in seiner persönlichen Befreiungserfahrung begründet, war doch für ihn das Lendentuch ein Symbol der am eigenen Leibe erfahrenen Diskriminierung, von der er sich emanzipieren konnte. Die Lage der Dalits in der indischen Gesellschaft ist allerdings nach wie vor prekär.

21

Anandamayi Ma

Mutter, Göttin, Guru, Heilige

Im Jahre 1896, als Vivekananda im Westen seine Lehre verbreitete und sein Buch *Raja Yoga* veröffentlichte und Gandhi sich in Südafrika für das Wohl der Inder einsetzte, kam Nirmala Sundari, die spätere Anandamayi Ma (Segendurchwirkte Mutter), in einem Dorf namens Kheora in der bengalischen Region Brahmanbaria auf die Welt. Kheora liegt heute in Bangladesch, das 1947 bis 1971 Ostpakistan war. Anders als Vivekananda und Gandhi, die aus wohlhabenden Familien stammten, wuchs Nirmala Sundari in ärmlichen ländlichen Verhältnissen auf. Und anders als diese erhielt sie nur eine rudimentäre Schulbildung. So spielt das Medium Text – Reden, Vorträge, Bücher, Zeitschriften – in der religiösen Dynamik ihres Lebens auch kaum eine Rolle. Die «Mutter» (Ma auf Bengalisch, Mataji auf Hindi) hat keine Bücher oder Pamphlete verfasst, allein ihre Verehrer haben einige Texte herausgegeben. Die Bedeutung der Mutter wurde aber nicht in ihren Lehren gesehen, sondern in ihrem Sein. 1982 starb Anandamayi Ma mit sechsundachtzig Jahren – sie ging in die große Versenkung *(mahasamadhi)* ein. Anandamayi Ma ist eine der bekanntesten hinduistischen Frauen und einer der bedeutendsten religiösen Figuren des modernen Indien.

Begegnungen im Medium Buch

Anders als bei einigen späteren Gurus, etwa Sathya Sai Baba (s. Kap. 31), war Anandamayi Mas Wirken noch nicht durch Massenevents und Medienhype gekennzeichnet. Einer westlichen Öffentlichkeit wurde die Ma in erster Linie über das Medium Buch bekannt, vor allem durch die 1946 veröffentlichte und dann in über dreißig Sprachen übersetzte *Autobiography of a Yogi* (1950 als *Autobiographie eines Yogi*) von Paramahansa Yogananda (1893–1952). Dieser lebte ab 1920 hauptsächlich in den USA und war der Begründer der Self-Realization Fellowship. Er setzte sich für die Verbreitung einer «wissenschaftlichen» Meditationsmethode des Yoga ein: des sogenannten Kriya Yoga.[1] Yogananda berichtet unter anderem von seinen Begegnungen mit zahlreichen religiösen Persönlichkeiten, die ihn beeindruckten und prägten. Wie populär sein Buch bis ins 21. Jahrhundert ist, zeigte sich, als bei der Beerdigung des Apple-Chefs Steve Jobs (1955–2011) allen Trauergästen ein in einer braunen Schachtel verpacktes Exemplar der *Autobiography of a Yogi* als Jobs «Abschiedsgeschenk» vermacht wurde.

Yogananda widmete das 45. Kapitel seines Buches Anandamayi Ma, der er auf seiner Indienreise 1935 begegnet war. Nie zuvor habe er eine so hochstehende «woman saint» getroffen. In seinem Porträt kontrastiert er die Winzigkeit ihrer Gliedmaßen mit ihrer spirituellen Größe. Er hebt eine gewisse Kindlichkeit ihres Wesens hervor, zugleich ihr Eins-Sein mit dem Göttlich-Einen, eine Aura der Abgesondertheit, eine paradoxale «Abkoppelung der Allgegenwart».[2]

Die deutsche Öffentlichkeit erfuhr ab 1967 in einem anderen Buch mehr von Anandamayi Ma, nämlich in *Der Tiger singt Kirtana: Indienfahrt mit einer Hindu-Heiligen* der Romanschriftstellerin Melita Maschmann (1918–2010), das erneut 1990 unter einem anderen Titel und in leicht veränderter Form erschien. Maschmann, die mit ihrem Buch *Fazit: Kein Rechtfertigungsversuch* (1963) Aufmerksamkeit erregt hatte, in dem sie über ihre Aktivitäten als hochrangige Nazi-Funktionärin Bericht erstattet, begegnete Anandamayi Ma auf einer Indienreise. Dieses Erlebnis bewog sie, wieder nach Indien zurückzukehren, um dort für den Rest ihres Lebens zu leben: «Als Ma dann kam, hatte ich keine Wahl zu entscheiden, ob es gegen meine Anschauungen verstoßen würde, vor einem Menschen zu knien. ‹Es› warf mich in die Knie … Hier nun sah ich plötzlich einen Menschen vor mir, von dem ich sofort empfand, daß er kein Ich hat, und der gerade dadurch nicht weniger, sondern mehr ist, als alle anderen Menschen, die mir jeweils begegnet sind.»[3]

Das Spiel mit den Rollen und die Überwindung der Tradition

Wie Yogananda beschreibt Maschmann die Ma als eine «Heilige», aber auch als Asketin, Guru, *avatara* (Götter-Manifestation) oder göttliche Mutter. Der harte Kern von Mas Anhängerschaft betont indes ihre Göttlichkeit und empfindet Kategorien wie Heilige oder Guru als zu menschlich. Ma selbst ließ sich einerseits ostentativ auf die Erwartungen ihres Publikums ein und überbot diese Erwartungen dann genau dadurch: «Ich bin, was immer ihr von mir denkt.»[4] Die Annahme verschiedener Rollen und Personae – darunter in erster Linie die der zerstörerischen Muttergöttin Kali, aber auch anderer Göttinnen[5] – war Teil des «Spiels» der göttlichen Realität, das die Ma beherrschte, wobei sie sich in anderen Göttinnen gewissermaßen selbst erkannte, verkörperte und verehren ließ. Einer ihrer Aphorismen lautete: «Wie du spielst, so wirst du hören.»[6]

Aus ihrer Sicht war die Ma immer schon kosmisch anwesend und wird es immer sein. Die biographische oder auch hagiographische Literatur schildert dagegen das langsame Deutlichwerden ihrer religiösen Sendung und göttlichen Statur. Um 1926, also mit rund dreißig Jahren, wurde aus Nirmala Sundari auch quasioffiziell Anandamayi Ma.

Nirmala Sundaris Eltern waren Vaishnava-Brahmanen, und ihr Vater war oft lange abwesend, da er auf religiöser Suche umherzog; zu Hause soll er sich am liebsten dem Singen frommer Lieder zu Ehren der Hausgottheit hingegeben haben. Solches Singen *(kirtana)* wurde auch von der späteren Ma gepflegt. In ihrer Heimat wohnten mehrheitlich Muslime, das Zusammenleben mit den Hindus war offensichtlich unproblematisch. Allerdings findet man keine islamischen Impulse in Anandamayi Mas religiöser Laufbahn, abgesehen davon, dass sie auch muslimische Heiligtümer aufsuchte und dort ihre Göttlichkeit aufscheinen ließ.

Ähnlich wie Gandhi wurde Nirmala Sundari als Jugendliche verheiratet, sie war zwölf. Sie zog allerdings erst 1914, als Achtzehnjährige, zu ihrem wesentlich älteren Ehemann, wobei sie sich zunächst noch in die Rolle der mustergültigen Ehefrau einfügte – allerdings ohne Geschlechtsverkehr. Einige Jahre später begannen sich Nirmala Sundaris autodidaktische religiöse Aktivitäten zu intensivieren. Dabei sollen ihr viele verborgene Kenntnisse und Techniken gewissermaßen zugeflogen sein. Das manifestierte sich in diversen wunderartigen Demonstrationen ihrer geistigen Macht und kulminierte 1922 in ihrer Selbst-Initiation in den Guru-Stand, bei der sie sich selbst die geheime Formel *(mantra)* offenbarte. Fünf Monate darauf initiierte sie ihren Gatten, dem sie einen neuen Namen verlieh: Bholanath, ein Name Shivas. Er wurde immer mehr zum Botschafter seiner Guru-Gattin, die ihm später asketischen Verzicht und religiöse Übungen nahelegte. Ab den 1930er Jahren zog er sich mehr und mehr in die Einsamkeit zurück, bis er 1938 starb. Obwohl die Ma schließlich totale Kontrolle über sein Leben ausübte, wurde Wert darauf gelegt, die traditionelle Geschlechterhierarchie zu wahren: Zumindest formell musste für alles seine Zustimmung eingeholt werden, obwohl klar war, dass er diese nie würde verweigern können. Selbst die göttliche Ma brauchte einen männlichen Vormund, wenn ihr Gatte für längere Zeit abwesend war.

Rituale und Umherreisen

Kurz nach ihren Initiationen – inzwischen lebte das Paar im rund 100 Kilometer vom Heimatdort entfernten Dhaka – verfiel die spätere Ma in einen Zustand strikten Schweigens, der mehrere Jahre andauerte. Während dieser Zeit scharten sich um Anandamayi Ma immer mehr Menschen, die sie verehrten, und es wurden Rituale entwickelt. Dabei veränderten sie die überlieferten Vorgaben – so wurden etwa Blumen und Sandelpaste nicht mehr einem Götterbild zuteil, sondern der Ma selbst. Sie unterband Tieropfer in bestimmten Zeremonien zu Ehren der Göttin Kali und ließ das Opferfeuer in einen Ashram überführen.[7] Ab ihrem 32. Lebensjahr stellten Mas Geburtstage Hauptanlässe für ihre rituelle Verehrung dar.

Um diese Zeit herum begann sie ihren Aktivitätsradius über Dhaka und dann auch über Bengalen hinaus auszudehnen. Dhaka hatte im 19. Jahrhundert zugunsten von Kalkutta, der damaligen Hauptstadt Britisch Indiens (bis 1911), stark an Bedeutung verloren. Mas zweite Lebenshälfte war durch ein ständiges Unterwegssein geprägt, mehr improvisiert als sorgfältig geplant, stets von Anhängern begleitet und umringt. Die Quellen betonen, dass es sich bei vielen um respektable und teilweise auch vermögende Leute handelte.

Anandamayi Ma suchte auch größere religiöse Feste und Veranstaltungen auf, wodurch sie wiederum mit traditionellen Geschlechterrollen brach. Mit ihrer Entourage pflegte sie im Zug zu reisen; an den Bahnhöfen, berichtet Maschmann, «erscheinen oft Scharen ihrer Anhänger und stürmen in den Wagen oder rufen sie heraus». In der Regel kam sie bei Anhängern unter, oder sie stieg in einem der vielen Ashrams ab, die inzwischen von ihren Verehrern gegründet worden waren. Sie hatte unterdessen aufgehört, das «Spiel» der Götterverehrung *(puja)* abzuhalten oder zu beten, da sie wohl den Zustand der göttlichen Einheit mit sich selbst bzw. Brahman erreicht zu haben glaubte.[8]

Ab 1952 wurden an unterschiedlichen Orten für ihre Anhänger und sonstige Interessierte einmal im Jahr einwöchige Fasten- und Einkehrveranstaltungen abgehalten, die sog. *samyam vrata.* Der Höhepunkt des Tagesprogramms bestand darin, dass die Ma abends ans Mikrophon trat, um auf die Fragen ihrer Verehrer, darunter auch Melita Maschmann, zu antworten. Diese Antworten darf man sich allerdings nicht als Lehrreden vorstellen: «Häufig fallen die Antworten so aus, daß das Zelt minutenlang von Lachsalven dröhnt. Ma lacht selbst so über ihre Antworten, als hätte sie jemand anders gegeben. In der Tat sind es ja auch nicht ‹ihre› Antworten.»[9] Gemeint ist hier die Aufhebung ihrer Individualität in ihrem göttlichen Sein. Dies kommt auch in Schilderungen und Selbstbeschreibungen zum Ausdruck, die ihr Leben als von einer Art göttlichem Willen *(kheyala)* gesteuert darstellen.

1950 wurde in Varanasi eine erste Organisation im Namen der Ma gegründet, die Shree Shree Anandamayee Sangha, in deren Tätigkeiten die Ma selbst aber nicht involviert war. Die Organisation veröffentlichte Literatur und betrieb auch einige karitative Einrichtungen, darunter ein Krankenhaus für Arme in Varanasi und zwei Sanskrit-Schulen – eine für Mädchen und eine für Jungen. Gleichwohl standen anders als bei vielen modernen Reformbewegungen oder bei der etwa zeitgleich auch in Bengalen wirkenden Mutter Teresa (s. Kap. 36) karitative Aktivitäten nicht im Zentrum der Bewegung und bildeten auch keinen Schwerpunkt in Mas Betätigungen. Einerseits wurde schon ihre göttliche Gegenwart als die denkbar größte Wohltat empfunden, andererseits galt die möglichst ausschließliche Konzentration auf Gott als der entscheidende Maßstab des Handelns.

Der göttliche Körper

Anandamayi Ma wurde als Schönheit beschrieben. Eine Verehrerin schreibt: «Nur einen flüchtigen Blick von Mas strahlender physischer Gestalt zu erhaschen, war eine Erfahrung überwältigender Schönheit.»[10] Ähnlich wie bei Gandhi oder Aimee McPherson spielte auch in ihrem Wirken ihr Körper eine große Rolle. Wenn sie auf sich als Individuum verwies, sprach sie nicht von «ich», sondern von «diesem Körper» (oder von «diesem kleinen Kind»). Der unverschleiert in einen einfachen weißen Sari gekleidete Körper nahm, so berichten Augenzeugen, von selbst sogar die kompliziertesten Yoga-Posituren an; wie eine Puppe sei ihr Körper von unsichtbarer Hand gesteuert worden.[11] Unter Mas Verehrern wurde kolportiert, ihr Körper sei so rein und wohlduftend, dass sie sich kaum zu waschen brauche.[12] Das göttliche Selbst in «diesem Körper» ist für Menschen undurchschaubar. Maschmann beschreibt ihre rituelle Epiphanie mit Lichtmetaphorik: «Als sie dann kam, war sie wie in einem Kokon aus unsichtbarem Licht ... Man hatte den Eindruck, daß ihr Körper von einer Lufthülle umgeben war.»[13]

Für die frühen Jahre ist immer wieder von ekstatischen, unkontrollierten Körperbewegungen die Rede. Mitunter sei sie auch während ihrer Versenkung in ihre göttliche Natur körperlich wie tot erschienen. Ihr Körper, heißt es weiter, habe sich wie ein Blatt im Wind bewegt – also seine materielle Widerstandskraft eingebüßt. Während Gandhi sich das Fasten antrainierte und zu politischen Zwecken einsetzte, soll der Ma das Bedürfnis nach Essen abhandengekommen sein, sodass sie ab 1924 bis an ihr Lebensende gefüttert werden musste. Sie entsagte damit der zentralen Rolle der Ehefrau als Köchin – die «Mutter» war damit zugleich das Kind.

Auf ihren Reisen war die Ma offensichtlich immer dem hemmungslosen Bedürfnis der Anhängerinnen nach körperlicher Berührung ausgesetzt.[14] Gerade für ihre Verehrerinnen war die Betätigung, sie zu füttern und zu massieren, eine Möglichkeit zur Erzeugung von Intimität

Anandamayi Ma im Ashram von Varanasi, umgeben von ihrer Anhängerschar

mit der Ma, die sie mit einem männlichen Guru-Heiligen nicht hätten erfahren können. Die meisten von ihnen hatten das Gefühl, dass die Ma gerade sie besonders ins Herz geschlossen habe;[15] die engen persönlichen Beziehungen zur ihr kamen auch in Traumerscheinungen und Wundererfahrungen zum Ausdruck.

Geschlechterordnungen

In Geschlechterfragen war Anandamayi Ma, wie anhand ihrer Ehe gesehen, aus westlicher Perspektive eine paradoxe Gestalt. Im Zuge ihrer göttlichen Karriere hat sie sich von traditionellen Geschlechterrollen losgelöst. Zwar wurde sie durchaus als Frau wahrgenommen, was sich z. B. in ihrem Titel (Ma/Mutter) ausdrückte, in ihrem religiösen Selbstverständnis aber war die Geschlechtszweiteilung – wie überhaupt jede Dualität – aufgehoben: Sie war Shiva und Shakti oder das form- und geschlechtslose Selbst-Prinzip *(brahman)*.[16] Gerade dadurch aber musste sie die traditionellen Geschlechterordnungen nicht infrage stellen. Obwohl sie einige Mädchen und Frauen zu ihren persönlichen Begleiterinnen erwählte und dadurch zumindest phasenweise ihrem sozialen Umfeld entzog, forderte sie ihre Anhängerinnen auf, ihren ehelichen Pflichten nachzukommen – also ihren Männern und Familien zu dienen, aber darauf zu achten, dass ihnen selbst genug Zeit für ihre religiösen Übungen bleibe.[17]

Angeblich auf den Rat eines männlichen religiösen Experten hin[18] entschied sich die Brahmanentochter auch dafür, in ihrem Umfeld die üblichen kastenspezifischen Reinheitspraktiken und Umgangsformen zu wahren, sodass Melita Maschmann beispielsweise nie zusammen mit den indischen Verehrerinnen speisen durfte. Soziale und politische Reformansätze lagen der Ma ebenfalls fern. Ihre einzige Verbindung zum Bereich der Politik bestand darin, dass hochrangige Vertreterinnen der Gesellschaft, allen voran Jawaharlal Nehrus Frau Kamala und ihre Tochter Indira Gandhi, zu ihren Verehrerinnen gerechnet wurden. Als Premierministerin kam Indira Gandhi mit dem Helikopter zu Mas postumer Zurschaustellung in Haridwar geflogen.[19]

Globale Umarmungen: Ammachi

Die «Segensdurchwirkte Mutter» eignet sich somit schlecht als feministisches Rollenmodell für das Alltagsleben, dennoch hat ihr Wirken als Guru-Heilige-Göttin-Absolute, vielleicht als eine Art Vorläuferin, religiöse Geschlechterordnungen in Bewegung gebracht. So hat seit der zweiten Hälfte des 20. Jahrhunderts eine ganze Reihe von indischen Gurus-Heiligen-Göttinnen regionale, nationale und internationale Prominenz erlangt.[20]

Am bekanntesten ist derzeit wohl die 1953 in äußerst ärmlichen Verhältnissen im südindischen Kerala geborene Mata Amritanandamayi, deren Name sich wie eine Anspielung auf Anandamayi liest – beide werden übrigens von ihren Anhängern als Mutter (Ma bzw. Mata, Amma oder verniedlichend Ammachi) tituliert.[21] Amritanandamayi begann ihr öffentliches Wirken etwa Ende der 1970er Jahre, am Lebensabend von Anandamayi Ma. Wie die Ma ist auch Ammachi ungebildet, sie kann kein Englisch und lehrt nicht durch Reden, sondern v. a. durch ihr Handeln und Sein, auch wenn sie inzwischen sogar vor großen internationalen Versammlungen gesprochen hat. Anders als die Ma weigerte sich Ammachi zu heiraten.

Ihre Hauptbotschaft ist die Liebe. Wie bei der Ma ist auch Ammachis Körper von zentraler Bedeutung für ihr Wirken. Sie lässt den Menschen in öffentlichen Veranstaltungen Umarmungen zuteil werden, die für viele Verehrer intensive Erlebnisse mit einer anderen Wirklichkeit darstellen. So hat sie bereits viele Millionen Menschen umarmt und mit Süßigkeiten beschenkt. Wie bei der Ma heißt es auch über Ammachi, dass sie ungezählte Wunder vollbracht habe und sich ständig im Zustand der erleuchteten Versenkung (*samadhi*) befinde. Anders als die Ma engagiert sich Ammachi im großen Stil in karitativen Maßnahmen und sozialen Projekten und hat seit 1987 ihr Wirken mit jährlichen Tourneen auf die gesamte Welt ausgedehnt. Die fast-analphabetische südindische Verkörperung der Mutter-Gottheit hat nun eine globale Präsenz.

Anandamayi Ma ist allerdings nicht in Vergessenheit geraten. Ihr Grabmal in Form eines Marmorschreins wird bis heute von vielen Anhängern besucht. Es befindet sich, wie angeblich von ihr prophezeit und gewünscht, in Kankhal bei Haridwar, einer der berühmtesten nordindischen Pilgerstätten am Ganges. Ihre Heimatregion Bengalen blieb jedoch weiterhin ein Schwerpunkt der Ma-Verehrung,[22] die allerdings nie eine Massenbewegung geworden ist. Es wird aber berichtet, dass man in den Vereinigten Staaten ihr Bild auf den heimischen Altären von Amerikanern finde, die sie selbst gar nicht gekannt hätten.[23]

22

Hasan al-Banna und Sayyid Qutb

Märtyrer der Brüderlichkeit

In Ägypten wurden 1949 und 1966 zwei der prominentesten Vertreter des politischen Islams hingerichtet: Hasan al-Banna (1906–1949), der Gründer und Leiter der Gemeinschaft der Muslimbrüder,[1] und Sayyid Qutb (1906–1966), in seinen späten Jahren ebenfalls ein prominentes Mitglied dieser Gemeinschaft.[2] Beide wurden im Jahre 1906 geboren, und zwar beide in der Provinz bzw. auf dem Land: al-Banna nördlich von Kairo, Qutb in Oberägypten. Es gibt noch weitere Gemeinsamkeiten: Beide besuchten keine traditionelle Koranschule, beide pflegten eine persönliche Frömmigkeit, beide zogen schließlich nach Kairo, wo sie an der 1872 gegründeten Lehrerhochschule (Dar al-'Ulum) studierten, an der neben Arabisch und religiösen Themen moderne Fächer wie Geographie, Geschichte, Mathematik, Naturwissenschaft und Pädagogik unterrichtet wurden –, und beide waren als Lehrer im Staatsdient tätig.

Sayyid Qutb, die Landbevölkerung und der Koran

Im letzten Jahr seiner Studienzeit (1932) veröffentlichte Qutb, der damals in journalistischen und literarischen Kreisen verkehrte, sein erstes Buch. 1935 erschien seine erste Gedichtsammlung. Bis ans Ende seines Lebens verfasste er mindestens 88 Gedichte, weit über 300 Aufsätze und Essays, Romane und mehr als 24 Sachbücher.[3] 1946, im Alter von vierzig Jahren, veröffentlichte Qutb in Anknüpfung an das neue autobiographische Schreiben in der modernen ägyptischen Literatur – am bedeutendsten sind die dreibändigen Erinnerungen

Die Tage (1926–1955) von Taha Hussein – eine Art Bildungsroman mit Reminiszenzen an seine Kindheit, der auf Deutsch 1997 unter dem Titel *Kindheit auf dem Lande* erschien. Das Buch gibt einen Einblick in die soziale und auch religiöse Welt der Landbewohner. Eine selbstverständliche Rolle spielte demnach in deren Leben die Auseinandersetzung mit übernatürlichen Wesen wie den im Dunkeln besonders furchterregenden *ifrit* oder *dschinn*, die sich in Menschen, Tieren und Dingen einnisten und Kinder entführen. Weiterhin gab es Verfahren der Krisendiagnose, Heilung und Schlichtung, Klagerituale, Beschwörungen und Schwüre, Prognostik und Divination und nicht zuletzt kollektive Koranrezitationen für die Seelen der Verstorbenen, die besonders im Rahmen von Trauerfeiern und während des Ramadan stattfanden. Das Alltagsleben der meisten Bewohner war in Qutbs Erinnerung von Ängsten, harter Arbeit, Misstrauen, Verdächtigungen, Unterdrückung, Not und Kummer gekennzeichnet. Dieses Bild änderte sich jedoch während der Festzeiten, insbesondere während des Ramadan: In den Häusern machte man dann die Nacht zum Tage, öffnete die Türen für Besuche, kochte besondere Speisen. Es fanden öffentliche gemeinsame Mahlzeiten statt, bei denen man keinen Unterschied zwischen Arm und Reich machte – und die *ifrit* waren während des Ramadan machtlos. Qutb schildert die befreiende Erfahrung, wie es ihm mithilfe eines Lehrers gelungen sei, die angstbesetzten Fesseln des Glaubens an die *ifrit* abzuschütteln.[4]

Im Jahr 1944, zwei Jahre vor *Kindheit auf dem Lande*, hatte er in einem Buch über die künstlerischen Qualitäten des Korans beschrieben, wie sehr ihn schon als Kind die Koran-Rezitation im Ramadan beeindruckt habe. Dieses ästhetische Erlebnis sei dann in seiner Ausbildung in Kairo hinter die inhaltlichen Schwierigkeiten des Textes zurückgetreten. Die gelehrte Korankommentar-Tradition habe sich zu sehr auf die sprachliche Form und die theologische Bedeutung fokussiert und dadurch die ästhetische Dimension des Korans vernachlässigt.[5] Das Buch leitet von Qutbs literarischen Interessen zu seiner intensiven Auseinandersetzung mit dem Koran über, die in seinem von 1953 bis 1964 erschienenen sechsbändigen Koran-Kommentar gipfelte.

Nach dem Zweiten Weltkrieg schrieb Qutb unter dem Eindruck der Gründung des Staates Israel im benachbarten Palästina und innenpolitischer Instabilität in Ägypten drei Bücher, die in den Jahren 1949 bis 1951 erschienen und in denen er sich mit den soziopolitischen Seiten des Islams auseinandersetzte: *Soziale Gerechtigkeit im Islam* (1949), *Islam und der Weltfrieden* (1951) und *Der Kampf zwischen Islam und Kapitalismus* (1951). Der Islam war nun für Qutb nicht mehr lediglich eine volksreligiöse, ästhetische, spirituelle, innerliche Angelegenheit, sondern ein umfassendes soziales System.

Soziale Gerechtigkeit im Islam ist vielleicht Qutbs erfolgreichstes Buch.[6] Es wurde in zahlreiche Sprachen übersetzt, 1953 schon ins Englische. Die Gegenwartsdiagnose wird einem idealisierten Bild der sozialen Verhältnisse der frühislamischen Zeit gegenübergestellt. Der Islam stellt für Qutb eine bessere Alternative zu Sozialismus und Kapitalismus dar. Diese Bücher Qutbs sind Gründungsdokumente des Islamismus, denn Qutb beschreibt den Islam hier als expansives alternatives ideologisches (gesellschaftliches, politisches, soziales, wirtschaftliches) Ordnungssystem.[7] Im historischen Kontext des Kalten Krieges konnte der Islam damit zu einer eigenständigen Größe in Auseinandersetzung mit Christentum, Demokratie und Kapitalismus einerseits und Atheismus, Kommunismus und Sozialismus andererseits werden.

Anders als Hasan al-Banna verbrachte Sayyid Qutb einige Jahre im Westen: 1948 entsandte ihn das ägyptische Kultusministerium in die USA, um das dortige Bildungssystem zu studieren (vielleicht auch, um einen zunehmend lautstarken Kritiker der politischen und sozialen Verhältnisse eine Zeitlang loszuwerden). Insgesamt einundzwanzig Monate hielt er sich in New York, Washington, Greeley/Colorado und Kalifornien auf. Seine Eindrücke waren insgesamt negativ. Ähnlich wie Vivekananda stellt er den spirituellen Osten dem materialistischen Westen gegenüber.[8] Für Qutb ging den Amerikanern trotz der zahlreichen Kirchen jeglicher spirituelle Tiefgang ab. Die sexuelle Freizügigkeit erregte seinen besonderen Abscheu. Empörend fand er auch den amerikanischen Rassismus, der sich nicht nur gegen die eigene afroamerikanische Bevölkerung, sondern auch gegen Araber und Ägypter richtete. Seine Reportagen sollten die arabische Wahrnehmung Amerikas tiefgreifend ändern: Vom bewunderten Vorbild wurde es zum Inbegriff von aggressivem Imperialismus, Materialismus und Rassismus.[9] Die Selbstbehauptung Ägyptens und des Islams richtete sich von nun an nicht mehr nur gegen die alte Kolonialmacht England, sondern bevorzugt gegen die USA.

Hasan al-Banna und die Muslimbrüder

Zurück aus den USA, ging Qutb zunächst auf die Haddsch. 1951 begann er, in einer Zeitschrift der Muslimbrüder seinen Koran-Kommentar zu veröffentlichen. Die Organisation der Muslimbrüder war von Hasan al-Banna 1928 gegründet worden, und bis zu seiner Ermordung im Februar 1949 war er ihre überragende Frontfigur. Er galt als «Architekt» der Organisation, als ihr «Oberster Führer» *(al-murshid al-'amm)*, ein Titel, der aus der Sufi-Tradition stammt, wo er das geistliche Oberhaupt eines Ordens bezeichnet.[10] Al-Banna war im Alter von siebzehn Jahren in einen Sufi-Orden eingetreten, die Hasafiyya-Bruderschaft, der auch schon sein Vater – ein Handwerker und religiöser Privatgelehrter – angehört hatte. Das ästhetische Erleben der *dhikr*-Zeremonien sprach Hasan al-Banna offenbar an, ebenso wie die Erfahrung von Gemeinschaft und deren lebensweltliche Umsetzung in Form von sozialer Vernetzung. Die Bruderschaft sprach Träumen, dem Gebet und der Koran-Rezitation große Bedeutung zu, ekstatische Elemente spielten dagegen keine Rolle.[11] Al-Banna war der Mitbegründer einer Wohltätigkeitsvereinigung der Sufi-Bruderschaft, die sich für die Verbreitung, Einhaltung und Überwachung der «islamischen Moral» einsetzte; zu den zu bekämpfenden Übeln zählten Alkoholkonsum, Glücksspiel, «unislamische» Trauerbräuche und nicht zuletzt christliche Missionare. Die Vereinigung wurde von al-Banna als Vorläuferorganisation der Muslimbrüder betrachtet.[12]

Die Gründung der Muslimbruderschaft (Muslimbrüder) erfolgte in einer Zeit, als al-Banna im Städtchen Ismailia am Suezkanal als Lehrer tätig war. Dort erlebte er pragmatisch funktionierendes interreligiöses Zusammenleben in einem Haus, dessen andere Stockwerke von jüdischen und christlichen Familien bewohnt wurden. Alle drei Parteien verwendeten einen Teil ihrer Etagen als Miniaturgotteshäuser, und es kam vor, dass eine jüdische Mitbewohnerin Hasan al-Banna bat, für sie am Sabbat den Herd anzuschalten.[13]

Schon in Kairo war al-Banna der Einfluss westlicher Verhaltensweisen, Moralvorstellungen und Werte aufgestoßen. Er gründete dort eine moralische Verbesserungsgesellschaft und hielt in den von ihm verabscheuten Kaffeehäusern auf Stühlen stehend Kurzpredigten. In

Ismailia, wo die britische Präsenz noch unübersehbarer war, nahm er seine kurzen, von anschaulichen Geschichten durchsetzten Kaffeehauspredigten wieder auf.[14]

1927 trat al-Banna der kurz zuvor in Kairo gegründeten antibritischen Young Men's Muslim Association (YMMA) bei, die von der 1844 gegründeten Young Men's Christian Association (YMCA) inspiriert war, von der 1923 eine ägyptische Abteilung in Kairo eröffnet worden war. Die Muslimbrüder seien, berichtet al-Banna, im März 1928 gegründet worden, nachdem sich einige Männer an ihn gewandt hatten, die den gegenwärtigen Lebensstil leid und der Demütigung der Muslime durch Ausländer überdrüssig waren. Sie sehnten sich nach einer Gruppe von ehrenhaften Gleichgesinnten, die der islamischen Sache und den Muslimen dienen wollten. Sie hätten sich gegenseitig gelobt, wie Brüder zu leben, für den Ruhm des Islams einzutreten und zu diesem Zwecke den *dschihad* zu beginnen.[15] Die Muslimbrüder wollten bodenständige islamische Bildung und konkrete moralische Orientierung bieten, mit der man sich in der Moderne zurechtfinden und gleichzeitig einer islamischen Gemeinschaft angehören konnte. Hauptgründe für den dauerhaften Erfolg der Muslimbrüder waren ihre geschickte Rekrutierung neuer Mitglieder, die aktive Betreuung der Zugehörigen und der Gemeinschaftsgeist innerhalb der Organisation, deren Führungsanspruch al-Banna stets verteidigte.[16] Die Gemeinschaft verbreitete sich zunächst an Orten, wo auch christliche Missionsorganisationen aktiv waren. Die Muslimbrüder beteiligten sich an der antimissionarischen Stimmungsmache, wobei sie Strategien der Missionare – vor allem im Erziehungsbereich – aufgriffen, um muslimische Jungen und Mädchen deren Einfluss zu entziehen.[17]

1930 wurden die Muslimbrüder als Wohltätigkeitsverein registriert, der Spenden erhalten konnte. Die ersten Projekte waren die Errichtung einer Moschee, gefolgt von einem Klub, einer Schule für Jungen und dann einer für Mädchen. Die Basis der Gemeinschaft bildeten primär junge Männer der unteren städtischen Mittelschichten. Im Unterschied zu den Missionarsschulen wurden für die von den Muslimbrüdern betriebenen Schulen auf die islamischen Gebetszeiten zugeschnittene Tagesabläufe und landestypische Kleiderordnungen entworfen. Koran- und Abendschulen, an denen eine lebendige, Körper und Geist ansprechende, musische, spielerische und praktische Pädagogik gepflegt wurde, die im Gegensatz zum monotonen Auswendiglernen der traditionellen Koranschulen und der staatlichen Schulen stand, wurden für die breitere Bevölkerung die wichtigsten Orte der Vermittlung, Aneignung und Einübung islamischen Wissens.[18]

Nachdem Hasan al-Banna auf eigenen Wunsch 1932 nach Kairo versetzt worden war, verlegte die Gemeinschaft ihr Hauptquartier in die Hauptstadt, wobei al-Banna wichtige Positionen mit Familienangehörigen besetzte. Die Muslimbrüder pflegten bestimmte Erkennungsmerkmale – Kleidung, Bart, Frisur, Titel – und machten durch Märsche, Fahnen und Gesänge in der Öffentlichkeit auf sich aufmerksam. Die Gemeinschaft war auf Ausbreitung bedacht, wobei vor allem an Moscheen und Bildungseinrichtungen neue Mitglieder rekrutiert wurden. Verschiedene Publikationsorgane sorgten für die Verbreitung ihrer Anliegen. Freitags wurden Predigttouren abgehalten, und al-Banna unternahm regelmäßige Propaganda- oder Missionsreisen quer durch Ägypten. Ab 1936 fanden regelrechte Sommerdelegationsreisen durch ländliche Gebiete statt. Im selben Jahr pilgerte al-Banna nach Mekka, wo er internationale Kontakte knüpfen konnte.

1938 kündigte al-Banna eine neue, politische Phase an. Er verkündete, Islam sei gleichermaßen Gottesverehrung und politische Führung, Religion und Staat, Spiritualität und Handlung, Gebet und *dschihad*, Gehorsam und Regierung, Buch und Schwert.[19] Zwei gekreuzte Krummsäbel, deren Spitzen den Koran umranken, wurden das Symbol einer 1938 lancierten Wochenschrift mit dem Titel *Der Warner* – ein Titel, der ein vom Koran inspiriertes Selbstverständnis der Muslimbrüder gegenüber der Gesellschaft programmatisch widerspiegelte. In Sure 11:2 etwa heißt es: «Verehrt keinen außer Gott! Siehe, von *ihm* bin ich für euch ein Warner und Verkünder!» (Übersetzung Bobzin) Das Krummsäbel-Emblem wurde später das Symbol für die Organisation, deren Publikationen und Statements zwar die Regierung zunehmend kritisierten, die Legitimität des politischen Systems und des Königs aber nicht infrage stellten.

Ein wichtiger Zweig der Organisation wurden ab Mitte der 1930er Jahre die sogenannten Wanderer. Ähnlich wie die Hauptorganisation der Muslimbrüder geschichtlich mit dem YMCA/YMMA verwoben ist, gehören die «Wanderer» zu den neuen pfadfinderartigen und paramilitärischen Jugendorganisationen im Vorderen Orient. Im Unterschied zu anderen Pfadfinderorganisationen knüpften sie aber an Legenden über die Frühzeit des Islams an und priesen den *dschihad*. Ein Slogan der «Wanderer» lautete: «Gott ist unser Ziel, der Prophet ist unser Führer, der Koran ist unsere Verfassung, der *dschihad* ist unser Weg, Tod auf Gottes Weg ist unsere höchste Hoffnung, Gott ist groß, Gott ist groß.»[20]

Eine weitere institutionengeschichtliche Linie führt zu Kaderparteien: Seit etwa 1940 bestand ein Geheimer Apparat, der gewaltsame Aktionen durchführte. Die Hauptorganisation entfaltete demgegenüber ihr zivilgesellschaftliches Wirken durch die Einrichtung einer Frauenorganisation – mit einer spezifischen Kleiderordnung für die Muslimschwestern – und einer medizinischen Abteilung. Man betrieb sogar eigene Fabriken. Die Mitglieder der Organisation waren hauptsächlich Studenten, Ladenbesitzer, Beamte, Handwerker und kleine Grundbesitzer.[21]

Zu ersten Konflikten mit der Regierung – und einer Verhaftung al-Bannas – kam es Anfang und Mitte der 1940er Jahre, als die Muslimbrüder an Wahlen teilnehmen wollten. Gegen Ende des Zweiten Weltkriegs waren sie eine Art nationalistische Volkspartei mit etwa 100 000 bis 500 000 Mitgliedern an etwa 1000 bis 1500 Standorten. Nach dem Zweiten Weltkrieg und in der auf den Krieg folgenden Wirtschaftskrise erstarkten sie weiter als eine moralische und politische Kraft, die mehr und mehr aktiv in die Politik strebte, um den britischen Einfluss auf Politik und Wirtschaft in Ägypten endgültig zu beenden. Die Gründung des Staates Israel im Mai 1948 wurde von den Muslimbrüdern bekämpft, und in Ägypten kam es zu Ausschreitungen gegen Juden (und auch Kopten).[22] Die Organisation der Muslimbrüder wurde aufgrund von Komplottgerüchten 1948 verboten. Schon unter der Führung al-Bannas wurden Ableger in anderen Ländern gegründet, sodass die Muslimbrüder heute fast überall im Mittleren Osten, in vielen Ländern Afrikas und Asiens sowie im Westen vertreten sind.

Am 12. Februar 1949 wurde Hasan al-Banna auf offener Straße erschossen, die Mörder wurden nicht gefasst. Es wird spekuliert, dass der ägyptische Geheimdienst hinter dem Verbrechen stand. Die Ermordung al-Bannas führte zu einer Nachfolgekrise unter den Muslimbrüdern. Erst über zwei Jahre später wurde der ehemalige Richter Hasan al-Hudaybi als neuer Leiter gewählt, der älter war als al-Banna. Die Organisation wurde in der Folge stets von älteren Herren geleitet.[23]

Eine moralische Solidargemeinschaft

Al-Bannas aktivistisches Selbstverständnis war von der koranischen Leitformel «das Rechte gebieten und das Verwerfliche unterbinden» inspiriert. Der Muslim befindet sich in einem maskulinheroisch-quasimilitärischen Kampf gegen das Verwerfliche, gegen Unterdrückung und gegen die Muslimen von kolonialistisch-imperialistischer Politik und Denkweise eingetrichterten Minderwertigkeitskomplexe. Das Rechte ist gleichbedeutend mit dem Islam und einer Gesellschaftsordnung in Übereinstimmung mit islamischen Normen und Vorschriften, insbesondere der Scharia. Das öffentliche Leben, die Bildungseinrichtungen sowie Kleidung und Verhalten der Frauen sind aktiv zu überwachen. Die Muslime sind die «Wächter über die Menschheit».[24]

Mit den Muslimbrüdern hat Hasan al-Banna eine trotz massiver staatlicher Bekämpfung bis heute existierende islamische Massenorganisation neuen Typs geschaffen, die ein Gegengewicht zu christlichen Missionsgesellschaften bildete. Als kreativer Organisator verband al-Banna institutionelle Muster von christlichen Jugendorganisationen, Kader- und Volksparteien sowie politischen Widerstands- und sozialen Protestbewegungen zu einem komplexen öffentlichkeitswirksamen Gebilde. Im Namen des Islams boten die Muslimbrüder soziale Eingebundenheit und gegenseitige Unterstützung, moralische Orientierung, Wertmaßstäbe, praktische Disziplin, Selbstkultivierung und Halt. Dem Land wurde Hoffnung auf Befreiung vom Joch des Kolonialismus und eine als «islamisch» eingeführte alternative Zukunftsvision zuteil. Der islamische Gesellschaftsentwurf war bildungs- und wissenschaftsfreundlich und egalitär. Der ideale Muslimbruder war für Hasan al-Banna ein demütiger, gehorsamer, fleißiger, frommer, patriarchalisch orientierter Familienmensch, der regelmäßig den Koran studiert, dem Heiligenkult und überlieferten religiösen Heilmethoden aber entsagt.

Qutbs Widerstand gegen die ägyptische Republik

1949, in Hasan al-Bannas Todesjahr, gründete der Offizier Gamal Abdel Nasser, der im Zweiten Weltkrieg mit dem Ziel eines Militärputsches gegen die Briten mit italienischen und deutschen Agenten zusammengearbeitet hatte, die Gruppe der Freien Offiziere, die schließlich 1952 den seit 1936 regierenden König Faruq I. stürzte. Nasser wurde zunächst Premier- und Innenminister, ehe er 1956 bis an sein Lebensende (1970) Präsident wurde. Nach dem Sturz der Monarchie kam es zu engeren Kontakten zwischen den neuen Machthabern und den Muslimbrüdern. Beide Lager teilten eine antiwestliche, antisemitische, antiisraelische und panarabische Ausrichtung und hatten sich die Bekämpfung der Armut auf die Fahnen geschrieben. Einige Tage vor dem Putsch hatten Nasser und andere Freie Offiziere einige hochrangige Muslimbrüder im Hause Qutbs getroffen,[25] der selbst noch nicht Mitglied der Muslimbrüder war und als eine Art Mittelsmann fungierte.

Qutb arbeitete zunächst für die neuen Machthaber als Berater und hielt im Radio Ansprachen über die islamischen Grundlagen der neuen politischen Ordnung. Er musste allerdings schnell feststellen, dass die Regierung andere politische Ziele verfolgte. Aus Enttäuschung darüber trat er 1953 den Muslimbrüdern bei,[26] wo er schnell wichtige Funktionen übernahm. Die Bruderschaft wurde erneut verboten, nachdem ein Mitglied im Oktober 1954 Schüsse auf Nasser abgefeuert hatte. Im Januar 1955 wurde Qutb wegen «Aktivitäten gegen die Regierung» verhaftet und im Juli zu 15 Jahren Zwangsarbeit verurteilt. Wegen gesundheitlicher Beschwerden trat er seine Haft erst im November an und verbrachte sodann die überwiegende Haftzeit im Gefängniskrankenhaus. Die Haftbedingungen in den ägyptischen Gefängnissen waren furchtbar, und die Muslimbrüder waren massiver leiblicher und seelischer Folter ausgesetzt, um sie von ihrer religiösen Überzeugung abzubringen. Qutb jedoch wurde in seinem Glauben bestärkt. Das tägliche Studium des Korans wurde zu einer beglückenden, Halt und Würde gebenden Erfahrung. Er sah sich *Im Schatten des Korans* – so der Titel seines großen Koran-Kommentars. Seine regierungsfeindliche Position wurde noch unversöhnlicher, als er

Sayyid Qutb in einem ägyptischen Gefängnis Anfang der 1960er Jahre

1957 Zeuge eines Massakers an streikenden Gefangenen wurde, dem einundzwanzig Muslimbrüder zum Opfer fielen.[27]

Nachdem sein Verleger die Regierung auf einen erheblichen Schadensersatz verklagt hatte, da Qutb seinen Verlagsvertrag nicht erfüllen konnte, und es im Ausland öffentliche Solidaritätsbekundungen für ihn gab, wurde ihm die Erlaubnis erteilt, im Gefängnis an seinen Büchern zu arbeiten.[28] Qutb stand zwar keine Bibliothek zur Verfügung, doch produzierte er in den Gefängnisjahren ein bemerkenswert umfassendes und originelles theologisches Œuvre. Neben der Revision von *Soziale Gerechtigkeit im Islam* und *Im Schatten des Korans* verfasste er eine Reihe kürzerer Werke. Am bekanntesten wurde die programmatische Schrift *Wegzeichen* (oder *Meilensteine*).

Der Islam als umfassendes Ordnungssystem

Die aus dem Gefängnis geschmuggelte Schrift beginnt mit der Feststellung, dass die Menschheit ihrer Vernichtung entgegensehe. Hiermit meint er nicht den im Kalten Krieg akut drohenden Atomkrieg, sondern das Fehlen einer nachhaltigen Wertgrundlage, nachdem die westlichen Demokratien ebenso wie der Marxismus sich als ungeeignet erwiesen hätten. Nur der Islam sei die geeignete Wertgrundlage für die bedrohte Menschheit. Qutbs Vision des Islams ist universalistisch und expansiv. Sein Islam will die Schranken der Nationalismen und auch des Panarabismus zugunsten einer islamischen Menschheitsgemeinschaft überwinden.

Der Islam ist für ihn ein umfassendes Ordnungssystem, das selbst die Natur mit umfasst. Religion ist mehr als Glaube, und Qutb spricht sich gegen einen westlichen Religionsbegriff aus, dem auch viele Gelehrte und westliche Orientalisten anhingen, von deren Interpretationen Qutb sich zunehmend distanzierte.[29] Das Grundprinzip des Islams ist für ihn die Einheit Gottes – und damit dessen absolute Souveränität und Herrschaft.[30] Alles, was sich der göttlichen Souveränität widersetzt, bezeichnet Qutb als *dschahiliyya*, der damit zum Gegenbegriff von «Islam» avanciert (eine Denkfigur, die er wohl dem indisch-pakistanischen Theologen Syed Maududi verdankt). Auch traditionelle religiöse Autoritäten, die sich auf die menschliche Vernunft statt ausschließlich auf Gottes Offenbarung berufen, geraten unter *dschahiliyya*-Verdacht, und ihr Wissen wird durch Qutb überboten.

Politisch folgt für Qutb daraus Gottes uneingeschränkte Herrschaft auf Erden *(hakimiyya)*: Jedes auf menschengemachten Gesetzen beruhende politische System ist ebenfalls *dschahiliyya*. Der Vorwurf betrifft nicht mehr nur die vorislamische Epoche der Pharaonen und des heidnischen Arabien, die der Begriff ursprünglich meinte, noch die Regierungen nichtmuslimischer Länder, sondern gerade auch muslimische Länder wie Ägypten unter Nasser.

Für Qutb steht die absolute Souveränität Gottes dabei nicht im Gegensatz zur menschlichen Freiheit, die im Islam gerade durch den Koran und die Scharia ermöglicht werde. Die Herstellung dieser Freiheit sei die Befreiung von nichtgöttlichen Instanzen sowohl auf politischer Ebene als auch in der persönlichen Lebensführung mithilfe des ganzheitlichen, kompromisslosen und militanten *dschihad*, der damit zur Pflicht jedes wahren Muslims wird, gerade auch in der Form des freiwilligen Märtyrertods, was eine wichtige Weichenstellung für den Dschihadismus etwa al-Qaidas war. Durch den *dschihad* sollte die metaphysisch gegebene, aber historisch eingebüßte Vormachtstellung des Islams in naher Zukunft wiederhergestellt werden.

Anlässlich des Staatsbesuchs des irakischen Präsidenten Abd as-Salim Arif wurde Sayyid Qutb 1964 auf freien Fuß gesetzt, keine sechs Monate später aber wieder verhaftet und des Hochverrates angeklagt. Bei dem Prozess konnten zwar keine konkreten Beweise für umstürzlerische Tätigkeit vorgelegt werden – mit Ausnahme einiger Passagen in den *Wegzeichen*, die zum Sturz der nichtislamischen Regierung auffordern. Trotzdem wurde Qutb am 29. August 1966 hingerichtet. Seitdem galt er als Märtyrer des islamistischen Widerstands. Obwohl seine Schriften von der ägyptischen Regierung seit 1965 verboten waren, wurde sein Denken eine entscheidende Inspirationsquelle und ein Bezugspunkt der späteren dschihadistischen Internationale.[31]

Sayyid Qutb und Hasan al-Banna haben dagegen protestiert, den Islam in einem privaten Sinnbereich der Innerlichkeit und des Glaubens einzuhegen, sie haben die Religion als umfassendes Ordnungssystem propagiert. Ihr Projekt einer neuen islamischen Gesellschaftsordnung hat nichts von seiner Sprengkraft verloren und provoziert bis heute – nicht zuletzt bei Anschlägen – die Frage: Ist das Islam? Kann das Religion sein? Diese Frage wurde indes bei mehreren der in diesem Buch vorgestellten Heilsbringer aufgeworfen, so auch bei dem nächsten hier vorgestellten.

23

Norman Vincent Peale

Religion als Lebenshilfe

Mit dem amerikanischen Pastor Norman Vincent Peale (1898–1993) begegnen wir einer Fusion von Christentum, Psychologie und Politik.[1] Die Verschmelzung von religiösem Glauben und dessen quasitechnischer Instrumentalisierung zur Erlangung von Gesundheit, Glück, beruflichem Erfolg und materiellem Wohlstand radikalisierte sich schließlich in einer als Prosperitätstheologie bekannten Form des Christentums, die sich auch über die USA hinaus weltweit verbreitet hat. Peale war ein einflussreicher früher Vertreter eines expandierenden populärpsychologischen Selbsthilfe-Diskurses, der inzwischen in einer Art Selbsthilfe-Industrie global institutionalisiert ist.[2]

Norman Vincent Peale wuchs im Bundesstaat Ohio als Sohn eines Methodistenpfarrers auf, der sich stark für die Prohibition einsetzte, die 1920 schließlich eingeführt wurde und bis 1933 bestand – eine Agenda, die auch sein Sohn später eifrig vertrat. Nach seinem Studium an der Ohio Wesleyan University und der Universität Boston wurde Norman Peale 1922 zum Methodistenpfarrer ordiniert. Er war als Pfarrer einiger Gemeinden im Umkreis der Stadt New York tätig, ehe er 1932 oberster Geistlicher in einer der ältesten amerikanischen Kirchengemeinden wurde: der 1628 gegründeten reformierten Marble Collegiate Church in Manhattan. Zugleich trat er zur Reformierten Kirche (Reformed Church of America) über. Sein Amt an der Marble Collegiate Church übte er bis 1984 aus. Die Gemeinde wuchs in den ersten Jahrzehnten seiner Amtszeit beständig und wurde als «America's Hometown Church» bekannt. Wie der Prediger Billy Graham (s. Kap. 30) war auch Peale mit den Präsidenten Nixon und Reagan persönlich be-

Don Murray als Norman Vincent Peale in dem Spielfilm *One Man's Way* von 1963. Der Film zeichnet die Karriere des Geistlichen nach. Murray lässt den Brillenträger Peale eher wie Billy Graham aussehen.

freundet und pflegte Umgang mit weiteren Spitzenpolitikern. Die Familie des 45. Amerikanischen Präsidenten, Donald Trump (geb. 1946), frequentierte Peales Kirche, und in seinem Wahlkampfbuch *Crippled America: How to Make America Great Again* (deutsch als *Great Again! Wie ich Amerika retten werde*) aus dem Jahre 2015 berichtet Trump, dass er sich gerne an Peale und seine Predigten erinnere. Peale war einer der gefragtesten Prediger der USA, sodass er zahlreiche Predigtreisen quer durch die Staaten unternahm. Seine Predigten wurden über einen wachsenden Verteiler zeitweise an bis zu 750 000 Adressen postalisch versandt.

Antikommunismus als religiöser Nationalismus

In den 1930er Jahren engagierte sich Peale in der Presse und in verschiedenen Organisationen gegen die Politik des New Deal von Präsident Franklin Roosevelt, der von 1933 bis 1945 amtierte. Roosevelt hatte sich in der Inaugurationszeremonie zu seiner zweiten Amtszeit 1937 zwar selbst als ein «neuer Mose» bezeichnet, der sein Volk aus der Wüste der Weltwirtschaftskrise führen werde, damit aber konservative christliche Kreise noch mehr gegen «Gottlosigkeit» und Sozialismus aufgebracht. Für Peale gehörten zum Christentum Individualismus und freie Marktwirtschaft.

In der Nachkriegszeit wurde Peale – ähnlich wie Billy Graham – ein lautstarker religiös-nationalistischer Antikommunist. Zu seinen Bewunderern gehörte der FBI-Direktor Edgar Hoover, der im «Säkularismus» und in der «gottlosen Tyrannei des Kommunismus» die größte Gefahr für die Nation sah, die ohne Religion nicht tragfähig sei. Unter Präsident Eisenhower (1953–1961), mit dem Peale recht enge Bande unterhielt, drang dieser religiöse Nationalismus bis in die Symbolsprache und die Rituale des Staates vor. Obwohl er kein regelmäßiger Kirchgänger war, begann Eisenhower seine Antrittsrede und fortan auch alle Kabinettssitzungen mit einem Gebet.[3] 1954 ließ er den in parlamentarischen Zusammenhängen, aber auch in Schulen regelmäßig aufgesagten nationalen Treueschwur, den«Pledge of Allegiance», um die Formel «under God» ergänzen, was das Staatsverständnis der Republik nachhaltig änderte. Statt «... one Nation, indivisible, with liberty and justice for all», lautet die Formel nun: «one Nation under God, indivisible ...» 1955 wurde die Dollarmünze mit der Formel «In God We Trust» versehen.

Religion als wissenschaftliche Heilmethode

Schon zu Beginn seiner Amtszeit verwendete Peale einen erheblichen Teil seiner Zeit auf individuelle Sitzungen mit hilfesuchenden Gemeindemitgliedern. Dies geschah in einer Zeit, als psychotherapeutische Einsichten in die Seelsorge Eingang fanden. Peale suchte Unterstützung von professionellen Psychologen. So geriet er schließlich an Smiley Blanton, der 1929 bei Freud studiert und in den Sommermonaten 1935–1937 bei ihm eine psychoanalytische Behandlung durchlaufen hatte, während der er Freud wiederholt mit dem Thema Religion und der Heilung durch Glauben konfrontierte.[4] Mit Blanton betrieb Peale ab 1937 ein psychotherapeutisches Betreuungszentrum in seiner Kirche, das sich ab 1940, als Peale sich von der aktiven Mitarbeit zurückzog, zunehmend professionalisierte. 1951 änderte die Einrichtung ihren Namen zu The American Foundation of Religion and Psychiatry. 1972 fusionierte sie mit der Academy of Religion and Mental Health, die die Fachzeitschrift *Journal of Religion and Health* herausgab, zu den Institutes of Religion and Health (IRH). Seit 1996 heißt die Klinik und die mit ihr verbundene Bildungseinrichtung Blanton-Peale Institute and Counseling Center.[5]

1940 veröffentlichten Peale und Blanton ihr gemeinsames Buch *Faith is the Answer: a pastor and a psychiatrist discuss your problems*, das 1993 auf Deutsch erschien, wobei der Goldmann-Verlag den religiösen Akzent des Titels unsichtbar machte (*Die Antwort heißt Vertrauen: Zufriedenheit – Lebensfreude – Glück*). Das Buch propagiert eine Erneuerung des Glaubens an sich selbst, an seine Mitmenschen und an Gott. Das Unbewusste erhält – wie bei Jung, aber ganz anders als bei Freud – eine positive Bedeutung als ungenutzte Quelle göttlicher Energie. Die Entfremdung bzw. «Verdrängung» von Religion gilt den Autoren als Quelle von Neurosen.[6] In der goldenen Zeit ihrer Zusammenarbeit von den späten 1930er bis in die 1960er Jahre, die mit einem Aufschwung von Kirchlichkeit in den USA zusammenfiel, galt Religion, etwa in der Form von Gebeten, weithin als eine wissenschaftlich begründete, wirkungsvolle Heilungsmethode.

1937 begann Peales Karriere als Autor von über vierzig Lebenshilfebüchern. Sein erstes Buch trug den Titel *The Art of Living*, das zweite *You Can Win* (1938). «The Art of Living»[7] hieß auch eine wöchentliche Radiosendung Peales, die seit 1934 etwa dreißig Jahre lang jeden Samstag ausgestrahlt wurde. 1950 gründeten Peale und seine ebenfalls als Verfasserin von Ratgeberliteratur tätige Frau – Ruth Stafford Peale (1906–2008)[8] – das organisatorische Herzstück ihrer späteren Aktivitäten, die von Ruth Peale geleitete Foundation for Christian Living. Ihr größter dauerhafter Erfolg war das seit 1945 erscheinende Monatsmagazin *Guideposts*, das seit den 1950er Jahren vor allem eine weibliche Mittelklasseleserschaft mittleren Alters ansprach. *Guideposts* etablierte sich als ein erbauliches Selbsthilfemagazin, das den Leserinnen und Lesern spirituelle Inspiration und praktische Lebenshilfe bieten soll und durch bewegende Geschichten von menschlichen Schicksalen, sogenannten *human interest stories*, lebendig wirkt. 1962 hatte das Magazin eine Million Abonnenten, 1973 sogar zwei Millionen.[9] Mit etwa dieser Leserschaft rangiert *Guideposts* auch heute noch auf dem 41. Platz einer Rangliste der hundert meistgelesenen amerikanischen Magazine,[10] auf der übrigens keine einzige explizit religiöse Publikation vertreten ist.

Einen ersten großen Sprung nach oben (von 200 000 auf 500 000) machten die Auflagenzahlen von *Guideposts* nach dem Erscheinen von Peales bekanntestem Buch, *The Power of Positive Thinking*, das nach seiner Veröffentlichung 1952 drei Jahre in Folge auf der New York Times Bestsellerliste stand, davon achtundvierzig Wochen als Nummer eins in der Sachbuchsparte. Das millionenfach verkaufte Buch wurde in viele Sprachen übersetzt, darunter 1954 als *Die Kraft des positiven Denkens* ins Deutsche; auch die deutsche Ausgabe erlebte mehrere Auflagen und Neuausgaben. Peale hatte das Buch ursprünglich mit dem Titel *The Power of Faith* veröffentlichen wollen – der neutralere Titel wurde vom Verlag durchgedrückt.[11]

The Power of Positive Thinking verspricht eine «einfache, praktikable Philosophie des Lebens», ein erfolgreiches, «glückliches, befriedigendes und lohnenswertes Leben» und «peace of mind»,[12] womit Peale an den Titel eines Buches von Rabbi Joshua Loth Liebman anknüpfte, der 1946 mit diesem Bestseller die Welle der amerikanischen Selbsthilfeliteratur der Nachkriegszeit ausgelöst hatte.[13] Anhand von zahlreichen Begegnungen aus seinem Alltag als Pastor – etwa mit Geschäftsreisenden, einer seiner Zielgruppen –, Verweisen auf namentlich nicht genannte Autoritäten, gelegentlichen Zitaten von Denkern wie Ralph Waldo Emerson oder William James sowie Bibelversen skizziert Peale eine Reihe von angeblich wissenschaftlichen und praktisch bewährten Techniken zur Selbstoptimierung. Jesus Christus, den «größten Lehrer aller Zeiten», sieht er als die Quelle seines Systems, das er als «angewandtes Christentum» bezeichnet.[14] Peale zufolge kann der Mensch durch klug gewählte und konsequent befolgte Strategien und Techniken alle seine Ziele erreichen. Ausschließlich das Subjekt selbst ist der Schlüssel zur eigenen Glückseligkeit. Keine Hindernisse sind unüberwindbar. Das Buch soll auch Donald Trump inspiriert haben.

Religion wird bei Peale zu einem Mittel, um individuelle Ziele wie Gesundheit, Glück, Energie und Stressfreiheit zu erlangen. Die Verinnerlichung des Gottesglaubens beispielsweise sei die Lösung zur Beseitigung der Minderwertigkeitskomplexe, unter denen wohl auch Peale in seiner Jugend gelitten hatte. Das Anfüllen des Bewusstseins mit Vorstellungen von Gottes Gegenwart, Hilfe und Unterstützung beseitige Unsicherheitsgefühle und bewirke die Freisetzung der eigenen

Potenziale und Handlungsmacht. Die mentale Verinnerlichung von Bibelzitaten und die Praxis des Gebets erzeugten Energie und souveräne Selbstermächtigung.[15] Der wissenschaftliche Fortschrittsglaube des Atomzeitalters ist für die Religion nutzbar zu machen: «Wie es wissenschaftliche Techniken zur Freisetzung von Atomenergie gibt, so gibt es auch wissenschaftliche Prozeduren für die Entfaltung spiritueller Energie durch den Mechanismus des Gebets.»[16] Ähnlich steht auch bei Billy Graham das Individuum im Zentrum, aber anders als bei Graham ist die Entscheidung für Christus bei Peale primär eine für die eigene Glückseligkeit.

Peales «positives» Denken macht nicht die Idee der Sünde zum Ausgangspunkt der Anthropologie, sondern menschliche Potenziale. Das fügte sich gut zu der Hoffnung auf sozialen Aufstieg, die für den amerikanischen Traum charakteristisch ist. Gerade in den 1950er Jahren war dies offenbar nicht nur in den USA eine äußerst attraktive Option. In der Psychologie finden wir einen ähnlichen Richtungswechsel bei Abraham Maslow (1908–1970), dessen Eltern vor den antisemitischen Pogromen des Zarenreichs nach New York geflohen waren: Sein 1954, zwei Jahre nach Peales Bestseller, erschienenes Buch *Motivation and Personality*[17] gilt als Gründungsdokument der «positiven Psychologie», die (ähnlich wie Peale) zu erkunden sucht, was das menschliche Wohlbefinden steigert und das Leben lebenswert macht.

In der akademischen Theologie, in religiösen Zeitschriften und bei führenden Kirchenleuten stieß *The Power of Positive Thinking* weitgehend auf Ablehnung. Der «Pealeismus» sei eine «easy religion», eine Art «Schattenreligion», die Gott auf menschliches Maß zurechtstutze und in den Dienst des Menschen stelle.[18] Das Evangelium gerate so in die Gefangenschaft der Kultur[19] – eine Kritik, die ähnlich auch gegen Paul Tillich erhoben wurde. Hinter dieser Kritik steht das Religionsverständnis Karl Barths (s. Kap. 29), demzufolge sich der Mensch Gott unterordnen müsse. Wahre Religion sei jenseitsorientiert und schere sich bestenfalls indirekt um Erfolg, Wohlbefinden und Wohlstand.

Vom New Thought zum Prosperitätschristentum

Diese theologischen Vorbehalte lassen leicht übersehen, dass Peale keineswegs eine besonders exzentrische Position vertrat, sondern in einer amerikanischen Tradition steht, die vom sogenannten *New Thought* des 19. Jahrhunderts zum *Prosperity Gospel* (Wohlstandsevangelium) des späten 20. und frühen 21. Jahrhunderts führt. Peales direktester Nachfahre war der mit Billy Graham befreundete, von Kalifornien aus operierende Televangelist und Kirchengründer Robert H. Schuller, der statt von positivem Denken von «Ermöglichungsdenken» sprach, so etwa in seinem 1967 erschienenen Buch *Move Ahead with Possibility Thinking* (deutsch 1987 als *Es gibt eine Lösung für jedes Problem: wie man erst recht nicht aufgibt*; 2009 neu aufgelegt als *Entdecke deine Möglichkeiten – und lebe sie*). Seit 1970 produzierte Schuller die einstündige Fernsehsendung «Hour of Power», die bei seinen feierlichen Gottesdiensten in spektakulären, von amerikanischen Star-Architekten entworfenen Kirchengebäuden südlich von Los Angeles aufgenommen wurden: zunächst in der einem Autokino nachempfundenen modernistischen Garden Grove Community Church von Richard Neutra, später in der gläsern-postmodernistischen Crystal Cathedral von Philip Johnson. Die von Schuller gegründete Gemeinde ging 2010 infolge der Finanzkrise in Konkurs, und die Crystal Cathedral wurde von der katholischen Kirche übernommen.

Aus dem 19. Jahrhundert stammt die Idee der Geistesmacht, der wir in verwandter Form bei Mary Baker Eddy begegnet sind: Der *New Thought* ging davon aus, dass positive Gedanken auch positive Umstände nach sich ziehen – und dass negative Gedanken negative Folgen haben. Der Baptisten-Pastor Essek William Kenyon, der mit Aimee Semple McPherson (s. Kap. 10) in Verbindung stand, und der pfingstlerische (Radio-)Prediger Fred Francis Bosworth entwickelten die Idee des «positiven Glaubensbekenntnisses», wonach allein schon das Aussprechen von Gottes Wort(en) die Gläubigen ermächtigte, aktiv an Gottes heilender Macht teilzuhaben. Peales Theorie des positiven Denkens wurde in den 1960er Jahren von den Vertretern des sogenannten Wohlstandsevangeliums noch überboten. Theologisch knüpften sie an die Idee der *positive confession* an.[20]

Kenneth E. Hagin, der Gründer des einflussreichen RHEMA Bible Training College in Tulsa, Oklahoma, das inzwischen eine Reihe internationaler Ableger hat, gilt als der Schöpfer der *Word of Faith* oder *Faith Theology*, die in Deutschland und Österreich als Wort-des-Glaubens-Bewegung oder Glaubensbewegung bekannt ist. Dieser Theologie zufolge genügt es nicht, die Bibel passiv zu lesen. Vielmehr müsse das Wort Gottes durch den Mund in das Herz gelangen. Sobald dies der Fall sei, würden dem «Gesetz des Glaubens» entsprechend die Verheißungen von Erfolg, körperlicher Gesundheit und finanziell-materiellem Wohlstand in die Realität umgesetzt. Glaube hat hier – wie bei Peale – eine instrumentelle Dimension. Wie Kate Bowler in ihren Feldforschungen feststellte, führt der Glaube an die Wirkungsmacht des Wortes zu einer Vermeidung negativer Sprache: Ein Pastor kann zum Beispiel nie «krank sein», weil dies einer fatalen *negative confession* gleichkomme.[21] Nur Positives zu sagen, wird zu einem sprachlich-religiösen Alltagshabitus, der sich auch in der religiösen Bildersprache niederschlägt: Ein Kreuz und Darstellungen des gekreuzigten Jesus Christus findet man in Prosperitätskirchen selten.

Jim Bakker: Von der Prosperität zur Endzeit

Gegen Ende der 1980er Jahre wurde die Prosperitätsbewegung durch einige Skandale erschüttert. Am spektakulärsten war der Fall von Jim Bakker, der zusammen mit seiner Frau Tammy Faye Bakker seit 1974 die extrem erfolgreiche religiöse Talkshow *The PTL Club* – später *The Jim and Tammy Show* – moderierte. PTL steht für «Praise The Lord» oder «People That Love». Die Bakkers waren im Begriff, einen neuartigen religiösen Freizeit- und Wohnpark mit Themen- und Wasserpark, Einkaufszentrum, Luxushotels, Wohnbauten und Medienzentrum zu konstruieren – «Heritage USA» bei Charlotte in South Carolina –, die mit dem Crystal Palace Ministry Center als größtem Kirchengebäude der Welt gekrönt werden sollte. Hinter Disneyland und Disneyworld war Heritage USA zeitweise die populärste Freizeitattraktion der USA. Die anfangs überaus erfolgreiche Entwicklung des Projekts ist ebenso kennzeichnend für die Prosperitätsverkündigung wie der glamouröse neureiche Lebensstil der Bakkers.

Als ein viele Jahre zurückliegender sexueller Übergriff Bakkers ans

Tageslicht kam, versuchte Bakker sich zu retten, indem er die Leitung seines religiösen Unternehmens an den ihm eigentlich nicht wohlgesinnten Jerry Falwell abtrat. Unter dessen Aufsicht kamen finanzielle Ungereimtheiten ans Tageslicht. Bakker wurde zu einer langjährigen Freiheitsstrafe verurteilt. Nachdem die Besucherzahlen empfindlich zurückgegangen waren und die Anlage von einem Wirbelsturm stark beschädigt worden war, musste Heritage USA 1989 geschlossen werden.

In seinem Buch *I Was Wrong,* das 1996 erschien, zwei Jahre nach seiner Entlassung aus der Haft, verkündete Bakker, dass er im Gefängnis die Prosperitätstheologie als Irrtum durchschaut habe: «Gott verspricht nicht, dass wir alle reich und erfolgreich sein werden, wie ich einst predigte. Als ich im Gefängnis wirklich die Bibel studierte, wurde mir klar, dass kein Mann und keine Frau – noch nicht einmal die Propheten Gottes – ein Leben ohne Leiden führten».[22] In späteren Büchern – etwa *Prosperity and the Coming Apocalypse* (1998) und *Time Has Come: How to Prepare Now for Epic Events Ahead* (2013) – schlägt Bakker, der zusammen mit seiner zweiten Ehefrau wieder eine Fernsehsendung moderiert, nun einen apokalyptischen Ton an.

24

C. S. Lewis und J. R. R. Tolkien

Mythos und Fantasy

Eine religiöse Autobiographie

In seiner 1955 veröffentlichten religiösen Autobiographie *Surprised by Joy*, deutsch 1968 unter dem Titel *Überrascht von Freude* erschienen, beklagt der irische Schriftsteller und Literaturwissenschaftler C. S. Lewis (1898–1963) den Mangel an Dichte oder Tiefgang bei modernistischen, anti- oder nichtreligiösen Autoren.[1] Der anglikanische Autor bezog sich damit auf Leseeindrücke aus den 1920er Jahren, als er noch überzeugter Atheist war. Bei seinen ausgedehnten Lektüren habe er feststellen müssen, dass die Autoren, denen er am meisten abgewinnen konnte – egal aus welcher Epoche –, stets auch die religiösesten gewesen seien.[2] Für Lewis, der in Oxford zunächst klassische Philologie und Philosophie studiert hatte und dann, auf der Suche nach einer Stelle, auf dem Gebiet der Literaturgeschichte weiterarbeitete – ab 1925 als Fellow am Magdalen College –, war es die Auseinandersetzung mit der Literatur, die in ihm ein Interesse an religiösen Themen präsent hielt.

In seinen eigenen poetischen Gehversuchen hatte sich noch sein religionsprotestierendes Selbst Ausdruck verschafft. In einer *Ode to the New Year*, die er im Januar 1918 an der Front des Ersten Weltkriegs schrieb, klagt er: «I lifted up my voice to God, thinking that he could hear / The curse wherewith I cursed Him because the Good was dead.»[3] Dass es einen gerechten Gott gebe, der sich um den irdischen Schmerz kümmere, sei eine Hoffnung aus vergangenen Tagen. Obwohl der Lyrikband *Spirits in Bondage* keine Kriegs- oder Frontdichtung

war, meint man die traumatische Erfahrung der Schützengräben aus den Versen herauszuhören.

C. S. (Clive Staples) Lewis wurde 1898 in der damals florierenden Industriestadt Belfast in der nordirischen Provinz Ulster geboren. Er entstammte einer protestantischen Familie und wuchs in einem rein protestantischen Milieu ohne Kontakte zu Katholiken auf. Kurz nach dem frühen und überraschenden Tod der Mutter 1908 schickte sein Vater den Neunjährigen auf ein Internat in England, wo er sich zutiefst unwohl fühlte – und als Ire in England auch als Außenseiter. Den vorherrschenden Idealen von athletischer Männlichkeit fühlte er sich körperlich nicht gewachsen.[4] Als der Erste Weltkrieg begann, zog Lewis 1914 zu dem Privatlehrer William Thompson Kirkpatrick, der ihn erfolgreich auf die Aufnahmeprüfungen für die Universität vorbereitete. Bei ihm machte er sich eine kritische Geisteshaltung zu eigen, die sich schnell auch auf die Religion richtete. 1917 begann Lewis sein Studium in Oxford, das bald schon von seiner erzwungenen, relativ kurzen Kriegsteilnahme unterbrochen wurde, die er weitgehend in Lazaretten verbrachte. In der Kriegszeit begann er ein Verhältnis mit Jane Moore, der Mutter eines gefallenen Kameraden, mit der er über dreißig Jahre lang zusammenlebte, bis sie Ende 1950, ein knappes Jahr vor ihrem

links:
J. R. R. Tolkien in seinem Arbeitszimmer, 1955

C. S. Lewis im Interview, 1946

Tod, in ein Pflegeheim eingewiesen werden musste. Jane Moore galt jedoch nie offiziell als seine Partnerin.

In *Surprised by Joy* rekonstruiert Lewis seinen religiösen Werdegang. Zunächst habe er den rudimentären Glauben seiner Kindheit vertieft, sich dann aber für esoterische Themen interessiert, sich für Wagners *Ring des Nibelungen* und nordische Mythen begeistert, ehe er etwa ab dem Alter von vierzehn Jahren einen pessimistischen und materialistischen Standpunkt einnahm. Zunehmend aber kamen Risse in seine säkulare Weltanschauung. Auslöser waren Lektüre und Freunde. In einem Interview aus dem Jahre 1962 hob er besonders zwei Bücher hervor: *Phantastes* (1858) von George MacDonald hatte er schon als Sechzehnjähriger gelesen – und das Buch sollte ihn nie mehr loslassen. Chestertons *The Everlasting Man* (1925) habe ihm ein christliches Geschichtsbild nahegebracht. Beunruhigt hätten ihn weiterhin die Zuwendung einiger enger Freunde zu Rudolf Steiners Anthroposophie und die Bemerkung eines hartgesottenen Atheisten, dass es gute Gründe für die Historizität der Evangelien gebe. Lewis beschreibt, dass er zunächst zu einer Art philosophischem Idealismus gelangt sei, der sich dann in Richtung Pantheismus verändert habe. Einige Jahre später – etwa zu der Zeit, als sein Vater 1929 starb – habe er begonnen, an einen persönlichen Gott zu glauben, ehe er schließlich den letzten Schritt gegangen sei und sich zum christlichen Gott bekannt habe, wobei er zeitweise auch den Hinduismus als Option in Betracht gezogen habe.[5]

Für den letzten Schritt zur Verinnerlichung des christlichen Bekenntnisses – so Lewis brieflich an einen irischen Jugendfreund – sei ein langes nächtliches Gespräch mit seinen beiden Oxforder Freunden, dem Anglisten Hugo Dyson und J. R. R. Tolkien am 19. September 1931 ausschlaggebend gewesen. Tolkien (1892–1973), ein praktizierender Katholik, der 1925 als Professor für «Anglo-Saxon» nach Oxford berufen worden war, hatte Lewis im Mai 1926 kennengelernt.[6] Beide hatten ihre ersten Lebensjahre nicht in England verbracht – Lewis in Irland, Tolkien in Südafrika –, beide hatten in ihrer Kindheit ihre Mutter verloren, beide waren im Ersten Weltkrieg verwundet worden, beide hatten in Oxford eine klassische Ausbildung durchlaufen und später eine akademische Laufbahn eingeschlagen. Ihre Freundschaft sollte für beide gleichermaßen stimulierend und wegweisend sein – für Lewis zunächst mit Hinblick auf sein neu erlangtes Bekenntnis zum Christentum.

Mythos als Wahrheit der Religion

In Lewis' Darstellung war der entscheidende Anstoß ein neues Verständnis des Mythos. Für die Idee des Opfers in der klassischen Antike oder James George Frazers Idee, dass viele alte Ackerbaukulturen von zyklisch sterbenden und dann wiederauferstehenden Göttern erzählten, habe er sich stets begeistern können, die gleichen Phänomene aber innerhalb der Evangelien zunächst nicht wahrnehmen und erst recht nicht wahrhaben wollen. Das Gespräch mit Dyson und Tolkien aber habe ihm vor Augen geführt, dass die Geschichte von Christus ein echter Mythos sei, ein Mythos wie alle anderen, mit dem alles entscheidenden Unterschied, dass dieser wahr sei.[7] Außerchristliche Mythen seien deswegen jedoch nicht falsch, sondern lediglich unvollkommen. Entgegen gängigen theologischen Denkmustern (z. B. bei Karl Barth) galt Lewis der Mythos stets als ein unverzichtbarer Bestandteil des Christentums, der es vom «Heidentum» weniger trenne als mit ihm verbinde. In seinem Buch *Miracles* (1947; deutsch erstmals 1952) verteidigt er den Mythos als einen realen, wenngleich verschwommenen Schimmer göttlicher Wahrheit in der menschlichen Imagination.[8]

Entgegen seiner eigenen Darstellung lässt sich Lewis' Zuwendung zum persönlichen Gott des Christentums wohl nicht genau auf den Tag festmachen, sondern entwickelte sich über mehrere Monate. In seiner Konversionsgeschichte sieht er seinen religiösen Werdegang durch zufällige Elemente wie Lektüren und Begegnungen stimuliert, bezieht aber auch Gott als Akteur in das Geschehen ein. So schreibt er, Gott sei auf ihn eingedrungen («God closed in on me»), und: «Sein Zwang ist unsere Befreiung».[9]

Lewis verarbeitete seine Hinwendung zum Christentum schon im folgenden Jahr 1933 in seinem Buch *The Pilgrim's Regress*, auf Deutsch erst 1983 als *Flucht aus Puritanien: eine phantastische Reise* erschienen. Er beschreibt hier den christlichen Glauben allegorisch als ein Territorium, das durch eine Reise zu vermessen ist. Dabei ist ihm, wie durch das Wort *regress* im Titel angedeutet, besonders an der Rückkehr in die Welt gelegen, die er nun – mit den Augen des Glaubens gesehen – ganz neu wahrnahm.[10] 1940 erschien seine Auseinandersetzung mit der Frage des Schmerzes in *The Problem of Pain* (deutsch erstmals 1954). Spätere Werke zu christlichen Themen behandeln Phänomene wie Wunder, Liebe und Gebet. In *The Abolition of Man* aus dem Jahre 1943 setzt sich Lewis kritisch mit den verhängnisvollen Folgen des moralischen Subjektivismus bzw. Relativismus auseinander (deutsch 1979 unter dem Titel *Die Abschaffung des Menschen*).

Zur Zeit des Zweiten Weltkriegs setzte die BBC für die Erhaltung des Kampfgeists und als Maßnahme zur Krisenbewältigung auf Religion. Auf der Suche nach einer konfessionell unbefangenen Autorität in religiösen Fragen wurde man auf Lewis aufmerksam, der schon Vorträge für die Royal Air Force (RAF) gehalten hatte. Ab August 1941 hielt Lewis vier Radiovorträge zum Thema «Right and Wrong: A Clue to the Meaning of the Universe», mit denen er sich als nationale religiöse Stimme etablierte. Drei weitere Vortragsreihen wurden 1942 und 1944 ausgestrahlt.[11] Die Vorträge erschienen 1952 in Buchform unter dem Titel *Mere Christianity* (deutsch erstmals 1956 als *Christentum schlechthin*, später als *Pardon ich bin Christ: meine Argumente für den Glauben*). Lewis hielt es im Krieg für notwendig, alle Kräfte zu bündeln und die nationale Einheit nicht durch konfessionelle Differenzen zu spalten. Damit nahm er bereits die Erosion konfessioneller Unterschiede vorweg, die sich in den Nachkriegsjahrzehnten in England wie anderswo beobachten lässt. Tatsächlich war für ihn jedoch das undogmatische «bloße Christentum» nur die Eingangspforte, über die man unweigerlich zu den einzelnen Konfessionen gelangt.

Neben den Radiovorträgen und seiner Tätigkeit als «Allerweltstheologe» – so Tolkien verächtlich[12] – wurde Lewis durch belletristische Arbeiten landesweit und international bekannt. 1938 erschien der Roman *Out of the Silent Planet* (deutsch erstmals 1948 als *Der verstummte Planet*, später als *Jenseits des schweigenden Sterns*), der erste Teil einer auf verschiedenen fiktiven Planeten spielenden Trilogie, die oft dem Genre Science-Fiction zugerechnet wird. Das zweite Buch erschien 1943 (*Perelandra*; deutsch erstmals 1959 mit dem Untertitel *oder der Sündenfall findet nicht statt*), das dritte 1945 (*That Hideous Strength*, deutsch 1954 als *Die böse Macht*). Der Held der Trilogie, Elwin Ransom, ist ein Professor für Philologie und mittelalterliche Literatur, der an Lewis selbst erinnert – und an seinen Freund, den Sprachforscher und Spracherfinder Tolkien. Dass Ransom die Sprache «Old Solar» beherrscht, ist entscheidend dafür, dass verschiedene Planeten, darunter die Erde (der stumme Planet), vor dem Untergang gerettet werden. Die Leser erleben eine christlich inspirierte Dramaturgie der kosmischen Bedrohung und Rettung. Ransoms Gegenspieler auf der Seite des Bösen ist Edward Weston, ein Wissenschaftler aus Cambridge. Lewis zeigt sich hier als Kritiker einer vermeintlich ethisch neutralen Wissenschaft. Wie auch in späteren Schriften verdammt er die Praxis der Eingriffe an lebenden Tieren (Vivisektion) und die in den 1930er Jahren auch in Großbritannien gängige sozialdarwinistische Eugenik.[13]

The Screwtape Letters, eines der erfolgreichsten Werke von Lewis, das ihn auch in den USA bekannt machte, erschien 1942. Bei diesem Tolkien gewidmeten Buch handelt es sich um einunddreißig fiktive Briefe, in denen ein erfahrener Teufel im Ruhestand namens Screwtape seinen jüngeren Verwandten namens Wormwood in die Kunst einweist, seinen «Patienten», der am Ende im Krieg gegen die Deutschen getötet wird, von der christlichen Bahn abzubringen. Die 1952 erschienene erste deutsche Übersetzung trug den Titel *Dämonen im Angriff*, eine spätere Neuübersetzung hieß *Dienstanweisungen für einen Unter-*

teufel. Es wird vermutet, dass die Idee zu diesem Werk auf das Hören einer Rede Hitlers zurückging.[14] Am 20. Juli 1940 schrieb Lewis an seinen Bruder: «Ich weiß nicht, ob ich schwächer bin als andere Leute, aber es war eine definitive Offenbarung für mich, dass es unmöglich ist, während der Rede nicht doch ein wenig ins Wanken zu kommen. Als Schulmeister oder Polizeiinspektor wäre ich unbrauchbar. Aussagen, von denen ich weiß, dass sie unwahr sind, überzeugen mich fast, jedenfalls für den Moment, wenn sie denn nur unbeirrt vorgetragen werden.»[15]

Narnia und Mittelerde

Nach dem Zweiten Weltkrieg wurde Lewis durch seine Radiovorträge und seine populären Bücher eine Berühmtheit. Am 8. September 1947 war er auf dem Titelblatt von *Time* zu sehen. Seiner Karriere an der Universität Oxford war diese Prominenz nicht gerade zuträglich. 1955 nahm er daher einen Lehrstuhl in Cambridge an. Vielleicht wäre Lewis heute vergessen, hätte er nicht in den Jahren 1950 bis 1956 die sieben Bände der *The Chronicles of Narnia* veröffentlicht, in denen er die Geschichte von vier Kindern erzählt, die sich in eine Phantasiewelt namens Narnia – benannt nach der umbrischen Stadt Narni – begeben. Eine deutsche Übersetzung erschien ab 1957. Zusammen mit Tolkiens dreiteiligem Roman *The Lord of the Rings* trugen die *Die Chroniken von Narnia* zum explosionsartigen Erfolg der Fantasy-Literatur bei.[16] Tolkiens ausschweifende, Männer-fokussierte Saga vom abenteuerlichen Kampf des schwachen Guten gegen das mächtige Böse war bei den Lesern letztlich erfolgreicher und hat unzählige Imitationen auf den Plan gerufen.

Die Entstehung der Fantasy-Literatur wird oft ins späte 18. Jahrhundert datiert und als Reaktion auf ein rationalistisches Weltbild der Aufklärung gedeutet.[17] Ein typisches Kennzeichen von Fantasy ist das Vorkommen von Wesenheiten wie Zwergen, Hexen oder Zauberern, wie man sie aus Märchen und Sagen kennt, oder aber neuen literarischen Phantasiegeschöpfen. Ein Musterbeispiel ist das Volk der kleinwüchsigen, handwerklich geschickten, sesshaften, sich fast geräuschlos fortbewegenden, Pfeife rauchenden und sangesfrohen, friedfertigen, aber furchtlosen Hobbits. Die Geschichte vom Hobbit Bilbo, die 1937 erschien (deutsch 1957) und von Lewis begeistert besprochen wurde, war Tolkiens literarischer Durchbruch. Aus der Erwartung seines Verlegers, dass er weitere Hobbit-Geschichten folgen lasse, ging schließlich *The Lord of the Rings* hervor. Dieses Werk war jedoch kein Märchen mehr, sondern eine komplexe Weltkonstruktionen mit eigener Geologie, Geographie, Geschichte, Zeitrechnung, Architektur, eigenen Stammbäumen und nicht zuletzt Sprachen und ihren Dichtungen.[18]

Es herrscht Einigkeit darüber, dass Tolkiens Mittelerde stringenter, kohärenter und komplexer komponiert ist als Lewis' Narnia. Beide Autoren machten in der Ausformung ihrer Welten von älteren, antiken und mittelalterlichen mythologischen Traditionen Gebrauch. Beide begeisterten sich für das Nordische. Mehrere Figuren in Tolkiens Werk sind von Odin, dem dominanten Gott des altnordischen Pantheons, geprägt, so etwa die des Gandalf – ein Name, der in der *Lieder-Edda* vorkommt; seine Schilderung bei Tolkien entspricht weitgehend dem, was man in den Sagas von ihm erfährt. Der Name Mittelerde ist dem nordischen Midgard entlehnt.[19]

In Anlehnung an G. K. Chestertons *The Everlasting Man* unterschied Lewis zwischen imaginären und imaginativen Welten: das Imaginäre ist etwas fiktiv Ausgedachtes, eine Illusion, das Imaginative hingegen eine Strategie der Imagination, die es dem menschlichen Geist ermöglicht, Zugang zur wahren Wirklichkeit zu erlangen. Narnia war für Lewis imaginativ, nicht imaginär. Er sah sich bei der Schaffung dieser Welt als Handwerker, der sich bereits vorhandener Elemente bedient; er webte zusammen, was Gott schon zurechtgelegt hatte.[20] Tolkien dachte ähnlich. In einem Brief an einen Leser schrieb er 1956, er «habe längst aufgehört zu erfinden …: Ich warte bis mir scheint, ich wüsste, was wirklich geschehen ist. Oder bis es sich von selbst schreibt».[21]

Die mental zu betretende Zweitwelt wird Tolkien zufolge von dem Geschichtenerzähler als einem erfolgreichen Unter-Schöpfer *(sub-creator)* hervorgebracht. Während man sich in dieser Zweitwelt aufhält, gilt diese als real, so wie man beim Lesen Mittelerde für real hält. Dieser Spuk sei so lange wirksam, wie es gelinge, den Zweifel auszuschalten, der einen direkt wieder in die Erst-Welt *(Primary World)* zurückkatapultiere, von der man auf die Zweitwelt von außen blicke, so wie die Literaturwissenschaftler. Wenn man diese Gedanken auf Tolkiens

Herr der Ringe bezieht, diente seine detailversessene Arbeit an der Gestaltung von Mittelerde dazu, den Zweifel im Keim zu ersticken.[22]

Sowohl Tolkien als auch Lewis ließen sich von George MacDonalds Buch *Phantastes* begeistern und zum Schreiben von Fantasy inspirieren, und wie MacDonald schrieben beide aus einer christlichen Perspektive. Tolkien hielt ein Happy Ending für einen notwendigen Bestandteil von Feen-Geschichten. Darin verdichteten sich für ihn Flucht und Trost. Die beste Form des Happy Ending sei die «Eukatastrophe»: ein völlig unerwarteter, freudiger Handlungsumschlag, eine Art plötzliches und wunderhaftes Gnadenereignis. Die Grundstruktur der Eukatastrophe entspreche der christlichen Heilsgeschichte, bei der die Menschwerdung Gottes auf den Sündenfall folgte und die Auferstehung auf die Kreuzigung. Für Tolkien ist das Evangelium der Prototyp einer Feen-Geschichte, die *fairy-tale* schlechthin, die zugleich aber wahr sei: «Legende und Geschichte sind sich begegnet und sind verschmolzen».[23] Das erinnert an Lewis' Ansichten zum Mythos.

C. S. Lewis und das Christentum

Die *Chroniken von Narnia* behandeln christliche Themen wie Schöpfung, Sündenfall und Erlösung, stellvertretendes Erlösungsopfer, zwischenmenschliche Beziehungen, moralische Entscheidungen und deren Konsequenzen in imaginativer Form, sie sind eine imaginative theologische Fallstudie[24] oder ein mytho-theologisches Gedankenspiel. Die *Chroniken* sind jedoch auch ohne christliche Sozialisation oder Vorbildung oder gar christlichen Glauben lesbar und verständlich. Die in den Büchern dargestellten Szenarien und Probleme thematisieren allgemein menschliche psychische Konstellationen und sprechen damit ein globales Publikum mit ganz unterschiedlichen religiösen Hintergründen an. Doch die Motive, die man mit Carl Gustav Jung als archetypisch bezeichnen könnte (s. Kap. 17), sind nur scheinbar zeitlos, denn rassistische, sexistische und homophobe Zwischentöne, wie sie zu Lewis' Zeit verbreitet waren, sind nicht zu überhören.[25]

Manche Leser haben die Entdeckung der christlichen Botschaft der *Chroniken* als eine Art Schock empfunden.[26] Der gewaltige Löwe Aslan – das türkische Wort für Löwe – trägt Christus-Züge; Christus als einen Löwen darzustellen, ist ein alter Topos mit biblischen Wurzeln (Off 5,5). Aslan ist stark, zielstrebig und majestätisch, zugleich aber zärtlich, geduldig und humorvoll. Für Lewis ist Aslan eine «hypothetische Annahme» *(supposal)*, wie Christus sein könnte, wenn er in einem Land wie Narnia in Erscheinung treten würde.[27] In seiner Ausgestaltung dieser Figur lassen sich womöglich Spuren seiner begeisterten Lektüre des Bestsellers *Das Heilige* von Rudolf Otto ausmachen. In der Figur des Aslan kommen zwei von Otto beschriebene Aspekte des Heiligen zur Geltung: das furchteinflößend-schaudernd-überwältigende *mysterium tremendum* und das entzückend-anziehende *mysterium fascinans*.[28]

Das erste Buch der *Chroniken – Die Abenteuer im Wandschrank oder: Der Löwe und die Hexe* (so der Titel der ersten deutschen Übersetzung von 1956) – kulminiert in einem Musterbeispiel für Tolkiens Konzept der Eukatastrophe: Aslan lässt sich freiwillig hinrichten und wird so zu einem Erlösungsopfer. Das majestätische Tier scheint in Gegenwart von zwei ihm verbundenen Mädchen sein Leben auszuhauchen, um dann langsam wieder aufzuerstehen. In diesem Moment zerbricht die Steinplatte, auf der er liegt, so wie in der Schilderung des Matthäusevangeliums (27,51) nach der Kreuzigung der Vorhang im Tempel in zwei Stücke zerriss, die Erde bebte und «die Felsen zerrissen». Dieser Vorgang erscheint einer kosmischen Gesetzmäßigkeit zu folgen, die Lewis in den *Chroniken* als «Deep Magic» bezeichnet. Magie ist hier also kein Gegenprinzip zur Religion – ebenso wenig wie Mythos –, sondern das kosmische Grundgesetz der phantastischen Wirklichkeit, die aber weniger eine Gegenwelt als eine Parallelwelt ist, die den Lesern mithilfe einer perspektivischen Verzauberung die Augen für ein neues Verständnis der Primärwelt öffnen soll.

Lewis hat in den vergangenen Jahrzehnten als religiöser Denker eine Renaissance erfahren. Sein Buch *Mere Christianity* wurde im Kontext des Niedergangs konfessioneller Unterschiede und wachsender Ökumene wieder gelesen. Nach dem Zweiten Vatikanischen Konzil wurde er von amerikanischen Katholiken entdeckt, aber auch evangelikale Autoren begannen ihn zu zitieren. *Die Chroniken von Narnia* sind ein wichtiger Bezugspunkt von Evangelikalen, die die Bedeutung von Literatur für die Glaubensvermittlung zunehmend positiv einschätzen.[29]

Tolkiens Katholizismus

Tolkien hat nie zum Thema Religion publiziert, und *Der Herr der Ringe* dürfte von der überwältigenden Mehrheit der Leser nicht als christliches Werk wahrgenommen werden. Tolkien distanziert sich im Vorwort zu seinem Roman ausdrücklich von einer allegorischen Intention. In einem Brief stellte er klar, «dass all dies mythisch ist und keine neue Art von Religion darstellen soll».[30] Das bedeutet für ihn jedoch keine Absage an den Wahrheitsgehalt der Erzählung. Tolkien war bis an sein Lebensende gläubiger und praktizierender Katholik. Schon deshalb hätte es ihm fern gelegen, eine «neue Art von Religion» zu entwerfen.

Tolkien wurde allerdings nicht in den Katholizismus hineingeboren. Seine Mutter Mabel, geb. Suffield (1870–1904), trat 1900, als ihr Sohn J. R. R. acht Jahre alt war und ihr Mann Arthur seit vier Jahren tot, zum Katholizismus über und blieb diesem Bekenntnis trotz heftigen Widerstands und sozialer Ächtung vonseiten ihrer Familie treu. Nicht zuletzt wegen dieser ablehnenden Reaktion ihrer Umwelt zog sie 1902 in die Nähe eines katholischen Oratoriums in Birmingham. Diese Einrichtung wurde von einer Priestergemeinschaft betrieben, die 1849 von dem wohl berühmtesten Konvertiten zum Katholizismus des 19. Jahrhunderts, (Kardinal) John Henry Newman, gegründet worden war. J. R. R. und sein Bruder erlebten dies als ein neues Zuhause. Den frühen Tod der Mutter 1904 nach langer Diabetes-Krankheit empfand Tolkien als eine Art Martyrium für ihren Glauben.[31] Sein Beichtvater und geistlicher Mentor am Oratorium wurde nach dem Tod der Mutter sein Vormund.

Tolkiens Katholizismus hat in *Der Herr der Ringe* und in seinem postum veröffentlichten Spätwerk *Silmarillion* deutliche Spuren hinterlassen, *Der Her der Ringe* ist sogar als ein katholisches Epos bezeichnet worden.[32] In einem Brief an einen befreundeten Jesuiten räumte Tolkien ein, dass es sich um «ein grundlegend religiöses und katholisches Werk» handle. Das sei zunächst unbewusst so gewesen, dann aber in der Überarbeitung bewusst ausgestaltet worden. Da das religiöse Element in die Tiefenstruktur der Geschichte und der Symbolik eingewoben sei, habe er in der imaginären Welt auf explizite Hinweise auf «Religion» oder religiöse Praktiken verzichtet.[33] Joseph Pearce hat Übereinstimmungen zwischen Tolkiens Schöpfungsbericht, Menschenbild, Sozialordnung und Moralvorstellungen mit der damaligen katholischen Lehre beschrieben. Auch einzelne Symbole und Gestalten des Epos weisen christliche Züge auf: der Ring ist ein Symbol der Erbsünde, die elfische Wegzehrung *lembas* erinnert an das Allerheiligste Sakrament, Gandalf ist Prophet, Patriarch und Christus-Figur in einem, der ähnlich wie Aslan in den *Chroniken von Narnia* ein erlösendes Selbst-Opfer vollzieht, das ihn von Gandalf den Grauen in Gandalf den Weißen verwandelt.

Wie *Die Chroniken von Narnia* ist auch *Der Herr der Ringe* nicht an christliche Lesevoraussetzungen gebunden; Nicht-Christen und Atheisten können diese Werke gleichermaßen goutieren. In neuheidnischen Kreisen spielt das Werk eine beachtliche Rolle[34] – wie überhaupt Belletristik bzw. Fantasy ein zentrales Medium der Verbreitung paganer Ideen ist.[35] Für das feministische Neuheidentum wäre etwa an *Die Nebel von Avalon* (1983) von Marion Zimmer Bradley zu denken.

Tolkien überlebte seinen sechs Jahre jüngeren Freund Lewis, der 1963 im Alter von vierundsechzig Jahren starb, um zehn Jahre. Nach Lewis' Tod schrieb er an seine Tochter: «Bisher hatte ich für einen Mann meines Alters normale Gefühle – wie ein alter Baum, der langsam eins nach dem anderen alle seine Blätter verliert. Dies nun fühlt sich an wie ein Axthieb dicht bei den Wurzeln».[36] Die Freundschaft der beiden Gelehrten und Literaten war in den zwanzig Jahren zuvor jedoch zunehmend abgekühlt. Immerhin schlug Lewis Tolkien 1961 für den Literaturnobelpreis vor.[37] J. R. R. Tolkien, der spätestens seit den 1960er Jahren eine Art «Kultfigur» war – so seine eigenen Worte[38] –, was ihm überhaupt nicht behagte, starb 1973 im Alter von einundachtzig Jahren.

Experimentalreligionen von Tolkien bis Star Wars

Die weltweite Tolkien-Faszination hat Gruppen entstehen lassen, die auf der Grundlage von Tolkiens Romanen, die zu einer Art heiliger Schriften werden, neue Religionen schaffen. Sie beziehen Gestalten der Tolkien'schen Mythologie wie Gandalf oder die Valar (Mächte, engelhafte Wesen oder Gottheiten) in ihre Rituale ein oder identifizieren sich selbst als Elben. Markus Altena Davidsen hat diese Art der religionskreativen Rezeption «fiktionsbasierte Religion» genannt.[39] Sie wird dadurch erleichtert, dass *Der Herr der Ringe* keine bestimmte religiöse Deutung nahelegt und dass Tolkien extreme Sorgfalt darauf verwendet hat, eine kohärente mythologische Welt zu schaffen. Auch Tolkiens literarische Strategie, die Erzählung im Prolog auf eine uralte Hobbit-Tradition zurückzuführen, ist eine Steilvorlage für die Schaffung einer Tolkien-Religion. Diese gehört in das Spektrum zeitgenössischer Experimentalreligionen, die spielerisch alternative religiöse Welten schaffen.

Eine noch fruchtbarere Quelle für solche Experimentalreligionen sind die *Star Wars* Filme (1977, 1980, 1983 sowie zwei spätere Trilogien) von George Lukas (geb. 1944), die zum Teil ähnliche Themenkonstellationen behandeln wie *Der Herr der Ringe*: den Kampf der scheinbar Schwachen gegen eine technologisch überlegene Übermacht, Natur gegen Technologie, Kreativität gegen Kontrolle. In den späten 1990er Jahren bildeten sich in verschiedenen Ländern vorwiegend über das Internet Netzwerke von Individuen und Gruppen, die die unpersönliche «Macht» der filmischen Sekundärwelt von *Star Wars* auch für die Primärwelt als real ansahen. So versuchen etwa die Mitglieder des Ordens der Jedi-Ritter, mit dieser «Macht» in Verbindung zu treten. Meist werden in diese «Jedi-Religion» jedoch auch andere westliche und östliche religiöse Traditionen einbezogen.[40]

Einige dieser Netzwerke haben sich seit 2001 institutionalisiert, indem sie zum Beispiel verbindliche Rituale entwarfen und eine rechtliche Anerkennung als Religion beantragten. Die Entwicklung dieses Jediismus wurde durch einen internationalen religionsdemographischen Spuk verstärkt. Als im Frühjahr 2001 in vier Ländern des Commonwealth Volkszählungen abgehalten wurden, die auch eine Frage nach Religionszugehörigkeit enthielten, wurde per E-Mail der parodistisch-subversive Vorschlag lanciert und viral verbreitet, «Jedi» als Religionszugehörigkeit einzutragen. Die Kampagne fand auch in den Medien ein Echo, was sie weiter popularisierte. Das Ergebnis schlug in einigen Ländern wie eine Bombe ein: In England und Wales hatten etwa 390 000 Menschen, ca. 0,7 Prozent der Bevölkerung, «Jedi» oder «Jedi Knight» angegeben – es gab damit plötzlich mehr Jediisten als Buddhisten, Juden oder Sikhs. In Neuseeland waren es 53 000 und damit sogar 1,4 Prozent der Bevölkerung, was dazu geführt hätte, dass der Jediismus auf einen Schlag die größte nichtchristliche Religion Neuseelands gewesen wäre. Statistics New Zealand, die Statistikbehörde des Landes, entschied allerdings, diese Daten nicht in ihre religionsdemographische Auswertung aufzunehmen, da sie außerhalb der Kategorie der «anerkannten Religionen» lägen.[41] Damit wurde zugleich ein normatives Verständnis davon, was Religionen sind, zementiert. Das religionsdemographische Phänomen konnte seinen Erfolg in den folgenden Volkszählungen zwar nicht wiederholen, ist aber auch nicht ganz verschwunden. In Neuseeland gaben 2006 noch zwanzigtausend Menschen ein demographisches Bekenntnis zum Jediismus ab – weit weniger als die Hälfte als fünf Jahre zuvor, aber immer noch eine relativ hohe Zahl.

Die englische Zensusbehörde hat die Antwort «Jedi Knight» allerdings als eine Variante von «No religion» interpretiert und den Jediismus damit ebenfalls aus dem Bereich «richtiger» oder «ernster» Religion ausgeschlossen. Das entspricht vermutlich der Auffassung, dass es sich beim Jediismus um eine Religionsparodie handelt.[42] Darunter kann man vor allem im ersten Jahrzehnt dieses Jahrhunderts entstandene Kreationen verstehen, die ostentativ gängige Kriterien für Religion zu erfüllen vorgeben, ohne aber Religion im Sinne eines traditionellen Religionsmodells sein zu wollen, was sich in der strategischen Wahl zentraler Symbole ausdrückt, die teilweise völlig losgelöst von religiösen Semantiken sind und etwa das Filesharing des «Kopismus» oder religiöse Semantiken persiflieren. So gibt es etwa die Gottheit des Fliegenden Spaghettimonsters im «Pastafarianismus». Die Erfüllung formaler Kriterien führte dazu, dass die genannten Gruppen inzwischen in einigen Ländern ihre Anerkennung als Religionen erlangen konnten. Das gilt auch für den Jediismus. Die Deutung des Jediismus als Religionsparodie mag für einen Teil oder gar einen Großteil der Volkszählungsjediisten zutreffen, nicht aber für die jediistischen Netzwerke und Gruppen, die den Schritt von der *Star-Wars*-Faszination zur Religion vollzogen haben.

25

L. Ron Hubbard

Geschäftsmodell
für die totale Befreiung

Was gilt als Religion?

Was als Religion gelten darf oder muss, ist in der Moderne hoch umstritten. Einerseits werden Fankultur, Fußball, Kino oder Psychoanalyse als Religion bezeichnet, andererseits wird «Religion» wie ein Ehrentitel behandelt, der nur bestimmten «anerkannten» Religionen zukommt. So wird dem Islam von manchen Kritikern vorgehalten, in erster Linie eine politische Doktrin und keine Religion zu sein,[1] doch ein Religionsbegriff, der Religion primär auf die Privatsphäre beschränkt, wird von vielen Muslimen als unvereinbar mit ihrem Religionsverständnis abgelehnt. Das Christentum gilt vielen einerseits als die prototypische Religion schlechthin, andererseits wird es von Theologen wie Karl Barth ausdrücklich als einzigartige «Offenbarung» von der Religion mit ihren Mythen und Ritualen unterschieden (s. Kap. 29). Ein solcher Vorbehalt dagegen, Religion zu sein, findet sich auch in anderen Religionen: Für viele Juden ist das Judentum in erster Linie eine ethnische oder nationale Angelegenheit, ein Kulturerbe oder – wie bei Mordechai Kaplan – eine Zivilisation (vgl. Kap. 19). Für bestimmte Hindus ist es heutzutage attraktiver, den Hinduismus als einen «way of life» zu charakterisieren – ebenso wie für viele Buddhisten.[2] Bestimmte Buddhisten bevorzugen es, vom Buddhismus als einer Philosophie zu sprechen. Im Unterschied zu derartigen gegenwärtigen Präferenzen war es für Hindus und Buddhisten in der Kolonialzeit jedoch sehr wichtig, ihre jeweiligen Traditionen als Religionen im vollen Sinne anerkannt zu sehen, um nicht als Menschen zweiter

Klasse behandelt zu werden. Wie es überhaupt dazu kam, dass das, was wir heute «Hinduismus» oder «Buddhismus» nennen, als in sich mehr oder weniger kohärente «Religion» aufgefasst wird, ist Gegenstand intensiver historischer Forschung.[3] Im Falle der schon seit Jahrtausenden etablierten, weltweit bekannten sogenannten Religionen, denen sich immerhin ein beachtlicher Teil der Weltbevölkerung als Anhänger zurechnet, kann es zwar in der historischen Beschreibung unzutreffend erscheinen, sie unkritisch und vorbehaltlos als Religion zu klassifizieren. Ihre öffentlich-rechtliche Bestimmung oder Zurechnung als Religion ist davon aber in den meisten Ländern nicht berührt. Anders gesagt: Wer es bevorzugt, den Hinduismus als «way of life» zu sehen, wird deshalb noch lange nicht bereit sein, auf die mit einer Kategorisierung als Religion einhergehenden sozialen Anerkennungsvorteile zu verzichten. Bei Neugründungen ist die Anerkennung als Religion – oder als legitime Richtung innerhalb einer bereits anerkannten Religion – demgegenüber in der Regel erst Resultat von zum Teil langwierigen und oft unerfreulichen Aushandlungsprozessen, die aus der Sicht der betroffenen Gruppe nicht immer erfolgreich verlaufen. Dabei greift man oft auf Begriffe zurück, die den Religionsstatus von Religionsanwärtern abwiegeln: Kult, Sekte, Jugendreligion oder Jugendsekte, Neue Religiöse Bewegung, Quasi- oder Pseudoreligion.

Scientology: Religion oder Betrug?

Während der Transzendentalen Meditation der Religionsstatus gegen ihr eigenes Selbstverständnis in einem amerikanischen Gerichtsurteil formalrechtlich aufgezwungen wurde (s. Kap. 32), wird der 1954 gegründeten Scientology-Kirche, die sich selbst als Religion präsentiert, trotz ihrer massiven propagandistischen Anstrengungen der Religionsstatus vielerorts vorenthalten. So im lateinamerikanischen Raum etwa in Brasilien, Chile und Mexiko, wohingegen die Scientology-Kirche in Argentinien im nationalen Religionsregister, dem Registro Nacional de Cultos, verzeichnet ist. In Europa wurden Anträge der Scientology-Kirche auf Anerkennung eines religionsäquivalenten Status unter anderem in Belgien, Dänemark, Finnland, Frankreich, Irland, den Niederlanden, Norwegen, Österreich, Polen, Rumänien, Russland abgewiesen.

Diese Klassifikationen sind jedoch nicht unwandelbar. Im Vereinigten Königreich etwa hat der Oberste Gerichtshof im Dezember 2013 erstmals pro Scientology entschieden, als ein Versammlungsort – eine «Kapelle» – der Scientology-Kirche in London als «place of meeting for religious worship» anerkannt wurde. Somit ist es nun auch rechtens, diese «Kapelle» für die Durchführung von Eheschließungen zu verwenden.[4] Der Gerichtshof hob damit ein englisches Urteil aus dem Jahre 1970 auf, das Scientology den Religionsstatus abgesprochen hatte, und distanzierte sich davon, die Anbetung eines Gottes oder Höchsten Wesens zum alleinigen Erkennungszeichen von Religion zu machen. Religion sei vielmehr ein «von einer Gruppe von Anhängern vertretenes spirituelles oder nichtsäkulares Glaubenssystem, das die Stellung der Menschheit im Universum und ihr Verhältnis zum Unendlichen *(infinite)* zu erklären beansprucht und seinen Anhängern beibringt, wie sie ihr Leben in Übereinstimmung mit ... diesem Glaubenssystem zu gestalten haben.»[5]

Diese Definition veranschaulicht markante Verschiebungen in der Konzeption von Religion, die sich im frühen 21. Jahrhundert begrifflich verfestigt haben. Die Abweisung des Gottesglaubens bzw. Theismus als eindeutiges Definitionskriterium für Religion zeigt, dass sich das Religionsverständnis von monotheistischen oder gar christentumspezifischen Vorgaben entfernt oder – je nach Lesart – emanzipiert hat. Gleichzeitig kann man in der Rede vom Unendlichen den Nachklang einer modernen protestantisch-christlichen Religionstheologie sehen, war dieser Begriff doch in Friedrich Schleiermachers Kampfschrift *Über die Religion: Reden an die Gebildeten unter ihren Verächtern* (1799) eine zentrale Signatur von Religion: «Religion ist Sinn und Geschmack fürs Unendliche».[6] Nicht nur Lord Toulson griff zum Begriff des Unendlichen, sondern auch die Vertreterin *(minister)* von Scientology führte Kommunikation mit dem Unendlichen zur Beschreibung der «congregational services» in der Scientology-Kapelle an. Weiterhin zeigt Lord Toulsons Definition von Religion als spirituelles und nichtsäkulares Glaubenssystem den erfolgreichen Aufstieg von Spiritualität als einem neuen, positiv besetzten Leitbegriff und von Säkularität als negativem Abgrenzungsbegriff von Religion. Zugleich bleibt der christlich geprägte Begriff des Glaubens noch zentral.

Mit der Anerkennung als Religion sind konkrete Rechte verbunden, je nach Staat etwa steuerliche Vorteile, das Recht, Spenden einzusammeln, Gebäude für rituelle oder propagandistische Zwecke zu nutzen, Begräbnisorte einzurichten, in staatlichen Einrichtungen wie Kasernen, Krankenhäusern, Gefängnissen Medien und Schulen aktiv zu werden, oder das Recht, standesamtlich wirksam Ehen zu schließen. Teils wird, wie etwa in Österreich, noch zwischen Religionsgemeinschaften und «religiösen Bekenntnisgemeinschaften» differenziert – eine Einordung als letztere kam für die Scientology-Kirche nicht in Frage, da man keine Religion zweiter Klasse sein wollte.[7]

In Deutschland ist der Religionsstatus der als eingetragener Verein organisierten Scientology-Kirche ungeklärt. Von verschiedenen Gerichten bzw. rechtlichen Instanzen wurde sie in bestimmten rechtlichen Fragen unterschiedlich bewertet. Einzelentscheidungen betreffen vor allem arbeits-, beamten-, und straßenrechtliche Fragen. Seit 1997 wird sie vom Bundesamt und einigen Landesämtern für Verfassungsschutz beobachtet. Zur «Prävention» von Scientology-Unterwanderung haben mehrere Länder Loyalitätsfilter im Öffentlichen Dienst eingerichtet; auch einige Privatunternehmen verwenden Abfrageinstrumente gegenüber Mitarbeitern, Kunden und Geschäftspartnern. Große politische Parteien wie die CDU, die SPD, die FDP verweigern bekennenden Scientologen die Mitgliedschaft. Die Scientology-Kirche fällt laut dem Rechtswissenschaftler Claus Dieter Classen in Deutschland u. a. deshalb schon formal «aus dem Tatbestand der Religion» heraus, weil es nach der Satzung von Scientology möglich ist, gleichzeitig neben der Mitgliedschaft bei ihr auch Mitglied einer anderen Religionsgemeinschaft zu sein.[8] Das widerspreche dem Singularitätsprinzip des zugrundeliegenden Religionsbegriffs, da niemand zwei verbindliche Glaubenswahrheiten für sich reklamieren könne. Die Vorstellung, dass ein Mensch nur eine einzige Religion haben könne, dürfte weit verbreitet sein. Der Exklusivitätsanspruch der monotheistischen Religionen wird damit zum Kennzeichen von Religion überhaupt. Man kann polyglott sein, aber nicht polyreligiös. Religion ist gewissermaßen monogam, was gelegentliche Seitensprünge nicht ausschließt.

Die wichtigsten, auch international verbreiteten Vorbehalte gegen den Religionsstatus der Scientology-Kirche richten sich aber auf andere Fragen: einerseits auf bestimmte Eigenarten der scientologischen Lehre und Praxis, auf die wir noch zu sprechen kommen, und andererseits auf die Gewichtung der religiösen Dimension im Gesamtspektrum des Tätigkeitsbereichs der Kirche, vor allem im Vergleich zu wirtschaftlichen Aktivitäten und Interessen. Hinzu kommt der Verdacht, Scientology gefährde seine Mitglieder und die Gesamtgesellschaft. Dass viele Menschen durch Scientology psychischen und finanziellen Schaden erlitten haben, ist vor allem durch Aussteigerberichte breit dokumentiert – ebenso aber bezeugen viele Anhänger positive lebensdienliche Wirkungen von Scientology. Die Diskussionen sind oft verschwörungstheoretisch geprägt: Scientology selbst sieht sich einer Verschwörung ausgesetzt, ebenso wie Scientology angelastet wird, die Gesellschaft unterwandern zu wollen.

Häufig wird der Scientology-Kirche vorgeworfen, Religion sei für sie nur das Mittel zu wirtschaftlichen oder politischen Zwecken. Dabei wird vorausgesetzt, dass Religion klar von wirtschaftlichen Interessen geschieden und diesen erkennbar übergeordnet sein muss, um wirklich Religion zu sein. Scientology wird von ihren Gegnern als prätendierte, vorgetäuschte Religion abgestempelt – gelegentlich sogar als Religionskarikatur –, doch tatsächlich bietet Scientology wenig Raum für ironisch-humoristische Reflexivität: Sie formuliert eindeutige Wahrheitsansprüche und verlangt von ihren Mitgliedern Gehorsam und Einsatz- bzw. Opferbereitschaft.

Karriere eines Science-Fiction-Autors

Der Verdacht, Scientology sei keine aufrichtig gemeinte Religion, hängt auch mit der schillernden Person des Gründers zusammen: Lafayette Ronald Hubbard (1911–1986), von seinen Bewunderern LRH oder einfach Ron genannt.

An Hubbards Biographie scheiden sich die Geister. Einige sehen in ihm einen Scharlatan, größenwahnsinnigen Hochstapler, pathologischen Lügner, notorischen Betrüger oder zumindest einen «cynical manipulator».[9] In der Scientology-kritischen Literatur hat sich eine eigene Anti-Biographik herausgebildet. Hubbards Sohn Ron (geb. 1934) – eines von Hubbards sieben Kindern –, der viele Jahre lang ein prominentes Mitglied der Kirche war, wurde 1982 mit der Aussage zitiert, dass 90 Prozent all dessen, was LRH über sich selbst gesagt habe, nicht der Wahrheit entspreche.[10] Das betrifft etwa angebliche

Studienabschlüsse, militärische Meriten oder wissenschaftliche Arbeiten seines Vaters. Von Hubbard selbst und der von ihm gegründeten und gesteuerten Scientology-Kirche hingegen wird sein Leben als einmalig und heroisch dargestellt, und seinen Errungenschaften werden welthistorische Dimensionen zugeschrieben.[11] Die Scientology-Kirche ist mit legalen und illegalen Mitteln aggressiv gegen in ihren Augen verleumderische Darstellungen ihres Gründers vorgegangen.

L. Ron Hubbard wurde 1911 in Nebraska als Sohn eines abgemusterten Mitglieds der US-Navy geboren. Seine Kindheit verbrachte er in einem ländlich-konservativen Umfeld auf einer Ranch im Bundesstaat Montana, was vermutlich seine Westerngeschichten inspirierte. Er soll sich hier mit einem alten Medizinmann der Blackfoot-Indianer angefreundet haben, der ihn in die Geheimnisse seines Volkes eingeführt habe.[12] Von einer christlichen Erziehung ist in den Scientology-Quellen nicht die Rede – seine Mutter, eine Lehrerin, soll ihn allerdings schon in den ersten Lebensjahren mit der westlichen Geistesgeschichte vertraut gemacht haben. Gegen Ende des Ersten Weltkriegs wurde der Vater erneut in die Marine aufgenommen. Die Familie folgte seinen unterschiedlichen Stationierungen bis nach Guam im Pazifik, wo Ron schließlich allein blieb und 1928 begann, Kurzgeschichten zu verfassen. Hier soll er auch mit einem alten chinesischen Zauberer engen Kontakt gepflegt und buddhistische Tempel besucht haben. Nach vergeblichen Versuchen, selbst in die Marine aufgenommen zu werden, studierte er ab 1929 in Washington ein paar Semester Mathematik und Bauingenieurwesen. Einen Kurs in Molekular- und Atomphysik hat er offenbar nicht bestanden.[13] Danach verlegte sich dann ganz auf das Schreiben. Teils unter Pseudonym verfasste er Western-, Fantasy-, Abenteuer- und Horrorgeschichten, darunter die manchmal als Klassiker gepriesene Novelle *Fear* (1940, Deutsch erst 1993 als *Das Grauen*), in der das skeptisch-rationalistische Weltbild eines Universitätsprofessors zusammenbricht, der sich am Ende als Mörder erweist. Am bekanntesten aber ist Hubbard als Autor von Science-Fiction, die in sogenannten *pulps* publiziert wurde, auf billigem Papier *(pulp)* produzierten Magazinen. Der Name «Science-Fiction» setzte sich seit den 1920er Jahren durch und genießt kaum hochkulturelles Prestige, sodass ein Autor «billiger» Science-Fiction gleich doppelt in Verdacht gerät, den hehren Charakter von Religion zu verfehlen. Dabei ist Science-Fiction – wie wir anhand von Arthur Clarke und Stanley Kubrick (s. Kap. 34) sehen – in mancher Hinsicht religions- bzw. mythologie-affin: Sie propagiert Ideen über die Herkunft, Natur und Zukunft des Menschen, wobei sie mitunter die Taten erlöserähnlicher Heldenfiguren und ihrer dämonenartigen Gegenspieler schildert.[14]

Für Hubbard war das Sub-Genre der *space opera* richtungsweisend,[15] das Science-Fiction-Gegenstück zur *soap opera* – Geschichten, für deren Plot Raumschiffe, Aliens und gewaltsame Schlachten im extraterrestrischen Raum kennzeichnend sind. In einigen Texten Hubbards begegnen Eliteeinheiten wie die «Soldiers of Light» oder «Scienticorps», die gewissermaßen die Mission der Scientologen vorwegzunehmen scheinen. Insbesondere frühe Werke dieses Genres erzählen die Geschichte der Menschheit ganz neu. Der Schriftsteller wird dabei zu einem Welt-Erzähler mit quasigöttlicher Schöpfungsmacht.

Dianetik: Die Klärung des Geistes

Während des Zweiten Weltkriegs war Hubbard Marine-Kommandeur im Rang eines Leutnants. 1944 bat er um Versetzung an die Militärakademie in Princeton, von wo aus er 1945 nach Monterey/Kalifornien versetzt wurde. Dort ließ er sich ins Krankenhaus einliefern, die Diagnose war nicht eindeutig. Gleichzeitig verließ ihn seine erste Frau, mit der er einen Sohn und eine Tochter hatte.[16] Noch bevor die Scheidung vollzogen war, heiratete er 1946 erneut. Etwa um diese Zeit begann er, sich intensiv für Religion zu interessieren. Hubbard zog in Pasadena (Kalifornien) bei dem Raketenantriebsforscher Jack Parsons ein, der seit einigen Jahren in Aleister Crowleys Ordo Templi Orientis (OTO) aktiv war.[17] Zusammen führten sie ab dem Frühjahr 1946 Rituale zur Erzeugung eines Wunderkinds, eines genialen «moonchild», aus, die Crowley allerdings für «idiocy» hielt. Hubbard betrog Parsons später bei einer Geschäftspartnerschaft, entwendete seine Yacht und spannte ihm auch seine Lebensgefährtin aus – genau davor hatte Crowley Parsons übrigens gewarnt. Die Scientology-Kirche beharrte später darauf (ohne öffentlich zugängliche Beweise dafür vorzulegen), dass Hubbard in geheimem Regierungsauftrag mit Parsons angebandelt habe, um dessen magischen Zirkel zu sprengen.

Crowley selbst bezeichnete Hubbard rückblickend 1952 als «my very good friend»,[18] obwohl sie sich nicht persönlich gekannt hatten. Sie waren sich allerdings in mancher Hinsicht ähnlich: exzentrische und libidinöse Abenteurer, von sich selbst maßlos überzeugte Egomanen, Provokateure, Vielschreiber, Weltreisende und Bergsteiger, Getriebene und Vertriebene, die ihre Lebensgeschichte scheinbar nach Belieben mystifizierten. Anders als Crowley war Hubbard aber nicht von einem Hass auf das Christentum angetrieben; er äußerte sich wiederholt positiv über das Christentum[19] und hat seine neue Religion, wie wir sehen werden, dann auch christentumsaffin eingekleidet.

1950 trat Hubbard als Erfinder einer alternativen Form von mentaler Therapie oder Psychosomatik hervor, die von Gegnern oft als «Psychotechnik» abgestempelt wird. Der Erwerb seiner vermeintlichen therapeutischen Kompetenz wird mit einer Kriegsverletzung in Verbindung gebracht, von der Hubbard sich 1944 selbst geheilt habe.[20] Zugleich berief sich Hubbard auf seine angeblichen Besuche bei Schamanen, Medizinmännern, Hypnotiseuren und Mystikern als Begründung für die Gültigkeit seiner Methoden.[21]

Eine erste Präsentation seines Systems – Dianetik *(dianetics)* genannt – erschien 1950 in der Mai-Ausgabe des einflussreichen Pulp-Magazins *Astounding Science Fiction* unter dem Titel «Dianetics: the evolution of a science»; die britische Juni-Ausgabe änderte den Untertitel zu «A new science of the mind». Mit der Wahl dieses Publikationsorts knüpft Hubbard an seine Karriere als Science-Fiction-Autor an. Es gibt aber auch inhaltliche Anklänge, wenn man bedenkt, dass man in der Science-Fiction-Literatur zukunftsoptimistische Visionen einer besseren Welt und einer Zukunft findet, in der die Menschheit durch wissenschaftlichen und technologischen Fortschritt ihre geistigen Fähigkeiten exponentiell steigert und sich sogar der Begrenzungen ihrer leiblichen Existenz zu entledigen vermag. Genau das verhieß die Dianetik. Es muss nicht überraschen, dass viele der ersten Dianetik-Begeisterten Science-Fiction-Fans waren – und auch Scientology scheint später bei Science-Fiction-Lesern gut angekommen zu sein.[22] Dass Scientology bis in die Gegenwart mehrheitlich Männer anspricht, entspricht der überwiegend männlichen Science-Fiction-Leserschaft.[23]

Ebenfalls im Mai 1950 erschien Hubbards Buch *Dianetics: the modern science of modern health*, das in der 1954 gegründeten Scien-

Mit *Dianetics* gelang ihm 1950 der Durchbruch: L. Ron Hubbard, Los Angeles 1950

tology-Kirche als «Book One» einen kanonischen Status erhielt. Scientologen sehen in dem Werk den Durchbruch in ein neues Zeitalter. Sein Erscheinen läutet für sie eine neue Zeitrechnung ein: «A. D., after Dianetics». Das Buch wurde seit seinem Erscheinen weiterbearbeitet; eine kritische Ausgabe fehlt. Zuverlässige Informationen über die Anzahl der gedruckten Exemplare gibt es nicht. Die Angaben variieren stark, und die Scientology-Kirche wird verdächtigt, die Verkaufszahlen künstlich in die Höhe zu treiben. Außer Frage aber steht, dass das Buch nicht nur ein Longseller ist, sondern dass es im Erscheinungsjahr ein Bestseller war: 1950 stand es achtundzwanzig Wochen auf der New York Times-Bestsellerliste für «Non-Fiction».[24]

Das Grundprogramm der Dianetik – und ganz ähnlich dann von Scientology – besteht im Projekt der «Klärung» des menschlichen Geistes. Durch die therapeutische «Auditierung» *(auditing)* kann es den Menschen gelingen, sich negativer Aufladungen zu entledigen und «klar» *(clear)* zu werden. Dabei befragt ein «Auditor» einen «Preclear», der sich durch den gezielten Blick auf sein Leben von Belastungen und Hemmnissen befreien soll. Der Zustand des *clear* bedeutet, dass der menschliche Geist seine vollen, durch negative pränatale und biographische Einflüsse und Erinnerungen – sogenannte Engramme *(engrams)* – blockierten, aber geradezu unvorstellbaren Potenziale entdeckt und verwirklicht, was sich dann auch auf den Körper positiv auswirkt. Da Hubbard als eine Art Ingenieur des Geistes sich diesen mechanistisch wie einen Computer vorstellte, kann man sich diesen Prozess wie die Reinigung des Arbeitsspeichers vorstellen. Dianetik erweckt gewissermaßen den aus der Science-Fiction bekannten Supermann im Menschen.[25]

Seit 1967 sind auf dem Umschlag der Ausgaben von *Dianetics* Vulkane abgebildet, in denen sich gigantische Explosionen ereignen. Das spielt auf eine von Hubbard seit dieser Zeit verbreitete Geschichte an, die den Ursprung des degenerierten Zustands der Menschheit erklärt. Dabei spielt ein galaktischer Herrscher namens Xenu – der Name geht auf eine bekannte Science-Fiction-Figur zurück – eine fatale Rolle. Xenu nahm sich des Problems der Überbevölkerung an, indem er geistige Entitäten, sogenannte Thetane, in tiefgefrorenem Zustand mithilfe von Raumschiffen auf den Planeten Teegeack (die Erde) verfrachten ließ. Dort wurden sie in Vulkane gesteckt, die sodann durch Wasserstoffbomben gesprengt wurden.[26]

Die Nuklearbombenphantastik dieser Geschichte ist ebenso im Kontext des Kalten Krieges zu sehen wie Hubbards Behauptungen, dass Scientology einen Schutz gegen radioaktiven Niederschlag im Falle eines Atomkriegs bieten könnte.[27] Die Xenu-Erzählung – man könnte auch von einem Mythos sprechen – wurde lange nur bestimmten Mitgliedern von Scientology offenbart. Doch mit der Verbreitung des Internets konnten solche Geheimnisse selbst auf juristischem Wege von der Kirche nicht mehr erfolgreich gewahrt bleiben. Die Xenu-Erzählung wurde 2005 in einer Episode der amerikanischen Zeichentrickserie *South Park* der Lächerlichkeit preisgegeben; Scientology wurde damit vor den Augen eines weltweiten Publikums als ernstzunehmendes weltanschauliches Angebot diskreditiert.

Hubbards *Dianetics* wurde breit rezensiert. Die American Psychological Association sah sich im September 1950 zu der Stellungnahme veranlasst, dass die Annahmen des Buches nicht auf empirischen Befunden beruhten.[28] Ebenfalls im September 1950 veröffentlichte der deutsch-amerikanische Psychoanalytiker Erich Fromm in der *New York Herald Tribune* eine Besprechung, in der er warnt, das Buch könne wissenschaftlich nicht ernst genommen werden. Wohl aber müsse man sich Fromm zufolge vor dem Buch als Symptom eines gefährlichen Trends hüten, da es einer Sichtweise des Menschen als Maschine Vorschub leiste, bei der Werturteile, Vernunft, Glück und geistige Gesundheit zum Gegenstand einer Ingenieursleistung *(an engineering job)* würden.[29] Hubbard ist eine der Hauptfiguren in dem 1952 erschienenen Enthüllungsbuch *In the Name of Science: An Entertaining Survey of the High Priests and Cultists of Science, Past and Present* (1957 revidiert als *Fads and Fallacies in the Name of Science*) von Martin Gardner. In diesem frühen Klassiker der pro-wissenschaftlichen Skeptiker-Literatur entwickelt Gardner den Typ der pseudowissenschaftlichen Spinner *(cranks)*. Neben Hubbard behandelt er unter anderem auch Aleister Crowley und Rudolf Steiner (s. Kap. 7 und 14). Samuel Ichye Hayakawa betitelte seine ausführliche Rezension von *Dianetics* mit dem Wortspiel «From Science-fiction to Fiction-science».[30]

Hubbard indes beanspruchte für seine Thesen den Status wissenschaftlicher Erkenntnisse. Das ist, wie schon der Name erkennen lässt, auch ein Axiom von Scientology. 1952 erklärte Hubbard den Namen Scientology als «knowing about knowing or science of knowledge».[31] Es handelt sich um eine Wissenschaft der Lebensoptimierung. Durch Hubbards Erkenntnisse werde sich das menschliche Leben wesentlich verbessern – und für Millionen von Menschen sei das nachweislich der Fall.[32] 1954 jedoch, im Jahr der Kirchengründung, beschränkte Hubbard den Anspruch auf Wissenschaftlichkeit auf die Dianetik, Scientology sei dagegen Religion.[33]

1952 war die erste Begeisterung für Dianetik abgeebbt. Hubbard machte sich nun daran, sein System von einer für jedermann mehr oder weniger beliebig zugänglichen und anwendbaren Therapieform in institutionell feste und von ihm allein kontrollierte Bahnen zu überführen. So mussten zum Beispiel Auditoren ausgebildet werden.[34] Dabei machte er zwei wichtige Entdeckungen. Die eine betraf die technische Seite der Therapie, die andere durch Therapieerfahrungen angeregte Erweiterungen des Weltbilds. Für den therapeutischen Prozess des Auditierens ließ Hubbard ein von dem Chiropraktiker und Schriftsteller Volney Mathison entwickeltes Gerät zum Einsatz kommen: den Elektropsychometer – abgekürzt E-Meter –, mit dessen Hilfe elektrodermale Aktivität gemessen werden konnte. Hubbard meinte mit diesem Gerät ein absolut zuverlässiges, geradezu unfehlbares Mikroskop psychischer Vorgänge gefunden zu haben: «Es sieht alles, weiß alles. Es irrt sich nie», schrieb er in einem Nutzerhandbuch.[35] Zwar überwarf Hubbard sich 1954 mit Mathison, aber er verwendete dessen Haut-Galvanometer weiterhin, wobei er kleinere Modifikationen vornahm. Der E-Meter ist nach wie vor ein zentrales rituelles bzw. therapeutisches Instrument in der Scientology-Kirche. Die technisch-(pseudo-)wissenschaftliche Aura der Apparatur mag auf Viele reizvoll oder überzeugend gewirkt haben. Kritiker der Kirche haben viele Argumente gegen die Zuverlässigkeit des Geräts angeführt,[36] dem wir unten noch einmal begegnen werden.

Beim dianetischen Auditieren begannen Teilnehmer von Erfahrungen vergangener Leben zu berichten, die sich ihres Erachtens auf ihre Engramme auswirkten. Das Verfahren erinnert an die etwas später aufkommenden Reinkarnationstherapien.

Der Thetan, das geistige Kraftzentrum

Eine entscheidende konzeptionelle Weiterentwicklung von Hubbards System war etwa 1951/52 die Idee des Thetans als des eigentlichen, geistigen, unsterblichen Kraftzentrums des individuellen Selbst, eine Art Über-Seele bzw. geistige Persönlichkeit. Hubbard schrieb, Dianetik kümmere sich um den Körper, Scientology um den Thetan.[37] Das erinnert an die oben zitierte Unterscheidung von Wissenschaft (Dianetik) und Religion (Scientology). Der Körper eines Individuums könne allerdings von verschiedenen unerwünschten Thetanen bewohnt werden; von diesen «body thetans» müsse man sich mittels Auditierung befreien – ein Vorgang, der entfernt an das Heraustreten von Dämonen aus dem Körper von Besessenen mittels Exorzismus erinnert.[38] Die Befreiung des Thetans von den Begrenzungen dessen, was Hubbard MEST («matter, energy, space, time») nennt, setze die geradezu unbegrenzten Möglichkeiten des Thetan frei. Der von MEST befreite Thetan verfügt über allmächtige Schöpferkraft.[39] Dieser Zustand der aktiven Kontrolle wird als «Operative Thetan» oder «Operating Thetan»

(OT) bezeichnet, ein Zustand, den man durch Beschreiten der «bridge to total freedom» erlangt. In dieser Formulierung mag man einen Nachklang alter Jenseitsbrückenmetaphorik sehen. Die totale Freiheit ist dabei das zentrale Heilsziel von Scientology.[40] Hubbard sah die Menschheit auf dem Weg vom *homo sapiens* zum *homo novis*, wobei Letzterer «very high and godlike» sei.[41]

Ab 1966 entwickelte Hubbard ein Gradsystem fortschreitender OT-Perfektionierung, wobei der Aufstieg durch diese Grade wegen der anfallenden Kursgebühren und Unterrichtsmaterialien extrem kostspielig ist.[42] Die Xenu-Erzählung wurde bis zu ihrer Veröffentlichung im Internet den Kandidaten bei der Initiation in den dritten Grad (OT III) offenbart. Als sie ans Licht kam, war sie auch für die meisten Scientologen überraschend.

Die unfreiwillige Verstrickung der Thetane in MEST ist in der Billionen Jahre alten Geschichte des Universums verankert – ein an frühchristlichen Gnostizismus ebenso wie an Science-Fiction erinnerndes Thema, dem Hubbard einen Teil seiner schöpferischen Energie widmete. Seine Version der Ereignisse hielt er dabei für wissenschaftlich fundiert. In seinem Buch *Scientology: a history of man* (1952) verheißt er nichts weniger als eine «nüchterne und sachliche» Schilderung der letzten 76 Billionen Jahre kosmischer Geschichte.[43]

Eine Religion machen und durchsetzen

Mit seiner Entdeckung des Thetans erhielt Hubbards Menschenbild eine spirituelle Dimension. So vermerkte er 1952, mit der Exteriorisierung (Trennung) des Thetans (vom Körper) habe er das Heilsziel der Religionen erreicht, allerdings auf eine rationale und systematische Art und Weise.[44] Im April 1953 machte er in einem Newsletter eine Bemerkung, die am Ende in Selbstironie abgleitet: Die Freischaltung der Thetane *(Thetan clearing)* sei etwas ganz Besonderes, «vielleicht der Religion verbunden, vielleicht eine mystische Praktik, und möglicherweise nur eine andere Form von Christian Science oder einfach Hubbard'scher Unsinn».[45] Etwa ein Jahr zuvor hatte er gesagt: «I don't believe any of these things».[46] Solche Bemerkungen leisten den oben referierten Bedenken Vorschub, dass es Hubbard mit seiner Religion zum Zeitpunkt ihrer Kreation eigentlich nicht ernst war. In eine ähnliche Richtung weist ein Brief vom 10. April 1953 an die damalige Vorsitzende der 1952 gegründeten Hubbard Association of Scientologists. Die Echtheit des Briefes, der in einem Prozess in Kalifornien 1984 zutage kam, wurde meines Wissens von der Scientology-Kirche nicht bestritten. In dem Brief schlug Hubbard vor, eine «Religionsperspektive zu entwickeln», um richtig Geld zu machen. Er schlägt die Einrichtung eines «Spiritual Guidance Centre» vor. Religiöse Statuten seien erforderlich, um sich in Pennsylvania erfolgreich zu etablieren. Es handle sich um «a problem in practical business».[47] Hier geht es eindeutig um Religion als vielversprechendes Geschäftsmodell, und in dem Brief werden konkrete Zahlen für zu erhebende Gebühren genannt. Das war kein abstraktes Gedankenspiel, sondern eine Reaktion auf konkrete finanzielle und organisatorische Schwierigkeiten, mit denen Hubbard konfrontiert war.[48] Dazu zählten Probleme mit der amerikanischen Arzneimittelbehörde, die wegen des Erfolgs der Dianetik und der mit dieser Therapie verbundenen grandiosen Behandlungsverheißungen auf Hubbard und seine Anhänger aufmerksam wurde. Einige Scientologen wurden wegen unbefugter Ausübung medizinischer Tätigkeiten verhaftet.[49]

Hubbard ging entschlossen ans Werk. Ende 1953 meldete er mehrere neue Scientology-Organisationen an, die allesamt als *churches* bezeichnet wurden. 1954 wurde die Hubbard Assocation of Scientologists International als Dachorganisation verschiedener *churches* gegründet, die in der Folge in einem Lizenzmodell *(franchise)* eingerichtet wurden. 1955 folgte die Founding Church of Scientology in der Hauptstadt Washington, die in der Gründungsurkunde explizit als religiöse Organisation bezeichnet wird; weiter ist hier von der «propagation of the religious faith known as ‹Scientology› and the religious worship of that Faith» die Rede.[50]

Mit der Wortwahl *church* appellierte Hubbard an den christlichen Prototyp von Religion. Die «Kirchennachahmungsmaßnahmen»[51] wurden in den folgenden Jahren noch intensiviert, als die Organisation bestimmte Mitglieder als Geistliche *(ministers)* oder Theologen *(doctors of divinity)* zu bezeichnen begann, eine offizielle Hochzeitszeremonie und andere Zeremonien eingeführt wurden und Ritualleiter den Pastorenhalskragen zu tragen begannen. Hubbard wies die Geistlichen seiner Kirche an, sich vom Aussehen und Gebaren her den Vorgaben christlicher Pastoren anzupassen. Außerdem führte er ein Kreuz als offizielles Symbol der Kirche ein. Die zusätzlichen vier diagonalen Spitzen sind wahrscheinlich vom Hermetic Order of the Golden Dawn und Aleister Crowleys Tarot-Set inspiriert (s. Kap. 14).[52] Für Hubbard sollte sich Scientology aber nicht nur ästhetisch und diskursiv an den amerikanisch-christlichen Prototyp von Religion anpassen, sondern Scientology sollte dazu beitragen, Religion überhaupt zu verbessern.[53] Ab 1954 suggerierte er eine Affinität seiner Kirche zu asiatischen Religionen – ein Thema, das ja schon bei seinen frühen Reisen angeklungen war. Hubbard ging so weit, sich selbst mit Maitreya, dem Buddha des künftigen Weltzeitalters, zu identifizieren, wie dies später auch Osho tat (s. Kap. 41). Hubbard scheint allerdings nur rudimentäre Kenntnisse über die Religionen besessen zu haben, auf die er sich berief.[54]

Der instrumentell-funktionale Rückgriff auf Religion blieb nicht auf die Anfangsphase der Kirche beschränkt. 1962 legte Hubbard ein Strategiepapier «Scientology 1970» vor. Dieser Plan sah vor, dass Scientology auf der ganzen Welt als eine religiöse Organisation zu planen sei, was aber die «normalen Aktivitäten» nicht weiter störe, sondern in erster Linie auf Wirtschaftsprüfer und Anwälte abziele.[55]

Dass Hubbard erneut die «Religionsperspektive» ins Spiel brachte, hing wohl damit zusammen, dass die nationale Arzneimittelbehörde (FDA) sich seinerzeit wieder für die Scientology-Kirche interessierte. Diese Nachforschungen führten dazu, dass US Marshalls 1963 eine Razzia bei der Founding Church of Scientology in Washington durchführten, bei der zahlreiche Dokumente und E-Meter beschlagnahmt wurden. Die Behörde warf der Kirche vor, sie behaupte fälschlich therapeutische Wirkungen der E-Meter. Ein Gericht folgte dieser Einschätzung und ordnete die Zerstörung der beschlagnahmten Geräte an. 1969 aber kam die Berufungsinstanz zu einer anderen Einschätzung: Die E-Meter dürften ungestraft vertrieben werden, insofern sie in religiösen Kontexten zum Einsatz kämen. Damit wurde eine Religionifizierung des E-Meter in die Wege geleitet. Von nun an wurden die Geräte mit folgender Haftungsausschlussklausel versehen: «Der Hubbard E-Meter ist ein religiöses Artefakt. Von allein bewirkt er nichts. Er ist ausschließlich für religiösen Gebrauch von Pastoren der Kirche im Beichtstuhl und in der Seelsorge bestimmt.»[56]

Scientology hatte auch mit den Finanzämtern und der Bundessteuerbehörde der USA zu kämpfen. Dabei ging es um die Frage nach dem steuerbefreiten Status der Scientology-Organisationen – und damit um eine entscheidende Grundlage von Hubbards Geschäftsmodell. Nachdem die Founding Church in Washington zunächst von der Steuer befreit worden war, wurde ihr dieser Status 1958 aberkannt. Ein Einspruch wurde 1959 vom amerikanischen Verwaltungsgericht abgewiesen, da Scientology – so das Urteil – «ein Unternehmen» sei, «eine gewinnorientierte Organisation, die von Hubbard für seine persönliche Bereicherung betrieben wird». Hubbard verlegte daraufhin das Vermögen der Kirche nach Kalifornien, wo die Church of Scientology of California immer noch von der Steuer befreit war. Das aber änderte sich 1967, was die Konflikte mit der Steuerbehörde erneut anfachte. In einem Gerichtsverfahren versuchte die Kirche ihren religiösen Status zu unterstreichen. Das Gericht aber fand das irrelevant; die Kirche sei nicht gemeinnützig, da sie nicht habe nachweisen können, dass keine Privatleute (wie Hubbard) von ihren Nettoeinkünften profitierten.[57]

Im Zuge der Auseinandersetzungen mit der Bundessteuerbehörde unternahm Scientology verstärkte Anstrengungen, den eigenen religiösen Charakter zu unterstreichen. 1974 veröffentlichte Hubbard ein Buch mit dem Titel *Scientology: a world religion emerges in the space age*. Scientology wird hier als eine genuine, dem Weltraumzeitalter gemäße Weltreligion des 20. Jahrhunderts dargestellt, die den Vergleich mit älteren Weltreligionen nicht zu scheuen brauche. Religionskritische Bemerkungen in älteren Publikationen wurden in Neuausgaben stillschweigend getilgt.[58] Religiöses Vokabular wurde eingeführt: Aus «Technologien» wurden beispielsweise «Erlösungswege».[59] Außerdem stellte die Kirche sich nun als verfolgte Religion dar, wobei die Steuerbehörde eine Art neue Inquisition sei.[60]

In ihrem Selbstbehauptungskampf gegen die Steuerbehörde schreckte die Kirche nicht vor dem Einsatz krimineller Methoden zurück. 1973 wurde die «Operation Schneewittchen» geplant, bei der Scientology-Angehörige die Steuerbehörde zu infiltrieren begannen, was 1977 aufflog und zu einer großangelegten Razzia durch den FBI führte. Scientology heuerte Privatdetektive an, um die persönlichen Schwachpunkte von FBI-Angestellten auszuloten. In den 1980er Jahren eskalierte der Konflikt mit dem FBI zu einer für beide Seiten extrem aufreibenden und kostspieligen Angelegenheit, die sich wohl keine andere religiöse Organisation hätte leisten können. Scientology konnte dies, weil die Organisation um sich herum ein unübersichtliches Netz von Firmen gesponnen hatte.

1993 – Hubbard war damals schon seit sieben Jahren tot – kam es überraschend zu einem Vergleich zwischen der Kirche und der Bundessteuerbehörde, dessen Bedingungen erst einige Jahre später durchsickerten. Offenbar erkaufte sich die Kirche die Steuerfreiheit durch eine einmalige Nachzahlung des eigentlich läppischen Betrags von 12,5 Millionen Dollar und vor allem das Einstellen der unzähligen von ihr angestrengten Gerichtsverfahren.[61] Durch die Bestätigung der Steuerbefreiung, über deren genauen Hintergrund wenig bekannt ist, die aber vermutlich am ehesten aus Gründen der Schadensbegrenzung erfolgt ist, erlangte Scientology de facto den Status als anerkannte Religion. Seit dieser Zeit setzen sich amerikanische Regierungsbehörden auch im Ausland für die Anerkennung von Scientology als einer Religion ein. So prangern die von der amerikanischen Regierung jährlich publizierten Länderberichte über Religionsfreiheit beispielsweise die Diskriminierung von Scientology bzw. Scientologen in Deutschland an.[62]

Klagen und Gerichtsverfahren wurden von der Kirche konsequent auch gegen andere (vermeintliche) Gegner und Kritiker wie Medienhäuser, Journalisten oder Filmemacher eingesetzt. Scientology beschäftigte zeitweise Hunderte von Anwälten. Selbst wenn nicht alle Klagen erfolgreich waren, konnte die Organisation ihren Gegnern allein schon durch die ihnen entstehenden Anwaltskosten erheblichen Schaden zufügen – und potenzielle Kritiker einschüchtern. Am spektakulärsten war vielleicht die feindliche Übernahme des Cult Awareness Network. Dabei handelte es sich um eine 1978 gegründete Organisation, die gegen neue religiöse Bewegungen agitiert hatte und sich auf Scientology als die in ihren Augen gefährlichste und habgierigste religiöse Gruppe eingeschossen hatte. 1996 erwarben Scientologen die Akten der durch Gerichtsverfahren in den Bankrott getriebenen Organisation, die 1997 als Foundation for Religious Freedom neu gegründet wurde.[63]

Das offiziell 1983 aufgelöste Guardian's Office betrieb für Scientology Spionage, Überwachung, Infiltration und Entführungen in Formen, die nicht umsonst an Thriller aus der Welt des Kalten Krieges erinnern. Eine bemerkenswert brutale Strategie ist unter dem Motto «fair game» (Freiwild) bekannt, die vor allem in der zweiten Hälfte der 1960er Jahre zum Einsatz kam. Das Motto besagte, dass der Kirche alle Mittel recht seien, ihre Gegner oder Kritiker mundtot zu machen. Diese offiziell 1968 abgeschaffte Vorgehensweise sollte legitim oder unantastbar wirken, indem sie als religiöse Praxis ausgegeben wurde.[64]

Damals sollte Hubbard als unerwünschter Ausländer aus England abgeschoben werden, wo er 1959 mit Saint Hill Manor in Sussex ein Luxusanwesen erworben hatte. Auch in anderen Ländern war Hubbard nicht gern gesehen, darunter in den USA, wo die Steuerbehörde ihm sein Religionsgeschäft zu zerstören drohte. Also stach er 1967 in See, umgeben von seiner eigenen uniformierten Privatmarine, der Sea Organization (Sea Org), einer Art Scientology-Eliteeinheit, die entfernt an die «Soldiers of Light» seines früheren literarischen Schaffens erinnert. Die Mitglieder von Sea Org, die ein äußerst karges Gehalt beziehen, binden sich mit einem «Bund auf Millionen Jahre» lebenslang an die Organisation. Wer aus Sea Org aussteigt und damit den Vertrag einseitig aufhebt, muss mit Konsequenzen rechnen. Zwar kann man die Organisation offiziell verlassen, das ist aber mit erheblichen finanziellen Kosten verbunden, die mit erpresserischen Mitteln eingetrieben werden.[65]

1975 ging die Sea Org in Clearwater im Bundesstaat Florida dauerhaft an Land. Der Ort entwickelte sich zu einem Hauptstützpunkt der Kirche. Die Sea Org besteht bis heute weiter und zählt etwa 5000 Mitglieder.[66] Die meisten leben in den Hauptstützpunkten der Kirche, etwa in Los Angeles, Clearwater, London, Kopenhagen und Sydney. Die Sea Org betreibt unter anderem eine Luxusyacht in der Karibik, auf der Elite-Scientologen zu *retreats* einkehren.

Aus der Sea Org ging 1974 die Rehabilitation Project Force (RPF) hervor, ein Überwachungsorgan oder Strafkommando für Abweichler, das sich durch brutale und schonungslose Aktionen des Missbrauchs und der Menschenrechtsverletzung in geheimen Lagern schuldig gemacht hat.[67] Die Kirche hat die Kritik an diesen Praktiken durch einen Vergleich von Sea Org und RPF mit religiösen Orden zu entschärfen versucht. Auf ihrer Homepage definiert die Kirche Sea Org sogar explizit als religiösen Orden.[68] Damit wollte die Kirche offenbar erreichen, dass man sie nicht mit normalen Maßstäben misst, doch auch religiöse Orden sind dem Gesetz unterstellt und dürfen niemanden gegen seinen Willen festhalten. Andere Beobachter und Betroffene halten den Vergleich mit Zwangslagern totalitärer Regimes für angemessener.[69] Die Literatur über die Sea Org und RPF ist stark von mitunter dramatisierten Aussteigerberichten geprägt. Wer hingegen nur ausgewählte aktive Teilnehmer befragt, kommt zu einem wesentlich positiveren Bild beider Einrichtungen.[70]

Rückzug, Tod und Nachfolge

Der Landgang der Sea Org führte nicht dazu, dass Hubbard wieder stärker in der Öffentlichkeit präsent wurde. Ganz im Gegenteil wurde er, sei es aus gesundheitlichen Gründen oder aus Angst vor drohender Verhaftung, sowohl innerhalb als auch außerhalb von Scientology weitgehend unsichtbar. Hubbard wurde eine weitgehend legendäre Figur, die sich nicht zeigte, sondern neben einzelnen Filmaufnahmen und vieler auf Tonband aufgezeichneter Vorträge nur durch ihre Veröffentlichungen zugänglich war.

Hubbards ohnehin schon spärlicher Kontakt zur Außenwelt wurde 1979/80 noch weiter eingeschränkt. Abgesehen von ganz wenigen engen Vertrauten wusste niemand etwas über den Verbleib Hubbards, dem Vorladungen von drei Grand Jurys vorlagen und der in achtundvierzig Gerichtsverfahren namentlich belangt war.[71] In Frankreich war er 1978 in Abwesenheit zu einer vierjährigen Gefängnisstrafe verurteilt worden.[72]

In den Jahren des Rückzugs aus der Öffentlichkeit begann Hubbard wieder schriftstellerisch tätig zu werden. Gegen Ende seines Lebens veröffentlichte er noch einmal zwei größere Science-Fiction-Romane: *Battlefield Earth: a saga of the year 3000* (1982; deutsch erstmals 1986 als *Kampf um die Erde: die Saga aus dem Jahre 3000)* und das zehnbändige Epos *Mission Earth* (1985–1987; deutsch ab 1989 als *Mission Erde*). Für die Verfilmung von *Battlefield Earth* im Jahr 2000 setzte sich der bekennende Scientologe John Travolta (geb. 1954) ein, der auch eine Hauptrolle spielte. *Battlefield Earth*, *Mission Earth* und *Fear* wurden in die Top Ten der «Readers List» der von dem Verlag Modern Library veröffentlichten «20th Century Great Novels» gewählt.[73] Das erklärt sich vermutlich auch durch die Entschlossenheit der Scientologen, den Werken ihres Helden Anerkennung zu verschaffen. Im Vorwort zu *Battlefield Earth* bekennt sich Hubbard zu seiner Identität als Science-Fiction-Schriftsteller: Als Gedankenspiel dessen, was hypothetisch wissenschaftlich bzw. technologisch möglich sein könnte, habe Science-Fiction einen wichtigen Beitrag dazu geleistet, die Menschheit in den Weltraum zu katapultieren.[74]

1983 scheint sich Hubbard unter dem Decknamen Jack Farnsworth auf einem abgelegenen Pferdehof in Kalifornien niedergelassen zu haben.[75] Auf die Entwicklung der Scientology-Unternehmen übte er anscheinend keinen direkten Einfluss mehr aus. Er wurde zu einer Art symbolischen Leerstelle, was darin zum Ausdruck kommt, dass sich in allen offiziellen Scientology-Kirchengebäuden ein fertig eingerichtetes Büro Ron L. Hubbards befindet: seine Leitungsfunktion wird anerkannt, aber von ihm selbst nicht mehr leiblich ausgeübt. Seit seinem Tod am 24. Januar 1986 heißt es, diese leeren Büros harrten seiner Rückkehr. Am inoffiziellen Hauptquartier von Scientology – der östlich von Los Angeles gelegenen «Gold Base» – wurde eine Luxusvilla errichtet, die für Hubbards Rückkehr bereitsteht: Das Personal wäscht regelmäßig seine Wäsche, und die Schlüssel stecken in den Schlössern seiner Edelkarossen.[76]

Hubbard hat keinen direkten Nachfolger. Zur mächtigsten Figur im Dickicht der Scientology-Organisationen wurde Hubbards Vertrauter David Miscavige (geb. 1960), der einige Tage nach Hubbards Tod in einer Sea Org-Uniform vor 2000 Scientologen im Hollywood Palladium verkündete, Hubbard habe sich «auf die nächste Ebene begeben» und «seinen Körper abgeworfen».[77] Im Folgejahr übernahm Miscavige, dessen Eltern bereits Scientologen waren, den Vorsitz des Religious Technology Center (RTC), das «über alle Besitzrechte des Produkts Scientology verfügt».[78] Um sich vor Gerichtsverfahren zu schützen, hat Miscavige mehrfach geäußert, dass er das Oberhaupt einer Religion sei, nicht jedoch der Leiter der Kirche.[79] Miscavige ist in erster Linie als Machtpolitiker aufgefallen. Sein größter Coup war vermutlich der Vergleich mit der Steuerbehörde, der Scientology eine neue Ära von Stabilität und Prosperität bescherte. Anders als Hubbard ist Miscavige bisher nicht durch exzentrische Lebensführung oder durch künstlerische und weltanschauliche Kreativität aufgefallen.

Stars als Markenbotschafter

Miscavige ist es gelungen, eine persönliche Beziehung zu dem etwas jüngeren Schauspieler Tom Cruise (geb. 1962) aufzubauen, in dessen Glanz er sich gerne sonnt. Hubbard hatte bereits 1955 das «Project Celebrity» aus der Taufe gehoben, mit dem bekannte Persönlichkeiten wie Ernest Hemingway, Orson Welles, Greta Garbo oder Billy Graham als «Jagdwild» für Scientology «gestellt» werden sollten.[80] 1970 wurde in Los Angeles ein erstes «Celebrity Centre» eingerichtet. Die Kirche umhegt Prominente und will ihnen einen kreativen und spirituellen Freiraum bieten. Umgekehrt können sich auch gewöhnliche Scientologen für Kurse an den Celebrity-Centres anmelden, und die Aussicht, eventuell im gleichen Kurslokal zu sitzen wie Stars, ist für viele eine verlockende Perspektive. Die Celebrities haben allerdings einen eigenen Eingang und eigene Einrichtungen, sodass es de facto kaum Berührungspunkte mit den Stars gibt.[81]

John Travolta wandte sich schon zu Beginn seiner Karriere Scientology zu, als er in dem Horrorstreifen *The Devil's Rain* (1975; deutsch *Nachts, wenn die Leichen schreien*) mitspielte. Er schreibt Scientology einen positiven Einfluss auf sein Leben zu.[82]

Tom Cruise hingegen ist der wohl bekannteste Scientologe. In einer katholischen Familie aufgewachsen, kam Cruise durch seine erste Frau, die Schauspielerin Mimi Rogers, in Scientology-Kreise. Als Miscavige davon erfuhr, sorgte er dafür, dass Cruise umsorgt und umhegt wurde. Einige Jahre später – um 1990 – wurden Cruises Scientology-Interessen in der Öffentlichkeit bekannt, und seine Beziehungen zu Miscavige, der wie Cruise ein Faible für Motorräder, rasante Autos und Abenteuerreisen hat, vertieften sich so weit, dass Miscavige Trauzeuge bei der Hochzeit von Cruise mit Nicole Kidman war. Cruise erklomm rasch hohe OT-Grade in der Kirche. Als die Ehe von Cruise und Kidman in die Brüche ging, kümmerte sich die Kirche um den Superstar. Bei Cruises nächster Traumhochzeit mit Katie Holmes – 2006 in der Nähe von Rom nach Scientologischem Ritus – war Miscavige erneut Trauzeuge. Durch seine bevorzugte Darstellung von erfolgreichen, ehrlichen, freiheitsliebenden, intelligenten, krisenresistenten, tatkräftigen, verantwortungsbewussten, zielstrebigen Heldenfiguren verkörpert Cruise eine Idealvorstellung des maskulinen Scientologen. Die Investitionen in die Vorzugsbehandlung von Cruise haben sich auch finanziell ausgezahlt, da Cruise viele Millionen US-Dollar in die Kassen von Scientology-Organisationen gespült und hinter den Kulissen Lobbyarbeit für Scientology betrieben hat.[83]

Bei aller Kritik an Scientology von außen darf nicht übersehen werden, dass auch innerhalb von Scientology Kritik laut geworden ist. Es gibt Stimmen, die in der heutigen Verfassung der Kirche einen Verrat an Hubbards Zielen sehen. Anfang der 1980er Jahre kam es zu einer ersten Abspaltung. 1984 etablierte sich eine «Free Zone» – der Begriff ist Science-Fiction-Szenarien entnommen – als ein Verbund von Scientology-Organisationen außerhalb der Scientology-Kirche. Dazu gehört etwa die in der Schweiz registrierte Ron's Org.[84]

Scientology hat die Religionskarte immer dann gespielt, wenn dies Vorteile versprach – was einerseits nicht verwerflich ist, andererseits aber den berechtigten Verdacht erweckt, dass Religion nie das primäre Ziel war. Das sagt ebenso viel über Scientology wie über ein verbreitetes Religionsverständnis, das authentische Religion als übernatürliches Ereignis und dominantes, einzigartiges Lebensmotiv versteht, das durch den verpönten Verkauf von Heilsgütern (Simonie) unterlaufen wird. Religiöse Nomenklaturen und Symbole wurden in Scientology am Leitmodell des Christentums als Produkt zum Zweck der Profitmaximierung entwickelt; Kirche wird hier nicht als Gnaden- oder Erlösungsanstalt entworfen, sondern als Firma.

Scientology zehrt in ihrer amerikanischen Genese von Science-Fiction, Psychologie und Psychoanalyse, von Technologiebegeisterung, von der Erfahrung des Weltkriegs und der Bedrohung durch den Kalten Krieg, von ungebremstem Kapitalismus und Menschenrechtsdiskursen. Durch einen fragwürdigen Deal mit der US-Bundessteuerbehörde wurde eine prätentiöse Therapieform zu einer amerikanischen Religion, für deren Rechte sich die USA nun weltweit einsetzen. Die USA stellen sich außenpolitisch in den Dienst einer Religion, die in verbündeten Ländern wie Frankreich und Deutschland als subversives Projekt der Weltverschwörung und der Amerikanisierung der Gesellschaft Misstrauen weckt. Selten dürften Hoffnungen auf eine totale individuelle Freiheit so teuer erkauft worden sein wie in der Scientology-Kirche, selten sieht man Befreiungsrhetorik und soziale Unterdrückung so eng beieinanderliegen: Die Idee des Thetan soll die Fesseln von Materie, Energie, Raum und Zeit (MEST) sprengen, legt viele Menschen aber an die Kette einer sich ausbeuterisch und totalitär gebärdenden Institution. Keine Religion hat sich ihren Religionsstatus mit ähnlich drastischen Mitteln strategisch erkämpft oder taktisch erschlichen wie Scientology. Hubbard ist zwar der Religionsgründer von Scientology, man kann ihn sich aber nur schlecht als Teilnehmer an einem Weltparlament der Religionen vorstellen.

26

Mao Zedong

Religionsdemontage und Vergötterung

Im August und September 1966 wurden auf dem Platz des Himmlischen Friedens in Peking acht Paraden abgehalten, die zu den größten Massenereignissen des 20. Jahrhunderts zählen. Etwa eine Million rotgardistische Studenten aus dem ganzen Land begannen schon in der Nacht zum 18. August, sich zu versammeln, nachdem sich das Gerücht verbreitet hatte, dass sich der damals zweiundsiebzigjährige Große Steuermann Mao Zedong (1893–1976) höchstpersönlich zeigen würde. Bilder von Mao waren zwar in ganz China allgegenwärtig und Mao-Zitate in aller Munde, Mao selbst aber pflegte sich nur zu offiziellen Feiertagen wie dem Tag der Arbeit und dem Nationaltag zu zeigen. Eine Tageszeitung beschreibt die Reaktion des überwältigten Publikums: Die Leute klatschten, bis ihnen die Hände wehtaten; viele vergossen vor Aufregung Tränen und skandierten «Der Vorsitzende Mao ist gekommen! Der Vorsitzende Mao ist unter uns.» Zehntausende riefen: «Lang lebe der Vorsitzende Mao! Er lebe lange! Lange, lange möge er leben!»[1]

Etwa zwölf Millionen Menschen sahen Mao bei den Aufmärschen im Herbst 1966. Allein am 25./26. November waren es 2,5 Millionen. Mao rechtfertigte die Notwendigkeit seiner öffentlichen Auftritte mit der These, der Leninismus sei in der Sowjetunion aufgegeben worden, «weil zu wenige Menschen Lenin zu seinen Lebzeiten gesehen hätten.»[2] Im Vergleich zu den Nürnberger Reichsparteitagen waren diese Ereignisse weniger durchinszeniert, und im Unterschied zu Hitlers umfangreichem Redeprogramm sprach Mao nur einige Sätze, die überdies nur für relativ wenige vernehmbar waren. Mao verpflichtete die Teilnehmer nicht auf ein Programm, sondern durch seine schweigende, abgehobene Gegenwart auf seine Person. Anders als Hitler musste er die Einheit mit seinen Unterstützern nicht eigens behaupten oder sie zum Handeln anstacheln. Dafür waren andere zuständig, allen voran Verteidigungsminister Lin Biao. Einige Rotgardisten machten sich gleich ans Werk und begannen, Peking von «kapitalistischen» und «feudalistischen» Einflüssen zu reinigen. In öffentlichen Kundgebungen legten sie einen persönlichen Eid auf den Großen Vorsitzenden Mao ab. Eine wirkungsvolle Waffe zur Befreiung der Arbeiterklasse von kapitalistischen Elementen sollten die beinahe überall im öffentlichen und privaten Raum anzubringenden Mao-Zitate sein. Passanten wurden willkürlich angehalten und mussten ihre Kenntnisse von Mao-Sentenzen unter Beweis stellen. Am 27. August trat neben diese Aktionen der Rotgardisten ein offizielles Dekret, wonach alle öffentlichen Bilder durch Mao-Bildnisse zu ersetzen seien.[3]

Kulturrevolution: Die Überwindung der Religion

Im Herbst 1966, knapp siebzehn Jahre nachdem Mao Zedong am 1. Oktober 1949 die Volkrepublik China ausgerufen hatte, war die Große Proletarische Kulturrevolution in vollem Gange – eine von Mao angefachte, hauptsächlich von jungen Leuten, insbesondere Studenten entfesselte Massenbewegung, die im Versuch, die Gesellschaft von den Dämonen überkommener Strukturen zu befreien, Euphorie und Terror verbreitete und dabei den jungen Staat aus den Angeln zu heben drohte. Schließlich musste die Volksbefreiungsarmee de facto die Kontrolle in Ämtern, Fabriken und Universitäten übernehmen.[4]

Mit der Entsendung von Jugendlichen aufs Land begann 1968 eine gigantische Umerziehungsmaßnahme.[5] Die Überwindung überkommener Strukturen – und der älteren Generationen durch die Jugend – richtete sich insbesondere gegen die sogenannten Vier Alten: alte Ideen, alte Sitten, alte Kultur, alte Gebräuche. Religion wird hier nicht explizit genannt, ist aber mit allen Vier Alten verwoben. Für Religion als eine von der Politik getrennte Sphäre war im frühen 20. Jahrhundert, wie wir im Zusammenhang mit Kang Youwei gesehen haben, ein neues chinesisches Wort, *zongjiao*, aus dem Japanischen entlehnt worden, bei dem «Lehre» und «Tradition der Vorfahren» zusammenklangen. Von Religion wurde «Aberglaube» oder «fehlgeleiteter Glaube» *(mixin)* unterschieden. In der Volksrepublik stellte Aberglaube jedoch nicht bloß eine negativ konnotierte Kategorie, sondern einen kriminellen Tatbestand dar.[6] In einigen ideologischen Diskursen galt «Aberglaube» als wesensverwandt mit «Feudalismus» und «Revisionismus».

Daher brach mit der Großen Kulturrevolution eine der größten Kampagnen zur Demontage von Religion in der Geschichte der Menschheit an. Diese wurde jedoch nicht von Mao oder dem Staat zentral geplant und dekretiert, sondern von Rotgardisten wellenartig in die Städte und Provinzen getragen. Religion konnte viele Jahre lang nicht öffentlich praktiziert werden. Die meisten religiösen Einrichtungen und Gebäude wie Tempel, Stupas, Kirchen, Moscheen wurden geschlossen oder umfunktioniert, wenn nicht gar zerstört; religiöse Bücher und Schriften, Kunst und Gebrauchsgegenstände wie Statuen, Skulpturen, Stelen, Gemälde und Keramiken verbrannt, zertrümmert, entwendet und manche auch versteckt; Grabstätten geschändet sowie religiöse Spezialisten und Repräsentanten verschiedener Religionen öffentlich bloßgestellt, lächerlich gemacht, drangsaliert und diffamiert. Religion konnte weitestgehend nur im Geheimen und im Untergrund überleben. Gläubige riskierten bereits ihr Leben, wenn sie gegen das Verbot verstießen, religiöse Schriften oder Objekte aufzubewahren.[7]

Diese Kampagne gegen die Religion war die extremste, aber nicht die erste und einzige in der modernen chinesischen Geschichte. Schon einige Jahre zuvor, zu Beginn des «Großen Sprungs nach vorn» in den Jahren 1958 bis 1962 war es zu Übergriffen auf religiöse Anlagen und Spezialisten gekommen,[8] ebenso wie in der Frühphase der Volksrepublik. In vorkommunistischer Zeit, etwa in der Bewegung des vierten Mai 1919, hatte es heftige Kritik an Konfuzianismus[9] und Christentum gegeben. In Bauernaufständen der 1920er Jahre war es zu anti-religiösem Vandalismus gekommen. Auf Taiwan hatten die japanischen Besatzer seit 1895 versucht, die dortigen Religionen auszumerzen und durch japanische Religionen zu ersetzen. So wurden Tempel zerstört oder in japanisch-buddhistische oder schintoistische Nutzung überführt.[10] In einem Akt der kulturellen Demütigung wurden die zweiundvierzig Arme der gigantischen Bronzestatue einer buddhistischen Barmherzigkeitsgöttin eingeschmolzen und zu Gewehrkugeln für die Besatzungsmacht verarbeitet.[11] Auch Kirchen wurden entweiht.

Mit der Entstehung der Volksrepublik China und der Fortexistenz der Republik China auf Taiwan im Jahre 1949 sollte eine brutale und extrem verlustreiche Phase der politischen Instabilität, der Kriege, Fremdherrschaft und Bürgerkriege zu Ende gehen, die spätestens mit dem Ende des Kaisertums und der Ausrufung der Republik durch Sun Yat-sen (1866–1925) im Jahre 1912 begonnen hatte. Seit Mitte der 1920er Jahre spielte die kommunistische Bewegung eine stärkere Rolle in den innenpolitischen Auseinandersetzungen, nachdem 1921 in Shanghai die Kommunistische Partei Chinas gegründet worden war. Diese setzte sich, wie wir im Zusammenhang mit Taixu gesehen haben (s. Kap. 8), gegen die eher anarchistisch inspirierte sozialistische Partei durch.

An der Gründungsveranstaltung der KP nahm auch der Lehrer Mao Zedong teil, der 1893 in einem einigermaßen wohlhabenden Dorf in der südchinesischen Provinz Hunan geboren worden war.[12] Mao gehörte der neuen Schicht der Intellektuellen an. Nachdem es Mitte der 1920 Jahren auch in Maos Heimatprovinz Hunan zu Bauernaufständen gekommen war, veröffentlichte er 1931 einen *Untersuchungsbericht über die Bauernbewegung in Hunan*, in dem er mit der marxistischen Doktrin brach, wonach die städtischen Arbeiter die wahrhaft revolutionäre Kraft darstellten. Mao begrüßte die Gewalt der Bauern gegen die Grundbesitzer.[13] Nach seiner Analyse waren die Chinesen einem feudal-patriarchalischen System unterworfen, das sich in vier miteinander verwobenen Gewalten verkörperte: (1) Staat und Politik, (2) Verwandtschaft und Sippen, wozu er auch die Ahnentempel zählte, (3) Religion, die er auch als «übernatürliches System» bezeichnete, was Unterwelt- und Höllenfürsten ebenso umfasste wie Gottheiten verschiedener Reichweite und Funktionen, mit dem Himmelskaiser an der Spitze, und (4) Ehe und Gattengewalt bzw. Patriarchat. Sobald sich das Volk der ersten Fessel, also der politischen Gewalt, entledige, würden auch die anderen drei Systeme ins Wanken geraten. Eine Bestätigung dieser Theorie sah er in den spontanen Attacken auf religiöse Einrichtungen: «Wo die Bauernmacht die Oberhand gewonnen hat, sind nur die alten Bauern und die Frauen gläubig geblieben, während von der Jugend und den Bauern mittleren Alters niemand mehr an die Götter glaubt.»[14]

Vier Jahrzehnte später sollten sich ähnliche Vorgänge in der Großen Proletarischen Kulturrevolution wiederholen. Mao ging davon aus, dass sich Religion als Konsequenz der politischen Neuordnung von selbst erledigen werde. Daher legte er eine eher unaufgeregte Haltung zur Religion an den Tag. In seiner 1957 gehaltenen Rede «Über die richtige Behandlung von Widersprüchen im Volk» sagte er: «Wir können die Religion nicht durch administrative Verordnungen abschaffen, noch können wir die Menschen zwingen, nicht zu glauben.»[15]

Konfuzius, der vor allem zu Beginn der 1970er Jahre heftig attackierte Inbegriff der alten Kultur, war für Mao keine rundum negative Figur: Es sind drei große Themen, bei denen Mao auf die konfuzianische Tradition zurückgriff: das Ideal des einfachen Lebens, die Bedeutung von Disziplin und Leibesübungen sowie die Notwendigkeit kontinuierlicher (Selbst-)Kritik und (Selbst-)Verbesserung.[16] Mao war in der Schule mit konfuzianischen Schriften aufgewachsen. Bis ins hohe Alter studierte er die traditionellen chinesischen Geschichtsbücher, er verfasste Gedichte im klassischen Stil, und seine Schriften verwenden das stilistische Arsenal der klassischen chinesischen Tradition.[17]

Maos Mutter war eine gläubige Buddhistin gewesen. Kurz nach Maos Geburt soll sie den Säugling der Barmherzigkeitsgöttin Bodhisattva Guanyin als Pflegemutter anvertraut haben. Mao zufolge ließ sie ihren Kindern später eine religiöse Erziehung zuteil werden. Bei einem Besuch in seinem Heimatdorf 1959 musste er feststellen, dass der buddhistische Tempel, in dem seine Mutter gebetet hatte, in Trümmern lag und der Grabstein seiner Eltern fehlte. Maos Vater soll religiös eher desinteressiert oder gar skeptisch gewesen sein. Mao berichtet, ein Lehrer in der Dorfschule sei gegen den Buddhismus eingetreten und habe den Götterglauben abschaffen wollen.[18]

Glaubensfreiheit und Religionsregulierung in China

In einem Bericht an den VII. Parteitag der Kommunistischen Partei Chinas erklärte Mao im April 1945: «Gemäß dem Prinzip der Glaubensfreiheit sind in den befreiten Gebieten Chinas alle Religionen zugelassen. Die Volksregierung gewährt Protestanten, Katholiken, Moslems, Buddhisten und Anhängern aller anderen Religionen Schutz, solange sie die Gesetze der Volksregierung einhalten. Es steht jedem

Mao Zedong mit dem Dalai Lama (zu seiner Linken) und dem Panchen Lama (zu seiner Rechten), Peking 1954

frei, an eine Religion zu glauben oder nicht; in dieser Hinsicht ist weder Zwang noch Diskriminierung zulässig.»[19] Nicht genannt sind hier neuartige Religionsgemeinschaften außerhalb von Buddhismus und Daoismus, die in der westlichen Forschung als Erlösungsgesellschaften bezeichnet werden. Zur Zeit der Republik sehr populär, sahen sie sich schon zu Beginn der Volksrepublik massiven Repressalien ausgesetzt.[20] Anfang der 1950er Jahre entstand ein bürokratischer Apparat in Form einer Religionsbehörde (Religious Affairs Department, ab 1954 Religious Affairs Bureau), die sich zunächst darum bemühte, ausländische Missionare auszuweisen, die transnationalen Verbindungen der christlichen Kirchen zu kappen und religiöse Einrichtungen – u. a. Schulen – von Geldquellen aus dem Ausland abzuschneiden. Die fünf älteren transregionalen Religionen – Buddhismus, Daoismus, Islam, Katholizismus und Protestantismus (letztere gelten in China zumeist als separate Religionen) – erhielten eine gewisse Anerkennung, wurden aber gezwungen, unter staatlicher Kontrolle nationale Verbände zu bilden.

Die 1954 verabschiedete Verfassung der Volkrepublik China räumte den Bürgern Glaubensfreiheit ein (Art. 88). Seit dem Ende der 1950er Jahre verschärfte sich allerdings die Religionspolitik unter den Vorzeichen radikalisierter wirtschaftlicher Reformen, da Religion der Volkswirtschaft Ressourcen wie Geld und Arbeitszeit entzog, vor allem durch die religiösen Experten und Spezialisten wie Mönche und Priester, die fortan körperlicher Arbeit nachgehen mussten. Religiöse Aktivitäten wurden zwangsweise reduziert und religiöse Gebäude geschlossen. Insbesondere der tibetische Buddhismus und der Islam wurden im Großen Sprung als Bastionen des Feudalismus diszipliniert.[21]

Nachdem die Große Proletarische Kulturrevolution ihren Höhepunkt überschritten hatte, hielt der Staat offiziell an der Idee der Religionsfreiheit fest: In der 1975 verabschiedeten Verfassung wird den Bürgern «die Freiheit, an Religion zu glauben» zugestanden – nun allerdings auch «die Freiheit, nicht an Religion zu glauben und den Atheismus zu propagieren» (Art. 28). Die 1982, in der Post-Mao-Ära verabschiedete und noch mehrfach geänderte Verfassung bekennt sich ebenfalls zur «Freiheit an eine Religion zu glauben oder eben nicht». Der entsprechende Artikel (36) ist sogar noch umfassender, indem er es staatlichen Organen untersagt, den Bürgern religiösen Glauben oder Unglauben aufzuerlegen und aufgrund von Glauben oder Unglauben Bürger zu diskriminieren. Der Staat soll «normale religiöse Aktivitäten» schützen – gleichzeitig werden solche Aktivitäten verboten, die die öffentliche Ordnung stören, die Gesundheit der Bürger gefährden oder auf das staatliche Erziehungsmonopol übergreifen. Außerdem sollen religiöse Organisationen und Angelegenheiten frei von ausländischer Einmischung sein. Diese Einschränkungen ermöglichen de facto die Unterdrückung eines breiten Spektrums von religiösen Strömungen, die als nicht opportun angesehen werden. Zugleich aber verpflichtet sich der Staat in Artikel 22 zum Schutz historischer Monumente und des Kulturerbes, worunter auch religiöse Stätten fallen. Viele religiöse Monumente wurden später restauriert, oft mit Blick auf erhoffte Einkünfte aus dem Tourismus.[22]

Aufstieg zum absoluten Lehrer mit Personenkult

Maos anhaltende Popularität in China verdankt sich seiner Stellung als Staatsgründer der Volksrepublik. Der Lange Marsch der kommunistischen Truppen vom Süden in den Norden des Landes 1934 und 1935, den er anführte, ist das zentrale Heldenepos der chinesischen Revolution.[23] Zu internationaler Prominenz verhalf ihm der amerikanische Journalist Edgar Snow, der 1936 das von den Kommunisten beherrschte Gebiet besuchte, wo er lange Gespräche mit Mao Zedong führte. In amerikanischen Magazinen wie *Life* und seinem Bestseller *Red Star over China* (1937; deutsch erstmals 1970 als *Roter Stern über China*) zeichnete Snow ein wohlwollendes Bild von Mao, der von vielen schon tot geglaubt worden war.

Die kommunistischen Truppen leisteten einen wichtigen Beitrag im Kampf gegen die japanische Besatzungsmacht. Neben seinen Leistungen als Militärstratege und Parteiorganisator etablierte sich Mao auch als Theoretiker und Philosoph – und als solcher, als eine Art weiser Herrscher, wurde er später oft im Westen wahrgenommen. Seit den späten 1930er Jahren hatte sich Mao als Führer der Kommunistischen Partei durchgesetzt, deren Mitgliederzahlen bis 1940 rapide auf 800 000 angestiegen waren und deren offizielle Geschichte nun als Durchsetzung der «Mao-Zedong-Ideen» gegen die falschen Lehren seiner Widersacher geschrieben wurde. 1943 übernahm Mao den Vorsitz von Politbüro und Zentralkomitee und 1945 wurden die Mao-Zedong-Ideen die ideologischen Leitlinien der Revolution. Im Bürgerkrieg ließ Mao, wie auch später in der Kulturrevolution, die Gewalt bewusst eskalieren und griff erst ein, als die Ereignisse außer Kontrolle zu geraten drohten. Maos Eingreifen war daher paradoxerweise gerade für die Opfer seiner Kampagnen auch die einzige Möglichkeit einer Rettung.[24] Diese Art der indirekten politischen Führung verlieh ihm eine abgehobene Stellung – und band sogar seine Opfer an ihn. Auch später griff er oft nur indirekt in die Tagespolitik ein.

Wie eingangs erwähnt, gingen die Restriktionen und Repressionen während der Großen Proletarischen Revolution und der Kulturrevolution, die in der Demontage von Religion kulminierten, mit einem in diesem Ausmaß noch nicht gekannten Fokus auf die Person und das

Denken Mao Zedongs einher. Personenkult war nichts Neues in China. Sun Yat-sen, der Gründer der Republik, ließ sich schon zu Lebzeiten als eine Art Politstar in Szene setzen.[25] Suns Nachfolger und Maos Zeitgenosse und Gegenspieler Chiang Kai-shek, der Vorsitzende der Nationalen Volkspartei und Präsident der nach 1949 nur noch in Taiwan bestehenden Republik China, wurde als überragende nationale Führergestalt inszeniert und später in Taiwan durch zahlreiche Statuen geehrt. Chiang Kai-shek war dabei vom Faschismus und insbesondere von Hitler inspiriert.[26] Anders als Mao waren Sun und Kai-shek Christen.

Mao nahm bei den Kommunisten spätestens seit 1943 eine exponierte Stellung ein: die Mao-Zedong-Ideen als «sinifizierter» Marxismus-Leninismus wurden der Bezugspunkt der kommunistischen Bewegung, Maos Bilder wurden allgegenwärtig und Mao wurde zum Gegenstand ständiger Schmeichelei und Lobhudelei. Er wurde zur Verkörperung und zum ideologischen Bezugspunkt der Macht und zum Aushängeschild der Revolution und der Volksrepublik.

Maos herausragende Stellung wurde in Analogie zu der Josef Stalins in der Sowjetunion ausgestaltet. Nach Stalins Tod 1953 lösten Nikita Chruschtschows Abrechnung mit dem Stalinismus und seine Geheimrede «Über den Personenkult und seine Folgen» in China Schockwellen aus. Schließlich verlegte man sich auf die Linie, dass es nicht um die Anbetung einer bestimmten Person gehe, sondern um die von ihr verkörperte Wahrheit; Mao aus der Tiefe seines Herzens zu verehren, sei keine abergläubische Anbetung eines Individuums, sondern die Verehrung der Wahrheit. Dafür nahm man sogar politische Spannungen mit der Sowjetunion in Kauf.[27]

Spätestens in der Großen Proletarischen Kulturrevolution erlangte Mao phasenweise eine allgegenwärtige Präsenz und Prominenz, die alles Dagewesene – inklusive Stalin – in den Schatten stellte. Alles, was man tat, musste im Geiste und unter Berufung auf Mao bzw. das Mao-Zedong-Denken geschehen – dies nicht zu tun, kam der Illoyalität und der sozialen Ausgliederung gleich und konnte mit Auslöschung aus dem von Mao repräsentierten Volkskörper geahndet werden. Alles wurde in den Worten Maos gesagt; Mao-Sprüche waren zeitweise das einzig legitime Idiom des Sagbaren; alles legitim Gesagte wurde Zitat. Etwas nicht in Mao-Sprache zu sagen, konnte als verräterischer Dissens gedeutet werden. Selbstzensur war unvermeidlich.

Im Laufe der Jahre entstanden mehrere Zusammenstellungen von Mao-Zitaten, die schließlich 1965 in der als *Rotes Buch* oder *Kleines Rotes Buch* bekannten Schrift *Worte des Vorsitzenden Mao Tsetung* verbreitet wurden (erste deutsche Ausgabe 1967). Über eine Milliarde Exemplare allein der offiziellen Ausgaben der *Worte* wurden gedruckt; das *Kleine Rote Buch* wurde in 36 Sprachen übersetzt und etwa 110 Millionen fremdsprachige Exemplare wurden von Peking aus vertrieben.[28]

Aufgrund der ihnen zugeschriebenen Bedeutung und Wirkung sowie ihrer Verbreitung wurden die *Worte* auch als «Maobibel« bezeichnet.[29] Dass die Mao-Texte durchaus als Ablösung religiöser Texte gesehen werden konnten, kommt in einem Zeitungsartikel der Jahre 1968/69 über die Situation in Tibet zum Ausdruck: «Während früher das tibetische Volk Bündel von buddhistischen Schriften herumtrug, hält jetzt jeder das ‹kostbare rote Buch› in der Hand. Amulette, die den Segen Buddhas herabziehen sollten, sind durch rote Beutel mit den ‹Worten des Vorsitzenden Mao› ersetzt.»[30] Maos Worten wurde eine Eigenwirksamkeit zugeschrieben. Die Worte und ihre Materialisierung als Buch sollen diverse Wunder vollbracht haben.[31]

Das bevorzugte Mao-Symbol war die Sonnenblume, und die Rhetorik war von Sonnenmetaphorik durchzogen. Die Bilder versetzen Mao in eine überirdische Sphäre, und es war üblich, von den Mao-Bildern in religiösen Begriffen zu sprechen.[32] Riesige Mao-Statuen wurden errichtet, Mao-Poster waren omnipräsent, man trug Mao-Anhänger, und kleine Mao-Bilder zogen in die von Götter-Bildern und -statuen gereinigten Häuser und Wohnungen ein. Mao-Büsten bzw. -skulpturen wurden sogar in einer protestantischen Kirche in Peking und in einem buddhistischen Tempel in Shanghai aufgestellt – bevor sie geschlossen wurden.[33] Vor dem Mao-Bild verbeugte man sich, las aus dem *Roten Buch* oder sang das Revolutionslied «Der Osten ist rot». Wichtige Stätten in Maos Leben wurden Reiseziele. Die revolutionäre Hassrhetorik, zum Beispiel gegenüber den Vier Alten, wurde durch überschwängliche Mao-Huldigungsrhetorik überboten. Dabei wurden Attribute wie «großer Retter» oder «großer Heiland» verwendet, und die Menschen bekundeten ihren «grenzenlosen Glauben» an Mao.[34] Die ihm zugeschriebene göttliche Handlungsmacht kommt auch in religiösen Beschreibungen zum Ausdruck: In Nordchina war beispielsweise die Meinung verbreitet, dass Mao ein Schildkrötengeist sei, dessen Macht sich dem Besitz geheimer Mantras verdanke, und der alle bösen Geister vertreibe.[35]

Die Partei versuchte seit 1967 mehrfach, die überbordenden Formen der Inanspruchnahme Maos zu beschneiden und ideologisch wieder auf Kurs zu bringen. Mao selbst räumte 1970 in einem Gespräch mit Edgar Snow ein, dass Menschen immer andere verehrten und dass ein gewisses Ausmaß an Personenkult notwendig sei. Zuletzt aber sei der Personenkult um ihn ausgeartet. Attribute wie «Großer Lehrer, Großer Führer, Großer Oberkommandierender und Großer Steuermann gehen einem auf die Nerven! Sie werden eines Tages verworfen, und nur der ‹Lehrer› wird bleiben».[36] Tatsächlich gelang es der Führung zu Beginn der 1970er Jahre, den totalen Mao-Fokus wieder abzubauen.

Der Maoismus als Religion: Kitsch, Kunst, Gott

Der Maoismus teilt einige Eigenschaften mit gängigen Religionen: Es gibt besondere Schriften, Riten, Rituale, Feste, Symbole, Mythen, einen Verhaltenskodex, Kleidervorschriften, Askese, Beichte, Verfolgung von Häretikern, Götterbilder, Heilsversprechen, eine Heilandfigur, Glaube und Anbetung. Wer den Maoismus aufgrund dieser Übereinstimmungen als Religion versteht, kann dabei verschiedene Interessen verfolgen: Er kann den Maoismus als illegitime Anmaßung abwerten, Religionen schlechthin als potentiell totalitär abtun oder im Gegenteil darauf hinweisen wollen, dass es ohne Religion nun einmal nicht geht. Die Frage, ob der Maoismus eine Religion war, soll hier nicht entschieden werden. Die Antwort wird je nach dem, was man unter einer Religion versteht, anders ausfallen. Interessanter als diese Frage ist die Beobachtung, dass die Figur Mao gängige Grenzen zwischen Göttern und Menschen verwischt. Mao war der Inbegriff der möglichen befreienden Transformation von Mensch und Gesellschaft. Mao wurde ein transzendenzloser Gesellschafts-Gott, an dessen Bild und mit dessen Wort sich Individuen und Kollektive ausrichteten. «Mit Mao-Zedongs-Denken wagen wir sogar gegen Gott zu kämpfen. Wir können sogar gegen Gott gewinnen,» meinte ein tibetischer Viehzüchter.[37]

Nach Maos Tod am 9. September 1976 wurde sein Körper einbalsamiert und in einer Gedächtnishalle am südlichen Ende des Tian'anmen-

Platzes ausgestellt, wo sich lange Besucherschlangen bildeten. Sein Porträt blickt auf den Platz hinab, obwohl der Mao-Kult gegen Ende seines Lebens stark gedämpft worden war. Seit den späten 1980er Jahren erfreute sich Mao eines erneuten Interesses, das nicht zentral gesteuert war. Mao-Kitsch verbreitete sich allenthalben, aber auch renommierte Künstler beschäftigten sich mit Mao.[38] Der Mao-Tourismus boomte. In Sichuan wurde kolportiert, dass Mao im Jenseits ein Industriegebiet betreibe, wo nach sozialistischen Prinzipien produziert wird.[39] Mao wirft einen langen und kritischen Schatten auf die Post-Mao Wirtschaftsordnung. Im Unterschied zu seinen Nachfolgern an der Spitze der Partei gilt er als bescheiden, unbestechlich und visionär; er ist nostalgisches Symbol guter alter Zeiten gesellschaftlicher Eintracht und Hoffnung. Gerade Verlierer der Wirtschaftsreformen huldigen seiner Erinnerung. Während ihm im Westen in erster Linie der gewollte oder vermeidbare Tod, das Elend und Leid von vielen Millionen Menschen angelastet werden, würdigen viele Chinesen seine Anstrengungen für die Armen und den Aufbau eines unabhängigen, einheitlichen, starken und modernen Staates.

So konnte Mao zuerst im Süden, dann im Norden der Volksrepublik seine Stellung als Gottheit behaupten bzw. wiedererlangen. Nun war er nicht mehr der allgegenwärtige, allmächtige, post-religiöse Gesellschaftsgott, sondern an verschiedenen Orten einer unter vielen Göttern.[40] Eine Umfrage aus dem Jahr 2009 hat ergeben, dass 11,5 Prozent der Befragten eine Mao-Büste oder -Statue zu Hause haben.[41] Maos Schutzmacht wird herbeizitiert, wenn man Häuser baut, Geschäfte macht oder mit dem Auto fährt. Als Talisman baumeln Mao-Bilder in Taxis, Bussen und Lastwagen. In Gesellschaft seiner etwa gleich alten Parteigenossen, dem Premierminister Zhou Enlai (1898–1976) und dem Oberkommandanten Zhu De (1886–1976), wird er in einigen buddhistischen Tempeln verehrt.[42] Mao wird mitunter mit dem Buddha verglichen oder sogar identifiziert. Besonders in Maos Heimatregion Hunan gibt es einige Tempel, in denen neben buddhistischen oder daoistischen Götterbildern Mao-Bilder oder Mao-Statuen verehrt werden, neben solchen von Zhou und Zhu, verdienten Beamten, lokalen Heroen, mitunter aber auch von Marx, Lenin und Stalin. Diese Verehrung unterscheidet sich in der Regel nicht von der traditionellen Götterverehrung. Mao-Statuen sind mit Schutzformeln beschriftet.[43]

Lokale Behörden kritisieren religiösen Aberglauben, scheuen sich aber, die Göttlichkeit Maos in Abrede zu stellen. Darum unterscheidet man zwischen einem legitimen Bekunden von «Respekt» und einem überkommenen «Aberglauben». Das Darbringen von Rauchopfern kann damit begründet werden, dass die Parteiführer ja auch gerne rauchten. Zur Abgrenzung von Götterbildern werden die Kommunisten-Idole mitunter in eigenen Räumen untergebracht.[44] In Leiyang in der Provinz Hunan ist der neue Tempel der drei Quellen der kommunistischen Triade von Mao, Zhou und Zhu gewidmet, die in Form einer monumentalen Mao-Statue und riesigen Bildern von Zhou und Zhu präsent sind. Als der Tempel jedoch täglich 50 000 Weihrauch darbringende Besucher anzog, wurde er von den Behörden kurzerhand geschlossen.[45] Mao ist mancherorts ein Gott geworden, der von «seiner» Volkrepublik gezähmt werden muss.

27

Martin Luther King

Der unvollendete Kampf gegen den Rassismus

Als Martin Luther King (1929–1968) 1964 der Friedensnobelpreis verliehen wurde, war er mit fünfunddreißig Jahren der damals jüngste und ist vermutlich bis heute der populärste Friedensnobelpreisträger.[1] Vorgeschlagen hatte ihn 1963 mit dem «American Friends Service Committee» eine Quäkerorganisation, die zusammen mit ihrer Schwesterorganisation, dem «Friends Service Council», 1947 den Nobelpreis erhalten hatte, als bislang einzige Organisation mit religiösem Hintergrund. Das Nobelkomitee ehrte damit den Einsatz der Quäker gegen Sklaverei und soziale Ungerechtigkeit sowie für die Armen und Kranken, für den Frieden und die Gleichberechtigung der Frauen. Für das Nobelkomitee waren die Quäker eine gute Religion. Entsprach diese Einschätzung frommem Wunschdenken? Der amerikanische Quäker-Pazifismus ist im Laufe des 20. Jahrhunderts abgeflaut.[2] Gerade in den letzten Jahrzehnten des 20. Jahrhunderts gingen auch die Mitgliederzahlen der Quäker stark zurück. Zumindest in numerischer Hinsicht zählt diese Religionsgemeinschaft zu den Verlierern des 20. Jahrhunderts und ist vielerorts von der Auflösung bedroht.

Die Baptistenkirchen, vor allem im Süden der Vereinigten Staaten, sind demgegenüber bis ins frühe 21. Jahrhundert stetig gewachsen. Der Baptistenpastor Martin Luther King war 1964 auf dem Zenit seiner Anerkennung: Das amerikanische *Time Magazine* hatte ihn als ersten Afroamerikaner 1963 zum «Man of the Year» gekürt – eine Auszeichnung, die von den in diesem Buch porträtierten Personen übrigens auch Gandhi (1930), Haile Selassie (1935), Hitler (1938), Chomeini (1979) und Johannes Paul II. (1994) zuteil wurde. (Die Auszeichnung heißt inzwischen geschlechtsneutral «Person of the Year».) Einige Monate vor der Verleihung des Nobelpreises hatte King Rom besucht, wo gerade das Zweite Vatikanische Konzil tagte, was Paul VI. nicht daran hinderte, ihn zu einer Privataudienz zu empfangen. King war inzwischen eine der bekanntesten religiösen Persönlichkeiten der Welt. Dieses Prestige stärkte sein innenpolitisches Gewicht in den Vereinigten Staaten.

«I have a dream»: Predigt und Politik

Zu Kings Bekanntheit hatte vor allem sein Auftritt beim Marsch auf Washington am 28. August 1963 beigetragen, wo er vor etwa 250 000 Teilnehmern die Abschlussrede hielt. Zuvor waren eine Reihe Musiker aufgetreten, darunter Harry Belafonte, Joan Baez und Bob Dylan. Von vielen Millionen Amerikanern am Fernsehen live mitverfolgt, erscheint Kings Ansprache heutzutage auf fast allen Listen der besten Reden der Weltgeschichte. King wich stark von seinem ursprünglichen Skript ab und improvisierte gerade jene Passage mit dem wiederholten «I have a dream», für die seine Rede berühmt werden sollte. King beschwor in seinem großen Finale jenen Tag, «an dem alle Kinder Gottes – schwarze und weiße Menschen, Juden und Heiden, Protestanten und Katholiken – fähig sein werden, sich die Hände zu reichen», und schloss mit dem Zitat eines «*old negro spiritual*: Free at last! Free at last! Thank God Almighty, we are free at last!» Sein legendärer Auftritt war Predigt, Hymnus und politische Rede in einem.[3]

Auf dem Rückweg von der Nobelpreisverleihung in Oslo wurde Martin Luther King ins Weiße Haus eingeladen, wo er Präsident Lyndon B. Johnson von einem Gesetz überzeugte, das den Afroamerikanern im Süden der Vereinigten Staaten die Ausübung ihres Stimmrechts ermöglichen würde. Die Ausübung dieses demokratischen Grundrechts war den meisten Afroamerikanern durch zahlreiche Bestimmungen und Regeln vorenthalten geblieben. Das geänderte Wahlrechtsgesetz wurde 1965 verabschiedet, nachdem die Bewegung unter tatkräftiger Mitwirkung von King im Bundesstaat Alabama eine Kampagne gestartet hatte, die in Protestmärschen von der Stadt Selma in die Hauptstadt Montgomery gipfelte.

Pfarrer, Bürgerrechtler, Märtyrer

In Montgomery hatte King am 31. Oktober 1954 sein Amt als Pfarrer in einer kleinen, aber aufstrebenden und wohlhabenden afroamerikanischen Gemeinde angetreten. Mit ihm hatte man einen Pastor gefunden, der zu den gehobenen Ansprüchen der Gemeinde zu passen schien: ein aus der afroamerikanischen Pastorenelite von Atlanta stammender kultivierter fünfundzwanzigjähriger jungverheirateter Mann, der noch an seiner theologischen Doktorarbeit an der Universität Boston arbeitete, die er im folgenden Jahr einreichen sollte. Sein Vorgänger an der Dexter Avenue Baptist Church, Vernon Johns, war ein bekannter Prediger, der mit seinem Protest gegen den Rassismus den Ku Klux Klan auf den Plan rief, sodass man ihm den Rücktritt nahelegte.[4]

Dabei hatte King zunächst gar nicht in die Fußstapfen seines Vaters treten und ebenfalls Pfarrer werden wollen. Stattdessen begann er 1944, im Alter von erst fünfzehn Jahren, am Morehouse College in Atlanta ein Studium der Soziologie, das er 1948 abschloss. Hier lernte er die Schriften Henry David Thoreaus und dessen Gedanken zum zivilen Ungehorsam kennen und entdeckte das Werk Gandhis, den er stets als Inspirator würdigte.

Mit achtzehn Jahren entschied King sich dann doch für den Pfarrerberuf. Zunächst wurde er Hilfsprediger seines Vaters an der Ebenezer Baptist Church, ehe er an einem kleinen, elitären theologischen Seminar in Pennsylvania, dem Crozer Theological Seminary in Chester, ein Theologiestudium begann. King entwickelte sich zu einem eifrigen Studenten, der sich in die Geistes- und Religionsgeschichte einlas und sich dabei auch mit Marx beschäftigte. Er hatte zahlreiche Affären, eine längere mit der Tochter der deutschstämmigen Köchin. Von einer Heirat nahm er in Anbetracht der zu erwartenden Schwierigkeiten einer gemischtrassigen Ehe auf Anraten seiner Freunde jedoch Abstand. Ab 1951 setzte er seine Studien in Boston fort. In seiner Doktorarbeit, die an heutigen Maßstäben akademischer Redlichkeit gemessen vermutlich als Plagiat verurteilt würde, beschäftigte er sich mit Paul Tillich (s. Kap. 29). In Boston bahnte sich die 1953 geschlossene Ehe mit Coretta Scott an, mit der er vier Kinder bekam. Da sie wegen ihrer

Hautfarbe in Alabama nicht in Hotels oder Motels unterkommen konnten, verbrachten sie ihre Hochzeitsnacht in den Wohnräumen eines Bestattungsunternehmens.

Als King 1954 seine erste Pastorenstelle in Montgomery antrat, war es gerade zu einem Meilenstein in der Rechtsgeschichte der Vereinigten Staaten gekommen: Das Oberste Gericht hob mehre Urteile untergeordneter Instanzen auf und bekannte sich zu dem Prinzip, dass es in staatlichen Bildungseinrichtungen keine Rassentrennung geben dürfe. Das gab der Bürgerrechtsbewegung Auftrieb, die 1957 ein neues Zivilrechtsgesetz erstritt. 1964 folgte ein revidiertes Bürgerrechtsgesetz und 1965 das bereits erwähnte Wahlrechtsgesetz. King war eine treibende Kraft dieser Bewegung.

In diese Rolle wurde er zunächst durch einen Zufall katapultiert. Am Nachmittag des 1. Dezember 1955 weigerte sich eine Schwarze, Rosa Parks, in Montgomery ihren Sitzplatz in einem Bus für einen weißen Fahrgast freizumachen. Ihre Verhaftung löste einen Boykott der Busgesellschaft aus. Martin Luther King sagte nach einer Bedenkzeit seine Unterstützung zu und wurde am 5. Dezember zum Vorsitzenden der neu gegründeten Montgomery Improvement Association gewählt. Noch am selben Abend sprach er vor einer Versammlung von mehreren Tausenden schwarzen Menschen in einer geräumigen Baptistenkirche in Montgomery. Diese Versammlung gilt als die Geburtsstunde von zahlreichen Massenveranstaltungen der kommenden Jahre.[5] Kirchen stellten der Bürgerrechtsbewegung ihre Infrastruktur zur Verfügung: Kirchengebäude dienten als Versammlungsorte und Pfarrer als Organisatoren und Wortführer, nicht zuletzt wegen ihrer beruflichen und finanziellen Unabhängigkeit.[6] Religion war eine wichtige ideologische Ressource, auf die King schon bei seiner ersten Rede zurückgriff. Er bezeichnete die Protestierenden als «a Christian people» und bekannte für alle: «We believe in the Christian religion. We believe in the teachings of Jesus.» Hier und in vielen anderen Reden spannte er einen religiösen Rahmen um die Bürgerrechtsbewegung und um die gesamten Vereinigten Staaten, indem er die rassenübergreifende Interessengemeinschaft des Christentums, der USA und der christlichen Protestler hervorhob.

Der Busboykott erfolgte gegen erbitterten Widerstand des weißen Establishments. King wurde im Januar 1956 zum ersten Mal verhaftet.

Viele weitere Gefängnisaufenthalte folgten. Aus dem Gefängnis entlassen, wurde er aggressiv bedroht. Doch als er an seinem Engagement zweifelte, habe ihn eines Nachts plötzlich Gottes Gegenwart überwältigt. Eine tiefe Stimme habe ihm Mut zugesprochen und ihn aufgefordert, für Gerechtigkeit und Wahrheit einzustehen. Aus dem bürgerrechtlichen Engagement wurde ein göttlicher Auftrag. Sein Glaube half ihm, mit Bedrohungen, Rückschlägen und der Einsamkeit im Gefängnis fertig zu werden. King notierte, die «kosmische Gemeinschaft» durch Lieder wie «Come By Me, Lord, Come By Me» habe ihm und seinen Mitkämpfern die Kraft verliehen, gegen jegliche «Gestapo force» anzumarschieren.[7]

Einige Tage nach dieser Berufungserfahrung wurde ein Anschlag auf Kings Haus verübt. Er versicherte sich, dass seine Frau und seine Tochter unverletzt geblieben waren, und hielt dann eine kurze Ansprache vor seinem Haus, um die aufgebrachte Menge zu beruhigen. Erneut gab King seinen Zuhörern eine christliche Botschaft mit auf den Weg: Unter Berufung auf Gottes Wort sprach er sich gegen die Anwendung von Gewalt aus und beschwor seine Zuhörer, ihre Feinde zu lieben und sie von ihrer Liebe wissen zu lassen.[8]

Aus diesem tastenden Beginn entwickelte sich in der Folge Kings Programm des gewaltlosen Widerstands. Im Rückblick schrieb er den gewaltlosen Busboykott in Montgomery der Inspiration Gandhis zu[9] – so wie Gandhi für die Idee der Gewaltlosigkeit auf Tolstoi verwiesen hatte (s. Kap. 11). Im Februar 1959, einige Monate nachdem er bei einem Attentat fast ums Leben gekommen wäre, reiste King auf Einladung des indischen Präsidenten Nehru auf eine Art Gandhi-Wallfahrt nach Indien. Im Unterschied zu Gandhi setzte King in seiner politischen Arbeit keine körperliche Askese ein – und anders als Gandhi verzichtete er nicht auf Sexualität, sondern pflegte auf seinen Reisen sogar zahlreiche Affären, was das FBI ausgiebig dokumentierte und bei Gelegenheit gegen King zu verwenden hoffte.

Obwohl im eigenen Handeln ostentativ gewaltlos, zielten die Bürgerrechtskampagnen darauf ab, die Gegenseite zu Gewaltakten zu provozieren, um die Öffentlichkeit gegen die Barbarei des weißen Establishments zu mobilisieren. Die Gewaltakte der Gegner mussten bereitwillig erduldet werden, denn dies – so King nach einem neuerlichen Bombenanschlag auf sein Haus – ist «der Weg Christi, der Weg des Kreuzes. Wir müssen irgendwie daran glauben, dass unverdientes Leid erlösend ist.»[10]

Möglicherweise war der jüdische Rabbiner, Theologe und Bürgerrechtler Abraham Joshua Heschel eine Inspirationsquelle für diese Idee des erlösenden unverdienten Leidens.[11] Der aus Polen stammende Sprössling einer Linie chassidischer Rabbiner trat nach seinem Studium in Vilnius und Berlin 1937 die Nachfolge von Martin Buber am Jüdischen Lehrhaus in Frankfurt am Main an, wurde dort aber 1938 von der Gestapo verhaftet und nach Warschau ausgewiesen. Eine Einladung ans Hebrew Union College in Cincinnati führte ihn noch rechtzeitig außer Landes. 1945 trat er in New York eine Stelle an Solomon Schechters Jewish Theological Seminary an, wo damals auch Mordechai Kaplan lehrte (s. Kap. 19). In seiner Dissertation behandelte Heschel die Propheten Israels als Identifikationsfiguren. Martin Luther King hatte dieses Buch gelesen und zitierte den Propheten Amos in der Übersetzung Heschels (Amos 5,24): «Let justice roll down like waters / and righteousness like a mighty stream.» Heschel schrieb von einem mitleidenden Gott, der auf den Menschen angewiesen sei, sodass der Einsatz für Gerechtigkeit ein göttlicher Auftrag wird. King lernte Heschel 1963 persönlich kennen, und dieser unterstütze King aktiv. Kurz vor Kings Ermordung am 4. April 1968 hielt Heschel eine Ansprache, in der er King eine prophetische und heilige Mission attestierte, die den Vereinigten Staaten Hoffnung spende.[12]

Der neue Mose

Um mehr Zeit für seine politische Arbeit und die von ihm 1957 mitbegründete Southern Christian Leadership Conference (SCLC) zu haben, gab King 1960 seine Stelle in Montgomery auf und wurde zweiter Pastor an der Kirche seines Vaters in Atlanta. Schon seit dem Ende der erfolgreichen Buskampagne hatte King eine unermüdliche Reisetätigkeit quer durch die Vereinigten Staaten aufgenommen, um Reden zu halten und an Veranstaltungen teilzunehmen – etwa bei Benefizkonzerten mit Sammy Davis Jr., Frank Sinatra und Tony Bennett[13] –, um Spenden zu sammeln und die Bewegung medial präsent zu halten. Einer seiner zuverlässigsten Unterstützer und engsten Vertrauten war der Sänger Harry Belafonte.

Trotz seiner ständigen Reisen und Kampagnen gelang es King, einige Bücher zu veröffentlichen: *Stride toward Freedom: the Montgomery Story* (1958, deutsch 1964), *Why We Can't Wait* (1964, deutsch 1965), *Where Do We Go from Here: Chaos or Community* (1967, deutsch 1968). Diese Bücher sind allerdings teils von Ghostwritern verfasst worden. Auch Kings Predigtsammlungen sind stark redigiert und spiegeln nur zum Teil reale Predigtsituationen wider.[14]

Wie Billy Graham nannte auch King seine Kampagnen *crusades* (s. Kap. 30). Die erste von ihm mitorganisierte Großveranstaltung in Washington, wo er am 14. November 1957 vor über 30 000 Menschen als gefeierter Schlussredner auftrat, firmierte unter einem religiösen Titel: «Prayer Pilgrimage for Freedom». Auch hier verband King politische Forderungen mit christlicher Predigt. Im Laufe der Entwicklung der Bewegung wurden religiöse Themen allerdings zunehmend durch politische ersetzt – in Liedern etwa der Name Jesus durch «freedom».[15]

Obwohl King sich während seiner Ausbildung von den emotionalen Gottesdiensten seiner Heimat peinlich berührt gefühlt hatte, spielte er in seiner politischen Karriere geschickt mit dem performativen Register der afroamerikanischen Ritualtraditionen, etwa mit der Zuruf-und-Antwort Struktur, mit Steigerung und Beschleunigung, Rhythmik und Wiederholung.[16] Als Prediger-Redner verstand er es, die aktuelle Situation in einen größeren heilsgeschichtlichen Zusammenhang zu stellen. Dabei spielte bis 1965 die Exoduserzählung eine besonders wirkungsvolle Rolle: Das Publikum konnte sich als Gottes Volk verstehen, das sich auf einem Marsch durch die Wildnis ins Gelobte Land befand – und der Erfolg dieser Bewegung war durch Gott selbst gewährleistet.[17] King schlüpfte dabei in die Rolle des Mose, der sein Volk durch die Wüste führt.[18] Zwar war er weder der erste noch der einzige afroamerikanische Prediger und Aktivist, der von seiner Gemeinde als neuer Mose bezeichnet wurde – wir erinnern uns auch an Marcus Garvey (s. S. 464) und Mary Baker Eddy (Kap. 1) –, aber selten wurde diese rhetorische Figur derart mit Leben gefüllt, und der Erfolg der Bewegung bestätigte Kings Rolle. In einer Ansprache in Montgomery beschrieb sich King als Mose, der vom Gipfel des Berges aus in das verheißene Land Kanaan blickt.[19] In einer anderen Rede deutete er gleichwohl an, dass er das Land Kanaan vielleicht nicht erreichen werde.[20]

Auch in einer Rede, die er am 3. April 1968, am Vorabend seiner Ermordung in Memphis, hielt griff er auf diese Motive zurück: Dem Pharao sei es stets gelungen, die Sklavenherrschaft zu verlängern, indem er Zwietracht gesät habe, womit King auf das Auseinanderbrechen der Koalition der Bürgerrechtsbewegung anspielte. Zum Abschluss der Predigt sprach er folgende Sätze, mit denen er auf eine Art Jenseitserfahrung anzuspielen scheint (in Klammern kursiv die Responsen des Publikums): «Gut, ich weiß nicht, was jetzt passieren wird; uns stehen schwierige Tage bevor. *(Amen)* Aber das ist jetzt nicht mehr so wichtig für mich, denn ich war auf dem Gipfel. *(Yeah [Applaus])* Und es macht mir nichts aus. Wie jedermann hätte ich gerne ein langes Leben – Langlebigkeit hat ihre Berechtigung. Aber darum mache ich mir nun keine Sorgen mehr. Ich möchte nur Gottes Willen tun. *(Yeah)* Und er hat mir erlaubt, den Berg zu besteigen. *(Go ahead)* Und ich habe mich umgesehen *(Yes sir)* und das Gelobte Land gesehen. *(Go ahead)* Ich werde vielleicht nicht zusammen mit euch dorthin gehen. *(Go ahead)* Aber ich möchte, dass ihr heute Abend wisst *(Yes)*, dass wir, als ein Volk, das Gelobte Land erreichen werden. *[Applaus] (Go ahead, Go ahead)* Und ich bin heute Abend so glücklich; mir ist vor nichts bange; ich habe vor niemandem Angst. Meine Augen haben den Glanz des Kommens des Herrn gesehen. *[Applaus]*.»[21]

Das Ende des amerikanischen Traums

King, der neue Mose, nimmt hier auch Züge Christi an. Seine Ermordung am folgenden Tag wurde von den Anwesenden als eine Art Kreuzigung erlebt.[22] In seiner letzten Phase beinhalteten Kings Hinweise auf Jesus zumeist auch Verweise auf seine eigene Situation.[23] In einer berühmten Predigt, die er am 4. Februar 1968 in der Ebenezer Kirche in Atlanta hielt, zollte er Jesus Christus mit diesen Worten Tribut: «Er war erst dreiunddreißig, als sich die Gezeiten der öffentlichen Meinung gegen ihn wendeten. Sie nannten ihnen einen Aufwiegler. Sie nannten ihn einen Unruhestifter. *(Glory to God)* Er praktizierte zivilen Ungehorsam; er brach Vorschriften …»[24] Für die Zuhörer muss es unmöglich gewesen sein, dies nicht auch auf Martin Luther King selbst zu beziehen, obwohl sich sein Ansehen in den letzten Jahren seines Lebens um so mehr verschlechterte, je mehr sich seine politischen Ziele ausweiteten.

Martin Luther King mit dem vietnamesischen Mönch Thich Nhat Hanh (s. Kap. 47) auf einer Pressekonferenz in New York, 1966

Diese Entwicklung begann nach der Ermordung von Malcolm X 1965, des bekanntesten Exponenten der 1930 in Detroit gegründeten Nation of Islam, aus der er allerdings im Jahr vor seiner Ermordung ausgetreten war. Malcolm X lehnte Kings gewaltlosen Widerstand und sein Projekt einer Aussöhnung von Weißen und Schwarzen ab. Während King versuchte, den American Dream auch für die Afroamerikaner zu erschließen, gab es für den aus unterprivilegierten Verhältnissen stammenden Malcolm X nur einen amerikanischen Albtraum.[25] Doch 1965, in einer Predigt am 4. Juli, dem Unabhängigkeitstag, bekannte King, seit seiner «I have a dream»-Rede von vor zwei Jahren sei sein amerikanischer Traum zertrümmert worden. Die amerikanische Nation sei auf dem Genozid an den Indianern gegründet und beteilige sich nun am Völkermord in Vietnam.[26] King erkannte, dass der Rassismus sich nicht auf die Südstaaten beschränkte. Gegen die Skepsis seiner Mitstreiter startete er in Chicago eine Kampagne zur Bekämpfung von Rassismus, Armut und sozialer Ungleichheit, die letztlich scheiterte. In seiner Abkehr vom Liberalismus forderte er eine Revolution der Werte, den Übergang von einer «ding-orientierten» zu einer «personen-orientierten» Gesellschaft.[27]

King entwickelte sich damit zu einem radikalen Kritiker der Fundamente der US-amerikanischen Gesellschaft. Diese Radikalität wird von der amerikanischen und weltweiten Erinnerungskultur jedoch weitgehend ignoriert: Die Nation, deren Legitimation er gegen Ende seines Lebens auch unter Berufung auf seinen Gott bestritten hatte, würdigt ihn seit 1986 durch einen bundesweiten Feiertag, den 4. April, seinen Todestag.

28

Alfred Loisy und Gustavo Gutiérrez

Vom Modernismus zur Befreiungstheologie

Loisy, der exkommunizierte Modernist

Immer wieder gab es theologische Richtungen im Katholizismus, die von der kirchlichen Hierarchie mit dem Papst an der Spitze missbilligt und mitunter sogar verurteilt wurden. Einzelne Theologen wurden mit Lehrverbot belegt oder im Extremfall sogar exkommuniziert. Ein richtungsweisender Fall war der des französischen Priesters und Bibelwissenschaftlers Alfred Loisy (1857–1940), der 1893 am Institut catholique de Paris, einer 1875 gegründeten katholischen Privatuniversität, vom Bibelunterricht abgezogen wurde.[1] Loisy arbeitete daraufhin einige Jahre als Religionslehrer an einem Mädchenpensionat und ab 1900 als Privatdozent an der staatlichen École pratique des hautes études. Hier war 1886 eine Abteilung gegründet worden, an der anstelle von Theologie kirchenunabhängige Religionsforschung betrieben wurde. 1902 erschien Loisys Buch *L'Évangile et l'Église* (deutsch 1904 als *Evangelium und Kirche*), in dem er versuchte, die katholische Kirche mit historischen und evolutionistischen Argumenten zu legitimieren. Er behandelte die Auferstehung dabei nicht als historisches Faktum und lehnte eine unmittelbare Rückführung der kirchlichen Ämter und Sakramente auf den historischen Jesus ab. 1903 wurde sein Buch – zusammen mit einigen anderen seiner Werke – auf den Index der verbotenen Bücher gesetzt. Loisy versuchte sich durch mehrere Unterwerfungserklärungen zu rehabilitieren. Das verschaffte ihm zwar einige Jahre Ruhe, beförderte aber seine Abwendung vom kirchlichen Christentum.[2]

Loisy galt in der Kirche als eine zentrale Stimme einer internationalen Gruppe von katholischen Gelehrten, die von ihren Gegnern als «Modernisten» gebrandmarkt wurden. Ein zentrales Dokument dazu war die Enzyklika *Pascendi Dominici gregis* («Die Herde des Herrn zu weiden»), die 1907 von dem extrem konservativen Pius X. veröffentlicht wurde. Hier wurde der Modernismus erstmals als eine einheitliche und umfassende Ideologie beschrieben, wie sie in dieser Form von keinem einzelnen Gelehrten vertreten wurde.[3] «Modernismus» war aber nicht nur ein katholischer Kampfbegriff. Auch der reformierte Theologe Karl Barth (s. Kap. 29) hat vermeintlich «häretische» Positionen moderner bzw. liberaler Theologen gelegentlich als Modernismus verfemt.[4] Da Loisy, der sich inzwischen privat weitgehend vom katholischen Glauben entfernt hatte, nach der päpstlichen Verlautbarung nicht mehr geneigt war, von seinen Positionen abzurücken, wurde er 1908 exkommuniziert. Er nahm dies sogar mit einer gewissen Erleichterung auf, da er nun seinen eigenen Weg gehen konnte.[5] Im folgenden Jahr wurde Loisy auf den gerade freigewordenen Lehrstuhl für Religionsgeschichte am Collège de France gewählt, der renommiertesten Hochschule der Republik, die damit nicht nur Loisys akademische Leistungen anerkannte, sondern auch ihre laizistische Unabhängigkeit von religiösen Institutionen zelebrierte. Seine Antrittsvorlesung fand unter Polizeischutz statt und wurde von vielen Pressebeobachtern verfolgt.[6]

Loisy produzierte ein reichhaltiges wissenschaftliches und publizistisches œuvre, das sich nicht mehr nur an Spezialisten richtete. In einem Buch über Religion und Krieg (1915) kritisierte er das Versagen der Kirchen in Anbetracht der Menschheitskatastrophe des Ersten Weltkriegs. Die Kriegserfahrung ließ ihn auch von der Annahme eines gütigen, vorausschauenden und die Weltgeschichte lenkenden Gottes abrücken. 1917 schrieb er ein allgemeines Buch über Religion, in dem er Mystik als «Seele aller Religionen» beschrieb. In einem 1926 erschienenen Buch über Religion und Humanität entwickelte er die Vision einer Menschheitsreligion, in der nicht transzendente Mächte, sondern die Menschheit selbst als «Mutter und Schöpferin aller materiellen und geistigen Güter» der zentrale Akteur ist.[7] In seinem Spätwerk, das kurz vor Beginn des Zweiten Weltkriegs erschien, spricht er dagegen von einer «Religion des Geistes» oder einer «Religion der Liebe», in der zentrale Inhalte des Christentums in abstrakterer Form wiederkehren.[8]

Vom exkommunizierten Modernisten zum Visionär einer Menschheitsreligion: Alfred Loisy, 1927

Kampf gegen den Modernismus

Die Kampagne gegen den Modernismus förderte Denunziationen. 1910 wurde allen katholischen Priestern abverlangt, einen sogenannten Antimodernisteneid abzulegen. Hierin musste man sich zur kirchlichen Lehre bekennen und zum Beispiel explizit den «Irrtum» verwerfen, «der von der Kirche vorgelegte Glaube *könne der Geschichte widerstreiten*, und die katholischen Glaubenssätze könnten in dem Sinn, in dem sie jetzt verstanden werden, nicht mit den wahren Ursprüngen der christlichen Religion vereinbart werden».[9] In strenger Auslegung machte dieser Eid eine historisch-kritische und unabhängige Auseinandersetzung mit Bibel, christlicher Glaubensgeschichte und Literatur unmöglich. Wer den Eid verweigerte, konnte von seinem kirchlichen Amt suspendiert werden. Viele Gelehrte leisteten den Eid daher zähneknirschend, aber nicht alle konnte er vor Verfahren gegen sie schützen. Der schon immer anachronistisch wirkende Zwangseid wurde erst 1967 von Paul VI. durch ein allgemeineres, positiv gehaltenes Glaubensbekenntnis ersetzt.

Die zuvor vom Zweiten Vatikanischen Konzil verabschiedeten Dokumente erinnern ironischerweise zum Teil an Positionen, die zur Zeit von Pius X. als «modernistisch» gebrandmarkt worden wären; der historisch-kritische Zugang zur Bibel wurde nun zum Beispiel gefördert. Kritiker des Konzils wie der französische Erzbischof Marcel Lefebvre (1905–1991) erhoben nun gegen die offizielle neue Lehre den Vorwurf des Modernismus, was von Rom «letztlich mit wenig überzeugenden Gründen» natürlich stets zurückgewiesen wurde.[10] Es ist vielleicht kein Zufall, dass Angelo Giuseppe Roncalli, der spätere Papst Johannes XXIII., Kontakte zu als modernistisch geltenden Theologen, Bischöfen und Gelehrten unterhielt.[11]

Auch nach dem Zweiten Vatikanischen Konzil wurde mehreren katholischen Theologen und Theologinnen die Lehrerlaubnis entzogen. Besonders betroffen waren mit Stephan Pfürtner, Hubertus Mynarek, Adolf Holl und Franz Schupp Theologen aus der Schweiz und Österreich. Die höchsten Wellen aber schlug der Fall Hans Küng. Dem aus der Schweiz stammenden, in Tübingen lehrenden Priester wurde 1979 die Lehrerlaubnis entzogen. Küngs Bücher *Die Kirche* (1967) und *Unfehlbar? – Eine Anfrage* (1970) wurden vom Vatikan kritisch aufgenommen. 1979 erließ die Kongregation eine «Erklärung über einige Hauptpunkte der Lehre von Prof. Hans Küng», die deklarierte: «Professor Hans Küng weicht in seinen Schriften von der vollständigen Wahrheit des katholischen Glaubens ab. Darum kann er weder als katholischer Theologe gelten noch als solcher lehren.»[12] Die Verfahren der vatikanischen Kongregation für die Glaubenslehre, die oft von einzelnen Bistümern angestachelt werden, entsprechen nicht den Gepflogenheiten säkularer Gerichte und werden von Betroffenen (nicht ohne Grund) als inquisitorisch, diffamatorisch und unfair empfunden.[13] Im Unterschied zu Mynarek, Holl und Schupp konnte der weltbekannte Küng an seiner Universität bleiben und weiterhin theologisch arbeiten, wobei er seinen Wirkungsbereich auf ökumenische Theologie, den Dialog mit anderen Religionen und die Idee eines Weltethos ausdehnte.[14] 1993, bei der Neuauflage des Weltparlaments der Religionen, wurde in sechzehn Sprachen eine «Erklärung zum Weltethos» verabschiedet. Das sogenannte Weltethos will Küng zufolge «das, was den Religionen der Welt trotz aller Verschiedenheiten jetzt schon gemeinsam ist, herausarbeiten». Dazu zählt er «vier unverrückbare Weisungen»: 1. Gewaltlosigkeit und die Ehrfurcht vor dem Leben; 2. Solidarität und gerechte Wirtschaftsordnung; 3. Toleranz und Leben in Wahrhaftigkeit; 4. Gleichberechtigung und Partnerschaft von Mann und Frau.[15] Das ist indes eher theologisch-politisches Wunschdenken als das Ergebnis historisch-kritischer Analyse der Lehren der Religionen.

Die Kongregation für die Glaubenslehre veröffentlichte von 1979 bis 2001 kritische Stellungnahmen zu Schriften von über einem Dutzend namentlich genannten Theologen. Bekanntere Fälle waren Eugen Drewermann in Deutschland, Jacques Pohier in Frankreich und Edward Schillebeeckx in den Niederlanden. Schillebeeckx wurde gleich mehrfach Gegenstand von Prüfungen seitens der Kongregation. Auch außerhalb Europas oder anderer westlicher Länder wie den USA wurden Theologen kritisiert und verurteilt.

Befreiungstheologie und Antikolonialismus

1985 legte Kardinal Joseph Ratzinger, der spätere Papst Benedikt XVI., als Präfekt der Kongregation für die Glaubenslehre eine ablehnende «Notifikation» zu einem 1981 veröffentlichten Buch über die Natur der Kirche des brasilianischen Franziskaners Leonardo Boff vor. Boff galt als einer der Wortführer der Befreiungstheologie, die Ratzinger 1984 schon in einer «Instruktion» kritisiert hatte, deren Agenda wie folgt definiert wurde: «Sie will die Aufmerksamkeit … auf die … Gefahren der Abweichung lenken, … wie sie gewisse Formen der Theologie der Befreiung enthalten, die in ungenügend kritischer Weise ihre Zuflucht zu Konzepten nehmen, die von verschiedenen Strömungen des marxistischen Denkens gespeist sind.»[16]

Boff wurde 1985 mit einem einjährigen Rede- und Lehrverbot belegt, das ihn mit einem Schlag weltweit bekannt machte. Die Auseinandersetzung zwischen ihm und der römischen Kurie spitzte sich 1991 erneut zu, sodass er 1992 aus dem Franziskanerorden austrat und den Priesterstand aufgab. In seinem späteren Werk wandte Boff sich stärker ökologischen Themen zu.[17]

Der Ausdruck Befreiungstheologie wurde entscheidend von dem Peruaner Gustavo Gutiérrez (geb. 1928) geprägt. Gutiérrez stammt aus einer mittellosen Familie und musste den größten Teil seiner Jugend – von zwölf bis achtzehn Jahren – wegen einer Knochenmarkentzündung im Krankenbett verbringen. Er begann zunächst Medizin zu studieren, ehe er auf Philosophie und Theologie umsattelte. Seine Studienjahre absolvierte er in Leuven, Lyon und Rom. Gutiérrez wurde 1959 zum Priester geweiht und begann in den frühen 1960er Jahren an der Päpstlichen Katholischen Universität von Peru in Lima Theologie und Sozialwissenschaften zu lehren. Als Berater eines chilenischen Bischofs nahm er an der vierten Sitzungsperiode des Zweiten Vatikanischen Konzils teil.

1968 formulierte Gutiérrez erstmals Entwürfe zu einer Theologie der Befreiung; 1971 erschien sein programmatisches Buch *Teología de la liberación: Perspectivas* (deutsch 1973).[18] Für Gutiérrez war Theologie eine kritische Reflexion auf soziale und religiöse Praxis. Theologie wurde damit nicht mehr von oben – aus dem Bestand der Dogmen – gedacht, sondern aus der Lebenswirklichkeit aktualisiert.[19] Eine einflussreiche Formulierung von ihm ist «optar por los pobres», «für die Armen eintreten» oder «Option für die Armen». Papst Johannes XXIII. hatte 1962 in einer Rundfunkansprache die ideale Kirche als «Kirche der Armen» bezeichnet.[20] Die Vorrangigkeit der Armen zielte dabei nicht nur auf das kirchlich-seelsorgerische Handeln, sondern entsprach der Natur Gottes. Aus seiner theologischen Analyse der Situation in Lateinamerika schloss Gutiérrez auf Gottes bevorzugtes Eintreten für die Armen. Für Gutiérrez gehören Befreiung, Emanzipation und Erlösung zusammen. Religion ist nicht primär eine Angelegenheit der individuellen Heilssuche, sondern der gesellschaftlichen Praxis. Gutiérrez wurde zwar nie offiziell vom Vatikan gerügt, aber bei seinem zweiten Besuch in Peru nach 1985 kritisierte Johannes Paul II. 1988 Gutiérrez öffentlich und im direkten Gespräch.[21]

Die Befreiungstheologie stieß auch in anderen Regionen des Globalen Südens auf Resonanz. Befreiungstheologisches Denken erscheint überall relevant, wo es Arme, Ausgebeutete, Marginalisierte und Misshandelte gibt. Tissa Balasuriya (1924–2013) aus Sri Lanka war ein Befreiungstheologe, der im Jahre 1997 sogar vorübergehend exkommuniziert wurde – ein drastischer Schritt, der zuvor nur bei Loisy und 1925 bei dem vermeintlich «modernistischen» italienischen Christentumshistoriker Ernesto Buonaiuti angewandt wurde, wobei Balasuriya der einzige war, der später rehabilitiert wurde. Die Kontroverse mit der katholischen Hierarchie entzündete sich an seinem 1990 erschienen

Buch *Mary and Human Liberation*, das globale Trends in der Theologie aufnahm, neben Befreiungstheologie unter anderem auch schwarze und feministische Theologie. Die revolutionäre Sprengkraft Marias sei von der konventionellen und kolonialen Theologie domestiziert worden. Balasuriya feierte «Marianische Spiritualität» als Verheißung sozialer Befreiung von den Grundübeln feudaler Gesellschaftsstrukturen, des Kapitalismus, Imperialismus und Kolonialismus und der Herrschaft der Männer.[22]

29

Karl Barth und Paul Tillich

Zwischen Kultur und Offenbarung

Die Lebenswege der beiden Theologen Karl Barth (1886–1968) und Paul Tillich (1886–1963) begannen zwar in unterschiedlichen Regionen – Barth war Schweizer; Tillich stammte aus Brandenburg, sein Heimatort Starzeddel (Starosiedle) liegt im heutigen Polen –, sie weisen aber über das gemeinsame Geburtsjahr hinaus einige weitere Gemeinsamkeiten auf. Beider Väter waren evangelische Pfarrer: Fritz Barth schlug eine akademische Karriere ein und war zuletzt Professor für Kirchengeschichte und Neues Testament in Bern; Johannes Tillich wurde 1900 an das Königliche Konsistorium nach Berlin berufen. Beide wuchsen in relativem Wohlstand in angesehenen Familien auf, beide studierten zeitweise in Berlin (Tillich 1904, Barth ab 1906) und Tübingen (Tillich 1905, Barth 1907/08), und beide spielten aktive und leitende Rollen in Studentenverbindungen. Tillich, der 1910 in Breslau mit einer Arbeit über die Spätphilosophie Schellings promoviert wurde, verbrachte seine wichtigsten Studienjahre in Halle, wo er 1912 die theologische Lizentiaten-Dissertation über «Mystik und Schuldbewusstsein in Schellings Entwicklung» vorlegte. Nach Halle hätte auch Barths Vater seinen Sohn gerne geschickt. Für Barth war der entscheidende Ort aber Marburg (wo Tillich später eine Professur antrat). Sein Vater hatte die Wahl dieses Studienorts als bekannter Bastion liberalen Geistesguts lange verhindern wollen. Schließlich soll auch genau das eingetroffen sein, was der Vater vermeiden wollte. 1945, viele Jahrzehnte später, erinnert Karl Barth in einem «Lebenslauf»: «Es fand sich zum Schluss, dass ich mich im Gegensatz zu der

Richtung meiner Großväter und meines Vaters zu einem entschiedenen Adepten der noch bis in die Zeit des ersten Weltkriegs herrschenden und als allein menschenwürdig geltenden ‹modernen› Schule gebildet hatte, in der das Christentum … einerseits als kritisch zu erforschendes Phänomen, andererseits als Sache eines vorwiegend moralisch gearteten inneren Erlebnisses interpretiert wurde.»[1]

Barth kritisiert hier das zivilisatorische und fortschrittsorientierte Pathos der damals maßgeblichen Theologie mit ihren zwei Achsen einer historischen Kritik und der inneren Erfahrung. In einem 1909 erschienenen Aufsatz diagnostiziert er diese beiden Achsen als historischen Relativismus einerseits, der dem Christentum keine absolute Sonderstellung mehr einräumte, und religiösen Individualismus andererseits, der die normative Gültigkeit einer kirchlichen Tradition zugunsten der eigenen Glaubens- und Gewissensentscheidung zurückstellt.[2] Seit 1908 arbeitete Barth als Redaktionsassistent von *Die christliche Welt*, der von 1887 bis 1941 erscheinenden führenden Zeitschrift des liberalen Kulturprotestantismus.

Erster Weltkrieg und Religiöser Sozialismus

1909 zog Barth in die Schweiz, um dort die Arbeit als Pfarrer aufzunehmen. Tillich war schon im Jahr zuvor in der Nähe von Berlin in den kirchlichen Dienst eingetreten. Für beide brachte die Zeit des Ersten Weltkriegs einschneidende Veränderungen mit sich. Für Tillich war dies die Kriegsteilnahme an der Front. Wie viele deutsche Männer seines Alters hatte der frisch verheiratete, damals achtundzwanzigjährige Theologe sich im kriegsbegeisterten Taumel zu Kriegsbeginn freiwillig gemeldet. Tillich kam als Feldgeistlicher zum Einsatz, war de facto aber zu einem nicht geringen Teil als Totengräber tätig. Im Rückblick stellte Tillich 1959 ein Fronterlebnis in der Champagne 1915 als einschneidende Wende seines Weltbilds dar, und das erfahrene Leid scheint ihm nahegangen zu sein,[3] gleichzeitig aber lagen seine Frontpredigten ganz auf der Linie der gängigen nationalprotestantischen Kriegstheologie mit Leitmotiven wie Erlebnis- und Heldenopferverklärung und der überlegenen Heiligkeit der deutschen Nation.[4]

Als Schweizer blieb Barth das Fronterlebnis erspart. Dennoch bedeutete auch für ihn der Krieg einen Schock und einen Einschnitt.

Denn dass der Krieg auf die rechtfertigende Unterstützung fast aller maßgeblichen deutschen Theologen stieß – auch solcher, die er als Lehrer schätzte –, hatte er nicht erwartet. Auch Loisy äußerte sich dazu in einem 1916 erschienenen Buch kritisch. Barth sah darin ein intellektuelles, moralisches und religiöses Versagen der liberaltheologischen Elite, das einen Vertrauensverlust in die Tragfähigkeit ihrer Theologie nach sich zog. Barth hegte den Verdacht, dass das Evangelium als Orientierungspunkt durch «eine germanische Kampfreligion» ersetzt würde. Sein ehemaliger Lehrer und Chef bei der *Christlichen Welt*, Martin Rade, warf ein, Barth könne die Situation nicht verstehen, weil ihm als Ausländer bzw. im Ausland das «Erlebnis» des Krieges abgehe. Barth mochte das nicht anerkennen, weil dieses Argument die entscheidende Voraussetzung – Gott – außen vor lasse, und dieser habe diesen barbarischen Krieg gerade nicht gewollt. Barths Verortung in der militärisch neutralen Schweiz spiegelt seine theologische Positionierung, denn wie die Schweiz war auch Barths Gott un- bzw. überparteiisch.[5]

Barth hatte während der Kriegsjahre noch ein Erlebnis anderer Art. In einigen autobiographischen Texten brachte er eine grundlegende Veränderung seines Denkens ursächlich mit seiner Tätigkeit als Pfarrer in dem kleinen Bauern- und Arbeiterort Safenwil (Kanton Aargau) in den Jahren 1911 bis 1921 in Verbindung. Schon in seiner Zeit als Vikar in Genf, wo er sich eine achtzehnjährige Konfirmandin als künftige Frau ausguckte, war er erstmals direkt mit materieller Armut in Berührung gekommen. In der calvinistischen Hochburg Genf hatte ihm vielleicht auch das Studium der Werke des Reformators Johannes Calvin die Augen für die sozialen Implikationen der christlichen Botschaft vom «Reich Gottes» geöffnet. Barth ließ sich auf die soziale Wirklichkeit seiner Gemeinde ein und engagierte sich in sozialer und politischer Arbeit. Er fragte sich, ob Kapitalismus und Privateigentum mit dem Evangelium vereinbar seien. In der Presse wurde er als «roter Messias» diffamiert. Er hielt sozialistisch gesinnte Reden und trat 1915 der Sozialdemokratischen Partei der Schweiz bei.[6]

Barth kam in Kontakt mit den Schweizern Hermann Kutter und Leonhard Ragaz,[7] zwei Vertretern des «religiösen Sozialismus» – ein Konzept, das im 19. Jahrhundert bereits von dem englischen Geistlichen Frederick Denison Maurice geprägt worden war. 1910 fand bei

Besançon in Ostfrankreich eine erste internationale Zusammenkunft der «chrétiens sociaux» statt.[8]

Der Sozialismus ist vermutlich die einflussreichste globale Ideentradition des späten 19. und des 20. Jahrhunderts und wurde oft in religiösem Vokabular dargestellt: als «neue Religion», «Kirche», «neues Evangelium», «Glaube», «Bekenntnis» oder «Erlösung». Die Zuwendung zum Sozialismus ging häufig mit einer Abwendung vom Christentum oder zumindest von der Kirche einher, was als eine Art Konversion beschrieben wurde. Die Kirche wurde aus sozialistischer Warte (wie ähnlich schon in Tolstois *Auferstehung*) als Legitimationsinstanz des herrschenden Regimes angeprangert. Religion galt als unwissenschaftlich, und die ungerechten Verhältnisse konnten als Beweis für die Nichtexistenz oder das Desinteresse Gottes wahrgenommen werden.[9] Trotzdem konnte der Sozialismus auch von Christen wie den bereits erwähnten «religiösen Sozialisten» oder «sozialen Christen» aus ihrem Glauben heraus legitimiert und vertreten werden. Dabei stand oft die biblische Rede vom «Reich Gottes» im Mittelpunkt, deren zentrale Bedeutung wir bei Tolstoi gesehen haben (s. Kap. 5); Ragaz betrachtete Tolstoi als einen Propheten.[10]

Karl Barths Religionskritik

Im September 1919 nahm Barth an einer Tagung der sich gerade in der Gründungsphase befindlichen «Deutschen religiös-sozialen Vereinigung» in Thüringen teil. Das fiel allerdings in eine Zeit, als sich die Koordinaten seines theologischen Denkens – vermutlich auch durch die theologische Verarbeitung des Weltkriegs – noch einmal grundlegend verschoben hatten, weshalb er sich die Freiheit nahm, von dem ihm vorgeschlagenen Thema abzuweichen. In seinem Vortrag «Der Christ in der Gesellschaft», der in gedruckter Form (1920) weithin wahrgenommen wurde, bezieht er sich mehrfach auf Tolstoi und geht auch auf das Motiv des «Reiches Gottes» ein. Dabei setzt er sich von rein politischen Verständnissen ab, die er unter Verweis auf die Differenz von Gott und Welt und die Vorrangigkeit Gottes zu überbieten sucht: «Das Reich Gottes fängt nicht erst mit unseren Protestbewegungen an. Es ist eine Revolution, die *vor* allen Revolutionen ist, wie sie *vor* allem Bestehenden ist. Die große Negation geht den kleinen voran, wie sie auch den kleinen Positionen vorangeht.» Barth schärfte seinen Zuhörern ein, dass das Göttliche im Unterschied zur menschengemachten Religion «etwas Ganzes, etwas in sich Geschlossenes, etwas der Art nach Neues, Verschiedenes gegenüber der Welt» sei: «Es läßt sich nicht auftragen, aufkleben und anpassen ... Es läßt sich nicht anwenden». Die Gesellschaft als solche sei «ohne Fenster gegen das Himmelreich».[11] Das nahm menschlichen Weltverbesserungsutopien Wind aus den Segeln, denn: «Es gibt nur *eine* Lösung, und die ist in Gott selbst.» Barth geht es um das Bewegtsein durch Gott, nicht um eine soziale Bewegung, nicht um das «Tun des Menschen, sondern das Tun Gottes im Menschen».[12] Gott sei der eigentliche Akteur im Getriebe der Welt. Diese Rolle habe er durch «das Wunder der Offenbarung»[13] selbst eingenommen.

Barth gibt hier Gedanken wider, die er in seinem kurz vor Weihnachten 1918 veröffentlichten, aber mit dem Erscheinungsdatum 1919 versehenen Kommentar zum *Römerbrief* ausgeführt hatte – eines der meistbeachteten Werke der Theologiegeschichte des 20. Jahrhunderts, von Paul Tillich als «Akt der Götzenzertrümmerung» gelobt.[14] Barth hatte die erste Fassung in seiner Zeit als Pfarrer geschrieben. Mit dem Werk hatte er versucht, die theologische Krise zu verarbeiten, die durch die Kriegslegitimierung vieler liberaler Theologen ausgelöst worden war.

Barth setzt sich von der historisch-kritischen Zugangsweise zum *Römerbrief* ab, deren Berechtigung und Notwendigkeit er zwar anerkannte, die er aber hermeneutisch überbieten wollte, um «durch das Historische *hindurch* zu sehen in den Geist der Bibel, der der ewige Geist ist».[15] Barth kritisiert «Religion» als eine weltliche, vom Menschen ausgehende und menschengemachte Größe, die an der göttlichen Realität vorbeisieht. Auch Staat, Politik und Kultur seien sekundäre und aus einer konsequent von Gott her gedachten Perspektive unwesentliche oder gar suspekte Phänomene; Politik etwa galt Barth als «*grund*schmutzig».[16] Barths bibelorientierte deklarative Diktion, die Predigtstil mit akademischer Argumentation verbindet, hat ihm eine begeisterte Anhängerschaft beschert, aber auch Kritik eingetragen.

Das Buch ebnete Barth den Weg zu einer akademischen Karriere, die sich einigen glücklichen Umständen verdankt, ohne die Barth womöglich nicht der bedeutende Theologe geworden wäre, als der er gilt. In Göttingen wollte man eine außerordentliche Stelle für reformierte Theologie einrichten, hatte sich mehrere Absagen eingeholt und schließlich den weder promovierten noch habilitierten Barth als eine Art Notlösung berufen – noch dazu auf der Grundlage einer Probepredigt, nachdem Barth sich geweigert hatte, einen akademischen Probevortrag zu halten. Das stimmt insofern mit Barths Denkansatz überein, als er keine Spaltung zwischen Theologie und Predigt gelten lassen wollte, bedeuten doch beide Vortragsweisen für ihn primär das Wagnis, von Gott zu reden. Sein ehemaliger Berliner Lehrer, der Kirchen- und Dogmenhistoriker und Wissenschaftspolitiker Adolf von Harnack, kritisierte dementsprechend, Barth verwandle «den theologischen Lehrstuhl in einen Predigtstuhl».[17] In Anbetracht des besonderen Gegenstands von Theologie und ihrer Einbettung in die kirchliche Verkündigung sah Barth jedoch keine Notwendigkeit, Theologie einem von anderen Wissenschaften vorgegebenen Modell anzupassen. Eher hätte er auf das Siegel der Wissenschaftlichkeit ganz verzichtet.[18]

1922 erschien Barths programmatischer Aufsatz «Das Wort Gottes als Aufgabe der Theologie». Darin schildert er die Herausforderung der Theologie: «Wir sollen als Theologen von Gott reden. Wir sind aber Menschen und können als solche nicht von Gott reden. Wir sollen Beides, unser Sollen und unser Nicht-Können, wissen und eben damit Gott die Ehre geben.»[19] Diese Aussage führt ins Zentrum des Ansatzes, der als «dialektische Theologie» bekannt wurde: die Gratwanderung und das stete Scheitern an der Grenzüberschreitung zwischen dem «ganz Anderen» göttlicher Selbstaussage in der Offenbarung und der allzu menschlichen, endlichen Sprache. Allein dem Dialektiker, der das eine ohne das andere nicht zu denken versteht und These und Antithese zur Synthese zusammenführen muss, mag es vielleicht gelingen, beide Dimensionen in der Schwebe zu halten.

Paul Tillich und die Theologie der Kultur

Paul Tillich, der in der Nachkriegszeit eine akademische Karriere in Berlin anstrebte, entwickelte seit Anfang der 1920er Jahre gegenläufige Interessen. So versuchte er – zusammen mit einem Kreis von Gleichgesinnten, zu dem auch zwei jüdische Intellektuelle gehörten – den religiösen Sozialismus konstruktiv weiterzuentwickeln, wobei

Tillich erst 1929 in Anbetracht des Aufstiegs der NSDAP eher halbherzig der SPD beitrat.[20] 1926 beschäftigte sich Tillich mit der Kategorie des Dämonischen als abgründiger, perverser und destruktiver Macht.[21] Den Faschismus bezeichnete er als eine Dämonisierung des Nationalismus, den Kommunismus als eine Dämonisierung des Sozialismus.[22] Tillich sehnte eine «sinnerfüllte Gesellschaft» herbei, wobei er den sozialistischen Theoretikern eine fehlende anthropologische Tiefe vorwarf. In einer im Schicksalsjahr 1933 unter dem Titel *Die sozialistische Entscheidung* veröffentlichten kritischen Auseinandersetzung mit dem Sozialismus suchte er von Heidegger beeinflusstes Ursprungsdenken mit der christlich geprägten prophetischen Erwartung zusammenzubringen und die Schranken der bürgerlichen Gesellschaft zu überwinden.[23] Allein ein religiöser Sozialismus könne die europäische Kultur vor barbarischer Selbstvernichtung retten.[24] Das vieldeutige Buch wurde kurz nach Erscheinen verboten und vernichtet.

Während Barth Kultur und Religion abwertete, entwickelte der bildungsbürgerliche Intellektuelle Tillich in den 1920er und 1930er Jahren eine Art Religionstheorie der Kultur. Ausgehend von ästhetisch-liturgischen und hochkulturellen Phänomenen wie Weihrauch, Sonntagskleidung oder einer Beethoven-Symphonie schien es ihm aussichtslos, eine prinzipielle Trennlinie zwischen Kultur und Religion ziehen zu wollen. Stattdessen zeigte er die gegenseitige Verschränkung von Religion und Kultur auf, wobei Kultur Tillich zufolge in Religion als einem unbedingten Sinn- und Seinsgehalt eingebettet ist. Das eröffnet das Programm einer theologischen Kulturanalyse, ausgearbeitet in seinem 1926 erschienen Buch *Die religiöse Lage der Gegenwart*. Er spitzte diesen Ansatz auf die Formel zu, Religion sei «die Substanz der Kultur, und Kultur ist die Form der Religion».[25] Tillich erwartete eine Art Zeitenwende im Sinne einer verstärkten Durchdringung der Kultur durch die Religion, was ihn zwar für die zeitkritische Debatte interessant machte, ihn aber innerhalb der Theologie eher isolierte oder ihn manchmal sogar dem Verdacht aussetzte, ein «Ketzer» zu sein.[26] Diese Denkbewegung ist der von Barth diametral entgegengesetzt: Wollte Barth die Theologie entweltlichen und auf das metahistorische Offenbarungsereignis des Wortes Gottes fokussieren, weitete Tillich das Arbeitsfeld der Theologie auf den geschichtlichen Gesamtbereich von Kultur aus – er kulturalisierte die Theologie.

Beide machten mit ihren Ansätzen Karriere: Barth wurde nach Münster (1925) und dann nach Bonn (1930) berufen, Tillich als zeitweiliger Nachfolger von Rudolf Otto, dem auch Barth die Sprechweise des Numinosen und des Ganz Anderen verdankte, nach Marburg (1924), dann an die Technische Universität Dresden (1925) und schließlich als Professor für Philosophie und Soziologie nach Frankfurt (1929), wo er ein akademischer Star war und intensiv am gesellschaftlichen Leben teilnahm. Einer seiner Assistenten war Theodor Wiesengrund, der später den Namen Adorno – nach seiner katholischen Mutter korsisch-italienischer Herkunft, der Sängerin und Pianistin Maria Calvelli-Adorno – als Schriftstellername annahm. (Sein protestantischer Vater war jüdischer Herkunft.) Es ist allerdings auffällig, dass Tillich im Gegensatz zu Barth nie eine Stelle in einer theologischen Zentraldisziplin erhielt. Auch in seinem persönlichen Frömmigkeitsleben hatte er sich von der kirchlichen Praxis entfernt; Gottesdienste besuchte er damals nur selten.

Gemeinsamkeiten mit signifikanten Unterschieden gab es auch im Privatleben beider Theologen. Beide hatten verzwickte Beziehungsgeschichten und führten ein ziemlich unkonventionelles Eheleben. Barth hatte sich in der Studienzeit gezwungen gesehen, eine Beziehung wegen des Einspruchs seiner Eltern aufzugeben,[27] und Tillich wurde von seiner ersten Frau verlassen. Seine zweite Frau heiratete ihn, nachdem sie kurz zuvor noch jemand anderen geehelicht hatte. Tillich glaubte das Erotische für seine Arbeit zu brauchen,[28] er hatte zahlreiche Affären, pflegte sexuelle Kontakte mit Männern und sado-masochistische Neigungen.[29] Die Beziehung zu seiner zweiten Frau war von vielen Konflikten und starker Eifersucht ihrerseits geprägt. Die Ehe der Tillichs wurde als «Schlachtfeld» beschrieben.[30]

Barth, der sich meines Wissens nicht über Erotik äußerte, verliebte sich als verheirateter Familienvater im Alter von neununddreißig Jahren neu und ging eine Beziehung zu der dreizehn Jahre jüngeren Krankenpflegerin Charlotte von Kirschbaum ein, die später auch Theologie studierte. Von Kirschbaum wurde seine Privatsekretärin, informelle wissenschaftliche Mitarbeiterin und entscheidende Gesprächspartnerin, die 1929 auch ins Haus der Familie Barth einzog. Fast vierzig Jahre lang lebte Barth mit zwei Frauen in einer sogenannten «Notgemeinschaft», die allen Beteiligten viel Leid zufügte, in seinem familiären

Umfeld vielfach auf Ablehnung und Unverständnis stieß, aber erst im Jahre 2000 in Details publik wurde.[31] Karl Barth und seine Familie waren der Meinung, dass sich ein Pfarrer und Theologieprofessor eine Scheidung nicht leisten konnte; so lebte er im tragischen Widerspruch zwischen Liebe und Rollen- und Wertvorstellungen.

Nationalsozialismus und Emigration

Für Barth und Tillich hatte der Nationalsozialismus einen gravierenden Einschnitt bedeutet. Im Falle von Tillich ging alles relativ schnell. Wie viele hatte er die nationalsozialistische Bedrohung zunächst in ihrer Radikalität unterschätzt. Sein befreundeter jüdischer Kollege Max Horkheimer wies ihn schon früh eindringlich darauf hin, dass er in Anbetracht bestimmter Aussagen in seinen Büchern nur durch den Gang in die Emigration sein Leben würde retten können. Wie Horkheimer verlor Tillich schon in der ersten Entlassungsrunde im April 1933 seine Stelle – Frankfurt war übrigens ohnehin die Universität mit dem höchsten Anteil an Entlassungen in ganz Deutschland, nämlich 36,5 Prozent des Lehrkörpers.[32] Im Mai 1933 musste Tillich die öffentliche Bücherverbrennung miterleben, der auch sein Buch *Die sozialistische Entscheidung* zum Opfer fiel.[33] Auch Adorno drängte ihn im Sommer zur Emigration.

Im Oktober 1933 folgte er einer Einladung an das Union Theological Seminary in New York, einem 1836 von Presbyterianern gegründeten, aber für Angehörige aller Konfessionen offenen theologischen Seminar, das seit 1928 de facto als theologische Abteilung der Columbia University fungierte. Sein Fall war damals vom zuständigen Reichsministerium noch nicht abschließend entschieden worden. Daher war für ihn auch nicht gleich klar, dass dies bereits seine Emigration war. In einem Brief an das preußische Kultusministerium protestierte er 1934 gegen seine Entlassung, betonte seinen Anteil am «Kampf gegen den dogmatischen Marxismus» und meinte, er «habe auf diese Weise den nationalsozialistischen Theoretikern einen Teil ihrer Begriffe geliefert».[34] Schließlich sah er sich aber gezwungen, sich auf ein Leben in den USA einzulassen, wo er bis zu seinem Tod blieb.

Im Fall von Karl Barth dauerte der zur Rückkehr in die Schweiz führende Entlassungsprozess länger. Wie Tillich war auch Barth in Anbetracht der politischen Veränderungen in die SPD eingetreten, allerdings erst 1931. Er blieb der Partei bis zu ihrem Verbot im Juni 1933 treu, spielte die Bedeutung dieser Mitgliedschaft aber herunter. Tillich gegenüber erklärte er brieflich, die «Exklusivität des christlichen Glaubens» mache es ihm unmöglich, sich «in einem ernsthaften Sinn» irgendeiner anderen Weltanschauung zuzuwenden.[35] Erste Konflikte mit der Universitätsleitung entzündeten sich im zweiten Halbjahr 1933 an Barths Weigerung, die Lehrveranstaltungen wie vorgeschrieben mit dem Hitler-Gruß zu beginnen und zu beenden. Dabei ging es ihm um die Frage der staatlichen Hoheit über die Theologie. Anders als Tillich war Barth auch kirchenpolitisch aktiv. Er engagierte sich in der kritischen Auseinandersetzung gegen die Deutschen Christen und den von großen Teilen der Kirchen unwidersprochen hingenommenen oder gar positiv aufgenommenen Versuch des NS-Staats, sich der Kirche zu bemächtigen.

Im Juli 1933 veröffentlichte er seine vielbeachtete Schrift *Theologische Existenz heute!*, die bis zu ihrer Beschlagnahmung ein Jahr später eine Gesamtauflage von 57 000 Exemplaren erreicht hatte. Ein Exemplar der Schrift sandte Barth auch an Adolf Hitler, wobei er im Begleitbrief forderte, evangelische Theologie müsse «auch im neuen Deutschland unerbittlich und unbekümmert ihren Weg gehen» können.[36] Diese «Unbekümmertheit» hatte eine anti-aktivistische Dimension, wenn Barth in einer für viele provozierenden Wendung einleitend schreibt, es gelte im kirchlichen Raum Theologie zu betreiben, «als wäre nichts geschehen …, ohne direkte Bezugnahme» auf die politischen Umstände. «Theologische Existenz» bedeutete für Barth «unsere Bindung an das Wort Gottes». Diese exklusive Bindung hat für ihn zur Konsequenz, dass die Kirche «überhaupt nicht den Menschen und also auch nicht dem deutschen Volk zu dienen» habe.[37]

1934 formierte sich in einigen kirchlichen Kreisen Widerstand gegen die neue Kirchenführung in der Person des neu eingesetzten Reichsbischofs Ludwig Müller. Barth schrieb nun erneut an Hitler, dem er «eine authentische Darlegung darüber, was die evangelische Kirche ist und sein soll», angedeihen lassen wollte.[38] Barth war die maßgebliche Stimme bei der Abfassung der Barmer Theologischen Erklärung und gilt als führender Theologe der Bekennenden Kirche – also der Oppositionsbewegung gegen eine Gleichschaltung der evangelischen Kirche mit dem nationalsozialistischen Staat. Die Bekennende Kirche war allerdings in ihrer Gesamtheit keine Widerstandsbewegung gegen die NS-Diktatur, auch nicht gegen den Antisemitismus, zu dem sie weitgehend schwieg, sondern eine Bewegung für die Unabhängigkeit der Kirche vom Staat. Selbstkritisch merkte Barth später an, dass man es damals versäumt habe, die antisemitische Politik in der Erklärung anzusprechen.[39] Kurz nach dem Krieg schrieb er in einem Brief an die deutschen Theologen in der Kriegsgefangenschaft: «So laut und deutlich, wie damals hätte geredet werden müssen, habe auch ich damals nicht geredet.»[40]

Als im August 1934 von allen Beamten der Eid auf Adolf Hitler verlangt wurde, verstärkten sich Barths Probleme mit der Universität Bonn, deren Rektor in der Eidesverweigerung des Theologen eine Art Publicitystunt sah, so wenn er dem Reichsminister für Wissenschaft gegenüber brieflich argwöhnte, «daß Barth nach einem Martyrium sucht, und daß seine Absetzung ein vielleicht unerwünschtes Signal für neuen ... Aufruhr in der protestantischen Kirche wäre. Es handelt sich ja um einen weltbekannten Theologen, das Haupt einer ungeheuren Anhängerschaft in aller Welt.» In der folgenden Auseinandersetzung unterstrich Barth die von vielen geleugnete religiöse Dimension des Eides, da der Nationalsozialismus Hitler als einen «inkarnierten Gott» behandle und ein Staatsverständnis propagierte, das «Hitler zu einem zweiten Gott» mache.[41] 1935 wurde gegen Barth ein Redeverbot erlassen. Im Juni 1935 wurde er zwangsweise in den Ruhestand versetzt. Kurz darauf nahm er einen Ruf nach Basel an, wobei er sich von der Bekennenden Kirche eine stärkere Unterstützung seines Handelns in Deutschland gewünscht hätte.[42] Er blieb der Bekennenden Kirche allerdings auch von Basel aus verbunden.

Als ein Brief von Barth an seinen Prager Kollegen Josef Hromádka bekannt wurde, in dem er im März 1938 der Hoffnung auf eine männlich-wehrhafte Haltung der tschechischen Soldaten in Anbetracht der deutschen Bedrohung Ausdruck verlieh, wurde er zur Zielscheibe deutscher Propaganda. Auch die Bekennende Kirche distanzierte sich nun von Barths Haltung, die, in Deutschland geäußert, Landesverrat bedeutet hätte. Ab Oktober 1938 durften Barths Bücher in Deutschland nicht mehr verkauft werden. Auch in der auf ihre Neutralität bedachten Schweiz kamen Barths Aufrufe zum aktiven und sogar militärischen Widerstand gegen Hitler-Deutschland nicht gut an, so dass er auch in der Schweiz ein Opfer von Zensur und zeitweiliger Telefonüberwachung wurde.[43]

Während Barth in seine Schweizer Heimat zurückkehren und dort kontinuierlich an seinem theologischen Hauptwerk *Kirchliche Dogmatik* weiterarbeiten konnte, musste Tillich im Alter von siebenundvierzig Jahren seine persönliche und theologische Existenz neu erfinden: in einer fremden Sprache, einer anderen Gesellschaft und Kultur, einem unvertrauten geistigen Umfeld, mit zunächst befristeter Stelle und anfänglich bescheidenem Gehalt, in einem andersartigen Universitätssystem – an einer Hochschule übrigens, deren Tagesablauf mit einer gemeinsamen Andacht begann, an der auch Tillich teilnahm. Wie viele Zwangsmigranten erlebte Tillich, was er als einen «zweiten Tod» beschrieb, wobei sich ihm sogar der Vergleich mit seinen Erfahrungen im Ersten Weltkrieg nahelegte.[44] Ihm half sein Engagement für andere Emigranten und ab 1944 im Council for a Democratic Germany. Ohne dass seine Identität kenntlich gemacht wurde, schrieb Tillich in den Kriegsjahren über hundert Ansprachen für die Voice of America, während Barth einige Radioansprachen für die BBC einspielte.

Tillich, der Freude an der Selbststilisierung hatte und gern über sich selbst schrieb, veröffentlichte 1936 einen ersten autobiographischen Essay (von später insgesamt dreien) mit dem bezeichnenden Titel «On the Boundary» («Auf der Grenze»). Tillich entwarf sich als eine Grenzgängerfigur, wobei er zwölf Grenzkonstellationen als für sein Leben bzw. Wirken typisch beschreibt: zwischen einem preußischen und einem rheinischen Temperament des Vaters und der Mutter, zwischen Stadt und Land, zwischen unterschiedlichen sozialen Klassen, zwischen Wirklichkeit und Imagination, Theorie und Praxis, Heteronomie und Autonomie, Theologie und Philosophie, Kirche und Gesellschaft, Religion und Kultur, Lutheranismus und Sozialismus, Idealismus und Marxismus, der Heimat und der Fremde.[45] (Die Spannung zwischen Eros und Ehe klammert er hier aus.) Bei Barth hingegen ging es eher um die Grenze zwischen Mensch, Welt und Gott, deren Überschreitung im Vorgang von Offenbarung und Erlösung ein Axiom seiner Theologie war.

Im Laufe der Jahre haben sich Tillichs Sprache und Denken zusehends amerikanisiert, und in den 1950er Jahren war er einer der pro-

Karl Barth auf dem Cover des Nachrichtenmagazins *Time* vom 20. April 1962

minentesten Theologen der Welt, ein «theologischer Superstar». Nach seiner Emeritierung in New York 1955 ging er nach Harvard, folgte 1961 einem Ruf nach Chicago und unternahm ausgedehnte Vortragsreisen durch Europa, Nordamerika, Ostasien und den Nahen Osten. 1961 war er Ehrengast bei der Amtseinführung von Präsident John F. Kennedy. In Deutschland wurde er 1962 mit dem Friedenspreis des Deutschen Buchhandels ausgezeichnet.

Barth reiste nur ein Mal, 1962, in die USA. Dort traf er neben Paul Tillich unter anderem Billy Graham und Martin Luther King. Die großen Magazine *Newsweek* und *Time* brachten Reportagen über Barth, und seine Auftritte wurden von der *New York Times* verfolgt. An der University of Chicago, an der Tillich lehrte, stellte Barth seinem amerikanischen Publikum eine «Theologie der Freiheit» vor, die sich von zivilisatorischen Unterlegenheits- und Überlegenheitskomplexen emanzipiert und mehr sein will «als bloße Liberalität.[46]

Symbol, Korrelation, Analogie

In seiner Laudatio bei der Vergabe des Friedenspreises des Deutschen Buchhandels an Tillich hob der ehemalige Bischof und Ratsvorsitzende der Evangelischen Kirche Deutschlands, Otto Dibelius, Tillichs Charakter als Amerikaner und Deutscher hervor: «So ist in Ihrer Person ein Band zwischen zwei Völkern geschlungen, für das ich keine Parallele weiß».[47] Als ein weiteres Verdienst führte Dibelius Tillichs Einführung des Symbolbegriffs in die Theologie an. Ein buchstäbliches Verständnis religiöser Sprache würde Begriffe wie Gott zu empirisch überprüfbaren Sachverhalten degradieren. Der Symbolbegriff, der auch bei Carl Gustav Jung eine zentrale Rolle spielt, erlaubte es Tillich, einen Brückenschlag zwischen dem Sichtbaren und dem Unsichtbaren, dem Zeitlichen und dem Ewigen, der Welt und Gott herzustellen – während Barth stets eher darauf bedacht war, den überweltlichen Charakter Gottes hervorzuheben.[48]

In der Nachkriegszeit suchte Tillich als einer der ersten Theologen zunehmend das Gespräch mit der Psychologie. In seiner Zeitdiagnostik – er konstatierte eine kulturelle Sinnkrise und eine verbreitete Angst vor der Sinnlosigkeit, der mit einem «Mut zum Sein» zu begegnen sei – bediente er sich psychologischer Begriffe und Analysen, was ihn für die zeitgenössische Religionswissenschaft anschlussfähig machte. Barth war demgegenüber weder an Gegenwartsanalysen interessiert noch daran, die Psychologie in die Theologie einzubeziehen, was ja deren Vermenschlichung zur Folge hätte. Ein weiterer intellektueller Anknüpfungspunkt Tillichs, der Barths Theologie fremd bleiben musste, war der in den 1950er Jahren boomende Existenzialismus, wohingegen der Sozialismus für ihn zunehmend weniger relevant wurde. Sowohl Tillich als auch Barth sahen Religion als ein grundsätzlich menschliches Phänomen. Barth zog daraus die Konsequenz, dass Religion außerhalb des Gegenstandsbereichs von Theologie liege und letztendlich für das menschliche Heil irrelevant sei. Für Tillich dagegen stellte Theologie die analytische, theoretische und historische Durchdringung von Religion dar.

Barth spielte für Tillichs theologische Entwicklung eine größere Rolle, als das umgekehrt der Fall war.[49] 1926 würdigte Tillich Barth und die von ihm ausgehende Bewegung als eines der «großen Ereignisse in der Geschichte der protestantischen Theologie». In «Auf der Grenze» beklagt er jedoch den «Panzer heteronomen Absolutheitsanspruchs» bei Barth, der zwar die deutsche evangelische Kirche «gerettet» habe, zugleich aber «ein antiautonomes und antihumanistisches Pathos» an den Tag gelegt habe.[50] Mit den Idealen eines autonomen Menschen und des Humanismus konnte Barth in der Tat wenig anfangen – Autonomie war für ihn vor allem eine Eigenschaft Gottes. Doch auch für Tillich war nicht Autonomie das Ziel, sondern «Theonomie»: eine Bestimmung des Menschen durch das Unbedingte, den «Grund des Seins».

Tillich scheute 1935 nicht die Mühe, für das amerikanische Publikum ein kritisches Porträt der dialektischen Theologie zu zeichnen. In dieser Zeit hatte Barths Theologie allerdings bereits eine Wendung weg vom «dialektischen» Hauptprinzip eingeschlagen. Statt die abgründige qualitative Differenz von Gott und Mensch hervorzuheben, betonte er nun eine Analogie zwischen göttlicher und menschlicher Rede, da Gott doch in Jesus Christus menschliche Form angenommen habe.[51]

Damit bewegte sich Barth auf das zu, was Tillich später «Korrelation» nannte: Beziehungen zwischen christlichen Glaubensaussagen und der jeweils geschichtlichen menschlichen Situation. Zwar sah Barth in der Kultur nie das Göttliche aufscheinen, wohl aber könne es auch in Gesellschaft und Kultur zu «Gleichnissen» oder Entsprechungen seines Wollens kommen.[52] Im ersten Band seiner *Systematic Theology* greift Tillich Barths Einwand auf, eine Korrelation von Gott und Mensch könne Gott vom Menschen abhängig machen. Tillich wendet ein, in seiner abgründigen Natur sei Gott zwar nicht vom Menschen abhängig, wohl aber sei Gott in seiner Selbst-Manifestation (Offenbarung) von der Art und Weise abhängig, wie die Menschen diese auffassten.[53]

Wahre Religion und Ökumene

Barth und Tillich haben jeweils ein großes Hauptwerk geschrieben: Tillich seine dreibändige *Systematic Theology* (1951, 1957, 1963), Barth seine monumentale, trotz 12 bzw. 13 Bänden und über 9000 Druckseiten unvollendet gebliebene *Kirchliche Dogmatik*, deren erster

Band 1935 erschien; 1967 folgte der letzte Teilband als Fragment. In einem bekannten Teil der *Kirchlichen Dogmatik* (Band I/2, erschienen 1938) nimmt Barth zum Religionsbegriff Stellung. Die Stätte der «wahren Religion» sei die Kirche als Ort der göttlichen Gnade. Das Christentum ist als solches nicht die wahre Religion, sondern nur kraft seiner Erwählung durch Gott: «die christliche Religion ist darum die wahre Religion, weil es dem Gott, der in dieser Sache allein der Richter sein kann, gefallen hat, nun gerade sie als wahre Religion zu bejahen.»[54] Für Barth ergab sich dies aus der christlichen Offenbarung; aus einer Außenperspektive ist es der Theologe, der diese Absicht Gottes erkennt und verkündet. Religion als solche hat demgegenüber für Barth keine Bedeutung, sie ist sogar ein zu zertrümmerndes Monument vergeblicher menschlicher «Eigenmächtigkeit» und «Verlorenheit», eines unberechtigten Selbstbewusstseins, eine Gott gegenüber völlig preisgegebene menschliche Position, ein babylonischer Turm. Ein Christ wird für Barth durch den Glauben ständig genötigt, «über sein religiöses Selbstbewusstsein hinaus zu denken und also auch mit der Relativierung seiner christlichen Religion durch Gottes Offenbarung ständig zu rechnen».[55] Diese wahre Religion ist die einer religiösen Reflexionselite,[56] die diesen Modus der permanenten Krise aufrechterhalten kann. Wahre Religion ist ein kritisches Projekt: Keine christliche Konfession ist per se wahrhaftig, sondern nur unter der Bedingung, dass sie sich ganz auf Gottes Gnade einlässt.

Damit konnte Barth sich über die konfessionellen Schranken hinaus für die christliche Ökumene öffnen, an der er sich in prominenten Rollen aktiv beteiligte. Andere Religionen hingegen interessierten ihn nicht. Darin unterschied er sich von Tillich, der sich von der christlichen Ökumene entmutigt abwandte und insbesondere seit seiner Japan-Reise 1960 ein starkes Interesse am Buddhismus entwickelte, vor allem an der buddhistischen Mystik. An der Chicagoer Divinity School hielt er eine gemeinsame Lehrveranstaltung mit dem Religionswissenschaftler Mircea Eliade, in der sie nach Grundmustern in der allgemeinen Religionsgeschichte Ausschau hielten. Sein umfassendes Verständnis von Religion als *ultimate concern,* als das was uns im Leben «unbedingt angeht», weil es über unser Sein und Nichtsein entscheidet, wurde breit rezipiert. Tillichs Verständnis von Religion erschien weit über das Christentum hinaus anschlussfähig, weil es nicht auf

Büste von Paul Tillich im «Paul Tillich Park» in New Harmony, Indiana, USA. Der Park wurde von seiner Schülerin Jane Owen angelegt und zu Pfingsten 1963 in Anwesenheit Tillichs eröffnet. Zu Pfingsten 1966 wurde die Asche des 1965 verstorbenen Theologen in dem Park beigesetzt. Die von James Rosati geschaffene Büste wurde 1967 enthüllt.

religiöse Institutionen oder die Existenz Gottes fokussiert ist, sondern vielmehr den christlichen Gott selbst als ein Symbol versteht.

Ein Beispiel für seine Wirkung ist die feministische Theologin Mary Daly (1928–2010) und deren 1973 erschienenes Buch *Beyond God the Father* (deutsch 1980 als *Jenseits von Gottvater Sohn & Co.*). Daly greift darin vielfach auf Tillich zurück, etwa auf sein Selbstbild als Grenzgänger. Daly denkt Gott dabei aber nicht mehr als menschengleich, nicht mehr als männlich, nicht mehr als ein Gegenüber, etwa als ein Höchstes Sein, sondern als ein intransitives Verb, eine Art zu sein – vom *being* zu *be-ing.*[57] Dalys Feminismus richtete sich gegen das kirchliche und theologische Patriarchat, sie sprach von einer «postchristlichen» Identität. Daly lehrte seit 1967 am Boston College, sehr lange mit befristeten Verträgen. Ihr erstes Buch *The Church and the Second Sex* (1968) führte zu ihrer zeitweisen Entlassung, die nach einer Protestwelle der Studierenden rückgängig gemacht wurde.[58] 1999 ging die bekennende Homosexuelle in den Ruhestand, da sie sich der Politik der Universitätsleitung nicht fügen wolle, die es ihr nicht gestatte, Männer von der Teilnahme an ihren Kursen zu Women's Studies auszuschließen.

In Deutschland war Dorothee Sölle (1929–2003) die bekannteste Theologin, sie wurde hierzulande zwar nie auf einen ordentlichen

Lehrstuhl berufen, unterrichtete von 1975 bis 1987 aber jeden Sommer systematische Theologie am Union Theological Seminary in New York, an dem Tillich viele Jahrzehnte gelehrt hatte. Durch ihr Engagement in der Friedens-, Frauen-, und Umweltbewegung hatte sie gesellschaftliche Breitenwirkung.[59] In der Theologie war Sölle mit dem Versuch hervorgetreten, nach Auschwitz die Vorstellung eines allmächtigen Gottes zu verabschieden, die Tod-Gottes-Theologie. Wenig könnte Barth ferner liegen als der daraus resultierende «atheistische» Glaube – so ihr in Barths Todesjahr 1968 erschienenes Buch *Atheistisch an Gott glauben*.

30

Billy Graham

Die individuelle Glaubensentscheidung als globales Medienereignis

Will man die Globalität einer Person bzw. einer Biographie an der geographischen Ausdehnung des Wirkens in Form von öffentlichen Reisen messen, dürften in der zweiten Hälfte des 20. Jahrhunderts zwei Personen herausragen: Papst Johannes Paul II. und der zwei Jahre vor ihm geborene, mitunter als Papst der Protestanten bzw. Evangelikalen oder als Amerikas Papst titulierte evangelische Prediger Billy Graham (1918–2018),[1] der im Laufe seiner langen Karriere an die hundert Länder auf sechs Kontinenten besucht hat, wobei er weit über 200 Millionen Menschen direkt ansprach. Damit reicht er fast an die Reisetätigkeit von Johannes Paul II. heran – wenngleich er nicht ganz die überwältigenden Teilnehmermassen anziehen konnte, die der Papst mobilisierte. Feierte Johannes Paul II. beim Weltjugendtag in Manila 1995 eine Messe mit über vier Millionen Katholiken, war es Graham in Seoul 1973 immerhin gelungen, über eine Million Menschen bei der Abschlussveranstaltung seiner fünftägigen Koreakampagne zu mobilisieren. Erst gegen Ende des 20. und im frühen 21. Jahrhundert konnten weltweit aktive Pfingstheiler wie Benny Hinn und Reinhard Bonnke (s. Kap. 42) auf ihren Tourneen wieder mit ähnlichen Zahlen aufwarten.

Von der Südstaatenfarm in die weite Welt

Billy Graham wuchs auf einer Farm in der Nähe von Charlotte im Bundesstaat North Carolina auf, wo er als Junge mit anpacken musste. Gern evozierte er stereotype Bilder von harter, ehrlicher

Arbeit und der heilen und bibeltreuen Welt der Farm. Seine südliche Herkunft ist für Amerikaner in der Färbung seines angenehmen und kräftigen Baritons unüberhörbar. Graham identifizierte sich mit seiner Herkunft und richtete sich in dem kleinen Ort Montreat in North Carolina, wo seine Schwiegereltern wohnten, seinen Familiensitz ein. Dorthin zog er sich zurück, wenn er gerade nicht auf Reisen war, und dort verbrachte er seinen Ruhestand.

Einen entscheidenden Einfluss auf seine religiöse Entwicklung schrieb Graham dem Baptistenprediger Mordecai Ham zu, der 1934 in Charlotte missionierte und der wegen seines Antisemitismus umstritten war; er spricht sogar von einer Konversionserfahrung.[2]

Graham studierte zunächst kurz an dem ultrakonservativen Bob Jones College in Tennessee, dann am Florida Bible Institute (später Trinity College) bei Tampa/Florida. 1939 wurde er von den Southern Baptists ordiniert – eine Denomination, der er lebenslang treu blieb. Wie viele Menschen aus den Südstaaten zog auch Graham in den Norden – man spricht von einer Versüdstaatlichung der USA[3] –, wo sich die für seine Karriere entscheidenden Weichen stellten. Seit 1940 studierte er am angesehensten konservativen christlichen College des Landes,[4] dem Wheaton College in der Nähe von Chicago. Im Hauptfach studierte Graham nicht etwa Bibelkunde oder Theologie, sondern Anthropologie.

Auf dem College verliebte sich Graham in seine spätere Frau, Ruth Bell Graham (1920–2007), die Tochter des presbyterianischen Arzt-Missionars L. Nelson Bell, der eine wichtige Rolle in der evangelikalen Kultur spielte. Ruth Bell hatte die ersten siebzehn Jahre ihres Lebens in Asien – in China und (Nord-)Korea – verbracht und trug ihr Teil dazu bei, den geistigen Horizont des Studenten aus der Provinz zu erweitern. Ihr Beitrag zu seiner späteren Karriere darf nicht unterschätzt werden. Während sie in Montreat ihre fünf Kinder aufzog – ihr Mann war meistens unterwegs –, schrieb sie regelmäßig für diverse Zeitschriften und veröffentlichte insgesamt vierzehn Bücher, vor allem Dichtung. Ruth Graham wird als kommunikationsfreudige, elegante und attraktive Frau beschrieben, die sich sicher auf den Parketts der Reichen und Mächtigen bewegte und den Glamour-Faktor ihres Ehemanns verstärkte. Ihre Ehe gab Stoff für die Gazetten.[5] Dass Billy Graham nie durch irgendwelche Affären in die Schlagzeilen kam, trug nicht unerheblich zu seiner Reputation bei.

Nach seinem Studienabschluss arbeitete Billy Graham kurz als Pastor einer Baptistengemeinde, verlegte sich aber bald ganz auf Mission und Predigt. In Chicago startete er im September 1944 eine Radiosendung, die jeweils sonntagabends ausgestrahlt wurde. Ab Januar 1945 begann er, für die Organisation Youth for Christ (YFC) auf Predigttouren durch die USA zu reisen. 1946 unternahm er bereits eine erste YFC-Werbereise nach England, Schottland, Norwegen und Schweden. 1948, im Alter von neunundzwanzig Jahren, wurde Graham Rektor des Northwestern College in Minneapolis (heute University of Northwestern – St. Paul), wobei er zugleich seine Karriere als mobiler Evangelist fortsetzte. Einen Durchbruch feierte Graham zwischen Ende September und Ende November 1949 in Los Angeles, jenem Schmelztiegel religiöser Diversität, wo die fünf Jahre zuvor verstorbene Aimee Semple McPherson ihre größten Erfolge und tragischen Erniedrigungen erlebt hatte. Während Graham in einem Zirkuszelt mitten in der Stadt allabendlich Evangelisierungsveranstaltungen abhielt, rief Mao Zedong am 1. Oktober in Peking die Volksrepublik aus. Dies und sowjetische Atombombentests veranlassten Graham dazu, der Stadt Los Angeles den baldigen Untergang anzukündigen.[6]

Mission als Gesamtkunstwerk

Billy Grahams Großveranstaltungen wurden von einem Team bestritten, denn seine Predigten waren Teil eines performativen Gesamtkonzepts, bei dem nicht zuletzt die musikalischen Darbietungen eine entscheidende Rolle spielten. Für diese zeichnete der aus Kanada stammende Gospelsänger George Beverly Shea verantwortlich, der die charakteristische Klangwelt dieser Veranstaltungen kreierte. Der Baptistenpfarrer Cliff Barrows war Chorleiter und zugleich Zeremonienmeister. Einer der wiederkehrenden Hits war das Lied «How Great Thou Art», das eine bemerkenswerte transnationale Geschichte hat.[7] Eine erstmals 1886, dann 1891 gedruckte Version des auf eine schwedische Volksmelodie gesungenen Liedes geht auf den schwedischen Dichter und Abgeordneten Carl Gustaf Boberg zurück. 1907 wurde das Lied von dem baltischen Baptisten Manfred von Glehn ins Deutsche übersetzt und diese Version 1912 von dem russischen Baptisten Iwan Prochanow ins Russische übertragen. In der Ukraine hörte der englisch-methodistische Missionar Stuart K. Hine 1931 das russische Lied, das er ins Englische übersetzte und durch zwei weitere Verse ergänzte. 1949 erschien diese Übersetzung in einer internationalen christlichen Zeitschrift. In einem kleinen Erholungsort in Indien soll der aus Großbritannien stammende, aber weltweit missionarisch tätige Baptistenpfarrer J. Edwin Orr das Lied 1947 in einer Aufführung eines Chors von Angehörigen der aus Nordostindien stammenden Volksgruppe der Naga gehört haben. Orr brachte das Lied schließlich in die USA, wo es mit kleineren Modifikationen veröffentlicht wurde. «How Great Thou Art» war auch der Titelsong des 1967 erschienen zweiten Gospelalbums von Elvis Presley, der für seine Interpretation des Lieds 1968 einen Grammy erhielt.

Ein Kindheitsfreund Grahams und sein Schwager waren ergänzende Prediger. Das blind eingespielte Graham-Team blieb über ein halbes Jahrhundert vereint. 1948, so wird berichtet, habe man sich informell auf einige Grundprinzipen verständigt, mit denen man sich von den Fehlern früherer Evangelisten absetzen wollte: Finanziell wollte man so wenig wie möglich auf Spenden während der Kampagnen angewiesen sein; es galt, Situationen zu vermeiden, die die Sexualmoral infrage stellten – sodass Graham fortan nie in Begleitung einer fremden Frau reiste oder zu Abend aß; man wollte nie öffentlich lokale Geistliche kritisieren; und man wollte nie die eigenen Erfolge übertreiben, etwa durch überzogene Angaben zu Teilnehmerzahlen.[8]

Bei der bahnbrechenden Kampagne in Los Angeles 1949 entwickelte das Graham-Team die Grundrezeptur des Erfolgs: genaue und langfristige Planung, regelmäßige lokale Gebetstreffen lange im Vorhinein, gute Vorbereitung der Platzanweiser und Chormitglieder, Auftritte von Prominenten, die Zeugnis ablegten und Grahams Projekt beglaubigten, die musikalische Choreographie mit einer Mischung neuer und traditioneller Elemente – und vor allem eine intensive Werbekampagne in den Medien. In Los Angeles wurde letztere durch die unerwartete Unterstützung von William Randolph Hearst ermöglicht, des Besitzers zahlreicher Zeitschriften (und die Vorlage für Orson Welles Figur des *Citizen Kane*). Als die großen Zeitschriften wohlwollend und umfassend über Grahams Kampagne zu berichten begannen, wurden immer mehr Bekehrungsgeschichten publik, was das Interesse an den Veranstaltungen weiter steigerte, sodass die Kampagne mehrfach wieder verlängert werden musste.[9] Graham wurde zu einer nationalen Berühmtheit.

Am Ende seiner Veranstaltungen rief Graham die Teilnehmer stets dazu auf, nach vorne zu kommen: «Come! You come! We will wait.» Sie sollten dadurch ihre Entscheidung für Christus zum Ausdruck bringen. Die direkte Anrede der Teilnehmer war typisch für Grahams Predigten.[10] Filme zeigen, wie Menschen nach vorne strömen, während Graham am Pult verharrt und wohltönende Musik erklingt. Vor der Bühne wurden die Menschen von Freiwilligen empfangen, die sich ihre Entscheidung auf «decision cards» bestätigen ließen. Der Anblick von Dutzenden, Hunderten, ja Tausenden nach vorne Strömenden war stets der Höhepunkt der Veranstaltungen. Sitzen zu bleiben bedeutete, die Entscheidung für Christus nicht zu treffen, sie zu verschieben oder sie jedenfalls nicht öffentlich zu machen. Die Organisatoren ließen es bei diesem einen Akt nicht bewenden, sondern entwickelten ein System der Nachbetreuung, um die Nachhaltigkeit der Entscheidung zu fördern.

In seiner Autobiographie nennt Graham mitunter Zahlen der nach vorne Gekommenen, die man nicht als Bekehrte, sondern vorsichtiger als Fragende *(inquirers)* bezeichnete. Bei der mehrmonatigen New Yorker Evangelisierungsreise 1957, an deren verschiedenen Veranstaltungen weit über zwei Millionen Menschen teilnahmen, habe es 61 000 «Fragende» gegeben; darüber hinaus meldeten sich weitere 35 000 Menschen als Reaktion auf die Fernsehübertragungen. Im Durchschnitt dürften sich 3 Prozent der Teilnehmer als «fragende» Bekehrte gemeldet haben. Eine überwältigende Mehrheit der nach vorne Gekommenen bewertete diesen Schritt als positiv und wiederholungsträchtig. Graham selbst schätzte, dass (nur) etwa ein Viertel der Fragenden auf Dauer ihrer Entscheidung treu bleiben würden. Die meisten waren keine Glaubensfremde, sondern bereits aktive Kirchgänger.[11] Daher kam es auch nur in seltenen Fällen zu einem Anwachsen der lokalen Kirchengemeinden, nachdem Graham in der Stadt gewesen war. Grahams Erfolge waren vermutlich allerdings weniger eine Ursache als eine Folge des Vormarschs des evangelikalen Christentums.[12]

Crusades für Christus und gegen den Kommunismus

Ab etwa 1950 nannte Graham seine Evangelisierungsreisen «Kreuzzüge» *(crusades)*, eine Bezeichnung, die er nach den Anschlägen vom 11. September 2001 zugunsten von *festival* aufgab.[13] Anders als der Papst sprach Graham nicht für eine bestimmte Kirche. Organisiert wurden seine *crusades* von der Billy Graham Evangelistic Association (BGEA), deren Aufsichtsrat Graham mit erfahrenen Geschäftsleuten besetzte und die zeitweise Büros in Hong Kong, Paris, London, Buenos Aires, Mexico City, Berlin und Sydney unterhielt. Während viele Kirchen in den USA ihr Personal durch Spenden, «love offerings», finanzieren, führte die BGEA 1950 für Graham ein festes Gehalt ein, das den Einnahmen eines erfolgreichen Stadtpastors entsprach. Trotz dieser Transparenz und Zurückhaltung hat Graham im Laufe seines Lebens ein beachtliches Vermögen aufgebaut; im Internet kursieren Angaben, die es auf 25 Millionen US-Dollar taxieren.

Von 1949 bis 2005 fanden jedes Jahr einige mehrtätige oder gar mehrwöchige *crusades* mit über 100 000 Teilnehmern statt. Hinzu kamen zahlreiche kleinere Veranstaltungen und Kampagnen mit bis zu rund 10 000 Teilnehmern. Da die meisten Veranstaltungen in Funk und Fernsehen übertragen wurden, erreichte Graham noch ein weitaus größeres Publikum, das in die Millionen geht. Die meisten *crusades* fanden in den Vereinigten Staaten statt. Graham dehnte seinen Wirkungsradius aber schon früh nach Europa aus, ab 1956 nach Asien und schließlich über weite Teile der Welt. Nordkorea, China und Länder mit muslimischer Bevölkerungsmehrheit, mit Ausnahme von Ägypten, ließen jedoch keine Veranstaltungen zu, obwohl er – in einer Art geistlicher Diplomatie – 1972 mit dem Schah in Teheran und 1992 mit Präsident Kim in Pjöngjang zusammentraf.

1954 trat Billy Graham erstmals in Deutschland auf. Der *Spiegel* fasste einige Elemente seiner Strategie treffend zusammen: Bei seinem Auftritt gebe es «keine Massenhysterie, kein Zungenreden, keinen Paroxysmus des Glaubens», stattdessen erwecke Graham einen «Eindruck des Normalen». Er predige «nicht für Fortgeschrittene im christlichen Glauben, sondern für die Klippschüler, er predigt das Abc des Christentums»; der «Aufbau seiner Predigten ist simpel wie der irgendeiner

Sonntagsrede» und mit unterhaltsamen Anekdoten gespickt. Weiterhin vermerkt der Artikel Grahams gründliche Vorbereitung und die geschickte Anpassung seines Auftretens an lokale Gepflogenheiten. Die Rede ist von religiöser «Konfektionsware» und «Massenkonsum» und vermittelt damit gängige Vorbehalte gegen die Konsumierbarkeit religiöser Produkte vor allem amerikanischer Provenienz. Zugleich schreibt das Nachrichtenmagazin Grahams Rede eine «hypnotische Wirkung» zu, was eine Skepsis gegen Massenveranstaltungen zum Ausdruck bringen mag, die nach dem Nationalsozialismus verständlich war.[14]

1955 und 1963 trat Graham in Nürnberg auf dem Zeppelinfeld auf, wo zu diesem Anlass vor Hitlers Führerkanzel ein weißes Tuch mit schwarzem Kreuz aufgespannt war. 1963 bemühte er eine fern an die NS-Veranstaltungen erinnernde Fahnenmetaphorik, wenn er dazu aufrief, hinter der Fahne Christi herzumarschieren.[15] In seiner 1997 erschienenen Autobiographie schildert Graham, wie er in seiner Kindheit fasziniert Hitlers schreiendem Redestil mit seiner «fast hypnotischen Stimme» gelauscht habe, obwohl er kein Deutsch verstand.[16]

Hochrangige Vertreter der Evangelischen Kirche in Deutschland sahen in dem mondänen Prediger einen vielversprechenden Bundesgenossen im Bemühen um eine Rechristianisierung der Wirtschaftswundergesellschaft.[17] Als amerikanischer Christ erschien er überdies als willkommener Mitkämpfer im Kalten Krieg. In der Tat war Graham damals ein Kalter Krieger par excellence: Wie wir sahen, erlebte er seinen Durchbruch kurz nachdem Präsident Harry S. Truman im September 1949 den erfolgreichen sowjetischen Atombombentest verkündet hatte. In seiner Autobiographie schreibt Graham, dass er über den Kommunismus vermutlich öfter gepredigt habe als über alle anderen sozialen und politischen Probleme.[18] Die Bedrohung wurde laut, aggressiv und in apokalyptischen Bildern ausgemalt.

Gerade gegenüber dieser Dimension von Grahams Rhetorik meldete Karl Barth Vorbehalte an, als er 1962 die USA besuchte. Aus der Sicht des Schweizer Theologen hatte Graham die Botschaft der Hoffnung in eine der Angst verkehrt. Graham berichtet seinerseits in seiner Autobiographie über ein Zusammentreffen mit seinem «guten Freund» Barth in der Schweiz 1960. Barth habe gesagt, da Gott ja bereits gehandelt habe, sei es eigentlich überflüssig, die Zuhörer zur Wiedergeburt einzuladen; demgegenüber habe er, Graham, auf biblischer Grundlage (Johannes 3,7) an der Notwendigkeit dieser Einladungen festgehalten.[19]

Graham setzt damit seine Bibelfestigkeit gegen theologische Raffinesse in Szene – und die Bedeutung der Bibel unterstrich er stets in Wort und Gestik: «die Bibel sagt» war einer seiner Lieblingssätze. Am Rednerpult stehend hielt er stets eine Bibel in der Hand. Die Bibel erfuhr im Amerika der 1950er Jahre eine Art populärkulturelle Renaissance. Die 1952 erschienene, von ultrafundamentalistischen Kreisen abgelehnte, aber von Graham verwendete Neuübersetzung – die Revised Standard Version, die aus der «Jungfrau» in Jesaja 7,14 eine «junge Frau» machte, was zu vehementen Protesten führte – stand über viele Jahre an der Spitze der Sachbuchbestsellerliste.[20]

Kalter Krieg, Rassismus und «Amerikas Pastor»

Die Grundachse von Grahams religiöser Botschaft blieb während seiner gesamten Karriere unverändert: die zentrale Autorität der Bibel, die Sündhaftigkeit des Menschen, die göttliche Güte, Christi Wiederkehr und die Notwendigkeit einer aus dem Herzen kommenden persönlichen Entscheidung des Einzelnen für Christus, wodurch die Menschen in die göttliche Heilsgeschichte eingebunden werden. Für die meisten Amerikaner klang diese Botschaft vertraut. Aus theologischer Perspektive konnte sie sogar als leichtgewichtig und simplifizierend erscheinen. Der wie Paul Tillich am New Yorker Union Theological Seminary lehrende Reinhold Niebuhr (1892–1971), Sohn deutscher Einwanderer und wohl einer der einflussreichsten Theologen der Nachkriegszeit,[21] warnte, «dass das Angebot einer so simplen Form des christlichen Glaubens ... eine Ironie ist». Zugleich fand er, «Graham zu kritisieren» sei «eine undankbare Aufgabe, denn er ist ein so ehrlicher und aufrichtiger ... Protagonist dieses Glaubens» und ein «fotogener Vertreter christlicher Tugend».[22]

Grahams Festhalten an seiner religiösen Grundüberzeugung verhinderte nicht einige bemerkenswerte religiöse und weltanschauliche Kehrtwenden. So betonte er zwar zeitlebens die Autorität der Bibel, ihre Unfehlbarkeit aber trat in seinen Reden zurück, er entfernte sich von seinen fundamentalistischen Wurzeln. Seine anfängliche Höllenrhetorik gab er im Laufe der Zeit stillschweigend auf. Seine Ansichten zur Geschlechterordnung blieben zwar konservativ, wurden aber im Takt mit dem allgemeinen Trend etwas liberaler. Den Antikommunismus legte er in den frühen 1980er Jahren ad acta.[23] Ähnlich wie Johannes Paul II., den Graham mehrfach traf, wandelte er sich vom Kalten Krieger, der sogar den Vietnam-Krieg lange öffentlich unterstützte, was seine Wahrnehmung in Deutschland seit Ende der 1960er Jahre eintrübte,[24] zum Verfechter der Abrüstung und des Weltfriedens. Dass er 1982 an einer Friedenskonferenz in Moskau teilnahm, die Situation der Kirchen in der Sowjetunion positiv bewertete[25] und anschließend die DDR besuchen konnte,[26] löste einen Sturm der Entrüstung in der amerikanischen Öffentlichkeit aus.

In seiner Autobiographie deutet Graham an, dass ihn ein Besuch der KZ-Gedenkstätte Auschwitz/Birkenau im Oktober 1978 dazu bewegt habe, seine Bemühungen für den Weltfrieden zu intensivieren.[27] Neben dem bedrohlichen Szenario einer nuklearen Katastrophe nahmen seit den 1980er Jahren auch andere Probleme wie die AIDS-Epidemie, die ökologische Krise und die weltweite Armut einen größeren Platz in seinen Äußerungen ein. Er blieb allerdings seinem Ansatz treu, die Ursachen der Probleme auf der Ebene der Individuen zu verorten. Grahams Amerikanismus oszilliert zwischen heilsgeschichtlichem Triumphalismus und apokalyptisch geprägter Selbstkritik. Eine strukturelle Gesellschaftskritik gibt es bei ihm wenn überhaupt nur auf einer fundamentaltheologischen Ebene, insofern menschliche Gesellschaft grundsätzlich sündhaft und defizitär ist, da sie sich von Gott entfernt hat. Wenn erforderlich, müssen Gesetze und gesellschaftliche Strukturen zwar geändert werden, jede Reform aber müsse im menschlichen Herzen ansetzen.[28]

Graham kannte alle zwölf Präsidenten von Harry Truman bis Barack Obama persönlich und war mit einigen gut befreundet (auch mit den First Ladies), unter anderem mit Richard Nixon, dessen Missbrauch von Regierungsvollmachten er allzu lange in blinder Gefolgschaft nicht wahrhaben wollte, was eine der größten Fehleinschätzungen seiner Karriere darstellte. Nichts deutet jedoch darauf hin, dass er je konkrete politische Entscheidungen eines Präsidenten beeinflusst hat.[29] Graham war informeller Repräsentant der nichtliberalen Protestanten in den Korridoren der Macht. Seine Beziehungen verschafften ihm Ansehen, erregten aber auch den Verdacht, er sei eine Mario-

Billy Graham mit Präsident Richard Nixon auf einer «crusade» im Neyland Stadium in Knoxville, Tennessee, 1970

nette der Reichen und Mächtigen, deren Opium er unter den Massen versprühe. Seine Stellung als «Amerikas Pastor», wie Bush Senior ihn 2007 nannte,[30] kommt auch darin zum Ausdruck, dass er offiziell an acht Amtseinführungszeremonien teilnahm, wobei er viermal ein öffentliches Gebet sprach. Drei Tage nach den Anschlägen vom 11. September hielt er die Predigt zum Nationalen Tag des Gebets und des Gedächtnisses in der National Cathedral von Washington.

Im Südstaatler Graham reifte allmählich die Überzeugung, dass Rassentrennung unchristlich sei. Bei einer *crusade* in Chattanooga im Bundesstaat Tennessee setzte er sich im März 1953 persönlich dafür ein, dass die Seile, die im Saal gespannt waren, um die weißen von den schwarzen Teilnehmern zu trennen, niedergelegt wurden.[31] Ab 1954, als das Oberste Bundesgericht Rassentrennung für verfassungswidrig erklärte, wurde diese bei seinen Veranstaltungen aufgegeben. In Interviews in weit verbreiteten amerikanischen Nachrichtenmagazinen bezeichnete Graham 1956 Rassismus als Sünde, womit er sich als weißer Südstaatenprediger weit aus dem Fenster lehnte und Rassismus zu einem religiösen (statt einem bloß sozialen oder politischen) Problem aufwertete. 1957 ließ er sich bei seiner *crusade* in New York von einem afroamerikanischen Pastor beraten und hielt große Veranstaltungen in Harlem und Brooklyn vor überwiegend afroamerikanischen Teilnehmern ab. Im Madison Square Garden ließ er Martin Luther King die Fürbitte sprechen und lud erstmals afroamerikanische Künstler auf die Bühne. Später setzte er diese Tradition fort, wobei er dann auch Personen anderer Minderheiten einbezog.[32]

Wiederholt schlug Graham Einladungen nach Südafrika aus, da die Behörden nur rassensegregierte Veranstaltungen erlaubten. 1973 konnte er schließlich eine Kampagne in Südafrika abhalten, an der Menschen verschiedener Hautfarben teilnahmen. Graham verkündete, das Christentum gehöre nicht nur den Weißen, und seine Ansprachen wurden als Fundamentalkritik am System der Apartheit verstanden.[33]

Grahams Verhältnis zu Martin Luther King war eher von gegenseitigem Respekt gekennzeichnet als von enger Freundschaft. Grahams väterliche Aufforderung an King 1963, den Kampf um Bürgerrechte und gegen rassistische Diskriminierung doch bitte langsamer anzugehen, hinterlässt einen schalen Nachgeschmack. Ihre Wege trennten sich endgültig in der Frage des von King verurteilten Vietnamkriegs, den Graham verteidigte. Die Fundamentalkritik am System der Vereinigten Staaten in der allerletzten Phase von Kings Wirken war für Graham nicht nachvollziehbar. Im Rückblick sagte er 1980 jedoch, dass er selbst früher unkritisch Gottes Königreich mit dem American Way of Life identifiziert habe. Zunehmend versuchte der studierte Völkerkundler, eine USA-zentrische Haltung zu überwinden und auch andere Gesellschaften und Kulturen in ihrem Eigenwert anzuerkennen.[34]

So wie Billy Graham gesellschaftlich und kulturell zunehmend pluralistisch dachte, gelangte er von einer pragmatischen Handhabung konfessioneller Pluralität zu einer Anerkennung interreligiöser Diversität. Seit der extrem erfolgreichen *crusade* in New York im Sommer 1957 war die Zusammenarbeit mit einem breiten Spektrum von Kirchen – auch der katholischen – Teil seiner Strategie. Das entfremdete ihn von dem konservativen fundamentalistischen Milieu. Seine Abschiedsveranstaltung hielt Billy Graham 2005 wiederum in New York, nun aber in Flushing Meadows. Bekehrungswillige konnten sich hier an Berater wenden, die insgesamt über zwanzig verschiedene Sprachen beherrschten. Das spiegelt die ethnische Diversifizierung der USA wider, der Graham gerecht zu werden suchte.[35]

Seit dessen Gründung 1948 nahm Graham regelmäßig an den Sitzungen des Weltkirchenrats teil. Später organisierte er eigene Kirchenzusammenschlüsse. Ein wichtiger Schritt war der hauptsächlich von der Billy Graham Evangelistic Association (BGEA) finanzierte World Congress on Evangelism (Berlin 1966), auf dem der äthiopische Kaiser Haile Selassie (s. Kap. 33) die Hauptrede hielt. Mit der Lausanne-Bewegung, die aus dem First International Congress on World Evangelization (Lausanne 1974) hervorging, gab Graham einen Anstoß zur Schaffung einer evangelikalen Weltorganisation.

Der Cary Grant der evangelikalen Welt

Die Kampagne in Los Angeles im November 1949 war für Billy Graham der Beginn einer einzigartigen Medienkarriere. Seither war Graham Gegenstand kontinuierlicher und extensiver Medienberichterstattung. Zu Grahams Status als Medienikone trug auch sein photogenes Äußeres bei, das von seinem persönlichen Photographen Russ Busby eingefangen wurde. Er wurde als der Cary Grant der evangelikalen Welt bezeichnet. Der sportlich-kräftige und stets wohlgekleidete Evangelist verkörperte amerikanische Ideale der Männlichkeit und des Familienvaters.[36] In seiner körperlichen Präsenz wurden «Männlichkeit und Bildkultur verwoben».[37]

Graham und die Medien waren eine win-win-Konstellation: Das Thema Graham verkaufte sich, und die Medien bescherten ihm ständige Aufmerksamkeit. Doch Graham sorgte auch selbst dafür, dass die mediale Aufmerksamkeit hoch war und in die richtige Richtung ging. Seine Veranstaltungen waren weltweit Teil eines Medienpakets, das von der Billy Graham Evangelistic Association (BGEA) geplant und koordiniert wurde. Am Karfreitag 1955 übertrug die BBC eine Billy-Graham-Veranstaltung aus Glasgow und bei der New Yorker *crusade* 1957 wurde live aus dem Madison Square Garden übertragen. Spätere Fernsehübertragungen zeigten gekürzte Versionen der Predigten. Als flankierende Maßnahme zu den «Kreuzzügen» kaufte die BGEA Sendezeit,[38] und Graham war über die Jahrzehnte immer wieder ein gern gesehener Gast bei Talkshows.

1950 begann Graham sein eigenes Radioprogramm («Hour of Decision»), wobei sein Zeremonienmeister Cliff Barrows als Moderator fungierte. Die Sendung war langfristig erfolgreich. Sechzig Jahre nach ihrem Start wurde sie nach Auskunft der BGEA in 581 Radiostationen in den USA und weltweit in 55 Ländern gesendet, und zwar in fünf Sprachen: neben Englisch auch auf Spanisch, Französisch, Mandarin und Farsi.[39] 1951 begann die BGEA mit der Produktion von Filmen; im Laufe der Jahre wurden 35 Spielfilme produziert.[40] Einen Höhepunkt erreichte die globale Medienkampagne 1995, als Grahams *meetings* in San Juan (Puerto Rico) auf Riesenbildschirmen an fast 3000 Orten der Welt gezeigt und simultan in fünfundvierzig Sprachen übersetzt wurden, sodass geschätzt eine Milliarde Menschen erreicht wurden.[41]

Die traditionellen Printmedien dürfen bei all dem nicht übersehen werden. Unter Grahams Namen erschienen über dreißig Bücher, darunter einige Bestseller. Das Buch *Peace with God* (1953) wurde in achtunddreißig Sprachen übersetzt und über zwei Millionen Mal verkauft, die erste Auflage seiner Autobiographie (1997) eine Million Mal. Seit 1952 erscheint unter seinem Namen eine Lebenshilfekolumne «My Answer», die in mehreren hundert Zeitschriften abgedruckt wird. Seit 1960 erscheint das besinnliche Magazin *Decision* – ein zentraler Begriff in Grahams Botschaft –, das zu seinen besten Zeiten in sechs Sprachen plus Blindenschrift eine Auflage von etwa sechs Millionen erreichte. Graham war die maßgebliche Kraft hinter der seit 1956 alle zwei Wochen erscheinenden Zeitschrift *Christianity Today*. Als evangelikale Gegenstimme zur 1884 gegründeten liberal-protestantischen Zeitschrift *The Christian Century* lanciert, konnte *Christianity Today* ihren Gegenpol schon bald überholen und etablierte sich als meistgelesene christliche Zeitschrift der Welt.[42] Die Wahl des Sitzes der Redaktion – in Washington – signalisierte das Streben der Evangelikalen, eine nationale und politische Rolle zu spielen.[43]

Billy Graham war 59-mal unter den Top 10 auf der jährlich von Gallup veröffentlichten Liste der «Most Admired Man in the United States» – niemand, auch kein Politiker, kommt da an ihn heran. Graham war nach Aimee Semple McPherson der wohl erfolgreichste amerikanische religiöse Privatunternehmer des 20. Jahrhunderts. Er schien den amerikanischen Traum auf dem Gebiet der Religion verwirklicht zu haben: vom Leben auf der Farm in den Südstaaten zum globalen Religionsstar, dem stets ein Schlafzimmer im Weißen Haus zur Verfügung stand. Graham verkörpert die kulturelle und religiöse Amerikanisierung des Globus und den typisch amerikanischen religiösen Populismus und Triumphalismus. Seine Karriere zum globalen Superstar spiegelt die Herausbildung einer Celebrity-Populärkultur.

Graham war ein Produkt der globalen Medien- und Kommunikationsgesellschaft, das sich anscheinend mit nur relativ kleinen Adaptionen fast auf dem gesamten Planeten erfolgreich vermarkten ließ. Überall auf der Welt konnten sich Menschen persönlich von Billy Graham angesprochen fühlen. Er signalisierte zwar Respekt vor anderen Kulturen, fremdkulturelle und fremdreligiöse Aspekte fanden aber keinen Niederschlag in seinem religiösen Profil. Seine Innovation bestand nicht in einer neuen religiösen Botschaft, und seine Ansprachen gehören nicht zu den Sternstunden christlicher Predigtkunst; er hat keine neue Theologie und nichts dem «I have a dream» Martin Luther Kings Vergleichbares hervorgebracht. Graham war ein sichtbares Indiz und wohl auch ein Wirkungsfaktor für den Eingang des evangelikalen Christentums in den religiösen Mainstream.

31

Sathya Sai Baba

Göttliches Geben und Nehmen

Gandhis Markenzeichen war seine runde Brille. Die Inderin Mata Amritanandamayi (Ammachi) war durch ihre öffentlichen Umarmungen unverwechselbar. Ihr Landsmann Sathya Sai Baba (1926–2011) pflegte als Erkennungszeichen eine Afro-Frisur, lange, enganliegende orangefarbene Roben und eine schwebende Gangart und war darüber hinaus für seine Fähigkeit, Dinge aus seiner rechten Hand erscheinen zu lassen, weltweit bekannt. Als besonderes Kunststück erzeugte er *vibhuti*, die mit dem Gott Shiva in Verbindung stehende Asche, die normalerweise aus dem Feuer einer religiösen Zeremonie gewonnen wird. Jahrzehntelang geschah dies mehrfach täglich vor den Augen von Tausenden Anhängern, die an seinen öffentlichen Zurschaustellungen *(darshan)* teilnahmen. Wenn er seinen Thron verließ, schritt er durch die die Menge, verteilte an ausgewählte Teilnehmer *vibhuti* oder andere wie von Geisterhand erscheinende Gegenstände wie Ringe oder Uhren und nahm im Gegenzug Briefe entgegen. Zu bestimmten Anlässen ließ er sogar bestimmte Gegenstände aus seinem Mund erscheinen.

Wundertäter und Rationalist

War Sathya Sai Baba ein virtuoser Illusionist? Auf Youtube gibt es mehrere Videos, die seine vermeintlichen Wunder als Tricks entlarven sollen. In fortschrittlichen Kreisen gilt er als eine Schande für ein modernes Land, und als Beispiel für den «Aberglauben» der Massen. Im Westen fasziniert dagegen seine Exotik. Einer der prominentesten Kritiker Sathya Sai Babas war Basava Premanand, der wie Ammachi aus dem südwestindischen Küstenstaat Kerala stammt. Er agitierte seit Mitte der 1970er Jahre gegen Sathya Sai Baba und wurde 1986 festgenommen, als er mit fünfhundert Freiwilligen auf Sathya Sai Babas Ashram zumarschierte. Im selben Jahr verklagte er Sathya Sai Baba, weil dieser mit seinen «Materialisierungen» von goldenen Gegenständen gegen den Gold Control Act verstoßen habe – ein Gesetz, das den privaten Besitz von Gold einschränkte. 1997 gründete Premanand die Dachorganisation Federation of Indian Rationalist Associations, um gegen Wuntertäter und Wunderglauben in Indien vorzugehen.

Der Rationalist Premanand, dessen Eltern Theosophen waren, war kein Wissenschaftler; ja, er hatte noch nicht einmal eine abgeschlossene Schulausbildung, da er als Jugendlicher die Schule verließ, um sich Gandhis Quit-India-Bewegung anzuschließen. Als er 1969 dem aus einer christlichen Familie stammenden Abraham Kovoor begegnete, der sich zum Ziel gesetzt hatte, «Gott-Männern» *(god-men)* wie Sathya Sai Baba und profanen Zauberern wie Uri Geller das Handwerk zu legen, schloss er sich dem Vorhaben an. Freilich änderte das wenig an der öffentlichen Wirkung der göttlichen Wundertäter.

Indische und westliche Wissenschaftler haben versucht, den Mirakeln des Sathya Sai Baba auf die Schliche zu kommen. Eine aufgeklärte Rationalität wiegt uns im «Wissen», dass diese Wunder letztendlich auf Betrug beruhen müssen. Die meisten Anhänger des Sathya Sai Baba sind da jedoch anderer Meinung. Fast alle können von Mirakeln berichten, die sie selbst erfahren, gesehen oder mitbekommen haben. Ausbleibende Wunder, vor allem Heilungswunder, haben allerdings auch viele ehemalige Anhänger zur Distanzierung von Sathya Sai Baba bewogen. Einige Enttäuschte sind in Anti-Sathya Sai Baba Netzwerken und Internet-Plattformen aktiv geworden. Unter den Anhängern sorgten die ständigen Wunderberichte für Gesprächsstoff. Sie demonstrierten Sathya Sai Babas spielerische und kapriziöse Göttlichkeit, seine geradezu unbegrenzten Fähigkeiten[1] und signalisierten seine persönliche Zuwendung und Anteilnahme. Als Gnadengaben verstricken die Geschenke von goldenen Uhren und Ringen die Verehrer in einen Kreislauf der Gabe und der Gegengabe und machen sie immun gegen rationalistische Kritik. Das Tragen von Ringen, die mit einem Bild des Sathya Sai Baba versehen sind, verleiht der Bindung an ihn eine sichtbare und körperliche Dimension – ebenso wie die Asche *(vibhuti)*, die sich die Anhänger auf die Stirn streichen oder durch Herunterschlucken einverleiben.

Beziehungen, Nähe, Bilder

Obwohl nur relativ wenige seiner weltweit vielen Millionen Anhänger ein persönliches Gespräch mit Sathya Sai Baba führen konnten, lebten und leben viele in der Annahme, mit ihrem Guru oder Swami, dem «Herrn», eine unmittelbare Beziehung zu pflegen. Sie haben das Gefühl, er kümmere sich persönlich um sie, sorge für sie und greife durch Träume und Wunder direkt in ihr Leben ein. Bilder des Sathya Sai Baba veranschaulichen seine Anwesenheit. Angeblich soll es ihm möglich gewesen sein, körperlich an mehreren Orten gleichzeitig präsent zu sein – mental ohnehin. Das empfohlene ständige Aufsagen seines Namens und andere Praktiken erzeugen mentale und emotionale Intimität und eine vermeintliche Vertrautheit mit dem «globalen Hyper Guru».[2] Offenbar führt dies bei vielen Anhängern zu dem Bedürfnis nach physischer Nähe, am besten körperliche Berührung, wenigstens aber gab es den Akt des Sehens und Gesehen-Werdens durch Teilnahme an den täglichen Ritualen der «Zurschaustellung» *(darshan)* in seinem Ashram. Auf die Zulassung zu diesen Veranstaltungen mussten die Verehrer oft monatelang warten. Einmal vor Ort, müssen sie – wie an den meisten berühmten religiösen Stätten Indiens – stundenlang Schlange stehen. Das Ritual des Schauens und Erschauens gehört zum Standardrepertoire indischer Götterverehrung. Dass sich Sathya Sai Baba auf diese Weise zur Schau stellte, manifestiert seinen göttlichen Status, den er, ähnlich wie Anandamayi Ma, im Laufe seiner Karriere erlangt hat.

Vom Werden eines Avatar

Sathyanarayana Raju – so sein Geburtsname, von dem der Bestandteil «Sathya» (Wahrheit) in seinen religiösen Namen eingegangen ist – wurde am 23. November 1926 in eine ärmliche Kleinbauernfamilie in dem abgelegenen Dorf Puttaparthi im indischen Bundesstaat Andhra Pradesh geboren. Im März 1940 soll er der hagiographischen

Der Sathya Sai Baba hält Briefe seiner Anhänger in der Hand. Seine Verehrer möchten seine Füße berühren. Puttaparthi 1992

Überlieferung zufolge im Gefolge eines Skorpionbisses plötzlich mit überragenden Kenntnissen religiöser Überlieferungen aufgewartet haben. Zwei Monate später gelang ihm seine erste «Materialisation», als plötzlich Zucker und Milch erschienen. Er verkündete nun, eine Reinkarnation des hindu-muslimischen Wundertäters Sai Baba (1835–1918) zu sein und nannte sich Sathya Sai Baba. Im Oktober 1940 verkündete er das Ende der Illusion *(maya)* und seinen Aufbruch in ein neues Dasein. Fünf Jahre später wurde in Puttaparthi ein erstes Gebäude zu seiner Verehrung errichtet. Seine religiöse Mission scheint sich völlig abgeschieden von den großen politischen Ereignissen abgespielt zu haben, die 1947 zur indischen Unabhängigkeit führten.

Etwa zu dieser Zeit hatte Sathya Sai Baba einige hochrangige und wohlhabende Gönner für sich gewinnen und bestimmte religiöse Traditionen etablieren können, etwa die jährliche Feier seines Geburtstags und das Halten frommer Ansprachen, die später ein Teil seiner göttlichen Zurschaustellungen wurden. Puttaparthi zog immer mehr Neugierige an, und 1950 wurde am Ortsrand der Ashram Prasanthi Nilayam (Stätte des höchsten Friedens) gegründet.

1957 definierte Sathya Sai Baba seine religiöse Rolle neu, indem er sich zu einem Herabstieg *(avatar)* des Göttlichen erklärte – als *guru-avatar* und als Avatar der Zeitalter *(avatar for the ages)*. Zugleich verkündete er die Grundprinzipien des Dienstes *(seva)*, der Selbstkontrolle *(siddhi*, der Begriff wird sonst für mirakulöse Fähigkeiten verwendet) und der universellen Liebe. Da es nur eine einzige Religion gebe – die Religion der Liebe –, wurden Menschen aller Glaubensrichtungen in seinem Ashram willkommen geheißen.[3] Nachdem er 1963 von einer linksseitigen Lähmung genesen war, erklärte er sich zum Herabstieg des Gottes Shiva und dessen Gefährtin Shakti. Damit waren nicht nur die Grenzen zwischen Mensch und Gott, sondern auch jene zwischen den Geschlechtern aufgelöst – und schließlich auch jene zwischen den Zeiten, da Sathya Sai Baba nicht nur die Wiederkehr des Sai Baba zu sein beanspruchte, sondern für sich selbst eine zukünftige Wiederkehr in Form von Prema Sai ankündigte,[4] eine Idee, die vielleicht mit der Dreigestaltigkeit zusammenhängt, die der Gottheit Dattatreya zugeschrieben wird.[5]

Die Mitte der Religionen

Sathya Sai Baba unternahm mehrere Reisen durch Indien, um durch Zusammenkünfte mit anderen religiösen Virtuosen und Besuche religiöser Stätten seine Reputation zu festigen. Eine Reise führte ihn auch ins Ausland, nach Ostafrika. Ende der 1960er Jahre begann er, sich nicht nur mit hinduistischen Gottheiten zu identifizieren, sondern auch mit göttlichen Gestalten anderer Religionen, und erklärte, eine Herabkunft *(avatar)* von Jesus Christus zu sein.[6] Daher wird in Sathya-Sai-Baba-Zentren das Weihnachtsfest gefeiert, aber auch zentrale Feste anderer Religionsgemeinschaften werden begangen.[7]

Ein Emblem der Sathya-Sai-Baba Organisation, das heute unter anderem noch auf einem Tor in Puttaparthi zu sehen ist, zeigt eine Säule in einem inneren Kreis, der von einem äußeren Kreis aus fünf Lotusblättern umgeben ist. Jedes Blatt symbolisiert eine der großen Religionen: Hinduismus, Buddhismus, Zoroastrismus (manchenorts vom Judentum ersetzt), Islam und Christentum. Sathya Sai Baba ist also gewissermaßen die Mitte aller Religionen. Religiöse Pluralität wird anerkannt und zugleich überboten. Im Internetauftritt der Sathya-Sai-

Organisation (sathyasai.org) werden die Lotusblätter allerdings nicht mit bestimmten Religionen, sondern mit fünf Schlüsselwörtern bzw. Kardinaltugenden identifiziert: Wahrheit, rechtes Verhalten, Frieden, Liebe, Gewaltlosigkeit.

Sathya Sai Baba hat viele Ansprachen gehalten, zumeist in seiner Muttersprache Telugu. Englisch verwendete er eher zögerlich. Seit den 1970er Jahren ergoss sich eine Flut an erbaulicher Literatur über die Welt. Sathya Sai Baba ist allerdings nicht durch neuartige Mythologien oder Lehren bekannt geworden. Im Vordergrund steht vielmehr seine Person als Hyper-Guru-Avatar. Viele seiner Themen sind vertraut; oft geht es um die Öffnung für eine geistige Wirklichkeit, die Liebe des Sathya Sai Baba und die Liebe zu ihm und moralisch eher konservative und traditionelle Verhaltensweisen und Werte. Wie bei Gandhi spielen auch diätetische Praktiken der Selbstkontrolle eine große Rolle.[8]

Pilgerzentrum, Ashrams und Krankenhäuser

Puttaparthi hat sich im Laufe der Jahrzehnte zu einem internationalen Pilgerzentrum mit zahlreichen religiösen, sozialen und karitativen Einrichtungen entwickelt. Das Wachstum des Ashrams und der Bewegung wurde dabei anfänglich auch von einigen umtriebigen Schülern aus Kalifornien forciert.[9] Die Hauptattraktion war lange Sathya Sai Baba selbst, der seit 2003 an einen Rollstuhl gefesselt war, heute ist es sein Grabmal, das genau dort errichtet wurde, wo er sich zur Schau stellte. Darüber hinaus bietet Puttaparthi eine Reihe anderer religiöser Attraktionen für seine Besucher aus aller Welt, unter anderem mehrere Tempel, einen Hügel mit Statuen von Hanuman, Krishna, Shirdi Sai Baba, Shiva, Buddha, Christus und Zarathustra, ein Planetarium und ein 2005 eröffnetes, aufwendig gestaltetes Museum, das den Besuchern Sathya Sai Baba nahebringen soll.[10] In Puttaparthi wurden außerdem diverse Bildungseinrichtungen angesiedelt: in den 1960er Jahren Akademien zum Veda- und Sanskritstudium, 1981 schließlich das als Universität anerkannte Sri Sathya Sai Baba Institute of Higher Learning, das freie Ausbildung ab dem Kindergartenalter anbietet.

Neben Puttaparthi erlangte auch Sathya Sai Babas 1960 gegründeter Ashram in Whitefield in der Nähe von Bangalore größere Prominenz.

Im Sommer finden dort Spiritualitätsakademien statt, die bei Auslandsindern beliebt sind.[11] Der aufwendig gestaltete Ashram wurde, nach dem mythischen Land, wo Krishna seine Kindheit verbrachte, Brindavan genannt. Heutzutage befindet er sich in unmittelbarer Nachbarschaft des Export Promotion Industrial Park und ist damit sichtbar an die globalen Wirtschaftsnetzwerke angekoppelt.[12]

Neben den Hochhäusern der IT-Konzerne steht das 2001 vom indischen Premierminister eröffnete Sri Sathya Sai Institute of Higher Medical Sciences (SSSIHMS), das kostenlos kardiologische und neurologische Behandlungen anbietet. Das Institut sieht sich einer Philosophie verpflichtet, die auch der «spirituellen» Seite des Menschen im Sinne Sathya Sai Babas Rechnung trägt und eine Behandlung im Geiste des Dienstes und der Liebe praktizieren will. Damit will das Institut die Reichweite der westlichen Schulmedizin überbieten, die es sich zugleich einverleibt.[13] Ein ähnliches, noch größeres Krankenhaus war schon 1991 in Puttaparthi eröffnet worden. Hier wird den Patienten ein breites Spektrum an avancierten Behandlungen kostenlos zuteil. Dieses Krankenhaus bildet auch Ärzte aus und veranstaltet Fachtagungen.

Diese Krankenhäuser sind nur ein Teil des Beitrags der Sathya-Sai-Baba-Organisation zur Zivilgesellschaft. Weitere Tätigkeitsbereiche umfassen alternative Formen der Krankenpflege, Bildungseinrichtungen, Wasserversorgung, Katastrophenhilfe und Unterstützung der Mittellosen. Die Betonung des karitativen Engagements bildet, wie wir bereits bei Vivekananda sehen konnten, einen wichtigen Aspekt des modernen Hinduismus. Die Sathya-Sai-Baba-Bewegung hat dafür eine Reihe von einprägsamen Wahlsprüchen geschaffen: «Service to Man is Service to God», «Help Ever Hurt Never», «Serve All Be Nothing», «Give All Take Nothing», «Love All Serve All» – letzterer ist auch ein Motto der Restaurantkette Hard Rock Café, die von einem Sathya-Sai-Baba-Verehrer mitbegründet wurde. Seine Anhänger werden aufgefordert, mindestens eine Form des sozialen Dienstes zu praktizieren.

Obwohl Sathya Sai Baba in den letzten Jahrzehnten seines Lebens kaum gereist ist, stand er im Zentrum einer Bewegung, die seit den späten 1960er Jahren immer internationaler geworden ist. Die Zahl seiner Verehrer soll heute mindestens fünf Millionen Menschen betragen. Es gibt über 9000 offizielle Zentren und Gruppen in Indien und mehr als 2000 in hundertdreißig weiteren Ländern.[14] Tempel, Buchläden, Schulen bilden ein weitverzweigtes Netzwerk. In Deutschland gibt es derzeit acht Zentren und eine Vielzahl von Gruppen.

Eine zentrale Aktivität in den Zentren ist das gemeinsame Singen von frommen Liedern (*bhajan*s), von denen man zahlreiche auch im Internet finden kann. Das Singen, das schon früh zu den wichtigsten Praktiken der Bewegung zählte (und dem wir auch bei Anandamayi Ma begegnet sind), verbindet Sathya Sai Baba mit einer alten Tradition der hingebungsvollen verinnerlichten Frömmigkeit *(bhakti)*.[15] Das Singen ist – ähnlich wie in evangelikalen Kirchen – eine wichtige emotionale Erfahrung. *Bhajan*s werden auch individuell zu Hause gesungen.[16]

Ein globaler Guru und seine Schatten

Das karitative Engagement hat der rationalistischen Kritik an Sathya Sai Baba etwas Wind aus den Segeln genommen. Doch die Kritik richtete sich seit den 1990er Jahren weniger auf die Wunder als auf kriminelle Vergehen. Ein Mordfall in den Privatgemächern des Sathya Sai Baba, der sich 1993 ereignete, wurde nie öffentlich aufgeklärt. Seit dem Ende der 1990er Jahre wurde Sathya Sai Baba sexueller Missbrauch an jungen Männern vorgeworfen. Große Verbreitung fanden diese Vorwürfe durch den BBC-Dokumentarfilm *The Secret Swami* von 2004. Sathya Sai Baba wurde allerdings nie rechtlich belangt. Die Reaktionen der Organisation reichten vom Abstreiten der Vorwürfe über die Empfehlung, sich nicht im Internet zu informieren, bis hin zu Verschwörungstheorien. Dass diese Vorwürfe besonders von westlichen Medien aufgegriffen wurden, konnte eine in bestimmten indischen Kreisen verbreitete anti-westliche Einstellung bestätigen, die im Westen beziehungsweise der unkritischen Übernahme westlicher Denk- und Verhaltensweisen einen Grund für den Niedergang ihres Landes, ja der Krise der Welt sieht. Eine derartige Deutung entspricht der Glorifizierung des ursprünglichen Indiens und der xenophoben Rhetorik im Hindu-Nationalismus.[17]

Die Bestattung von Sathya Sai Baba am 27. April 2011 glich fast einem Staatsakt, an dem 500 000 Menschen teilnahmen, darunter auch der indische Premierminister, die Vorsitzende der Kongresspartei, und der Chief Minister des Bundesstaates Gujarat, der später indischer Ministerpräsident wurde. Repräsentanten des Sikhismus, des Buddhismus, des Islams, des Judentums und des Christentums waren ebenfalls vertreten.[18] Sathya Sai Baba wurde als eine Art ökumenischer Nationalheiliger inszeniert. In Gegenwart von Beamten der Steuerbehörde und der Gerichtsbarkeit wurden etwa zwei Monate später seine Privatgemächer geöffnet, wo sich enorme Bargeldbeträge und immense Mengen an Gold- und Silberschmuck fanden.

Die Wundertaten des Sathya Sai Baba stehen neben einer eher unspektakulären Ethik und Lehre. Er war Magier, Guru und Gott, er schenkte reichlich und empfing überreich – ein Kreislauf des Gebens und Nehmens, den viele als eine Bereicherung und Ermächtigung erfahren. Ihm wurde gedient, und er forderte seine Anhänger auf, durch Dienst an ihm und den Mitmenschen zu besseren Menschen zu werden. Seine Kritik am westlichen Materialismus wurde durch ostentativen Materialismus in Form seiner Materialisierungen hyperbolisch übertrumpft – so wie in seinem Namen Krankenhäuser und Bildungseinrichtungen errichtet wurden, die westliche Modelle ebenso aneignen wie überbieten sollen. Wissenschaft wird kritisiert und zugleich einverleibt. Seine Affinität zum Hindu-Nationalismus stand neben dem Anspruch, eine Meta-Religion jenseits der Differenzen der Weltreligionen zu sein – eine Art Globalreligion.

32

The Beatles

Musik, Rausch, Meditation

Unter dem Titel «Our World» fand am 25. Juni 1967 koordiniert von der Londoner BBC die erste live per Satellit übertragene und interkontinental ausgestrahlte Fernsehsendung der Mediengeschichte statt. Nachdem in der Folge des Sechstagekriegs die Ostblockländer kurzfristig ihre Teilnahme zurückgezogen hatten, nahmen noch 14 Länder aktiv an dem Programm teil, das in 24 Ländern synchron empfangen werden konnte und mindestens 400 Millionen Zuschauer erreichte – über 10 Prozent der damaligen Weltbevölkerung. Die etwa zweieinhalbstündige Sendung war, wie es auch der Titel («Unsere Welt») programmatisch ausdrückt, ein Schlüsselmoment der Globalisierung.

«Love, love, love ...»

Ein Höhepunkt der Sendung, die Highlights der kulturellen und wissenschaftlichen Leistungen der Industrieländer präsentierte, war eine Live-Übertragung aus dem Londoner Abbey Road-Studio, wo die Band «The Beatles»,[1] unterstützt von Gastmusikern wie Mick Jagger, Keith Richard, Eric Clapton und Marianne Faithfull, einen neuen Song aufführte: John Lennons «All You Need Is Love». Mitten im «Sommer der Liebe» wurde damit eine Hymne der Hippie-Bewegung in die Welt gesetzt:

Love, love, love
Love, love, love
Love, love, love
There's nothing you can do that can't be done ...

Das Lied erklomm Spitzenplatzierungen in den amerikanischen, britischen, österreichischen und westdeutschen Charts. Es hat keine explizit religiöse Färbung, bekennt sich aber zu einem Leitbegriff des Christentums: Anders als in ihren früheren Hits wie «Love Me Do» oder «She Loves Me» – am Ende von «All You Need Is Love» zitiert – wird der Begriff hier aus der Zweisamkeit des Verliebtseins herausgeführt. Auch aus einigen anderen nach 1964 entstandenen Songs der Beatles lassen sich indirekt religiöse und zum Teil sogar christliche Anspielungen vernehmen; man denke etwa an Lennons und McCartneys «The Word» (1965, auf dem Album *Rubber Soul*). Paul McCartney meinte einmal, der Song könnte als Heilsarmeelied durchgehen.[2] In einer christlichen Lesart steht «das Wort» für die Bibel – genauer das Evangelium –, und die in der Struktur des Lieds mehrfach wiederholten ersten vier Verse lassen eine Deutung als christliches Lied zu:

Say the word and you'll be free
Say the word and be like me
Say the word I'm thinking of
Have you heard the word is love?

In einer christlichen Hörart heißt das: Der Inbegriff der Frohen Botschaft ist die Liebe, und dieses Wort auszusprechen verheißt Befreiung. Mit ihrem Appell treten die Sänger wie bekehrte Bekehrer auf: «Now that I know what I feel must be right / I'm here to show everybody the light.» Der Song endet mit der bekenntnishaften vierfachen Wiederholung der vier Worte «Say the word love» und scheint damit auf «All You Need Is Love» vorauszuweisen.

Diese christliche Lesart des Songs kontrastiert allerdings mit damaligen Selbstaussagen der Beatles zu ihrer religiösen Befindlichkeit. In einem Interview mit dem Männermagazin *Playboy* vom Februar 1965 wurden sie gefragt, ob sie Kirchgänger seien, was John Lennon und George Harrison verneinten. Es folgten einige für Beatles-Interviews typische chaotisch-witzige Bemerkungen zur gemeinsamen Positionsbestimmung. Paul McCartney sagte, nur weil sie nicht an Gott glaubten, seien sie nicht antireligiös. Sie suchten offenbar nach einer Art und Weise, sich von Religion zu distanzieren, ohne sie ganz abzulehnen und damit möglicherweise böse Reaktionen zu provozieren. Lennon bot die Deutung an, dass sie eher agnostisch als atheistisch seien, was bei den anderen Bandmitgliedern auf Zustimmung stieß. Lennon fügte hinzu: «Most people are, anyway.» Die Beatles beanspruchten also keine weltanschauliche Vorreiterrolle, sondern machten sich eher zum Sprachrohr eines Trends. An Religion missfielen ihnen Heuchelei oder Scheinheiligkeit; Lennon: «The only thing we've got against religion is the hypocritical side of it, which I can't stand.»[3]

Dieses Interview gab die auf dem Höhepunkt ihres weltweiten Ruhmes angekommene Band zu Beginn einer Phase, als die Mitglieder mit Rauschmitteln experimentierten, zunächst mit Marihuana (wohl seit ihrer ersten Begegnung mit Bob Dylan), dann mit LSD. Es war zugleich die Zeit, als sie in ihren Liedtexten und Interviews die großen Fragen nach dem Sinn des Lebens anzusprechen begannen.[4] Erst jetzt tauchte zum Beispiel das Thema Tod auf. Mit dem Konsum von LSD begannen die Beatles sich für andere Dimensionen der Wirklichkeit, indische Musik und asiatische Religionen zu interessieren.

Help! Tempelklamauk und Gegenreligion

Noch in der Marihuana-Phase drehten die Beatles, unter der Regie des Amerikaners Richard Lester ihren zweiten Spielfilm: *Help!*, der am 29. Juli 1965 uraufgeführt wurde. Diese von Marc Behm erdachte Komödie war zugleich eine Art Persiflage auf die ersten James Bond-Filme.[5] Die erste Szene zeigt eine von hinten beleuchtete mehrarmige schwarze Statue, wobei die Instrumentierung der Eingangsakkorde indische Töne anschlägt. Die Szene spielt im Tempel der «Kaili», einem Phantasietempel mit Versatzstücken aus christlichen, römischen, ägyptischen und indischen Traditionen. Lesters Skript beginnt mit folgender Beschreibung: «Die GÖTTIN KAILI ist schauderhaft *(terrible)* – doppelt so schauderhaft wie KALI, und wir wissen alles über KALI.»[6] Gemeint ist die indische Göttin des Todes und der Zerstörung, Kali, die oft mit zehn Armen dargestellt wird. Die ebenfalls zehnarmige blutrünstige Göttin Kaili dürstet täglich nach Menschenblut. Die Eingangsszene zeigt den prall gefüllten Tempel kurz vor der Opferszene: Ein junges, schönes, spärlich bekleidetes, unglückliches Mädchen liegt zum Opfer bereit auf dem runden «table of blood», wie das Skript den brunnenartigen Altar nennt. Der ein römisch anmutendes Phantasiegewand tragende Hohepriester stimmt eine an gregorianische Choräle erinnernde Hymne auf Kaili an, wobei er den Namen «Preverti» anruft, wohl eine Verballhornung von Parvati, der Gattin Shivas, als deren Verkörperungsform Kali gilt. Die schöne Priesterin Ahme bricht allerdings die Opferhandlung ab, da sie sieht, dass das Mädchen nicht den Ring trägt, der eine Person als Opfer ausweist. Die nächste Szene zeigt, wie die Beatles auf einer Bühne ohne Zuschauer den Titelsong «Help!» aufführen. Der Schlagzeuger, Ringo Starr, trägt einen riesigen roten Ring am kleinen Finger der rechten Hand. In Anspielung auf den weltweiten Erfolg der Band sieht man in der folgenden Szene, wie Clang, Ahme und weiteres Kultpersonal des Kaili-Tempels auf einer Leinwand eine Aufnahme dieses Beatles-Auftritts anschauen – die Beatles-Musik wird also sogar in einem entfernten Tempel begierig konsumiert! Als der Priester und sein Gefolge dadurch sehen, wer den Ring trägt, beginnt eine Jagd auf Ringo, in deren Verlauf es niemandem gelingt, den fatalen Ring von seinem Finger abzustreifen. Am Ende kann Ringo nur knapp dem Opfertod entrinnen. Das tollpatschige Kultpersonal wird im Skript als «Thugs» bezeichnet. Die Idee zu diesem imaginierten Kult ist offenbar von den indischen «Täuschern» *(thugs)* inspiriert. Diese Straßenräuber, die sich als Kinder der Göttin Kali ansahen, wurden zu Beginn des 19. Jahrhunderts von den Briten bekämpft. Ihre heimtückischen Morde regten im Westen die Fantasie in Form von mehreren künstlerischen Bearbeitungen an, bis hin zu Steven Spielbergs Film *Indiana Jones and the Temple of Doom* (1984).[7]

Am Ende des Films taucht zaghaft das Bild einer weiblich-jugendlich-humanen Religion auf: als Gegenbild zum Kult alter, unbeholfener Männer. Ahme, die Kaili-Priesterin, die Ringo und seinen Kumpanen immer wieder aus der Patsche hilft und eine Art kulturell-religiöse Überläuferin ist, sagt gegen Ende des Films: «Es gibt auch im Osten Raum für eine Religion der Liebe ... einen Platz für eine Religion, die für Jung und Alt gleichermaßen von Interesse ist» (Szene 212). Und weiter – Ringos Finger ist endlich vom Ring befreit: «Eine Religion des Humors und der Sympathie, die auf Güte und Sanftmut beruht ... Und ich werde diese Religion finden» (Szene 213 von 219).

Psychedelische Religion

Eine andere Art der Auseinandersetzung mit asiatischen Religionen bietet der maßgeblich von Lennon geschriebene Song «Tomorrow Never Knows» auf dem Album *Revolver* (1966). Das Lied wird mit einigen Akkorden auf einer indischen Laute, einer Tanpura, eingeleitet. Das erste Verspaar ist inspiriert von einem Buch, das Lennon im März 1966 in der Londoner «alternativen» Buchhandlung «Indica» erworben hatte:[8] *The Psychedelic Experience: A Manual Based on The Tibetan Book of the Dead* von Timothy Leary, Ralph Metzner und Richard Alpert. Auf der Grundlage ausgedehnter eigener Erfahrungen der Autoren bietet dieses Werk eine Art Trip-Anleitung für LSD-Konsumenten. Das 1964 erschienene Buch[9] war dem im Jahr zuvor verstorbenen Autor von *Brave New World*, Aldous Huxley, gewidmet. Zehn Jahre vorher hatte Huxley unter dem Titel *The Doors of Perception* einen langen, einflussreichen Essay über seine Erfahrung mit der Einnahme des damals noch legalen Alkaloids Meskalin veröffentlicht, in dem er dessen Wirkungen mit Phänomenen aus der west-östlichen Religionsgeschichte in Verbindung brachte.[10] *The Psychedelic Experience* bezieht die Eigenart von LSD-Trip-Erfahrungen auf einen tibetisch-buddhistischen Text, der im Westen von dem ersten Herausgeber einer englischen Übersetzung, dem Amerikaner Walter Yeeling Evans-Wentz, auf den Titel *The Tibetan Book of the Dead* getauft wurde.[11]

Timothy Leary,[12] einer der Autoren von *The Psychedelic Experience* und ein Bewunderer Aleister Crowleys, propagierte die weitere Erforschung und Anwendung von LSD, mit der er eine neue Phase der Menschheitsgeschichte eingeleitet sah. Die von Leary ausgesprochenen Erfahrungen und Versprechungen wurden von der Presse in religiösen Mustern beschrieben. Das Magazin *Playboy* etwa, das 1966 ein langes Interview mit Leary druckte, stellte ihn den Lesern als «LSD-Prophet», «Hohepriester einer revolutionären Bewegung» und «religious leader» vor. In dem Interview sagt Leary, er betrachte seine LSD-Tätigkeit als grundsätzlich religiös, weil sie darauf abziele, das menschliche Bewusstsein zu erweitern und innerliche «göttliche Energien» zu entdecken. Er artikuliert hier eine Art psychedelische Religionstheorie, der zufolge fast alle Religionen darauf hinausliefen, das «innere Potenzial» der

Menschen zu erschließen. LSD sei «Western yoga». Beim Eintreffen der *Playboy*-Journalisten war Leary allerdings gerade mit einem hinduistischen Ritual beschäftigt und erklärte im Interview: «I'm Hindu.» Auch Learys Mitverfasser Richard Alpert (geb. 1931) wandte sich 1967 auf einer Indienreise dem Hinduismus zu und nahm den Namen Ram Dass (Diener Gottes) an.

Das erste Verspaar des Beatles-Songs «Tomorrow Never Knows» lautet: «Turn off your mind, relax and float down stream / It is not dying, it is not dying». Das Lied spricht von der Leere, der inneren Bedeutung, der omnipräsenten Liebe, die Wissen sei («Love is all and love is everyone / It is knowing, it is knowing»), von dem Glauben *(believing*, nicht *faith*), den Träumen, dem Leben und dem Anfangen. Der Beatles-Produzent und Tontechniker George Martin erinnert sich, John Lennon habe den gewünschten Sound der Stimme so beschrieben: «es soll so klingen wie ein buddhistischer Mönch, der vom Gipfel eines Berges singt. Wie der Dalai Lama».[13]

Christentum oder Rock'n' Roll

Trotz ihrer eigenen religiösen Neigung wurden die Beatles weltweit als Gefahr für die Religion wahrgenommen. In den USA wurden sie 1964 bei ihrer Ankunft in San Francisco von christlichen Protestlern mit Plakaten empfangen, auf denen zu lesen war: «Beatles-Verehrung ist Götzendienst. Die Bibel sagt: ‹Kinder, haltet euch von Götzenbildern fern›».[14] In Japan ging 1966 die Angst um, ein Auftritt der Beatles in einer Kampfsporthalle werde diesen Ort eines traditionellen, mit religiösen Sinndimensionen aufgeladenen Sports profanieren. Im Januar 1966 äußerte John Lennon in einem fatalen Interview, das Christentum werde untergehen: «Christianity will go. It will vanish and shrink. I needn't argue about that; I'm right and I will be proved right». Darauf folgte die fatale Aussage: «We're more popular than Jesus now, I don't know which will go first – rock'n'roll or Christianity».[15] Das Interview wurde im Vorfeld einer US-Tournee der Beatles im August 1966 in einem amerikanischen Teenager-Magazin veröffentlicht. Der Herausgeber beeilte sich, den Jesus-Vergleich und eine weitere Aussage Lennons über die Rassenproblematik in den Südstaaten der USA bekannt zu machen, woraufhin um die vierzig Radiostationen den Boykott von Beatles-Musik ankündigten und sogar Pläne zur öffentlichen Verbrennung von Beatles-Platten und anderen Beatles-Materialien laut wurden. Da solche Drohungen den Erfolg der Tournee zu gefährden drohten, sah sich Lennon zur Klarstellung genötigt: «I never meant it to be a lousy antireligious thing». Zugleich hielt er aber an seiner Diagnose fest «Christianity just seems to be shrinking, to be losing contact». In postum erschienenen Erinnerungen bedankte sich John Lennon bei Jesus für das Ende der Tourneetätigkeit.[16] Dass dafür der Jesus-Skandal verantwortlich war, war natürlich nur ein Teil der Wahrheit. Die Beatles waren das Hotelleben leid, und die Band war auch vom künstlerischen Ertrag der Tourneen nicht mehr überzeugt, da ihre Musik überall vom unaufhörlichen hysterischen Geschrei der Fans übertönt wurde.[17] Die Episode illustriert einen religionsgeschichtlichen Umschlagpunkt: Die Dominanz des Christentums war nicht mehr selbstverständlich, und mit der Popmusik erwuchs der kirchlichen Religion eine ernsthafte Konkurrenz. Die Musiker schlüpften dabei in die Rolle von alternativen Sinnproduzenten, die kein fertiges Produkt anzubieten hatten, sondern das Publikum an ihrer Suche und Entwicklung teilnehmen ließen.

Von Ravi Shankar zur Transzendentalen Meditation

Für die Suche nach Sinn und Wahrheit hatten die Beatles nach dem Ende ihrer Tournee-Tätigkeit im Jahr 1966 ausreichend Zeit. George Harrison, der einige Monate zuvor in London ein Konzert des Sitar-Meisters Ravi Shankar gehört hatte, reiste für knapp zwei Monate nach Indien, um bei Shankar Sitar zu studieren und die indische Kultur kennenzulernen. Zwischen Harrison und Shankar, der seine Jugend in Europa verbracht hatte, stimmte die Chemie von Anfang an. Auf Shankars Empfehlung las Harrison Yoganandas *Autobiography of a Yogi*, Vivekanandas *Raja Yoga* und das chinesische *Buch der Wandlungen* (*I Ging*). In einem BBC-Interview, das er für eine Sendung der BBC in Bombay gab, hob er positiv das von ihm beobachtete religiöse Leben Indiens hervor, wo die Menschen «jede Sekunde und jede Minute ihres Lebens» ihre Religion lebten, und bediente damit das Klischee der vollreligiösen Inder. Der implizite Kontrast zu einem stärker segregierten Religionsverständnis im Westen konnte kurz nach dem

Skandal in den USA als christentumskritisch wahrgenommen werden. Die beobachtete Allgegenwart von Religion betraf auch die Musik. Für Shankar war Musik ein visionär-ekstatisches Eintauchen in das Göttliche.[18]

In der Folge seines Indienaufenthalts und unter Shankars Einfluss nahm Harrison ohne die anderen Beatles sein mit klassischen indischen Instrumenten bestücktes Lied «Within You Without You» auf, das auf dem nächsten Beatles-Album veröffentlicht wurde. Der vage von indischem Gedankengut beeinflusste Text spricht von Leuten, die sich hinter der Mauer der Illusion verstecken und nie die Wahrheit erblicken. Der Song besingt die Aussicht auf die Entdeckung der allen gemeinsamen Liebe, der hier eine erlösende Kraft zugesprochen wird: «With our love, we could save the world.» Der Musiker artikuliert hier eine religiöse Botschaft und fordert zu einer grundlegenden Haltungsänderung auf: «Try to realise it's all within yourself / No one else can make you change.» Diese Aufforderung könnte als Nachhall eines Satzes von Vivekananda (s. Kap. 3) gelesen werden: «Die gesamte Suche ist vergeblich, bis wir erkennen, dass das Wissen in uns selbst ist, dass uns niemand helfen kann, dass wir uns selbst helfen müssen».[19] Man mag hierbei auch an den ehemaligen theosophischen Weltenlehrer Krishnamurti (s. Kap. 6) denken.

Das Ende der Tourneen veränderte für die Beatles die Bedeutung des Tonstudios, das an die Stelle der Bühne als primärer Schauplatz ihrer Musik trat. In ihrem ersten Album nach dem Abschluss der Tourneen legten sich die Beatles ein Alias zu: Auf der am 1. Juni 1967 erschienenen gleichnamigen Platte traten sie als *Sgt. Pepper's Lonely Hearts Club Band* auf. *Sgt. Pepper's*, von der Zeitschrift *The Rolling Stone* zum Greatest Album of All Times gekürt,[20] war eines der ersten Konzeptalben und das Resultat intensiven technologischen und musikalischen Experimentierens. Eine wichtige Innovation war das für damalige Verhältnisse extrem kostspielige Produktdesign, angefangen mit der Plattenhülle (Inlay), die nicht mehr blank, sondern farbig und graphisch ausgestaltet wurde. Auch war *Sgt. Pepper's* das erste Album der Popgeschichte, auf dessen Rückseite der Text der dreizehn Songs – darunter «Within You Without You» – abgedruckt wurde, was den poetischen Eigenwert und die Aussagekraft der Texte unterstrich.[21]

Statt eines ansprechenden Künstlerfotos – wie damals üblich – war die Vorderseite des Covers ein Kunstwerk eigenen Rangs, dessen Verwirklichung auf Betreiben von McCartney dem Pop-Künstler Peter Blake und seiner damaligen Frau Jann Haworth anvertraut wurde. Der untere Teil des Covers zeigt ein Blumenbeet, auf dem unter anderem eine kleine Statue der indischen Göttin Lakshmi zu sehen ist, die üblicherweise mit Wohlstand, Glück und Schönheit in Verbindung gebracht wird. Hinter einer großen Trommel mit dem Schriftzug «Sgt. Pepper's Lonely Hearts Club Band» stehen die Beatles in Fantasieuniformen und mit Blasinstrumenten – gleich links daneben noch einmal in Form der Wachsfiguren, die man zu diesem Zweck aus Madame Tussauds Wachsfigurenkabinett entliehen hatte. Neben und hinter den Beatles stehen in Form einer Collage etwa siebzig Personen aufgereiht. Diese Collage ist ein einzigartiges Tableau zentraler Figuren eines von den vier damals Mittzwanzigern entworfenen pop- und gegenkulturellen Heldenkanons – gewissermaßen die Freunde, an die in «With a Little Help from My Friends» appelliert wird. Aufgrund politischer Bedenken des Musikunternehmens EMI wurden drei der ursprünglich gewünschten Personen letztendlich nicht abgebildet: Jesus Christus, Adolf Hitler und Mahatma Gandhi. Mit Äußerungen über Jesus hatten die Beatles ja schon schlechte Erfahrungen gemacht; Gandhi und Hitler wurden vom damaligen EMI-Chef persönlich aussortiert – Gandhi weil es in Indien schon genug Probleme gebe («there's enough trouble in India without stirring more»[22]). Hitler wurde kommentarlos gestrichen, obwohl es schon einige Skizzen gab. Überraschender ist wohl, dass Lennon ihn überhaupt vorgeschlagen hatte, vielleicht als gegenkulturelle Provokation, um sich als «naughty boy», als böser Junge zu profilieren.[23]

Neben Musikern wie Bob Dylan, Komponisten wie Karlheinz Stockhausen, Schauspielern, Sportlern und anderen Künstlern und Schriftstellern wie James Joyce und Aldous Huxley zeigt die Collage auch Karl Marx, Albert Einstein (größtenteils verdeckt), Carl Gustav Jung (s. Kap. 17) und Aleister Crowley (s. Kap. 14).[24] Grenzen zwischen Hoch- und Populärkultur wurden gezielt verwischt. Darüber hinaus wurden – wohl auf Harrisons Initiative – einige indische Gurus aufgenommen: Die dritte Figur von rechts in der zweitobersten Reihe ist Paramahansa Yogananda, der Autor von *Autobiography of a Yogi*, dem wir in Verbindung mit Anandamayi Ma begegnet sind. Vier Figuren weiter links (zwischen Stan Laurel und William Burroughs) ist Mahavatar Babaji zu sehen, der in Yoganandas *Autobiography* beschrieben und dort als «Yogi-Christ of Modern India» bezeichnet wird. Eine Reihe tiefer, rechts unterhalb von Marx, sieht man das halbe Gesicht von Babajis Schüler Sri Lahiri Mahasaya, dessen Leben Yogananda als «Christlike» bezeichnete. Ganz links in der obersten Reihe erblickt man Lahiris Schüler Sri Yukteswar Giri. Yukteswar und Lahiri werden in Yoganandas *Autobiography* als «moderne christusähnliche Weise» beschrieben, die gezeigt hätten, dass die Wissenschaft des Yoga für das Glück der Menschen und die Nation wichtiger sei als materieller Fortschritt. Die Kritik am modernen Materialismus war ein treibendes Element der Hippiebewegung.

Mit Ausnahme von Crowley, der allerdings auch Yoga propagiert hatte, sind die religiösen Figuren auf dem Cover von *Sgt. Pepper's* – Lakshmi und die Yogis – somit allesamt indischen Ursprungs, wobei besonders solche ausgewählt wurden, die laut Yogananda auch christliche Elemente aufwiesen. Indien ist hier der gegen- und popkulturelle Bezugspunkt von Religion.

Noch nicht zu sehen ist allerdings jener Guru, mit dem die Beatles einige Monate später direkt in Kontakt traten. Angeregt durch das in Kenia aufgewachsene Fotomodel Pattie Boyd, die damalige Frau von Harrison (und spätere Frau von Eric Clapton),[25] besuchten die Bandmitglieder im August 1967 im Londoner Hilton einen Vortrag von Maharishi Mahesh Yogi (1917/18–2008), des Erfinders der Transzendentalen Meditation (TM). Kurze Zeit später fuhren sie mit dem Zug – also für alle Welt sichtbar – zu einem Wochenendkurs, den Maharishi in Wales hielt. Den Kurs mussten sie wegen des plötzlichen Todes ihres Managers und Mentors Brian Epstein abbrechen. Dieses Ereignis vertiefte jedoch nur ihre Hinwendung zu Maharishi.[26] Die Prioritäten der Band verschoben sich, als sie statt weiterer Aufnahmen nun einen mindestens zweimonatigen Indienaufenthalt bei Maharishi planten.[27] Dieses Abenteuer begann im Februar 1968.

Anders als ihre amerikanischen Hauptkonkurrenten, die 1961 gegründete Band The Beach Boys, die Titel wie «Transcendental Meditation» (auf dem Album *Friends,* 1968) und «TM Song» (auf dem Album *15 Big Ones,* 1976) einspielten, machten die Beatles in ihrer Musik keine direkte Werbung für Maharishi oder die Transzendentale Medita-

Maharishi Mahesh Yogi im weißen Gewand mit George Harrison (links) und John Lennon (rechts) bei einer UNICEF-Gala in Paris, 1967

tion. Dennoch hinterließ TM Spuren in ihren Texten, angefangen bei Harrisons Song «Sour Milk Sea», der 1968 als Debut-Single von Jackie Lomax erschien. Die zunehmende Verwendung von Wiederholungen in ihren Songtexten – so werden etwa in «Hey Jude» (1968), einem der erfolgreichsten Songs aller Zeiten, die Silben «na» und «la» weit über zweihundertmal wiederholt – wird mit der Mantrarezitation in der Meditationspraxis in Verbindung gebracht.[28] In John Lennons Song «Across the Universe» taucht an zentraler Stelle, vor dem jeweils viermal wiederholten Refrain «Nothing's gonna change my world» und in fünfmaliger Wiederholung am Ende des Songs, eine Mantra-Ehrerbietung an Maharishis Lehrer Brahmananda Sarasvati bzw. Guru Dev auf: «Jai guru deva om». In dem Liedtext wird «my opened mind» beschworen, und wieder tritt die Liebe als kosmisches Prinzip in Erscheinung:

Limitless undying love, which
Shines around me like a million suns,
It calls me on and on across the universe

Mitte Februar 1968 flogen die vier Beatles mit ihren Frauen bzw. Lebensgefährtinnen und Assistenten nach Indien, um sich im Wallfahrtsort Rishikesh am Fuße des Himalayas in Maharishis Ashram in die Meditationspraxis zu vertiefen. Neben den Meditationsübungen und Vorträgen des Maharishi lasen sie seine Bücher *Science of Being and Art of Living* (1963; deutsch erstmals 1966) und *Maharishi Mahesh Yogi on the Bhagavad-Gita: A New Translation and Commentary* (1967). Maharishi organisierte Ausflüge und Partys, die Beatles hatten aber auch Zeit für Affären, zum Entspannen, Musizieren und Komponieren. Die meisten Lieder ihres nächsten Doppelalbums *The Beatles* (zumeist als *The White Album* bekannt) sind in Rishikesh entstanden – darunter mit Lennons «Revolution» auch ihr erstes politisches Lied. Trotz seines Titels, der die Einheit der Band beschwört, enthält *The Beatles* kaum Stücke der gesamten Band; das Album ist vielmehr eine Zusammenstellung von Solostücken Harrisons, Lennons und McCartneys. Dementsprechend zeigt das weiße Cover auch kein Gruppenbild mehr.[29] Die Identität der Beatles als gemeinsames Projekt war implodiert.

Gleichzeitig mit den Beatles hielten sich andere bekannte Künstler in Maharishis Ashram auf: der Liedermacher Donovan, Mike Love, der Leadsänger der Beach Boys, der Jazzflötist Paul Horn, der von seinen Drogenproblemen loszukommen suchte, die Schauspielerin Mia Farrow und ihre jüngere Schwester Prudence. Der Ashram wurde von Photographen und Reportern belagert. Der Aufenthalt der Beatles endete früher als vorgesehen, teilweise wegen Problemen mit Insekten und der Verdauung, teilweise wegen Intrigen und nie bestätigten, von Mia Farrow gestreuten, aber später bedauerten Gerüchten, dass Maharishi sich an Frauen vergreife.[30] Eine enttäuschte Bitterkeit über Maharishi hört man in John Lennons Song «Sexy Sadie» (auf *The Beatles* bzw. *The White Album*), der ursprünglich «Maharishi» hatte heißen sollen, auf Harrisons Beharren und aus Furcht vor Verleumdungsklagen aber anonymisiert wurde. Das Lied beginnt: «Sexy Sadie, what have you done? / You made a fool of everyone.» Weiter klagt Lennon: «Sexy Sadie, you broke the rules / You laid it down for all to see.»

Langfristig war der Aufenthalt der Beatles in seinem Ahsram für Maharishi ein Populariätsstabilisator – so auch für den Ort Rishikesh, der sich fortan als Hippie-Pilgerort und Anziehungspunkt für spirituelle Touristen etablierte, die bis heute dorthin strömen.[31] Kurze Zeit nach der Abreise seiner prominenten Gäste brach Maharishi seine Zelte in Indien dauerhaft ab und begleitete die Beach Boys auf einer ziemlich erfolglosen USA-Tournee.

Marahishi Mahesh Yogi und die «vedische Wissenschaft»

Maharishis Beziehungen zu den Beatles und anderen Celebrities verhalfen ihm zu einem breiten Presseecho. Zwischen Oktober 1967 und Februar 1968, im Vorfeld ihres Besuches in Rishikesh, erschienen Artikel über ihn in führenden amerikanischen Zeitungen und Magazinen. Bei Fernsehauftritten verblüffte Maharishis Sinn für Humor, was ihm den Scherznamen «the giggling guru» – «der kichernde Guru» – eintrug. Auch den Beatles fiel auf, dass Maharishi immer lachte und offenbar das Leben genoss.[32]

Mahirishis Wirken hatte wesentlichen Anteil an der Verbreitung von Meditation und Ayurveda außerhalb Indiens. Mit Vivekananda teilte er eine nichtdualistische, vedantische Grundauffassung (s. Kap. 3), und wie Vivekananda war Maharishi der Meinung, dass Indien der Welt, insbesondere dem Westen, ein wichtiges religiöses Erbe zu vermitteln habe. Dabei propagierte er seine Botschaft von der heilsamen Wirkung der Transzendentalen Medition im Westen zumeist nicht in Begriffen wie Leiden, Befreiung und Erlösung, sondern als wissenschaftlich verankerte Technik zur Selbstentdeckung und Selbstverbesserung, die nachweislich zur Stressvermeidung, zur Tiefenentspannung, zu Frieden und Verbrechensbekämpfung dienlich sei.[33]

1958 hatte Maharishi zum ersten Mal Indien verlassen. Mit Zwischenstationen in Birma, Malaysia und auf Hawaii erreichte er 1959 Amerika. In Los Angeles fand er wohlhabende Sponsoren und reüssierte mit seiner Lehre in Hollywood-Kreisen. In den 1960er Jahren entdeckte er Studierende als besonders vielversprechende Zielgruppe für die Transzendentale Meditation, die zur «Quelle der Schöpfung» und zu einem «kosmischen Bewusstsein» führen soll. Die 1965 gegründete Students' International Meditation Society (SIMS) war eine der ersten der zahlreichen von Maharishi im Laufe seiner Karriere gegründeten Organisationen. 1968 zog Maharishi sich weitgehend aus der

Öffentlichkeit zurück und richtete sich in einem ehemaligen Hotel im Schweizerischen Seelisberg ein, von wo aus er immer neue Weltverbesserungsinitiativen koordinierte. 1990 verlegte Maharishi sein Hauptquartier in ein ehemaliges Franziskanerkloster in den Niederlanden. In vielen Ländern wurden nationale Niederlassungen gegründet, die seit 2002 Peace Palaces genannt wurden.

1975 begab Maharishi sich auf eine Welttournee, um sein Projekt «Dawn of the Enlightenment» zu propagieren. Das verschaffte ihm erneutes Medienecho – im Oktober 1975 war er auf dem Titelblatt des Magazins *Time* zu sehen –, und allein in den USA gab es Mitte der 1970er Jahre etwa 370 TM-Zentren mit etwa 6000 Meditationslehrern.[34] 1976 gründete Maharishi eine globale Organisation, die «World Governance of the Age of Enlightenment». Ein Jahr später startete er das TM-Sidhi-Programm: Durch gemeinsames «yogisches Fliegen» sollten die Gesellschaft und die ganz Welt verbessert werden. Prominenten Unterstützern Maharishis sollen diese Erwartungen derart peinlich gewesen sein, dass sie die Organisation verließen.[35]

Für Maharishi waren solche Techniken und ihre Folgen dagegen Wissenschaft. Der studierte Physiker lancierte zwischen 1970 und 1973 die «Science of Creative Intelligence» (SCI) und sprach von «vedic science».[36] Er lud renommierte Wissenschaftler zu Symposien ein und förderte wissenschaftliche Untersuchungen der positiven Wirkungen der Transzendentalen Meditation auf unterschiedliche Bereiche körperlicher, geistiger und seelischer Gesundheit.[37] 1971 gründete Maharishi eine eigene Universität, die derzeit den Namen Maharishi University of Management trägt. Alle Universitätsangehörigen praktizieren Transzendentale Meditation, und der Universität liegt Maharishis Programm der «Consciousness-Based Education» zugrunde. Der Campus befindet sich in der Kleinstadt Fairfield im US-Bundesstaat Iowa, wo auch die TM-Musterstadt Maharishi Vedic City etabliert wurde. Architektur, Gesundheitswesen, Landwirtschaft, Ernährung, Verwaltung, Wirtschaft und Bildungswesen dieser unabhängigen Siedlung mit etwa zweihundertfünfzig Einwohnern folgen «vedischen» Prinzipien.

In den 1980er Jahren engagierte Maharishi sich auf dem Gebiet alternativer Medizin, wobei er wesentlich zur Verbreitung des Ayurveda beitrug – ein indisches medizinisches Wissenssystem, das aus TM-Sicht Teil der «vedischen Wissenschaft» ist und erneuert werden muss. Auf diesem Gebiet betätigte sich auch der 1946 in Neu-Delhi geborene, in Indien ausgebildete Arzt Deepak Chopra, der 1970 in die USA übersiedelte. 1985 lernte er Maharishi kennen und galt lange als dessen designierter Nachfolger. Chopra ging allerdings seit etwa 1993 eigene Wege. Von Maharishi unterscheidet Chopra sich schon im Auftreten: Statt im weißen Entsagergewand mit Bart und langer Mähne tritt Chopra, der den gebildeten, smarten und erfolgreichen Einwanderer verkörpert, der das Beste Indiens und der USA kombiniert, oft in schwarzer Kleidung auf, rasiert und wohlfrisiert, in der Regel in Anzug und Krawatte. Chopras undramatisch verlaufene Trennung von der Transzendentalen Meditation erfolgte ungefähr zu der Zeit als er sich – nicht zuletzt durch einen Auftritt bei Oprah Winfrey – als einer der weltweit erfolgreichsten und produktivsten Autoren von Büchern zu Fragen von Gesundheit, Erfolg, Glück, Erziehung, Liebe, Wohlstand, Führungsqualitäten und anderen Dimensionen des Lebenssinns und der Lebensbewältigung zu etablieren begann. Im 21. Jahrhundert hat Chopra auch zu religiösen Personen und vermehrt zu explizit religiösen Themen publiziert.[38]

1992 gründeten Anhänger der Transzendentalen Meditation eine zeitweise in über siebzig Ländern aktive politische Partei, die Natural Law Party (Naturgesetzpartei), die aber Anfang des 21. Jahrhunderts in den meisten Ländern wegen anhaltender Erfolglosigkeit wieder aufgelöst wurde. In Deutschland erreichte sie in keinem Bundesland über 0,3 Prozent der Stimmen.

In Anbetracht der vielseitigen wissenschaftlichen, aber auch medizinisch-therapeutischen und politischen Ambitionen der Transzendentalen Meditation musste die Frage aufkommen, wie man sie einordnen soll. Im amerikanischen Bundesstaat New Jersey kam es 1976 zu einem bemerkenswerten Rechtsstreit darüber (Malnak vs. Yogi). Um zu verhindern, dass an öffentlichen Schulen freiwillige Science of Creative Intelligence Transcendental Meditation-Kurse angeboten werden können, argumentierten verschiedene Gruppen, es handle sich um eine Religion; das Kursangebot verstoße somit gegen den 1. Zusatzartikel zur Verfassung der Vereinigten Staaten. Die Anhänger der Transzendentalen Meditation boten dagegen einen katholischen Priester, einen protestantischen Pfarrer und einen Rabbi auf, die TM praktizierten. Die Praxis sei somit keine Religion.[39] Das Gericht gab der Klage jedoch statt. Das Verfahren ging durch mehrere Instanzen und drehte sich schließlich um die Frage, was überhaupt eine Religion sei. Bei seinem folgenreichen Versuch, dieser Frage Herr zu werden, griff das Appellationsgericht zunächst auf das Religionsverständnis von Paul Tillich und dessen Bestimmung von Religion als «ultimate concern» zurück (s. Kap. 29). Solche Letztansprüche müssten zweitens – so das Gericht – Teil eines umfassenden Glaubenssystems sein und drittens Analogien zu anerkannten Religionen aufweisen. Genau das sei bei der Science of Creative Intelligence Transcendental Meditation mit ihrem hinduistischen Hintergrund der Fall; es handele sich also um eine Religion.[40] Einer Gruppe, die sich ausdrücklich nicht als Religion verstand, wurde dieser Stempel damit rechtswirksam aufgedrückt. Die drei Kriterien dienten in der Folge in den USA und darüber hinaus als gängiger Religionstest.

In Deutschland soll es 1966/67 etwa fünfunddreißig TM-Zentren gegeben haben.[41] TM wurde hierzulande von christlichen Apologeten, insbesondere kirchlichen «Sektenbeauftragten», als «Jugendsekte» eingestuft. Auch deutsche Gerichte operierten mit dieser Kategorie, mit der man neue Religionen als gefährlich und verführerisch brandmarken und aus dem Bereich legitimer Religion ausgrenzen konnte. Hier wurde das Selbstverständnis von TM, eben *keine* Religion zu sein, ebenfalls nicht anerkannt. Eigens für TM wurde sogar die Kategorie der «Neuen Jugendreligion» erfunden.[42] Die Vorwürfe gegen sie, die nicht nur von «Sektenbeauftragten» der Kirchen, sondern auch von Elternorganisationen und Journalisten erhoben wurden und teilweise sogar Eingang in einen 1980 veröffentlichten Bericht der Bundesregierung an den Petitionsausschuss des Deutschen Bundestags über «Jugendreligionen» fanden, lauteten: Kommerzialisierung, Simplifizierung und «Entartung» religiöser Traditionen, wirtschaftliche Ausbeutung, unangebrachte Werbekampagnen und unzureichende Ausbildung der Meditationstherapeuten, mentale «Umprogrammierung», «Verführung», Wirklichkeitsverlust, soziale Abschottung, Persönlichkeitsdeformationen und Identitätskrisen der Anhänger.[43] Im Unterschied zu Scientology steht TM heutzutage in Deutschland kaum mehr im Fokus derartiger Ausgrenzungs- und Gefährdungsdiskurse.

Das führt uns zurück zu den Beatles, die früher schon die Frage diskutiert hatten, inwieweit das Interesse für Meditation religiöser Art sei. So wurde George Harrison Ende 1967 in einem Interview gefragt, ob die Meditation für ihn ein Religionsersatz werden könne. Harrison lehnte diese Substitutionszumutung ab: Meditation *sei* Religion. Dass man Meditation nicht als Religion ansehe, liege an einem verbreiteten konventionellen Religionsbegriff.[44] Harrison bringt damit einen beginnenden Umbruch im öffentlichen Religionsverständnis zum Ausdruck, das sich nicht mehr allein am kirchlichen Christentum orientiert.

Paul McCartney und Ringo Starr: Religion als musikalisches Material

Die religiösen Biographien der vier Beatles nach der Auflösung der Band 1970 weisen in unterschiedliche Richtungen. Der in einer kirchenfernen katholischen Familie aufgewachsene Paul McCartney ist nicht für religiöse Standpunkte bekannt. In einem seiner berühmtesten Lieder, «Let It Be» klingen katholisch-liturgische Klangwelten (Orgel und Chor) und katholisch-biblische Bezugspunkte durch. Die Formulierung «times of trouble» gleich zu Beginn des Liedes entstammt Psalm 10,1. Der Vers lautet in der *King James Bible:* «Why standest thou afar off, O LORD? why hidest thou thyself in times of trouble?» Die Figur der «Mother Mary», die in der finsteren Stunde vor ihm steht, dürfte katholisch sozialisierte Hörer an die Gottesmutter denken lassen. McCartney besang jedoch nach eigenem Bekunden hier seine Mutter Mary Patricia, die starb, als er vierzehn war, und ihm im Traum erschienen sei. Ihre weise Antwort «Let it be» lässt weniger an katholische Aufrufe zu Buße oder Gebet als an indische Botschaften des Loslassens der Anhänglichkeit an die Welt denken.[45]

Im Juni 1991 fand in der Kathedrale von Liverpool die Uraufführung von McCartneys *Liverpool Oratorio* statt, das er zusammen mit Carl Davis komponiert hatte und in dem er Szenen aus seiner Kindheit und Jugend verarbeitet. Der achte und letzte Satz des Werkes ist eine religiöse Apotheose, in der Shanty, die Hauptperson, eine Wiedergeburt erfährt (Shanty: «I was born again»). Die Familie findet in der Liebe ihres Gottes Erlösung. Der Männerchor singt: «God is good and he will be our saviour.» Die Protagonisten verpflichten sich auf ein Leben im Glauben. In den letzten Zeilen singen die Hauptpersonen: «And so we are grateful for harmony / For we will be faithful / Eternally.» Diese religiöse Botschaft scheint McCartney allerdings über das musikalische Werk hinaus kein Anliegen gewesen zu sein. Er ist jedenfalls nicht öffentlich als wiedergeborener Christ in Erscheinung getreten, sondern als Fürsprecher des Vegetarianismus als Schlüssel zur ökologischen Rettung des Planeten.[46]

Auch Ringo Starkey bzw. Starr hat nicht durch religiöse Interessen auf sich aufmerksam gemacht; in den 1960er Jahren war er am wenigsten von der Transzendentalen Meditation beeinflusst. Auf seinem 2005 erschienenen Album *Chose Love* findet sich allerdings mit «Oh My Lord» ein fast konventionelles religiöses Lied. Hier fleht der Sänger Gott um Hilfe an («Help me Lord / Help me Lord / I need your love so bad») und bekennt seinen neu gewonnenen Glauben («Now I believe / It's all become clear»). Er will sich ganz in die Hände seines Gottes begeben («I will have to let go / To be in your hands»). Nach all dem, was er durchgemacht habe, bestehe die einzige Gewissheit darin, dass die Liebe von Gott komme («The one thing that's certain / That I know is true / Love that we need / It all comes from you»). Dieser Liedtext hatte in Starrs Leben allerdings keine Hinwendung zu institutionellen Spielarten des Christentums zur Folge.

John Lennon und George Harrison: Religiöses Patchwork

John Lennon, der sich im Mai 1968 sogar zum Messias ausgerufen hatte, vertrat demgegenüber eine Patchwork-Religiosität, die er in einem Interview aus dem Jahre 1969 prägnant zum Ausdruck brachte: «I found that the best thing for me is to take a little bit from here and a little bit from there.»[47] Eine der religiösen Möglichkeiten, auf die Lennon sich, vermittelt durch seine zweite Frau Yoko Ono, längerfristig einließ, war der im Westen u. a. durch Daisetz Suzuki (s. Kap. 16) bekannt gewordene Zen-Buddhismus.

Lennons Haltung zum Thema Religion war in den 1970er Jahren wechselhaft und experimentell. Nachdem er sich 1970 in psychotherapeutische Behandlung bei Arthur Janov, dem Autor des bekannten Buches *The Primal Scream* (1970),[48] begeben hatte, durchlief er eine atheistische Phase. Am bekanntesten ist wohl die Zeile aus dem erfolgreichsten Song seiner Solokarriere – «Imagine» von dem gleichnamigen, 1971 erschienenen Album: «And no religion, too // Imagine all the people / Living life in peace.» Die Zeile unterstellt, dass Religion dem friedlichen Zusammenleben der Menschen im Wege stehe. Lennon war nicht der erste, der diese Ansicht vertrat, durch «Imagine» aber hat sie eine geradezu hymnische und kanonische Verbreitung gefunden.

In einem Interview mit *The Rolling Stone* sagte Lennon im Dezember 1971, dass er nicht an Gott glaube: «The dream is over.»[49] Die Aussage zitiert seinen Song «God» von dem kurz zuvor, im Dezember 1970 veröffentlichten Album *John Lennon/Plastic Ono Band*. Hier feiert er seine Identität als Atheist: «The dream is over / Yesterday / I was the Dreamweaver / But now I'm reborn.» Das Motiv der Wiedergeburt entwendet er dabei evangelikalen Diskursen. Einleitend verkündet Lennon seine eigene, vermutlich aus der Therapieerfahrung bei Janov entsprungene Deutung der Genese des Gotteskonzepts: «God is a concept / By which we measure / Our pain.» In der Mitte des Songs proklamiert Lennon eine Liste von fünfzehn Dingen, an die er nicht glaube, jeweils eingeleitet von «I don't believe in». Die Gegenstände seines negativen Glaubensbekenntnisses sind: Magic, I-ching, Bible, Tarot, Hitler, Jesus, Kennedy, Buddha, Mantra, Gita, Yoga, kings (Könige), Elvis, Zimmerman (= Bob Dylan), Beatles. Die Kombination von Jesus und Hitler kennen wir bereits aus der Vorgeschichte von *Sgt. Pepper's*. Auffällig ist der große Anteil von indischen Nichtglaubensartikeln; am Ende der Liste stehen die großen Stars der Popmusik – und Lennon verabschiedet sich hier endgültig von seiner Beatles-Identität: «I just believe in me / Yoko and me / And that's reality.»

Gegen mehrere seiner Nichtglaubensgelübde sollte Lennon im Laufe der kommenden Jahre jedoch verstoßen. So entwickelten Lennon und Ono seit 1975 ein ausgeprägtes und auch aktives Interesse an diversen Techniken, die häufig unter dem schillernd-diffusen Begriff «Magie» zusammengefasst werden. 1975 stellten sie für 25 000 Dollar Jahresgehalt einen eigenen Hellseher an, der sie unter anderem als Medium und Tarot-Kartenleger beriet.[50] 1979 reisten sie nach Kairo, um an einer illegalen Ausgrabung teilzunehmen. Sie glaubten wahrscheinlich, dass die dabei womöglich ans Tageslicht kommenden Gegenstände über «magische» Kräfte verfügten. Als sich ihre Absichten herumsprachen, wurde ihnen ein Besuch an der Ausgrabungsstätte verboten. Auch mit Jesus und der Bibel hat Lennon geflirtet. So schrieb er im Jahre 1972 einen verzweifelten Brief an den amerikanischen Prediger und Televangelisten Oral Roberts, wobei er nicht vergaß, eine Spende für dessen Universität beizufügen. Einige Jahre später nahm seine religiöse Biographie eine neue Wendung. 1977 erfand er sich als «born-again» Christ neu und komponierte christliche Songs, die aber nie aufgenommen wurden. Während einer Reise nach Tokio verlief Lennons neue christliche Karriere dann wieder im Sande.[51]

John Lennon empfand eine tiefe Abneigung gegen die evangelikalen Auftritte Bob Dylans. Der aus einer jüdischen Familie stammende und mit der von biblischen Bildern geprägten Gospeltradition musikalisch groß gewordene Dichter-Musiker spielte mit *Slow Train Coming* (1979), *Saved* (1980) und *Shot of Love* (1981) drei christlich-evangelikale Alben ein. Ansonsten für wortkarge Auftritte bekannt, verkündete er in dieser Phase bei seinen Konzerten nun sogar zwischen den Songs Glaubensaussagen und streute kurze Predigten ein. Große Teile seiner Fangemeinde empfanden diese religiöse Wendung seiner Kunst als Verrat. Selbst in kirchlichen Kreisen wurde Dylan nicht mit offenen Armen aufgenommen.[52] Nach einem seiner evangelikalen Konzerte wurde Dylan mit einem Autogrammjäger namens Mark Chapman fotografiert.[53] Dieser begeisterte Beatles-Fan hatte seinerseits eine christliche «Wiedergeburt» erlebt und daraufhin an Lennons «Imagine» und «God» ebenso Anstoß genommen wie an der fatalen Aussage, die Beatles seien populärer als Jesus. Daher sah er sich zum Mord beauftragt, den er am 8. Dezember 1980 durchführte.[54] Lennons Ermordung, die weltweit für Bestürzung sorgte, zeigt die religiöse Provokation, die für einen radikalisierten Evangelikalen von Lennon ausging.

George Harrisons erste Solo-Single war der etwa gleichzeitig mit Lennons Antiglaubensbekenntnis «God» aufgenommene, 1971 veröffentliche Welthit «My Sweet Lord», der ein bemerkenswertes religiöses Crossover darstellt. Das Lied ist von dem Gospelsong «Oh Happy Day» der Edwin Hapkin Singers inspiriert, und man könnte die ersten Teile für ein christliches Lied halten. Gegen Ende aber macht das bis dahin dominierende «hallelujah» dem «hare krishna», «hare hare», «hare rama» und einer immer dichteren Folge indischer Götteranrufungen Platz. Neben «My Sweet Lord» enthält Harrisons erfolgreiches Solo-Album *All Things Must Pass* noch einige andere Stücke, in denen religiöse Motive anklingen, am ausdrücklichsten in «Awaiting on You

All». Auch hier ist die religiöse Zuordnung zweideutig. Einerseits singt Harrison von Jesus, den man sehen könne, wenn man sein Herz öffne. Anderseits gibt es den Refrain, in dem die befreiende Wirkung der mantra-artigen Rezitation des Gottesnamens beschworen wird («By chanting the names of the Lord and you'll be free / The Lord is awaiting on you all to awaken and see»), was eher an das «hare krishna» denn an christlich-anglikanische Gebetspraxis erinnert – und Krishna wird oft als «the Lord» angerufen. Das Lied distanziert sich von institutioneller religiöser Praxis («You don't need no church house / And you don't need no Temple / You don't need no rosary beads or them books to read») und kritisiert den Papst, dem 51 Prozent von General Motors gehörten. Diese Zeile wurde in den meisten Textbeilagen zur Platte allerdings entfernt. Der Song «Beware of Darkness», in dem von Hoffnungslosigkeit und Traurigkeit die Rede ist, von Schmerz und Nacht, warnt vor der Maya, der kosmisch-göttlichen Blendung und Täuschung. «Art of Dying» beginnt mit einer Todeserinnerung und deutet eine Reinkarnationsvorstellung an: «There'll come a time when most of us return here». Das Titellied «All Things Must Pass» ist von dem Gedicht «All Things Pass» aus dem erstmals 1966 erschienenen Gedichtband *Psychedelic Prayers* des LSD-Theoretikers Timothy Leary angeregt, einer freien Übertragung des ältesten klassisch-chinesischen Texts, des *I Ging*.

1971 organisierte Harrison – auf Anregung von Ravi Shankar – das Concert for Bangladesh im New Yorker Madison Square Garden, das erste große Wohltätigkeitsrockkonzert. Mit Shankar besuchte Harrison 1974 indische Wallfahrtsorte, und sie gingen zusammen auf Tournee. 1997 nahmen sie gemeinsam das Album *Chants of India* auf, das die religiöse Dimension der Musik zum Klingen bringen sollte.[55] Dass Musik religiöse Botschaften transportierte, hatte er ja in seinen eigenen Songs gezeigt.

Das gilt vor allem für Harrisons nächstes Solo-Album *Living in the Material World* (1973), dessen Titel von Martin Scorsese später zur Benennung seines mit zwei Emmys ausgezeichneten Dokumentarfilms über George Harrison (2011) verwendet wurde. Das Album enthält mehrere Songs, deren Titel sich bereits als religiöses Programm lesen lassen: «The Light That Has Lighted the World» und «The Lord Loves the One (Who Loves the Lord)». Darüber hinaus war der Hülle des

Albums ein Bild von Krishna und dessen Gesprächspartner Arjuna beigegeben, das der Übersetzung der *Bhagavad Gita* von Bhaktivedanta Prabhupada entnommen ist.

Von der Pharmazeutik zum Krishna-Bewusstsein

Bhaktivedanta Prabhupada (1896–1977) wurde als Abhay Charan De in Kalkutta geboren; er war damit über zwanzig Jahre älter als Maharishi.[56] In Kalkutta studierte er am Scottish Churches College, das etwa dreißig Jahre zuvor auch Vivekananda besucht hatte (als es noch General Assembly's Institution hieß). Als Anhänger Gandhis verzichtete er auf einen Studienabschluss, um seinen Widerstand gegen die Kolonialmacht zum Ausdruck zu bringen. Im Unterschied zu Maharishi führte der spätere Bhaktivedanta zunächst ein bürgerliches Leben: Er heiratete, hatte vier Kinder und gründete ein eigenes kleines Pharmaunternehmen. 1922 lernte er seinen späteren Guru Bhaktisiddhanta Sarasvati kennen, der eine im frühen 16. Jahrhundert entstandene Tradition der Verehrung des Gottes Krishna praktizierte. Die Anhänger der Gaudiya Vaishnava («bengalische Vaishnavas») verehren Vishnu in seiner Verkörperung als Krishna, und zwar in Form einer direkten, auch emotionalen oder gar liebevollen Beziehung zu diesem Gott. Das findet vor allem im gemeinsamen Singen bestimmter Mantras Ausdruck. 1932 von Bhaktisiddhanta initiiert, zog Abhay nach Bombay. Dort verfasste er religiöse Aufsätze auf Bengalisch, Hindi und Englisch und wurde im Auftrag seines Lehrers missionarisch tätig. Zwei Jahre nach dessen Tod wurde ihm 1939 der Titel «Bhaktivedanta» (Wissen der Hingabe) verliehen. Er widmete sich nun immer mehr seiner Publikationstätigkeit, löste sich von seiner Firma und seiner Familie und trat 1959 in den Stand des Entsagers (*sannyasin*) über. Fortan wurde er Bhaktivedanta Swami genannt. Nach dem Abschluss einer mehrbändigen englischen Übersetzung der *Bhagavata Purana* konnte er mit Unterstützung eines reichen Gönners im Jahre 1965 in die USA reisen.

In New York weckte seine repetitive Sing-Rezitation (Chanten) des Hare Krishna-Mantras in der gegenkulturellen Szene Interesse. Seine ersten Unterstützer mieteten bald ein Ladenlokal als ersten Tempel an. Im Juli 1966 wurde die International Society for Krishna Consciousness (ISKCON) gegründet, deren Ziele unter anderem darin bestehen, der «Gesellschaft im Ganzen spirituelles Wissen zu lehren und alle Völker in den Techniken des spirituellen Lebens zu unterrichten», sowie «ein Bewusstsein von Krishna zu propagieren».[57] Bald schon wurden die ersten Schüler initiiert und erhielten neue, indische Namen.

Die vier Grundregeln der Gemeinschaft sind strikter Vegetarianismus sowie Verzicht auf Rauschmittel, Glücksspiel und Sex (es sei denn mit dem ausdrücklichen Ziel der Zeugung von Nachkommen). Anders als die Transzendentale Meditation, die als eine Ergänzung zum bestehenden Lebensstil praktiziert werden kann, fordert die sogenannte Hare Krishna-Bewegung in der Regel eine starke Änderung des Lebensstils und oft einen Ausbruch aus dem gewohnten sozialen Umfeld. Die Mitglieder müssen missionieren und Geld für die Organisation sammeln, indem sie öffentlich in den Straßen chanten und Schriften von Bhaktivedanta verschenken oder verkaufen.

Bis zu Bhaktivedantas Tod im Jahre 1977 war ISKCON in weit über hundert Länder vertreten. Dabei spielten Tempelgründungen eine wichtige Rolle, und der formelle Tempelgottesdienst ist eine wichtige Säule von ISKCON.[58] Bhaktivedanta, offenbar ein geschickter Organisator, musste mit der Ausbreitung von ISKCON die Leitung des Tagesgeschäfts zwar aus der Hand geben, aber bis an sein Lebensende war es allein ihm vorbehalten, Schüler zu initiieren, was eine weltweite Reisetätigkeit erforderlich machte. Während TM-Anhänger Maharishi als Erfinder einer bestimmten Meditationstechnik in Ehren halten, wird Bhaktivedanta, der neben «Swami» auch noch die beiden Ehrentitel «Shrila» und «Prabhupada» erhielt, im ISKCON-Gottesdienst rituell verehrt. Nach seinem Tode wurde dies sogar noch intensiviert. Seine Büsten werden in den Tempeln auf die gleiche Weise behandelt wie indische Götterbüsten. An seinen Geburts- und Todestagen werden ihm Briefe, Bekenntnisse, Gedichte oder Berichte als Gaben dargebracht.[59]

In der Straßenmission der 1970er Jahre verwiesen die Hare Krishna-Missionare auf prominente Gönner, allen voran George Harrison, um die Seriosität ihrer Botschaft zu legitimieren. Lennon und Harrison hatten Anfang 1967 ein von Bhaktivedanta eingespieltes Album mit Hare Krisha-Chants zu hören bekommen, das eine ihrer Lieblingsplatten wurde.[60] Lennons «I Am a Walrus» (November 1967) besingt gegen Ende kurz «Hari Krishna». Im März 1969 lud Lennon ISKCON-Anhänger ein, bei der Einspielung seines Lieds «Give Peace a Chance» mitzusingen, seiner ersten Soloaufnahme, die als Single der Plastic Ono Band veröffentlicht wurde. Der Text dieser Hymne der Friedensbewegung der 1970er Jahre endet mit «Hare Krishna, Hare, Hare Krishna» – vor dem vierzehn Mal wiederholten Refrain «all we are saying / is give peace a chance». ISKCON-Kreise hätten das Hare Krishna-Mantra gerne mit den Beatles aufgenommen, was die Band aber ablehnte. Stattdessen erschien im August 1969 eine Hare Krishna-Single auf ihrem Apple-Label. Diese Aufnahme erkletterte sogar die Spitzenplätze der Hitparaden in mehreren Ländern, darunter England, Deutschland, Frankreich, die Niederlande und Schweden.[61] Ein Jahr später war es für Lennon allerdings mit Hare Krishna schon wieder vorbei: In «God» bekundet er, wie oben gesehen, seinen Unglauben an «mantra». In seinem Song «I Found Out» (ebenfalls auf dem Album *John Lennon/Plastic Ono Band*) hört man ihn singen:

> I, I found out!
> I, I found out!
> Old hare krishna got nothing on you
> Just keep you crazy with nothing to do
> Keep you occupied with pie in the sky
> There aint no guru who can see through your eyes.

Im September 1969 traf Bhaktivedanta in London ein, wo Lennon und Ono ihn beherbergten. Dem Guru gelang es aber nicht, Lennons Skepsis zu überwinden. Harrison hatte demgegenüber eine offenere Einstellung und kam Bhaktivedanta näher. Er verkehrte freundschaftlich mit ISKCON-Anhängern und schrieb 1970 ein Vorwort zu Bhaktivedantas Buch *Kṛṣṇa: The Supreme Personality of Godhead*, das er mit der Aussage «Alle suchen Krishna» begann und mit «ALL YOU NEED IS LOVE (KRISHNA)» abschloss. Liebe ist eine zentrale Botschaft auch der Krishna-Religion. Harrison unterstützte ISKCON finanziell und stellte der Gesellschaft Räume zur Verfügung,[62] wobei es aber nie zur Diskussion stand, dass er selbst jemals in den Stand eines Entsagers eintreten würde. Auf seiner «Dark Horse»-Tour (1974) streute Harrison religiöse bzw. religionskombinatorische Apelle ein, wenn er das Publikum immer wieder aufforderte: «Chant Krishna! Christ! Krishna!

Christ! Allah! Buddha!»[63] Mehrfach noch traf Harrison mit Bhaktivedanta zusammen. Kurz vor seinem Tode ließ Bhaktivedanta Harrison einen seiner Ringe zukommen[64] – wir erinnern uns an den Ring, den Ringo Starr in *Help!* (1965) unbedingt loswerden musste.

Harrisons Sympathie für ISKCON entwickelte sich nicht auf Kosten der theologisch und rituell ganz anders ausgerichteten Transzendentalen Meditation, die er ebenfalls weiterhin unterstützte. 1991 stattete er (in Begleitung von Deepak Chopra) Maharishi in den Niederlanden einen Besuch ab, um sich bei ihm für die überstürzte Abreise aus Rishikesh fünfundzwanzig Jahre zuvor zu entschuldigen. In Harrisons Todesstunde im November 2001 sangen einige seit langem mit ihm befreundete ISKCON-Anhänger «Hare Krishna», während Ravi Shankar auf seiner Sitar spielte.[65]

33

Bob Marley

Positive Vibrations

In diesem Kapitel spüren wir einer neuen Religionsbildung nach: dem Rastafarianismus. Das führt uns auf eine transkontinentale Reise zwischen Äthiopien und Jamaika mit Zwischenstopps in den USA, Zentralafrika, England, Simbabwe und Deutschland. Die Hauptpersonen könnten ungleicher nicht sein – ein heiliger Kaiser und ein Musiker, der es aus ärmlichen Verhältnissen eines karibischen Inselstaats zu Weltruhm gebracht hat und den äthiopischen Kaiser als seinen göttlichen Inspirator verehrte.

Haile Selassie: Vom heiligen Kaiser zum lebendigen Gott

Die zentrale Gestalt der Geschichte Äthiopiens im 20. Jahrhundert ist Ras (Herzog; Fürst) Tafari Makonnen (1892–1975).[1] Seit 1916 lenkte er an der Seite der Kaiserin Zauditu, der ersten Frau auf dem Thron seit der legendären Königin von Saba, als bevollmächtigter Regent und designierter Thronfolger die Geschicke des Landes. 1930 wurde er zum Kaiser gekrönt und nahm den Namen Haile Selassie («Macht der Dreifaltigkeit») an. Nach der italienischen Invasion 1935 verließ er das Land, was ihm heftige Kritik wegen vermeintlichen Landesverrats oder Feigheit einbrachte. Im Ausland wurde er demgegenüber vom *Time Magazine* zum «Man of the Year» 1935 gekürt. 1941 kehrte er mithilfe britischer Truppen zurück. Haile Selassie regierte bis Ende 1974 und starb 1975 unter ungeklärten Umständen im Alter von dreiundachtzig Jahren. Seine Leiche wurde erst Jahre später gefunden.

Einige Monate vor Haile Selassies Tod wurde das Kaiserreich Äthiopien, das auf eine über zweitausendjährige Geschichte zurückblickte, nach einem Militärputsch abgeschafft. Eine ähnliche Entwicklung gab es wenige Jahre später im Iran, wo der Schah 1979 allerdings Ayatollah Chomeini weichen musste (s. Kap. 36). Sowohl im Iran als auch in Äthiopien trugen die Monarchen den Titel «König der Könige» und sahen sich in einer weit in die Antike zurückreichenden monarchischen Tradition. Beide Kaiser waren phasenweise Modernisierer ihrer Gesellschaften und wurden lange von den USA unterstützt. Beide scheiterten jedoch daran, das rapide Bevölkerungswachstum und die Armut der unteren Schichten einzudämmen. In Äthiopien kam es zu Beginn der 1970er Jahre zu einer verheerenden Hungersnot. Trotz des innenpolitischen Stillstands und Scheiterns war Haile Selassie ein international anerkannter Staatsmann, der fast alle Länder der Welt zu Staatsbesuchen bereiste und vor internationalen Gremien vielbeachtete Reden hielt. In den 1960er Jahren setzte er sich an die Spitze der panafrikanischen Entkolonialisierungsbewegung und war, anders als der Schah von Persien, eine wichtige Kraft in der Bewegung der blockfreien Staaten.

1931, im Jahr nach seiner Krönung, ließ Haile Selassie eine Verfassung für Äthiopien verabschieden. Eine Inspirationsquelle dafür war die 1889 proklamierte Meiji-Verfassung des Kaiserreichs Japan. Das gilt nicht zuletzt für die herausgehobene Stellung des Kaisers, der in der äthiopischen Verfassung wegen seines «kaiserliches Bluts» und der rituellen Salbung durch den Erzbischof als heilig *(sacred)* bezeichnet wird; seine Würde gilt als unverletzlich und seine Macht als unbestreitbar (Art. 5). Die Verfassung, die aus dem Kaisertum eine Erbmonarchie machte, kanonisierte zugleich eine genealogische Geschichtskonstruktion, die das äthiopische Kaisertum in die kontinuierliche Nachfolge von König Salomon und der Königin von Saba stellt (Art. 3). In der Zeremonie der Kaiserkrönung, bei der Haile Selassie sich verpflichtete, die alexandrinisch-orthodoxe Religion zu erhalten, spielte auch ein angeblich aus dem Jerusalemer Tempel stammender Stein eine Rolle, der diese Genealogie symbolisieren sollte.[2] Haile Selassie sah sich als Nachfahre des biblischen Königs David und sein Kaisertum als einen göttlichen Auftrag. Das war vermutlich ein Hauptgrund dafür, dass er sich trotz Protesten gegen seine Herrschaft nicht von der Macht trennen wollte und keine Nachfolgeregelung traf. Als ihm 1959 erstmals heftiger innenpolitischer Gegenwind entgegenblies, sagte er: «Die Macht, die uns der Allmächtige verliehen hat, werden wir bis zu Ende ausüben.»[3]

In seiner Kindheit wurde Haile Selassie von französischen Kapuzinermönchen unterrichtet. Um nicht in den Ruch einer heimlichen Konversion zum Katholizismus zu geraten, ließ er sich als Jugendlicher noch einmal nach orthodoxem Ritus taufen. Er sah seine Rolle als Kaiser darin, das äthiopisch-orthodoxe Christentum zu verteidigen, das 1959 – auch aus machtpolitischen Gründen – von der koptischen Kirche unabhängig wurde.[4] Dieser Prozess war – ebenfalls aus machtpolitischen Gründen – schon von den italienischen Besatzern eingeleitet worden.[5] Haile Selassie begann seine Tage mit einer Andacht und beachtete strikt die kirchlichen Fastenzeiten. Zugleich setzte er sich für die christliche Ökumene ein, und hielt auf einer maßgeblich von Billy Graham 1966 in Berlin organisierten Veranstaltung einen Hauptvortrag.[6]

Entgegen der bisherigen Praxis fand die Krönung von Ras Tafari Makonnen als Kaiser mit dem Namen Haile Selassie und den Attributen «Siegreicher Löwe des Stammes Juda, Auserwählter Gottes, König der Könige» am 2. November 1930 nicht unmittelbar nach dem Tod seines Vorgängers statt. Das Ereignis wurde vielmehr so terminiert, dass es in Addis Ababa in großem Stil unter internationaler Teilnahme gefeiert werden konnte, um der ganzen Welt die Macht und Pracht des unabhängigen äthiopischen Kaiserreichs vor Augen zu führen.[7] Der «Löwe von Juda» trug einen von einem Schneider in London gefertigten Anzug aus äthiopischen Löwenfellen.[8]

Die Kunde von Haile Selassie und dem Königreich Äthiopien erreichte bald auch Jamaika. Dort traten Anfang der 1930er Jahre mehrere Prediger mit afrikanischer Abstammung auf, die die antikoloniale Botschaft von Ras Tafari als dem ersehnten wiedergekehrten schwarzen Messias verbreiteten. Gerade der Titel «König der Könige» klang verheißungsvoll, gemahnte er doch an den Reiter auf dem weißen Pferd, von dem in der Offenbarung des Johannes (19,16) die Rede ist: «und trägt einen Namen geschrieben auf seinem Gewand und auf seiner Hüfte: König aller Könige und Herr aller Herren.» Bald entwickelte sich eine religiöse Bewegung um die Verehrung Haile Selassies, die nach seinem Geburtsnamen Ras Tafari als «Rastafarianismus» bekannt wurde. Sie verehrt Haile Salassie teils als den in menschlicher Gestalt erscheinenden allmächtigen Gott selbst, teils als dessen messianischen Künder. Dass Haile Selassie I. das Attribut «der Erste» trug, wurde in Rastafari-Kreisen als Beleg für seine göttliche und menschliche Vorrangstellung gedeutet. Die römische Ziffer «I» wird dabei zugleich als das englische Personalpronomen «I» verstanden und zum Symbol für die Ermächtigung des Menschen, der von einer göttlichen Macht erfüllt ist.[9]

Zurück nach Afrika: Apostel des Rastafarianismus und der Kimbangismus

Zu den bedeutendsten Predigern der Rastafari-Bewegung gehörte Leonard Howell (1898–1981).[10] Im Alter von vierzehn Jahren verließ er Jamaika und verdingte sich jahrelang auf verschiedenen Schiffen. 1924 ließ er sich in New York nieder und trat der Universal Negro Improvement Association (UNIA) bei, die für die Vereinigung aller Menschen afrikanischer Abstammung und deren Wiederinbesitznahme Afrikas einsetzte. Ihr Motto lautete: «Africa for the Africans, at home and abroad». Die 1914 von dem ebenfalls aus Jamaika stammenden Marcus Garvey (1887–1940) gegründete UNIA verbreitete sich schnell über die gesamte schwarze Diaspora. 1920 hatte sie Abteilungen in etwa vierzig Ländern. Garvey sah sein politisches Projekt auf einer Linie mit den Freiheitsbestrebungen in Irland, Indien und Ägypten und dem Zionismus. In einem Telegramm sprach er im Namen aller Schwarzen Gandhi seine Unterstützung aus.[11]

Das Mobilisierungspotenzial der UNIA färbte besonders in Afrika auf religiöse Bewegungen und Kirchenbildungen ab, etwa in dem unter belgischer Herrschaft stehenden Kongo (Zentralafrika). Dort entfesselte 1921 der christliche Geistliche Simon Kimbangu (1889–1951) eine neue religiöse Bewegung, die als Kimbanguistenkirche bekannt ist. Die Ereignisse wurden von belgischen Kolonialbeamten und der internationalen Presse ursächlich mit der aus Amerika nach Afrika überschwappenden panafrikanischen Bewegung und «dem amerikanischen Agitator» Garvey in Verbindung gebracht, wenngleich sich aus den Primärquellen meines Wissens kein direkter Bezug zu Garvey ergibt.[12] Simon Kimbangu war 1915 von den Baptisten getauft worden, die ihm aber eine Karriere als Lehrer und Evangelist nicht zutrauten. Er hatte Träume und Visionen, die er als direkte Beauftragung durch Gott deutete, vollbrachte Heilungswunder[13] und predigte eine Abkehr vom Alkohol und den traditionellen religiösen Praktiken Afrikas. Das wird bei den Kolonialbehörden und Missionaren auf Zustimmung gestoßen sein – nicht aber seine Behauptung, dass Gott schwarz sei, ebenso wenig die Aufforderung an seine Anhänger, fortan nicht mehr für die Weißen zu arbeiten und keine Steuern mehr zu bezahlen.[14] Die Menschen pilgerten scharenweise in sein Heimatdorf Nkamba, was nicht nur die koloniale Autorität in Frage stellte, sondern auch die Wirtschaftsleistung untergrub. Nkamba galt fortan als das «neue Jerusalem». Kimbangus Anhänger gründeten Schulen und andere soziale Einrichtungen und schufen eigene Liturgien. Bald sprachen andere Propheten in seinem Namen und prophezeiten das Ende der Herrschaft der Weißen. Im Herbst 1921 wurde Kimbangu wegen Aufruhrs zum Tode verurteilt; das Urteil wurde später in lebenslange Haft umgewandelt, die er die kommenden drei Jahrzehnte lang größtenteils in Isolation verbrachte. 1951 starb er im Gefängnis. Die Bewegung um Kimbangu – der sogenannte Kimbangismus – breitete sich aber weiter aus und lebte auch nach seinem Tode fort.[15] Sein Todestag wird als Feiertag begangen. In Nkamba gibt es einen eigenen «Tempel» und in Kinshasa wird eine Universität betrieben.

Doch zurück zu Garvey und der Universal Negro Improvement Association. Garvey hegte zwar keine religiösen Ambitionen, aber er griff doch auf religiöse Muster und Vorbilder zurück, und in seinen poetischen Schriften verweist er durchgehend auf Gott.[16] Garvey hatte etwas Prophetisches. Vielen drängte sich ein Vergleich mit Jesus Christus auf, vor allem aber galt er als «der schwarze Mose».[17] Garvey proklamierte, dass Gott eigentlich keine Hautfarbe habe. Da es aber menschlich sei, alles durch die eigene Brille zu sehen, sei es für die Afroamerikaner an der Zeit, ihren Gott durch schwarze Brillen zu sehen, so wie die Weißen ihren Gott schon längst durch weiße Brillen sähen.[18] Für die entstehende Rastafari-Bewegung war eine von Garvey angeblich wiederholt vorgetragene Prophezeiung zentral, der zufolge eines Tages in Afrika ein Schwarzer zum König gekrönt werde – was die Endzeit und die Erlösung herbeiführen werde.[19] Nicht zuletzt aufgrund dieser Prophezeiung gilt Garvey bei den Rastafaris als ein Prophet, eine Art Johannes der Täufer, obwohl er sich gegen die Rastafaris und die Vergöttlichung Haile Selassies aussprach.[20]

Als Apostel gilt Garvey auch in *The Holy Piby*, einer zwischen 1924 und 1928 entstandenen Schrift, die Robert Athlyi Rogers von dem allmächtigen Gott geoffenbart worden sein soll. Diese Offenbarung, die den Afroamerikanern bzw. den Afrikanern, die hier als «children of Ethiopia» verstanden werden, zuteil geworden sein soll, präsentiert sich als alternative Tradition zu dem von Mose vermittelten «israelischen» Gesetz, dem auch Jesus als Gottesdiener angehörte.

1932 wurde Leonard Howell aus den USA abgeschoben. Wie Garvey einige Jahre zuvor, kehrte er nach Jamaika zurück, wo er 1933 Bilder von Ras Tafari verkaufte. In einer Gemeinde in der Nähe von Kingston verbreitete Howell die Kunde, dass die Schwarzen den Weißen überlegen seien, dass die Kolonialregierung illegitim sei, weshalb man den britischen Besatzern keine Steuern schuldig sei, und dass die Schwarzen ausschließlich Ras Tafari als legitimen Herrscher anerkennen sollen.[21] 1934 wurde er verhaftet und wegen Aufruhrs verurteilt. Der öffentliche Prozess gab ihm eine medienwirksame Bühne, um die Botschaft von Ras Tafari zu verkünden. Im Gefängnis stellte er aus verschiedenen Quellen – allen voran *The Holy Piby* – eine Publikation mit dem Titel *The Promised Key* zusammen, die 1935 erschien. In diesem Traktat erklärte er, Kaiser Haile Selassie sei die Höchste Gottheit.[22]

1935 war zugleich das Jahr des italienischen Angriffs auf Äthiopien, der nicht nur unter der schwarzen Bevölkerung eine weltweite Solidarisierung auslöste und damit zur Geburtsstunde der modernen afrikanischen Nationalismen wurde.[23] Ein italienischer Journalist hatte die Kriegspropaganda durch die Nachricht anheizen wollen, dass eine schwarzafrikanische Geheimgesellschaft – die Nya-Binghis – eine Armee von zwanzig Millionen Kämpfern auf die Beine gestellt habe, und zwar unter dem Oberkommando von Haile Selassie, dem 1930 auf einem Geheimtreffen in Moskau die Führung dieser Gesellschaft übertragen worden sei. Historischer Kern dieser antikommunistischen und rassistischen Verschwörungslegende war eine Frau namens Muhumusa, die im Namen der legendären afrikanische Königin Nyabinghi (Bantu: Mutter der Fülle) im frühen 20. Jahrhundert in Rwanda eine antikoloniale Widerstandsgruppe gegen die belgische, britische und deutsche

Kolonialherrschaft anführte. Ihre Botschaft verbreitete sich wie ein Lauffeuer um die Welt[24] und führte auf Jamaika zur Entstehung von Rastafari-Gruppen, die sich selbst «Nyabinghi» oder «Haus des Nyabinghi» nannten. Sie sind für eine charakteristische Form des Trommelns bekannt, die besondere Energien zum Sieg über die Weißen freisetzen soll.[25]

Ganja und Dreadlocks

Nach seiner Freilassung gründete Howell – finanziell unterstützt von einem chinesischen Geschäftsmann – in einem dürren, abgelegenen Landstrich Jamaikas eine weitgehend autarke Kommune, die schließlich einige tausende Bewohner hatte, darunter mehrheitlich Frauen. Die Kommune war ein Hotspot des Nyabinghi. Ab Mitte der 1940er Jahre – Howell hatte weitere Gefängnisaufenthalte zu erdulden – war die Haupteinnahmequelle der Kommune der Anbau und Verkauf von Marihuana. Die Kommune wurde 1958 von der Polizei aufgelöst, die Marihuana-Pflanzen wurden verbrannt. Danach verliert sich Howells Lebensweg im Dunkeln.

Das Rauchen von Marihuana ist von zentraler ritueller Bedeutung für die Rastafari, die Alkohol, Tabak und Opiate ablehnen. Sie betrachten den Gebrauch von Marihuana, von ihnen *ganja* genannt, als biblisch legitimiert (mit Bezug auf Genesis 1,29, Psalm 104,14 und Offenbarung 22,2) und preisen seine prosozialen, friedensstiftenden und bewusstseinserweiternden Wirkungen.[26] Als kollektives Ritual nimmt das *ganja*-Rauchen die liturgische Stelle des Abendmahls ein. Wie das aus dem Sanskrit stammende Wort *ganja* andeutet, verdankt sich der Gebrauch von Marihuana auf Jamaika, wo es 1924 verboten wurde, vermutlich indischen Vertragsarbeitern, die in der Mitte des 19. Jahrhunderts auf die Karibikinsel gekommen waren. Überhaupt scheinen Inder für die Formierung der Rastafari eine wichtige, später vergessene Rolle gespielt zu haben. Howell war ein Bewunderer Gandhis und nahm nach seiner Freilassung einen indischen Kunstnamen an (Gong oder Gangunguru Maragh), unter dem auch sein Traktat *Promised Key* erschien. In einem unter diesem Namen verfassten Kultgebet finden sich mehrere Hindi-, Urdu- und Bengali-Wörter.[27] Dass Howell Bilder von Haile Selassie verkaufte, könnte mit indischen Formen der Bilderverehrung in Zusammenhang stehen. Der Gottesname bzw. die Gottesanrufung «Jah» (zum Beispiel «Jah Rastafari», auch als Grußformel verwendet) ist womöglich von der phonetisch fast gleichlautenden hinduistischen Gottesanrufung «Jai» (Sieg; Heil) wie etwa in «Jai Krishna» oder «Jai Kali» inspiriert, wenngleich sie in der Regel als Kurzform von «Jahwe» gedeutet wurde. Ein weiterer indischer Einfluss war möglicherweise die vegetarische Ernährungsweise der Rastafaris,[28] die aber auch von *The Holy Piby* propagiert wurde (III/6).

1939 gründete Howell die Ethiopian Salvation Society. «Äthiopien» war seit dem 18. Jahrhundert zum Inbegriff von Afrika geworden, wenn die Befreiung Afrikas und der aus Afrika stammenden Bevölkerung gefordert wurde. Der sogenannte Äthiopianismus (oder Äthiopismus), dem wir schon in *The Holy Piby* begegnet sind, strebte eine Revision des Geschichtsbildes an: Gegen das Bild vom geschichtslosen Kontinent wurde die historische Bedeutung Afrikas herausgestrichen, die in biblischer Tradition (in griechischer Übersetzung) mit dem Namen Äthiopien verbunden sind. Äthiopien wurde zum Ort und Inbegriff schwarzafrikanischer Selbstachtung und Selbstbehauptung.[29]

Ein weiteres Charakteristikum der Rastas sind die als Dreadlocks bekannten verfilzten Haarsträhnen, durch die sich ihre Träger radikal von den allgemein geltenden Schönheitsidealen abwandten. Wie im Fall von *ganja* sahen Rastafaris auch diese Haartracht biblisch begründet (etwa 4. Mose 6,5). Eine mögliche Inspirationsquelle war die Haartracht indischer Saddhus (Asketen), wohingegen eine mündliche Tradition etymologisch angelegt ist: das Wort *dread* (Furcht/fürchten) spielt demnach auf die Angst an, die die Wächter von Howells Kommune durch ihre Haarpracht unerwünschten Besuchern einflößen sollten. Die Dreadlocks sollen an die Mähne eines Löwen erinnern und damit an Kaiser Haile Selassie, den «Löwen von Juda». Allerdings trug er selbst keine Dreadlocks und wunderte sich über die Haartracht der Rastafaris. Die Löwenmähne bringt darüber hinaus Stärke, Mut und Entschlossenheit, Natürlichkeit und die Verbundenheit mit Afrika zum Ausdruck. Schließlich sollen die Dreadlocks eine Beziehung zur Macht Jahs herstellen, die als «earthforce» die Welt durchzieht.[30] Diese Vorstellung einer göttlichen Immanenz lässt ebenfalls an hinduistische Muster denken.

Befreiung durch Musik

Dass die Rastafari-Religion weltweit bekannt wurde, ist zu einem großen Teil das Verdienst des Musikers Bob Marley (1945–1981), dem ersten aus dem Globalen Süden stammenden Weltstar der Musikgeschichte.[31] In den 1960er Jahren komponierte Marley viele hundert Songs, von denen einige von amerikanischen Musikern eingespielt wurden. Neben Marley gehörten seine beiden Jugendfreunde Peter Tosh und Neville Livingston alias Bunny Wailer zu seiner Gruppe «The Wailers» («die Wehklager») – ein Name, dem Marley biblische Weihen angedeihen ließ: Sie hätten geweint wie die aus der Heimat vertriebenen Israeliten.[32] Mit Peter Tosh und Neville Livingston war Bob Marley in dem von Gewalt und prekären sozialen Verhältnissen geprägten Problembezirk Trench Town in Kingston aufgewachsen – eine Erfahrung, die sich in vielen Songs widerspiegeln sollte. Mit Livingston lebte er sogar unter einem Dach, da Bobs Mutter mit dessen Vater liiert war. Anfang der 1970er Jahre nahmen die Wailers einen Schlagzeuger und einen E-Bassisten hinzu, die Brüder Carlton «Charlie» und Aston «Family Man» Barrett.

Schlagzeug und Bass sind das Fundament für den Reggae, der Ende der 1960er Jahre auf Jamaika aus verschiedenen Musikstilen wie Ska, Rocksteady, R&B und Jazz hervorging. 1973 erschien das Album *Catch a Fire*, das für Bob Marley und die Wailers den internationalen Durchbruch bedeutete. Es folgten Tourneen durch England und die USA. Doch schon 1974 brach das ursprüngliche Trio auseinander. Ein Grund dafür war, dass Bunny Wailer der Lebensweise des Musikers überdrüssig war. Ständig auf Tour zu sein, war schwer mit einer Rasta-gemäßen konsumkritischen, vegetarischen, naturverbundenen Lebensweise (*livity*) zu verbinden.[33] Das verbreitete Bild der kiffenden Rastas verleitet zu dem Trugschluss einer lässig-unmoralischen Lebensführung. Tatsächlich aber vertritt der Rastafarianismus ein disziplinierendes Ethos. Der Fußballenthusiast Marley etwa war für seinen extremen Fleiß bekannt.

Die Trennung von Tosh und Wailer kompensierte Marley musikalisch durch drei Sängerinnen – die «I Three» –, was den Liedern eine feminine Gegenstimme verlieh. Der Name baut auf ein Rastafari-

Grundkonzept auf: «I» ist das Bewusstsein des eigenen Selbst als einer Instanz des Göttlichen, was dem Rastafarianismus eine stark individuelle bzw. individualisierende Dimension verleiht. «I Three» hat außerdem einen trinitarischen Bezug, was an den Namen Haile Selassie erinnert.

Das erste Album in der neuen Formation, die nun «Bob Marley & The Wailers» hieß, war *Natty Dread* (1974). Auf dem Cover sieht man Marley mit Dreadlocks. Der eigentliche Durchbruch gelang mit dem *Live*-Album von 1975 – berühmt vor allem für eine lyrische Version von «No Woman, No Cry» – und 1976 mit dem Album *Rastaman Vibration*.

Das Album beginnt mit «Positive Vibrations». Mit diesem Song begann Marley in den kommenden Jahren die meisten seiner Konzerte. In dem Lied klingen einige Rastafari-Grundmotive an. In der Mitte steht die mehrfach wiederholte Gottesanrufung «Jah love – Jah love, protect us.» Damit ist die Hoffnung auf den Anbruch eines neuen Tages verbunden: «Oh, what a new day.» Die Musik selbst setzt «positive Schwingungen» frei, und Musik war für Marley stets ein performativer, revolutionärer und weltverändernder Akt. In dem Song «Trench Town» (auf *Confrontation*) singt er:

> We come from Trench Town.
> Lord we free the people with music (sweet music);
> We free the people with music (sweet music);
> We free our people with music,
> With music, oh music (oh music)!

Programmatisch kommt die umfassende, befreiende Funktion der Musik in seinem in der Regel solo vorgetragenen «Redemption Song» zum Ausdruck, dem letzten Song des Albums *Uprising* (1980): «Cause all I ever have: Redemption Songs». Die Lieder und deren Vortrag bringen Heilung und Versöhnung, sie sind ein Befreiungsgeschehen – in «Redemption Song» die Befreiung aus der «bodenlosen Grube» der Sklaverei mithilfe der «Hand des Allmächtigen», dann aber, im umfassenderen Sinne, von der inneren oder geistigen Versklavung: «Emancipate yourselves from mental slavery» – eine Formulierung, die übrigens eine 1937 gehaltene Rede Marcus Garveys aufgreift, die Marley bekannt war.[34] Die durch das Lied ausgelösten «positiven Schwingungen» bringen umfassende Wirkungen hervor, die Marley in «Rastaman Vibration» im *dreadtalk* oder auf Iyarisch vorträgt, dem I-lastigen Rastafari-Vokabular, das ihr neues positives Bewusstsein artikulierte: «Iyaman Iration, yeah! Irie ites». *Iyaman* meint das Höher-hinausreichen, das durch *ganja*-Rauchen, aber auch durch ehrgeizige Ambitionen erreicht wird. *Iration* ersetzt das Wort *creation* – wir erleben also die Höherentwicklung der Schöpfung. *Irie* sind gute Gefühle oder Zustände, *Ites* (von *heights* oder von *Israel-ites*) meint die erreichten «Höhen».

Karriere eines Rasta

Jahrelang verbreitete Marley das Gerücht, er und seine Eltern seien in Afrika geboren.[35] Doch Bob (eigentlich Robert Nesta) Marley stammte nicht aus einer Rastafari-Familie. Überdies hatte er einen weißen Vater: Norval Marley, einen Hauptmann der britischen Armee, der sich mit «Captain» anreden ließ und bereits sechzig Jahre alt war, als er Bob Marleys Mutter Cedella («Ciddy») heiratete. Dass Bob Marley weder weiß noch schwarz war, erlebte er als eine Bürde, vielleicht gar als Stigma. Weder die einen noch die anderen erkannten ihn unmittelbar als ihresgleichen an. Sein Leben im «schwarzen» Ghetto aber machte ihn de facto zu einem Schwarzen.

Die ersten zwölf Jahre seines Lebens verbrachte Nesta, wie er zumeist genannt wurde, in einer ländlichen Umgebung im Norden Jamaikas. Eine wichtige Bezugsperson war sein Großvater Omeriah Malcolm, die angesehenste Person in der Dorfgemeinschaft. Omeriah war ein anerkannter Kräuterkundiger, und Nesta wuchs in einer Welt auf, in der Geistwesen, Amulette, Talismane, Zaubersprüche, Vorahnungen und Weissagungen einen festen Platz hatten. Offenbar verfügte er ebenfalls über eine Sensibilität für besondere Ereignisse und unsichtbare Zusammenhänge. Im Umkreis von Omeriah lebte afrikanische Religiosität weiter, so beispielsweise in den neun Tage dauernden Beerdigungszeremonien. Bei den nächtlichen Totenwachen fanden Tänze der Geisterverkörperung statt.[36]

Auf der Suche nach einer besseren Zukunft zog Ciddy nach dem Tode des «Captain» nach Kingston. Nesta folgte ihr einige Zeit später. In Kingston besuchte seine Mutter hauptsächlich von Frauen frequentierte Gottesdienste einer Pfingstkirche, in der «soul healin'» ein fester

Bestandteil war. Auf ausgiebige Bibellesungen, Hymnen und lange Predigten folgten zunehmend ekstatisches Tanzen, Klatschen, Trommeln und Rufen. Die Gottesdienste konnten den ganzen Tag andauern und sich durch die Nacht ziehen.[37] Ciddy Marleys Lebensweg führte sie im Jahre 1963 von Trenchtown weiter in die USA, wo sie in Delaware wieder heiratete und den Namen Booker annahm. Nach dem Tod ihres berühmten Sohns im Jahr 1981 ließ sie sich Dreadlocks wachsen und bekehrte sich zum Rastafarianismus. Cedella Booker nahm die Rolle einer Traditionshüterin ein. Sie veröffentlichte zwei Bücher über ihren Sohn (1997; 2003) und begann eine eigene Karriere als Sängerin, wobei sie sich als «Queen Mother of Reggae» feiern ließ.[38]

Als seine Mutter 1963 in die USA zog, schloss Marley sich mit Tosh und Livingston zu den Wailers zusammen. In Trenchtown kam Marley erstmals mit Rastafaris in Berührung. Das gesellschaftliche Ansehen dieser religiösen Gruppe war damals schlecht, sie galt (größtenteils unbegründet) als kriminelle Bande.[39] 1963 kam es wieder einmal zu einem Massaker, dem über hundert Rastafaris zum Opfer fielen.[40]

1966 heiratete Bob Marley Rita Anderson, die später ein Teil der «I-Three» wurde.[41] So wie sein Vater seine Mutter einst sitzen gelassen hatte, reiste Bob im Anschluss an die Hochzeit zu seiner Mutter in die USA, wo er sich einige Zeit bei großen Firmen verdingte. Der Plan war wohl, auch seine Frau nachzuholen. Stattdessen kehrte er noch im selben Jahr nach Jamaika zurück. In die Zeit seines USA-Aufenthalts fiel der Staatsbesuch Haile Selassies auf Jamaika im April 1966, der für die Rastafaris ein ganz besonderes Ereignis war. Angeblich soll die jamaikanische Labour-Regierung mit dem Staatsbesuch die Hoffnung verbunden haben, Vorstellungen von seinem göttlichen Status zu desavouieren. Haile Selassie wurde schon am Flughafen ein überwältigender Empfang durch Tausende Rastafaris zuteil, sodass er sich zunächst gar nicht aus der Maschine herauswagte. Über seine Begegnungen mit den Rastafaris gibt es widersprüchliche Angaben. Er selbst gab in einem Interview an, er habe den Rastafaris klar und deutlich erklärt, «dass Wir ein Mensch sind, dass Wir sterblich sind und dass Wir von der nachfolgenden Generation abgelöst werden».[42] Von den Rastafaris selbst wird der Besuch als Heilsgeschehen dargestellt. Bei einem Treffen mit ihnen soll er durch die Wendung «Ich bin Er» seine wahre Natur zum Ausdruck gebracht haben.[43] Der Jahrestag des Staatsbesuchs wird von Rastas in Jamaika in «Groundation ceremonies» begangen. Ein individuelles Epiphanie-Erlebnis hatte Rita Marley: Als die Limousine mit dem äthiopischen Kaiser an ihr vorbeifuhr, meinte sie die Stigmata an seinen Händen zu sehen, und auf ihre lautlose Frage, ob er Gott sei, soll er zu seinem charakteristischen stechenden Blick unmerklich genickt haben. Ihr Erlebnis war vermutlich auch ein Grund dafür, dass Bob Marley sich nach seiner Rückkehr aus den USA intensiver auf den Rastafarianismus einließ, mit dem er sich schließlich identifizierte.[44]

Ein klares Signal für die Zuwendung Marleys zum Rastafarianismus war der nur von Trommeln begleitete Song «Selassie is the Chapel» aus dem Jahre 1968. Der von seinem Mentor Ras Mortimer Planno für Marley geschriebene Text[45] kommt einem Glaubensbekenntnis gleich und ruft zur Verehrung von Haile Selassie auf:

> Haile Selassie is the chapel / Power of the Trinity / Trinity, Trinity is He / Build your mind on this direction / Serve the living God and live / Take your troubles to Selassie / He is the Only King of Kings / … Conquering Lion of Judah / Triumphantly we all must sing / All must sing, all must sing / I search and I search, through the book of man / In the Revelation / Look what I find / Haile Selassie is the chapel / All the world should know / All should know, all should know / That man is the angel / And our god, the king of kings.

Marley sagte wiederholt, dass Haile Selassie seine Liedtexte inspirierte.[46] Im Mittelteil des postum auf *Confrontation* (1983) veröffentlichten Songs «Blackman Redemption» ruft er die Abstammung Haile Selassies in Erinnerung:

> Coming from the root of King David
> Through to the line of Solomon,
> His Imperial Majesty is the Power of Authority

Auf diese Genealogie folgt der wiederholte Aufruf, das schwarze Erlösungsprogramm umzusetzen und zu verbreiten («Spread out»). In «One Drop» (auf *Survival* von 1979), in dem er bekundet «I know Jah's never let us down», kontrastiert er «the teachings of His Majesty» mit der «devil philosophy». In einem anderen Lied zitiert er H. I. M. (His Imperial Majesty), wie der lebendige Gott von den Rastafaris genannt

Bob Marley live bei einem Open-Air-Konzert in Stockholm, 1978. Im Hintergrund ein Bild von Haile Selassie, dem «Löwen von Juda»

wurde: Der Song «War» auf *Rastaman Vibration* besteht aus einer leicht modifizierten englischen Übersetzung großer Teile einer Rede, die Haile Selassie 1963 auf Amharisch vor den Vereinten Nationen vorgetragen hatte. Hier formuliert er eine Philosophie des Anti-Rassismus, der Anti-Sklaverei und der Menschenrechte und besingt den Sieg des Guten über das Böse («Good over Evil, yeah!»). Das Singen des Liedes, bei dem Marley sich die Worte seines Gottes zu eigen macht und das Haile Selassies Rede ungeahnte postume Verbreitung beschert hat, soll dabei helfen, diese geschichtliche Wende zu realisieren.

Exodus, Babylon, Zion

Mitte der 1970er Jahre versuchte die Regierung auf Jamaika, die sozialen und wirtschaftlichen Probleme des Landes durch die Einführung eines «demokratischen Sozialismus» zu beheben, und ging auf Konfrontationskurs zu den USA. Die Kombination von Sozialismus, Rasta und Reggae ließ Jamaika als Hotspot weltweiter Veränderungen erscheinen. Der neuen Politik blieben allerdings Erfolge verwehrt.

Stattdessen gewannen Drogenhandel und Bandenkriminalität die Oberhand. Nach einem Putschversuch 1976 verhängte die Regierung Notstandsgesetze und plante für Anfang Dezember als eine Art nationale Versöhnungsmaßnahme ein großes Gratiskonzert, für das auch Bob Marley zusagte. Zwei Tage vor dem Konzert wurde Marleys Anwesen von bewaffneten Gangstern überfallen. Seine Frau und sein Manager wurden schwer verletzt, er selbst nur leicht. Trotz dieser traumatischen Erfahrung trat er bei dem von 80 000 Zuschauern besuchten Smile Jamaica-Konzert auf, was ihm den Ruf eines Märtyrers für den Frieden einbrachte. Danach tauchte er für einige Monate unter und zog schließlich nach London. Als sich die politische Situation auf Jamaika weiter verschlechterte, kam er 1978 für einen Auftritt beim One Love Peace Concert nach Jamaika zurück, um zur Einheit aufzurufen. In einer spontanen Einlage brachte er im voll besetzten Stadion von Kingston die verfeindeten Rivalen Premierminister Michael Manley und den konservativen Oppositionsführer Edward Seaga dazu, sich auf der Bühne die Hände zu reichen – eine Geste, die das Vorstellungsvermögen aller Jamaikaner überschritt. Während die beiden Politiker über Marley hinweg die Hände hielten, sang dieser: «Love, Prosperity, Be with us All. Jah Rastafari. Selassie I.» Die Veranstaltung begann mit einer Grußbotschaft des ältesten Sohnes des inzwischen entmachteten und verstorbenen Haile Selassie, Asfa Wossen, der später im Exil den Thronnamen Amha Selassie I. annahm.

In London entstand 1977 das Album *Exodus.* Es beginnt mit dem Song «Natural Mystic» und den Versen: «There's a natural mystic blowing through the air / If you listen carefully you will hear.» Diese Aussage ist programmatisch für sein Religionsverständnis: Mystik liegt in der Luft, ein Bezug zu einer außerweltlichen Macht ist nicht wichtig. Daher sprach Bob Marley von Rastafari nicht als einer Religion, sondern als einer natürlichen Lebensform.[47] «Jah» ist ein väterlicher, befreiender, sonnenhafter lebendiger Gott, dem man sich liebend zuwendet. Man denke an die Songs «Give Thanks and Praises» und «Jah live», der übrigens Marleys trotzige Antwort auf das «theologische» Problem von Haile Selassies Tod 1975 war: «Jah lebt», auch nach dem Ableben des Kaisers. Diese Überzeugung wurde dadurch erleichtert, dass seine Leiche bis 1992 verschwunden war.

Der Titelsong des Albums «Exodus» zielt ebenfalls ins Zentrum des Rastafarianismus. Gleich zu Beginn ruft Marley: «Movement of Jah people!» Der Aufbruch der Menschen, die sich Jah anvertrauen, wird dabei gleichermaßen von der Musik in Gang gesetzt. Das setzt ein Bewusstsein von Ausgangs- und Zielpunkt voraus:

We know where we're going, uh!
We know where we're from.
We're leaving Babylon,
We're going to our Father land.

Das Vaterland ist hier nicht das himmlische Vaterland des jenseitsorientierten, eschatologischen Christentums, sondern Afrika, genauer gesagt: Äthiopien. Mit diesem Repatriierungsprogramm knüpft der Rastafarianismus an Garveys Projekt an. Die Gründung des von Herzl erträumten Staates Israel im Jahre 1948 (s. Kap. 12) war ein anderes Vorbild einer solchen Repatriierung – und die Exodusmetaphorik Marleys kam nicht zuletzt bei jüdischen Hörern gut an.[48]

Der Exodus ins gelobte Land wurde nicht nur besungen und erhofft, sondern auch praktisch versucht. 1955 stellte Haile Selassie den Rastafaris Land zur Verfügung, und ab den 1960er Jahren bildeten sich Rastafari-Siedlungen im Shashamane Tal. Die Rastafaris sind allerdings bis heute keine offiziellen Staatsbürger Äthiopiens. Zwar zogen viele Individuen nach Afrika, es kam aber zu keinem Massenexodus nach Äthiopien.[49] Auch Bob Marley träumte davon, in sein Vaterland «zurückzukehren» und sich auf dem Land zur Ruhe zu setzen. In den Jahren nach dem Erscheinen von *Exodus* besuchte er einige afrikanische Länder. Eine Reise führte ihn 1979 zu den Rastafaris in Äthiopien. Diese Reise, sagte er in einem Interview, habe ihn zum Schreiben des Songs «Zimbabwe» (auf *Survival*, 1979) angeregt, in dem er in die Rolle des «real revolutionary» schlüpfte, der die Befreiung der Afrikaner besingt.[50] Dieses Lied wurde in Simbabwe zu einer Art revolutionärem Schlachtruf.[51] Anlässlich der Unabhängigkeitsfeierlichkeiten 1980 gaben Bob Marley & The Wailers in dem Binnenstaat im südlichen Afrika ein Gratiskonzert.

Dem Lied «Exodus» zufolge vollzieht sich der Auszug in der Rastafari-Geographie nicht aus Ägypten, sondern aus Babylon – der biblische Ort des Exils und der Ausgangspunkt der Rückkehr. «Babylon» ist die zentrale Metapher des Rastafari-Diskurses, die für alles steht, was unmenschlich, widernatürlich und gegen Jah ist, insbesondere die auf Ausbeutung und Versklavung beruhende westlich-kapitalistische Gesellschaft und ihr Herrschaftsapparat, manchmal auch als «das System» bezeichnet. Die Babylon-Metapher war extrem transportabel und wurde an vielen Orten der Welt zur Kritik unmenschlicher Verhältnisse aufgegriffen. «Movement of Jah people!» ist keine Beschreibung, nicht nur ein wütend in die Welt geschrienerr Ausruf, sondern will das Exodus-Geschehen faktisch in Bewegung setzen.

Der Gegenbegriff zu «Babylon» in «Exodus» ist «our Father Land». In anderen Songs spricht er von Zion, etwa in «Rasta Man Chant», dem Schlusssong von *Burnin'* (1973). «Rasta Man Chant» unterscheidet sich musikalisch deutlich von den anderen Hits des Albums wie «I Shot the Sheriff». Das Lied ist kein Reggae-Stück, keine Tanznummer, sondern lehnt sich an die rituellen Rasta-Gesänge an, die zum Teil den Musikformen der afro-christlichen Gottesdienste entstammen.[52] Dass die Wailers das Album *Burnin'* mit dem «Rasta Man Chant» abschlossen, kommt einem Bekenntnis gleich. Der Gesang hat zwei Teile; der erste ist Babylon gewidmet, der zweite Zion. Dreimal wird gesungen: «Babylon, you throne gone down, gone down; Babylon, you throne gone down.» Diese Verse werden drei verschiedenen Autoritäten zugewiesen: zunächst dem Rastaman, dann dem Iyaman, schließlich einem Engel mit den sieben Siegeln. Der zweite Teil beginnt mit folgenden Versen, die sodann noch einmal in abgewandelter Form wiederholt werden:

> I say fly away home to Zion (fly away home);
> I say fly away home to Zion (fly away home).
> One bright morning when my work is over,
> Man will fly away home.

Schon auf seiner Simbabwe-Reise wusste Bob Marley, dass er schwer krebskrank war und nicht mehr lange leben würde. Sein letztes Konzert gab er im September 1980 in den USA. Als die Krankheit ihn kurze Zeit später völlig außer Gefecht setzte, begab er sich an den Tegernsee zur Behandlung bei Josef Issels. Seine Mutter und seine Frau unterstützten dessen umstrittene Krebsbehandlung – die Ganzheitstherapie – durch den Einsatz jamaikanischer Kräutermedizin. Als Issels nichts mehr für ihn tun konnte, wurde Marley im Mai 1981 nach Florida geflogen, wo er keine zwei Tage später verstarb. Er war gerade einmal sechsunddreißig Jahre alt. Auf Jamaika wurde ihm ein Staatsbegräbnis zuteil.

Der Rastafarianismus kultivierte patriarchische Macho-Ideale.[53] So auch Bob Marley selbst, der mindestens elf Kinder mit mindestens sieben Frauen zeugte und die selbstbestimmte Verhütung seiner Partnerinnen ablehnte.

Christlicher Rastafarianismus und die Zwölf Stämme

Ein halbes Jahr vor seinem Tod wurde Bob Marley – wohl auf Betreiben seiner Frau – von einem hochrangigen Bischof der äthiopisch-orthodoxen Kirche auf den Namen Berhane Selassie («Licht der Dreifaltigkeit») getauft.[54] Als er sich 1977 in London aufhielt, hatte er Haile Selassies Sohn Asfa Wossen getroffen. Bei seinem Abschied steckte der Kronprinz Marley einen Ring von Haile Selassie an, den er fortan tragen solle. Man sieht den quadratischen Ring auf manchen Fotos. Genau diesen Ring mit einem schwarzen Stein und dem Symbol eines Löwen will Marley Jahre zuvor schon in einem Traum gesehen haben. Einer Enkelin Haile Selassies, die bestätigte, dass der verstorbene Kaiser genau diesen Ring getragen habe, erklärte er, der Ring brenne manchmal wie Feuer an seinem Finger.[55] Hier überlagern und verstärken sich Rastafarianismus und äthiopische Orthodoxie: Der Ring stammte von seinem lebendigen Gott, gehörte zugleich aber zur äthiopisch-orthodoxen Tradition. Bob Marleys orthodoxe Taufe ist darum wahrscheinlich nicht als Abkehr von der Rasta-Religion zu verstehen, sondern als eine Ergänzung.

In der Tat hatte Bob Marley sich den «Zwölf Stämmen» angeschlossen, einer christlichen Richtung des Rastafarianismus. Sie wurde 1968 von Vernon Carrington alias Prophet Gad begründet und sah Jesus Christus als den endgültigen Messias an. Nach Marleys Tod wollte Prophet Gad den Ring Haile Selassies an sich nehmen, Marleys Nachkommen bestanden aber darauf, dass er ihn ins Grab begleitete.[56] Dies war nicht das erste Mal, dass es zu Spannungen zwischen Marleys Familie und den Twelve Tribes kam. In bestimmten Rastafari-Kreisen wurde Marleys früher Tod als Strafe für seine engen Bande mit der Musik- und Unterhaltungsindustrie gedeutet,[57] die ja zu Babylon gehörte. Auch bei Marleys Bestattung kam es zu Spannungen. Dem Staatsbegräbnis ging ein äthiopisch-orthodoxer Gottesdienst voraus. Mitten in den liturgischen Verrichtungen schubste ein Twelve Tribes-Rasta den Priester beiseite und hielt eine kurze Ansprache. Dieser Zwischenfall wurde als «Kaperung der Zeremonie» bekannt.[58]

Bob Marley ist für die weltweite Ausbreitung des Rastafarianismus kaum zu überschätzen. Gerade die Zwölf Stämme vertraten die Ansicht, dass ihre Heilslehre für alle Völker offen sei.[59] Im Westen waren Reggae und der Rastafarianismus vor allem Ausdrucksform eines gegenkulturellen Lebensstils, in ehemals kolonisierten Ländern waren sie Identifikationspunkte für Emanzipationsbestrebungen indigener Bevölkerungen wie der Maori und der Hopi.[60] Auf Jamaika selbst, wo der Rastafarianismus rechtlich nicht als Religion anerkannt ist, wurde sein Wachstum seit den 1980er Jahren von der Ausbreitung pfingstlerischer und charismatischer Kirchen überboten[61] – ähnlich wie der Rastafarianismus früher die Revivalist-Churches übertrumpft hatte. Immerhin wurde Reggae auf Betreiben der jamaikanischen Regierung 2018 von der UNESCO als immaterielles Kulturerbe anerkannt. In der Begründung wird Rastafari nicht erwähnt, wohl aber die religiöse Funktion der Musik «as a vehicle for social commentary, a cathartic practice, and a means of praising God».[62]

34

Carl Sagan, Stanley Kubrick, Steven Spielberg

Außerirdische Erlöser

Die Frage nach außerirdischem Leben hat seit alters die Menschen beschäftigt. Mit der Raumfahrt und Neil Armstrongs Schritt auf den Mond 1969 wurde sie in der Wissenschaft und in den Religionen neu befeuert. Künftige Begegnungen mit Außerirdischen wurden als apokalyptische Schreckensszenarien oder millenaristische Utopien ausgestaltet. Erich von Däniken deutete in seinem 1968 erschienenen Beststeller *Erinnerungen an die Zukunft* mythologische und archäologische Zeugnisse der orientalischen Religionsgeschichte als Relikte der Intervention extraterrestrischer Zivilisationen. Dass er von der Wissenschaft als Spinner abgetan und von einem Schweizer Gericht wegen Betrugs und Urkundenfälschung verurteilt wurde, verhinderte nicht, dass seine Thesen zur Inspirationsquelle für Science-Fiction- und Fantasy-Literaten wurde. Wir wollen das Grenzland der Spekulation über Außerirdische hier mit Blick auf die Naturwissenschaft und den Spielfilm sowie deren Visionen von der Rettung der Menschheit betreten.

Sagan: Auf der Suche nach extraterrestrischer Intelligenz

In Anlehnung an den Ausdruck «Televangelisten» für Prediger mit einer ausgeprägten Medienpräsenz könnte man den amerikanischen Astronomen, Astrophysiker und Astrobiologen Carl Sagan (1934–1996) als «Teleszientisten» bezeichnen. Seit den 1970er Jahren war der attraktive, schicke, smarte, selbstbewusste und nie um eine Antwort verlegene Wissenschaftler eine Medienberühmtheit.[1]

Sagan wuchs in einer jüdischen Familie in Brooklyn auf. Falls er je einen religiösen Glauben hatte, verlor er diesen schon in seiner Kindheit. Wie alle jüdischen Knaben damals durchlief er im Alter von dreizehn Jahren die Bar Mitzwah. Zu diesem Anlass, schrieb er später, las er viel in der Bibel, was ihn aber intellektuell von der Religion entfremdete – sehr zum Unmut seiner frommen Mutter. Im Juni 1947, einige Monate vor Sagans Bar Mitzwah, erregte der Bericht des amerikanischen Geschäftsmanns und Piloten Kenneth Arnold Aufsehen, dass er neun große Scheiben gesehen habe, die in rasanter Geschwindigkeit über den Mount Rainier südöstlich von Seattle hinweggeflogen seien. Dies war der Auftakt zu einer langen Reihe von ähnlichen Berichten, in denen quer durch die USA «fliegende Untertassen» gesichtet wurden. Ab 1948 kam die Theorie eines extraterrestrischen Ursprungs der fliegenden Untertassen in Umlauf, die man ab 1951 als unidentifizierte Flugobjekte oder UFOs bezeichnete. In den USA gab es später noch mehrere Wellen von UFO-Sichtungen: 1952, 1965–1967 und 1973.[2] Carl Sagan wurde in seiner Kindheit in den Bann des UFO-Phänomens gezogen, zumal er ein begeisterter Leser von Science-Fiction war und sein Leben lang blieb. Noch in seinen Studienjahren in Chicago verteidigte er die These, es seien tatsächlich Außerirdische zur Erde gelangt. Als Wissenschaftler – seine Karriere führte ihn über Berkeley und Harvard an die Cornell University bei New York – nahm er später eine skeptische oder auch spöttische Haltung an. Sagan wurde ein Protagonist der weltweiten Skeptikerbewegung, die «Aberglauben» jedweder Coleur zu entlarven sucht und zumeist eine Überlegenheit von Wissenschaft über Religion propagiert.

Die Berichte von UFOs waren für den Astrophysiker und Exobiologen Sagan eine anthropomorphe und daher extrem unwahrscheinliche Theorie extraterrestrischer Intelligenz, doch die Frage nach ihr wurde für ihn zum Lebensthema. Er war ein unermüdlicher und erfolgreicher Lobbyist der SETI-Forschung (SETI = Search for Extraterrestrial Intelligence), der es wahrscheinlichkeitstheoretisch für nicht ausgeschlossen hielt, dass es im Universum ältere Zivilisationen gab, die wichtige Nachrichten hinterlassen haben. Diese aufzuspüren und zu entschlüsseln betrachtete er geradezu als die wichtigste Pflicht für die Menschheit, die davon vermutlich sogar Aufschlüsse darüber erhalten könne, wie sie angesichts einer drohenden nuklearen Selbstzerstörung überleben könne. Das Medium der Kommunikation mit außerirdischen intelligenten Wesen war für Sagan die Mathematik als eine Art intergalaktischer Universalsprache.

1985 erschien Sagans Roman *Contact* (deutsch 1986), von dem in den ersten beiden Jahren 1,7 Millionen Exemplare verkauft wurden und dessen Verfilmung 1997 in die Kinos kam. Der Roman schildert, wie dank des unbeirrten Einsatzes einer jungen Wissenschaftlerin auf einer SETI-Beobachtungsstation in New Mexico eine Nachricht von einer außerirdischen Zivilisation auf dem Stern Vega aufgefangen wird. Das hat diverse religiöse Reaktionen zur Folge: Theologen verschiedener Religionen versuchen sich an teils chiliastischen Deutungen, Prediger und Mystiker treten auf, es ereignen sich Epiphanien und Wunderheilungen, neue Religionen entstehen. Die Wissenschaftlerin Ellie Arroway (im Film von Jodie Foster dargestellt) stößt auf Rudolf Ottos Buch *Das Heilige* (1917), in dem der Marburger Theologe die Kategorie des nichtrationalen Numinosen entwickelte. In der Rezeption bei Sagan wird daraus eine Art Religionskritik: Die «bürokratischen Religionen» hätten die direkte Erfahrung des Numinosen durch Institutionalisierung verbaut. Die Wissenschaftler hingegen, die dem ganz Anderen durch riesige Teleskope direkt auf die Spur kommen wollen und beim Erhalt einer Nachricht ehrfürchtig staunen, kämen dem Kern des Religiösen viel näher.[3]

Es gibt in dem Roman aber auch einen intellektuell aufgeschlossenen Pastor, mit dem die Wissenschaftlerin über religiöse Themen wie die Existenz Gottes diskutieren kann. In seiner späteren Karriere entdeckte Sagan religiöse Institutionen als Partner in seinem Engagement gegen die nukleare Bedrohung und die Umweltzerstörung. Dieses Interesse teilte er mit Johannes Paul II. (s. Kap. 37), dem er 1984 begegnete und der Sagans Theorie aufgriff, eine nukleare Katastrophe werde zu einer desaströsen Abkühlung der Erdatmosphäre führen.[4]

Die Entschlüsselung der kosmischen Nachricht erweist sich in *Contact* als Bauanleitung für eine Maschine mit zunächst unbekannter Funktion, mit deren Hilfe Ellie Arroway und vier weitere Personen eine Reise ins Zentrum der Milchstraße unternehmen. Die Entdeckung einer von Intelligenz und Leben übervollen Galaxis macht sie überglücklich.[5] Schließlich begegnet sie den Ingenieuren der Maschine, der höheren außerirdischen Intelligenz, die mit ihr an einem der Lieblingsstrände ihrer Kindheit in der Gestalt ihres früh verstorbenen Vaters kommuniziert, dem sie auf diese Weise in der Galaxis zu begegnen meint. Die höhere Intelligenz will sich mit dem Zustand der Menschheit vertraut machen, um dadurch Gefahren für das Universum, die möglicherweise von ihr ausgehen, abwehren zu können. Als Dr. Arroway und ihre Mitreisenden zur Erde zurückkehren, ist die Dokumentation ihrer kosmischen Reise von den Speichermedien verschwunden. Das zieht die Glaubwürdigkeit der ganzen Expedition in Zweifel – ähnlich wie religiöse Offenbarungen von Skeptikern bezweifelt werden. Der geistig offene Pastor erweist sich nun als Bundesgenosse, da er Verständnis für ihren Willen zum Glauben aufbringt.[6]

Contact deutet eine arithmetisch-kosmische Religion an, die an die Stelle des in kosmischer Sicht viel zu kleinen biblischen Gottes tritt. Auch in seinen Gifford-Lectures über «natürliche Theologie» kritisierte Sagan 1985 die Enge des theologischen Gottesverständnisses.[7] Dieser intuitiv plausibel erscheinende Vorwurf wird allerdings vielen Spielarten philosophischer und theologischer Reflexion nicht gerecht. In *Contact* glaubt Ellie Arrroway in der Kreiszahl Pi die uranfängliche Grundstruktur des Universums entdecken zu können. Die Arbeit der Wissenschaftlerin wird zu einer Art «experimentellen Theologie» – wie jede Wissenschaft. Wissenschaft und Religion nähern sich einander an, wobei der Gott der Wissenschaftlerin eine Art universaler Arithmetiker ist. Auf einer biographischen Ebene hingegen muss Ellie Arroway entdecken, dass sie die Kontakte zu ihren eigenen Mitmenschen vernachlässigt hat: Die Größe des Universums ist für Menschen eigentlich nur durch Liebe erträglich[8] – so eine Botschaft des Romans und vielleicht auch eine persönliche Einsicht Sagans.

1988 schrieb Carl Sagan das Vorwort zu einem der erfolgreichsten naturwissenschaftlichen Bücher aller Zeiten: *A Brief History of Time* des acht Jahre jüngeren Stephen Hawking. Nach Sagans Verständnis ist Hawkings Buch auch ein Buch über Gott bzw. über dessen Abwesenheit – eine philosophisch gesehen zumindest missverständliche Charakterisierung.[9] Gott ist für Hawking nämlich vor allem ein kosmologisches Argument.[10] Wenn es gelänge, eine gültige vollständige Theorie zu entwickeln, dann wäre dies, so Hawking, der Triumph der menschlichen Vernunft – «for then we would know the mind of God».[11] Dass Hawking seine Stimme verloren hatte und über einen Computer sprach, gab seinen Äußerungen eine orakelhafte Aura. Zumindest im Modus der Popularisierung greift ein Hauptvertreter der Physik des späten 20. Jahrhunderts auf religiöse Konzepte zurück und beansprucht eine Welterkenntnis, die religiösen Sprachspielen in nichts nachsteht.

Clark und Kubrick: Eine neue Odyssee

Carl Sagan und Stephen Hawking standen in Kontakt mit dem Schriftsteller Arthur C. Clarke (1917–2008).[12] Auf einem Bauernhof im Süden Englands in eher ärmlichen Verhältnissen aufgewachsen, war Clarke im Zweiten Weltkrieg als Radarspezialist in der Royal Air Force tätig. Nach dem Krieg studierte er Mathematik und Physik. Zunächst arbeitete er im Bereich wissenschaftlicher Publizistik und forschte im Umkreis der British Interplanetary Society, deren Präsident er 1946/47 und 1951/53 war. Zu Beginn der 1950er Jahre machte Clarke sich einen Namen mit futurologischen Büchern und Science-Fiction-Romanen. 1956 zog der begeisterte Taucher nach Ceylon, vielleicht auch deshalb, weil er dort unbeschwerter seinen bi- oder homosexuellen Neigungen nachgehen konnte.

Im Frühjahr 1964 erhielt Clarke die Einladung zur Mitarbeit an einem Filmprojekt des amerikanischen Regisseurs Stanley Kubrick (1928–1999), der wie Sagan jüdischer Abstammung war, aber keine religiöse Erziehung erhalten hatte. Kubrick galt durch seine Verfilmung des Nabokov-Romans *Lolita* (1962) und die Kalter-Krieg-Satire *Dr. Strangelove* (1964; deutsch *Dr. Seltsam*) als einer der erfolgreichsten und innovativsten Regisseure. Die langjährige, intensive und kreative Zusammenarbeit von Kubrick und Clarke resultierte 1968 in einem eigenwilligen Film, der als eines der Meisterwerke der Filmgeschichte und als erster hochwertiger Science-Fiction-Film gilt: *2001: A Space Odyssey*.[13] Clarkes Buchfassung erschien einige Monate später.

Das Projekt war von dem Buch *The Hero with a Thousand Faces* (1949) des stark von Carl Gustav Jung beeinflussten amerikanischen Mythenforschers Joseph Campbell inspiriert. Kubrick brachte die von Campbell analysierte mythologische Struktur so auf den Punkt: «Ein Held wagt sich aus der Alltagswelt in eine Gegend übernatürlichen Staunens – dort begegnet er märchenhaften Kräften und es wird ein entscheidender Sieg errungen; wenn der Held von seinem mysteriösen

Abenteuer zurückkehrt, hat er die Gabe, seinen Mitmenschen Wohltaten zu erweisen.»[14] Eine solche Heldentat vollbringt in Kubricks Film der Astronaut Bowman, indem er sich gegen den Bordcomputer HAL durchsetzt und ihn schließlich ausschaltet. Der angeblich allwissende und fehlerfrei operierende Computer hatte sich vom Partner zum potenziellen Tyrannen der Crew aufgeschwungen. Der Name Bowman gemahnt an den mächtigen Bogen, den Odysseus von Iphitos erhielt und den er später gegen die Freier der Penepoles einsetzte, und die grausame Auseinandersetzung mit dem Computer erinnert an Odysseus' Begegnung mit dem einäugigen Riesen Polyphem, der einige von Odysseus' Männern verschlang und ihm den Eingang zur Höhle versperrte – so wie der «einäugige» HAL die anderen Astronauten aus dem Weg räumt und Bowman nicht wieder ins Raumschiff hineinlassen will. Bowman steht stellvertretend für die Menschheit, die am Ende des Films mit dem «Star-Child» – einem Fötus mit weit offenen Augen – ihre kosmische Wiedergeburt zu erleben scheint. Gerade diese Passage scheint bei Teilen des Publikums religiöse Erweckungserlebnisse ausgelöst zu haben.[15]

Der epische Film erhebt menschheitsgeschichtlichen Anspruch. In der etwa anderthalbminütigen Anfangssequenz, die mit dem Beginn von Richard Strauss' symphonischer Dichtung *Also sprach Zarathustra* musikalisch unterlegt ist, sieht man zunächst unseren Mond von seiner «dunklen» Seite, dann das «Aufgehen» von Erde und Sonne über der Rundung des Mondes als Auftakt der Geschichte. Eingeleitet von der Überschrift «The Dawn of Man» – nun zunächst zu Vögel- und Insektentönen – schildert der erste, etwa fünfzehnminütige Teil des knapp zweieinhalbstündigen Films die Menschwerdung durch die Entdeckung von Werkzeugen und Waffen sowie den aufrechten Gang – noch vor der Herausbildung menschlicher Lautsprache. In einem der markantesten Schnitte der Filmgeschichte verwandelt sich eine aus Knochen gewonnene, in einer Savannenlandschaft in die Luft geschleuderte Keule in einen Satelliten, der die blaue Erde zu Walzermusik umkreist. Das Habitat der Menschheit, wie wir es kennen, tritt in *2001* nicht in Erscheinung. Von der Frühgeschichte des Menschen springt der Film in die Zeit, als die Menschheit zum Mond vordringt, dann zum Jupiter und schließlich bis hin zur Unendlichkeit – «Jupiter and Beyond the Infinite» lautet die Überschrift des letzten Teils.

In einem Interview, das Kubrick nach Erscheinen des Films im September 1968 dem *Playboy* gab, sagte der Regisseur, dass der Gottesbegriff im Mittelpunkt von *2001* stehe, allerdings kein traditionelles, anthropomorphes Gottesbild.[16] Das erinnert an ähnliche Stellungnahmen von Carl Sagan – und hier könnte vielleicht sogar ein konkreter Einfluss vorliegen, denn Clarke hatte Kubrick im Frühjahr 1964 mit Sagan zusammengebracht. Sagan hätte eine Art wissenschaftlicher Berater des Projekts werden können, doch die Chemie zwischen Kubrick und Sagan stimmte nicht. Das eine Zusammentreffen aber war, zumindest in Sagans Erinnerung, folgenreich, schließlich ging es um die Frage, wie die Aliens dargestellt werden können. Sagan, der hier vielleicht seinen eigenen Anteil an der Genese des Werkes etwas übertrieb, will dem Regisseur geraten haben, sie eher anzudeuten als konkret darzustellen.[17] Tatsächlich wird bis zum Schluss des Films nicht eindeutig klar, ob überhaupt extraterrestrische Mächte im Spiel sind.

An den menschheitsgeschichtlichen Wegscheiden – sei es auf der Erde oder im Weltall – steht jeweils eine etwa drei Meter hohe, kristallartige, rechteckige, schwarze Platte als Fremdkörper in der Landschaft. Bei diesem Monolithen könnte es sich um eine Art Observatorium einer fremden Zivilisation handeln. Der Kontakt der Menschen mit diesem Gegenstand – die Affenmenschen ebenso wie die Mondmenschen legen ihre Hände an ihn – löst jeweils eine neue geschichtliche Epoche aus, sodass von ihm eine manipulative Kraft auszugehen scheint. Das ominöse Objekt ist auch eine Erkenntnisfläche. So starrt der Fötus «Star-Child» in die kristallenen Tiefen des Monolithen. Die Kameraeinstellungen lassen den Monolithen zusammen mit Sonne und/oder Mond in Erscheinung treten, was eine kosmische Kommunikation und Resonanz suggeriert. Die Annahme liegt also nahe, dass der Monolith von einer entfernten, überlegenen Zivilisation gezielt platziert wurde – eine Deutung, die in Clarkes Roman ausgestaltet wird.[18] Die provinziellen, menschengestaltigen Götter haben in *2001* einem Ganz-Anderen galaktischer Provenienz Platz gemacht, das den Menschen unverständlich bleibt. Dessen rein geometrische Gestalt hat die Deutungsphantasie der Kritiker und Interpreten ebenso angeregt wie sie die Zuschauer in Staunen versetzte. Der angeblich vier Millionen Jahre alte Monolith entzieht sich der Repräsentation: Der Versuch, auf dem Mond ein Foto von ihm zu machen, scheitert an einem plötzlich aufbrausenden ohrenbetäubenden Piepsen. «Sein Ursprung und Zweck sind immer noch ein völliges Mysterium» – so die letzten gesprochenen Worte des Films, gut zwanzig Minuten vor dem Ende. Mit der Offenbarung des Monolithen verstummen die Menschen. Der Held reist in ein nonverbales Reich der Bilder und Symbole und verwandelt sich in einen Fötus.

Spielberg: Religiöse Urszenen

Frauen und Kinder spielen in *2001* nur eine Nebenrolle. Das unterscheidet Kubricks Film von zwei der berühmtesten Filme über Kontakte mit Außerirdischen: *Close Encounters of the Third Kind* (1977, deutsch *Unheimliche Begegnung der dritten Art*) und *E. T. the Extra-terrestrial* (1982, deutsch *E. T. – Der Außerirdische*) von Steven Spielberg (geb. 1946). In beiden Filmen sind Kinder im besonderen Maße offen für die Begegnung mit dem Fremden und Unbekannten. Eine Schlüsselszene in *Close Encounters* zeigt, wie ein kleiner Junge die zu bersten drohende Wohnzimmertür öffnet, hinter der ein merkwürdiges orangefarbenes Licht flammt.[19]

Wie Sagan und Kubrick ist auch der in Ohio, New Jersey und Arizona aufgewachsene Spielberg Jude.[20] Seine Familie war vor der Diskriminierung im Zarenreich geflüchtet und hatte sich im amerikanischen Mittelklassensuburbia etabliert. Die Haltung seiner Eltern beschrieb er als «Fassadenjudentum»: Bei Festtagen oder beim Besuch älterer orthodoxer Verwandter hielt man sich an die jüdischen Regeln, die im Alltag sonst keine Rolle spielten.[21] Spielbergs Haltung zum Judentum änderte sich erst, als er Vater wurde, und später durch die Arbeit an *Schindler's List* (1993) über die Rettung von Juden vor dem Holocaust durch den Unternehmer Oskar Schindler. Insbesondere die Arbeiten in Polen konfrontierten Spielberg hautnah mit seiner jüdischen Identität, die er fortan offen bekundete.

Close Encounters of the Third Kind kam in einer Zeit in die Kinos, als die Welle der UFO-Sichtungen einen Höhepunkt erreicht hatte, und als Reaktion auf den Film nahmen die vermeintlichen Sichtungen noch einmal zu. Der Film webt vier Handlungsebenen ineinander: (1) die wissenschaftliche Erforschung des Phänomens in der von dem Computerspezialisten und UFO-Forscher Jacques Vallée inspirierten

Figur des französischen Sprachwissenschaftlers Claude Lacombe, dessen Team es schließlich gelingt, die Signale der Außerirdischen zu decodieren; (2) die Vertuschung der absehbaren Landung des UFOs durch die Regierung; (3) die von der Mutter nicht zu verhindernde Kindesentführung durch die Außerirdischen, die glücklich mit der Vereinigung von Mutter und Kind endet; und (4) die geradezu magnetische und manische Anziehung, die das UFO auf einen «normalen» und zunächst völlig unscheinbaren Familienvater, den Elektriker Roy Neary, ausübt, dessen Familien- und Berufsleben dadurch zerstört wird.

Der mysteriös wirkende Titel *Close Encounters of the Third Kind* ist ein Zitat aus einer 1972 erschienenen Veröffentlichung des Astrophysikers Josef Allen Hynek, der seit 1948, zunächst im Auftrag der United States Air Force, mehrere großangelegte UFO-Projekte geleitet hatte. Sein Buch *The UFO-Experience* (1972; deutsch 1978) gilt als Standardwerk zum Thema. Darin unterscheidet Hynek drei Arten von UFO-Begegnungen: (1) die visuelle Sichtung eines fliegenden Objekts in geringem Abstand; (2) eine UFO-Begegnung mit physischen Folgen wie der Störung eines Fahrzeugs oder der Wahrnehmung von Hitze; (3) eine UFO-Begegnung, bei der ein Lebewesen zugegen ist, etwa Menschen, menschenähnliche Wesen oder Roboter. Spielbergs Film zeigt Begegnungen aller drei Arten. Im Laufe seiner Forschungen war Hynek zu der Überzeugung gelangt, dass es für etwa ein Fünftel aller berichteten UFO-Sichtungen keine zureichende Erklärung gebe; das Phänomen lasse sich also nicht ohne Weiteres abtun, sondern erfordere weitere Forschungen. Das brachte Carl Sagan gegen ihn auf, der Hynek für einen UFO-Apologeten hielt.[22] Auch Spielbergs Film kennt hinsichtlich der Realität von UFOs keine Zurückhaltung. Die Handlungslinie führt von Spurensicherungen und mehr oder weniger vagen Sichtungen zur tatsächlichen Landung eines riesigen UFOs, dessen Besatzung sich den Anwesenden zeigt. Letztere sind vor allem Wissenschaftler, die in Zusammenarbeit mit dem Militär schon lange auf Spurensuche waren. In dieser Sequenz hat Hynek sogar einen kurzen Auftritt: Die Pfeife in den Mund steckend, schreitet er interessiert auf das überwältigende UFO zu, während die anderen Wissenschaftler ängstlich zurückweichen. Die letzte halbe Stunde von *Close Encounters* beschreibt die Landung der Außerirdischen. Der Film verzichtet zunehmend auf menschliche Sprache, wodurch die Musik ihre eigene Dynamik entfalten kann; die von den Außerirdischen Entführten treten aus dem UFO heraus, und der Elektriker Neary betritt schließlich – nun verstummt auch die Musik – allein die Rampe des kosmischen Fahrzeugs.

Wie *Contact* ist *Close Encounters* einer der wenigen Spielfilme, in denen Außerirdische nicht als bedrohlich dargestellt werden. Das Gefühl der Bedrohung wird vielmehr als menschliche Angst vor dem Unbekannten und Übermächtigen entlarvt. Anders als *2001* lotet *Close Encounters* die Bandbreite der emotionalen Reaktionen auf die Begegnung mit dem Anderen aus. Kindliches Staunen ist ebenso legitim wie Hyneks intellektuelle Unvoreingenommenheit oder die hingerissene Faszination des Elektrikers. Die Kommunikation mit den Außerirdischen ist intuitiv und künstlerisch wie bei Neary oder mathematisch-wissenschaftlich wie bei Lacombe. Neary, der Elektriker, ist in *Close Encounters* der Berufene, der in das lichtdurchflutete Raumschiff tritt; er ist der Vertreter der Menschheit, der für diese transformative Mission sogar Frau und Kinder verlässt und seinen Mitmenschen als verrückt erscheint – wobei es wiederum der Wissenschaftler Lacombe ist, der Nearys Erwählung anerkennt.[23] Die in ein eigenartiges Licht getauchten außerirdischen Besatzungsmitglieder sehen eher zerbrechlich und unförmig denn kraftprotzend und souverän aus. Dennoch erweist sich menschliche Religion gegenüber ihrer Macht als minderwertig: Wenn ein Priester kurz vor Abreise des UFOs die Bitte um göttliche Unterstützung für die «Pilger» vorbringt und ihnen die Unterstützung durch Gottes Engel in Aussicht stellt, wirkt das in Anbetracht der technischen Überlegenheit der Außerirdischen kläglich.[24] Zugleich aber wird die Landung des UFOs an einen religiös aufgeladenen Ort verlegt, dessen Konturen Neary und der Mutter des entführten Jungen nach ihren ersten Wahrnehmungen der außerirdischen Mächte visionär aus dem Unterbewusstsein hervorquellen: den steil und hoch aus der Landschaft in Wyoming herausragenden Devils Tower, der einigen indianischen Völkern als «spiritueller Kraftort» gilt.[25] Mit Nearys Betreten des UFOs zeigt *Close Encounters* den entscheidenden Moment des Eintritts der Menschheit in eine neue galaktische Zukunft.

Einige Motive des Films lassen sich mit religiöser Motivik in Verbindung bringen: die Berufung bzw. Erwählung, die Visionen, der Berg, die überwältigende Erscheinung übermenschlicher Mächte, das ehrfürchtige, sprachlose Staunen, die lebensverändernde Erfahrung, die Lichtmetaphorik – ohne dass Spielberg diese in ein explizites religiöses Licht taucht, und Vertreter von Religion kommen nur kurz am Rande ins Bild. Weite Teile des amerikanischen Publikums haben den Film 1977 eher als religiöse Erfahrung denn als Unterhaltung wahrgenommen.[26] Der Film lässt sich religiös deuten als Inszenierung eines menschheitsverändernden Offenbarungsereignisses, aber man kann ihn genauso gut nichtreligiös verstehen. Gerade diese Uneindeutigkeit verhindert es, den Film als religiöses Kino abzustempeln, obwohl er gerade das auch sein kann. Die Annahme von übermächtigen Wesenheiten gilt als eine Grundkomponente von Religion. So betrachtet beschreibt *Close Encounters* eine religiöse Urszene unter den Bedingungen der Einbettung der menschlichen Geschichte in größere kosmische Zusammenhänge.

35

Menachem Mendel Schneerson

Der Messias und seine Ausgesandten

Im Jahre 1941, als Mordechai Kaplan seine umstrittene neue Pessach-Haggada veröffentlichte (s. Kap. 19), traf der knapp vierzigjährige staatenlose Menachem Mendel Schneerson (1902–1994) zusammen mit seiner Frau Chaya Mushka aus Frankreich ebenfalls in New York ein.[1] Obwohl Schneerson und Kaplan noch viele Jahrzehnte im Großraum New York lebten – Kaplan starb 1983 in Manhattan, Schneerson 1994 in Brooklyn –, sind sie sich wohl nie persönlich begegnet. Auch ihr Wirken bewegte sich in gänzlich unterschiedlichen Bahnen: Der aus dem orthodoxen Judentum stammende Kaplan wollte das Judentum als Zivilisation auf eine neue Grundlage stellen, Schneerson eine marginale Richtung des ultraorthodoxen Judentums zum Vorreiter eines sich bewusst globalisierenden Judentums mit messianischem Anspruch machen.

Lebensstationen

Ab 1933 hatte das Ehepaar Schneerson in Paris gelebt, wo Menachem Mendel zunächst Ingenieurwesen studiert und dann versucht hatte, in diesem Beruf Fuß zu fassen. 1937 hatte er erfolglos die Einbürgerung beantragt, wenngleich die Behörde ihm bescheinigt hatte, dass er fließend Französisch sprach und gut assimiliert sei. 1937 und 1938 schrieb er sich an der naturwissenschaftlichen Fakultät der Sorbonne ein, wo er aber anscheinend keinen Abschluss machte.[2] Der Einmarsch der deutschen Truppen in Frankreich machte seine Hoffnung, sich in Paris zu etablieren, vollends zunichte.

1902 in der ukrainischen Hafenstadt Mikolajiw (russ. Nikolajew) geboren, hatte Menachem Mendel die längste Zeit seiner Jugend im ukrainischen Dnipro verbracht, wo sein Vater Levi Jizchak als Rabbi und Kabbala-Experte tätig war. Seine Mutter war die Rebbetzin Chana Schneerson. Er besuchte die Jeschiwa, an der auch modernes Hebräisch gelehrt wurde. Von einem Privatlehrer wurde er auf Jiddisch unterrichtet, ab sechzehn von einem Gymnasiallehrer und Zionisten außerdem in nichtreligiösen Themen. Auf diese Weise vorbereitet, bestand er als externer Schüler die Abschlussprüfungen am Gymnasium.[3] Von 1923 bis 1926 besuchte er in Leningrad das Jüdische Polytechnische Institut. Wegen fehlender offizieller Schulabschlusszeugnisse konnte er an der Universität nur als Gasthörer Ingenieurwesen und Philosophie studieren.[4] In Leningrad lernte er auch seine spätere Frau kennen, die mit ihm entfernt verwandt war. Juden stellten damals zwar etwa ein Drittel der Einwohner der Stadt, sie waren jedoch gravierenden Repressionen ausgesetzt. Im Jahr vor seiner Hochzeit 1928 in Warschau und dann von Anfang 1929 bis Ende 1932 lebte Schneerson fast vier Jahre in Berlin. Er hörte Philosophie und Mathematik an der Universität, außerdem studierte er am orthodoxen Rabbinerseminar zu Berlin, konnte sich aber bei beiden Institutionen wieder nicht offiziell einschreiben. Auch seine Frau belegte an einer Hochschule Kurse.[5] Berlin war damals ein geistiges Zentrum des orthodoxen und des chassidischen Judentums. Schneerson betrieb intensive private Tora-Studien; seine nachgelassenen Notizbücher enthalten etwa zwanzig Abhandlungen aus jener Zeit.[6]

Chabad-Lubawitsch und die Shoah

Die Schneersons gehörten den von Schechter und Buber (s. Kap. 19) erforschten Chassidim an, und zwar einer bestimmten Schule bzw. Dynastie, die als Chabad – ein Akronym aus den Leitbegriffen *chochma* (Weisheit), *binah* (Einsicht) und *daat* (Wissen) – oder als die Lubawitscher bekannt ist. In dem weißrussischen Ort Ljubawitschi hatten sich nämlich ab 1813 einige der Leitgestalten, sogenannte Rebbe, dieser Richtung niedergelassen. Der Rebbe ist nicht zu verwechseln mit einem für eine bestimmte Ortsgemeinde zuständigen Rabbi; bei den Chassidim – verstärkt noch bei den Lubawitschern – ist er eine weit über das normal-Menschliche herausgehobene Figur, die an der göttlichen Vollkommenheit teilhat. Er tritt für das Wohlergehen seiner Gefolgsleute ein und vermittelt ihnen eine besondere Lebenskraft. Die Schüler sollen zu ihrem Rebbe eine persönliche Beziehung pflegen.[7] Der fünfte Rebbe hatte 1915 seinen Hof *(hoyf)* von Ljubawitschi ins südrussische Rostow am Don verlegt. 1920 wurde sein Sohn Joseph Isaak Schneerson der sechste Lubawitscher Rebbe. 1924 verlegte er seinen Hof nach Leningrad (damals Petrograd), und damit erstmals in eine Großstadt. Trotz des sowjetischen Drucks auf das chassidische Judentum untersagte er zunächst seiner Gemeinde – fatalerweise – die Emigration nach Palästina oder in die USA.[8] Die meisten seiner Gefolgsleute fanden später in Russland den Tod durch den sowjetischen Terror oder den Genozid der Nazis. 1927 wurde Joseph Isaak in Leningrad verhaftet. Seine Tochter entging der Verhaftung, weil sie an jenem Abend mit ihrem künftigen Gatten Menachem Mendel aus war, einem Cousin zweiten Grades ihres Vaters. Dass ein Paar vor der Hochzeit fast zwei Jahre liiert war und abends ausging, war in chassidischen Kreisen übrigens höchst ungewöhnlich. Nachdem Joseph Isaak auf internationalen Druck hin wieder freigelassen worden war – aus Deutschland setzte sich der liberale Rabbiner Leo Baeck für ihn ein –, verlegte er seinen Hof nach Riga. Menachem Mendel wurde eine Art «Bildungsminister» des sechsten Rebbe.[9]

Joseph Isaak sah seine Führungsrolle nun nicht mehr nur auf seine Lubawitcher beschränkt, sondern entwickelte ein umfassendes Verständnis seines religiösen Auftrags.[10] Als er seinen Hof aus gesundheitlichen Gründen nach Otwock bei Warschau[11] verlegt hatte, pflegten Menachem Mendel und seine Frau ihn zu den jüdischen Festen und Feiertagen von Berlin und Paris aus zu besuchen; die Männer unterhielten eine intensive Korrespondenz.[12] 1940 wurde der sechste Lubawitscher Rebbe in einer international koordinierten Aktion dem Zugriff der Nazis entzogen; über Berlin, Riga und Stockholm gelangte er nach Brooklyn, wo damals etwa eine Million Juden lebten.[13] Die Aktion wurde mit seinem Status als «einer Art Papst» der Juden (so ein Washingtoner Anwalt) begründet.[14] Seine Tochter und sein Schwiegersohn konnten 1941 folgen, da sie zur offiziellen Chabad-Hierarchie zählten.

In Brooklyn arbeitete Menachem Mendel Schneerson zunächst als

Elektroingenieur an einer Werft der US Marine. Er ließ sich am Hof seines Schwiegervaters im wohlhabenden Crown Heights nieder. Joseph Isaak (amerikanisch Yosef Yitzchak), vertraute ihm die Leitung einiger neuer Organisationen an und auch die Publikation von bislang nur handschriftlich überlieferten Chabad-Schriften. 1943 veröffentlichte Menachem Mendel sein erstes eigenes frommes Buch. 1946 wurde er amerikanischer Staatsbürger.

Im Januar 1951, am Jahrestag des Todes (der *yahrtzeit, Jahrzeit*) von Joseph Isaak, der keine männlichen Nachkommen hatte, trat der achtundvierzigjährige, ebenfalls kinderlose Menachem Mendel als siebter Lubawitscher Rebbe die Nachfolge seines Schwiegervaters an. Der erste Lubawitscher Rebbe hatte gelehrt, dass der Geist eines *zaddik* – eines Gerechten, «Heiligen» – nach dem Tod in der Mitte seiner Getreuen bleibe; die Verbindung sei sogar intensiver als zu seinen Lebzeiten. So pflegte Menachem Mendel Schneerson, oft kurz Ramash genannt, diverse postume Kommunikationsformen mit Joseph Isaak, nicht zuletzt an dessen Grab, das er regelmäßig besuchte.[15]

Die Lubawitscher waren durch die Shoah dezimiert worden, und die politische Situation in Mittel- und Osteuropa gebot einen Neuanfang in der Diaspora: Brooklyn, wo sich auch andere ultraorthodoxe chassidische Gruppen niedergelassen hatten, schien dafür ein geeigneter Ort. Begünstigt wurde dies von einem Rückgang antisemitischer Haltungen in der amerikanischen Nachkriegsgesellschaft.[16]

Nach der chassidischen Logik, dass besonders schlimme Weltzustände wie Kriege, Revolutionen, die Sowjetherrschaft und die Shoah die baldige Wiederkehr des Messias ankündigen, hatten sich unter der Regentschaft des sechsten Rebbe messianische Erwartungen verstärkt. In der Kriegszeit forderte er sein Publikum zu Akten der Buße und Reue *(teshuvah)* auf, um auf diese Weise eine noch größere Katastrophe zu verhindern und die messianische Zeitenwende und Erlösung herbeizuführen.[17]

Joseph Isaak deutete die Shoah als eine göttliche Erziehungsmaßnahme, habe Gott doch jahrhundertelang vergeblich auf Buße und Besserung seines Volkes gewartet.[18] Gott war für ihn der eigentliche Akteur hinter den Ereignissen, Adolf Hitler und die Deutschen lediglich ausführende Organe. Für seinen Nachfolger Menachem Mendel war die Shoah ein schlechterdings unverständliches Ereignis, das den

Abgrund aufzeigt, der den Menschen und den menschlichen Intellekt von dem Schöpfer und dessen göttlicher Weisheit trennt. Zwar hielt er jeden einzelnen der Shoah zum Opfer gefallenen Juden für einen Heiligen bzw. einen Märtyrer, er wandte sich aber gegen die Tendenz, die Bedeutung der Shoah für das jüdische Volk zu absolutieren: Historisch gesehen hätten die Kreuzzüge das Judentum wesentlich härter getroffen, zumal es damals keine Fluchtmöglichkeiten gegeben habe. Außerdem sollten positive Elemente in der Bestimmung jüdischer Identität überwiegen. Eine Deutung der Shoah als göttliche Strafe lehnte er ab.[19]

Auf den Schriftsteller, Hochschullehrer und Friedensnobelpreisträger (1986) Elie Wiesel übte Schneerson in intensiven Diskussionen großen Einfluss aus.[20] In einem Brief an Wiesel, der meistens den Begriff «Holocaust» verwendete, schrieb er 1965, es sei rechtens, wegen der Shoah gegen Gott die Stimme zu erheben, solange dieser Protest von einer Haltung des Glaubens getragen sei.

Die Shoah war für Schneerson ein Argument gegen die Assimilation. Diese sei eine Art spirituelles Krematorium, weil sie nicht die körperliche, wohl aber die – letztlich wichtigere – geistige Existenz des Judentums ausrotte. Gerade das Einhalten der jüdischen Gebote und das Zeugen vieler Nachkommen sei die richtige Strategie, um Hitler noch im Nachhinein zu besiegen.

Frömmigkeit: Mitzwah-Kampagnen

Als Rebbe im Nachkriegsamerika beauftragte Menachem Mendel Schneerson mehrere Kampagnen der expansiven und öffentlichen Bestätigung jüdischer Frömmigkeitspraktiken, die von den meisten amerikanischen Juden nicht (mehr) praktiziert wurden. Diese Kampagnen richteten sich nicht allein an die Chassidim und die Ultraorthodoxen, sondern auch an liberale und sogar nichtreligiöse Juden. Schneerson war klar, dass er nicht alle Juden für Chabad würde gewinnen können, in seiner religiösen Weltanschauung aber hat jeder einzelne Jude eine Art göttlichen Seelenfunken und als Volk hat das Judentum eine in Gott gründende («mystische») Einheit. Hinter den jüdischen Denominationen scheint er einen tiefenreligiösen Egalitarismus gesehen zu haben.[21] Allen Juden sollte durch Befolgen scheinbar unbedeutender, kleinerer traditioneller Frömmigkeitshandlungen und religiöser Vorschriften (*mitzvot*; Singular *mitzvah*) ihre jüdische Identität und damit implizit der jüdische Gottesglaube nahegebracht werden. Jede einzelne fromme Handlung bringe den Menschen Gott einen Schritt näher. Schneerson sah dies als ein globales Programm: Die ganze Welt sollte zu einem Haus Gottes gemacht werden.[22]

Weltweite Öffentlichkeit erzielte die Mitzwah-Kampagne von Chabad im Jahre 1967, in der Zeit der Seeblockade und militärischen Bedrohung Israels durch Ägypten und der fehlenden Unterstützung durch die USA und Frankreich. Ramash ermutigte die Juden, nicht aus Israel zu fliehen, und behauptete, das Anlegen der *tefillin* – an Lederriemen um Arme und Kopf gebundene kleine Tora-Boxen – sei das wirkungsvollste Mittel der jüdischen Selbstverteidigung. Die Aufforderung wurde auch von Soldaten massenhaft aufgegriffen. Als der Konflikt mit Israels militärischem Sieg endete, gingen viele Juden an die nun wieder für sie zugängliche Westmauer des Tempels, die Klagemauer (*kotel*), um dort *teffilin* anzulegen.[23] Menachem Mendel Schneerson konnte den Sieg Israels für sich in Anspruch nehmen: der Anblick von israelischen Soldaten mit *tefillin* habe den Gegner demoralisiert. Die Episode förderte sein Renommee nachhaltig.[24]

In den USA entfaltete sich die Mitzwah-Kampagne auf andere Art und Weise. Junge Chassidim fuhren mit Lastwagen oder Wohnmobilen – sogenannten Mitzwah-Panzern oder -Mobilen – in die Innenstädte, etwa nach Manhattan. Dort sprachen sie fremde Menschen aufgrund ihres jüdischen Aussehens an und luden sie ein, den Innenraum des Fahrzeugs zu besteigen. Dort wurden ihnen von einem jungen Chassid die *tefillin* umgebunden und die entsprechende Segensformel erklärt. Man hoffte, dass dies der Ausgangspunkt für weitere rituelle Übungen, das Saatkorn einer persönlichen Rückkehr, einer Reinigung von der nichtjüdischen Umwelt würde.[25] Man bot damit eine Art Alternative zur damals grassierenden Gegenkultur: Wer ein Mitzwah-Fahrzeug bestieg, setzte sich sowohl vom jüdischen Mainstream als auch von der Hippiekultur ab. Am 27. Mai 1968 brachte die *New York Times* einen Leitartikel mit der Überschrift: «Hasidic Jews Confront Hippies to Press a Joyous Mysticism». Die «fröhliche Mystik» hob sich vom Bild einer herkömmlichen, trocken-ernsten Altherrenmystik der Kirchen ab. Zugleich mag man an Maharishi, den kichernden Guru denken.

Sprach die *tefillin*-Kampagne in erster Linie Männer an, richtete sich die *neshet*-Kampagne an Mädchen und Frauen. *Neshet* sind die Kerzen, die am Freitagnachmittag, dem Vorabend des Sabbats, von Frauen und Mädchen angezündet werden, um den Sabbat einzuleiten. Die Herabsetzung des Mindestalters auf drei Jahre stellte dabei eine Neuerung Schneersons dar.[26] Auf der Titelseite der *New York Times* wurden über viele Jahre Anzeigen geschaltet, in denen die genaue Zeit für das abendliche Kerzenanzünden mitgeteilt wurde.[27] Diese leicht zu erlernende, mit der Festkultur vieler Gesellschaften kompatible Praxis erzeugt Gefühlsbindungen an den Sabbat, synchronisiert jüdische Haushalte und schafft dementsprechend eine Art jüdische Gemeinschaft.

Sunday Dollars und Lichterfest

Auch Wohltätigkeit (hebräisch *zedaka*) wurde zur rituellen Praxis. Der Rebbe forderte die Juden auf, zu Hause Spendenbüchsen *(pushka)* aufzustellen und jeden Tag einen kleinen Betrag einzuwerfen. Mädchen und Frauen sollten ihre tägliche Spende für den Sabbat direkt vor dem Anzünden der Sabbatkerzen machen, als gute Tat zum Ende der Woche. Großzügigkeit und Spendenbereitschaft würden auf diese Weise zu einem Habitus geformt. Spendenboxen wurden aber auch außerhalb jüdischer Wohnungen deponiert, etwa im Weißen Haus – und es gibt ein Bild, auf dem Präsident Clinton neben einem Chabad-Rabbi steht und einen Dollarschein in die *pushka* steckt.

Ab seinem 84. Geburtstag, im April 1986, führte Menachem Mendel Schneerson die «Sunday Dollars» ein: In seinem Hauptquartier in Brooklyn verteilte er sonntags zusammen mit einem Segensspruch druckfrische 1-Dollar-Scheine, an Kinder ebenso wie an Politiker.[28] Damit war die Erwartung verknüpft, dass der Empfänger des Segens und des Geldes diesen Dollarschein (wohl zuzüglich einer eigenen Spende) als wohltätige Gabe an Bedürftige weitergab, um ein Netzwerk an karitativer Aktivität in Gang zu setzen.[29] Oft wanderten allerdings nicht die Originalscheine weiter: die wurden (und werden) als eine Art Devotionalie aufbewahrt. Das persönliche Austeilen der Dollarscheine an Tausende Menschen dauerte jeweils mehrere Stunden und ermöglichte eine kurze, regelmäßig wiederholbare persönliche

Minimalbegegnung mit dem Rebbe. Die Herantretenden konnten einige Sätze an ihn richten, um Segen für sich oder andere bitten oder kurz um Rat fragen. Der alte Mann stand dabei die ganze Zeit, und es war allen ersichtlich, dass er mit diesen anstrengenden Inszenierungen nicht nur ein finanzielles Opfer brachte. Die erwartete Gegengabe war die Hingabe an den Rebbe.

Vom privaten auf den öffentlichen Raum ausgedehnt wurde ab 1974 das Lichterfest *chanukka*, das bei amerikanischen Juden nicht zuletzt aufgrund der zeitlichen Nähe zu Weihnachten sehr beliebt war. Dass nun Lichter auf zum Teil besonders großen acht- bzw. neunarmigen Leuchtern (*chanukka-menora* oder *chanukkiah*) an zentralen Plätzen angezündet wurden, machte das Judentum auch im öffentlichen Raum sichtbar und sollte gerade jene Juden ansprechen, die keiner Synagoge angehörten; für sein Judentum brauchte man sich nicht zu schämen. Eine Anerkennung von höchster politischer Instanz erhielt diese neue Feierpraxis durch Präsident Jimmy Carter, der 1979 ein Licht an einem riesigen Chanukka-Leuchter am Weißen Haus anzündete.[30]

Das Chanukka-Ritual wurde an Tausenden Orten auf der ganzen Welt inszeniert, zum Teil vor ikonischer Kulisse wie dem Eiffelturm, dem Kreml oder dem Brandenburger Tor, und live in die Zentrale von Chabad («770») übertragen. In den USA weckte diese Ausdehnung religiöser Praxis auf zentrale und symbolische städtische Räumlichkeiten allerdings den Widerstand anderer Richtungen des Judentums und der American Civil Liberties Union. Diese Situation löste «eine gesamtgesellschaftliche Debatte über die Reichweite der Religionsfreiheit in den USA aus».[31] So kam es mehrfach zu Gerichtsverfahren wegen des vermeintlichen Verstoßes gegen das First Amendment. In einem Rechtsfall aus dem Jahre 1987 argumentierte Chabad, der Leuchter sei ein säkulares Symbol. Der Oberste Gerichtshof griff dies auf und erklärte 1989, Chanukka gehöre wie Weihnachten zu den amerikanischen Winterfeierlichkeiten – beide Feste hätten inzwischen eine säkulare Bedeutung.

Um Religionsfreiheit war es schon gegangen, als sich Schneerson zu dem von Madalyn Murray O'Hair angestrengten Urteil des Obersten Gerichtshofs äußerte, das fortan Schulgebete an öffentlichen Schulen untersagte (s. Kap. 40). Er sprach sich vehement gegen den Urteilsspruch aus, was ihm eine gewisse Medienaufmerksamkeit bescherte. Gerade für nicht aus religiösen Haushalten kommende Schüler sei es wichtig, dass sie über die Schule mit religiösen Themen in Berührung kämen.[32] Ab 1983 setzte sich Schneerson für die Einführung eines «Moment of Silence» zu Beginn des Schultags ein. Diese Initiative wurde 1985 zwar vom Obersten Gerichtshof abgewiesen,[33] später aber in einigen Bundesländern doch zugelassen – dann nämlich, wenn diese Praxis nicht explizit als Gebetsersatz deklariert wurde.[34]

Audienzen, Farbrengen und die Aussendung von Getreuen

Die «Sunday Dollars» ersetzten persönliche Audienzen *(yechidusen)* bei dem vielsprachigen Rebbe – eine Begegnungsform, die Menachem Mendel erst kurz vor seinem 80. Geburtstag aufgab. Viele Jahrzehnte lang hatte er mehrmals unter der Woche ab acht Uhr abends bis tief in die Nacht hinein Besucher beiderlei Geschlechts (und auch Ehepaare) empfangen. Wegen des großen Andrangs mussten Termine schon viele Monate im Voraus vereinbart werden. Diese Audienzen dauerten in der Regel rund zehn Minuten, mitunter aber auch mehrere Stunden, der Rebbe erteilte seinen Segen, und es wurden diverse persönliche Anliegen zur Sprache gebracht. Mit Chabad-Repräsentanten wurden auch strategisch-organisatorische Fragen besprochen. Bei den Treffen sollten die mit dem Gebetsschal bekleideten Chassidim dem Rebbe nicht die Hand geben und nicht auf einem Stuhl Platz nehmen.[35] Besucher kommentierten Schneersons gleichermaßen ironischen wie stechenden Blick; sein enormes Gedächtnis erlaubte es ihm, Fäden aus zum Teil lange zurückliegenden Gesprächen aufzugreifen. Die nächtlichen *yechidusen* demonstrierten, dass der Rebbe Tag und Nacht für seine Gefolgsleute da war, und für viele Besucher hatten Begegnungen mit ihrem religiösen Oberhaupt eine lebensverändernde Wirkung.[36]

Es kamen auch Nicht-Chabad-Besucher nach Brooklyn, etwa die israelischen Präsidenten Salma Schasar und Menachim Begin, der Schneerson «our great master and teacher» nannte. Überhaupt genoss der Rebbe bei den hochrangigsten politischen Amtsinhabern enorme Wertschätzung, in Washington – vor allem bei Jimmy Carter und

Menachem Mendel Schneerson, der Lubawitscher Rebbe, nimmt im Mai 1987 vor der Zentrale von Chabad in Brooklyn («770») die Parade anlässlich des LagbaOmer-Festes ab. Diesen volkfestartigen Umzug, an dem Kindergruppen aus ganz Nordamerika teilnehmen, führte er in den 1950er Jahren ein.

Ronald Reagan – wie in Tel Aviv; Jitzchak Rabin, Ariel Scharon und Benjamin Netanjahu unterhielten ebenfalls persönliche Beziehungen zu ihm.[37]

Schon von seinem Schwiegervater und Vorgänger war Menachem Mendel mit der Durchführung von *farbrengen* (aus dem Jiddischen ‹[Zeit] verbringen›, auch im Sinne von Spaß haben) betraut worden.[38] *Farbrengen* sind manchmal bis tief in die Nacht reichende, bis zu acht Stunden dauernde festlich-freudige Zusammenkünfte der Chassidim, bei denen von rhythmischem Klatschen begleitete, oft textlose chassidische Melodien *(niggunin)* gesungen werden. Bei diesen etwa zweimal pro Monat gefeierten *farbrengen* hielt der Rebbe oft mehrere Ansprachen zu unterschiedlichen Themen, z. B. über Maimonides, die chassidische Philosophie oder die Umsetzung der Tora im Alltagsleben. Nachschriften dieser zumeist auf Jiddisch gehaltenen Ansprachen, die sich mitunter zu mehreren Stunden summierten, sind ein Hauptbestandteil seiner mehrere hundert Bände umfassenden Werke. Videos der *farbrengen*, viele auf Youtube zugänglich, ermöglichen eine mimetische Teilnahme. Zu besonderen Anlässen – wie beim dreißigjährigen Amtsantritt des Rebbe – wurden die Feierlichkeiten per Telefonkonferenz weltweit übertragen. Ab 1970 wurden alle unter der Woche begangenen *farbrengen* gesendet.[39]

Schon bei seinem Amtsantritt hatte der Rebbe gefordert, man müsse auch an Orte gehen, wo man nichts von Gott, vom Judentum oder vom hebräischen Alphabet wisse. (Selbst verließ er in seiner über dreiundfünfzig Jahre dauernden Amtszeit Brooklyn nur noch kurz und selten.) Bei einem *farbrengen* im Jahre 1958 stellte er seine Globalisierungskampagne unter das Schlagwort *ufaratzta* («ihr sollt losbrechen»). Dieses Wort kommt in der Genesis (28:14–15) vor, in der Buber-Rosenzweig-Übersetzung von 1929 als «Ausbrechen wirst du». Diese Aussendung richtete sich an die *shluchim*, seine «Ausgesandten». Junge, dem Rebbe persönlich ergebene Chabad-chassidische Ehepaare sollen an Orten außerhalb der Lebenssphäre der Lubawitscher als dauerhafte Repräsentanten oder Vorposten des Judentums wirken. Dabei stellen Juden aller Glaubensrichtungen oder auch nichtgläubige Juden die Zielgruppen dar. Die enthusiastischen *shluchim* setzten beispielsweise die oben erwähnten Mitzwah-Kampagnen in die Tat um. Eine besonders empfängliche Zielgruppe waren jüdische Studenten; seit Ende der 1960er Jahre wurden an über zweihundertfünfzig amerikanischen Hochschulen Chabad-Niederlassungen eingerichtet. In ihren «Chabad Houses» erzeugten die *shluchim* eine lockere, quasifamiliäre Atmosphäre, was offenbar auch von den Eltern der Studierenden sehr geschätzt wurde.[40]

Die Aussendung von Getreuen war keine Neuerung des siebten Rebbe, erreichte mit ihm aber eine neue systematische Qualität. 1977 hatte Chabad-Lubawitsch gut etablierte Niederlassungen in Argentinien, Australien, Frankreich, Italien, Kanada, Südafrika, Venezuala und dem Vereinigten Königreich – neben den USA und Israel, wo der sechste Rebbe bereits 1948 eine Siedlung hatte gründen lassen. Von *shluchim* betriebene Chabad-Häuser existieren inzwischen in den meisten Ländern der Welt; in Deutschland z. B. derzeit (2020) achtzehn Zentren, in Österreich zwei, in der Schweiz sieben. Sie haben keine feste Mitgliedschaft, Reinschnuppern und gelegentliche Aktivitäten sind genauso willkommen wie regelmäßiges Engagement.[41] Die von einem Rabbi und einer Rebbetzin geleiteten Zentren bieten vielfältige Dienstleistungen an, die sich an vor Ort lebende Juden, aber auch an jüdische Touristen richten. Seit 1983 kommen alle *shluchim* einmal jährlich zu einer großen Konferenz *(kinus hashluchim)* in New York zusammen.

Moshiach an der Zeitenwende

Zwar hatte Menachem Mendel Schneerson keine leiblichen Kinder, dafür aber galten die *shluchim* als seine geistigen Kinder. Ein vom kinderlosen Rebbe gesprochener Segen soll vielen Paaren zu Nachwuchs verholfen haben.[42] Seine Kinderlosigkeit galt darüber hinaus als Indiz der messianischen Statur des Rebbe. Ein messianisches Reizklima hatte sich ja schon um den sechsten Rebbe entzündet; nun führte bereits die mystisch geladene Zahl sieben messianische Erwartungen an Menachem Mendel Schneerson weiter. In dieser Sicht war es kein Zufall, dass das Hauptquartier von Chabad auf dem Eastern Parkway die Hausnummer «770» trägt.

Schon bei seiner Amtsübernahme hob der neue Rebbe die Bedeutung der siebten Generation hervor. Nun stehe das Kommen des Messias *(moshiach)* kurz bevor, und die Aufgabe seiner Generation sei es, die göttliche Gegenwart *(schechina)* in die Welt herabzubringen.[43] Diese Naherwartung erforderte frommen Aktivismus. Die Zunahme der in die Tat umgesetzten religiösen Vorschriften – gerade vonseiten zuvor nichtpraktizierender Juden – könne das Kommen des Messias beschleunigen. Nicht wie im religiösen Zionismus die Rückkehr der Juden nach Israel, sondern die Rückkehr der Juden zu den *mitzvot* läute die messianische Endzeit ein. Ramash kritisierte die Einrichtung des Staates Israel sogar als falschen Messianismus.[44]

In den letzten Lebensjahren des Rebbe verstärkte sich die messianische Erwartungsatmosphäre noch weiter. In Crown Heights in Brooklyn tauchten Plakate auf, die Menachem Mendels markantes Äußeres mit Aussagen wie «King Messiah» verknüpften.[45] Der Tod seiner Frau Chaya Mushka, der «Rebbetzin», 1988 mag zur Entfesselung dieser Entwicklung ebenso beigetragen haben wie politische Umwälzungen: der Fall des Eisernen Vorhangs und der von dem Rebbe lange zuvor wiederholt angekündigte Untergang der Sowjetunion ebenso wie das in etwa gleichzeitige apokalyptische Szenario des Zweiten Golfkriegs. Als es 1991 in Crown Heights zu Ausschreitungen Schwarzer gegen die

Chassidim kam, nachdem Schneersons Auto zwei Kinder guyanesischer Einwanderer angefahren hatte, schien die Erwartung an die Ankunft des Messias zum Siedepunkt gekommen zu sein. Im April sagte er, er habe alles in seiner Macht Stehende getan, nun sei es an ihnen: «Now, all of you must do all you can to actually bring Moshiach here and now, immediately.»[46] T-Shirts, Sticker und Aufkleber mit dem Slogan «Moshiach is on the way – let's be ready» wurden in Umlauf gebracht.[47] In einer Anzeige in der *New York Times* im Juni wurden die Leser aufgefordert, das Kommen des Messias z. B. durch Tora-Studium und karitatives Engagement aktiv zu beschleunigen.

Schneerson hatte nie beansprucht, selbst der Messias zu sein, auch mitten im messianischen Wirbel lehnte er eine von seinen Anhängern an ihn herangetragene Identifikation als *moshiach* offiziell ab.[48] Das hinderte viele messianische Eiferer jedoch nicht daran, genau dies zu glauben. Im März 1992 indes erhielt die Messias-Zuschreibung einen tragischen Dämpfer, als der Rebbe einen schweren Schlaganfall erlitt; für die letzten zwei Jahre seines Lebens konnte er nicht sprechen und war halbseitig gelähmt. Dies und der Tod des Rebbe am 12. Juni 1994 – bei seiner Beerdigung sollen an die 100 000 Menschen anwesend gewesen sein[49] – führten indes dazu, dass viele Lubawitscher diesen Glauben aufgaben, denn ein toter Messias ist aus der Sicht vieler Juden kein Messias. Andere hingegen hielten an seinem messianischen Status fest.[50]

Mit dem Aufkommen neuer Medien und des Internets in jenen Jahren wurde eine intensivierte Kommunikation postum möglich: Die Figur des Rebbe wurde an bestimmten Stätten wie seinem Grab und in seinem Arbeitszimmer ebenso gegenwärtig gehalten wie durch diverse kollektive Gedenkveranstaltungen, durch Videos seiner Reden und *farbrengen*, die Veröffentlichung und das Studium seiner nachgelassenen Schriften. Sein Gesicht ist vervielfältigt auf den verschiedensten Gegenständen vom Plakat bis zum Schlüsselanhänger, die teilweise propagandistische, teilweise beschützende oder wunderwirkende Zwecke erfüllen. Die mediale Vergegenwärtigung des nunmehr virtuellen Rebbe durch diverse Techniken der Reproduktion ging einher mit einer grundlegenden Transformation von Chabad-Lubawitsch.[51] Menachem Mendel Schneerson hatte keinen Nachfolger auserkoren, und es wurde auch niemand sonst als Nachfolger lanciert. Der siebte sollte der letzte

Rebbe bleiben, was seinen ultimativen Status – gleich ob als *moshiach* oder nicht – bestätigte und eine Dezentralisierung von Chabad-Lubawitsch förderte.[52] Im Vierteljahrhundert seit Schneersons Tod ist Chabad-Lubawitsch weiter gewachsen; die Zahl der «Kinder» des Rebbe – die *shluchim* – ist weiter stark angestiegen.

Der weltweite Erfolg von Chabad wurde auch in anderen Richtungen des amerikanischen Judentums wahrgenommen; mitunter wird der Wandel der amerikanischen Orthodoxie von einem Fokus auf Isolation und Überleben hin zu expansionistischen Strategien als «Chabadisierung» des orthodoxen Judentums bezeichnet.[53] Der globalisierende Outreach ging seit etwa 1980 in letzter Instanz sogar über das Judentum hinaus. So hatte Ramash verkündet, in Anknüpfung an den mittelalterlichen jüdischen Gelehrten Moses Maimonides, dass die sieben noachidischen, d. h. auf Noah zurückgehenden Gebote – die ersten beiden verbieten «Götzendienst» und «Gotteslästerung – eine Art Verhaltenskodex für die ganze Menschheit seien.[54]

Im November 1994 wurde Menachem Mendel Schneernson postum die Goldene Ehrenmedaille des Amerikanischen Kongresses verliehen, eine der höchsten Auszeichnungen der Vereinigten Staaten, die auch Elie Wiesel 1984 erhalten hatte. Schneerson war der erste religiöse Würdenträger, der diese Auszeichnung erhielt. Dass Religion öffentlich anerkannt wird, entsprach durchaus Schneersons Anliegen. Weitere Protagonisten von Religion sollten in den Folgejahren die Medaille erhalten: Billy und Ruth Graham (1996), Mutter Teresa (1997), der Ökumenische Patriarch von Konstantinopel Bartholomeos I. (1997), Papst Johannes Paul II. (2000), Martin Luther King und seine Frau Coretta Scott King (2004) sowie der 14. Dalai Lama (2006).

36

Ruhollah Musavi Chomeini

Die Herrschaft des Rechtsgelehrten

Ruhollah Musavi Chomeini (1902–1989) wurde vom amerikanischen Nachrichtenmagazin *Time* 1979 zum «Man of the Year» gekürt.[1] Im Iran galt der hochrangige schiitische Kleriker schon seit den frühen 1960er Jahren als führende Gestalt des Widerstands gegen Schah Mohammad Reza Pahlavi, der mit Unterbrechung seit 1941 regierte. Im Zuge der Eskalation der Proteste und dann der Revolution gegen die Herrschaft des Schahs 1979 war Chomeini weltweit bekannt geworden. Fünfzehn Jahre hatte er im Exil verbracht, zuerst in der Türkei, dann im Irak, schließlich einige Monate in Frankreich, dem Mutterland der modernen Revolutionen.[2] Dort formulierte er seine Botschaft markant kosmopolitisch, indem er sich als authentischen und progressiven Führer des Aufstands der Unterdrückten der Dritten Welt gegen Imperialismus und Kolonialismus darstellte. Auch Begriffe wie «Revolution» und «Republik» fanden nun Eingang in sein Vokabular.[3] In der Perspektive der Linken schien ihn dies in eine Reihe mit kommunistischen Revolutionären zu rücken.

In einer am 23. Dezember 1978 in der *New York Times* veröffentlichten Anzeige wandte sich Chomeini an die Christen der ganzen Welt. Im Namen der Unterdrückten im Iran bat er darum, dass die Christen während der anstehenden Feiertage für die Befreiung bzw. Erlösung der Iraner beten mögen. Es sei ihre Pflicht, der muslimischen Nation zu helfen, da der Koran ja Christus und Maria wohlwollend erwähne.[4] Mit dieser vereinnahmenden Exegese beschwor Chomeini eine Art koranisch begründete religiöse Internationale herauf.

Mystischer Philosoph und Dichter

Chomeini war 1902 in der etwa 300 Kilometer südwestlich von Teheran gelegenen Ortschaft Chomein (daher sein Nachname) in wohlhabenden Verhältnissen geboren worden. Die populären Hagiographien der Islamischen Republik verlegen seine Kindheit allerdings in ärmliche Umstände. Die Familie beanspruchte eine Abstammung vom Geschlecht des Propheten über den siebten Imam Musa al-Kasim (745–799) – daher der Mittelname Musavi. Sein Vater starb 1903 eines gewaltsamen Todes, was später Stoff für Verschwörungsnarrative bildete.[5] Seine Mutter und seine Tante, bei denen er aufwuchs, verlor er mit sechzehn Jahren. Die Ausbildung zum Kleriker verlief recht unspektakulär in der Provinz. 1929 heiratete er. In Qom, der wieder aufstrebenden iranischen Hochburg schiitischer Gelehrsamkeit, machte Chomeini sich seit den 1930er Jahren einen Namen als Verfasser exegetischer und juristischer Abhandlungen.

Chomeini hatte allerdings auch mystische Philosophie studiert, und sein erstes, 1929 auf Arabisch geschriebenes Buch war ein Kommentar eines islamischen Morgengebets im Sinne mystischer Philosophie. Mit der Mystik setzte er sich auch in den folgenden Jahren auseinander. In der Forschung besteht Uneinigkeit darüber, ob Chomeinis Interessen eher theoretischer Art waren oder ob er auch ein praktizierender Mystiker war und bis zu welchem Stadium der Vereinigung mit Gott er dann vorgedrungen wäre.[6] In seinen Ausführungen zum Dschihad von 1972 betonte er den sogenannten Großen Dschihad, also die innere Reinigung der Seele. In seinem Lebensstil scheint er nach Perfektion gestrebt zu haben; offenbar fühlte er sich Gott bzw. der göttlichen Weisheit nahe.[7] Möglicherweise waren sein immenses politisches Selbstbewusstsein und seine machtpolitische Rücksichtslosigkeit in einer von ihm so empfundenen besonderen Gottesnähe verankert.

Noch in seiner Phase als Staatsmann ging er seinen mystischen Interessen nach. So hielt er um die Jahreswende 1979/80 einige im Fernsehen übertragene Predigten, in denen er über mystische Themen wie die Selbst-Vervollkommnung des Menschen sprach. Diese Predigten stießen beim Establishment der Geistlichen auf Widerspruch, der allerdings nicht an die Öffentlichkeit gelangte.[8]

Schon in seiner frühen Studienzeit hatte Chomeini, wie viele gebildete Iraner, Gedichte verfasst. Nach seiner Rückkehr in den Iran schrieb er in bestimmten Phasen wieder Poesie. Sein umfangreiches dichterisches Werk wurde allerdings erst nach seinem Tode herausgegeben.[9] Chomeini stellte sich in die Tradition persischer Dichtung, gab ihr aber teilweise einen aktuellen Inhalt. Hauptsächlich schrieb er Ghazals, intime, lyrische Gedichte, in denen es zumeist um eine Liebesbeziehung geht. Metaphern des Weins, der Trunkenheit, des Frühlings, des Schleiers und des Herzens sind typische Motive. In einigen Gedichten äußert Chomeini sich abfällig über den Klerus und die Seminarien. Sein Hass auf den orthodoxen Klerus, der sich an marginalen Spitzfindigkeiten aufreibt und den existenziellen politischen und religiösen Fragen aus dem Weg geht, wurde nur noch von seinem Hass auf die USA überboten, schreibt sein Biograph Baqer Moin.[10] In seinen Gedichten begegnen auch die mystisch-theosophischen Themen der Epiphanie Gottes, des vollkommenen Menschen, der menschlichen Selbstentäußerung, der Freundschaft mit Gott und – besonders gegen Ende seines Lebens – des Wegfliegens aus dem Vogelkäfig des Daseins.[11] Zehn Stunden vor seinem Tod diktierte Chomeini sein letztes Ghazal, in dem er seinem bevorstehenden Lebensende als Moment der Gottesschau entgegenfiebert:

> Das Licht der Sonne Seiner Wange löst die Wolken auf;
> Der Schleier fällt vom Antlitz jener wandelnden Zypresse.
> Nah ist schon die versproch'ne Schau, frohlockt, ihr Freunde!
> Der Tag, mit Ihm vereint zu sein, kommt an; weg geht die
> Trennungszeit.[12]

Die Theorie der Islamischen Regierung

Zur Lebenszeit des bedeutendsten schiitischen Geistlichen im Iran, Husain Borudscherdi, der eine dezidiert quietistische Linie vertrat, wagten Chomeini und andere aktivistische Kleriker keine offene Kritik an der Regierung. Ab 1961 aber wurde Chomeini zum prominentesten Kritiker der Modernisierungspolitik des Schah, v. a. in Bezug auf Frauenwahlrecht und politische Beteiligung von Nichtmuslimen.[13] Chomeini, der damals als Ayatollah (buchstäblich «Zeichen Gottes») anerkannt wurde, war äußerst geschickt in der Mobilisierung seiner Anhänger, vor allem junger Männer, und im Timing seiner Aktionen. Sein Name und Bilder von ihm verbreiteten sich im ganzen Land. Seine Freilassung aus zehnmonatiger Gefangenschaft im April 1964 wurde in Qom groß gefeiert.[14] Nach seiner vehementen Kritik an einem Gesetz zur rechtlichen Immunität amerikanischer Bürger im Iran wurde Chomeini im November 1964 des Landes verwiesen. 1965 ließ er sich im irakischen Najaf nieder.

In dieser Hochburg schiitischer Gelehrsamkeit entwickelte er ab 1970 in zahlreichen Vorlesungen seine Theorie einer islamischen Regierung. Dort schlossen sich ihm auch iranische Studenten an. Die bewusst in populärer Sprache gehaltenen Vorlesungen wurden in Beirut gedruckt und heimlich in den Iran geschmuggelt, u. a. mithilfe iranischer Pilger und einer Miniaturausgabe. Tonbandaufnahmen wurden anhand von Kassetten verbreitet.

In den auch mehrfach ins Deutsche übersetzten Vorlesungen lehnte Chomeini das Schah-Regime als unislamisch ab. Diese Ablehnung trug er in aller Radikalität auch in einer Botschaft vor, mit der er die 1971 von Mohammad Reza Pahlavi begangenen kostspieligen Feierlichkeiten zur 2500-Jahr-Feier der iranischen Monarchie anprangerte.[15]

In den Vorlesungen argumentiert Chomeini, dass bereits der Prophet eine islamische Regierung eingesetzt habe, nun müsse diese auch über die Einhaltung von Gottes Gesetzen wachen können.[16] Aber nach dem Tode Muhammads sei durch einen Bruch in der wahren islamischen Tradition die richtige islamische Herrschaftsordnung zu Abgötterei verkommen. Der Umsturz solcher Systeme sei eine Pflicht aller Muslime – ebenso wie ihre Wiedervereinigung. Die Spaltung der muslimischen Gesellschaft sieht Chomeini ebenso als Folge des Kolonialismus wie eine Wirtschaftsordnung, in der hungernde und entrechtete Muslime den kolonialen Unterdrückern gegenüberstehen.[17] Chomeini greift hier auf diskursive Muster des karibisch-französischen Theoretikers der Entkolonialisierung und der Dritten Welt Frantz Fanon zurück.

Eine islamische Regierung ist für Chomeini «konstitutionell», und zwar dadurch, dass sie auf den göttlichen Geboten und Weisungen beruht; im islamischen System ist «es der Erhabene Gott …, der die Gesetze vorgibt und in dessen Hand die eigentliche Legislative liegt».

Der islamische Staat ist keine Demokratie, sondern eine Theokratie: «Islamisches Regieren bedeutet: Herrschaft der Gesetze Gottes».[18] In dieser Hinsicht sollte sich die spätere Verfassung der Islamischen Republik Iran mit ihrem Parlamentarismus grundlegend von Chomeinis Programmschrift unterscheiden.

Die Umsetzung dieser Herrschaft obliegt in Chomeinis Entwurf dem obersten Rechtsgelehrten, der zwar niemals den gleichen religiösen Status wie der Prophet und die schiitischen Imame für sich beanspruchen könne, aber über die gleichen Befugnisse und Regierungskompetenzen wie der Prophet verfüge. Das zugrunde gelegte juristische Modell ist das des sorgeberechtigten Vormunds für Unmündige.[19] Die Idee der Vormundschaft des Klerikers ist ein etablierter Bestandteil schiitischen Rechts, wird bei Chomeini aber über bestimmte Rechtsbereiche auf das gesamte sozio-politische System ausgedehnt. Der herrschende Rechtsgelehrte ist für Chomeini ein «Imam» nicht im Sinne der historischen schiitischen Imame, sondern in der Bedeutung eines Führers oder Oberhaupts.[20] Chomeini wurde von seinen Anhängern und dann auch offiziell – so in der Verfassung – als Imam bezeichnet und sein Konzept der Herrschaft des Rechtsgelehrten wurde der Grundpfeiler des politischen Systems der Islamischen Republik Iran.

Aus dem Exil in die Islamische Republik

Am 1. Februar 1979, zwei Wochen nachdem der Schah das Land verlassen hatte, kehrte der siebenundsiebzigjährige Chomeini unter den Augen der Weltöffentlichkeit in einem Air France-Jumbo triumphal in den Iran zurück. Rund hundertfünfzig Journalisten begleiteten ihn und machten den Flug und die Ankunft zu einem globalen Medienereignis.[21] In Teheran hatten sich Millionen von Menschen zu seiner Begrüßung versammelt. Viele skandierten «Du bist meine Seele, Chomeini».[22] Die Plakatkunst der Revolution stellte Chomeini als einen Akteur mit geradezu übermenschlicher Handlungskraft dar.[23]

Am 4. November 1979 stürmten iranische Studenten die amerikanische Botschaft in Teheran. In der Folge wurden zweiundfünfzig US-Diplomaten als Geiseln genommen, die erst am 20. Januar 1981, am Tage der Vereidigung Ronald Reagans als 40. Präsident der USA, wieder freigelassen wurden. Reagans Vorgänger Jimmy Carter war

Ayatollah Chomeini schreitet bei seiner Ankunft auf dem Flughafen in Teheran am 1. Februar 1979 die Gangway der Air-France-Maschine hinunter, die ihn aus dem Exil in den Iran zurückbrachte.

von Chomeini wiederholt verbal attackiert worden. Chomeini setzte die USA durch die Geiselnahme unter Druck. «Tod den USA!» war ein Leitspruch der Islamischen Revolution und Republik. Für Chomeini wie später für Osama bin Laden war Amerika eine der Hauptursachen des Übels in der Welt.

Chomeini verstand die außenpolitische Krise innenpolitisch zu nutzen.[24] Am 2./3. Dezember 1979 wurde in einem Volksentscheid mit überwältigender Mehrheit die Verfassung der am 1. April von Chomeini ausgerufenen Islamischen Republik Iran angenommen. In dieser wird Chomeini als einzige Person – sogar mehrfach – namentlich genannt, als höchste islamische Autorität eingeführt und mit dem Ehrentitel Imam versehen. Das historisch Neue der Revolution sei ihr islamischer Charakter. Als Ziel der gesamten Verfassung wird angegeben, dass die kulturellen, sozialen, politischen und wirtschaftlichen Institutionen der iranischen Gesellschaft nach den Grundsätzen und Regeln des Islams gestaltet würden.

Die Bezeichnung Islamische Republik war bereits im Jahre 1956 von dem 1947 neu gegründeten Nachbarstaat Pakistan – mit seinem geistigen Vater Muhammad Iqbal – angenommen worden. Der iranische Staat wollte indes keine Kopie Pakistans sein. In der Verfassunggebenden Versammlung, der Chomeini selbst nicht angehörte, wurde heftig um die Gewichtung zwischen Volkssouveränität und Gottessouveränität, zwischen Menschenrechten und Gottes Wille gerungen. Schließlich setzte sich jene Fraktion durch, die auf das Konzept der Herrschaft des Rechtsgelehrten zurückgriff, das Chomeini zwar schon etwa ein Jahrzehnt zuvor lanciert, dessen politische Umsetzung er aber nach der Revolution zunächst gar nicht gefordert hatte. Die Funktion dieses religiös legitimierten und zugleich vom Volk anerkannten Rechtsgelehrten besteht laut Präambel darin sicherzustellen, dass die Politik nicht von den islamischen Normen abweicht. Er ist zudem mit weitreichenden faktischen Befugnissen versehen.[25] Da nicht nur das Konzept von Chomeini stammte, sondern nur er als Amtsinhaber infrage kam, fungierte der Kleriker die letzten zehn Jahre seines Lebens als Staatsoberhaupt.

Die wichtigsten anfänglichen Maßnahmen zur Islamisierung der Gesellschaft waren das Verbot von Alkoholika und die Verschleierungspflicht für Frauen in der Öffentlichkeit. Chomeini war gegen Geschlechtergleichheit und Autonomie der Frauen, die den Männern prinzipiell untergeordnet seien. Musik und Film wurden zwar nicht prinzipiell verboten, aber stark zensiert. Das Erziehungswesen wurde «islamisiert» und die Beschäftigung von Nichtmuslimen in staatlichen Institutionen abgebaut. Chomeini gelang es, die junge Republik nicht nur von Vertretern und Sympathisanten des alten Regimes, sondern auch von politisch andersdenkenden ehemaligen Mitrevolutionären zu säubern. Oppositionelle Parteien wurden verboten. Das Versprechen der Freiheit wich der Realität der Hinrichtungen, der Folter, der gegenseitigen Bespitzelung und der Überwachung. Antikoloniale Befreiungstheologie[26] verkehrte sich in eine Ideologie der Repression. Chomeinis Islamische Republik wurde zu einem totalitären Staat.

Krieg und Revolutionsexport

Dieser Prozess wurde durch den irakischen Angriff im September 1980 und den folgenden Kriegszustand beschleunigt. Traurige Berühmtheit erlangte die iranische Kriegsführung durch die Taktik der «Menschenwellen»: Aus der Landbevölkerung und den unteren Schichten stammende Jungen im Alter von zehn bis sechzehn Jahren sowie arbeitslose ältere Männer mussten durch irakische Minenfelder in den sicheren Tod rennen – und so die Minen für die nachfolgenden Soldaten unschädlich machen. Diese rücksichtslose Taktik stellt gewissermaßen eine Urszene des schiitischen Islams nach: das von Imam Hussein angeführte Suizidkommando gegen die militärisch haushoch überlegene Armee des Kalifen Yazid I. in der Schlacht von Kerbela im Jahre 680 – ein Ereignis, das in den jährlichen Ashura-Feierlichkeiten inszeniert bzw. kommemoriert wird. Das mythisch-rituelle Ereignis erfährt hier eine Übersetzung ins Militärische.

Nach der Rückereroberung einer wichtigen iranischen Stadt wollte Chomeini die Kämpfe angeblich zunächst beenden. Aber dann muss ihm der Krieg als ein Gottesgeschenk erschienen sein, erlaubte er ihm doch die Konsolidierung des jungen Staates. Vermutlich wurde der Krieg daher auch dann noch fortgesetzt, als militärisch keine weiteren Erfolge mehr zu erwarten waren. Erst im Sommer 1988, als die zunehmend ausgebrannte, militärisch und politisch isolierte Islamische Republik um ihr Überleben kämpfen musste, lenkte Chomeini ein und stimmte dem Waffenstillstand zu, der für ihn aber einer Niederlage gleichkam.

Außenpolitisch betrachtete Chomeini den Krieg zeitweise als ein wichtiges Propagandawerkzeug für sein Projekt einer islamischen Internationale und den Export der Islamischen Revolution in andere Länder. Dabei präsentierte er sich als Führer und Befreier der Gemeinschaft der Muslime von der Tyrannei der Ungläubigen wie Saddam Hussein. Das Endziel war die Befreiung Jerusalems von der zionistisch-amerikanischen Fremdherrschaft.[27] Nationalismus kritisierte er als letztlich antiislamische Herrschaftsstrategie, er diene dazu, die Einheit der Muslime zu sprengen. Saudi-Arabien, das sich schnell scharf gegen die iranische Revolution wandte, wurde von Chomeini als «amerikanischer Islam» verhöhnt.[28]

Gesamtislamischer Führungsanspruch eines Übervaters

Chomeinis Führungsanspruch in der gesamten islamischen Welt kam auch in seiner *fatwa* vom 14. Februar 1989 zum Ausdruck, in der er die «frommen Muslime in aller Welt» zur raschen Ermordung von Salman Rushdie und den Verlegern seines Romans *The Satanic Verses* (1988) aufrief. Mit seinem Rechtsspruch wollte Chomeini sich wohl an die Spitze einer bereits seit Monaten anschwellenden blutigen internationalen Protestwelle stellen. Rushdies öffentliches Bedauern darüber, dass sein Buch Muslime verletzt habe, wurde von Chomeini als belanglos abgetan; selbst wenn Rushdie der frommste Muslim der Welt werde, müsse der Mordbefehl ausgeführt werden.[29] In der Folge kamen etwa vierzig Personen ums Leben. Der Mordaufruf führte die Islamische Republik erneut in die außenpolitische Isolation und erstickte Anflüge einer Liberalisierung des iranischen Alltagslebens,[30] was vielleicht eines der Anliegen Chomeinis mit seiner *fatwa* war.

In den ersten Wahlen zum Parlament der Islamischen Republik 1980 hatte sich Chomeini gegen die Nominierung von Klerikern ausgesprochen.[31] Im Laufe der Zeit änderte er jedoch seine Haltung, sodass die Islamische Republik mehr und mehr zu einer Klerokratie wurde. Mullahs besetzten nun sowohl niedrige als auch hochrangige Positionen in den allermeisten Institutionen der Islamischen Republik.[32]

Die Islamische Republik war gegründet worden, um den Islam aus den Fesseln der Despotie und der westlichen Säkularität zu befreien. «Der Islam» definierte den Staat, und dieser wiederum seinen Islam.[33] Kritik am Staat wurde somit als Kritik am Islam aufgefasst. Der Erhalt des Staates hatte nun oberste Priorität,[34] die Wahrung der Staatsinteressen wurde gleichbedeutend mit der Verteidigung «des Islams». Kritiker sprechen von einer «Fetischisierung» des Islams.[35]

Da Chomeini sich nicht direkt in die Tagespolitik einmischte, wurde er von weiten Teilen der Bevölkerung nicht für Fehlschläge und Unzulänglichkeiten der Regierung verantwortlich gemacht. Wie frühere muslimische Herrscher fungierte er auch als individuelle Berufungsinstanz. Mehrmals in der Woche hielt er Audienzen ab, bei denen er Beschwerden entgegennahm.[36] Seine kolossale Macht kontrastierte mit seinem bescheidenen Lebenswandel. Er residierte in einem kleinen Haus mit direktem Zugang zu einer nüchternen religiösen Versammlungshalle, wo er als strenger, manchmal auch gütiger und mitunter sogar humorvoller Übervater auf einer Empore seine Auftritte hatte. Der gebildete Kleriker beherrschte auch eine volksnahe Sprache, pflegte eine volkstümliche Frömmigkeit und verstand es, mittels der Medien die einfache Bevölkerung zu erreichen.

Dass Chomeini auch nach zehn Jahren als Staatsoberhaupt, trotz Terror, Korruption, wirtschaftlichem Niedergang und dem nicht gewonnenen Krieg bei breiten Teilen der Bevölkerung immer noch außerordentliche Hochachtung genoss, zeigte sich, als er am 3. Juni 1989 im Alter von siebenundachtzig Jahren starb. Bei seiner Beisetzung brandeten Emotionen auf, die von den Sicherheitskräften kaum zu bändigen waren. Der Leichnam musste vor der Masse abgeschirmt werden, da zahlreiche Menschen versuchten, Chomeinis Leichentuch zu berühren, wovon sie sich Segen versprachen. An der Beisetzung nahm womöglich ein Sechstel der iranischen Bevölkerung teil. Einige Teilnehmer wurden in der Menge zerquetscht oder starben an Hitzeschlägen; Zehntausende kamen zu Schaden oder fügten sich selbst aus Trauer Verletzungen zu. Die Leiche wurde in ein riesiges Mausoleum etwa 10 Kilometer südlich von Teheran überführt, das auch heute noch nicht ganz fertiggestellt ist. Es soll in Zukunft aber Teil eines gigantischen multifunktionalen Baukomplexes werden.

37

Johannes Paul II.

Weltreisender
an der Jahrtausendwende

Der Ausnahmepapst

Mit dem Papstamt verfügt die katholische Kirche über eine Instanz mit einzigartiger Machtfülle. Das Gesetzbuch der katholischen Kirche von 1917, der Codex Iuris Canonici, definiert den rechtmäßig gewählten Papst als «Stellvertreter Christi und Hirte der Gesamtkirche hier auf Erden; deshalb verfügt er kraft seines Amtes in der Kirche über höchste, volle, unmittelbare und universale ordentliche Gewalt, die er immer frei ausüben kann.» (Can. 331) Da das Amt einen weltumspannenden Anspruch hat, dürfen Päpste in diesem Buch nicht fehlen. Exemplarisch soll hier der erste nichtitalienische Papst seit Jahrhunderten, Johannes Paul II., behandelt werden, der die weltumfassende Bedeutung des Papstamts durch seine immense Reisetätigkeit und seine Zugewandtheit zu den Medien neu konkretisiert hat.

Johannes Paul II. verdankte seine Wahl zum Papst im Jahr 1978 einer ungewöhnlichen Konstellation. Nach dem überraschenden Tod von Albino Luciano, der nur dreiunddreißig Tage als Papst Johannes Paul I. regiert hatte, musste ein erneutes Konklave zusammengerufen werden. Da keine Zeit blieb, neue italienische Kandidaten aufzubauen und die favorisierten Kandidaten nicht mehrheitsfähig waren, ergab sich die 1522 zuletzt dagewesene Chance, dass ein Nichtitaliener zum Papst gewählt wurde: Karol Wojtyła (1920–2005), der Erzbischof von Krakau.[1] Der polnische Erzbischof war einer breiteren Öffentlichkeit bei seiner Wahl zum Papst zwar unbekannt, hatte aber trotz des Eisernen Vorhangs eine bemerkenswerte internationale Reisetätigkeit hinter sich: Zwischen 1962 und 1978 war er etwa fünfzig Mal im Ausland gewesen und hatte bereits alle Kontinente besucht.[2] In Polen hatte Wojtyła, der auch zwei Studienjahre in Rom verbrachte, eine steile Karriere gemacht: Mit achtunddreißig Jahren wurde der Professor für Moralphilosophie an der Katholischen Universität Lublin[3] 1958 zum jüngsten polnischen Bischof geweiht; 1964 wurde er Erzbischof, 1967 Kardinal. Als Bischof nahm er am Zweiten Vatikanischen Konzil teil, auf das er sich in seiner Amtszeit als Papst immer berief.

Der seit 1963 regierende Papst Paul VI. schätzte den Kardinal von Krakau sehr und zog ihn als Berater bei der Ausarbeitung seiner 1968 veröffentlichten Enzyklika *Humanae Vitae (Über die rechte Ordnung der Weitergabe des menschlichen Lebens)* heran. Diese Enzyklika lehnt die pharmazeutische Empfängnisverhütung ab, die seit 1960 in den USA, seit 1961 in der Bundesrepublik, seit 1965 in der DDR, seit 1966 in Polen erlaubt ist, in Italien aber erst ab 1976, acht Jahre nach *Humanae Vitae,* straffrei wurde. Die Enzyklika stieß bei Theologen wie Hans Küng auf heftige Missbilligung. Karl Barth stellte in einem Brief an den Papst die Begründung durch das Naturgesetz in Frage; die Enzyklika hätte seines Erachtens besser von der göttlichen Offenbarung her argumentieren sollen.[4] Die Verlautbarung wurde auch von mehreren nationalen Bischofskonferenzen kritisiert und führte zur Amtsniederlegung oder Amtsenthebung vieler Priester.[5] Im *Osservatore Romano*, der amtlichen Tageszeitung des Heiligen Stuhls, veröffentlichte Wojtyła am 5. Januar 1969 eine Verteidigung von *Humanae Vitae*, in der er zu Beginn zustimmend mehrere Zitate aus Gandhis Autobiographie anführt.[6] Die Kirche schien mit dieser Enzyklika de facto wieder auf stärkere Distanz zu ihrer Umwelt zu gehen, der sie sich im Konzil programmatisch angenähert hatte. Johannes Paul II. blieb der sexualethischen Linie seines Vorgängers zeitlebens treu.

Charisma, Amt, Person

Johannes Paul II. blieb über sechsundzwanzig Jahre im Amt – elf Jahre länger als Paul VI. Damit war er der am zweitlängsten regierende Papst der Kirchengeschichte. Eine ganze Generation konnte sich die katholische Kirche ohne diesen Papst kaum mehr vorstellen.[7] Der Mensch und die Person Karol Wojtyła – und seine persönliche Ausstrahlung –

standen dabei stärker im Mittelpunkt seines Auftretens als dies bei vielen seiner Vorgänger der Fall gewesen war. Aus einer soziologischen Sichtweise hatte «die von Johannes Paul II. betriebene Verpersönlichung und Vertraulichung des von ihm zu verwaltenden Amtscharismas»[8] dessen Aushöhlung zur Folge und leistete möglicherweise einem Verschleiß des Amtscharismas Vorschub. Dagegen spricht jedoch, dass das absichtliche «Spiel» mit dem Charisma dem Amtscharisma gerade neue Resonanz verlieh. Amt und Person verschmolzen bei Johannes Paul II. auf eine solche Weise, dass sich Amtscharisma und persönliches Charisma gegenseitig verstärkten.

Diese Verpersönlichung des Amtes kam etwa darin zum Ausdruck, dass Johannes Paul II., wie teilweise schon sein Vorgänger, nicht mehr den Pluralis Majestatis verwendete und «wir» sagte, wenn er «ich» meinte. Stattdessen sprach ein «Ich», das seine Subjektivität nicht verleugnete.[9] Karol Wojtyła war dementsprechend auch der erste Papst, der Bücher mit autobiographischen Komponenten veröffentlichte: *Die Schwelle der Hoffnung überschreiten* (1994) und *Geschenk und Geheimnis: zum 50. Jahr meiner Priesterweihe* (1996 [deutsch 1997]). In diesen Büchern verweist er auch auf persönliche Erfahrungen, die in sein Amtsverständnis und seine Amtsausübung eingeflossen sind.

Dazu mag beigetragen haben, dass Wojtyła, anders als seine Vorgänger, nicht von Anfang an hatte Priester werden wollen, sondern nach seinem Abitur 1938 zunächst in Krakau polnische Literatur und Linguistik studierte – ein Studium, das im November 1939 jäh endete, als die Universität von den deutschen Besatzern geschlossen und die Professoren ins Konzentrationslager Sachsenhausen deportiert wurden. Seit Herbst 1940 arbeitete Wojtyła in einem Steinbruch, um, wie er schreibt, «der Deportation zur Zwangsarbeit nach Deutschland zu entgehen». Er war damit wohl der erste Papst, der körperlicher Erwerbsarbeit nachgegangen war – und so wie das «Ich» in die päpstliche Sprache Einzug hielt, errang auch der Körper des sportbegeisterten Papstes eine neuartige Präsenz: Er wurde als athletisch und später als leidend sichtbar gemacht und in Szene gesetzt. Der Papst erinnert sich an die Freundschaften, die er «mit vielen Arbeitern» geschlossen habe.[10] Das Thema Arbeit spielt eine wichtige Rolle in seinem späteren anthropologischen Denken und in seiner Dichtung.

Karol Wojtyła war als junger Mann in der Theaterszene aktiv und hatte wohl auch eine Freundin. Im Herbst 1942, mit zweiundzwanzig Jahren, trat er ins Priesterseminar ein, das damals ebenso im Geheimen betrieben wurde wie das Theologiestudium. Seine Entscheidung für das Priestertum fiel in einer Situation extremer Bedrohung und stellte ein großes persönliches Wagnis dar, wurden doch viele polnische Priester von den Nazis oder den Sowjets verhaftet und deportiert.[11]

Globale Präsenz: Reisen und Medien

Die praktische Amtsführung des charismatischen Papstes wurde kritisch gesehen. Wojtyła war kein Bürokrat. Seinem Kritiker Hans Küng zufolge, dem im Dezember 1979, zu Beginn der Amtszeit von Johannes Paul II., die kirchliche Lehrerlaubnis entzogen wurde (s. Kap. 28), galt schon der (Erz-)Bischof Wojtyła «als schlechter Administrator». Entscheidungen traf er gern allein, nicht in Konsultation mit seinen Mitarbeitern.[12] Statt Akten zu studieren, schrieb er als Papst eine riesige Zahl von Reden – bis zu zehn hielt er an einem Tag; außerdem besuchte er als Bischof von Rom fast alle römischen Pfarreien, unternahm insgesamt 146 seelsorgerliche Reisen in Italien und 104 Auslandsreisen – davon neun nach Polen und acht nach Frankreich – in insgesamt 129 Länder.[13]

Gleich die erste Auslandsreise, die ihn in die Dominikanische Republik, nach Mexiko und auf die Bahamas führte, setzte Maßstäbe: Millionen Menschen erwarteten den Papst an den Straßen von Mexiko Stadt, und die emotionale Ausgelassenheit der Bewohner des laizistischen Landes wurde von den Journalisten als hysterisch beschrieben.[14] Für die Reisen führte der neue Papst den Ritus des Bodenkusses beim Betreten eines Gastlandes ein, was als Geste des demütigen Respekts gemeint war, aber auch als imperiale Inbesitznahme gesehen werden kann.

Nicht alle Reisen waren jedoch Triumphzüge. Bei seinen Deutschlandreisen kam Kritik zur Sprache, in Nicaragua wurde ein öffentlicher Gottesdienst sabotiert, in den Niederlanden kam es 1985 zu Demonstrationen, ostentativem Desinteresse, öffentlichen Verhöhnungen,[15] und es wurden sogar Rauchbomben gezündet. Proteste gab es in allen mehrheitlich orthodoxen Ländern. aber auch in der Schweiz (1984) und in Indien (1999), wo sogar präventiv Festnahmen erfolgten.

Papstreisen bildeten für antichristliche oder antikirchliche Organisationen, aber auch für innerkirchliche Gruppen einen Anlass, mit ihren Anliegen eine breitere Öffentlichkeit zu erreichen.[16]

Seit dem Attentat auf den Papst im Jahr 1981 (s. unten) wurden die Sicherheitsmaßnahmen extrem verstärkt. Das schränkte den unmittelbaren Kontakt des Papstes mit den Gläubigen stark ein und ließ die von den Gastgebern zu bestreitenden Kosten in die Höhe schnellen. Das versuchte man oft durch Kommerzialisierung (Sponsoring, Lizenzen, Merchandising) zu kompensieren. Im Zusammenhang mit den Reisen verbreitete sich ein breites Spektrum an offiziellen und inoffiziellen Papst-Souvenirs wie Sondermarken, Münzen, T-Shirts, Teller, Tassen oder Erinnerungsbücher.[17]

Die auf den Reisen abgehaltenen Messfeiern machen Johannes Paul II. vermutlich zur «live» meistgesehenen Person der Weltgeschichte. Darüber hinaus begegneten ihm auf über 1160 Generalaudienzen in Rom laut Angaben des Vatikans insgesamt mehr als 17,6 Millionen Menschen.[18] Hinzu kamen Audienzen und Besuche in seiner Rolle als Staatsoberhaupt des Vatikanstaats.

Am historisch wohl folgenschwersten waren seine ersten Reisen in sein Heimatland Polen in den Jahren 1979, 1983 und 1987, bei denen sich der Papst Stefan Samerski zufolge im Laufe der Jahre immer stärker «als messianischer und moralischer Erwecker seiner Nation» gab.[19] Sein päpstlicher Wahlspruch «Fürchtet euch nicht» wurde oft als Ausblick auf einen politischen Perspektiven- oder gar Systemwechsel verstanden. Allein dass der Papst im Juni 1979 überhaupt in Polen einreisen durfte, galt als ein Wunder. Der Besuch fand kurz nach den noch von ihm selbst als Erzbischof geplanten Feierlichkeiten zum neunhundertsten Jahrestag des Martyriums des heiligen Stanislaus von Krakau statt, der 1079 vom polnischen König Bolesław II. ermordet worden war, was im Jahr 1979 subversive Assoziationen wecken musste.[20] Hatte die Parteiführung versucht, die Papstreise als Staatsbesuch zu definieren, sprach der Papst immer von seiner Pilgerreise – und dies wurde der bevorzugte Leitbegriff für all seine Reisen. Mit dieser religiösen Definition erschloss sich ihm ein eigenständig definierter Gestaltungsraum. Die Massenveranstaltungen mit dem Papst, an denen im Juni 1979 etwa 13 Millionen Menschen teilnahmen und die über die Medien die gesamte polnische Bevölkerung erreichten, schufen eine politische Gegenöffentlichkeit zu den Staatskundgebungen, «eine Art gelebte Utopie und Gegenwelt».[21] Der Zeithistoriker Timothy Garton Ash vermerkte, wie stark sich schon die wohlklingende Stimme Wojtyłas und sein gepflegtes Polnisch von der offiziellen Amtssprache unterschieden. Im Ausland fand die Reise ein großes Medienecho, und das Bild des fromm-katholischen Polen trat neben das eines von Tristesse und Mangel gekennzeichneten sozialistischen Landes.[22]

Während seiner «apostolischen Pilgerreise» nach Polen besuchte der Papst auch das ehemalige Arbeits-, Konzentrations- und Vernichtungslager Auschwitz-Birkenau, wo er emphatisch für die Menschenrechte und die Menschenwürde eintrat. Das Lager war kurz zuvor in die UNESCO-Weltkulturerbeliste aufgenommen worden. Mit dem Besuch von Johannes Paul II. erhob eine katholische Stimme Anspruch auf diesen Erinnerungsort der Leiden des polnischen Volkes, des antifaschistischen Widerstands und des Nazi-Genozids, den der Papst in christologischer Begriffswahl als «Golgota unserer Zeit» bezeichnete.

In seiner Rede nannte er zwei Opfer mit Namen, beide Christen: die zum Katholizismus konvertierte Nonne und Philosophin Edith Stein und den Publizisten und Mönch Maximilian Kolbe; beide wurden von ihm später heiliggesprochen: Kolbe schon 1982, Stein 1998. Der Hinweis auf die jüdische Herkunft Steins war das einzige Mal, das er bei seiner Predigt in Auschwitz-Birkenau das Wort «jüdisch» überhaupt in den Mund nahm. Von den Juden sprach er als dem «Volk, dessen Söhne und Töchter zur totalen Ausrottung bestimmt waren» und dessen «Ursprung auf Abraham» zurückreiche, «der der Vater unseres Glaubens ist».[23] Auch die jüdische Genealogie wird hier noch an den christlichen Glauben gekoppelt. Auschwitz wird als Erinnerungsort verchristlicht und dabei zugleich universalisiert, als Mahnmal und sogar als Hoffnungsort der Menschheit: «An diesem Ort, wo die Würde des Menschen auf so schreckliche Weise mit Füßen getreten wurde – der Sieg des Menschen!»

Ash hat die politische Wirkung des Papstbesuchs treffend zusammengefasst: «Neun Tage lang hörte der Staat gewissermaßen auf zu existieren … Jedermann konnte sehen, dass Polen kein kommunistisches Land war, sondern lediglich ein kommunistischer Staat.»[24] Der damalige sowjetische Außenminister Andrei Gromyko verglich die Papstreise mit der triumphalen Rückkehr Chomeinis in den Iran[25] einige Monate zuvor – ein Vergleich, der die Sprengkraft darstellt, die die politischen Schaltstellen dem Ereignis beimaßen. Die 1980 entstandene Streikbewegung, aus der die Gewerkschaft Solidarność hervorging, zeigt die Berechtigung dieser Befürchtungen. Dass Kopien der Ikone der Schwarzen Madonna von Tschenstochau und Bilder des Papstes an den Werkszäunen hingen,[26] veranschaulicht die Bedeutung von Religion für die Selbstermächtigung der Arbeiter.

Der Historiker Horst Fuhrmann hat Papst Johannes Paul II. einen «Weltpapst» genannt.[27] Dazu wurde er nicht nur durch die Reisen, sondern auch mithilfe der Medien. Der traditionelle Oster- und Weihnachtssegen für die Stadt Rom und die ganze Welt («urbi et orbi») wurde nun live in über siebzig Länder übertragen. Seit 1967 gilt der Segen auch dann als gültig empfangen, wenn man ihn im Radio gehört hat, 1985 wurde die Gültigkeit auf das Fernsehen und 1995 auf das Internet ausgeweitet. Die Globalität der von Johannes Paul II. vertretenen Institution kam auch in der Vielsprachigkeit des Papstes zum Ausdruck: Er erteilte den Segen in über sechzig Sprachen. Auch bei Auslandsreisen eignete Wojtyła sich im Vorfeld oft Grundkenntnisse der Landessprachen an, sofern er sie noch nicht besaß. Er predigte auf Chinesisch, Japanisch und Pidgin. Schon sein erster öffentlicher Auftritt als Papst hatte diese neue Kommunikationskultur angestimmt, als er das Publikum auf Italienisch statt auf Lateinisch ansprach. Dass er zugleich bat, man möge ihm sprachliche Fehler nachsehen, entsprach der Bescheidenheit, die seinen Lebensstil auszeichnete und einen eigenartigen Kontrast zu seinen Gewändern und den autoritären Zügen in seiner Amtsausübung bildete.

Wojtyła leitete einen grundlegenden Wandel der Medienpräsenz des Papstes ein, indem er Photographen, Kamerateams und Journalisten eng an sich heranließ. Als erster Papst gab er regelmäßig Interviews, hielt Pressekonferenzen und ließ sich beim Wandern und Skifahren, in seinem Arbeitszimmer oder beim einsamen Gebet in seiner Privatkapelle filmen. Hans Küng sprach kritisch von einem «unevangelischen Personenkult unerhörten Ausmaßes»[28] und stellte den Papst damit implizit auf eine Stufe mit Gewaltherrschern wie Lenin, Mussolini, Hitler, Stalin oder Mao.

Attentat, Wunder von Fátima und sichtbares Leiden

Am 13. Mai 1981 wurde auf dem Petersplatz ein Attentat auf Johannes Paul II. verübt. Der Türke Mehmet Ali Ağca feuerte Schüsse auf den Papst ab, der sich an einem sonnigen Nachmittag in seinem offenen Papamobil auf dem Weg zu einer Generalaudienz befand. Der Papst wurde an Hand, Schulter und im Unterleib getroffen. Sein Leben konnte in einer fünfstündigen Operation gerettet werden, doch er litt zeit seines Lebens an den Folgen. Die bis dahin so athletisch-dynamische Figur des Stellvertreters Christi umgab von nun an die Aura des Leidens und stellvertretenden Opfers. Als Drahtzieher des Attentats wurde lange der russische Geheimdienst KGB vermutet, was in Anbetracht der Destabilisierung in Polen denkbar gewesen wäre. Mehmet Ali Ağca hat 1983 in einem (2013 erschienenen) autobiographischen Buch allerdings eine islamistisch-dschihadistische Version verbreitet: Bei einem Treffen in Teheran 1981 habe ihm Ayatollah Chomeini, von wütendem Hass getrieben, den Auftrag erteilt, den Papst als Stellvertreter des Teufels und Führer der Ungläubigen umzubringen.[29]

Am 13. Mai ist der Gedenktag der Jungfrau von Fátima. An diesem Tag im Jahr 1917 soll die Muttergottes in dem kleinen portugiesischen Ort Fátima erstmals drei Hirtenkindern erschienen sein. Da Johannes Paul II. sich seit langem der Jungfrau Maria und dem Wunder von Fátima verbunden wusste, schrieb er sein Überleben dem wundersamen Eingreifen «Unserer lieben Frau von Fátima» zu. Die Patrone, die ihr Ziel durch übernatürliche Intervention um Haaresbreite verfehlt haben soll, wurde in die Krone der Muttergottesstatue in Fátima eingelassen. Johannes Paul II. und Maria gingen auf diese Weise eine symbiotische Verbindung ein. Die Verbindung zu Fátima war selbst für den Attentäter bedeutungsvoll. In seinen Erinnerungen berichtet er, Chomeini habe ihn beauftragt, das Attentat am Fátima-Gedenktag auszuführen, da an diesem Tage die muslimische Fatima – die bekannteste Tochter des Propheten Mohammed – in Portugal erschienen sei. Noch während seines Krankenhausaufenthalts vergab der Papst dem Attentäter. Am 27. Dezember 1983 besuchte er Mehmet Ali Ağca im Gefängnis. Ein Bild, das um die Welt ging, zeigt, wie er ins Gespräch vertieft seinem Attentäter gegenübersitzt und ihm aufmerksam zuzu-

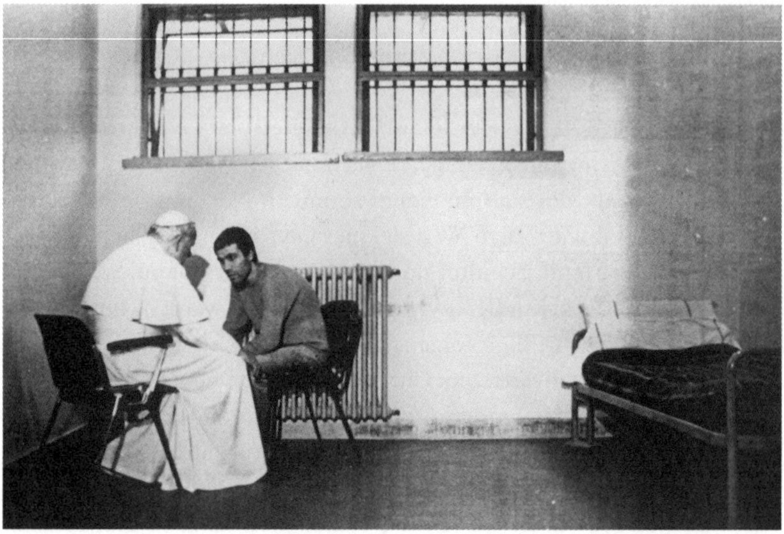

Papst Johannes Paul II. besucht am 27. Dezember 1983 den zu lebenslanger Haft verurteilten Mehmet Ali Ağca in seiner Zelle. Ağca hatte am 13. Mai 1981 auf dem Petersplatz ein Attentat auf den Papst verübt. Er gab 2013 in seinen Memoiren an, das Attentat im Auftrag Ayatollah Chomeinis verübt zu haben.

hören scheint. Schließlich wurde im Sommer 2002 das bis dahin unter Verschluss gehaltene «dritte Geheimnis von Fátima» veröffentlicht, das den Hirtenkindern bei ihrer Marienerscheinung zuteilgeworden sein soll. Dabei handelt es sich um einen schriftlichen Bericht eines der Hirtenkinder von der dritten Marienerscheinung und damit einhergehenden Visionen, der im Vatikanischen Geheimarchiv aufbewahrt wurde. Diese Visionen wurden nun offiziell auf das Papstattentat bezogen, das damit in einen Offenbarungszusammenhang gestellt wird.

Der Bezug zum Wunder von Fátima machte den Papst zum auserkorenen Märtyrer. Zu diesem Bild passten seine zunehmenden körperlichen Leiden. Zu den Folgen des Attentats kamen eine Hüftverletzung, Arthritis und vor allem Parkinson hinzu. Das öffentlich sichtbare Leiden des Papstes wurde zum beherrschenden Akzent in der letzten Phase seines Pontifikats. Die Bilder vom Ostersonntag 2005, als es ihm wenige Tage vor seinem Tod auf der Loggia des Petersdoms nicht mehr möglich war, den Ostersegen zu sprechen, erschütterten die Welt. Der

Mann, dem es gelungen war, «mehr Menschen zu mobilisieren als irgendjemand in der Geschichte vor ihm»,[30] war nun nicht mehr in der Lage, eine kurze Segensformel hervorzubringen. Viele Kommentatoren deuteten die unverhohlene physische Schwäche des Papstes als solidarische Ermutigung an alle Kranken, Alten, Schwachen, Behinderten, Armen und Leidenden.[31] Sein öffentliches Sterben unterstrich die Leibhaftigkeit des Papstes – und wusste sich inspiriert vom öffentlichen Sterben Jesu Christi. Kritiker dagegen sahen in der Lähmung des Papstes ein Sinnbild für die Lähmung der Kirche, ein Symbol für eine altersschwache Kirche,[32] hielten die ordentliche Amtsausübung für gefährdet oder erblickten in dem Auftritt einen Ausdruck von Machtverliebtheit oder einen Exhibitionismus des Sterbens.

Menschenrechte und Kapitalismuskritik

In seiner ersten und daher programmatischen Enzyklika *Redemptor Hominis (Erlöser der Menschen)* vom 4. März 1979 kommt der anthropologische Fokus des Papstes, der auch schon seine früheren philosophischen Werke geprägt hatte, deutlich zum Ausdruck.[33] Das Evangelium sei das «tiefe Staunen über den Wert und die Würde des Menschen» (§ 66). Der Mensch muss Mensch werden, so wie Gott Mensch wurde; Erlösung ist Mensch-Werdung (§ 63). Religion ist für Johannes Paul II. daher «von Anfang an mit der Geschichte des Menschen verbunden» (§ 66). Christus sieht er als den, «der dem Menschen die Freiheit bringt, die auf der Wahrheit begründet ist, als der, der den Menschen befreit von allem, was diese Freiheit in der Seele des Menschen … schmälert» (§ 82).

Dass dies gerade kein Bekenntnis zur Befreiungstheologie war, wurde schon bald allzu deutlich. Dem von der Auseinandersetzung mit dem Staatsmarxismus geprägten Polen war die Befreiungstheologie zu stark marxistisch inspiriert, um akzeptabel zu sein. Sie war für ihn auf einer menschenverachtenden Ideologie und eben nicht «auf der Wahrheit begründet». Ein integraler Bestandteil seiner christlichen Anthropologie war die Betonung der Menschenrechte und der Religionsfreiheit. Den Menschenrechten, deren Einhaltung er stets einforderte, widmete er einen eigenen Teil der Enzyklika.[34] Freiheit, warnt Johannes Paul II., sei kein Selbstzweck. «Die Freiheit ist jedoch nur dann ein großes Geschenk, wenn wir es verstehen, sie bewußt für all das einzusetzen, was das wahre Gute ist» (§ 186), wobei Christus lehre, dass «der beste Gebrauch der Freiheit die Liebe ist, die sich in der Hingabe und im Dienst verwirklicht» (§ 186).

Johannes Paul II. spricht von Menschen nicht als Individuen, sondern als Person. Das ist keine Ablehnung der Einmaligkeit jedes Menschen, sondern der Versuch, ein als reduktionistisch empfundenes Menschen- und Weltbild zu überwinden. Es geht hier um den konkreten, geschichtlichen Menschen «in all seinen Dimensionen» (§ 91). Andere Stellungnahmen des Papstes zeigen, dass er die «Person» – anders als das einzelne Individuum – als offenes, ethisch kodiertes Beziehungsgeflecht dachte, das sich in drei Beziehungsdimensionen verwirklicht: die Beziehung zu sich selbst, zu anderen Menschen und zu Gott.[35]

In seiner programmatischen Enzyklika *Redemptor Hominis* hat Johannes Paul II. mehrere Leitthemen seines Pontifikats vorweggenommen. Dazu gehören das Verständnis des Christentums als einem «dritten Weg» neben Marxismus und Kapitalismus und die Betonung des Zusammenlebens und Dialogs der Religionen. In den 1980er Jahren wurde der Papst vor allem als Antikommunist wahrgenommen. Nach dem Ende des Kalten Kriegs wurde auch seine Kapitalismuskritik stärker registriert. Dazu trug bei, dass die Kapitalismuskritik der Linken nach dem Untergang der sozialistischen Regime verstummte oder marginalisiert wurde, sodass Johannes Paul II. und die Kirchen zu den letzten ernst zu nehmenden Kapitalismuskritikern zählten. Nach dem Ende der kommunistischen Herrschaft in Polen schien Johannes Paul II. wie ein historischer Sieger. Dieser Glanz verblasste aber bald wieder, da die neuen Machthaber in seiner Heimat seine Vision eines von katholischen Werten geprägten Polen des dritten Weges nicht verwirklichten.

Dialog der Religionen unter katholischen Vorzeichen

Im Mai 1995 widmete Johannes Paul II. dem Projekt einer Wiedervereinigung des Christentums und der Verbesserung der Beziehungen der Religionen untereinander die Enzyklika *Ut Unum Sint (Dass sie eins seien)*. Auf seinen Pastoralbesuchen und Reisen standen meistens auch Begegnungen mit Vertretern anderer Konfessionen und Religionen auf dem Programm. Die Stärke des Papstes lag dabei in medienwirksamen, einprägsamen, nicht immer nachhaltigen, aber wohl aufrichtig gemeinten Gesten des Aufeinander-Zugehens.

Zusammen mit dem Präsidenten des Lutherischen Weltbunds und dem Oberhaupt der anglikanischen Kirche, dem Erzbischof von Canterbury, öffnete er im Januar 2000, anlässlich des von ihm ausgerufenen Heiligen Jahres, die Pforte zur Sankt-Pauls-Basilika in Rom. Dass diese Geste keinen wirklichen Fortschritt der ökumenischen Bemühungen bedeutete, wurde jedoch deutlich, als im August 2000 die vom Papst bestätigte «Erklärung Dominus Iesus über die Einzigartigkeit und die Heilsuniversalität Jesu Christi und der Kirche»[36] veröffentlicht wurde, die die Vorrangstellung des Christentums und der römisch-katholischen Kirche untermauert. Johannes Paul II., dem ersten slawischen Papst, war es ein besonderes Anliegen, die Beziehungen zu den Ostkirchen zu verbessern, was aber trotz zahlreicher Versuche seinerseits nicht über vorsichtige Erklärungen hinauskam. Ihm blieb selbst nach dem Zusammenbruch der Sowjetunion ein Besuch in Moskau versagt.

Johannes Paul II. blieb nicht verborgen, dass sich der Buddhismus im Westen einer wachsenden Beliebtheit erfreute. In seinem Buch *Die Schwelle der Hoffnung überschreiten* setzt er sich daher kritisch mit dem Buddhismus auseinander, den er als eine Heilslehre versteht, die vorwiegend negativer Art und von einer einseitigen und naiven Weltsicht geprägt sei.[37] Diese Aussagen wurden auch in Asien wahrgenommen und führten zu Spannungen bei seinem Besuch in Sri Lanka im Januar 1995, als einige buddhistische Mönche Proteste ankündigten und andere die Teilnahme an einem geplanten Treffen mit dem Papst verweigerten. Bei seiner Ankunft versuchte er die Wogen zu glätten, indem er seine Hochachtung für den Buddhismus und die von diesem propagierten Werte und Tugenden bekundete.[38]

Das besondere Interesse des Papstes galt dem Islam und dem Judentum. Beide verstand er zusammen mit dem Christentum als Erben des mythischen Stammvaters Abraham[39] – eine Figur, mit der er sich auch in seinem 2003 erschienenen Gedichtband *Römisches Triptychon* beschäftigte.[40] Für den Islam bemängelte er das Fehlen einer Erlösungskonzeption, äußerte aber Hochachtung für die Frömmigkeit der

Muslime,[41] die er im Sinne einer vertrauensbildenden Maßnahme und als Ausdruck geschichtlicher Gemeinsamkeit stets als «Brüder» anredete. Johannes Paul II. unternahm mehrere Reisen in Länder mit islamischer Bevölkerungsmehrheit, und auch hier gelangen dem Papst einige symbolträchtige, medienwirksame und einprägsame Begegnungen. So konnte er im Jahre 2000 die al-Azhar Universität in Kairo besuchen, wo er Muhammad Sayyid Tantawi, dem Rektor der Universität und Imam der Moschee, folgenden Grundsatz vorgeschlagen haben soll: «Böses zu tun, zur Gewalt aufzurufen und Streit und Zusammenstöße im Namen der Religion zu provozieren, ist eine schwere Beleidigung Gottes.» Der Großscheich soll dem spontan zugestimmt haben.[42] Im Mai 2001 konnte Johannes Paul II. schließlich offiziell eine Moschee betreten, sogar eine der ältesten der Welt, nämlich die Umayyaden-Moschee in Damaskus, wo er medienwirksam zusammen mit muslimischen Würdenträgern ein Gebet an der Grabstätte Johannes des Täufers verrichtete. Zur Glaubwürdigkeit seiner respektvollen Haltung gegenüber dem Islam trug bei, dass er sich 2003 vehement, wenn auch vergeblich gegen die von den USA und Großbritannien angeführte Invasion in den Irak einsetzte.

Noch stärker bemühte sich der Papst um eine Verbesserung der Beziehungen zum Judentum. Die Juden nannte er «ältere Brüder im Glauben» und brachte damit eine unauflösliche geschichtliche Zusammengehörigkeit des Christentums und des Judentums zum Ausdruck. Im Unterschied zu seinen Amtsvorgängern war Johannes Paul II. schon in seiner Kindheit mit Juden in Berührung gekommen. In der Grundschule des etwa 30 Kilometer südöstlich von Oświęcim (Auschwitz) gelegenen Städtchens Wadowice, wo Karol Wojtyła aufwuchs, waren, wie er sich in *Die Schwelle der Hoffnung überschreiten* erinnert, mindestens ein Viertel seiner Mitschüler Juden. Er zeichnet hier ein harmonisches Bild vom Zusammenleben von Juden und Christen in Wadowice: «Beide Religionsgruppen ... bildeten eine Einheit, und dies, so vermute ich, weil sie sich bewußt waren, denselben Gott anzubeten.»[43] Dabei gilt es zu bedenken, dass die jüdische Besiedlung von Wadowice erst im späten 19. Jahrhundert begonnen hatte[44] – es war also keine jahrhundertealte Koexistenz. Ob das Zusammenleben tatsächlich so harmonisch war, ist auch fraglich. So erinnert sich ein amerikanischer Jude, seine Großeltern hätten sich 1946 in Wadowice niederlassen wollen, was aber wegen des ausgeprägten Antisemitismus dort nicht möglich gewesen sei.[45]

Als Erzbischof von Krakau pflegte Wojtyła Kontakte zur jüdischen Gemeinde und vor allem zu ihrem Oberhaupt.[46] Relativ früh in seinem Pontifikat, im Februar 1981 – einige Monate vor dem Attentat –, ließ Johannes Paul II. ein kurzes Treffen mit dem römischen Oberrabbiner Elio Toaff arrangieren. Toaff war ein wichtiger Akteur im christlich-jüdischen Dialog in Italien.[47] Zusammen mit einigen Gemeindemitgliedern war er zum Petersplatz gegangen, um dort für den sterbenden Johannes XXIII., der einige Jahre zuvor aus seinem Auto heraus die Betenden vor der römischen Synagoge gesegnet hatte, das Kaddish zu beten. 1986 besuchte Johannes Paul II. auf Einladung Toaffs als erster Papst der Geschichte eine Synagoge. Bei dieser Gelegenheit forderte Toaff – im Namen des Friedens und seines Erachtens in Übereinstimmung mit der Heilsgeschichte – die Anerkennung des Staates Israel.[48] In seiner Ansprache in der römischen Synagoge gemeindete der Papst das Judentum gewissermaßen ins Christentum ein: «Die jüdische Religion ist für uns nicht etwas ‹Äußerliches›, sondern gehört in gewisser Weise zum ‹Inneren› unserer Religion.»[49]

Johannes Paul II. sprach sich mehrfach gegen Rassismus und Antisemitismus aus und bat um Vergebung für die Passivität vieler Christen.[50] Kurz nach dem Besuch der römischen Synagoge begann die von Paul VI. 1974 eingesetzte Kommission für die religiösen Beziehungen zum Judentum mit der Ausarbeitung einer Stellungnahme zur Shoah, die schließlich 1998 auf Englisch unter dem Titel «We remember: a reflection on the Shoah» veröffentlicht wurde. Der Papst äußert hier Reue für das Versagen der «Söhne und Töchter» der katholischen Kirche zu allen Zeiten und die Trauer über die Tragödie des jüdischen Volkes. Zu der Frage, ob alle Christen unter der Nazi-Herrschaft alles in ihrer Macht Stehende getan hätten, um den Verfolgten, insbesondere, den Juden, zu helfen, heißt es: «Many did, but others did not.»[51] Die selbstkritische Formulierung vermeidet das Eingeständnis, dass die Nicht-Helfenden wohl die Mehrheit darstellten.

1993 wurde ein in langwierigen Verhandlungen ausgearbeiteter Grundlagenvertrag zwischen dem Heiligen Stuhl – so der offizielle Titel des Vatikanstaats als Völkerrechtssubjekt – und Israel unterzeichnet, in dem sich die Vertragsparteien zur Zusammenarbeit im Kampf gegen Antisemitismus, Rassismus und religiöse Intoleranz verpflichten. Während es Israel nicht zuletzt um den Legitimitätsgewinn durch die Anerkennung als Staat ging, für die sich Johannes Paul II. gegenüber Bedenken seiner Berater persönlich entschied,[52] stand für den Vatikan neben der Annäherung an das Judentum das Grundrecht auf Religions- und Gewissensfreiheit für die in Israel lebenden Christen im Vordergrund. Schon 1982 hatte Johannes Paul II. den Palästinenser-Führer Jassir Arafat getroffen, doch erst 1995 gewährte der Papst den Palästinensern ein diplomatisches Vertretungsrecht, und im Jahre 2000 wurde ein Grundlagenabkommen zwischen dem Heiligen Stuhl und der Palästinensischen Befreiungsorganisation PLO abgeschlossen.

Der römische Oberrabbiner Elio Toaff spielte auch bei der Anbahnung des Israelbesuches des Papstes im Jahr 2000 eine Rolle. Die Reise fand kurz nach dem Bußgottesdienst am 12. März 2000 statt, bei dem der Papst um Vergebung der von Vertretern der Kirche begangenen Sünden gebetet hatte. Arafat hatte schon im Vorfeld klargestellt, dass ein Betreten des Felsendoms nicht in Frage komme; der Papst durfte jedoch mit dem Wagen über den Tempelhof fahren. Auch in Jerusalem praktizierte Johannes Paul II. die Politik der bedeutungsvollen Worte und der symbolträchtigen Gesten. In Yad Vashem, der 1953 gegründeten Holocaust-Gedenkstätte, äußerte er am 23. März 2000 zuerst das Bedürfnis nach Stille in Anbetracht des Grauens. «Hier, wie in Auschwitz und an vielen anderen Orten in Europa,» sprach er voller Tränen, «sind wir überwältigt vom Widerhall der herzzerreißenden Klage so vieler Menschen.» Einige Tage später betete er an der Klagemauer und trug noch einmal eine Vergebungsbitte vor: «Wir sind zutiefst betrübt über das Verhalten aller, die im Laufe der Geschichte deine Söhne und Töchter leiden ließen. Wir bitten um Verzeihung und wollen uns dafür einsetzen, dass echte Brüderlichkeit herrsche mit dem Volk des Bundes.»[53] Besonders medienwirksam war, dass er das Blatt mit dieser Vergebungsbitte sodann in eine Ritze der Klagemauer steckte. Zugleich verzichtete er nicht auf die liturgische Hoheit des Katholizismus, indem er die Klagemauer segnete, obwohl ihm dringend davon abgeraten worden war. Proteste blieben indes aus. Dieser Tag wurde als positiver Einschnitt in die jüdisch-katholischen Beziehungen wahrgenommen, auch in Israel.[54]

Neben symbolträchtigen Gesten waren spektakuläre Großereignisse ein Markenzeichen dieses Papstes. Bei den Reisen kamen beide Strategien zusammen. Abgesehen von Verständigungsinitiativen mit einzelnen Religionen und anderen christlichen Kirchen feierte Johannes Paul II. im Oktober 1986 mit – übrigens fast ausschließlich männlichen – Vertretern von über dreißig christlichen Kirchen oder Organisationen und Vertretern des Judentums (darunter Elio Toaff), des Islams, der Bahai, des Buddhismus, des Zoroastrismus, des Hinduismus, des Sikhismus, des Shintoismus und verschiedener afrikanischer Religionen ein «Weltgebetstreffen für den Frieden» im italienischen Assisi. Die Idee zu einem solchen Treffen geht wahrscheinlich auf den Physiker und Philosophen Carl Friedrich von Weizsäcker zurück.[55] Er hatte kurz zuvor sein Buch *Die Zeit drängt* mit dem Untertitel *Eine Weltversammlung der Christen für Gerechtigkeit, Frieden und die Bewahrung der Schöpfung* veröffentlicht. Einleitend bezieht sich von Weizsäcker[56] unter anderem auf den von den Nazis ermordeten lutherischen Theologen Dietrich Bonhoeffer, der 1934 auf einer ökumenischen Konferenz im dänischen Fanø die Vision eines großen ökumenischen Konzils geäußert hatte, bei der «die Welt zähneknirschend das Wort vom Frieden vernehmen» müsse.[57] Johannes Paul II. sprengte allerdings die Beschränkung auf christliche Teilnehmer.

Anders als beim Weltparlament der Religionen standen in Assisi keine Reden der verschiedenen Repräsentanten im Vordergrund. Nur der Papst, der sich durch das Ereignis zu einer Art Klassensprecher der Religionen der Welt aufschwang, genoss durch kurze Begrüßungs- und Abschlussansprachen die Rede- und Deutungshoheit. Auf dem Programm standen gemeinsames Fasten, Schweigen und Gebet, das von Friedenssymbolen ausgeschmückt wurde. Das medial über die Welt verbreitete Bild der Religionsrepräsentanten bringt die Vorstellung des Papstes von der Verbundenheit der Religionen treffend zum Ausdruck: Der Papst steht in der Mitte, zu seiner Rechten stehen die Vertreter der anderen christlichen Gemeinschaften und zu seiner Linken der Dalai Lama (s. Kap. 39) und die Vertreter der nichtchristlichen Religionen. Alle sind scheinbar einträchtig nebeneinander vor der Kulisse des mittelalterlichen Heiligtums vereint.[58] Trotz teils vehementen Vorwürfen von Katholiken, der Papst betreibe Synkretismus, Folklore und den Ausverkauf des christlichen Wahrheitsanspruchs, lud Johannes Paul II. noch zweimal zu Weltgebetstagen ein: 1993 im Kontext des Balkankrieges, 2002 nach den Anschlägen vom 11. September 2001. Glaubte er an die realpolitische Wirkung des Gebets? Sicher aber setzte er auf den symbolischen Appellcharakter dieser Ereignisse.

Neben der Verbesserung interreligiöser Beziehungen setzte sich Johannes Paul II. für eine Entschärfung des Verhältnisses zu den Naturwissenschaften ein. 1979 bat er die Päpstliche Akademie der Wissenschaften um eine Überprüfung des Falls Galileo Galilei. Am 31. Oktober 1992 hielt er eine Ansprache, in der er Galilei als aufrichtig Glaubenden bezeichnete, der weitsichtiger gewesen sei als seine theologischen Gegner. Um zukünftige Irrtümer zu vermeiden, forderte er die Theologen auf, «sich regelmäßig über die wissenschaftlichen Ergebnisse zu informieren, um eventuell zu prüfen, ob sie diese in ihrer Reflexion berücksichtigen oder ihre Lehre anders formulieren müssen.» Eine prinzipielle Ablehnung wissenschaftlichen Fortschritts durch die Kirche sei ein Mythos.[59]

An der Jahrtausendschwelle: Vergebungsbitten und hybride Megaevents

Johannes Paul II. sah sein Wirken von Anfang an im Hinblick auf die nahende Jahrtausendwende. Die Vorbereitung auf das neue Jahrtausend machte für den Papst eine Kampagne der öffentlichen Entschuldigungen für Unrecht erforderlich, das im Namen des Christentums oder der Kirche von ihren irregeleiteten Mitgliedern und Vertretern – aber nie von der Kirche als Heilsinstitution selbst – begangen worden war. Bis 1998 konstatierte ein italienischer Journalist bereits vierundneunzig Entschuldigungsakte.[60] Die meisten päpstlichen Entschuldigungen waren direkt an Gott gerichtet und bestenfalls indirekt an die Opfer oder deren Nachkommen. Im Rahmen dieser Kampagne ist auch die Reise ins Heilige Land im Jahr 2000 zu sehen.

Dieser Millenniumsfokus hatte allerdings nichts Millenaristisches oder Apokalyptisches, sondern wurde als ethischer Auftrag oder Warnruf verstanden. Der «neue Advent», die «Zeit der Erwartung», von der der Papst in *Redemptor hominis* (§ 2) sprach, verurteilte nicht zu Passivität und Fatalismus, sondern sollte die Anstrengungen intensivieren. Schon in *Redemptor hominis* bekannte er sich zur Mission – 1990 folgte dann die Enzyklika *Redemptoris missio (Über die fortdauernde*

Gültigkeit des missionarischen Auftrags). Die «Evangelisierung» wurde zu einem Leitmotiv seines Pontifikats, gerade auch nach dem Zusammenbruch des Sowjetimperiums, aber ebenso im Westen, der für den Papst nicht weniger gottlos war, und im Rest der Welt. Die katholische Mission war für ihn kein Gegensatz zum Dialog der Religionen, sondern beide verstand er als Ausdruck der Wahrheitssuche.

Der Blick in die Zukunft erforderte für Johannes Paul II. eine Zuwendung zur Jugend. Die Jugendlichen spürten, dass ihnen außer Gott niemand eine «schöne und reine» Liebe geben könne. Die Kirche brauche «die Begeisterung der Jugend», in deren Lebensfreude sich «etwas von der ursprünglichen Freude» widerspiegele, «die Gott hatte, als er den Menschen erschuf».[61] Angesichts solcher Aussagen ist es bestürzend, dass der Papst sich nicht um die rückhaltlose Aufklärung und Ahndung der gegen Ende seines Pontifikats epidemisch auftauchenden Berichte über flächendeckenden Kindesmissbrauch von katholischen Würdenträgern in katholischen Institutionen bemühte und dass er die Opfer nicht angemessen zu Wort kommen ließ. Er hielt sogar an dem mexikanischen Priester und Ordensgemeinschaftsgründer Marcial Maciel fest, gegen den 1999 ein kanonisches Verfahren eröffnet worden war, das 2002 aus unbekannten Gründen nicht zu Ende geführt wurde. Spätere Untersuchungen belegten Maciels systematische Missbrauchsaktivitäten und deren konsequente Verschleierung; auch erwies sich ein von ihm verfasstes Buch als Plagiat. Der Fall Maciel ist ein Musterstück der Verbrechensgeschichte von Religion im 20. Jahrhundert.

Johannes Paul II. wandte sich nicht nur an die christliche Jugend. Im August 1985, im von den Vereinten Nationen ausgerufenen Jahr der Jugend, sprach er in Casablanca vor etwa 50 000 islamischen Jugendlichen, appellierte an die Verantwortung der Jugend für die Gestaltung der Zukunft und unterstrich die gemeinsamen religiösen Werte von Islam und Christentum.[62] Gleichzeitig schuf der Vatikan mit den Weltjugendtagen ein neues Mega-Event, das ab 1985 alle zwei Jahre stattfand: 1985/86 in Rom, 1987 in Buenos Aires, 1989 in Santiago de Compostela, 1991 in Czêstochowa, 1993 in Denver, 1995 in Manila, 1997 in Paris, 2000 wieder in Rom und 2002 in Toronto. Die Teilnehmerzahlen gingen in die Millionen. Der Weltjugendtag in Manila 1995 war vielleicht das größte Massenereignis der Geschichte. Die Veranstaltungen sind hybride Event-Wallfahrten, die traditionelle liturgische

Elemente mit der Kultur von Musikfestivals und globalen Sportveranstaltungen kombinieren und so die Zusammengehörigkeit von Religion und Gegenwartskultur demonstrieren. Die Papstmessen waren der Höhepunkt der Weltjugendtage. Johannes Paul II. trat hier als eine Art religiöser Superstar in Erscheinung, der die Einheit des Weltkatholizismus verkörperte und erfahrbar machte. Viele Teilnehmer mochten mit Johannes Paul II. in wichtigen Fragen nicht einer Meinung sein, bewunderten aber vermutlich doch sein Auftreten, seine Wort- und Ritualgewandtheit sowie seine Aufrichtigkeit, Haltung und Glaubwürdigkeit. Hier kann man vielleicht von einem Eventcharisma sprechen, bei dem sich persönliches und Amtscharisma gegenseitig verstärken. Nach dem Tod von Johannes Paul II. brachten Jugendliche auf dem Petersplatz Transparente an, auf denen zu lesen war: «Du hast uns gesucht – wir sind hier» oder «Wir sind unter deinem Kreuz – wir werden dich nie verlassen».[63]

Selig- und Heiligsprechungen

Das Sterben von Johannes Paul II. war von überwältigender Anteilnahme begleitet. Über konfessionelle und religiöse Unterschiede und Weltanschauungsgrenzen hinweg trauerten nach seinem Tod Menschen weltweit um den Verstorbenen in einer Art Welttrauergemeinde.[64] Sogar in Ägypten wurden drei öffentliche Trauertage angeordnet, und selbst die afghanischen Taliban sollen den verstorbenen Papst als Vorkämpfer für den Frieden gewürdigt haben.[65]

Schon bei seiner Beisetzung am 8. April 2005 waren für alle Welt sichtbar Spruchbänder mit der Aufschrift «Santo subito» zu sehen, auf denen die sofortige Heiligsprechung des gerade verschiedenen Papstes gefordert wurde. Kardinal Ratzinger, der als Benedikt XVI. sein Nachfolger werden sollte, trug in seiner Predigt bei der Begräbnisfeier zu dieser Erwartung bei: «Wir können sicher sein, dass unser geliebter Papst jetzt am Fenster des Hauses des Vaters steht, uns sieht und uns segnet. Ja, segne uns, Heiliger Vater.»[66] Bei diesen Worten, mit denen er den verstorbenen Papst als jenseitsaktiven, fürsprechenden und segenspendenden Akteur konstituierte, brandete in der Menge die Forderung «Santo subito» auf. In Anbetracht seiner überwältigenden *fama sanctitatis* – die nichtliturgische Verehrung einer Person, die eine

Voraussetzung für die Einleitung eines Selig- bzw. Heiligsprechungsverfahrens ist – wurde für Johannes Paul II. von Benedikt XVI. ausnahmsweise die vorgeschriebene fünfjährige Sperrfrist bis zur möglichen Einleitung eines Seligsprechungsverfahrens außer Kraft gesetzt.[67] Die Seligsprechung erfolgte am 1. Mai 2011, die Heiligsprechung, zusammen mit der von Johannes XIII., am 27. April 2014 durch Papst Franziskus. Beide Veranstaltungen hatten ein Publikum von mehr als einer Million Teilnehmern allein in Rom; die weltweite mediale Übertragung multiplizierte diese Zahl.

Johannes Paul II. selbst nahm insgesamt 1338 Seligsprechungen und 482 Heiligsprechungen vor – und damit mehr als alle seine Vorgänger zusammen seit dem Beginn der offiziellen Registrierung der Kanonisationen 1592. Die Zahl der von Johannes Paul II. durchgeführten Heiligsprechungen reduziert sich allerdings auf 110 bzw. 117, wenn man nur individuelle Heilige berücksichtigt, denn er sprach auch viele Gruppen von mitunter über hundert Märtyrern aus China, Japan, Korea, Mexiko und Vietnam heilig. Im 20. Jahrhundert waren die Rahmenbedingungen für Heiligsprechungsverfahren erleichtert worden: 1917 wurde die Sperrfrist zur Einleitung von Verfahren von fünfzig auf fünf Jahre reduziert, und 1975 wurde die für die Selig- und Heiligsprechung erforderliche Zahl von anerkannten Wundern wie Heilungen von jeweils zwei auf jeweils eins reduziert. Unter Johannes Paul II. trat eine Änderung des Kanonisierungsverfahrens in Kraft. Nun konnten Bischöfe selbständig ein Verfahren einleiten und führen. Weiterhin sollte das «wissenschaftliche» Niveau im Sinne der historisch-kritischen Aufarbeitung der Fälle verbessert werden, wobei zugleich das Amt des Advocatus Diaboli abgeschafft wurde; schließlich sollten die Verfahren beschleunigt werden.[68]

Knapp 40 Prozent der Selig- und etwa ein Viertel der Heiligsprechungen fanden in Verbindung mit den Papstreisen statt. Die Anerkennung von Personen aus weiten Teilen der Welt als Selige und Heilige war Teil der päpstlichen Globalisierungspolitik. Dazu gehörte auch die Heiligsprechung der albanisch-indischen Ordensschwester Mutter Teresa. In diesem Fall hob Johannes Paul II. selbst die fünfjährige Sperrfrist vom Tod bis zur Eröffnung eines Seligsprechungsverfahrens auf und eröffnete im Juni 1999 das Verfahren zur Seligsprechung der Friedensnobelpreisträgerin, die erst am 5. September 1997 in Kalkutta gestorben war. Die Seligsprechung der Missionarin durch Johannes Paul II. erfolgte am 19. Oktober 2003, bezeichnenderweise am Weltmissionstag. In seiner Predigt zur Seligsprechung bezeichnete der Papst sie als «Ikone des barmherzigen Samariters».[69] Bis zur Heiligsprechung durch Papst Franziskus vergingen noch fast dreizehn Jahre, weil es Probleme mit der Beglaubigung des erforderlichen zweiten Wunders gab.

38

Mutter Teresa

Heiligkeit am Abgrund

Schon knapp zwei Jahre nach ihrem Tod wurde das Verfahren eingeleitet, um Mutter Teresa (1910–1997) seligzusprechen. Diese außergewöhnliche Eile hing damit zusammen, dass die Ordensfrau bereits zu Lebzeiten für breite Teile einer weltweiten Öffentlichkeit als bewegende Verkörperung christlicher Tugenden und Heiligkeit galt. Das amerikanische Nachrichtenmagazin *Time* betitelte sie und ihre Missionarinnen am 29. Dezember 1975 als «Living Saints». Das Verfahren hatte daher die *vox populi* und *fama sanctitatis* nur noch zu bestätigen. Aber auch die persönliche Verbundenheit Johannes Pauls II. und Mutter Teresas beschleunigte das Verfahren. Beide kannten sich seit Anfang der 1970er Jahre[1] und trafen sich regelmäßig. Mutter Teresa reiste oft nach Rom, und einer der Höhepunkte ihres Lebens soll der Besuch des von ihr gegründeten Sterbeheims in Kalkutta durch Johannes Paul II. während seiner Indienreise im Februar 1986 gewesen sein.[2] Noch kurz vor ihrem Tod begab Mutter Teresa sich zu einem Abschiedsbesuch nach Rom.[3] Der Papst sah in ihr seine «Schwester in Gott».[4] Einige gemeinsame Hauptanliegen des Wirkens von Johannes Paul II. und Mutter Teresa waren die Würde des Einzelnen, die Bedeutung der Familie und der Kampf gegen Abtreibung. Letztere war ein Kernthema in Mutter Teresas Rede zur Verleihung des Friedensnobelpreises in Oslo 1979, was in Norwegen aktuell und provokant war, da dort im Jahr zuvor den Frauen bis zur zwölften Schwangerschaftswoche das Recht auf selbstbestimmte Abtreibung eingeräumt worden war.

Anlässlich der Verleihung des Friedensnobelpreises nimmt Mutter Teresa am 10. Dezember 1979 einen Scheck entgegen. Das Geld war eigentlich für das Galabankett gedacht, das die Nonne absagen ließ.

Von Skopje nach Kalkutta

Mutter Teresa stammte wie Johannes Paul II. aus dem östlichen Europa. Sie wurde 1910 als Anjezë Gonxhe Bojaxhiu im albanischen Üsküp (heute Skopje) im Osmanischen Reich geboren und war damit zehn Jahre älter als Karol Wojtyła. Wie dieser verlor sie früh einen Elternteil: Wojtyła im Alter von neun Jahren die Mutter, Bojaxhiu mit acht Jahren den Vater, der ein einflussreicher und wohlhabender Bürger war. Die spätere Mutter Teresa entschied sich schon als Kind für eine religiöse Laufbahn: Sie wurde Mitglied einer von einem kroatischen Jesuiten geleiteten Ordensgemeinschaft, der «Solidarität der Kinder Mariens». Schon im Alter von zwölf Jahren will sie den Wunsch gehegt haben, Missionarin zu werden.[5]

Obwohl sie damals nur Albanisch, Serbisch und ein wenig Französisch sprach, begab sie sich 1928, im Alter von achtzehn Jahren, zunächst zur Probe in die Mutterabtei des irischen Zweiges der Englischen Fräulein nach Rathfarnham bei Dublin. Einige Wochen später brach die frischgebackene Ordensschwester nach Bengalen auf, wo sich die Sisters of the Blessed Virgin Mary im Unterrichtswesen engagierten. 1929 trat sie ihr Noviziat in der Stadt Darjeeling an. Bei der Einkleidung wurde ihr auf ihren Wunsch hin der Ordensname Teresa verliehen, da er sie an ihr Vorbild erinnern sollte, die jung verstorbene Karmelitin Thérèse von Lisieux, die 1923 selig- und 1925 heiliggesprochen wurde. Deren Autobiographie, die postum 1898 unter dem Titel *Histoire d'une âme* (deutsch 1914 als *Geschichte einer Seele*) erschien, ist eines der meistgelesenen und in katholischen Milieus einflussreichsten religiösen Erbauungsbücher des 20. Jahrhunderts.

1937 legte Schwester Teresa die feierlichen Gelübde ab und trug von nun an, wie in dem Loreto-Orden üblich, den Titel «Mutter». Im selben Jahr wurde ihr die Leitung einer Ordensschule in Kalkutta anvertraut. 1944 stand sie einer anderen Schule vor. Der Zweite Weltkrieg, die bengalische Hungersnot von 1942/43 und die Aufteilung des Subkontinents in die postkolonialen Nachfolgestaaten Pakistan und Indien prägten das Leben der Schülerinnen. Gewalt, Vertreibung, Flucht und Umsiedlung von vielen Millionen Menschen hielten die Großstadt in Atem, die unweit der Grenze zum damaligen Ostpakistan lag. Die Nonnen aber befanden sich, wie Mutter Teresa notierte, «hinter ... sicheren Mauern».[6]

Hingabe und göttlicher Auftrag

Nach eigenem Bekunden legte Teresa 1942 ein Privatgelübde der totalen Hingabe ab, von dem nur ihr Beichtvater wusste. Sie verpflichtete sich, «bei Strafe einer Todsünde ... Gott alles zu geben, was Er verlangen sollte». Modelle solcher Versprechungen findet man unter anderem bei Thérèse von Lisieux, bei Jesuiten, aber auch in albanischen Eidespraktiken. Laut der quasioffiziellen hagiographischen Erzählung wurde der damals sechsunddreißigjährigen Mutter Teresa, die nicht lange zuvor eine ernste Krankheit überstanden hatte, im September 1946 auf einer Bahnfahrt von Kalkutta in den heutzutage vor allem für seine Teeproduktion bekannten Himalaya-Ort Darjeeling eine Erfahrung zuteil, die ihrem Wirken eine neue Wende geben sollte. Es handelte sich um «eine Berufung in der Berufung ... Es war in diesem Zug, wo ich den Ruf hörte, alles aufzugeben und Ihm in die Slums zu folgen – um Ihm in den Ärmsten der Armen zu dienen».[7] Der Dienst an den Armen war kein altruistisches Projekt der Weltverbesserung, sondern ihr persönlicher Heilsweg zu Christus, dessen «Dürsten» zu stillen sie sich berufen sah.

Die Erfahrung eines Zurufs wird wenig später als «immense Gnade des Göttlichen Lichts und der Göttlichen Liebe» beschrieben. Teresa hörte darauf «die Stimme Jesu» und führte mit ihm «vertraute Gespräche». Nach der Rückkehr nach Kalkutta widmete sie sich, zunächst erfolglos, ihrem neuen Projekt. In einem weiteren Zwiegespräch mit Gott erhielt sie den Auftrag der missionarischen Seeleneinwerbung: «Meine Kleine, gib mir Seelen – gib mir die Seelen der armen kleinen Straßenkinder.»[8] In der Anrede «Meine Kleine» klingt eine mystische Braut- oder Liebesmetaphorik an. Die Kosebezeichnung «Deine Kleine», «your little one», wurde sogar zu ihrer Signatur.

Da Mutter Teresa sich göttlich beauftragt sah und sich durch ihre Jahre in leitenden Positionen an Schulen eine gewisse Position erarbeitet hatte, vertrat sie ihr Projekt einer karitativen Neuausrichtung mit einer selbstbewussten Beharrlichkeit. Daran änderte auch nichts, dass sie zeitweise versetzt wurde, nachdem Gerüchte aufgekommen waren, sie habe eine Affäre mit ihrem Beichtvater. Gerade in der Zeit ihrer Versetzung in die Stadt Asansol machte sie offenbar besonders intensive quasi-sexuelle Erfahrungen mit ihrem göttlichen Partner: «dort war es so, als würde sich Unser Herr Selbst mir gänzlich hingeben», heißt es in einem Brief von 1961.[9]

1948, ein Jahr nach der Gründung der Republik Indien vertauschte Mutter Teresa die klassische Ordenstracht gegen einen indischen Sari – weiß mit einer hellblauen Borte – und an Gandhi erinnernde Sandalen. Der Sari war für sie indes weniger ein Schritt Richtung Indien oder gar Richtung indischer Religionen als ein Symbol für Christus.[10] Hindi und Bengalisch beherrschte sie nur unzureichend,[11] und nirgendwo in ihren Schriften und Reden finden sich Hinweise auf eine eingehende Beschäftigung mit indischen Religionen.[12] Sie unterhielt allerdings gute Beziehungen zur lokalen und nationalen politischen Elite.

Ordensgründung und Gottesverlassenheit

Mutter Teresas hochgestimmte göttliche Kommunikation, die im September 1946 eingesetzt hatte, flaute ab, nachdem es ihr 1950 gelungen war, eine eigene Ordensgemeinschaft, die Missionarinnen der Nächstenliebe (Missionaries of Charity), zu gründen. Das zeigen private Briefe und Notizen, die der Kanadier Pater Brian Kolodiejchuk, der mit der Seligsprechung Teresas befasst war, in einem erfolgreichen Buch veröffentlichte. Die kommenden Jahrzehnte waren für sie nach eigenem Bekunden von spiritueller Einsamkeit geprägt, so als habe sich ihr ehemals Geliebter von ihr abgewandt und als sei sie in eine andauernde Phase der Dunkelheit, der Nacht, in dunkle Löcher gestolpert, in einen Dauerzustand der Verlorenheit, Einsamkeit, Sehnsucht und des Schmerzes, des verschlossenen Himmels – allesamt Metaphern, die in ihren sogenannten Geheimen Aufzeichnungen verwendet werden. Diese Art der religiösen Depression versuchte sie zu bewältigen, indem sie diese Erfahrung als Teilhabe an «der Dunkelheit & des Schmerzes Jesu auf Erden» verstand. Vermutlich von Thérèse von Lisieux inspiriert, schrieb sie: «Je größer der Schmerz und je dunkler die Dunkelheit, umso herzlicher wird mein Lächeln für Gott sein».[13]

Die Missionarinnen der Nächstenliebe wurden 1950 von Papst Pius XII. als Orden bestätigt. Später wurde die Gemeinschaft direkt dem Papst unterstellt und damit dem Zugriff der Diözesanbischöfe entzogen. Kernelemente der Ordensregel sind Armut, Ehelosigkeit und Gehorsam sowie der Dienst an den Armen. Die Mitglieder folgen einem rigiden Tagesablauf, in dem Gebet und geistliche Übungen großen Raum einnehmen. Es gibt nur karge Mahlzeiten.

Meilensteine der Ordensgeschichte waren in den 1950er Jahren die Eröffnung eines Sterbeheims, eines Kinderheims und einer mobilen Leprastation.[14] Für das Sterbeheim stellte die Stadtverwaltung Kalkuttas ein Grundstück am Kali-Tempel in Kalighat kostenlos zur Verfügung und subventionierte den Betrieb. Neben den Schwestern bildete sich ein Kreis von Kranken und Leidenden, die die Gemeinschaft durch ihr Gebet unterstützten. Seit 1958 waren die Missionarinnen auch außerhalb der Stadt tätig. 1963 wurde ein Brüderorden gegründet, der sich 1979 auch Priestern öffnete, sodass 1983 eine eigene Abteilung für

Priester entstand.[15] Im Laufe der Zeit bildete sich eine weitverzweigte Ordensstruktur.[16] Die Gemeinschaft gliederte sich in mehrere Abteilungen. Sowohl die Frauen- als auch die Männerzweige sind heutzutage weltweit verbreitet. Verlässliche Angaben über die genaue Zahl der Ordensangehörigen scheint es nicht zu geben. Dass Mutter Teresa zwar regelmäßig sehr genaue Zahlen nannte, die aber zum Teil auch stark voneinander divergierten, säte Zweifel an der Zuverlässigkeit ihrer Angaben.

Im Alter von fünfzig Jahren begann Mutter Teresa mit ihrer zunehmend rastlosen weltweiten Reisetätigkeit; sie war ähnlich viel unterwegs wie später Papst Johannes Paul II. Die von ihr beschworene karitative Arbeit wurde von ihren Schwestern verrichtet, während Mutter Teresa sich nur noch sporadisch in Kalkutta aufhielt und besonders die heiße Jahreszeit vermied.[17] Ihr erster Auslandsauftritt war eine Ansprache 1960 in Las Vegas, bei der sie der Nationalen Versammlung Katholischer Frauen für ihre Unterstützung dankte. Die internationale Expansion des Ordens, zu deren Generaloberin sie 1961 gewählt wurde, machte zahlreiche Ordensdienstreisen erforderlich.

1962 erhielt Mutter Teresa eine der höchsten Auszeichnungen der indischen Regierung, den Padma Shri. Der von Nehru überreichte Preis eröffnete eine lange Reihe von Auszeichnungen, die ihr im Laufe der folgenden fünfunddreißig Jahre in vielen Ländern verliehen wurden und sowohl ihre Prominenz als auch das Spendenaufkommen für den Orden weiter vermehrten.

Der Hagiograph und der Kritiker

Für Mutter Teresas öffentliche Anerkennung als lächelnd-mildes Gesicht christlicher Nächstenliebe war ein Interview des englischen Journalisten Malcolm Muggeridge folgenreich, das im Mai 1968 von der BBC ausgestrahlt wurde.[18] Es berührte viele Zuschauer so stark, dass ungefragt viele Spendenbriefe eingingen: «Sie kamen von Jung und Alt, Reich und Arm, Gebildeten und Ungebildeten, von Leuten aller Art und aller Verhältnisse. Alle sagten ungefähr das Gleiche – diese Frau hat mich angesprochen wie keine andere, und ich habe das Gefühl, daß ich ihr helfen muß».[19] In der Folge drehte Muggeridge einen Dokumentarfilm über Mutter Teresa, der 1969 unter dem Titel «Something Beautiful for God» gesendet wurde; unter demselben Titel erschien zwei Jahre später Muggeridges Hagiographie von Mutter Teresa und den Schwestern der Nächstenliebe, die ein Weltbestseller wurde und ihren internationalen Ruhm begründete. Auf Deutsch erschien das Buch unter dem nüchterneren Titel *Mutter Teresa* 1973. Muggeridge soll auch bei der Lancierung von Mutter Teresa als Kandidatin für den Friedensnobelpreis seine Hände im Spiel gehabt haben.[20] Er war es wohl, der ihr das Attribut «von Kalkutta» verliehen hat, das fortan ihrem Namen anhing und unter dem sie auch kanonisiert wurde. Die Begegnung mit Mutter Teresa war auch für den Journalisten selbst folgenreich. Der Agnostiker bekannte sich zum Christentum und veröffentlichte 1969 den Bestseller *Jesus Rediscovered* (deutsch 1973 als *Gott ist mir auf den Fersen*), dem 1976 das Buch *Jesus: The Man who Lives* (deutsch 1980) folgte.

War es 1968/69/71 mit Muggeridge ein Journalist, der maßgeblichen Anteil an der Konstruktion und Verklärung von Mutter Teresa von Kalkutta als einer zeitgenössischen Metropolenheiligen der Barmherzigkeit und Liebe hatte, so begann mit einem 1992 erschienenen Artikel eines anderen anglo-amerikanischen Journalisten und Publizisten, Christopher Hitchens, eine Phase der kritischen öffentlichen Auseinandersetzung mit der damals vierundachtzigjährigen Berühmtheit.[21] Hitchens gehörte zunächst der Linken an und trat später als ein Wortführer des sogenannten Neuen Atheismus in Erscheinung. Sein 2007 erschienenes Buch *God is not Great: how Religion Poisons Everything* war ein Weltbestseller (deutsch als *Der Herr ist kein Hirte: wie Religion die Welt vergiftet*).

Die Auseinandersetzung mit Mutter Teresa war eine treibende Kraft seiner atheistischen Karriere. Der weitgereiste Journalist begegnete Mutter Teresa Anfang der 1980er Jahre in Kalkutta und war schockiert darüber, dass die Missionarin ein Waisenhaus betrieb, nur um auf diese Weise etwas gegen Abtreibung zu unternehmen. Wie Muggeridge drehte auch Hitchens einen Film («Hell's Angel»), der 1994 ausgestrahlt wurde und immer noch auf Youtube zu sehen ist.[22] 1995 folgte ein kurzes Buch mit dem anzüglichen Titel *The Missionary Position* («Missionarsstellung»), in dem er Muggeridges Film kritisierte und eine Reihe von Vorwürfen gegen Mutter Teresa erhob, die auch in späteren Publikationen aufgegriffen wurden: ihre unkritischen Kontakte zu Diktatoren wie den haitianischen Präsidenten Jean-Claude Duvalier; die unzureichende Ausstattung der vom Orden betriebenen Hospize; liebloser Umgang mit den Pflegebedürftigen; Taufen, die ohne Einwilligung der Sterbenden vollzogen werden; mangelnde finanzielle Transparenz des Ordens, der durch Spenden reich geworden war; ihre Beziehungen zu einem ihrer Hauptspender, dem wegen Betrugs verurteilten amerikanischen Finanzjongleur Charles Keating; und ihre als zynisch empfundene Empfehlung, die Opfer der Katastrophe im Union Carbide Chemiewerk im indischen Bhopal 1984 sollten den Schuldigen vergeben. Hinzu kamen weitere Kritikpunkte wie ihr autoritärer und starrsinniger Führungsstil, ihr traditionalistisches Frauenbild, ihr Desinteresse an strukturellen Fragen, ihr politischer Konformismus, ihre altertümliche Frömmigkeit, medizinische Inkompetenz und unterlassene Hilfeleistungen bei Katastrophen,[23] die zunehmend auch in innerkirchlichen Kreisen laut wurden. Besonders auf Unverständnis und Empörung stieß in Anbetracht des hohen Spendenaufkommens der Verzicht auf avancierte technische Ausstattung und international gängige therapeutische und hygienische Standards im Namen einer Theologie der Askese und des Opfers. Mutter Teresas Annahme, dass Gebet wichtiger sei als Pflege und dass Armut und Leiden in erster Linie eine Möglichkeit zur Entsühnung und Heilsgewinnung sein sollten, motivierte zwar zur Barmherzigkeit, diese aber war kein innerweltlicher Selbstzweck. Die Hoffnung, in Mutter Teresa eine humanitäre Religion mit menschlichem Antlitz gefunden zu haben, erwies sich für ihre Kritiker als Missverständnis. Ihre kompromisslose Religion des Dienens hat kein innerweltliches Gut zum Ziel, sondern religiöse Heiligung.

Das Eilverfahren zur Seligsprechung Mutter Teresas fiel in eine Phase, als ihr Stern angesichts der lauter werdenden Kritik bereits am Verglühen war. Im Rückblick scheint es fast erklärungsbedürftig, dass die Kritik überhaupt erst so spät aufkam.[24] An den Mauern des Vatikans scheint sie jedoch weiterhin abzuprallen. In ihrem mehrheitlich muslimischen Heimatland Albanien gilt sie in nachkommunistischer Zeit als eine Mutter der Nation.[25] Und ihre Ordenszentrale zieht bis heute viele freiwillige Mitarbeiterinnen an, die als Sozialtouristen *(volunteer tourists)* nach Kalkutta kommen, um der heiligen Mutter Teresa von Kalkutta nachzufolgen.[26]

39

Der 14. Dalai Lama

Jenseits von Tibet

Verkörperungen und Nachfolgerwahl

Der Dalai Lama (geb. 1935) ist aus tibetisch-buddhistischer Sicht nicht als «Individuum» im Sinne eines einmaligen raum-zeitlichen und körper-leiblichen Subjekts anzusehen. Denn der Körper-Leib dieses Mönches verwirklicht zugleich ein früheres, übermenschliches Bewusstsein und Leben: Er gilt als die vierzehnte Verkörperung eines Bodhisattva (Erleuchtungswesen), also eines Lebewesens, das zwar den Status der Befreiung und Erleuchtung erlangt hat, aber aus Mitgefühl und Solidarität mit anderen Lebewesen freiwillig in dem von Leiden, Illusion und Instabilität geplagten Kreislauf der Existenzen *(samsara)* verharrt. Der Dalai Lama verkörpert dabei niemand Geringeren als Chenrezig (Sanskrit Avalokiteshvara), den Bodhisattva des Mitgefühls. Dieser lebte einer tibetischen Überlieferung zufolge einst in Affengestalt meditierend auf dem Dach der Welt und zeugte aus Erbarmen mit einer einsamen wilden Riesin sechs Kinder: Chenrezig ist damit nicht nur Schutzpatron, sondern auch Stammvater der Tibeter.[1]

Das tibetische Wort *lama* entspricht etwa dem indischen *guru* (Lehrer; Meister). Dalai Lama wird übersetzt als «Lehrer (dessen Wissen so groß ist wie der) Ozean». Dieser Bodhisattva trägt noch weitere Titel, z. B. *kundun* (Gegenwart [des Buddha]) oder *yeshe norbu* (wunscherfüllendes Juwel). Sein vollständiger Mönchsname lautet *jampel yeshe ngawang lobsang tendzin gyatso* (Die sanfte Pracht, die Weisheit, der Herr der Sprache, das edle Herz, das Meer der Weisheit). Die langen Ehrentitel werden in der Literatur in unterschiedlicher Reihenfolge und Bedeutung wiedergegeben,[2] recht gebräuchlich ist die Kurzform Tenzin Gyatso. Seine offizielle (diplomatische) Anrede lautet «Seine Heiligkeit» – ähnlich der Anrede «Heiliger Vater» für den Papst.[3]

Die Idee der Verkörperung, Manifestation oder Reinkarnation (tibetisch *tulku*, auch *trülku*; Sanskrit *nirmana*) ist der Kern eines ausgefeilten Systems der religiösen Nachfolgeregelung einer maskulin-patriarchalischen religiösen Institution, deren Ämter und Würden an die kinderlose klösterliche Lebensform der Mönche gebunden sind. Nicht alle Schulen des tibetischen Buddhismus verpflichten im Übrigen die Mönche zur sexuellen Enthaltsamkeit, so ist auch das *tulku*-System nicht in allen Schulen verbreitet. Statt einer vom Individuum und dessen Gottesbeziehung ausgehenden Berufung wird die Nachfolgefindung in Tibet bestimmten Experten überlassen. Diese verwenden divinatorische Techniken (z. B. Orakel, Visionen) und deuten Träume, Zeichen und Eigenschaften möglicher Kandidaten auf Indizien für die Kontinuität zur Vorgängerverkörperung. Der noch Lebende kann dabei schon um seinen Nachfolger wissen und sogar konkrete Hinweise für dessen Identifikation geben. Dabei können – zum Teil durch Suggestion erzeugte – Momente vermeintlichen Wiedererkennens als Bestätigung dienen. Die Figur des Dalai Lama ist nur ein besonders prominentes Beispiel für diesen für viele ebenso exzentrisch wie romantisch anmutenden Auffindungsprozess. Die Zahl der auf diese Weise jeweils Verkörperten dürfte in die Zehntausende gehen. Nicht nur die höchsten Würdenträger, sondern auch einfache Mönche verkörpern sich wieder.

Kindeswegführung, Orakel und Inthronisierung

In der Zeit zwischen den Reinkarnationen der Dalai Lamas fungieren die jeweiligen Panchen Lamas, die als Verkörperungen des Buddha Amitabha gelten, als ihre Stellvertreter. Aufgrund verschiedener Divinationstechniken vermutete man 1937, vier Jahre nach dem Ableben des 13. Dalai Lama, seine neue Verkörperung in der nordosttibetischen, von China kontrollierten Region Amdo. Ein Suchtrupp des Panchen Lama identifizierte den damals zweijährigen Lhamo Thöndup (wunscherfüllende Göttin), und die Selektion wurde schließlich von Lhasa bestätigt – eine Einwilligung der Eltern war nicht erforderlich. Der Junge konnte nicht gleich nach Lhasa mitgenommen werden, sondern wurde in ein Kloster gebracht, in dem er sich einsam und unglücklich fühlte.[4] Die «Schlepper» aus Lhasa mussten an den Gouverneur, der nicht wissen sollte, dass es sich bei der «Fracht» um den künftigen Dalai Lama handelte, erst ein sattes Lösegeld entrichten. Im Sommer 1939 wurde der Junge nach Lhasa gebracht, im Februar 1940 dann im Alter von fünf Jahren offiziell als 14. Dalai Lama inthronisiert und zum Mönch geweiht. Von nun an hatte sich Tenzin Gyatso einer jahrelangen rigorosen und monotonen religiösen Ausbildung zu unterziehen und musste im Winter weitgehend isoliert in einem Raum des finsteren und verwinkelten Potala-Palasts leben, den der 5. Dalai Lama im 17. Jahrhundert errichtet hatte. Einmal im Jahr stand eine strenge dreiwöchige Klausur an. Lhamo Thöndup war nicht das einzige Kind, das aus seiner Familie geholt wurde – war es doch üblich, Kinder schon in ganz jungen Jahren in Klöster zu schicken. Im damaligen Tibet lebte vermutlich mehr als ein Viertel aller Männer, die wenigsten freiwillig, in Klöstern.

Lhamo Thöndups Mutter, die insgesamt sechzehn Kinder auf die Welt brachte, war eine besonders ergiebige leibliche Quelle von Verkörperungen: Von ihren sieben überlebenden Kindern wurden die vier Söhne Mönche, drei von ihnen als Verkörperungen *(tulku)* identifiziert. Diese charismatische Fruchtbarkeit führte dazu, dass man sie später in Lhasa als Verkörperung der Tara (Stern; Retterin), ein weiblicher Bodhisattva, verehrte, was für tibetische Frauen eine beispiellose religiöse Karriere war.[5] Für seinen Vater zahlte sich die Dalai-Lama-Werdung seines Sohnes ebenfalls aus: Er wurde in den Adelsstand erhoben und erhielt viele Privilegien, die er auch materiell ausnutzte.

Die indische Unabhängigkeit 1947 und die Ausrufung der Volksrepublik China 1949 veränderten die geopolitische Lage des innenpolitisch instabilen Landes Tibet. Als 1950 die chinesische Volksbefreiungsarmee mit dem Ziel der «Reichseinigung» die Grenzen überquerte, musste die tibetische Führung handeln: «Die Regierung beschloss, das Staatsorakel zu Rate zu ziehen», schrieb der Dalai Lama später. «Es war ein äußerst angespannter Augenblick, als der Kuten [das Medium des Staatsorakels (MSt)], unter dem Gewicht seines riesigen zeremoniellen Kopfschmucks torkelnd, schließlich zu meinem Sitzplatz kam und mir mit den Worten ‹Dü la bab› (Seine Zeit ist gekommen) eine weiße Seidenschleife in die Hand legte.»[6]

Dieses aus dem Nechung-Kloster stammende Orakel – mit dem Mann unter der rituellen Verkleidung war der Dalai Lama bestens bekannt[7] – kommunizierte im Namen der Kriegsgottheit Pehar bzw. der Gottheit Dorje Dragden, des als Krieger in einer Rüstung dargestellten persönlichen Schutzgottes des neuen Oberhaupts. Während der Dalai Lama sich über die Astrologie bzw. den Hofastrologen bisweilen abschätzig äußert,[8] hat er bis in die Gegenwart nie Zweifel an der Gültigkeit traditioneller tibetischer Divinationstechniken wie Orakel, Trance oder Traumdeutung laut werden lassen.

Nach der Konsultation einer weiteren Schutzgottheit, Palden Lhamo (glorreiche Göttin) – sie hat einen schwarzen, ausgemergelten Körper und ist mit Girlanden aus Knochen und dem Fell eines Tigers oder einer Elefantenhaut geschmückt[9] –, entschied sich der Dalai Lama in den späten 1970er Jahren, die Verehrung der mächtig-gefährlichen Schutzgottheit Dorje Shugden (oder Dolgyal), die er als zerstörerisch-spalterisch ansah, zu unterbinden. 1996 empfahl er schließlich allen, die ihn als Guru verehren, und allen, die sich für die Befreiung Tibets einsetzen, die Verehrung dieser Gottheit einzustellen.[10]

Diese kultische Einschränkung wurde von Betroffenen und Außenstehenden als diktatorische Intoleranz ausgelegt. Im Zuge der daraus resultierenden heftigen Kontroverse wurden sogar einige Mönche ermordet. Die Entscheidung des Dalai Lama wird aber auch als Versuch gedeutet, eine Art nationales Ritualsystem zu etablieren.[11]

Maos zwei Gesichter

Zwei Monate nachdem der Fünfzehnjährige im Oktober 1950 mit dem Goldenen Rad der weltlichen Macht betraut worden war, zog er sich mit der Regierung nach Yadong im Süden Tibets zurück, von wo aus man sich im Notfall über die Grenze nach Indien absetzen konnte. Hier kam der junge Dalai Lama nun erstmals in direkten Kontakt mit der Bevölkerung, die er regierte. Ungeachtet der grundlegenden Opposition gegen die chinesische Okkupationsmacht hielt der Dalai Lama die tibetische Gesellschaft für reformbedürftig. Auf wirtschaftlichem Gebiet etwa setzte er sich für die Abschaffung der Erblichkeit von Schulden und die Reform des Großgrundbesitzes ein.[12] Die chinesischen Administratoren sahen dies gar nicht gern.[13]

Als der Dalai Lama 1954 auf eine lange Propagandareise nach China eingeladen wurde, war seine Reaktion auf das dortige Projekt der gesellschaftlichen Erneuerung neugierig positiv. Er schreibt im Rückblick, dass er vom Marxismus als einem «Gesellschaftssystem, das auf Gleichheit und Gerechtigkeit für alle beruhte», angetan war. Diese Werte forderte er auch als Buddhist ein. Der Buddhismus verharre nicht in passiver Akzeptanz der gegebenen Verhältnisse, sondern unterstütze alle Versuche, das Schicksal der Mitmenschen zu verbessern.[14] Eine Synthese von Marxismus und Buddhismus schien dem Dalai Lama aussichtsreich.[15]

Auf seiner Reise hatte ihn der mehr als vierzig Jahre ältere Mao als Persönlichkeit mit starker Ausstrahlung beeindruckt, «[a]llein schon seine Gegenwart gebot Respekt.» Er beschreibt ihn als glaubwürdig, inspirierend und als einen «fesselnden Redner». Die politischen Aussichten einer Vereinigung Tibets mit der Volksrepublik schienen ihm vielversprechend. Während ihrer zahlreichen Zusammenkünfte (s. Abb. auf S. 369) machte Mao allerdings widersprüchliche Aussagen zum Thema Religion, was seinen jungen Gesprächspartner zunehmend verwirrte. Einerseits habe Mao den Buddhismus als eine recht gute Religion bezeichnet bzw. den Buddha für dessen Kritik am Kastenwesen, an Korruption und Ausbeutung gelobt. Ganz am Ende seines Besuches habe Mao ihm hingegen ins Ohr geflüstert, Religion sei doch letztendlich Gift, da sie die Bevölkerung reduziere und den materiellen Fortschritt verhindere. Mao habe sich somit «doch als der Zerstörer des Dharma» zu erkennen gegeben.[16]

Diese nur in der zweiten Version des Berichts eingefügte Episode sollte vielleicht die späteren Entwicklungen während der Kulturrevolution erklären, im Zuge derer angeblich 6400 und damit 99,9 Prozent aller tibetischen Klöster zerstört wurden. Verlässliche Zahlen sind allerdings kaum zu ermitteln,[17] viele Klöster sind, teilweise zur Ankurbelung des Tourismus, nach der Kulturrevolution wieder hergerichtet worden. Als 1980 die Schwester des Dalai Lama, Jetsun Pema (geb. 1940), mit einer Delegation Tibet besuchte, kamen ihr schier unglaubliche Horrorberichte menschlicher Grausamkeit aus der Zeit der Kulturrevolution zu Ohren. So seien Eltern «gezwungen worden zuzuschauen, wie ihre Söhne ermordet wurden, und wenn es ihnen nicht gelang, zu lächeln und Beifall zu klatschen und den Chinesen dafür zu danken, dass diese ihre eigenen Kinder töteten, wurden sie ebenfalls verurteilt.» Und Kinder seien gezwungen worden, ihre Eltern in aller Öffentlichkeit zu foltern und zu ermorden.[18]

Indien: Spirituelle Heimat und Zufluchtsort

Eine weitere Auslandsreise führte den Dalai Lama 1956 nach Indien. Er war zur Feier des 2500. Geburtstags des Buddha in das südlich an Tibet grenzende Königreich Sikkim eingeladen worden. Festlichkeiten wurde an verschiedenen historischen buddhistischen Stätten Indiens begangen und sollten den Buddhismus als gleichermaßen geschichtsträchtige wie lebendige Religion sichtbar machen. Dies war nicht das erste Mal, dass der der junge Dalai Lama als Teil einer neuen buddhistischen Internationale und als Repräsentant des Buddha bzw. des Buddhismus auftrat.[19] Schon ein Jahr nachdem er Staatsoberhaupt geworden war, hielt er im Dungkar-Kloster im Süden Tibets in einer feierlichen Zeremonie einige Reliquien empor. Tausende Buddhisten aus Tibet, Sikkim und Bhutan nahmen daran teil, und das Ereignis förderte eine neue Wallfahrtsbewegung.

Die Indienreise 1956 sollte dem Dalai Lama aber auch die Gelegenheit bieten, sich mit der indischen politischen Führung auszutauschen, allen voran mit Premierminister Nehru. Zu seiner großen Enttäuschung verweigerte dieser ihm politische Unterstützung und forderte ihn zur Rückkehr nach Tibet auf. Der Dalai Lama spielte mit dem Gedanken, dennoch in Indien zu bleiben. Aber zwei in Indien anwesende hochrangige Orakel empfahlen die Rückkehr nach Tibet.[20]

In seinen autobiographischen Berichten schildert er die Indienreise als entscheidende Weichenstellung für sein künftiges Handeln. So besuchte er gleich zu Beginn seines Aufenthalts in Neu-Delhi die Gandhi-Gedenkstätte. Diese «Wallfahrt» schildert er als einen besonderen Moment der geistigen Nähe, er habe zu einer Art Selbstverpflichtung geführt, auch in Zukunft immer Gandhis Weg der Gewaltlosigkeit zu folgen.[21] Noch in seiner Dankesrede bei der Verleihung des Friedensnobelpreises 1989 nannte er Gandhi seinen «Mentor». Und das Preiskomitee betrachtete «die diesjährige Verleihung des Preises zum Teil als Tribut an das Andenken Mahatma Gandhis.»[22]

Das Prinzip der Gewaltlosigkeit hat dem Dalai Lama weltweit viel

Anerkennung eingebracht. Es wurde aber auch eingewendet, dass sich der Dalai Lama zwar abstrakt gegen Gewalt und Krieg ausspricht, konkrete Kriege und Akte staatlicher Gewalt aber längst nicht immer verurteilt, vor allem, wenn sie von den zwei Hauptunterstützern der tibetischen Exilregierung ausgehen: von Indien und den USA. Auch distanziere er sich nicht immer und konsequent von Anschlägen tibetischer Widerständler («Terroristen» aus chinesischer Sicht), die ihre Gewalthandlungen mitunter mit dem Namen des Dalai Lama auf den Lippen begehen.[23]

Kritiker der Politik der Gewaltlosigkeit wenden ein, dass sie politisch wirkungslos geblieben sei. Für den Dalai Lama ist Gewaltlosigkeit aber keine Sache des politischen Kalküls, sondern ein Kernelement seiner Identität und seiner Botschaft als Buddhist, obschon ihn ein Hindu dazu inspiriert hat und der tibetische Buddhismus keineswegs gewaltfrei ist. Mit Gandhi mahnt der Dalai Lama, Handlungen zu bekämpfen, nicht Menschen.[24] Für beide war und ist Politik nicht von Religion bzw. religiösen Grundsätzen zu trennen. Anders als Gandhi und Martin Luther King hat der Dalai Lama jedoch keine gewaltfreien Protestaktionen im chinesischen Herrschaftsbereich ausgelöst, die China zum Umdenken gezwungen hätten. Weiterhin betont der Dalai Lama, etwa in seiner Dankesrede zur Verleihung des Friedensnobelpreises, dass auch Unterdrücker Mitgefühl verdienten, da auch sie Menschen und auf der Suche nach Glück seien.

Indien war 1956 für den Dalai Lama ein «Heiliges Land», auch übersetzt als «Land der Heiligen». Diese Bezeichnung ist insofern in der klassischen buddhistischen Literatur verankert, als Indien dort als das Zentrum der Welt gilt.[25] In seiner ersten Autobiographie von 1962, *Mein Leben und mein Volk: die Tragödie Tibets,* schrieb er, jeder Tibeter hege die Hoffnung, eines Tages eine Wallfahrt nach Indien zu unternehmen. Sein Besuch in Bodhgaya, dem von Anagarika Dharmapala als buddhistisches Wallfahrtsziel propagierten Ort des Erwachens des Buddha (s. Kap. 8), war für ihn ein Moment der Inspiration und Einsicht. Tibet bezeichnete er als Kind der indischen Zivilisation. Er sprach bezeichnenderweise nicht vom tibetischen Buddhismus, sondern vom Buddhismus in Tibet: Dieser ist für ihn genuin indisch und sollte keineswegs als tibetische Sonderentwicklung – Stichwort Lamaismus – angesehen werden. Auch in der zweiten Autobiographie von

1990, *Das Buch der Freiheit,* schreibt er, er habe 1956 das Gefühl gehabt, «in meine spirituelle Heimat zurückgekehrt zu sein».[26]

Indien als eine Art Mutterland des Buddhismus und damit auch Tibets zu deklarieren, hatte auch eine religionspolitische Funktion, da die Republik Indien damit in die politische Verantwortung genommen wurde – aus der Sicht derzeitiger Forschung eine problematische religionsgeschichtliche Konstruktion: «Ich vergleiche das Verhältnis zwischen Indien und Tibet gern mit dem zwischen Meister und Schüler: Gerät der Schüler in Schwierigkeiten, ist der Meister dafür verantwortlich, dem Schüler zu Hilfe zu kommen.»[27]

Zweieinhalb Jahre später, im März 1959 verließ der Dalai Lama in Anbetracht einer drohenden militärischen Auseinandersetzung mit China seinen Sommerpalast und floh nach Indien. Das Staatsorakel hatte dieser Entscheidung zugestimmt.[28] Die legendenumrankte Flucht wurde von Beijing zunächst als «Entführung» dargestellt. In der Folge wurde der unter chinesischer Obhut erzogene 10. Panchen Lama das nominelle Staatsoberhaupt Tibets – und der Bezug auf Indien als Heiliges Land erhielt eine neue Dimension. Denn Indien wurde nun ein Refugium nicht nur der (diplomatisch von keinem Land der Welt formell anerkannten!) tibetischen Exilregierung, sondern in verschiedenen Regionen Indiens etablierten sich gut organisierte, stabile und sowohl von der indischen Regierung als auch international unterstützte tibetische Diasporasiedlungen. Sie fungieren als Projekte der Bewahrung und Perpetuierung tibetischer Kultur und des tibetischen Buddhismus; so wurden in Indien zahlreiche tibetisch-buddhistische Klöster gegründet. Für die tibetischen Diasporagruppen sind jährliche Wallfahrtsereignisse unter Beteiligung des Dalai Lama an den buddhistischen Stätten Indiens wie Bodhgaya und Sarnath Hauptereignisse eines neuen Ritualkalenders.[29]

Der Dalai Lama widmete sich zunächst in Mussoorie, ab 1960 dann – weiter von Delhi entfernt, aber klimatisch für Tibeter angenehmer – in Dharamsala der diplomatischen Arbeit und dem Aufbau der Exilregierung. Dabei nahmen einige Familienmitglieder führende Rollen ein. Weiterhin widmete er sich seiner religiösen Aufgaben. Kurz vor seiner Flucht hatte er im Frühjahr 1959 den höchsten Abschluss im tibetisch-buddhistischen System der Gelehrsamkeit erlangt. Schon bald nach seiner Ankunft in Indien pilgerten Menschen – nicht nur

Buddhisten – zum Haus des Dalai Lama, der sich dort wöchentlich zeigte und Segen spendete. Hatten die Tibeter in der Heimat sogar Blickkontakt zur Verkörperung des Chenrezig vermieden, ergriff der Dalai Lama nun die ihm entgegengestreckten Hände.[30] Im Exil wurde der Dalai Lama eine nahbare Figur, die sich den Menschen zuwandte. Im Laufe der Jahrzehnte entwickelte sich Dharamsala zu einer tibetisch-buddhistischen Tourismusdestination mit dem Dalai Lama als Hauptattraktion: Aus der ganzen Welt kommen Menschen, um Seine Heiligkeit zu sehen und zu hören.[31]

Tibet-Aura, buddhistische Ökumene und der Kontakt zur Wissenschaft

Von der übernatürlichen Verkörperung eines Bodhisattva wurde der Dalai Lama zum sozial-medialen Repräsentanten eines Volkes bzw. eines Landes, das in der westlichen Imagination als Quelle entrückter Weisheit positiv besetzt ist. Nach seiner Flucht (1959) hatte er aktiven Anteil an der Bewahrung und Steigerung eines entrückten Tibetbildes, das die Tibeter zu einem «völlig vergeistigten, nur der Religion hingegebenen Volk» macht, «das jedweder materieller Neigung völlig abhold ist».[32] In seiner Nobelpreis-Dankesrede sagte er, Tibet habe «eine historische Rolle als friedliche buddhistische Nation». Friede, Buddhismus und Tibet bilden bei ihm eine unauflösliche Bedeutungseinheit. Über seine spezifische politische Funktion für Tibet gilt der Dalai Lama als ein Botschafter des Weltfriedens, dessen Reputation weit über die Friedensbewegungen im engeren Sinne reicht.

Der Dalai Lama unterscheidet zwischen innerem und äußerem Frieden. In vielen Ansprachen, Gesprächen und Texten vertritt er eine entpolitisierte, verinnerlichte und individualisierte Sicht des Friedens. Griffig spricht er von der «inneren Abrüstung» als Voraussetzung «äußerer Abrüstung».[33] Das gründet in seinem positiven Menschenbild, das, im Sinne der tibetisch-buddhistischen Tradition, den Menschen als grundsätzlich friedlich versteht.[34]

Gegenüber einem nostalgischen und verklärenden Tibetbild bezog die 1997 in Bonn gezeigte Ausstellung *Mythos Tibet: Wahrnehmungen, Projektionen, Phantasien* kritisch Stellung.[35] Im Ausstellungskatalog beklagt der Tibetologe Toni Huber eine von der Exilregierung betriebene Zensur kritischer Tibetbilder.[36] Kritik am Dalai Lama gilt weithin als Tabu, und Kritiker wurden gemobbt und bedroht.

Im Dezember 1985 wurden im indischen Bodhgaya unter Leitung des Dalai Lama tibetische Zeremonien abgehalten, an denen etwa eine Viertelmillion Menschen teilnahmen. Das Ereignis wurde von den Veranstaltern als «Prayer for World Peace» beworben. Die Tibeter nahmen damit gewissermaßen den knapp ein Jahr später von Johannes Paul II. in Assisi abgehaltenen «Weltgebetstag für den Frieden» vorweg. Der Papst und der Dalai Lama sind im Übrigen mehrfach zusammengetroffen. Während die Veranstaltung in Assisi Vertreter vieler Religionen versammelte, hatten die tibetischen Veranstalter führende Repräsentanten nicht nur der verschiedenen Schulrichtungen des tibetischen Buddhismus nach Bodhgaya eingeladen, sondern auch buddhistische Mönche aus Indien, Sri Lanka, Thailand, Vietnam, Japan und der Mongolei.[37] Bodhgaya wurde somit als Zentrum des asiatischen und weltweiten Buddhismus inszeniert – und der Dalai Lama als führende Gestalt der internationalen buddhistischen Ökumene.

Seit Mitte der 1980er Jahre wurde Austausch mit Wissenschaftlern unterschiedlicher Fachrichtungen zu einer Spezialität oder gar einem Markenzeichen des Dalai Lama. Mehrfach traf er mit den Physikern David Bohm und Fritjof Capra und dem Biochemiker Rupert Sheldrake zusammen, die auch als Vordenker der New Age Bewegung bzw. New Age Wissenschaftler gelten.[38] In Deutschland war der Physiker, Philosoph und Friedensaktivist Carl Friedrich von Weizsäcker ein wiederholter Gesprächspartner. Dass ein geistliches Oberhaupt des noch bis Mitte des 20. Jahrhunderts von wissenschaftlichen Erkenntnissen abgeschnittenen tibetischen Buddhismus nun auf Augenhöhe mit bekannten Wissenschaftlern sprach, war höchst bemerkenswert. In einem Kontext, in dem Wissenschaft und Religion oft als unversöhnliche Gegensätze verhandelt werden, dürfte seine wissenschaftsfreundliche Haltung zu seiner positiven Wahrnehmung stark beigetragen haben.

Aussagen buddhistischer Schriften, die von wissenschaftlichen Erkenntnissen als widerlegt gelten – etwa die traditionelle buddhistische Kosmologie um das Meru-Gebirge als Weltzentrum –, sieht der Dalai Lama nicht mehr als Wahrheiten an. In dieser Haltung sieht er eine Konvergenz von Wissenschaft und Buddhismus – ebenso wie in der

Ablehnung eines monotheistischen Schöpfergottes. Die buddhistische Meditation, die traditionellerweise eigentlich nur von Mönchen bestimmter Schulrichtungen praktiziert wurde, wird in pro-wissenschaftlichen Diskursen als eine Art methodisch und empirisch überprüfte kontemplative Wissenschaft dargestellt.[39] Zu Darwins Evolutionstheorie nimmt der Dalai Lama eine ablehnend-kritische Haltung ein, da sie das kosmische *karma*-Gesetz auszuhebeln drohe und die Entstehung von Bewusstsein nach überlieferter buddhistischer Auffassung nicht aus materiellen Ursachen erklärt werden kann. Außerdem hält er die Aussagekraft naturwissenschaftlicher Erkenntnisse für wichtige Fragen des menschlichen Lebens für begrenzt. Dennoch propagiert er eine Interessengemeinschaft von Wissenschaft und Religion oder Spiritualität mit dem gemeinsamen Ziel der Beseitigung des Leidens.[40]

Das Renommee des Dalai Lama in akademischen Kreisen ist immens. Er tritt als Stargast bei zahlreichen interdisziplinären Kolloquien auf. Eine regelrechte Flut von Ehrenpromotionen hat sich über ihn ergossen, ähnlich wie über Ikeda Daisaku (s. Kap. 43). Universitäten, karitative Einrichtungen aller Art und der Dalai Lama bewegen sich dabei in einer selbstverstärkenden Reputationsspirale: Je größer die Reputation, desto mehr Institutionen möchten an der Berühmtheit teilhaben. Zumindest im Westen ist es für Politiker, Schauspieler, Musiker und Celebrities aller Art reputationsförderlich, zusammen mit dem Dalai Lama abgelichtet und gesehen zu werden, wobei umgekehrt auch der Dalai Lama durch diese mediale Allgegenwart immer mehr als eine Art welthistorisches Universalgenie erscheint.

Der Dalai Lama, unter dessen Namen über hundert Buchtitel erschienen sind, hat sich dabei ein herausragendes Image der Weisheit erarbeitet. In einer vom Institut für Demoskopie Allensbach im Jahre 2002 durchgeführten repräsentativen Umfrage nannte ein Drittel der befragten Deutschen den Dalai Lama als den weisesten lebenden Menschen. Er lag damit an erster Stelle, mit mehr als doppelt so vielen Stimmen wie der an zweiter Stelle genannte Papst Johannes Paul II.

Politische Initiativen für eine verfahrene Situation

Ähnlich wie Nelson Mandela und Jassir Arafat war und ist der Dalai Lama der Inbegriff und das weltweit bekannte Gesicht des Freiheitsstrebens eines Volkes. Diese Bekanntheit hat er nicht über Nacht erlangt. Bis zu Beginn der 1970er Jahre hatte der Dalai Lama noch nicht einmal ein Visum zur Einreise in westliche Länder erhalten. Erst in der zweiten Hälfte der 1980er Jahre, wohl auch als Folge der zunehmenden weltwirtschaftlichen Bedeutung Chinas, schaffte es die Tibet-Frage auf die internationale politische Agenda. Dem Dalai Lama gelang es, mit verschiedenen politischen Initiativen Aufmerksamkeit für die Sache der Tibeter zu erregen. 1987 stellte er seinen 5-Punkte-Friedensplan vor, der ganz dem Geiste der internationalen Friedens- und Umweltbewegung zu entsprechen schien: Tibet sollte zu einer entmilitarisierten Zone erklärt werden – er sprach von einer Ahimsa-Zone, einer Zone der Gewaltlosigkeit, einem Schutzgebiet des Friedens *(peace sanctuary)* –, und forderte, dass die großflächigen Umweltzerstörungen in Tibet gestoppt werden müssten.

1988 hielt der Dalai Lama eine Rede vor dem Europäischen Parlament, in der er sich als Reaktion auf einen Vorschlag Chinas bereit erklärte, die Forderung der Unabhängigkeit Tibets aufzugeben, wenn dem Land auf innenpolitischer Ebene kulturelle und religiöse Autonomie eingeräumt werde. An dieser Position, die nicht von allen Tibetern geteilt wird, hat er seither festgehalten.

In Tibet kam es im Frühjahr 1989 zu Demonstrationen und zu zahlreichen Todesfällen; das Kriegsrecht war verhängt worden. Die Verleihung des Friedensnobelpreises 1989 an den Dalai Lama erfolgte nicht zuletzt als Reaktion auf die blutige Niederschlagung der Demonstrationen auf dem Platz des Himmlischen Friedens in Peking im Juni des Jahres. Die Berühmtheit und Beliebtheit des Dalai Lama scheint insgesamt auch von antichinesischen Ängsten, Vorbehalten und Vorurteilen beflügelt zu werden.

Seit 1990 wird der Dalai Lama von Regierungschefs vieler Länder empfangen, wenngleich meistens privat oder in seiner Eigenschaft als Religionsführer. Die politische Situation Tibets hat sich jedoch nicht im Sinne des Dalai Lama verändert. Der Friedensnobelpreis hat die verfahrene Situation eher zementiert als aufgebrochen.

Der Dalai Lama erhält den Friedensnobelpreis, Oslo, 10. Dezember 1989

Masseninitiation und das künftige Friedensreich

Seit den frühen 1980er Jahren befindet sich der Dalai Lama die meisten Monate des Jahres auf Tournee. Überall auf der Welt nimmt der religiöse Superstar Ehrungen entgegen, hält Vorträge, eröffnet tibetisch-buddhistische Einrichtungen und Tibet-Ausstellungen, trifft Prominente, Sympathisanten und Spender, und nimmt an diversen Veranstaltungen teil.

Auf seinen ständigen Tourneen durch die Welt, die ihn zu der vielleicht global-mobilsten Figur der Religionsgeschichte machen, hat der Dalai Lama in vielen Ländern tibetisch-buddhistische Klöster und «spirituelle Zentren» eingeweiht. Außerdem hat er tantrische Masseninitiationszeremonien durchgeführt, bei denen Nicht-Tibeter in die untersten Stufen eines mehrstufigen Gradsystems eingeführt werden, dessen oberste Stufen nur Ausgewählten zugänglich sind. Diese etwa eine Woche dauernden sogenannten Kalachakra-Zeremonien sollen laut der offiziellen Vermarktung dem Erzeugen von Weltfrieden dienen. Dem scheint die Vorstellung zugrunde zu liegen, dass in Zeiten der Bedrohung alle guten Kräfte der Welt mobilisiert werden müssen.[41] Die Kalachakra-Zeremonien haben zu Kontroversen geführt, seitdem

Kritiker auf martialische und expansive Inhalte der zugrunde gelegten alten Texte hingewiesen haben. In diesen Quellen ist die Hoffnung auf das künftige Friedensreich Shambala mit dem Motiv einer großen Schlacht verbunden. Vor dem Hintergrund bestimmter historischer Erinnerungen werden die auszumerzenden Mächte des Bösen in diesen Texten mit Muslimen gleichgesetzt. Bislang ist der friedliebende Dalai Lama nicht durch eine kritische Diskussion der martialischen Aspekte der von ihm repräsentierten religiösen Tradition aufgefallen. Unterschwellig schwingen in den Auseinandersetzungen um die Kalachakra-Zeremonien Fragen nach der genauen Zielsetzung und Zweifel an der angenommenen objektiven oder nur subjektiven Wirksamkeit der Zeremonie mit – zwischen «Folklore» und «Zauber».[42] Bemerkenswert aber ist die Öffnung dieser sorgsam gehüteten Tradition für ein weltweites Publikum.

Mit der Flucht des Dalai Lama im Frühjahr 1959 und der Diaspora-Expansion wurde eine bislang geographisch weitgehend abgeschottete Religionskultur gewissermaßen zwangsglobalisiert. Seit Mitte der 1970er Jahre, schon bevor der Dalai Lama den Status eines globalen Religionssuperstars erlangte, sind diverse tibetische Lamas (Mönche bzw. Lehrer) im Westen aktiv. Es sind internationale Netzwerke von Lehrern und Schülern entstanden und es gibt inzwischen eine gut ausgestattete Infrastruktur. Neben der tibetischen Diaspora wird der tibetische Buddhismus heutzutage von westlichen (inklusive russischen), aber auch süd- und ostasiatischen Konvertiten weiterentwickelt.[43] Nicht nur in Taiwan und Hongkong, sondern auch in der Volksrepublik China finden tibetische Formen des Buddhismus Verbreitung. Schon seit Jahrhunderten hatte der tibetische Buddhismus sich auch schon in der Mongolei ausgebreitet.

Vonseiten der chinesischen Machthaber hat es nicht an Versuchen gefehlt, den Bezug der Tibeter zum Dalai Lama auszumerzen. Tibeter sind ins Gefängnis gekommen, nur weil sie in der Öffentlichkeit «Lang lebe der Dalai Lama» skandierten. 1984 wurden Bilder des Dalai Lama verboten, zunächst in der Öffentlichkeit, dann aber auch in Klöstern und Privatwohnungen. CDs oder Ähnliches mit Aufnahmen und Belehrungen des Dalai Lama wurden konfisziert und die Besitzer bestraft, verhaftet oder «umerzogen».[44] Seit den 1980er Jahren ist buddhistische Praxis in Tibet gleichwohl wieder zulässig. Statt mit

Unterdrückung hat man es nun eher mit religiöser Überwachung von Religion durch die Sicherheitsorgane zu tun. Mitunter kommt es jedoch zu Protesten gegen religiöse Gängelung; die radikalste Protestform sind Selbstverbrennungen von Mönchen, wie sie in den 1960er Jahren auch in Vietnam vorgenommen wurden (s. Kap. 47). Die Anerkennung neuer Verkörperungen *(tulku)* ist in Tibet erlaubt, das Verfahren wird aber seitens der chinesischen Autoritäten genauestens kontrolliert. Für den Eintritt ins Kloster besteht nun ein Mindestalter von sechzehn Jahren. Das ist zwar in vielen asiatischen Ländern so, wird vom Dalai Lama aber abgelehnt.

Glücksstreben, säkulare Ethik und das Lachen

In seiner Dankesrede in Oslo stellte sich der Preisträger nicht zum ersten Mal als einfacher Mensch und Mönch vor: «I speak to you as just another human being; as a simple monk». Er beendete die Rede mit einem vierzeiligen «Gebet», das ihn sehr inspiriere und beflügele. Das Gebet, das ohne Hinweise auf Götter auskommt, schließt mit der gelübdeartigen Aussage: «I, too, abide / To dispel the misery of the world.» Der Dalai Lama machte nicht kenntlich, dass es sich hierbei um klassische buddhistische Verse des indischen Mönches und Gelehrten Shantideva (8. Jh.) handelt: Die Verpflichtung zum Einsatz für die Beseitigung des Elends auf der Welt entspricht seiner Mission als Verkörperung eines Bodhisattva.

Dem Dalai Lama ist es gelungen, bestimmte Grundprinzipien des Buddhismus – auch mittels einer starken Vereinfachung und des Ausblendens komplexer philosophischer Fragen – in eine global verständliche ethisch-politisch-philosophische Sprache zu übersetzen. Das hier vermittelte Bild ist weit entfernt vom gelebten Buddhismus vieler Tibeter – auch von seinen eigenen religiösen Praktiken. Seine täglichen rituellen Zuwendungen an seine wichtigste persönliche Schutzgöttin Palden Lhamo etwa spielen hier selten eine Rolle. Auch seine Meditationspraxis ist viel komplexer, als populäre Anleitungen zur Meditation erkennen lassen.

In *Das Buch der Freiheit* gibt er Einblicke in seinen Tagesablauf, von dem er auch auf seinen Reisen kaum abweicht: er beginnt gegen 4 Uhr morgens und endet abends um 21 Uhr, dazwischen dominieren

Meditationsübungen und die Lektüre religiöser Texte. Zu seinen religiösen Praktiken zählen Prostationen (Niederwerfungen), die er hier rationalistisch begründet: sie hätten «positive Auswirkungen auf das Bewusstsein» und dienten «der Körperertüchtigung». Als zentrale Themen seiner täglichen stundenlangen Meditationen nennt er Leerheit und gegenseitige Verwobenheit des Seienden sowie den Tod.[45]

Die drei Grundachsen des Denkens des Dalai Lama sind in buddhistischen Philosophien verankert: Interdependenz, d.i. die gegenseitige Verwobenheit alles Lebendigen, Gewaltlosigkeit und Mitgefühl.[46] Sie lassen sich aber auch ohne Rekurs auf buddhistische Begrifflichkeiten und Quellen begründen. Umgekehrt lassen sich moderne Ideen wie die Menschenrechte und der Umweltschutz mit buddhistischen Texten in Bezug setzen, ohne dass diese Werte für die tibetische Gesellschaft vor dem Einmarsch der Truppen der Volksrepublik prägend waren.

Auch das Streben nach Glück – als «the pursuit of happiness» in der amerikanischen Unabhängigkeitserklärung (1776) als menschliches Grundrecht benannt – ist ein Leitmotiv moderner Menschenbilder. Für den Dalai Lama ist es gewissermaßen das positive Gegenstück zum buddhistischen Axiom der Allgegenwart des Leidens, das es zu mildern und zu überwinden gilt. Diese beiden Motive hängen mit den oben genannten Grundachsen seines Denkens zusammen: Das Leiden der einen betrifft auch die anderen; der Gebrauch von Gewalt durch die einen verursacht Leiden bei den anderen; Mitgefühl ist die Strategie, das Leiden der anderen zu lindern, darüber hinaus aber sei es – positiv gewendet – eine Quelle des Glücks für die Mitfühlenden.

In einer späteren Phase seines Wirkens hat der Dalai Lama sich für eine Überführung religiöser Idiome in ein säkulares Programm ausgesprochen. Im Jahre 2011 erschien sein Buch *Beyond Religion: Ethics for a Whole World* (deutsch 2013 als *Rückkehr zur Menschlichkeit*) – ein Plädoyer für eine globale Ethik, die sich nicht auf ein religiöses Fundament stützt, sondern auf die angeborenen menschlichen Werte der Liebe und des Mitgefühls. Darin begründet der buddhistische Religionsführer den Verzicht auf eine religiöse Leitethik damit, dass sich nicht alle Menschen derselben Religion zugehörig fühlten und sich zudem viele von ihren Religionen abgewandt hätten, weshalb Religion kein geeignetes Fundament für eine globale Ethik darstelle. Stattdessen bedürfe es einer «säkularen», individualistischen Ethik: Die Wurzel aller Probleme, so der Dalai Lama, liege im Individuum; wenn die Menschen keine moralischen Werte hätten, seien alle Gesetze und Normen nutzlos.[47]

Der deutschen Öffentlichkeit wurden diese Gedanken durch Gespräche mit dem Publizisten Franz Alt nahegebracht, die unter dem Titel *Ethik ist wichtiger als Religion* 2015 die Spiegel-Bestsellerliste eroberten. «Ethik, nicht Religion ist in der menschlichen Natur verankert», heißt es hier. Der Dalai Lama macht sich dabei die zunehmende Kritik an der Intoleranz von Religionen zu eigen und sucht einen Ausweg im positiv besetzten, aber vagen Begriff «Spiritualität» als «elementarste aller menschlichen Urquellen in uns».[48] Er führt den griffigen Vergleich von Wasser und Tee ein: «basic human spirituality» oder «basic spiritual well-being» umfasse die natürlich-angeborenen menschlichen Dispositionen zu Liebe und Mitgefühl (Wasser), die «religion-based spirituality» hingegen bestehe in kulturell geprägten und anerzogenen Glaubensweisen und Handlungsformen (Tee); Wasser (Ethik als Basis-Spiritualität) sei notwendig, Tee hingegen nicht. Aber auch das Wasser muss rein gehalten werden.

Zu einer Art globalem Markenzeichen des Dalai Lama ist sein langes, lautes, gurgelndes und ansteckendes Lachen geworden. Er bezeichnet sich selbst als einen «professionellen Lacher»; Kritiker mokieren sich demgegenüber über sein «albernes Gegackere», seine ständigen «Witzbold-Einlagen» und sein «manieriertes Dauergegrinse».[49] Wie Maharishi (s. Kap. 32) verkörpert der Dalai Lama gute Laune. Das ist für viele – vor allem im Westen – ein ungewohntes, vielleicht aber befreiendes emotionales Register von Religion, die oft eher mit Ernst und Strenge in Verbindung gebracht wird und bestenfalls ein weises Lächeln erlaubt, wie es auch indische Buddha-Darstellungen ausstrahlen. Das Lachen des Dalai Lama ist dabei ebenso genuin und selbstironisch wie strategisch, kann es doch unangenehme Fragen überspielen und formale und steife Situationen auflockern – Lachen und Lächeln erzeugen Wohlwollen. Sein durch gute Laune, Humor und Lachen geprägtes, aber zugleich verbindliches Auftreten dürfte zu den Sympathiewerten beigetragen haben, die ihm zuteil werden. Das Lachen spielt in einigen ostasiatischen Spielarten des Buddhismus eine Rolle,[50] und der Dalai Lama beruft sich auf die buddhistische Philosophie für seine «holistische» Perspektive, wonach der Fokus auf Negativem unfruchtbar sei.

Sein ausgelassenes Lachen und sein unverdrossen-ostentatives Glücklichsein sind zwei Seiten einer Medaille. Der Dalai Lama vertritt die Ansicht, dass einem Glück nicht einfach in den Schoß fällt, sondern durch Ethik, Mitgefühl, Achtsamkeit und Meditation gezielt herbeigeführt oder zumindest gesteigert werden kann (so wie man sich durch harte Arbeit aus den Fängen der Armut befreien könne). In den Medien werden seine Anleitungen zum Glücklichsein weltweit verbreitet. Zugleich ist er ein Bezugspunkt in der boomenden akademischen und populärwissenschaftlichen Glücksforschung, so etwa in dem internationalen Bestseller *The Art of Happiness: A Handbook for Living* (1998; deutsch 1999 als *Die Regeln des Glücks*), das eine Art Synthese westlicher Wissenschaft und buddhistischer Weisheit sein möchte. Tibetische Mönche wurden für Experimente herangezogen, wobei sich höhere Aktivitäten in den Hirnregionen gezeigt haben sollen, die angeblich für die Genese von Glücksgefühlen zuständig sind.[51] Die Aussagekraft solcher – auch unter tibetischen Mönchen – umstrittenen Studien[52] ist unklar, ihr Design aber entspricht dem Interesse des Dalai Lama, die Gültigkeit tibetischer Praktiken wissenschaftlich überprüfen zu lassen. Sie scheinen überdies das Renommee des (tibetischen) Buddhismus als scheinbar wissenschaftlich verifizierter, progressiver «Spiritualität» zu untermauern. Die hier propagierte Form des Glücklichseins hat dabei wenig mit traditionellen tibetisch-buddhistischen Heilszielen gemein. Spiritualität, Ethik und Glück sind für den Dalai Lama individuelle anthropologische Konstanten, die auch unabhängig von Religion ihre Wirkung entfalten können. Religion hat hier bestenfalls eine Stützfunktion.

Demokratie: Die Entflechtung von Religion und Politik

2011 verzichtete der Dalai Lama offiziell auf sein politisches Amt als Oberhaupt der Exilregierung, was er früher schon für die Zeit nach einer Lösung der Tibetfrage angekündigt hatte.[53] Diese Entscheidung bricht mit einer jahrhundertelangen Tradition des politischen Machtanspruchs der Dalai Lamas. Dies mag auch mit politisch-strategischen Motiven verzahnt gewesen sein: Die Anerkennung eines regimekonformen Nachfolgers durch die Volksrepublik hätte das Amt domestizieren können, und ein mindestens achtzehnjähriges Übergangsstadium bis zur Amtseinsetzung eines Nachfolgers hätte die Regierung paralysiert. In einer Stellungnahme vom 11. März 2011 begründete er seine Entscheidung mit der Gefahr, dass die Exilregierung gelähmt wäre, falls er aus gesundheitlichen Gründen nicht mehr in der Lage wäre, seine Regierungsgeschäfte auszuüben.[54] Die Amtsübertragung auf einen gewählten Premierminister sei außerdem eine Konsequenz der von ihm selbst schon in den frühen 1960er Jahren initiierten Demokratisierung der tibetischen Exilregierung: 1961 war ein Parlament geschaffen und 1963 eine demokratische Verfassung in Kraft gesetzt worden. Der erste gewählte Premierminister – Lobsang Tenzin, ein buddhistischer Mönch, der mit fünf Jahren als Verkörperung eines Bodhisattva identifiziert wurde – war seit 2001 im Amt, bisher aber dem Dalai Lama untergeordnet gewesen.

«The rule by kings and religious figures is outdated», sagte der Dalai Lama im März 2011. Man müsse dem Trend der freien Welt folgen, und das bedeute Demokratie. Als Vorbild nennt er hier Indien, dem er China als abschreckendes Beispiel entgegenstellt. Er will somit zu einem Modell des Amtes des Dalai Lama der ersten vier Reinkarnationen zurückkehren, ohne die vom 5. Dalai Lama beanspruchte doppelte – politische und religiöse – Autorität.[55] Diese Entscheidung ist auch von den Orakeln abgesichert, schließlich hat das Nechung-Staatsorakel in der tibetischen Exilregierung den Status eines stellvertretenden Ministers, ein Beispiel für die Verwobenheit traditioneller religiöser Autoritäten mit demokratischen Strukturen.[56] Weiterhin sieht der Dalai Lama in der Entflechtung die Chance, die spirituelle Dimension des Amtes zu stärken.[57]

Eine zentrale Dimension von Gleichheit und Demokratie sind Frauenrechte, die vom patriarchalischen System des tibetischen Buddhismus traditionell nicht gefördert wurden. In Fragen der religiösen Ausbildung von Frauen und ihrer gleichwertigen Ordination als Nonnen hat der Dalai Lama sich öffentlich als Unterstützer der Initiativen zur Gleichstellung von Frauen ausgesprochen. Kritiker wenden ein, dass er die rechtlichen Gegebenheiten zumindest der *gelugpa*-Gemeinschaft, der ihm unterstellten «Gelbmützen», nicht aktiv geändert habe. Dem, erwidern Verteidiger, stehe sein Amtsverständnis entgegen. Offenbar hat der Dalai Lama empfohlen, dass tibetische Nonnen in chinesische

Klöster Taiwans eintreten und sich dort ordinieren lassen sollen, um auf diese Weise die Beschränkungen der tibetischen Orden zu umgehen.[58]

Westliche Konvertitinnen stellen hier einen Motor des Wandels dar. So wurde die in einer katholischen Familie in der Nähe von Köln aufgewachsene Konvertitin Kerstin Brummenbaum als Kelsang Wangmo 1991 als Nonne ordiniert. 2011 war sie die erste Frau, die – wie der Dalai Lama – den höchsten Abschluss des tibetisch-buddhistischen Curriculums erreicht hat, den *geshe*-Grad.

Der Dalai Lama sieht sich wiederholt mit der Frage konfrontiert, ob die kommende Verkörperung Chenrezigs eine Frau sein könne. Er will das nicht ausschließen, fügt aber hinzu, dass es dann hoffentlich eine attraktive Frau wäre, da sie auf diese Weise mehr Einfluss hätte – eine hässliche Reinkarnation könne wohl kaum wirksam sein.[59] Diese Bemerkung, selbst wenn sie nur scherzhaft in einem Interview gefallen ist, zeigt, dass dem Dalai Lama feministische Denkweisen grundlegend fremd sind. Er vertritt auch in gängigen geschlechterpolitischen Streitfragen – der Anerkennung von Homosexualität und der Zulässigkeit von Abtreibungen – eine konservative Haltung, was ihm allerdings, anders als gleichgesinnten Vertretern des Katholizismus oder Strömungen des Protestantismus, nur selten angelastet wird. Als spirituelle Leitfigur, Ozean der Weisheit und Stimme des Friedens bleibt der Dalai Lama für viele Menschen weltweit unantastbar. Bilder von ihm sind auf tibetischen Hausaltären in der ganzen Welt präsent.[60] Auch über sechzig Jahre nach der Flucht aus Tibet gilt der 14. Dalai Lama als höchste Autorität der Exiltibeter, die ihm in ihrer Mehrzahl großes Vertrauen und Hingabe entgegenbringen.[61]

40

Jim Jones, David Koresh, Asahara Shoku

Endzeiterwartungen und Gewaltexzesse

Am 27. November 1978 berichtet *Der Spiegel*: «Pseudoreligiöser Massenwahn trieb Hunderte auf Kommando des Sektenführers Jim Jones in den gemeinsamen Tod. Die Flucht aus der Realität Amerikas in den Dschungel Guayanas und von dort in die zuvor geprobte Existenzvernichtung schockierte Amerika. Präsidenten-Gattin Rosalynn Carter: ‹Es geht über meine Vorstellungskraft›.» Die Tragödie von Jonestown war ein Schlüsselereignis der globalen Religionsgeschichte des späten 20. Jahrhunderts. Es entstand das Schreckensbild des blutdürstigen Sektenführers und brandgefährlicher Kulte. In der Tat kam es in den Jahrzehnten seit Jonestown in Amerika, Europa, Afrika und Asien zu vereinzelten kollektiven Gewalthandlungen mit tödlichen Folgen, die von kleinen, teilweise sozial abgeschotteten und räumlich abgeschiedenen religiösen Gruppierungen begangen wurden. Das Medienecho weltweit war jeweils enorm.[1] In einigen Fällen waren die zerstörerischen Handlungsabläufe durch Interaktionen mit den Medien, insbesondere der Presse, in Gang gesetzt worden. Meist gingen alarmierende Berichte von besorgten Eltern, internen Kritikern oder Aussteigern voraus, die auf diese Weise Opposition gegen ihre ehemaligen Religionsgruppen mobilisierten.

Dualistische Denkmuster, Misstrauen, Missdeutungen und gegenseitige Verdächtigungen können Gewaltspiralen anschieben.[2] Das ist vor allem dann der Fall, wenn Gruppierungen sich verfolgt sehen, sich an einer welthistorischen Wegscheide positionieren und ihre Umwelt durch eine verschwörungsmythologische Brille wahrnehmen – oder wenn ihre Umwelt sie verschwörungsmythologisch bekämpft.[3] Die in diesem Kapitel beschriebenen Tötungsfälle waren aus der Sicht dieser Religionsgemeinschaften zumeist mit akuten Endzeiterwartungen apokalyptischer Dringlichkeit oder mit millenaristischen Verheißungen verbunden. Mehrere Gruppierungen fühlten sich von der Gesellschaft oder dem Staat bedroht, mitunter nicht zu Unrecht, oder der Welt im Ganzen entfremdet. Zum Zeitpunkt der Gewalttaten hegten sie offenbar keine Hoffnungen auf künftiges Wachstum mehr; vielmehr sahen sie ihre Heilsziele gefährdet, witterten neue Chancen auf eine ultimative, endzeitliche Wende oder sahen sich gezwungen, sich gegen ihre Umwelt zu wehren.

Im Mittelpunkt dieser Religionsgemeinschaften standen Männer, zu denen ihre Anhänger gefühlsintensive Beziehungen unterhielten und die – weitgehend erfolgreich – totale Hingabe verlangten. Sie ließen wenig oder gar keinen Raum für abweichende Meinungen. Die Person des Anführers und seine Interaktionen mit seinen Getreuen und der oftmals als feindlich wahrgenommenen Umwelt der Bewegung waren das jeweilige Epizentrum der Gewalteskalation.[4] Allerdings ist diese ebenso wenig aus einem Psychoprofil der Religionsführer abzuleiten bzw. vorherzusagen wie aus einer Typologie millenaristisch-apokalyptischer Bewegungen, und Billigung oder Verherrlichung von Gewalt haben nicht automatisch kriminelle Handlungen zur Folge.

Die hier beschriebenen Massaker haben der Weltöffentlichkeit die (selbst-)zerstörerischen Wirkungen von Religion vor Augen geführt. Zugleich wurde dadurch die Angst vor isolierten religiösen Kleingruppen verstärkt, oft abwertend-furchtbeladen als «Kulte» oder «Sekten» bezeichnet. Verschärft wurden die Konfliktlinien auch durch die Agitationen der seit den 1960er Jahren entstandenen und zunehmend international vernetzten Anti-Kult- oder Anti-Sekten-Bewegungen, wobei man in der englischen Fachsprache zwischen einem säkular oder antireligiös ausgerichteten *anticult movement* (ACM) und einem christlich motivierten *countercult movement* (CCM) unterscheidet.

Jim Jones, der Peoples Temple und Jonestown

Der erste Fall ereignete sich im November 1978 im Dschungel von Guyana, einem kleinen, damals sozialistisch ausgerichteten, englischsprachigen Staat an der Atlantikküste Südamerikas. In der Nähe zur venezulanischen Grenze hatten dort ab 1973 vorwiegend afroamerikanische Mitglieder einer religiösen Gruppe namens Peoples Temple eine egalitär-sozialistisch-utopistische Kommune aufgebaut, die nach ihrem Anführer Jim Jones (1931–1978)[5] Jonestown hieß. Jones wuchs in ärmlichen Verhältnissen im US-Bundesstaat Indiana auf, begann sich in seiner Jugend für Kirchen zu interessieren und war besonders vom Pfingstchristentum angezogen, dessen Gottesdienste ihn beeindruckten. Mit sechzehn Jahren hielt er seine erste Predigt. Als Student an der Indiana University in Bloomington heiratete er, und durch seine Frau fühlte er sich zum sozialen Glaubensbekenntnis der Methodisten hingezogen. 1954 gründete er seine erste Gemeinde, die ab 1955 Peoples Temple hieß und sich in zweierlei Hinsicht radikal vom damaligen christlichen Mainstream abhob: Rassenintegration und Sozialismus. Jones war der weiße Pastor einer weitgehend schwarzen Gemeinde. 1962 war er aus Angst vor dem Atomkrieg vorübergehend nach Brasilien geflohen; 1965 zog er mit seinen Anhängern nach Kalifornien, wo sie sich zeitweilig aus Furcht vor der drohenden Nuklearkatastrophe an einen vermeintlich sicheren Ort zurückzogen.

Jones gab sich selbst als eine Art schwarzer Messias aus und propagierte ein postmetaphysisches Gottesbild: Er polemisierte gegen den «egoistischen» traditionellen Himmelsgott, verkündete den Sozialismus als humanen Gott der Liebe und sich selbst als revolutionären Erlöser. Er scheute dabei nicht vor Behauptungen zurück, dass er – als eine Art zeitgemäßer Jesus – auf dem Wasser laufen und Wasser in Wein verwandeln könne. Außerdem inszenierte er Heilungswunder.[6] Jones war eine bekannte Persönlicheit und wurde durchaus ernst genommen; 1977 erhielt er den Martin Luther King Humanitarian of the Year Award.

Da Peoples Temple zunehmend angefeindet wurde, die Presse gegen die neureligiöse Gemeinde agitierte und eine Untersuchung der Steuerbehörde drohte, entschloss man sich 1977 zu einer Art Auszug aus Ägypten ins gelobte Land – nach Guyana, wo im Dschungel Jonestown als «sozialistisches Paradies» aus dem Boden gestampft wurde. Journalisten berichteten indes über brutale Strafmaßnahmen in der Gruppe, über finanzielle Ausbeutung, über unmenschliche Zustände und ein sich anhäufendes Waffenarsenal. Verwandte von Mitgliedern warfen der Kommune vor, dass Menschen gegen ihren Willen in Jonestown interniert seien. Daher unternahm der US-Kongressabgeordnete Leo Ryan eine Expedition nach Guyana, begleitet von einem Fernsehteam und mehreren Journalisten. Der Besuch geriet schließlich am 18. November 1978 außer Kontrolle, als die Delegation kurz vor ihrem Abflug von Jonestown-Siedlern auf einem abgelegenen Kleinflughafen beschossen wurde. Ryan und vier seiner Begleiter kamen ums Leben. Soldaten, die am nächsten Tag in Jonestown eintrafen, fanden über neunhundert Leichen vor, darunter rund dreihundert Kinder, allesamt mit Cyanid vergiftet, das zusammen mit Beruhgungsmitteln einem Softdrink beigemischt war.

Den finalen Akt des Dramas dokumentiert eine 45-minütige Tonbandaufnahme: Darauf hört man, wie Jim Jones dieses Massaker über Lautsprecher als «revolutionären Selbstmord» und als Akt des Protests gegen «eine inhumane Welt» anpreist. Man wird wohl nie erfahren, wie viele Menschen freiwillig in den Tod gingen und wie viele ermordet wurden. Jones starb ebenfalls, allerdings durch einen Schuss in die Schläfe. Es bleibt ungeklärt, ob er sich selbst erschossen hat.

Zunächst war es sehr schwierig, Friedhöfe in den USA zu finden, die bereit waren, die lange in einem Kühlhaus in Guyana zwischengelagerten Leichen der verstorbenen Jonestown-Siedler zur Bestattung aufzunehmen.[7] Die knapp neunzig Überlebenden der Katastrophe sahen sich – ganz abgesehen von diesem Trauma – in ihrem späteren Leben in den USA vielen Schikanen ausgesetzt.

In der abgeschotteten und zunehmend strikt reglementierten Kommune war es zuvor zu Zerfallserscheinungen gekommen. Der sich zunehmend diktatorisch und unberechenbar gebärdende Jones, der sexuelle Beziehungen zu mehreren seiner Gefolgsleute unterhielt, war dem drohenden Zerfall durch rigide Kontrolle, eingeschränkte Außen- und Innenkontakte der Mitglieder und zum Teil drakonische Strafmaßnahmen begegnet. Dass zuletzt sechzehn Anhänger zusammen mit dem Kongressabgeordneten die Kommune verlassen wollten, konnte Jones nicht hinnehmen, wohl aus Furcht vor weiteren Zweiflern und möglichen diskriminierenden Aussagen der Abtrünnigen. Das nach dem Vorfall auf dem Flughafen zu erwartende Heranrücken der übermächtigen Sicherheitskräfte hat vermutlich das Ende der Kommune – und damit der Welt – als unausweichlich erscheinen lassen. Die Ereignisse eskalierten. Der Plan des kollektiven «Selbstmords» bestand allerdings zumindest theoretisch schon vorher, denn das tödliche Gift war ja bereits beschafft worden und simulierte Suizidereignisse waren schon mehrfach probeweise in sogenannten Weißen Nächten inszeniert worden. Jones scheint sich von dem kollektiven Gang in den Tod ein ultimatives Erlösungsopfer erhofft zu haben, eine finale Überwindung der unmenschlichen Zustände in dieser von Kapitalismus, Imperialismus und Rassismus geprägten, auf eine Nuklearkatastrophe zusteuernden Welt.[8] Dass er ein Tonband mitlaufen ließ, könnte darauf hindeuten, dass das kollektive Opfer als ein Signal an die Welt gedacht war.[9]

Nicht zuletzt die Tatsache, dass Eltern ihre Kinder mit in den Tod nahmen, hat zahlreiche Verschwörungstheorien befeuert.[10] Eine populäre Erklärung, die auf viele neue religiöse Gruppen angewandt wurde, um ihre unerwartete Attraktivität zu begründen, war die in den 1970er Jahren verbreitete Gehirnwäschetheorie:[11] Statt zu verstehen zu suchen, was solche ungewöhnlichen religiösen Gruppen Menschen zu bieten hatten, wurde ihr Engagement als Ergebnis geschickter kognitiver Manipulation und Verblendung dargestellt; aus handelnden Personen wurden willfährige Opfer. Wissenschaftlich gesehen ist diese Theorie unhaltbar und als ein eigenes Genre der Verschwörungstheorie anzusehen. Eine weitere gängige Erklärungsstrategie war die Dämonisierung des religiösen Anführers, hier Jim Jones.[12] Dieser hatte vor allem in den letzten Jahren seines Lebens in der Tat gravierendes moralisches Fehlverhalten an den Tag gelegt und war durch Stress, Krankheit und Medikamentensucht psychisch und körperlich zunehmend instabil geworden. Der Umzug der Kommune in die abgelegene, mühsam urbar gemachte Dschungelumgebung war für alle Beteiligten wohl schwieriger als erwartet, zumal Jonestown für eine wesentlich geringere Bewohnerzahl geplant gewesen war. Es ist zu kurz gegriffen, den kollektiven Tötungsakt nur als verblendetes Ausschalten des eigenen Denkvermögens unter dem Druck des übermächtigen Psychowahns von Jones verstehen zu wollen.

Fest steht, dass die Katastrophe von Jonestown den organisierten Gegnern neureligiöser Gruppen, dem *anti-* und *counter-cult movement*, massiv Wind in die Segel blies.[13] Christliche Kommentatoren betonten, dass Jim Jones kein Glaubensgenosse gewesen sei. So wurde etwa Billy Graham in der *New York Times* vom 5. Dezember 1978 mit der Aussage zitiert, der «falsche Messias» Jones sei der Sklave einer teuflischen Macht gewesen.

David Koresh, die Davidianer und Mount Carmel

Ein neues Jonestown zu verhindern war das Programm vieler organisierter Gegner neuer Religionen, das Heraufbeschwören einer solchen Gefahr konnte aber selbst zur Dramatisierung der Ereignisse beitragen. Die nächste Tragödie ereignete sich fünfzehn Jahre nach Jonestown in der Nähe der texanischen Stadt Waco. Am 28. Februar 1993 begann eine sich über fünfzig Tage hinziehende Belagerung der Kommune Mount Carmel der Davidianer (Branch Davidians) – alles unter intensiver Medienbegleitung. Die Entwicklung der Situation war sogar in Deutschland ein Thema in den Abendnachrichten. Die Behörden hatten allerdings das Informationsmonopol; es gab keine unabhängigen Beobachter.[14]

Die Davidianer waren eine «bibelbesessene»[15] Splittergruppe innerhalb einer Untergruppe der Siebenten-Tags-Adventisten. Diese im 19. Jahrhundert in den USA entstandene Freikirche mit ausgeprägter Endzeiterwartung unterscheidet sich u. a. darin von anderen christlichen Kirchen, dass sie den Samstag (Sabbat) als siebten Tag der Woche und Feiertag ansieht. 1964 führten die Siebenten-Tags-Adventisten in Waco einige jüdische Feste ein, allen voran Pessach. Bis zu der fatalen Belagerung waren die Davidianer nie negativ aufgefallen.[16]

Die Ereignisse begannen sich 1993 zuzuspitzen, nachdem eine amerikanische Bundesbehörde im Gemeindezentrum eine Razzia durchführen wollte. Auf der Grundlage zumindest einseitiger Informationen – vor allem von Aussteigern (wie im Peoples Temple) – wurden die Davidianer als extrem gewaltbereiter, bewaffneter, terroristischer «Kult» dargestellt. Ihnen wurden Verstöße gegen Waffengesetze vorgeworfen, und man war besorgt über angebliche Kindesmisshandlung. Die Beamten des Bureau of Alcohol, Tobacco and Firearms wurden von den Davidianern mit einem Kugelhagel empfangen; fünf Davidianer und vier Beamte kamen ums Leben. Nun schritt das FBI mit schwerer Kampfausrüstung ein. Das Ziel der Belagerung, deren Grundlage und Durchführung später in einer Untersuchung des US-Kongresses scharf kritisiert wurde,[17] bestand darin, die Kommune zum Verlassen von Mount Carmel zu bringen, wo sie sich verschanzt hatte. Unter den Maßgaben der neuen politischen Ausrichtung unter Ronald Reagan war die Behörde zur «Kriegsführung» entschlossen.

Die dominante Figur der Kommune war der 1959 als Vernon Howell geborene David Koresh. Dieser Name, den er 1990 angenommen hatte, brachte seine religiöse Person mit dem biblischen König David und dem persischen König Kyros (Koresh) in Verbindung – letzterer eine messianische Figur der Heimkehr aus dem Exil. Howell war als Zwanzigjähriger zu den Siebenten-Tags-Adventisten in Waco übergetreten. Nachdem er unter Berufung auf göttliche Offenbarung sexuelle Beziehungen zunächst zu einer neunundsechzigjährigen, dann zu einer vierzehnjährigen Mitgläubigen eingegangen war, wurde er der Gemeinde verwiesen. In Texas hätte dies eigentlich allein ausgereicht, ihn wegen sexuellen Missbrauchs von Minderjährigen anzuklagen. Er gründete eine eigene Gemeinde in Waco, deren Alltag von zweimal täglich abgehaltenen, mehrstündigen Bibelsitzungen geprägt war. David Koresh identifizierte sich mit dem Lamm der neutestamentlichen Apokalypse bzw. Offenbarung (5:2). Von einem Vers in diesem Text, der von der «Hochzeit des Lammes» spricht und davon, dass seine Braut sich bereitgemacht habe (19:7), leitete David Koresh ab 1989 die Lehre ab, dass es allein ihm vorbehalten sei, Nachkommen mit den Frauen seiner Kommune zu zeugen, um eine neue Abstammungslinie des Königtums Davids einzuleiten.[18] Bis 1993 hatte er mit acht Frauen siebzehn Kinder gezeugt. Diese Lehre brachte einige Gemeindemitglieder gegen ihn auf; deren Kritik und zum Teil überzogene Warnungen – u. a. dass in Waco ein neues Jonestown drohe[19] – wurden bereitwillig von den Medien aufgegriffen.

Über den genauen Hergang der Eskalation 1993, in deren Folge neben Koresh sechsundsiebzig Davidianer, darunter fünfundzwanzig Kinder, verbrannten, herrscht Uneinigkeit. Stuart Wright, der u. a. Interviews mit Überlebenden geführt hat, lehnt die offizielle Version als völlig unglaubwürdig ab. Das FBI habe die Menschen auf dem Gewissen, da das Feuer in Mount Carmel als Resultat des verantwortungslosen und fehldosierten Einsatzes von Tränengas ausgebrochen sei. Die meisten Bewohner hätten entweder nicht aus dem teilweise zerstörten Gebäude entfliehen können oder wollen, aus Angst, beim Herauskommen erschossen zu werden.[20] Das richtet sich gegen die Rekonstruktion von Kenneth Newport. Da sich die Kommune mit einigen Ausnahmen in ihrem Zentrum verschanzte und die Sicherheitskräfte mit Schusswaffen zu beschießen drohte, entschied die u. a. von einem prominenten Gegner neuer religiöser Gruppen beratene Einsatzleitung am Morgen des 19. April, die Davidianer mit Tränengas endgültig aus dem Gebäude zu zwingen. In einer tragischen Fehlkalkulation hatte man wohl gehofft, dass die Mütter ihre Kinder aus dem Haus schicken würden. Die Gläubigen hätten jedoch den Angriff als Auftakt zum finalen Inferno der apokalyptischen Endzeit wahrgenommen. Gerade jetzt gelte es zusammenzuhalten und nicht in die feindliche Welt überzulaufen. Auf Anweisung von David Koresh seien daher in der Kommune mehrere Feuer gelegt worden, wofür man schon in den Tagen zuvor Vorkehrungen getroffen hatte. In der lange gehegten Erwartung, dass ein endzeitliches Feuer die Welt reinige und dies ein Schritt zur Wiedererrichtung des Königreichs Gottes sei, habe Koresh die Gemeinde den Flammen geopfert.[21] Beide Erklärungen haben Mängel: Wrights Deutung vernachlässigt den religiösen Interpretationsrahmen der Davidianer, während Newport der offiziellen Darstellung gegenüber zu unkritisch ist. Acht Überlebende wurden später wegen Verstoßes gegen die Waffengesetze und fünf wegen absichtlichen Totschlags verurteilt.

In religionswissenschaftlichen Kreisen stellte sich die Frage, ob die Katastrophe hätte verhindert werden können, wenn das FBI vor, während und nach der Tragödie Religion als handlungsrelevanten Faktor ernst genommen hätte. Immerhin suchte das FBI 1996 den Rat von Religionsexperten, als in Montana Konflikte um eine gewaltbereite christliche Gruppe namens Montana Freemen, die die Autorität der Bundesregierung ablehnte, zu eskalieren drohten. Vielleicht war es ja kein bloßer Zufall, dass dieser Konflikt ohne Blutvergießen gelöst werden konnte.[22]

Asahara Shoku und Aum Shinrikyo

Seit dem von ihm beauftragten, am 20. März 1995 verübten Sarin-Giftgasanschlag auf eine Untergrundstation der Tokioter Metro gilt Asahara Shoku (1955–2018) in Japan bis heute als die Personifikation des Bösen.[23] Ein gängiges Medienbild porträtierte ihn als leicht reizbaren, egoistischen, geldgierigen und sexlüsternen Hedonisten und Betrüger, dem es mittels «Gehirnwäsche» und «Gedankenkontrolle» gelungen sei, seine Anhänger und Anhängerinnen so zu manipulieren, dass sie zu Mittätern wurden. Zur Empörung der Öffentlichkeit stritt Asahara im Gerichtsverfahren jedoch seine Schuld ab – er habe nur getreu seiner religiösen Mission gehandelt. Sein zunehmendes Schweigen vor Gericht verstärkte seine bizarre Aura.[24]

Asahara Shoku wurde als Matsumoto Chizuo 1955 als eines von sieben Kindern in einer ärmlichen Familie auf der südlichen der großen Inseln Japans geboren. Er war fast blind und wurde deshalb mit sechs Jahren auf ein spezielles Internat geschickt. Unter der Trennung von seiner Familie scheint er ebenso gelitten zu haben wie unter Erfahrungen der Diskriminierung und des Anders-Seins als fast Blinder.[25] Asaharas Familie gehörte der Wahren Schule des Reinen Landes an; wie viele seiner Generation scheint Asahara sich aber dem organisierten japanischen Buddhismus entfremdet zu haben und fühlte sich vom tantrischen Buddhismus angezogen. In den 1970er Jahren arbeitete er im Bereich alternativer Medizin. Er war in Massage, Akkupunktur und Moxa-Therapie ausgebildet – ein in Japan üblicher Berufszweig für Sehbehinderte. Seit 1977 war er in der Nähe von Tokio tätig, nachdem er vergeblich versucht hatte, zum Studium an der Universität Tokio zugelassen zu werden. 1978 heiratete er, und zusammen mit seiner Frau, mit der er sechs Kinder hatte, begann er intensiv Yoga zu praktizieren.

War er zunächst in der in den 1970er Jahren gegründeten japanischen Religion Agonshu aktiv gewesen, die den Buddhismus erneuern wollte, gründete er nun seine eigene religiöse Gruppe Aum Shinsen no Kai (Om Gesellschaft der Bergeinsiedler). Diesen Namen änderte er 1984 zu Aum Shinrikyo (Om Höchste Wahrheitslehre). Das erste Wort *(aum)* beider Namen ist die diphthongische Wiedergabe der Sanskrit-

Meditationssilbe *om*, die in hinduistischen und buddhistischen Quellen als Keimsilbe erlösender, kosmischer Einsicht gilt.

Ab 1985 begann der spätere Asahara von Göttervisionen zu berichten; auch will er Einsicht in zukünftige Ereignisse erlangt haben. Damals brachte eine Zeitschrift ein Bild von ihm, das ihn über dem Boden schwebend – im Zustand der Levitation – zeigte, was ihm zu einem gewissen Ansehen in Yoga-Kreisen verhalf. Das yogische Fliegen war vor allem von Maharishi (s. Kap. 32) popularisiert worden: Der Zustand der vermeintlichen Levitation wird erreicht, indem man im Lotussitz in die Höhe hüpft – dementsprechend fängt das Bild Asaharas wehende Haare ein.

Ab 1984 trat Asahara als Guru auf, der Schüler initiierte, deren schlechtes Karma er absorbieren wollte und denen er, wie er behauptete, seine vermeintliche immense Energie übertragen konnte.[26] Viele Anhänger erlebten ihn als mitfühlend, charmant, mitreißend, tiefsinnig; in anderen Situationen aber gab er sich ungeduldig, kalt, aggressiv und brutal. Dies machte ihn gleichermaßen faszinierend wie furchterregend. Wie die meisten neuen Religionen – nicht nur in Japan – ging Aum Shinrikyo auf die Aktivitäten eines Individuums zurück: Asahara war nicht nur Inspirator, sondern das Gravitationszentrum aller wichtigen Beziehungen und Aktionen.

Seinen buddhistischen Namen nahm er erst 1987 nach einer Pilgerreise nach Indien an, wo ihm das vollständige buddhistische Erwachen zuteilgeworden sei. Außerdem besuchte er den Dalai Lama, der ihn ermutigt haben soll, in Japan die Lehren Buddhas neu zu verbreiten, da der japanische Buddhismus zu leerem Zeremonialismus verkommen sei und zu verschwinden drohe.[27]

Ab 1988 war ein Leitspruch von Aum Shinrikyo «der Guru ist die Wahrheit»; der eigene Wille sollte durch den Willen des Gurus ersetzt werden. In Aum-Publikationen wurde Asahara als «Meister» *(sonshi)* oder «Seine Heiligkeit der Meister» *(saisho sonchi)* betitelt.[28] In einer kompetitiven religiösen Landschaft versuchte Asahara durch grandiose Selbstbeschreibungen auf sich aufmerksam zu machen: Er war Guru, Meister, Erretter oder Erlöser, geradezu allwissend, er verkündete, eine Wiederverkörperung von Maitreya zu sein, dem Buddha der Zukunft, und ließ sich später, als er sich zunehmend als leidender und verfolgter Gerechter sah, als Christus mit der Dornenkrone am Kreuz darstellen.

Besondere Nähe verspürte er zu dem indischen Gott Shiva, von dem er wiederholt Offenbarungen zu empfangen glaubte, und als dessen Manifestation er sich schließlich betrachtete.

Ähnlich wie der Buddha in der buddhistischen Ikonographie ließ sich Asahara auf Fotos oder in Mangas größer als seine Mitmenschen darstellen oder auch in Gesellschaft von Kindern, denen gegenüber er als eine fürsorgliche, aber überlegene Autorität auftrat. Asaharas Geist sollte von seinen Anhängern geklont werden[29] und sein Körper galt als heilig: Er war die Quelle spiritueller Energie, die mittels *shaktipat* – Blick oder Berührung – übertragen werden konnte. Sein Badewasser wurde abgefüllt, teuer verkauft und getrunken, auch sein Blut konnte in einer besonderen Initiation erworben und getrunken werden.[30] Seine religiöse Persönlichkeit hat sich dabei im Laufe der Jahre markant verändert: Hatte er zunächst durch strikte asketische Praktiken auf sich aufmerksam gemacht, nahm er später deutlich zu und gönnte sich ein bequemes Leben; während er seinen Anhängern Sex verbot, erfreute er sich sexueller Dienstleistungen einiger Schülerinnen.[31]

Entsager und Ermordete

Extreme Guru-Verehrung war in japanischen neureligiösen Gruppen keineswegs unüblich – ungewöhnlich war bei Aum indes das hohe Bildungsniveau der Anhänger. Viele Mitglieder waren gut ausgebildete jüngere Erwachsene, drei Viertel von ihnen zwanzig bis dreißig Jahre alt. Aum Shinrikyo hatte 1986 nur 35 Mitglieder, 1987 waren es bereits 1300; 1989, als Aum Shinrikyo als religiöse Körperschaft anerkannt wurde, rund 4000, 1995 schließlich etwa 10 000.[32] Etwa ein Zehntel der Mitglieder waren Entsager – Personen, die teilweise in Kommunen auf dem Land lebten, wo sie einen asketischen Lebensstil pflegten: *shukkesha*, im japanischen Buddhismus der Begriff für Hauslose, also Mönche oder Nonnen. Alle Entsager erhielten bei ihrer Initiation buddhistisch inspirierte Namen. Die Einführung monastischer Lebensformen geschah in einer Zeit, als diese im japanischen Buddhismus nahezu verschwunden waren. Dies alles kam einer Kritik an Materialismus und Konsumkultur gleich – wobei die oft beklagten hohen (aber keineswegs unüblichen) Kursgebühren genau diese Konsumkultur ja auch widerspiegelten –, ebenso einer Kritik am Mainstream-Buddhismus, der nicht nur von Asahara als spirituell bankrott empfunden wurde. Allein dass buddhistische Mönche Alkohol tranken, galt Asahara als Beleg dafür, dass es in Japan keine «wahre Religion» mehr gebe. Asaharas Kritik richtete sich auch gegen einige nach dem Zweiten Weltkrieg entstandene Religionen und deren Fokus auf innerweltlichen Gewinn *(genze riyaku)* wie Heilung, Glück, Wohlstand. Stattdessen betonte er Befreiung oder Erlösung *(gedatsu)*.[33] Der japanischen Gegenwartsgesellschaft stellte er innere Werte, Sinn, Selbstentdeckung, Todesbewusstsein und Todesüberwindung gegenüber.[34]

Dass die rechtliche Anerkennung von Aum Shinrikyo 1987 zunächst abgelehnt worden war, lag am Einspruch von Eltern jüngerer Mitglieder, die sich ganz von ihren Familien entfremdet hätten. Aum hielt Protestversammlungen vor den Gebäuden der Behörden ab und klagte lautstark über religiöse Intoleranz. Die Situation führte zu einer emphatischen Bestätigung des eigenen Wahrheitsanspruchs: Es gelte, sich zu wehren, zurückzuschlagen und sich für die Wahrheit, nämlich Aum, gerade auch angesichts von Widerstand einzusetzen.[35]

Asahara wählte von nun an eine militante Konfliktlösungsstrategie, die eine sich langsam hochdrehende Spirale der Gewalt auslöste. Die Schwelle zum Mord wurde erstmals 1989 überschritten. Im Jahr zuvor war ein Aum-Asket bei dem fehlgeschlagenen Versuch, ihn mittels eisigen Wassers aus einem psychischen Anfall zu holen, gestorben. Aus Furcht vor nachhaltigem Reputationsverlust wollte man diesen Vorfall vertuschen. Die Leiche wurde verbrannt, die Asche in einen See gestreut. Einige Monate später entschloss sich ein anderer Aum-Anhänger, voller Entsetzen über diese Aktion, zum Austritt. Um negative Publicity zu verhindern, ließ Asahara den Abtrünnigen von drei engen Gefolgsleuten umbringen und die Leiche verbrennen.[36]

In Asaharas Verständnis ging es hier um *poa* – ein aus dem tibetischen Buddhismus entlehnter Begriff, ursprünglich eine Bezeichnung für die postume rituelle Übertragung spiritueller Verdienste an Verstorbene. Bei Asahara entwickelte sich *poa* zu einem Konzept für heilsmotorischen Mord: Das Töten im Auftrag eines spirituell Befreiten sollte die Opfer von schlechtem *karma* reinigen.[37] Im Gefolge der dadurch auch in der Presse ausgelösten Debatte formierte sich die «Gesellschaft der Aum Shinrikyo-Geschädigten», die einen erfahrenen Anwalt anheuerte. Da dieser nicht von kritischen Nachforschungen abzubringen war, ließ Asahara ihm durch einige Getreue *poa* zuteil werden: Er ließ nicht nur den Anwalt, sondern auch dessen Frau und ihr kleines Kind ermorden. Die Guru-Treue des innersten Kreises von Aum war damit nun wiederholt bis zum Mord gegangen – und die Getreuesten empfanden dies sogar als Auszeichnung und religiös begründete Handlung.[38]

Kommunen, Mission und Giftstoffe

Im Sommer 1989 begann Asahara mit dem Aufbau einer politischen Partei: Shinrito, die «Partei der höchsten Wahrheit», trat bei den Wahlen zum japanischen Unterhaus im Februar 1990 an. Die Kandidaten präsentierten sich mit ihren religiösen Namen, sie trugen weiße Roben, und ihr Wahlkampf bestand aus Paraden, in denen sie Lieder zu Ehren ihres Meisters sangen. Bei der Wahl erhielt jedoch kein einziger Kandidat ein Mandat. Diese für ihn völlig unerwartete Niederlage nahm Asahara nicht einfach hin, sondern er erklärte sie prompt mithilfe von Verschwörungsunterstellungen: Dunkle Mächte seien am Werke, die Aum, als einzige Stimme der Wahrheit, mit ihrem Gekreuzigten an der Spitze, zu unterdrücken trachteten.[39]

Im selben Jahr kaufte Aum Shinrikyo – zunächst unter dem Deckmantel von Scheinfirmen – Land auf der südlichen der großen japanischen Inseln, um dort eine neue Kommune zu errichten. Da sich Aum nicht um gute nachbarschaftliche Beziehungen bemühte, entwickelte sich ein jahrelanger Konflikt, in dem die Lokalbevölkerung der Gemeinschaft durch allerhand Einschränkungen (keine Telefonleitungen, keine Anschlüsse an das Wasser- und Abwassernetz, keine Schulplätze für Kinder usw.) das Leben schwer machte. Auch eine andere Kommune geriet in Konflikt mit den Nachbarn. Die bei Aum vorherrschende Wahrnehmung, dass die Umwelt ihr feindlich gegenüberstehe, verstärkte sich zusehends.[40] Hatten frühere Kommunen eher eine utopische Funktion gehabt, sollten sie nun – das erinnert an Jim Jones – auch als Schutzeinrichtungen gegen einen Nuklearangriff dienen.[41] Auf ihrem Gelände wurden Fabriken und Labore eingerichtet, wo sogar Giftstoffe hergestellt wurden. Darunter war das Nervengift Butolinumtoxin, das japanische Spezialeinheiten schon in den 1930er Jahren an chinesischen Kriegsgefangenen eingesetzt hatten. Im April

Asahara Shoku während eines Besuchs in Moskau, 1994. Asahara war fast blind, daher hielt er seine Augen geschlossen.

1990 verübten Aum-Fanatiker den ersten von mindestens einem Dutzend Terrorakten mit biologischen und chemischen Waffen.[42]

Wie viele religiöse Organisationen machte sich Aum Shinrikyo die freiwillige Arbeitskraft ihrer Anhänger zunutze. Ähnlich wie Scientology betrieb Aum zeitweise ein breites Spektrum von Firmen: Nudelbuden, Restaurants, ein Fitnesszentrum, Babysitter- und Partnervermittlungen, Reisebüros und Immobilienagenturen, Unternehmen in der Computerbranche und – nicht offiziell, aber de facto – Pharma- und Chemiefirmen. Aum war auch außerhalb Japans wirtschaftlich aktiv, etwa in den USA, Taiwan, auf Sri Lanka und in Australien, wo man Giftgasversuche an Schafen durchführte und vielleicht sogar Nukleartechnologie ausprobierte.[43]

Asahara bemühte sich, Aum in verschiedenen Ländern zu verbreiten, u. a. auch in Deutschland und Zaire. 1991 reiste er erneut nach Indien, aber auch nach Sri Lanka, wo der Premierminister ihm eine Buddha-Reliquie überreichte, für Asahara eine quasioffizielle Legitimation als Vertreter des Buddhismus. Am erfolgreichsten war Aum Shinrikyo in Russland mit fast 40 000 Anhängern kurz nach der Auflösung der Sowjetunion. Ähnlich wie in Japan kam es aber zu Konflikten mit Angehörigen, sodass Aum 1994 der Religionsstatus aberkannt wurde.[44] Die vermutlich von japanischen Regierungskontakten angebahnten Verbindungen nach Russland verschafften Aum Zugang zu Waffen und technologischem Know-how.

In den Jahren 1991/92 unternahm Asahara auch in Japan größere Werbeanstrengungen für seine Religion: durch Talkshows, erste Internetauftritte und breites Merchandising mit Videos, Büchern, Zeitschriften und Mangas.[45]

Apokalypse

Schon früh hatte Asahara sich mit christlicher Apokalyptik beschäftigt. In diesem Zusammenhang verwendete er auch den Ortsnamen Armageddon (Apk 16:16) als Synonym für die große, grausame endzeitliche Entscheidungsschlacht – ein Name, der sich international in populärkulturellen Endzeitfantasien großer Beliebtheit erfreut. Im Überschwappen von New Age-Diskursen nach Japan wurden dort schon seit den 1970er Jahren die Prophezeiungen des französischen Apothekers und Astrologen Nostradamus (1503–1566) populär, und Asahara war nicht der einzige japanische Religionsunternehmer, der Bücher über Nostradamus schrieb. Dystopische Zukunftsszenarien wurden in Japan auch in den weit verbreiteten Manga und in Science-Fiction-Filmen aufbereitet.[46] In Asaharas Weltende-Rhetorik traten nun High-Tech-Waffen und Atompilze in den Vordergrund. Asahara interessierte sich immer stärker für Waffen, 1993 erwähnte er erstmals in einer Ansprache den chemischen Kampfstoff Sarin.[47]

In Asaharas Sicht waren die USA die Hauptverantwortlichen für die kommende große Katastrophe. Hier wirkte sicher das japanische Trauma nach, das die USA 1945 mit den Atombombenabwürfen auf Hiroshima und Nagasaki ausgelöst hatten. Schon seit den späten 1980er Jahren hatte er dazu Träume und Visionen – zum Beispiel von sich selbst als stark radioaktiv kontaminiertem Überlebenden eines neuen Nuklearkriegs – und prophezeite für die Zukunft «viele Hiroshimas».[48] Die USA spielten auch die Hauptrolle in der weltweiten Verschwörung gegen Aum, die Asahara am Werk sah, und gegen die seine Gruppe zunehmend gewaltbereit und mit modernster Vernichtungstechnik zu Werke gehen wollte.

1993 setzte eine letzte Gewaltspirale ein, an deren Beginn ein weiterer Todesfall eines Abwanderungswilligen stand. Er sollte von dieser Sünde im Auftrag Asaharas durch eine brutale Praxis gereinigt werden, der sich anscheinend auch einige Aum-Asketen aussetzten, diese allerdings freiwillig: Mit gefesselten Beinen wurde man mit dem Kopf nach unten aufgehängt. Der potenziell Abtrünnige kam bei diesem Manöver allerdings ums Leben; sein Tod wurde verheimlicht und die Leiche entsorgt. Mitwisser deuteten den Akt als *poa*.[49] In Ritualen wurden nun häufiger Amphetamine, Meskalin und LSD verwendet, ohne dass alle Teilnehmer zuvor davon in Kenntnis gesetzt worden waren.

1994 bildete Aum Shinrikyo eine alternative Regierung mit eigenen «Ministerien», u. a. einem Wissenschaftsministerium, dem die Herstellung von biologischen und chemischen Massenvernichtungswaffen oblag. Asahara erhielt den Titel «König des Gesetzes» *(ho-o)*, was an das buddhistische Konzept des *dharma* anknüpfte.[50] Die Proklamation einer eigenen Regierung war eine Provokation gegen den japanischen Staat. Dass man staatliche Institutionen nicht länger anerkannte, zeigte sich 1994 in Matsumoto, wo eine Gerichtsverhandlung stattfinden sollte, bei der es um den Landerwerb durch Aum-Scheinfirmen zum Aufbau einer Kommune ging. Aum-Leute versprühten aus einem speziell präparierten Lastwagen Sarin in der Stadt – ein Attentat, bei dem sieben Menschen zu Tode kamen und Hunderte verletzt wurden. Aum wurde polizeilich nicht belangt – vielleicht weil es schlechterdings unvorstellbar war, dass eine offiziell registrierte religiöse Organisation solch ein Verbrechen begehen könnte. Aum stritt Vorwürfe ab, die Spuren der Sarin-Produktion wurden verwischt und die Produktionsanlage auf die Schnelle in einen angeblichen Tempel umgewandelt, indem darin eine große Shiva-Statue aufgestellt wurde.

Aum schreckte nicht vor weiteren drastischen Aktionen zurück: Im Januar 1995 wurde der Vorsitzende der «Gesellschaft der Aum Shinrikyo-Geschädigten» mit dem chemischen Kampfstoff VX angegriffen, und im Februar 1995 wurde am helllichten Tage mitten auf der Straße in Tokio ein Notar entführt und später unter der Folter ermordet, der Nachforschungen über Aum angestellt hatte. In Erwartung einer Razzia verübten fünf Aum-Gefolgsleute einen Sarin-Anschlag auf einen der meistbenutzten U-Bahnhöfe in Tokio. Da der Anschlag von technisch inkompetenten Leuten in großer Eile geplant wurde, konnte das

Sarin seine fatale Wirkung nur teilweise entfalten; sonst hätte es wohl mehr als dreizehn Todesopfer und über 6000 Verletzte gegeben.

In den ersten Wochen leugnete Aum jegliche Verbindung zu den Anschlägen, reagierte dann aber mit neuen Angriffen, und es kam zu weiteren Mordfällen.[51] Das betraf nun auch Aum-Anhänger. So wurde der «Wissenschaftsminister», der für die Planung vieler Morde verantwortlich war, im April von einer kriminellen Vereinigung liquidiert. Asahara wurde am 16. Mai 1995 in einer Aum-Kommune aufgespürt, wo er sich in einer kleinen Geheimkammer versteckt hielt. Seine Verhaftung und Überführung nach Tokio erfolgten in Anwesenheit eines riesigen Medienaufgebots; die TV-Einschaltquote lag bei 77 Prozent.[52] Es wurde gegen insgesamt 190 Personen Anklage erhoben, von denen 13 – darunter auch Asahara selbst – zum Tode verurteilt wurden; 5 erhielten lebenslänglich, 80 kamen mit kürzeren Gefängnisstrafen davon.[53] Das 2004 verkündete Todesurteil gegen Asahara wurde 2018 vollstreckt.

Nachwehen

Erst nach Asaharas Verhaftung kamen immer mehr Belege für die früheren kriminellen Machenschaften von Aum ans Tageslicht, und es gab erste prominente Geständnisse. Verbrechen wurden aber wohl nur vom engen Führungszirkel der Gruppe, zu dem auch Asaharas Frau und eine Tochter gehörten, geplant und begangen. Die einfachen Aum-Mitglieder waren in diese Pläne nicht eingeweiht. Die Giftgasanschläge und ihre Folgen sowie die anderen von zentralen Aum Shinrikyo-Protagonisten begangenen Gewaltakte verhalfen Aum Shinrikyo und Asahara Shoku zu schreckenerregender Berühmtheit. Die Nachrichten und Enthüllungen sendeten eine Schockwelle durch Japan. Sie wurden auch im Ausland aufmerksam registriert, schien der Fall doch nicht nur erneut die Gefährlichkeit von Religion zu bestätigen, sondern auch die Gefahren der Weltlage nach dem Ende des Kalten Krieges durch die unkontrollierte Verbreitung von Massenvernichtungswaffen. Weltweit sahen die Sicherheitsbehörden und Geheimdienste nun eine neue Ära des Terrorismus heraufziehen.[54] Der Giftgasanschlag stellte das Selbstbild Japans als sicheres Land und friedliebende Nation in Frage. Dass sein kulturelles Selbstverständnis dermaßen durch eine obskure Organisation herausgefordert worden war, ließ den Anschlag zu einem nationalen Trauma werden[55] – ähnlich wie der 11. September 2001 für die USA.

Der Aum-Schock wurde in Dokumentar- und Spielfilmen, in Sachbüchern, Literatur und Mangas verarbeitet. Mangas entwickelten ein Kult-Muster mit fiktiven brutalen und perversen Religionsgemeinschaften, deren Darstellung von Aum, aber auch dem Peoples Temple inspiriert war.[56] Ein japanischer Religionswissenschaftler sprach vom «Selbstmord der Religion» in Japan. In der Tat trug die Aum-Affäre zu einer nachhaltigen Veränderung der rechtlichen Parameter und der gesellschaftlichen Stellung von Religion bei. Es setzte sich nun die Maxime durch, dass der Staat vor Religionen beschützt werden müsse.[57] Bereits im Dezember 1995 räumte ein neues Gesetz staatlichen Organen größere Kontrollbefugnisse ein. Hatte man sich in Japan schon fast daran gewöhnt, in neureligiösen Gruppierungen die wirtschaftliche Ausbeutung naiver Personen durch geschäftstüchtige Organisationen zu sehen, so galten neue Religionen fortan vor allem als gefährlich und bedrohlich. Auch in Japan verstärkte sich nun ein aktives Netzwerk von Organisationen des sogenannten *anti-cult movement*. Das ging einher mit der japanischen Übernahme einer im Westen etablierten terminologischen Unterscheidung zwischen «Religion» (gut/positiv/friedlich) und «Kult» (schlecht/negativ/aggressiv); für letzteres etablierte sich nun das Lehnwort *karuto*.[58] Dies brachte auch bisher unbescholtene Gruppen in den Kult-Verdacht, und etablierte neue Religionen wie die Soka Gakkai – unter der Leitung von Daisaku Ikeda (s. Kap. 43) – agierten vorsichtiger und verzichteten von nun an auf öffentliche Propagandaaktivitäten. Mitglied in einer neuen Religion zu sein wurde anrüchig und gab Anlass zu Besorgnis.[59] Vertreter anderer Religionen sprachen Aum ebenfalls den Status einer echten Religion ab; so habe Aum nichts mit dem Buddhismus zu tun.[60]

Es kann nicht überraschen, dass sich viele, wenngleich nicht alle Anhänger nach den Anschlägen und den Prozessen von Aum Shinrikyo abwandten. Neben der Medien-Kampagne gegen Aum mussten viele Mitglieder unterschiedliche Formen von Schikanen und Verdächtigungen über sich ergehen lassen, obwohl sie an den kriminellen Akten weder beteiligt waren noch überhaupt von deren Plänen Kenntnis hatten. Eine Reihe vor allem weiblicher Mitglieder pflegte auch nach Asaharas Verhaftung eine geistige Verbindung, etwa in Träumen, zu ihm.

Im Oktober 1995 wurde Aum Shinrikyo der Status als religiöse Körperschaft aberkannt, 1996 wurde die Organisation für bankrott erklärt. Aum wurde jedoch weiter streng überwacht. In den USA und Europa gilt Aum Shinrikyo bis heute als terroristische Vereinigung. Seit 1999 darf der Name Aum Shinrikyo nicht mehr verwendet werden. 2000 gründeten einige ehemalige Aum-Mitglieder eine neue Organisation: Aleph – der Name sollte auf den Neubeginn hindeuten. Mit Asahara wollte Aleph nichts zu tun haben. Aleph wurde streng überwacht, und Mitglieder begegneten Vorurteilen aller Art. Um Probleme zu vermeiden, wurde ein Großteil der internen Kommunikation über das Internet abgewickelt. Das gilt auch für Hikari no Wa (Der Kreis des Lichtes), einer Abspaltung von Aleph, der es darum geht, «das Heilige» in allen Individuen zur Entfaltung kommen zu lassen. Dieser Organisation obliegt auch die Entschädigung der Opfer des Aum-Anschlags.[61]

41

Bhagwan Shree Rajneesh

Die Lächerlichkeit der Erleuchtung

Philosoph, Provokateur, Lehrmeister

Mohan Chandra Jain (1931–1990) entstammte einer Familie in Gujarat, die dem Jainismus anhing, einer asketischen indischen Religion, deren Anhänger sich auf das Ideal der Gewaltlosigkeit und damit auch den Vegetarianismus verpflichten.[1] Zur Entlastung seiner noch sehr jungen Eltern nahmen sich die Großeltern mütterlicherseits des Jungen an, bei denen er – in einem sehr kleinen Dorf – die ersten sieben Jahre seiner Kindheit verbrachte. Besonders sein Großvater verwöhnte ihn und nannte ihn «Rajah», «König». Von seiner Großmutter berichtete er, sie habe erklärt: «Ich glaube an überhaupt keine Religion. Alle Religionen kommen mir kindisch vor.» Sein Vater sei demgegenüber besonders fromm gewesen. In seiner Jugend engagierte sich Mohan Chandra Jain politisch und wurde Atheist, was ihn nicht davon abhielt, in seiner Heimatstadt mehrfach eine christliche Kirche, eine Moschee, einen Sikh-Gurdwara sowie hinduistische und jainistische Tempel zu besuchen.[2]

Schon in dieser Zeit legte sich Mohan Chandra Jain den Kunstnamen Rajneesh zu. Im Alter von einundzwanzig Jahren sei ihm nach einem Nervenzusammenbruch eine Erleuchtungserfahrung zuteilgeworden, die sich über sieben Tage erstreckte und die er mit verschiedenen Bildern beschreibt: als Eintreten in die «Welt des ‹No-Mind›, jenseits des Verstandes», mit einer auf den Spanier Johannes vom Kreuz (1542–1591) zurückgehenden (und auch von Mutter Teresa aufgegriffenen) Metapher als «‹dunkle Nacht der Seele› – die Nacht des Wahnsinns der Seele», als schallendes Gelächter, als «Gegenwart einer völlig neuen Energie, eines neuen Lichts und einer neuen Freude», einer anderen, aber völlig transparenten Wirklichkeit, als Verschwinden der Schwerkraft, als Verlust der Körperbindung, als Tod und Wiedergeburt.[3] Diese Erfahrung habe sich eingestellt, als «ich erkannte, dass es nichts zu erreichen gibt, dass man nirgendwohin gehen muss, dass nichts zu tun ist. Wir sind bereits göttlich, wir sind bereits perfekt – so wie wir sind. Es ist keine Verbesserung nötig, nicht die geringste Verbesserung.»[4] Damit ist bereits eine Kernidee seines späteren Wirkens angesprochen.

Rajneesh studierte Philosophie und schlug zunächst eine akademische Karriere ein. Ab 1960 lehrte er als Professor an einer kleinen Hochschule in Zentralindien. Von Bewunderern wird ihm eine immense Bildung nachgesagt; er soll zwanzig Bücher am Tag gelesen haben.[5] In der vorlesungsfreien Zeit begab er sich auf Vortragsreisen durchs Land, wobei er sich dem gesellschaftlichen Grundkonsens widersetzte. So kritisierte er den Sozialismus und die ritual- und jenseitsorientierten Religionen, was auch den Jainismus nicht ausschloss. Da er dadurch Kontroversen auslöste, legte ihm seine Universität 1966 den Abschied nahe. Rajneesh intensivierte fortan seine schon in den Jahren zuvor begonnenen Aktivitäten als eine Art Wanderprediger, als Leiter von Meditationskursen und als persönlicher Berater oder Meister. Wohlhabende Schüler hatten ihn schon seit einiger Zeit finanziell unterstützt; 1965 wurde eine erste formelle Einrichtung gestiftet.[6] Er nannte sich damals *acharya* ([religiöser] Lehrer). Der Philosophieprofessor war nie bei einem anerkannten religiösen Meister in die Lehre gegangen und stand somit außerhalb der traditionellen Beglaubigungsstruktur religiöser Autoritäten in Indien.

1968 sorgte Rajneesh mit einem Buch, in dem er Sexualität zur Quelle des Erreichens eines höheren Bewusstseins aufwertete, für Aufsehen und Aufruhr. Nun galt er als «Sex-Guru», wobei er später ausführte: «Ich habe nie ‹freien Sex› gelehrt. Stattdessen habe ich gelehrt, dass Sex etwas Heiliges ist.»[7] In dieser Zeit der Provokation machte er auch mit seiner Kritik an Mohandas Gandhi auf sich aufmerksam, dessen hundertster Geburtstag 1969 begangen wurde. Nicht nur waren ihm Gandhis Askese und seine Ablehnung der Sexualität zuwider, sondern er hielt auch seine Ideen zur Wirtschaftspolitik für verhängnisvoll und machte ihn für die Massenarmut in Indien mitverantwortlich. Im Unterschied zu Gandhi war Rajneesh für Kapitalismus, Technologie und Wissenschaft.[8] Religiöse Würdenträger wie Priester waren für ihn genauso wie Politiker schuldig an den Abwegen der Menschheit. Religionskritik wurde über weite Strecken ein fester Bestandteil seines Repertoires. Vermutlich hat gerade dieser Aspekt eine jüngere Generation angesprochen. Später sagte er, er wolle jede Form des Priestertums zerstören und Religion im Sinne eines Systems von Glaubenssätzen abschaffen. Stattdessen sprach er von einer «religionslosen Religion», in deren Mittelpunkt die Meditation steht.[9]

1970 zog Rajneesh in die Wirtschaftsmetropole Bombay. Hier legte er sich 1971 den Namen Bhagwan (der Gesegnete/Göttliche) Shree (Ehrenwerter) Rajneesh zu. Sein langer Bart brachte seinen Anspruch, ein Träger von Weisheit zu sein, auch körperlich zum Ausdruck. Eine jüngere Schülerin mit guten Verbindungen zu einflussreichen Leuten wurde seine Privatsekretärin und Managerin. Bald brauchte er auch Leibwächter. Seinen Schülern verlieh er seit 1970 neue Namen, was das Ziel, ihre Identität zu transformieren, zum Ausdruck brachte. Die Namen seiner Schülerinnen begannen auf «Ma» (Mutter), die der Schüler auf «Swami», ein traditioneller Ehrentitel für Asketen. In einem Akt der Initiation erhielten sie die Mala, eine Gebetskette, an der ein Medaillon mit dem Foto ihres Meisters befestigt ist. Er nannte seine Schüler *neo-sannyasin*, später einfach *sannyasin*, eine gängige Bezeichnung für Entsager. Dementsprechend hüllten sie sich in rötliche Gewänder, was den Sonnenaufgang in Erinnerung rufen sollte, ohne aber einen asketischen Lebensstil zu pflegen. Denn Bhagwan ging es nicht um Askese, sondern um feierliche Lebensbejahung, um die Akkumulation materieller Güter und spiritueller Erfahrungen, um Einsicht, Spaß und Lustgewinn, aber zugleich um die Überwindung des von der Umwelt unheilvoll konditionierten alten Ego hin zur Freilegung der Göttlichkeit des Selbst, des Lebens und der Welt.

In Bombay begann Bhagwan, westliche Schüler anzuziehen – in einem eigenartigen Kontrast zu den eher wohlhabenden indischen Schülern vor allem Hippies, ehe sich die Bewegung verbürgerlichte. Fortan kommunizierte und publizierte er vermehrt auf Englisch. Sein erstes auf Englisch geschriebenes Buch erschien 1971 mit dem programmatischen Titel *I am the Gate*. In diesem Jahr stieg die Zahl sei-

Bhagwan Shree Rajneesh hängte seinen Anhängern eine Kette *(mala)* mit seinem Bildnis um, Paris 1979

ner Sannyasin auf 400. 1974 eröffnete ein Schüler ein erstes Meditationszentrum außerhalb Indiens, in London, dem bald weitere Zentren folgten sollten. 1981 gab es allein in Europa bereits 126 «Buddhafields», darunter 43 in Deutschland. Mitte der 1980er Jahre sollen es zeitweise rund 400 Zentren weltweit gewesen sein.[10]

In Bombay entwickelte Bhagwan eine neuartige Meditationsform, die Dynamische Meditation, die zunächst frühmorgens am Strand praktiziert wurde. Sie dauerte eine knappe Stunde und bestand aus fünf unterschiedlichen Stadien von jeweils knapp zehn Minuten, angefangen (1) mit schnellem, intensiven Atmen über (2) das lautstarke Herauslassen innerer Spannungen durch lautes Rufen, Schreien, Weinen oder Lachen, (3) Auf- und Niederhüpfen, wobei man die Sufi-Silbe «Hu» («Ihm») ruft, wenn man landet, woraufhin man (4) den Körper sozusagen einfrieren lässt und schweigt, ehe man (5) die dadurch angestaute Energie in einer etwas längeren Einheit feierlich aus sich heraustanzt. Dieses Ensemble verschiedener Techniken ist von klassischer Meditation so weit entfernt wie der Habitus der *sannyasin* von dem der traditionellen Entsager.

Unterwerfung und Befreiung: Der Ashram als Experimentierfeld

Da der Bhagwan vermutlich wegen des Klimas und der Umweltverschmutzung in Bombay gesundheitliche Beschwerden entwickelte, wurde für ihn eine Übersiedlung nach Poona auf das Dekkan-Plateau organisiert. Dort hatte eine seiner Schülerinnen, eine griechische Millionärserbin, in einer noblen Wohngegend ein Gelände für ihn erworben, auf dem ab 1974 ein Ashram entstand. Dieses Zentrum unterschied sich durch seine von der Post-Hippie-Kultur geprägte, sozial experimentelle und festivalartige Atmosphäre sowie sexuell freizügigen Umgangsformen von gängigen indischen Ashrams. Um 1975 sollen bereits 25 000 Menschen aus vielen Teilen der Welt nach Poona geströmt sein, während sich vielleicht drei- bis fünftausend permanent im Ashram aufhielten. Das rasante Wachstum erforderte eine stärker formalisierte Struktur. Es entstanden eine eigene Bank und eine Klinik, in der von Durchfall bis zu sexuell übertragbaren Krankheiten alles behandelt wurde, ohne dass man sich großartig um gesetzliche Vorgaben und vertrackte Genehmigungsverfahren der indischen Bürokratie scherte.

Der Bhagwan veränderte unterdessen sein Erscheinungsbild. Ab Mitte der Siebzigerjahre trat er zumeist mit einer Wollmütze auf, die seine Glatze verdeckte, seinen Bart auffälliger machte, seine eindringlich-wachen und warmen Augen hervorhob und ihn insgesamt jünger, dynamischer und origineller aussehen ließ. Er trug bodenlange, maßgeschneiderte Roben aus edlen Stoffen sowie luxuriöse Armbanduhren. Hauptereignisse des Tagesablaufs waren morgendliche Ansprachen Bhagwans – lange abwechselnd auf Hindi und Englisch – und abendliche *darshans*, bei denen es sich nicht, wie der Name vermuten lassen könnte, um Anbetungsrituale handelte, sondern um Gespräche mit einzelnen Schülern und die Aufnahme von Neulingen in den Stand von Schülern («sannyas geben»). In seinem englischen Sprachgebrauch pflegte er einige Eigenheiten: So zischte er S-Laute am Wortende, was seiner Aussprache einen besonderen Nachdruck verlieh – ein zunehmend global wahrgenommener Lehrmeister entwickelte ein eigenes Idiom des Guru-Englisch. Ab 1979 mussten die Fragen allerdings über sein Sekretariat angemeldet werden, und der Schwerpunkt der Interaktion verschob sich von der verbalen in die körperliche Dimension: Zusätzlich zu Worten übermittelte Bhagwan nun auch Energie, wobei er das Dritte Auge seiner Schüler berührte, einen Punkt in der Mitte der Stirn, was viele Empfänger in ekstatische Schwingungen versetzte.[11] Diese «energy *darshans*» fanden zu lauter Musik statt, zu der Hunderte Leute tanzten oder sich treiben ließen.[12] Einige Sannyasins fungierten auch als Medien, die die empfangene «Energie» an andere Teilnehmer weitergaben.

Schon als Hochschullehrer war Rajneesh für seine unterhaltsamen Vorlesungen bekannt. In seinem Ashram sprach Bhagwan, in einem großen Sessel mit hohen Armlehnen sitzend, in bedächtigem Tonfall und klarer Stimme frei zu seinen Schülern. Seit etwa 1974 wurden die allermeisten Reden von seinen Schülern aufgezeichnet. Diese Ansprachen bildeten den Grundstock der zahlreichen Bücher, die unter Bhagwans Namen in vielen Sprachen[13] von einem Ashram-eigenen Verlag publiziert wurden.

In seinen Unterweisungen verwendete Bhagwan eingängige Anekdoten und einprägsame Geschichten. Seine Reden schäumten vor Humor, Ironie, Parodie und Witzen. Das entsprach seinem Programm, Religion ihres heiligen Ernstes zu entkleiden: Religion müsse lustig sein, voller Lachen und Spaß – was seinem Anliegen entspricht, von einer weltablehnenden, lebensverneinenden Religion hin zu einer lebensbejahenden Botschaft. Ostentativ relativierte er Wahrheitsansprüche, die an ihn herangetragen wurden: Er verspreche keine Erlösung; er sei absichtlich scheinbar widersprüchlich, damit man aus seinen Gedanken kein Dogma machen könne; er sei kein Guru, und seine Zuhörer seien nicht seine Jünger, denn alles, wonach sie suchten, sei ja bereits in ihnen.[14] Die Idee der Erleuchtung selbst sei «der größte Witz von allen».[15] Auch das lässt sich dann wiederum als eine erleuchtungsfördernde Paradoxie deuten.

De facto aber erwartete Bhagwan von «seinen» Sannyasins totale Hingabe. In der Praxis unterwarfen sich die meisten seiner Autorität und den Spielregeln seines Ashrams. Wer dies nicht tat, dem wurde die Abreise nahegelegt. Der Ashram wurde von einer überdurchschnittlich hoch gebildeten Klientel frequentiert; es gab Ärzte, Psychologen, Juristen, Journalisten, Architekten, die offenbar keine Schwierigkeiten mit den autoritären Strukturen hatten. In Bombay, Poona und auch später war die Mehrheit der Sannyasins Frauen, und die innere Führungsriege war in allen Phasen von Frauen dominiert.[16]

Bhagwan kritisierte die Grenzen des Verstandeswissens und betonte nichtrationale und nichtdiskursive Metaphern, Verhaltensweisen und Zustände wie Tanz und Trunkenheit. Seine Aufgabe als Lehrer sah er darin, seine Schüler von dem schädlichen Ballast ihrer Sozialisation zu befreien: «Es muss zerstört werden, demontiert, verbrannt.»[17] Diese Destruktion – eine intellektuelle Form des Entsagens – sollte die Voraussetzungen für die Erlangung eines neuen Selbst auf den Trümmern des alten Egos und dessen Fehlprogrammierung durch Eltern, Gesellschaft, Politik und lebensverachtende Religion schaffen. Das Ziel war die Schaffung eines Neuen Menschen *(New Man)*, ohne dass dieses Ziel im Sinne einer modernistischen Fortschrittsideologie als System ausformuliert werden sollte, galt es ja gerade den Augenblick, die Lücken, den fließenden und unvorhersehbaren Wandel und die Widersprüchlichkeit der Wirklichkeit zur Geltung kommen zu lassen.[18] Sein Glaube an einen wieder freizusetzenden dynamischen Wesenskern des Einzelnen ist stark von der Annahme einer Buddha-Natur als Potenz zur Buddha-Werdung inspiriert, die in vielen buddhistischen Richtungen vertreten wird.

Eine zentrale Metapher Bhagwans – ja, eine Art Markenzeichen – war «Zorba der Buddha». Der Name Zorba (Sorbas) ist ein Verweis auf den erstmals 1946 erschienenen und später auch verfilmten Weltbestseller *Alexis Sorbas* (englisch: *Zorba the Greek*) von Nikas Kazantzakis. Bhagwan dachte dabei wohl in erster Linie an das Leitmotiv des Protagonisten: «Das Leben lieben und den Tod nicht fürchten». Die Formel «Zorba-der-Buddha» will die von Bhagwan propagierte Ausgewogenheit von Geist und Körper, Materialität und Spiritualität, Diesseits und Jenseits prägnant zum Ausdruck bringen.

Sexualität wurde im Ashram von Poona in gerade für indische Verhältnisse unerhörter Offenheit praktiziert, wobei ein häufiger Partnerwechsel eher die Regel als die Ausnahme zu sein schien. Bhagwan, der Homosexualität strikt ablehnte, war von dem Freud-Schüler Wilhelm Reich inspiriert, den er wiederholt zitierte. Das damals herrschende Interesse an Reich bescherte Bhagwan wiederum eine größere Aufmerksamkeit.[19] Der «Sex-Ökonom» Reich, der 1945 den Begriff «the sexual revolution» popularisiert hatte, der später – mit anderem Sinn – zum Schlagwort einer Generation wurde, betonte unter anderem die Bedeutung des Orgasmus für die psychische Gesundheit. Für Bhagwan war der Orgasmus der Meditation wesensverwandt.[20] Er war eine zentrale Figur in der Popularisierung von Tantra als einer Sex-Technik beziehungsweise einer Kombination von sexuellem Genuss und Spiritualität. Zwar spielten sexuelle Elemente in älteren tantrischen Texten und Praktiken in der Tat eine Rolle, doch Sexualität war hier in Rituale eingebunden und diente der Erlösung oder der Freisetzung spezieller Kräfte. Bhagwan dagegen wollte das Tantra oder Neo-Tantra von seinen rituellen und institutionellen Rahmen lösen und zu einer spontanen individuellen Option zur Erlangung «spiritueller Energie» machen.[21] Als eine Art «kosmischer Orgasmus» ist das Tantra für ihn die ultimative Steigerungsform der Sexualität und die Freisetzung des Göttlichen in den Individuen.[22] Sexualität wird zu einem Königsweg zur Erleuchtung.

Religiöses, philosophisches und therapeutisches Patchwork

In seinen Reden griff Bhagwan spielerisch auf die östliche und die westliche Philosophie- und Religionsgeschichte zurück. Seine Neudeutung Jesu als Wegweiser zur Lebensfreude fand bei Zuhörern mit christlichem Hintergrund Anklang und wurde vereinzelt sogar von Theologen aufgegriffen.[23] Gebäude im Ashram wurden nach Jesus, Franz von Assisi, Meister Eckhart, Krishna und Buddha benannt. Ein Rollenmodell der Kritik, Subversion und Selbstinszenierung war Friedrich Nietzsche, dessen Religions- und Christentumskritik bei Bhagwan durchscheint. Wichtig waren für ihn neben Wilhelm Reich auch Sigmund Freud und Carl Gustav Jung (s. Kap. 17). Aus der indischen Geisteswelt pries er Rabindranath Tagore. Wiederholt erwähnte er Daisetz Suzuki (s. Kap. 16). Bhagwan bezog sich oft auf Zen und bediente sich in seinen Reden der zentypischen rätselhaften Anekdoten oder Sentenzen. Dass er gegen Ende seiner Karriere den Namen Osho annahm, gehört wohl in diesen Rezeptionszusammenhang, ist das Wort doch ein Ehrentitel im japanischen Zen-Buddhismus.

Ein weiterer wichtiger Bezugspunkt war der weitgereiste griechischarmenische Lehrer des Vierten Weges, Georges I. Gurdjeff (1866–1949), ein Selbst-Mystifizierer, über den sich viele Legenden ranken und dessen Einordnung zwischen Religion, Esoterik oder Psychologie schwierig ist. Auch Gurdjeff war ein Meister darin, höchst unterschiedliche Traditionen frei miteinander zu kombinieren. Von Gurdjeff könnte Bhagwan bestimmte therapeutische Methoden übernommen haben, etwa die Bedeutung des Tanzens. Wie später Bhagwan empfahl er kollektive Übungen, um das wahre Selbst zu entdecken.[24]

Eine Besonderheit des Ashrams in Poona war, dass verschiedene Therapieangebote westlicher Provenienz einbezogen wurden. Bhagwan empfahl allen Sannyasins die Teilnahme an Gruppentherapien. Einige prominente Vertreter des Human Potential Movement, das sich seit den 1960er Jahren von Kalifornien aus verbreitet hatte, kamen nach Poona. Der Ashram wurde eine Art Therapiemesse oder Therapiecamp, in dem Meditationspraktiken, Yoga, Sufi-Tänze, Tai Chi und Therapien verschiedene Symbiosen eingingen. Manchmal scheinen die sehr körperbetonten Therapieformen die Grenze zur Gewalt oder zu sexuellen Übergriffen überschritten zu haben. Damit dies nicht an die Öffentlichkeit kam, wurden exzessivere Therapieformen später eingeschränkt. Inder hatten nur begrenzten Zugang zu den Therapiegruppen.[25]

Die Therapieangebote waren nicht kostenlos und nicht alle waren preiswert. Das war ganz im Sinne von Bhagwan, der den Ashram bewusst als einen «Marktplatz» bezeichnete.[26] Der Aufenthalt im Ashram war für die meisten auf Dauer kostspielig. Viele Sannyasins arbeiteten unentgeltlich für den Ashram, andere kehrten regelmäßig in ihre Heimat zurück, um Geld für ihren nächsten Poona-Aufenthalt zu verdienen. Der Ashram wurde zu einem erfolgreichen Unternehmen, das im Laufe der Jahre Bankeinlagen von über 1,1 Millionen US-Dollar und viel Bargeld erwirtschaftete.[27]

Allerdings kam es zunehmend zu Konflikten mit der Außenwelt. Durch ständige provokante Aussagen lenkte Bhagwan die Aufmerksamkeit auf sich und den Ashram. Die unorthodoxe bzw. experimentelle Lebensführung der Ashram-Klientel führte zu Spannungen auf lokaler Ebene. Die indischen Steuerbehörden versuchten, ihren Anteil an den Einnahmen des Ashrams zu erhalten, und hoben schließlich die Steuerfreistellung auf, was zu bedeutenden Steuerschulden führte.

Gegen den Ashram wurde wegen Geldwäsche, Drogen- und Waffenschmuggel, Prostitution und anderen Delikten ermittelt. Schließlich ereigneten sich einige Brandanschläge auf Einrichtungen des Ashrams, und im Mai 1980 verübte ein junger Hindu-Nationalist ein Attentat auf Bhagwan.[28] Die Sicherheit des Meisters und seines Ashrams war in Poona nur noch schwer zu garantieren. Außerdem plagten Bhagwan gesundheitliche Beschwerden, die einen Ortswechsel nahelegten.

Eine Kommune zwischen Erfolg und Scheitern

Im Juni 1981 verließ Shree Rajneesh Bhagwan mit seinen Ärzten und einigen Vertrauten seinen Ashram und zum ersten Mal sein Heimatland, ohne dies vorher publik zu machen. Seine Schülerin und neue Privatsekretärin Sheela Silverman (geb. Patel) – mit dem Sannyasin-Namen Ma Anand Sheela –, die in den USA studiert hatte, hatte in aller Stille seine Ausreise in die USA vorbereitet und eine stillgelegte Ranch in einem abgelegenen Teil des Bundesstaates Oregon im Nordwesten der USA erworben.[29] Dort war der Kommune zunächst ein fulminanter Start beschieden. Finanziell erheblich von den weltweiten Zentren unterstützt, gelang es durch den enthusiastischen Einsatz der vor allem amerikanischen, in der Regel überdurchschnittlich gut ausgebildeten Sannyasins – mehrheitlich Frauen und vor allem zu Beginn überdurchschnittlich viele Menschen jüdischer Herkunft[30] –, eine Kleinstadt mit schließlich etwa 2000 festen Bewohnern und rund 1000 Langzeitbesuchern aufzubauen. Die Arbeit machte einen verödeten Landstrich fruchtbar. Als einer der ersten Landwirtschaftsbetriebe in den USA wurde erfolgreich ökologische und nachhaltige Landwirtschaft praktiziert. Dabei waren Leitbilder wie die Schaffung eines «Garten Eden»[31] richtungsweisend. Rajneeshpuram – so der Name der Kommune – wurde als eine religiös konnotierte Landschaft ausgewiesen: Ein neu angelegter See hieß «Krishnamurti Lake», ein Damm «Gurdjeff Dam», es gab einen «Zarathustra Drive», Obstplantagen wurden nach Jesus und Buddha benannt, Transportbetriebe hießen «Buddhafield Transport».[32]

In Rajneeshpuram wurde ein Spielkasino betrieben, es gab ein Hotel gehobener Kategorie für Besucher und ein «Zorba the Buddha»-Restaurant. Alle Bewohner der Kommune hatten unentgeltlich zu arbeiten, wobei die Arbeitszeiten vielfach zwölf Stunden überstiegen und die Arbeit teilweise sehr hart und gesundheitsschädlich war. Arbeit, von Bhagwan «worshipping» genannt, galt als eine Art praktische Meditation. Die Teilnahme an diesem kollektiven Experiment bedeutete für die Anwesenden eine erhebliche Investition. Eine wichtige Attraktion und Einnahmequelle für die Kommune waren Kurse und Retreats. Ein «Rajneesh DeHypnotherapy Basic Course» kostete 5500 US-Dollar ein «Rajneesh Rebalancing Course» 7500 Dollar. Eine Haupteinnahmequelle war das jährliche World Festival, zu dem 15 000 Menschen oder gar mehr anreisten. Die Kommune war wirtschaftlich einträglich und anscheinend für die meisten Bewohner trotz der hohen Arbeitsbelastung ein positives Abenteuer.

Schon in Poona war Bhagwan einige Monate vor seiner Abreise in eine Phase des öffentlichen Schweigens eingetreten. Die Ansprachen wurden durch *satsangs* ersetzt, bei denen Bhagwan schweigend mit seinen Anhängern zusammensaß. Die Zusammenkünfte begannen mit der Rezitation eines Mantra und endeten mit Musik und Tanz. Diese Praxis wurde in Oregon fortgesetzt, wo er ebenfalls keine öffentlichen Ansprachen hielt; gleichwohl aber gab er gelegentlich Pressekonferenzen, Interviews und trat bei dem Festival auf. Auch sprach er mit seinen Betreuern und engsten Mitarbeiterinnen, allen voran seiner Privatsekretärin Ma Anand Sheela. Aber allein seine Anwesenheit, die bloße Nähe zu ihm scheint für die Sannyasins, die in Oregon wie in Poona sonnenfarbene Kleider und Ketten mit Bhagwan-Konterfei trugen, bedeutungsvoll gewesen zu sein. Außerdem zeigte Bhagwan sich regelmäßig, vor allem bei den nachmittäglichen «Drive-by», in denen er in einem seiner schließlich 93 Rolls-Royces langsam durch die Ranch fuhr, wobei ihm seine Sannyasins zujubelten und seine Limousine mit Blumen bestreuten. Seine motorisierten Epiphanien waren eine geschickte Strategie, um Aufmerksamkeit zu erregen – Bhagwans Fahrzeugpark sorgte für Neugier und Gesprächsstoff und steigerte seine weltweite Bekanntheit. Seinen Gegnern goss er dadurch vordergründig Wasser auf die Mühlen, schien dieser ostentative Prestigekonsum doch die ausbeuterisch-raffgierige Agenda eines indischen Gurus geradezu prototypisch zu entlarven. Andere sehen darin seine Konsumbejahung auf die Spitze getrieben, ja in eine Konsumparodie umschlagen – gerade in einer Automobil-fixierten Gesellschaft wie den USA.[33] Eine

Pointe bestand darin, den allgemein angenommenen Widerspruch zwischen materiellem Luxus und Spiritualität infrage zu stellen, denn: «In einem Ochsenkarren ist es im Grunde ziemlich schwierig, meditativ zu sein. Ein Rolls-Royce ist einfach am besten für das spirituelle Wachstum.»[34] Sowohl die Wahl der Marke als auch die Ansammlung der vielen Modelle hatten allerdings auch wirtschaftliche Gründe. Die Anschaffung und Zurschaustellung eines ersten Rolls-Royce in Indien, wo die britische Marke noch eine besonders mächtige Aura hatte, ließ Bhagwan und den Ashram bei Banken plötzlich kreditwürdig erscheinen. In den USA war die Rolls-Royce-Sammlung ein Trust mit Steuervergünstigungen.[35]

Schon früh gab es Kampagnen gegen die Kommune mit ihren exzentrischen Bewohnern. Die amerikanische Anti-Rajneesh-Bewegung umfasste immer mehr Lager, darunter auch christliche Gruppen. Es kam zu Drohungen und Anschlägen auf ein von den Rajneeshees betriebenes Hotel in Portland. Obwohl Bhagwan für eine völlig andere Botschaft stand als Jim Jones, gab es Befürchtungen, dass ein neuer Massenselbstmord wie 1978 in Jonestown (s. Kap. 40) vor der Tür stünde. Auch vor Ort eskalierten die Spannungen. Die Rajneeshees verleibten sich den kleinen Nachbarort Antelope ein, dessen ungebildete Einwohner sie verachteten. Sie kauften gezielt Immobilien auf und erreichten eine Mehrheit im Stadtrat, mit der sie den Ort in «City of Rajneesh» umbenannten und Straßennamen änderten. Gleich neben der Kirche wurde eine «Adolf Hitler» genannte Mülldeponie errichtet. Zu einer weiteren Zuspitzung kam es, als die Leitung der Kommune versuchte, die Landkreiswahlen zu ihren Gunsten zu beeinflussen. In diesem Zusammenhang wurde der schwerste bioterroristische Anschlag in der Geschichte der USA verübt: Im Oktober 1984 erkrankten 750 Menschen in der Stadt The Dalles an einer offenbar von Rajneeshpuram aus in Restaurants gestreuten Salmonellen-Infektion. Es wird vermutet, dass dies lediglich ein Testlauf war, mit dem man einschätzen wollte, ob man auf diese Weise eine größere Bevölkerungsgruppe an der Wahlteilnahme hindern könnte.[36] Die religiöse Sprache in der Kommune nahm eine apokalyptische Färbung an, was auch Entwicklungen in der Außenwelt geschuldet war. Die atomare Aufrüstung unter Reagan spiegelte sich in atomaren Vernichtungsszenarien wider, vor denen angeblich nur die Sannyasins gefeit seien. Auf die AIDS-Epidemie reagierte die Leitung der Kommune durch strikte Anweisungen zum *safer sex*.[37]

Ein Grundproblem der Kommune war der Landnutzungsplan, der es unmöglich machte, die Ranch den Bedürfnissen der wachsenden Kommune entsprechend auf legale Weise auszubauen. Der Bundesstaat verhängte schließlich eine Geldstrafe in Höhe von 1,5 Millionen Dollar gegen Rajneeshpuram wegen der illegalen Errichtung von Wohnhäusern und erhöhte den Druck auf die Bewohner, die sich mehr und mehr verschanzten. Rajneeshpuram wurde zu einer militärischen Festung.

Eine religionslose Religion

Ein grundlegender juristischer Problemkomplex der Kommune betraf Bhagwans Rolle als religiöse Persönlichkeit, den rechtlichen Status von Rajneeshpuram in Hinblick auf die gebotene Trennung von Religion und Staat sowie die Steuerbefreiung, die durch den Religionsstatus erlangt werden konnte. Bhagwans religiöse Rolle war zunächst mit Blick auf seine Aufenthaltsgenehmigung zu klären. Ursprünglich mit einem Touristenvisum aus medizinischen Gründen eingereist, wurde für Bhagwan nach dem Start der Kommune in Oregon eine permanente Aufenthaltsgenehmigung für seine Tätigkeit als religiöse Persönlichkeit beantragt. Die in dieser Angelegenheit zuständige Bundessteuerbehörde (IRS) wies dieses Ansinnen allerdings ab, denn der Sachbearbeiter hielt Bhagwan und seine engsten Mitarbeiter für Scharlatane, die ihre Schüler finanziell ausbeuteten. Außerdem gab die Steuerbehörde zu bedenken, dass Bhagwans Gesundheitszustand und sein Schweigegelübde ihn daran hinderten, seinen vermeintlichen Funktionen als Oberhaupt einer religiösen Gruppe nachzukommen.[38]

Im Oktober 1983 veröffentlichte der Oberstaatsanwalt von Oregon eine Stellungnahme, wonach Rajneeshpuram nicht den Status einer Stadt haben könne, weil sie gegen das für die USA grundlegende Verbot der Vermischung von Kirche und Staat verstoße.[39] Es gab also ein Dilemma: Für Baghwans Aufenthaltsgenehmigung und die steuerlichen Vorteile musste man als Religion gelten, gleichzeitig aber durfte man als Religion keine Kommune aufbauen, die Rechte als Stadt in Anspruch nehmen wollte. Um das Problem der Vermischung der Kommune mit

Religion zu umgehen, versuchte man, Bhagwan formal aus allen politischen Entscheidungsprozessen herauszuhalten, wofür sein öffentliches Schweigen durchaus nützlich war. Seiner Privatsekretärin Sheela zufolge steuerte er tatsächlich alle weltlichen Angelegenheiten bis ins kleinste Detail.[40]

Das Problem des Fehlens von Religion wiederum wurde angegangen, indem man eine Religion konstituierte. Zunächst erschien 1983 das Buch *Rajneeshism: An Introduction to Bhagwan Shree Rajneesh and His Religion*, später gefolgt von dem dicken mehrbändigen Werk *The Rajneesh Bible*, in dem Bhagwan sein Verständnis von Religion erklärt. Religion hat demnach nichts mit Gott oder dem Jenseits zu tun, sondern ist eine Art der Ganzheitlichkeit, die eine neue Lebensqualität begründet.[41] Es wurden religiöse Feste eingesetzt und Rituale ausgestaltet. So wurden zu Beginn des Arbeitstages kniend in Richtung auf Bhagwans Haus gemeinsam Sanskritverse rezitiert.[42] Es wurde sogar ein Klerus eingeführt – mit Ma Anand Sheela an der Spitze, die fortan ein mit dem Symbol einer goldenen Taube verziertes Gewand trug. Die Religionsgründung durch einen lautstarken Religionskritiker wie Bhagwan wurde in der Kommune mit Verwunderung aufgenommen. Bhagwan versuchte einen Spagat: Man glaubte Religion sein zu müssen, ohne Religion sein zu wollen. In *Rajneeshism* vertrat Bhagwan das Konzept einer «religionslosen Religion», deren Anhänger nicht in eine Religion, sondern «nur in Religiosität eingeweiht» würden. Im Zentrum dieser Religiosität ohne alle Äußerlichkeiten sollte das Individuum stehen: «Ich vertraue dem Individuum bedingungslos.»[43] Dieses Konstrukt konnte die Behörden allerdings nicht restlos überzeugen. Es gab keine Anerkennung als Religion und keine Steuerbefreiung, aber Bhagwan erhielt immerhin eine Aufenthaltsgenehmigung als «religious worker».[44]

Sheela: Das Ende einer Liebesbeziehung

Durch Bhagwans Schweigen war seine Privatsekretärin Sheela, die an der Spitze eines ihr ergebenen Mitarbeiterinnenstabes stand, das Gesicht der Kommune nach außen. Die damalige Mittdreißigerin fiel durch ihr forsches Auftreten auf, war schlagfertig und ließ sich gerne zu provokanten Aussagen hinreißen. Die aus Indien stammende, heute in der Schweiz lebende Sheela, die jetzt den Nachnamen Birnstiel trägt, stellt sich in ihren Erinnerungen lediglich als ausführendes Organ von Bhagwans Medienstrategie dar: Je extravaganter die Aussagen, je beleidigender die Anklagen, je größer die Kontroversen, desto größer die Werbewirkung. Bhagwan habe sie wie ein Drehbuchautor zu diesem Verhalten gepuscht, das eigentlich nicht ihrer Natur entspreche. Ob das angesichts ihres engen Verhältnisses zu Bhagwan glaubwürdig ist, muss freilich offenbleiben.

Anders als die meisten Sannyasins war Sheela nicht auf ihrer eigenen Suche oder durch Zufall auf Bhagwan gestoßen, sondern über ihren Vater, einen ehemaligen Mitstreiter Gandhis, der den Vortragsreisenden zu sich nach Hause eingeladen hatte. Einige Jahre später, als Sheela nach einem fünfjährigen Studienaufenthalt in den USA zu Besuch in Indien war, nahm er seine Tochter mit nach Bombay, wo sie Bhagwan aufsuchten. Das war für Sheela ein lebensveränderndes Ereignis: «Plötzlich wollte ich nicht mehr ohne Ihn sein. Ich konnte Ihn nicht mehr von mir loswerden. Ich konnte nur noch über Ihn reden. Er absorbierte alle meine Gedanken und Gefühle.»[45] Es entstand eine offenbar sexfreie, hingebungsvolle Liebesbeziehung. Sheela sah sich von nun an als Werkzeug Bhagwans. Doch sie war nicht die einzige, die ihr Verhältnis zu dem als attraktiv erlebten Mann als Liebesbeziehung beschrieb. Weitere wiederkehrende Motive sind das Gefühl, sich in den Tiefen seines Blicks zu verlieren und von seiner warmen und ruhigen Stimme hypnotisiert zu werden, ein Verlust des Ichs im Unendlichen, das wie ein Tropfen im Ozean aufgeht – Erzählungen des Verlusts und des Findens.[46] Bhagwan hatte eine durchaus maskuline und vielleicht sogar patriarchalische Ausstrahlung, zugleich aber hob er in seinen Äußerungen Qualitäten wie Mitgefühl und Anmut positiv hervor, die meist als feminin angesehen werden.[47]

Nach einigen Jahren in Rajneeshpuram scheint die Beziehung zwischen Sheela und Bhagwan abgekühlt zu sein. Sie erlebte ihn nun auch als gewöhnlichen Mann mit den üblichen gesundheitlichen und häuslichen Schwächen und Problemen: Seine Zahn- und Rückenschmerzen machten ihn grantig, schlechtes Wetter machte ihn depressiv. Sie hatte den Eindruck, dass sein Projekt ihn allmählich langweile, dass er Probleme mit Medikamentenmissbrauch hatte und dass seine Lust auf Luxusuhren und Rolls Royces ein für die Kommune kaum tragbares, suchtartiges Begehren darstelle. Spiritualität sei zu Ausbeutung verkommen.[48]

Im September 1985 trat Sheela von ihrem Amt zurück und verließ kurz darauf Rajneeshpuram mit etwa 20 ihrer engsten Mitarbeiterinnen. Sie reisten nach Deutschland, wo Sheela schließlich einen Exklusivvertrag mit dem *Stern* abschloss, um ihren Aufenthalt absichern und finanzieren zu können.

Gleich am Tag nach Sheelas Abreise, die oft als Flucht dargestellt wird, verkündete Bhagwan, der seit zwei Monaten wieder öffentliche Ansprachen hielt, harte Vorwürfe gegen seine frühere leitende Mitarbeiterin. So habe sie 55 Millionen US-Dollar entwendet und versucht, seinen Leibarzt zu vergiften. Von Sheela und ihren Mitabtrünnigen sprach Bhagwan als «Sheela und ihre Faschistentruppe»; Rajneeshpuram sei durch sie zu einem «Konzentrationslager» verkommen. Es wurde bekannt, dass es Abhörvorrichtungen gab, was das Selbstbild der freiheitsliebenden Kommune erschütterte. Sheela wurde systematisch angeschwärzt, und im Gedächtnis der meisten Rajneshees ist sie eine kriminelle Verräterin, die letztlich den Untergang von Rajneeshpuram zu verantworten hatte. Damit blieb Bhagwans Renommee intakt – ja, Anhänger konnten sich sogar mit der Figur des (scheinbar) unschuldig Verratenen solidarisieren. Bhagwan machte Sheela auch für die Gestaltung der Rajneeshism-Religion verantwortlich, die Ende September feierlich durch die Verbrennung der oben genannten Bücher und von Sheelas Robe abgewickelt wurde. Den Sannyasins wurde nun freigestellt, die Farbe ihrer Kleidung selbst zu wählen. Bhagwan schlüpfte wieder in seine angestammte Rolle des Religionskritikers und proklamierte, das erste Mal in der Geschichte der Menschheit werde man das Sterben einer Religion live beobachten können. Dass diese nun feierlich rückgängig gemachte Religionsgründung ganz ohne seine Zustimmung erfolgt sein könnte, ist allerdings kaum glaubhaft.

Bhagwans Vorwürfe gegen Sheela boten dem FBI den Anlass, in Rajneeshpuram Ermittlungen anzustellen. Dabei kamen Indizien oder Beweise für eine ganze Reihe von Verbrechen ans Tageslicht. Gegen 25 Personen wurde Anklage erhoben. Auch Bhagwan geriet bald ins Fadenkreuz. Als Ende Oktober 1985 eine Anklageschrift gegen ihn vorgelegt wurde, versuchte er, sich mit einigen Vertrauten per Flugzeug abzusetzen, wurde aber bei einer Zwischenlandung gestellt und verhaftet. Der Aufenthalt in der Untersuchungshaft, bei dem er angeblich vorsätzlich vergiftet wurde, setzte ihm stark zu. Es wurde ein Vergleich ausgehandelt, bei dem er sich in zwei Tatbeständen für schuldig bekannte. Gegen eine Zahlung von 400 000 US-Dollar durfte er im November 1985 das Land verlassen. Sheela wurde aus Deutschland ausgeliefert, bekannte sich schuldig für Taten, die sie später abstritt, und verbüßte eine zweieinhalbjährige Haftstrafe, ehe sie wegen guter Führung entlassen wurde.

Mit der Flucht Bhagwans verlor Rajneeshpuram seine Hauptanziehungskraft für die Bewohner. Da mit dem Ende des «faschistischen» Regimes die Arbeitspflicht aufgehoben wurde, implodierte die Geschäftsgrundlage der Kommune, die bald pleite ging. Die Ranch wurde 1987 an eine christliche Jugendbewegung verkauft. Für viele Sannyasins war das Ende der Kommune ein herber Rückschlag, da sie Jahre eigener Arbeitskraft und Ersparnisse in das Projekt investiert hatten.[49] Trotzdem scheinen die meisten ehemaligen Bewohner positive Erinnerungen an ihre Zeit in Oregon zu haben; vielen gelang es, die Ereignisse erfolgreich aufzuarbeiten.[50]

Luxusresort in Poona

Nach seiner Abschiebung aus den USA kehrte Bhagwan kurz nach Indien zurück, bevor er sich auf eine Weltreise begab, doch kein Land in Europa, Afrika und Südamerika wollte ihn dauerhaft aufnehmen. Schließlich kehrte er im Juni 1986 nach Bombay und im Januar 1987 nach Poona zurück. Nun nahm der Ashram eine völlig andere Gestalt an als früher. Es ging jetzt nicht mehr um kollektive Lebensformen. Dementsprechend wurden auch die über die Welt verstreuten Kommunen weniger. Die Bewegung wurde weniger hierarchisch organisiert, und es gab keine Kleidungsvorschriften mehr. Selbst die Gebetshalskette mit dem Bhagwan-Porträt musste nicht mehr getragen werden. Wie früher hielt Bhagwan täglich Ansprachen, die 1988 von 5000 Menschen besucht wurden. Daneben gab es für die Besucher ein großes Angebot an Workshops. 1989 startete eine «Multiversity» mit einem Kursangebot, das von Esoterik bis Heilung und Kunst reichte.[51] Der Ashram blühte erneut auf. Die Neuausrichtung wurde auch an Namensänderungen erkennbar: Phasenweise nannte er sich Maitreya, erklärte sich also zum Buddha der Zukunft und zum kommenden Weltenlehrer. Ende 1988 erklärte er, er wolle nicht mehr Bhagwan genannt werden, der «Scherz» sei vorbei, und akzeptierte nach einigen Wochen den Namen Osho. Im April 1989 hielt er seinen letzten öffentlichen Vortrag. Sein Gesundheitszustand verschlechterte sich nun zunehmend. Osho starb im Januar 1990 im Alter von achtundfünfzig Jahren. Nach seinem Tod bildeten sich zunächst Formen der rituellen Verehrung des verstorbenen Meisters, doch bald wurde der Ashram zu einem Luxusmeditationsresort für eine wohlhabende Klientel.[52]

Aus Rajneeshpuram sind Transkripte von Bhagwans Äußerungen überliefert. In einem dieser Texte berichtet er, dass er einen Brief von der Präsidentin der Vereinigung der amerikanischen Atheisten erhalten habe, die ihn für seine Religionskritik gelobt und ihren Besuch angekündigt habe. Um diese Dame, Madalyn Murray O'Hair, soll es im nächsten Kapitel gehen. Bhagwan ließ der Atheistin ausrichten, dass sie gerne kommen dürfe; sie solle aber wissen, dass er kein Atheist sei. Denn: «Wenn es keinen Gott gibt, ist der Theist genauso dumm wie der Atheist. Beide sind Idioten, die ihre Zeit auf etwas verschwenden, das es gar nicht gibt.»[53]

42

Madalyn Murray O'Hair

Militanter Atheismus als Lebensaufgabe

Das 20. Jahrhundert war das erste Jahrhundert der Weltgeschichte, in dem Atheismus – im deutschen Sprachraum lange auch als Freidenkertum bezeichnet – zu einer nicht nur ideengeschichtlich, sondern auch demographisch und politisch signifikanten Größe wurde. Unter Universitätsphilosophen neigt die überwältigende Mehrheit heutzutage atheistischen Positionen zu,[1] und wichtige philosophische Richtungen des 20. Jahrhunderts hatten bekennende Atheisten als Fürsprecher. Bertrand Russell, Literaturnobelpreisträger und ein Begründer der Analytischen Philosophie, legte mit seiner erstmals 1927 erschienenen Aufsatzsammlung *Why I am Not a Christian* einen weltweit erfolgreichen Bestseller vor. Ebenfalls mit dem Literaturnobelpreis ausgezeichnet wurden die Existenzialisten Jean-Paul Sartre und Albert Camus, beide auch bekennende Atheisten. Atheistische Positionen sind heutzutage programmatisch mit den beiden Begriffen Rationalismus und Humanismus verzahnt. Vor allem durch den Marxismus wurde der «wissenschaftliche Atheismus» zum Staatsprojekt in der Sowjetunion, im China Mao Zedongs (s. Kap. 26) und ihren Satellitenstaaten.

Zunahme und Stigmatisierung des Atheismus

In westlichen Ländern wurden erst seit den 1960er Jahren nichtreligiöse und atheistische Optionen vielerorts rechtlich realistisch möglich und gesellschaftlich einigermaßen anerkannt.[2] Zu Beginn des 21. Jahrhunderts machten Personen, die sich als Atheisten, Agnostiker oder Nicht-an-Gott-Glaubende darstellten, in neun Ländern der Welt zumindest in einigen Umfragen mehr als 50 Prozent der Bevölkerung aus, und zwar in sechs europäischen und drei ostasiatischen Ländern: Schweden, Vietnam, Dänemark, Norwegen, Japan, Tschechien, Finnland, Frankreich und Nordkorea.[3] Wenn man nur überzeugte Atheisten aufnehmen würde, lägen die Zahlen allerdings wesentlich niedriger: Den World Value Survey Erhebungen von 2006–2008 zufolge sind einzig in Südkorea über 25 Prozent der Bevölkerung überzeugte Atheisten; in China, Deutschland, Frankreich, Schweden und Taiwan waren es jeweils etwas mehr als 15 Prozent.[4]

Bekennender Atheist zu sein oder zu werden, ist in vielen Ländern eine Entscheidung, die Risiken birgt. Das gilt insbesondere für Staaten, deren Gesetzgebung islamisch inspiriert ist oder in denen der Islam Staatsreligion ist, etwa Saudi-Arabien und Iran. In einigen Ländern riskieren bekennende Atheisten zumindest theoretisch die Todesstrafe. Die entsprechenden Gesetze richten sich in der Regel nicht gegen Atheismus per se, sondern gegen Abfall vom Islam (Apostasie), somit ist der Atheismus als Abfall vom Gottesbekenntnis eingeschlossen. Atheisten kann allerdings auch Blasphemie oder Anstiftung zur Volksverhetzung vorgeworfen werden. In verschiedenen Ländern haben sie mit privatrechtlichen Problemen zu kämpfen: Sie dürfen keine Muslime bzw. Musliminnen heiraten (und können sogar zwangsweise geschieden werden), und um Ausweispapiere zu erhalten, müssen sie sich einer religiösen Bekenntnisgruppe zurechnen. Es ist derzeit undenkbar, dass ein bekennender Atheist ein Regierungs- oder Staatsamt in einem mehrheitlich muslimischen oder explizit islamischen Land antritt.

Auch in den USA sind Atheisten nicht gern gesehen. Es kommt zu vielfältigen Diskriminierungen, von unerwünschten Bittgebeten in Krankenhäusern und Kontaktvermeidung vonseiten Familienangehöriger bis zu Schikanen am Arbeitsplatz und Benachteiligung bei Einstellungsverfahren. Nach dem Zweiten Weltkrieg war die Ablehnung des Atheismus im Kontext des Kalten Krieges Teil des nationalen Selbstverständnisses geworden.[5] Die Verfassungen einiger Bundesstaaten vor allem im Süden der USA enthalten Artikel, die es verbieten, dass Staatsämter von Personen angetreten werden, die den Glauben an Gott ablehnen. Diese Bestimmungen sind de facto aber nicht durchsetzbar, da sie im Widerstreit zur ersten Ergänzung (First Amendment) und zu

Artikel VI der amerikanischen Bundesverfassung stehen. Gleichwohl sind anti-atheistische Vorurteile und Vorbehalte weit verbreitet und derzeit auch nicht rückläufig.[6]

Eine amerikanische Protagonistin

Madalyn Murray O'Hair (1919–1995),[7] die 1963 durch einen Rechtsfall nationale Berühmtheit erlangte, machte den Atheismus zu ihrer zentralen Identifikation. In der Nähe von Pittsburgh im Bundesstaat Pennsylvania als Madalyn Evelyn Mays geboren, wurde ihr Leben von zwei Großereignissen des 20. Jahrhunderts durcheinandergewirbelt. Der Börsencrash und die anschließende Große Depression bedeuteten für ihre Familie einen herben sozialen Abstieg, und ihre erste große Liebesbeziehung wurde 1941 durch den Eintritt der USA in den Krieg erschüttert. Mays meldete sich freiwillig ins Women's Army Corps und wurde u. a. in Italien stationiert. Aus der Beziehung zu einem Piloten, dessen Nachnamen Murray sie später annahm, obwohl er sie nicht heiraten wollte, ging ihr erster Sohn hervor, der 1946 geborene William Joseph Murray.

Ihre u. a. in Interviews verbreitete Selbsterzählung enthüllte atheistische Urszenen, die den christlichen Gott als unsinnig und machtlos darstellen sollten. Mit zwölf oder dreizehn habe sie an einem Wochenende die Bibel durchgelesen, was eine Art staunendes Schockerlebnis gewesen sei. Während ihrer Schwangerschaft habe sie Gott herausfordern wollen, indem sie ihn in einer Gewitternacht verflucht habe; die Strafe sei aber ausgeblieben. Nichtsdestoweniger studierte sie später einige Zeit an einem evangelikalen College. 1952 machte sie an einem anderen College in Texas einen Abschluss in Jura, legte aber nicht die Anwaltsprüfung ab. 1954 wurde ihr zweiter, ebenfalls außerehelicher Sohn geboren. Madalyn Murray begann, sich für soziale Belange und sozialistische Gruppen zu engagieren, und ab 1960 verfolgte sie Pläne, in die Sowjetunion überzusiedeln, die sowjetischen Botschaften in Washington und Paris wiesen sie aber ab.

Im Herbst 1960 schlitterte Madalyn Murray in ihre Karriere als atheistische Provokateurin, als sie sich in Baltimore dafür einsetzte, ihren vierzehnjährigen Sohn William vom morgendlichen Schulgebet zu befreien. Aufgrund einer unnachgiebigen Haltung der Schule, einer ungeschickten Verteidigungsstrategie der Behörden und Murrays verbissener Hartnäckigkeit entwickelte sich daraus ein Rechtsstreit, der früh schon mit ausführlichen Presseberichterstattungen, aber auch Übergriffen gegen William und die Familie einherging.

Das Verfahren landete schließlich vor dem Supreme Court der Vereinigten Staaten. Die Klage der Murrays wurde zusammen mit dem etwas ähnlich gelagerten Fall eines unitarischen Jungen aus dem benachbarten Pennsylvania verhandelt.[8] Die anderen Kläger – die Familie Schempp – versprachen bei der zu erwartenden kritischen Reaktion der Öffentlichkeit ein «besseres Gesicht» zu machen.[9] Am 17. Juni 1963 erging das Urteil, es schlug wie eine Bombe ein: Unter Berufung auf das First Amendment untersagte das Gericht fortan den Staaten und Schulbehörden, zu verlangen, dass zu Beginn des Schultages in staatlichen Schulen aus der Bibel gelesen oder das Vaterunser aufgesagt werde; die Befreiung einzelner Schüler reiche nicht aus.[10] Die Umsetzung des Urteils, das Billy Graham kritisierte, verlief allerdings schleppend.[11] Anders als die Schempps suchte Murray, die das Verfahren ihren Job gekostet und der es die Überwachung durch das FBI eingebracht hatte, das Rampenlicht. Sie präsentierte sich fortan als «die amerikanische Atheistin» schlechthin, der es quasi im Alleingang gelungen sei, die amerikanischen Kinder vor religiöser Indoktrinierung zu schützen. Richtig an dieser Darstellung ist, dass Murray sich bemüht hatte, Allianzen mit einer ganzen Reihe von Gruppen und Organisationen einzugehen, allerdings nur mäßig erfolgreich. Am stärksten engagierten sich jüdische Gruppierungen, so z. B. das American Jewish Committee und das Synagogue Council of America, und ihr Anwalt war ein orthodoxer Jude. Viele amerikanische Juden empfanden die Präsenz des Christentums im öffentlichen Raum als bedrohlich – zu den Ausnahmen gehörte Menachem Schneerson (s. Kap. 35), der die Anwesenheit des Christentums der Abwesenheit von Religion überhaupt vorgezogen hätte.

Unkonventionell und streitlustig

Ausgelöst durch das rechtswidrige Zusammenleben ihres inzwischen achtzehnjährigen Sohnes William mit einer Minderjährigen, erhielt Murrays Karriere eine noch stärker skandalträchtige Note, deshalb zog sie mit ihrer Familie aus Maryland weg nach Hawaii und von dort nach Mexiko. Im Oktober 1965 brachte das Herrenmagazin *Playboy* ein Interview, in dem Murray als «die bekannteste und verhassteste Atheistin dieses Landes» eingeführt wurde. Atheismus definiert sie in diesem Interview als Bejahung der menschlichen Fähigkeit zum Selbstdenken, Selbsthandeln und zum Lösen der eigenen Probleme sowie als die Botschaft, das Leben in seiner ganzen Fülle zu leben – dazu zählt auch Sexualität. Murray berichtet, dass ihr das Wort «Atheist» – als Schimpfwort verwendet – das erste Mal in ihrer Zeit beim Militär begegnet sei. Sich selbst bezeichnet Murray in diesem Interview übrigens als «militante Feministin» – und sieht einen engen Zusammenhang zwischen der Befreiung der Frauen vom Patriarchat und der Abkehr von der Religion.

1965 heiratete sie und trug seitdem den Namen O'Hair oder den Doppelnamen Murray O'Hair. Das Gerichtsurteil von 1963 hatte sie in eine öffentliche Rolle katapultiert, die sie sich ganz zu eigen machte: die der Propagandistin des Atheismus in den USA – oder gar weltweit – und der Anwältin für die konsequente Trennung von Religion und staatlichen Institutionen. Sie war überzeugt, dass das Christentum in den USA nur durch die ihm – ihres Erachtens unrechtmäßig – gewährten steuerlichen und rechtlichen Privilegien überhaupt noch überlebensfähig sei.[12] Ihr Lebensprojekt spielte sich nun hauptsächlich und zunehmend erfolgreich in vier Arenen ab: Gerichtssälen, Medien, Organisationen und Publicity stunts.

Die unkonventionelle Frau wurde zur Wegbereiterin der kulturellen Umbrüche der 1960er Jahre. Sie setzte sich gegen den amerikanischen Vietnamkrieg ein, den sie als partiell religiös inspiriert deutete.[13] Jovial, zunehmend übergewichtig, großmütterlich wirkend, ignorierte sie mondäne Schönheitsideale, brach durch stete Flüche, Obszönitäten und provokante Aussagen mit Konventionen bürgerlichen Anstands und stellte eine erstaunliche Bereitschaft zum Ertragen öffentlichen Hasses zur Schau.[14] In der Tat konnte sie als self-made atheistische Unternehmerin eine einzigartige, erfolgreiche Karriere aufbauen, zugleich aber wurde ihr persönlich immer wieder handfester Schaden zugefügt. Ständig erhielt sie Drohbriefe und obszöne Anrufe, ihr Haus in Baltimore wurde wiederholt angegriffen, die Fenster zertrümmert, ihre Haustiere getötet. Bertrand Russell solidarisierte sich mit ihr, nachdem sie wieder einmal aus abwegigen Gründen verhaftet worden war; umgekehrt verwies sie auf seinen Essay *Why I am Not a Christian*.[15]

Einerseits verkörperte Murray O'Hair eben das, was ihr anti-atheistische Rhetorik vorwarf, da sie sich um bürgerliche Normen nicht zu scheren schien und damit aus der Sicht der Christen den befürchteten Zusammenbruch der öffentlichen Moral vor Augen führte. Andererseits bekannte sie sich etwa in ihrem Konsumverhalten zu typisch amerikanischen kleinbürgerlichen Vorlieben. Neben ihren Auftritten in Printmedien und Fernsehen erkämpfte sie für ihre Botschaft des Atheismus kaum bezahlbare Sendezeit in Radiostationen. Schließlich machte sie in einer eigenen Station eigene Sendungen, die dann als Bücher verbreitet wurden (z. B. *What on Earth is an Atheist* 1967; 7. Auflage 2003). Ihre Publikationen sind philosophisch nicht originell, verbreiteten die atheistische Botschaft aber gut verständlich und eingängig. Außerdem konstruierte sie eine genuin amerikanische Abstammungslinie des Atheismus,[16] mit der sie Atheismus von Kommunismus oder Sozialismus zu trennen versuchte. In ihrem 1974 erschienenen Buch *Freedom under Siege* (*Freiheit im Belagerungszustand*) beschreibt sie Religion als «Big brother» und als «Big business».[17]

Streitlustig und kämpferisch wie sie war, ging sie unzählige Male vor Gericht. Eine ihrer ersten juristischen Kampagnen bestand darin, dass sie siebenundzwanzig Radiosender auf Hawaii verklagte, weil diese sich angeblich weigerten, ihr Sendezeit zu verkaufen. Einige Jahre später verklagte sie die Bundesbehörde für das Fernmeldewesen, da diese die Rechte der Atheisten beschnitten habe.[18] Mithilfe der Gerichte kämpfte sie unermüdlich, aber weitgehend erfolglos gegen die Präsenz von Religion in Form von religiösen Praktiken, Zeichen und Aussagen in staatlichen Institutionen und öffentlichen Räumen an, z. B. gegen das Schwören auf die Bibel, Treueeide im Namen Gottes und den Leitspruch «In God We Trust» auf der Dollarmünze – sogar gegen die Übertragung religiöser Praktiken der Astronauten im Weltraum.

Die Gerichtsverfahren bescherten ihr regelmäßig Aufmerksamkeit, etwa als sie 1979 versuchte, die Messe von Johannes Paul II. im New Yorker Central Park zu verhindern.[19] Diese Aufmerksamkeit war wichtig, um an Spendengelder zur Finanzierung der teuren Gerichtsverfahren und ihrer Organisationen zu kommen. Das erste von ihr angestrengte Verfahren nach 1963 war der Versuch gewesen, die Steuerbefreiung der Kirchen in Maryland abzuschaffen, womit sie allerdings gescheitert war. Später setzte sie sich für die Steuerbefreiung ihrer eigenen Organisationen ein, was ihr schließlich 1988 gelang.

Gegenkirche, Gegenwind und ein schlimmes Ende

Um die Absurdität institutioneller Religion zu veranschaulichen, gründete Madalyn 1970 mit ihrem Mann Richard O'Hair eine Art Gegenkirche, die Poor Richard's Universal Life Church. Richard war der Präsident, «Pastor» und «Prophet» dieser Kirche, seine Frau der «Bischof» (weshalb sie bei Bedarf einen Priesterkragen anlegte); beide hatten angeblich ein «theologisches» Diplom in Kalifornien erworben. Jede Enzyklika des Papstes wurde mit einer Gegenenzyklika beantwortet, und die «vierte Religion» – neben dem Protestantismus, dem Katholizismus und dem Judentum – war ein lebensbejahender Glaube an die Würde und Befreiung des Menschen, ihre «Mystik» war die Faszination für das «Mysterium» der Schönheit des Lebens. Der Donnerstag wurde zum Sabbat der Atheisten erklärt, und Atheisten sollten darauf bestehen können, donnerstags arbeitsfrei zu erhalten.[20]

Murray O'Hair hat eine ganze Reihe von Vereinen und Institutionen ins Leben gerufen, darunter z. B. die Freethought Society of America, Other Americans und die Society of Separationists (für die Trennung von Religion und Staat) – das war die erste dezidiert atheistische Organisation, die in den USA religionsäquivalente Steuervergünstigungen erhielt. Am einflussreichsten war American Atheists, damit verbunden waren die Zeitschrift *American Atheist*, das Kabelfernsehprogramm *American Atheist Forum*, die American Atheist Press, die Murrays Bücher verlegte, die Charles E. Stevens American Atheist Library and Archives, Atheist Women, das American Atheist Museum und das American Atheist Center (alle in Austin, Texas). Wegen Murrays erratischem und autoritärem Führungsstil kam es allerdings in mehreren Organisationen zu Konflikten und Abspaltungen; sie wurde von ihren Gegnern in dieser Hinsicht mit Jim Jones und Ron Hubbard verglichen (s. Kap. 40 und 25).[21]

Wie christliche Privatreligionsunternehmer in den USA – z. B. Billy Graham – oder Televangelisten und Kirchengründer wie Robert H. Schuller betrieb auch Madalyn Murray O'Hair ihr Projekt in Form eines Familienunternehmens, in dem ihr Mann, ihre Enkelin und ihr

Madalyn Murray O'Hair und ihr Mann Richard mit den Gründungsurkunden ihrer «Poor Richard's Universal Life Church», 1970

Sohn, phasenweise auch ihre beiden Söhne, die wichtigsten Ämter und Funktionen innehatten. Ähnlich wie viele erfolgreiche Prediger leisteten sie sich ein Leben im ostentativen Luxus mit teuren deutschen Autos. Dessen ungeachtet hat Murray O'Hair den Atheismus in den Vereinigten Staaten zu einer weithin wahrgenommenen und stabil organisierten Bewegung gemacht. Parallele Bewegungen in anderen Ländern sind ihr dabei nicht entgangen und sie hat sich um den Aufbau einer weltweiten atheistischen Organisation bemüht. 1976 gründete sie United World Atheists, wobei ihr besonders an Kontakten zu Indien gelegen war. 1978 besuchte sie auf Einladung von fünf atheistischen Gruppen Indien, und 1979 erschien ihr *World Atheist Journal*. 1989 reiste sie nach Moskau, wo sie auf einer Buchmesse atheistische Literatur verkaufen wollte; das Desinteresse der Russen, die jahrzehntelang atheistisch indoktriniert worden waren, am Thema Atheismus machte sie jedoch perplex.[22]

Zwar galt Madalyn Murray O'Hair auch in den 1980er und 1990er Jahren noch als die bekannteste Atheistin der Vereinigten Staaten, mit der Reagan-Ära aber ließ das Interesse an ihr und ihren Kampagnen nach. Sie gab die Hoffnung auf, mithilfe der Gerichte einschneidende Änderungen bewirken zu können, und reduzierte ihre Aktivitäten. 1991 schrieb sie, keiner höre mehr zu und keiner interessiere sich mehr.[23]

Schon in den 1980er Jahren hatte sich ihr Sohn William, der Protagonist des Gerichtsverfahrens, das sie berühmt gemacht hatte, vom Atheismus abgewandt und zum evangelikalen Christentum bekannt. Hatte er bisher mehrfach den Job verloren, wenn ans Tageslicht gekommen war, wer seine Mutter war, erhielt er nun zahlreiche Einladungen zu Vorträgen. 1982 stellte er in seiner Autobiographie seine Mutter nicht nur als egoistische, berechnende, aber unberechenbare kalte Psychopathin dar, sondern gar als Inbegriff des Bösen.[24] Die jährlichen Zusammenkünfte der American Atheists bekämpfte er durch Gegenpropaganda, etwa in Form von Plakaten und Zeitungsannoncen, die sich auch gegen seine Mutter richtete – diese aber verweigerte jeglichen Kontakt mit ihm. Die Grabenkämpfe zwischen der Erz-Atheistin und ihrem wiedergeborenen, evangelikalen Sohn waren natürlich ein gefundenes Fressen für die Presse.[25]

Im August 1995 verschwanden Madalyn Murray O'Hair, ihr zweiter Sohn Jon Garth und ihre Enkelin, die sie inzwischen adoptiert hatte. Es sollten mehrere Jahre vergehen, bis ihr tragisches Ende aufgeklärt werden konnte. Offenbar waren sie von einem ehemaligen leitenden Angestellten ihrer Organisation zunächst entführt, dann erpresst und schließlich ermordet worden, worauf ihre verstümmelten Leichen in der Wüste verscharrt wurden. Das grausame Verbrechen hatte wohl keinen ideologischen Hintergrund.

43

Benny Hinn und Reinhard Bonnke

Fernsehprediger, Wunderheiler, Kreuzzügler

Der Prediger Billy Graham hat in der zweiten Hälfte des 20. Jahrhunderts weltweit bei Massenveranstaltungen und als Fernsehprdiger zig Millionen Menschen erreicht (s. Kap. 30). Weltweite, stadionfüllende *crusades* sind auch ein Markenzeichen der beiden eine Generation nach Graham geborenen Prediger Benny Hinn (geb. 1952) und Reinhard Bonnke (1940–2019). Anders als bei Billy Graham spielen bei ihnen in pfingstlerisch-charismatisch-evangelikaler Tradition Heilungswunder eine zentrale Rolle.

Benny Hinn: Vom multireligiösen Jaffa ins evangelikale Nordamerika

Toufik Benediktus (Benny) Hinn wurde 1952 in Jaffa geboren, das seit 1950 zu Tel Aviv gehörte. Die Familie betrachtete sich als palästinensisch, sein Vater aber arbeitete für die israelische Regierung. Muslime, Juden und Christen gingen bei ihnen ein und aus. In seiner 2009 erschienenen Autobiographie *He Touched Me* (deutsch *Er berührte mich* 2013) schildert Hinn die multireligiöse, multikulturelle und vielsprachige Atmosphäre in Jaffa. Hinn besuchte eine von katholischen Nonnen betriebene Schule, seine Familie aber war griechisch-orthodoxen Bekenntnisses. Die Woche über nahm er an katholischen Messfeiern teil, am Wochenende und an Feiertagen hingegen an griechisch-orthodoxen Gottesdiensten. Wunder und Heilungen seien in diesem orthodoxen und katholischen Umfeld selbstverständlich gewesen.[1] Zu Hause sprach man vor allem Arabisch, in der Schule Französisch und Hebräisch, in der orthodoxen Kirche und teilweise auch zu Hause Griechisch. Der väterliche Zweig der Familie war nach dem Ersten Weltkrieg von Griechenland nach Ägypten (Alexandria) gezogen, von wo sein Großvater nach Jaffa kam. Der mütterliche Zweig stammte aus Armenien, ließ sich dann aber in Beirut nieder.[2] Das multireligiöse Biotop drohte allerdings an den Realitäten des neuen Staates Israel und des Nahostkonflikts zu scheitern. Daher plante Hinns Vater die Auswanderung der Familie nach Kanada, die 1968, im Jahr nach dem Sechstagekrieg, mit finanzieller Unterstützung unter anderem der griechisch-orthodoxen Kirche gelang.

In Toronto kam Benny Hinn 1973 in Kontakt mit einer Gruppe von Hippies und Jesus People, die sich in der anglikanischen Kathedrale zu charismatischen Gottesdiensten versammelten. Seit dieser Zeit reiste er wiederholt über die Grenze nach Pittsburgh, um an Veranstaltungen der Evangelistin Kathryn Kuhlman[3] teilzunehmen, die einen überwältigenden Eindruck auf ihn machte, da ihr es gelungen sei, die Realität des lebendigen Heiligen Geistes erfahrbar zu machen. Bei seinem ersten Besuch in Pittsburgh habe er stundenlang heftig am ganzen Körper gezittert und schließlich die Stimme Christi gehört. Seit diesem Tag habe er sich als Christ verstanden.[4] Für seine eigene Karriere betrachtete er Kuhlman als Inspiratorin und Vorbild. Im Auftrag der Kathryn Kuhlman Foundation reiste er später durch Nordamerika, um Wundergottesdienste abzuhalten.[5]

Hinn hat seine Autobiographie als persönliche Heilsgeschichte angelegt. Schon in seiner Kindheit habe er Visionen Christi erlebt, mit einundzwanzig Jahren nach stundenlangem Zittern die Gegenwart des Heiligen Geistes erfahren. Die kommunikative Beziehung zum Heiligen Geist habe sich mit der Zeit so verstetigt, dass dieser ihm auf seine Fragen zu antworten pflegte. Mit zweiundzwanzig Jahren hielt er seine erste Predigt – und in dem Moment, als er den Mund öffnete, sei das starke Stottern verschwunden, das sein soziales Leben seit dem dritten Lebensjahr eingeschränkt hatte.[6] Wenig später sei es zu den ersten Wunderheilungen und kollektiven Erfahrungen von Präsenz und körperlicher Überwältigung gekommen, bei denen Teilnehmer – manchmal viele gleichzeitig – ohnmachtsähnlich zu Boden sinken.

Benny Hinn professionalisierte in den folgenden Jahren seine Tätigkeit und weitete sie auf Talkshows und Predigten im Fernsehen, Publizistik, karitative Aktionen, Kinder- und Jugendarbeit sowie Unterricht und Kurse aus. 1979 verlegte er seinen Schwerpunkt von Kanada in die Vereinigten Staaten. Einige Jahre lang leitete er eine Kirchengemeinde in Orlando, ehe er – auf ein Signal Gottes hin[7] – den Schwerpunkt seiner Tätigkeit auf das Ausrichten monatlicher *miracle crusades* verlegte.

International bekannt wurde Benny Hinn 1990 durch sein millionenfach verkauftes Buch *Good Morning, Holy Spirit* (deutsch 1992: *Guten Morgen, Heiliger Geist*). Im selben Jahr begann die Ausstrahlung der täglichen knapp halbstündigen Fernsehsendung «This is Your Day! For a Miracle» (ursprünglich «Miracle Invasion»), die als eine der meistgesehenen christlichen Fernsehsendungen der Welt gilt. Seine Reputation wurde allerdings durch offensives Spendeneintreiben, Vorwürfe finanzieller Ungereimtheiten und privater Vorteilnahme, durch eine angebliche außereheliche Affäre und die vorübergehende Scheidung von seiner Frau (mit anschließender Wiedervermählung in einem christlichen Themenpark) sowie durch widerlegte Prophezeiungen und Behauptungen beeinträchtigt.[8] Hinn ist ein weiteres Beispiel für einen Wundervollbringer, dem die Anhänger auch dann treu bleiben, wenn er in der Öffentlichkeit weithin als Scharlatan gilt. Der Sathya Sai Baba (s. Kap. 31) ist ein ähnlicher Fall.

«Pastor Benny Hinn», wie er meist genannt wird, hält es für seinen göttlichen Auftrag, seine Version des Christentums auf der ganzen Welt zu verbreiten.[9] Mit seinen via Satellit ausgestrahlten Fernsehsendungen und weltweiten Wunder-Kreuzzügen erreicht er in etwa so viele Menschen wie Billy Graham. In Bombay sollen 2004 mehr als zwei Millionen Menschen an seinen Veranstaltungen teilgenommen haben, in Bangalore sogar über sieben Millionen. Insgesamt will er über seine Sendungen und Auftritte rund 1,5 Milliarden Menschen erreicht haben.[10] Ein besonderes Anliegen ist ihm die Verkündigung in Israel und der arabischen Welt. Hinn propagiert eine apokalyptische Spielart des amerikanisch-evangelikalen christlichen Zionismus:[11] Die Rückkehr von Juden nach Israel ist demnach ein Zeichen für den Beginn der Endzeit beziehungsweise einer finalen Epoche («Dispensation») der Geschichte. Christliche Zionisten verteidigen daher den Staat Israel und sind wichtige Lobbyisten für Israel in der amerikanischen Politik.

Prosperität, Heilungen und Überwältigungen

Benny Hinn ist ein Vertreter des Prosperitätsevangeliums, das stark von Norman Peale geprägt ist (s. Kap. 23). Er bewegt sich im engmaschigen internationalen Netzwerk von Messen, Konferenzen und Seminaren, Fernseh- und Radiosendungen der bekanntesten amerikanischen Prosperitätspastoren. «The Lord shall provide all my needs» lautet der Text einer Hymne, die bei seinen Veranstaltungen gesungen wird. Das wird ganz wörtlich auf mannigfache diesseitige Verheißungen bezogen, vor allem auf die Heilung von Krankheit. Heilungen sind daher der Höhepunkt von Hinns Bühnenveranstaltungen, oft als Dämonenaustreibungen inszeniert.

Bei großen Veranstaltungen werden über 70 Heilungen in Szene gesetzt. Wenn sich der Höhepunkt nähert, verkündet Hinn, dass er bestimmte Heilungen, die sich gerade im Publikum vollzögen, spüren könne, was zur aktiven Selbstbeobachtung des Publikums führt. Ein fester Bestandteil seiner Veranstaltungen sind angeblich spontane Zeugnisse von Teilnehmern, die durch das Personal aber offenbar sorgfältig ausgewählt werden. Sie werden auf die Bühne geleitet, wo sie telegrammartig von ihrer Krankheit und ihrer Heilung berichten: Blinde, die wieder sehen können, Lahme, die wieder laufen können, Krebskranke, deren Schmerzen verschwunden sind, usw. Diese knappen Heilungsrapporte sind stark standardisiert und werden oft zunächst von Bühnenassistenten zusammengefasst, sodass die Geheilten nur zustimmen und die Tatsache kurz bestätigen müssen. Die Beglaubigung des kolportierten Wunders erfolgt sodann durch kleine Demonstrationen wiedererlangter Bewegungs- oder Wahrnehmungsvermögen. Beim ohnehin schon durch Musik, Lichteffekte und Reden in Stimmung gebrachten Publikum bewirkt dies emotionale Anteilnahme; die Kamera zeigt stark bewegte Gesichter.

Pastor Benny Hinn trägt zumeist einen weißen, manchmal auch einen schwarzen Anzug mit Nehru-Kragen. Das verleiht ihm den Anstrich eines Showmasters oder Zauberers. Er begnügt sich nicht damit, seinem Gott, Jesus oder dem Heiligen Geist für die Heilungen zu danken und ihn zu preisen, sondern vollzieht Akte der Überwältigung, wie man sie schon bei Kathryn Kuhlman beobachten konnte: Er tritt auf

Benny Hinn überwältigt bei einem Auftritt Geheilte, indem er sie rücklings auf den Boden sinken lässt, Toronto 1992.

die vermeintlich Geheilten zu, fixiert sie und nach einer kurzen Berührung mit den Händen – meist am Gesicht – oder nach einer ruckartigen Armbewegung aus der Ferne und einem zischenden Ein-Wort-Sprechakt wie «touch!» oder «fire!» sacken die auf die Bühne Geleiteten nach hinten, wo sie von Gehilfen aufgefangen werden. Mitunter streckt der Pastor auf diese Weise reihenweise Menschen hin – in Bombay beispielsweise ein halbes Dutzend Polizeibeamte –, die dann eine Weile regungslos und wie hypnotisiert oder scheintot auf der Bühne liegen, ehe Hinn seine Assistenten anweist, sie wieder aufzuwecken. Der Pastor demonstriert so eine schier unwiderstehliche Machtfülle, die durch säuselnde Hintergrundmusik, oft mit leiser Chorbegleitung, ästhetisch entrückt wird. Zwar betont Hinn unermüdlich, dass nicht er, sondern Gott die Heilung vollbringe, sein Anteil daran wird durch diese Überwältigungsdemonstrationen aber performativ hervorgehoben. Selten scheint die Weber'sche Metapher der Wiederverzauberung so angebracht wie bei Hinns Heilungsauftritten, bei denen das rationalistische und innerweltlich-asketische Erbe des Protestantismus mit den Dämonen ausgetrieben wird.

Ähnlich wie beim Sathya Sai Baba (s. Kap. 31) wird die medizinische Realität der Heilungen von Außenstehenden bestritten, und es wird Teilnehmer geben, die eher Zuschauer als Überzeugte sind; aus der Perspektive der Gläubigen sind sie Zweifler, die zwar dazugehören, aber noch nicht so weit sind, und Zweifler bestaunen die Wirklichkeit des Glaubens, die auch für sie real werden kann. Für die auf die Bühne Geleiteten haben die Heilungen eine erfahrungsmäßige Evidenz, die mitunter auch dadurch bestätigt und gegen Zweifel immunisiert wird, dass Arztbesuche eingestellt, Medikamente nicht mehr eingenommen oder ärztliche Diagnosen nicht mehr ernst genommen werden – wozu Hinn die Geheilten jedoch nicht ermuntert. Eine theologische Erklärung für die fehlende Nachhaltigkeit von Heilungen kann darin bestehen, dass Gott zwar alle Willigen heilt, aber nicht alle in der Lage sind, den erforderlichen Glauben auch aufrechtzuerhalten.[12] Wahrscheinlich treten bei den Veranstaltungen placeboähnliche Effekte ein; die gesteigerte Produktion von Dopaminen oder Endorphinen lässt den eigenen Zustand anders wahrnehmen.

Reinhard Bonnke: Von der Flucht aus Ostpreußen zur Afrikamission

Wie Benny Hinn gehörte der 1940 in Ostpreußen in der Nähe von Königsberg geborene Reinhard Bonnke zur Pfingstbewegung. Auch er lebte und wirkte auf mehreren Kontinenten. Wie Hinn hat auch Bonnke im Jahr 2009 eine Autobiographie veröffentlicht – *Living a Life of Fire* (deutsch 2010 unter dem Titel *Im Feuer Gottes*) –, um für sein Lebenswerk zu werben, bei dem Gott und der Heilige Geist die Regie führen. Das begann bereits in seiner Jugend. Der Autobiographie zufolge kam 1922 Ludwig Graf nach Ostpreußen, ein in die USA ausgewanderter Fahrrad- und Waffenhändler, der dort von der jungen Pfingstbewegung mitgerissen worden war und nun zurückgekommen war, um in Deutschland zu missionieren. Graf galt als «evangelistischer Rasenmäher»,[13] und eine ähnliche Bezeichnung, «Mähdrescher Gottes», wurde später auch für Reinhard Bonnke verwendet. Graf habe seinen Großvater von einem schweren Leiden geheilt und die Familie auf diese Weise zum Pfingstchristentum bekehrt. Am Ende des Zweiten Weltkriegs floh die Familie vor der Roten Armee über die Ostsee nach Dänemark. Der fünfjährige Bonnke erlebte die Überfahrt unter Beschuss der Roten Armee wie eine wundersame Errettung. In Dänemark wurde er zusammen mit seiner Mutter und fünf Geschwistern vier Jahre lang in einem Flüchtlingslager interniert, während sein Vater die Leitung einer kleinen Pfingstgemeinde in Norddeutschland übernahm.

Schon im Alter von zehn Jahren, berichtet Bonnke, habe er sich zum Afrika-Missionar berufen gefühlt. Nach dem Studium an einem Bibelcollege in Wales und dem Aufbau einer neuen Pfingstgemeinde in Flensburg, wo er zunächst nach dem Vorbild von Billy Graham Veranstaltungen in einem Zelt abhielt, zog er 1967 mit Frau und Kindern ins Königreich Lesotho, einer Enklave in der Republik Südafrika. Im Laufe der Zeit distanzierte und trennte er sich schließlich von der Velberter Mission, dem Missionswerk des Bundes Freikirchlicher Pfingstgemeinden. Ihm schwebten radikalere Methoden vor, da er das Christentum in Lesotho als leblos und de facto der indigenen Religion verhaftet empfand. Entscheidend für Bonnkes weiteren Werdegang war – in seiner Schilderung – die Begegnung mit dem Zulu-Zeltprediger Richard Ngidi, der es mit seiner tiefen Stimme fertigbrachte, Menschen von Krankheiten zu heilen.[14] Bonnkes missionarisches Projekt nahm immer ambitioniertere Ausmaße an: Er wollte Afrika von Kapstadt bis Kairo christianisieren und sprach von einem «blut-gewaschenen Afrika»; Afrika war in Christi befreiendes Blut zu tränken – ein Bild, das schon in der frühen Pfingstbewegung populär war. Für die Mission in Afrika ließ sich Bonnke ein riesiges Zelt fertigen, in dem er ab 1976 seine Kreuzzüge abhielt. Ab 1979 war er mit der Planung des «größten Zeltes der Welt» beschäftigt, mit 34 000 Sitzplätzen, das 1984 eingeweiht, aber schon ein Jahr später von einem Sturm zerstört wurde. Gleichwohl wurde dieses Zelt zu einem Markenzeichen, das ihm bei der Mission und internationalen Spendenwerbung half.

Entscheidungskarten und Dämonenaustreibungen

1974 gründete Bonnke sein eigenes Missionswerk, dessen Name globale Ansprüche formulierte: «Christ for all Nations». Aus logistischen und politischen Gründen verlegte er den Sitz 1986 nach Frankfurt am Main, um sich künftig auch der Mission in der ersten Welt zu widmen, wo er am meisten Spenden für die Afrika-Mission einwerben konnte. Zusammen mit Benny Hinn hielt er in Frankfurt eine Veranstaltung ab, die von 14 000 Menschen besucht und vom Fernsehen übertragen wurde. Seit 1987 führte die Organisation Buch über die Teilnehmerzahlen an ihren Veranstaltungen. Die von Bonnke übermittelten Zahlen, deren Zuverlässigkeit nicht zu überprüfen ist und die nicht immer glaubhaft erscheinen,[15] stellen sogar Grahams und Hinns Erfolge in den Schatten. Das gilt nicht nur für die absoluten Teilnehmerzahlen, sondern auch für die ausgefüllten «Entscheidungskarten» (auch darin folgte er Grahams Beispiel). Im Jahre 1990 will Bonnke vor insgesamt 5 390 000 Menschen gesprochen haben, von denen fast eine Million Entscheidungen für Christus abgegeben hätten;[16] der absolute Höhepunkt war das Jahr 2001, als er vor 11 735 000 Menschen aufgetreten sei und dabei 8 226 400 Entscheidungskarten registriert habe – eine Rate von 70 Prozent. Was mögen solche Karten für die Menschen wirklich bedeuten? Handelt es sich um nachhaltige Lebensentscheidungen oder eher um situativ-spontane Akte momentaner Zustimmung – wie Applaus für eine gute Show? Für viele Menschen sind diese Gottesdienste mit ihren gigantischen Lautsprecheranlagen und Spotlights ja das größte Massenspektakel, an dem sie je teilnehmen.

Wie Billy Graham hielt Bonnke auf seinen vier- bis fünfstündigen Veranstaltungen bewusst simple, knapp einstündige, von Dolmetschern übersetzte Predigten, in denen die Bibel der zentrale Anker war[17] – eine Botschaft, die er als «das ABC des Evangeliums» bezeichnet. Im Vergleich zu Hinn hatten Bonnkes Auftritte eine wildere, phasenweise orgiastische Dynamik: Die Musik war rhythmischer, Bonnke schrie mehr als er sprach, in der Menge fiel man nicht nur zu Boden, sondern Filmaufnahmen zeigen ein breites Spektrum ekstatisch-rhythmischer Körperbewegungen. Schwarze Körper bis an den Horizont, davor Bonnke frenetisch in Aktion, ist seine visuelle Signatur.[18] Die Heilungsaktivitäten Bonnkes, der auf der gut ausgeleuchteten und attraktiv dekorierten Bühne die Massen aufpeitscht, erinnern an Dämonenaustreibungen, für die eine sanfte Berührung wie bei Hinn nicht ausreichend ist. Es handelt sich um Kampfszenen, was Bonnkes Glauben an die Realität und Wirkmächtigkeit Satans und der Dämonen entspricht. Geist- bzw. Wunderheilungen waren der zentrale dramaturgische Schwerpunkt der Veranstaltungen. Die Fama der Heilungen und anderer Zeichen der Präsenz des Göttlichen machte neugierig und motivierte andere zur

Werbeplakat für Reinhard Bonnkes Abschiedstournee, seine *farewell crusade,* in Nigeria, 2017

Teilnahme. Gerade in Afrika haben Personen, die Menschenmassen anziehen können, eine große Reputation.[19]

Wie Graham Freundschaften mit amerikanischen Präsidenten pflegte, knüpfte Bonnke enge Bande zu Spitzenpolitikern und Despoten afrikanischer Länder. Wegen der medialen Sichtbarkeit seiner Massenveranstaltungen, der massiven Beanspruchung öffentlicher Infrastruktur und der aufwendigen Sicherheitsmaßnahmen war es geradezu unvermeidlich, dass staatliche Organe eingeschaltet wurden, die seine Pläne dulden, unterstützen, aber auch behindern oder durchkreuzen konnten. Mehrfach wurden «Kreuzzüge» von Regierungen kurzfristig abgesagt.

Bonnke versuchte ein breites Spektrum lokaler christlicher Gruppen zu involvieren, legte aber eine puristische Haltung gegenüber Elementen traditioneller afrikanischer Religiosität an den Tag. «Animismus», «Fetischismus» und «Idolatrie» wurden von ihm bekämpft. Sein Projekt der charismatischen Christianisierung Afrikas machte auch vor islamisch geprägten Teilen des Kontinents nicht halt, zumal er schon in Südafrika Muslime zu Entscheidungen für Christus bewegen konnte.[20] Anders als Billy Graham oder Papst Johannes Paul II. vertrat er einen expliziten Missionsanspruch gegenüber Muslimen. Sein Hauptaugenmerk galt dabei Nigeria und dem Sudan. Im Sudan soll er

2001 ein von Osama bin Laden signiertes Drohschreiben erhalten haben.[21] Gelegentlich entzündeten sich an seiner Mission gewaltsame Konflikte,[22] etwa 1991 im mehrheitlich muslimischen, teilweise von Boko Haram kontrollierten Nordnigeria.

Bonnkes «Kreuzzüge» zeigten, dass akribisch geplante pfingstlerisch-evangelikale Massenperformances – Grahams evangelikale *crusades* in Verbindung mit Heilungsakten – in Afrika extrem erfolgreich sein können. Die ausgeprägte Dämonologie ist vielleicht eine afrikanische Besonderheit in einer ansonsten amerikanisch wirkenden Form der Massenveranstaltung,[23] aber auch in Spielarten des amerikanischen Christentums – bei Pfingstlern wie Oral Roberts oder bei Prosperitätsevangelisten wie Benny Hinn – gibt es eine lebendige Dämonologie. Zwar hatte Bonnke auch in Europa Anhänger, das Modell der Heilungskreuzzüge hatte im hiesigen Umfeld aber deutlich weniger Durchschlagskraft. Wunderheilungen wurden öffentlich angezweifelt, und Bonnkes ausgeprägte Homophobie trug mit dazu bei, dass es immer wieder zu Protestaktionen kam.

Im Dezember 2001 zog Bonnke von Frankfurt nach Orlando/Florida, wo er im Dezember 2019 starb. Er wollte sich dort, wie er schrieb, intensiver um aufwendige Filmprojekte kümmern und mit ihnen noch mehr Menschen erreichen.[24] In Deutschland war er ohnehin ein Fremdkörper gewesen.

44

Ikeda Daisaku

Das Lotus Sutra und die humane Revolution

Die Entstehung neuer Religionen oder neuer religiöser Gruppierungen in der Moderne ist ein weltweites Phänomen,[1] doch die Bezeichnung «neu» läuft dem Selbstverständnis vieler Gruppen zuwider. Die meisten so bezeichneten Gruppen sehen sich als legitime Ausdrucksformen älterer religiöser Traditionen oder gar als deren zeitgemäße oder einzig originalgetreue Ausprägung, so etwa die in diesem Kapitel vorgestellte, in Japan entstandene Soka Gakkai als eine Form des Buddhismus. Während sich in Deutschland für die nonkonformen oder alternativen Spielarten von Religion in der Zeit vor dem Zweiten Weltkrieg keine spezifische Begrifflichkeit herausgebildet hat, unterscheidet man in Japan zwischen den zumeist seit der Mitte des 19. Jahrhunderts entstandenen neuen Religionen *(shinshukyo)* und den seit den 1970er Jahren aufgetretenen neu-neuen Religionen *(shin shinshukyo)*. Ein Beispiel für eine neu-neue Religion ist die Mitte der Achtzigerjahre von Asahara Shoko ins Leben gerufene Aum Shinrikyo (s. Kap. 40). Die 1937 entstandene Soka Gakkai (Werteschaffende Studiengesellschaft) rechnet etwa acht bis zwölf Millionen japanische Haushalte zu ihren Anhängern, womit sie demographisch gesehen die wohl erfolgreichste japanische Religionsbildung des 20. Jahrhunderts darstellt.[2]

Von der Pädagogik zum Nichiren-Buddhismus

Die Vorform der heutigen Soka Gakkai mit dem Namen Soka Kyoiku Gakkai (Studiengesellschaft zur werteschaffenden Erziehung) geht auf das Jahr 1930 zurück. Damals legte der Reformpädagoge Makiguchi Tsunesaburo, der Inspirator und erste Präsident der Gesellschaft, den ersten Band eines pädagogischen Grundlagenwerks vor, das er zusammen mit seinem Schüler und Freund Toda Josei verfasst hatte. In diesem Werk, das auf Religion kaum Bezug nimmt, entwickelten sie Wert, Nutzen und Ertrag als zentrale pädagogische Begriffe.[3]

Zu einem noch nicht genau geklärten Datum schlossen sich Makiguchi und Toda dem Nichiren-Buddhismus an, sodass die «Studiengesellschaft» zu einer Laienorganisation der Nichiren-Schule wurde. Der japanische Mönch Nichiren (1222–1282) hatte aus dem riesigen buddhistischen Schriftenkanon einen einzigen Text – das *Lotus Sutra* – als unfehlbar wahren Kulminationspunkt der Lehre des Buddha herausgegriffen; allein die Rezitation des *Lotus* sei heilsrelevant. Die Vier Edlen Wahrheiten und der Achtfache Pfad, die für die meisten anderen buddhistischen Richtungen und Schulen grundlegende Bedeutung haben, spielen im Nichiren-Buddhismus keine Rolle. Die buddhistisch geprägte Studiengesellschaft, die innerhalb weniger Jahre einige tausend Mitglieder angeworben hatte, ignorierte einen 1942 von der kaiserlichen Regierung verabschiedeten Erlass, Shinto-Amulette aufzuhängen. 1943 wurden daher 22 prominente Mitglieder der Gesellschaft, darunter Makiguchi und Toda, wegen Blasphemie und Gefährdung der Sicherheit des Staates verhaftet. Als Makiguchi, der sich kritisch gegen den japanischen Militarismus ausgesprochen hatte, 1944 im Gefängnis an Unterernährung starb, distanzierten sich die meisten verhafteten Mitglieder von der Studiengesellschaft.

Nicht aber Toda Josei, ein lebensfroher pragmatischer Geschäftsmann, für den der bis 1945 dauernde Gefängnisaufenthalt eine Phase intensiver Zuwendung zu Nichiren und dem *Lotus Sutra* darstellte.[4] 1951 wurde Toda offiziell als zweiter Präsident der Gesellschaft eingesetzt. Unter seiner Leitung erlebte die Gesellschaft ein rasantes Wachstum. 1957 sollen bereits etwa 765 000 japanische Haushalte der Soka Gakkai angehört haben. Man wendete Nichirens Methode der «Debatte religiöser Irrtümer» an, die unter dem drastischen Begriff *shakubuku* (brich und unterwerfe) bekannt ist. Sie läuft darauf hinaus, andere religiöse Lehren und Praktiken zu entkräften und die Überlegenheit der eigenen Lehre unter Beweis zu stellen. Die geradezu «evangelikale» Verbreitung des von Toda weiterentwickelten Nichiren-Buddhismus wurde zu einer eigenen religiösen Praxis.[5] Konvertiten wurden dazu gedrängt, durch Zerstörung ihres Hausaltars *(butsudan)* mit ihrem religiösen Vorleben zu brechen. Diese Methoden förderten zwar zunächst das Wachstum der Soka Gakkai, brachten ihr aber auch einen zweifelhaften Ruf als aggressiv-intoleranter Kult ein. Gegen Ende seines Lebens, als in den späten Fünfzigerjahren der Kalte Krieg seine bedrohlichen Schatten warf, begann Toda sich für den Weltfrieden einzusetzen.[6]

Die Etablierung der Soka Gakkai

1960, knapp zwei Jahre nach Toda Joseis Tod, wurde sein ehemaliger Laufbursche, Mitarbeiter und Schüler Ikeda Daisaku (geb. 1928) zum dritten Präsidenten der Soka Gakkai ernannt. Ikeda wurde später für eine Position bekannt, deren Grundzüge man bereits bei Makiguchi findet und die als buddhistischer Humanismus geläufig wurde. Grundwerte sind die Würde des Individuums, die Bildung einer ganzheitlichen Persönlichkeit, soziale Verantwortung, eine optimistische und pragmatische Grundhaltung. Programmatische Begriffe in Ikedas buddhistischem Humanismus sind Friede, Kultur und Bildung.[7] Diese zu erreichen, bedeutet nicht weniger als eine «humane Revolution» – so der Titel eines unveröffentlichten Romans von Makiguchi, den Ikeda für seine mehrbändige Geschichte der Soka Gakkai verwendet hat. Der buddhistische Humanismus stellt den Menschen beziehungsweise die Menschheit ins Zentrum; Religion habe den Menschen zu dienen, nicht die Menschen der Religion, wobei Soka Gakkai die ideale Form von Religion darstelle.

Der Humanismus und der pädagogische Hintergrund der Soka Gakkai werden durch eine ganze Reihe von kulturellen Institutionen gefördert, die von Ikeda ins Leben gerufen wurden. Neben Kindergärten, Schulen und zwei Soka-Universitäten in Japan und Kalifornien gehören dazu das 1962 gegründete Institute of Oriental Philosophy in Tokio, die 1963 eingerichtete Min-On Concert Association, die inzwischen auch einen Musikwettbewerb und ein Musikmuseum betreibt, das 1983 eröffnete Tokyo Fuji Art Museum (TFAM), das 1993 gleich neben der Harvard University angesiedelte Ikeda Centre for Peace, Learning, and Dialogue und das 1996 etablierte Toda Peace Institute in Tokio.

Gleich in den ersten Jahren seiner Amtszeit unternahm Ikeda Auslandsreisen mit dem Ziel, weitere Soka-Gakkai-Organisationen zu gründen. Zunächst fuhr er in die USA, nach Kanada und Brasilien, dann nach Hongkong, Sri Lanka, Indien, Birma, Thailand und Kambodscha, und auch nach Europa. Gerade in buddhistischen Ländern Asiens versuchte er, begleitet von Nittatsu Hosoi, dem 66. Oberpriester der «Wahren Nichiren-Schule» (Nichiren-Shoshu), die Nichiren als einen Buddha verehrt, den japanischen Nichiren- bzw. Soka Gakkai-Buddhismus zu etablieren. Wie einige Jahre zuvor der 14. Dalai Lama besuchten Ikeda und Nittatsu in Indien Bodhgaya, wo sie einige religiöse Dokumente vergruben,[8] um sich als authentische Buddhisten darzustellen und ihren Anspruch auf Teilhabe an diesem Zentrum des internationalen Buddhismus am Ort der Erleuchtung des Buddha zu bekunden. Meilenstein für die weltweite Verbreitung war die Gründung der Organisation Soka Gakkai International (SGI) 1975, zu deren Präsident Ikeda gewählt wurde. Die SGI ist inzwischen nach eigenen Angaben in über hundertneunzig Ländern der Welt vertreten – mit insgesamt etwa zwei Millionen Mitgliedern.[9] Der relativ schwache Zentralismus der Organisation und das altbewährte Prinzip der Anpassung des Buddhismus an die jeweilige Kultur[10] haben sicher maßgeblich zu diesem Erfolg beigetragen.

Ikeda förderte die selbständige religiöse Aktivität der Soka-Gakkai-Mitglieder. Laien begannen, buddhistische Formeln melodisch zu rezitieren, statt dafür Priester anzuheuern.[11] Dennoch wurde die Autorität des Klerus nicht angefochten. Die Kooperation von Soka Gakkai mit der Nichiren-Shoshu äußerte sich auf imposante Weise in Bauvorhaben am Taiseki-ji, dem am Berg Fuji gelegenen Haupttempelkomplex der Nichiren-Shoshu. 1965 begannen die Planungen für einen neuen Monumentaltempel (Sho-Hondo), der 1972 eröffnet wurde. Die kranichförmige Gestalt und das riesige, stützenlos hängende Dach machten den Sho-Hondo zu einem Aushängeschild religiöser Gegenwartsarchitektur. Doch die Kooperation wurde brüchig, nachdem Nikken Abe 1979 die Nachfolge Nittatsus als Oberpriester der Nichiren-Shoshu antrat. 1991 schließlich wurden die Bande zwischen der Nichiren-Shoshu und der Soka Gakkai offiziell gekappt. Soka-Gakkai-Mitglieder und ihr Präsident Ikeda wurden förmlich exkommuniziert. Der monumentale Sho-Hondo wurde 1998 abgerissen, offiziell allerdings nicht aus religiösen Gründen, sondern wegen Materialermüdung – was allerdings gutachterlich angefochten wurde. Der traditionelle

Haupttempel der Wahren Nichiren-Schule, der Taiseki-ji, hat damit für Soka-Gakkai-Anhänger seinen Stellenwert als Wallfahrtsort eingebüßt. Seit der Abspaltung vom Klerus der Nichiren-Shoshu ist die Soka Gakkai eine reine Laienorganisation, die als eigenständige neue Religion aufritt, etwa durch die Einrichtung eigener Begräbnisstätten.

Religion, Politik und umfassendes Glück

Die Soka Gakkai stieß in Japan auf zunehmende Vorbehalte. Ihre Missionsmethoden und das schnelle Wachstum waren vielen suspekt. Vor allem aber missachtete die Organisation die nach dem Krieg sorgfältig etablierte Trennlinie zwischen Religion und Politik. 1956 engagierte sie sich die erstmals politisch, 1959 nahmen Soka-Gakkai-Kandidaten an Wahlen teil, und 1962 gründete sie eine eigene politische Partei, die Komeito (Gerechtigkeitspartei), die am linken politischen Spektrum den Kommunisten Konkurrenz machte.[12] Ikeda propagierte 1965 die Idee einer «buddhistischen Demokratie» mit den Zielen von Wohlstand für alle und internationaler Zusammenarbeit.[13]

Ein 1969 erschienenes verschwörungstheoretisches Enthüllungsbuch heizte die Stimmung gegen die Soka Gakkai an. Dass einige Soka-Gakkai- bzw. Komeito-Mitglieder das Erscheinen des Buches mit unlauteren Mitteln zu verhindern oder zu verzögern versuchten, verstärkte den Eindruck dunkler Machenschaften. Der Skandal machte das Buch erst recht zu einem Bestseller.[14] Ikeda, der in dem Buch als finsterer, autokratischer Manipulator dargestellt wird, der die Herrschaft über Japan anstrebte, betrieb Schadensbegrenzung. Er kritisierte das Verhalten der Soka-Gakkai-Mitglieder und nahm die Affäre zum Anlass für ein öffentliches Bekenntnis zur Rede- und Religionsfreiheit und zur Trennung von Staat und Religion, für die ja seine Vorgänger schon ins Gefängnis gegangen waren.[15] Ab 1970 war es daher nicht mehr erlaubt, Ämter sowohl in der Partei (Komeito) als auch in der Religionsorganisation (Soka Gakkai) innezuhaben. Diese formelle Trennung konnte es Soka-Gakkai-Anhängern natürlich nicht verbieten, in beiden Organisationen Mitglied zu sein und sich durch Spenden oder Wahlkampfaktivitäten für die Komeito einzusetzen. Die Maßnahme ging Kritikern daher nicht weit genug. 1994 schlossen sich Parlamentsabgeordnete zu einer Plattform zusammen, die vor der Gefahr einer «gewissen religiösen Gruppe» in unmittelbarer Nähe des japanischen Machtzentrums warnte.[16]

Anders als die Partei Asahara Shokos, des Gründers von Aum Shinrikyo, war die Komeito bei Wahlen erfolgreich, was auch die unterschiedlichen Größen der Religionsgemeinschaften widerspiegelt. Ab 1993 war eine Nachfolgepartei der ursprünglichen Komeito erstmals an der Regierung beteiligt und ging 1999 erstmals eine Koalitionsregierung mit der Liberaldemokratischen Partei ein, die seit 1955 fast immer die Regierung stellt. Die Komeito ist bis heute eine einflussreiche politische Kraft in Japan.

Die Vorbehalte gegen die Soka Gakkai hängen aber auch damit zusammen, dass sie unter Ikeda einen umfassenden institutionellen Apparat mit einer hierarchisch organisierten Bürokratie, eigener Flagge, Hymne, ausgefeiltem Spenden- bzw. Steuerwesen, eigenen Schulen und Medienkonzernen[17] aufgebaut hat. Die wirtschaftlichen Erfolge, insbesondere im Verlagswesen,[18] heizen das Misstrauen weiter an.

Nach dem Giftgasanschlag von Aum Shinrikyo in der Tokioter U-Bahn 1995 (s. Kap. 40) verstärkte sich in Japan das Unbehagen an der Soka Gakkai, die implizit zur Zielscheibe der Berichterstattung über Aum Shinrikyo wurde, da letztere demographisch und politisch völlig bedeutungslos war. Die Soka Gakkai reagierte hierauf defensiv, indem sie ihre missionarischen Aktivitäten fast ganz einstellte und sich darauf konzentrierte, die Kinder von Soka-Gakkai-Eltern, «Glückskinder» *(fukushi)* genannt, im Geiste der Organisation zu erziehen.[19]

Im Nichiren-Buddhismus gibt es wie bei Aum Shinrikyo eine ausgeprägte Endzeitvorstellung. Im Mittelpunkt steht hier die buddhistische *mappo*-Erzählung: *mappo* ist die letzte von drei Perioden, in der die Lehre des Buddha degeneriert ist, die Menschen von Gefahren geplagt werden und daher einer einfachen Fassung der Lehre bedürfen. Die Soka Gakkai folgt dabei der Nichiren-Tradition, die als Ausweg aus der Krise empfiehlt, beim *Lotus Sutra* Zuflucht zu suchen und sich von «falschen» Lehren zu distanzieren.[20] Anders als Aum Shinrikyo ist die Soka Gakkai aber eine diesseitsbezogene, optimistische, pragmatische und weltbejahende Religion, die ihren Mitgliedern das Erreichen von Gesundheit, Glück und Wohlstand in Aussicht stellt. Ein Hauptziel der Soka Gakkai ist die Verbesserung der zwischenmenschlichen Beziehungen auf allen sozialen Ebenen, angefangen mit der Ebene der Individuen und der Familie sowie kleinen Studienzirkeln bis hin zum Weltfrieden und den Beziehungen des Menschen zu Umwelt, Natur und allen Lebewesen. Darum engagiert sich die Soka Gakkai für Bürger-, Frauen- und Menschenrechte, für Bildung, Umweltschutz, nachhaltige Entwicklung, Frieden, Kunst und Kultur.

In Deutschland sprach einer 2006 veröffentlichten Untersuchung zufolge die Soka Gakkai vor allem «Menschen an, die in ihrem weltlichen Leben erfolgreich sind, über einen hohen Bildungsstand verfügen und ihre Religion frei wählen». Die Mehrheit der deutschen Mitglieder waren Frauen. Bei einer Befragung hoben 81 Prozent der deutschen Mitglieder positive Effekte für das eigene Leben durch das Chanten und 68 Prozent den praktischen Nutzen des Chantens als Hauptfaktoren für die Attraktivität der Soka Gakkai hervor.[21] Chanten ist der Name für das morgens und abends zu praktizierende Rezitieren aus dem *Lotus Sutra* und das Aufsagen des siebensilbigen, als *daimoku* bezeichneten Mantras *namu myoho renge kyo:* «Verehrung sei dem wundervollen Lotus-Sutra». Die meisten deutschen Befragten gaben altruistische Ziele (91 Prozent), Gesundheit und Glück (89 Prozent) und die Veränderung der persönlichen Einstellungen und Werke (89 Prozent) als Ziele des Chantens an. Das zuletzt genannte Ziel entspricht dem Projekt einer «menschlichen Revolution», von der Ikeda spricht. Jenseitsbezogene Heilsziele scheinen mit dem Chanten nicht verbunden zu werden.

Meister, Universalgelehrter und Feindbild

Anders als Asahara Shoko für Aum Shinrikyo ist Ikeda, der verheiratet ist und zwei Kinder hat, nicht der Gründer der Soka Gakkai. Die Soka Gakkai unterscheidet sich auch darin von den meisten anderen neuen japanischen Religionsgründungen, dass die Führungsposition (bislang) nicht innerhalb der Familie der Vorsitzenden weitergegeben wird. Immerhin ist sein älterer Sohn aber Vizepräsident. Seine Frau spielt dagegen nur eine Nebenrolle in der Organisation – wie überhaupt Frauen in der Soka Gakkai auf der institutionellen Ebene nur untergeordnete Rollen einnehmen.[22]

Die herausragende Stellung, die Ikeda in der Soka Gakkai einnimmt, war ein wichtiger Streitpunkt im Konflikt mit dem Establishment des Nichiren-Buddhismus. Im Zuge dieser Spannungen wurde der Soka Gakkai vorgeworfen, *ikeda-kyo* (Ikeda-Heilslehre; Ikeda-Kult) zu sein. Tatsächlich ist im Laufe der Zeit aus einer Gruppe, die von Ikeda geleitet wurde, eine Organisation geworden, die ganz Ikeda gewidmet ist.[23] Ikeda wird als Meister *(sensei)* bezeichnet, und in allen Soka-Gakkai-Zentren hängen Porträts von ihm. In seinen autobiographischen Texten hat Ikeda geschildert, wie wichtig die persönliche Beziehung zu seinem Vorbild und Vorgänger Toda für seine religiöse Entwicklung war. Diese Erzählung bildet eine Blaupause für die Entwicklung einer persönlichen Beziehung der Soka-Gakkai-Mitglieder zu ihrem Meister.[24]

In Soka-Gakkai-Magazinen werden stets Texte von Ikeda abgedruckt, und Texte des Nichiren-Buddhismus werden in der Regel mit einem Kommentar von Ikeda versehen.[25] Unter seinem Namen sind weit über hundert Bücher erschienen, die – ähnlich wie beim Dalai Lama – größtenteils auf Vorträgen beruhen. Seit den 1990er Jahren treten in Ikedas Schriften Verweise auf Nichiren in den Hintergrund; stattdessen bezog er sich zunehmend auf moderne Denker wie Tolstoi, Gandhi und Martin Luther King.[26]

Viele Bücher enthalten Gespräche Ikedas mit Zeitgenossen wie dem britischen Philosophen Arnold Joseph Toynbee, der ihm die Türen in die internationale Geisteswelt aufstieß. Diese Gespräche präsentieren Ikeda als einen zeitgenössischen Universalgelehrten, einen pragmatisch-kosmopolitischen Weltweisen, der zu ungewöhnlich vielen Themen Tiefsinniges und Entscheidendes zu sagen hat. Diese Reputation wird auch durch über dreihundert Ehrendoktorate untermauert, die ihm seit 1975 verliehen wurden.

Als Präsident der oft angefeindeten Soka Gakkai wurde auch Ikeda, den man als Drahtzieher eines Schattenstaats sieht, Gegenstand von Diffamierungen und Gerüchten, etwa über Affären mit Frauen, gegen die er mit langen Prozessen wegen Rufmord vorging. Dem Bild des tiefsinnigen Weltweisen, der sich für Bürger- und Menschenrechte einsetzt, wurde das eines egomanen Despoten entgegengesetzt. Wenige dürften Ikeda so gehasst haben wie Asahara Shoko. Wiederholt verunglimpfte er Ikeda und die Soka Gakkai als Gefahren für Japan und malte sich sogar eine eigene Abteilung der Hölle – die Lotus-Hölle – für die Soka-Gakkai-Mitglieder aus. Asahara scheint sich eingebildet zu haben, dass Ikeda ihn umbringen lassen wollte. Dem wollte er zuvorkommen und Ikeda ausschalten. Bei den polizeilichen Untersuchungen gegen Aum Shinrikya stellte sich heraus, dass Ikeda 1993 vergiftet werden sollte.[27] Paradoxerweise führte das Bekanntwerden dieses Plans zu noch intensiveren Verdächtigungen gegen die Soka Gakkai und Ikeda selbst.

Seit vielen Jahren lebt der inzwischen über neunzigjährige Ikeda von der Öffentlichkeit zurückgezogen. Immer wieder kommen Gerüchte auf, sein Tod werde von der Soka Gakkai verheimlicht. Was sein Tod für die Soka Gakkai bedeuten wird, dürfte religionsgeschichtlich eine spannende Frage sein. Vermutlich wird es keinen einzelnen Nachfolger mehr geben, sondern ähnlich wie bei Osho und den Bahai könnte die Entscheidungsgewalt an ein kollektives Gremium übergehen.

45

Paulo Coelho

Magier auf dem Weg zum wahren Selbst

Als einer der meistverkauften Autoren der Welt ist Paulo Coelho (geb. 1947) – ähnlich wie Tolstoi ein Jahrhundert vor ihm – ein Superstar auf dem globalen Literaturmarkt, wobei er von der gehobenen Feuilletonistik herablassend behandelt wird. Da er sich in seinen Werken, die sich keinen gängigen Bestseller-Genres zuordnen lassen und stark autobiographisch gefärbt daherkommen, zum Sinn des Lebens äußert und dabei eine klare Position vertritt, überschreiten sie den Rahmen bloßer Unterhaltungsliteratur und machen ihn zu einer Autorität in Sinnfragen. Coelho selbst gibt sich beunruhigt über seinen Status als Guru,[1] wirkt ihm aber auch nicht aktiv entgegen.

Musik und Magie

Als sein Roman O *Alquimista* 1988 in Brasilien erschien – die deutsche Ausgabe *Der Alchimist* wurde erst fünf Jahre später veröffentlicht – war der in Rio de Janeiro in einem gehobenen Mittelklassemilieu geborene Coelho vierzig Jahre alt. Zu diesem Zeitpunkt konnte er auf eine recht erfolgreiche Karriere in der brasilianischen Popmusik und Musikindustrie zurückblicken. Doch der Erfolg war ihm nicht in die Wiege gelegt worden. Als Kind litt er an Asthma und scheiterte an den schulischen Erwartungen seiner Eltern. Die frustrierenden Erfahrungen mit Jesuitenschulen trugen dazu bei, dass er sich in der Pubertät vom Christentum abwandte. Das Scheitern an den bürgerlichen Erwartungen fand tragischen Ausdruck darin, dass Coelho von seinen Eltern dreimal zwangsweise in die geschlossene Psychiatrie

Paulo Coelho 2003 mit der polnischen Ausgabe von «O Alquimista» bei einer Signierstunde auf der Frankfurter Buchmesse, wo er 51 verschiedensprachige Ausgaben seines Weltbestsellers signierte und damit einen Weltrekord aufstellte.

eingewiesen wurde, wo er mit Elektroschocks traktiert wurde. Als Erwachsener versuchte er, sich als Journalist zu etablieren, und sympathisierte phasenweise mit dem Kommunismus, ohne je politisch aktiv zu werden. Ab 1968 war er in der Theaterszene aktiv. Als 1969 eine Militärdiktatur das Kommando übernahm, sah sich Coelho auf der Seite des Widerstands, was sich aber nicht in konkreten Handlungen äußerte. Er wurde ein bekennender Hippie. Seinem Tagebuch vertraute er die Erwartung der ultimativen Revolution der Menschheit an: «Der Kommunismus ist vorbei, eine neue Verbrüderung *(brotherhood)* wird geboren, Mystik dringt in die Kunst ein, Drogen sind eine Hauptnahrung».[2] Im Laufe der Jahre konsumierte Coelho ein breites Spektrum an Rauschmitteln wie Cannabis, Peyote, Kokain und LSD. 1970 unternahm er eine Reise zum Machu Picchu, einem der Hotspots des globalen spirituellen Tourismus.[3]

Coelho beschäftigte sich eingehend mit Okkultismus, Magie, Satanismus und interessierte sich für die damals bekannt werdenden Alternativreligionen. In diesem Bereich begann er als Herausgeber von Zeitschriften publizistisch tätig zu werden. Über das Cover von *Sgt. Pepper's Lonely Hearts Club Band* der von ihm verehrten Beatles (s. Kap. 32) wurde Coelho auf Aleister Crowley aufmerksam, und ein Petrobras-Angestellter, der als Frater Zarathustra firmierte, führte ihn in den Ordo Templi Orientis ein. Anfang der Siebzigerjahre begegnete er dem Musiker Raul Seixas, mit dem zusammen er zahlreiche provokante Songtexte schrieb und aufnahm. Gemeinsam reisten sie in die USA, um John Lennon zu besuchen, und träumten davon, eine Kommune nach dem Vorbild von Crowleys Abtei in Cefalù (s. Kap. 14) aufzubauen. Nach ihrer Rückkehr nach Brasilien erschien die erfolgreiche LP *Gita*. Für sieben der elf Songs dieser Platte schrieb Coelho die Texte, darunter den Hit «Sociedade Alternativa» mit dem Refrain «Viva, viva, viva a sociedade alternativa» («Hoch, hoch, hoch lebe die alternative Gesellschaft»). Der Liedtext zitiert Crowleys Wahlspruch «Do what thou wilt shall be the whole of the Law» in portugiesischer Übertragung. Als sei dies noch nicht genug, werden in dem Lied auch Aleister Crowley als «Nummer 666» und sein «Gesetz Thelema» als «unser Gesetz und die Freude der Welt» beschworen.[4] 1974 erhielt Coelho einen «magischen» O. T. O.-Namen. In seiner Wohnung in Rio de Janeiro soll es aber an einem Samstag zu einer physisch-sinnlichen, als überwältigend und bedrohlich beschriebenen Erfahrung mit der Macht der Finsternis gekommen sein, von der Coelho sich nur durch den Rückgriff auf eine Bibel und das Gelübde, aus dieser Gruppe auszusteigen, wieder habe befreien können.[5]

Kurz danach wurde Coelho erstmals verhaftet – vielleicht argwöhnte das Regime hinter dem Aufruf zur Alternativgesellschaft eine politische Konspiration –, und wenig später wurde er von einer geheimdienstlichen Organisation entführt. Im Sommer 1974 unterschrieb Coelho ein offizielles Dokument, in dem er darum bittet, aus dem O. T. O. entlassen zu werden, da er den Anforderungen nicht gerecht werden könne.[6] Trotzdem galt er weiterhin als Magus und Crowley-Experte. Mit der Aura des Magiers, der es vermag, Regen herbeizuzaubern, kokettiert er bis heute, wobei «Magie» für ihn einen zentralen Möglichkeitsraum der persönlichen Weiterentwicklung bedeutet.[7]

Begegnungen und Wallfahrten

Seine Tantiemen als Songtexter und diverse Jobs in der Musikbranche machten den mehrfachen Immobilienbesitzer Coelho finanziell unabhängig. 1981 überredete ihn seine zweite Frau zu einer zeitlich unbegrenzten Reise ohne festes Ziel. Zunächst ließen sie sich in

London nieder. Ein Besuch im Konzentrationslager Dachau im Februar 1982 wurde für ihn zum einschneidenden Erlebnis. Dort habe er nicht nur den zivilisatorischen Abgrund der Menschheit emotional erlebt, sondern nach einem Moment des unerwarteten akustischen Zurufs durch Glockengeläut will er eine Gestalt gesehen haben, der er einige Wochen später in Amsterdam erneut begegnete. Dabei soll es sich um einen für einen multinationalen Konzern tätigen Franzosen jüdischer Abstammung gehandelt haben, einen Katholiken, den Coelho «Jean» nannte und der fortan sein Lehrmeister wurde. Dieser Jean gehörte laut Coelho einem kleinen, angeblich 1492 gegründeten katholischen Orden namens RAM (oder R. A. M.) an – eine Abkürzung, die manchmal als «Regnus Agnus Mundi», manchmal als «Rigor, Amor, Misericordia» oder «Rigour, Adoration and Mercy» wiedergegeben wird.[8] Nicht nur die unübliche lateinische Grammatik, sondern auch das Fehlen von RAM in sämtlichen bekannten katholischen Quellen wecken Zweifel an der Existenz dieses Ordens, dem laut Coelho nur eine Handvoll Personen angehören sollen.[9] Die Begegnungen mit «Jean» ebneten den Weg für Coelhos offizielle Rückkehr zum Katholizismus. Sein Meister habe ihm im Laufe der kommenden Jahre immer wieder besondere Aufträge erteilt.

Dazu zählte auch eine Wallfahrt nach Santiago de Compostela, die Coelho 1986 unternahm und die er in den Gesprächen mit Juan Arias als «die intensivste Erfahrung meines Lebens» bezeichnete, auf der er eine Art Todeserfahrung gemacht habe.[10] Über diese Wallfahrt veröffentlichte Coelho 1987 ein Buch, das nach einer kreativen Publicity-Kampagne seinen ersten größeren Erfolg als Schriftsteller in Brasilien darstellte: *O Diário di um Mago* («Das Tagebuch eines Magiers»). Dass er diesen Titel wählte, zeigt, dass Coelho an seiner Identität als Magier festhielt; seine vermeintlichen Zauberkünste setzte er auch in einem Fernsehauftritt als Werbemittel ein. In dem Buch wird eine untrennbare Verbindung von Katholizismus und Magie behauptet.[11] Nach seiner Rückwendung zum Katholizismus befragte er bei wichtigen Entscheidungen weiterhin das *I Ging*.

Coelho gibt an, seine Wallfahrt unter der Anleitung des italienischen Führers «Petrus» unternommen zu haben, dessen Alltagsidentität ihm unbekannt geblieben sei. «Petrus» belehrte ihn, wies ihn in R. A. M.-Traditionen ein, erteilte ihm schmerzhafte, aber wirkungsvolle Ohrfeigen und ließ ihn eine Reihe von Prüfungen, Kämpfen und Übungen durchstehen, etwa «das Exerzitium des Lebendig-Begraben-Werdens».[12] Das Buch bedient sich viel religiöser Metaphorik. So ist von einem Funken Gottes die Rede, vom Erwachen des Gottes in einem selbst, von der alles durchströmenden Liebe, die hier neutestamentlich als Agape bezeichnet wird, von einer inneren Neu- bzw. Wiedergeburt, von einem «Gefühl tiefster Religiosität», aber auch von einem notwendigen Kampf mit einem persönlichen Dämon. Der Text berichtet von einer Erfahrung mit Zungenrede und anderen charismatischen Gaben, von Trance und einer zu ihm sprechenden inneren Stimme. Gegen Ende der Reise erlebt der Ich-Erzähler ein «Wunder»: Er sei nicht mehr selbst den Jakobsweg gegangen, sondern «jetzt ‹ging er mich›».[13] Der Heilsweg wird zu einer eigenen Handlungsinstanz. Auf einer anderen Ebene bietet das vielschichtige Buch lebenspraktische Ratschläge. Man solle immer etwas Langsames tun, ehe man eine wichtige Entscheidung trifft. Ein wiederkehrendes Motiv sind Reflexionen über das Verhältnis von Weg und Ziel, Gehen und Ankommen. Die außergewöhnlichen Übungen und Erfahrungen und das Elitäre des R. A. M.-Ordens werden auf einer wieder anderen Ebene entmystifiziert und veralltäglicht: «Das Außergewöhnliche findet sich auf dem Weg der gewöhnlichen Menschen» und «durch unseren Alltag» können wir «ebenso weise werden wie Salomo und ebenso mächtig wie Alexander der Große».[14] Doch viele Leser begnügten sich nicht mit dem Alltag, denn das *Tagebuch* hat viel zur internationalen Popularität des Jakobswegs beigetragen.

Die Alchimie und die Erfüllung der Träume

Nach einer Ägyptenreise begann Coelho mit der Arbeit an seinem zweiten Buch *O Alquimista*, nachdem ihm ähnlich wie Crowley – oder inspiriert von ihm – in Kairo eine Vision zuteilgeworden war.[15] Die Rahmenerzählung entlehnte er einer kleinen Erzählung seines argentinischen Idols Jorge Luis Borges, der diese in seiner 1935 erschienenen *Historia universal de la infamia* (*Universalgeschichte der Niedertracht*) wiederum aus den *Erzählungen aus tausendundeiner Nacht* nacherzählt hatte. Nach dem Erscheinen der beiden Bücher etablierte sich Coelho in Brasilien als Redner zu esoterisch-religiösen Themen wie «Die heiligen Wege in der Antike», «Morgenröte der Magie», «Entwicklung der Esoterik» oder «Magie und Macht».[16] Seine beiden Bücher verkauften sich in Brasilien bald eine halbe Million Mal, und sein drittes, ebenfalls nach einer Wallfahrt entstandenes Buch *Brida* (1990, deutsch erst 2008) eroberte schnell die brasilianischen Bestsellerlisten. Anfang der Neunzigerjahre gelang ihm durch eine englische Übersetzung von *O Alquimista* der internationale Durchbruch.

Der Camino klingt auch in *O Alquimista* nach. Hier ist die Hauptfigur ein andalusischer Schafhirte namens Santiago. Er arbeitet sich auf der Suche nach einem Schatz beharrlich bis zu den ägyptischen Pyramiden vor, nur um dort zu entdecken, dass der Schatz eigentlich am Ausgangspunkt seiner Reise vergraben ist. Das Buch ist eine Art religiöser Entwicklungsroman. Wieder begegnen wir einem Seelenführer, der hier allerdings nur den anfänglichen Impuls zum Aufbruch gibt. Dieser Alte, der Gedanken lesen und Träume deuten kann, heißt Melchisedek und stellt sich zugleich als «König von Salem» vor. Die dritte namentlich genannte Figur ist das ägyptische Mädchen Fatima, in das Santiago sich verliebt. Santiago und Fatima sind beide nach Namenspatronen großer Wallfahrtsheiligtümer benannt, deren Viten mit der arabisch-islamischen Geschichte der Iberischen Halbinsel zusammenhängen. Der Roman knüpft an die poetische Tradition der Verschmelzung von Orient und Okzident an, aber auch an das Motiv der Synthese des Maskulinen und des Femininen. Die weiteren Protagonisten des Romans werden nicht namentlich vorgestellt, sondern repräsentieren Abstrakta. «Der Engländer» – vielleicht eine Anspielung auf Crowley? – macht Santiago, der selbst den Namen des Heiligen der Alchimie trägt, auf die Bedeutung der Alchimie aufmerksam. Er befindet sich selbst auf der Suche nach dem Alchimisten, versteht die Sprache des Universums und erkennt dadurch den inneren Zusammenhang aller Dinge. Inspiriert von Carl Gustav Jung propagiert Coelho damit ein Verständnis der Alchimie als Sprache der inneren Entwicklung und Läuterung der Seele. Die lebenspraktischen Ratschläge, die aus dieser Alchimie folgen, sind gleichermaßen trivial wie großspurig: Man muss auf die «Stimme des Herzens hören», weil dort, wo das Herz «weilt, auch dein Schatz liegen wird»;[17] und um «seine Träume zu erfüllen», müsse man aufbrechen, «denn jeder Augenblick des Suchens ist ein Augenblick der Begegnung mit Gott und mit der Ewigkeit».

Eine prominente Rolle nimmt in *Der Alchimist* die Idee der «Weltseele» ein, etwa wenn der Alchimist die Alchimie in folgender Aussage kondensiert: «Es bedeutet, in die Weltenseele einzutauchen und den Schatz zu entdecken, den sie für uns bereithält».[18] Die Idee einer Weltseele *(anima mundi)* entstammt der platonischen Tradition und spielte in der Geschichte der westlichen Esoterik – einschließlich der Magie – eine prominente Rolle. In Coelhos *Alchimist* erscheint sie als isolierte, aber zentrale Metapher: Sie ist eng mit der eigenen Seele, dem Herzen und der Liebe verknüpft und «ein Teil der göttlichen Seele und die göttliche Seele [war] seine eigene Seele».[19] Die Weltenseele ist ein mit dem menschlichen Inneren harmonisierendes kosmisches Wissens- und Resonanzgefüge, das die Menschen auf dem Weg zum Erreichen ihrer Träume aktiv begleitet, prüft und belehrt.[20] Wie viele Esoteriker spricht Coelho von Korrespondenzen zwischen Mensch, Gott und Kosmos.

Der brasilianische Ex-Hippie, Magier und Beatles-Fan Paulo Coelho entwirft in seinem entschleunigt erzählten, literarisch zwischen *Tausendundeine Nacht*, Erbauungsschrift und Entwicklungsroman angesiedelten Weltbestseller *Der Alchimist* ein esoterisch unterbautes Szenario der Suche nach einem persönlichen Lebensweg jenseits gesellschaftlicher, wirtschaftlicher oder politischer Zwänge. Er bedient damit das Bedürfnis vieler Leser, der Individualisierung und Flexibilisierung des modernen Lebens zu begegnen.[21] Coelhos Romane präsentieren die Heilssuche anders als die religiös aufgeladene Fantasy-Literatur von Tolkien oder Lewis nicht als literarische Imagination, sondern behaupten die Authentizität dieser Suche. Die Texte appellieren auf lehrmeisterliche Weise direkt an die Leserschaft, die auf diese Weise mit schwer abweisbaren Fragen nach den eigenen Träumen und dem eigenen Lebensentwurf konfrontiert wird.

Brasilien und die «Krieger des Lichts»

Für Coelho sind die Sprengung der Grenzen des Heiligen und des Profanen und die quirlige Koexistenz verschiedener Religionen Grundzüge brasilianischer Mentalität.[22] In der Tat zeichnet sich Brasilien durch eine hohe religiöse Pluralität aus. Berichte über ekstatische Erfahrungen, das Eingreifen von Geistern und Dämonen in das Leben und das Kanalisieren bzw. Verhindern schädlicher Kräfte erfreuen sich weiter Verbreitung.[23] Es ist bemerkenswert, dass Coelho noch keinen Roman in Brasilien angesiedelt hat. Die Vielfalt brasilianischer Religionen findet in seinen Werken keinen Niederschlag: Weder die gesellschaftskritische Befreiungstheologie noch das aufstrebende Pfingstchristentum, weder die afrobrasilianischen Religionen noch der Spiritismus Kardecs haben bislang sichtbare Spuren in seinen Werken hinterlassen.

Nach *O Alquimista* hat Paulo Coelho eine Reihe weiterer Romane geschrieben. In mehreren begegnen religiöse Figuren, Motive und Fragen. *O Monte Cinco* aus dem Jahre 1996 *(Der Fünfte Berg,* 1998) stellt den biblischen Propheten Elia in den Mittelpunkt. In diesem Buch geht es u. a. um die Suche nach der eigenen Bestimmung und die Gerechtigkeit und Güte Gottes, wobei sich am Ende des Romans zeigt, dass, in den Worten dieses Propheten, «das Gute häufig als Böses verkleidet ist und trotzdem das Gute und Teil des Planes bleibt, den Er für die Menschheit geschaffen hat».[24] In diesem Buch wird auch ein angeblich von Elia geschriebenes *Handbuch der Krieger des Lichts* erwähnt – und schon die Figur des Melchisedek in *Der Alchimist* wurde als «Krieger des Lichts» bezeichnet. Das 1997 erschienene *Manual do guerreiro da luz* (deutsch 2001) nimmt eine Sonderstellung in Coelhos Œuvre ein: Es handelt sich um eine Zusammenstellung recht kurzer Beobachtungen und Sentenzen, in denen er Charaktereigenschaften dieses Kriegers zusammenstellt, der sich einer nicht näher spezifizierten Kampfeshandlung gegenübersieht – in Übereinstimmung mit Coelhos Ansicht, dass das Leben eine konstante Auseinandersetzung darstelle, der man durch den guten Kampf zu begegnen habe, bei dem es um die «Erfüllung des Selbst» und die «Selbstbestimmung aller Menschen» geht.[25]

In seinem *Handbuch* zitiert Coelho ein knappes Dutzend Autoritäten aus West und Ost, darunter Laozi, das *I Ging*, Gandhi und Jesus. Wieder betont Coelho die Bedeutung des Weges und der Suche gegenüber festen Gewissheiten und ist überzeugt davon, dass der eigene Wille vom Universum unterstützt wird: «Wenn jemand etwas ganz fest will, dann setzt sich das ganze Universum dafür ein, dass er es auch erreicht.»[26] Zwar behandeln mehrere Sentenzen die soziale Dimension menschlichen Handelns, Coelhos Krieger aber tritt als ein Einzelkämpfer in Erscheinung, der mit der Weltseele verbunden ist: «Während er meditiert, ist der Krieger nicht mehr nur er selbst, sondern ein Funken der Weltenseele. Diese Augenblicke erlauben ihm, seine Verantwortung wahrzunehmen und im Einklang mit ihr zu handeln».[27] Coelho ist kein Prophet und kein Religionsstifter, sondern ein durch seine eigene Biographie und seinen Status als Magier beglaubigter Tröster seiner Leser, der ihnen in ihrem einsamen Kampf mit dem Dasein und ihrer individuellen Suche und Wallfahrt eine kosmische Verankerung in Aussicht stellt und dadurch «alchimistischen» Mut zuspricht.

46

Osama bin Laden

Der globale Krieg der Religionen

Im Westen dürfte Osama bin Laden – neben Adolf Hitler – als einer der meistverhassten Menschen der Zeitgeschichte gelten. Auch für viele Muslime ist er ein Stein des Anstoßes. Für andere hingegen war er ein authentischer Glaubenskrieger, dessen Popularität in seinen letzten Lebensjahren jedoch stetig abnahm.[1] Bin Laden ist ein Kulminationspunkt des dschihadistischen Islams, für den der bewaffnete Kampf der Schlüssel zum wahren Islam ist.

Auf dem Weg zum Dschihadismus

Der wahrscheinlich 1957 geborene Osama bin Laden gehört einer Generation an, die in ihrer Kindheit die militärischen Siege Israels mitansehen musste, die von den meisten Arabern als Demütigung empfunden wurden. 1978/79 erlebte er als junger Mann einige einschneidende politische Ereignisse, die die politische Situation des Nahen Ostens durcheinanderwirbelten. Da waren zunächst das im September 1978 geschlossene Camp-David-Abkommen zwischen Ägypten und Israel und der im März 1979 unterzeichnete Israelisch-Ägyptische Friedensvertrag, mit dem Anwar as-Sadat ein Tabu brach, was ihn in den Augen vieler Muslime zum «Verräter» oder – in einem religiösen Vokabular – zum «Ketzer» machte. Chomeinis triumphale Rückkehr in den Iran und die Ausrufung einer Islamischen Republik 1979 (s. Kap. 35) demonstrierten die politische Macht des Islams, und das Projekt des Revolutionsexports weckten Befürchtungen im Ausland, zumal Chomeini die Haddsch zur politischen Mobilisierung instrumentalisierte. Aus der sunnitischen Perspektive Saudi-Arabiens besonders schockierend war die Besetzung der Großen Moschee von Mekka durch eine Gruppe von mahdistischen (messianischen) Radikalen am 20. November, am Vorabend des Neujahrstages 1400 nach islamischer Zeitrechnung, und die anschließende gewaltsame und blutige Befreiung der Moschee durch saudische und französische Spezialeinheiten. Im Dezember 1979 schließlich marschierten sowjetische Truppen in Afghanistan ein.

Osama bin Laden wuchs in der am Roten Meer gelegenen Hafenstadt Dschidda in Saudi-Arabien auf – das Tor nach Mekka über den Seeweg. Sein Vater stammte aus Jemen, seine Mutter wohl aus Syrien. Seinem aus ärmlichen Verhältnissen kommenden Vater war es gelungen, eines der erfolgreichsten Bauunternehmen des zunehmend vermögenden Königreichs zu entwickeln. Neben Bauprojekten im Bereich ziviler Infrastruktur machte Vater bin Laden sich einen Namen durch Renovierungs- und Erweiterungsarbeiten an den Heiligen Stätten des Islams in Mekka und Medina sowie später durch die Renovierung des Felsendoms in Jerusalem zum Selbstkostenpreis. Die Heiligen Stätten, deren Schutz ein Grundmotiv von Osamas politischer Botschaft werden sollte, waren daher mit dem Aufstieg seiner Familie eng verwoben. Vater bin Laden starb früh, als Osama erst zehn Jahre alt war. Das Unternehmen expandierte später erfolgreich in andere Branchen und Länder. Osama bin Laden arbeitete in der Firma mit und bekam einen Teil seines Erbes ausbezahlt, was ihm später entscheidende Handlungsspielräume für seine dschihadistischen Aktivitäten verschaffte.

Als Jugendlicher und junger Mann fiel Osama durch scheue Bescheidenheit und ausgeprägte Frömmigkeit auf. Er lehnte Unterhaltungsmusik und Fernsehen ab und pflegte einen kontrollierten, bodenständigen und bescheidenen Lebensstil, der, gepaart mit Opferwille und Großzügigkeit gegenüber seinen Mitstreitern, für sein weiteres Leben kennzeichnend blieb. Mit dem Wahhabismus bzw. Salafismus Saudi-Arabiens teilte er den Willen, sein Leben unmittelbar am Vorbild Muhammads auszurichten. Osama bin Laden war ein groß gewachsener, attraktiver Mann, der in seinem späteren Wirken erfolgreich an islamische Männlichkeitsideale appellierte. Der Widerstand gegen den Imperialismus war als ein Aufbegehren islamischer Maskulinität gegen die mit Feminität assoziierte politische Machtlosigkeit geschlechtlich kodiert.

Im Kampf gegen Sowjetunion und USA

Auf der Hochschule kam bin Laden mit der Ideologie der ägyptischen Muslimbrüder in Berührung. Er las unter anderem Sayyid Qutbs Schriften (s. Kap. 22).[2] Besonderen Eindruck machte auf ihn der Palästinenser Abdullah Azzam, der sogenannte Imam des Dschihad, der durch den Orient reiste, um junge Männer für den Dschihad in Afghanistan anzuwerben, den er als die Frontlinie in der kriegerischen Auseinandersetzung mit der heidnischen Degeneration *(dschahiliyya)* und als Ort der Bewährung darstellte; alle Muslime hätten die Pflicht, sich am Kampf gegen die Invasion der Ungläubigen zu beteiligen.[3] Nachdem Azzam sich 1984 im pakistanischen Peshawar niedergelassen hatte, folgte ihm bin Laden. In Pakistan baute er das sogenannte Dienstleistungsbüro auf, eine Art Aufnahmeeinrichtung für Kämpfer, deren Rekrutierung aus Saudi-Arabien und anderen Ländern er finanziell unterstützte. In Afghanistan ließ er mit Materialien seiner Firma Befestigungsanlagen errichten.

Schließlich zog der Multimillionär etwa 1986/87 selbst in den Krieg. In der Nähe einer sowjetischen Garnison schlug er mit einigen Dutzend arabischen Kämpfern sein Lager auf, das als «Löwengrube» in die Heldensage eingegangen ist. Eine siegreich verlaufene kleinere militärische Auseinandersetzung mit sowjetischen Einheiten wird als Urereignis des erfolgreichen Kampfes in Erinnerung bewahrt. Im Jahre 1988 erfolgte die Gründung von al-Qaida. Der arabische Begriff «Basis» spielt dabei wohl auf eine militärische, nicht eine religiöse Basis an; der Begriff bedeutet aber auch «Regel». Al-Qaida besiegelte die Allianz bin Ladens und seiner saudischen Gefolgsleute mit ägyptischen Kämpfern und Ideologen, allen voran Aiman az-Zawahiri. Die Ideologie von al-Qaida ging über die von Azzam hinaus, da sie zum Sturz von Regierungen muslimischer Länder aufforderte, die aus ihrer Sicht Verräter am islamischen Glauben, Abtrünnige waren.[4] Zawahiri gilt als der Erfinder des sunnitischen Selbstmordmärtyreranschlags, der mit dem koranisch verankerten Selbsttötungsverbot brach und zuvor nur von der schiitischen Hisbollah in Beirut eingesetzt worden war.[5]

Militärgeschichtlich vermutlich zu Unrecht schrieb sich bin Laden einen nicht unwesentlichen Anteil am Rückzug der sowjetischen Truppen 1988 zu, was in ihm die Überzeugung reifen ließ, sogar eine Supermacht bezwingen zu können – wie Gandhi mit seinem Salzkorn so bin Laden mit der von einem sowjetischen Soldaten erbeuteten Kalaschnikow, die in späteren Bildern neben ihm an die Wand gelehnt steht. Die Berghöhle als Refugium des heroischen Gotteskriegers wurde dabei zu einem Leitbild – einerseits als unaufspürbarer Hinterhalt, andererseits als von Heidentum und Unreinheit unberührter Zufluchtsort.[6] Nicht ohne Grund zeigt das erste Video, das nach den Anschlägen vom 11. September ausgestrahlt wurde, bin Laden im Schneidersitz vor einer Höhle.

Nach dem sowjetischen Rückzug kehrte bin Laden nach Saudi-Arabien zurück. Nach Saddam Husseins Einmarsch in Kuweit bot bin Laden der Regierung vergeblich an, unter seiner Leitung mit der in Afghanistan erprobten Taktik Saddam Husseins Truppen zu vertreiben. Stattdessen erlaubte das Königshaus die Stationierung amerikanischer Verbände auf eigenem Territorium. Obwohl auf staatlichen Druck von einigen Religionsgelehrten legitimiert, wurde dieses Ereignis überwiegend als Entweihung des heiligen Landes betrachtet. Diese religionspolitische Ursünde verstärkte bin Ladens kritische Distanz zum Königshaus. Seine zunehmende Agitation führte 1994 zur Konfiszierung seines Vermögens und zum Entzug seiner Staatsbürgerschaft. Sogar seine Familie sagte sich von ihm los. Die Stationierung amerikanischer Truppen ließ die USA die Stelle der inzwischen kollabierten Sowjetunion als Hauptfeind einnehmen, wobei die Auseinandersetzung immer fundamentaler wurde und globale Ausmaße annahm.

1994 floh Osama bin Laden in den Sudan, der seit dem Umsturz von 1989 eine Islamisierungswelle erlebt hatte und Dschihadisten aus dem Ausland Zuflucht gewährte. Im Falle von bin Laden, der im Sudan Dschihadisten aus verschiedenen Ländern um sich sammelte, knüpften sich daran Hoffnungen, dass er mit seinen Firmen die brach liegende Wirtschaft des Landes beleben könnte. Als amerikanische Truppen in Reaktion auf Terroranschläge 1994 aus Somalia abgezogen wurden, wo sie 1992 zur Bewältigung einer humanitären Krise stationiert worden waren, wurde bin Laden in seinem Glauben bestärkt, sogar die USA besiegen zu können. Nachdem der diplomatische Druck auf den Sudan zu groß geworden war, musste er 1996 das Land jedoch wieder verlassen. Die inzwischen in Afghanistan an die Macht gelangten Taliban gewährten ihm daraufhin Gastrecht.

Osama bin Laden mit Kalaschnikow in Afghanistan, undatiert

Von Afghanistan aus koordinierte bin Laden mehrere erfolgreiche Anschläge gegen amerikanische Einrichtungen in Tansania, Kenia und im Jemen. Neu war dabei, dass der Dschihad über ein internationales Netzwerk geführt wurde, das medienwirksam Anschläge an verschiedenen Orten zugleich verübte. Die Entnationalisierung und Globalisierung des Dschihad verstand sich als strategische Reaktion auf die Globalisierung amerikanischer Politik. Da die USA ihre Interessen im Ausland vertraten, indem sie Truppen in muslimischen Ländern stationierten und dabei Leid und Tod unter der muslimischen Bevölkerung in Kauf nahmen, sah sich al-Qaida berechtigt, den Feind nun ebenfalls auf seinem eigenen Territorium anzugreifen. Seit den späten 1990er Jahren wurden die Anschläge in den USA geplant, die am 11. September 2001 ausgeführt wurden – mit den bekannten globalen Folgen.

Von der muslimischen Selbstverteidigung zur Islamisierung der Welt

Bin Laden war weder ein Religionsgelehrter noch ein eigenständiger religiöser Denker, hat aber die Rolle einer Frontfigur des dschihadistischen Islam eingenommen und diesen als globale Bedrohung medienwirksam inszeniert. Bin Laden trat vor allem durch einige Interviews und seine hauptsächlich von al-Jazeera übermittelten Botschaften in Erscheinung. Die erratische Unvorhersehbarkeit seiner Nachrichten trug vermutlich zu seiner Aura bei. Der 1996 in Qatar gegründete Sender al-Jazeera und al-Qaida gingen eine erfolgreiche Symbiose ein: Al-Jazeera profilierte sich als authentisches Medium, in dem man bin Laden auch auf Arabisch reden hören konnte, und al-Qaida konnte über al-Jazeera mit der Welt kommunizieren, außerhalb des Einflussbereiches von Saudi-Arabien und den USA.

Insgesamt wurden etwas über zwanzig Botschaften bin Ladens in Übersetzung publiziert, die vermutlich nicht alle von ihm selbst stammen.[7] Der amerikanische Islamforscher Bruce Lawrence attestiert bin Laden eine eloquente, mitunter sogar poetische Sprache.[8] Seine deutschen Kollegen Marwan Abou-Taam und Ruth Bigalke schreiben, seine «Reden bestechen im arabischen Original durch die Schönheit ihrer Sprache».[9] Kurz nach seiner Aufnahme in Afghanistan im August 1996 machte bin Laden sein Programm in einer langen «Kriegserklärung an die das Land der zwei Heiligen Stätten besetzenden Amerikaner»[10] publik, die sich allerdings vor allem kritisch mit dem Königreich Saudi-Arabien auseinandersetzt. Auffällig ist die Mehrschichtigkeit dieser Kriegserklärung: Zitate aus Koran und Hadith stehen neben Legenden, kriegerischen Ereignissen, Poesie und Dichtung, Gegenwartsdiagnose und Gesellschaftskritik sowie Aufruf zu Mord und Totschlag. Gegen Ende des Textes spricht bin Laden gezielt die Jugendlichen an und beschwört ihre Kampfesbereitschaft und Paradieshoffnung. Die Frauen fordert er auf, ihre Brüder und Söhne zum Dschihad zu ermutigen.

Bin Ladens Botschaft fiel vor allem in Ländern wie Kenia, Indien, Indonesien und Thailand auf fruchtbaren Boden, wo Jugendliche T-Shirts mit seinem Konterfei trugen. Solche T-Shirts scheinen später auch bei Unterstützern des Islamischen Staats in Mode gekommen zu sein. In der dschihadistischen Dichtung, die im Internet verbreitet ist und in gesungener Form oft Videos unterlegt ist, wird bin Laden mitunter in eigenen Lobgedichten gefeiert oder sein Tod in Trauergesängen beweint.[11]

Bin Laden schwang sich zunehmend zum Sprachrohr der Muslime der ganzen Welt auf. So wie in seiner Wahrnehmung Muslime auf der gesamten Welt unterdrückt, misshandelt und getötet wurden, sollten sich die Muslime der Welt nun vereinigt zur Wehr setzen. 1998 wurde eine Islamische Front für den Dschihad gegen die Juden und Kreuzfahrer gegründet, die am 23. Februar eine Erklärung verbreitete, deren Kernbotschaft – ein angeblich auf Befehl Gottes erlassenes Urteil – lautet: «Die Amerikaner und ihre Verbündeten zu töten, ob Zivilisten oder Soldaten, ist eine Pflicht jedes Muslims, der dazu fähig ist, egal, in welchem Land er die Möglichkeit dazu hat, um die al-Aqsa-Moschee und die Große Moschee [in Mekka] aus ihren Klauen zu befreien und ihre Armeen aus alle Gebieten des Islams zu vertreiben, besiegt und unfähig, einen einzigen Muslim zu bedrohen.»[12]

Diese Erklärung ist wesentlich prosaischer als die Kriegserklärung von 1996. Auch seine Statements aus der Zeit nach dem 11. September 2001 sind weitgehend geopolitische Ausführungen, die teilweise sogar auf Koranverse verzichten und bestenfalls vereinzelte arabische Sprichwörter als Stilmittel einstreuen. Bin Laden argumentiert hier nicht mehr unter Rückgriff auf Offenbarung und religiöse Vorbilder, sondern unter Berufung auf Gerechtigkeit und Gegenseitigkeit: «Warum sollten Angst, gewaltsamer Tod, Zerstörung, Vertreibung, Verwaisung und Verwitwung allein uns vorbehalten bleiben, während ihr für euch das alleinige Anrecht auf Sicherheit, Stabilität und Glück beansprucht?», fragt er in seiner Botschaft an die Verbündeten Amerikas vom 12. November 2002.[13]

Zwei Monate nach den Anschlägen vom 11. September warb bin Laden in einer Videobotschaft bei den Muslimen um Zustimmung, da der Konflikt religiöser Natur sei: «Dies ist ein Krieg der Religionen. Die Muslime des Ostens unterstützen die anderen Muslime gegen die Völker des Westens, die Kreuzfahrer … Wer versucht, diese kristallklare Tatsache zu vertuschen, betrügt die islamischen Nationen … Unter keinen Umständen dürfen wir die Feindschaft zwischen uns und den Ungläubigen ignorieren, denn diese Feindschaft beruht auf unserer Doktrin ... Es dreht sich bei diesem Konflikt also um eine Glaubensfrage.»[14]

Die religiöse Natur der Auseinandersetzung entzieht eine Lösung dem Bereich politischer Verhandlungen. Der Kalte Krieg ist einem Religionskrieg mit zwei großen Blöcken gewichen.

In seiner Nachricht an Amerika vom 24. November 2002 formulierte bin Laden eine ausführliche Begründung, weshalb er gegen die USA kämpfe. Diese kam einer Pauschalabrechnung mit der westlichen Zivilisation gleich – «die schlimmste Zivilisation, die es in der Geschichte der Menschheit je gab».[15] Einige Argumente, wie etwa die selektive Befolgung internationaler Abkommen und der Menschenrechte werden auch von westlichen USA-Kritikern geteilt, und man fühlt sich an Gandhi erinnert, der die westliche «Zivilisation» sarkastisch als «eine gute Idee» bezeichnete.

Bin Laden fragte an den Westen gerichtet: «Wozu rufen wir euch auf, und was wollen wir von euch?» Erst an zweiter Stelle nannte er den völligen Abzug amerikanischer und alliierter Truppen aus muslimischen Ländern und ein Ende der Unterstützung Israels. Seine erste Forderung aber lautete: «Erstens fordern wir euch [zum Übertritt] zum Islam auf.» Nur so kann für ihn der Krieg beendet werden. Die Konversion zum Islam beinhaltet die Einführung der Scharia. Demokratie wird prinzipiell abgelehnt; sie fällt in die häretische Kategorie der «Beistellung», da sie nicht «Gottes Verfassung und Gesetzen» verpflichtet ist, sondern die Menschen ihre Gesetze nach «Gutdünken» aufstellen lässt.[16] In letzter Konsequenz mündet bin Ladens Akt einer islamischen Selbstverteidigung in das Programm einer Islamisierung der Welt.

47

Thich Nhat Hanh

Engagierter Buddhismus und Achtsamkeit

Im September 1945 rief der kommunistische Revolutionär Ho Chi Minh die Demokratische Republik Vietnam aus, die erste unabhängige Republik Südostasiens. Diese wurde bald zum Spielball der Siegermächte, die eine Wiedererrichtung der französischen Kolonialherrschaft erwirkten, bis das Land 1954 in den kommunistischen Norden mit der Hauptstadt Hanoi und den antikommunistischen Süden mit der Hauptstadt Saigon geteilt wurde. Bald darauf begann ein «Stellvertreterkrieg» der Supermächte, der 1973 durch einen Waffenstillstand zum Abschluss kam, mit dem zumindest die direkte Kriegsbeteiligung der USA beendet wurde. Während des Krieges, an dessen Folgen mindestens zwei Millionen Menschen starben, richteten sich die Augen der Weltöffentlichkeit auf das Land. Auf Vietnam warf die US Air Force wesentlich mehr Bomben ab als auf deutsche Kriegsziele im Zweiten Weltkrieg. Die durch Flächenbombardements und chemische Kriegsführung seitens der USA verursachten ökologischen und sozialen Folgeschäden sind immens. Bis 1975 wurde Südvietnam von nordvietnamesischen Truppen erobert, und das gesamte Land wurde kommunistisch. Aus Saigon wurde Ho-Chi-Minh-Stadt.

Selbstverbrennungen als politischer Protest

Das Pressefoto des Jahres 1963 zeigt die öffentliche Selbstverbrennung des sechsundsechzigjährigen buddhistischen Mönchs Thich Quanc Duc am 11. Juni auf einer Straße in der südvietnamesischen Hauptstadt Saigon. Das Schwarz-Weiß-Bild mit dem Titel «The Bur-

«The Burning Monk», Pressefoto des Jahres 1963 von Malcom Browne, der 1964 zusammen mit David Halberstam für ihre Reportagen aus Vietnam den Pulitzer-Preis für Auslandsberichterstattung erhielt.

ning Monk» wurde von dem Journalisten und Fotografen Malcolm W. Browne aufgenommen, der nicht zufällig am Tatort anwesend war. Es zeigt den trotz der extremen Schmerzen, die er erlitten haben muss, unbeweglich im Lotussitz verharrenden Mönch, von dessen Körper Flammen mannshoch emporwallen. Etwa ein Meter neben Thich Quanc Duc steht ein Benzinkanister, hinter ihm ein Auto mit geöffneter Motorhaube. Im Hintergrund sieht man Mönche und andere Zuschauer, von denen keiner den Versuch unternimmt, den verbrennenden Mönch zu retten – mögliche Rettungsversuche waren sogar gezielt verhindert worden. Die Mönche hatten ihn in einer Prozession zum Tatort begleitet, wobei sie Transparente trugen, auf denen sie gegen die Förderung des Katholizismus durch die Regierung und für die Gleichstellung der Religionen eintraten. Thich Quanc Duc ließ sich von Mönchen, die im Vorfeld mit unterschiedlichen Brennstoffen experimentiert hatten, mit Benzin übergießen. Das Ereignis war genau geplant, wurde von buddhistischen Autoritäten abgesegnet und mediengerecht inszeniert.[1]

Den meisten schockierten Betrachtern dürfte nicht bewusst gewesen sein, dass Selbstverbrennungen als eine Form der Aufgabe des eigenen Körpers («Leibentsagung») im ostasiatischen Buddhismus eine bis mindestens ins 5. Jahrhundert zurückreichende Tradition darstellten.[2] Thich Quanc Duc muss mit dieser Tradition vertraut gewesen sein. Auffällig ist, dass ältere chinesische Quellen die Selbstverbrennung von Mönchen in Anwesenheit von Herrschern schildern; sie waren allerdings keine Protesthandlungen, sondern der Herrscher bezeugte den Erlösungsakt.[3] Als politischer Protest war Thich Quanc Ducs Selbstverbrennung daher ein Novum. Sie war eine Kundgebung gegen die Regierung des 1955 durch manipulierte Wahlen mit Unterstützung der USA an die Macht gekommenen Katholiken Ngo Dinh Diem. Die buddhistische Bevölkerungsmehrheit sah sich Repressalien und Menschenrechtsverletzungen ausgesetzt, was 1963 auch in Eingaben an die Vereinten Nationen dokumentiert wurde.[4] Die Situation spitzte sich zu, als die Regierung am Tag vor der Feier des wichtigsten buddhistischen Festes, Vesakh, das Hissen der (von Henry Steel Olcott mitgestalteten) buddhistischen Flagge verbieten ließ. Es kam zu Protesten und später zu Zusammenstößen zwischen den Ordnungskräften und Demonstranten. In diesem Kontext erfolgte Thich Quanc Ducs Selbstverbrennung. Die Aktion heizte einerseits den Widerstand gegen die Regierung weiter an und ließ andererseits in Washington Zweifel daran aufkommen, ob man weiter in Nibelungentreue zur Diem-Regierung stehen solle. In einem Brief beschrieb der Mönch seine Handlung als «Schließen der Augen» und «Bewegung zur Buddha-Vision», rief Diem zu Mitgefühl, Religionsfreiheit und zur Stärkung des Vaterlands auf und die Buddhisten zu Solidarität und Opferbereitschaft zum Schutz des Buddhismus.[5] Der Akt war gleichermaßen Erlösungshandlung und politischer Appell. Eine Definition des Handlungsziels ist seither eine zentrale Komponente von öffentlichen Selbstverbrennungen.

Im August 1963 kam es zu weiteren Selbstverbrennungen von insgesamt neun Nonnen und Mönchen – eine vor der Kathedrale von Saigon –, was den Druck auf das Regime weiter erhöhte. Die Regierung Diem reagierte mit Verhaftungen von Nonnen und Mönchen und der Schließung von Pagoden, womit sie ihren Untergang nur noch beschleunigte. Am 1. November kam es zu einem Putsch. Am folgenden Tag wurde Diem ermordet. Damit setzte in Südvietnam eine neue

Welle des buddhistischen Nationalismus ein.[6] Da das Herz von Thich Quanc Duc die Selbstverbrennung und die spätere Kremation angeblich weitgehend unbeschadet überstand, wurde es als Reliquie in einem Glasgefäß in einer Pagode zur Schau gestellt, wo es von Besuchern verehrt wird. Der Mönch galt nun als ein Erleuchtungswesen *(bodhisattva)*. Am Ort der Selbstverbrennung wurde später ein Denkmal errichtet, das stets mit frischen Blumen versehen wird.

Die Selbstverbrennung fand bald Nachahmer. In den 1960er Jahren kam es zu Fällen in Südindien (gegen Sprachenpolitik), den USA (gegen den Vietnamkrieg), Polen und der Tschechoslowakei (gegen die Politik der Sowjetunion). In den 1970er Jahren verbrannten sich Menschen auch in Deutschland (gegen Atompolitik, Ausländerfeindlichkeit, atomare Aufrüstung, die Wehrmachtsausstellung, die Religionspolitik der DDR, Inhaftierung einer religiösen Autoritätsfigur). Insgesamt sind zwischen 1982 und 2007 fast zweihundert Fälle von Selbstverbrennungen kurdischer Unabhängigkeitsaktivisten dokumentiert.[7] In Indien kam es 1990 zu einer regelrechten Welle an Selbstverbrennungen aus Protest gegen die Reservierung von Studienplätzen für Kastenlose oder Niedrigkastige. Seit April 1998 gaben etwa hundertfünfzig vorwiegend junge tibetisch-buddhistische Mönche in Indien, Nepal und Tibet aus Protest gegen die chinesische Politik durch Selbstverbrennungen ihr Leben – einige haben die Verbrennungen allerdings überlebt. Im Januar 2001 setzten sich am Vorabend des chinesischen Neujahrsfestes fünf Angehörige der von der chinesischen Regierung als «häretisch» klassifizierten Falun Gong auf dem Tiananmen-Platz in Peking in Brand. Die chinesischen Behörden nutzten diese Protestmaßnahme zum ideologischen Gegenangriff. Sie stellen sie als rituelle Selbstmorde dar und ließen die Parole «Nirwana ist Selbstmord» verbreiten, um die Gefährlichkeit der «Sekte» zu beweisen und ihre Unterdrückung zu rechtfertigen.[8]

Der revolutionäre Mönch

Zur Zeit der Selbstverbrennung von Thich Quanc Duc lebte der damals sechsunddreißigjährige vietnamesische Mönch Thich Nhat Hanh (Thích Nhất Hạnh) in den USA.[9] Nach der Selbstverbrennung hielt er ein mehrtägiges Fasten, das er auf einer Pressekonferenz öffentlich angekündigte. Nach seiner Rückkehr nach Vietnam erläuterte er

Martin Luther King in einem Brief vom 1. Juni 1965 die Hintergründe der Selbstverbrennung. Selbstverbrennungen buddhistischer Mönche seien für westliche Christen schwer zu verstehen. Die Akte seien weder Selbstmorde noch bloße Protesthandlungen. Die Mönche wollten damit vielmehr die Menschen aufrütteln, die Herzen der Unterdrücker bewegen und die Aufmerksamkeit der Welt auf das Leiden der Vietnamesen lenken. Thich Nhat Hanh weist darauf hin, dass die Selbstverbrennungen auf ein traditionelles rituelles Repertoire zurückgreifen, da sich Novizen bei der Mönchsinitiation im Mahayana-Buddhismus eine oder mehrere Brandwunden zufügen, wenn sie ihr Gelübde ablegen. Die öffentlichen Selbstverbrennungen stellen dementsprechend eine Ausweitung der buddhistischen Mönchspraxis dar. Das Entscheidende an den Selbstverbrennungen sei nicht der Tod, sondern das Brennen: Der Akt sei ein Ausdruck der Willenskraft und der Entschlossenheit; es handle sich nicht um selbst-destruktive, sondern um selbstkonstitutive Akte als fruchtbare Selbst-Opfer für eine bessere Zukunft, als höchste Form des Mitfühlens. Thich Nhat Hanh führt eine wesentliche Unterscheidung ein: Intoleranz, Fanatismus, Diktatur, Gier, Hass und Diskriminierung sind die Feinde der Mönche, nicht bestimmte Individuen. Die Aktionen richteten sich nicht gegen konkrete Menschen, sondern gegen negative Eigenschaften, die deren Handeln steuerten. So sei ja auch Martin Luther King selbst nicht gegen die Weißen vorgegangen, sondern gegen Intoleranz, Hass und Diskriminierung. An King wende er sich deshalb, weil dieser als Vorkämpfer für Gleichheit und Menschenrechte Verständnis und Sympathie für das durch die Konfrontation der Supermächte bewirkte enorme Leiden der vietnamesischen Bevölkerung aufbringen müsse. King dürfe nicht schweigen, sei doch in ihm – und hier bezieht er sich explizit auf Karl Barth – Gott selbst in Aktion. Für die Mobilisierung der Solidarität appelliert Thich Nhat Hanh nicht an King als Christen, sondern als Repräsentant der «größten Humanisten». Zu den «religiösen Humanisten», die er hier zur Sprache bringen will, zählt er auch Paul Tillich.

Thich Nhat Hanh publizierte den Brief in seinem erfolgreichen Buch mit dem deutschen Titel *Lotos im Feuermeer – Vietnam in Geschichte und Krise*, das 1967 erschien und in Vietnam verboten wurde. Er gibt darin eine Einführung in die Religionsgeschichte des Landes zwischen Konfuzianismus, Daoismus, Buddhismus und Katholizismus. Vergeblich warnt er vor einer Eskalation des Vietnamkriegs, zeigt Strategien der Problemlösung auf und verweist auf die jüngeren Entwicklungen des Buddhismus in Vietnam, an denen er selbst Anteil hatte.

Thich Nhat Hanh wurde 1926 in einem Dorf in der zentralvietnamesischen Provinz Thua Thien-Hue als Nguyen Xuan Boa geboren. Thich Nhat Hanh ist ein ihm verliehener religiöser Name. Thich ist ein Titel, den die meisten vietnamesischen Mönche als eine Art kollektiven Nachnamen tragen. Wie für Vietnam typisch, gab es in seinem Heimatdorf unterschiedliche religiöse Strömungen, darunter buddhistische, daoistische, konfuzianische, die Verehrung von Schutzgottheiten, vor allem aber die Ahnenverehrung, die Thich Nhat Hanh auch in seiner späteren Karriere als buddhistischer Mönch pflegte.

1941, als Indochina verstärkt japanischem Druck ausgesetzt war und als Ho Chi Minh aus dem Exil zurückkehrte und zum Anführer der neu gegründeten Unabhängigkeitsliga Vietminh wurde, trat Thich Nhat Hanh in ein Kloster in der Stadt Hue ein, das der stark chinesisch geprägten Chan- bzw. Linji-Schulrichtung angehörte, deren japanische Spielart im Westen unter dem Namen Zen bekannt ist. Daher wird Thich Nhat Hanh oft als «Zen-Mönch» bezeichnet. In Vietnam wird das chinesische Zeichen für *chan* (von Sanskrit *dhyana* – «Meditation») als *thien* gelesen, sodass man auch von Thien-Buddhismus spricht.

Der junge Mönch – einer der ersten, die Fahrrad fuhren[10] – unternahm weiterführende Studien außerhalb seines Klosters, scheint dabei jedoch schon bald in Konflikt mit der Leitung des Instituts in Saigon gekommen zu sein, an dem er studierte. Im Rückblick stellt er die Lage wie folgt dar: «Viele unserer Lehrer ... sprachen über Frieden, Mitgefühl, Nicht-Selbst und das Glück der Lebewesen, doch die wenigsten taten etwas». Diese Haltung treibe viele junge Leute zu den Kommunisten. Zusammen mit einigen Gleichgesinnten verließ er schließlich das Institut. Er beschreibt sich als «eine Art revolutionärer Mönch», der wollte, «dass der Buddhismus dem vietnamesischen Volk zur Befreiung und Einheit verhelfe».[11] Das buddhistische Establishment reagierte auf das Abwandern der Studenten gereizt, sodass diese sich in die Provinz absetzten. 1949 war Thich Nhat Hanh an der Gründung einer neuen buddhistischen Lehrstätte an einem kleinen Tempel in Saigon beteiligt, wo er unterrichtete. In den folgenden Jahren produzierte er ein vielseitiges schriftstellerisches und publizistisches Werk. 1954, als sich der Konflikt zwischen Nord- und Südvietnam ausweitete, schrieb er eine Artikelserie, in der er die Relevanz des Buddhismus für verschiedene gesellschaftliche Sphären wie Wirtschaft, Bildung und Politik herausstellte. Hier hat er nach eigenen Angaben erstmals das Konzept eines gesellschaftlich oder sozial «engagierten» oder «aktualisierten» Buddhismus entfaltet.[12] In Aufzeichnungen aus den 1960er Jahren sprach er rückblickend vom Ziel eines «humanistischen» Buddhismus[13] – etwa zeitgleich mit Ikedas Projekt eines buddhistischen Humanismus (s. Kap. 44). Sein Programm stieß allerdings bald auf Widerstand, woraufhin er sich erneut in die Berge zurückzog und zusammen mit Gleichgesinnten eine experimentelle monastische Kleinkommune – genannt Duftende Palmblätter (Phuong Boi) – aufbaute. Hier wollten sich die Bewohner von gängigen sozialen Konventionen befreien und verschiedene Formen der Praxis ausprobieren. Nach einigen Jahren musste die Gemeinschaft wegen der sich zuspitzenden politischen Situation aufgelöst werden. 1961 schlossen sich seine engsten Schülerinnen und Schüler zur Gemeinschaft der dreizehn Zedern zusammen. Seine Schüler nennen ihn liebe- und respektvoll Thay, was «Meister» oder «Lehrer» bedeutet.

Thich Nhat Hanhs Karriere erhielt nun zunehmend eine internationale Dimension. Er unternahm Auslandsreisen, auch nach Indien, wo er mit den von Bhimrao Ambedkar (s. Kap. 20) initiierten Buddhisten zusammenkam.[14] 1961 – mit fünfunddreißig Jahren – begann er ein Studium an in den USA; 1962 war er an der Universität Princeton tätig. In seinem New Yorker Apartment las er eines Nachts im November 1962 Dietrich Bonhoeffers postum unter dem Titel *Widerstand und Ergebung* veröffentlichte Briefe und Notizen aus der Haft. Diese Lektüre ließ in ihm ein Gefühl extremster Freude aufkommen, sein Herz vor Liebe überfluten; damals habe er die Gewissheit erlangt, dass er auch größtes Leiden würde erdulden können – und dass das Leben auch im Leiden wunderbar sei. Thich Nhat Hanh notiert, viele würden eine derartige Erfahrung wohl «religiös» nennen, für ihn aber sei sie eine völlig menschliche Angelegenheit gewesen.[15]

Ende 1963 kehrte Thich Nhat Hanh auf Drängen seiner Mitstreiter nach Vietnam zurück. Dort ließ er sich in einem kleinen Kloster in der Nähe von Saigon nieder und stürzte sich in neue Projekte. Er wurde

Herausgeber der buddhistischen Zeitschrift *Stimme der steigenden Flut*, die er viele Jahre zuvor mitbegründet hatte und die nun wöchentlich in einer Auflage von 50 000 Exemplaren gedruckt wurde.[16] 1964 wurde der Boi Verlag gegründet, in dem Thich Nhat Hanh auch seine belletristischen Werke – Gedichte und Prosa – veröffentlichte. Die meisten seiner Anti-Kriegsgedichte fielen der Zensur anheim und zirkulierten in Untergrundpublikationen. Viele seiner Texte veröffentlichte er daher unter verschiedenen Pseudonymen.[17] Im Boi Verlag erschien 1965 auch ein Buch, in dem vietnamesische Intellektuelle offene Briefe an international bekannte Intellektuelle schrieben (z. B. an Jean-Paul Sartre); dazu zählte der oben zitierte, 1967 auf Englisch nachgedruckte Brief Thich Nhat Hanhs an Martin Luther King.[18] Angeregt von seinen Erfahrungen in den USA begründete Thich Nhat Hanh ein Institut für Höhere Buddhismusforschung in Saigon, das in die sodann gegründete praxisorientierte buddhistische Van Hanh Universität einging. Diese Universität hatte zunächst zwei Abteilungen, eine für Geisteswissenschaften und eine für Buddhismuskunde.[19]

Seine intellektuellen Aktivitäten und Bildungsprojekte waren aber immer nur ein Teil seiner vielfältigen Aktivitäten. So war er maßgeblich an der Gründung einiger experimenteller Dörfer beteiligt, die den Anwohnern einen selbstbestimmten Weg aus der Stagnation zeigen sollten. Ein Grundprinzip war es dabei, Strategien zusammen mit den Anwohnern auszuprobieren und gegenseitig voneinander zu lernen. 1965 wurde die School of Youth for Social Service (SYSS) gegründet, die junge Vietnamesen für praktische humanitäre Sozialarbeit in vom Krieg betroffenen, oft abgelegenen Gegenden ausbildete. SYSS war während der verbleibenden Kriegsjahre aktiv, an die 10 000 Menschen sollen sich in dieser Zeit an den Programmen beteiligt haben.[20] Nach dem Ende des Krieges wurde SYSS der Kern eines vom buddhistischen Dachverband organisierten Wiederaufbaukomitees. Die Entstehung von SYSS ist auch im Kontext der buddhistischen Jugendbewegung zu sehen, die 1948 von einem Laienbuddhisten nach dem Vorbild der christlichen Pfadfinder gegründet worden war.[21]

Ein post-dogmatischer Orden

1966 erhielt Thich Nhat Hanh von seinem ehemaligen Lehrmeister die «Dharma-Lampe» übertragen, womit er zu einem legitimen Lehrer und Glied in der Traditionskette wurde.[22] Er war somit traditionell ausgebildet und autorisiert. Eine folgenreiche Initiative war in diesem Jahr die Gründung des Tiep Hien Ordens.[23] Diese Wortschöpfung wird in der Regel als «Intersein» übersetzt, wobei die beiden Wörter *tiep* und *hien* jeweils ein vielschichtiges Bedeutungsspektrum aufweisen. *Tiep* hat mit «verbinden» zu tun, aber auch mit «empfangen» oder gar «erwachen». *Hien* wird mit «erlangen» oder «realisieren» übersetzt.[24] «Intersein» ist ein zentrales Konzept Thich Nhat Hanhs, auf das wir unten noch zurückkommen. Thich Nhat Hanh nahm zunächst nur sechs Mitglieder aus der School of Youth for Social Service in den neuartigen Orden auf, darunter Laien-Buddhisten beiderlei Geschlechts. Die Mitglieder verpflichteten sich auf vierzehn Grundprinzipien. Die ersten lauten: «Im Bewusstsein des Leidens, das durch Fanatismus und Intoleranz entsteht, sind wir entschlossen, Lehrmeinungen, Theorien oder Ideologien, einschließlich der buddhistischen, nicht zu verherrlichen und uns nicht an sie zu binden. Wir sind entschlossen, buddhistische Lehren als Orientierungshilfen zu sehen, um Verstehen und Mitgefühl zu entwickeln. Sie sind keine Dogmen, für die gekämpft, getötet oder gestorben werden sollte. Wir verstehen, dass Fanatismus in seinen vielen Ausprägungen das Ergebnis einer dualistischen, diskriminierenden Sichtweise ist. Wir werden uns darin üben, alles mit Offenheit und der Einsicht des Interseins zu betrachten, um Dogmatismus und Gewalt in uns selbst und in der Welt zu transformieren.»[25]

Buddhistische Lehren werden damit zu einem Mittel, um allgemein menschliche Werte zu verwirklichen, sie sind kein Selbstzweck. Diese Agenda ist wohl der leidvollen persönlichen Erfahrung geschuldet, dass sich auch der Buddhismus dogmatisch, fanatisch und intolerant gebärden kann. Diese dogmenferne Haltung findet sich auch in den interreligiösen Aktivitäten Thich Nhat Hans, die unter den Vorzeichen radikaler Offenheit und Unvoreingenommenheit standen.

1965 veröffentliche Thich Nhat Hanh ein vorwiegend auf älteren Texten beruhendes Buch mit dem Titel *Dao phat di vao cuoc doi (Der*

Buddhismus betritt das Leben), das 1966 auf English unter dem Titel *Engaged Buddhism* erschien. Die Wahl des programmatischen Adjektivs «engaged» ist vermutlich von Jean-Paul Sartres Programm einer «littérature engagée» inspiriert.[26] Thich Nhat Hanh fordert, dass buddhistische Praxis zur Lösung von Problemen wie Armut, Hunger, Krankheit und Sklaverei beitragen müsse. Mönche müssten daher eine praktisch ausgerichtete Ausbildung erhalten.[27] Die Veröffentlichung dieses Buches gilt als Geburtsstunde des Engagierten Buddhismus mit Thich Nath Hanh als dessen Vordenker – vergleichbar mit der Rolle von Gustavo Gutiérrez für die katholische Befreiungstheologie (s. Kap. 28). Ähnlich wie diese war der Engagierte Buddhismus eine politische und konfessionelle Grenzen überschreitende Bewegung, die auch vom Dalai Lama unterstützt wurde. Ein wichtiger Vorläufer war Bhimrao Ambedkar. Andere bekannte Vertreter sind AT (Ahangamage Tudor) Ariyaratne auf Sri Lanka sowie Buddhadasa Bhikku und Sulak Sivarakasa in Thailand. Letzterem wurde 1995 der zumeist als Alternativer Nobelpreis bezeichnete Right Livelihood Award verliehen, und auf seine Initiative hin entstand 1989 das International Network of Engaged Buddhists.

Für Thich Nhat Hanh ist Engagierter Buddhismus keine Option unter anderen. Buddhismus müsse vielmehr immer engagiert sein: «Sobald wir erkennen, dass etwas getan werden muss, müssen wir handeln.» Thich Nhat Hanh ist allerdings nicht auf das Adjektiv «engagiert» festgelegt. Er sprach bald auch von einem «erneuerten» oder «aktualisierten» Buddhismus und entschied sich 2010 für den Leitbegriff «Angewandter Buddhismus».[28]

Frieden und Ökologie

Im Mai 1966 trat Thich Nath Hanh eine zweite Reise in die USA an, wo er eine wichtige Stimme der Friedensbewegung wurde. Seine Versöhnungstechniken sollen dualistische und damit konfrontative Denkweisen überwinden. Mithilfe von Atem- und Meditationsübungen etwa soll man sich in die Perspektive und das Leiden des Gegners Gegenübers hineinversetzen.[29] Mit dieser Haltung erregte Thich Nhat Hanh noch 2001 in den USA Aufsehen, als er auf die Frage eines Journalisten, was er Osama bin Laden sagen würde, antwortete, er würde ihm erst einmal zuhören wollen.

Thich Nhat Hanh traf unter anderem mit Martin Luther King (s. Abb. S. 385) und dem Trappistenmönch Thomas Merton zusammen, der ab 1959 einen Briefwechsel mit Daisetz Suzuki geführt hatte. Beide Begegnungen währten nur kurz, wurden aber von den Beteiligten als tief und folgenreich beschrieben. Merton veröffentlichte eine Stellungnahme, die mit «Thich Nhat Hanh Is My Brother» betitelt war, und steuerte ein Vorwort zu *Lotos im Feuermeer* bei. Martin Luther King sprach sich erstmals im April 1967 öffentlich für die Einstellung der amerikanischen Kriegshandlungen in Vietnam aus; es ist anzunehmen, dass seine Unterredung mit Thich Nhat Hanh zu dieser Neupositionierung beigetragen hat. Jedenfalls schlug er Thich Nhat Hanh 1967 für den Friedensnobelpreis vor, den er selbst 1964 erhalten hatte (s. Kap. 27).

In Anbetracht des eskalierenden Kriegs in Vietnam und seiner Position in der Friedensbewegung war Thich Nhat Hanhs Rückkehr nach Vietnam nicht mehr erwünscht. Er blieb im Exil und ließ sich 1969 in Paris nieder, nahm Einfluss auf die dort stattfindenden Friedensverhandlungen, lehrte an einer Universität und war an politischen Aktionen für den Frieden beteiligt.

Ab etwa 1970 lenkte Thich Nhat Hanh die Aufmerksamkeit auf die ökologischen Folgeschäden des Krieges. Zusammen mit der amerikanischen gemischtkonfessionellen Friedensorganisation Fellowship for Reconciliation wurde in seiner kleinen Wohnung in Paris eine internationale, von Wissenschaftlern aus vielen Ländern unterstützte Umweltinitiative unter dem Namen Dai Dong, «Große Einheit» oder «Großes Zusammensein», gestartet. Im Vorfeld der Konferenz der Vereinten Nationen über die Umwelt des Menschen, die im Juni 1972 in Stockholm stattfand und die als Beginn der globalen Umweltpolitik gilt, hielt Dai Dong einen alternativen Kongress ab, der grundlegendere Reformen forderte. Das von Thich Nhat Hanh angesprochene Thema der ökologischen Folgen von Kriegen – besonders in Vietnam – wurde von der Tagung der Vereinten Nationen von vornherein ausgeschlossen. Auch in seinen späteren Werken hat Thich Nhat Hanh immer wieder ökologische Anliegen vorgebracht. Er ist einer der Vordenker des Engagierten Umwelt-Buddhismus. All das beinhaltet auch Kritik an kapitalistischer Konsummaximierung.[30]

Auch nachdem 1973 schließlich in Paris der Waffenstillstand unterzeichnet wurde, blieb Thich Nhat Hanh die Rückkehr nach Vietnam verwehrt – und dies erst recht nach der Niederlage Südvietnams und der Wiedervereinigung des Landes als Sozialistische Volkrepublik im Jahre 1976. Im Jahr davor hatten sich angesichts der erneuten Unterdrückung der Buddhisten zwölf Nonnen und Mönche öffentlich verbrannt.[31] Von Singapur aus, wo Thich Nhat Hanh 1976 an einer interreligiösen Friedenskonferenz teilnahm, organisierte er eines der ersten Hilfsprogramme für die Boatpeople – Menschen, die auf größtenteils baufälligen und überladenen Booten dem sozialistischen Terrorregime zu entkommen versuchten.[32] Nach eigenen Angaben gelang es, etwa achthundert Menschen zu retten, was aber nur möglich war, indem die Aktivisten gegen die geltenden Gesetze verstießen.

In einem autobiographischen Text schreibt Thich Nhat Hanh: «Das Leiden, dem wir bei dieser Arbeit begegneten, war so groß, dass wir sie nicht über eine längere Zeit hinweg hätten tun können, wenn wir nicht ein Reservoir an spiritueller Stärke besessen hätten. Wir praktizierten in diesen Tagen Sitzmeditation und Gehmeditation und aßen auf sehr konzentrierte Weise im Stillen. Wir wussten, ohne diese Art der Disziplin würden wir unsere Arbeit nicht schaffen. Das Leben vieler Menschen hing von unserer Achtsamkeitspraxis ab.»[33] Thich Nhat Hanh hat einen großen Teil seines Wirkens der Entwicklung und theoretischen Verankerung solcher Achtsamkeitspraktiken gewidmet.

Seit der Vereinigung Vietnams unter kommunistischen Vorzeichen hat sich Thich Nhat Hanh – mit Ausnahme der Kampagne zur Rettung der Boatpeople – weitgehend aus der Öffentlichkeit zurückgezogen. Seit 1975 lebte er zusammen mit zehn Mitstreitern in einem Haus in der Champagne. Die kleine Kommune, die zunächst als Rückzugs- und Einkehrort geplant war und sich selbst nach der vietnamesischen Armeleutekost als «Süßkartoffeln» bezeichnete, wurde mit der Zeit zu einem Ziel für eine stets anwachsende Zahl von auswärtigen Besuchern, die sich für immer längere Zeiten dort aufhielten. Im Sommer gab Thich Nhat Hanh für einige Wochen Kurse. Er nutzte die Zeit auch, um eine dreibändige Geschichte des vietnamesischen Buddhismus zu schreiben.[34]

Achtsamkeit, buddhistisch und medizinisch

1975 erschien eines der bekanntesten Bücher Thich Nath Hanhs in englischer Sprache: *The Miracle of Mindfulness* (deutsch erstmals 1988 unter dem Titel *Das Wunder der Achtsamkeit: Einführung in die Meditation*). Dieses kleine Werk ist ein Klassiker des Achtsamkeitsdiskurses, der seit den späten 1980er Jahren eine enorme Breitenwirkung entfaltet hat.[35] 1986 gründete Thich Nhat Hanh den non-profit Verlag Parallex Press, der sich der Verbreitung von Achtsamkeitsliteratur und Titeln zum Engagierten Buddhismus widmet. Da es bei Achtsamkeit im Sinne von Thich Nhat Hanh darum geht, jeden Moment des Lebens in jeder erdenklichen Situation in voller Achtsamkeit zu erfahren, kann das Thema auf eine schier grenzenlose Fülle von Lebensbereichen appliziert werden.

Das ursprünglich auf Vietnamesisch verfasste, mit Anekdoten gespickte, in einem gesprächsartigen Stil leicht verständlich geschriebene Buch beruft sich zweimal auf die buddhistische Lehre im Allgemeinen («Im Buddhismus ...»), verweist einmal auf die weibliche Erleuchtungsgestalt Quan Am (von der es in Vietnam zahlreiche Statuen gibt), zitiert einige Male einen buddhistischen Lehrtext (das *Satipatthana Sutta*), einmal einen Lehrtext ohne Titelangabe, einmal den Spruch eines Zen-Meisters und einmal den vietnamesischen Dichter Nguyen Cong Tru. Außerdem verweist Thich Nhat Hanh auf Hermann Hesses *Siddharta*, dem er aber ein naives Verständnis der buddhistischen Lehre von der Verwobenheit (*interdependence*) des Seins vorwirft. Am Ende des Texts gibt er eine Erzählung Tolstois wieder, die ihm fast wie ein heiliger Text erscheint; den russischen Schriftsteller (s. Kap. 5) bezeichnet Thich Nhat Hanh hier als einen Heiligen und *bodhisattva*. *The Miracle of Mindfulness* schließt mit einer Reihe praktischer Übungen, angefangen mit folgender: «Half-smile when you wake up in the morning.»[36] Ein Beispiel für die Haltung der Achtsamkeit ist das Geschirrspülen: Wenn es einem nicht gelinge, in dieser Tätigkeit ganz aufzugehen, ohne an die Tasse Tee zu denken, die einen danach erwartet, gehe das Wunder des Lebens, das heißt die Einsicht in die ganzheitliche Fülle des Hier und Jetzt, an einem vorbei.

Das entscheidende Instrument, um Achtsamkeit zu erlangen, ist das Atmen als «die Brücke, die Leben mit Bewusstsein verbindet und Ihren Körper mit Ihren Gedanken vereinigt.» Thich Nhat Hanh empfiehlt zwar auch das tägliche Meditieren, entscheidender aber sei die Ausweitung der Haltung und Praxis der Achtsamkeit auf jede einzelne Lebenssituation: «Unsere wahre Heimat ist der gegenwärtige Augenblick.» Oder: «Befreiung liegt im gegenwärtigen Augenblick.»[37] Diese augenblicksfokussierte Soteriologie ist neben dem sozialen und politischen Engagement die zweite Achse des aktualisierten, engagierten oder angewandten Buddhismus. Thich Nhat Hanh spricht daher von der «Kunst des Achtsamen Lebens».

Der Begriff *mindfulness* – manchmal spricht Thich Nhat Hanh auch von *awareness* – übersetzt das Pali-Wort *sati* (Sanskrit *smrti*), das in der Regel mit «Erinnerung», «Gedächtnis» oder «Wachsamkeit» wiedergegeben wird. Die Übersetzung mit *mindfulness* wurde von dem ehemaligen Kolonialbeamten und späteren Indologen und Religionshistoriker Thomas Rhys Davids 1910 in seiner Übersetzung der *Mahasatipatthana Lehrrede* aus dem Pali systematischer eingeführt.[38] Zu einem Schlüsselbegriff buddhistischer Selbstverständnisse wurde Achtsamkeit erst im späten 20. Jahrhundert.

Thich Nhat Hanh aktualisiert zentrale buddhistische Lehren unter Bezug auf das Achtsamkeitskonzept; so formuliert er die fünf buddhistischen Laiengebote *(pancasila)* als fünf Achtsamkeitsübungen. Der Übergang von Verboten, Geboten oder Richtlinien zu Empfehlungen entspricht dabei dem Anliegen, die buddhistische Ethik positiv zu bestimmen. Das erste Gebot («nicht töten») beispielsweise wird von Thich Nhat Hanh zur Selbstverpflichtung ausgestaltet, Mitgefühl zu lernen und Wege zu finden, um das Leben von Menschen, Tieren, Pflanzen und Mineralien zu schützen. Die Geltung dieser Übungen geht in seiner Auslegung weit über den zwischenmenschlichen Bereich hinaus, so wie auch andere engagierte Buddhisten Tiere und die Umwelt in ihr Engagement einschließen. Die fünfte Regel «keinen Alkohol trinken» wird umfassender als achtsamer Umgang mit Konsumgütern formuliert, was für Thich Nath Hanh selbst eine strikt vegetarische Diät einschließt. Diese Übungen sind für ihn nicht an ein Bekenntnis zum Buddhismus gebunden, sondern können oder sollen auch von Angehörigen anderer Religionen im Rahmen ihrer jeweiligen Tradition vergegenwärtigt werden.[39] Thich Nhat Hanh hat eine ganze

Reihe konkreter neuer Achtsamkeitsübungen bzw. Meditationsformen entwickelt. Achtsamkeit kann etwa beim Essen, Gehen, Sitzen, in Umarmungen und Erdberührungen praktiziert werden. Er spricht dann zum Beispiel von Gehmeditationen. Umarmungsmeditationen waren etwas besonders Neues, da sie die Barriere gegen den Körperkontakt mit Mönchen abbauten. Insbesondere Geh- und Sitzmeditationen wurden öffentlich in verschiedenen Städten als eine Art Friedensdemonstration durchgeführt, dienten aber auch als Bewältigungsstrategien im Umgang mit Leid, das im Krieg oder auf der Flucht erlitten wurde.

In *The Miracle of Mindfulness* kommt der Bezug zum Buddhismus nur an wenigen Stellen explizit zum Ausdruck. In anderen Schriften wie *The Heart of the Buddha's Teaching* (1998) legt Thich Nhat Hanh Achtsamkeit dagegen im buddhistischen Kontext des Edlen Achtfachen Pfades dar und arbeitet mehr mit buddhistischen Quellen. Er hat sich in mehreren Werken auch mit der Biographie und der Person des Buddha auseinandergesetzt, wobei ihm daran gelegen war, den übernatürlichen Nimbus des Buddha auszublenden: «Wenn wir den Buddha nicht als menschliches Wesen sehen können, ist es schwierig, uns ihm nahe zu fühlen und ihn zu verstehen.»[40]

Die ansatzweise in *The Miracle of Mindfulness* zu beobachtende Verselbstständigung von Achtsamkeit wurde vor allem von dem jüdisch-amerikanischen Mediziner Jon Kabat-Zinn programmatisch vorangetrieben. Kabat-Zinn hatte seit seiner Studienzeit meditiert und sich mit dem Buddhismus beschäftigt und war zeitweise unter dem koreanischen Zen-Meister Seung Sahn Haengwon Direktor eines Zen-Zentrums in Cambridge bei Boston. Ab Ende der 1970er Jahre überführte er Achtsamkeit von einem buddhistischen in einen medizinischen Kontext, indem er an einer von ihm gegründeten Klinik in Boston eine Therapieform entwickelte, die er erst Stress Reduction and Relexation Program (SR&RP) nannte, ehe sich der Name Mindfulness-Based Stress Reduction (MBSR; deutsch Achtsamkeitsbasierte Stressreduktion) durchsetzte. Diese wird nicht als religiöse Zeremonie, sondern als medizinische Therapie klassifiziert, und es wird Wert auf einen wissenschaftlichen Wirksamkeitsnachweis gelegt, der freilich von der Interpretation der einzelnen Befunde abhängt. *Mindfulness* ist unterdessen über den buddhistischen oder medizinischen Kontext hinaus nicht nur in den USA weit verbreitet. Achtsamkeitsprogramme werden in weiten Teilen der Welt in Firmen, Schulen, Gefängnissen, Krankenhäusern oder Sportvereinen angeboten.

Kabat-Zinn, der *The Miracle of Mindfullness* als eine von mehreren Inspirationsquellen nennt, hat sich bemüht, ein amerikanisches Vokabular zu entwickeln, um die Annahme bzw. Anerkennung der Therapie nicht durch allzu offensichtliche buddhistische Bezüge zu unterminieren. Er hat die buddhistischen Wurzeln von MBSR allerdings in seinen Publikationen durchaus anerkannt. So bezeichnet er MBSR als eines von zahlreichen geschickten Hilfsmitteln *(upaya)*, um den *dharma*, den er als eine Art universelles Weltgesetz zu verstehen scheint, in der Mehrheitsbevölkerung ankommen zu lassen. Kabat-Zinn spricht davon, Brücken zwischen den Epistemologien der Wissenschaft und des *dharma* bauen zu wollen.[41] Dementsprechend lässt sich beobachten, wie in Achtsamkeitsdiskursen ostentativ-säkulare mit tiefenbuddhistischen Sprachspielen abwechseln. In Achtsamkeitskreisen sprechen manche von «Tarnkappenbuddhismus» oder einem «trojanischen Pferd», da die empfohlene Praxis auf Dauer automatisch zur Erleuchtung führen werde. Achtsamkeitspraktiken können Menschen wohl in der Tat empfänglich für den Buddhismus machen, selbst wenn Achtsamkeit nicht als buddhistisches Projekt lanciert wird.[42] Kabat-Zinns erstmals 1990 veröffentlichtes und dann mehrfach nachgedrucktes Buch *Full Catastrophe Living: using the wisdom of your body and mind to face stress, pain, and illness* (deutsch in mehreren Ausgaben unter verschiedenen Titeln, zuerst 1990 als *Gesund und stressfrei durch Meditation: das große Buch der Selbstheilung*) erschien mit einem kurzen Vorwort von Thich Nhat Hanh, wodurch das im Übrigen nicht mit religiösen Bezügen aufwartende Buch eine religiöse Autorisierung erfährt. Thich Nath Hanh schreibt: «Wenn der Dharma sich für unser tägliches Leben als nützlich erweist, wenn er uns hilft, das Leben zu meistern, dann ist er echter Dharma. Dieses Buch ist daher eine wirkliche Lebenshilfe.»

Achtsamkeit scheint einer individualistischen Praxis der Lebensoptimierung und Glücksförderung unter Absehen struktureller gesellschaftlicher Rahmenbedingungen Vorschub zu leisten. Für Thich Nhat Hanh ist Gesellschaft in der Tat «lediglich eine Manifestation unseres kollektiven Bewusstseins», sodass die Transformation des eigenen Bewusstseins – durch Achtsamkeit – zum eigentlichen Ort der Transformation der Gesellschaft wird.[43]

«Intersein»

Der von Thich Nhat Hanh geschaffene programmatische Begriff «Intersein» ist eine zentrale Achse seines Denkens und für ihn das Herz der buddhistischen Lehren. Hier handelt es sich um die aus Lehrtraditionen verschiedener buddhistischer Schulrichtungen gespeiste These von der fundamentalen Verwobenheit und unaufhebbaren gegenseitigen Abhängigkeit aller Existenzen: Nichts hat demnach eine eigenständige, von allen Anderen losgelöste Existenz. Dass Dinge und Lebewesen keine unabhängige Existenz haben, bedeutet nicht, dass sie weniger real wären, denn Sein ist immer In-Beziehung-Sein – ein Ansatz, der sowohl soziale wie auch ökologische Folgen hat. «Intersein» verwendet Thich Nath Hanh als Synonym für Begriffe wie Nicht-Selbst (Sanskrit *anatman*), Leerheit *(shunyata)*, Samsara (der Kreislauf von Werden und Vergehen) oder Nirvana.[44] Die positive Wortprägung «Intersein» umfasst auf sozialer und ethischer Ebene die Überwindung dualistischer Denkmuster und Freund-Feind-Schemata und ist daher eine Form der Friedensermöglichung. Intersein bietet somit eine lebensbejahende, positive Perspektive. Es verteilt Verantwortung im sozialen Raum, ohne diese dadurch unsichtbar zu machen. Die Einsicht in die fundamentale Verwobenheit alles Seienden verheißt weiterhin eine tröstliche Negierung des Todes, da alles Getötete in anderen Dingen oder Wesen weiterlebt: «Es gibt keine Geburt und keinen Tod. Es gibt nur eine Fortführung, ein Fortwähren.»[45] Den Tod seiner Mutter, schreibt er rückblickend, habe er verarbeiten können, da er sich davon zu überzeugen wusste, «dass meine Mutter stets in mir lebendig ist».[46] Intersein ist die befreiende Einsicht in «Nicht-Geburt», «Nicht-Tod» oder «Todlosigkeit».[47] Das Intersein des Menschen bezieht auch das Verhältnis zu den Vorfahren mit ein – oben wurde bereits auf Thich Nhat Hanhs Praxis der Ahnenverehrung hingewiesen. Ähnlich wie Achtsamkeit setzt Intersein ein begriffliches Gravitationsfeld frei, das den Buddhismus neu denkt.[48] Da beide Konzepte ohne die Annahme einer übernatürlichen Wirklichkeit funktionieren, sind sie für wissenschaftliche oder ökologische Diskurse anschlussfähig.

Diese Wendung zu einem «positiven Buddhismus» spiegelt sich auch in Thich Nath Hanhs Haltung zur ersten der Vier Edlen Wahrheiten, der «Wahrheit über das Leiden». Thich Nhat Hanh weigert sich, diese Wahrheit auf alles Existieren auszudehnen: Der Fokus auf die unbestreitbare Existenz des Leidens darf demnach nicht Freude oder Wohlbefinden negieren oder herabspielen, die ebenso real empfind- und erlebbar sind. Die Vergegenwärtigung des Interseins soll über die Bewusstwerdung der eigenen Nichtigkeit und Vergänglichkeit hinaus den Weg zu einem erfüllten, glücklichen Leben weisen. Diese positive Ausrichtung wurde als «breath and smile Buddhismus» oder «Happy Together Buddhismus» karikiert.[49] Das mag auf Formen seiner Popularisierung und Aneignung zutreffen, übersieht aber Thich Nath Hanhs persönliche Erfahrungen mit menschlichem Leid und nimmt den Gelehrten, der viele buddhistische Texte übersetzt hat, als originellen buddhistischen Denker und Exegeten traditioneller Begrifflichkeit nicht ernst.

Globaler Aktionsradius und Heimkehr

Der Intersein Orden, der ab 1982 ein neues Kloster, Meditations- und Retreatzentrum in der Nähe von Bordeaux betrieb (Village des Pruniers oder Plum Village), war 1998 auf etwa 500 Mitglieder angewachsen.[50] Plum Village hat inzwischen Ableger in den USA, Australien, Hongkong, Thailand, Frankreich und Deutschland, das European Institute of Applied Buddhism in Waldbröl, etwa 70 Kilometer östlich von Köln.[51] Außerdem wurden in vielen Ländern weniger formell institutionalisierte Gemeinschaften gegründet. Der Aufbau dieser Ableger hängt auch mit Thich Nhat Hanhs Reisetätigkeit zusammen, die ihn seit 1983 fast jährlich in die USA führte, wo er Reden hielt und Retreats leitete. Eine besondere Zielgruppe waren Veteranen aus dem Vietnamkrieg. Durch einen Auftritt bei Oprah Winfrey im Jahre 2010 wurde er in den USA einem Massenpublikum bekannt. Über Europa und Nordamerika hinaus hat Thich Nhat Hanh auch in Israel, Indien, China, Taiwan, Korea und Japan Retreasts bzw. Lehrunterweisungen gehalten.

Das Prinzip, die eigenen Ansichten nicht zu verabsolutieren – auch die buddhistischen nicht – und sich dialogisch auf Andere einzulassen, machte Thich Nhat Hanh offen für andere Religionen. Seit seiner Jugend in Vietnam setzte er sich mit dem Christentum auseinander und beschäftigte sich – wie der Dalai Lama – aus einer buddhistischen Perspektive mit Jesus Christus, zum Beispiel in den Büchern *Living Buddha, Living Christ* (1996, deutsch ebenfalls 1996) und *Going Home: Jesus and Buddha as Brothers* (1999, deutsch 1999 unter dem Titel *Dialog der Liebe*). Er zeigt hier Parallelen, gegenseitige Ergänzungen und Unterschiede[52] und nimmt das Christentum als eigenständigen Heilsweg ernst. 2015 wurde ihm als erstem Nicht-Christen die seit 1964 in den USA vergebene katholische «Frieden-auf-Erden-Auszeichnung» zuteil. Frühere Preisträger waren unter anderem Martin Luther King (1965) und Mutter Teresa (1976). Neben dem Dalai Lama hat sich Thich Nhat Hanh international als ein Sprachrohr der Gewaltlosigkeit in der Nachfolge Gandhis hervorgetan. Wie bei Gandhi spielte auch für Thich Nhat Hanh der Begriff der Liebe zunehmend eine zentrale Rolle.[53]

Nach fast vierzig Jahren im Exil erhielt Thich Nhat Hanh 2004 eine Einladung der vietnamesischen Regierung und konnte nach zähen Verhandlungen 2005 zusammen mit einer Entourage aus über hundert Nonnen, Mönchen und Laien sein Heimatland bereisen. Sie besuchten religiöse und historische Stätten und veranstalteten öffentliche Zeremonien in Tempeln, Gehmeditationen in der Innenstadt oder Retreats. Thich Nhat Hanh hielt öffentliche Ansprachen und traf mit dem Premierminister und anderen Regierungsvertretern zusammen. Er ordinierte Nonnen und Mönche, und viele seiner Bücher durften nun wieder in Vietnam verkauft werden. Im Jahre 2007 konnte er mit seinem Gefolge erneut Vietnam besuchen. Bei dieser Reise zelebrierten die Mönche feierliche Zeremonien für die Kriegsopfer. Diese Heimatbesuche stießen allerdings vielfach auf Kritik, etwa bei einer seit Jahrzehnten verbotenen buddhistischen Organisation, deren Vertreter Hanh vorhielten, durch seinen Besuch die Position der vietnamesischen Regierung gestärkt und das Ausmaß der Religionsunterdrückung verschleiert zu haben.

2014 erlitt Thich Nhat Hanh einen Schlaganfall, der ihm das Sprechvermögen raubte. Im November 2018 kehrte der Zweiundneunzigjährige nach Vietnam zurück, wo er in einem Tempel die ihm noch verbleibende Lebenszeit verbringen möchte.

Schwester Chan Khong, Schülerin und rechte Hand

Es gehört zu den Eigenheiten biographischen Erzählens, sich auf eine einzige Hauptfigur zu konzentrieren und wichtige andere Bezugspersonen unterzubelichten. Der Schluss dieses letzten Kapitels soll dieser Tendenz exemplarisch gegensteuern und sich mit Schwester Chan Khong einer Person zuwenden, ohne die Thich Nhat Hanh zweifellos weniger erreicht hätte.

Cao Ngoc Phuong wurde 1938 als achtes von neun Kindern einer buddhistischen Mittelklassefamilie auf dem Lande geboren, die sich auf verschiedene Weise karitativ engagierte. In ihrer Kindheit bekam sie keinen buddhistischen Lehrer oder Mönch zu Gesicht, da die meisten im Gefängnis waren. In Vietnam war sie eines der ersten Mädchen, denen eine höhere Schulbildung zuteil wurde. 1958, kurz bevor sie ihr naturwissenschaftliches Studium in Saigon begann, nahm sie die fünf Hauptgebote der Laienbuddhisten an. Ihr damaliger buddhistischer Lehrer habe die traditionelle Meinung vertreten, soziales Engagement werde sie nie zur Erleuchtung führen. Auch sei es damals herrschende Ansicht gewesen, dass Frauen nicht die Erleuchtung erreichen können.[54] 1961 kam Cao Ngoc Phuong erstmals mit Thich Nhat Hanh in Berührung, den sie immer als Thay, «Meister», bezeichnet. Während ihrer Schul- und Studienzeit war sie auf vielfältige Weise sozial und karitativ aktiv.

Am 11. Juni 1963 kam sie im entscheidenden Moment mit einem Motorrad vorbei, als Thich Quanc Duc seelenruhig im Flammenmeer saß. In ihrer Autobiographie beschreibt sie dies als einen wichtigen Moment der Inspiration und der guten Vorsätze für ihr weiteres Leben: «Als ich mir Thich Quanc Ducs Opfer genauer anschaute, sah ich, dass seine Liebe und seine tiefe Hingabe an die Menschenrechte sich in mir und Tausenden Vietnamesen auf der ganzen Welt wiederverkörperte.»[55] Sie beschreibt auch den versuchten Akt einer öffentlichen Selbstverstümmelung einer achtzehnjährigen Buddhistin, die sich auf den Stufen eines Tempels mit einer riesigen Axt vergeblich die Hand abzuhacken versuchte, um diese Präsident Diem als Opfergabe darzubringen.

Nach dem Abschluss ihrer Studien in Saigon ging Cao Ngoc

Phuong nach Paris, wo sie in Meeresbiologie promovierte. Ein ihr angebotenes Stipendium habe sie abgelehnt, um mit «Thay» die Schule für soziale Dienste (SYSS) aufzubauen. Ihr Meister vertraute ihr weitere Aufträge an, etwa den Aufbau eines Modelldorfes. Sie wurde zunehmend zu seiner Adjutantin, die sich um die praktische Durchführung seiner Ideen und Vorhaben kümmerte. Im Zuge ihrer Arbeit habe sie einsehen müssen, dass sie nie würde heiraten können, weil die damit einhergehenden familiären Verpflichtungen sie vom vollen Einsatz für die ihr anvertrauten Menschen abhalten würden; sie sah sich nicht dazu berufen, eine Person glücklich zu machen, sondern Tausende.[56] Inwieweit dies zutrifft oder spätere autobiographische Stilisierung ist, entzieht sich ebenso einer neutralen Überprüfung wie ihre Aussage, sie habe schon mit zwanzig Jahren gewusst, dass sie eines Tages Nonne werde. Abwegig ist es aber nicht, da Vietnam eines der wenigen Länder mit einer etablierten buddhistischen Nonnentradition ist. Thich Nhat Hanh habe sie jedenfalls nicht dazu ermutigt, Nonne zu werden, da die monastischen Regeln erneuerungsbedürftig seien.

Stattdessen gehörte sie 1966 zu den ersten sechs Mitgliedern des Intersein-Ordens.[57] Darunter war auch eine junge Frau, die sich später selbst verbrannte, wobei sie eine Statue der Jungfrau Maria und des Erleuchtungswesens Avalokiteshvara vor sich aufbaute. In ihren Stellungnahmen hatte sie Katholiken und Buddhisten zur Zusammenarbeit aufgefordert. Dieser Akt habe tatsächlich Annäherungen zwischen beiden Bevölkerungsgruppen gefördert. Kurz vor ihrem Tod soll sie ein Gedicht Thich Nhat Hanhs gelesen haben – und auch Schwester Chan Khong bringt mehrfach die inspirierenden und tröstenden Wirkungen seiner Gedichte zum Ausdruck.[58]

Schwester Chan Khong konnte noch zwei Jahre länger in Vietnam bleiben als Thich Nhat Hanh. 1968 folgte sie ihrem Meister ins Exil und war fortan als seine rechte Hand tätig, entwickelte aber auch eigene Initiativen. Phasenweise reiste sie durch viele Länder, um für die Unterstützung ihrer karitativen Projekte zu werben, während Thich Nhat Hanh in Frankreich blieb. In ihrer Autobiographie, die 1993 unter dem Titel *Learning True Love: Practicing Buddhism in a Time of War* erschien (deutsch 1995 als *Aus Liebe zu allen Wesen*), lässt sie keinen Zweifel daran aufkommen, dass Thich Nhat Hanh ihr religiöser Wegweiser ist. Sie begleitete ihn auf fast all seinen Retreat-Reisen und

Von der Meeresbiologie zur «Großen Leere»: Chan Khong, 2018

begann 1987, eigene religiöse Vorträge zu halten. 1988 wurde die nun Fünfzigjährige auf einer Indien-Reise von ihrem Meister zur Nonne ordiniert und erhielt den Namen Chan Khong, was «große Leere» im Sinne einer «Leere des eigenen Selbst» bedeutet.[59]

Thich Nhat Hanh schrieb ein Vorwort zu ihrer Autobiographie. Darin preist er sie als Erleuchtungswesen und bekundet, wie viel er stets von seiner Schülerin gelernt habe. An einer Stelle des Buches gibt sie diesen Einblick in Thich Nhat Hanhs Bedeutung: «Der größte Teil der Arbeit [für die Menschenrechte] verdankt sich dem weisen Rat von Thich Nhat Hanh. Er lächelt, bietet Tee an, und es sieht so aus, als mache er gar nichts, aber ohne ihn – da bin ich mir sicher – hätten wir nie irgendeinen Fortschritt mit diesen schwierigen Projekten gemacht.» Thich Nhat Hanh habe sie gelehrt, dass jede Lehre aus der eigenen Erfahrung hervorgehen müsse. Es sei nicht genug, die Worte des Buddha oder einer anderen Autorität zu wiederholen.[60] Lebenserfahrung wird hier die ultimative religiöse Autorisierung.

Zum Schluss

Religion ist auch nicht mehr, was sie einmal war

Am Ende des 19. Jahrhunderts wurde für den Erdball ein Kartenbild erstellt, das weiße Flecken nur noch in den polaren Randgebieten zeigte. Die Vermessung der Welt ist im 20. Jahrhundert in alle Richtungen vorangeschritten, unter die Wassermassen der Ozeane ebenso wie ins menschliche Innere und in die schier unermesslichen Weiten des Weltalls, vor dessen Größe die Erde und die Menschheit wie unbedeutende Farbtupfer erscheinen. In der Entdeckung des menschlichen Unbewussten und der galaktischen Weiten mobilisierten Forscher Erlösungsvorstellungen: Das Unbewusste erweist sich als heilender religiöser Erfahrungsraum (s. Kap. 17), und irgendwo in den Tiefen des Weltraums leben möglicherweise übermächtige kosmische Intelligenzen, die ihre befreiende Aufmerksamkeit der Menschheit zuwenden (s. Kap. 34).

Das Ende der Nostalgie

Nicht nur die Welt, das Universum und das menschliche Seelenleben wurden im 20. Jahrhundert ergründet, sondern auch die Menschheit wurde Gegenstand wissenschaftlicher Erforschung, an der sich unterschiedliche akademische Disziplinen beteiligten, von der Geschichtswissenschaft über Sprachwissenschaften und Völkerkunde bis hin zu Psychologie und Soziologie. In Verbindung mit vielen dieser Disziplinen machte sich die entstehende Religionswissenschaft seit dem Ende des 19. Jahrhunderts an die flächendeckende Vermessung der Religionen der Menschheit in Vergangenheit und Gegenwart. Die Annahme, dass alle Völker, Kulturen und Zivilisationen – zumindest ab einem gewissen Entwicklungsstand – Religion haben, war dabei weit verbreitet. Religion zu haben und auszuüben, wurde schließlich zu einem individuellen Menschenrecht. Das Recht, Religion eben nicht haben zu müssen, setzte sich erst später durch, und immer noch sehen sich bekennende Atheisten in vielen Ländern Benachteiligungen und Gefahren ausgesetzt (s. Kap. 42).

Die praktische Durchsetzung eines universal ausgerichteten Religionsbegriffs lässt sich exemplarisch am Projekt des Weltparlaments der Religionen beobachten, das am 11. September 1893 in Chicago zusammentrat. Gleich zu Beginn von Barrows' Geschichte des Weltparlaments liest man: «Wie das weiße Licht des Himmels wurde Religion durch die Prismen der Menschen in vielfarbige Fragmente gebrochen. Eines der Ziele des Weltparlaments bestand darin, diese vielfarbige Strahlkraft wieder in das weiße Licht der himmlischen Wahrheit zurückzuverwandeln.»[1] Dieses Ziel, die Wiederauflösung der bunten Vielfalt der Heilslehren in das farblose Licht der christlichen Botschaft, hat das Weltparlament verfehlt; es blieb ein nostalgischer Traum. Genau das Gegenteil ist eingetroffen: Die Vielfarbigkeit von Religion wurde, etwa durch die schillernden Gewänder und provozierenden Worte eines Vivekananda (s. Kap. 3), eindrücklich vor Augen geführt und von weiten Teilen des neugierigen Publikums goutiert. Das Programm, die Vertreter der von den Veranstaltern anerkannten Religionen zusammenzubringen, führte eben nicht zur Reintegration der postulierten *einen* Wahrheit. Das auf der Oberfläche freundlich-kultivierte Gespräch brachte Tiefendissens ans Tageslicht. Statt der einen Wahrheit kamen unterschiedliche Wahrheitsansprüche und Wahrheitsformate zur Sprache. Dass sich alle als Vertreter von Religion verstanden, bedeutete eben nicht, dass alle auch das Gleiche wollten. Diese Inkongruenz von Religion hat sich im Laufe des 20. Jahrhunderts eher noch verstärkt, sie ist vielerorts jedenfalls sichtbarer geworden.

Charisma und Medien

In diesem Buch wurde der Versuch unternommen, ein Religionspanorama des 20. Jahrhunderts anhand biographischer Einzelporträts zu entwerfen. Unter globalgeschichtlichen Vorzeichen war dabei die Maßgabe, Personen vorzustellen, deren Leben, Wirken oder Wahrnehmung eine transnationale Dimension aufweisen. Das Spektrum reichte von religiösen Superstars wie dem Dalai Lama, Johannes Paul II. und Mutter Teresa bis zu weniger bekannten Figuren wie etwa der indischen Heiligen (oder Göttin) Anandamayi Ma, die mit ihren Schülern und Schülerinnen durch den Subkontinent streifte und dabei auch auf eine deutsche Schriftstellerin eine lebensverändernde Faszination ausübte (s. Kap. 21). Eine weitere Strategie bestand darin, nicht nur Religionsprofis aufzunehmen, sondern auch Personen, in deren Wirken sich religiöse Themen, Botschaften, Begriffe oder Interessen erkennen lassen. Adolf Hitler etwa hatte primär eine politische Agenda, aber seine ungeheure Wirkung wurde auch mit seinem religiösen Hintergrund erklärt und unter Heranziehen eines religiösen Vokabulars beschrieben – so schon von zeitgenössischen Bewunderern und Kritikern. Hitlers Sprache war von religiösen Begriffen und Metaphern durchzogen. Das war nicht bloße Ausschmückung, sondern verweist auf die kompromisslos-unbedingte Handlungsmacht und Führerschaft, die er für sich beanspruchte (s. Kap. 18). Auch Bob Marley wurde nicht in erster Linie als religiöser Heilsbringer wahrgenommen, aber er war das Aushängeschild einer neuen Religion, des Rastafarianismus, und in seinen Liedtexten erscheint Musik als religiöses Befreiungsgeschehen (s. Kap. 33). Erfolgreiche Hollywood-Filme wie Stanley Kubricks *2001: A Space Odyssey* und Steven Spielbergs *Close Encounters of the Third Kind* spielen mit Erlösungsphantasien, die sich in religiösen Mustern beschreiben lassen (s. Kap. 34), und der Bestsellerautor Paulo Coelho vermittelt seinen Lesern religiöse Sinnmuster, die offenbar global anschlussfähig sind (s. Kap. 45).

Bei der Beschreibung vieler der in diesem Buch vorgestellten Heilsbringer spielt der Begriff des Charismas eine Rolle. Ein Charismatiker ist einem gängigen Verständnis zufolge jemand, dem es gelingt, frenetische Begeisterung hervorzurufen und sein Publikum oder seine Zuhörer durch seine Präsenz und seine Rede mitzureißen. Von ihren Anhängern werden Charismatikern außergewöhnliche, im Extremfall gar übermenschliche Eigenschaften zugeschrieben, beispielsweise die Gabe zu heilen, unverwundbar zu sein oder in die Zukunft zu schauen. Charisma zu haben ist keine natürliche, angeborene Eigenschaft von Personen – anders als die frühchristliche Genealogie des Begriffes vermuten lassen könnte, handelt es sich nicht um göttliche Gnadengaben, sondern um Zuschreibungen als Resultate sozialer Prozesse. Entscheidend ist dafür die Fähigkeit, enge und vertrauensvolle soziale Beziehungen zu ihren Unterstützern aufzubauen, die sich bei vielen der hier vorgestellten Personen beobachten lässt. Diese Beziehungsresonanz kann weit über das soziale Umfeld hinausgehen. Im Falle des Gurus Sathya Sai Baba wähnten sich sogar Menschen, die ihm nur sporadisch begegnet sind, in einer lebensentscheidenden Beziehung zu ihm (s. Kap. 31). Der Aufstieg Hitlers wäre ohne seine Mitstreiter nicht möglich gewesen; wir haben gesehen, wie er eine enge Beziehung zu seinem Volk suggerierte. Aus seiner Begabung als Redner wurde sein Charisma systematisch aufgebaut. Ästhetik, Choreographie und Inszenierung sind entscheidende Kriterien; viele Charismatiker sind Medienprofis, nicht nur Hitler, der einen eigenen Fotografen hatte und von Leni Riefenstahl filmisch verherrlicht wurde, sondern beispielsweise auch Billy Graham und Johannes Paul II. Unsere Religionsgeschichte ist daher auch Mediengeschichte.

Bei diesem Papst stoßen wir auf eine weitere Facette des Charisma-Begriffs, die der Soziologe Max Weber beschrieben hat. Charisma ist demzufolge eine revolutionäre Form der Autorität oder der Herrschaft, die entweder später von bürokratischen oder legalistischen Verfahren gebändigt wird oder sich aus solchen Umklammerungen befreit. So geschehen bei Johannes Paul II., der das Amt des Papsttums personalisierte und auf eine neue Weise wiederverkörperte.

Events und Skandale

Ohne Medien sind im 20. Jahrhundert Großereignisse nicht denkbar. Mega-Events setzen Personen mit der Aura außeralltäglicher, überdimensionaler Präsenz in Szene. Die Reisen Johannes Pauls II. und die Weltjugendtage, bei denen er als Superstar auftrat, waren Ereignisse dieser Art, aber auch die Prediger Billy Graham (s. Kap. 30), Benny Hinn und Reinhard Bonnke (s. Kap. 43) haben auf ihren Tourneen in vielen Ländern der Welt religiöse Mega-Events inszeniert, die Beatles und Bob Marley mit ihren Konzerten sowieso. Martin Luther King erreichte durch seinen Auftritt beim Marsch auf Washington seinen globalen Durchbruch, der 1964 in der Verleihung des Friedensnobelpreises gipfelte (s. Kap. 27). Diese Zeremonie ist ein internationales Medienereignis, das Mutter Teresa (1979) und dem Dalai Lama

(1989, s. Kap. 38 und 39) auch jenseits der religiös Interessierten globale Bekanntheit bescherte. Auch das Weltparlament der Religionen, das im Rahmen einer Weltausstellung stattfand, war ein Großereignis mit internationaler Ausstrahlung, ebenso wie später die Olympischen Spiele (s. Kap. 9). Derartige Events können bei Teilnehmern intensive, rauschartige Erlebnisse auslösen. Ein eher nationales religiöses Riesenereignis war 1956 im indischen Nagpur der feierliche Übertritt von mehreren Hunderttausend kastenlosen Hindus zum Buddhismus, die mit diesem Schritt Bhimrao Ambedkar nachfolgten (s. Kap. 20).

Auch skandalträchtige Ereignisse haben in diesem Buch eine Rolle gespielt, etwa das Gerichtsverfahren, das sich mit der geistigen Zurechnungsfähigkeit von Mary Baker Eddy beschäftigte (s. Kap. 1), die Exkommunikation und das Ableben von Lew Tolstoi (s. Kap. 5), das Verschwinden und Wiederauftauchen von Aimee Semple McPherson in Los Angeles (s. Kap. 10) oder Gandhis Salzmarsch (s. Kap 11). Gandhi und King waren nicht die einzigen hier vorgestellten Personen, die für ihr Wirken mit ihrem Leben bezahlen mussten: Hasan al-Banna wurde ermordet, ebenso John Lennon und Madalyn Murray O'Hair (letztere wohl aber nicht aus religiösen Gründen), Sayyid Qutb wurde wegen angeblicher Teilnahme an einer Verschwörung hingerichtet (s. Kap. 22). Auf Johannes Paul II. wurde ein Mordanschlag verübt (s. Kap. 37). Die Selbstverbrennung eines buddhistischen Mönches in Saigon war das Bild des Jahres 1963 (s. Kap. 47). Der Massenmord in Jonestown 1978, der tragische Brand in Mount Carmel bei Waco 1993, der Giftgasanschlag in Tokio 1995 und die Flugzeugentführungen und Anschläge al-Qaidas 2001 haben Religion in den letzten Jahrzehnten des 20. Jahrhunderts medienwirksam als Faktor von Gewalt in Erscheinung treten lassen (s. Kap. 40). Osama bin Laden wurde von amerikanischen Spezialeinheiten in Pakistan exekutiert, Asahara Shoku wurde wegen seiner Straftaten zum Tode verurteilt und hingerichtet. Die Skandale um Bhagwan Shree Rajneesh – ein bioterroristischer Anschlag und seine Festnahme auf der Flucht – haben ebenso Schlagzeilen gemacht (s. Kap. 41) wie die Verhaftung Jim Bakkers (s. Kap. 23). Betrugsvorwürfe gegen Religionsunternehmer wie den Pfingstheiler Benny Hinn (s. Kap. 43) oder den Wunderguru Sathya Sai Baba (s. Kap. 31) waren und sind an der Tagesordnung in der Wahrnehmung von Religion. Ob berechtigt oder nicht, unterstellen sie, dass es einen Unterschied zwischen bescheiden-authentischer und ausbeuterisch-verfehlter Religion gebe. Aber auch unter dem Mantel christlicher Caritas, deren modernes Antlitz Mutter Teresa war, wurden kritikwürdige Verhältnisse aufgedeckt (s. Kap. 38).

Grenzüberschreitungen

Wenn man die hier erzählten Einzelschicksale zu einem Fazit verdichtet, dann sehen wir: Was wir normalerweise als Religion bezeichnen, ist voller Ungereimtheiten, Spannungen, Widersprüche und Paradoxien. Religion ist gleichermaßen friedliebend und gewalttätig, rauschhaft und rational, egalitär und hierarchisch, revolutionär und reaktionär, asketisch und konsumorientiert, partikular und universalistisch, aggressiv und demütig, ortsgebunden und rastlos. Religion erzeugt und verfestigt Grenzen und reißt Barrieren nieder, sie grenzt aus und gemeindet ein, sie ist körperorientiert und will körperliche Begrenzungen überwinden, sie schwebt zwischen Augenblick und Ewigkeit, sie verheißt Liebe und Macht, will Frieden und legitimiert Gewalt, sie begründet Moral und lässt Moralvorstellungen hinter sich, sie generiert Männlichkeit und Weiblichkeit und überwindet Geschlechterkonstellationen, sie ist menschengemacht und will das Allzu-Menschliche hinter sich lassen.

Wir sind es gewohnt, Phänomene von ihren Grenzen her zu denken. Wo beginnt und wo endet also Religion? Die Vorstellung von einem einigermaßen stabilen Gegenstandsbereich von Religion ist eine Chimäre. Als Beschreibungs-, Deutungs- und Zuschreibungskategorie führt Religion ein global verschlungenes, durch vielschichtige Interessenlagen genährtes Eigenleben. Ein modern-christlich geprägtes Verständnis von Religion, bei dem Religion individuellen Glauben voraussetzt, auf jenseitige Erlösung abzielt, Privatsache ist und vornehmlich an klar erkennbaren religiösen Stätten ausgeübt wird, wurde im 20. Jahrhundert sowohl im Westen wie im Osten von vielen der hier porträtierten Heilsbringer und Religionsmacher herausgefordert. Die Überschreitung der Grenzen eines herkömmlichen Religionsverständnisses können als ein roter Faden durch beinahe alle Kapitel verfolgt werden. Hier folgen nur einige Schlaglichter.

Für Mary Baker Eddy war Religion gleichbedeutend mit Medizin und Wissenschaft (s. Kap. 1). Die Auseinandersetzung mit dem Thema Wissenschaft war ein Leitmotiv, das sich durch viele Kapitel zieht. Wiederholt wurde dabei die Vereinbarkeit von Religion und Wissenschaft behauptet. Bei Quanah Parker war die Ausübung von Religion mit dem rituellen Konsum einer Kakteenart verbunden, die von Gegnern als gesundheitsgefährlich bekämpft wurde und deren legitimer religiöser Gebrauch rechtlich an ethnische Zugehörigkeit gebunden bleibt (s. Kap. 2). Lew Tolstoi, dessen religiöse Schriften weitgehend der Zensur zum Opfer fielen und der von der russisch-orthodoxen Kirche exkommuniziert wurde, entwarf das Projekt einer ethisch-praktisch ausgerichteten Menschheitsreligion (s. Kap. 5), so wie ähnlich auch Annie Besant, die sich zunächst vom Christentum abgewandt hatte, sich später aber in den Dienst eines neuen Weltlehrers stellte: Krishnamurti, der dann jedoch die eigens für ihn erfundene Organisation aus den Angeln hob (s. Kap. 6). Bei Rudolf Steiner begegnen wir dem umgekehrten Prozess: Seine Geisteswissenschaft wollte mehr sein als Religion, als Nebenprodukt aber entstand eine neue Kirche (s. Kap. 7).

Die von William Seymour in Los Angeles geleitete Gemeinde überschritt durch ekstatische Praktiken ebenso wie durch die ethnisch gemischte Teilnehmerschar den Bereich dessen, was als anständige Religion galt – und Aimee McPherson scherte sich wenig um die Grenzen zwischen Gemeinde und Medienspektakel (s. Kap. 10). Mit Mahatma Gandhi begegnete uns ein besonders radikaler Grenzensprenger, der im Namen einer höheren Wahrheit, in deren Dienst er sein privatöffentliches Leben als Experiment stellte, eine den Einzelreligionen übergeordnete, gleichermaßen humane wie göttliche Religion stipulierte (s. Kap. 11). Bei Veer Savarkar wird der Hinduismus zu einer politischen Größe, und die Hindus müssen sich auf quasimilitärische Art und Weise um Indien als ihr heiliges Land bemühen, in dem Christen und Muslime Fremdkörper darstellen (s. Kap. 13).

Aleister Crowley, der sich in seiner Jugend vom Christentum abwandte, machte mit der Magie oder «Magick» einen traditionellen Gegenpol zum Gegenstand einer Offenbarungsreligion, die ein neues Zeitalter einläuten sollte und in der der eigene Wille Gesetzescharakter annahm (s. Kap. 14). Mit dem schon von Swami Vivekananda (s. Kap. 3) attraktiv präsentierten Yoga sind wir einem schillernden Begriff begegnet, dessen Bedeutung zwischen Gymnastik, Körperkulturen, Wellness und Erlösungstechnik changiert, mitunter bei demselben Autor wie B. K. S. Iyengar (s. Kap. 15). Carl Gustav Jung, der sich durch Mobilisierung religiöser Sinnwelten aus schweren persönlichen Krisen herausarbeitete, glaubte an der Schwelle eines neuen Zeitalters zu stehen, bei dessen Eintreffen neue Formen der Selbst-Werdung traditionelle Religionen wie das ererbte Christentum seines Vaters ersetzen würden (s. Kap. 17).

Hasan al-Banna und Sayyid Qutb machten aus dem Konstrukt «Islam» eine Größe, die sich nicht auf einen Religionsbegriff zurechtstutzen lassen wollte, der Religion als eine Sinnprovinz oder einen Sozialbereich domestizierte: Islam ist nicht bloß Religion im Sinne individueller Frömmigkeit, sondern Politik, Gesellschaft, Wirtschaft und Kultur in einem: Islam ist bei ihnen ein expansives Ordnungskonzept, das für alle Sphären des Lebens Geltung beansprucht (s. Kap. 22). In Chomeinis Islamischer Republik wurde der Islam mit dem Staat gleichgesetzt, wobei Chomeini als Staatsoberhaupt zugleich Gelehrter und mystischer Dichter war (s. Kap. 36).

Im Nachkriegswohlstand der USA akzentuierte Norman Vincent Peale Religion in eine andere Richtung: Sein angewandtes Christentum sollte eine effiziente Methode sein, um alle Hindernisse zu einem erfolgreichen und glücklichen Leben aus dem Weg zu räumen und die menschlichen Potenziale freizusetzen (s. Kap. 23). Für C. S. Lewis führte der Weg zur Religion über den Mythos – von Entmythologisierern als Ballast von Religion abgefertigt –, und die Fantasy schuf eine imaginative Zweitwelt, die religiöse Wahrheiten zur Sprache bringen konnte. Tolkiens *Der Herr der Ringe* erlangte dabei später selbst spielerisch den Rang einer heiligen Schrift (s. Kap. 24).

Wenige Kreationen sind weltweit auf so starken Wiederstand gestoßen wie die von L. Ron Hubbard geschaffene Scientology Kirche, der vor allem aufgrund der ökonomischen Gemengelagen und krimineller Machenschaften vielerorts die Anerkennung als Religion verwehrt wurde; seit der Einigung der Kirche mit der amerikanischen Steuerbehörde setzen sich die USA außenpolitisch im Namen der Religionsfreiheit für sie ein (s. Kap. 25). Zwar bekennt sich die Volksrepublik China zur Religionsfreiheit, die Religionsgemeinschaften waren aber unter Mao Zedong phasenweise massiver Drangsalierung und Zerstörung ausgesetzt. Mao ging davon aus, dass die Religion auf

Dauer ohnehin mit allem «Alten» verschwinden würde. Zugleich wurde er selbst als Verkörperung der befreienden Transformation der Gesellschaft beschworen – und damit zu einer Art Gesellschaftsgott, der inzwischen wie ein normaler Gott in Tempeln verehrt wird (s. Kap. 26).

Mao Zedong ist ein Beispiel für die in verschiedenen Kapiteln beobachtete Tendenz, Religion nicht auf jenseitige Heilsziele, metaphysische Spekulationen oder übernatürliche Wirklichkeiten zu verengen. Die Heilsversprechen und -methoden der hier vorgestellten Heilsbringer und Religionsmacher (s. S. 31) beziehen sich auf ein breites Spektrum individueller und kollektiver Güter: Erfolg und Wellness, Gesundheit und Tugendhaftigkeit, Gerechtigkeit und Wohlstand, Glück und Weisheit, Freiheit und Geborgenheit, Schutz und Emanzipation, Selbstwerdung und Selbsttransformation, Liebe und Wahrheit, Heil und Erlösung. Mehrere der hier porträtierten Religionsmacher – angefangen mit Mary Baker Eddy und Lew Tolstoi – begehrten gegen ein Weltverständnis auf, das die Wirklichkeit in eine übernatürliche und eine natürliche Sphäre auseinanderreißt. Auch hier nur einige wenige Beispiele: Pierre de Coubertin entwickelte mit den Olympischen Spielen ein neues Ideal der Selbstoptimierung, das er als religiös deklarierte, und spielte mit dem Gedanken einer weltlich-menschlichen überkonfessionellen Religion (s. Kap. 9). Mordechai Kaplan setzte sich für ein Verständnis des Judentums als «Zivilisation» ein; gemeint war, Religion nicht mehr als göttliches Offenbarungsgeschehen zu verstehen, dem die Menschen zu dienen hätten, sondern als historisch wandelbares Phänomen, das den Menschen zu dienen habe. Als er Änderungen in der jüdischen Liturgie einführte, wurde er von orthodoxen Autoritäten als Häretiker gebrandmarkt (s. Kap. 19). Ein ähnliches sozialwissenschaftlich grundiertes Religionskonzept propagierte Bhimrao Ambedkar. Für ihn versprach Religion das Projekt der Befreiung der Unterdrückten (Dalits) – früher als Unberührbare stigmatisiert – zu sozialer Wertigkeit und individueller Gestaltungskraft. (s. Kap. 20). Mit Achtsamkeit und Intersein brachte Thich Nhat Hanh neue Begriffe in Umlauf, die ganz ohne übernatürliche Bezüge eine ökologische Agenda artikulieren (s. Kap. 47). Auch der Dalai Lama hat buddhistische Begrifflichkeit in eine auch für religiös Ungebildete verständliche Sprache übersetzt, sich für eine säkulare Ethik ausgesprochen und seinen traditionellen Status als eine Art monarchische Heiligkeit den Spielregeln der Demokratie unterworfen

(s. Kap. 39). Die Ablehnung einer supernaturalistischen Metaphysik war auch für weite Teile des Atheismus tragend – man denke an Mao, Carl Sagan und Madalyn Murray O'Hair (s. Kap. 34 und 42). Von den in diesem Buch vorgestellten Personen beharrte der protestantische Theologe Karl Barth, der phasenweise mit dem Sozialismus sympathisierte, am explizitesten auf einer qualitativen Trennung von Mensch und Gott, die Gott aber durch seine Offenbarung in Jesus Christus überwunden habe, während Paul Tillich Gott in der «Tiefe des Seins» und dem, «was uns unbedingt angeht», fand (s. Kap. 29).

Religion lässt sich daher nicht auf ein bestimmtes Wirklichkeitsverständnis festlegen. Unter Religion kann man vielmehr organisierte Strategien verstehen, das Unkontrollierbare durch Wort und Tat beherrschbar zu machen, das Unberechenbare planbar, das Unverfügbare steuerbar, das Absolute nahbar, das Unerreichbare greifbar. Für diese Versuche haben die historischen Religionen ein reichhaltiges sprachliches und praktisches Repertoire zur Verfügung gestellt, das die hier vorgestellten Heilsbringer und Religionsmacher aufgegriffen und transformiert haben. Das Kreativitätspotenzial des Religionmachens ist im 20. Jahrhundert noch lange nicht ausgeschöpft worden.

Anhang

Dank

With a little help
from my friends

Die Idee zu diesem Buch geht auf ein Telefonat zurück, das ich 2011 mit Ulrich Nolte vom Verlag C.H.Beck führte. Christhard Hoffmann hat das Projekt von Anfang bis Ende mit neugierigem Interesse, Ermutigung und Zuspruch unterstützt. Wieder einmal habe ich mich in ein Buchprojekt begeben, auf das ich mich vernünftigerweise nicht hätte einlassen dürfen und für das ich mich sehr weit aus dem Fenster lehnen musste. Dass ich dabei nicht abgestürzt bin (soweit ich weiß), habe ich Freunden und Kollegen zu verdanken, die sich meiner Textentwürfe kritisch angenommen haben. Mein Dank gebührt dafür in erster Linie Bernd-Christian Otto, Jan Bremmer, Christhard Hoffmann und István Keul, weiterhin Rolf Reber, Göran Larson, Felix Krämer, Jörg Seiler, Paola von Wyss-Giacosa, Arshin Adib-Moqaddham, Christiane Altmann, Karl Baier, Sven Bretfeld, Tony Carroll, Markus Davidsen, Cristiana Facchini, Martin Fuchs, Thomas Benjamin Fuhr, Lucian Hölscher, Knut Jacobsen, Vera Höke, Felix Krämer, Benedikt Kranemann, Thomas Krutak, Heinz-Jürgen Loth, Christian Meyer, Arie Molendijk, Martin Papenheim, Rahul Parson, Marco Pasi, Jens Schlieter, Hubert Seiwert, Katja Triplett, Katharina Waldner, Heinz Wessler, Franz Winter und Helmut Zander.

Bei der ersten Sichtung möglicherweise relevanter Personen wurde ich in Bergen von Daniel Creoles Fitjar unterstützt. Hubert Pfau hat im Sommer 2019 eine erste Endredaktion des Manuskripts besorgt, ehe mein immer noch viel zu lang geratenes Manuskript von Petra Rehder und Ulrich Nolte im Winter 2019/20 auf ein noch erträgliches Maß zurechtgestutzt und stilistisch von vielen Sünden akademischer Prosa befreit wurde.

Die ersten zwanzig Kapitel des Buches konnte ich am Max-Weber-

Kolleg in Erfurt schreiben, dessen Gastfreundschaft als Teil der DFG-Kollegforschergruppe «Religiöse Individualisierung in historischer Perspektive» ich von August 2015 bis Dezember 2016 in vollen Zügen auskosten durfte. Jörg Rüpke möchte ich stellvertretend meinen Dank aussprechen. Das Max-Weber-Kolleg habe ich als ein inspirierendes Refugium in bester Erinnerung. Abschließen konnte ich die Arbeit am Centre for Advanced Study an der Norwegischen Akademie der Wissenschaften in Oslo, wo ich von August 2018 bis Juni 2019 die Gruppe «Demise of Religions» leiten durfte. Für die gewährte Freiheit und Unterstützung gebührt mein Dank Camilla Serck-Hanssen. Meine Heimatinstitution, das Institut für Archäologie, Geschichte, Kultur- und Religionswissenschaft (AHKR) an der Universität Bergen, hat über die Jahre einen großen Teil meiner exzessiven Bücherkäufe unterstützt und mich auch ansonsten geschont. Dank an Jan Heiret.

Zuletzt und zuerst aber ein Kuss der Erleichterung für Johanna Schmalscheidt. Das Buch soll rechtzeitig zu unserem 25. Hochzeitstag im Oktober 2020 erscheinen.

Bergen, im Februar 2020

Zeittafel

1821–1910	Mary Baker Eddy
1828–1910	Lew Tolstoi
1831–1891	Helena Petrovna Blavatsky
1832–1907	Henry Steel Olcott
1847–1933	Annie Besant
1847–1917	Solomon Schechter
1848–1911	Quanah Parker
1856–1939	Sigmund Freud
1858–1927	Kang Youwei
1860–1904	Theodor Herzl
1861–1925	Rudolf Steiner
1863–1902	Swami Vivekananda
1863–1937	Pierre de Coubertin
1864–1934	Anagarika Dharmapala
1869–1948	Mahatma Gandhi
1870–1922	William Seymour
1870–1966	Daisetz Teitaro Suzuki
1875–1947	Aleister Crowley
1875–1961	Carl Gustav Jung
1877–1938	Muhammad Iqbal
1878–1965	Martin Buber
1881–1983	Mordechai Kaplan
1883–1966	Veer Savarkar
1886–1968	Karl Barth
1886–1965	Paul Tillich
1888–1989	Tirumala Krishnamacharya
1889–1945	Adolf Hitler
1890–1947	Taixu
1890–1944	Aimee Semple McPherson
1891–1956	Bhimrao Ambedkar
1892–1973	J. R. R. Tolkien
1892–1975	Haile Selassie
1893–1976	Mao Zedong

1896–1982	Anandamayi Ma
1896–1977	Bhaktivedanta Prabhupada
1897–1982	Gershom Scholem
1898–1993	Norman Vincent Peale
1898–1963	C. S. Lewis
1902–1994	Ruhollah Musavi Chomeini
1906–1949	Hasan al-Banna
1906–1966	Sayyid Qutb
1910–1997	Mutter Teresa
1911–1986	L. Ron Hubbard
1917–2008	Arthur C. Clarke
1917/18–2008	Maharishi Mahesh Yogi
1918–2014	B. K. S. Iyengar
1918–2018	Billy Graham
1919–1995	Madalyn Murray O'Hair
1920–2005	Johannes Paul II.
1926–2011	Sathya Sai Baba
*1926	Thich Nhat Hanh
1928–1999	Stanley Kubrick
*1928	Ikeda Daisaku
1929–1968	Martin Luther King
1931–1978	Jim Jones
1931–1990	Bhagwan Shree Rajneesh/Osho
1934–1996	Carl Sagan
*1935	14. Dalai Lama
*1938	Schwester Chan Khong
1940–1980	John Lennon
*1940	Ringo Starr
*1942	Paul McCartney
1943–2001	George Harrison
1945–1981	Bob Marley
*1946	Steven Spielberg
*1947	Paulo Coelho
1950–2019	Reinhard Bonnke
*1952	Benny Hinn
*1953	Ammachi
1955–2018	Asahara Shoku
1957–2011	Osama bin Laden
1959–1993	David Koresh

Anmerkungen

Übersetzungen fremdsprachlicher Zitate stammen, soweit nicht anders angegeben, vom Verfasser. Die Abkürzung «loc» steht für «location» bei kindle-Ausgaben.

Einleitung: Das Jahrhundert der Religionen

1 Zum Weltparlament der Religionen: Lüddeckens 2002; Seager 2009; Molendijk 2011; Narasimhananda 2018.
2 Barrows 1893: I 18.
3 Barrows 1893: I 1560, 1566.
4 Bielefeld/Ghanea/Wiener 2016: 34.
5 Kippenberg 2019: 33.
6 Molendijk 2011: 12.
7 Barrows 1893: I 185.
8 Barrows 1893: I 20.
9 Savucu 2016: 68 f.
10 Vgl. Morris/Ze'evi 2019.
11 Vgl. Menon 2012.
12 Vgl. S. Wright/Palmer 2018, wobei China und Russland unberücksichtigt bleiben.
13 Barrows 1893: I 62.
14 Barrows 1893: I 130.
15 Vgl. Neilson 2011.
16 Barrows 1893: I 127.
17 Langton 2010: 99–102.
18 Barrows 1893: I 172.
19 Barrows 1893: II 1560, 1566.
20 Vgl. Geppert 2013.
21 Seager 2009: XXX; Barrows 1893: I 186.
22 Houghton 1893: 15; Barrows 1893: I vii.
23 Seager 2009: 50, 96.
24 Barrows 1893: I 171.
25 Jones 1893.
26 Seager 2009: 127.
27 Jones 1893: 305, 326.
28 Seager 2009: xv f.
29 Dazu 43 biographische Porträts in Picard/Revel/Steinberg/Zertal 2016.
30 1979: Caryl 2013; Bösch 2019; 1989: Kurlansky 2004; Sherman 2013; 2018.

1 Mary Baker Eddy

1 Barrows 1893: II 1431.
2 Diese Bibelstelle wurde im frühen 20. Jahrhundert zunächst in den bergigen Gebieten der Appalachen von einigen Kirchen zu einer eigenen Ritualsequenz in Gottesdiensten umgesetzt – dem auch heutzutage vereinzelt noch praktizierten sog. *snake handling* oder *serpent handling*, bei dem Gläubige ohne Schutzausrüstung gefährliche Giftschlangen hochnehmen und dabei einen tödlichen Biss riskieren, der auch oft genug eintritt.
3 Zum Folgenden vgl. Nenneman 1997 und S. Gottschalk 2006.

4 Eddy 1892: 35.
5 Schoepflin 2003: 7.
6 Vgl. dazu S. Gottschalk 2006.
7 Waldschmidt-Nelson 2009: 51 f.
8 Vgl. Schoepflin 2003.
9 Schoepflin 2003: 146–184.
10 S. Gottschalk 2006: loc 597 ff.
11 Nenneman 1997: loc 3345.
12 Waldschmidt-Nelson 2009: 137–149.
13 Zweig 2013: loc 2107.
14 Vgl. Piepmeier 2001.
15 Schoepflin 2003: 34, 37 f.
16 Schoepflin 2003: 121.
17 Vgl. Stark 1998.

2 Quanah Parker

1 Vgl. Mattioli 2017.
2 Mattioli 2017: 335.
3 Biographie: Mark 1988.
4 Hanson 1894: 545.
5 Vgl. P. H. Carlson 2010.
6 Gwynne 2010: 184 f.
7 Gwynne 2010: 264 f.
8 Gwynne 2010: 271.
9 Mattioli 2017: 309, 339.
10 Neeley 1995: 181.
11 Neeley 1995: 186.
12 Stewart 1987: 72.
13 Marriott/Rachlin 1971: 15; Urban 2015a: 840.
14 Hagan 1993: loc 985.
15 Urban 2015a: loc 782 ff.
16 Stewart 1987: 77; Martin 2001: 105.
17 Urban 2015: loc 844.
18 Martin 2001: 105.
19 Stewart 1987: 78.
20 Stewart 1987: 75.
21 Stewart 1987: 213–220, 224.
22 Urban 2015a: loc 1069 ff.

3 Swami Vivekananda

1 Forschungsbericht: Beckerlegge 2013. Torwesten 2015 ist eine umfassende, populärwissenschaftliche deutschsprachige Biographie, nicht unkritisch, aber mitunter etwas romantisierend. Wichtige englischsprachige Biographien: Sil 1997; Chattopadhyaya 1999.
2 Vivekananda 2009: 12.
3 Vivekananda 2009: 32.
4 Vivekananda 2009: 16, 24.
5 Vivekananda 2009: 22.
6 Vivekananda 2009: 16.
7 Vivekananda 2009: 20.
8 Forschungsbericht: Tyagananda/Vrajaprana 2010.
9 Kämpchen 2008: 312.
10 Vivekananda o. J.: loc 47092.
11 Kämpchen 2008: 314.
12 Sen 2006: 18.
13 A. Sharma 2013: 82.
14 Deutsche Übersetzung: Kämpchen 2008.
15 Vivekananda o. J.: loc 29467.
16 Vgl. Beckerlegge 1998.
17 Vivekananda o. J.: loc 34507.
18 Vivekananda o. J.: loc 30138.
19 J. Sharma 2003: 182–186.
20 Vivekananda o. J.: loc 27176, 27301.
21 Vivekananda o. J.: loc 32697.
22 J. Sharma 2003: 165.
23 J. Sharma 2003: 161.
24 Vivekananda o. J.: loc 38450.
25 Torwesten 2015: 97–106, 111 f., 118 ff.
26 Torwesten 2015: 149–156.
27 Torwesten 2015: 202 f.
28 Vgl. Madaio 2017.
29 Vgl. Bergunder 2012.

30 Vivekananda o. J.: loc 26741.
31 Vgl. Green 2017.
32 Die unkritisch zusammengewürfelten *Complete Works of Swami Vivekananda* in neun Bänden sind im Internet frei zugänglich.
33 de Michelis 2004: 168.
34 Zur Einordnung und Deutung s. De Michelis 2004: 149–180.
35 Tolstoi 1978: 239.
36 Singleton 2010: 169.
37 Albanese 2007: 359–362; Singleton 2007: 80–81.
38 Singleton 2010: 131.
39 Vivekananda 2009: 135.
40 Vivekananda 2009: 141.
41 Vivekananda 2009: 133.
42 Vivekananda o. J.: loc 6051 ff.
43 Vivekananda o. J.: loc 4268.
44 Zur Geschichte des Textes: D. G. White 2014. Zusammenstellung und Übersetzung zahlreicher Quellen zu zentralen Themen bei Mallinson/Singleton 2017.
45 Torwesten 2015: 293 ff.
46 Vivekananda o. J.: loc 54711.
47 Singleton 2010: 100.
48 Vivekananda o. J.: loc 19085.
49 Vivekananda o. J.: loc 55905.
50 Torwesten 2015: 333.
51 Zur Geschichte der Ramakrishna-Mission vgl. H.-P. Müller (1986); Beckerlegge (2000). Laut Torwesten (2015: 11) sind Math und Mission «heute wohl die größte[n] Wohltätigkeitsorganisationen Indiens».
52 Vivekananda o. J.: loc 47250.
53 Vivekananda o. J.: loc 47317.
54 Vgl. Beckerlegge 2000 zum Niedergang der Gruppe in London.
55 Torwesten 2015: 433 ff.
56 Towesten 2015: 460.
57 Vivekananda o. J.: loc 42812 ff.
58 Vgl. Molendijk (2010) zu den frühen religionswissenschaftlichen Kongressen.
59 Torwesten 2015: 464.
60 *Actes du premier Congrès international d'histoire des religions. Première partie: séances générales*, Paris 1901, 17.

4 Kang Youwei

1 Vgl. Jiang 2015.
2 Auskunft von Christian Meyer (Berlin); anders Jiang 2015: 64, 66.
3 Rowe 2009: 23.
4 Grundlegende Literatur: R. C. Howard 1962; die Einleitungen von Bauer und Thompson zu K'ang Yu-wei 1974; Hsiao 1975; Chang 1987: 21–63; Wong 2010; Pfister 2014.
5 K'ang Yu-wei 1974: 26; Hsiao 1975: 64; abweichend: R. C. Howard 1962: 301; Chang 1987: 23.
6 Wong 2010: 77–89.
7 Roetz 2017: 223.
8 Hsiao 1975: 101; Rowe 2009: 238; Wong 2010: 84–89.
9 Rowe 2009: 242.
10 Wong 2010: 30.
11 Roetz 2017.
12 Vgl. Goossaert 2006.
13 Goossaert/Palmer 2011: 44–46.
14 Chang 1987: 65.
15 Goossaert 2006: 308.
16 Goossaert/Palmer 2011: 48–55.
17 Goossaert/Palmer 2011: 56 f.
18 Hsiao 1975: 169 f.
19 Hsiao 1975: 177.
20 Hsiao 1975: 176 f.
21 Hsiao 1975: 174.
22 Hsiao 1975: 114.
23 Hsiao 1975: 114, 167, 164.
24 Pfister 2014: 254.
25 Hsiao 1975: 112.

26 K'ang Yu-wei 1974: 51.
27 K'ang Yu-wei 1974: 48, 18.
28 Chang 1987: 58; Pfister 2014: 248.
29 K'ang Yu-wei 1974: 132.
30 Zu *jen* im Werk Kang Youweis: Chang 1987.
31 K'ang Yu-wei 1974: 133, 51.
32 Chang 1987: 54.
33 K'ang Yu-wei 1974: 279 f.
34 K'ang Yu-wei 1974: 264.
35 Fokkema 2011: 280.
36 Einführung: Angle/Tiwald 2017.
37 Rainey 2010: 182–185.

5 Lew Tolstoi

1 Kuße 2011: 186.
2 Schmid 2010: 11.
3 Aktuelle deutschsprachige Biographien: Kjetsaa 2001; Schmid 2010; Keller/Sharandak 2010. «Spirituelle Biographie»: Tamcke 2010. Tolstoi-Rezeption im deutschen Geistesleben: Hanke 1993.
4 M. George et al. 2014: 27.
5 Fülöp-Miller/Eckstein 2008: 226.
6 Keller/Sharandak 2010: 67.
7 W. James 1902: 147.
8 M. George et al. 2014: 58.
9 Hanke 1993: 34.
10 M. George et al. 2014: 38.
11 M. George et al. 2014: 226.
12 M. George et al. 2014: 223.
13 Zu Tolstois Rückgriff auf die Tradition des *iurodstvo* s. Kolstø/Schmid 2013.
14 Vgl. Tamcke 2010.
15 Vgl. Donskov 2014.
16 M. George et al. 2014: 182; Kjetsaa 2001: 267.
17 M. George et al. 2014: 185.
18 Hanke 1993: 41, 51. Zu Tolstois Sprache der Weisheit und den Formen und Stilmitteln weisheitlicher Rede: Kuße 2010; 2011.
19 Kuße 2010: 33.
20 M. George et al. 2014: 298, 305.
21 Stendardo 1985: 20.
22 M. George et al. 2014: 310.
23 Tolstoi 2017: 593.
24 M. George et al. 2014: 235.
25 Konishi 2007: 235.
26 Kjetsaa 2001: 343, 345.
27 M. George et al. 2014: 244, 243.
28 Keller/Sharandak 2010: 127; Schmid 2010: 82.
29 Konishi 2007: 248 f.
30 Schmid 2014: 571.
31 Schimmel 1989: 152.
32 Schmid 2014: 573; Stendardo 1985.
33 Tolstoi als «heimlicher Buddhist»: Schmid 2009.
34 M. George et al. 2014: 291.
35 Tolstoi 2012: 90.
36 Weber 1988: 94 f.
37 Hanke 1993: 38.
38 Weber 1988: 594.
39 Tyrell 1997: 37.
40 W. James 1902: 166 («The only thing that need interest us now is the phenomenon of his absolute disenchantment with ordinary life …»).
41 Lenin 1972: 29, 23 f.
42 Lenin 1972: 35.
43 Hanke 1993: 48.

6 Annie Besant

1 Tillett 2008 (1986): 943 f.
2 Übersicht über verschiedene theosophische Strömungen: Hammer/Rothstein (2013).

3 An Detailreichtum unübertroffene, aber in der Gesamtinterpretation problematische Biographie: Nethercot 1960; 1963. Spätere Biographien sind Dinnage 1986; A. Taylor 1992; Wessinger 1998 (mit einem Schwerpunkt auf Religion); Pécastaing-Boissière 2015. Für das Thema Religion ergiebige Arbeiten sind Bevir 1998; 1999; Dixon 2001; Malinar 2013; 2018. Kurzeinführungen: Wessinger 2005; Santucci 2006.
4 Besant 2009: 75, 83, 89.
5 Besant 2009: 110, 115.
6 Besant 2009: 125, 122 f.
7 Besant 2009: 136.
8 Bevir 1999: 74.
9 Besant 2009: 149.
10 Biographie: Niblett 2010.
11 Besant 2009: 262.
12 https://www.secularism.org.uk/our-vision.html (20. 1. 2020).
13 Besant 2009: 171 f.
14 Vgl. E. C. Miller 2009.
15 Peart/Levy 2008: 345.
16 Montaigne 2017: 145–150.
17 Prescott 2008.
18 Besant 2009: 263, 266; zur Deutung: Dixon 2001: 53.
19 Besant 1893: loc 3755.
20 E. Miller 2013: 26.
21 Wessinger 1988: 58.
22 Besant 1893: loc 3445.
23 Besant 2009: 264; 1893: loc 3616.
24 Biographisch-monographische Darstellungen: Cranston 1993 (deutsch 1995/2001); Goodrick-Clarke 2004; Wehr 2005; Keller/Sharandak 2013.
25 Besant 1893: loc 3500.
26 Dixon 2001: 32–40.
27 Besant 1893: loc 3696.
28 Zander 2011: 235.
29 Virmani 2012: 137.
30 Vorträge, die Besant 1905 über die *Bhagavadgita* hielt, wurden 1907 in Leipzig auf Deutsch veröffentlicht: *Winke zum Studium der Bhagavad Gîtâ: vier Vorträge, gehalten bei der 30. Jahresversammlung der Theosophischen Gesellschaft zu Adyar-Madras im Dezember 1905.*
31 Malinar 2018: 66–68.
32 Bevir 2006: 22.
33 Vgl. Anderson 1994.
34 Wessinger 1998: 213.
35 Malinar 2013: 1139, 1145; Malinar 2018: 77–82.
36 Besant 1893: loc 1758.
37 Besant 1926: 27.
38 In Indien gilt Rishi Agastya als einer der Dichter *(rishi)* der frühen vedischen Hymnen, des *Rig-Veda.*
39 Dixon 2003: 68.
40 Dixon 2003: 77–79.
41 Prescott 2008: 387.
42 Dixon 2003: 80. Zu den Unterschieden und Gemeinsamkeiten zwischen Gandhi und Besant s. Chandra 2001.
43 Malinar 2013: 1138; Malinar 2018: 71–77.
44 Besant 1917: 2.
45 Gandhi 1999: XLIII: 68.
46 Biographie: Tillett 1982.
47 Asprem 2014: 462.
48 Vgl. Thiede 2001.
49 Besant 1911: 140–142.
50 Wessinger 1998: 95.
51 Wessinger 1998: 96.
52 Prescott 2008: 370.
53 Pécastaing-Boissière 2015: 253.
54 McKean 1996: 144–147.

7 Rudolf Steiner

1 Zu Steiners 150. Geburtstag sind mehrere Biographien erschienen: Gebhardt 2011; Lindenberg 2011 (1997); H. Ullrich 2011; Zander 2011; Selg 2012 (= 2017 [7 Bde]). Die auf einer umfassenden Monographie (Zander 2007) beruhende Arbeit von Zander bricht dezidiert mit der anthroposophischen hagiographischen Biographik und hat dafür Lob, aber auch Kritik (vor allem von Insidern) geerntet. www.zander-zitiert.de (13. 3. 2019) bemüht sich um den «Nachweis einer geradezu systematischen Verdrehung, Verfälschung und Entstellung von Texten Rudolf Steiners». Ton und Inhalt illustrieren die Probleme wissenschaftlicher Biographik zwischen Faktizität, Kritik und Normativität.
2 Zander 2011: 47.
3 Zander 2011: 68–76.
4 Lindenberg 1992: 85.
5 Steiner 1894: 239.
6 Steiner 2000: 394.
7 Steiner 2007: 95.
8 Zander 2011: 163.
9 Hinzu kommen 600 Notizbücher. Neben dieser *Gesamtausgabe* (GA) erscheint seit 2013 eine kritische Werkausgabe (SKA), die sowohl vonseiten der Steiner-Begeisterten als auch bei Wissenschaftlern auf Kritik stieß: Erstere verstehen ihr Anliegen, das u. a. zahllose Entlehnungen Steiners dokumentiert, als polemisch, letztere als zumindest subkutan apologetisch.
10 Zander 2011: 197.
11 Steiner 1992: 208, 211.
12 Zander 2011: 186.
13 Eine in den Niederlanden eingesetzte anthroposophische Kommission fand 16 Stellen in Steiners Gesamtwerk als unvereinbar mit dem geltenden Menschenrechtsverständnis und 66 weitere Formulierungen als «minder schwerwiegend»; H. Ullrich 2011: 196.
14 Gebhardt 2011: 343.
15 Vgl. Sonnenberg 2009.
16 Steiner 1988: 199, 202.
17 Clement 2017: xc.
18 Clement 2017: lxvii–lxix.
19 Clement 2017: lxxvii.
20 Zander 2011: 176 f.
21 Clement 2017: xxvi–xxvii.
22 Zander 2011: 170 f.
23 Zander 2011: 198–200.
24 Zander 2011: 208.
25 Steiner 2010: 411.
26 Zander 2011: 210.
27 Lindenberg 2011: 499.
28 Selg 2017: 711.
29 Zander 2011: 252–267.
30 Zander 2011: 291–307.
31 Zander 2011: 324.
32 Zander 2011: 333–335.
33 Zu den Beziehungen von Anthroposophie und Nationalsozialismus und italienischem Faschismus: Staudenmaier 2014.
34 Zander 2011: 420.
35 Zander 2019: 217.
36 Zander 2011: 282–285.
37 Zweig 2017: 81.
38 Lindenberg 2011: 513.
39 Lindenberg 2011: 514.
40 Zander 2011: 466–468.
41 Lindenberg 1992: 135.
42 Zander 2019: 82.
43 Zander 2011: 468.
44 Steiner 1895: 27, 123.
45 Steiner 2009: vi.
46 Steiner 1902: 5.
47 Steiner 1906.

48 Vögele 2011: 293, 243.
49 Lindenberg 2011: 748, 749.
50 Lindenberg 2011: 753.
51 Selg 2017: 1576.
52 Zander 2019: 66.
53 Zander 2007: 1629.
54 Lindenberg 1992: 130.
55 Zander 2011: 447–451; 2019: 68.
56 Zander 2019: 70.
57 Zander 2011: 397 f.
58 H. Ullrich 2011: 166.
59 Zander 2007: 1431, 1433.
60 Zahlen nach der «Waldorf World List» (April 2018), zu finden im Internet z. B. auf https://www.waldorf-international.org/ (2. 5. 2019).
61 Zander 2019: 51 f.

8 Henry Steel Olcott und Anagarika Dharmapala

1 Grundlegend: S. Kemper 2015. In seinen letzten Lebensjahren hat Dharmapala zwei autobiographische Texte verfasst: Dharmapala 1965: 681–696 («Memories of an Intepreter of Buddhism to the Present-Day World» [1927]); 697–705 («Reminiscences of my Early Life» [1933]).
2 J. H. Barrows 1893: I 169 f., 183.
3 Barrows 1893: II 863.
4 Barrows 1893: II 1288 f.
5 Vgl. Young/Somaratna 1996; Blackburn 2010.
6 S. Kemper 2015: 91.
7 Biographie: Prothero 2011 (erstmals 1996). Olcotts *Old Diary Leaves: The Only Authentic History of the Theosophical Society* enthält Aufzeichnungen für den Zeitraum von 1874 bis 1898 in sechs Bänden, erschienen zwischen 1895 und 1935; die letzten drei Bände erschienen postum.
8 Prothero 2011: 43.
9 Prothero 2011: 49 f.
10 Prothero 2011: 63–65.
11 Prothero 2011: 5, 99 f., 107–109.
12 Olcott 1887: 13.
13 Prothero 2011: 102.
14 Olcott 1887: 14.
15 Blackburn 2010: 106.
16 Blackburn 2010: 107–109.
17 Bretfeld/Zander 2017: 475.
18 Olcott 1877: 14, 39 f., 43, 11.
19 Barrows 1893: II 868.
20 Olcott o. J.: 76, 79.
21 Olcott o. J.: 82.
22 S. Kemper 2015: 90.
23 Prothero 2011: 116, 209.
24 Dharmapala 1965: 687, 702.
25 van den Bosch 2002: 160 f.
26 S. Kemper 2015: 69 f.
27 Prothero 2011: 124.
28 Olcott o. J.: 88–91.
29 S. Kemper 2015: 186 f.
30 Rambukwella 2018: 59.
31 S. Kemper 2015: 214.
32 Prothero 2011: 164.
33 Trevithick 2006: 63.
34 Freiberger/Kleine 2011: 420.
35 Dharmapala 1965: 689.
36 Trevithick 2006: 98.
37 S. Kemper 2015: 200.
38 Trevithick 2006: 135.
39 Trevithick 2006: 177–202.
40 Prothero 2011: 167.
41 Prothero 2011: 167 f.
42 Prothero 2011: 171.
43 S. Kemper 2015: 81.
44 Rowell 2009: 623.
45 Rambukwella 2018: 65; Rowell 2009.
46 Dharmapala 1965: 540 f.
47 Frydenlund 2019: 287.
48 S. Kemper 2015: 355.
49 Rambukwella 2018: 57.
50 Seneviratne 1999: 32.

51 Vgl. Seneviratne 1999.
52 S. Kemper 2015: 218 f., 370 f.
53 S. Kemper 2015: 355–375
54 Seneviratne 1999: 28
55 Seneviratne 1999: 49.
56 S. Kemper 2015: 421 f.
57 Rambukwella 2018: 67.
58 Monographische Studien: G. Müller 1993; Pittman 2001; Ritzinger 2017.
59 Pittman 2001: 65–69.
60 Pittman 2001: 74–76.
61 Pittman 2001: 252.
62 G. Müller 1993: 53, 153.
63 Pittman 2001: 90.
64 Ritzinger 2017.
65 G. Müller 1993: 157, 182.
66 Pittman 2001: 90–104.
67 G. Müller 1993: 152, 154; Ritzinger 2017: 5.
68 Pittman 2001: 249.
69 G. Müller 1993: 156, 54.
70 Taixu 1928: 38.
71 Hammerstrom 2015: 100.
72 Lopez 2008: loc 319 ff.
73 Hammerstrom 2015: 138.
74 Taixu 1928: 24.
75 Pittman 2001: 143.

9 Pierre de Coubertin

1 https://stillmed.olympic.org/media/Document%20Library/OlympicOrg/General/EN-Olympic-Charter.pdf#_ ga=2.132269326.142148771.1531465852–1227605450.1529379790 (13. 7. 2018).
2 https://stillmed.olympic.org/media/Document%20Library/OlympicOrg/Olympic-Studies-Centre/List-of-Resources/Official-Publications/Olympic-Charters/EN-1933-Olympic-Charter.pdf#_ga=2.144134512.479872067.1531066045–1227605450.1529379790 (13. 7. 2018).
3 Vgl. de Coubertin 1967.
4 de Coubertin 1967: 109, 110, 119.
5 Biographie (mit Fokus auf der Zeit bis 1896): MacAloon 1981.
6 de Coubertin 1967: 10–12. Gesamtgeschichte der Olympischen Spiele: Goldblatt 2016; Zeyringer 2016.
7 MacAloon 1981: 171; Goldblatt 2016: 40.
8 de Coubertin o. J.: 20, 71.
9 Griechischer Originaltext und eine Reihe von Übersetzungen: http://www.nationalanthems. us/forum/YaBB.pl?num= 1103579672 (16. 7. 2018).
10 MacAloon 1981: 215.
11 MacAloon 1981: 225.
12 MacAloon 1981: 231.
13 MacAloon 1981: 232.
14 Durkheim 1912. Zu de Coubertin und Durkheim vgl. Alkemeyer 2012.
15 de Coubertin o. J.: 45; 1967: 116 f.
16 Zeyringer 2016: loc 6385 f.
17 de Coubertin 1967: 118
18 de Coubertin o. J.: 22, 180.
19 MacAloon 1981: 240.
20 Tatsächlich hatte es bei dem Olympischen Fackellauf in verschiedenen Ländern Proteste gegen Hitlers Olympiade und Störversuche gegeben.
21 Vgl. Lehmann 2008.
22 de Coubertin 1967: 34.
23 de Coubertin 1967: 116.
24 de Coubertin o. J.: 114.
25 Vgl. Sloterdijk 2016.
26 de Coubertin o. J.: 234.
27 de Coubertin o. J.: 234, 239.
28 de Coubertin 1967: 131.
29 Zu Diems Religionsprogrammatik: Koch 2002: 94 f.; Parry 2007: 208 f.
30 Mechikoff/Sullivan 2008.

10 William Seymour und Aimee Semple McPherson

1 Espinosa 2014: 373.
2 Bartleman 1925: 43.
3 Kritische Diskussion der bisherigen Forschung und Zusammenstellung zeitgenössischer Primär- und Sekundärquellen: Espinosa 2014.
4 Espinosa 2014: 47–49.
5 Barfoot 2011: 122.
6 Bartleman 1925: 44.
7 Espinosa 2014: 53–57.
8 Barfoot 2011: 126.
9 Espinosa 2014: 162.
10 Robeck 2014: 19.
11 Espinosa 2014: 302.
12 Espinosa 2014: 302–304, 306.
13 Espinosa 2014: 308.
14 Espinosa 2014: 106–108.
15 Bartleman 1925: 49.
16 Espinosa 2014: 67.
17 Espinosa 2014: 307, 171.
18 Espinosa 2014: 161 f.
19 Plüss 2014: 103.
20 Espinosa 2014: 376, 111.
21 Espinosa 2014: 121–125.
22 Espinosa 2014: 313.
23 Barfoot 2011: 143 f.
24 Espinosa 2014: 289, 222, 224, 259, 297.
25 Marty 1986: 245.
26 Espinosa 2014: 70 f.
27 Espinosa 2014: 143 f.
28 Espinosa 2014: 143–146.
29 Bartleman 1925: 63.
30 Biographische Gesamtdarstellungen: Blumhofer 1993; Epstein 1993; Sheafer 2004; Sutton 2007; Barfoot 2014 (2011). Literatur auf Deutsch fehlt.
31 Barfoot 2011: 404.
32 Sutton 2007: loc 202 ff.
33 McPherson 1927: 226 f., 230, 248.
34 Sutton 2007: loc 916 f.
35 Barfoot 2011: 405.
36 McPherson 1927: 226.
37 Barfoot 2011: 355.
38 Vgl. Weaver 2015.
39 McPherson 1927: 211.
40 Witham 2007: loc 4305.
41 Epstein 1993: 254.
42 Epstein 1993: 283; Sutton 2007: loc 508 f.
43 Vgl. Payne 2015.
44 Epstein 1993: 356 f.
45 Payne 2015: 103.
46 Barfoot 2011: 473; Sutton 2007: 1134 ff.
47 Epstein 1993: 308.
48 Maddux 2012: 58 f.
49 Weaver 2015: 132.
50 Vgl. Weaver 2015.
51 Barfoot 2011: 476; Sutton 2007: loc 1580 ff.
52 Payne 2015: 100.
53 Sutton 2007: loc 1781.
54 Autobiographie: Quinn/Paisner 1996.
55 Mavity 1931.
56 Epstein 1993: 388 f.
57 Sutton 2007: loc 2448 ff.
58 McPherson 1936: 301.
59 McPherson 1936: 3.
60 Sutton 2007: loc 2626, 2633 f., 2884, 2902.
61 Vgl. http://www.foursquare-deutschland.de/willkommen/geschichte.html (29. 9. 2016); http://www.foursquare.org/about/history (29. 9. 2016). Die Zahlenangaben stimmen nicht ganz überein.
62 Vgl. http://www.foursquare-deutschland.de/wer-wir-sind (29. 9. 2016).

11 Mahatma Gandhi

1 Wichtige jüngere Werke: Sanghavi 2006; Lelyveld 2011; Guha 2014; 2018; Tidrick 2013.
2 Vgl. Allen 2011; Coward 2003.
3 Hazama 2017: 1395.
4 Conrad 2006: 29; A. Sharma 2013.
5 Hazama 2017: 1406.
6 Vgl. Conrad 2001.
7 A. Sharma 2013: loc 135–139.
8 Vgl. Tidrick 2013.
9 Tidrick 2013: loc 239 ff.
10 Vgl. Malinar 2015; Jordens 1986.
11 Vgl. Hunt 1993.
12 Gandhi 1940: 91.
13 Gandhi 1940: 92.
14 Vgl. Bergunder 2014.
15 Vgl. Udolph 2014.
16 Guha 2018: 387.
17 Hazama 2017: 1403 f.
18 Parekh 1997: 35 f.
19 Gandhi 2008: 46.
20 Vgl. Lelyveld 2011.
21 Gandhi 1999: LXXVI 156 f.
22 Gandhi 1999: LXXIX 453–456.
23 Gandhi 1999: LXXIX: 235.
24 Guha 2018: 599–601.
25 Gandhi 2008: 46, 56.
26 Gandhi 1999: XXI 248; Conrad 2006: 54.
27 Parekh 1997: 46.
28 Vgl. Malinar 2015.
29 Vgl. V. Howard 2013.
30 Hazama 2017: 1424 f.
31 Alter 2000: 28.
32 Vgl. Alter 2000.
33 Conrad 2006: 62.
34 Vgl. Malinar 2011.
35 Gandhi 2006: 126.
36 Guha 2018: 419.
37 Guha 2018: 425, 430.
38 Gandhi 2006: 126.
39 Allen 2011: 152.
40 Conrad 2006: 59.
41 Hazama 2017: 1429–1434.
42 Allen 2011: 131; A. Sharma 2013: loc 1373; Mall 2005: 126.
43 Scalmer 2011.
44 Mandela zur Jahrtausendwende am 31. 12. 1999 unter dem Titel «The Sacred Warrior» im *Time Magazine*.
45 http://w2.vatican.va/content/john-paul-ii/en/speeches/1986/february/documents/hf_jp-ii_spe_19860201_raj-ghat.html (2. 7. 2019)

12 Theodor Herzl und Muhammad Iqbal

1 Jahn 2015: 19.
2 http://www.pakistani.org/pakistan/constitution/annex.html (21. 3. 2018).
3 https://de.wikipedia.org/wiki/Nationalstaatsgesetz_(Israel) (27. 9. 2018).
4 Formell: «Declaration of the Establishment of the State of Israel».
5 https://www.knesset.gov.il/docs/eng/megilat_eng.htm (21. 3. 2018).
6 https://www.jewishvirtuallibrary.org/law-of-return (17. 5. 2018).
7 Morris 2004: 588.
8 Die ersten drei Sätze der Erklärung lauten: «The Land of Israel was the birthplace of the Jewish people. Here their spiritual, religious and political identity was shaped. Here they first attained to statehood, created cultural values of national and universal significance and gave to the world the eternal

Book of Books.» https://www.knesset.gov.il/docs/eng/megilat_eng.htm (21. 3. 2018).

9 Vgl. Rozin 2007.

10 Biographische Werke zu Herzl: Beller 1991; Kornberg 1993; Schoeps 1995 (reich bebildert); Rozenblum 2001; Zreik 2006; Avineri 2013 (deutsche Übers. 2016).

11 Bein 1987: 21; Peck 2012: 29–31.

12 Zweig 2017: 73.

13 Herzl o. J.: 26, 23 f.

14 Zweig 2017: 73.

15 Buber 1963: 790.

16 Peck 2012: 353.

17 Herzl 1983: 286.

18 Herzl o. J.: 83.

19 Herzl o. J.: 61, 83 f.

20 Herzl o. J.: 84.

21 Vgl. Peck 2012 für eine Analyse des Romans. *Altneuland* wurde von Nachum Sokolow unter dem Titel *Tel Aviv* (wörtlich «Frühlingshügel») ins Hebräische übersetzt; das ist zugleich der Ursprung des Namens jener jüdischen Siedlung, die sich im 20. Jahrhundert zum Zentrum jüdischer Immigration nach Palästina und zur größten Stadt im heutigen Israel entwickelte.

22 Herzl 1935: 191, 382.

23 Herzl o. J.: 69.

24 Herzl 1935: 373.

25 Herzl 1935: 420.

26 Avineri 2017 (1981): loc 177 ff.

27 Bein 1987: 24; Schoeps 1995: 102.

28 Herzl 1983: 538 f.

29 Zweig 2017: 74.

30 Kraus 1899: 14.

31 Peck 2012: 61.

32 Schoeps 1995: 148.

33 Herzl 1983: 405.

34 Vgl. Berkowitz 2012.

35 Zweig 2017: 74.

36 Vgl. Wistrich 2007; Kamczycki 2015.

37 Schoeps 1995: 123.

38 Ben-Gurion 1970: 34 f.

39 Herzl 1985: 652.

40 Vgl. Kamczycki 2015.

41 Livnat 2011: 219.

42 Zweig 2017: 77.

43 Vgl. Livnat 2011.

44 Gesamtdarstellung von Leben und Werk: Schimmel 1989; Mir 2006; Popp 2007. Zu seiner politischen Philosophie: Sevea 2016. Portal mit Werken von und über Iqbal: http://www.iqbalcyberlibrary.net/en/ (24. 1. 2020). Deutsche Übersetzung einer Auswahl der persischen Dichtungen bei Schimmel 1977 bzw. der Urdu-Dichtungen bei Bürgel 1982.

45 Der Internetauftritt Pakistans widmet Jinnah eine eigene Abteilung: http://pakistan.gov.pk/Quaid/ (24. 1. 2020).

46 Vgl. z. B. Ahmed 1997: 4 («Jinnah moved towards the Sunni sect early in life. There is evidence, given by his relatives and associates in court, to establish that he was firmly a Sunni by the end of his life») oder Nasr 2006: 88 («Jinnah, was an Ismaili by birth and a Twelver Shia by confession»).

47 Malik 2008: 380.

48 Devji 2013: 47.

49 Ahmed 1997: 197.

50 http://pakistan.gov.pk/Quaid/messages_page3.html (24. 1. 2020): «In any case Pakistan is not going to be a theocratic state – to be ruled by priests with a divine mission. We have many non-Muslims -Hindus, Christian and Parsis – but they are all Pakistanis. They will enjoy the same rights and privileges as any other citizens and will

play their rightful part in the affairs of Pakistan ...»

51 Mir 2006: 3, 13, 47.

52 Schimmel 1989: 19.

53 Schimmel 1989: 135–206; vgl. Iqbal/Schimmel 1957.

54 Vgl. Mir 2016.

55 Bürgel 1982: 63. Text und englische Übersetzung: https://en.wikipedia.org/wiki/Sare_Jahan_se_Accha (4. 4. 2018).

56 Bürgel 1982: 41. Text und englische Übersetzungen: https://en.wikipedia.org/wiki/Tarana-e-Milli (4. 4. 2018); http://www.columbia.edu/itc/mealac/pritchett/00urdu/taranahs/milli_text.html (4. 4. 2018).

57 Schimmel 1989: 171.

58 Schimmel 1989: 145; s. auch Mir 2006: 51–55.

59 Popp 2007: 121.

60 Iqbal 2004: 208.

61 Schimmel 1989: 20; Mir 2006: 129 f.

62 Sevea 2012: 104.

63 Text in Iqbal 1995: 3–29. Fast vollständige deutsche Übersetzung: Schimmel (1989: 89–98).

64 Schimmel 1989: 96 f.; Iqbal 1995: 11, 13.

65 Mir 2006: 123–125.

66 Bürgel 1982: 51.

67 Popp 2007: 24.

68 Schimmel 1989: 201, 173.

69 Iqbal 2004: 39.

70 Mir 2006: 103, 109.

71 Mir 2006: 30.

72 Mir 2006: 32–35.

73 Popp 2007: 24–27.

13 Veer Savarkar

1 https://www.inc.in/en/our-values/secularism (24. 1. 2020).

2 Vgl. Ghassem-Fachandi 2012.

3 Ein zunehmend wichtigerer Bezugspunkt der BJP ist das Programm des «integralen Humanismus» von Pandit Deen Dayal Upadhyaya (1916–1968), der inzwischen den Status eines Hauptideologen der Partei innehat und dessen Gedenken aufwendig gepflegt wird. Forschungsbericht zu *hindutva*: Reddy 2011a; 2011b.

4 Elst 2018: 23–25, 39, 3.

5 Chaturvedi 2010: 420.

6 Die grundlegende Biographie bzw. Hagiographie ist Keer [3]2012. Die 1. Auflage erschien 1950, noch zu Lebzeiten Savarkars (und lässt daher diverse inkriminierende Details aus). Die 2. Auflage erschien 1966, kurz nach Savarkars Tod. Nandy 2014 diskutiert das problematische Renommee Savarkars. S. auch Chaturvedi 2013; McKean 1996: 71–96.

7 Keer 2012: 3 f.

8 Keer 2012: 6; Devare 2011: 156.

9 Keer 2012: 8 f., 19, 21, 57.

10 Vgl. Jabbar 2009.

11 Noorani 2002: 140 f.

12 Keer 2012: 137.

13 Savarkar 2007: II 272.

14 Keer 2012: 101.

15 Sharma 2003: 137–139.

16 Keer 2012: 212.

17 Nandy 2014: 99.

18 Savarkar 2007: IV 536 f.

19 Savarkar 2007: IV 526.

20 In einer 1938 gehaltenen Rede bezeichnete Savarkar allerdings die Vertreibung der Juden aus Deutschland als legitime Politik; Delfs 2008: 70.

21 Savarkar 2007: IV 547 f.
22 Noorani 2002: 93.
23 Golwalkar 1939: 66 f., 95; Jaffrelot 2007: 103, 114 f.
24 Jaffrelot 2005: 117 f., 129.
25 J. Sharma 2003: 141; Wolf 2009: 262.
26 Vgl. Misra 2004 zu Savarkars Darstellung des Islams und der Muslime.
27 Vgl. die Rede aus dem Jahre 1937 bei J. Sharma 2003: 171.
28 Keer 2012: 295; McKean 1996: 71.
29 J. Sharma 2003: 148.
30 Devare 2011: 155.
31 Savarkar 2007: III 416.
32 Reddy 2011b: 429–432.
33 Vgl. Nandy 2014.
34 Wolf 2009: 161–187; Keer 2012: 168, 177, 181–190.
35 Keer 2012: 544.

14 Aleister Crowley

1 Zu den älteren Crowley-Biographien s. Pasi 2006: 23–32 (aktualisiert in Pasi 2014). Neuere Biographien: Churton 2011 (eher huldigend); Lachman 2014.
2 Die ersten Teile erschienen 1929, die weiteren erst postum (1969).
3 Crowley o. J.: I 15, 61, 64 f.
4 Hutton 1999: 172.
5 Crowley o. J.: I 126, 266.
6 Vgl. Gilbert 2006.
7 von Stuckrad 2014: 310.
8 Crowley o. J.: I 207.
9 von Stuckrad 2004: 313 f.
10 Sutin 2002: 118.
11 Sutin 2002: 122.
12 Sutin 2002: 140.
13 Vgl. Bogdan 2012.
14 Sutin 2002: 124 f.
15 Hutton 1999: 173.
16 Bogdan 2012: 97.
17 Pasi 2006: 114–116, 120.
18 Pasi 2006: 38FN49.
19 Crowley o. J.: II 213.
20 Standardbiographie zu Reuß: Möller/Howe (1986).
21 Djurdjevic 2012: 118.
22 Introvigne 2016: 244.
23 Vgl. Djurdjevic 2012.
24 Pasi 2012: 55.
25 Pasi 2006: 252, 248.
26 Pasi 2006: 283b; s. auch Laurant 2006.
27 Crowley 1929 (1976): xi.
28 Pasi 2006: 128.
29 Crowley 1929 (1976): xii.
30 von Stuckrad 2004: 316; Pasi 2006: 133 f.; Otto 2011: 602.
31 Crowley 1929 (1976): 11.
32 Vgl. Lachman 2014.
33 Hutton 1999: 180.
34 Lachman 2014: 325.
35 Lachman 2014: 330–335.
36 Hutton 1999: 247.
37 Introvigne 2016: 241.
38 Minois 2000: 505.
39 Luijk 2016: loc 9203 ff.
40 L. Wright 1993: 122.
41 Vgl. Dyrendal 2012.
42 Introvigne 2016: 328.
43 Luijk 2016: loc 9344; Introvigne 2016: 286.

15 Tirumala Krishnamacharya und B. K. S. Iyengar

1 Forschungsbericht: Newcombe 2009. Verflechtungsgeschichtliche Perspektive: Hauser 2013. Zu den klassischen indischen Quellen: Mallinson/Singleton 2017.
2 Vivekananda o. J.: loc 4001.

3 Singleton 2010: 27–29.
4 Vivekananda o. J.: loc 4011, 40022.
5 Singleton 2010: 115–122.
6 Alter 2004: 102, 106.
7 Vgl. Smith 2013; Singleton/Fraser 2013.
8 Biographie: E. Goldberg 2016. Krishnamacharya hatte zunächst keine Frauen unterrichten wollen, wurde dann aber von seinem damaligen Gönner, dem Fürsten von Mysore, dazu quasi gezwungen, E. Goldberg 2016: 119.
9 S. Mohan/Mohan 2010.
10 D. G. White 2014: 218 ff.
11 Singleton 2010: 181, 191–196.
12 Mohan/Mohan 2010: 56 f.; E. Goldberg 2016: 116.
13 Vgl. Smith 2013.
14 Vgl. Krishnamacharya 2013.
15 Singleton/Fraser 2013: 89.
16 Mohan/Mohan 2010: 52 f., 72, 38 f.
17 Mohan/Mohan 2010: 51, 108; Singleton/Fraser 2013: 94, 89, 95.
18 de Michelis 2004: 191 f.
19 de Michelis 2004: 196–200.
20 de Michelis 2004: 203 f.
21 Smith/White 2013: 131, Newcombe 2013: 155.
22 Alter 2004: 25.
23 T. White 2014: 195.
24 Sjoman 1999: 39.
25 Smith/White 2013: 125.
26 de Michelis 2004: 221–224.
27 Iyengar 2006: 13, 19, 39.
28 Menuhin in Iyengar 2006: 11 f.
29 de Michelis 2004: 226.
30 T. White 2014: 210 ff.
31 Iyengar 1993 (2002): 189.
32 T. White 2014: 38.
33 Menuhin in Iyengar 1993 (2002): vii.

16 Daisetz Teitaro Suzuki

1 Prothero 2011: 123–127, 129 f.
2 Fields 1992: 109–113.
3 Barrows 1893: II 829–831.
4 Barrows 1893: II 978–981.
5 Carus 1894: vi.
6 Snodgrass 2003: 241, 223, 257 f.
7 2015/2016 ist bei der University of California Press eine dreibändige englische Werkauswahl erschienen.
8 Snodgrass 2003: 264.
9 Biographie: Switzer/Snelling 1985. Wichtige Studien: Sharf 1993; Snodgrass 2003; Borup 2018. Den Forschungsstand repräsentieren die Einleitungsaufsätze zu der von Jaffe verantworteten amerikanischen Textauswahl: Jaffe 2015; Dobbins 2016; Wilson/Moriya 2016.
10 Sharf 1993: 12.
11 Jaffe 2015: 40.
12 Suzuki 2016: 8, 9, 13, 21.
13 Shaku 1906: 86.
14 Suzuki 1955: 11–47.
15 Suzuki 1955: 11 f.
16 Suzuki 1955: 28
17 Tweed 2005: 264.
18 Jaffe 2015: 43 f.
19 Dobbins 2016: 35.
20 Dobbins 2016: 18 f.
21 Yamada 2009: 219, 222.
22 Switzer/Snelling 1985: 39.
23 Suzuki 2016 III: 67–72.
24 Victoria 2013: 14.
25 Victoria 2014: 21.
26 Suzuki 1955: 36.
27 Vgl. Baier 2013 zur völkischen Periode in Graf Dürckheims Karriere.
28 Iwamura 2011: 23–37.
29 Dobbins 2016: 29 f.
30 Suzuki 2016: III 118.

31 Suzuki 1949: 267: «As I conceive it, Zen is the ultimate fact of all philosophy and religion. Every intellectual effort must culminate in it, or rather must start from it, if it is to bear any practical fruits. Every religious faith must spring from it if it has to prove at all efficiently and livingly workable in our active life. Therefore Zen is not necessarily the fountain of Buddhist thought and life alone; it is very much alive also in Christianity, Mahommedanism, in Taoism, and even in positivistic Confucianism. What makes all these religions and philosophies vital and inspiring, keeping up their usefulness and efficiency, is due to the presence in them of what I may designate as the Zen element.»
32 Richtungsweisend: Sharf 1993.
33 Suzuki 1968: 47.
34 Triplett 2016: 388.
35 Jaffe 2015: 73, 56.
36 Suzuki 1968: 35.
37 Suzuki 1968: 141.
38 Scholem 1961: 96.
39 Sharf 1993: 28.
40 Yamada 2009: 208.
41 Yamada 2009: 70 f.
42 Scholem 1961.

17 Carl Gustav Jung

1 Vgl. Ellenberger 2005.
2 Nietzsche 1887 (1881): § 119.
3 Nietzsche 1887: Vorrede § 1.
4 Freud 1961: 617 f. (Hervorhebung i. O.).
5 Zu Freuds Religionstheorie(n): Scharfenberg 1988; Palmer 1997; Capps 2001; Hewitt 2014; Will 2014; Pals 2015.
6 Segal 1995: 598.
7 Wichtige biographische Werke: Jaffé 1978; Hannah 1982; Wehr 1988; Bair 2005 (das derzeitige Standardwerk); Lachman 2010 (zur esoterischen Karriere und Deutung Jungs); Shamdasani 2012 (intellektuelle Biographie anhand von Jungs Bibliothek); Bishop 2014; Dunn 2015 (2000).
8 Noll 1994; 1997.
9 Dohe 2011: 350.
10 Jung/Jaffé 2007: 375; Jung 1973: 62 f.
11 Noll 1994: 133–135.
12 Jung 1995; vgl. Dohe 2011.
13 Poewe/Hexham 2005.
14 Bair 2005: 682–703.
15 Hervorgegangen ist das Buch aus wöchentlichen Gesprächen mit Jungs ehemaliger Patientin und dann Privatsekretärin Aniela Jaffé (1903–1991), die 1934 wegen ihrer jüdischen Herkunft aus Deutschland nach Zürich übersiedelte. Über weite Strecken ist der Text eine Koproduktion der beiden, also nicht immer Originalton Jung.
16 Bair 2005: 903.
17 Jung/Jaffé 2007: 45.
18 Jung/Jaffé 2007: 36–38, 40, 41.
19 Jung/Jaffé 2007: 357.
20 Jung/Jaffé 2007: 371.
21 Jung/Jaffé 2007: 372.
22 Noll 1997: 112 f.
23 Baier 2011.
24 Baier 2009: 14.
25 Hanegraaff 2017: 128.
26 Jaffé 1978: 67–75 enthält einige Bilder.
27 Jung 2009.
28 Hanegraaff 2012: 289.
29 Hanegraaff 1996: 510; Bair 2005: 421; Godwin 2006: 785b; C. Goodrick-Clarke 2005.

30 Lachman 2010: 152.
31 Hakl 2001; Hanegraaff 2012: 279; Dohe 2011: 346.
32 Jung/Jaffé 2007: 255.
33 Jung/Jaffé 2007: 342; Lachman 2010: 189 f.
34 Jung/Jaffé 2007: 224.
35 Jung 1958: 7.
36 Jung/Jaffé 2007: 293.
37 Lachman 2010: 189.
38 Vgl. Stein 1985 (2013; deutsch 1988).
39 Barth 1966: 31.
40 Jung 1997: 50.
41 Jung 1997: 108; Bishop 2002 zu Genese und Rezeption des Werkes mit Kommentar.
42 Biographie: Enz 2005. Korrespondenz Pauli-Jung: Meier 1992. Intellektuelle Geschichte der Freundschaft Jung-Pauli: A. I. Miller 2010 (deutsch 2011).
43 Hanegraaff 1996: 500 f.
44 Main 2004.
45 Jung/McGuire/Hull 1977: 230.
46 Hammer 2004: 430 f.
47 Jung 2013: 95.
48 Jung/Jaffé 2007: 343, 350.
49 Hammer 2004: 437–440.
50 Stuckrad 2003: 339, 52.

18 Adolf Hitler

1 V. Ullrich 2013: 7.
2 Rißmann 2001: 138; Junginger 2006: 83.
3 Cancik 1980: 13.
4 V. Ullrich 2013: 568, 574, 720.
5 Plöckinger 2011: 349–351.
6 Klemperer 1995: 122.
7 Vgl. Karow 1997.
8 V. Ullrich 2013: 590.
9 François-Poncet 1980: 308.
10 de Rougemont 2001: 60, 87, 90, 91.
11 Jung/McGuire/Hull 1977: 93, 116 f., 122, 126, 118, 124, 123.
12 Vgl. Krause 2018.
13 Heep 2018: 341.
14 Niemöller 1960: 147.
15 Schirrmacher 2007: I 330.
16 Weikart 2016: 11.
17 Schirrmacher 2007: I 417–420.
18 Hesemann 2012.
19 Rißmann 2001: 122; Töppel 2016: 32
20 Rißmann 2001: 201
21 Vgl. Schirrmacher 2007.
22 Schirrmacher 2007: II 31 f., I 181.
23 Schirrmacher 2007: I 164.
24 Hitler 1933: 336.
25 Schirrmacher 2007: II 297 ff.
26 Schirrmacher 2007: I 233 f.
27 Hitler 1933: 444, 272, 421.
28 Schirrmacher 2007: II 440.
29 Hitler 1933: 70.
30 Heep 2018: 336.
31 V. Ullrich 2013: 77.
32 Vgl. Reuth 2009.
33 Reuth 2009: 52.
34 Hitler 1980: 89 f.
35 Reuth 2009: 199; Rißmann 2001: 132.
36 Bärsch 2002: 153
37 V. Ullrich 2013: 147; L. Herbst 2011: 139.
38 V. Ullrich 2013: 144; L. Herbst 2011: 135.
39 V. Ullrich 2013: 114.
40 Heß 1987: 304.
41 Göttert 2015: 102; Weikart 2016.
42 L. Herbst 2011: 269, 283.
43 Cancik 1980: 24 f.
44 Hesemann 2012: 261 f.
45 Heep 2018: 354.
46 Bärsch 2002: 163–166, 182–187.
47 Hesemann 2012: 231, 289.
48 Heep 2018: 344–346.
49 Hesemann 2012: 227.
50 Die Verweise in diesem Abschnitt

beziehen sich auf Hitler 1992 ff. (Band/Teilband Seite): II/2 538, IV/1 121, V/I 135, II 695, II 694, IV/1 33.
51 Schirrmacher 2007: I 221.
52 20. 3. 1936; Hesemann 2012: 443; Hesemann deutet das, meines Erachtens verfehlt, als Beleg für Hitlers vermeintlichen Status als «Religionsstifter».
53 Schirrmacher 2007: I 282; II 452.
54 Schirrmacher 2007: II 154.
55 Schirrmacher 2007: II 454 f.
56 Friedländer 2007.
57 Schirrmacher 2007: II 163 f.

19 Solomon Schechter und Mordechai Kaplan

1 Barrows 1893: II 1461.
2 https://en.wikipedia.org/wiki/Jews_in_New_York_City (25. 1. 2020).
3 Ament 2005. Etwa ein Viertel der Befragten einer 2000/2001 durchgeführten Studie identifizierte sich entweder als «nur jüdisch», «säkular jüdisch» oder «irgendwie sonst jüdisch» (= nichtdenominational), während andere die Aufteilung in verschiedene Richtungen zu überwinden suchen (postdenominational).
4 Raphael 1985: 133 f.
5 Cohen 2012: 22.
6 Es gibt keine aktuelle Biographie. Maßgeblich ist immer noch Bentwich 1938, wichtig auch Adler 1916.
7 Bentwich 1938: 25.
8 Adler 1916: 55; Starr 2004: 17.
9 Schechter 1920: xi.
10 Schechter 1904: 6.
11 Cohen 2012: 24, 53.
12 Bentwich 1938: 237, 282, 239.
13 Bentwich 1938: 335.
14 Vgl. Cohen 2012 zur Genese des Konservativen Judentums aus der charismatischen Gefolgschaft Schechters.
15 Raphael 1985: 118–120.
16 HaCohen 2015: 16. Vgl. M. Urban 2008 zur kulturkritischen Funktion von Bubers Chassidismus-Interpretation.
17 HaCohen 2015: 17.
18 Scholem 1997: 48.
19 Scholem 1997: 78; Davidowicz 1995: 145.
20 Bibliographie der wichtigsten Beiträge bei HaCohen (2015: 22 f., Fußnote 36).
21 Vgl. z. B. Huss/Pasi/Stuckrad (2010).
22 Vgl. Starr 1997.
23 Scult 1993: 28–30, 33.
24 Biographie: Francis 2007.
25 Scult 1993: 63–64.
26 Gurock/Schacter 1997: 178. S. Lazaroff 1990 zu grundlegenden Gemeinsamkeiten und einigen Unterschieden zwischen Dewey und Kaplan.
27 Scult 1993: 154–172.
28 Scult 1993: 191–198; Gurock/Schacter 1997: 102–134.
29 Scult 1993: 255, 79, 258 f.
30 Raphael 1985: 189.
31 Scult 1993: 260, 257.
32 Scult 1993: 285 f.
33 Scult 2014: 13–15.
34 Scult 2014: 17; Raphael 1985: 184.
35 Gurock/Schacter 1997: 141 f.
36 Kaplan 2010: xxx.
37 Kaplan 2010: xxxii.
38 Kaplan 2010: 307
39 Scult 2014: 92.

40 Kaplan 2010: 381, 308, 397, 309.
41 Lazaroff 1990: 175.
42 Kaplan 2010: 310, 316.
43 Scult 2014: 158–164.
44 Kaplan 2010: 335, 283.
45 Kaplan 2010: 86, 178 f., 305, 344 f.
46 Kessner 1990: 354

20 Bhimrao Ambedkar

1 Beltz 2005: 56.
2 Jaffrelot 2005: 134.
3 Zelliott 2013: 170 f.; Jaffrelot 2005: 134 f.; Beltz 2005: 57 f.
4 Beltz 2015: 264.
5 Zelliott 2013: 169.
6 Jaffrelot 2005: 26.
7 Die maßgebliche Biographie ist Keer 1954, 3. Aufl. 1971. Zusammenstellung zentraler Texte: Ambedkar 2002. Empfehlenswert ist Jondhale/Beltz 2004. Auf Deutsch gibt es eine religionsphilosophisch-theologische Dissertation: Jürgens 1994.
8 Fuchs 2001.
9 Karunyakara 2002: 241–257.
10 Ambedkar hat die Frage nach dem Nieder- und Untergang des Buddhismus in Indien andernorts ausführlicher diskutiert («The Decline and Fall of Buddhism», in *Writings and Speeches* 3 [1987] 229–238). Dort macht er auch den Hinduismus für den Zerfall des Buddhismus verantwortlich.
11 Karunyakara 2002: 224.
12 Kent 2007: 392.
13 Karunyakara 2002: 227.
14 Karunyakara 2002: 154.
15 Vgl. Ober 2019.
16 Karunyakara 2002: 248, 250.
17 Ambedkar 2014: 75.
18 Viswanathan 1996: 93.
19 Zelliott 2013: 88.
20 Zelliott 2013: 146.
21 http://www.columbia.edu/itc/mealac/pritchett/00ambedkar/timeline/1930s.html (25. 1. 2020).
22 Zelliott 2013: 147.
23 Zelliott 2013: 148.
24 Zelliott 2013: 150.
25 Zelliott 2013: 148; Ambedkar 2014: 76.
26 Jenkins 2007.
27 Kent 2007.
28 Zelliott 2013: 153.
29 Karunyakara 2002: 216.
30 Vgl. Jenkins 2007.
31 Karunyakara 2002: 218 f.
32 Zelliott 2013: 154.
33 Omvedt 2004.
34 Vgl. M. Fuchs 2001.
35 Jürgens 1994: 60–108; Zelliott 2013: 156–163.
36 Jenkins 2007: 455.
37 Queen 2004: 134.
38 In *Writings and Speeches* 17/2/I (2003): 97–108.
39 Jürgens 1994; Fiske/Emmrich 2004.
40 Ambedkar 2011: 171.
41 Karunyakara 2002: 212.
42 Zelliott 2013: 172.
43 Beltz 2015: 257.
44 Beltz 2005: 168–170, 171, 164–168.
45 Vgl. Beltz 2015.

21 Anandamayi Ma

1 Biographien: Foxen 2017; P. Goldberg 2018.
2 Yogananda 2014: 282.
3 Maschmann 1967: 10, 12.

4 Hallstrom 1999: loc 5866; Johnsen 1994: 54; Maschmann 1967: 66.
5 Aymard 2015.
6 Hallstrom 1999: loc 5866.
7 Lipski/Fitzgerald 2007: 19, 21.
8 Maschmann 1967: 87, 67.
9 Maschmann 1967: 96.
10 Alexander 2009: 328.
11 Hallstrom 1999: loc 1241.
12 Johnsen 1994: 56.
13 Maschmann 1967: 70.
14 Maschmann 1967: 49.
15 Hallstrom 1999: loc 5340, 496.
16 Hallstrom 1999: loc 5689.
17 Maschmann 1967: 99.
18 Maschmann 1967: 110.
19 Alexander 2009: 331.
20 Vgl. Pechilis 2015.
21 Grundlegend: Warrier 2005.
22 Aymard 2015.
23 P. Goldberg 2010: 194.

22 Hasan al-Banna und Sayyid Qutb

1 Grundlegend zu al-Banna: Krämer 2010. Zu einer zentralen Dimension von al-Bannas Wirken: Krämer 2015. Eine englische Übersetzung seiner Erinnerungen ist 1972 in Karachi erschienen.
2 Grundlegend zu Qutb: Calvert 2013; Toth 2013; Bergesen 2008 (Textauszüge); L. Wright 2006; Damir-Geilsdorf 2003.
3 Kommentierte Bibliographie bei Damir-Geilsdorf 2003: 375–393.
4 Qutb 1997: 157, 104–107.
5 Calvert 2013: 111–113.
6 Shepard 1996: xxiv f.
7 1944 verwendete al-Banna das Wort Islamismus, Lauzière 2016: 17.
8 Vgl. Calvert 2000.
9 Calvert 2013: 154 f.
10 Krämer 2010: 120.
11 Krämer 2010: 13, 15.
12 al-Banna 1972: 74; Krämer 2010: 16.
13 al-Banna 1972: 139.
14 Krämer 2010: 20–22, 26.
15 al-Banna 1972: 141 f.
16 Krämer 2010: 27–29.
17 Vgl. Baron 2014.
18 Krämer 2015: 342; Krämer 2010: 32 f.; Krämer 2015: 351.
19 Krämer 2010: 51 f.
20 Krämer 2010: 54, 66.
21 Krämer 2010: 66–70.
22 Krämer 2010: 76–78.
23 Krämer 2010: 121.
24 Krämer 2010: 99.
25 Calvert 2013: 180.
26 Calvert 2013: 182, 186.
27 Calvert 2013: 201 f.
28 Calvert 2013: 205.
29 Qutb 2002: 76, Toth 2013: 81.
30 Qutb 2002: 32–35.
31 Toth 2013: 91. Vgl. Damir-Geilsdorf 2003: 323–355 zu muslimischen Kritikern Qutbs.

23 Norman Vincent Peale

1 Biographie: George 1993 (Neuausgabe 2019).
2 Vgl. Nehring et al. 2016.
3 Lane 2016: 61, 96, 99.
4 Lane 2016: 38.
5 S. http://www.blantonpeale.org/index.html (26. 7. 2017).
6 Lane 2016: 54, 13.
7 Der Ausdruck «Art of Living» wurde ab 1981 von dem Mega-

Guru Sri Sri Ravi Shankar für seine inzwischen weltweit operierende humanitäre NGO The Art of Living Foundation verwendet. Vermutlich war ihm Peale unbekannt.

8 Autobiographie: R. Peale 1971.

9 George 1993: 104, 115, 119.

10 https://en.wikipedia.org/wiki/List_of_magazines_by_circulation (25. 1. 2019).

11 N. Peale 1991: 147.

12 N. Peale 2003: loc 41, 67.

13 Finstuen 2009: loc 257.

14 N. Peale 2003: loc 95.

15 N. Peale 2003: 4 f., 7, 43.

16 N. Peale 2003: 42.

17 Eine deutsche Übersetzung erschien erst 1977; inzwischen liegen 13 Auflagen vor.

18 George 1993: 40 f., 145; Witham 2007: loc 4673 ff.

19 Vgl. Finstuen 2009.

20 Bowler 2013: 14, 20–22, 65.

21 Bowler 2013: 254.

22 Bakker/Abraham 1996: ix.

24 C. S. Lewis und J. R. R. Tolkien

1 Darauf basierend rekonstruiert C. G. Brown 2013 Lewis' «spirituelle Biographie». Meine Hauptquelle der Darstellung ist McGrath 2013. Wagner 2005 ist plakativ, aber erhellend; Hooper 1996 ist umfassend, aber eher unkritisch. Kort 2016 ist ein Durchgang durch Lewis' Werke.

2 Lewis 2002: loc 11665.

3 Text: http://www.gutenberg.org/files/2003/2003-h/2003-h.htm (2. 4. 2017).

4 McGrath 2013: 34.

5 Lewis 2002: loc 11935.

6 Die grundlegende Tolkien-Biographie ist und bleibt Carpenter 1977 (deutsch 1979). Anerkannt ist auch Shippey 2000 (deutsch 2002). Geier 2009 ist eine prägnante Einführung.

7 C. G. Brown 2013: 153 f.; McGrath 2013: 149.

8 Lewis 1980: 43 f., Lewis 2002: loc 14227.

9 McGrath 2013: 156, Lewis 2002: loc 11799, 11861.

10 McGrath 2013: 174.

11 McGrath 2013: 204–212.

12 Geier 2009: 105.

13 McGrath 2013: 235

14 Wagner 2005: 172.

15 Lewis 2004: 425.

16 Mendlesohn/James 2012; E. James 2012.

17 Mendlesohn/James 2012: loc 87.

18 Das Standardwerk zur werkgeschichtlichen Entwicklung von Tolkiens Mythologie ist Whittingham 2008. Sie zeigt, dass seine Gottheiten eine stärkere biblische Färbung erhielten.

19 Vgl. Simek 2005 zu Tolkiens Rezeption der nordischen Mythologie.

20 McGrath 2013: 263 f..

21 Tolkien 1981: 231 (Brief 180).

22 Phelpstead 2014: 87.

23 Tolkien 1983: 153, 156.

24 McGrath 2013: 278.

25 Kort 2016: 265.

26 Mendlesohn/James 2012: loc 904.

27 McGrath 2013: 278.

28 McGrath 2013: 290.

29 McGrath 2013: 370–374.

30 Geier 2009: 94.

31 Pearce 2014: loc 3803.

32 Mendlesohn/James 2012: loc 746.

33 Tolkien 1981: 172 (Brief 142).

34 Harvey 1997.

35 Davidsen 2014: 201.
36 Geier 2009: 123; Tolkien 1981: 341 (Brief 251).
37 MacGrath 2013: 350.
38 Geier 2009: 129 (i. O. kursiv).
39 Vgl. Davidsen 2013; 2016a.
40 Davidsen 2016a; 2016b.
41 Perrott 2002 (http://www.nzherald.co.nz/nz/news/article.cfm?c_id=1&objectid=2352142).
42 Zu dieser Kategorie gibt es einen eigenen Wikipedia-Eintrag mit etwa 20 Sprachvarianten. Die englische Version (Parody religion) ging 2005 an den Start, die deutsche (Religionsparodie) folgte 2007.

25 L. Ron Hubbard

1 Vgl. Uddin 2019.
2 Freiberger/Kleine 2011: 461 f.
3 Vgl. Pennington 2005; P. Gottschalk 2013.
4 https://www.supremecourt.uk/cases/docs/uksc-2013–0030-judgment.pdf (15. 11. 2017)
5 «I would describe religion in summary as a spiritual or non-secular belief system, held by a group of adherents, which claims to explain mankind's place in the universe and relationship with the infinite, and to teach its adherents how they are to live their lives in conformity with the spiritual understanding associated with the belief system.» Kontext ist die Gesetzgebung zur Registrierung von Kultorten («Places of Worship»). https://www.supremecourt.uk/cases/docs/uksc-2013–0030-judgment.pdf (15. 11. 2017)
6 Schleiermacher 1984: 212.
7 https://www.ots.at/presseaussendung/OTS_19980713_OTS0091/scientology-anerkennung-der-zeugen-jehovas-zeigt-politische-willkuer (15. 11. 2017).
8 Classen 2006: 42.
9 J. R. Lewis 2016: 35.
10 http://www.lermanet.com/scientologynews/newsherald-DeWolfe07–82.htm (30. 11. 2017).
11 Zur Biographie bzw. Hagiographie: R. Miller 1987; Braun 2004: 88–102; Willms 2005; Christensen 2005; H. B. Urban 2011; L. Wright 2013. Umfassende Bibliographie: Frenschkowski 1999.
12 Christensen 2005: 237.
13 Manca 2012: 84.
14 Vgl. McKee 2007; Engler 2008; Herrick 2008.
15 Vgl. Raine 2015.
16 L. Wright 2013: 44–50.
17 Zum Folgenden: Urban (2012).
18 Urban 2012: 350.
19 Willms 2005: 124.
20 Urban 2011: 31.
21 Urban 2012: 348.
22 Raine 2015: 71; J. R. Lewis 2016: 36.
23 Vgl. Tøllefsen/Lewis 2017.
24 H. B. Urban 2011: 52.
25 H. B. Urban 2011: 36, 45.
26 Vgl. J. R. Lewis 2016; Rothstein 2009.
27 Vgl. Manca 2012.
28 http://www.apa.org/about/policy/chapter-11.aspx (22. 11. 2017).
29 http://www.fromm-gesellschaft.eu/images/pdf-Dateien/1950b-e.pdf (22. 11. 2017).
30 Hayakawa 1951.
31 H. B. Urban 2011: 64.
32 Braun 2004: 93.
33 H. B. Urban 2011: 66.

34 Christensen 2005: 230.
35 Urban 2011: 50.
36 Vgl. Bigliardi 2016.
37 Urban 2011: 69.
38 Vgl. J. R. Lewis 2016.
39 Urban 2011: 80 f.
40 Vgl. Terrin 2017.
41 Hubbard 2007 (1952): 62.
42 Urban 2011: 136.
43 Hubbard 2007: 3.
44 Urban 2012: 354.
45 Kent 1999: 111.
46 Urban 2011: 87.
47 Kent 1999: 110; Urban 2011: 65.
48 Kent 1999: 110.
49 Urban 2011: 62.
50 Urban 2011: 65.
51 Sloterdijk 2016: 162.
52 Urban 2011: 66, Urban 2012.
53 Urban 2011: 68.
54 Kent 1996.
55 Urban 2011: 68, 160; vgl. Kent 1996.
56 Bigliardi 2016: 668.
57 Urban 2011: 159, 162.
58 Urban 2011: 166.
59 Willms 2005: 115.
60 Urban 2011: 168.
61 Urban 2011: 167–172.
62 Vgl. z. B. https://de.usembassy.gov/de/laenderberichte-ueber-religionsfreiheit-2016-bundesrepublik-deutschland/ (20. 11. 2017).
63 Urban 2011: 148–152.
64 Urban 2011: 91, 109.
65 L. Wright 2013: 331.
66 Melton 2018: 33.
67 L. Wright 2013: 326–331 berichtet von einer besonders drakonischen Strafeinrichtung, genannt «das Loch» *(the hole)*.
68 https://www.scientology.org/faq/church-management/what-is-the-sea-organization.html (2. 12. 2017).
69 Urban 2011: 122–127.
70 Vgl. Melton 2018.
71 L. Wright 2013: 209
72 D. A. Palmer 2011: 64 f.
73 https://en.wikipedia.org/wiki/Modern_Library_100_Best_Novels (25. 11. 2017).
74 Vgl. Hubbard 2016 (1982).
75 L. Wright 2013: 210
76 L. Wright 2013: 247.
77 L. Wright 2013: 227 f.
78 Willms 2005: 82.
79 L. Wright 2013: 334.
80 Urban 2011: 140.
81 L. Wright 2013: xi.
82 L. Wright 2013: 187; Urban 2011: 143.
83 L. Wright 2013: 307, 377, 310.
84 Vgl. J. R. Lewis 2013

26 Mao Zedong

1 Leese 2011: 131.
2 Schmidt-Glintzer 2017: 348.
3 Leese 2011: 134 f.
4 Wemheuer 2010: 119.
5 Schmidt-Glintzer 2017: 353.
6 Feuchtwang 2001: 216.
7 Vgl. MacInnis 1974; Mitter 2004: 212; MacFarquhar/Schoenhals 2006; 118–121; Yang 2012: 73.
8 Friedman/Pickowicz/Selden 1991: 234, 238.
9 Mitter 2004: 108–115.
10 Feuchtwang 2001: 233–235.
11 Friedman/Pickowicz/Selden 1991: 234.
12 Aktuelle Biographien: Schmidt-Glintzer 2017; Pantsov/Levine 2012. Deutschsprachige Einfüh-

rungswerke: Wemheuer 2010; Dabringhaus 2008.
13 Wemheuer 2010: 34 f.
14 Tze-Tung 1966: 46 f.
15 MacInnis 1974: 34; vgl. auch Meienberger 1985.
16 Boer 2015.
17 Wemheuer 2010: 17, 61.
18 Pantsov/Levine 2012: 12, 462; MacInnis 1974: 27.
19 Tze-Tung 1969: iii.
20 Goossaert/Palmer 2011: 148 f.; vgl. Palmer 2011.
21 Goossaert/Palmer 2011: 162.
22 Vgl. Stausberg 2010.
23 Wemheuer 2010: 48.
24 Wemheuer 2010: 60 ff., 71.
25 Leese 2007: 6.
26 Vgl. J. E. Taylor 2006; Schmidt-Glintzer 2017: 161 f.
27 Leese 2011: 68–72, 75.
28 Leese 2011: 9.
29 Vgl. Mittler 2012: 252 f. zur Berechtigung dieses Vergleichs.
30 MacInnis 1974; 305.
31 Goossaert/Palmer 2011: 188.
32 Mittler 2012: 271, 314.
33 Landsberger 2002: 154.
34 MacInnis 1974: 305; Mittler 2012: 100; Leese 2011: 184.
35 Gossaert/Palmer 2011: 189. Dämonenvertreibung als Leitmotiv: ter Haar 2002.
36 Schmidt-Glintzer 2017: 358.
37 MacInnis 1974: 306.
38 Vgl. Mittler 2012.
39 Barmé 1995: 5, 9.
40 Yuan 1995: 87.
41 Mittler 2012: 317.
42 Yuan 1995: 86 f.; Barmé 1995: 10; Mittler 2012: 329.
43 Oakes/Sutton 2010: 3.
44 Zhao/Bell 2016: 473, Malme 2014, Chau 2006: 51.
45 Landsberger 2002: 162.

27 Martin Luther King

1 Biographische Darstellungen (u. a.): Frady 2002; Waldschmidt-Nelson 2014.
2 Vgl. Hamm et al. 2000.
3 Göttert 2015: 129.
4 Witham 2007: loc 4759.
5 Frady 2002: loc 455.
6 Kirk 2005: 22.
7 King 2001: loc 1365, 3013.
8 King 2001: loc 1409.
9 King 2001: loc 2067.
10 King 2001: loc 1795.
11 Lischer 1995: 188.
12 Raboteau 2016: 1–24.
13 Frady 2002: loc 736.
14 Die «Autobiographie» wurde von dem King-Forscher Clayborn Carson aufgrund von Kings Aufzeichnungen postum zusammengestellt (1998).
15 Lischer 1995: 247 ff.
16 Lischer 1995: loc 2453 ff.; Witham 2007: loc 4790.
17 Vgl. Selby 2008.
18 Lischer 1995: loc 3296.
19 Frady 2002: loc 676.
20 Lischer 1995: 212.
21 https://kinginstitute.stanford.edu/king-papers/documents/ive-been-mountaintop-address-delivered-bishop-charles-mason-temple (25. 1. 2020).
22 Frady 2002: loc 2623.
23 Lischer 1995: 189.
24 https://kinginstitute.stanford.edu/king-papers/documents/drum-major-instinct-sermon-delivered-ebenezer-baptist-church (13. 8. 2019).
25 Vgl. Waldschmidt-Nelson 2014 für

eine Parallelbiographie King/Malcolm X.

26 Lischer 1995: 158.
27 King 2001: loc 5692.

28 Alfred Loisy und Gustavo Gutiérrez

1 Autobiographien: Loisy 1913; 1930a; 1930b; 1931.
2 Neuner 2009: 73 f.
3 Arnold 2007: 106; Neuner 2009: 113; (deutsche Übersetzung:) Neuner 2009: 294–354.
4 Welker 2005.
5 Neuner 2009: 177.
6 Leroy 2010.
7 Heiler 1947: 171, 174, 185 f.
8 Heiler 1947: 192–199.
9 Neuner 2009: 105, 356.
10 Neuner 2009: 169, 178
11 Pauly 2008: 213
12 http://www.vatican.va/roman_curia/congregations/cfaith/documents/rc_con_cfaith_doc_19791215_christi-ecclesia_ge.html (6. 12. 2018).
13 Vgl. Collins 2002.
14 Küng 1990.
15 https://web.archive.org/web/20130930105840/http://www.weltethos.org/data-ge/c-10-stiftung/13-deklaration.php (6. 12. 2018).
16 http://www.vatican.va/roman_curia/congregations/cfaith/documents/rc_con_cfaith_doc_19840806_theology-liberation_ge.html (6. 12. 2018).
17 Boff 2010.
18 Textauswahl: Gutiérrez 1996.
19 Collins 2002: 24.
20 Ansorge 2017: 350.
21 Kristenson 2009: 95.
22 Vgl. Balasuriya 1990.

29 Karl Barth und Paul Tillich

1 Tietz 2018: 58.
2 Tietz 2018: 61.
3 Pauck/Pauck 1978: 53–67.
4 Vgl. Graf 2011.
5 Pfleiderer 2016: 144, 146, 152, 164.
6 Tietz 2018: 79–86.
7 Biographie von Ragaz: Mattmüller (1957; 1968).
8 Mattmüller 1957: 20, 17.
9 Langewiesche 2009.
10 Rostig 1991: 36 f.
11 Barth 2009: I 207, 190 f.
12 Barth 2009: II 194, 198.
13 Barth 2009: I 200.
14 Moxter 2016: 107.
15 Barth 2009: I 115.
16 Tietz 2018: 161.
17 Tietz 2018: 161.
18 Trowitzsch 2016.
19 Barth 2009: I 296.
20 Pauck/Pauck 1978: 132.
21 Schüssler/Sturm 2016: 52–55.
22 Tillich 1965: 23.
23 Schüßler/Sturm 2015: 103 f., 109.
24 Pauck/Pauck 1978: 134.
25 Tillich 1987: 285; Pauck/Pauck 1978: 76; Schüßler/Sturm 2015: 58.
26 Pauck/Pauck 1978: 117.
27 Tietz 2018: 51.
28 Pauck/Pauck 1978: 93.
29 Graf 2011: 37.
30 Pauck/Pauck 1978: 98.
31 Tietz 2018: 187–205.
32 Vgl. Grüttner/Kinas 2007.
33 Pauck/Pauck 1978: 136–139.
34 Pauck/Pauck 1978: 157.
35 Greschat 2016: 431.
36 Tietz 2018: 226.

37 Barth 2009: I 482, 485, 505.
38 Tietz 2018: 249.
39 Tietz 2018: 255.
40 Barth 1984: 50.
41 Tietz 2018: 259, 261, 264.
42 Tietz 2018: 269 f.
43 Tietz 2018: 285–289, 303–314.
44 Pauck/Pauck 1978: 161.
45 Vgl. Tillich 1936.
46 Tietz 2018: 393.
47 Pauck/Pauck 1978: 275.
48 Schüssler/Sturm 2016: 47.
49 Moxter 2016.
50 Tillich 1971: 193, 28.
51 Tietz 2018: 214.
52 Tietz 2018: 215.
53 Tillich 1973 (1951): 61.
54 Barth 2009: II 753.
55 Barth 2009: II 739, 740.
56 Pfleiderer 2009: «antimoderne Reflexionsreligion».
57 Daly 1985: 33 f.
58 Intellektuelle Autobiographie: Daly (1992; deutsch 1994 als *Auswärts Reisen: Die Strahlkräftige Fahrt*).
59 Erinnerungen: Sölle 1995 (4. Aufl. 2002); Biographie: Wind 2012.

30 Billy Graham

1 Grundlegend: Wacker 2014. Lesenswerte Beiträge im Heft 111 von *Christian History* (ohne Jahresangabe). Autobiographie: Graham 2007 (1. Aufl. 1997).
2 Graham 2007: 32.
3 Wacker 2014: 102.
4 Finstuen 2009: loc 672.
5 Wacker 2014: 87.
6 Witham 2007: loc 4436.
7 Dowley 2011: 218.
8 Graham 2007: 127 f.; Wacker 2014: 10 f.
9 Graham 2007: 149 f.; Wacker 2014: 11.
10 Witham 2007: loc 4522.
11 Wacker 2014: 263 f.
12 Stanley 2013: 71.
13 Wacker 2014: 143.
14 https://www.spiegel.de/spiegel/print/d-28956847.html (26. 1. 2020).
15 Siehe das Video http://www.blick-vom-kirchturm.de/medium/view/id/1 (21. 11. 2018).
16 Graham 2007: 5.
17 Vgl. Balbier 2010.
18 Graham 2007: 381.
19 Graham 2007: 702.
20 Witham 2007: loc 4497, Finstuen 2009: loc 366.
21 Biographie: Fox 1985.
22 Niebuhr 1962: 26.
23 Wacker 2014: 36, 50, 85, 234.
24 Balbier 2010: 357.
25 Wacker 2014: 19, 239–241.
26 Graham 2007: 512–515.
27 Graham 2007: 485.
28 Wacker 2014: 19.
29 Wacker 2014: 217.
30 Wacker 2014: 23.
31 Graham 2007: 426.
32 Wacker 2014: 124 f.
33 Graham 2007: 430 f.
34 Wacker 2014: 230.
35 Wacker 2014: 13, 247.
36 Wacker 2014: 72, 80–89.
37 Krämer 2015: 268.
38 Graham 2007: 432.
39 http://billygraham.org/press-release/billy-graham-radio-program-the-hour-of-decision-turns-60/ (25. 6. 2016).
40 Wacker 2014: 14.
41 Coffman 2014: 11.
42 Wacker 2014: 15.
43 Stanley 2013: 35.

31 Sathya Sai Baba

1 Babb 1987: 177 f.
2 Copeman/Ikegame 2012: 15.
3 T. Srinivas 2010: 62.
4 T. Srinivas 2010: 65 f.
5 S. Srinivas 2013: 266.
6 T. Srinivas 2010: 68 f.
7 Sahoo 2018: 31.
8 S. Srinivas 2013: 269.
9 T. Srinivas 2010: 10.
10 T. Srinivas 2010: 136 ff.
11 Sahoo 2018: 32.
12 S. Srinivas 2015: 134.
13 Weiss 2005: 13.
14 S. Srinivas 2013: 271.
15 S. Srinivas 2013: 262 f.
16 Sahoo 2018: 30 ff.
17 Babb 1987: 175; Urban 2003: 76, 84.
18 S. Srinivas 2013: 274.

32 The Beatles

1 Bandbiographien: Davies 2010 (erste Fassung 1968) ist gewissermaßen die offizielle Biographie); Ph. Norman 2005 (1. Aufl. 1981); Spitz 2006; Bose 2018 mit Fokus auf 1968.
2 Turner 2006: loc 121.
3 http://www.beatlesinterviews.org/dbbtspb.int2.html (26. 1. 2020).
4 Turner 2006: loc 1670.
5 Womack/Davis 2006: 102.
6 Ein Faksimile des Skripts liegt der 2007 erschienenen restaurierten Deluxe Edition von *Help!* (2 DVDs) bei.
7 Wyss-Giacosa 2015.
8 Turner 2006: 119.
9 Deutsche Übersetzung 1971; 1982; 1993 (jeweils andere Verlage).
10 Schon 1954 erschien eine deutsche Übersetzung, 4. Aufl. 1972, auch spätere Nachdrucke.
11 Eine genauere Übersetzung des Titels *Bardo Thödröl* oder *Bardo Thödol* lautet «Befreiung durch Hören im Zwischenzustand».
12 Autobiographie: Leary 1990 (erste Ausgabe 1983).
13 G. Martin/Pearson 1994: 79.
14 Turner 2006: 23 («BEATLE WORSHIP IS IDOLATRY. CHILDREN KEEP YOURSELVES FROM IDOLS.»).
15 Turner 2006: loc 362 ff.
16 Turner 2006: 33, 36.
17 G. Martin/Pearson 1994: 10.
18 Turner 2006: 2261 f.
19 Vivekananda o. J.: loc 5636.
20 http://www.rollingstone.com/music/lists/500-greatest-albums-of-all-time-20120531/the-beach-boys-pet-sounds-20120524 (28. 11. 2016).
21 Inglis 2008: 95 f.
22 G. Martin/Pearson 1994: 118.
23 G. Martin/Pearson 1994: 115.
24 http://www.peppercover.com/ (26. 1. 2020) ist eine interaktive Galerie.
25 S. auch Boyds Beststeller-Autobiographie Boyd/Junor 2007: 97–120.
26 Bose 2018: 151.
27 Turner 2006: loc 2315.
28 Turner 2006: loc 2328.
29 Turner 2006: 157.
30 Boyd/Junor 2007: 119; P. Goldberg 2010: 160 f.
31 Vgl. Norman 2011.
32 Greene 2006: 87.
33 Vgl. Humes 2012.
34 Vgl. Humes 2012.

35 Ph. Goldberg 2010: 170.
36 Vgl. Rothstein 1996.
37 Nach wie vor erscheinen wissenschaftliche Studien zu gesundheitlichen Wirkungen von TM; Ergebnisse deuten positive Effekte an (z. B. Orme-Johnson/Barnes 2013; Schneider et al. 2012). Eine Auswahl von Studien zu knapp 20 Bereichen findet man auf folgender TM-Website: http://www.tm.org/research-on-meditation (25. 11. 2016).
38 Eine kleine Auswahl: *The Future of God: A Practical Approach to Spirituality for our Times* (2014); *The Seven Spiritual Laws of Yoga* (2012); *Muhammad: A Story of the Last Prophet* (2010); *God: A Story of Revelation* (2009); *The Third Jesus: The Christ We Cannot Ignore* (2009); *Jesus: A Story of Enlightenment* (2009); *Buddha: A Story of Enlightenment* (2009); *How to Know God* (2008); *Life After Death: The Book of Answers* (2008).
39 Gablinger 2010: 226.
40 https://www.iclrs. org/docs/Malnak%20v.%20Yogi.pdf (26. 11. 2016).
41 Gablinger 2010: 163.
42 Gablinger 2010: 165.
43 S. z. B. Fuchs 1981.
44 Turner 2006: 145; Tillery 2011: 62: «George responded, ‹It's not a substitute for religion. It is religion. The problem is that if you talk about it as a religion it puts people off because they have a concept of religion that has made religion unsuccessful.›»
45 Turner 2006: 170 f.
46 Turner 2006: 174.
47 Turner 2006: 155, 150.
48 Deutsch erstmals 1973 als *Der Urschrei*; viele Folgeauflagen und Nachdrucke.
49 http://www.rollingstone.com/music/news/lennon-remembers-part-one-19710121 (28. 11. 2016)
50 Turner 2006: 185 f.
51 Turner 2006: 187–190.
52 Gilmour 2011: 77 ff.
53 P. Kemper 2007: 202.
54 Turner 2006: 191 ff.
55 Greene 2006: 258.
56 Zur Biographie: Neubert 2010: 37–50; Ketola 2008: 66–77.
57 Neubert 2010: 43.
58 Ketola 2008: 88.
59 Neubert 2010: 48 ff.
60 Turner 2006: 141.
61 Greene 2006: 146 f.
62 Turner 2006: 152; s. Greene 2006.
63 Greene 2006: 213.
64 Greene 2006: 221, 225.
65 Turner 2006: 179.

33 Bob Marley

1 Biographie: Asserate 2016.
2 Asserate 2016: 113 f., 123 f.
3 Asserate 2016: 266.
4 Asserate 2016: 35, 95.
5 F. Ludwig 2010: 104.
6 Asserate 2016: 258.
7 Asserate 2016: 106 f.
8 T. White 2006: loc 1103.
9 Edmonds 2013: 34, 37 f.
10 Zu Howell: Lee 2004.
11 Ewing 2014: 83 f., 103, 133.
12 Ewing 2014: 95.
13 Hock 2005: 157.
14 Ewing 2014: 94.
15 Hock 2005: 157.
16 Garvey 1983.
17 Ewing 2014: 144.
18 Barnett 2018: 20.

19 F. Ludwig 2010: 93; T. White 2006: loc 399, 409.
20 T. White 2006: loc 423.
21 Edmonds 2013: 10.
22 Barnett 2018: 27.
23 F. Ludwig 2010: 92.
24 Lee 2004: 90–94.
25 Edmonds 2013: 58 f.
26 Edmonds 2013: 47 f.
27 Loth 2009: 191 f.
28 Lee 2004: 98–102.
29 Loth 2009: 92.
30 Edmonds 2013: 41 f., 44 f.
31 Die grundlegende Biographie ist T. White 2006 (erstmals 1983, zahlreiche Bearbeitungen). Sehenswert ist Kevin MacDonalds Film *Marley* (145 Minuten; 2012).
32 T. White 2006: loc 4832.
33 Grant 2011: loc 4203.
34 Grant 2011: loc 5592; Ewing 2014: 240.
35 T. White 2006: loc 707 ff.
36 T. White 2006: loc 3790.
37 T. White 2006: 2182 ff.
38 T. White 2006: loc 6231 ff.
39 Edmonds 2013: 21.
40 Barnett 2018: 36 f.
41 Später veröffentlichte sie ein Buch über ihr Leben mit Bob: Marley/Jones 2004.
42 Asserate 2016: 305.
43 Edmonds 2013: 24.
44 White 2006: loc 4208 ff., 5425.
45 Loth 2009: 234.
46 Dawes 2007: 138.
47 Dawes 2007: 138.
48 Dawes 2007: 205.
49 Edmonds 2013: 78 f.
50 Dawes 2007: 270 f., 246.
51 Moskowitz 2007: 57.
52 Edmonds 2013: 58.
53 Edmonds 2013: 95.
54 T. White 2006: loc 6006 ff.; Loth 2009: 236.
55 T. White 2006: loc 5684 ff., 6079 ff.
56 T. White 2006: loc 6062.
57 Edmonds 2013: 28.
58 Vgl. Davis in Lee 2004.
59 Edmonds 2013: 67.
60 Barnett 2018: 96–98; Edmonds 2013: 71, 84.
61 Edmonds 2013: 29.
62 https://ich.unesco.org/en/RL/reggae-music-of-jamaica-01398 (3. 12. 2018).

34 Carl Sagan, Stanley Kubrick, Steven Spielberg

1 Maßgebliche Biographie: Davidson 1999.
2 Dick 1998: 143, 139.
3 Sagan 1985: 152.
4 Davidson 1999: loc 8783 ff.
5 Sagan 1985: 342.
6 Sagan 1985: 420. Dieses Thema wird im Film weiter entfaltet; dort spielt die Kategorie des Glaubens *(faith)* eine positive Rolle.
7 Sagan 1985: 251; Sagan 2006: loc 341.
8 Sagan 1985: 426, 430.
9 Vgl. Craig 1990.
10 Zur Interpretation und Gültigkeit von Hawkings Position zum Thema Gott: Craig 1990; Deltete 1993; Driessen 1997.
11 Hawking 1988: 193.
12 Offizielle Biographie: McAleer 2010.
13 Zur Entstehungsgeschichte: Benson 2018; zur Deutung: Frinzi 2017.
14 Benson 2018: 72.
15 A. B. Palmer 2006: 14.
16 Frinzi 2017: 17.
17 Sagan 1973: 143.
18 A. Clarke 2010: 232, 194 f.
19 McBride 2010: 7.

20 Biographien (u. a.): McBride 2010; Haskell 2017.
21 Haskell 2017: 17.
22 O'Connell 2017: 301–306.
23 Spielberg vermerkte später, dass er – nachdem er selber eine Großfamilie gegründet hatte – die Geschichte nicht mehr so erzählen würde: Towlson 2016: 25.
24 Cowan 2010: 89.
25 Stausberg 2010: 84–88.
26 Towlson 2016: 99.

35 Menachem Mendel Schneerson

1 Heilman/Friedman 2010 ist die erste posthagiographische Biographie; vgl. dazu Heilman 2011. Ausgewogener ist C. Miller 2014. Telushkin 2014 ist materialreich, aber eher Inspirationsliteratur als kritische Biographik. Oberlender/Shmotkin 2016 enthält zahlreiche Bilder und Dokumente für den Zeitraum 1902–1929. Deutsch 1995; 1997 war die erste kritisch-kontroverse Biographie eines Dissidenten.
2 Heilman/Friedman 2010: 123–125.
3 C. Miller 2014: loc 516, 678.
4 Heilman/Friedman 2010: 74.
5 Heilman/Friedman 2010: 95.
6 C. Miller 2014: loc 2233.
7 Dein 2012: 29 f.; Heilman/Friedman 2010: 16.
8 Heilman/Friedman 2010: 76.
9 C. Miller 2014: loc 876, 886.
10 Heilman/Friedman 2010: 83.
11 Heilman/Friedman 2010: 120 (1935); Miller 2014: loc 2949 (1936).
12 Telushkin 2014: 16; C. Miller 2014: loc 2715.
13 C. Miller 2014: loc 3417.
14 Heilman/Friedman 2010: 131.
15 Telushkin 2014: 16; Heilman/Friedman 2010: 14–16.
16 Dinnerstein 1994: 150.
17 C. Miller 2014: loc 3829.
18 Vgl. Greenberg 2014.
19 C. Miller 2014: loc 9825.
20 C. Miller 2014: loc 5324.
21 C. Miller 2014: loc 6095, 6704.
22 Telushkin 2014: 77, 446.
23 C. Miller 2014: loc 6806.
24 Heilman/Friedman 2010: 186–188; C. Miller 2014: loc 6714.
25 Heilman/Friedman 2010: 185.
26 Bleich 1976: 150.
27 Telushkin 2014: 78, 5.
28 Telushkin 2014: 81–83, 456, 306 f.
29 Heilman/Friedman 2010: 22.
30 Telushkin 2014: 265, 262.
31 Altmann 2015: 126.
32 Telushkin 2014: 257 f.
33 S. Miller 2014: loc 8274.
34 Vgl. Kurzon 2011.
35 Telushkin 2014: 41; Miller 2014: loc 5541.
36 C. Miller 2014: loc 1732.
37 Telushkin 2014: 309 f.; C. Miller 2014: loc 7021, 7489.
38 Steinmetz 2017: 60; Telushkin 2014: 16.
39 C. Miller 2014: loc 8204, 7433.
40 Heilman/Friedman 2010: 171–173, 261.
41 Ferziger 2013: 114.
42 Vgl. Bilu 2012.
43 C. Miller 2014: loc 4788; Heilman/Friedman 2010: 48.
44 Heilman/Friedman 2010: 175, 198.
45 Heilman/Friedman 2010: 220.
46 Telushkin 2014: 441.
47 Altmann 2016: 360.
48 Telushkin 2014: 439 f.; C. Miller 2014: loc 10181.
49 C. Miller 2014: loc 10238.
50 Dein 2012.

51 Vgl. Shandler 2009, Dine 2017.
52 C. Miller 2014: loc 9532.
53 Vgl. Ferziger 2013.
54 C. Miller 2014: loc 8356 ff.

36 Ruhollah Musavi Chomeini

1 Die grundlegende Biographie ist Moin 1999. Kurzbiographie: Algar 2012. Beiträge zu unterschiedlichen Facetten seines Lebens und Werks bei Adib-Moghaddam 2014.
2 Dabashi 2006: 413–415 unterscheidet 9 Phasen des politischen Denkens und Handelns Chomeinis in der Periode 1963 bis 1979.
3 Abrahamian 1993: 32.
4 Said 2001: 11 f.
5 Abrahamian 1993: 5 f.
6 Vgl. Ridgeon 2014.
7 V. Martin 2000: 38.
8 Moin 1999: 274.
9 Vgl. Reinert 2007 für eine chronologische Analyse und Khomeini 2010 für eine Auswahl in deutscher Übersetzung.
10 Moin 1999: 276; Seyed-Gohrab 2011.
11 Reinert 2007: 245, 262.
12 Reinert 2007: 276.
13 Abrahamian 1993: 10.
14 Moin 1999: 89, 119.
15 Khomeini 2014: 14; Amirpur 2015: 158.
16 Khomeini 2014: 27–30.
17 Khomeini 2014: 42.
18 Khomeini 2014: 49.
19 Khomeini 2014: 59–61; vgl. auch Rahnema 2014.
20 Ghamari-Tabrizi 2014: 225; Khomeini 2014: 91.
21 Bösch 2019: 18.
22 Amirpur 2015: 183.
23 Beispiele bei Thoß/Richter 1991.
24 Dabashi 2006: xix.
25 Vgl. Araki 2000; Bahmanpour 2000.
26 Vgl. Dabashi 2006.
27 Moin 1999: 251.
28 Bösch 2019: 52.
29 Moin 1999: 282–284.
30 Thoß/Richter 1991: 134.
31 Moin 1999: 232.
32 Moin 1999: 247 f.
33 Vgl. Ghamari-Tabrizi 2014.
34 Amirpur 2015: 197–199.
35 Dabashi 2006: xxvii.
36 Moin 1999: 253.

37 Johannes Paul II.

1 Die etwas verherrlichende Standardbiographie ist Weigel 2005; 2011. Unter den zahlreichen Biographien in vielen Sprachen ist Riccardi 2012 analytisch ergiebig. Samerski 2008 ist eine pointierte thematische Biographie; Roß 2005 bietet ein anregendes Porträt. Bände wie die *Chronik Bildbiografie Papst Johannes Paul II.* (2003) enthalten aufschlussreiches Bildmaterial.
2 Samerski 2008: 28.
3 Wojtyła hatte zunächst in Krakau unterrichtet, die Theologische Fakultät der Jagiellonen-Universität wurde aber 1954 von den Behörden geschlossen.
4 Tietz 2018: 409.
5 Duffy 2006: 367.
6 http://www.documentazione.info/la-verita-dellhumanae-vitae (11. 10. 2016).
7 Lutterbach 2008: 83.

8 Bergmann/Luckmann/Soeffner 1993: 148.
9 Riccardi 2012: 235; Roß 2005: 28, 132 f.
10 Johannes Paul II. 1997: 18, 31.
11 Johannes Paul II. 1997: 44.
12 Küng 2013: 82; Fuhrmann 2005: 232.
13 Sommer 2003 inventarisiert fast alle Aspekte der Papstreisen.
14 Bösch 2019: 61.
15 Sommer 2003: 166 ff.; Fuhrmann 2005: 234 f. mit Abb. 171/172.
16 Sommer 2003: 73, 159, 163, 151.
17 Sommer 2003: 85, 60–72
18 http://www.vatican.va/special/canonizzazione-27042014/documents/biografia_gpii_canonizzazione_en.html (11. 10. 2016).
19 Samerski 2008: 67.
20 Lutterbach 2008: 29.
21 Bösch 2019: 63.
22 Garton Ash 1985: 28; Bösch 2019: 77.
23 Offizielle Übersetzung der Predigt: http://w2.vatican.va/content/john-paul-ii/de/homilies/1979/documents/hf_jp-ii_hom_19790607_polonia-brzezinka.html (27. 10. 2016).
24 Garton Ash 1985: 29.
25 Riccardi 2012: 452.
26 Samerski 2008: 64.
27 Fuhrmann 2005: 242.
28 Küng 2013: 80.
29 Ağca 2013: 99–101.
30 Englisch 2014: loc 828–829.
31 Samerski 2008: 109.
32 Küng 2013: 516 f.
33 Im Folgenden zitiert nach der deutschen Übersetzung: http://w2.vatican.va/content/john-paul-ii/de/encyclicals/documents/hf_jp-ii_enc_04031979_redemptor-hominis.html (14. 10. 2016).
34 Die Betonung der Menschenrechte hat allerdings nicht dazu geführt, dass der Heilige Stuhl grundlegende Menschenrechtskonventionen unterzeichnet hat. Das hätte vermutlich auch eine Revision von Teilen des Kirchenrechts zur Folge, wäre aber auch irrelevant, da der Heilige Stuhl ein Staat ohne Bürger ist. Zum scheinbaren Paradox zwischen der Lehre des Katholizismus als einzig wahrer Religion und dem Prinzip der Religionsfreiheit (als Voraussetzung der Möglichkeit, sich zu dieser Wahrheit zu bekennen, was von keinem Staat eingeschränkt werden darf): Jaeger 2015.
35 Drobnik 2016: 334.
36 Deutscher Text: http://www.vatican.va/roman_curia/congregations/cfaith/documents/rc_con_cfaith_doc_20000806_dominus-iesus_ge.html (19. 10. 2016).
37 Johannes Paul II. 1994: 112–116.
38 Rede bei der Ankunft am Flughafen in Colombo: http://w2.vatican.va/content/john-paul-ii/en/speeches/1995/january/documents/hf_jp-ii_spe_19950120_arrivo-sri-lanka.html (26. 10. 2016).
39 Vgl. Hughes (2012) zur Geschichte des Konstrukts «abrahamitische Religionen».
40 Johannes Paul II. 2003: 41–48.
41 Johannes Paul II. 1994: 120 f.
42 Englisch 2014: loc 2904 f.
43 Johannes Paul II. 1994: 124.
44 Vgl. http://www.sztetl.org.pl/en/article/wadowice/5,history/ (25. 10. 2016).
45 Keslowitz 2008: 98.
46 Johannes Paul II. 1994: 126.
47 Zu Leben und Werk s. Foa 2010.
48 Toaff 1987: 239.
49 Die offizielle deutsche Übersetzung der Ansprache: http://w2.vatican.

va/content/john-paul-ii/de/speeches/1986/april/documents/hf_jp-ii_spe_19860413_sinagoga-roma.html (26. 10. 2016).
50 Samerski 2008: 83.
51 http://www.vatican.va/roman_curia/pontifical_councils/chrstuni/documents/rc_pc_chrstuni_doc_16031998_shoah_en.html (26. 10. 2016).
52 Riccardi 2012: 606.
53 http://w2.vatican.va/content/john-paul-ii/de/speeches/2000/jan-mar/documents/hf_jp-ii_spe_20000326_jerusalem-prayer.html (26. 10. 2016).
54 S. Goldman 2007: 251.
55 Dziwisz 2007: 214.
56 von Weizsäcker 1986: 11.
57 Zimmerling 2006: 43.
58 Offizielle deutsche Version: http://w2.vatican.va/content/john-paul-ii/de/speeches/1986/october/documents/hf_jp-ii_spe_19861027_prayer-peace-assisi-final.html (27. 10. 2016).
59 http://w2.vatican.va/content/john-paul-ii/de/speeches/1992/october/documents/hf_jp-ii_spe_19921031_accademia-scienze.html (5. 11. 2016).
60 Auch viele Staaten betreiben eine Entschuldigungspolitik; Gibney u. a. sprechen für die Zeit seit 1995 von *The Age of Apology* (2008).
61 Johannes Paul II. 1994: 151, 153.
62 Englische Version der Ansprache: http://w2.vatican.va/content/john-paul-ii/en/speeches/1985/august/documents/hf_jp-ii_spe_19850819_giovani-stadio-casablanca.html (28. 10. 2016).
63 Lutterbach 2008: 48.
64 Lutterbach 2008: 34, 71.
65 http://www.nbcnews.com/id/7359150/ns/world_news-one_year_later_remembering_pope_john_paul_ii/t/arab-world-hails-pope/#.WBjhQ1tWLzo (1. 11. 2016).
66 http://www.vatican.va/gpII/documents/homily-card-ratzinger_20050408_ge.html (1. 11. 2016).
67 Bis 1917 betrug die Sperrfrist zur Eröffnung eines Verfahrens ein halbes Jahrhundert (Walsh 2011: 425).
68 Marckhoff 2002: 60.
69 http://w2.vatican.va/content/john-paul-ii/de/homilies/2003/documents/hf_jp-ii_hom_20031019_mother-theresa.html (5. 11. 2016).

38 Mutter Teresa

1 Dziwisz 2007: 177.
2 Mutter Teresa/Kolodiejchuk 2007: 358.
3 Göttler 2010: 124.
4 Dziwisz 2007: 179.
5 Mutter Teresa/Kolodiejchuk 2007: 28.
6 Mutter Teresa/Kolodiejchuk 2007: 53.
7 Mutter Teresa/ Kolodiejchuk 2007: 43, 45 f., 55.
8 Mutter Teresa/ Kolodiejchuk 2007: 56, 60, 66
9 Mutter Teresa/ Kolodiejchuk 2007: 247.
10 Mutter Teresa/Kolodiejchuk 2007: 65.
11 Sammer 2006: 19.
12 Fischer 1985: 128.
13 Mutter Teresa/Kolodiejchuk 2007: 252, 261.
14 Die in der Literatur genannten

Jahreszahlen variieren, mitunter sogar textimmanent; vgl. z. B. Göttler 2010: 70 ff. mit 151.
15 Göttler 2010: 100.
16 Sammer 2006: 66–74.
17 Vgl. Chatterjee 2016.
18 Biographien: Hunter 2003 (1980); Wolfe 1995; Ingrams 1995.
19 Muggeridge 1980: 25.
20 Sammer 2006: 56 f.
21 Der Würzburger Lehrer Werner Fischer, dem 1980 die katholische Lehrbefugnis entzogen worden war, veröffentlichte ein kritisches Porträt des von Mutter Teresa repräsentierten konservativen «Heiligkeitsmodells»: Fischer 1985.
22 https://www.youtube.com/watch?v=65JxnUW7Wk4 (4. 11. 2016).
23 Sammer 2006: 89–100; Göttler 2010: 134–140.
24 Larivée/Sénéchal/Chénard 2013.
25 Endresen 2016.
26 Jaffrelot 2017: 55.

39 Der 14. Dalai Lama

1 Wienand 2009: 11.
2 Wienand 2009: 28.
3 Die Literatur über den Dalai Lama ist stark hagiographisch ausgerichtet, ebenso die Dokumentarfilme. Nüchternere biographische Darstellungen sind: Puri 2006; Liogier 2008 (ohne Quellenverweise); K. Ludwig 2008; Wienand 2009 = Löhr 2005 (anderer Name und Verlag, identischer Text); wichtig ist auch Brauen 2005. Trimondi/Trimondi 1999 ist eine eigenwillige, aber ausführlich dokumentierte religionsgeschichtliche Interpretation (vgl. Schlieter 2008 zur Kritik). Goldner 1999 (2. erw. Aufl. 2008) ist eine anti-hagiographische, polemische Abrechnung, deren Rezeption entsprechend ablehnend ausfiel.
4 Dalai Lama XIV. 1990: 20.
5 Goldner 2008: 48.
6 Dalai Lama XIV. 1990: 63.
7 Dalai Lama XIV. 1990: 263.
8 Dalai Lama XIV. 1990: 66.
9 Heller 2005: 219.
10 Kollmar-Paulenz 2015: 99
11 Kollmar-Paulenz 2009; von Brück 2008: 183–236; Kollmar-Paulenz 2015.
12 Dalai Lama XIV. 1990: 93; Dalai Lama XIV. 1997: 45.
13 Golzio/Bandini 1997: 277.
14 Dalai Lama XIV. 1990: 105; Dalai Lama XIV. 1997: 46.
15 K. Ludwig 2008: 64.
16 Dalai Lama XIV. 1997: 88; Dalai Lama XIV. 1990: 104, 107, 105; Dalai Lama XIV. 1997: 87; Dalai Lama XIV. 1990: 107, 116.
17 Dalai Lama XIV. 1997: loc 70; Goldner 2008: 222–224.
18 Ludwig 2008: 105, 83.
19 Huber 2008: 341–343.
20 Dalai Lama XIV. 1990: 142.
21 Dalai Lama XIV. 1997: 116.
22 Wienand 2009: 108.
23 Vgl. Sautman 2010.
24 Puri 2006: 38.
25 Dalai Lama XIV. 1997: loc 70; Huber 2008: 76.
26 Dalai Lama XIV. 1997: 120 f., 109, loc 2915, 139.
27 Dalai Lama XIV. 1990: 192.
28 Dalai Lama XIV. 1990: 160.
29 Huber 2008: 337, 351–353, 359.
30 Wienand 2009: 79.
31 C. Howard 2017: 80.

32 Kollmar-Paulenz 2006: 22.
33 Dalai Lama XIV. 2015: 14.
34 Puri 2006: 147.
35 Vgl. Dodin/Räther 1997.
36 Huber 1997: 310.
37 Huber 2008: 363.
38 Für Bohms intellektuelle Entwicklung war die Begegnung mit Krishnamurti ein entscheidender Anstoß gewesen: von Stuckrad 2014: 87–93.
39 Vgl. Schlieter 2013.
40 Vgl. Lopez 2008.
41 Rakow 2012: 426, 429.
42 von Brück 2008: 167, 169–175.
43 Vgl. Zablocki 2017.
44 K. Ludwig 2008: 140.
45 Dalai Lama XIV. 1990: 253–256.
46 Vgl. Puri 2006.
47 Dalai Lama XIV. 2011: loc 85.
48 Dalai Lama XIV. 2015: 20, 16.
49 Dalai Lama XIV./Stril-Rever 2010: loc 386; Goldner 2008: 423.
50 Gilhus 1997: 133.
51 Dalai Lama XIV./Cutler 2009: loc 270.
52 McMahan 2008: loc 5604.
53 von Brück 2008: 119.
54 https://www.dalailama.com/the-dalai-lama/biography-and-daily-life/retirement/message-to-14th-assembly (21. 7. 2017).
55 https://www.dalailama.com/the-dalai-lama/biography-and-daily-life/retirement/retirement-remarks (21. 7. 2017).
56 http://nechungfoundation.org/oracle.html (6. 10. 2017).
57 http://www.rollingstone.com/politics/news/a-conversation-with-the-dalai-lama-20110721 (21. 7. 2017).
58 von Brück 2008: 110.
59 Dalai Lama XIV. 2015: 32. Interview mit Michaela Doepke: https://info-buddhism.com/Interview_Dalai_Lama_about_the_Full_Ordination_of_Women.html (20. 7. 2017).
60 Kollmar-Paulenz 2015: 104.
61 Laxy 2014: 217.

40 Jim Jones, David Koresh, Asahara Shoku

1 Wessinger 2000 ist eine vergleichend angelegte Synthese der meisten hier besprochenen Fälle. Walliss 2006 ist eine systematische Diskussion der verschiedenen von der Forschung vermuteten Kausalfaktoren. Skrumedi 2017 vergleicht phänomenologisch ähnliche neue religiöse Gruppierungen mit und ohne Gewalteskalation.
2 Walliss 2006: 36.
3 Wessinger 2000: 265.
4 J. R. Lewis 2005: 308.
5 Aktuelle Biographie: Guinn 2017.
6 Chidester 2003: xxi, 52–60.
7 Chryssides 2001: 43.
8 Vgl. Chidester 2003.
9 Moore 2011: 109.
10 Vgl. Moore 2005.
11 Melton/Introvigne 2000.
12 Chryssides 2001: 35.
13 Chryssides 2001: 45.
14 Vgl. Cowan/Bromley 2008.
15 Newport 2006: 307.
16 Chryssides 2001: 51; Wright/Palmer 2016: 104.
17 S. Wright/Palmer 2016: 100.
18 Chryssides 2001: 51–54; Cowan/Bromley 2008: 157
19 Cowan/Bromley 2008: 158
20 L. Wright 2009.
21 Newport 2006: 292 f., 308.
22 Vgl. Weitzman 2013.
23 Reader 2000: 34; Baffelli/Staemm-

ler 2011: 278. Grundlegende Studien: Repp 1997; Reader 2000; Shimazono 2011.
24 Reader 2000: 34; Ushiyama/Baert 2016: 483.
25 Reader 2000: 40.
26 Reader 2000: 53 f.
27 Repp 1997: 17.
28 Reader 2000: 32; Repp 1997: 24, 18.
29 Reader 2000: 55 ff., 66 f., 69.
30 Lifton 1999: loc 589 ff.
31 Reader 2000: 37.
32 Baffelli/Staemmler 2011: 284; Reader 2000: 63.
33 Repp 1997: 81.
34 Shimazono 2011: 61.
35 Reader 2000: 147.
36 Reader 2000: 144 f.
37 Reader 2000: 17, 145; Lifton 1999: loc 113 ff.; Repp 1997: 33.
38 Reader 2000: 147–152.
39 Reader 2000: 153–156.
40 Reader 2000: 163–168.
41 Shimazono 2001: 37.
42 Lifton 1999: loc 73.
43 Lifton 1999: loc 595 ff.; Repp 1997: 97.
44 Reader 2000: 176 f.
45 Baffelli/Staemmler 2011: 285.
46 Hardacre 2007: 201.
47 Reader 2000: 179, 187.
48 Lifton 1999: loc 3350 ff.
49 Reader 2000: 16 f.
50 Hardacre 2007: 191.
51 Reader 2000: 211–216.
52 Hardacre 2007: 177.
53 Baffelli/Reader 2012: 3, FN4.
54 Vgl. Reader 2012.
55 Ushiyama/Baert 2016.
56 Vgl. Thomas 2012.
57 Baffelli/Reader 2012: 7–8.
58 Reader 2000: 226.
59 Baffelli/Reader 2012: 11–15, 18–20.
60 Repp 1997: 83.
61 Baffelli/Staemmler 2011: 288–291; Baffelli 2018: 204–208.

41 Bhagwan Shree Rajneesh

1 Grundlegende Literatur: Mann 1991; Süss 1996; Frisk 2007; Dempsey 2012; M. Goldman 2014; Urban 2015b. Osho 2011 ist eine 2000 von der Osho International Foundation aus verschiedenen Texten kompilierte, rekonstruierte «Autobiographie».
2 Osho 2011: 26 f., 78, 67.
3 Osho 2011: 99–118.
4 Osho 2011: 103.
5 Süss 1996: 32.
6 Urban 2015b: 40.
7 Osho 2011: 188.
8 Urban 2015b: 53 f.
9 Urban 2015b: 43.
10 Urban 2015b: 65, 104; Frisk 2007: 130.
11 Süss 1996: 58.
12 Urban 2015b: 68.
13 Online-Ausgaben: https://www.osho.com/iosho/library/the-books (18. 9. 2018).
14 Osho 2011: 237; Süss 2009: 148.
15 Urban 2015b: 14.
16 Urban 2015b: 96.
17 Süss 1996: 41.
18 Urban 2015b: 14 f.
19 Urban 2015b: 23, 84.
20 Osho 2011: 186.
21 Urban 2015b: 89; Osho 2011: 189.
22 Urban 2015b: 216, 91.
23 Süss 1996: 151–166.
24 Vgl. Sutcliffe 2014; Urban 2015b; Cusack 2015.
25 Birnstiel 2012: loc 1648 ff., 1811 ff.
26 Osho 2011: 337.
27 Urban 2015b: 72.

28 Goldman 2014: 182; Urban 2015b: 104.
29 Die Geschichte dieser Kommune hat in der Aufarbeitung in der sechsteiligen Netflix-Doku «Wild Wild Country» (2018) noch einmal größere Beachtung gefunden.
30 Abbott 2015: 431.
31 Abbott 2015: 429.
32 Dempsey 2012: 80.
33 Süss 1996: 53 f.
34 Osho 2011: 221.
35 Osho 2011: 218; Urban 2015b: 114.
36 Abbott 2015: 435.
37 Dempsey 2012: 89 f.
38 Urban 2015b: 118 f.
39 https://www.nytimes.com/1983/10/07/us/guru-s-city-found-unconstitutional.html (25. 9. 2018).
40 Birnstiel 2012: loc 2867 f.
41 Urban 2015b: 121.
42 Dempsey 2012: 8.
43 Osho 2011: 239, 244.
44 Urban 2015b: 122.
45 Birnstiel 2012: 1214 ff.
46 Urban 2015b: 44–46.
47 Lucia 2014: 233 f.
48 Birnstiel 2012: loc 2762 ff., 2903.
49 Goldman 2014: 184.
50 Frisk 2007: 147–149.
51 Urban 2015b: 143.
52 Süss 1996: 23; Frisk 2007: 166; Urban 2015b: 144.
53 Osho, *The Last Testament*, Bd. 3 (1985): https://www.osho.com/osho-online-library/osho-talks/consolation-no-mind-atheist-4b484851-050?p=58caab5908624bd8e464b2b23aca9d36 (5. 8. 2019).

42 Madalyn Murray O'Hair

1 PhilPapers Metasurvey (2009); https://philpapers. org/surveys/results.pl (27. 4. 2017).
2 Vgl. C. Brown 2013.
3 Zuckerman 2007: 56.
4 Keysar/Navarro-Rivera 2013: 581 f.
5 Cragun/Hammer/Smith 2013: 615–617.
6 Edgell u. a. 2016.
7 Biographien: Dracos 2003; Le Beau 2003; Seaman 2006.
8 *School District of Abington Township v. Schrempp*. S. Solomon 2007 zu diesem Fall und dem Protagonisten.
9 Laycock 2013: 76.
10 https://supreme.justia.com/cases/federal/us/374/203/ (27. 5. 2017).
11 Laycock 2013: 76.
12 Le Beau 2003: 198.
13 Le Beau 2003: 137.
14 L. Wright 1993: 92.
15 Le Beau 2003: 101, 179.
16 Ich konnte keine deutschen Übersetzungen ihrer Werke finden.
17 Le Beau 2003: 227 f.
18 Le Beau 2003: 180.
19 Le Beau 2003: 161.
20 Le Beau 2003: 148–150, 249 f.
21 Le Beau 2003: 133, 293 f.
22 Le Beau 2003: 273.
23 Le Beau 2003: 276, 245.
24 Murray 2012: loc 3520 ff.
25 Le Beau 2003: 281.

43 Benny Hinn und Reinhard Bonnke

1 Hinn 1999a: loc 80, 401, 423.
2 Hinn 1999: loc 118.
3 Offizielle Biographie: Buckhingham 2004.
4 Hinn 1999a: loc 1014, 932–973.
5 Vgl. Hinn 1999b.
6 Hinn 1999: loc 1070, 1431.
7 Hinn 1999: loc 2267.
8 Auf Youtube sind diverse Enthüllungs- und Persiflagevideos zu sehen.
9 Hinn 1999: loc 2439 ff., 2597 ff.
10 http://www.bennyhinn.org/historic-crusades/ (9. 7. 2016).
11 Bowler 2013: 221.
12 Bowler 2013: 151.
13 Eisenlöffel 2006: 51.
14 Bonnke 2009: loc 4763.
15 Ajani 2010: 122 f.
16 Bonnke 2009: loc 9247 ff.
17 Gifford 1987: 69.
18 Gordon/Hancock 2005.
19 Ajani 2010: 110.
20 Bonnke 2009: loc 7338 f.
21 Bonnke 2009: loc 11796.
22 Lambrecht/Baars 2009: 149.
23 Vgl. Gifford 1987.
24 In den letzten Jahren seines Lebens trat ein junger Pastor aus Orlando namens Daniel Kolenda an Bonnkes Seite an die Spitze von Christians for All Nations; Kolenda leitet nun die *gospel crusades* in Afrika.

44 Ikeda Daisaku

1 Für ein globales Panorama s. P. Clarke 2006.
2 Zur Soka Gakkai: Dobbelaere 1998; Kisala 2001; Kötter 2006; Seager 2006; Dehn 2011; McLaughlin 2012; Fisker-Nielsen 2018.
3 Dehn 2011: 203.
4 Seager 2006: 47.
5 Seager 2006: 55.
6 Vgl. Moos 1963.
7 Seager 2006: 27, 87.
8 Seager 2006: 90.
9 https://www.sgi.org/snapshot/sgi-membership.html (25. 8. 2018).
10 Seager 2006: 141. Für Deutschland: Kötter 2006.
11 Seager 2006: 78.
12 Moos 1963; Dehn 2011: 215.
13 McLaughlin 2014: 73.
14 McLaughlin 2014: 75 f.
15 Seager 2006: 96 f.
16 McLaughlin 2012b: 62–64.
17 McLaughlin 2012a: 274–276.
18 M. Carlson 2014: 183.
19 Vgl. McLaughlin 2012b.
20 McLaughlin 2012a: 272.
21 Kötter 2006: 69, 62.
22 McLaughlin 2014: 72.
23 McLaughlin 2012b: 298.
24 Vgl.Chilson 2014.
25 Kötter 2006: 31.
26 McLaughlin 2012a: 303.
27 McLaughlin 2012b: 65; Reader 2000: 207.

45 Paulo Coelho

1 Arias 2001: 164.
2 Morais 2009: loc 3109.
3 Stausberg 2010: 84 f.
4 https://www.vagalume.com.br/raul-seixas/sociedade-alternativa.html# (22. 3. 2017). Im Inter-

net kursieren auch andere, um Crowley/Thelema-bereinigte Versionen.
5 Arias 2001: 15–20.
6 Morais 2009: loc 4702.
7 Arias 2001: 104 f.
8 Morais 2009: loc 5709 ff.
9 Arias 2001: 145
10 Arias 2001: 93, 58
11 Morais 2009: loc 6292 ff., Coelho 1999: 61.
12 Coelho 1999: 150.
13 Coelho 1999: 219, 254.
14 Coelho 1999: 10, 228.
15 Morais 2009: loc 6335.
16 Morais 2009: loc 6390.
17 Coelho 2002: 135.
18 Coelho 2002: 143,
19 Coelho 2002: 155, 159.
20 Coelho 2002: 139.
21 Vgl. A. Herbst 2014.
22 Arias 2001: 156 f.
23 Engler/Schmidt 2016: 6.
24 Coelho 1998: 220.
25 Arias 2001: 212; Lätzel 2007: 244.
26 Coelho 2001: 105, 118.
27 Coelho 2001: 43.

46 Osama bin Laden

1 PewResearchCenter 2011.
2 L. Wright 2006: 79.
3 Euben/Zaman 2009: 428; Seidensticker 2014: 93.
4 Bergen 2006: loc 1702.
5 L. Wright 2006: 185.
6 L. Wright 2006: 232 f.
7 Lawrence 2005; Euben/Zaman 2009; Kepel/Milelli 2006; Abou-Taam/Bigalke 2006.
8 Lawrence 2005: xvii.
9 Abou-Taam/Bigalke 2006: 8.
10 Vgl. Euben/Zaman 2009; Kepel/Milelli 2006; Abou-Taam/Bigalke 2006.
11 B. Said 2016: 211–220, 292 f.
12 Abou-Taam/Bigalke 2006: 76–77.
13 Abou-Taam/Bigalke 2006: 130.
14 Abou-Taam/Bigalke 2006: 111.
15 Abou-Taam/Bigalke 2006: 139.
16 Abou-Taam/Bigalke 2006: 133, 138, 139.

47 Thich Nhat Hanh

1 Graitl 2012: 40 f.
2 Vgl. Kleine 2003.
3 Vgl. Benn 2012.
4 Vgl. Nhat Hanh 1967.
5 Quelle in https://en.wikipedia.org/wiki/Th%C3%ADch_Qu%E1%BA%A3ng_%C4%90%E1%BB%A9c#CITEREFTh%C3%ADch_Nguy%C3%AAn_T%E1%BA%A1ng2005 (23. 1. 2019)
6 Nhat Hanh 1967: 55.
7 Graitl 2012: 42.
8 Biggs 2012.
9 Biographische Darstellungen: Chadelat/Baudoin 2017; Chapman 2007; R. H. King 2001.
10 Nhat Hanh 2017: 32.
11 Nhat Hanh 2017: 48 f.
12 Nhat Hanh 2008; Chadelat/Baudoin 2017: 51.
13 Nhat Hanh 2012: loc 119.
14 Chadelat/Baudoin 2017: 63.
15 Nhat Hanh 2012: loc 1169 ff.
16 Nhat Hanh 2017: 51
17 Nhat Hanh 2008: 31, 35.
18 Chadelat/Baudoin 2017: 103 f.
19 Nhat Hanh 1967: 57.
20 Chapman 2007: 302.

21 Vu 2018: 188.
22 Chadelat/Baudoin 2017: 112.
23 In der Literatur (auch bei Thich Nhat Hanh selbst) begegnet man gelegentlich dem Datum 1964. Es bezieht sich vielleicht auf die Idee zu einem solchen Orden.
24 Hunt-Perry/Fine 2007: 40; DeVido 2009: 437.
25 Chadelat/Baudoin 2017: 263 f.
26 Vgl. DeVido 2009.
27 DeVido 2009: 438.
28 Nhat Hanh 2017: 71; Chadelat/Baudoin 2017: 219.
29 Chadelat/Baudoin 2017: 145.
30 Vgl. Kaza 2007.
31 Gaitl 2012: 44.
32 Chadelat/Baudoin 2017: 169–172.
33 Nhat Hanh 2017: 78.
34 Chapman 2007: 305.
35 Wilson 2014 zur Popularisierung in den USA.
36 Nhat Hanh 1987: 79
37 Nhat Hanh 2017: 32, 218 f.
38 Vgl. Gethin 2011.
39 Erber 2011: 196–200.
40 Nhat Hanh 2017: 132.
41 Kabat-Zinn 2011: 288.
42 Vgl. C. G. Brown 2016.
43 Nhat Hanh 1993.
44 Erber 2011: 60, 128 f., 183 f.
45 Nhat Hanh 2017: 27.
46 Chadelat/Baudoin 2017: 41.
47 Erber 2011: 60.
48 McMahan 2008: 177.
49 Erber 2011: 76, 226, 228.
50 Chapman 2007: 305.
51 https://www.eiab.eu/ (13. 2. 2019).
52 Vgl. Kuschel 2011.
53 R. H. King 2001: 99.
54 Không 2007: 14, 16.
55 Không 2007: 39.
56 Không 2007: 57.
57 Không 2007: 73.
58 Không 2007: 97 f., 100, 65.
59 Không 2007: 224, 231.
60 Không 2007: 205, 225, 290.

Zum Schluss

1 Barrows 1893: I 3.

Literatur

Abbott, Carl. Revisiting Rajneeshpuram: Oregon's Largest Utopian Community as Western History, in: Oregon Historical Quarterly 116 (2015), S. 414–447.

Abou-Taam, Marwan/Ruth Bigalke. Die Reden des Osama bin Laden: Analysiert und kommentiert. München 2006.

Abrahamian, Ervand. Khomeinism: Essays on the Islamic Republic. Berkeley 1993.

Actes du premier Congrès International d'Histoire des Religions. Première partie: séances générales. Paris 1901.

Ađca, Mehmet Ali. Mi avevano promesso il paradiso: La mia vita e la verità sull'attentato al papa. Milano 2013.

Adib-Moghaddam, Arshin (Hg.). A Critical Introduction to Khomeini. New York 2014.

Adler, Cyrus. Solomon Schechter: A Biographical Sketch, in: The American Jewish Year Book 18 (1916), S. 25–67.

Ahmed, Akbar S. Jinnah, Pakistan and Islamic Identity: The Search for Saladin. London 1997.

Ajani, Ezekiel. Reinhard Bonnke's Crusades in Nigeria: An Analysis, in: D. O. Ogungbile/A. E. Akinade (Hg.): Creativity and Change in Nigerian Christianity. Lagos, Oxford 2010, S. 109–130.

Albanese, Catherine L. A Republic of Mind and Spirit: A Cultural History of American Metaphysical Religion. New Haven 2007.

al-Banna, Hasan. Memoirs of Hasan al Banna Shahhed. Karachi 1972.

Alexander, Ram. Der Weg der Göttlichen Mutter. 40 Jahre in Indien mit Anandamayi Ma. Aus den Tagebüchern von Atmananda. Schalksmühle 2009.

Algar, Hamid. Islam and Revolution: Writings and Declarations of Imam Khomeini. Berkeley 1981.

–. Imam Khomeini: A Short Biography. o. O. 2012.

Alkemeyer, Thomas. Die olympische Neuverzauberung der Moderne. Über verkörperte Formen kollektiver Sinnstiftung, in: R. Gugutzer/M. Böttcher (Hg.): Körper, Sport und Religion: Zur Soziologie religiöser Verkörperungen. Wiesbaden 2012, S. 249–270.

Allen, Douglas. Mahatma Gandhi. London 2011.

Alter, Joseph S. Gandhi's Body: Sex, Diet, and the Politics of Nationalism. Philadelphia 2000.

–. Indian Clubs and Colonialism: Hindu Masculinity and Muscular Christianity, in: Comparative Studies in Society and History 46 (2004), S. 497–534.

Altmann, Christiane. Religiöser Nonkonformismus im Judentum: Überlegungen

zu Chabad Lubavitch in den USA, in: Zeitschrift für Religionswissenschaft 23 (2015), S. 116–132.
–. Messianismus als Dienst an der Gesellschaft: Zur US-staatlichen Wahrnehmung des Chabad Lubavitcher *outreachs*, in: Zeitschrift für Religions- und Geistesgeschichte 68 (2016), S. 351–368.
Ambedkar, B. R. The Essential Writings of B. R. Ambedkar. Hg. von Valerian Rodrigues. New Delhi, Oxford 2002.
–. The Buddha and his Dhamma: A Critical Edition. Oxford 2011.
–. Writings and Speeches. Vol. 1. Compiled by Vasant Moon. New Delhi 2014 (1979).
Ament, Jonathon. NJPS Series-American Jewish Religious Denominations. o. O. 2005.
Amirpur, Katajun. Der schiitische Islam. Stuttgart 2015.
Anderson, Nancy Fix. Bridging Cross-Cultural Feminisms: Annie Besant and Women's Rights in England and India, 1874–1933, in: Women's History Review 3 (1994), S. 563–580.
Angle, Stephen C./Justin Tiwald. Neo-Confucianism: A Philosophical Introduction. Cambridge 2017.
Ansorge, Dirk. Kleine Geschichte der christlichen Theologie. Epochen, Denker, Weichenstellungen. Regensburg 2017.
Araki, Moseh. The Role of Social Change in the Jurisprudential Opinions of Imam Khomeini, in: R. Tapper (Hg.): Ayatollah Khomeini and the Modernization of Islamic Thought. London 2000, S. 7–16.
Arias, Juan. Paulo Coelho: Confessions of a Pilgrim. London 2001 (1999).
Arnold, Claus. Kleine Geschichte des Modernismus. Freiburg, Basel, Wien 2007.
Asprem, Egil. The Problem of Disenchantment: Scientific Naturalism and Esoteric Discourse, 1900–1939. Leiden 2014.
Asserate, Asfa-Wossen. Der letzte Kaiser von Afrika: Triumph und Tragödie des Haile Selassie. Berlin 2016 (2014).
Avineri, Shlomo. Herzl: Theodor Herzl and the Foundation of the Jewish State. London 2013.
–. The Making of Modern Zionism: The Intellectual Origins of the Jewish State. New York 2017 (1981).
Aymard, Orianne. Anandamayi Ma, in: Brill's Encyclopedia of Hinduism (2015).
Babb, Lawrence A. Sathya Sai Baba's Saintly Play, in: J. Stratton Hawley (Hg.): Saints and Virtues. Berkeley, Los Angeles, London 1987, S. 168–186.
Baffelli, Erica. Aum Shinrikyō, in: L. Pokorny/F. Winter (Hg.): Handbook of East Asian New Religious Movements. Leiden, Boston 2018, S. 193–210.
–/Ian Reader. Editors' Introduction: Impact and Ramifications: The Aftermath of the Aum Affair in the Japanese Religious Context, in: Japanese Journal of Religious Studies 39 (2012), S. 1–28.
–/Birgit Staemmler. Aum Shinrikyō, in: B. Staemmler/U. M. Dehn (Hg.): Establishing the Revolutionary: An Introduction to New Religions in Japan. Wien, Berlin 2011, S. 277–293.
Bahmanpour, Mohammed Saeed. Social Change and Jurisprudential Stagnacy: Imam Khomeini's Solution, in: R. Tapper (Hg.): Ayatollah Khomeini and the Modernization of Islamic Thought. London 2000, S. 17–26.

Baier, Karl. Meditation und Moderne. Zur Genese eines Kernbereichs moderner Spiritualität in der Wechselwirkung zwischen Westeuropa, Nordamerika und Asien. 2 Bde. Würzburg 2009.
–. Das Rote Buch im Kontext Europäischer Spiritualitätsgeschichte, in: Recherches germaniques 8 (2011), S. 13–40.
–. The Formation and Principles of Count Dürckheim's Nazi Worldview and His Interpretation of Japanese Spirit and Zen, in: The Asia-Pacific Journal/Japan Focus 11 (2013), Artikel 3.
Bair, Deirdre. C. G. Jung: Eine Biographie. München 2005.
Bakker, Jim/Ken Abraham. I Was Wrong. Nashville 1996.
Balasuriya, Tissa. Mary and Human Liberation. Colombo 1990.
Balbier, Uta Andrea. Billy Graham in West Germany. German Protestantism between Americanization and Rechristianization, 1954–70, in: Zeithistorische Forschungen/Studies in Contemporary History 7 (2010), S. 343–363.
Barfoot, Chas H. Aimee Semple Mcpherson and the Making of Modern Pentecostalism, 1890–1926. London, Oakville, CT 2011.
Barmé, Geremie. Editor's Introduction. A Mao for All Seasons: The Irresistible Fall and Rise of Mao Zedong, in: Chinese Sociology & Anthropology 28 (1995), S. 5–32.
Barnett, Michael. The Rastafari Movement: A North American and Caribbean Perspective. London, New York 2018.
Baron, Bath. The Orphan Scandal: Christian Missionaries and the Rise of the Muslim Brotherhood. Stanford 2014.
Barrows, John Henry (Hg.). The World's Parliament of Religions: An Illustrated and Popular Story of the World's First Parliament of Religions, Held in Chicago in Connection with the Columbian Exposition of 1893. 2 vols. Chicago 1893.
Barrows, Mary Eleanor. John Henry Barrows, a Memoir by His Daughter. Chicago, New York, Toronto 1904.
Bärsch, Claus-Ekkehard. Die politische Religion des Nationalsozialismus. Die religiöse Dimension der NS-Ideologie in den Schriften von Dietrich Eckart, Joseph Goebbels, Alfred Rosenberg und Adolf Hitler. München 2002.
Barth, Karl. Hiob. Herausgegeben und eingeleitet von Helmut Gollwitzer. Neukirchen-Vluyn 1966.
–. Gesamtausgabe Bd. 15: Briefe. Offene Briefe 1945–1968. Hg. von Diether Koch und Hinrich Stoevesandt. Zürich 1984.
–. Dialektische Theologie. Schriften I. Herausgegeben und kommentiert von Dietrich Korsch. Frankfurt, Leipzig 2009.
–. Kirchliche Dogmatik. Schriften II. Herausgegeben und kommentiert von Dietrich Korsch. Frankfurt, Leipzig 2009.
Bartleman, Frank. How Pentecost Came to Los Angeles as It Was in the Beginning: Old Aruza Mission. From My Diary. Los Angeles 1925.
Beckerlegge, Gwilym. Swami Vivekananda and *Sevā*: Taking ‹Social Service› Seriously, in: W. Radice (Hg.): Swami Vivekananda and the Modernization of Hinduism. Oxford 1998, S. 158–193.
–. The Ramakrishna Mission: The Making of a Modern Hindu Movement. New Delhi 2000.

–. Swami Vivekananda (1863–1902) 150 Years on: Critical Studies of an Influential Hindu Guru, in: Religion Compass 7 (2013), S. 444–453.
Bein, Alex. Theodor Herzl und der Staat Israel, in: N. Leser (Hg.): Theodor Herzl und das Wien des Fin de siècle. Wien, Köln, Graz 1987, S. 11–27.
Beller, Steven. Herzl. London 1991.
Beltz, Johannes. Mahar, Buddhist, and Dalit: Religious Conversion and Socio-Political Emancipation. New Delhi 2005.
–. The Making of a New Icon: B. R. Ambedkar's Visual Hagiography, in: South Asian Studies 31 (2015), S. 254–265.
Ben-Gurion, David. Recollections. Edited by Thomas R. Bransten. London 1970.
Benn, James A. Multiple Meanings of Buddhist Self-Immolation in China – A Historical Perspective, in: Revue d'Etudes Tibétaines 25 (2012), S. 203–212.
Benson, Michael. Space Odyssey: Stanley Kubrick, Arthur C. Clarke, and the Making of a Masterpiece. New York etc. 2018.
Bentwich, Norman. Solomon Schechter, a Biography. Philadelphia 1938.
Benz, Ernst. Außerirdische Welten. Von Kopernikus zu den Ufos. Freiburg i. Br. 2000.
Bergen, Peter L. The Osama Bin Laden I Know: An Oral History of Al-Qaeda's Leader. New York 2006.
Bergesen, Albert. The Sayyid Qutb Reader: Selected Writings on Politics, Religion, and Society. New York, London 2008.
Bergmann, Jörg R./Thomas Luckmann/Hans-Georg Soeffner. Erscheinungsformen von Charisma – Zwei Päpste, in: W. Gebhardt/M. N. Ebertz/A. Zingerle (Hg.): Charisma: Theorie, Religion, Politik. Berlin [etc.] 1993, S. 121–155.
Bergunder, Michael. Indischer Swami und deutscher Professor: «Religion» jenseits des Eurozentrismus, in: M. Stausberg (Hg.): Religionswissenschaft. Berlin 2012, S. 95–107.
–. Experiments with Theosophical Truth: Gandhi, Esotericism, and Global Religious History, in: Journal of the American Academy of Religion 82 (2014), S. 398–426.
Berkowitz, Michael. The Origins of Zionist Tourism in Mandate Palestine: Impressions (and Pointed Advice) from the West, in: Public Archaeology 11 (2012), S. 217–234.
Besant, Annie Wood. Annie Besant: An Autobiography. London 1893.
–. The Immediate Future and Other Lectures. London, Adyar 1911.
–. The Birth of New India: A Collection of Writings and Speeches on Indian Affairs. Adyar 1917.
–. India: Bond or Free? A World Problem. Kingsway 1926.
–. Autobiographical Sketches. Edited by Carol Hanbery MacKay. Peterborough, Ont., Buffalo, NY 2009.
Bevir, Mark. In Opposition to the Raj: Annie Besant and the Dialectic of Empire, in: History of Political Thought 19 (1998), S. 61–77.
–. Annie Besant's Quest for Truth: Christianity, Secularism and New Age Thought, in: The Journal of Ecclesiastical History 50 (1999), S. 62–93.
–. Mothering India, in: History Today 56 (2006), S. 19–25.
Bielefeldt, Heiner/Nazila Ghanea/Michael Wiener. Freedom of Religion or Belief: An International Law Commentary. Oxford 2016.

Biggs, Michael. Self-Immolation in Context, 1963–2012, in: Revue d'Études Tibétaines 25 (2012), S. 143–150.
Bigliardi, Stefano. New Religious Movements, Technology, and Science: The Conceptualization of the E-Meter in Scientology Teachings, in: Zygon 51 (2016), S. 661–683.
Bilu, Yoram. «To Make Many More Menachem Mendels»: Childlessness, Procreation, and Creation in Messianic Habad, in: Contemporary Jewry 32 (2012), S. 111–134.
Birnstiel, Sheela. Don't Kill Him!: The Story of My Life with Bhagwan Rajneesh: a Memoir. New Delhi 2012.
Bishop, Paul. Jung's Answer to Job: A Commentary. Philadelphia, Hove 2002.
–. Critical Lives: Carl Jung. London 2014.
Blackburn, Anne M. Locations of Buddhism: Colonialism and Modernity in Sri Lanka. Chicago, London 2010.
Bleich, J. David. Survey of Recent Halakhic Periodical Literature – Sabbath Candles for Young Girls, in: Tradition 16 (1976), S. 150–163.
Blumhofer, Edith Waldvogel. Aimee Semple McPherson: Everybody's Sister. Grand Rapids 1993.
Boer, Roland. Confucius and Chariman Mao: Towards a Study of Religion and Chinese Marxism, in: Crisis & Critique 2 (2015), S. 37–55.
Boff, Leonardo. Die Erde ist uns anvertraut. Eine ökologische Spiritualität. Kevelaer 2010.
Bogdan, Henrik. Introduction: Modern Western Magic, in: Aries 12 (2012), S. 1–16.
Bonnke, Reinhard. Living a Life of Fire: An Autobiography. Orlando, Fl. 2009.
Borup, Jørn. D. T. Suzuki: post-orientalistisk zen-tænker, in: Religionsvidenskabeligt tidsskrift (2018), S. 32–43.
Bösch, Frank. Zeitenwende 1979. Als die Welt von heute begann. München 2019.
Bose, Ajoy. Across the Universe: The Beatles in India. Gurgaon 2018.
Bowler, Kate. Blessed: A History of the American Prosperity Gospel. New York 2013.
Boyd, Pattie/Penny Junor. Wonderful Tonight: George Harrison, Eric Clapton, and Me. New York 2007.
Brauen, Martin. Die Dalai Lamas. Tibets Reinkarnationen des Bodhisattva Avalokiteśvara. Stuttgart 2005.
Braun, Stefan. Scientology – Eine extremistische Religion: Vergleich der Auseinandersetzung mit einer umstrittenen Organisation in Deutschland und den USA. Baden-Baden 2004.
Bretfeld, Sven/Helmut Zander. Henry Steel Olcott: The Buddhist Catechism (India, 1881/1908), in: B. Bentlage/M. Eggert/H. M. Krämer/S. Reichmuth (Hg.): Religious Dynamics under the Impact of Imperialism and Colonialism: A Sourcebook. Leiden 2017, S. 472–485.
Brown, Callum G. The Twentieth Century, in: S. Bullivant/M. Ruse (Hg.): The Oxford Handbook of Atheism. Oxford, New York 2013, S. 229–244.
Brown, Candy Gunther. Can «Secular» Mindfulness Be Separated from Religion?, in: R. E. Purser/D. Forbes/A. Burke (Hg.): Handbook of Mindfulness: Culture, Context, and Social Engagement. Cham 2016, S. 75–94.

Brown, Devin. A Life Observed: A Spiritual Biography of C. S. Lewis. Grand Rapids 2013.
Brück, Michael von. Der Weg des Dalai Lama. München 2005.
–. Religion und Politik in Tibet. Frankfurt a. M. 2008.
Buber, Martin. Der Jude und sein Judentum. Gesammelte Aufsätze und Reden. Mit einer Einleitung von Robert Weltsch. Köln 1963.
Buckingham, Jamie. Daughter of Destiny: The Only Authorized Biography. Gainesville 2004.
Bürgel, J. Christoph. Steppe im Staubkorn. Texte aus der Urdu-Dichtung Muhammad Iqbals. Freiburg 1982.
Calvert, John. ‹The World is an Undutiful Boy!›: Sayyid Qutb's American experience, in: Islam and Christian–Muslim Relations 11 (2000), S. 87–103.
–. Sayyid Qutb and the Origins of Radical Islamism. New York 2013.
Cancik, Hubert. «Wir sind jetzt eines». Rhetorik und Mystik in einer Rede Hitlers (Nürnberg, 11.9.1936), in: G. Kehrer (Hg.): Zur Religionsgeschichte der Bundesrepublik Deutschland. München 1980, S. 13–48.
Capps, Donald. Freud and Freudians on Religion: A Reader. New Haven 2001.
Carlson, Matthew. Kōmeitō's Uncetain Decades between Religion and Politics, in: G. Ehrhardt/A. Klein/L. McLaughlin/S. R. Reed (Hg.): Kōmeitō, Sōka Gakkai, and Money as Japanese Politics. Berkeley 2014, S. 163–186.
Carlson, Paul Howard. Myth, Memory, and Massacre: The Pease River Capture of Cynthia Ann Parker. Lubbock 2010.
Carpenter, Humphrey. J. R. R. Tolkien: A Biography. London 1977.
Carus, Paul. The Gospel of Buddha According to Old Records. Chicago 1894.
Caryl, Christian. Strange Rebels: 1979 and the Birth of the 21st Century. New York 2013.
Chadelat, Céline/Bernard Baudouin. Thich Nhat Hanh – Ein Leben in Achtsamkeit. Die Biografie. München 2017.
Chandra, Jyoti. Annie Besant: From Theosophy to Nationalism. Delhi 2001.
Chang, Hao. Chinese Intellectuals in Crisis: Search for Order and Meaning (1890–1911). Berkeley 1987.
Chapman, John. The 2005 Pilgrimage and Return to Vietnam of Exiled Zen Master Thích Nhất Hạnh, in: P. Taylor (Hg.): Modernity and Re-Enchantment: Religion in Post-Revolutionary Vietnam. Lanham 2007, S. 297–337.
Chatterjee, Aroup. Mother Teresa: The Untold Story. New Delhi 2016.
Chattopadhyaya, Rajagopal. Swami Vivekananda in India: A Corrective Biography. Delhi 1999.
Chaturvedi, Vinayak. Rethinking Knowledge with Action: V. D. Savarkar, the Bhagavad Gita, and Histories of Warfare, in: Modern Intellectual History 7 (2010), S. 417–435.
–. A Revolutionary's Biography: The Case of V D Savarkar, in: Postcolonial Studies 16 (2013), S. 124–139.
Chau, Adam Yuet. Miraculous Response: Doing Popular Religion in Contemporary China. Stanford 2006.
Chidester, David. Salvation and Suicide: Jim Jones, the Peoples Temple, and Jonestown. Bloomington 2003 (1988).

Chilson, Clark. Cultivating Charisma: Ikeda Daisaku's Self Presentations and Transformational Leadership, in: Journal of Global Buddhism 15 (2014), S. 65–78.

Christensen, Dorthe Refslund. Inventing L. Ron Hubbard: On the Construction and Maintenance of the Hagiographic Mythology of Scientology's Founder, in: J. R. Lewis/J. A. Petersen (Hg.): Controversial New Religions. New York 2005, S. 227–258.

Chryssides, George D. Exploring New Religions. London, New York 2001 (1999).

Churton, Tobias. Aleister Crowley: The Biography: Spiritual Revolutionary, Romantic Explorer, Occult Master and Spy. London 2011.

Clarke, Arthur C. 2001: A Space Odyssey. London 2010 (1968).

Clarke, Peter B. New Religions in Global Perspective: A Study of Religious Change in the Modern World. London, New York 2006.

Classen, Claus Dieter. Religionsrecht. Tübingen 2006.

Clement, Christian. Einleitung, in: R. Steiner (Hg.): Theosophie. Anthroposophie (Ein Fragment). Herausgegeben und kommentiert von Christian Clement. Mit einem Vorwort von Egil Asprem. Stuttgart-Bad Canstatt 2017, S. xxi–clii.

Coelho, Paulo. Der Fünfte Berg: Roman. Zürich 1998.

–. Auf dem Jakobsweg: Tagebuch einer Pilgerreise nach Santiago de Compostela. Zürich 1999.

–. Handbuch des Kriegers des Lichts. Zürich 2001.

–. Der Alchimist. Zürich 2002.

Coffman, Elesha. «I Would Not Call It Show Business.» Media Made Billy Graham a Celebrity; Graham Worked Hard to Stay Honest and Authentic, in: Christian History 111 (2014), S. 10–12.

Cohen, Michael R. The Birth of Conservative Judaism: Solomon Schechter's Disciples and the Creation of an American Religious Movement. New York 2012.

Collins, Paul. The Modern Inquisition: Seven Prominent Catholics and Their Struggles with the Vatican. Woodstock, New York 2002.

Conrad, Dieter. Gandhi as Mahatma: Political Semantics in an Age of Cultural Ambiguity, in: V. Dalmia/A. Malinar/M. Christof (Hg.): Charisma and Canon: Essays on the Religious History of the Indian Subcontinent. Delhi 2001, S. 223–249.

–. Gandhi und der Begriff des Politischen. Staat, Religion und Gewalt. Paderborn 2006.

Copeman, Jacob/Aya Ikegame (Hg.). The Guru in South Asia: New Interdisciplinary Perspectives. London, New York 2012.

Coubertin, Pierre de. Olympische Erinnerungen. Aus dem Französischen übersetzt und mit einer erläuternden Schlußbemerkung versehen von Erhard Höhne. Berlin o. J.

–. The Olympic Idea: Discourses and Essays. Schorndorf 1967.

Cowan, Douglas E. Sacred Space: The Quest for Transcendence in Science Fiction Film and Television. Waco 2010.

–/David G. Bromley. Cults and New Religions: A Brief History. Malden, Oxford, Victoria 2008.

Coward, Harold G. (Hg.). Indian Critiques of Gandhi. Albany 2003.

Cragun, Ryan T./Joseph H. Hammer/Jesse M. Smith. North America, in: S. Bullivant/M. Ruse (Hg.): The Oxford Handbook of Atheism. Oxford, New York 2013, S. 601–621.
Craig, William Lane. ‹What Place, Then, for a Creator?›: Hawking on God and Creation, in: The British Journal for the Philosophy of Science 41 (1990), S. 473–491.
Cranston, Sylvia. HPB. The Extraordinary Life and Influence of Helena Blavatsky, Founder of the Modern Theosophical Movement. New York 1993.
Crowley, Aleister. Confessions. Die Bekenntnisse des Aleister Crowley: Eine Autohagiographie. New York (o. J.).
–. Magick in Theory and Practice. New York 1976 (1929).
–. Eight Lectures on Yoga (1939). https://hermetic.com/crowley/eight-lectures-on-yoga/index
Cusack, Carole M. Intentional Communities in the Gurdjieff Teaching, in: International Journal for the Study of New Religions 6 (2015), S. 159–178.
Dabashi, Hamid. Theology of Discontent: The Ideological Foundation of the Islamic Revolution in Iran. New Brunswick, London 2006.
Dabringhaus, Sabine. Mao Zedong. München 2008.
Dalai Lama XIV. Das Buch der Freiheit. Die Autobiographie des Friedensnobelpreisträgers. Bergisch Gladbach 1990.
–. My Land and My People. The Original Autobiography of His Holiness the Dalai Lama of Tibet. With a new introduction by the author and a new foreword by Melissa Mathison Ford. New York 1997.
–. Beyond Religion: Ethics for a Whole World. Boston, New York 2011.
–/Franz Alt. Der Appell des Dalai Lama an die Welt: Ethik ist wichtiger als Religion. Wals bei Salzburg 2015.
–/Sofia Stril-Rever. My Spiritual Journey: Personal Reflections, Teachings and Talks. Collected by Sofia Stril-Rever. [o. O.] 2010.
–/Howard C. Cutler. The Art of Happiness: A Handbook for Living. New York 2009.
Daly, Mary. Beyond God the Father; Toward a Philosophy of Women's Liberation. With an original reintroduction by the Author. Boston 1985.
–. Outercourse: The Be-Dazzling Voyage. San Francisco 1992.
Damir-Geilsdorf, Sabine. Herrschaft und Gesellschaft. Der islamistische Wegbereiter Sayyid Quṭb und seine Rezeption. Würzburg 2003.
Davidowicz, Klaus S. Gershom Scholem und Martin Buber. Die Geschichte eines Mißverständnisses. Neukirchen-Vluyn 1995.
Davidsen, Markus Altena. Fiction-Based Religion: Conceptualising a New Category against History-Based Religion and Fandom, in: Culture and Religion 14 (2013), S. 378–395.
–. The Spiritual Tolkien Milieu: A Study of Fiction-Based Religion. Leiden 2014.
–. From Star Wars to Jediism: The Emergence of Fiction-based Religion, in: E. van den Hemel/A. Szafraniec (Hg.): Words: Religious Language Matters. New York 2016, S. 376–389, 571–575.
–. The Religious Affordance of Fiction: A Semiotic Approach, in: Religion 46 (2016), S. 521–549.

Davidson, Keay. Carl Sagan: A Life. New York 1999.
Davies, Hunter. The Beatles. New York 2010.
Dawes, Kwame Senu Neville. Bob Marley: Lyrical Genius. London 2007.
De Michelis, Elizabeth. A History of Modern Yoga: Patañjali and Western Esotericism. London 2004.
de Rougemont, Denis. Journal aus Deutschland, 1935–1936. Mit einem Nachwort von Jürg Altwegg. Berlin 2001.
De Vido, Elisabeth. The Influence of Chinese Master Taixu on Buddhism in Vietnam, in: Global Buddhism 10 (2009), S. 413–458.
Dehn, Ulrich. Sōka Gakkai, in: B. Staemmler/U. M. Dehn (Hg.): Establishing the Revolutionary: An Introduction to New Religions in Japan. Wien, Berlib 2011, S. 201–219.
Dein, Simon. Lubavitcher Messianism: What Really Happens when Prophecy Fails? London 2012.
Delfs, Tobias. Hindu-Nationalismus und europäischer Faschismus: Vergleich, Transfer- und Beziehungsgeschichte. Hamburg 2008.
Deltete, Robert J. Hawking on God and Creation, in: Zygon 28 (1993), S. 485–506.
Dempsey, Corinne G. Bringing the Sacred Down to Earth: Adventures in Comparative Religion. New York 2012.
Deutsch, Shaul Shimon. Larger Than Life: The Life and Times of the Lubavitcher Rebbe Rabbi Menachem Mendel Schneerson. Vol. 1. New York 1995.
Devare, Aparna. History and the Making of a Modern Hindu Self. New Delhi 2011.
Devji, Faisal. Muslim Zion: Pakistan as a Political Idea. Cambridge 2013.
Dharmapala, Anagarika. Return to Righteousness: a Collection of Speeches, Essays and Letters of the Anagarika Dharmapala. Colombo 1965.
Dick, Steven J. Life on Other Worlds: The 20th-Century Extraterrestrial Life Debate. Cambridge, New York 1998.
Dine, Ranana L. The Age of Messianic Reproduction: The Image of the Last Lubavitcher Rebbe in Chabad Theology, in: Journal of the American Academy of Religion 85 (2017), S. 775–805.
Dinnage, Rosemary. Annie Besant. Harmondsworth 1986.
Dinnerstein, Leonard. Antisemitism in America. New York, Oxford 1994.
Dixon, Joy. Divine Feminine. Baltimore 2001.
–. Of Many Mahatmas: Besant, Gandhi, and Indian Nationalism, in: H. G. Coward (Hg.): Indian Critiques of Gandhi. Albany 2003, S. 67–86.
Djurdjevic, Gordan. The Great Beast as a Tantric Hero: The Role of Yoga and Tantra in Aleister Crowley's Magick, in: H. Bogdan/M. P. Starr (Hg.): Aleister Crowley and Western Esotericism. Oxford 2012, S. 107–140.
Dobbelaere, Karel. Soka Gakkai: From Lay Movement to Religion. Oxford 1998.
Dobbins, James C. Introduction, in: J. C. Dobbins (Hg.): Selected Works of D. T. Suzuki. Volume II: Pure Land. Edited by James C. Dobbins. Oakland 2016.
Dodin, Thierry/Heinz Räther. Mythos Tibet – Zwischen Shangrila and Feudalherrschaft. Versuch einer Synthese, in: T. Dodin (Hg.): Mythos Tibet: Wahrnehmungen, Projektionen, Phantasien. Köln 1997, S. 328–345.

Dohe, Carrie B. Wotan and the ‹Archetypal Ergriffenheit': Mystical Union, National Spiritual Rebirth and Culture-Creating Capacity in C. G. Jung's ‹Wotan› Essay, in: History of European Ideas 37 (2011), S. 344–356.
Donskov, Andrew. Die Duchoborzen in Kanada, in: M. George/J. Herlth/C. Münch/U. Schmid (Hg.): Tolstoj als theologischer Denker und Kirchenkritiker. Göttingen 2014, S. 719–730.
Dowley, Tim. Christian Music: A Global History. Oxford 2011.
Dracos, Ted. Ungodly: The Passions, Torments, and Murder of Atheist Madalyn Murray O'Hair. New York 2003.
Driessen, Alfred. The Question of the Existence of God in the Book of Stephen Hawking: A Brief History of Time, in: A. Driessen/A. Suarez (Hg.): Mathematical Undecidability, Quantum Nonlocality and the Question of the Existence of God. Dordrecht 1997, S. 203–213.
Drobnik, Jakob B. «Neuer Mensch». Christozentrischer Personalismus bei Johannes Paul II. Nordhausen 2016.
Duffy, Eamon. Saints and Sinners: A History of the Popes; Second Edition. New Heaven, London 2006.
Dunn, Claire. Carl Jung: Wounded Healer of the Soul. London 2015 (2000).
Durkheim, Émile. Les formes élémentaires de la vie religieuse: le système totémique en Australie. Paris 1912.
Dyrendal, Asbjørn. Satan and the Beast: The Influence of Aleister Crowley on Modern Satanism, in: H. Bogdan/M. P. Starr (Hg.): Aleister Crowley and Western Esotericism. Oxford 2012, S. 369–394.
Dziwisz, Stanislaw. Mein Leben mit dem Papst. Johannes Paul II., wie er wirklich war. Leipzig 2007.
Eddy, Mary Baker. Retrospection and Introspection. Boston 1892.
Edgell, Penny/Douglas Hartmann/Evan Stewart/Joseph Gerteis. Atheists and Other Cultural Outsiders: Moral Boundaries and the Non-Religious in the United States, in: Social Forces 95 (2016), S. 607–638.
Edmonds, Ennis Barrington. Rastafari: A Very Short Introduction. Oxford 2013.
Eisenlöffel, Ludwig David. Freikirchliche Pfingstbewegung in Deutschland. Innenansichten 1945–1985. Göttingen 2006.
Ellenberger, Henri F. Die Entdeckung des Unbewußten. Geschichte und Entwicklung der dynamischen Psychiatrie von den Anfängen bis zu Janet, Freud, Adler und Jung. Zürich 2005.
Elst, Koenraad. Why I Killed the Mahatma: Uncovering Godse's Defence. New Delhi 2018.
Endresen, Cecilie. Mother Teresa: A Saint in Albanian Politics, in: Religion: Going Public (2016).
Engler, Steven. «Science Fiction, Religion, and Social Change.», in: L. Easton/R. Schroeder (Hg.): The Influence of Imagination: Essays on Science Fiction and Fantasy as Agents of Social Change. Jefferson 2008, S. 108–117.
–/Bettina E. Schmidt. Introduction, in: B. E. Schmid/S. Engler (Hg.). Handbook of Contemporary Religions in Brazil. Leiden, Boston 2016, S. 1–29.
Englisch, Andreas. Johannes Paul II. Das Geheimnis des Karol Wojtyła. Biografie. München 2014 (2003).

Enz, Charles P. «Pauli hat gesagt». Eine Biografie des Nobelpreisträgers Wolfgang Pauli 1900–1958. Zürich 2005.

Epstein, Daniel Mark. Sister Aimee: The Life of Aimee Semple McPherson. New York 1993.

Erber, Erika. Achtsamkeit und Intersein. Der Buddhismus bei Thich Nhat Hanh. Wien, Berlin 2011.

Espinosa, Gastón. William J. Seymour and the Origins of Global Pentecostalism: A Biography and Documentary History. Durham, London 2014.

Euben, Roxanne Leslie/Muhammad Qasim Zaman (Hg.). Princeton Readings in Islamist Thought: Texts and Contexts from Al-Banna to Bin Laden. Princeton 2009.

Ewing, Adam. The Age of Garvey: How a Jamaican Activist Created a Mass Movement and Changed Global Black Politics. Princeton, Oxford 2014.

Ferziger, Adam S. From Lubavitch to Lakewood: The Chabadization of American Orthodoxy, in: Modern Judaism – A Journal of Jewish Ideas and Experience 33 (2013), S. 101–124.

Feuchtwang, Stephan. Popular Religion in China: The Imperial Metaphor. Richmond, Surrey 2001.

Fields, Rick. How the Swans Came to the Lake: A Narrative History of Buddhism in America. Boston 1992.

Finstuen, Andrew S. Original Sin and Everyday Protestants: The Theology of Reinhold Niebuhr, Billy Graham, and Paul Tillich in an Age of Anxiety. Chapel Hill 2009.

Fischer, Werner. Mutter Teresa von Kalkutta. Ein Heiligkeitsmodell kritisch betrachtet. München 1985.

Fiske, Adele/Christoph Emmrich. The Use of Buddhist Scriptures in B. R. Ambedkar's *The Buddha and his Dhamma*, in: S. Jondhale/J. Beltz (Hg.): Reconstructing the World: B. R. Ambedkar and Buddhism in India. New Delhi 2004, S. 97–119.

Fisker-Nielsen, Anne Mette. Sōka Gakkai, in: L. Pokorny/F. Winter (Hg.): Handbook of East Asian New Religious Movements. Leiden, Boston 2018, S. 109–127.

Foa, Anna (Hg.). Elio Toaff: un secolo di vita ebraica in Italia. Torino 2010.

Fokkema, Douwe. Perfect Worlds: Utopian Fiction in China and the West. Amsterdam 2011.

Fox, Richard Wightman. Reinhold Niebuhr: A Biography. New York 1985.

Foxen, Anya. Biography of a Yogi: Paramahansa Yogananda and the Birth of Modern Yoga. New York 2017.

Frady, Marshall. Martin Luther King, Jr. New York, N. Y. 2002.

Francis, Mark. Herbert Spencer and the Invention of Modern Life. Ithaca 2007.

François-Poncet, André. Als Botschafter in Berlin 1931–1938. Mainz 1980 (1947).

Freiberger, Oliver/Christoph Kleine. Buddhismus. Handbuch und kritische Einführung. Göttingen 2011.

Frenschkowski, Marco. L. Ron Hubbard and Scientology: An Annotated Bibliographical Survey of Primary and Selected Secondary Literature, in: Marburg Journal of Religion 4 (1999).

Freud, Sigmund. Die Traumdeutung. Über den Traum (Gesammelte Werke. 2/3). London 1961.
Friedländer, Saul. Den Holocaust beschreiben: Auf dem Weg zu einer integrierten Geschichte. Göttingen 2007.
Friedman, Edward/Paul Pickowicz/Mark Selden. Chinese Village, Socialist State. New Haven 1991.
Frinzi, Joe R. Kubrick's Monolith: The Art and Mystery of 2001, A Space Odyssey. Jefferson, North Carolina 2017.
Frisk, Liselotte. De nya religiösa rörelserna – vart tog de vägen? Nora 2007.
Frydenlund, Iselin. Buddhist Islamophobia: Actors, Tropes, Contexts, in: A. Dyrendal/D. G. Robertson/E. Asprem (Hg.): Handbook of Conspiracy Theory and Contemporary Religion. Leiden 2019, S. 279–302.
Fuchs, Eberhard. Jugendsekten. Kinder Gottes, Mun Sekte, Hare Krishna, Transzendentale Meditation, Scientology-Kirche, Ananda Marga. München 1981 (1979).
Fuchs, Martin. A Religion for Civil Society? Ambedkar's Buddhism, the Dalit Issue and the Imagination of Emergent Possibilities, in: V. Dalmia/A. Malinar/M. Christof (Hg.): Charisma and Canon: Essays on the Religious History of the Indian Subcontinent. New Delhi 2001, S. 250–273.
Fuhrmann, Horst. Die Päpste. Von Petrus zu Benedikt XVI. 3., akt. und erg. Aufl. München 2005.
Fülöp-Miller, René/Friedrich Eckstein (Hg.). Tolstojs Flucht und Tod. Geschildert von seiner Tochter Alexandra. Mit Briefen und Tagebüchern von Leo Tolstoi, dessen Gattin, seines Arztes und seiner Freunde. Zürich 2008.
Gablinger, Tamar. The Religious Melting Point: on Tolerance, Controversial Religions and the State. The Example of Transcendental Meditation in Germany, Israel and the United States. Marburg 2010.
Gandhi, M. K. An Autobiography, Or, The Story of My Experiments with Truth. Translated from the Original in Gujarati by Mahadev Desai. Ahmedabad 1940.
Gandhi, Mahatma. Collected Works. Bd. 1–98. http://www.gandhiashramsevagram.org/gandhi-literature/collected-works-of-mahatma-gandhi-volume-1-to-98.php 1999.
–. Was ist Hinduismus? Frankfurt a. M., Leipzig 2006.
–. Mahatma Gandhi: The Essential Writings. New edition. Oxford, New York 2008.
Garton Ash, Timothy. The Polish Revolution: Solidarity. New York 1985.
Garvey, Marcus. The Poetical Works of Marcus Garvey. Edited by Tony Martin. Dover 1983.
Gebhardt, Miriam. Rudolf Steiner. Ein moderner Prophet. München 2011.
Geier, Fabian. J. R. R. Tolkien. Reinbek 2009.
Geller, Friedhelm (Hg.). Religion im Film. Lexikon mit Kurzkritiken und Stichworten zu 2400 Kinofilmen. 3. Aufl. Köln 1999.
George, Carol V. R. God's Salesman: Norman Vincent Peale & the Power of Positive Thinking. New York 1993.
George, Martin/Jens Herlth/Christian Münch/Ulrich Schmid (Hg.). Tolstoj als theologischer Denker und Kirchenkritiker. Göttingen 2014.

Geppert, Alexander C. T. Weltausstellungen, in: Europäische Geschichte Online (EGO) (2013).
Gethin, Rupert. On Some Definitions of Mindfulness, in: Contemporary Buddhism 12 (2011), S. 263–279.
Ghamari-Tabrizi, Behrooz. The Divine, the People, and the *Faqih*: On Khomeini's Theory of Sovereignty, in: A. Adib-Moghaddam (Hg.): A Critical Introduction to Khomeini. New York 2014, S. 211–238.
Ghassem-Fachandi, Parvis. Pogrom in Gujarat: Hindu Nationalism and anti-Muslim Violence in India. Princeton 2012.
Gibney, Mark/Rhoda E. Howard-Hassmann/ Jean-Marc Coicaud/Niklaus Steiner (Hg.). The Age of Apology: Facing up to the Past. Philadelphia 2008.
Gifford, Paul. «Africa Shall Be Saved». An Appraisal of Reinhard Bonnke's Pan-African Crusade, in: Journal of Religion in Africa 17 (1987), S. 63–92.
Gilbert, Robert H. Hermetic Order of the Golden Dawn, in: W. J. Hanegraaff (Hg.): Dictionary of Gnosis & Western Esotericism. Volume II. Leiden 2006 (2005), S. 544–550.
Gilhus, Ingvild Sælid. Laughing Gods, Weeping Virgins: Laughter in the History of Religion. London 1997.
Gilmour, Michael J. The Gospel According to Bob Dylan: The Old, Old Story for Modern Times. Louisville 2011.
Godwin, Joscelyn. Mead, George Robert Stowe, in: W. J. Hanegraaff (Hg.): Dictionary of Gnosis & Western Esotericism. Volume II. Leiden 2006 (2005), S. 785–786.
Goldberg, Ellen. The Goddess Pose: The Audacious Life of Indra Devi, the Woman Who Helped Bring Yoga to the West. 2016.
Goldberg, Philip. American Veda: From Emerson and the Beatles to Yoga and Meditation. How Indian Spirituality Changed the West. New York 2010.
–. The Life of Yogananda: The Story of the Yogi Who Became the First Modern Guru. Carlsbad, etc. 2018.
Goldblatt, David. The Games: A Global History of the Olympics. New York, London 2016.
Goldman, Marion S. Controversy, Cultural Infuence, and the Osho/Rajneesh Movement, in: J. R. Lewis/J. A. Petersen (Hg.): Controversial New Religions. 2. Aufl. Oxford 2014, S. 176–194.
Goldman, Shalom. Christians and Zionism: A Review Essay, in: American Jewish History 93 (2007), S. 245–260.
Goldner, Colin. Dalai Lama. Fall eines Gottkönigs. 2. Aufl. Aschaffenburg 2008.
Golwalkar, Madhav Sadashiv. We or Our Nationhood Defined. Nagpur 1939.
Golzio, Karl-Heinz/Pietro Bandini. Die vierzehn Wiedergeburten des Dalai Lama. Die Herrscher Tibets – wie sie wiederkommen, wie sie gefunden werden, was sie hinterlassen haben. Bern, München, Wien 1997.
Goodrick-Clarke, Nicholas. Helena Blavatsky. Berkeley 2004.
Goodrick-Clarke, Clare. G. R. S. Mead and the Gnostic Quest. Berkeley 2005.
Goossaert, Vincent. 1898: The Beginning of the End for Chinese Religion?, in: The Journal of Asian Studies 65 (2006), S. 307–335.
–/David A. Palmer. The Religious Question in Modern China. Chicago, London 2011.

Gordon, Tamar/Mary Hancock. «The Crusade Is the Vision»: Branding Charisma in a Global Pentecostal Ministry, in: Material Religion 1 (2005), S. 386–404.

Göttert, Karl-Heinz. Mythos Redemacht. Eine andere Geschichte der Rhetorik. Frankfurt a. M. 2015.

Göttler, Norbert. Mutter Teresa. Reinbek 2010.

Gottschalk, Peter. Religion, Science, and Empire: Classifying Hinduism and Islam in British India. New York 2013.

Gottschalk, Stephen. Rolling Away the Stone: Mary Baker Eddy's Challenge to Materialism. Bloomington 2006.

Graf, Friedrich Wilhelm. Tillichs Durchbruch, in: Zeitschrift für Ideengeschichte 8 (2011), S. 37–50.

Graham, Billy. Just as I Am: The Autobiography of Billy Graham. Completely Revised and Updated. New York, Grand Rapids 2007.

Graitl, Lorenz. Sterben als Spektakel. Zur kommunikativen Dimension des politisch motivierten Suizids. Wiesbaden 2012.

Grant, Colin. I & I: The Natural Mystics: Marley, Tosh and Wailer. London 2011.

Green, Thomas. «The Spirit of the Vedānta»: Occultism and Piety in Max Müller and Swami Vivekananda's Interpretation of Ramakrishna, in: Numen 64 (2017), S. 229–257.

Greenberg, Gershon. Menahem Mendel Schneersohn's Response to the Holocaust, in: Modern Judaism – A Journal of Jewish Ideas and Experience 34 (2014), S. 86–122.

Greene, Joshua M. Here Comes the Sun: The Spiritual and Musical Journey of George Harrison. Hoboken 2006.

Greschat, Martin. In der Auseinandersetzung mit dem Nationalsozialismus, in: M. Beintker (Hg.): Barth Handbuch. Tübingen 2016, S. 430–436.

Grüttner, Michael/Sven Kinas. Die Vertreibung von Wissenschaftlern aus den deutschen Universitäten 1933–1945, in: Vierteljahrshefte für Zeitgeschichte 55 (2007), S. 123–186.

Guha, Ramachandra. Gandhi before India. Gurgaon 2014.

–. Gandhi: The Years that Changed the World 1914–1948. London 2018.

Guinn, Jeff. The Road to Jonestown: Jim Jones and Peoples Temple. New York 2017.

Gurock, Jeffrey S./Jacob J. Schacter. A Modern Heretic and a Traditional Community: Mordecai M. Kaplan, Orthodoxy, and American Judaism. New York 1997.

Gutiérrez, Gustavo. Essential Writings. Edited with an introduction by James B. Nickoloff. Maryknoll 1996.

Gwynne, S. C. Empire of the Summer Moon: Quanah Parker and the Rise and Fall of the Comanches, the Most Powerful Indian Tribe in American History. New York 2010.

HaCohen, Ran. Einleitung, in: R. HaCohen/P. Mendes-Flohr/B. Witte (Hg.): Martin Buber Werkausgabe 18.1. Chassidismus III. Die Erzählungen der Chassidim. Text. Herausgegeben, eingeleitet und kommentiert von Ran HaCohen. Gütersloh 2015, S. 15–35.

Hagan, William Thomas. Quanah Parker, Comanche Chief. Norman 1993.

Häger, Andreas. Bob Dylan and Religion, in: Scripta Instituti Donneriani Aboensis 21 (2009), S. 44–60.
Hakl, Hans Thomas. Der verborgene Geist von Eranos. Unbekannte Begegnungen von Wissenschaft und Esoterik. Eine alternative Geistesgeschichte des 20. Jahrhunderts. Bretten 2001.
Hallstrom, Lisa Lassell. Mother of Bliss: Anandamayi Ma (1896–1982). New York 1999.
Hamm, Thomas/Margaret Marconi/Gretchen Kleinhen Salnis/Benjamin Whitman. The Decline of Quaker Pacifism in the Twentieth Century: Indiana Yearly Meeting of Friends as a Case Study, in: Indiana Magazine of History 96 (2000), S. 44–71.
Hammer, Olav. Claiming Knowledge. Strategies of Epistemology from Theosophy to the New Age. Leiden, Boston 2004 (2001).
–. Jungism, in: W. J. Hanegraaff (Hg.): Dictionary of Gnosis & Western Esotericism. Volume II. Leiden 2006 (2005), S. 653–655.
–/Rothstein Mikael (Hg.). Handbook of the Theosophical Current. Leiden, Boston 2013.
Hammerstrom, Erik J. The Science of Chinese Buddhism: Early Twentieth-Century Engagements. New York 2015.
Hanegraaff, Wouter J. New Age Religion and Western Culture: Esotericism in the Mirror of Secular Thought. Leiden, New York, Köln 1996.
–. Esotericism and the Academy: Rejected Knowledge in Western Culture. Cambridge 2012.
–. The Great War of the Soul: Divine and Human Madness in Carl Gustav Jung's Liber Novus, in: L. Greisiger/A. van den Haven/S. Schüler (Hg.): Religion und Wahnsinn um 1900: Zwischen Pathologisierung und Selbstermächtigung. Würzburg 2017, S. 101–135.
Hanke, Edith. Prophet des Unmodernen. Leo N. Tolstoi als Kulturkritiker in der deutschen Diskussion der Jahrhundertwende. Tübingen 1993.
Hannah, Barbara. C. G. Jung, sein Leben und Werk. Biographische Aufzeichnungen. Fellbach 1982.
Hanson, John Wesley (Hg.). The World's Congress of Religions: The Addresses and Papers Delivered before the Parliament; and an Abstract of the Congresses Held in the Art Institute, Chicago, Illinois, USA, August 25 to October 15, 1893, under the Auspices of the World's Columbian Exposition. Chicago 1894.
Hardacre, Helen. Aum Shinrikyō and the Japanese Media: The Pied Piper Meets the Lamb of God, in: History of Religions 47 (2007), S. 171–204.
Harvey, Graham. Contemporary Paganism: Listening People, Speaking Earth. New York 1997.
Haskell, Molly. Steven Spielberg: A Life in Films. New Haven, London 2017.
Hauser, Beatrix. Introduction: Transcultural Yoga(s). Analyzing a Traveling Subject, in: B. Hauser (Hg.): Yoga Traveling: Bodily Practice in Transcultural Perspective. Heidelberg 2013, S. 1–34.
Hawking, Stephen. A Brief History of Time: From the Big Bang to Black Holes. With an introduction by Carl Sagan. Toronto, New York 1988.

Hayakawa, Samuel Ichiye. From Science-fiction to Fiction-science, in: ETC: A Review of General Semantics 8 (1951), S. 280–293.
Hazama, Eijiro. The Paradox of Gandhian Secularism: Themetaphysical implication behind Gandhi's ‹individualization of religion›, in: Modern Asian Studies 51 (2017), S. 1394–1438.
Heep, Stefan. Hitler – das «Heilige in Erscheinung»?: Die religiöse Dimension des Nationalsozialismus neu beurteilt, in: Zeitschrift für Religionswissenschaft 26 (2018), S. 323–378.
Heiler, Friedrich. Alfred Loisy. Der Vater des katholischen Modernismus. München 1947.
Heilman, Samuel C. On Writing about the Seventh Lubavitcher Rebbe and His Hasidim, in: AJS Review 35 (2011), S. 393–400.
–/Menachem Friedman. The Rebbe: The Life and Afterlife of Menachem Mendel Schneerson. Princeton, Oxford 2010.
Heller, Amy. The Protective Deities of the Dalai Lamas, in: M. Brauen (Hg.): The Dalai Lamas: A Visual History. Chicago 2005, S. 212–229.
Herbst, Andrea. Faszination Paulo Coelho. Marburg 2014.
Herbst, Ludolf. Hitlers Charisma. Die Erfindung eines deutschen Messias. Frankfurt a. M. 2011 (2010).
Herrick, James A. Scientific Mythologies: How Science and Science Fiction Forge New Religious Beliefs. Westmont 2008.
Herzl, Theodor. Der Judenstaat. o. O. o. J.
–. Gesammelte zionistische Werke Bd. 5: Das neue Ghetto; Altneuland; Aus dem Nachlass. Berlin 1935.
–. Zionistisches Tagebuch 1895–1899. Bearbeitet von Johannes Wachten, Chaya Harel in Zusammenarbeit mit Daisy Ticho, Sofia Gelman, Ines Rubin, Manfred Winkler. (Briefe und Tagebücher II). Berlin, Frankfurt, Wien 1983.
–. Briefe und Tagebücher. 3. Zionistisches Tagebuch, 1899–1904. Berlin 1985.
Hesemann, Michael. Hitlers Religion. Die fatale Heilslehre des Nationalsozialismus. Augsburg 2012.
Heß, Rudolf. Briefe 1908–1933. Herausgegeben von Wolf Rüdiger Heß. München, Wien 1987.
Hewitt, Marsha. Freud on Religion. Durham, Bristol 2014.
Hinn, Benny. He Touched Me: An Autobiography. Nashville 1999a.
–. Kathryn Kuhlman: Her Spiritual Legacy and Its Impact on My Life. Nashville 1999b.
Hitler, Adolf. Mein Kampf. Zwei Bände in einem Band. Ungekürzte Ausgabe. Erster Band: Eine Abrechnung. Zweiter Band: Die nationalsozialistische Bewegung. München 1933.
–. Sämtliche Aufzeichnungen 1905–1924. Herausgegeben von Eberhard Jäckel zusammen mit Axel Kuhn. Stuttgart 1980.
–. Reden, Schriften, Anordnungen: Februar 1925 bis Januar 1933. München 1992.
Hochgeschwender, Michael. Amerikanische Religion. Evangelikalismus, Pfingstlertum und Fundamentalismus. Frankfurt a. M. 2007.
Hock, Klaus. Das Christentum in Afrika und dem Nahen Osten. Leipzig 2005.

Holton, Robert J. Global Networks. Houndmillls, New York 2008.
Hoodbhoy, Pervez. Jinnah and the Islamic State: Setting the Record Straight, in: Economic and Political Weekly 42 (2007), S. 3300–3303.
Hooper, Walter. C. S. Lewis: a Companion & Guide. London 1996.
Horstmann, Johannes (Hg.). Sinnfragen des Lebens im Film. Ein Lexikon zu Religion im Film mit 1500 Kurzkritiken. Marburg 2018.
Houghton, Walter R. (Hg.). Neely's History of The Parliament of Religions and Religious Congresses at the World's Columbian Exposition. Chicago 1893.
Howard, Christoper A. Mobile Lifeworlds: An Ethnography of Tourism and Pilgrimage in the Himalayas. New York, London 2017.
Howard, Richard C. K'ang Yu-wei (1858–1927): His Intellectual Background and Early Thought. Stanford 1962.
Howard, Veena R. Gandhi's Ascetic Activism: Renunciation and Social Action. Albany 2013.
Hsiao, Kung-ch'uan. A Modern China and a New World: K'ang Yu-Wei, Reformer and Utopian, 1858–1927. Seattle 1975.
Hubbard, L. Ron. Scientology: A History of Man. A List and Description of the Principal Incidents to Be Found in a Human Being. Los Angeles 2007.
–. Battlefield Earth: A Saga of the Year 3000. Hollywood 2016.
Huber, Toni. Shangri-La im Exile: Darstellungen tibetischer Identität und transnationale Kultur, in: T. Dodin/H. Räther (Hg.): Mythos Tibet: Wahrnehmungen, Projektionen, Phantasien. Köln 1997, S. 300–312.
–. The Holy Land Reborn: Pilgrimage & the Tibetan Reinvention of Buddhist India. Chicago 2008.
Hughes, Aaron W. Abrahamic Religions: on the Uses and Abuses of History. Oxford, New York 2012.
Hulin, Michel. La mystique sauvage aux antipodes de l'esprit. Paris 1993.
Humes, Cynthia. Maharishi Mahesh Yogi and Transcendental Meditation, in: Brill's Encyclopedia of Hinduism (2016 (2012)), S.
Hunt, James D. Gandhi in London. New Delhi 1993.
Hunt-Perry, Patricia/Lyne Fin. All Buddhism is Engaged: Thich Nhat Hanh and the Order of Interbeing, in: C. S. Queen (Hg.): Engaged Buddhism in the West. Somerville 2007, S. 35–66.
Hunter, Ian. Malcolm Muggeridge: A Life. Vancouver 2003 (1980).
Huss, Boaz/Marco Pasi/Kocku von Stuckrad (Hg.). Kabbalah and Modernity: Interpretations, Transformations, Adaptations. Leiden 2010.
Hussain, Rizwan. Pakistan, in: (Hg.): The Oxford Encyclopedia of the Islamic World. Oxford Islamic Studies Online. Oxford 2018.
Hutton, Ronald. The Triumph of the Moon: A History of Modern Pagan Witchcraft. Oxford 1999.
Imamichi, Tomonobu. In Search of Wisdom: Chi no hikari o motomete. One Philosopher's Journey. Tokyo 2004.
Inglis, Ian. Cover Story: Magic, Myth and Music, in: O. Julien (Hg.): Sgt. Pepper and the Beatles: It Was Forty Years Ago Today. Aldershot 2008, S. 91–102.
Ingrams, Richard. Muggeridge: The Biography. London 1995.
Introvigne, Massimo. Satanism: A Social History. Keiden 2016.

Iqbal, Muhammad. Speeches, Writings and Statements of Iqbal. Compiled and Edited by Latif Ahmad Sherwani. Lahore 1995.
–. Die Wiederentdeckung des religiösen Denkens im Islam. Aus dem Englischen von Axel Monte und Thomas Stemmer. Lahore 2004.
–/Annemarie Schimmel. Das Buch der Ewigkeit: Ǧawīd-namā. Stuttgart 1957.
Iwamura, Jane Naomi. Virtual Orientalism: Asian Religions and American Popular Culture. New York 2011.
Iyengar, B. K. S. Light on the Yoga Sutras of Patañjali: Yoga Sutra, Patañjala yoga pradipika. New Delhi 1993.
–. Light on Yoga. Yoga dipika. Foreword by Yehudi Menuhin. San Francisco 2006.
Jabbar, Naheem. Historiography and Writing Postcolonial India. London, New York 2009.
Jaeger, David-Maria. The Holy See's Understanding of Religious Freedom, in: M. D. Evans/P. Petzkoff/J. Rivers (Hg.): The Changing Nature of Religious Rights Under International Law. Oxford 2015, S. 235–244.
Jaffé, Aniela. C. G. Jung: Bild und Wort. Olten 1978.
Jaffe, Richard M. Introduction, in: R. M. Jaffe (Hg.): Selected Works of D. T. Suzuki, Volume I: Zen. Oakland 2015, S. 19–82.
Jaffrelot, Christophe. Dr. Ambedkar and Untouchability: Analysing and Fighting Caste. London 2005.
–. (Hg.): Hindu Nationalism: A Reader. Princeton, Oxford 2007.
–. Toward a Hindu State?, in: Journal of Democracy 28 (2017), S. 52–63.
Jahn, Egbert. Politische Streitfragen Band 4: Weltpolitische Herausforderungen. Wiesbaden 2015.
James, Edward. Tolkien, Lewis and the Explosion of Genre Fantasy, in: E. James/F. Mendlesohn (Hg.): The Cambridge Companion to Fantasy Literature. Cambridge 2012, S. 62–78.
James, William. The Varieties of Religious Experience: a Study in Human Nature. New York etc. 1902.
Janov, Arthur. The Primal Scream. Primal Therapy: The Cure for Neurosis. New York 1970.
Jenkins, Laura Dudley. True Believers? Agency and Sincerity in Representations of «Mass Movement» Converts in 1930s India, in: D. C. Washburn/A. K. Reinhart (Hg.): Converting Cultures: Religion, Ideology, and Transformations of Modernity. Leiden, Boston 2007, S. 435–463.
Jiang, Sun. Representing Religion: «Chinese Religions» at the 1893 Chicago World Parliament of Religions, in: Oriens Extremus 54 (2015), S. 59–84.
Johannes Paul II. Die Schwelle der Hoffnung überschreiten. Hamburg 1994.
–. Geschenk und Geheimnis zum 50. Jahr meiner Priesterweihe. Graz, Wien, Köln 1997.
–. Römisches Triptychon: Meditationen. Mit einer Einführung von Joseph Kardinal Ratzinger. Freiburg, Basel, Wien 2003.
Johnsen, Linda. Daughters of the Goddess: The Women Saints of India. St. Paul 1994.
Jondhale, Surendra/Johannes Beltz (Hg.). Reconstructing the World: B. R. Ambedkar and Buddhism in India. New Delhi 2004.

Jones, Jenkin Lloyd. A Chorus of Faith as Heard in the Parliament of Religions. Chicago 1893.
Jordens, J. T. F. Gandhi and the Bhagavad Gita, in: R. Minor (Hg.): Modern Indian Interpreters of the Bhagavad Gita. Albany 1986, S. 88–109.
Jung, Carl Gustav. Ein moderner Mythus. Von Dingen, die am Himmel gesehen werden. Zürich, Stuttgart 1958.
–. Briefe. Hg. von Aniela Jaffé in Zusammenarbeit mit Gerhard Adler. 3. Bd. 1956–1961. Olten, Zürich 1973.
–. Wotan, in: Zivilisation im Übergang = Gesammelte Werke/C. G. Jung. Solothurn 1995, S. 203–218.
–. Antwort auf Hiob. München 1997.
–. Das rote Buch – Liber novus. Herausgegeben und eingeleitet von Sonu Shamdasani. Vorwort von Ulrich Hoerni. Einleitung, Hinweise des Herausgebers zur Edition, Anmerkungsapparat und Danksagung aus dem Englischen übersetzt von Christian Hermes. Düsseldorf 2009.
–. Schriften zu Spiritualität und Transzendenz. Ausgewählt und herausgegeben von Brigitte Dorst. Ostfildern 2013.
–/Aniela Jaffé. Erinnerungen, Träume, Gedanken. Aufgezeichnet und herausgegeben von Aniela Jaffé. Düsseldorf, Zürich 2007 (1971).
–/William McGuire/R. F. C. Hull. C. G. Jung Speaking: Interviews and Encounters. Princeton, N. J. 1977.
Junginger, Horst. Der Führer als «höllischer Messias», in: humanismus aktuell 19 (2006), S. 83–94.
Jürgens, Bernd Sebastian. B. R. Ambedkar: Religionsphilosophie eines Unberührbaren. Frankfurt a. M. 1994.
Kabat-Zinn, Jon. Some Reflections on the Origins of MBSR, Skillfull Means, and the Trouble with Maps, in: Contemporary Buddhism 12 (2011), S. 281–306.
Kamczycki, Artur. Herzl's Image and the Messianic Idea, in: Studia Judaica 36 (2015), S. 241–269.
Kämpchen, Martin. Shrī Rāmakrishna. Gespräche mit seinen Schülern. Frankfurt a. M., Leipzig 2008.
–. Rabindranath Tagore. Mit Selbstzeugnissen und Bilddokumenten. Reinbek b. Hamburg 2011 (1992).
K'ang, Yu-Wei. Ta T'ung Shu. Das Buch von der Großen Gemeinschaft. Düsseldorf, Köln 1974.
Kaplan, Mordecai Menahem. Judaism as a Civilization: Toward a Reconstruction of American-Jewish Life. With a new introduction by Mel Scut. Philadelphia 2010.
Karow, Yvonne. Deutsches Opfer. Kultische Selbstauslöschung auf den Reichsparteitagen der NSDAP. Berlin 1997.
Karunyakara, Lella. Modernisation of Buddhism: Contributions of Ambedkar and Dalai Lama-XIV. New Delhi 2002.
Kaza, Stephanie. To Save All Beings: Buddhist Environmental Activism, in: C. S. Queen (Hg.): Engaged Buddhism in the West. Somerville 2007, S. 172–196.
Keer, Dhananjay. Dr. Ambedkar: Life and Mission. 3. Aufl. Bombay 1971.

–. Veer Savarkar. Mumbai 2012.
Keller, Ursula/Natalja Sharandak. Lew Tolstoj. Reinbek 2010.
Keller, Ursula/Natalja Sharandak. Madame Blavatsky. Eine Biographie. Berlin 2013.
Kemper, Peter. «I don't believe in Zimmerman» – John Lennon und Bob Dylan: Ein Lehrstück der Ambivalenz, in: A. Honneth/P. Kemper/R. Klein (Hg.): Bob Dylan. Ein Kongreß. Ergebnisse des Internationalen Bob-Dylan-Kongresses 2006 in Frankfurt am Main. Frankfurt a. M. 2007, S. 201–224.
Kemper, Steven. Rescued from the Nation: Anagarika Dharmapala and the Buddhist World. Chicago, London 2015.
Kent, Stephen A. Scientology's Relationship with Eastern Religious Traditions, in: Journal of Contemporary Religion 11 (1996), S. 21–36.
–. The Globalization of Scientology: Influence, Control and Opposition in Transnational Markets, in: Religion 29 (1999), S. 147–169.
–. The Creation of ‹Religious› Scientology, in: Religious Studies and Theology 18 (2007), S. 97–126.
Kepel, Gilles/Jean-Pierre Milelli (Hg.). Al-Qaida: Texte des Terrors. 2006.
Keslowitz, Steven. From Poland to Brooklyn: The Lives of My Grandparents, Two Holocaust Survivors. New York, Bloomington, Shanghai 2008.
Kessner, Carole S. Kaplan and the Role of Women in Judaism, in: E. S. Goldsmith/M. Scult/R. M. Seltzer (Hg.): The American Judaism of Mordecai M. Kaplan. New York, London 1990, S. 335–356.
Ketola, Kimmo. The Founder of the Hare Krishnas as Seen by Devotees: A Cognitive Study of Religious Charisma. Leiden, Boston 2008.
Keysar, Ariela/Juhem Navarro-Rivera. A World of Atheism: Global Demographics, in: S. Bullivant/M. Ruse (Hg.): The Oxford Handbook of Atheism. Oxford, New York 2013, S. 553–586.
Khomeini, Ruhollah/Rūḥullāh Mūsawī Ḫumaynī. Wein der Liebe. Mystische Gedichte. Bremen 2010.
–/Rūḥullāh Mūsawī Ḫumaynī. Der Islamische Staat. Bremen 2014.
Không, Sister Chân. Learning True Love: Practicing Buddhism in a Time of War. Revised version. 2007.
King, Martin Luther. The Autobiography. Edited by Clayborne Carson. New York, Boston 2001.
King, Robert H. Thomas Merton and Thich Nhat Hanh: Engaged Spirituality in an Age of Globalization. London, New York 2001.
Kippenberg, Hans G. Regulierungen der Religionsfreiheit. Von der Allgemeinen Erklärung der Menschenrechte zu den Urteilen des Europäischen Gerichtshofs für Menschenrechte. Baden-Baden 2019.
Kirk, John A. Martin Luther King Jr. Harlow 2005.
Kisala, Robert J. Religious Responses to the «Aum Affair», in: R. Kisala/M. Mullins (Hg.): Religion and Social Crisis in Japan: Understanding Japanese Society through the Aum Affair. Basingstoke, New York 2001, S. 107–132.
Kjetsaa, Geir. Lew Tolstoi. Dichter und Religionsphilosoph. Gernsbach 2001.
Kleine, Christoph. Sterben für den Buddha, Sterben wie der Buddha. Zu Praxis und Begründung ritueller Suizide im ostasiatischen Buddhismus, in: Zeitschrift für Religionswissenschaft 11 (2003), S. 3–43.

Klemperer, Victor. LTI: Notizbuch eines Philologen. Leipzig 1995.
Koch, Alois. Sport als säkulare Religion, in: Stimmen der Zeit (2002), S. 90–102.
Kollmar-Paulenz, Karénina. Kleine Geschichte Tibets. München 2006.
–. Religion und Öffentlichkeit in der tibetischen Exilgesellschaft, in: M. Delgado/A. Jödicke/G. Vergauwen (Hg.): Religion und Öffentlichkeit. Probleme und Perspektiven. Stuttgart 2009, S. 201–217.
–. «Shugden versus Pluralism and National Unity». Der Shugden-Konflikt und die Rolle der Medien, in: J. Mohn/H. Mohr (Hg.): Die Medien der Religion. Zürich 2015, S. 85–110.
Kolstø, Pål/Ulrich Schmid. Fame, Sainthood and Iurodstvo: Patterns of Self-Presentation in Tolstoi's Life Practice, in: Slavic and East European Journal 57 (2013), S. 525–543.
Konishi, Sho. Translation and Conversion Beyond Western Modernity: Tolstoian Religion in Meiji Japan, in: D. C. Washburn/A. K. Reinhart (Hg.): Converting Cultures: Religion, Ideology, and Transformations of Modernity. Leiden, Boston 2007, S. 235–265.
Kornberg, Jacques. Theodor Herzl: From Assimilation to Zionism. Bloomington 1993.
Kort, Wesley A. Reading C. S. Lewis: A Commentary. Oxford 2016.
Kötter, Robert. Die Soka Gakkai International-Deutschland. Geschichte – Struktur – Mitglieder. Marburg 2006.
Krämer, Felix. Moral Leaders. Medien, Gender und Glaube in den USA der 1970er und 1980er Jahre. Bielefeld 2015.
Krämer, Gudrun. Hasan al-Banna. Oxford 2010.
–. Die Erziehung des aktiven Muslims. Hasan al-Banna, die ägyptischen Muslimbrüder und das Projekt der islamischen Reform, in: T. Georges/J. Scheiner/I. Tanaseanu-Döbler (Hg.): Bedeutende Lehrerfiguren von Platon bis Hasan al-Banna. Tübingen 2015, S. 333–358.
Krause, Joachim. Im Glauben an Gott und Hitler. Die «Deutschen Christen» aus dem Wieratal und ihr Siegeszug ins Reich von 1928 bis 1945. Markleeberg 2018.
Kripal, Jeffrey J. Kālī's Child: The Mystical and the Erotic in the Life and Teachings of Ramakrishna. Chicago 1995.
Krishnamacharya, Yogacarya T. Yoga-Makaranda: The Nectar of Yoga. Chennai 2013.
Kristenson, Olle. Pastor in the Shadow of Violence: Gustavo Gutiérrez as a Public Pastoral Theologian in Peru in the 1980s and 1990s. Uppsala 2009.
Küng, Hans. Projekt Weltethos. München 1990.
–. Erlebte Menschlichkeit. Erinnerungen. München, Zürich 2013.
Kurlansky, Mark. 1968: The Year that Rocked the World. New York 2004.
Kurzon, Dennis. Moment of Silence, in: International Journal for the Semiotics of Law – Revue internationale de Sémiotique juridique 24 (2011), S. 195–209.
Kuschel, Karl-Josef. Leben ist Brückenschlagen. Vordenker des interreligiösen Dialogs. Ostfildern 2011.
Kuße, Holger. Lev Tolstoj und die Sprache der Weisheit. Göttingen 2010.
–. Die Sprache der Weisheit bei Lev Tolstoj, in: Coincidentia 2 (2011), S. 185–214.

Lachman, Gary. Jung the Mystic: The Esoteric Dimensions of Carl Jung's Life and Teachings: A New Biography. New York 2010.
–. Aleister Crowley: Magick, Rock and Roll, and the Wickedest Man in the World. New York 2014.
Lambrecht, Oda/Christian Baars. Mission Gottesreich. Fundamentalistische Christen in Deutschland. Berlin 2009.
Landsberger, Stefan R. The Deification of Mao: Religious Imagery and Practices during the Cultural Revolution and Beyond, in: W. L. Chong (Hg.): China's Great Proletarian Cultural Revolution: Master Narratives and Post-Mao Counternarratives. Lanham 2002, S. 139–184.
Lane, Christopher. Surge of Piety: Norman Vincent Peale and the Remaking of American Religious Life. New Haven, London 2016.
Langewiesche, Dieter. Die neue Religion des Sozialismus. Tat-Religion ohne Religionsstifter, in: A. Christophersen/F. Voigt (Hg.): Religionsstifter der Moderne. Von Karl Marx bis Johannes Paul II. München 2009, S. 83–93.
Langton, Daniel R. The Apostle Paul in the Jewish Imagination: A Study in Modern Jewish-Christian Relations. Cambridge 2010.
Larivée, Serge/Carole Sénéchal/Geneviève Chénard. Les côtés ténébreux de Mère Teresa, in: Studies in Religion/Sciences Religieuses 42 (2013), S. 319–345.
Lätzel, Martin. Die «Mystik» des Individualismus. Anmerkungen zu Paulo Coelho, in: International Journal of Practical Theology 10 (2007), S. 238–251.
Laurant, Jean-Pierre. Tarot, in: W. J. Hanegraaff (Hg.): Dictionary of Gnosis & Western Esotericism. Volume II. Leiden 2006 (2005), S. 1110–1112.
Lauzière, Henri. The Making of Salafism: Islamic Reform in the Twentieth Century. New York 2016.
Lawrence, Bruce B. Messages to the World: The Statements of Osama Bin Laden. London, New York 2005.
Laxy, Luana. Tibet ohne einen XV. Dalai Lama? Die Zukunft des tibetischen Tulku-Systems aus Sicht von Exiltibetern aus Asien und Europa. Berlin 2014.
Laycock, Douglas. Edward Schempp and His Family, in: Journal of Supreme Court History 38 (2013), S. 63–79.
Lazaroff, Allan. Kaplan and John Dewey, in: E. S. Goldsmith/M. Scult/R. M. Seltzer (Hg.): The American Judaism of Mordecai M. Kaplan. New York, London 1990, S. 173–196.
Le Beau, Bryan F. The Atheist: Madalyn Murray O'Hair. New York, London 2003.
Leary, Timothy. Flashbacks: A Personal and Cultural History of an Era: An Autobiography. Los Angeles, New York 1990.
Lee, Hélène. The First Rasta: Leonard Howell and the Rise of Rastafarianism. Chicago 2004.
Leese, Daniel. The Mao Cult as Communicative Space, in: Totalitarian Movements and Political Religions 8 (2007), S. 623–639.
–. Mao Cult: Rhetoric and Ritual in the Cultural Revolution. Cambridge 2011.
Lehmann, Stefan. Der vergessene Vater des Fackellaufs, in: Der Spiegel 16. 8. 2008.
Lelyveld, Joseph. Great Soul: Mahatma Gandhi and His Struggle with India. New York 2011.
Lenin, Vladimir Il'ič. Über Lew Tolstoi. Moskau 1972.

Leroy, Pierre-Eugène. Loisy et le Collège de France: Les conditions de l'élection, les circonstances de la leçon d'ouverture, in: Revue de théologie et de philosophie 142 (2010), S. 105–122.
Lewis, Clive Staples. God in the Dock: Essays on Theology. Edited by Walter Hooper. Glasgow 1980 (1979, 1971).
–. The Complete C. S. Lewis Signature Classics. San Francisco 2002.
–. Collected Letters; 2: Books, Broadcasts and War 1931–1949. Edited by Walter Hooper. London 2004.
Lewis, James R. The Solar Temple «Transits», in: J. R. Lewis/J. A. Petersen (Hg.): Controversial New Religions. New York 2005, S. 295–317.
–. Free Zone Scientology and Other Movement Milieus: A Preliminary Characterization, in: Temenos 49 (2013), S. 9–35.
–. Technological Exorcism, Body Thetans, and Scientology's Secret Mythology, in: Numen 63 (2016), S. 33–53.
Lifton, Robert Jay. Destroying the World to Save It: Aum Shinrikyo, Apocalyptic Violence, and the the New Global Terrorism. New York 1999.
Lindenberg, Christoph. Rudolf Steiner. Mit Selbstzeugnissen und Bilddokumenten. Reinbek 1992.
–. Rudolf Steiner. Eine Biographie: 1861–1925. Stuttgart 2011.
Liogier, Raphaël. À la rencontre du dala-lama. Mythe, vie et pensée d'un contemporain insolite. [Paris] 2008.
Lipski, Alexander/Joseph A. Fitzgerald. The Essential Śrī Ānandamayī Mā: Life and Teachings of a 20th-Century Indian Saint. Bloomington 2007.
Lischer, Richard. The Preacher King: Martin Luther King, Jr. and the Word that Moved America. New York 1995.
Livnat, Andrea. Der Prophet des Staates. Theodor Herzl im kollektiven Gedächtnis Israels. Frankfurt a. M., New York 2011.
Löhr, Sabine. Dalai Lama XIV. Sein Leben, sein Wirken, seine Botschaft. Reinbek 2005.
Loisy, Alfred. Choses passées. Paris 1913.
–. Mémoires pour servir à l'histoire religieuse de notre temps. I: 1857–1900. Paris 1930.
–. Mémoires pour servir à l'histoire religieuse de notre temps. II: 1900–1908. Paris 1930.
–. Mémoires pour servir à l'histoire religieuse de notre temps. III: 1908–1927. Paris 1931.
Lopez, Donald S. Buddhism & Science: A Guide for the Perplexed. Chicago, London 2008.
Loth, Heinz-Jürgen. Die Anfänge von Rastafari und das Problem der Afrikanizität. Eine religionswissenschaftliche Untersuchung zur Transkulturation im Kontext der Religionsgeschichte Jamaikas unter Heranziehung des afrobrasilianischen Candomblé. Jena 2009.
Lucia, Amanda. Innovative Gurus: Tradition and Change in Contemporary Hinduism, in: International Journal of Hindu Studies 18 (2014), S. 221–263.
Lüddeckens, Dorothea. Das Weltparlament der Religionen von 1893: Strukturen interreligiöser Begegnung im 19. Jahrhundert. Berlin, New York 2002.

Ludwig, Frieder. Die italienische Invasion in Äthiopien 1935/36 und die Intensivierung ökumenischer Süd-Süd-Beziehungen, in: Berliner Theologische Zeitschrift 27 (2010), S. 89–105.
Ludwig, Klemens. Dalai Lama. Botschafter des Mitgefühls. München 2008.
Luijk, Ruben van. Children of Lucifer: The Origins of Modern Religious Satanism. New York 2016.
Lutterbach, Hubertus. Tot und heilig? Personenkult um «Gottesmenschen» in Mittelalter und Gegenwart. Darmstadt 2008.
MacAloon, John J. This Great Symbol: Pierre De Coubertin and the Origins of the Modern Olympic Games. Chicago 1981.
MacFarquhar, Roderick/Michael Schoenhals. Mao's Last Revolution. Cambridge, MA 2006.
MacInnis, Donald E. Religionspolitik im kommunistischen China. Theorie und Praxis in Dokumenten. Göttingen 1974.
Madaio, James. Rethinking Neo-Vedānta: Swami Vivekananda and the Selective Historiography of Advaita Vedānta, in: Religions 8 (2017), 101 https://doi.org/10.3390/rel8060101
Maddux, Kristy. The Feminized Gospel: Aimee Semple McPherson and the Gendered Performance of Christianity, in: Women's Studies in Communication 35 (2012), S. 42–67.
Main, Roderick. The Rupture of Time: Synchronicity and Jung's Critique of Modern Western Culture. Hove, New York 2004.
Malik, Jamal. Islam in South Asia: A Short History. Leiden 2008.
Malinar, Angelika. « …Western-Born but Spirit Eastern …» Annie Besant: Between Colonial and Spiritual Realms, in: Asiatische Studien = Études asiatiques 67 (2013), S. 1115–1154.
–. Mohandas Karamchand Gandhi, in: Brill's Encyclopedia of Hinduism (2015 (2012)).
–. Karmic Histories and the Synthesis Of «East» and «West»: Annie Besant as Interpreter of Hinduism, in: A. Malinar/S. Müller (Hg.): Asia and Europe – Interconnected: Agents, Concepts, and Things. Wiesbaden 2018, S. 55–89.
Mall, Ram Adhar. Mahatma Gandhi interkulturell gelesen. Nordhausen 2005.
Mallinson, James/Mark Singleton. Roots of Yoga. London 2017.
Malme, Eirik Tvetne. 平安神: Mao Zedong as a Deity: A Case Study of a Temple in Sichuan. Oslo 2014.
Manca, Terra. L. Ron Hubbard's Alternative to the Bomb Shelter: Scientology's Emergence as a Pseudo-Science during the 1950s, in: Journal of Religion and Popular Culture 24 (2012), S. 80.
Mann, William E. The Quest for Total Bliss: A Psycho-Sociological Perspective on the Rajneesh Movement. Toronto 1991.
Mao Tze-Tung. Ausgewählte Werke, Bd. 1. Peking 1966.
–. Ausgewählte Werke, Bd. 3. Peking 1969.
Marckhoff, Ulrike. Das Selig- und Heiligsprechungsverfahren nach katholischem Kirchenrecht. Münster, Hamburg, London 2002.
Mark, Joan T. A Stranger in Her Native Land: Alice Fletcher and the American Indians. Lincoln 1988.

Marley, Rita/Hettie Jones. No Woman, No Cry: My Life with Bob Marley. New York 2004.
Marriott, Alice/Carol K. Rachlin. Peyote. New York 1971.
Martin, George/William Pearson. Summer of Love: The Making of Sgt. Pepper. London 1994.
Martin, Joel W. The Land Looks after Us: A History of Native American Religion. Oxford, New York 2001.
Martin, Vanessa. ›Irfan, Self-Assertion and the Mobilization of the People, in: R. Tapper (Hg.): Ayatollah Khomeini and the Modernization of Islamic Thought. London 2000, S. 35–41.
Marty, Martin E. Modern American Religion I: The Irony of It All. Chicago 1986.
Maschmann, Melita. Der Tiger singt Kirtana. Indienfahrt mit einer Hindu-Heiligen. Weilheim 1967.
Maslow, Abraham H. Motivation and Personality. New York 1954.
Mattioli, Aram. Verlorene Welten. Eine Geschichte der Indianer Nordamerikas 1700–1910. Stuttgart 2017.
Mattmüller, Markus. Leonhard Ragaz und der religiöse Sozialismus. Eine Biographie. Bd. 1: Die Entwicklung der Persönlichkeit und des Werkes bis ins Jahr 1913. Zollikon 1957.
–. Leonhard Ragaz und der religiöse Sozialismus. Eine Biographie. Band 2: Die Zeit des Ersten Weltkriegs und der Revolutionen. Zürich 1968.
Mavity, Nancy Barr. Sister Aimee. Garden City, N. Y. 1931.
McAleer, Neil. Visionary: The Odyssey of Sir Arthur C. Clarke. Baltimore 2010.
McBride, Joseph. Steven Spielberg: A Biography. 2. Aufl. Jackson 2010.
McGrath, Alister E. C. S. Lewis: A Life. Eccentric Genius, Reluctant Prophet. Carol Stream 2013.
McKean, Lise. Divine Enterprise: Gurus and the Hindu Nationalist Movement. Chicago 1996.
McKee, Gabriel. The Gospel According to Science Fiction from the Twilight Zone to the Final Frontier. Louisville 2007.
McLaughlin, Levi. Sōka Gakkai in Japan, in: I. Prohl/N. J. K. (Hg.): Handbook of Contemporary Japanese religions. Leiden, Boston 2012, S. 269–307.
–. Did Aum Change Everything? What Soka Gakkai Before, During, and After the Aum Shinrikyō Affair Tells Us about the Persistent «Otherness» of New Religions in Japan, in: Japanese Journal of Religious Studies 39 (2012), S. 51–75.
–. Electioneering as Religious Practice: A History of Sōka Gakkai›s Political Activities to 1970, in: G. Ehrhardt/A. Klein/L. McLaughlin/S. R. Reed (Hg.): Kōmeitō: Politics and Religion in Japan. Berkeley 2014, S. 51–82.
McMahan, David L. The Making of Buddhist Modernism. Oxford, New York 2008.
McPherson, Aimee Semple. In the Service of the King. The Story of My Life. New York 1927.
–. Give Me My Own God. New York, 1936.
–. The Story of My Life. Waco, Tex., 1973.
Mechikoff, Robert A./Sean Sullivan. 2008. «Peace through Sport and Religio Ath-

letae: Antiquated Ideas or Viable Options?» *The Sport Journal* 21. http://thesportjournal.org/article/peace-through-sport-and-religio-athletae-antiquated-ideas-or-viable-options/

Meienberger, Norbert. Religionskritik und Religionspolitik bei Mao, in: H.-J. Braun/E. Bryner/N. Meienberger (Hg.): Religionskritik und Religionspolitik bei Marx, Lenin, Mao. Zürich 1985, S. 117–161.

Meier, C. A. Wolfgang Pauli und C. G. Jung. Ein Briefwechsel 1932–1958. Berlin, Heidelberg 1992.

Melton, J. Gordon. A Contemporary Ordered Religious Community: The Sea Organization, in: The Journal of CESNUR 2 (2018), S. 21–59.

–/Massimo Introvigne (Hg.). Gehirnwäsche und Sekten. Interdisziplinäre Annäherungen. Marburg 2000.

Mendlesohn, Farah/Edward James: a Short History of Fantasy. Faringdon 2012.

Menon, Meena. Riots and after in Mumbai: Chronicles of Truth and Reconciliation. Los Angeles 2012.

Miller, Arthur I. Deciphering the Cosmic Number: The Strange Friendship of Wolfgang Pauli and Carl Jung. New York 2010.

Miller, Chaim. Turning Judaism Outward: A Biography of the Rebbe Menachem Mendel Schneerson. Brooklyn 2014.

Miller, Elizabeth. Slow Print: Literary Radicalism and Late Victorian Print Culture. Redwood City 2013.

Miller, Elizabeth Carolyn. Body, Spirit, Print: The Radical Autobiographies of Annie Besant and Helen and Olivia Rossetti, in: Feminist Studies 35 (2009), S. 243–273.

Miller, Russell. Bare-Faced Messiah: The True Story of L. Ron Hubbard. London 1987.

Minois, Georges. Geschichte des Atheismus von den Anfängen bis zur Gegenwart. Weimar 2000.

Mir, Mustansir. Iqbal. London 2006.

–. Muḥammad Iqbāl (d. 1938): The Reconstruction of Religious Thought in Islam, in: K. El-Rouayheb/S. Schmidtke (Hg.): The Oxford Handbook of Islamic Philosophy. New York 2016, S. 607–628.

Misra, Amalendu. Identity and Religion: Foundations of Anti-Islamism in India. New Delhi, Thousand Oaks, London 2004.

Mitter, Rana. A Bitter Revolution: China's Struggle with the Modern World. Oxford, New York 2004.

Mittler, Barbara. A Continuous Revolution: Making Sense of Cultural Revolution Culture. Cambridge, Mass. 2012.

Mohan, A. G./Ganesh Mohan. Krishnamacharya: His Life and Teachings. Boston 2010.

Moin, Baqer. Khomeini: The Life of the Ayatollah. London, New York 1999.

–. Khomeini's Search for Perfection: Theory and Reality, in: A. Rahnema (Hg.): Pioneers of Islamic Revival. London 2005, S. 64–97.

Molendijk, Arie L. Les premiers congrès d'histoire des religions, ou comment faire de la religion un objet de science?, in: Revue germanique internationale 12 (2010), S. 91–103.

–. To Unite Religion against All Irreligion. The 1893 World Parliament of Religions, in: Journal for the History of Modern Theology/Zeitschrift für Neuere Theologiegeschichte 18 (2011), S. 228–250.

Möller, Helmut/Ellic Howe. Merlin Peregrinus. Vom Untergrund des Abendlandes. Würzburg 1986.

Montaigne, Maxine. The Malthusian and the Anti-Malthusian: The Use of Economic Ideas and Language in the Public Discourse of Nineteenth-Century Britain. London (Diss.) 2017.

Moore, Rebecca. Reconstructing Reality: Conspiracy Theories about Jonestown, in: J. R. Lewis/J. A. Petersen (Hg.): Controversial New Religions. New York 2005, S. 61–78.

–. Narratives of Persecution, Suffering, and Martyrdom: Violence in Peoples Temple and Jonestown, in: J. R. Lewis (Hg.): Violence and New Religious Movements. Oxford 2011, S. 95–111.

Moos, Felix. Religion and Politics in Japan: The Case of the Sōka-Gakkai, in: Asian Survey 3 (1963), S. 136–142.

Morais, Fernando. A Warrior's Life: A Biography of Paulo Coelho. London 2009.

Morris, Benny. The Birth of the Palestinian Refugee Problem Revisited. Cambridge, New York 2004.

–/Dror Ze'evi. The Thirty-Year Genocide: Turkey's Destruction of Its Christian Minorities, 1894–1924. Cambridge, MA 2019.

Moskowitz, David Vlado. Bob Marley: A Biography. Westport, London 2007.

Moxter, Michael. Barth und Tillich, in: M. Beintker (Hg.): Barth Handbuch. Tübingen 2016, S. 101–111.

Muggeridge, Malcolm. Mutter Teresa. Leben und Wirken der Friedensnobelpreisträgerin. Freiburg i. Br. 1980.

Müller, Gotelind. Buddhismus und Moderne. Ouyang Jingwu, Taixu und das Ringen um ein zeitgemäßes Selbstverständnis im chinesischen Buddhismus des frühen 20. Jahrhunderts. Stuttgart 1993.

Müller, Hans-Peter. Die Ramakrishna-Bewegung. Studien zu ihrer Entstehung, Verbreitung und Gestalt. Gütersloh 1986.

Murray, William J. My Life without God: His Mother Had School Prayer Banned and Raised Him as an Atheist … But God Had Other Plans. New York 2012.

Mutter Teresa. Komm, Sei mein Licht. Herausgegeben und kommentiert von Brian Kolodiejchuk. München 2007.

Nandy, Ashis. A Disowned Father of the Nation in India: Vinayak Damodar Savarkar and the Demonic and the Seductive in Indian Nationalism, in: Inter-Asia Cultural Studies 15 (2014), S. 91–112.

Narasimhananda, Swami. Swami Vivekananda and the World's Parliament of Religions, 1893 – New Perspectives, in: Prabuddha Bharata 123 (2018), S. 653–658, 698–712.

Nasr, Seyyed Vali Reza. The Shia Revival: How Conflicts within Islam Will Shape the Future. New York 2006.

Neeley, Bill. The Last Comanche Chief: The Life and Times of Quanah Parker. New York 1995.

Neilson, Reid Larkin. Exhibiting Mormonism: The Latter-Day Saints and the 1893 Chicago World's Fair. Oxford, New York 2011.

Nenneman, Richard A. Persistent Pilgrim: The Life of Mary Baker Eddy. Etna 1997.

Nethercot, Arthur H. The First Five Lives of Annie Besant. Chicago 1960, 1963.

Neubert, Frank. Krishnabewusstsein. Die International Society for Krishna Consciousness (ISKCON) – «Hare-Krishna-Bewegung». Marburg 2010.

Neuner, Peter. Der Streit um den katholischen Modernismus. Frankfurt, Leipzig 2009.

Newcombe, Suzanne. The Development of Modern Yoga: A Survey of the Field, in: Religion Compass 3 (2009), S. 986–1002.

–. «Gurus» B. K. S. Iyengar and Yogini Sunita in Britain, in: M. Singleton/E. Goldberg (Hg.): Gurus of Modern Yoga. Oxford, New York 2013, S. 147–166.

Newport, Kenneth G. C. The Branch Davidians of Waco: The History and Beliefs of an Apocalyptic Sect. Oxford 2006.

Nhất, Hạnh. Vietnam: The Lotus in the Sea of Fire. London 1967.

Nhat Hanh, Thich. The Miracle Of Mindfulness: An Introduction to the Practice of Meditation. Boston 1987.

–. Transforming Our Suffering, in: Parabola 28 (1993), S. 47–49.

–. History of Engaged Buddhism. A Dharma Talk by Thich Nhat Hanh – Hanoi, Vietnam, May 6–7, 2008, in: Human Architecture: Journal of the Sociology of Self-Knowledge 6 (2008), S. 29–36.

–. Fragrant Palm Leaves: Journals 1962–1966. London, Sydney, Auckland, Johannesburg 2012.

–. Mein Leben ist meine Lehre. Autobiographische Geschichten und Weisheiten eines Mönchs. München 2017.

Niblett, Bryan. Dare to Stand Alone: The Story of Charles Bradlaugh. Oxford 2010.

Niebuhr, Reinhold. Frömmigkeit und Säkularisation. Berlin 1962.

Niemöller, Wilhelm. Die vierte Bekenntnissynode der Deutschen Evangelischen Kirche zu Augsburg. Text, Dokumente, Berichte. Göttingen 1960.

Nietzsche, Friedrich. Zur Genealogie der Moral. Eine Streitschrift. (http://www.nietzschesource.org/#eKGWB/GM). Leipzig 1887.

–. Morgenröthe. Gedanken über die moralischen Vorurtheile. Neue Ausgabe mit einer einführenden Vorrede. (http://www.nietzschesource.org/#eKGWB/M). Leipzig 1887 (1881).

Noll, Richard. The Jung Cult: Origins of a Charismatic Movement. Princeton 1994.

–. The Aryan Christ: The Secret Life of Carl Jung. London 1997.

Noorani, Abdul Gafoor Abdul Majeed. Savarkar and Hindutva: The Godse Connection. New Delhi 2002.

Norman, Alex. Spiritual Tourism: Travel and Religious Practice in Western Society. London, New York 2011.

Norman, Philip. Shout! The Beatles in Their Generation. New York 2005.

Oakes, Tim/Donald S. Sutton. Introduction, in: T. Oakes/D. S. Sutton (Hg.): Faiths on Display: Religion, Tourism, and the Chinese State. Lanham 2010, S. 1–25.

Ober, Douglas F. From Buddha Bones to Bo Trees: Nehruvian India, Buddhism, and the Poetics of Power, 1947–1956, in: Modern Asian Studies 53 (2019), S. 1312–1350.

Oberlender, Boruch/Elkanah Shmotkin. Early Years: The Formative Years of the Rebbe, Rabbi Menachem M. Schneerson, as Told by Documents and Archival Data, ... 1902–1929. O. O. 2016.

O'Connell, Mark. The Close Encounters Man: How One Man Made the World Believe in UFOs. New York 2017.

Olcott, Henry Steel. Ein buddhistischer Katechismus nach dem Kanon der Kirche des südlichen Indiens. Leipzig 1887.

–. A Buddhist Catechism. 42. Aufl. Colombo o. J.

Omvedt, Gail. Confronting Brahmanic Hinduism: Dr Ambedkar's Sociology of Religion and Indian Society, in: S. Jondhale/J. Beltz (Hg.): Reconstructing the World: B. R. Ambedkar and Buddhism in India. New Delhi 2004, S. 49–62.

Orme-Johnson, David W./Vernon A. Barnes. Effects of the Transcendental Meditation Technique on Trait Anxiety: A Meta-Analysis of Randomized Controlled Trials, in: The Journal of Alternative and Complementary Medicine 20 (2013), S. 330–341.

Osho. The Last Testament: Interviews with the World Press. Boulder 1985.

–. Autobiografie. München 2011.

Otto, Bernd-Christian. Magie. Rezeptions- und diskursgeschichtliche Analysen von der Antike bis zur Neuzeit. Berlin, New York 2011.

Palmer, A. Barton. *2001:* The Critical Reception and the Generational Gap, in: R. Kolker (Hg.): Stanley Kubrick's 2001: A Space Odyssey: New Essays. Oxford, New York 2006, S. 13–28.

Palmer, David A. Chinese Redemptive Societies and Salvationist Religion: Historical Phenomenon or Sociological Category?, in: Journal of Chinese Theatre, Ritual and Folklore/Minsu Quyi 172 (2011), S. 21–72.

Palmer, Michael. Freud and Jung on Religion. London 1997.

Pals, Daniel L. Nine Theories of Religion. New York 2015.

Pantsov, Alexander/Steven I. Levine. Mao: The Real Story. New York 2012.

Parekh, Bhikhu C. Gandhi. Oxford, New York 1997.

Parry, John. The *religio athletae*, Olympism and Peace, in: J. Parry/S. Robinson/N. J. Watson/M. Nesti (Hg.): Sport and Spirituality: An Introduction. London, New York 2007, S. 201–214.

Pasi, Marco. Aleister Crowley und die Versuchung der Politik. Graz 2006.

–. Mathers, Samuel Liddell «MacGregor», in: W. J. Hanegraaff (Hg.): Dictionary of Gnosis & Western Esotericism. Volume II. Leiden 2006 (2005), S. 783–785.

–. Varieties of Magical Practice. Aleister Crowley's Views on Occult Practice, in: H. Bogdan/M. P. Starr (Hg.): Aleister Crowley and Western Esotericism. Oxford 2012, S. 53–87.

–. Aleister Crowley and the Temptation of Politics. Abingdon 2014.

Pauck, Wilhelm/Marion Pauck. Paul Tillich. Sein Leben und Denken. Band I: Leben. Stuttgart 1978.

Paulo, Eloésio. Os 10 pecados de Paulo Coelho. Vinhedo 2007.

Pauly, Wolfgang (Hg.). Geschichte der christlichen Theologie. Darmstadt 2008.

Payne, Leah. «Pants Don't Make Preachers»: Fashion and Gender Construction in Late-Nineteenth-and Early-Twentieth-Century American Revivalism, in: Fashion Theory 19 (2015), S. 83–113.
Peale, Norman Vincent. This Incredible Century. Wheaton 1991.
–. The Power of Positive Thinking. New York 2003.
Peale, Ruth Stafford. The Adventure of Being a Wife. Englewood Cliffs, N. J. 1971.
Pearce, Joseph. Catholic Literary Giants: A Field Guide to the Catholic Literary Landscape. San Francisco 2014.
Peart, Sandra J./David M. Levy. Darwin's Unpublished Letter at the Bradlaugh–Besant Trial: A Question of Divided Expert Judgment, in: European Journal of Political Economy 24 (2008), S. 343–353.
Pécastaing-Boissière, Muriel. Annie Besant (1847–1933): la lutte et la quête. Paris 2015.
Pechilis, Karen. Female Gurus and Ascetics, in: Brill's Encyclopedia of Hinduism (2015).
Peck, Clemens. Im Labor der Utopie. Theodor Herzl und das «Altneuland»-Projekt. Berlin 2012.
Pennington, Brian. The Invention of Hinduism: Britons, Indians, and Colonial Construction of Religion. New York 2005.
Pew Research Center. Osama bin Laden Largely Discredited among Muslim Publics in Recent Years. May 2, 2011. https://www.pewresearch.org/global/2011/05/02/osama-bin-laden-largely-discredited-among-muslim-publics-in-recent-years/
Pfister, Lauren. A Modern Ruist Religious Vision of a Global Unity: Kang Youwei's Utopian Vision and Its Humanistic Religious Refraction in European Sinology, in: T. Jansen/T. Klein/C. Meyer (Hg.): Globalization and the Making of Religious Modernity in China. Leiden 2014, S. 233–271.
Pfleiderer, Georg. Karl Barth, in: A. Christophersen/F. Voigt (Hg.): Religionsstifter der Moderne. Von Karl Marx bis Johannes Paul II. München 2009, S. 195–207.
–. Kriegszeit und Gottesreich. Der Krieg als theologisches Ereignis bei Karl Barth, in: J. Negel/K. Pinggéra (Hg.): Urkatastrophe. Die Erfahrung des Krieges 1914–1918 im Spiegel zeitgenössischer Theologie. Freiburg, Basel, Wien 2016, S. 129–175.
Phelpstead, Carl. Myth-Making and Sub-Creation, in: S. D. Lee (Hg.): A Companion to J. R. R. Tolkien. 2014, S. 77–91.
Picard, Jacques/Jacques Revel/Michael P. Steinberg/Idith Zertal (Hg.). Makers of Jewish Modernity: Thinkers, Artists, Leaders, and the World They Made. Princeton, Oxford 2016.
Piepmeier, Alison. «Woman Goes Forth to Battle with Goliath»: Mary Baker Eddy, Medical Science, and Sentimental Invalidism, in: Women's Studies 30 (2001), S. 301–328.
Pittman, Don Alvin. Toward a Modern Chinese Buddhism: Taixu's Reforms. Honolulu 2001.
Plöckinger, Othmar. Geschichte eines Buches: Adolf Hitlers «Mein Kampf», 1922–1945. München 2011.
Plüss, Jean-Daniel. Pentecostalism in Europe and the Former Soviet Union, in:

C. M. Robeck/A. Yong (Hg.): The Cambridge Companion to Pentecostalism. Cambridge 2014, S. 93–111.

Poewe, Karla O./Irving Hexham. Jakob Wilhelm Hauer's New Religion and National Socialism, in: Journal of Contemporary Religion 20 (2005), S. 195–215.

Popp, Stephan. Mohammad Iqbal. Ein Philosoph zwischen den Kulturen. Nordhausen 2007.

Prescott, Andrew. ›Builders of the Temple of the New Civilisation': Annie Besant and Freemasonry, in: A. Heidle/J. Snoek (Hg.): Women's Agency and Rituals in Mixed and Female Masonic Orders. 2008, S. 359–391.

Prothero, Stephen R. The White Buddhist: The Asian Odyssey of Henry Steel Olcott. Bloomington 2011 (1996).

Puri, Bharati. Engaged Buddhism: The Dalai Lama's Worldview. New Delhi, New York 2006.

Queen, Christopher S. Ambedkar's Dhamma: Source and Method in the Construction of Engaged Buddhism, in: S. Jondhale/J. Beltz (Hg.): Reconstructing the World: B. R. Ambedkar and Buddhism in India. New Delhi 2004, S. 132–150.

Quinn, Anthony/Daniel Paisner. One Man Tango: An Autobiography. London 1996.

Qutb, Sayyid. Milestones. o. O. 2002.

–. Kindheit auf dem Lande. Ein ägyptischer Muslimbruder erinnert sich. Berlin 1997.

Raboteau, Albert J. American Prophets: Seven Religious Radicals and Their Struggle for Social and Political Justice. Princeton, Oxford 2016.

Rahnema, Ali. Ayatollah Khomeini's Rule and the Guardian Jurist. From Theory to Practice, in: A. Adib-Moghaddam (Hg.): A Critical Introduction to Khomeini. New York 2014, S. 88–114.

Raine, Susan. Astounding History: L. Ron Hubbard's Scientology Space Opera, in: Religion 45 (2015), S. 66–88.

Rainey, Lee Dian. Confucianism and Modernity. Oxford 2010.

Rakow, Katja. Kālacakra in Transition: From the Apocalypse to the Promotion of World Peace, in: I. Keul (Hg.): Transformations and Transfer of Tantra in Asia and Beyond. Berlin 2012, S. 413–433.

Rambukwella, Harshana. The Politics and Poetics of Authenticity: A Cultural Genealogy of Sinhala Nationalism. London 2018.

Raphael, Marc Lee. Profiles in American Judaism: The Reform, Conservative, Orthodox, and Reconstructionist Traditions in Historical Perspective. San Francisco 1985.

Reader, Ian. Religious Violence in Contemporary Japan: The Case of Aum Shinrikyo. Honolulu 2000.

–. Globally Aum: The Aum Affair, Counterterrorism, and Religion, in: Japanese Journal of Religious Studies 39 (2012), S. 179–198.

Reddy, Deepa. Capturing Hindutva: Rhetorics and Strategies, in: Religion Compass 5 (2011), S. 427–438.

–. Hindutva: Formative Assertions, in: Religion Compass 5 (2011), S. 439–451.

Reinert, Benedikt. Ḫumainī im Spiegel seiner Gedichte, in: B. Reinert/J. Thomann (Hg.): Islamische Grenzen und Grenzübergänge. Bern 2007, S. 191–288.

Repp, Martin. Aum Shinrikyō. Ein Kapitel krimineller Religionsgeschichte. Marburg 1997.
Reuth, Ralf Georg. Hitlers Judenhass. Klischee und Wirklichkeit. München 2009.
Riccardi, Andrea. Johannes Paul II. Die Biografie. Würzburg 2012.
Richard, Cliff. My Life, My Way. London 2009 (2008).
Ridgeon, Lloyd. Hidden Khomeini: Mysticism and Poetry, in: A. Adib-Moghaddam (Hg.): A Critical Introduction to Khomeini. New York 2014, S. 193–210.
Rißmann, Michael. Hitlers Gott. Vorsehungsglaube und Sendungsbewusstsein des deutschen Diktators. Zürich, München 2001.
Ritzinger, Justin. Anarchy in the Pure Land: Reinventing the Cult of Maitreya in Modern Chinese Buddhism New York 2017.
Robeck, Cecil M. The Origins of Modern Pentecostalism: Some Historiographical Issues, in: C. M. Robeck/A. Yong (Hg.): The Cambridge Companion to Pentecostalism. Cambridge 2014, S. 13–30.
Roetz, Heiner. Kang Youwei: Report to the Throne, with a Petition for Fixing through Consultation a Law Concerning Religious Cases […] (China, 1898), in: B. Bentlage/M. Eggert/H. M. Krämer/S. Reichmuth (Hg.): Religious Dynamics under the Impact of Imperialism and Colonialism: A Sourcebook. Leiden 2017, S. 221–236.
Roß, Jan. Johannes Paul II. Der Jahrhundertpapst. Reinbek 2005 (2000).
Rostig, Dittmar. Bergpredigt und Politik. Zur Struktur und Funktion des Reiches Gottes bei Leonhard Ragaz. Frankfurt a. M. 1991.
Rothstein, Mikael. Belief Transformations: Some Aspects of the Relation between Science and religion in Transcendental Meditation (TM) and the International Society for Krishna Consciousness (ISKCON). Aarhus 1996.
–. «His name was Xenu. He used renegades …»: Aspects of Scientology's Founding Myth, in: J. R. Lewis (Hg.): Scientology. Oxford, New York 2009, S. 365–387.
Rowe, William T. China's Last Empire: The great Qing. Cambridge, Mass. 2009.
Rowell, George. Ceylon's Kristallnacht: A Reassessment of the Pogrom of 1915, in: Modern Asian Studies 43 (2009), S. 619–648.
Rozenblum, Serge-Allain. Theodor Herzl. Biographie. Paris 2001.
Rozin, Orit. Forming a Collective Identity: The Debate over the Proposed Constitution, 1948–1950, in: Journal of Israeli History 26 (2007), S. 251–271.
Sagan, Carl. The Cosmic Connection: An Extraterrestrial Perspective. New York 1973.
–. Contact: A Novel. New York 1985.
–. The Varieties of Scientific Experience: A Personal View of the Search for God. Edited by Ann Druyan. Illustrations Editor and Scientific Consultant Steven Soter. New York 2006.
Sahoo, Sarbeswar. Pentecostalism and Religious Conflict in Contemporary India. Cambridge 2018.
Said. Der lange Arm der Mullahs. Notizen aus meinem Exil. München 2001.
Said, Behnam T. Hymnen des Jihads. Naschids im Kontext jihadistischer Mobilisierung. Würzburg 2016.
Samerski, Stefan. Johannes Paul II. München 2008.
Sammer, Marianne. Mutter Teresa. Leben, Werk, Spiritualität. München 2006.

Sanghavi, Nagindas. The Agony of Arrival: Gandhi, the South Africa Years. New Delhi 2006.
Santucci, James A. Besant, Annie, in: W. J. Hanegraaff (Hg.): Dictionary of Gnosis & Western Esotericism. Leiden 2006 (2005), S. 170–173.
Sautman, Barry. «Vegetarian between Meals»: The Dalai Lama, War, and Violence, in: positions 18 (2010), S. 89–143.
Savarkar, Veer. Selected Works. 4 Bde. Chandigarh 2007.
Savucu, Halil. Yeziden in Deutschland. Eine Religionsgemeinschaft zwischen Tradition, Integration und Assimilation. Marburg 2016.
Scalmer, Sean. Gandhi in the West: The Mahatma and the Rise of Radical Protest. Cambridge 2011.
Scharfenberg, Joachim. Sigmund Freud and his Critique of Religion. Philadelphia 1988.
Schechter, Salomon. Die Chassidim. Eine Studie über jüdische Mystik. Berlin 1904.
–. Studies in Judaism. New York, London 1920.
Schimmel, Annemarie. Muhammad Iqbal: Botschaft des Ostens. Ausgewählte Werke. Tübingen 1977.
–. Muhammad Iqbal. Prophetischer Poet und Philosoph. München 1989.
Schirrmacher, Thomas. Hitlers Kriegsreligion. Die Verankerung der Weltanschauung Hitlers in seiner religiösen Begrifflichkeit und seinem Gottesbild. Bd. 1: Textband. Bd. 2: Zitatband. Bonn 2007.
Schleiermacher, Friedrich Daniel Ernst. Schriften aus der Berliner Zeit 1796–1799. Herausgegeben von Günter Meckenstock. Berlin, New York 1984.
Schlieter, Jens. Wer hat Angst vor dem Dalai Lama? Victor und Victoria Trimondis «Der Schatten des Dalai Lama» (1999) als spiritualistische Verschwörungstheorie, in: Transformierte Buddhismen 3 (2008), S. 54–81.
–. Selbstlosigkeit durch Kultivierung von Mitgefühl. Eine buddhistische Übungspraxis und ihre neurowissenschaftliche Erforschung, in: M. Schmücker/F. Heubel (Hg.): Dimensionen der Selbstkultivierung. Beiträge des Forums für Asiatische Philosophie. Freiburg, München 2013, S. 373–398.
Schmid, Ulrich. Das religiöse Amt des Schriftstellers. Häresien bei Gogol', Dostoevskij und Tolstoj, in: Osteuropa 6 (2009), S. 261–276.
–. Lew Tolstoi. München 2010.
–. Islam, in: M. George/J. Herlth/C. Münch/U. Schmid (Hg.): Tolstoj als theologischer Denker und Kirchenkritiker. Göttingen 2014, S. 571–574.
Schmidt-Glintzer, Helwig. Mao Zedong. «Es wird Kampf geben». Eine Biografie. Berlin 2017.
Schneider, Robert H./Clarence E. Grim/Maxwell V. Rainforth/Theodore Kotchen/Sanford I. Nidich/Carolyn Gaylord-King/John W. Salerno/Jane Morley Kotchen/Charles N. Alexander. Stress Reduction in the Secondary Prevention of Cardiovascular Disease, in: Randomized, Controlled Trial of Transcendental Meditation and Health Education in Blacks 5 (2012), S. 750–758.
Schoepflin, Rennie B. Christian Science on Trial: Religious Healing in America. Baltimore 2003.
Schoeps, Julius H. Theodor Herzl 1860–1904. Wenn Ihr wollt, Ist es kein Märchen. Eine Text-Bild-Monographie. Wien 1995.

Scholem, Gershom. Martin Buber's Hasidism, in: Commentary 32 (1961), S. 305–316.
–. Von Berlin nach Jerusalem. Jugenderinnerungen. Frankfurt a. M. 1997.
Schüßler, Werner/Erdmann Sturm. Paul Tillich. Leben – Werk – Wirkung. 2., akt. Aufl. Darmstadt 2015.
Scult, Mel. Judaism Faces the Twentieth Century: A Biography of Mordecai M. Kaplan. Detroit 1993.
–. The Radical American Judaism of Mordecai M. Kaplan. Bloomington, Indiana 2014.
Seager, Richard Hughes. Encountering the Dharma: Daisaku Ikeda, Soka Gakkai, and the Globalization of Buddhist Humanism. Berkeley, London 2006.
–. The World's Parliament of Religions: The East/West encounter, Chicago, 1893. Bloomington 2009 (1995).
Seaman, Ann Rowe. America's Most Hated Woman: The Life and Gruesome Death of Madalyn Murray O'Hair. New York, London 2006.
Segal, Robert A. Critical Notice, in: Journal of Analytical Psychology 40 (1995), S. 597–608.
Seidensticker, Tilman. Islamismus. Geschichte, Vordenker, Organisationen. München 2014.
Selby, Gary S. Martin Luther King and the Rhetoric of Freedom: The Exodus Narrative in America's Struggle for Civil Rights. Waco, Tex. 2008.
Selg, Peter. Rudolf Steiner. 7 Bde. Arlesheim 2017.
Sen, Amiya P. The Indispensable Vivekananda: An Anthology for Our Times. Delhi 2006.
Seneviratne, H. L. The Work of Kings: The New Buddhism in Sri Lanka. Chicago 1999.
Sevea, Iqbal Singh. The Political Philosophy of Muhammad Iqbal: Islam and Nationalism in Late Colonial India. Cambridge, New York 2016 (2012).
Seyed-Gohrab, Asghar. Khomeini the Poet Mystic, in: Die Welt des Islams 51 (2011), S. 438–458.
Shaku, Soyen. Sermons of a Buddhist Abbot; Addresses on Religious Subjects. Chicago 1906.
Shamdasani, Sonu. Cult Fictions: C. G. Jung and the Founding of Analytical Psychology. London, New York 1998.
–. C. G. Jung: A Biography in Books. New York, London 2012.
Shandler, Jeffrey. Jews, God, and Videotape: Religion and Media in America. New York 2009.
Sharf, Robert H. The Zen of Japanese Nationalism, in: History of Religions 33 (1993), S. 1–43.
–. Is Mindfulness Buddhist? (and Why It Matters), in: Transcultural Psychiatry 52 (2015), S. 470–484.
Sharma, Arvind. Gandhi: A Spiritual Biography. New Haven 2013.
Sharma, Jyotirmaya. Hindutva: Exploring the Idea of Hindu Nationalism. New Delhi 2003.
Sheafer, Silvia Anne. Aimee Semple McPherson. Philadelphia 2004.
Shepard, William E. Sayyid Qutb and Islamic Activism: A Translation and Critical Analysis of «Social Justice in Islam». Leiden, New York, Köln 1996.

Sheppard, Kathleen L. The Life of Margaret Alice Murray: A Woman's Work in Archaeology. Lanham 2013.
Sherman, Daniel J. (Hg.). The Long 1968: Revisions and New Perspectives. Bloomington 2013.
Shimazono, Susumu. The Evolution of Aum Shinrikyō as a Religious Movement, in: R. Kisala/M. Mullins (Hg.): Religion and Social Crisis in Japan: Understanding Japanese Society through the Aum Affair. Basingstoke, New York 2001, S. 19–52.
Shippey, Tom. J. R. R. Tolkien: Author of the Century. London 2000.
Sil, Narasingha Prosad. Swami Vivekananda: A Reassessment. Selinsgrove 1997.
Simek, Rudolf. Mittelerde. Tolkien und die germanische Mythologie. München 2005.
Singleton, Mark. Suggestive Therapeutics: New Thought's Relationship to Modern Yoga, in: Asian Medicine 3 (2007), S. 64–84.
–. Yoga Body: The Origins of Modern Posture Practice. Oxford, New York 2010.
–/Tara Fraser. Krishnamacharya, Father of Modern Yoga, in: M. Singleton/E. Goldberg (Hg.): Gurus of Modern Yoga. Oxford, New York 2013, S. 83–106.
Sjoman, N. E. The Yoga Tradition of the Mysore Palace. New Delhi 1999.
Skrumedi, Craig. The Question of Violence in New Religious Movements: A Meta-Analysis of Aggregates. University of Ottawa (Diss.) 2017.
Sloterdijk, Peter. Du musst dein Leben ändern. Über Anthropotechnik. 3. Aufl. Berlin 2016 (2012; 2009).
Smith, Frederick. Krishnamacharya, in: Brill's Encyclopedia of Hinduism 4 (2013).
–/Joan White. Becoming an Icon: B. K. S. Iyengar as a Yoga Teacher and a Yoga Guru, in: M. Singleton/E. Goldberg (Hg.): Gurus of Modern Yoga. Oxford, New York 2013, S. 122–146.
Snodgrass, Judith. Presenting Japanese Buddhism to the West: Orientalism, Occidentalism, and the Columbian Exposition. Chapel Hill 2003.
Sölle, Dorothee. Gegenwind. Erinnerungen. 2. Aufl. Hamburg 1995.
Sommer, Norbert. Fliegender Fels. Der Reise-Papst Johannes Paul II. Berlin 2003.
Sonnenberg, Ralf. «… ein Fehler der Weltgeschichte»? Rudolf Steiners Sicht des Judentums zwischen spiritueller Würdigung und Assimilationserwartung, in: R. Sonnenberg (Hg.): Anthroposophie und Judentum: Perspektiven einer Beziehung. Frankfurt a. M. 2009, S. 29–64.
Spitz, Bob. The Beatles: The Biography. London 2006.
Srinivas, Smriti. Sathya Sai Baba and the Repertoire of Yoga, in: M. Singleton/E. Goldberg (Hg.): Gurus of Modern Yoga. Oxford, New York 2013, S. 261–278.
–. A Place for Utopia: Urban Designs from South Asia. Seattle 2015.
Srinivas, Tulasi. Winged Faith: Rethinking Globalization and Religious Pluralism through the Sathya Sai Movement. New York 2010.
Stanley, Brian. The Global Diffusion of Evangelism: The Age of Billy Graham and John Stott. Nottingham 2013.
Stark, Rodney. The Rise and Fall of Christian Science, in: Journal of Contemporary Religion 13 (1998), S. 189–214.

Starr, David B. This Is Only the Fact, but We Have the Idea: Solomon Schechter's Path to Zionism, in: Jewish Political Studies Review 9 (1997), S. 15–32.
–. The Importance of Being Frank: Solomon Schechter's Departure from Cambridge, in: The Jewish Quarterly Review 94 (2004), S. 12–18.
Staudenmaier, Peter. Between Occultism and Nazism: Anthroposophy and the Politics of Race in the Fascist Era. Leiden 2014.
Stausberg, Michael. Religion und moderner Tourismus. Berlin 2010.
Stein, Murray B. Jung's Treatment of Christianity: The Psychotherapy of a Religious Tradition. Asheville 2013.
Steiner, Rudolf. Die Philosophie der Freiheit. Grundzüge einer modernen Weltanschauung. Berlin 1894.
–. Friedrich Nietzsche. Ein Kämpfer gegen seine Zeit. Weimar 1895.
–. Das Christentum als mystische Thatsache. Berlin 1902.
–. Das Mysterium von Golgatha = Rudolf Steiner Gesamtausgabe Bd. 97, in: (1906), S. 64–76.
–. Gegenwärtiges Geistesleben und Erziehung; Ein Vortragszyklus, gehalten in Ilkley (Yorkshire) vom 5. bis 17. August 1923 = Gesamtausgabe: Vorträge, Bd. 307. Dornach 1986.
–. Die Philosophie der Freiheit = Rudolf Steiner Gesamtausgabe Bd. 4. Dornach 1987.
–. Die Geschichte der Menschheit und die Weltanschauungen der Kulturvölker. Siebzehn Vorträge gehalten für die Arbeiter am Goetheanumbau in Dornach vom 1. März bis 25. Juni 1924 = Rudolf Steiner Gesamtausgabe Bd. 353. Dornach 1988.
–. Wie erlangt man Erkenntnisse der höheren Welten? Dornach 1992.
–. Mein Lebensgang. Eine nicht vollendete Autobiographie, mit einem Nachwort herausgegeben von Marie Steiner. 9. Aufl. = Rudolf Steiner Gesamtausgabe Bd. 28. Dornach 2000.
–. Selbstzeugnisse. Autobiographische Dokumente. Herausgegeben von Walter Kugler. Dornach 2007.
–. Die Mystik im Aufgange des neuzeitlichen Geisteslebens und ihr Verhältnis zur modernen Weltanschauung. 2009.
–. Theosophie. Einführung in übersinnliche Welterkenntnis und Menschenbestimmung = Rudolf Steiner Online Archiv. 2010.
Steinmetz, Sol. Dictionary of Jewish Usage. Lanham etc. 2017.
Stendardo, Luigi. Leo Tolstoy and the Bahá' í Faith. Oxford 1985.
Stewart, Omer C. Peyote Religion: A History. Norman 1987.
Stuckrad, Kocku von. Geschichte der Astrologie. Von den Anfängen bis zur Gegenwart. München 2003.
–. Aleister Crowley, Thelema und die Religionsgeschichte des 20. Jahrhunderts, in: B. Luchesi/K. von Stuckrad (Hg.): Religion im kulturellen Diskurs. Festschrift für Hans Kippenberg zu seinem 65. Geburtstag. Berlin, New York 2004, S. 307–324.
–. The Scientification of Religion: An Historical Study of Discursive Change, 1800–2000. Boston 2014.
Süss, Joachim. Bhagwans Erbe. Die Osho-Bewegung heute. München 1996.

Sutcliffe, Steven J. Hard Work: Locating Gurdjieff in the Study of Religion/s, in: Journal for the Academic Study of Religion 27 (2014), S. 262–284.
Sutin, Lawrence. Do What Thou Wilt: A Life of Aleister Crowley. New York 2002.
Sutton, Matthew Avery. Aimee Semple McPherson and the Resurrection of Christian America. Cambridge, MA 2007.
Suzuki, Daisetz Teitaro. Outlines of Mahāyāna Buddhism. London 1907.
–. Essays in Zen Buddhism (First Series). London 1949.
–. Studies in Zen. London 1955.
–. Zen and Japanese Buddhism. Tokyo 1968.
–. Selected Works of D. T. Suzuki. Bd. 3: Comparative Religion. Edited by Jeff Wilson and Tomoe Moriya. Oakland 2016.
Switzer, A. Irwin/John Snelling. D. T. Suzuki: A Biography. Edited and Enlarged by John Snelling. London 1985.
Szczypiorski, Andrzej. Notizen zum Stand der Dinge. Zürich 1990.
Taixu. His Eminence Zai Hsu: Lectures in Buddhism. Paris 1928.
Tamcke, Martin. Tolstojs Religion. Eine spirituelle Biographie. Berlin 2010.
Taylor, Anne. Annie Besant: A Biography. Oxford 1992.
Taylor, Jeremy E. The Production of the Chiang Kai-Shek Personality Cult, 1929–1975, in: The China Quarterly (2006), S. 96–110.
Telushkin, Joseph. Rebbe: the Life and Teachings of Menachem M. Schneerson: The Most Influential Rabbi in Modern History. New York 2014.
ter Haar, Berend J. China's Inner Demons: The Political Impact of the Demonological Paradigm, in: W. L. Chong (Hg.): China's Great Proletarian Cultural Revolution: Master Narratives and Post-Mao Counternarratives. Lanham 2002, S. 27–68.
Terrin, Aldo Natale. Scientology: libertà e immortalità. Brescia 2017.
Thiede, Werner. Wer ist der kosmische Christus? Karriere und Bedeutungswandel einer modernen Metapher. Göttingen 2001.
Thomas, Jolyon Baraka. Horrific «Cults» and Comic Religion: Manga after Aum, in: Japanese Journal of Religious Studies 39 (2012), S. 127–151.
Thoß, Gabriele/Franz-Helmut Richter. Ayatollah Khomeini. Zur Biographie und Hagiographie eines islamischen Revolutionsführers. Münster 1991.
Tidrick, Kathryn. Gandhi: A Political and Spiritual Life. London 2013.
Tietz, Christiane. Karl Barth. Ein Leben im Widerspruch. München 2018.
Tillery, Gary. Working Class Mystic: A Spiritual Biography of George Harrison. Wheaton, Chennai 2011.
Tillett, Gregory. The Elder Brother: A Biography of Charles Webster Leadbeater. London, Boston 1982.
–. Charles Webster Leadbeater 1854–1934: A Biographical Study. Sydney 2008 (1986).
Tillich, Paul. The Interpretation of History. New York, London 1936.
–. Ultimate Concern: Tillich in Dialogue. London 1965.
–. Begegnungen. Paul Tillich über sich selbst und andere = Gesammelte Werke Bd. 12. Stuttgart 1971.
–. Systematic Theology. Volume I: Reason and Revelation, Being and God. London 1973 (1951).

–. Systematische Theologie III. Berlin, New York 1987.
Toaff, Elio. Perfidi giudei, fratelli maggiori. Milano 1987.
Tolkien, J. R. R. Letters of J. R. R. Tolkien: A Selection. Edited by Humphrey Carpenter with the Assistance of Christopher Tolkien. London 1981.
–. The Monsters and the Critics and Other Essays. Edited by Christopher Tolkien. London 1983.
Tøllefsen, Inga Bårdsen/James R. Lewis. The Cult of Geeks: Religion, Gender and Scientology, in: J. R. Lewis/K. Hellesřy (Hg.): Handbook of Scientology. Leiden, Boston 2017, S. 399–410.
Tolstoi, Leo. Gesammelte Werke. Band 20. Tagebücher Bd. 3: 1902–1910. Berlin 1978.
–. Kirche und Gesellschaft. Religionskritische Schriften, Briefe und Tagebuchaufzeichnungen. Herausgegeben von Ulrich Klemm. Aschaffenburg 2012.
–. Die Auferstehung. Frankfurt a. M. 2017.
Töppel, Roman. «Volk und Rasse», in: Vierteljahrshefte für Zeitgeschichte 64 (2016), S. 1–36.
Torwesten, Hans. Vivekananda. Ein Brückenbauer zwischen Ost und West. Die Biographie. Grafing 2015.
Toth, James. Sayyid Qutb: The Life and Legacy of a Radical Islamic Intellectual. Oxford, New York 2013.
Towlson, Jon. Constellations: Close Encounter of the Third Kind. Leighton Buzzard 2016.
Trevithick, Alan. The Revival of Buddhist Pilgrimage at Bodh Gaya (1811–1949): Anagarika Dharmapala and the Mahabodhi Temple. Delhi 2006.
Trimondi, Victor/Victoria Trimondi. Der Schatten des Dalai Lama. Sexualität, Magie und Politik im tibetischen Buddhismus. Düsseldorf 1999.
Triplett, Katja. Wissen und Wunder: «Erleuchtung» und das Bild des asiatischen Buddhismus im 19. und 20: Jh., in: A.-B. Renger (Hg.): Erleuchtung. Kultur und Religionsgeschichte eines Begriffs. Freiburg i. Br., Basel, Wien 2016, S. 367–395.
Trowitzsch, Michael. Theologie als fröhliche Wissenschaft, in: M. Beintker (Hg.): Barth Handbuch. Tübingen 2016, S. 404–410.
Turner, Steve. The Gospel According to the Beatles. Louisville 2006.
Tweed, Thomas A. The American Encounter with Buddhism, 1844–1912: Victorian Culture & the Limits of Dissent. Chapel Hill 2000.
–. American Occultism and Japanese Buddhism: Albert J. Edmunds, D. T. Suzuki, and Translocative History, in: Japanese Journal of Religious Studies 32 (2005), S. 249–281.
Tyagananda, Swami/Pravrajika Vrajaprana. Interpreting Ramakrishna: Kali's Child Revisited. With a Foreword by Huston Smith. Delhi 2011 (2010).
Tyrell, Hartmann. Intellektuellenreligiosität, «Sinn»-Semantik, Brüderlichkeitsethik – Max Weber im Verhältnis zu Tolstoi und Dostojewski, in: A. Sterbling/H. Zipprian (Hg.): Max Weber und Osteuropa. Hamburg 1997, S. 25–58.
Uddin, Asma T. When Islam Is Not a Religion: Inside America's Fight for Religious Freedom. New York 2019.

Udolph, Ludger. Mahatma Gandhi, in: M. George/J. Herlth/C. Münch/U. Schmid (Hg.): Tolstoj als theologischer Denker und Kirchenkritiker. Göttingen 2014, S. 683–691.
Ullrich, Heiner. Rudolf Steiner. Leben und Lehre. München 2011.
Ullrich, Volker. Adolf Hitler Biographie. Bd. 1: Die Jahre des Aufstiegs. Frankfurt a. M. 2013.
Urban, Hugh B. Avatar for Our Age: Sathya Sai Baba and the Cultural Contradictions of Late Capitalism, in: Religion 33 (2003), S. 73–93.
–. The Church of Scientology: A History of a New Religion. Princeton 2011.
–. The Occult Roots of Scientology? L. Ron Hubbard, Aleister Crowley, and the Origins of a Controversal New Religion, in: H. Bogdan/M. P. Starr (Hg.): Aleister Crowley and Western Esotericism. Oxford 2012, S. 335–367.
–. New Age, Neopagan, and New Religious Movements: Alternative Spirituality in Contemporary America. Oakland 2015.
–. Zorba the Buddha: Sex, Spirituality, and Capitalism in the Global Osho Movement. Oakland 2015.
Urban, Martina. Aesthetics of Renewal: Martin Buber's Early Representation of Hasidism as Kulturkritik. Chicago 2008.
Ushiyama, Rin/Patrick Baert. Cultural Trauma, Counter-Narratives, and Dialogical Intellectuals: The Works of Murakami Haruki and Mori Tatsuya in the Context of the Aum Affair, in: Theory and Society 45 (2016), S. 471–499.
van den Bosch, Lourens P. Friedrich Max Müller: A Life Devoted to the Humanities. Leiden, Boston, Köln 2002.
Victoria, Brian. Zen as a Cult of Death in the Wartime Writings of D. T. Suzuki, in: The Asia-Pacific Journal/Japan Focus 11 (2013), Artikel 4.
–. A Zen Nazi in Wartime Japan: Count Dürckheim and his Sources – D. T. Suzuki, Yasutani Haku'un and Eugen Herrigel, in: The Asia-Pacific Journal/Japan Focus 12 (2014), Artikel 2.
Vinen, Richard. The Long '68: Radical Protest and Its Enemies. London 2018.
Virmani, Arundhati. The Sari to the European. Clothing and Activism in Colonial India, in: Clio 36 (2012), S. 129–152.
Viswanathan, Gauri. Religious Conversion and Politics of Dissent, in: P. v. d. Veer (Hg.): Conversion to Modernities: The Globalization of Christianity. New York 1996, S. 91–114.
Vivekananda, Swami. The Complete Works. o. J. https://www.ramakrishnavivekananda.info/vivekananda/complete_works.htm
–. Wege des Yoga. Reden und Schriften. Herausgegeben und übersetzt von Martin Kämpchen. Frankfurt a. M., Leipzig 2009.
Vögele, Wolfgang G. Der andere Rudolf Steiner. Augenzeugenberichte, Interviews, Karikaturen. Dornach 2011.
Vu, Trang-Dai. Buddhismus in Vietnam, in: M. Hutter (Hg.): Der Buddhismus III: Ostasiatischer Buddhismus und Buddhismus im Westen. Stuttgart 2018, S. 175–196.
Wacker, Grant. America's Pastor: Billy Graham and the Shaping of a Nation. Cambridge, MA 2014.
Wagner, Richard. C. S. Lewis & Narnia for Dummies. Hoboken 2005.

Waldschmidt-Nelson, Britta. Christian Science im Lande Luthers. Eine amerikanische Religionsgemeinschaft in Deutschland, 1894–2009. Stuttgart 2009.
–. Martin Luther King – Malcolm X: GegenSpieler. Frankfurt a. M. 2014.
Walliss, John. Millenarism and Violence in the Contemporary World, in: C. Gribben/K. G.C. Newport (Hg.): Expecting the End: Millennialism in Social and Historical Context. Waco 2006, S. 25–47, 247–251.
Walsh, Michael J. Pope John Paul II and his Canonizations, in: P. D. Clarke/T. Claydon (Hg.): Saints and Sanctity. Woodbridge 2011, S. 415–437.
Warrier, Maya. Hindu Selves in a Modern World: Guru Faith in the Mata Amritanandamayi Mission. London 2005.
Weaver, C. Douglas. McPhersonism? Aimee Semple McPherson and her Baptist Opponents (and Supporters), in: Perspectives in Religious Studies 42 (2015), S. 127–142.
Weber, Max. Gesammelte Aufsätze zur Religionssoziologie I. Tübingen 1988.
Wehr, Gerhard. Carl Gustav Jung. Leben, Werk, Wirkung. Zürich 1988.
–. Helena Petrovna Blavatsky. Eine moderne Sphinx. Biographie. Dornach 2005.
Weigel, George. Witness to Hope: The Biography of Pope John Paul II. New York 2005.
–. The End and the Beginning: Pope John Paul II: The Struggle for Freedom, the Last Years, the Legacy. New York 2010.
Weikart, Richard. Hitler's Religion. The Twisted Beliefs that Drove the Third Reich. Washington 2016.
Weiss, Richard. The Global Guru: Sai Baba and the Miracle of the Modern, in: New Zealand Journal of Asian Studies 7 (2005), S. 5–19.
Weitzman, Steven P. Religious Studies and the FBI: Adventures in Academic Interventionism, in: Journal of the American Academy of Religion 81 (2013), S. 959–995.
Weizsäcker, Carl Friedrich von. Die Zeit drängt. Eine Weltversammlung der Christen für Gerechtigkeit, Frieden und die Bewahrung der Schöpfung. München, Wien 1986.
Welker, Michael. Karl Barth. Vom Kämpfer gegen die römische Häresie zum Vordenker für die Ökumene, in: C. Möller/C. Schwöbel/C. Markschies/K. v. Zedwitz (Hg.): Wegbereiter der Ökumene im 20. Jahrhundert. Göttingen 2005, S. 156–177.
Wemheuer, Felix. Mao Zedong. Reinbek 2010.
Wessinger, Catherine. Annie Besant and Progressive Messianism (1847–1933). Lewiston, N. Y. 1988.
–. How the Millennium Comes Violently: From Jonestown to Heaven's Gate. New York, London 2000.
–. Besant, Annie, in: Encyclopedia of Religion. Second Edition 2 (2005), S. 844–846.
White, David Gordon. The Yoga Sutra of Patanjali: A Biography. Princeton 2014.
White, Timothy. Catch a Fire: The Life of Bob Marley. London 2006.
Whittingham, Elizabeth A. The Evolution of Tolkien's Mythology: A Study of the History of Middle-Earth. Jefferson, NC 2008.
Wienand, Sabine. Dalai Lama XIV. Reinbek 2005/2009.

Will, Herbert. Freuds Atheismus im Widerspruch: Freud, Weber und Wittgenstein im Konflikt zwischen säkularem Denken und Religion. Stuttgart 2014.

Willms, Gerald. Scientology. Kulturbeobachtungen jenseits der Devianz. Bielefeld 2005.

Wilson, Jeff. Mindful America: The Mutual Transformation of Buddhist Meditation and American Culture. Oxford 2014.

–/Tomoe Moriya. Introduction, in: J. Wilson/T. Moriya (Hg.): Selected Works of D. T. Suzuki. Volume III: Comparative Religion. Edited by Jeff Wilson and Tomoe Moriya. Oakland 2016, S. xi–xxviii.

Wind, Renate. Dorothee Sölle – Rebellin und Mystikerin. Die Biografie. Freiburg i. Br., Basel, Wien 2012.

Wistrich, Robert S. Theodor Herz: Between Myth and Messianism, in: M. H. Gelber/V. Liska (Hg.): Theodor Herzl: From Europe to Zion. Berlin, Boston 2007, S. 7–22.

Witham, Larry. A City Upon a Hill: How Sermons Changed the Course of American History. New York 2007.

Wolf, Siegfried O. Die Konstruktion einer kollektiven Identität in Indien. Vinayak Damodar Savarkar und sein Hindutva-Konzept. Heidelberg 2009.

Wolfe, Gregory. Malcolm Muggeridge: A Biography. London 1995.

Womack, Kenneth/Todd F. Davis (Hg.). Reading the Beatles: Cultural Studies, Literary Criticism, and the Fab Four. Albany 2006.

Wong, Young-tsu. Beyond Confucian China: The Rival Discourses of Kang Youwei and Zhang Binglin. London, New York 2010.

Wright, Lawrence. Saints & Sinners. New York 1993.

–. The Looming Tower: Al-Qaeda and the Road to 9/11. New York 2006.

–. Going Clear: Scientology, Hollywood, and the Prison of Belief. New York 2013.

Wright, Stuart A. Revisiting the Branch Davidian Mass Suicide Debate, in: Nova Religio: The Journal of Alternative and Emergent Religions 13 (2009), S. 4–24.

–/Susan J. Palmer. Storming Zion: Government Raids on Religious Communities. New York 2016.

–/Susan J. Palmer. Countermovement Mobilization and State Raids on Minority Religious Communities, in: Journal for the Scientific Study of Religion 57 (2018), S. 616–633.

Wyss-Giacosa, Paola von. Western Imaginaries between Fascination, Colonial Construction and Appropriation. The Lore of a Mysterious India, of the Goddess Kali and of her Evil Devotees, in: D. Pezzoli-Olgiati (Hg.): Religion in Cultural Imaginary: Explorations in Visual and Material Practices. Baden-Baden 2015, S. 79–115.

Xudong Zhao/Duran Bell. Miaohui, the Temples Meeting Festival in North China, in: China Information 21 (2016), S. 457–479.

Yamada, Shōji. Shots in the Dark: Japan, Zen, and the West. Chicago 2009.

Yang, Fenggang. Religion in China: Survival and Revival under Communist Rule. Oxford, New York 2012.

Yogananda, Paramahansa. Autobiography of a Yogi. [o. O.] 2014.

Young, Richard Fox/G. P. Somaratna. Vain Debates: The Buddhist-Christian Controversies of Nineteenth-Century Ceylon. Wien 1996.

Yuan, Xin. A Place in the Pantheon: Mao and Folk Religion, in: Chinese Sociology & Anthropology 28 (1995), S. 86–90.

Zablocki, Abraham. Contemporary Tibetan Buddhism, in: M. Jerryson (Hg.): The Oxford Handbook of Contemporary Buddhism. Oxford 2017.

Zander, Helmut. Anthroposophie in Deutschland. Theosophische Weltanschauung und gesellschaftliche Praxis 1884–1945. 2 Bde. Göttingen 2007.

–. Rudolf Steiner. Die Biografie. München 2011.

–. Die Anthroposophie. Rudolf Steiners Ideen zwischen Esoterik, Weleda, Demeter und Waldorfpädagogik. Paderborn 2019.

Zelliott, Eleanor. Ambedkar's World: The Making of Babasaheb and the Dalit Movement. New Delhi 2013 (2004).

Zeyringer, Klaus. Olympische Spiele. Eine Kulturgeschichte von 1896 bis heute. Bd. 1: Sommer. Frankfurt a. M. 2016.

Zimmerling, Peter. Bonhoeffer als praktischer Theologe. Göttingen 2006.

Zreik, Raef. Theodor Herzl (1860–1904): Sovereignty and the Two Palestines, in: J. Picard/J. Revel/M. P. Steinberg/I. Zertal (Hg.): Makers of Jewish Modernity: Thinkers, Artists, Leaders, and the World They Made. Princeton, Oxford 2016, S. 46–60.

Zuckerman, Phil. Atheism: Contemporary Numbers and Patterns, in: M. Martin (Hg.): The Cambridge Companion to Atheism. New York 2007, S. 47–65.

Zweig, Stefan. Die Heilung durch den Geist. Mesmer, Mary Baker-Eddy, Freud. 2013 (1931).

–. Die Welt von Gestern: Erinnerungen eines Europäers. Berlin 2017 (1942).

Bildnachweis

S. 18: Barrows, 1893, I, Frontispiz | *S. 39:* Caroline Fraser, God's perfect child: Living and dying in the Christian Science Church, New York 1999, 246 | *S. 50:* https://en.wikipedia.org/wiki/File:Quanahbusiness.gif | *S. 63:* https://commons.wikimedia.org/wiki/File:Swami_Vivekananda_at_Parliament_of_Religions.jpg | *S. 74:* https://commons.wikimedia.org/wiki/File:Kang_Yu-wei_cph.3a45114.jpg | *S. 81:* Keller/Sharandak 2010: 96 | *S. 102:* © picture alliance/IMAGNO | *S. 111:* Lindenberg 1992: 93 | *S. 122:* Barrows 1893 II: 861 | *S. 145:* https://commons.wikimedia.org/wiki/File:Pierre_de_Coubertin_Anefo.jpg | *S. 169:* © akg-images/TT News Agency/SVT | *S. 180:* © Popperfoto/getty-images | *S. 191:* Schoeps, 1995: 175 | *S. 205:* Government of India ‹ https://commons.wikimedia.org/wiki/File:Vinayak_Damodar_Savarkar_1970_stamp_of_India.jpg | *S. 219:* © Bettmann Archive/getty-images | *S. 228:* © Radio Times/getty-images | *S. 240:* https://commons.wikimedia.org/wiki/File:Daisetsu_Teitar%C5 %8D_Suzuki_photographed_by_Shigeru_Tamur a.jpg | *S. 248:* Jaffé 1977: 144 | *S. 261:* © akg-images | *S. 277:* Scult 1994: 331 | *S. 295:* © Hindustan Times/getty-images | *S. 303:* Aymard 2014: 177 | *S. 315:* https://www.economist.com/books-and-arts/2010/07/15/portrait-of-a-revolutionary | *S. 319:* © Everett Colle/picture alliance | *S. 328:* © getty-images | *S. 329:* © Hans Wild/The LIFE Picture Collection/Getty Images | *S. 349:* https://de.wikipedia.org/wiki/L._Ron_Hubbard#/media/Datei:L._Ron_Hubbard_in_1950.jpg | *S. 369:* https://commons.wikimedia.org/wiki/File:Dalai_lama,_panchen_lama_and_Mao_in_Beijing,_1954.jpg | *S. 385:* Chadelat/Baudouin 2017: nach 160 | *S. 389:* © akg-images / TT News Agency / SVT | *S. 406:* Tietz 2018: 392 | *S. 410:* https://it.wikipedia.org/wiki/Paul_Tillich#/media/File:Bust_of_Paul_Johannes_Tillich_(daylight).JPG | *S. 421:* US National Archives, https://commons.wikimedia.org/wiki/File:Richard_M._Nixon_with_Billy_Graham_at_a_%22BIlly_Graham_Crusade%22_-_NARA_-_194319.tif | *S. 429:* © Linda Schaefer/getty-images | *S. 445:* © Popperfoto/Getty Images | *S. 473:* © akg-images/TT News Agency | *S. 499:* https://commons.wikimedia.org/wiki/File:Rabbi_Menachem_Mendel_Schneerson1A.jpg | *S. 509:* © picture-alliance/dpa | *S. 522:* © akg-images/AP | *S. 536:* © akg-images/NTB scanpix/Sigurdsřn, Bjřrn | *S. 555:* Von Brück 2005: 103 | *S. 576:* © Wojtek Laski/getty-images | *S. 585:* © Bernard Charlon/Gamma-Rapho/getty-images | *S. 607:* © Bettmann Archive/getty-images | *S. 613:* © Toronto Star/getty-images | *S. 617:* https://commons.wikimedia.org/wiki/File:A_Reinhard_Bonnke_Billboard_in_Lagos,_Nigeria.jpg | *S. 629:* picture-alliance / dpa | *S. 641:* © getty-images | *S. 646:* © picture alliance/AP Images | *S. 666:* © AFP/getty-images

Personenregister

Halbfette Seitenzahlen verweisen auf Abbildungen.

Register der religiösen Gruppen und Strömungen

Auf summarische Einträge zu den Oberbegriffen Buddhismus, Christentum, Islam, Hinduismus und Judentum wurde wegen der Vielzahl der Seitenangaben verzichtet.

Geographisches Register